Springer-Lehrbuch

Reiner Schmidt · Ferdinand Wollenschläger
Hrsg.

Kompendium Öffentliches Wirtschaftsrecht

5. Auflage

 Springer

Hrsg.
Reiner Schmidt
Juristische Fakultät
Universität Augsburg
Augsburg, Deutschland

Ferdinand Wollenschläger
Juristische Fakultät
Universität Augsburg
Augsburg, Deutschland

ISSN 0937-7433   ISSN 2512-5214 (electronic)
Springer-Lehrbuch
ISBN 978-3-662-59429-2   ISBN 978-3-662-59430-8 (eBook)
https://doi.org/10.1007/978-3-662-59430-8

Die Deutsche Nationalbibliothek verzeichnet diese Publikation in der Deutschen Nationalbibliografie;
detaillierte bibliografische Daten sind im Internet über http://dnb.d-nb.de abrufbar.

Springer ist ein Imprint der eingetragenen Gesellschaft Springer-Verlag GmbH, DE und ist ein Teil von
Springer Nature.
Die Anschrift der Gesellschaft ist: Heidelberger Platz 3, 14197 Berlin, Germany

Vorwort

Die dynamische Entwicklung des öffentlichen Wirtschaftsrechts und die freundliche Aufnahme der vierten Auflage legten eine neue Auflage nahe. Es freut uns ganz besonders, dass wir bereits für die vorhergehende Auflage ein leistungsfähiges jüngeres Autorenteam gewinnen konnten. Nur so war in kurzer Zeit eine aktuelle Fassung der wesentlichen Gebiete des öffentlichen Wirtschaftsrechts zu erreichen und nur so wurde es möglich, neue Themen aufzunehmen

Anliegen des Buches ist es weiterhin, vor allem den Studierenden an den Universitäten und Hochschulen eine komprimierte leserfreundliche Darstellung für die Examensvorbereitung zu bieten. Grafische Hervorhebungen, die Einfügung von Beispielen, die Beschränkung auf kurze, vertiefende Literaturhinweise und Kontrollfragen dienen diesem Ziel. Daneben soll das Buch freilich auch Wissenschaftlern und Praktikern Grundstrukturen und Grundfragen der einzelnen Gebiete vermitteln.

Das Kompendium Öffentliches Wirtschaftsrecht ist eine Gemeinschaftsleistung. Neben den Autorinnen und Autoren ist den studentischen Mitarbeiterinnen und Mitarbeitern des Lehrstuhls von Prof. Dr. *Ferdinand Wollenschläger* für die schnelle und zuverlässige redaktionelle Bearbeitung der Manuskripte zu danken, namentlich Lea Bandowsky, Tamara Buchmann, Niklas Gronemann, Tim Gutmann, Laura Klose und Tamara Morhart; ein besonderer Dank gilt Herrn wissenschaftlichen Mitarbeiter Samed Sahin, der diese Arbeiten und das Werk souverän betreut hat.

Augsburg, April 2019

Reiner Schmidt
Ferdinand Wollenschläger

V

Inhaltsverzeichnis

§ 4 Die Organisation der Wirtschaftsverwaltung
Klaus Ferdinand Gärditz

Abkürzungsverzeichnis

a. A.	andere Ansicht
a. a. O.	am angegebenen Ort
Abb.	Abbildung
ABl. EG	Amtsblatt der Europäischen Gemeinschaften
ABl. EU	Amtsblatt der Europäischen Union
Abs.	Absatz
Abschn.	Abschnitt
ACER	Agency for the Cooperation of Energy Regulators
ADA	Agreement on Implementation of Article VI of the General Agreement on Tariffs and Trade 1994 (WTO-Übereinkommen über Antidumpingmaßnahmen)
a.E.	Am Ende
AEG	Allgemeines Eisenbahngesetz
AEUV	Vertrag über die Arbeitsweise der Europäischen Union
a. F.	alte Fassung
AFS	Ausschuss für Finanzstabilität
AG	Aktiengesellschaft
AGFVO	Allgemeine Gruppenfreistellungsverordnung (EG) Nr. 800/2008, geändert durch VO (EU) Nr. 1224/2013
AktG	Aktiengesetz
allg.	allgemein
Alt.	Alternative
AMG	Arzneimittelgesetz
AnwBl.	Anwaltsblatt
AO	Abgabenordnung
AoA	Agreement on Agriculture (WTO-Landwirtschaftsübereinkommen)
AöR	Archiv des öffentlichen Rechts
APEC	Asian-Pacific-Economic-Cooperation
ArbSchG	Arbeitsschutzgesetz
ArbZG	Arbeitszeitgesetz

ARegV	Anreizregulierungsverordnung
arg. e contr.	argumentum e contrario (Umkehrschluss)
Art.	Artikel
ASEAN	Association of South-East Asian Nations
AT	Allgemeiner Teil
AtG	Gesetz über die friedliche Verwendung der Kernenergie und den Schutz und den Gefahren gegen ihre Anlagen (Atomgesetz)
ausf.	ausführlich
AWG	Außenwirtschaftsgesetz
Az.	Aktenzeichen
BAFA	Bundesamt für Wirtschaft und Ausfuhrkontrolle
BaFin	Bundesanstalt für Finanzdienstleistungsaufsicht
BAföG	Bundesausbildungsförderungsgesetz
BAG	Bundesarbeitsgericht sowie Bundesamt für Güterverkehr
BAnz AT	Bundesanzeiger Amtlicher Teil
BauGB	Baugesetzbuch
BauNVO	Baunutzungsverordnung
Bay	Bayern
BayBO	Bayerische Bauordnung
BayGO	Bayerische Gemeindeordnung
BayObLG	Bayerisches Oberstes Landesgericht
BayVBl.	Bayerische Verwaltungsblätter
BayVerfGHE	Entscheidungen des Bayerischen Verfassungsgerichtshofs
BB	Der Betriebs-Berater
BBankG	Bundesbankgesetz
Bbg	Brandenburg
Bd.	Band
BDSG	Bundesdatenschutzgesetz
Berl	Berlin
Beschl.	Beschluss
BEVVG	Bundeseisenbahnverkehrsverwaltungsgesetz
BFH	Bundesfinanzhof
BGB	Bürgerliches Gesetzbuch
BGBl.	Bundesgesetzblatt
BGG	Behindertengleichstellungsgesetz
BGH	Bundesgerichtshof
BGHZ	Entscheidungen des Bundesgerichtshofs für Zivilsachen
BHO	Bundeshaushaltsordnung
BImSchG	Bundes-Immissionsschutzgesetz
BIP	Bruttoinlandsprodukt
BITs	Bilateral Investment Treaties

BIZ	Bank für Internationalen Zahlungsausgleich
BK	Bonner Kommentar
BKartA	Bundeskartellamt
BKR	Zeitschrift für Bank- und Kapitalmarktrecht
BMF	Bundesministerium der Finanzen
BMVi	Bundesministerium für Verkehr und digitale Infrastruktur
BMWi	Bundesministerium für Wirtschaft und Energie
BNetzA	Bundesnetzagentur für Elektrizität, Gas, Telekommunikation, Post und Eisenbahnen
BörsG	Börsengesetz
BörsO	Börsenordnung für die Frankfurter Wertpapierbörse
BQRL	EG-Berufsanerkennungsrichtlinie, 2005/36/EG
BRAO	Bundesrechtsanwaltsordnung
BR-Drs.	Bundesratsdrucksache
Brem	Bremen
BRRD	Bank Recovery and Resolution Directive, RL 2014/59/EU
BRZ	Zeitschrift für Beihilfenrecht
BSH	Bundesamt für Seeschiffahrt und Hydrografie
BT	Besonderer Teil
BT-Drs.	Bundestagsdrucksache
BVerfG	Bundesverfassungsgericht
BVerfGE	Entscheidungen des Bundesverfassungsgerichts
BVerwG	Bundesverwaltungsgericht
BVerwGE	Entscheidungen des Bundesverwaltungsgerichts
BW	Baden-Württemberg
BZRG	Bundeszentralregistergesetz
bzw.	Beziehungsweise
ca.	circa
CDU	Christlich Demokratische Union
CETA	Comprehensive Economic and Trade Agreement
CMA	Centrale Marketinggesellschaft der deutschen Agrarwirtschaft GmbH
CMLJ	Capital Markets Law Journal
CMLRev	Common Market Law Review
CRD-IV-RL	Capital Requirements Directive IV RL 2013/36/EU
CRR	Capital Requirements Regulation (EU) Nr. 575/2013
CSU	Christlich-Soziale Union
CYELS	Cambridge Yearbook of European Legal Studies
DAWI	Dienstleistungen von allgemeinem wirtschaftlichem Interesse
DAWI-Beschluss	Beschluss der Kommission vom 20.11.2011 über die Anwendung von Artikel 106 Absatz 2 des Vertrags über die Arbeitsweise der Europäischen

	Union auf staatliche Beihilfen in Form von Ausgleichsleistungen zugunsten bestimmter Unternehmen, die mit der Erbringung von Dienstleistungen von allgemeinem wirtschaftlichem Interesse betraut sind, ABl. EU 2012 L 7/3
DAWI-DMVO	DAWI-De-minimis-Verordnung (EU) Nr. 360/2012
DAWI-Mitteilung	Mitteilung der Kommission über die Anwendung der Beihilfevorschriften der Europäischen Union auf Ausgleichsleistungen für die Erbringung der Dienstleistungen von allgemeinem wirtschaftlichem Interesse, ABl. 2012 C 8/4
DAWI-Rahmen	Rahmen der Europäischen Union für staatliche Beihilfen in Form von Ausgleichsleistungen für die Erbringung öffentlicher Dienstleistungen, ABl. EU 2012 C 8/15
DB	Der Betrieb
DBP	Deutsche Bundespost
ders.	derselbe
DfK	Deutsche Zeitschrift für Kommunalwissenschaften
DGO	Deutsche Gemeindeordnung
d.h.	das heißt
dies.	dieselbe(n)
DJT	Deutscher Juristentag
DLR	Dienstleistungsrichtlinie 2006/123/EG
DMVO	De-miminis-Verordnung (EU) Nr. 1407/2013
DÖV	Die Öffentliche Verwaltung
DSB	Dispute Settlement Body
DStJG	Deutsche Steuerjuristische Gesellschaft
DStR	Zeitschrift Deutsches Steuerrecht
DSU	Dispute Settlement Understanding (Vereinbarung über Regeln und Verfahren zur Beilegung von Streitigkeiten)
DVBl.	Deutsches Verwaltungsblatt
EAG	Europäische Atom-Gemeinschaft
EBA	Eisenbahnbundesamt
	European Banking Authority
EBA-VO	Europäische Bankenaufsichtsbehörden-Verordnung (EU) Nr. 1093/2010
ebd.	ebenda
EEG	Erneuerbare-Energien-Gesetz
EERL	Richtlinie zur Förderung der Nutzung von Energie aus erneuerbaren Quellen, 2009/28/EG
EEWärmeG	Gesetz zur Förderung Erneuerbarer Energien im Wärmebereich (Erneuerbare-Energien-Wärmegesetz)

EFAR	European Foreign Affairs Review
EFSF	Europäische Finanzstabilisierungsfazilität
EFSM	Europäischer Finanzstabilisierungsmechanismus
EG	Europäische Gemeinschaften
EGKS	Europäische Gemeinschaft für Kohle und Stahl
EGKSV	Vertrag über die Gründung der Europäischen Gemeinschaft für Kohle und Stahl
EGV	Vertrag zur Gründung der Europäischen Gemeinschaft
EIOPA-VO	Europäische Aufsichtsbehörde für das Versicherungswesen und die betriebliche Altersversorgung-Verordnung (EU) Nr. 1094/2010
EL	Ergänzungslieferung
EMRK	Europäische Menschenrechtskonvention
endg.	endgültig
EnStRL	Energiesteuerrichtlinie, 2003/96/EG
EnWG	Energiewirtschaftsgesetz
EnzEuR	Enzyklopädie Europarecht
ErwG	Erwägungsgrund/Erwägungsgründe
ESAs	European Supervisory Authorities
ESM	Europäischer Stabilitätsmechanismus
ESMA	Europäische Wertpapier- und Marktaufsichtsbehörde
ESMA-VO	Europäische Wertpapier- und Marktaufsichtsbehörden-Verordnung (EU) Nr. 1095/2010
ESRB	European Systemic Risk Board
ESRB-VO	Europäischer Ausschuss für Systemrisiken-Verordnung (EU) Nr. 1092/2010
ESZB	Europäisches System der Zentralbanken
ET	Energiewirtschaftliche Tagesfragen
etc.	et cetera
EU	Europäische Union
EU/EWR-HwV	EU/EWR-Handwerk-Verordnung
EuG	Europäisches Gericht
EuGH	Europäischer Gerichtshof
EuGRZ	Europäische Grundrechte-Zeitschrift
EuR	Europarecht
Euratom	Europäische Atomgemeinschaft
EUV	Vertrag über die Europäische Union
EuZW	Europäische Zeitung für Wirtschaftsrecht
EWG	Europäische Wirtschaftsgemeinschaft
EWGV	Vertrag zur Gründung der Europäischen Wirtschaftsgemeinschaft
EWR	Europäischer Wirtschaftsraum

EWS	Europäisches Wirtschafts- und Steuerrecht
EZB	Europäische Zentralbank
EzGewR	Entscheidungssammlung zum Gewerberecht
f./ff.	folgende
FinDAG	Gesetz über die Bundesanstalt für Finanzdienstleistungen
FinStabG	Gesetz zur Überwachung der Finanzstabilität
FMSA	Bundesanstalt für Finanzmarktstabilisierung
Fn.	Fußnote
FS	Festschrift
FSF	Financial Stability Forum
FTAA	Free Trade Area of the Americas
GastG	Gaststättengesetz
GATS	General Agreement on Trade in Services
GATT	General Agreement on Traffics and Trade
GB	Der Grüne Bote – Zeitschrift für Lauterkeitsrecht und Geistiges Eigentum
GbR	Gesellschaft bürgerlichen Rechts
GEREK	Gremium Europäische Regulierungsstellen für elektronische Kommunikation
GewArch	Gewerbearchiv
GewO	Gewerbeordnung
GG	Grundgesetz
ggf.	gegebenenfalls
GlüStV	Staatsvertrag zum Glücksspielwesen in Deutschland (Glücksspielstaatsvertrag)
GmbH	Gesellschaft mit beschränkter Haftung
GmbHG	Gesetz betreffend die Gesellschaften mit beschränkter Haftung
GPA	Agreement on Government Procurement (Übereinkommen über das öffentliche Beschaffungswesen)
GRCH	Charta der Grundrechte der Europäischen Union
grds.	grundsätzlich
GRUR	Gewerblicher Rechtsschutz und Urheberrecht
GüKG	Güterkraftverkehrsgesetz
GVBl.	Gesetzes- und Verordnungsblatt
GVG	Gerichtsverfassungsgesetz
GWB	Gesetz gegen Wettbewerbsbeschränkungen
GWR	Gesellschafts- und Wirtschaftsrecht
Hdb.	Handbuch
Hess	Hessen
HFR	Höchstrichterliche Finanzrechtsprechung
HGB	Handelsgesetzbuch

HGR	Handbuch der Grundrechte in Deutschland und Europa
HGrG	Haushaltsgrundsätzegesetz
h.M.	herrschende Meinung
Hmb	Hamburg
Hrsg.	Herausgeber
Hs.	Halbsatz
HStR	Handbuch des Staatsrechts der Bundesrepublik Deutschland
HwK	Handwerkskammer
HwO	Handwerksordnung
HwV	Handwerkverordnung
IAEA	International Atomic Energy Agency
i. d. F.	in der Fassung
i. d. R.	in der Regel
i. e. S.	im engeren Sinne
IFC	Internationale Finance-Corporation
IfSG	Infektionsschutzgesetz
IGH	Internationaler Gerichtshof
IHK	Industrie- und Handelskammer
IHKG	Gesetz zur vorläufigen Regelung des Rechts der Industrie- und Handelskammern
IJCB	International Journal of Central Banking
insb.	insbesondere
IR	InfrastrukturRecht
i. S. d.	im Sinne des/der
i. S. v.	im Sinne von
ITLOS	International Tribunal for the Law of the Sea
ITO	International Trade Organization
i. V. m.	in Verbindung mit
IWF	Internationaler Währungsfonds
JA	Juristische Arbeitsblätter
JIBL	Journal of International Business and Law
JGG	Jugendgerichtsgesetz
JIEL	Journal of International Economic Law
JöR	Jahrbuch des Öffentlichen Rechts
Jura	Juristische Ausbildung
JuS	Juristische Schulung
JuSchG	Jugendschutzgesetz
JWT	Journal of World Trade
JZ	Juristenzeitung
K&R	Kommunikation und Recht
Kap.	Kapitel
KfW	Kreditanstalt für Wiederaufbau
KG	Kommanditgesellschaft

KJ	Kritische Justiz
KMU	Kleine und mittlere Unternehmen
KommJur	Zeitschrift KommunalJurist
KredReorgG	Gesetz zur Reorganisation von Kreditinstituten
krit.	kritisch
KRL	Konzessionsrichtlinie (EU) Nr. 2014/23
KrWG	Kreislaufwirtschaftsgesetz
KTS	Zeitschrift für Insolvenzrecht
KWG	Gesetz über das Kreditwesen
KWKG	Gesetz für die Erhaltung, die Modernisierung und den Ausbau der Kraft-Wärme-Kopplung (Kraft-Wärme-Kopplungs-Gesetz)
LBO	Landesbauordnung
Leitlinien	Leitlinien der EU für die Anwendung der Vorschriften über staatliche
Breitbandausbau	Beihilfen im Zusammenhang mit dem schnellen Breitbandausbau, ABl. EU 2013 C 25/1
LFGB	Lebens- und Futtermittelgesetzbuch
LGastG	Landesgaststättengesetz
lit.	Buchstabe
LKRZ	Zeitschrift für Landes- und Kommunalrecht Hessen/Rheinland-Pfalz/Saarland
LKV	Landes- und Kommunalverwaltung
LSA	Land Sachsen-Anhalt
LVwVfG	Landes-Verwaltungsverfahrensgesetz
MaComp	Mindestanforderungen an die Compliance-Funktion
m. Anm.	mit Anmerkung
MAR	Marktmissbrauchsverordnung (EU) Nr. 596/2014 (Market Abuse Regulation)
MaRisk	Mindestanforderungen an das Risikomanagement
max.	maximal
MiFID	Markets in Financial Instruments Directive = Finanzmarktrichtlinie 2004/39/EG
Mio.	Million(en)
MitbestG	Mitbestimmungsgesetz
MMR	Multimedia und Recht
MMRL	Marktmissbrauchsrichtlinie, 2003/6/EG
MPEPIL	Max Planck Encyclopedia of Public International Law
MPG	Medizinproduktegesetz
Mrd.	Milliarde
MV	Mecklenburg-Vorpommern
m. w. N.	mit weiteren Nachweisen
N&R	Netzwirtschaft und Recht
NAFTA	North American Free Trade Agreement

Nds	Niedersachsen
n. F.	neue Fassung
NGO	Non-Governmental Organization/
	Nichtregierungsorganisation
NJOZ	Neue Juristische Online-Zeitschrift
NJW	Neue Juristische Wochenschrift
NJW-RR	NJW-Rechtsprechungsreport
NordÖR	Zeitschrift für Öffentliches Recht in
	Norddeutschland
Nr.	Nummer
NRW	Nordrhein-Westfalen
NuR	Natur und Recht
NVwZ	Neue Zeitschrift für Verwaltungsrecht
NVwZ-RR	NVwZ-Rechtsprechungsreport
NWVBl.	Nordrhein-westfälische Verwaltungsblätter
NZBau	Neue Zeitschrift für Baurecht
NZG	Neue Zeitschrift für Gesellschaftsrecht
NZKart	Neue Zeitschrift für Kartellrecht
o. ä.	oder ähnlich
OECD	Organisation for Economic Cooperation and
	Development
OEEC	Organisation for the Europeen Economic
	Cooperation
OHG	Offene Handelsgesellschaft
OLG	Oberlandesgericht
ÖPNV	öffentlicher Personennahverkehr
ÖPP	Öffentlich-Private-Partnerschaft
ORDO	Jahrbuch für die Ordnung von Wirtschaft und
	Gesellschaft
ÖVerfGH	Österreichischer Verfassungsgerichtshof
OVG	Oberverwaltungsgericht
OWi	Ordnungswidrigkeit
OWiG	Ordnungswidrigkeitengesetz
PBefG	Personenbeförderungsgesetz
PPP	Public-Private-Partnership
PVÜ	Pariser Verbandsübereinkunft
Rating-VO	Ratingverordnung (EG) Nr. 1060/2009
RdA	Recht der Arbeit
RdE	Recht der Energiewirtschaft
RdJB	Recht der Jugend und des Bildungswesens
REE	Recht der Erneuerbaren Energien
RegTP	Regulierungsbehörde für Telekommunikation und
	Post
RGBl.	Reichsgesetzblatt
RIW	Recht der internationalen Wirtschaft

RL	Richtlinie
RMR	Allgemeine Rechtsmittelrichtlinie, 89/665/EWG
Rn.	Randnummer
RO	Agreement on Rules of Origin (Übereinkommen über Ursprungsregeln)
Rspr.	Rechtsprechung
S.	Seite oder Satz
s.	siehe
s. a.	siehe auch
Saarl	Saarland
Sächs	Sachsen
SAG	Sanierungs- und Abwicklungsgesetz
SCM	Agreement on Subsidies and Countervailing Measures (WTO- Übereinkommen über Subventionen und Ausgleichsmaßnahmen)
SEK	Sekretariat der Europäischen Kommission
SGB	Sozialgesetzbuch
SH	Schleswig-Holsten
SKR	Sektorenkoordinierungsrichtlinie, 2004/17/EG
SKSV	Vertrag über Stabilität, Koordinierung und Steuerung in der Wirtschafts- und Währungsunion
Slg.	Sammlung
s. o.	siehe oben
sog.	sogenannt
SPD	Sozialdemokratische Partei Deutschlands
SPS	Agreement on Sanitary and Phytosanitary Measures (Übereinkommen über sanitäre und phytosanitäre Maßnahmen)
Spstr.	Spiegelstrich
SRM-VO	Single Resolution Mechanism-Verordnung (EU) Nr. 806/2014
SSM	Single Supervisory Mechanism
SSM-RahmenVO	SSM-Rahmenverordnung (EU) Nr. 468/2014
SSM-VO	Single Supervisory Mechanism-Verordnung (EU) Nr. 1024/2013
StGB	Strafgesetzbuch
StGG	Staatsgrundgesetz
StIGH	Ständiger Internationaler Gerichtshof
st. Rspr.	ständige Rechtsprechung
StuW	Steuern und Wirtschaft
StWStP	Staatswissenschaften und Staatenpraxis
StabG	Stabilitäts- und Wachstumsgesetz
TA-Lärm	Technische Anleitung zum Schutz gegen Lärm
TA-Luft	Technische Anleitung zur Reinhaltung der Luft

TBT	Agreement on Technical Barriers to Trade (Übereinkommen über technische Handelshemmnisse)
Thür	Thüringen
TKG	Telekommunikationsgesetz
TPG	Transplantationsgesetz
Transparenz-RL	Transparenzrichtlinie 2005/111/EG
TranspRLG	Transparenzrichtlinie-Gesetz
TRIMs	Agreement on Trade-Related Investment Measures (Übereinkommen über handelsbezogene Investitionsmaßnahmen)
TRIPS	Agreement on Trade-Related Aspects of Intellectual Property Rights
TTIP	Transatlantic Trade and Investment Partnership
TÜV	Technischer Überwachungsverein
Tz.	Teilziffer/Textziffer
u. a.	unter anderem/und andere
UAbs.	Unterabsatz
UBA	Umweltbundesamt
UNCITRAL	United Nations Commission on International Trade Law (Kommission der Vereinten Nationen für internationales Handelsrecht)
UNCTAD	United Nations Conference on Trade and Development (Konferenz der Vereinten Nationen für Handel und Entwciklung)
UNO	Vereinte Nationen
ÜOECD	Übereinkommen über die OECD
UPR	Umwelt- und Planungsrecht
Urt.	Urteil
usw.	und so weiter
u. U.	unter Umständen
UWG	Gesetz gegen den unlauteren Wettbewerb
ÜWTO	Marrakesh Agreement Establishing the World Trade Organization
v.	von/vom
VAG	Versicherungsaufsichtsgesetz
Var.	Variante
VBlBW.	Verwaltungsblätter für Baden-Württemberg
Verf.	Verfassung
VergabeR	Vergaberecht
Vergabe-RL	Vergaberichtlinie 2004/18/EG
VerwArch	Verwaltungsarchiv
VG	Verwaltungsgericht
VGH	Verwaltungsgerichtshof
vgl.	vergleiche

VgV	Vergabeverordnung
VHMK-RL	Verhältnismäßigkeitsrichtlinie (EU) Nr. 2018/958
VIG	Verbraucherinformationsgesetz
VK	Vergabekammer
VKR	Vergabekoordinierungsrichtlinie, 2004/18/EG
VO	Verordnung
VOB/A	Vergabe- und Vertragsordnung für Bauleistungen
VOF	Verdingungsordnung für freiberufliche Leistungen
VOL/A	Verdingungsordnung für Leistungen
VR	Verwaltungsrundschau
VRL	Vergaberichtlinie (EU) Nr. 2014/24
VÜA	Vergabeüberwachungsausschuss
VVDStRL	Veröffentlichungen der Vereinigung der Deutschen Staatsrechtslehrer
VVO	EG-Beihilfenverfahrensverordnung (EG) Nr. 659/1999, zuletzt geändert durch VO (EU) Nr. 734/2013
VwGO	Verwaltungsgerichtsordnung
VwVfG	Verwaltungsverfahrensgesetz
WIPO	World Intellectual Property Organisation
WiVerw	Wirtschaftsverwaltung
WM	Wertpapier-Mitteilungen
WpDVerOV	Verordnung zur Konkretisierung der Verhaltensregeln und Organisationsanforderungen für Wertpapierdienstleistungsunternehmen
WpHG	Wertpapierhandelsgesetz
WRV	Weimarer Reichsverfassung
WTO	World Trade Organization
WuW	Wirtschaft und Wettbewerb
ZAG	Zahlungsdiensteaufsichtsgesetz
z. B.	zum Beispiel
ZBB	Zeitschrift für Bankrecht und Bankwirtschaft
ZEuS	Zeitschrift für europäische Studien
ZfBR	Zeitschrift für deutsches und internationales Bau- und Vergaberecht
ZfGW	Zeitschrift für Wett- und Glücksspielrecht
ZG	Zeitschrift für Gesetzgebung
ZGR	Zeitschrift für Unternehmens- und Gesellschaftsrecht
ZHR	Zeitschrift für das gesamte Handelsrecht und Wirtschaftsrecht
Ziff.	Ziffer
ZInsO	Zeitschrift für das gesamte Insolvenz- und Sanierungsrecht
ZIP	Zeitschrift für Wirtschaftsrecht

ZJS   Zeitschrift für das juristische Studium
ZÖR   Zeitschrift für öffentliches Recht
ZPO   Zivilprozessordnung
ZSE   Zeitschrift für Staats- und Europawissenschaften
ZUR   Zeitschrift für Umweltrecht
ZVglRWiss   Zeitschrift für Vergleichende Rechtswissenschaft
ZWeR   Zeitschrift für Wettbewerbsrecht

Autorenverzeichnis

Prof. Dr. Simon Bulla Fachanwalt für Verwaltungsrecht, Scheidle & Partner, Augsburg, Honorarprofessor und Lehrbeauftragter für Verwaltungsrecht an der Universität Augsburg

RA Dr. Lars Diederichsen Fachanwalt für Verwaltungsrecht, Haldenwang Rechtsanwälte GbR, Frankfurt am Main

Prof. Dr. Klaus Ferdinand Gärditz Inhaber des Lehrstuhls für Öffentliches Recht an der Juristischen Fakultät der Rheinischen Friedrich-Wilhelms-Universität Bonn

Prof. Dr. Ann-Katrin Kaufhold Inhaberin des Lehrstuhls für Staats- und Verwaltungsrecht an der Juristischen Fakultät der Ludwig-Maximilians-Universität München

Prof. Dr. Jan Henrik Klement Inhaber des Lehrstuhls für Öffentliches Recht, Ökonomische Analyse des Rechts und Öffentliches Wirtschaftsrecht an der Fakultät für Rechtswissenschaft und Volkswirtschaftslehre der Universität Mannheim

Prof. Dr. Martin Kment Inhaber des Lehrstuhls für Öffentliches Recht und Europarecht, Umweltrecht und Planungsrecht an der Juristischen Fakultät der Universität Augsburg

Prof. Dr. Matthias Knauff, LL.M. Eur. Inhaber des Lehrstuhls für Öffentliches Recht, insbesondere Öffentliches Wirtschaftsrecht, an der Juristischen Fakultät der Friedrich-Schiller-Universität Jena

Prof. Dr. Stefan Korte Inhaber des Lehrstuhls für Öffentliches Recht, insbesondere Öffentliches Wirtschaftsrecht an der Fakultät für Wirtschaftswissenschaften der Technischen Universität Chemnitz

Prof. Dr. Markus Ludwigs Inhaber des Lehrstuhls für Öffentliches Recht und Europarecht an der Juristischen Fakultät der Julius-Maximilians-Universität Würzburg

RA Ingo Renner Fachanwalt für Verwaltungsrecht, Haldenwang Rechtsanwälte GbR, Frankfurt am Main

Prof. em. Dr. Reiner Schmidt em. Prof. an der Juristischen Fakultät der Universität Augsburg

Prof. Dr. Jörg Philipp Terhechte Inhaber des Lehrstuhls für Öffentliches Recht, Europäisches und Internationales Recht sowie Regulierungs- und Kartellrecht an der Juristischen Fakultät der Leuphana Universität Lüneburg

Prof. Dr. Sebastian Unger Inhaber des Lehrstuhls für Öffentliches Recht, Wirtschafts- und Steuerrecht an der Juristischen Fakultät der Ruhr-Universität Bochum und Co-Direktor des Instituts für Steuerrecht und Steuervollzug

Prof. Dr. Ferdinand Wollenschläger Inhaber des Lehrstuhls für Öffentliches Recht, Europarecht und Öffentliches Wirtschaftsrecht an der Juristischen Fakultät der Universität Augsburg

§ 1 Unionsrechtliche Grundlagen des Öffentlichen Wirtschaftsrechts

Ferdinand Wollenschläger

Inhaltsverzeichnis

F. Wollenschläger (✉)
Juristische Fakultät, Universität Augsburg, Augsburg, Deutschland
E-Mail: ferdinand.wollenschlaeger@jura.uni-augsburg.de

© Springer-Verlag GmbH Deutschland, ein Teil von Springer Nature 2019   1
R. Schmidt, F. Wollenschläger (Hrsg.), *Kompendium Öffentliches Wirtschaftsrecht*,
Springer-Lehrbuch, https://doi.org/10.1007/978-3-662-59430-8_1

I. Einführung

1 Schon die Anfänge des europäischen Integrationsprojekts als Wirtschaftsgemeinschaft unterstreichen die zentrale und im Laufe der Zeit stetig gewachsene Bedeutung des Unionsrechts für das Öffentliche Wirtschaftsrecht und das Wirtschaftsleben. Dies bestätigt ein Blick auf die in diesem Buch behandelten Rechtsgebiete, die
teils, wie etwa das Vergabe-, das Netzregulierungs- sowie das Energierecht und die
Finanz- und Börsenaufsicht, weitgehend eine Umsetzung EU-sekundärrechtlicher
Vorgaben darstellen, und auch im Übrigen, wie etwa im Falle des Gewerbe- und
Handwerksrechts oder des Rechts öffentlicher Unternehmen, erheblichen unionsrechtlichen Einflüssen unterliegen. Oftmals hat die Europäisierung die Gestalt der
zuvor national regulierten Materien verändert: Man denke an grundfreiheitlich
angestoßene Liberalisierungstendenzen, etwa im Handwerks- oder Telekommunikationsrecht, die Einführung von Rechtsschutz und subjektiven Rechten im Vergaberecht oder die Konsequenzen der unionsrechtlich vorgezeichneten strikten Beihilfenkontrolle, etwa für die Finanzierung öffentlicher Unternehmen.[1]

2 Vor diesem Hintergrund stellt dieses Kapitel die unionale Wirtschaftsverfassung
vor (II) und entfaltet zwei zentrale Eckpfeiler, nämlich die Grundfreiheiten (III) und
die, gerade angesichts fortschreitender Regelungsaktivitäten auf Unionsebene, zunehmend an Bedeutung gewinnenden Unionsgrundrechte (IV). Ein letzter Teil widmet sich der Kompetenzverteilung zwischen Union und Mitgliedstaaten im Bereich
der Wirtschaftsregulierung (V).

II. Die unionale Wirtschaftsverfassung

3 Anders als das Grundgesetz (→ § 2 Rn. 3 ff.) enthält das EU-Primärrecht in Art. 3
Abs. 3 UAbs. 1 EUV eine explizite Aussage zur Wirtschaftsverfassung der Union,
nämlich die Festlegung auf das *Binnenmarktziel* und auf eine *in hohem Maße wettbewerbsfähige soziale Marktwirtschaft*: „Die Union errichtet einen Binnenmarkt.
Sie wirkt auf die nachhaltige Entwicklung Europas auf der Grundlage eines aus-
gewogenen Wirtschaftswachstums und von Preisstabilität, eine in hohem Maße
wettbewerbsfähige soziale Marktwirtschaft, die auf Vollbeschäftigung und sozia-

---

[1]Allgemein *F. Wollenschläger*, VVDStRL 75 (2016), 187 (213 ff.).

len Fortschritt abzielt, sowie ein hohes Maß an Umweltschutz und Verbesserung der Umweltqualität hin …".[2] Diese Zielvorgabe, aus der angesichts ihrer Konkretisierungsbedürftigkeit Einzelne keine Klagerechte ableiten können,[3] leitet die Wirtschaftspolitik in der Union an, die eine Koordinierung der mitgliedstaatlichen Wirtschaftspolitik einschließt (siehe Art. 119 Abs. 1, Art. 120 AEUV). Überdies stellt Art. 119 Abs. 3 AEUV *Stabilitätsgrundsätze* für Union und Mitgliedstaaten auf, nämlich „stabile Preise, gesunde öffentliche Finanzen und monetäre Rahmenbedingungen sowie eine tragfähige Zahlungsbilanz" (näher, auch zur Währungspolitik → § 5 Rn. 14 ff.).

Wesentliche *Eckpfeiler der unionalen Wirtschaftsverfassung*, die den Rahmen   **4** für die Regulierung der Wirtschafts- und Sozialordnung auf unionaler und mitgliedstaatlicher Ebene abstecken, stellen die der Realisierung des Binnenmarktziels dienenden Marktfreiheiten (→ Rn. 6 ff.) sowie die EU-Wirtschaftsgrundrechte (→ Rn. 84 ff.) dar. Hinzu kommen die einen unverfälschten Wettbewerb[4] sichernden Wettbewerbsregeln, namentlich das Kartellverbot (Art. 101 AEUV), das Verbot des Missbrauchs einer marktbeherrschenden Stellung (Art. 102 AEUV) und das Beihilfenverbot (Art. 107 AEUV; → § 8 Rn. 11 ff.).

Diese Vorgaben räumen, wie schon im Ziel einer in hohem Maße wettbewerbs-   **5** fähigen *sozialen* Marktwirtschaft zum Ausdruck kommt, Wettbewerb und Wettbewerbsfreiheit freilich keinen absoluten Vorrang ein, vielmehr sind Marktfreiheiten und unternehmerische Grundrechte einer Beschränkung aus überwiegenden Gemeinwohlbelangen zugänglich, etwa zum Schutz der Umwelt; gerade die Grundrechte-Charta normiert in ihrem Solidaritäts-Titel eine Vielzahl sozialstaatlich motivierter Belange, etwa den Schutz der Arbeitnehmer oder der Verbraucher (siehe Art. 27 ff. GRCH). Entsprechende Ausnahmen kennt auch das Beihilfenverbot, etwa um die Finanzierung defizitärer, aber für die Daseinsvorsorge bedeutsamer öffentlicher Einrichtungen wie Krankenhäuser oder Verkehrsbetriebe zu ermöglichen (→ § 8 Rn. 11). Überdies sieht Art. 106 Abs. 2 AEUV eine (begrenzte) Ausnahmemöglichkeit von den Wettbewerbsregeln für Unternehmen vor, die mit Dienstleistungen von allgemeinem wirtschaftlichem Interesse betraut sind (→ § 8 Rn. 36 ff.).[5] Schließlich normiert Art. 345 AEUV „den Grundsatz der Neutralität der Verträge gegenüber der Eigentumsordnung in den Mitgliedstaaten" und überlässt damit den

---

[2] Näher zur EU-Wirtschaftsverfassung *Hatje*, in: von Bogdandy/Bast, S. 801.

[3] EuGH, Rs. C-9/99, Slg. 2000, I-8207, Rn. 25 – Échirolles. Näher zu Adressaten und Justiziabilität *Terhechte*, in: Grabitz/Hilf/Nettesheim, Art. 3 EUV Rn. 27 f. (Stand: 53. EL Mai 2014).

[4] Vergleicht man Art. 3 Abs. 3 UAbs. 1 EUV mit seiner Vorgängerfassung, fällt auf, dass das noch in Art. 3 Abs. 1 lit. g EGV genannte Ziel, ein *System des unverfälschten Wettbewerbs* zu schaffen, nicht mehr ausdrücklich genannt ist. Diese auf französische Initiative zurückgehende Modifikation ändert indes nichts an der Rechtsverbindlichkeit des Wettbewerbsziels: Denn Protokoll Nr. 27 über den Binnenmarkt und den Wettbewerb, das gemäß Art. 51 EUV zum Primärrecht rechnet, bekräftigt, „dass der Binnenmarkt, wie er in Art. 3 des Vertrags über die Europäische Union beschrieben wird, ein System umfasst, das den Wettbewerb vor Verfälschungen schützt". Siehe dazu *Terhechte*, in: Grabitz/Hilf/Nettesheim, Art. 3 EUV Rn. 41 (Stand: 53. EL Mai 2014). Allgemein auch *Drexl*, in: von Bogdandy/Bast, S. 905.

[5] Siehe auch *F. Wollenschläger*, in: Kirchhof/Korte/Magen, § 6 Rn. 40 ff.

letzteren die Entscheidung über eine Verstaatlichung oder Privatisierung von Unternehmen. Damit sind die Mitgliedstaaten zwar nicht von einer Beachtung der Marktfreiheiten freigestellt; allerdings sind die der Zuordnung zugrunde liegenden Motive im Rahmen der Rechtfertigung zu berücksichtigen (→ § 7 Rn. 42, 46).[6]

III. Grundfreiheiten

1. Das Binnenmarktziel

6   Bereits die durch die Römischen Verträge zum 01.01.1958 gegründete *Europäische Wirtschaftsgemeinschaft* sah die schrittweise Errichtung eines Gemeinsamen Marktes vor, namentlich durch die Abschaffung von Zöllen, die Einführung eines Gemeinsamen Zolltarifs sowie die Beseitigung von Hemmnissen für den freien Verkehr von Waren, Personen, Kapital und Dienstleistungen (Art. 2, 3 lit. a–c, 8 EWGV). Trotz beträchtlicher Fortschritte auf diesem Weg, etwa in Gestalt der Festlegung eines Gemeinsamen Zolltarifs (1968) oder der im Jahre 1977 erreichten Harmonisierung im Bereich indirekter Steuern, blieb der Gemeinsame Markt in den 1980er-Jahren noch unvollendet; daher formulierte die Kommission in ihrem *Weißbuch zur Vollendung des Binnenmarktes* vom 14.06.1985, im Anschluss an politische Bekenntnisse des Rates, einen Zeitplan und ein Programm zur Realisierung dieses Integrationsziels mit knapp 300 Rechtsetzungsvorschlägen.[7] Hieran anknüpfend fand das Ziel, bis zum 31.12.1992 einen Binnenmarkt zu verwirklichen, mit der am 01.07.1987 in Kraft getretenen Einheitlichen Europäischen Akte Eingang in das Primärrecht (Art. 8a EWGV).

7   Die Schaffung eines Binnenmarktes stellt auch heute noch ein *zentrales Integrationsziel* dar (siehe Art. 3 Abs. 3 UAbs. 1 S. 1 EUV). Dieser umfasst gemäß der Definition in Art. 26 Abs. 2 AEUV „einen Raum ohne Binnengrenzen, in dem der freie Verkehr von Waren, Personen, Dienstleistungen und Kapital gemäß den Bestimmungen der Verträge gewährleistet ist." Die *Instrumente* zur Realisierung dieses Ziels sind zum einen die fünf Marktfreiheiten (→ Rn. 9 ff.) und zum anderen der Erlass von Maßnahmen auf Unionsebene, namentlich die Rechtsangleichung (siehe Art. 26 Abs. 1 AEUV, → Rn. 119). Insoweit ist zwischen *negativer und positiver Integration* zu unterscheiden: Während erstere auf den Abbau von Handelshemmnissen zielt, etwa in Gestalt des aus den Marktfreiheiten folgenden Verbots unverhältnismäßiger Qualifikationsanforderungen für die Erbringung bestimmter Dienstleistungen, besteht letztere in der Schaffung europaweit einheitlicher Standards, etwa in der Festlegung bestimmter Qualifikationsanforderungen.[8] Der die Mitgliedstaaten verbindende Binnenmarkt stellt den größten Wirtschaftsraum der Erde dar

---

[6] EuGH, verb. Rs. C-105/12–C-107/12, EU:C:2013:677, Rn. 29 ff. – Essent NV u. a. Dazu *Klement*, EuZW 2014, 57.

[7] KOM(85) 310 endg.

[8] Siehe nur *Eger/Wagener*, EnzEuR I, § 3 Rn. 31 ff.

mit einer Einwohnerzahl von 513,4 Mio. Personen (Stand: 01.01.2019)[9] und einem BIP von 15,87 Billionen Euro.[10]

Wesentliche *ökonomische Ziele* des Binnenmarktes sind die Erleichterung des   **8** europaweiten Absatzes von Produkten und die effiziente Allokation der Produktionsfaktoren, indem etwa die Niederlassungsfreiheit Selbstständigen ermöglicht, an dem Ort unternehmerische Aktivitäten zu entfalten, an dem die besten Bedingungen herrschen.[11] Darüber hinaus ist die Marktintegration freilich auch in einem *markttranszendierenden Kontext* zu sehen.[12] So betonte schon die Präambel des EWGV das Ziel, „die Grundlagen für einen immer engeren Zusammenschluß der europäischen Völker zu schaffen" und durch den „Zusammenschluß [der] Wirtschaftskräfte Frieden und Freiheit zu wahren und zu festigen …". Auch der vierte Erwägungsgrund der VO (EU) Nr. 492/2011 sieht die Arbeitnehmerfreizügigkeit nicht nur als Mittel, mit dem „der Bedarf der Wirtschaft der Mitgliedstaaten befriedigt wird", sondern auch als „ein Grundrecht der Arbeitnehmer und ihrer Familien. Die Mobilität der Arbeitskräfte innerhalb der Union soll für den Arbeitnehmer eines der Mittel sein, die ihm die Möglichkeit einer Verbesserung der Lebens- und Arbeitsbedingungen garantieren und damit auch seinen sozialen Aufstieg erleichtern".

2. Die Grundfreiheiten im Überblick

Das zentrale Instrument zur Realisierung des Binnenmarktziels, mithin zum Abbau von   **9** Hindernissen für den freien Verkehr von Waren, Personen, Kapital und Dienstleistungen innerhalb der Europäischen Union, stellen die fünf Grundfreiheiten dar, nämlich

- die Warenverkehrsfreiheit (Art. 28 ff. AEUV),
- die Arbeitnehmerfreizügigkeit (Art. 45 ff. AEUV),
- die Niederlassungsfreiheit (Art. 49 ff. AEUV),
- die Dienstleistungsfreiheit (Art. 56 ff. AEUV) und
- die Kapitalverkehrsfreiheit (Art. 63 ff. AEUV).

Die *Freizügigkeit Nichterwerbstätiger* schützt das mit der Maastrichter Vertragsre-   **10** form (1993) primärrechtlich verankerte, an den Status als Unionsbürger geknüpfte und damit von einer ökonomischen Aktivität unabhängige *allgemeine Freizügigkeitsrecht* (Art. 21 AEUV), das der EuGH zu einer „Grundfreiheit ohne Markt" ausgebaut hat.[13]

---

[9] Eurostat, http://ec.europa.eu/eurostat/tgm/table.do?tab=table&init=1&plugin=1&language=de&pcode=tps00001 (13.08.2019).

[10] Statista, https://de.statista.com/statistik/daten/studie/222901/umfrage/bruttoinlandsprodukt-bip-in-der-europaeischen-union-eu/ (13.08.2019).

[11] Siehe nur *F. Wollenschläger*, Grundfreiheit ohne Markt, S. 19 ff.

[12] Siehe dazu und zum Folgenden *F. Wollenschläger*, Grundfreiheit ohne Markt, S. 22 ff.

[13] Zu dieser Entwicklung *F. Wollenschläger*, Grundfreiheit ohne Markt; ferner *ders.*, EnzEuR I, § 8 Rn. 116 ff.

11   Obgleich das Primärrecht als völkerrechtlicher Vertrag lediglich die Mitgliedstaaten adressiert, können sich auch Einzelne auf die Grundfreiheiten berufen. In
der bahnbrechenden Entscheidung van Gend und Loos vom 05.02.1963 hat der
EuGH nämlich die *unmittelbare Anwendbarkeit* des Verbots der Zölle und Abgaben
gleicher Wirkung (Art. 30 AEUV) mit Blick auf den besonderen Charakter des Gemeinschaftsrechts anerkannt:

> Das Ziel des EWG-Vertrages ist die Schaffung eines Gemeinsamen Marktes, dessen Funk-
> tionieren die der Gemeinschaft angehörigen Einzelnen unmittelbar betrifft; damit ist zu-
> gleich gesagt, dass dieser Vertrag mehr ist als ein Abkommen, das nur wechselseitige
> Verpflichtungen zwischen den vertragsschließenden Staaten begründet … [D]ie Gemein-
> schaft [stellt] eine neue Rechtsordnung des Völkerrechts dar …, zu deren Gunsten die
> Staaten, wenn auch in begrenztem Rahmen, ihre Souveränitätsrechte eingeschränkt haben,
> eine Rechtsordnung, deren Rechtssubjekte nicht nur die Mitgliedstaaten, sondern auch die
> einzelnen sind.[14]

Dieser Rechtsprechung ist der EuGH auch für die übrigen Grundfreiheiten gefolgt.[15]

12   In vielen Fällen hat der Unionsgesetzgeber *Anforderungen der Marktfreiheiten sekundärrechtlich konkretisiert*, etwa in der Dienstleistungsrichtlinie (DLR;
näher → Rn. 42) oder in der neuen Verhältnismäßigkeitsrichtlinie (VHMK-RL;
näher → Rn. 42). In diesem Fall ist eine Lösung zunächst anhand des Sekundär-
rechtsakts zu suchen, dessen Anwendung freilich immer unter dem Vorbehalt
seiner Primärrechtskonformität steht.[16] Bei einer abschließenden Harmonisierung durch EU-Rechtsakte gemäß Art. 114 AEUV verbleibt ein mitgliedstaatlicher Spielraum nur im Rahmen der Schutzklauseln (Art. 114 Abs. 4 ff. AEUV; →
Rn. 126).

13   In sachlicher Hinsicht kommt den Marktfreiheiten nicht nur eine *negative Dimension* zu, indem sie den Mitgliedstaaten ungerechtfertigte Diskriminierungen
und Beschränkungen der innerunionalen Mobilität verbieten; vielmehr implizie-
ren sie auch (positive) *Handlungspflichten* für die Mitgliedstaaten (allgemein
Art. 4 Abs. 3 UAbs. 2 EUV): So beinhalten sie Schutzpflichten (→ Rn. 20) und
verlangen effektiven Rechtsschutz gegen Verstöße (siehe auch Art. 19 Abs. 1
UAbs. 2 EUV; Art. 47 GRCH)[17] sowie eine ihrer Verwirklichung dienende Ver-

---

[14] EuGH, Rs. 26/62, Slg. 1963, 3 (24 f.) – van Gend en Loos.

[15] Für die Warenverkehrsfreiheit im Übrigen EuGH, Rs. 83/78, Slg. 1978, I-2347, Rn. 66/67 – Red-
mond. Für die Arbeitnehmerfreizügigkeit Rs. 167/73, Slg. 1974, 359, Rn. 35 ff. – Kommission/
Frankreich und Rs. 41/74, Slg. 1974, 1337, Rn. 4 ff. – van Duyn. Für die Niederlassungsfreiheit
Rs. 2/74, Slg. 1974, 631, Rn. 3 ff. – Reyners. Für die Dienstleistungsfreiheit Rs. 33/74, Slg. 1974,
1299, Rn. 24/26 – van Binsbergen. Für die Kapitalverkehrsfreiheit Rs. C-163/94 u. a., Slg. 1995,
I-4821, Rn. 43 – Sanz de Lera. Für das allgemeine Freizügigkeitsrecht Rs. C-413/99, Slg. 2002,
I-7091, Rn. 80 ff. – Baumbast und R.

[16] Siehe nur EuGH, Rs. C-443/11, EU:C:2013:224, Rn. 41, 46 – Jeltes.

[17] EuGH, Rs. 222/86, Slg. 1987, 4097, Rn. 14 ff. – Heylens; Rs. C-340/89, Slg. 1991, I-2357,
Rn. 22 – Vlassopoulou.

fahrensgestaltung, was der EuGH etwa in Gestalt von Ausschreibungs- und Transparenzpflichten für die öffentliche Auftragsvergabe ausbuchstabiert hat (→ § 7 Rn. 19, 83 ff.).[18]

3. Warenverkehrsfreiheit

Die Vorschriften über den freien Warenverkehr (Art. 28 ff. AEUV) umfassen die   **14** *Zollunion* und das *Verbot von mengenmäßigen Beschränkungen zwischen den Mitgliedstaaten.* Die Zollunion beinhaltet zum einen das Verbot von Binnenzöllen, mithin von Ein- und Ausfuhrzöllen oder von Abgaben gleicher Wirkung zwischen den Mitgliedstaaten (Art. 30 AEUV), zum anderen die Einführung eines Gemeinsamen Zolltarifs gegenüber Drittstaaten (Art. 31 AEUV). Letzteres unterscheidet die Zollunion von einer Freihandelszone, die lediglich auf Binnenzölle verzichtet.[19] In der juristischen Ausbildung von besonderer Bedeutung ist das Verbot mengenmäßiger Ein- und Ausfuhrbeschränkungen sowie von Maßnahmen gleicher Wirkung (Art. 34 ff. AEUV), das im Mittelpunkt dieses Abschnitts steht (sog. nichttarifäre Handelshemmnisse). Schließlich findet sich in Art. 37 AEUV eine Sonderregel für staatliche Handelsmonopole.[20]

a) Einführungsfall[21]

Nachdem sich die bisherigen Maßnahmen zur Reduktion des Stickstoffdioxidge-   **15** halts auf der Autobahn A 12 in Tirol, der wichtigsten Verbindung zwischen Süddeutschland und Norditalien, als nicht ausreichend erwiesen hatten, um Grenzwerte einzuhalten, ordnete der zuständige Landeshauptmann von Tirol u. a. ein Fahrverbot für Lastkraftwagen über 7,5 t an, die bestimmte Waren wie Abfall, Steine, Rundholz, Kraftfahrzeuge, Stahl und Marmor befördern. Das Fahrverbot bezweckt, den Transport dieser „bahnaffinen" Waren auf die Schiene zu verlagern, um die Luftqualität zum Schutz der menschlichen Gesundheit sowie des Tier- und Pflanzenbestandes zu verbessern. Kritiker machen geltend, das Verbot sei wegen der Ausnahme nicht bahnaffiner Güter sowie des regionalen und lokalen Verkehrs in sich widersprüchlich; überdies genüge ein Tempolimit. Dem hält die österreichische Regierung entgegen, dass das Tempolimit erfahrungsgemäß nicht eingehalten werde. Verstößt das Fahrverbot gegen die Warenverkehrsfreiheit?

---

[18] Siehe EuGH, Rs. C-324/98, Slg. 2000, I-10745, Rn. 62 – Telaustria; Rs. C-458/03, Slg. 2005, I-8612, Rn. 49 – Parking Brixen; Rs. C-380/05, Slg. 2008, I-349, Rn. 99 ff., insbesondere Rn. 105 – Centro Europa 7 Srl; ferner *F. Wollenschläger*, Verteilungsverfahren, S. 126 ff.; *ders.*, NVwZ 2007, 388.

[19] Siehe nur *Kahl*, 3. Aufl., § 1 Rn. 49.

[20] Zur Abgrenzung von Art. 34 und 37 AEUV aus jüngerer Zeit EuGH, Rs. C-198/14, EU:C:2015:751, Rn. 78 ff. – Visnapuu.

[21] Der Einführungsfall beruht auf EuGH, Rs. C-28/09, Slg. 2011, I-13525 – Kommission/Österreich.

b) Das Verbot mengenmäßiger Ein- und Ausfuhrbeschränkungen sowie von Maßnahmen gleicher Wirkung (Art. 34 ff. AEUV)

aa) Prüfungsschema

16
1. Anwendbarkeit
   a) Unmittelbare Anwendbarkeit (→ Rn. 11)
   b) Keine Spezialregelung im Sekundärrecht (→ Rn. 12)
2. Anwendungsbereich
   a) Verpflichtete: Mitgliedstaaten, Union und Private
   b) Berechtigte: Jedermann
   c) Sachlich: Ware
   d) Grenzüberschreitendes Element
3. Tatbestand
   a) Mengenmäßige Ein- oder Ausfuhrbeschränkung
   b) Maßnahme gleicher Wirkung
      aa) Einfuhrbeschränkungen: Dassonville- und Keck-Formel sowie ihre Weiterentwicklung
      bb) Ausfuhrbeschränkungen: Groenveld-Formel
4. Rechtfertigung
   a) Geschriebene Rechtfertigungsgründe (Art. 36 AEUV)
   b) Ungeschriebene Rechtfertigungsgründe
      aa) Zwingende Erfordernisse des Gemeinwohls i. S. d. Cassis-Rechtsprechung
      bb) Kollidierende Unionsgrundrechte
   c) Verhältnismäßigkeit

bb) Anwendungsbereich

(1) Verpflichtete

17 Obgleich sich die Marktfreiheiten primär und auch historisch gegen mitgliedstaatliche Handelshemmnisse richten, ist heute anerkannt, dass sie nicht nur die *Mitgliedstaaten*, sondern auch die *EU* binden (vgl. auch Art. 15 Abs. 2, Art. 51 Abs. 1 S. 1, Art. 52 Abs. 2 GRCH).[22] Zwar ist nur die Bundesrepublik Deutschland Mitglied der EU; als Kehrseite der institutionellen Autonomie der Mitgliedstaaten erfasst die Bindung an die Marktfreiheiten allerdings *alle Ebenen der Staatsgewalt*, mithin *Bund, Länder und Kommunen*.[23] Analog hat im Einführungsfall auch der

---

[22] Zur Bindung der EU EuGH, Rs. 37/83, Slg. 1984, 1229, Rn. 18 – Rewe-Zentrale; Rs. C-549/15, EU:C:2017:490, Rn. 45 – E.ON Niofor Sverige; Rs. C-518/16, EU:C:2018:126, Rn. 40 – ZPT AD; *R. Streinz*, Europarecht, Rn. 874; *Leible/T. Streinz*, in: Grabitz/Hilf/Nettesheim, Art. 34 AEUV Rn. 36 (Stand: 55. EL Januar 2015). A.A. *Kingreen*, in: Calliess/Ruffert, Art. 36 AEUV Rn. 109 f.
[23] EuGH, Rs. C-17/00, Slg. 2000, I-9445, Rn. 27 – De Coster; *Leible/T. Streinz*, in: Grabitz/Hilf/Nettesheim, Art. 34 AEUV Rn. 35 (Stand: 55. EL Januar 2015).

Landeshauptmann von Tirol als Teil der Tiroler Landesregierung (Art. 44 Abs. 4, Art. 56 Verf. Tirol) die Warenverkehrsfreiheit zu beachten.

Überdies liegt dem Unionsrecht ein *weiter Staatsbegriff* zugrunde, so dass auch **18** gegenüber dem Staat verselbstständigte, ihm aber zuzurechnende Einrichtungen die Marktfreiheiten zu beachten haben, und zwar unabhängig von ihrer Rechtsform.[24] Die Zurechenbarkeit ist eine Frage des Einzelfalls und bestimmt sich nach dem Grad des staatlichen Einflusses, wobei auf die Bestellung von Leitungsgremien, die überwiegende Finanzierung, die inhaltliche Steuerung der Tätigkeit, die staatliche Errichtung, die Wahrnehmung hoheitlicher oder im öffentlichen Interesse liegender Aufgaben sowie die Aufsicht abzustellen ist.[25] Demnach ist etwa ein in der Rechtsform der AG organisiertes öffentliches Unternehmen, an dem der Staat alle Anteile hält, an die Marktfreiheiten gebunden (vgl. Art. 106 Abs. 1 AEUV). In der Rs. Buy Irish hat der EuGH die Bindung des Irish Goods Council, einer privatrechtlichen Gesellschaft, an die Warenverkehrsfreiheit bejaht, weil „die irische Regierung die Vorstandsmitglieder ... [berufen hat], ihn durch öffentliche Gelder, die den größeren Teil seiner Ausgaben decken, [unterstützt hat] und ... schließlich in großen Zügen die Ziele der von dieser Einrichtung geführten Kampagne [bestimmt hat]".[26]

Eine *Drittwirkung der Warenverkehrsfreiheit*, mithin eine Bindung Privater, **19** hat der EuGH zunächst abgelehnt,[27] hiervon indes zwischenzeitlich eine *partielle* Abkehr in seinem Urteil in der Rs. Fra.bo vom 12.07.2012 vollzogen. Nach diesem ist die Warenverkehrsfreiheit „auf die Normungs- und Zertifizierungstätigkeiten einer privaten Einrichtung anzuwenden ..., wenn die Erzeugnisse, die von dieser Einrichtung zertifiziert wurden, nach den nationalen Rechtsvorschriften als mit dem nationalen Recht konform angesehen werden und dadurch ein Vertrieb von Erzeugnissen, die nicht von dieser Einrichtung zertifiziert wurden, erschwert wird."[28]

Strikt von der Frage einer Bindung Privater zu unterscheiden ist die Frage **20** einer Verpflichtung des Staates, gegen Beeinträchtigungen der Marktfreiheiten durch Private einzuschreiten. Eine entsprechende *staatliche Schutzpflicht* hat

---

[24] EuGH, Rs. 302/88, Slg. 1990, I-4625, Rn. 16 – Hennen Olie; Rs. C-325/00, Slg. 2002, I-9977, Rn. 17 – Kommission/Deutschland (CMA).

[25] Aus der Kasuistik des EuGH: Rs. C-325/00, Slg. 2002, I-9977, Rn. 18 – Kommission/Deutschland (CMA); ferner Rs. 71/76, Slg. 1977, 765, Rn. 15/18 – Thieffry; Rs. 249/81, Slg. 1982, 4005, Rn. 15 – Komission/Irland (Buy Irish); Rs. 222/82, Slg. 1983, 4083, Rn. 17 – Apple and Pears Council; Rs. 237/82, Slg. 1984, 483, Rn. 19 – Jongeneel Kaas; verb. Rs. 266/87 und 267/87, Slg. 1989, 1295, Rn. 14 ff. – Royal Pharmaceutical Society; Rs. 302/88, Slg. 1990, I-4625, Rn. 14 ff. – Hennen Olie; Rs. C-292/92, Slg. 1993, I-6787, Rn. 13 ff. – Hünermund; Rs. 197/84, Slg. 1985, 1819, Rn. 14 – Steinhauser. Im Einzelnen: *Frenz*, Hdb. EuR I, Rn. 313 ff.; *F. Wollenschläger*, NVwZ 2007, 388 (390). Orientierungsfunktion kommt auch den Kriterien des Art. 2 lit. b Transparenz-RL sowie des Art. 2 Abs. 1 Nr. 4 Öffentliche-Auftragsvergabe-RL zu.

[26] EuGH, Rs. 249/81, Slg. 1982, 4005, Rn. 15 – Kommission/Irland (Buy Irish).

[27] EuGH, Rs. 311/85, Slg. 1987, 3801, Rn. 30 – Vlaamse Reisebureaus.

[28] EuGH, Rs. C-171/11, EU:C:2012:453, Rn. 32 – Fra.bo. Näher zur Drittwirkung der Grundfreiheiten *Ludwigs/Weidermann*, Jura 2014, 152.

der EuGH im Interesse einer effektiven Gewährleistung der Marktfreiheiten und aufgrund der Loyalitätspflicht der Mitgliedstaaten (Art. 4 Abs. 3 EUV) bejaht, und zwar mit Blick auf massive Gewalttaten Privater, die sich gegen importierte landwirtschaftliche Erzeugnisse richteten (Erdbeerenstreit), und auf die Blockade wichtiger Transitrouten durch Demonstranten (Brenner-Blockade-Fall). Freilich sind der Ermessensspielraum bei der Erfüllung von Schutzpflichten sowie gegenläufige Belange zu berücksichtigen, so dass im zuletzt genannten Fall die Versammlungsfreiheit ein Nichteinschreiten gegen die Demonstration rechtfertigte.[29]

(2) Berechtigte

21 Anders als bei den Personenverkehrsfreiheiten (→ Rn. 40) ist der persönliche Anwendungsbereich der Warenverkehrsfreiheit nicht auf Unionsbürger beschränkt; den Unionsbezug stellt vielmehr das Erfordernis einer Unionsware (Art. 28 Abs. 2 AEUV) sicher (→ Rn. 22 f.). Berechtigt sind überdies juristische Personen.[30]

(3) Sachlich: Ware

22 Waren i. S. d. Art. 28 ff. AEUV sind „Erzeugnisse …, die einen Geldwert haben und deshalb Gegenstand von Handelsgeschäften sein können."[31] Hierunter fallen auch Arzneimittel, die aus Blut oder Plasma hergestellt wurden,[32] sowie Abfall[33]. Nachdem sich die Warenverkehrsfreiheit auch auf nichtkörperliche Gegenstände erstreckt, ist auch der Handel mit Strom und Gas erfasst.[34] Obgleich die Legalität des Warenaustauschs nicht entscheidend sein darf, da ansonsten die Mitgliedstaaten durch entsprechende Verbote den Anwendungsbereich der Warenverkehrsfreiheit einschränken könnten (zur Parallelfrage bei Art. 12 Abs. 1 GG → § 2 Rn. 38), hat der EuGH im Kontext des Zollrechts den illegalen Handel mit Betäubungsmitteln ausgeklammert.[35] Auch wenn Waren geliefert werden, kann eine Schwerpunktbetrachtung die Einschlägigkeit einer anderen Marktfreiheit ergeben (→ Rn. 55).

23   Die Anwendbarkeit der Bestimmungen über den freien Warenverkehr setzt überdies das Vorliegen einer *Unionsware* voraus; hierunter fallen „die aus den Mitgliedstaaten

---

[29] EuGH, Rs. C-265/95, Slg. 1997, I-6959, Rn. 24 ff. – Kommission/Frankreich; Rs. C-112/00, Slg. 2003, I-5659, Rn. 51 ff. – Schmidberger. Siehe ferner Rs. C-573/12, EU:C:2014:2037, Rn. 74 – Alands Vindkraft.

[30] Siehe nur *Leible/T. Streinz*, in: Grabitz/Hilf/Nettesheim, Art. 34 AEUV Rn. 31 (Stand: 55. EL Januar 2015).

[31] EuGH, Rs. 7/68, Slg. 1968, 617 (642) – Kommission/Italien.

[32] EuGH, Rs. C-296/15, EU:C:2017:431, Rn. 53 – Medisanus.

[33] EuGH, Rs. C-2/90, Slg. 1992, I-4431, Rn. 23 – Kommission/Belgien.

[34] EuGH, Rs. 393/92, Slg. 1994, I-1477, Rn. 28 – Almelo; Rs. C-213/96, Slg. 1998, I-1777, Rn. 18 – Outokumpu; Rs. C-173/05, Slg. 2007, I-4917, Rn. 39 – Kommission/Italien.

[35] EuGH, Rs. 240/81, Slg. 1982, 3699, Rn. 12 ff. – Einberger; ferner für Falschgeld Rs. C-343/89, Slg. 1990, I-4477, Rn. 10 ff. – Witzemann. A. A. *Leible/T. Streinz*, in: Grabitz/Hilf/Nettesheim, Art. 34 AEUV Rn. 29 (Stand: 55. EL Januar 2015).

stammenden Waren sowie … diejenigen Waren aus dritten Ländern, die sich in den Mitgliedstaaten im freien Verkehr befinden" (Art. 28 Abs. 2 AEUV).

(4) Grenzüberschreitendes Element

Die Anwendung der Warenverkehrsfreiheit setzt schließlich einen grenzüberschrei- **24** tenden Bezug voraus (→ Rn. 82).[36]

cc) Tatbestand: Mengenmäßige Ein- und Ausfuhrbeschränkung sowie Maßnahme gleicher Wirkung

Tatbestandlich erfasst die Warenverkehrsfreiheit zunächst mengenmäßige Ein- und **25** Ausfuhrbeschränkungen (Art. 34 f. AEUV). Hierunter fallen sowohl *Verbote* des Warenimports bzw. -exports als auch dessen Kontingentierung (zahlenmäßige Beschränkung). Darüber hinaus steht die Warenverkehrsfreiheit auch Maßnahmen gleicher Wirkung (wie mengenmäßigen Beschränkungen) entgegen. Dieser Begriff ist primärrechtlich nicht definiert, hat aber in der Rechtsprechung des Gerichtshofs eine Konkretisierung erfahren, ohne dass freilich alle Streitfragen gelöst wären. Zu unterscheiden ist zwischen Beschränkungen der Ein- (1) und Ausfuhr (2).

(1) Einfuhrbeschränkungen: Dassonville- und Keck-Formel sowie ihre Weiterentwicklung

Den Begriff der Maßnahme gleicher Wirkung im Kontext von Einfuhrbeschränkun- **26** gen hat der EuGH in seinem Urteil in der Rs. Dassonville vom 11.07.1974 konkretisiert. Dieses Vorabentscheidungsverfahren hatte die Sanktionierung eines Verstoßes gegen die Pflicht zur Vorlage eines Herkunftszertifikats zum Gegenstand, die für den Import von Waren mit Ursprungsbezeichnung galt, aber bei Importen aus Drittstaaten nur schwer erfüllt werden konnte. Nach der in diesem Urteil entwickelten *Dassonville-Formel* ist eine Maßnahme gleicher Wirkung „jede Handelsregelung der Mitgliedstaaten, die geeignet ist, den innergemeinschaftlichen Handel unmittelbar oder mittelbar, tatsächlich oder potenziell zu behindern".[37]

Hierunter hat der EuGH das sektorale Fahrverbot des Einführungsfalles subsu- **27** miert, da es – trotz Ausweichmöglichkeiten – aufgrund der Bedeutung der Autobahn A 12 für den Alpentransit und wegen des Zwangs, Alternativen zu finden, „geeignet [ist], den Warenverkehr zwischen dem nördlichen Europa und Norditalien erheblich zu beeinträchtigen."[38]

Um der zunehmend für problematisch erachteten Weite der Dassonville-Formel **28** Herr zu werden, hat der EuGH den Tatbestand in seinem Urteil in der Rs. Keck und Mithouard vom 24.11.1993 eingeschränkt, indem er *nichtdiskriminierende Verkaufsmodalitäten* ausgeklammert hat. So

---

[36] Siehe nur EuGH, Rs. C-282/15, EU:C:2017:26, Rn. 38 f. – Queisser Pharma.

[37] EuGH, Rs. 8/74, Slg. 1974, 837, Rn. 5 – Dassonville; ferner Rs. C-333/14, EU:C:2015:845, Rn. 31 – Scotch Whisky Assoication u. a.

[38] EuGH, Rs. C-28/09, Slg. 2011, I-13525, Rn. 114 ff. – Kommission/Österreich. So auch Rs. C-320/03, Slg. 2005, I-9871, Rn. 66 ff. – Kommission/Österreich.

ist entgegen der bisherigen Rechtsprechung die Anwendung nationaler Bestimmungen, die bestimmte Verkaufsmodalitäten beschränken oder verbieten, auf Erzeugnisse aus anderen Mitgliedstaaten nicht geeignet, den Handel zwischen den Mitgliedstaaten im Sinne des Urteils Dassonville … unmittelbar oder mittelbar, tatsächlich oder potenziell zu behindern, sofern diese Bestimmungen für alle betroffenen Wirtschaftsteilnehmer gelten, die ihre Tätigkeit im Inland ausüben, und sofern sie den Absatz der inländischen Erzeugnisse und der Erzeugnisse aus anderen Mitgliedstaaten rechtlich wie tatsächlich in der gleichen Weise berühren.[39]

Denn unter diesen Voraussetzungen „ist die Anwendung derartiger Regelungen auf den Verkauf von Erzeugnissen aus einem anderen Mitgliedstaat, die den von diesem Staat aufgestellten Bestimmungen entsprechen, nicht geeignet, den Marktzugang für diese Erzeugnisse zu versperren oder stärker zu behindern, als sie dies für inländische Erzeugnisse tut."[40]

28a   Dementsprechend hat der Gerichtshof das streitgegenständliche Verbot des Warenverkaufs unter Einstandspreis (Dumping) als bloße Verkaufsmodalität nicht unter Art. 34 AEUV subsumiert.[41] Selbiges gilt für Ladenschlussregelungen.[42] Keine Verkaufsmodalitäten stellen demgegenüber produkt- und herstellungsprozessbezogene Regelungen, etwa Vorgaben für die Verpackung von Produkten[43] oder für Herstellungsbedingungen[44], dar. Zwar als Verkaufsmodalität, allerdings als diskriminierend und damit nicht der Keck-Ausnahme unterfallend hat der EuGH das Erfordernis einer im Umfeld gelegenen ortsfesten Betriebsstätte für Bäcker, Fleischer und Lebensmittelhändler, die Waren im Reisegewerbe anbieten möchten, qualifiziert; denn diese Regelung zwinge Ausländer, die Lebensmittel im Reisegewerbe anbieten möchten, regelmäßig zur Niederlassung in Österreich und erhöhe damit deren Kosten. Nachdem jedenfalls auch Ausländer benachteiligt werden, ist überdies irrelevant, dass sich die Regelung auch zum Nachteil von Inländern auswirken kann.[45] Preisvorgaben, etwa die Buchpreisbindung, hat der EuGH ebenfalls als Verkaufsmodalität qualifiziert,[46] wobei jüngste Judikate auf eine Qualifikation unter der Keck-Formel verzichten, sondern eine Maßnahme gleicher Wirkung unter Verweis

[39] EuGH, verb. Rs. C-267/91 und C-268/91, Slg. 1993, I-6097, Rn. 16 – Keck und Mithouard; ferner verb. Rs. C-158/04 und C-159/04, Slg. 2006, I-8135, Rn. 16 – Alfa Vita Vassilopoulos AE u. a.; Rs. C-221/15, EU:C:2016:704, Rn. 35 – Etablissements Fr. Colruyt. Umfassend und differenziert *Leible/T. Streinz*, in: Grabitz/Hilf/Nettesheim, Art. 34 AEUV Rn. 76 ff. (Stand: 55. EL Januar 2015).

[40] EuGH, verb. Rs. C-267/91 und C-268/91, Slg. 1993, I-6097, Rn. 17 – Keck und Mithouard; ferner Rs. C-221/15, EU:C:2016:704, Rn. 35 – Etablissements Fr. Colruyt.

[41] EuGH, verb. Rs. C-267/91 und C-268/91, Slg. 1993, I-6097, Rn. 18 – Keck und Mithouard.

[42] EuGH, verb. Rs. C-69/93 und C-258/93, Slg. 1994, I-2355, Rn. 12 ff. – Punto Casa u. a.

[43] EuGH, Rs. C-470/93, Slg. 1995, I-1923, Rn. 13 – Verein gegen Unwesen in Handel und Gewerbe Köln/Mars.

[44] EuGH, verb. Rs. C-158/04 und C-159/04, Slg. 2006, I-8135, Rn. 17 ff. – Alfa Vita Vassilopoulos AE u. a.

[45] EuGH, Rs. C-254/98, Slg. 2000, I-151, Rn. 24 ff. – TK-Heimdienst.

[46] EuGH, Rs. C-531/07, Slg. 2009, I-3717, Rn. 20 – Fachverband der Buch- und Medienwirtschaft; ferner Rs. C-221/15, EU:C:2016:704, Rn. 37 – Etablissements Fr. Colruyt. Keine explizite Erwähnung der Keck-Formel in Rs. C-333/14, EU:C:2015:845, Rn. 32 – Scotch Whiskey Association u. a.

auf die diskriminierende bzw. den Marktzugang behindernde Wirkung bejahen. So hat der EuGH eine Diskriminierung in der Vorgabe eines Mindestpreises für verschreibungspflichtige Medikamente gesehen, da dies den Preiswettbewerb verhindert, der für den Marktzugang ausländischer (Versand-)Apotheken wichtiger als für den inländischer, vor Ort ansässiger Apotheken ist.[47] Ebenso können Preisvorgaben als Marktzugangshindernis wirken und damit ebenfalls unter Art. 34 AEUV fallen, was der EuGH für eine Mindestpreisvorgabe für Alkoholika – ebenfalls ohne Erwähnung der Keck-Formel – angenommen hat.[48]

In diesen beiden Entscheidungen spiegelt sich eine die jüngere EuGH-Judikatur **28b** insgesamt kennzeichnende *weitere Ausdifferenzierung des Prüfprogramms*, ob eine Maßnahme gleicher Wirkung i. S. d. Dassonville-Formel vorliegt, die teils als „Drei-Stufen-Test" bezeichnet wird; eine Konsolidierung ist freilich noch nicht zu konstatieren, namentlich hinsichtlich des Schicksals der teils kritisierten Keck-Formel.[49] Nach dieser neueren Judikatur stellen erstens (auch unterschiedslos geltende) Anforderungen an Waren, die in anderen Mitgliedstaaten verkehrsfähig sind, mithin „dort rechtmäßig hergestellt und in den Verkehr gebracht worden sind", stets eine Maßnahme gleicher Wirkung dar.[50] Ausgeklammert bleiben zweitens bestimmte nicht diskriminierende Verkaufsmodalitäten i. S. d. Keck-Rechtsprechung, was im Umkehrschluss bedeutet, dass „Maßnahmen eines Mitgliedstaats, mit denen bezweckt oder bewirkt wird, Erzeugnisse aus anderen Mitgliedstaaten weniger günstig zu behandeln", mangels Ausnahmetatbestands jedenfalls eine Maßnahme gleicher Wirkung i. S. d. Art. 34 AEUV darstellen.[51] Einzelne Entscheidung bejahen ein Marktzugangshindernis qua Diskriminierung, ohne die Keck-Formel zu erwähnen;[52] es wäre freilich verfrüht und stünde auch in Widerspruch zu anderen Judikaten,[53] hieraus eine Aufgabe der Keck-Formel zu folgern. Drittens stellt „jede sonstige Maßnahme, die den Zugang zum Markt eines Mitgliedstaats für Erzeugnisse

---

[47] EuGH, Rs. C-148/15, EU:C:2016:776, Rn. 21 ff. – Deutsche Parkinson Vereinigung; ferner für einen Fall der Buchpreisbindung Rs. C-531/07, Slg. 2009, I-3717, Rn. 21 ff. – Fachverband der Buch- und Medienwirtschaft. Anders Rs. C-221/15, EU:C:2016:704, Rn. 38 f. – Etablissements Fr. Colruyt, für Verbot, „Tabakwaren zu einem Einheitspreis zu verkaufen, der unter dem Preis liegt, den der Hersteller oder der Importeur auf dem an den Waren angebrachten Steuerzeichen angegeben hat".

[48] EuGH, Rs. C-333/14, EU:C:2015:845, Rn. 32 – Scotch Whiskey Association u. a.

[49] Näher *Kingreen*, in: Calliess/Ruffert, Art. 36 AEUV Rn. 52 ff.; *Leible/T. Streinz*, in: Grabitz/Hilf/Nettesheim, Art. 34 AEUV Rn. 82 ff. (Stand: 55 EL. Januar 2015); *W. Schroeder*, in: Streinz, Art. 34 AEUV Rn. 41 ff. Siehe insgesamt auch *Dietz/T. Streinz*, EuR 2015, 50; *Holst*, EuR 2017, 633.

[50] EuGH, Rs. C-110/05, Slg. 2009, I-519, Rn. 35 – Kommission/Italien; ferner Rs. C-472/14, EU:C:2016:171, Rn. 44 – Candian Oil Company Sweden und Rantén; Rs. C-525/14, EU:C:2016:714, Rn. 35 – Kommission/Tschechische Republik. Siehe für Verbote Rs. C-672/15, EU:C:2017:310, Rn. 18 – Noria Distribution.

[51] EuGH, Rs. C-110/05, Slg. 2009, I-519, Rn. 37 – Kommission/Italien; ebenso Rs. C-221/15, EU:C:2016:704, Rn. 36 – Etablissements Fr. Colruyt.

[52] EuGH, Rs. C-148/15, EU:C:2016:776, Rn. 21 ff. – Deutsche Parkinson Vereinigung.

[53] Die Keck-Formel findet etwa Erwähnung in Rs. C-531/07, Slg. 2009, I-3717, Rn. 36 – Fachverband der Buch- und Medienwirtschaft; Rs. C-221/15, EU:C:2016:704, Rn. 35 – Etablissements Fr. Colruyt.

aus anderen Mitgliedstaaten behindert", eine Maßnahme gleicher Wirkung dar.[54] Letzteres impliziert, dass auch den Marktzugang behindernde Verkaufsmodalitäten Art. 34 AEUV unterfallen können, was sich mit der Keck-Formel vereinbaren lässt, da sich diese nur auf „bestimmte Verkaufsmodalitäten" bezieht und damit marktzugangsrelevante Verkaufsmodalitäten nicht erfasst.[55]

29   Bereits zuvor hatte der EuGH in seinem Urteil in der Rs. Krantz vom 07.03.1990, das die Vereinbarkeit der Möglichkeit einer Pfändung von unter Eigentumsvorbehalt gelieferten Sachen mit Art. 34 AEUV betraf, staatliche *Maßnahmen mit nur ungewissen und mittelbaren Auswirkungen auf den innergemeinschaftlichen* Handel nicht unter die Dassonville-Formel subsumiert: „Daß Bürger anderer Mitgliedstaaten zögern würden, Sachen an Käufer in dem betreffenden Mitgliedstaat auf Raten zu verkaufen, weil die Gefahr bestünde, daß diese Sachen vom Steuereinnehmer gepfändet würden, wenn die Käufer ihre niederländischen Steuerschulden nicht beglichen, ist weiter so ungewiß und von nur mittelbarer Bedeutung, daß eine nationale Bestimmung, die eine solche Pfändung zuläßt, nicht als geeignet angesehen werden kann, den Handel zwischen den Mitgliedstaaten zu behindern."[56] Eine Mindestintensitätsschwelle hat der EuGH indes zurückgewiesen.[57]

(2) Ausfuhrbeschränkungen: Groenveld-Formel

30   Der EuGH zieht die weite, für Art. 34 AEUV entwickelte Dassonville-Formel nicht zur Konkretisierung des Begriffs der Maßnahme gleicher Wirkung im Kontext von Ausfuhrbeschränkungen heran, sondern hat eine eigenständige Dogmatik entwickelt. Um unter Art. 35 AEUV zu fallen, muss die nationale Maßnahme nach der im gleichnamigen Urteil vom 08.11.1979 entwickelten *Groenveld-Formel* eine „spezifische Beschränkun[g] der Ausfuhrströme bezwecken oder bewirken und damit unterschiedliche Bedingungen für den Binnenhandel innerhalb eines Mitgliedstaats und seinen Außenhandel schaffen, so daß die nationale Produktion oder der Binnenmarkt des betroffenen Staates zum Nachteil der Produktion oder des Handels anderer Mitgliedstaaten einen besonderen Vorteil erlangt."[58] Anliegen der engen Formel des EuGH ist zu verhindern, dass jedwede die Warenproduktion belastende Maßnahme, etwa Umweltauflagen, als Art. 35 AEUV unterfallendes Exporthindernis qualifiziert wird. In der Literatur wird die unterschiedliche Begriffsbildung teils

---

[54] EuGH, Rs. C-110/05, Slg. 2009, I-519, Rn. 37 – Kommission/Italien; ebenso Rs. C-221/15, EU:C:2016:704, Rn. 36 – Etablissements Fr. Colruyt.

[55] Näher *Kingreen*, in: Calliess/Ruffert, Art. 36 AEUV Rn. 52 ff.; *Leible/T. Streinz*, in: Grabitz/Hilf/Nettesheim, Art. 34 AEUV Rn. 82 ff. (Stand: 55 EL. Januar 2015); *W. Schroeder*, in: Streinz, Art. 34 AEUV Rn. 41 ff.

[56] EuGH, Rs. C-69/88, Slg. 1990, I-583, Rn. 11 – Krantz. Siehe ferner Rs. C-379/92, Slg. 1994, I-3453, Rn. 24 – Peralta; Rs. C-518/16, EU:C:2018:126, Rn. 44 – ZPT AD.

[57] EuGH, C-492/14, EU:C:2016:732, Rn. 99 – Essent Belgium; ferner Rs. C-15/15, EU:C:2016:464, Rn. 37 – New Valmar; Rs. C-518/16, EU:C:2018:126, Rn. 44 – ZPT AD.

[58] EuGH, Rs. 15/79, Slg. 1979, 3409, Rn. 7 – Groenveld.

kritisiert und ein Gleichlauf von Art. 34 und 35 AEUV gefordert.[59] In seinem Urteil in der Rs. Gysbrechts und Santurel Inter vom 16.12.2008 hat der Gerichtshof indes an der Groenveld-Formel festgehalten, diese gleichzeitig aber sehr weit gehandhabt: So hat er ein unterschiedslos geltendes Verbot, bei Fernabsatzverträgen vor Ablauf der Rücktrittsfrist Vorauskasse zu fordern, als Benachteiligung des grenzüberschreitenden gegenüber dem inländischen Warenhandel qualifiziert, da dieses wegen der erschwerten Forderungsdurchsetzung im Ausland den Außenhandel stärker als den Binnenhandel treffe.[60]

dd) Rechtfertigung

Beeinträchtigungen der Warenverkehrsfreiheit können mit geschriebenen (Art. 36 AEUV; dazu 1) und ungeschriebenen Rechtfertigungsgründen (Cassis-Formel und kollidierende Unionsgrundrechte; dazu 2) gerechtfertigt werden; in allen Fällen hat eine Verhältnismäßigkeitsprüfung stattzufinden (3).   **31**

(1) Geschriebene Rechtfertigungsgründe (Art. 36 AEUV)

Beschränkungen der Warenverkehrsfreiheit können zunächst aufgrund der *geschriebenen Rechtfertigungsgründe des Art. 36 S. 1 AEUV* zulässig sein, mithin „aus Gründen der öffentlichen Sittlichkeit, Ordnung und Sicherheit, zum Schutze der Gesundheit und des Lebens von Menschen, Tieren oder Pflanzen, des nationalen Kulturguts von künstlerischem, geschichtlichem oder archäologischem Wert oder des gewerblichen und kommerziellen Eigentums".   **32**

Das Schutzgut der *öffentlichen Sicherheit und Ordnung* hat eine andere (und engere) Bedeutung im Unionsrecht als im nationalen Recht. Die öffentliche Sicherheit erfasst lediglich eine „Beeinträchtigung des Funktionierens der Einrichtungen des Staates und seiner wichtigen öffentlichen Dienste sowie das Überleben der Bevölkerung ebenso wie die Gefahr einer erheblichen Störung der auswärtigen Beziehungen oder des friedlichen Zusammenlebens der Völker oder eine Beeinträchtigung der militärischen Interessen".[61] Die öffentliche Ordnung ist betroffen, wenn „eine tatsächliche und hinreichend schwere Gefährdung vorliegt, die ein Grundinteresse der Gesellschaft berührt".[62]   **33**

---

[59] So etwa *Leible/T. Streinz*, in: Grabitz/Hilf/Nettesheim, Art. 35 AEUV Rn. 17 (Stand: 55. EL Januar 2015).

[60] EuGH, Rs. C-205/07, Slg. 2008, I-9947, Rn. 38 ff. – Gysbrechts und Santurel Inter. Siehe für eine Bestätigung der Groenveld-Formel des Weiteren Rs. C-518/16, EU:C:2018:126, Rn. 43 – ZPT AD; Rs. C-169/17, EU:C:2018:440, Rn. 29 f. – Asociación Nacional de Productores de Ganado Porcino; terminologisch offener, wenn auch eine Benachteiligung des grenzüberschreitenden Handels annehmend Rs. C-15/15, EU:C:2016:464, Rn. 36 f., 43 ff. – New Valmar.

[61] EuGH, Rs. C-145/09, Slg. 2010, I-11979, Rn. 44 – Tsakouridis; ferner Rs. 72/83, Slg. 1984, 2727, Rn. 34 – Campus Oil.

[62] EuGH, Rs. 36/75, Slg. 1975, 1219, Rn. 26/28 – Rutili; Rs. C-54/99, Slg. 2000, I-1335, Rn. 17 – Église de scientologie; Rs. C-36/02, Slg. 2004, I-9609, Rn. 30 – Omega. Siehe etwa für eine Einbeziehung der Bekämpfung des Alkoholmissbrauchs Rs. C-198/14, EU:C:2015:751, Rn. 115 – Visnapuu.

(2) Ungeschriebene Rechtfertigungsgründe

34 In seinem Urteil in der Rs. Cassis de Dijon vom 20.02.1979 hat der EuGH, auch als
Gegengewicht zum weit gefassten Tatbestand des Art. 34 AEUV,[63] überdies sonstige
zwingende Erfordernisse als ungeschriebene Rechtfertigungsgründe anerkannt: So
sind Beschränkungen der Warenverkehrsfreiheit auch dann zulässig, wenn sie „notwendig sind, um zwingenden Erfordernissen gerecht zu werden, insbesondere den
Erfordernissen einer wirksamen steuerlichen Kontrolle, des Schutzes der öffentlichen Gesundheit, der Lauterkeit des Handelsverkehrs und des Verbraucherschutzes."[64] Hierbei handelt es sich, wie auch aus dem Zusatz „insbesondere" folgt, um
keine abschließende Aufzählung; in der Folgezeit Anerkennung gefunden hat etwa
der Umweltschutz.[65] Demnach konnte sich die Bundesregierung in der Rs. Cassis de
Dijon zur Rechtfertigung des Erfordernisses eines Mindestweingeistgehalts für
Trinkbrandweine, das der gleichnamige französische Likör nicht erfüllte, zwar u. a.
auf den Verbraucherschutz berufen; allerdings hat der EuGH diesen in casu für nicht
hinreichend gewichtig erachtet, um eine Beschränkung der Warenverkehrsfreiheit
zu rechtfertigen.[66]

35   Der Gerichtshof betont in ständiger Rechtsprechung, dass die ungeschriebenen
Rechtfertigungsgründe *nur für unterschiedslos anwendbare,* mithin ausländische
nicht gegenüber inländischen Waren benachteiligende Maßnahmen gelten.[67] Ob
eine Rechtfertigung wenigstens versteckt diskriminierender Maßnahmen in Betracht kommt, mithin solcher, die an ein anderes Merkmal als die Warenherkunft
anknüpfen, im Ergebnis aber eine Schlechterstellung ausländischer Waren bewirken, ist umstritten;[68] hierfür finden sich Anhaltspunkte in einer nicht immer kohärenten Rechtsprechung des EuGH.[69]

---

[63] Siehe *Leible/T. Streinz,* in: Grabitz/Hilf/Nettesheim, Art. 34 AEUV Rn. 108 (Stand: 55. EL
Januar 2015).

[64] EuGH, Rs. 120/78, Slg. 1979, 649, Rn. 8 – Rewe/Bundesmonopolverwaltung für Branntwein. Zu
Recht für ein Verständnis als Rechtfertigungsgrund, nicht als Tatbestandsausschluss *Leible/T.
Streinz,* in: Grabitz/Hilf/Nettesheim, Art. 34 AEUV Rn. 108 (Stand: 55. EL Januar 2015); so
auch die jüngere Rechtsprechung des EuGH, vgl. verb. Rs. C-158/04 und C-159/04, Slg. 2006,
I-8135, Rn. 20 – Alfa Vita Vassilopoulos AE u. a.

[65] EuGH, Rs. 302/86, Slg. 1988, 4607, Rn. 9 – Kommission/Dänemark; Rs. C-284/95, Slg. 1998,
I-4301, Rn. 64 – Safety Hi-Tech; Rs. C-549/15, EU:C:2017:490, Rn. 84 – E.ON Biofor Sverige.

[66] EuGH, Rs. 120/78, Slg. 1979, 649, Rn. 12 ff. – Rewe/Bundesmonopolverwaltung für Branntwein.

[67] EuGH, Rs. 229/83, Slg. 1985, 1, Rn. 28 ff. – Leclerc/Au blé vert; verb. Rs. C-1/90 und C-176/90,
Slg. 1991, I-4151, Rn. 13 – Aragonesa de Publicidad; verb. Rs. C-158/04 und C-159/04, Slg. 2006,
I-8135, Rn. 20 – Alfa Vita Vassilopoulos AE u. a.; Rs. C-296/15, EU:C:2017:431, Rn. 80 – Medisanus.

[68] Bejahend (nur für versteckte Diskriminierungen) *Forsthoff,* in: Grabitz/Hilf/Nettesheim, Art. 45
AEUV Rn. 373 (Stand: 42. EL September 2010). Weiter, nämlich von einer generellen Rechtferti-
gungsmöglichkeit von (offenen und versteckten Diskriminierungen) ausgehend *Kingreen,* in: Cal-
liess/Ruffert, Art. 36 AEUV Rn. 84 f.; ebenso, indes auf Ausnahmefälle beschränkt *Leible/T.
Streinz,* in: Grabitz/Hilf/Nettesheim, Art. 34 AEUV Rn. 102 ff. (Stand: 55. EL Januar 2015).

[69] In Bezug genommen wird etwa EuGH, Rs. C-2/90, Slg. 1992, I-4431, Rn. 34 ff. – Kommission/
Belgien.

Als ungeschriebene Rechtfertigungsgründe hat der Gerichtshof zu Recht auch **36** den *Schutz von Unionsgrundrechten* anerkannt, womit diese als Schranken der Grundfreiheiten fungieren.[70]

(3) Verhältnismäßigkeitsprüfung

Sowohl bei den geschriebenen als auch bei den ungeschriebenen Rechtfertigungs- **37** gründen ist eine *Verhältnismäßigkeitsprüfung* durchzuführen; dies ist sowohl in Art. 36 S. 1 AEUV („gerechtfertigt") als auch im Begriff „zwingendes Erfordernis" als auch in Art. 52 Abs. 1 GRCH angelegt. Die Beeinträchtigung des freien Warenverkehrs muss mithin zur Zielerreichung geeignet, erforderlich und angemessen sein (zu diesen Punkten → Rn. 91). Im Rahmen der Verhältnismäßigkeitsprüfung sind auch die Unionsgrundrechte als Schranken-Schranken zu berücksichtigen.[71] Überdies ist mitgliedstaatlichen Einschätzungsspielräumen Rechnung zu tragen, etwa hinsichtlich der Festlegung des Niveaus, auf dem die Gesundheit geschützt werden soll, einschließlich der einzusetzenden Mittel.[72] Als absolute Grenze verbietet Art. 36 S. 2 AEUV eine willkürliche Diskriminierung und eine verschleierte Beschränkung des innergemeinschaftlichen Handels.

ee) Lösungshinweise zum Einführungsfall

Zur Rechtfertigung des Fahrverbots, das eine Maßnahme gleicher Wirkung i. S. d. **38** Art. 34 AEUV darstellt (→ Rn. 26 f.), kann sowohl auf die geschriebenen Rechtfertigungsgründe des Schutzes der Gesundheit und des Lebens von Menschen, Tieren oder Pflanzen (Art. 36 AEUV) als auch auf den ungeschriebenen Belang des Umweltschutzes abgestellt werden. Freilich muss sich die Verfolgung dieser Ziele als verhältnismäßig mit Blick auf die Beschränkung der Warenverkehrsfreiheit erweisen.

Zunächst kann „[e]ine beschränkende Maßnahme ... nur dann als geeignet an- **39** gesehen werden, die Erreichung des angestrebten Ziels zu gewährleisten, wenn sie tatsächlich dem Anliegen gerecht wird, dieses Ziel in kohärenter und systematischer

---

[70] EuGH, Rs. C-390/12, EU:C:2014:281, Rn. 30 ff. – Pfleger u. a.; Rs. C-201/15, EU:C:2016:972, Rn. 89 – AGET Iraklis (auch nach Inkrafttreten der GRCH); Rs. C-288/89, Slg. 1991, I-4007, Rn. 22 f. – Stichting Collectieve Antennevoorziening Gouda u. a.; Rs. C-368/95, Slg. 1997, I-3689, Rn. 18 – Familiapress; Rs. C-112/00, Slg. 2003, I-5659, Rn. 74 ff. – Schmidberger; Rs. C-341/05, Slg. 2007, I-11767, Rn. 93 – Laval. So nun, wenn auch kritisch, *Borowsky*, in: *Meyer*, Art. 51 Rn. 24, 24a, 29 ff.; ablehnend aber *Jacobs*, ELRev 26 (2001), 331 (338 f.); *Kingreen*, EuGRZ 2004, 570 (576); *F. Kirchhof*, NJW 2011, 3681 (3684). Für eine Anwendbarkeit der Unionsgrundrechte im Rahmen einer Beschränkung von Grundfreiheiten demgegenüber *von Danwitz*, Grundrechtsschutz im Anwendungsbereich des Gemeinschaftsrechts nach der Charta der Grundrechte, in: FS Herzog, S. 19 (26 f.); *Trstenjak/Beysen*, ELRev 38 (2013), 293 (306 f.); *F. Wollenschläger*, EnzEuR I, § 8 Rn. 28 m. w. N.; *ders.*, EuZW 2014, 577.

[71] EuGH, Rs. C-260/89, Slg. 1991, I-2925, Rn. 44 – ERT; Rs. C-368/95, Slg. 1997, I-3689, Rn. 24 ff. – Familiapress; Rs. C-390/12, EU:C:2014:281, Rn. 30 ff. – Pfleger u. a.; Rs. C-201/15, EU:C:2016:972, Rn. 89 – AGET Iraklis. Zur umstrittenen Anwendbarkeit der Unionsgrundrechte im Rahmen einer Beschränkung von Grundfreiheiten bereits Fn. 70.

[72] EuGH, Rs. C-198/14, EU:C:2015:751, Rn. 118 – Visnapuu; Rs. C-148/15, EU:C:2016:776, Rn. 30 – Deutsche Parkinson Vereinigung; Rs. C-296/15, EU:C:2017:431, Rn. 82 – Medisanus.

Weise zu erreichen".[73] Das Fahrverbot reduziert den Stickstoffausstoß und fördert damit die Realisierung der fraglichen Ziele. Es ist trotz der Ausklammerung des regionalen und lokalen Verkehrs auch nicht inkohärent gestaltet: Denn eine Verlagerung auch dieser Verkehrsströme „auf die Schiene [würde] eine Verlängerung der Strecken mit sich bringen, da zu den ursprünglichen Strecken noch die Fahrten zu den Bahnterminals hinzukämen; dies hätte eine Wirkung, die mit dem sektoralen Fahrverbot verfolgten Zweck zuwiderliefe."[74] Auch die Beschränkung auf „bahnaffine" Güter ist nicht zu beanstanden: Richtig ist zwar,

> dass die Verordnung zur Folge hat, dass das Befahren mit Lastkraftwagen, die mehr Schadstoffe ausstoßen, erlaubt ist, wenn sie Güter befördern, die nicht in den Anwendungsbereich des genannten Verbots fallen, während das Befahren mit Lastkraftwagen, die weniger Schadstoffe ausstoßen, verboten ist, wenn sie u. a. Keramikfliesen transportieren. Es kann jedoch nicht als inkohärent angesehen werden, dass ein Mitgliedstaat, der beschlossen hat, die Beförderung von Gütern im Einklang mit einem im Rahmen der gemeinsamen Verkehrspolitik anerkannten Ziel auf die Schiene zu lenken, eine Maßnahme erlässt, die auf Waren fokussiert ist, die sich für die Beförderung durch verschiedene Arten des Schienenverkehrs eignen.[75]

Somit ist die Eignung zu bejahen. Indes hat der EuGH das Fahrverbot, gerade auch angesichts des Gewichts der Beschränkung, als nicht erforderlich erachtet: Namentlich stellt ein dauerhaftes Tempolimit ein milderes, gleich wirksames Mittel dar. Die befürchtete Missachtung ändert hieran nichts: „Zwar kann die Auswirkung einer Geschwindigkeitsbegrenzung auf die tatsächliche Fahrgeschwindigkeit der Straßenbenutzer dadurch beeinflusst werden, wie diese die Maßnahme akzeptieren, gleichwohl ist es Aufgabe des betreffenden Mitgliedstaats, die tatsächliche Befolgung einer solchen Maßnahme durch den Erlass von – gegebenenfalls sanktionsbewehrten – Zwangsmaßnahmen zu gewährleisten."[76]

4. Personenverkehrsfreiheiten

a) Einführungsfall[77]

40   Ein in Gibraltar ansässiges Unternehmen erhielt dort eine Lizenz zur Vermarktung von Sportwetten, die sich allerdings auf die Vermarktung im Ausland beschränkt (sog. „offshore bookmaking"). Die zuständige deutsche Behörde hat indes die Erlaubnis für das Angebot solcher Wetten in Deutschland verweigert, da ein staatliches Monopol für die Veranstaltung von Sportwetten und Lotterien bestehe. Dieses bezweckt, der Glücksspielsucht und mit ihr einhergehender Gefahren entgegenzuwirken. Das Unternehmen wendet ein, dass eine Kontrolle Privater ausreiche und

---

[73] EuGH, Rs. C-28/09, Slg. 2011, I-13525, Rn. 126 – Kommission/Österreich.

[74] Ebd., Rn. 134.

[75] Ebd., Rn. 133.

[76] Ebd., Rn. 139 ff.

[77] Fall nach EuGH, Rs. C-46/08, Slg. 2010, I-8149 – Carmen Media Group, und Rs. C-243/01, Slg. 2003, I-13031 – Gambelli.

Deutschland im Übrigen für das zulässige staatliche Wettangebot intensiv werbe. Liegt ein Verstoß gegen die Marktfreiheiten vor?

b) Prüfung der Personenverkehrsfreiheiten

aa) Prüfungsschema

1. Anwendbarkeit   41
   a) Unmittelbare Anwendbarkeit (→ Rn. 11)
   b) Keine Spezialregelung im Sekundärrecht (→ auch Rn. 12)
2. Anwendungsbereich
   a) Verpflichtete: Mitgliedstaaten, Union und Private
   b) Berechtigte: Unionsbürger
   c) Sachlich: Arbeitnehmer/Niederlassung/Dienstleistung
   d) Grenzüberschreitendes Element
   e) Bereichsausnahme für die Ausübung öffentlicher Gewalt
      (Art. 45 Abs. 4, Art. 51, ggf. i. V. m. Art. 62 AEUV)
3. Tatbestand
   a) Aufenthaltsrecht
   b) Diskriminierungsverbot
   c) Beschränkungsverbot
4. Rechtfertigung
   a) Geschriebene Rechtfertigungsgründe (Art. 45 Abs. 3, Art. 52 Abs. 1,
      ggf. i. V. m. Art. 62 AEUV)
   b) Ungeschriebene Rechtfertigungsgründe
      aa) bei offenen Diskriminierungen: nicht anwendbar (str.)
      bb) bei verstreckten Diskriminierungen: objektive, von der Staatsan-
          gehörigkeit der Betroffenen unabhängige Erwägungen und Uni-
          onsgrundrechte
      cc) bei Beschränkungen: Gebhard-Formel und Unionsgrundrechte
   c) Verhältnismäßigkeit (→ Rn. 37)

bb) Anwendbarkeit – keine Spezialregelung im Sekundärrecht

Die Personenverkehrsfreiheiten haben in verschiedenen Sekundärrechtsakten 42 wichtige Konkretisierungen erfahren. Für die Arbeitnehmerfreizügigkeit zu nennen ist namentlich die VO (EU) Nr. 492/2011 über die Freizügigkeit der Arbeitnehmer innerhalb der Union,[78] und für die Niederlassungs- und Dienstleistungsfreiheit die Dienstleistungs-Richtlinie (DLR). Letztere fiel, namentlich wegen teils erheblicher Widerstände in den Mitgliedstaaten, weniger ambitioniert aus als geplant, was sich etwa an ihrem beschränkten Anwendungsbereich (siehe

---

[78] VO (EU) Nr. 492/2011 des Europäischen Parlaments und des Rates vom 05.04.2011 über die Freizügigkeit der Arbeitnehmer innerhalb der Union, ABl. EU L 141/1.

Art. 2, 3, 17) oder der gescheiterten Verankerung des Herkunftslandprinzips ablesen lässt, enthält aber nach wie vor bedeutsame Vorgaben für das Wirtschaftsverwaltungsrecht, etwa mit Blick auf die Regelungen zum einheitlichen Ansprechpartner (Art. 6 ff.) oder zu zulässigen Genehmigungserfordernissen, -kriterien und -verfahren (Art. 9 ff., 16, 18). Details der Freizügigkeit (nicht nur Erwerbstätiger) regelt des Weiteren die RL 2004/38/EG über das Recht der Unionsbürger und ihrer Familienangehörigen, sich im Hoheitsgebiet der Mitgliedstaaten frei zu bewegen und aufzuhalten.[79] Umfangreiches Sekundärrecht existiert auch zur Frage der Anerkennung von im Ausland erworbenen Berufsqualifikationen (namentlich BQRL). Schließlich formuliert die bis zum 30.07.2020 in nationales Recht umzusetzende VHMK-RL prozedurale und materielle Anforderungen an die Verhältnismäßigkeit neuer Regelungen des Zugangs zu und der Ausübung von reglementierten Berufen (näher im Kontext des Handwerksrechts → § 10 Rn. 125 ff.).

cc) Anwendungsbereich

(1) Verpflichtete

43 Die Personenverkehrsfreiheiten binden zunächst die Mitgliedstaaten und die Europäische Union (im Einzelnen → Rn. 17 f.), ferner, im sogleich zu skizzierenden Umfang, Private.

44 So hat der EuGH die Arbeitnehmerfreizügigkeit bereits in seinem Urteil in der Rs. Walrave vom 12.12.1974 zunächst auf private Verbände und Institutionen erstreckt, denen, wie Gewerkschaften, Arbeitgeberverbänden oder Berufsorganisationen, kollektive Regelungsbefugnisse im Arbeitsleben zukommen. Angesichts der Regelungsmacht dieser Verbände wäre nämlich bei einer ausschließlichen Verpflichtung staatlicher Stellen die Verwirklichung der Arbeitnehmerfreizügigkeit gefährdet.[80] Diese Rechtsprechung gilt aus nämlichen Gründen für alle Personenverkehrsfreiheiten; mithin erfassen letztere, und zwar sowohl als Diskriminierungs- als auch als Beschränkungsverbote,[81] „nicht nur … Akte der staatlichen Behörden, sondern erstrecken sich auch auf Regelwerke anderer Art, die die abhängige Erwerbstätigkeit, die selbstständige Arbeit und die Erbringung von Dienstleistungen

---

[79] RL 2004/38/EG des Europäischen Parlaments und des Rates vom 29.04.2004 über das Recht der Unionsbürger und ihrer Familienangehörigen, sich im Hoheitsgebiet der Mitgliedstaaten frei zu bewegen und aufzuhalten, zur Änderung der VO (EWG) Nr. 1612/68 und zur Aufhebung der RL 64/221/EWG, 68/360/EWG, 72/194/EWG, 73/148/EWG, 75/34/EWG, 75/35/EWG, 90/364/EWG, 90/365/EWG und 93/96/EWG, ABl. EU L 158/77.

[80] EuGH, Rs. 36/74, Slg. 1974, 1405, Rn. 16/19 – Walrave; ferner Rs. C-415/93, Slg. 1995, I-4921, Rn. 82 ff. – Bosman; Rs. C-94/07, Slg. 2008, I-5939, Rn. 42 ff. – Raccanelli. Prinzipiell zustimmend m. w. N. *Müller-Graff*, EnzEuR I, § 9 Rn. 37 ff.

[81] Vgl. EuGH, Rs. C-438/05, Slg. 2007, I-10779, Rn. 68 ff. – Viking Line; Rs. C-341/05, Slg. 2007, I-11767, Rn. 97 ff. – Laval.

kollektiv regeln sollen".[82] Wegen dieser gegenständlichen Beschränkung besteht freilich keine generelle Drittwirkung.

Eine solche hat der EuGH dann in seinem Urteil in der Rs. Angonese vom   **45**
06.06.2000 – indes nur für das Diskriminierungsverbot der Arbeitnehmerfreizügigkeit – bejaht, namentlich dessen Geltung für individualvertragliche Vereinbarungen.[83] Dies entspricht freilich schon dem seit Ende der 1960er-Jahre geltenden Sekundärrecht [siehe Art. 7 Abs. 4 VO (EWG) Nr. 1612/68 bzw. nunmehr Art. 7 Abs. 4 VO (EU) Nr. 492/2011]. Eine Erstreckung dieser Rechtsprechung auf das Beschränkungsverbot ist wegen der damit einhergehenden weit reichenden Freiheitsbeschränkung Privater umstritten.[84]

(2) Berechtigte

Die Personenverkehrsfreiheiten berechtigen ausschließlich *Unionsbürger*, mithin   **46**
Angehörige der EU-Mitgliedstaaten (anders für die Waren- und Kapitalverkehrsfreiheit → Rn. 21 bzw. 79).[85] Ein (abgeleitetes) Freizügigkeitsrecht räumt das Sekundärrecht auch *drittstaatsangehörigen Familienangehörigen* von Unionsbürgern ein.[86] Überdies existiert eine Vielzahl von Sekundärrechtsakten, die die Migration und Freizügigkeit Drittstaatsangehöriger betreffen.[87]

Auch *Gesellschaften* können sich unter den Voraussetzungen des Art. 54 AEUV   **47**
(ggf. i. V. m. Art. 62 AEUV) auf die Niederlassungs- und Dienstleistungsfreiheit berufen. Erfasst sind „die Gesellschaften des bürgerlichen Rechts und des Handelsrechts einschließlich der Genossenschaften und die sonstigen juristischen Personen des öffentlichen und privaten Rechts mit Ausnahme derjenigen, die keinen Erwerbszweck verfolgen". Mit der Einbeziehung öffentlicher Unternehmen geht Art. 54 AEUV über den Kreis der Grundrechtsberechtigten gemäß Art. 19 Abs. 3 GG hinaus (→ § 2 Rn. 20; zur GRCH → Rn. 89). Erforderlich ist überdies, dass sich satzungsmäßiger Sitz, Hauptverwaltung oder Hauptniederlassung innerhalb der Union

---

[82] EuGH, Rs. C-438/05, Slg. 2007, I-10779, Rn. 33 – Viking Line; ferner Rs. C-341/05, Slg. 2007, I-11767, Rn. 98 – Laval; ebenso – für die Dienstleistungsfreiheit – bereits Rs. 36/74, Slg. 1974, 1405, Rn. 16/19 – Walrave. Ablehnend (für die Dienstleistungsfreiheit) *Kluth*, in: Calliess/Ruffert, Art. 57 AEUV Rn. 44 f.

[83] EuGH, Rs. C-281/98, Slg. 2000, I-4139, Rn. 29 ff. – Angonese; ferner Rs. C-94/07, Slg. 2008, I-5939, Rn. 45 f. – Raccanelli.

[84] Ablehnend *R. Streinz*, Europarecht, Rn. 875; a. A. *Brechmann*, in: Calliess/Ruffert, Art. 45 AEUV Rn. 55.

[85] Zum Kreis der Unionsbürger *F. Wollenschläger*, EnzEuR I, § 8 Rn. 127 f. m. w. N.

[86] Siehe im Einzelnen Art. 6 Abs. 2, Art. 7 Abs. 2, Art. 12 f., Art. 16 Abs. 3 f., Art. 18, 24 RL 2004/38/EG. Näher *Wendel*, EnzEuR II, § 18 Rn. 127 ff. Im Überblick zur Freizügigkeit Drittstaatsangehöriger *Hahn/Dudenhofer*, EnzEuR X, § 15; *F. Wollenschläger*, in: Dreier, Art. 11 Rn. 50.

[87] Siehe dazu im Überblick und auch zu den Unterschieden zur Freizügigkeit für Drittstaatsangehörige *van der Mei/Robin-Olivier/Verschueren/F. Wollenschläger*, Analytical report on the legal situation of third-country workers in the EU as compared to EU mobile workers. Analytical Report 2018, MoveS, European Commission, 2018. https://ec.europa.eu/social/BlobServlet?docId=20576&langId=en. Zugegriffen am 11.03.2019.

befindet. Entsprechendes gilt für die Arbeitnehmerfreizügigkeit und hat mit Blick auf eine Einbeziehung des Arbeitgebers Bedeutung (→ Rn. 49).

(3) Sachlich: Arbeitnehmer/Niederlassung/Dienstleistung

48 Zur Ermittlung der einschlägigen Personenverkehrsfreiheit ist zunächst zwischen selbstständig und unselbstständig tätigen Personen zu unterscheiden. Letztere unterfallen der Arbeitnehmerfreizügigkeit, erstere der Niederlassungs- bzw. Dienstleistungsfreiheit.

49 Der für den sachlichen Anwendungsbereich der Arbeitnehmerfreizügigkeit entscheidende Begriff des *„Arbeitnehmers"* ist wegen seines unionsrechtlichen Hintergrunds und im Interesse einer einheitlichen Anwendung des Unionsrechts unionsrechtlich-autonom, mithin losgelöst von Begrifflichkeiten des nationalen Rechts auszulegen.[88] Erfasst sind demnach auch Beamte, mag sie das nationale Arbeitsrecht auch nicht als Arbeitnehmer ansehen (zur Bereichsausnahme des Art. 45 Abs. 4 AEUV → Rn. 60).[89] Arbeitnehmer ist nach der Definition des EuGH jede Person, die „während einer bestimmten Zeit für einen anderen nach dessen Weisung Leistungen erbringt, für die … [sie] als Gegenleistung eine Vergütung erhält".[90] Am Merkmal der Weisungsabhängigkeit erfolgt eine Abgrenzung zu Selbstständigen. Der Begriff des Arbeitnehmers ist weit auszulegen.[91] Die Schwelle für die Qualifikation als Arbeitnehmer mit Blick auf Umfang, Vergütung und Art der Tätigkeit ist gering, obgleich der EuGH „eine tatsächliche und echte Tätigkeit" verlangt und „Tätigkeiten außer Betracht bleiben, die einen so geringen Umfang haben, dass sie sich als völlig untergeordnet und unwesentlich darstellen".[92] Einbezogen hat er nämlich auch (vornehmlich in Streitigkeiten, die den im Vergleich zu Nichterwerbstätigen privilegierten Zugang von Arbeitnehmern zu Sozialleistungen betrafen) Praktikanten,[93] Teilzeitbeschäftigte mit einer Arbeitsleistung von 3 bis 14 Stunden pro Woche[94] oder Beschäftigte mit einer Vergütung in natura,[95] aus öffentlichen Mit-

---

[88] EuGH, Rs. 75/63, Slg. 1964, 381 (396) – Unger; Rs. 66/85, Slg. 1986, 2121, Rn. 16 – Lawrie-Blum; Rs. C-94/07, Slg. 2008, I-5939, Rn. 33 – Raccanelli; ferner Rs. C-229/14, EU:C:2015:455, Rn. 33 – Balkaya.

[89] *Kahl*, 3. Aufl., § 1 Rn. 66.

[90] EuGH, Rs. 66/85, Slg. 1986, 2121, Rn. 17 – Lawrie-Blum; Rs. C-85/96, Slg. 1998, I-2691, Rn. 32 – Sala; Rs. C-94/07, Slg. 2008, I-5939, Rn. 33 f. – Raccanelli; ferner Rs. C-229/14, EU:C:2015:455, Rn. 34 – Balkaya (dort Rn. 37 ff. zur Arbeitnehmereigenschaft von Leitungspersonen einer Kapitalgesellschaft).

[91] EuGH, Rs. 53/81, Slg. 1982, 1035, Rn. 13 – Levin; Rs. 66/85, Slg. 1986, 2121, Rn. 16 – Lawrie-Blum; Rs. C-94/07, Slg. 2008, I-5939, Rn. 33 – Raccanelli.

[92] EuGH, Rs. C-456/02, Slg. 2004, I-7573, Rn. 15 – Trojani; ferner Rs. C-229/14, EU:C:2015:455, Rn. 50 – Balkaya.

[93] EuGH, Rs. C-27/91, Slg. 1991, 5531, Rn. 8 – URSSAF; Rs. C-3/90, Slg. 1992, I-1071, Rn. 15 f. – Bernini; ferner Rs. C-229/14, EU:C:2015:455, Rn. 49 ff. – Balkaya.

[94] EuGH, Rs. C-213/05, Slg. 2007, I-6347, Rn. 7, 17 – Geven; ferner Rs. 139/85, Slg. 1986, 1741, Rn. 11 f. – Kempf; Rs. C-317/93, Slg. 1995, I-4625, Rn. 19 – Nolte; Rs. C-229/14, EU:C:2015:455, Rn. 50 – Balkaya.

[95] EuGH, Rs. 196/87, Slg. 1988, 6159, Rn. 16 f. – Steymann.

teln[96] oder in einer Höhe, die einen Rekurs auf lohnergänzende Sozialleistungen erforderte.[97] Dass sich die Arbeitnehmerfreizügigkeit auf Arbeitnehmer bezieht, schließt nach der Rechtsprechung des EuGH schließlich nicht aus, dass sich auch *Arbeitgeber* und *Arbeitsvermittler* auf diese berufen können, etwa um Beschäftigungsverbote zulasten EU-ausländischer Arbeitnehmer anzugreifen.[98]

Selbstständige Tätigkeiten unterfallen der Niederlassungs- oder der Dienstleistungsfreiheit, je nachdem, ob sie in „stabiler und kontinuierlicher Weise" oder lediglich vorübergehend (vgl. Art. 57 UAbs. 3 AEUV) grenzüberschreitend ausgeübt werden.[99] Für die Abgrenzung zu berücksichtigen sind Dauer, Häufigkeit, regelmäßige Wiederkehr und Kontinuität der Leistung; das Vorhandensein einer Infrastruktur im EU-Ausland (z. B. Büroräume) kann, muss aber nicht für eine Niederlassung sprechen.[100]   50

Hinsichtlich der *Niederlassungsfreiheit* ist weiter zwischen der Primärniederlassung, mithin der erstmaligen Aufnahme einer selbstständigen Tätigkeit im EU-Ausland (Art. 49 UAbs. 1 S. 1 AEUV), und der Sekundärniederlassung, d. h. „der Gründung von Agenturen, Zweigniederlassungen oder Tochtergesellschaften durch Angehörige eines Mitgliedstaats, die im Hoheitsgebiet eines Mitgliedstaats ansässig sind", zu unterscheiden (Art. 49 UAbs. 1 S. 2 AEUV).[101] Geschützt ist auch die grenzüberschreitende Sitzverlagerung.[102]   51

Dienstleistungen definiert Art. 57 UAbs. 1 AEUV als „Leistungen, die in der Regel gegen Entgelt erbracht werden", wobei UAbs. 2 als Regelbeispiele gewerbliche, kaufmännische, handwerkliche und freiberufliche Tätigkeiten nennt. Die Dienstleistungsfreiheit umfasst nicht nur die Erbringung selbstständiger Tätigkeiten im EU-Ausland, wie die Reparatur eines Gebäudes in einem anderen Mitgliedstaat (*aktive Dienstleistungsfreiheit*; vgl. Art. 57 UAbs. 3 AEUV), sondern auch die *passive Dienstleistungsfreiheit*, mithin die Inanspruchnahme von Dienstleistungen   52

---

[96] EuGH, Rs. 344/87, Slg. 1989, 1621, Rn. 15 – Bettray; Rs. C-1/97, Slg. 1998, I-7747, Rn. 28 – Birden; ferner Rs. C-229/14, EU:C:2015:455, Rn. 51 – Balkaya.

[97] EuGH, Rs. 53/81, Slg. 1982, 1035, Rn. 11 ff. – Levin; Rs. 139/85, Slg. 1986, 1741, Rn. 13 ff. – Kempf; Rs. C-317/93, Slg. 1995, I-4625, Rn. 19 – Nolte; Rs. C-10/05, Slg. 2006, I-3145, Rn. 22 – Mattern.

[98] EuGH, Rs. C-350/96, Slg. 1998, I-2521, Rn. 20, 25 ff. – Clean Car; Rs. C-208/05, Slg. 2007, I-181, Rn. 23 – ITC.

[99] EuGH, Rs. C-55/94, Slg. 1995, I-4165, Rn. 25 f. – Gebhard.

[100] EuGH, Rs. C-55/94, Slg. 1995, I-4165, Rn. 27 – Gebhard. Siehe auch Rs. C-221/89, Slg. 1991, I-3905, Rn. 20 – The Queen/Secretary of State for Transport, ex parte Factortame: „Niederlassungsbegriff [umfasst] die tatsächliche Ausübung einer wirtschaftlichen Tätigkeit mittels einer festen Einrichtung in einem anderen Mitgliedstaat auf unbestimmte Zeit".

[101] Näher *Forsthoff*, in: Grabitz/Hilf/Nettesheim, Art. 49 AEUV Rn. 52 ff. (Stand: 43. EL März 2011).

[102] Dazu EuGH, Rs. C-212/97, Slg. 1999, I-1459 – Centros; Rs. C-208/00, Slg. 2002, I-9919 – Überseering; Rs. C-167/01, Slg. 2003, I-10155 – Inspire Art; Rs. C-411/03, Slg. 2005, I-10805 – Sevic; Rs. C-210/06, Slg. 2008, I-9641 – Cartesio; Rs. C-378/10, EU:C:2012:440 – VALE; Rs. C-106/16 – Polbud. Im Überblick *Forsthoff*, in: Grabitz/Hilf/Nettesheim, Art. 54 AEUV Rn. 23 ff. (Stand: 46. EL Oktober 2011).

im EU-Ausland, etwa touristischer,[103] medizinischer[104] oder anwaltlicher/notarieller[105] Art, *Korrespondenzdienstleistungen,* bei denen, wie bei der telefonischen anwaltlichen Beratung oder der Ausstrahlung von Rundfunkprogrammen, nur die Dienstleistung die Grenze überschreitet und den *Leistungsaustausch im Ausland,* bei dem sich sowohl der Dienstleistungserbringer als auch der Dienstleistungsempfänger ins EU-Ausland begeben (deutsche Reisegruppe mit deutscher Reiseleiterin in Italien).[106] Schließlich sei darauf hingewiesen, dass die Dienstleistungsfreiheit gemäß Art. 58 Abs. 1 AEUV keine Anwendung „auf dem Gebiet des Verkehrs" findet.[107]

53   Das Anbieten von Sportwetten im Einführungsfall stellt eine Dienstleistung i. S. d. Art. 57 UAbs. 1 AEUV dar, denn es ist eine „Tätigkeit ..., die darin besteh[t], den Nutzern gegen Entgelt die Teilnahme an einem Glücksspiel zu ermöglichen".[108] Zudem kann sich das betroffene Unternehmen auch dann auf die Dienstleistungsfreiheit berufen, wenn es Dienstleistungen in einem anderen Mitgliedstaat als dem anbietet, in dem es ansässig ist und in dem Mitgliedstaat seiner Niederlassung selbst keine Erlaubnis besitzt, diese Dienstleistung dort anzubieten. Art. 57 AEUV verlangt nämlich nur, „dass der Leistungserbringer in einem anderen Mitgliedstaat ansässig ist als der Leistungsempfänger", und es ist irrelevant, ob er die Dienstleistung in dem Mitgliedstaat, in dem er niedergelassen ist, erbringt oder nicht.[109] Auf die Erlaubtheit der Dienstleistungserbringung kommt es, entsprechend den im Kontext der Warenverkehrsfreiheit erläuterten Gründen, nicht an (→ Rn. 22).

54   Art. 57 UAbs. 1 AEUV ordnet die *Subsidiarität der Dienstleistungsfreiheit* an, wobei sich die Frage nach der Einschlägigkeit der Dienstleistungsfreiheit im Verhältnis zu den anderen Marktfreiheiten nach den soeben skizzierten Abgrenzungsregeln beantwortet. Die Entsendung von Arbeitnehmern unterfällt wegen des grenzüberschreitenden Dienstleistungsmoments der Dienstleistungsfreiheit.[110]

55   Die Zuordnung der Erbringung von Dienstleistungen, die mit dem Einsatz von Waren verbunden ist, etwa von Bauaufträgen, erfolgt (wie auch die Abgrenzung im Übrigen) nach dem Schwerpunkt, so sich die Leistung nicht als trennbar er-

---

[103] Siehe EuGH, Rs. 186/87, Slg. 1989, 195 – Cowan; ferner für das Glücksspiel im EU-Ausland Rs. C-98/14, Rn. 26 – Berlington Hungary.

[104] Siehe nur EuGH, verb. Rs. 286/82 und 26/83, Slg. 1984, 377, Rn. 16 – Luisi und Carbone; Rs. C-158/96, Slg. 1998, I-1931, Rn. 29 – Kohll; Rs. C-372/04, Slg. 2006, I-4325, Rn. 86 ff. – Watts; Rs. C-339/15, EU:C:2017:335, Rn. 60 – Vanderborght. Umfassend dazu *F. Wollenschläger,* EuR 2012, 149.

[105] EuGH, Rs. C-342/15, EU:C:2017:196, Rn. 51 f. – Piringer.

[106] *Kluth,* in: Calliess/Ruffert, Art. 57 AEUV Rn. 27 ff.; *Randelzhofer/Forsthoff,* in: Grabitz/Hilf/ Nettesheim, Art. 57 AEUV Rn. 52 ff. (Stand: 43. EL März 2011).

[107] Siehe zur Ausklammerung von Vermittlungsdiensten EuGH, C-434/15, EU:C:2017:981, Rn. 33 ff. – Asociación Profesional Elite Taxi.

[108] EuGH, Rs. C-46/08, Slg. 2010, I-8149, Rn. 40 f. – Carmen Media Group.

[109] Ebd., Rn. 43.

[110] Siehe nur EuGH, Rs. C-113/89, Slg. 1990, I-1417, Rn. 14 f. – Rush Portugesa; ferner Rs. C 341/05, Slg. 2007, I-11767, Rn. 54 ff. – Laval.

weist.[111] Die Lieferung bestimmter unkörperlicher Gegenstände, etwa von Strom und Gas, hat der EuGH der Warenverkehrsfreiheit zugeordnet (→ Rn. 22), den Verkauf von Losen für Lotterien demgegenüber der Dienstleistungsfreiheit[112].

Alle Betätigungsformen setzen überdies die *Teilnahme am Wirtschaftsleben* voraus, was bei einer Prägung der in Frage stehenden Tätigkeit durch (auch) nichtökonomische Aspekte problematisch sein kann. Indes vertritt der EuGH ein weites Verständnis des „Wirtschaftslebens" und schließt auch Bereiche wie Sport, Kultur, Kirchen, Religionsgemeinschaften oder karitative Einrichtungen nicht prinzipiell aus.[113] Eine Gewinnerzielungsabsicht ist nicht erforderlich, ebenso wenig wie eine Vergütung durch den Dienstleistungsempfänger.[114] Ausgeklammert blieb lediglich der im Wesentlichen steuerfinanzierte Unterricht an öffentlichen Hochschulen.[115]   **56**

Die Freizügigkeit Nichterwerbstätiger, etwa Studierender an öffentlichen Hochschulen, schützt, was am Rande vermerkt sei, Art. 21 AEUV, der als „Grundfreiheit ohne Markt" einen parallelen Gewährleistungsgehalt umfasst (→ Rn. 10).   **57**

(4) Grenzüberschreitendes Element

Die Personenverkehrsfreiheiten setzen, wie alle Marktfreiheiten, ein grenzüberschreitendes Element (→ Rn. 82) voraus.[116] Musterbeispiel ist die Ausübung einer Berufstätigkeit im EU-Ausland. Unschädlich ist, dass der Betroffene für die EU oder eine internationale Organisation tätig ist.[117] Das Erfordernis eines grenzüberschreitenden Elements schließt nicht aus, dass sich auch ein Inländer gegenüber seinem Heimatstaat auf die Grundfreiheiten berufen kann, etwa wenn ihm die Anerkennung eines im Ausland erworbenen Diploms verweigert oder erschwert wird.[118] Eine in ihrer Reichweite noch klärungsbedürftige, nach vorzugswürdiger Auffassung indes nicht zu verallgemeinernde Ausnahme findet sich im Urteil in der Rs. Belgacom vom   **58**

---

[111] EuGH, Rs. C-36/02, Slg. 2004, I-9609, Rn. 26 f. – Omega; Rs. C-452/04, Slg. 2006, I-9521, Rn. 34 – Fidium Finanz AG; Rs. C-339/15, EU:C:2017:335, Rn. 58 – Vanderborght; *Randelzhofer/ Forsthoff*, in: Grabitz/Hilf/Nettesheim, Art. 57 AEUV Rn. 37 f. (Stand: 43. EL März 2011). Für ein Beispiel der Trennbarkeit (Einfuhr und Betrieb von Geldspielautomaten) Rs. C-98/14, EU:C:2015:386, Rn. 29 ff. – Berlington Hungary.

[112] EuGH, Rs. C-275/92, Slg. 1994, I-1039, Rn. 21 ff. – Schindler.

[113] Für den Sport: EuGH, Rs. 36/74, Slg. 1974, I-1405, Rn. 4/10 – Walrave; Rs. 13/76, Slg. 1976, 1333, Rn. 12/13 – Dona; Rs. C-415/93, Slg. 1995, I-4921, Rn. 73 – Bosman. Für Religionsgemeinschaften: Rs. 41/74, Slg. 1974, 1337 – van Duyn; Rs. 196/87, Slg. 1988, 6159, Rn. 11 f. – Steymann. Für karitative Einrichtungen: Rs. C-216/15, EU:C:2016:883, Rn. 44 ff. – Betriebsrat der Ruhrlandklinik.

[114] EuGH, Rs. C-179/14, EU:C:2016:108, Rn. 154 f. – Kommission/Ungarn. Vgl. zum fehlenden Erwerbszweck auch Rs. C-216/15, EU:C:2016:883, Rn. 45 f. – Betriebsrat der Ruhrlandklinik.

[115] EuGH, Rs. 263/86, Slg. 1988, 5365, Rn. 14 ff. – Humbel; Rs. C-109/92, Slg. 1993, I-6447, Rn. 15 f. – Wirth. Anders für Privatuniversitäten, siehe Rs. C-109/92, Slg. 1993, I-6447, Rn. 17 – Wirth.

[116] Siehe nur EuGH, Rs. C-298/14, EU:C:2015:652, Rn. 26 – Brouillard; Rs. C-566/15, EU:C:2017:562, Rn. 28 – Erzberger (in casu: Rn. 29, 31 ff. hinsichtlich in grenzüberschreitenden Konzernen tätigen Arbeitnehmern).

[117] EuGH, Rs. C-466/15, EU:C:2016:749, Rn. 24 f. – Adrien u. a.

[118] Zusammenfassend zu den primärrechtlichen Anforderungen EuGH, Rs. C-298/14, EU:C:2015:652, Rn. 46 ff. – Brouillard.

14.11.2013, in dem der EuGH eine Klagemöglichkeit bei Verstößen der öffentlichen
Hand gegen das im Kontext der öffentlichen Auftragsvergabe relevante, aus den
Marktfreiheiten folgende Transparenzgebot (→ Rn. 13; § 7 Rn. 2, 86 ff.) „allen potenziellen Bietern" zuerkannt hat, „unabhängig davon, ob sie im selben Mitgliedstaat
wie [die auftragsvergebende] Behörde niedergelassen sind."[119]

(5) Bereichsausnahme für die Ausübung öffentlicher Gewalt, Art. 45 Abs. 4, Art. 51 UAbs. 1, ggf. i. V. m. Art. 62 AEUV

59   Gemäß Art. 51 UAbs. 1 (ggf. i. V. m. Art. 62) AEUV greifen die Niederlassungs-
und Dienstleistungsfreiheit nicht für „Tätigkeiten, die in einem Mitgliedstaat dau-
ernd oder zeitweise mit der Ausübung öffentlicher Gewalt verbunden sind". Hintergrund dieser Bereichsausnahme ist die Vorstellung, dass derartige Tätigkeiten „ein
Verhältnis besonderer Verbundenheit des [sie Ausübenden] zum Staat sowie die
Gegenseitigkeit von Rechten und Pflichten voraussetzen, die dem Staatsangehörig-
keitsband zugrunde liegen."[120] Als Ausnahme vom Grundsatz der Freizügigkeit ist
dieser Vorbehalt eng[121] und „so auszulegen, dass sich seine Tragweite auf das beschränkt, was zur Wahrung der Interessen, deren Schutz diese Bestimmung den
Mitgliedstaaten erlaubt, unbedingt erforderlich ist".[122] Die in Frage stehende Tätigkeit muss daher „als solche unmittelbar und spezifisch mit der Ausübung öffentlicher Gewalt verbunden" sein.[123] Charakteristisch hierfür sind (hoheitliche) Entscheidungsbefugnisse, Zwangsbefugnisse und der Einsatz von Zwangsmitteln.[124]
Keinesfalls genügen Hilfs- oder Vorbereitungstätigkeiten.[125] Auch muss die Tätigkeit ihr wesentliches Gepräge durch hoheitliche Befugnisse erhalten, so dass etwa
die – trotz Disziplinarbefugnissen und Benotung – im Wesentlichen durch den Unterricht gekennzeichnete Tätigkeit des Lehrers[126] oder – trotz einzelner hoheitlicher
Befugnisse – Kapitäne[127] nicht von der Bereichsausnahme erfasst werden, ebenso
wenig Kaminkehrer[128]. Ausgeklammert bleiben lediglich hoheitliche Kernaufgaben,
etwa im Bereich Justiz (Richter), Militär und Polizei.[129] Notare und die notarielle

---

[119] EuGH, Rs. C-221/12, EU:C:2013:736, Rn. 32 – Belgacom. Dazu *Gabriel/Voll*, NZBau 2014,
155. Kritisch gegenüber diesem Ansatz *F. Wollenschläger*, Verteilungsverfahren, S. 116 ff.; *ders.*,
Binnenmarktrelevanz statt grenzüberschreitender Aktivität – eine Neujustierung in der Dogmatik
der Grundfreiheiten?, in: FS Müller- Graff, 2015, S. 443 ff.

[120] EuGH, Rs. 149/79, Slg. 1980, 3881, Rn. 10 – Kommission/Belgien I; ferner Rs. 66/85, Slg. 1986,
2121, Rn. 27 – Lawrie-Blum.

[121] EuGH, Rs. C-54/08, Slg. 2011, I-4355, Rn. 85 – Kommission/Deutschland.

[122] Ebd.; ferner Rs. 66/85, Slg. 1986, 2121, Rn. 26 – Lawrie-Blum.

[123] EuGH, Rs. C-54/08, Slg. 2011, I-4355, Rn. 86 – Kommission/Deutschland.

[124] Ebd., Rn. 87.

[125] Ebd.

[126] EuGH, Rs. 66/85, Slg. 1986, 2121, Rn. 27 f. – Lawrie-Blum; ferner bereits Rs. 149/79, Slg. 1980,
3881, Rn. 11 ff. – Kommission/Belgien I.

[127] EuGH, Rs. C-405/01, Slg. 2003, I-10391, Rn. 44 – Colegio de Oficiales; Rs. C-47/02, Slg. 2003,
I-10477, Rn. 63 – Anker u. a.

[128] EuGH, Rs. C-293/14, EU:C:2015:843, Rn. 27 ff. – Hiebler.

[129] *Ruthig/Storr*, Rn. 56.

Beurkundungstätigkeit hat der EuGH indes nicht unter Art. 51 UAbs. 1 AEUV subsumiert.[130] Bei einer Einbeziehung Privater in die Erfüllung öffentlicher Aufgaben (Entscheidung über Bescheinigung der technischen KfZ-Überprüfung; Stilllegung von KfZ bei Sicherheitsmängeln) stellt der EuGH auf die Entscheidungsautonomie und die Verleihung von Zwangsbefugnissen ab, um eine Ausübung öffentlicher Gewalt durch Private zu beurteilen; in casu hat der EuGH eine solche wegen der bestehenden staatlichen Aufsicht, der Ausübung bloßer Hilfs- bzw. vorbereitender Tätigkeiten und Widerspruchsmöglichkeiten zum Staat sowie mangels der Verleihung von Zwangsbefugnissen verneint.[131]

Auch für die *Arbeitnehmerfreizügigkeit* findet sich eine entsprechende Bereichsausnahme in Art. 45 Abs. 4 AEUV, die indes, anders als Art. 51 UAbs. 1 AEUV, nicht funktionell, sondern institutionell formuliert ist: Art. 45 AEUV gilt demnach nicht für eine „Beschäftigung in der öffentlichen Verwaltung." Nachdem es die Mitgliedstaaten bei einem wörtlichen Verständnis dieses Vorbehalts, das alle beim Staat Beschäftigten aus der Arbeitnehmerfreizügigkeit ausklammerte, in der Hand hätten, durch die Einbeziehung einer Tätigkeit in die öffentliche Verwaltung über den Anwendungsbereich dieser Marktfreiheit zu entscheiden, damit die einheitliche Anwendbarkeit des Unionsrechts gefährdet wäre und die Bereichsausnahme überdies eng auszulegen ist, hat der Gerichtshof das soeben entfaltete funktionale Verständnis auch für die Auslegung von Art. 45 Abs. 4 AEUV für maßgeblich erklärt.[132] Hat ein Mitgliedstaat einem EU-Ausländer Zugang zu einer Beschäftigung in der öffentlichen Verwaltung gewährt, kann er sich nicht mehr auf die Bereichsausnahme berufen, um dem Betroffenen den Schutz der Arbeitnehmerfreizügigkeit, etwa hinsichtlich Beschäftigungsbedingungen, vorzuenthalten.[133] Ebenso wenig lässt sich Art. 45 Abs. 4 AEUV wegen seines Schutzzwecks einem Inländer entgegenhalten, der sich gegenüber seinem Heimatstaat auch hinsichtlich sachlich von jener Norm erfasster Tätigkeiten auf die Arbeitnehmerfreizügigkeit beruft, etwa mit Blick auf die Anerkennung von im Ausland erworbener Diplome.[134]

dd) Tatbestand
Die Personenverkehrsfreiheiten umfassen drei Gewährleistungsaspekte: ein Aufenthaltsrecht im Zielstaat als Basis der Entfaltung einer wirtschaftlichen Tätigkeit (1),

60

61

---

[130] EuGH, Rs. C-54/08, Slg. 2011, I-4355, Rn. 88 ff. – Kommission/Deutschland; Rs. C-342/15, EU:C:2017:196, Rn. 54 f. – Piringer (dort, Rn. 56 ff. zur Rechtfertigungsfähigkeit der Beschränkung von Beglaubigungen im Grundstücksbereich auf Notare); Rs. C-575/16, EU:C:2018:186, Rn. 98 ff. – Kommission/Tschechische Republik.

[131] EuGH, Rs. C-438/08, Slg. 2009, I-10219, Rn. 37 – Kommission/Portugal; Rs. C-168/14, EU:C:2015:685, Rn. 55 ff. – Grupo Itevelsa; ferner Rs. C-327/12, EU:C:2013:827, Rn. 50 ff. – Soa Nazionale Costruttori; Rs. C-593/13, EU:C:2015:399, Rn. 17 ff. – Rina Services u. a.; Rs. C-293/14, EU:C:2015:843, Rn. 27 ff. – Hiebler.

[132] EuGH, Rs. 66/85, Slg. 1986, 2121, Rn. 26 f. – Lawrie-Blum.

[133] EuGH, Rs. 152/73, Slg. 1974, 153, Rn. 4 – Sotgiu; Rs. C-195/98, Slg. 2000, I-10497, Rn. 37 – Österreichischer Gewerkschaftsbund.

[134] EuGH, Rs. C-298/14, EU:C:2015:652, Rn. 30 ff. – Brouillard.

ein Diskriminierungsverbot, d. h. ein Gebot der Gleichbehandlung mit den Angehörigen des Zielstaates (2), und ein Beschränkungsverbot, das sonstige Behinderungen der transnationalen Mobilität verbietet (3).

(1) Aufenthaltsrecht

62 Die Personenverkehrsfreiheiten gewährleisten das Recht auf Ausreise aus dem Heimatstaat und auf Einreise in den sowie Aufenthalt im Zielstaat.[135] Details regelt die
Freizügigkeits-RL 2004/38/EG. Anders als das Freizügigkeitsrecht Nichterwerbstätiger (Art. 21 AEUV)[136] ist dasjenige ökonomisch aktiver Personen nicht von sozialen Kriterien wie ausreichenden Existenzmitteln und einem umfassenden Kranken-
versicherungsschutz abhängig (Art. 6 f. RL 2004/38/EG). Für beide gilt ein restriktiv
gehandhabter Ordre-public-Vorbehalt, der aufenthaltsbeschränkende und -beendende
Maßnahmen aus Gründen der öffentlichen Sicherheit, Ordnung und Gesundheit
gestattet (Art. 27 ff. RL 2004/38/EG; zu diesen Tatbeständen → Rn. 32 f.).[137]

(2) Diskriminierungsverbot

63 Die Personenverkehrsfreiheiten umfassen des Weiteren ein Verbot der Diskriminie-
rung aufgrund der Staatsangehörigkeit (Art. 45 Abs. 2, Art. 49 UAbs. 2, Art. 57
UAbs. 3 AEUV), ökonomisch aktive Personen genießen mithin einen *Anspruch auf
Gleichbehandlung mit den Angehörigen des Aufenthaltsstaates.*

64   Obgleich die Diskriminierungsverbote erwerbstätigkeitsbezogen formuliert sind –
Art. 45 Abs. 2 AEUV etwa verlangt nur „die Abschaffung jeder auf der Staatsangehörigkeit beruhenden unterschiedlichen Behandlung der Arbeitnehmer der Mitgliedstaaten in Bezug auf Beschäftigung, Entlohnung und sonstige Arbeitsbedingungen" –, hat
in der Rechtsprechung des EuGH ein *gegenständlich umfassender Gleichbehand-
lungsanspruch* Anerkennung gefunden, um Mobilitätshindernisse umfassend zu beseitigen.[138] Dementsprechend besteht ein Inländerbehandlungsanspruch etwa für den
Zugang zu Freizeitangeboten, wie der Registrierung eines Sportbootes.[139]

65   Tatbestandlich ist weiter zwischen *offenen* (oder: direkten bzw. unmittelbaren) und
versteckten (oder: indirekten bzw. mittelbaren) *Diskriminierungen* zu unterscheiden.
Erstere knüpfen unmittelbar an das Differenzierungskriterium der Staatsangehörigkeit
an, wofür eine Norm, die die Gewährung bestimmter Sozialleistungen auf Inländer beschränkt, ein Beispiel darstellt. Letztere rekurrieren auf ein anderes Unterscheidungs-
merkmal, das im Ergebnis aber auch eine Schlechterstellung von EU-Ausländern be-

---

[135] Siehe für die Arbeitnehmerfreizügigkeit Art. 45 Abs. 3 lit. b ff. AEUV; im Übrigen als „Annex-
freiheit" anerkannt, vgl. *F. Wollenschläger*, Grundfreiheit ohne Markt, S. 27 f., 76 ff., 131, 330.

[136] Zu den ökonomischen Voraussetzungen des Aufenthaltsrechts Nichterwerbstätiger *F. Wollenschläger*, EnzEuR I, § 8 Rn. 131 ff. m. w. N.

[137] Im Einzelnen *F. Wollenschläger*, EnzEuR I, § 8 Rn. 134 f. m. w. N.

[138] EuGH, Rs. 305/87, Slg. 1989, 1461, Rn. 21 f. – Kommission/Griechenland; Rs. 63/86, Slg. 1988,
29, Rn. 14 ff. – Kommission/Italien; Rs. C-111/91, Slg. 1993, I-817, Rn. 17 – Kommission/Luxem-
burg; Rs. C-334/94, Slg. 1996, I-1307, Rn. 20 ff. – Kommission/Frankreich; Rs. C-151/96, Slg. 1997,
I-3327, Rn. 13 ff. – Kommission/Irland. Dazu *F. Wollenschläger*, Grundfreiheit ohne Markt, S. 34 ff.

[139] EuGH, Rs. C-334/94, Slg. 1996, I-1307, Rn. 20 ff. – Kommission/Frankreich.

wirkt. Deshalb ist es im Interesse eines effektiven Schutzes vor Diskriminierungen gerechtfertigt, auch versteckte Diskriminierungen einzubeziehen.[140] Musterbeispiel hierfür ist das Erfordernis einer bestimmten Wohnsitzdauer im Inland für die Gewährung von Sozialleistungen, das zuziehende Wanderarbeitnehmer typischerweise nicht erfüllen, oder das Erfordernis einer Niederlassung im Inland für die Gewerbeausübung. Der Rechtsprechung des EuGH liegt ein relativ *weites Verständnis des Konzepts der mittelbaren Diskriminierung* zugrunde. Denn es „braucht nicht festgestellt zu werden, dass die in Rede stehende Vorschrift in der Praxis einen wesentlich größeren Anteil der Wanderarbeitnehmer betrifft. Es genügt die Feststellung, dass die betreffende Vorschrift geeignet ist, eine solche Wirkung hervorzurufen."[141] Überdies muss die Maßnahme „nicht bewirken, dass alle Inländer begünstigt werden oder dass unter Ausschluss der Inländer nur die Staatsangehörigen der anderen Mitgliedstaaten benachteiligt werden".[142] Bedeutung hat dies etwa für das Erfordernis eines Wohnsitzes an einem bestimmten Ort im Inland, das der EuGH als mittelbar diskriminierend ansieht, obgleich es nicht nur EU-Ausländer, sondern auch einen Großteil der Inländer benachteiligt.

(3) Beschränkungsverbot

Nachdem sich Hindernisse für die transnationale Marktintegration nicht in einer Benachteiligung EU-ausländischer Erwerbstätiger gegenüber Inländern erschöpfen, verstehen EuGH[143] und das überwiegende Schrifttum[144] die Marktfreiheiten mittlerweile zu Recht und in Einklang mit ihrem Wortlaut (vgl. etwa Art. 45 Abs. 1 und 3 lit. c, Art. 49 UAbs. 1 S. 1, Art. 63 AEUV) auch als Beschränkungsverbote, mithin als freiheitsrechtliche Gewährleistungen, die Beeinträchtigungen der transnationalen Erwerbstätigkeit unabhängig davon erfassen, ob eine Schlechterstellung von Inlands- gegenüber Auslandssachverhalten vorliegt. Dementsprechend hat der Gerichtshof in seinem Urteil in der Rs. Bosman vom 15.12.1995, der Leitentscheidung im Kontext der Arbeitnehmerfreizügigkeit, eine Transferentschädigung im

66

---

[140] Siehe nur EuGH, Rs. 152/73, Slg. 1974, 153, Rn. 11 – Sotgiu; Rs. C-237/94, Slg. 1996, I-2617, Rn. 17 – O'Flynn; Rs. C-512/13, EU:C:2015:108, Rn. 23 – Sopora.

[141] EuGH, Rs. C-237/94, Slg. 1996, I-2617, Rn. 21 – O'Flynn.

[142] EuGH, Rs. C-20/12, EU:C:2013:411, Rn. 45 – Giersch u. a.; ferner Rs. C-388/01, Slg. 2003, I-721, Rn. 14 – Kommission/Italien. Vgl. auch Rs. C-50/14, EU:C:2016:56, Rn. 56 – CASTA u. a.

[143] Siehe namentlich EuGH, Rs. C-415/93, Slg. 1995, I-4921, Rn. 92 ff. – Bosman; ferner Rs. 8/74, Slg. 1974, 837, Rn. 5 – Dassonville; Rs. C-190/98, Slg. 2000, I-493, Rn. 18 – Graf; Rs. C-134/03, Slg. 2005, I-1167, Rn. 35 – Viacom; verb. Rs. C-544/03 und C-545/03, Slg. 2005, I-7723, Rn. 29 – Mobistar; Rs. C-370/05, Slg. 2007, I-1135, Rn. 24 f. – Festersen; Rs. C-169/07, Slg. 2009, I-1721, Rn. 33 – Hartlauer; Rs. C-187/15, EU:C:2016:550, Rn. 27 f. – Pöpperl/Land Nordrhein-Westfalen; Rs. C-201/15, EU:C:2016:972, Rn. 49 ff. – AGET Iraklis.

[144] *Ehlers*, Jura 2001, 266 (269 ff.); *Jarass*, EuR 2000, 705 (711 f.); *Weatherill*, CMLRev 33 (1996), 885 (901); *White*, Workers, establishment, and services in the European Union, 2004, S. 261 ff.; *F. Wollenschläger*, Grundfreiheit ohne Markt, S. 54 ff. m. w. N. A. A. – nämlich für ein Verständnis der Marktfreiheiten lediglich als (materielle) Diskriminierungsverbote, die eine Benachteiligung transnationaler gegenüber rein inländischen Sachverhalten verbieten – *Davies*, Nationality Discrimination in the European Internal Market, 2003; *Kingreen*, Die Struktur der Grundfreiheiten des europäischen Gemeinschaftsrechts, 1999; *Marenco*, CDE 1984, 291. Umfassend zur Debatte *F. Wollenschläger*, Grundfreiheit ohne Markt, S. 41 ff. m. w. N.

Berufsfussball an Art. 45 AEUV gemessen, obgleich diese sowohl für einen Ver-
einswechsel im Inland als auch in das Ausland anfiel.[145]

67   Als Beschränkungsverbote erstrecken sich die Personenverkehrsfreiheiten auf
alle nationalen Maßnahmen, die geeignet sind, die Ausübung des Freizügigkeits-
rechts „zu behindern oder weniger attraktiv zu machen".[146] Angesichts der Weite
dieser Formel bedarf es freilich tatbestandlicher Korrektive, um einer uferlosen
Ausdehnung der Marktfreiheiten entgegenzuwirken und sie als Garantie der transnationalen Mobilität, nicht aber als allgemeine Wirtschaftsfreiheit zu konturieren.[147]
Erforderlich ist zunächst eine *Beeinträchtigung des Marktzugangs*,[148] die freilich
nicht nur bei einer Regelung des „Ob" einer beruflichen Betätigung (Berufszulassung), sondern – entgegen einer Literaturauffassung[149] und bei entsprechenden
Konsequenzen – auch des „Wie" (Berufsausübung) vorliegen kann.[150] Maßnahmen
mit zu ungewissen und nur indirekten Folgen für den Marktzugang bleiben ausgeklammert.[151] In einem Einzelfall hat der EuGH auch ein hinreichendes Gewicht der
Belastung gefordert und die Erhebung moderater Kommunalabgaben für die Dienstleistungserbringung nicht als Mobilitätshindernis qualifiziert;[152] insgesamt gilt jedoch wie bei der Warenverkehrsfreiheit (→ Rn. 25 ff.), dass „auch geringfügige
oder unbedeutende Beschränkungen der Freizügigkeit … verboten" sind.[153] Schließlich hat der Gerichtshof in seinem Urteil in der Rs. Alpine Investments eine Anwendung der „Keck-Formel" (→ Rn. 28, auch zur Weiterentwicklungen in der jüngeren
Rechtsprechung) im Rahmen der Dienstleistungsfreiheit mit der Begründung verneint, dass die streitgegenständliche Maßnahme („cold calling", d. h. das Verbot der
telefonischen Kontaktaufnahme mit potenziellen Kunden ohne deren vorherige Zustimmung) marktzugangsrelevant ist.[154] Das staatliche Monopol für Sportwetten des

---

[145] EuGH, Rs. C-415/93, Slg. 1995, I-4921, Rn. 92 ff. – Bosman.

[146] Siehe nur EuGH, Rs. C-169/07, Slg. 2009, I-1721, Rn. 33 – Hartlauer; ferner Rs. C-518/06,
Slg. 2009, I-3491, Rn. 62 – Kommission/Italien.

[147] Näher *Forsthoff*, in: Grabitz/Hilf/Nettesheim, Art. 45 AEUV Rn. 188 ff. (Stand: 42. EL September 2010); *F. Wollenschläger*, Grundfreiheit ohne Markt, S. 56 ff. m. w. N.

[148] EuGH, Rs. C-415/93, Slg. 1995, I-4921, Rn. 103 – Bosman; Rs. C-190/98, Slg. 2000, I-493,
Rn. 23 – Graf; Rs. C-518/06, Slg. 2009, I-3491, Rn. 64 – Kommission/Italien; Rs. C-201/15,
EU:C:2016:972, Rn. 49 ff. – AGET Iraklis. Umfassend *Dietz/T. Streinz*, EuR 2015, 50.

[149] So etwa *Ehlers*, Jura 2001, 482 (485).

[150] EuGH, Rs. C-464/02, Slg. 2005, I-7929, Rn. 34 ff. – Kommission/Dänemark; Rs. C-518/06,
Slg. 2009, I-3491, Rn. 65 ff. – Kommission/Italien; Rs. C-420/15, EU:C:2017:408, Rn. 22 – U;
F. Wollenschläger, Grundfreiheit ohne Markt, S. 56 f.

[151] EuGH, Rs. C-190/98, Slg. 2000, I-493, Rn. 25 – Graf.

[152] EuGH, Rs. C-134/03, Slg. 2005, I-1167, Rn. 38 – Viacom. Vgl. ferner verb. Rs. C-544/03 und
C-545/03, Slg. 2005, I-7723, Rn. 31 ff. – Mobistar; Rs. C-98/14, EU:C:2015:386, Rn. 36 – Berlington Hungary: „Art. 56 AEUV [erfasst] solche Maßnahmen nicht, deren einzige Wirkung es ist, zusätzliche Kosten für die betreffende Leistung zu verursachen, und die die Erbringung von Dienstleistungen zwischen Mitgliedstaaten in gleicher Weise wie ihre Erbringung innerhalb eines einzigen
Mitgliedstaats berühren".

[153] EuGH, Rs. C-420/15, EU:C:2017:408, Rn. 20 – U.

[154] EuGH, Rs. C-384/93, Slg. 1995, I-1141, Rn. 37 f. – Alpine Investment.

Einführungsfalls stellt eine Beschränkung der Dienstleistungsfreiheit dar, da es den Marktzugang im Inland vollständig sperrt.[155]

ee) Rechtfertigung

Auch im Kontext der Personenverkehrsfreiheiten ist zwischen *geschriebenen und* **68** *ungeschriebenen Rechtfertigungsgründen* zu unterscheiden.

Als geschriebener Rechtfertigungsgrund findet sich bei allen Personenverkehrs- **69** freiheiten der restriktiv zu handhabende Ordre-public-Vorbehalt (Art. 45 Abs. 3, Art. 52 Abs. 1, ggf. i. V. m. Art. 62 AEUV), der Ausnahmen aus Gründen der öffentlichen Ordnung, Sicherheit und Gesundheit rechtfertigt (→ Rn. 62). Vom Rechtfertigungsgrund der öffentlichen Ordnung gedeckt erachtet hat der EuGH etwa das mit Blick auf die Menschenwürde (Art. 1 Abs. 1 GG) verfügte Verbot von Unterhaltungsspielen mit simulierten Tötungshandlungen („Laserdrome").[156]

Eine *Rechtfertigung versteckter Diskriminierungen* kommt nach der in ständi- **70** ger Rechtsprechung des Gerichtshofs verwendeten Formel in Betracht, wenn die „Vorschriften durch objektive, von der Staatsangehörigkeit der betroffenen Arbeitnehmer unabhängige Erwägungen gerechtfertigt sind und in einem angemessenen Verhältnis zu dem Zweck stehen, der mit den nationalen Rechtsvorschriften zulässigerweise verfolgt wird".[157]

Für die *Rechtfertigung von Beschränkungen* hat der EuGH die sog. Gebhard- **71** Formel entwickelt, nach der „nationale Maßnahmen, die die Ausübung der durch den Vertrag garantierten grundlegenden Freiheiten behindern oder weniger attraktiv machen können, vier Voraussetzungen erfüllen müssen: Sie müssen in nichtdiskriminierender Weise angewandt werden, sie müssen aus zwingenden Gründen des Allgemeininteresses gerechtfertigt sein, sie müssen geeignet sein, die Verwirklichung des mit ihnen verfolgten Zieles zu gewährleisten, und sie dürfen nicht über das hinausgehen, was zur Erreichung dieses Zieles erforderlich ist".[158] Als zwingendes Erfordernis gilt auch der Schutz von Unionsgrundrechten, womit diese als Schranken der Personenverkehrsfreiheiten fungieren (→ Rn. 36).

Umstritten ist, ob auch Diskriminierungen aus zwingenden Gründen des Allge- **72** meininteresses gerechtfertigt werden können. Für offene Diskriminierungen wird dies überwiegend verneint,[159] für versteckte Diskriminierungen, auch wegen einer inkohärenten Rechtsprechung des EuGH, überwiegend bejaht.[160]

---

[155] Siehe nur EuGH, Rs. C-46/08, Slg. 2010, I-8149, Rn. 44, 55 – Carmen Media Group.

[156] EuGH, Rs. C-36/02, Slg. 2004, I-9609, Rn. 30 ff. – Omega.

[157] Siehe nur EuGH, Rs. C-237/94, Slg. 1996, I-2617, Rn. 19 – O'Flynn.

[158] EuGH, Rs. C-55/94, Slg. 1995, I-4165, Rn. 37 – Gebhard; ferner – aus jüngerer Zeit – Rs. C-187/15, EU:C:2016:550, Rn. 29 – Pöpperl/Land Nordrhein-Westfalen.

[159] Siehe nur EuGH, Rs. C-64/08, Slg. 2010, I-8219, Rn. 34 – Engelmann; Rs. C-375/14, EU:C:2016:60, Rn. 26 – Laezza; ferner *Forsthoff*, in: Grabitz/Hilf/Nettesheim, Art. 45 AEUV Rn. 325 f. (Stand: 42. EL September 2010) m. w. N.; *Kluth*, in: Calliess/Ruffert, Art. 57 AEUV Rn. 72, 74.

[160] *Brechmann*, in: Calliess/Ruffert, Art. 45 AEUV Rn. 47; *Forsthoff*, in: Grabitz/Hilf/Nettesheim, Art. 45 AEUV Rn. 327 f. (Stand: 42. EL September 2010) m. w. N. Siehe auch *Kluth*, in: Calliess/Ruffert, Art. 57 AEUV Rn. 75 ff.

73   Von Bedeutung im Rahmen der Rechtfertigungsfähigkeit mitgliedstaatlicher
Beschränkungen ist das vom EuGH namentlich in seiner Rechtsprechung zum
Glücksspielwesen entwickelte *Kohärenzgebot*, das widerspruchsfreie und folge-
richtige Regelungen fordert: Ein Verstoß hiergegen liegt etwa im Verbot des privaten Glücksspiels bei einer gleichzeitig aggressiven Werbung staatlicher Stellen für
das staatliche Angebot.[161]

ff) Lösungshinweise zum Einführungsfall

74   Zur Rechtfertigung des Sportwettenmonopols, das eine Beschränkung der Dienstleistungsfreiheit darstellt (→ Rn. 53, 67), kann sich Deutschland auf verschiedene
zwingende Gründe des Allgemeininteresses berufen, wie „den Verbraucherschutz,
die Betrugsvorbeugung und die Vermeidung von Anreizen für die Bürger zu übermäßigen Ausgaben für das Spielen".[162]

75   Freilich müssen diese nach der Gebhard-Formel (→ Rn. 71) auch „geeignet sein,
die Verwirklichung des mit ihnen verfolgten Zieles zu gewährleisten, und sie dürfen
nicht über das hinausgehen, was zur Erreichung dieses Zieles erforderlich ist. Auf
jeden Fall müssen sie in nichtdiskriminierender Weise angewandt werden."[163]

76   Was die *grundsätzliche Rechtfertigungsfähigkeit* von Beschränkungen im Bereich des Glücksspiels betrifft, hat der EuGH anerkannt, „dass die Regelung der
Glücksspiele zu den Bereichen gehört, in denen beträchtliche sittliche, religiöse
und kulturelle Unterschiede zwischen den Mitgliedstaaten bestehen. In Erman-
gelung einer Harmonisierung auf Unionsebene steht es den Mitgliedstaaten
grundsätzlich frei, die Ziele ihrer Politik auf dem Gebiet der Glücksspiele festzulegen und gegebenenfalls das angestrebte Schutzniveau genau zu bestimmen".[164] Daher erachtet der EuGH die erwähnten Ziele prinzipiell für hinreichend gewichtig, um Einschränkungen, Verbote oder Monopole zu rechtfertigen:
Denn es ist „insoweit Sache jedes Mitgliedstaats, zu beurteilen, ob es im Zusammenhang mit den von ihm verfolgten legitimen Zielen erforderlich ist, Tätigkeiten dieser Art vollständig oder teilweise zu verbieten, oder ob es genügt, sie zu
beschränken und zu diesem Zweck mehr oder weniger strenge Kontrollformen
vorzusehen, wobei die Notwendigkeit und die Verhältnismäßigkeit der erlassenen Maßnahmen allein im Hinblick auf die verfolgten Ziele und das von den
betreffenden nationalen Stellen angestrebte Schutzniveau zu beurteilen sind."[165]
Namentlich hat der EuGH festgestellt, „dass die Bekämpfung der Kriminalität
ein zwingender Grund des Allgemeininteresses sein kann, der geeignet ist, Beschränkungen hinsichtlich der Wirtschaftsteilnehmer zu rechtfertigen, denen es
gestattet ist, Dienstleistungen im Glücksspielsektor anzubieten. Glücksspiele

---

[161] Siehe nur EuGH, Rs. C-243/01, Slg. 2003, I-13031, Rn. 67 ff. – Gambelli; ferner Rs. C-28/09,
Slg. 2011, I-13525, Rn. 126 – Kommission/Österreich; Rs. C-98/14, EU:C:2015:386, Rn. 64 ff. –
Berlington Hungary; Rs. C-187/15, EU:C:2016:550, Rn. 33 – Pöpperl/Land Nordrhein-Westfalen.

[162] EuGH, Rs. C-46/08, Slg. 2010, I-8149, Rn. 55 – Carmen Media Group; ferner Rs. C-98/14,
EU:C:2015:386, Rn. 58 – Berlington Hungary.

[163] EuGH, Rs. C-243/01, Slg. 2003, I-13031, Rn. 65 – Gambelli.

[164] EuGH, Rs. C-98/14, EU:C:2015:386, Rn. 56 – Berlington Hungary.

[165] EuGH, Rs. C-46/08, Slg. 2010, I-8149, Rn. 58 – Carmen Media Group.

bergen nämlich in Anbetracht der Höhe der Beträge, die mit ihnen eingenommen werden können, und der Gewinne, die sie den Spielern bieten können, eine erhöhte Gefahr von Betrug und anderen Straftaten. Der Gerichtshof hat ferner anerkannt, dass eine begrenzte Erlaubnis von Spielen im Rahmen eines Ausschließlichkeitsrechts den Vorteil bietet, den Spielbetrieb in kontrollierte Bahnen zu lenken und die Gefahren eines auf Betrug und andere Straftaten ausgerichteten Spielbetriebs auszuschalten".[166]

Im Mittelpunkt der Auseinandersetzung steht daher meist, wie auch im vorliegenden Fall, die *Wahrung des Kohärenzgebots* (→ Rn. 73), das fordert, dass „Beschränkungen der Spieltätigkeiten durch zwingende Gründe des Allgemeininteresses … dazu beitragen müssen, die Wetttätigkeiten in kohärenter und systematischer Weise zu begrenzen".[167] Gemessen daran „können sich die Behörden eines Mitgliedstaats, soweit sie den Verbrauchern Anreize geben und sie dazu ermuntern, an Lotterien, Glücksspielen oder Wetten teilzunehmen, damit der Staatskasse daraus Einnahmen zufließen, nicht auf die öffentliche Sozialordnung mit der aus ihr folgenden Notwendigkeit, die Gelegenheiten zum Spiel zu verringern, berufen, um restriktive Maßnahmen zu rechtfertigen".[168] Ein Verstoß gegen die Dienstleistungsfreiheit liegt damit vor.

77

5. Kapitalverkehrsfreiheit

a) Prüfungsschema

78

1. Anwendbarkeit
   a) Unmittelbare Anwendbarkeit (→ Rn. 11)
   b) Keine Spezialregelung im Sekundärrecht (→ Rn. 12)
2. Anwendungsbereich
   a) Verpflichtete: Mitgliedstaaten, Union und Private
   b) Persönlich: Unionsbürger und Drittstaatsangehörige
   c) Sachlich: Kapitalverkehrsvorgang
   d) Grenzüberschreitendes Element (→ Rn. 82)
3. Tatbestand
   a) Diskriminierungsverbot
   b) Beschränkungsverbot
4. Rechtfertigung
   a) Geschriebene Rechtfertigungsgründe, Art. 64–66 AEUV
   b) Ungeschriebene Rechtfertigungsgründe (→ Rn. 70 ff.)
   c) Verhältnismäßigkeit (→ Rn. 37)

---

[166] EuGH, Rs. C-42/07, Slg. 2009, I-7633, Rn. 63 f. – Liga Portuguesa.

[167] EuGH, Rs. C-46/08, Slg. 2010, I-8149, Rn. 55 – Carmen Media Group; ferner Rs. C-243/01, Slg. 2003, I-13031, Rn. 67 – Gambelli.

[168] EuGH, Rs. C-46/08, Slg. 2010, I-8149, Rn. 66 – Carmen Media Group; ferner Rs. C-243/01, Slg. 2003, I-13031, Rn. 69 – Gambelli.

b) Die Kapitalverkehrsfreiheit im Einzelnen

79 Die seit dem 01.01.1994 unmittelbar anwendbare Kapitalverkehrsfreiheit (Art. 63 ff. AEUV) bindet zunächst Union und Mitgliedstaaten (→ Rn. 17); ihre Drittwirkung ist, auch mangels Judikatur des EuGH, noch nicht abschließend geklärt.[169] Sie erfasst, wie aus Art. 63 Abs. 1 AEUV folgt, nicht nur den Kapitalverkehr zwischen den Mitgliedstaaten, sondern auch im Verhältnis zu Drittstaaten.[170] Damit berechtigt sie, anders als die Personenverkehrsfreiheiten (→ Rn. 46), nicht nur Unionsbürger, sondern auch Drittstaatsangehörige.[171] Bei Vorgängen mit Drittstaatsbezug stehen den Mitgliedstaaten indes weitergehende Rechtfertigungsmöglichkeiten zur Verfügung.[172] Entsprechend Art. 54 AEUV berechtigt sind auch juristische Personen (→ Rn. 47), wobei es nicht auf deren Ansässigkeit innerhalb der Union ankommen soll.[173]

80 Der EuGH hat den sachlichen Anwendungsbereich der Kapitalverkehrsfreiheit noch nicht abstrakt definiert; Orientierungsfunktion kommt aber Anhang I RL 88/361/EWG zu, der Kapitalverkehrsvorgänge (nicht abschließend) auflistet.[174] Die Kapitalverkehrsfreiheit erfasst *Investitionen im Ausland*, mithin die grenzüberschreitende „Übertragung von Geld- oder Sachkapital ..., die primär zu Anlagezwecken erfolgt".[175] Hierunter fällt namentlich der Erwerb von Immobilien[176] und Gesellschaftsanteilen[177]. Einbezogen ist auch die Darlehensvergabe.[178] Besonders virulent ist die Frage der Abgrenzung der Kapitalverkehrsfreiheit von den übrigen Grundfreiheiten, gerade auch mit Blick auf die Einbeziehung von Sachverhalten mit Drittstaatsbezug.[179] Beim Erwerb von Gesellschaftsanteilen ist die Niederlassungsfreiheit einschlägig, wenn die Erlangung unternehmerischer Len-

---

[169] Bejahend (nur für Private mit quasi-regulativen Befugnissen) *Ress/Ukrow*, in: Grabitz/Hilf/Nettesheim, Art. 63 AEUV Rn. 116 ff. (Stand: 62. EL Juli 2017).

[170] EuGH, Rs. C-446/04, Slg. 2006, I-11753, Rn. 169 – Test Claimants; Rs. C-101/05, Slg. 2007, I-11531, Rn. 28 ff. – A.

[171] EuGH, Rs. C-446/04, Slg. 2006, I-11753, Rn. 169 – Test Claimants; *Ress/Ukrow*, in: Grabitz/Hilf/Nettesheim, Art. 63 AEUV Rn. 120 f. (Stand: 62. EL Juli 2017). Siehe auch *Bröhmer*, in: Calliess/Ruffert, Art. 63 AEUV Rn. 6 ff.

[172] EuGH, Rs. C-446/04, Slg. 2006, I-11753, Rn. 170 f. – Test Claimants; Rs. C-101/05, Slg. 2007, I-11531, Rn. 37 – A.

[173] *Ress/Ukrow*, in: Grabitz/Hilf/Nettesheim, Art. 63 AEUV Rn. 121 (Stand: 62. EL Juli 2017). Zurückhaltend mit Blick auf letzteres *Bröhmer*, in: Calliess/Ruffert, Art. 63 AEUV Rn. 8.

[174] EuGH, Rs. C-452/04, Slg. 2006, I-9521, Rn. 41 – Fidium Finanz AG.

[175] *Bröhmer*, in: Calliess/Ruffert, Art. 63 AEUV Rn. 10. Im Einzelnen *Ress/Ukrow*, in: Grabitz/Hilf/Nettesheim, Art. 63 AEUV Rn. 126 ff. (Stand: 62. EL Juli 2017). Vgl. auch EuGH, Rs. C-112/05, Slg. 2007, I-8995, Rn. 18 – Kommission/Deutschland.

[176] Siehe etwa EuGH, Rs. C-302/97, Slg. 1999, I-3099, Rn. 22 – Konle; Rs. C-300/01, Slg. 2003, I-4899, Rn. 39 – Salzmann.

[177] Siehe etwa EuGH, Rs. C-112/05, Slg. 2007, I-8995, Rn. 18 – Kommission/Deutschland; Rs. C-201/15, EU:C:2016:972, Rn. 58 – AGET Iraklis.

[178] EuGH, Rs. C-478/98, Slg. 2000, I-7587, Rn. 18 – Kommission/Dänemark; Rs. C-452/04, Slg. 2006, I-9521, Rn. 42 – Fidium Finanz AG; verb. Rs. C-578/10 und C-580/10, EU:C:2012:246, Rn. 40 – van Putten u. a.

[179] Im Einzelnen *Bröhmer*, in: Calliess/Ruffert, Art. 63 AEUV Rn. 16 ff.; *Ress/Ukrow*, in: Grabitz/Hilf/Nettesheim, Art. 63 AEUV Rn. 286 ff. (Stand: 62. EL Juli 2017).

kungsmacht inmitten steht, es mithin um eine Beteiligung geht, „die es [dem Investor] ermöglicht, einen sicheren Einfluss auf die Entscheidungen dieser Gesellschaft auszuüben und deren Tätigkeiten zu bestimmen" (sog. Kontroll- gegenüber einer schlichten Portfoliobeteiligung).[180] Für den Immobilienerwerb sind die Personenverkehrsfreiheiten dann einschlägig, wenn er sich als Annex zu ihrer Ausübung darstellt, was etwa beim Erwerb einer Wohnung durch einen Wanderarbeitnehmer der Fall ist.[181] Bei Bankgeschäften, wie der gewerblichen Kreditvergabe, liegt der Schwerpunkt auf der Dienstleistungsfreiheit.[182] Abzugrenzen ist die Kapitalverkehrsfreiheit schließlich von der sog. *Freiheit des Zahlungsverkehrs*, die die Vergütung von in Ausübung der Marktfreiheiten erbrachten Leistungen betrifft (Art. 63 Abs. 2 AEUV).[183]

Die Kapitalverkehrsfreiheit erfasst Diskriminierungen und Beschränkungen **81** (vgl. Art. 63 Abs. 1 AEUV).[184] Zulässig sind „nationale Regelungen …, die aus den in [Art. 65 AEUV] genannten Gründen oder aus zwingenden Gründen des Allgemeininteresses gerechtfertigt sind, soweit keine gemeinschaftliche Harmonisierungsmaßnahme vorliegt, die bereits die zur Gewährleistung des Schutzes dieser Interessen erforderlichen Maßnahmen vorsieht".[185] Weitere Ausnahmen finden sich in Art. 64 und 66 AEUV.

6. Inländerdiskriminierung

Aufgrund des Erfordernisses eines grenzüberschreitenden Bezugs (→ Rn. 24, 58) **82** können sich Inländer in reinen Inlandssachverhalten nicht auf die Grundfreiheiten berufen. Wegen des entsprechend sachlich beschränkten Anwendungsbereichs des Unionsrechts ist dies, trotz des allen Angehörigen der Mitgliedstaaten gemeinen Status als Unionsbürger, unionsrechtlich nicht zu beanstanden.[186] Konsequenz dessen ist, dass nationale Regeln, die gegen die Marktfreiheiten verstoßen, nicht auf EU-Ausländer, sehr wohl aber auf Inländer angewendet werden dürfen, und Inländer damit schlechter gestellt werden können (*Inländerdiskriminierung*).

---

[180] EuGH, Rs. C-112/05, Slg. 2007, I-8995, Rn. 13 – Kommission/Deutschland; Rs. C-201/15, EU:C:2016:972, Rn. 59 – AGET Iraklis; ferner *Ress/Ukrow*, in: Grabitz/Hilf/Nettesheim, Art. 63 AEUV Rn. 312 ff. (Stand: 62. EL Juli 2017). Zu neutralen Regelungen EuGH, Rs. C-47/12, EU:C:2014:2200, Rn. 29 ff. – Kronos International Inc. m. Anm. *Unger*, EuZW 2015, 67.

[181] *Ress/Ukrow*, in: Grabitz/Hilf/Nettesheim, Art. 63 AEUV Rn. 291, 309 (Stand: 62. EL Juli 2017).

[182] EuGH, Rs. C-452/04, Slg. 2006, I-9521, Rn. 44 ff. – Fidium Finanz AG.

[183] Dazu EuGH, verb. Rs. 286/82 und 26/83, Slg. 1984, 377, Rn. 21 f. – Luisi und Carbone.

[184] EuGH, Rs. C-112/05, Slg. 2007, I-8995, Rn. 19 – Kommission/Deutschland.

[185] EuGH, Rs. C-112/05, Slg. 2007, I-8995, Rn. 72 – Kommission/Deutschland.

[186] EuGH, verb. Rs. C-64/96 und C-65/96, Slg. 1997, I-3171, Rn. 22 – Uecker und Jacquet; Rs. C-148/02, Slg. 2003, I-11613, Rn. 26 – Avello; Rs. C-434/09, Slg. 2011, I-3375, Rn. 45 – McCarthy. Ebenso *Gärditz*, VVDStRL 72 (2013), 49 (145 Fn. 322); *F. Wollenschläger*, Grundfreiheit ohne Markt, S. 85 f., 222 f., 341 ff. m. w. N. A. A. GA *Sharpston*, in: Rs. C-34/09, Slg. 2011, I-1177, Rn. 123 ff. – Ruiz Zambrano (mit qualifizierenden Voraussetzungen); *Kochenov*, CYELS 15 (2012–2013), 197 (208 f., 224).

83   Es stellt sich die Frage, ob dies vor dem Grundgesetz Bestand hat (am Beispiel des Handwerksrechts → § 10 Rn. 122 ff.).[187] Ob ein Verstoß gegen den *allgemeinen Gleichheitssatz* vorliegt, hat das BVerfG bislang offen gelassen.[188]
Teile der Literatur verneinen dies mit dem Argument, dass die Ungleichbehandlung auf verschiedene Hoheitsträger zurückzuführen sei (EU und Mitgliedstaaten), Art. 3 Abs. 1 GG aber nur auf Maßnahmen desselben Normgebers Anwendung fände.[189] Nachdem die Bundesrepublik Deutschland die Privilegierung von
EU-Ausländern durch die Zustimmung zu den EU-Verträgen gebilligt hat, ist
diese Argumentation jedoch zurückzuweisen.[190] Soweit die Einschlägigkeit des
allgemeinen Gleichheitssatzes wegen des nur bei EU-Ausländern gegebenen
grenzüberschreitenden Bezugs und damit mangels Vergleichbarkeit der Sachverhalte abgelehnt wird,[191] ist zu berücksichtigen, dass in beiden Fällen die Marktteilnahme im Inland in Frage steht.[192] Erachtet man demnach – und mit der jüngeren Rechtsprechung des BVerwG und BGH[193] – Art. 3 Abs. 1 GG für
einschlägig, stellt sich die Frage, ob die Ungleichbehandlung im konkreten Fall
sachlich gerechtfertigt werden kann (→ § 2 Rn. 88 ff.).[194] Hierbei ist, wie andernorts dargelegt,[195] der unionsrechtlichen Begrenzung des Regelungsspielraums
Rechnung zu tragen.[196] Maßgeblich ist insbesondere das Ausmaß der Schlechterstellung,[197] ferner, ob über den grenzüberschreitenden Bezug hinausgehende
Unterschiede einer Betätigung von EU-Ausländern und Inländern bestehen.[198]
Überdies kann die *Berufsfreiheit* einer Inländerdiskriminierung entgegenstehen:
So kann sich eine Beschränkung als ungeeignet erweisen, wenn ihr Ziel aufgrund
der gebotenen und in Anspruch genommenen Ausnahme von EU-Ausländern
nicht erreicht werden kann, und wegen der Doppelstandards auch als unzumut-

---

[187] Näher *F. Wollenschläger*, in: von Mangoldt/Klein/Starck, Art. 3 Rn. 220 f.

[188] BVerfG, NJW 1990, 1033 (1033); E 116, 135 (159 f.); ablehnend (obgleich deutungsoffen) indes BVerfGE 110, 412 (439).

[189] *Frenz*, JZ 2007, 343 (347); *Ruthig/Storr*, Rn. 156; *Ziekow*, § 3 Rn. 43.

[190] *Gundel*, DVBl. 2007, 269 (272); *Riese/Noll*, NVwZ 2007, 516 (520 f.); *F. Wollenschläger*, in:
von Mangoldt/Klein/Starck, Art. 3 Rn. 220. Siehe auch *Heun*, in: Dreier, Art. 3 Rn. 11.

[191] So *Frenz*, JZ 2007, 343 (347 f.); *Gundel*, DVBl. 2007, 269 (272).

[192] *F. Wollenschläger*, in: von Mangoldt/Klein/Starck, Art. 3 Rn. 220.

[193] BVerwGE 126, 149 (165); 140, 276 (286 f.); BGH, NJW 1990, 108 (109); BGHZ 198, 225
(236 f.). Vgl. auch BAGE 161, 356 (365).

[194] Für eine derartige Lösung auf Rechtfertigungsebene BVerwGE 146, 271 (276); vgl. ferner
BGH, NJW 1990, 108 (109); *Jarass*, in: ders./Pieroth, Art. 3 Rn. 97. Eine generelle Rechtferti-
gungsfähigkeit annehmend *P. M. Huber*, Integration, § 17 Rn. 77; insgesamt restriktiv *Riese/Noll*,
NVwZ 2007, 516 (521).

[195] Siehe *F. Wollenschläger*, in: von Mangoldt/Klein/Starck, Art. 3 Rn. 221.

[196] BVerwGE 140, 276 (287 f.).

[197] BVerwGE 140, 276 (285, 288 f.); *Jarass/Pieroth*, Art. 3 Rn. 75a.

[198] BVerwGE 122, 130 (146 f.); 140, 276 (289); BGHZ 108, 342 (346 f.).

bar.[199] Insgesamt ist zu berücksichtigen, dass ein strenger verfassungsrechtlicher Standard zu einer faktischen Harmonisierung führt, da dann die aus den Marktfreiheiten folgenden Anforderungen über die Grundrechte auch für Inlandssachverhalte verbindlich werden.[200]

IV. Unionsgrundrechte

84

Nicht zuletzt aufgrund zunehmender Gesetzgebungsaktivitäten auf Unionsebene wächst die Bedeutung der EU-Grundrechte für das öffentliche Wirtschaftsrecht stetig. Daher seien Grundlagen (1), Anwendungsbereich (2), Prüfungsaufbau (3) und wichtige Einzelgrundrechte (4) in den Blick genommen. Ein abschließender Exkurs widmet sich der EMRK (5).

1. Grundlagen

Mit Inkrafttreten des Vertrags von Lissabon zum 01.12.2009 hat die am 07.12.2000   85
vom Europäischen Rat von Nizza feierlich proklamierte und zwischenzeitlich mehrfach überarbeitete *GRCH Rechtsverbindlichkeit* erlangt (Art. 6 Abs. 1 UAbs. 1 EUV). Grundrechte bildeten freilich schon zuvor einen Bestandteil des Unionsrechts: Nach anfänglichem Zögern hat der Gerichtshof ab Ende der 1960er-Jahre den Grundrechtsschutz nämlich als ungeschriebenen allgemeinen Rechtsgrundsatz des Primärrechts anerkannt und als Rechtserkenntnisquelle die gemeinsame Verfassungstradition der Mitgliedstaaten und völkerrechtliche Verträge zum Menschenrechtsschutz, namentlich die EMRK, herangezogen.[201] An dieser Herleitung hält Art. 6 Abs. 3 EUV parallel zur Geltung der GRCH fest; gleichwohl empfiehlt es sich, vorrangig auf die GRCH als geschriebenen Grundrechtskatalog abzustellen.[202]

Anders als das Grundgesetz gliedert die GRCH den Grundrechtskatalog thema-   86
tisch, wobei sich für das Wirtschaftsleben relevante Grundrechte namentlich in Titel II (Freiheiten) finden. Titel VII enthält allgemeine Bestimmungen zur Auslegung und Anwendung der Charta, nämlich zum Anwendungsbereich (Art. 51 GRCH; → Rn. 87 ff.), zu den Anforderungen an die Einschränkung von Grundrechten (Art. 52 Abs. 1 GRCH; → Rn. 90 f.) sowie Konkurrenz-, Konkordanz- und Auslegungsbestim-

---

[199] Vgl. BVerfG, GewArch 2006, 71 (72 f.); ferner *Ruthig/Storr*, Rn. 155 f.

[200] Siehe *Riese/Noll*, NVwZ 2007, 516 (520).

[201] Aus der Anfangszeit: EuGH, Rs. 29/69, Slg. 1969, 419, Rn. 7 – Stauder; Rs. 11/70, Slg. 1970, 1125, Rn. 4 – Internationale Handelsgesellschaft; Rs. 4/73, Slg. 1974, 491, Rn. 13 – Nold. Aus jüngerer Zeit: Rs. C-112/00, Slg. 2003, I-5659, Rn. 71 – Schmidberger. Näher zur Genese des EU-Grundrechtsschutzes *F. Wollenschläger*, EnzEuR I, § 8 Rn. 4 ff. m. w. N.

[202] Näher zum Verhältnis der beiden Grundrechtsschichten *F. Wollenschläger*, EnzEuR I, § 8 Rn. 100 m. w. N.

mungen (Art. 52 Abs. 2 ff., Art. 53 GRCH).[203] Hinsichtlich letzterer ist insbesondere auf die Gebote einer Konkordanzauslegung mit der EMRK (Art. 52 Abs. 3 GRCH) und einer gebührenden Berücksichtigung der Erläuterungen zur GRCH[204] (Art. 6 Abs. 1 UAbs. 3 EUV; Art. 52 Abs. 7 GRCH) zu verweisen.

2. Anwendungsbereich: Verpflichtete und Berechtigte

87 Die Unionsgrundrechte gelten gemäß Art. 51 Abs. 1 S. 1 GRCH zunächst für die Organe (Art. 13 Abs. 1 UAbs. 2 EUV), Einrichtungen und sonstigen Stellen der Union, mithin etwa für den Unionsgesetzgeber beim Richtlinienerlass.[205] Überdies binden die Unionsgrundrechte auch die Mitgliedstaaten, allerdings nur, wenn letztere im „Anwendungsbereich des Unionsrechts" handeln;[206] Art. 51 Abs. 1 S. 1 GRCH formuliert noch zurückhaltender und ordnet eine Grundrechtsbindung „ausschließlich bei der Durchführung des Rechts der Union" an. Drei (teils kontrovers diskutierte) Fallgruppen sind zu unterscheiden: die Bindung der Mitgliedstaaten bei einer Beschränkung von Grundfreiheiten (→ Rn. 36, 71),[207] bei Umsetzung und Vollzug von EU-Sekundärrecht sowie bei Handeln mit sonstigen Bezügen zum Unionsrecht (→ § 2 Rn. 22 ff.).[208]

88 Ob den Unionsgrundrechten *Drittwirkung* zukommt, diese mithin auch Private verpflichten, ist in der GRCH nicht geregelt, obgleich sich zahlreiche vor allem auf Privatrechtsverhältnisse zugeschnittene Gewährleistungen finden (z. B. Art. 3 Abs. 2, Art. 23, 31 GRCH), und umstritten.[209] Die in Art. 51 Abs. 1 GRCH explizit angeordnete Bindung öffentlicher Stellen versteht der EuGH jedenfalls nicht als abschließende Regelung des Grundrechtsadressatenkreises.[210] Grundrechte kön-

---

[203] Näher zur EU-Grundrechtsdogmatik *F. Wollenschläger*, EnzEuR I, § 8 Rn. 43 ff., 79 ff. m. w. N.

[204] Abgedruckt in ABl. EU C 303 vom 14.12.2007, S. 17.

[205] Näher *F. Wollenschläger*, EnzEuR I, § 8 Rn. 56.

[206] EuGH, Rs. C-260/89, Slg. 1991, I-2925, Rn. 42 – ERT; Rs. C-368/95, Slg. 1997, I-3689, Rn. 24 – Familiapress; Rs. C-276/01, Slg. 2003, I-3735, Rn. 70 – Steffensen; Rs. C-256/11, Slg. 2011, I-11315, Rn. 72 – Dereci; Rs. C-206/13, EU:C:2014:126, Rn. 21 f. – Siragusa.

[207] Siehe als Beispiele einer umfassenden Parallelprüfung EuGH, Rs. C-98/14, EU:C:2015:386, Rn. 74 ff. – Berlington Hungary; Rs. C-201/15, EU:C:2016:972, Rn. 62 ff. – AGET Iraklis.

[208] Umfassend *F. Wollenschläger*, EnzEuR I, § 8 Rn. 16 ff. m. w. N.

[209] Grundsätzlich bejahend *Mahlmann*, ZEuS 2000, 419 (438); *Schmitz*, JZ 2001, 833 (840 f., 843); offen auch *Kingreen*, in: Calliess/Ruffert, Art. 51 GRCH Rn. 21. A. A. GA *Trstenjak*, in: Rs. C-282/10, EU:C:2012:33, Rn. 80 ff. – Dominguez; *P. M. Huber*, NJW 2011, 2385 (2389 f.).

[210] Die Offenheit betonend EuGH, Rs. C-684/16, EU:C:2018:874, Rn. 76: „Bezüglich der Wirkung, die Art. 31 Abs. 2 der Charta gegenüber privaten Arbeitgebern entfaltet, ist festzustellen, dass die Charta nach ihrem Art. 51 Abs. 1 zwar für die Organe, Einrichtungen und sonstigen Stellen der Union unter Wahrung des Subsidiaritätsprinzips und für die Mitgliedstaaten ausschließlich bei der Durchführung des Unionsrechts gilt. Hingegen trifft Art. 51 Abs. 1 der Charta keine Regelung darüber, ob Privatpersonen gegebenenfalls unmittelbar zur Einhaltung einzelner Bestimmungen der Charta verpflichtet sein können, und kann demnach nicht dahin ausgelegt werden, dass dies kategorisch ausgeschlossen wäre." Ebenso verb. Rs. C-569/16 und C-570/16, EU:C:2018:871, Rn. 87 ff. – Stadt Wuppertal/Bauer und Willmeroth/Broßonn.

nen für Privatrechtsverhältnisse freilich auf unterschiedliche Weise Relevanz erlangen, weshalb die Frage der Drittwirkung differenziert zu betrachten ist.[211] Aus
chartasystematischen Gründen, insbesondere aber auch, um freiheitsbeschrän-
kenden Rechtfertigungslasten Privater entgegenzuwirken, erscheint der auch im
Kontext von EMRK und GG eingeschlagene Weg über staatliche Schutzpflichten
und eine (nur) mittelbare Drittwirkung[212] vorzugswürdig (zum GG → § 2 Rn. 15).[213]
In seiner jüngeren Rechtsprechung misst der EuGH einzelnen Bestimmungen
der GRCH jedenfalls[214] insofern eine unmittelbare Wirkung in Streitigkeiten
zwischen Privatrechtssubjekten bei, als nationale Bestimmungen, die dem
Unionsgrundrecht widersprechen, nicht angewendet werden dürfen – ein Ergebnis, das bei Verstößen des nationalen Rechts gegen EU-Richtlinien wegen der
versagten unmittelbaren horizontalen Wirkung derselben in Privatrechtsverhält-
nissen nicht erreichbar ist[215].[216] Bejaht hat der Gerichtshof dies für Grundrechte,
die die GRCH nicht der weiteren Konkretisierung durch den Gesetzgeber überantwortet, sondern die zwingend und unbedingt Rechte garantieren, so für Art. 21
Abs. 1 GRCH,[217] Art. 31 Abs. 2 GRCH[218] und Art. 47 GRCH[219], nicht aber für
Art. 27 GRCH[220]. Bliebe es dabei, stünde lediglich die Unanwendbarkeit (unions)
grundrechtswidrigen nationalen Rechts im Raum, was die überkommene Rechtsfolge bei Verstößen gegen unmittelbar anwendbares Primärrecht darstellt. Ange-

---

[211] Siehe auch GA Cruz Villalón, in: EuGH, Rs. C-176/12 – Association de médiation sociale, Rn. 36.

[212] Vgl. dazu EuGH, Rs. C-414/16, EU:C:2018:257, Rn. 80 f. – Egenberger (Abwägung).

[213] Näher m. w. N. *F. Wollenschläger*, EnzEuR I, § 8 Rn. 16 ff.

[214] Potentiell weiter reichend EuGH, verb. Rs. C-569/16 und C-570/16, EU:C:2018:871, Rn. 85 f.,
90 – Stadt Wuppertal/Bauer und Willmeroth/Broßonn („Recht [der Arbeitnehmer], das sie in einem Rechtsstreit gegen ihren Arbeitgeber in einem vom Unionsrecht erfassten und daher in den
Anwendungsbereich der Charta fallenden Sachverhalt als solches geltend machen können"; Unanwendbarkeit „insbesondere" die Folge, was weitere Wirkungen nicht ausschließt; Rede von
einer korrespondierenden Pflicht des Arbeitgebers). Ebenso Rs. C-684/16, EU:C:2018:874,
Rn. 74 f., 79 – Shimizu.

[215] Insoweit ablehnend EuGH, Rs. 152/84, Slg. 1986, 723, Rn. 48 – Marshall; Rs. C-91/92,
Slg. 1994, I-3325, Rn. 19 ff. – Faccini Dori; Rs. C-176/12, EU:C:2014:2, Rn. 36 – Association de
médiation sociale; Rs. C-441/14, EU:C:2016:278, Rn. 30 – DI; verb. Rs. C-569/16 und C-570/16,
EU:C:2018:871, Rn. 64 ff. – Stadt Wuppertal/Bauer und Willmeroth/Broßonn; Rs. C-684/16,
EU:C:2018:874, Rn. 62 ff. – Shimizu.

[216] EuGH, Rs. C-555/07, Slg. 2010, I-365, Rn. 50 f. – Kücükdeveci; Rs. C-441/14, EU:C:2016:278,
Rn. 35 ff. – DI; Rs. C-414/16, EU:C:2018:257, Rn. 75 ff. – Egenberger; verb. Rs. C-569/16 und
C-570/16, EU:C:2018:871, Rn. 79 ff. – Stadt Wuppertal/Bauer und Willmeroth/Broßonn;
Rs. C-684/16, EU:C:2018:874, Rn. 69 ff. – Shimizu; ferner Rs. C-144/04, Slg. 2005, I-9981,
Rn. 77 – Mangold. Ablehnend *Michl*, in: Frankfurter Kommentar, Art. 21 GRCH Rn. 13. Insge-
samt zu dieser Rechtsprechungslinie *Kainer*, NZA 2018, 894.

[217] EuGH, Rs. C-441/14, EU:C:2016:278, Rn. 35 ff. – DI; Rs. C-414/16, EU:C:2018:257,
Rn. 76 ff. – Egenberger; ferner Rs. C-555/07, Slg. 2010, I-365, Rn. 50 f. – Kücükdeveci.

[218] EuGH, verb. Rs. C-569/16 und C-570/16, EU:C:2018:871, Rn. 83 ff. – Stadt Wuppertal/Bauer
und Willmeroth/Broßonn; Rs. C-684/16, EU:C:2018:874, Rn. 72 ff. – Shimizu.

[219] EuGH, Rs. C-414/16, EU:C:2018:257, Rn. 78 f. – Egenberger.

[220] EuGH, Rs. C-176/12, EU:C:2014:2, Rn. 41 ff. – Association de médiation sociale.

klungen in der EuGH-Rechtsprechung (obgleich nicht streitentscheidend) ist indes auch die Nichtigkeitsfolge bei Verstößen gegen die Diskriminierungsverbote des Art. 21 Abs. 1 GRCH.[221]

89   Ob die Unionsgrundrechte neben natürlichen auch *juristische Personen* berechtigen, ist, anders als in Art. 19 Abs. 3 GG, nicht generell geregelt, aber wie dort nach der wesensmäßigen Anwendbarkeit auf diese zu beurteilen (→ § 2 Rn. 19), so ein einzelnes Charta-Recht nicht explizit juristische Personen ein- (siehe Art. 42–44 GRCH) oder durch die Wortwahl „Mensch" (siehe z. B. Art. 1–6 GRCH) ausschließt.[222]

89a   Ob sich die *öffentliche Hand* und namentlich *öffentliche Unternehmen* auf die EU-Grundrechte berufen können, ist umstritten und in der Rechtsprechung des EuGH noch nicht abschließend geklärt. Der Wortlaut einzelner Grundrechte, sofern nicht von „Mensch", sondern (juristischer) Person die Rede ist, schließt dies nicht aus.[223] Überdies können durch Grundrechte geschützte Interessen auch für staatliche Einrichtungen relevant sein, so das Eigentumsrecht oder die unternehmerische Freiheit für öffentliche Unternehmen.[224] Daher erkennen zahlreiche Stimmen in der Literatur öffentlichen Einrichtungen zumindest unter bestimmten Voraussetzungen Grundrechtsschutz zu, so öffentlichen Unternehmen generell[225] oder zumindest im Falle einer Beteiligung Privater[226], bei einer gewissen Verselbstständigung gegenüber dem Staat,[227] wenn keine Hoheitsgewalt ausgeübt wird[228] oder keine öffentlichen

---

[221] EuGH, Rs. C-414/16, EU:C:2018:257, Rn. 77 – Egenberger: „Art. 21 der Charta unterscheidet sich in seiner Bindungswirkung grundsätzlich nicht von den verschiedenen Bestimmungen der Gründungsverträge, die verschiedene Formen der Diskriminierung auch dann verbieten, wenn sie aus Verträgen zwischen Privatpersonen resultieren (vgl. entsprechend Urteile vom 8. April 1976, Rs. 43/75, Slg. 1976, 455, Rn. 39 – Defrenne; vom 6. Juni 2000, Rs. C-281/98, Slg. 2000, I-4139, Rn. 33 bis 36 – Angonese; vom 3. Oktober 2000, Rs. C-411/98, Slg. 2000, I-8081, Rn. 50 – Ferlini; und vom 11. Dezember 2007, Rs. C-438/05, Slg. 2007, I-10779, Rn. 57 bis 61 – International Transport Workers' Federation und Finnish Seamen's Union)." Hierzu *Kainer*, NZA 2018, 894 (897 ff.).

[222] Im Einzelnen *F. Wollenschläger*, EnzEuR I, § 8 Rn. 63 m. w. N. Siehe auch *Streinz/Michl*, in: Streinz, Art. 51 GRC Rn. 32.

[223] Siehe EuG, Rs. T-67/12, EU:T:2014:348, Rn. 58 – Sina Bank; *Blauensteiner/Hanslik*, Art. 17 GRCH, in: Holoubek/Lienbacher (Hrsg.), Charta der Grundrechte der Europäischen Union. GRC-Kommentar, 2014, Rn. 10.

[224] Siehe *Blauensteiner/Hanslik*, Art. 17 GRCH, in: Holoubek/Lienbacher (Hrsg.), Charta der Grundrechte der Europäischen Union. GRC-Kommentar, 2014, Rn. 10.

[225] *Jarass*, Art. 17 GRCH Rn. 17 (wenn keine Hoheitsgewalt ausgeübt wird); ferner *Blauensteiner/Hanslik*, in: Holoubek/Lienbacher (Hrsg.), Charta der Grundrechte der Europäischen Union. GRC-Kommentar, 2014, Art. 17 GRCH Rn. 10; *Vosgerau*, in: Stern/Sachs (Hrsg.), Europäische Grundrechte-Charta GRCh. Kommentar, 2016, Art. 17 GRCH Rn. 42 (wenn am Markt tätig).

[226] *von Milczewski*, Der grundrechtliche Schutz des Eigentums, 1994, S. 267 ff.

[227] *Calliess* in: ders./Ruffert, Art. 17 GRCH Rn. 5.

[228] *Frenz*, Hdb. EuR IV, Rn. 2808 f.; *Kühling*, in: Pechstein/Nowak/Häde (Hrsg.), Frankfurter Kommentar zu EUV, GRC und AEUV. Band 1. EUV und GRC, 2017, Art. 17 GRCH Rn. 7; für eine Kombination der beiden Kriterien *Heselhaus*, in: ders./Nowak (Hrsg.), Handbuch der Europäischen Grundrechte, 2016, § 32 Rn. 60; *Jarass*, Art. 17 GRCH Rn. 17; siehe auch, EuG, Rs. T-496/10, EU:T:2013:39, Rn. 42, 45 – Bank Mellat/Council: „entity which participated in the exercise of governmental powers or which ran a public service under governmental control" for what a participation in the company's share capital is not sufficient; kritisch wegen der Weite der

Aufgaben wahrgenommen werden[229].[230] Als Adressatin der Charta kann die öffentliche Hand indes nicht gleichzeitig grundrechtsberechtigt sein.[231] Insoweit kommt es nicht darauf an, ob die fragliche Einrichtung Hoheitsgewalt im engeren Sinne ausübt (vgl. Art. 51 AEUV; → Rn. 87 f.) oder dem Staat lediglich aufgrund von staatlicher Beherrschung zurechenbar ist, etwa durch Eigentum, Kontrolle oder Ernennung von Aufsichts- und Leitungsgremien (siehe insoweit Art. 2 Abs. 1 Satz 4 RL 2014/24/EU und Art. 2 lit. b. RL 2006/111/EG). Denn, abgesehen von Abgrenzungsschwierigkeiten, handeln in allen Fällen staatliche Einrichtungen in Erfüllung von Gemeinwohlaufgaben. Nachdem die Doppelrolle als Grundrechtsverpflichteter und -berechtigter nicht auf öffentliche Unternehmen, hinter denen Nicht-EU-Staaten stehen, zutrifft, hat der Gerichtshof diese in seiner jüngeren Rechtsprechung für grundrechtsberechtigt erklärt,[232] ohne eine definitive Antwort hinsichtlich Einrichtungen der EU und ihrer Mitgliedstaaten zu geben.[233] Eine Ausnahme gilt lediglich für Verfahrensgrundrechte[234] und staatsferne Einrichtungen in ihrem Tätigkeitsbereich (wie Rundfunkanstalten, Art. 11 GRCH).[235]

---

zweiten Alternative *Kühling*, in: Pechstein/Nowak/Häde (Hrsg.), Frankfurter Kommentar zu EUV, GRC und AEUV. Band 1. EUV und GRC, 2017, Art. 17 GRCH, Rn. 7. Vgl. ferner EGMR, Nr. 10/1993/405/483-484, Rep. 1997-V, Rn. 49 – The Holy Monasteries/Griechenland.

[229] *Müller-Michaels*, Grundrechtlicher Eigentumsschutz in der Europäischen Union, 1997, S. 70.

[230] Vgl. ferner für die Maßgeblichkeit einer grundrechtstypischen Gefährdungslage, die eine privatrechtliche Organisationsform – vorbehaltlich der Wahrnehmung hoheitlicher Aufgaben – indiziere und bei öffentlich-rechtlicher Organisationsform besonders begründungsbedürftig sei *Ludwigs/Friedmann*, NVwZ 2018, 22 (27 f.).

[231] *F. Wollenschläger*, EnzEuR I, § 8 Rn. 64. Kritisch zum Konfusionsargument indes *Ludwigs/Friedmann*, NVwZ 2018, 22 (24).

[232] EuGH, Rs. C-72/15, EU:C:2017:236, Rn. 147 – Rosneft – ohne Begründung; EuG, Rs. T-496/10, EU:T:2013:39, Rn. 35 ff. – Bank Mellat/Council; Rs. T-494/10, EU:T:2013:59, Rn. 33 ff. – Bank Saderat Iran/Council; Rs. T-35/10 und T-7/11, EU:T:2013:397, Rn. 64 ff. – Bank Melli Iran/Council; Rs. T-10/13, EU:T:2015:235, Rn. 53 ff. – Bank of Industry and Mine; Rs. T-9/13, EU:T:2015:236, Rn. 37 ff. – National Iranian Gas Company/Council; Rs. T-578/12, EU:T:2014:678, Rn. 168 ff. – National Iranian Oil Company/Council; Rs. T-263/12, EU:T:2014:228, Rn. 27 ff. – Kala Naft; Rs. T-67/12, EU:T:2014:348, Rn. 57 ff. – Sina Bank; zustimmend: *Kühling*; in: Pechstein/Nowak/Häde (Hrsg.), Frankfurter Kommentar zu EUV, GRC und AEUV. Band 1. EUV und GRC, 2017, Art. 17 GRCH Rn. 7.

[233] Offen gelassen: EuGH, Rs. C-548/09, EU:C:2011:735, Rn. 113 – Bank Melli Iran/Council; EuG, Rs. T-10/13, EU:T:2015:235, Rn. 53 ff. – Bank of Industry and Mine; EuG, Rs. T-9/13, EU:T:2015:236, Rn. 37 ff. – National Iranian Gas Company/Council; Rs. T-578/12, EU:T:2014:678, Rn. 168 ff. – National Iranian Oil Company/Council; Rs. T-263/12, EU:T:2014:228, Rn. 27 ff. – Kala Naft; Rs. T-496/10, EU:T:2013:39, Rn. 35 ff. – Bank Mellat/Council; Rs. T-494/10, EU:T:2013:59, Rn. 33 ff. – Bank Saderat Iran/Council; Rs. T-35/10 und T-7/11, EU:T:2013:397, Rn. 64 ff. – Bank Melli Iran/Council; offener, aber auf ein Drittstaats-Unternehmen bezogen: Rs. T-67/12, EU:T:2014:348, Rn. 57 ff. – Sina Bank.

[234] EuGH, verb. Rs. C-48/90 und C-66/90, Slg 1992, I-565, Rn. 40 ff. – Niederlande u. a./Kommission; Rs. C-89/08, Slg. 2009, I-11245, Rn. 47 ff. – Kommission/Irland; Rs. C-176/13, EU:C:2016:96 – Bank Mellat; *Borowsky* in: Meyer, Art. 51 Rn. 35; *Streinz/Michl*, in: Streinz, Art. 51 GRC Rn. 32; *Ludwigs/Friedmann*, NVwZ 2018, 22 (26 f.).

[235] *F. Wollenschläger*, EnzEuR I, § 8 Rn. 64.

89b   Vor dem Hintergrund des in Art. 52 Abs. 3 Satz 1 GRCH formulierten Gebots
der Konkordanzauslegung der GRCH mit der EMRK sei darauf hingewiesen,
dass auch die *EMRK* staatlichen Organisationen zwar keine Beschwerdefähigkeit
zuerkennt (Art. 34 EMRK), um eine Doppelrolle als Grundrechtsberechtigter
und -verpflichteter zu vermeiden;[236] allerdings zieht sie den Kreis der vom Grundrechtsschutz ausgeschlossenen staatlichen Organisationen enger als die vorstehend vertretene Auffassung. So genügen für die Eigenschaft als staatliche
Organisation weder staatliches Allein- bzw. Mehrheitseigentum noch die Ernennung der Mehrheit der Mitglieder von Leitungsgremien durch den Staat noch die
Erbringung von Daseinsvorsorgeleistungen noch Zustimmungsrechte zu den
Statuten der Einrichtung.[237] Entscheidend ist, ob die Einrichtung Hoheitsgewalt
ausübt (participation „in the exercise of governmental powers") oder einen „public service" unter staatlicher Kontrolle betreibt.[238] Dies hängt von einer Gesamtbetrachtung ab, die auf den Rechtsstatus der Einrichtung und die ggf. mit diesem
verbundenen Befugnisse, die Natur und den Kontext ihrer Tätigkeit und den
Grad der Unabhängigkeit von politischen Entscheidungsträgern abstellt.[239] Als
weitere Parameter hat der EGMR auf eine Monopolstellung (oder, umgekehrt
gewendet, die Existenz privater Konkurrenz) sowie die (Un-)Zuständigkeit der
Verwaltungsgerichte verwiesen.[240] Als staatliche Organisationen versteht der EGMR
die zentralen Organe des Staates und dezentralisierte Behörden, die öffentliche Aufgaben wahrnehmen, ebenso lokale und regionale Behörden einschließlich Gemeinden.[241] Die schlichte Betätigung als öffentliches Unternehmen auf dem Markt nach den für alle Marktteilnehmern geltenden Regeln ohne
Sonderbefugnisse genügt indes nicht für die Qualifikation als staatliche Organi-

---

[236] Explizit zum Konfusionsargument: EGMR, Nr. 40998/98, Rep. 2007-V, Rn. 81 – Iran Shipping Lines/Türkei; Nr. 8895/10, Rn. 35 – Ärztekammer für Wien und Dorner/Österreich. Siehe ferner Nr. 50108/06, CE:ECHR:2010:0323DEC005010806 – Döşemealtı Belediyesi/Türkei zur Irrele-vanz der dezentralen Organisation hinsichtlich der Grundrechtsbindung.

[237] EGMR, Nr. 40998/98, Rep. 2007-V, Rn. 80 – Iran Shipping Lines/Türkei.

[238] EGMR, Nr. 40998/98, Rep. 2007-V, Rn. 79 – Iran Shipping Lines/Türkei; Nr. 53984/00, Rep. 2004-II, Rn. 26 – Radio France u. a./Frankreich (Auszüge); Nr. 35841/02, CE:ECHR:2006:1207JUD003584102, Rn. 47 – Österreichischer Rundfunk/Österreich. Siehe bereits Nr. 13092/87, Serie A, Nr. 301-A, Rn. 48 f. – The Holy Monasteries/Griechenland.

[239] EGMR, Nr. 40998/98, Rep. 2007-V, Rn. 79 ff. – Iran Shipping Lines/Türkei; Nr. 53984/00, Rep. 2004-II, Rn. 26 – Radio France u. a./Frankreich (Auszüge); Nr. 35841/02, CE:ECHR:2006:1207JUD003584102, Rn. 47 – Österreichischer Rundfunk/Österreich; Nr. 8895/10, CE:ECHR:2016:0216JUD000889510, Rn. 35 – Ärztekammer für Wien und Dorner/Österreich.

[240] EGMR, Nr. 40998/98, Rep. 2007-V, Rn. 80 – Iran Shipping Lines/Türkei; Nr. 53984/00, Rep. 2004-II, Rn. 26 – Radio France u. a./Frankreich (Auszüge); Nr. 35841/02, CE:ECHR:2006:1207JUD003584102, Rn. 52 – Österreichischer Rundfunk/Österreich; Nr. 8895/10, CE:ECHR:2016:0216JUD000889510, Rn. 36 – Ärztekammer für Wien und Dorner/Österreich.

[241] EGMR, Nr. 53984/00, Rep. 2004-II, Rn. 26 – Radio France u. a./Frankreich (Auszüge); Nr. 8895/10, CE:ECHR:2016:0216JUD000889510, Rn. 35 – Ärztekammer für Wien und Dorner/ Österreich. Ablehnend für Gemeinden Nr. 50108/06, CE:ECHR:2010:0323DEC005010806 – Döşemealtı Belediyesi/Türkei.

sation.[242] Nicht einmal juristische Personen des öffentlichen Rechts stellen zwingend staatliche Einrichtungen dar, so sie keine Hoheitsbefugnisse ausüben, nicht zu Zwecken der öffentlichen Verwaltung gegründet wurden und vollständig unabhängig gegenüber dem Staat sind.[243] Hierfür kann, wie im Falle öffentlicher Rundfunkanstalten, eine gegenüber dem Staat verselbstständigte, grundrechtlich abgesicherte Rechtsstellung streiten.[244] Umgekehrt hat der EGMR die öffentlich-rechtliche organisierte, mit Zwangsbeiträgen finanzierte, staatlicher Aufsicht unterliegende und mit hoheitlichen Befugnissen ausgestattete Ärztekammer für Wien als staatliche Organisation qualifiziert, zumal sie mit der Organisation und Verwaltung der Ausbildung und des Berufszugangs von Ärzten eine „public service role" einnimmt.[245] Freilich muss auch nach dieser weiten Rechtsprechung das in Frage stehende Grundrecht auf juristische Personen anwendbar sein (→ Rn. 89).[246] Ist dies der Fall, prüft der EGMR keine weiteren Voraussetzungen als jene des Art. 34 EMRK für die Grundrechtsberechtigung.[247] Der Gerichtshof hat diese Rechtsprechung bislang nicht allgemein auf die GRCH übertragen und Art. 34 EMRK als vor den Unionsgerichten nicht anwendbare Verfahrensvorschrift qualifiziert;[248] es finden sich indes vereinzelte Verweise[249].

3. Prüfungsaufbau

a) Allgemeines

Die *Prüfung* der abwehrrechtlichen Dimension der Freiheitsrechte erfolgt, wie **90** im Kontext des Grundgesetzes auch, *dreistufig*, mithin in der Reihenfolge Schutzbereich – Eingriff – Rechtfertigung. Der Umfang des *Schutzbereichs* ist dem jeweiligen Einzelgrundrecht durch Auslegung zu entnehmen. Aufgrund des weiten *Eingriffsverständnisses* erstreckt sich der Grundrechtsschutz auch auf mittelbare Beeinträchtigungen, sofern die Auswirkungen auf den Grundrechtsträger beabsichtigt oder hinreichend gewichtig sind bzw. in einem direkten Kau-

---

[242] EGMR, Nr. 40998/98, Rep. 2007-V, Rn. 80 f. – Iran Shipping Lines/Türkei; Nr. 8895/10, CE:ECHR:2016:0216JUD000889510, Rn. 36 – Ärztekammer für Wien und Dorner/Österreich.

[243] EGMR, Nr. 40998/98, Rep. 2007-V, Rn. 80 – Iran Shipping Lines/Türkei. Siehe bereits Nr. 13092/87, Serie A, Nr. 301-A, Rn. 48 f. – The Holy Monasteries/Griechenland.

[244] EGMR, Nr. 53984/00, Rep. 2004-II, Rn. 26 – Radio France u. a./Frankreich (Auszüge); Nr. 35841/02, CE:ECHR:2006:1207JUD003584102, Rn. 51 – Österreichischer Rundfunk/Österreich.

[245] EGMR, Nr. 8895/10, CE:ECHR:2016:0216JUD000889510, Rn. 32 ff. – Ärztekammer für Wien und Dorner/Österreich.

[246] Dies betonend *Grabenwarter/Pabel*, § 17 Rn. 5.

[247] Siehe EGMR, Nr. 40998/98, Rep. 2007-V, Rn. 78 ff., 85 ff. – Iran Shipping Lines/Türkei. So auch *Ludwigs/Friedmann*, NVwZ 2018, 22 (26).

[248] Siehe etwa EuG, Rs. T-494/10, EU:T:2013:59, Rn. 36 – Bank Saderat Iran/Council. Zur Relevanz des Art. 52 Abs. 3 GRCH insoweit *Ludwigs/Friedmann*, NVwZ 2018, 22 (26).

[249] Siehe EuG, Rs. T-494/10, EU:T:2013:59, Rn. 33 ff. – Bank Saderat Iran/Council.

salzusammenhang zur staatlichen Maßnahme stehen.[250] Nach der generellen *Schrankenregel* des Art. 52 Abs. 1 GRCH muss die Einschränkung eines Charta-Rechts gesetzlich vorgesehen sowie verhältnismäßig sein und dessen Wesensgehalt achten.[251]

91 Bei der *Verhältnismäßigkeitsprüfung* ist nach legitimem Zweck sowie Eignung, Erforderlichkeit und Angemessenheit der Einschränkung zur Zweckrealisierung zu fragen.[252] Gemeinwohlbelange sowie der Schutz von Rechten und Freiheiten Einzelner stellen chartalegitime Beschränkungsgründe dar (Art. 52 Abs. 1 S. 2 GRCH). Geeignet sind der Zielerreichung förderliche Maßnahmen.[253] Stehen mehrere gleich geeignete Maßnahmen zur Verfügung, ist nur das mildeste Mittel erforderlich.[254] Im Rahmen der Angemessenheitsprüfung „ist anhand sämtlicher Umstände des jeweiligen Einzelfalls festzustellen, ob das rechte Gleichgewicht zwischen diesen Interessen gewahrt worden ist."[255] Gegebenenfalls können Härtefall- und Übergangsregeln erforderlich sein.[256] Gerade bei der Rechtfertigung wirtschaftspolitischer Maßnahmen ist festzustellen, dass der EuGH dem Unionsgesetzgeber oftmals einen weiten Ermessensspielraum zugesteht,[257] was teils vehemente Kritik auf sich zieht;[258] bedenklich und kritikwürdig ist freilich nicht die Zuerkennung von Beurteilungsspielräumen als solche, sondern nur deren unbesehene Annahme, zumal, wenn dies mit einer insgesamt zu pauschalen Grundrechtsprüfung einhergeht.[259]

92 Wenn Art. 51 Abs. 1 S. 2 GRCH nicht nur von einer Pflicht zur Achtung, sondern auch zur Förderung der Charta-Rechte spricht, verdeutlicht dies, dass diesen auch eine positive (Leistungs-)Dimension innewohnt. Dementsprechend haben Schutzpflichten, Leistungsrechte sowie eine Verfahrens- und Rechtsschutzdimension Anerkennung gefunden.[260]

---

[250] EuGH, Rs. C-200/96, Slg. 1998, I-1953, Rn. 28 – Metronome Musik; verb. Rs. C-435/02 und C-103/03, Slg. 2004, I-8663, Rn. 49 – Springer; *F. Wollenschläger*, EnzEuR I, § 8 Rn. 68 m. w. N.

[251] Im Einzelnen *F. Wollenschläger*, EnzEuR I, § 8 Rn. 69 ff. m. w. N.; *ders.*, in: G/S/H, Art. 15 GRCH Rn. 27 ff. Weiter im Kontext der Berufsfreiheit *Ruffert*, in: Calliess/ders., Art. 15 GRCH Rn. 12 (auch nicht berufsspezifische Beeinträchtigungen).

[252] Für eine derartige Prüfung – trotz des partiell abweichenden Wortlauts von Art. 52 Abs. 1 S. 2 GRCH – EuGH, Rs. C-283/11, EU:C:2013:28, Rn. 50 – Sky Österreich; ferner Rs. 265/87, Slg. 1989, 2237, Rn. 21 – Schräder u. a.; *F. Wollenschläger*, EnzEuR I, § 8 Rn. 72 m. w. N.

[253] EuGH, Rs. C-280/93, Slg. 1994, I-4973, Rn. 86 – Deutschland/Rat.

[254] EuGH, Rs. 265/87, Slg. 1989, 2237, Rn. 21 – Schräder u. a.; verb. Rs. C-184/02 und C-223/02, Slg. 2004, I-7789, Rn. 57 – Spanien und Finnland/EP und Rat.

[255] EuGH, Rs. C-112/00, Slg. 2003, I-5659, Rn. 81 – Schmidberger.

[256] EuGH, Rs. C-68/95, Slg. 1996, I-6065, Rn. 40 – T. Port; *F. Wollenschläger*, EnzEuR I, § 8 Rn. 73 m. w. N.

[257] Siehe nur EuGH, verb. Rs. C-296/93 und C-307/93, Slg. 1996, I-795, Rn. 31 – Frankreich und Irland/EK.

[258] Siehe nur *Ruffert*, in: Calliess/ders., Art. 15 GRCH Rn. 17 f.; *Storr*, Der Staat 36 (1997), 547. Positiver *Schroeder*, EuZW 2011, 462 (463).

[259] Im Einzelnen *F. Wollenschläger*, EnzEuR I, § 8 Rn. 75 ff. m. w. N.

[260] Näher *F. Wollenschläger*, EnzEuR I, § 8 Rn. 45 ff. m. w. N.

b) Schema

1. Feststellung der Verbindlichkeit der GRCH (Art. 6 Abs. 1 UAbs. 1 EUV;   93
   → Rn. 85)
2. Handeln eines Grundrechtsverpflichteten, Art. 51 Abs. 1 S. 1 GRCH
   a) Organe, Einrichtungen und sonstige Stellen der Union (→ Rn. 87)
   b) Mitgliedstaaten „ausschließlich bei der Durchführung des Rechts der
      Union" (→ Rn. 87; § 2 Rn. 22 ff.)
   c) Private (unmittelbare Drittwirkung, str. und grundsätzlich abzulehnen
      → Rn. 88)
3. Schutzbereich
   a) Persönlich (→ Rn. 89): natürliche Personen; Beschränkung auf Unions-
      bürger und Berechtigung juristischer Personen des Privatrechts abhän-
      gig vom Einzelgrundrecht; grds. keine Berechtigung der öffentlichen
      Hand (str.)
   b) Sachlich (abhängig vom Einzelgrundrecht)
4. Eingriff
   Weites Eingriffsverständnis (→ Rn. 90)
5. Rechtfertigung
   a) Schranke: einheitlicher Gesetzesvorbehalt, Art. 52 Abs. 1 S. 1 GRCH;
      nur ausnahmsweise spezieller Gesetzesvorbehalt (namentlich Art. 8
      Abs. 2 S. 1 GRCH)
   b) Schranken-Schranken
      aa) Verhältnismäßigkeit, Art. 52 Abs. 1 S. 2 GRCH
      bb) Wesensgehalt, Art. 52 Abs. 1 S. 1 GRCH

4. Wichtige Einzelgrundrechte

Die grundrechtlichen *Eckpfeiler der unionalen Wirtschaftsverfassung* stellen die   94
Freiheit der wirtschaftlichen Betätigung – Berufs- (Art. 15 GRCH) sowie unter-
nehmerische Freiheit (Art. 16 GRCH) – und die Eigentumsfreiheit (Art. 17 GRCH)
dar.[261] Von Bedeutung für das Wirtschaftsleben sind des Weiteren der allgemeine
Gleichheitssatz (Art. 20 GRCH) sowie die Garantien für das Arbeitsleben
(Art. 27 ff. GRCH).

a) Freiheit der wirtschaftlichen Betätigung, Art. 15 f. GRCH
Die Freiheit der wirtschaftlichen Betätigung rechnet zu den ersten Grundrechten,   95
die der EuGH ab Ende der 1960er-Jahre als allgemeine Rechtsgrundsätze anerkannt
hat.[262] In der GRCH sieht sie sich in die Berufs- (Art. 15) und unternehmerische

---

[261] *Frenz*, Hdb. EuR IV, Rn. 2494; *F. Wollenschläger*, in: G/S/H, vor Art. 15 f. GRCH Rn. 1.
[262] Siehe EuGH, Rs. 11/70, Slg. 1970, 1125, Rn. 4 ff. – Internationale Handelsgesellschaft;
Rs. 4/73, Slg. 1974, 491, Rn. 14 – Nold.

Freiheit (Art. 16) aufgespalten. Der Abgrenzung kommt, jedenfalls wenn man der vorzugswürdigen Auffassung eines strukturellen Gewährleistungsgleichlaufs der beiden Garantien folgt (→ Rn. 99), keine praktische Bedeutung zu; Art. 16 GRCH kann man als lex specialis für die selbstständige unternehmerische Betätigung ansehen.[263] Hinsichtlich Etikettierungsvorgaben für Geflügel hat die Zweite Kammer des EuGH im Lidl-Urteil vom 30.06.2016 apodiktisch festgehalten, dass eine „Ettikierungspflicht die für jede Person bestehende Möglichkeit, im Sinne von Art. 15 der Charta ‚einen frei gewählten … Beruf auszuüben‘, nicht einschränkt. Diese Pflicht ist hingegen geeignet, die durch Art. 16 der Charta gewährleistete unternehmerische Freiheit einzuschränken."[264] Ein Abgrenzungskriterium wird freilich nicht erkennbar, wohingegen GA Bobek auf einen von Art. 15 GRCH geforderten Persönlichkeitsbezug abstellte.[265] In Abgrenzung zur Eigentumsfreiheit (Art. 17 GRCH) schützen Art. 15 f. GRCH den Erwerb am Markt, erstere bezieht sich demgegenüber auf Eingriffe in den Bestand (zur parallelen Abgrenzung von Art. 12/14 GG → § 2 Rn. 70).[266]

aa) Berufsfreiheit, Art. 15 GRCH

96 Art. 15 Abs. 1 GRCH gewährleistet jeder „Person … das Recht, zu arbeiten und einen frei gewählten oder angenommenen Beruf auszuüben." Der persönliche Schutzbereich ist ausweislich des Wortlauts nicht auf Unionsbürger beschränkt („Person").[267] Wegen der hier vertretenen Spezialität des Art. 16 GRCH für die selbstständige unternehmerische Betätigung (→ Rn. 100) unterfallen zum einen juristische Personen nur jener Bestimmung.[268] Zum anderen ist der sachliche Anwendungsbereich des Art. 15 Abs. 1 GRCH auf abhängig Beschäftigte beschränkt, wo-

---

[263] Im Einzelnen *F. Wollenschläger*, in: G/S/H, vor Art. 15 f. GRCH Rn. 3 ff. Für eine Spezialität des Art. 16 GRCH für die unternehmerische Betätigung *Jarass*, GRCH, Art. 15 Rn. 4, Art. 16 Rn. 4 f.; anders (Differenzierung zwischen natürlichen und juristischen Personen) *Sasse*, EuR 2012, 628 (629).

[264] EuGH, Rs. C-134/15, EU:C:2016:498, Rn. 26 – Lidl/Freistaat Sachsen. Siehe demgegenüber für eine Parallelprüfung Rs. C-544/10, EU:C:2012:526, Rn. 54 ff. – Deutsches Weintor.

[265] Siehe GA Bobek, in: EuGH, Rs. C-134/15, EU:C:2016:498, Rn. 26 ff. – Lidl/Freistaat Sachsen, mit dem Fazit: „Im Kern dürfte Art. 15 Abs. 1 der Charta somit eher auf Fälle anwendbar sein, in denen es um natürliche Personen und Fragen des Zugangs zu Arbeit und der Berufswahl geht. Umgekehrt ist Art. 16 der Charta eher einschlägig in Bezug auf juristische Personen und die Art und Weise, wie ein bestehendes Unternehmen oder ein bereits gewählter Beruf betrieben bzw. ausgeübt wird und geregelt ist" (Rn. 27). Ein Überschneidungsbereich bestehe für „Regelungen, die den Zugang zu einem Beruf durch Lizenzierungs- oder Genehmigungsanforderungen beschränken, oder [für] die Auferlegung sehr belastender Anforderungen an ein Unternehmen" (Rn. 28). Insgesamt (und zu Recht kritisch) hierzu *Drechsler*, EuR 2016, 691 (693 ff.). Siehe indes für die Zuordnung einer selbstständig ausgeübten Tätigkeit einer natürlichen Person zu Art. 16 GRCH (neben Art. 15 Abs. 2 GRCH) EuGH, Rs. C-230/18, EU:C:2019:383, Rn. 54 f., 65 – PI.

[266] Siehe nur EuGH, verb. Rs. C-154/04 und C-155/04, Slg. 2005, I-6451, Rn. 127 f. – Alliance for Natural Health u. a.; *F. Wollenschläger*, in: G/S/H, Art. 15 GRCH Rn. 11.

[267] *F. Wollenschläger*, in: G/S/H, Art. 15 GRCH Rn. 18.

[268] *F. Wollenschläger*, in: G/S/H, Art. 15 GRCH Rn. 19.

für sich eine Parallelauslegung zu Art. 45 AEUV anbietet[269] (→ Rn. 49); anders als dort verbietet es sich indes, Beschäftigte im öffentlichen Dienst auch bei hoheitlicher Betätigung i. S. d. Art. 45 Abs. 4 AEUV aus Art. 15 Abs. 1 GRCH auszuklammern.[270] Beruf i. S. d. Art. 15 Abs. 1 GRCH kann in Anlehnung an die Rechtsprechung des BVerfG als „jede auf gewisse Dauer angelegte Tätigkeit, die der Schaffung und Erhaltung einer Lebensgrundlage dient", definiert werden.[271] Auf die Erlaubtheit der Betätigung kommt es, wie bei Art. 12 GG (→ § 2 Rn. 38), nicht an.[272]

Art. 15 Abs. 1 GRCH schützt die freie berufliche Betätigung umfassend und erstreckt sich sowohl auf die Wahl als auch auf die Ausübung eines Berufes.[273] Für die Bestimmung von Einschränkungen und deren Rechtfertigung gelten die entfalteten allgemeinen Grundsätze (→ Rn. 90 f.).[274] Die im Rahmen des Art. 12 Abs. 1 GG entwickelte Drei-Stufen-Theorie lässt sich wertungsmäßig heranziehen (→ § 2 Rn. 55), ohne dass es sich hierbei freilich um eine dogmatische Figur des Unionsrechts handelt.[275] **97**

In Art. 15 Abs. 2 GRCH finden sich die *Personenverkehrsfreiheiten* als Unionsgrundrechte verankert,[276] wobei Art. 52 Abs. 2 GRCH eine Konkordanzauslegung mit dem AEUV sichert (zum Gewährleistungsgehalt → Rn. 48 ff.); Abs. 3 garantiert schließlich *Drittstaatsangehörigen* gleichartige Arbeitsbedingungen. **98**

bb) Unternehmerische Freiheit, Art. 16 GRCH

Gemäß Art. 16 GRCH wird „[d]ie unternehmerische Freiheit … nach dem Unionsrecht und den einzelstaatlichen Rechtsvorschriften und Gepflogenheiten anerkannt." Diese von der Berufsfreiheit, die das „*Recht* [gewährt], zu arbeiten und einen frei gewählten oder angenommenen Beruf auszuüben", abweichende Formulierung, die sich im Übrigen vorwiegend bei den konkretisierungsbedürftigen sozialen Rechten findet (siehe etwa Art. 27, 30, 35 GRCH, aber auch Art. 28 GRCH), darf nicht dahin missverstanden werden, dass die unternehmerische Freiheit unter einem Ausgestaltungsvorbehalt des Gesetzgebers steht und unter im Vergleich zu den übrigen Freiheiten grundsätzlich erleichterten Voraussetzungen einschränkbar ist. Vielmehr streiten die Zuordnung zu den Freiheiten (Titel I), die bisherige Rechtsprechung des EuGH und die gemäß Art. 52 Abs. 7 GRCH für die Auslegung maßgeblichen, Art. 52 Abs. 1 GRCH für anwendbar erklärenden Erläuterungen zur **99**

---

[269] *F. Wollenschläger*, in: G/S/H, Art. 15 GRCH Rn. 21. Für eine Zuordnung selbstständig ausgeübter Tätigkeiten einer natürlich Person zu Art. 16 GRC (neben Art. 15 Abs. 2 GRC) EuGH, Rs. C-230/18, EU:C:2019:383, Rn. 54 f., 65 – PI.

[270] *F. Wollenschläger*, in: G/S/H, Art. 15 GRCH Rn. 25. A. A. *Bernsdorff*, in: Meyer, Art. 15 Rn. 19.

[271] *F. Wollenschläger*, in: G/S/H, Art. 15 GRCH Rn. 22, unter Verweis auf st. Rspr. BVerfG, z. B. E 7, 377 (397); 111, 10 (28).

[272] *F. Wollenschläger*, in: G/S/H, Art. 15 GRCH Rn. 23.

[273] EuGH, Rs. 44/79, Slg. 1979, 3727, Rn. 32 – Hauer; Rs. 116/82, Slg. 1986, 2519, Rn. 27 – Kommission/Deutschland; *F. Wollenschläger*, in: G/S/H, Art. 15 GRCH Rn. 20. Siehe aber auch GA Bobek, in: EuGH, Rs. C-134/15, EU:C:2016:498, Rn. 26 ff. – Lidl/Freistaat Sachsen.

[274] Siehe auch *F. Wollenschläger*, in: G/S/H, Art. 15 GRCH Rn. 27 ff.

[275] *Frenz*, Hdb. EuR IV, Rn. 2610 ff.; *F. Wollenschläger*, in: G/S/H, Art. 15 GRCH Rn. 40.

[276] Zum Grundrechtscharakter der Personenverkehrsfreiheiten *F. Wollenschläger*, Grundfreiheit ohne Markt, S. 368 ff.

GRCH dafür, dass auch die unternehmerische Freiheit ein klassisches Abwehrrecht darstellt.[277] Dementsprechend hat der EuGH in seinem Urteil in der Rs. Sky
Österreich vom 22.01.2013 zwar sowohl die spezifische Formulierung des Art. 16
GRCH als auch dessen erleichterte Einschränkbarkeit im Vergleich zu höchstper-
sönlichen Freiheitsrechten herausgestrichen, allerdings gleichzeitig die Maßgeblichkeit des Verhältnismäßigkeitsgrundsatzes betont.[278]

100   Vom persönlichen Schutzbereich erfasst sind natürliche und juristische
(→ Rn. 89, 96) Personen.[279] In sachlicher Hinsicht schützt Art. 16 GRCH die unternehmerische Betätigung, mithin „das Anbieten von Gütern oder Dienstleistungen auf
einem bestimmten Markt".[280] In Abgrenzung zu Art. 15 GRCH muss es sich um eine
selbstständige Tätigkeit handeln (→ Rn. 96); diese muss, wie im Kontext der Berufsfreiheit, zwar nicht erlaubt, aber auf eine gewisse Dauer angelegt und auf Er-
werbszwecke ausgerichtet sein.[281]

101   Art. 16 GRCH vermittelt einen umfassenden Schutz der unternehmerischen Freiheit, der sich auf Aufnahme, Ausübung und Beendigung erstreckt.[282] Dieser Schutz
erstreckt sich auf „die Freiheit zur Ausübung einer Wirtschafts- oder Geschäftstätigkeit, die Vertragsfreiheit und den freien Wettbewerb".[283] Nach jüngeren Formeln des
EuGH garantiert Art. 16 GRCH „u. a. das Recht jedes Unternehmens, in den Grenzen seiner Verantwortlichkeit für seine eigenen Handlungen frei über seine wirtschaftlichen, technischen und finanziellen Ressourcen verfügen zu können".[284] Für
Einschränkungen und deren Rechtfertigung gelten die entfalteten allgemeinen Grundsätze (→ Rn. 90 f.).

---

[277] Im Einzelnen m. w. N. *F. Wollenschläger*, in: G/S/H, Art. 16 GRCH Rn. 1. Siehe ferner *Drechsler*, EuR 2016, 691 (699 ff.).

[278] EuGH, Rs. C-283/11, EU:C:2013:28, Rn. 45 ff. – Sky Österreich; ferner Rs. C-134/15,
EU:C:2016:498, Rn. 30 ff. – Lidl/Freistaat Sachsen; Rs. C-201/15, EU:C:2016:972,
Rn. 66 ff., 84 ff., 103 – AGET Iraklis; Rs. C-277/16, EU:C:2017:989, Rn. 50 f. – Polkomtel;
Rs. C-534/16, EU:C:2017:820, Rn. 34 ff. – BB construct. Siehe für eine Parallelisierung der Ver-
hältnismäßigkeitsprüfung der Grundfreiheiten und Art. 16 GRCH: Rs. C-322/16, EU:C:2017:985,
Rn. 50 ff. – Global Starnet; ferner für eine umfassende Verhältnismäßigkeitsprüfung Rs. C-540/16,
EU:C:2018:565, Rn. 34 ff. – Spika u. a. Siehe demgegenüber, (nur) eine Verletzung des Wesens-
gehalts bzw. wesentlicher Aspekte der Gewährleistung prüfend Rs. C-544/10, EU:C:2012:526,
Rn. 54 ff. – Deutsches Weintor; Rs. C-314/12, EU:C:2014:192, Rn. 51 ff. – UPC Telekabel Wien
GmbH. Einen größeren Spielraum hinsichtlich Beschränkungen des Art. 16 GRCH betonend: GA
Bobek, in: EuGH, Rs. C-134/15, EU:C:2016:169, Rn. 23 – Lidl/Freistaat Sachsen.

[279] *F. Wollenschläger*, in: G/S/H, Art. 16 GRCH Rn. 6. Für eine Einbeziehung selbstständiger natürlicher Personen EuGH, Rs. C-230/18, EU:C:2019:383, Rn. 54 f., 65 – PI.

[280] *F. Wollenschläger*, in: G/S/H, Art. 16 GRCH Rn. 7 unter Bezugnahme auf u. a. EuGH,
Rs. C-205/03 P, Slg. 2006, I-6295, Rn. 25 – Fenin.

[281] *Bernsdorff*, in: Meyer, Art. 16 Rn. 10a; *Blanke*, in: Tettinger/Stern, Art. 16 Rn. 10; *F. Wollenschläger*, in: G/S/H, Art. 16 GRCH Rn. 7.

[282] EuGH, Rs. 116/82, Slg. 1986, 2519, Rn. 27 – Kommission/Deutschland; Rs. C-70/10, Slg. 2011,
I-11959, Rn. 46, 48 – Scarlet Extended SA; Rs. C-360/10, EU:C:2012:85, Rn. 44 ff. – SABAM;
F. Wollenschläger, in: G/S/H, Art. 16 GRCH Rn. 8.

[283] EuGH, Rs. C-134/15, EU:C:2016:498, Rn. 28 – Lidl/Freistaat Sachsen; ferner Rs. C-201/15,
EU:C:2016:972, Rn. 67 – AGET Iraklis.

[284] EuGH, Rs. C-314/12, EU:C:2014:192, Rn. 49 – UPC Telekabel Wien GmbH; ferner
Rs. C-134/15, EU:C:2016:498, Rn. 27 – Lidl/Freistaat Sachsen.

b) Eigentumsrecht, Art. 17 GRCH

aa) Schutzbereich

Das nach Art. 1 1. ZP EMRK modellierte und in Einklang mit ihm gemäß Art. 52 Abs. 3 **102** GRCH auszulegende Eigentumsrecht (Art. 17 GRCH) berechtigt *natürliche und juristische Personen* (→ Rn. 89; zu Hintergrund und Bedeutung der Eigentumsgarantie → § 2 Rn. 69). Der unionsrechtliche *Eigentumsbegriff* umfasst „vermögenswerte Rechte, aus denen sich im Hinblick auf die Rechtsordnung eine gesicherte Rechtsposition ergibt, die eine selbstständige Ausübung dieser Rechte durch und zugunsten ihres Inhabers ermöglicht."[285] Hierunter fallen nicht nur das Mobiliar- und Immobiliarvermögen, sondern auch unkörperliche Gegenstände wie Forderungen, Gesellschaftsanteile, dingliche Sicherungsrechte und das geistige Eigentum (siehe Art. 17 Abs. 2 GRCH).[286] Die Beschränkung in Art. 17 Abs. 1 S. 1 GRCH auf rechtmäßig erworbene Positionen ist im Sinne eines wirksamen Eigentumserwerbs zu verstehen, da andernfalls Vorgaben für den Erwerbsvorgang über den Eigentumsschutz entscheiden könnten.[287]

Wie im nationalen Kontext auch wird das *Vermögen* als solches nicht dem Eigen- **103** tumsschutz zugeordnet und werden folglich Abgabenregelungen nicht an Art. 17 GRCH gemessen,[288] so diese keinen spezifischen Eigentumsbezug haben.[289] Die jüngere und gemäß Art. 52 Abs. 3, 7 GRCH für die Auslegung des Art. 17 GRCH maßgebliche EMRK-Rechtsprechung bezieht indes die Abgabenerhebung[290] und straf- und verwaltungsrechtliche Sanktionen finanzieller Art[291] in den Eigentumsschutz ein; dem ist auch der EuGH (für letzteres) gefolgt.[292] *Öffentlich-rechtliche Positionen* genießen zumindest[293] dann Eigentumsschutz, wenn ihnen eine Eigen-

---

[285] EuGH, Rs. C-283/11, EU:C:2013:28, Rn. 34 – Sky Österreich (in casu, Rn. 34 ff. aber zu restriktiv); ferner Rs. C-398/13 P, EU:C:2015:535, Rn. 60 – Inuit Tapiriit Kanatami.

[286] *F. Wollenschläger*, in: G/S/H, Art. 17 GRCH Rn. 10 m. w. N.

[287] *F. Wollenschläger*, in: G/S/H, Art. 17 GRCH Rn. 12. A. A. *Calliess*, in: ders./Ruffert, Art. 17 GRCH Rn. 7. Vgl. auch EuGH, Rs. C-180/11, EU:C:2012:717, Rn. 76 ff. – Bericap Záródástechnikai bt.; Rs. C-273/15, EU:C:2016:364, Rn. 47 ff. – Ezernieki; Rs. C-321/15, EU:C:2017:179, Rn. 37 f. – ArcelorMittal Rodange und Schifflange.

[288] EuGH, verb. Rs. C-143/88 und C-92/89, Slg. 1991, I-415, Rn. 74 – Zuckerfabrik Süderdithmarschen und Zuckerfabrik Soest; *Calliess*, in: ders./Ruffert, Art. 17 GRCH Rn. 8. Siehe aber auch EuGH, Rs. 265/87, Slg. 1989, 2237, Rn. 21 – Schräder u. a.; verb. Rs. C-248/95 und C-249/95, Slg. 1997, I-4475, Rn. 72 ff. – SAM Schiffahrt und Stapf. A. A. (Einbeziehung von Abgabenpflichten) *Frenz*, Hdb. EuR IV, Rn. 2856 ff.

[289] *F. Wollenschläger*, in: G/S/H, Art. 17 GRCH Rn. 13.

[290] EGMR, Nr. 13378/05, Rep. 2008, Rn. 59 – Burden/Vereinigtes Königreich; vgl. ferner EGMR, Nr. 14902/04, CE:ECHR:2011:0920JUD001490204, Rn. 552 ff. – OAO Neftyanaya Kompaniya Yukos/Russland.

[291] EGMR, Nr. 17118/04, CE:ECHR:2013:0618JUD001711804, Rn. 31 ff. – S. C. Complex Herta Import Export S.R.L. Lipova/Romania; Nr. 18640/10, 18647/10, 18663/10 u. a., CE:ECHR:2014:0304JUD001864010, Rn. 184 ff. – Grande Stevens and Others/Italy.

[292] EuGH, Rs. C-384/17, EU:C:2018:810, Rn. 43 ff. – Link Logistik N&N. Siehe auch *F. Wollenschläger*, in: G/S/H, Art. 17 GRCH Rn. 13.

[293] Der EGMR bezieht auch rein steuerfinanzierte Sozialleistungen in die Eigentumsgarantie des Art. 1 1. ZP EMRK ein (siehe EGMR, Nr. 65731/01 und 65900/01, Rep. 2006-VI, Rn. 47 f. – Stec u. a./Vereinigtes Königreich; Nr. 37452/02, Rep. 2011-V, Rn. 82 – Stummer/Österreich); einer

leistung zugrunde liegt.[294] Bedeutung hat dies etwa im Kontext Gemeinsamer Marktorganisationen erlangt, in deren Rahmen Quoten nur bei entgeltlichem Erwerb,[295] nicht aber bei schlichter Zuteilung[296] unter Art. 17 GRCH fallen. Ob und inwieweit der *Gewerbebetrieb* als solcher Schutz genießt, ist umstritten.[297] Marktanteile unterfallen als dem Wandel unterworfene Positionen keinesfalls der Eigentumsgarantie, ebenso wenig mangels hinreichender Verfestigung Erwerbschancen;[298] auch sind für den Erwerb am Markt die Art. 15 f. GRCH speziell (→ Rn. 95). Bejaht wird Art. 17 GRCH indes teils bei substanzbezogenen[299] bzw. existenzvernichtenden[300] Eingriffen.

104 Aufgrund der Bedeutung des *geistigen Eigentums* streicht Art. 17 Abs. 2 GRCH schließlich dessen Schutz heraus, ohne dass für den Gewährleistungsgehalt andere als die soeben im Kontext von Abs. 1 entwickelten Grundsätze gelten.[301]

bb) Einschränkungen und ihre Rechtfertigung

105 Art. 17 Abs. 1 GRCH unterscheidet zwei – zu trennende[302] – Eingriffsformen: den Entzug des Eigentums (S. 2, dazu 1) und Nutzungsregelungen (S. 3, dazu 2); hinzu kommt ein ungeschriebener Auffangtatbestand (3).

(1) Entzug des Eigentums (Art. 17 Abs. 1 S. 2 GRCH)

106 Einen Entzug des Eigentums stellt zunächst die *dauerhafte und vollständige Aufhebung der Eigentümerposition* dar.[303] Die Abgrenzung zur Nutzungsbeschränkung erfolgt mit Blick auf die Zielsetzung der staatlichen Maßnahme; kein Eigentumsentzug liegt vor, wenn „es dem Eigentümer unbenommen bleibt, über sein

---

Übertragung auf den Charta-Kontext gemäß Art. 52 Abs. 3 GRCH lässt sich entgegenhalten, dass die GRCH mit Art. 34 eine Spezialregelung Leistungen der sozialen Sicherheit und Unterstützung kennt, über das entsprechender Schutz gewährleistet werden kann, siehe *F. Wollenschläger*, in: G/S/H, Art. 17 GRCH Rn. 15.

[294] EuGH, Rs. C-2/92, Slg. 1994, I-955, Rn. 19 – Bostock; Rs. C-38/94, Slg. 1995, I-3875, Rn. 14 – Country Landowners Association; *Frenz*, Hdb. EuR IV, Rn. 2832 ff.; *F. Wollenschläger*, in: G/S/H, Art. 17 GRCH Rn. 15.

[295] EuGH, Rs. C-416/01, Slg. 2003, I-14083, Rn. 50 – ACOR.

[296] EuGH, Rs. C-44/89, Slg. 1991, I-5119, Rn. 27 – von Deetzen; Rs. C-2/92, Slg. 1994, I-955, Rn. 19 – Bostock. Partiell a. A. *Depenheuer*, in: Tettinger/Stern, Art. 17 Rn. 35.

[297] Näher *F. Wollenschläger*, in: G/S/H, Art. 17 GRCH Rn. 16 m. w. N., auch zum EMRK-Kontext.

[298] Siehe nur EuGH, Rs. C-283/11, EU:C:2013:28, Rn. 34 – Sky Österreich; *F. Wollenschläger*, in: G/S/H, Art. 17 GRCH Rn. 14, 16. Siehe allgemein hinsichtlich künftiger Einnahmen Rs. C-398/13 P, EU:C:2015:535, Rn. 61 – Inuit Tapiriit Kanatami: nur erfasst, „wenn sie bereits erzielt wurden, wenn sie Gegenstand einer einredefreien Forderung waren oder wenn besondere Umstände vorliegen, die beim Betroffenen ein berechtigtes Vertrauen darauf begründen konnten, einen Vermögenswert zu erhalten".

[299] *Calliess*, in: ders./Ruffert, Art. 17 GRCH Rn. 9.

[300] Vgl. EuGH, verb. Rs. 154/78 u. a., Slg. 1980, 907, Rn. 89 – Valsabbia; *Jarass*, GRCH, Art. 17 Rn. 13.

[301] *F. Wollenschläger*, in: G/S/H, Art. 17 GRCH Rn. 39 f.

[302] EuGH, Rs. 44/79, Slg. 1979, 3727, Rn. 19 – Hauer.

[303] Siehe nur *Calliess*, in: ders./Ruffert, Art. 17 GRCH Rn. 15.

Gut zu verfügen und es jeder anderen, nicht untersagten Nutzung zuzuführen".[304] Überdies impliziert ein Eigentumsentzug eine Übertragung des Eigentums auf Dritte („transfer of ownership"), so dass weder das Einfrieren von Konten Terrorverdächtiger[305] noch die Pflicht zur Vernichtung mit Krankheitserregern belasteter Fische[306] erfasst wird.

Ob gravierende, in ihrer Intensität einer direkten Enteignung gleichkommende Nutzungsbeschränkungen als sog. „De-facto-Enteignungen" unter Art. 17 Abs. 1 S. 2 GRCH fallen, ist umstritten. Für Art. 1 1. ZP EMKR hat der EGMR, etwa für die Errichtung öffentlicher Gebäude auf einem Privatgrundstück ohne förmliche Enteignung, die Figur der *De-facto-Enteignung* anerkannt.[307] Der EuGH hat jedenfalls das Einfrieren von Konten im Rahmen der Terrorismusbekämpfung nicht als (De-facto-)Enteignung qualifiziert,[308] diese Figur aber in einer anderen Entscheidung erwogen.[309] Insgesamt muss bezweifelt werden, dass die Anerkennung der schillernden Kategorie der De-facto-Enteignung neben dem Verbot unverhältnismäßiger Nutzungsbeschränkungen erforderlich ist; denn auch insoweit greifen mit der Eingriffsintensität steigende Verhältnismäßigkeitsanforderungen, die auch eine Entschädigungspflicht (wenn auch nicht als Regel) umfassen können.[310]

Ein Eigentumsentzug ist gemäß Art. 17 Abs. 1 S. 2 GRCH unter drei Voraussetzungen gerechtfertigt: Es bedarf Gründe des öffentlichen Interesses (Verhältnismäßigkeitsprüfung), einer (hinreichend bestimmten) gesetzlichen Grundlage und einer rechtzeitigen angemessenen, mithin regelmäßig am Marktwert orientierten Entschädigung.[311]

107

108

(2) Nutzungsregelungen (Art. 17 Abs. 1 S. 3 GRCH)

Der weit zu verstehende Begriff der Nutzungsregelung erfasst alle die Ausübung des Eigentumsrechts einschränkenden Regelungen; exemplarisch nennt Art. 17 Abs. 1 S. 3 GRCH das Recht, „Eigentum zu besitzen, zu nutzen, darüber zu verfügen und es zu vererben".[312] Einbezogen sind auch mittelbar-faktische Beeinträchtigungen mit hinreichendem Eigentumsbezug (→ Rn. 103).[313] Nutzungsregelungen

109

---

[304] EuGH, Rs. 44/79, Slg. 1979, 3727, Rn. 19 – Hauer; ferner verb. Rs. C-402/05 und C-415/05, Slg. 2008, I-6351, Rn. 358 – Kadi.

[305] EuGH, verb. Rs. C-402/05 und C-415/05, Slg. 2008, I-6351, Rn. 358 – Kadi; siehe aber auch EuG, Rs. T-85/09, Slg. 2010, II-5177, Rn. 150 – Kadi (zweifelnd jedenfalls bei zehnjähriger Dauer).

[306] EuGH, verb. Rs. C-20/00 und C-64/00, Slg. 2003, I-7411, Rn. 58 ff. – Booker Aquaculture und Hydro Seafood. Ebenso *Durner* HGR VI/1, § 162 Rn. 53.

[307] EGMR, Nr. 35941/03, CE:ECHR:2003:0410JUD006445001, Rn. 81 f. – Gianni u. a./Italien; ferner Nr. 35785/03, CE:ECHR:2009:1013JUD003578503, Rn. 84 f. – Köktepe/Türkei.

[308] EuGH, verb. Rs. C-402/05 und C-415/05, Slg. 2008, I-6351, Rn. 358 – Kadi.

[309] Siehe EuGH, Rs. C-347/03, Slg. 2005, I-3785, Rn. 122 – ERSA.

[310] Siehe *F. Wollenschläger*, in: G/S/H, Art. 17 GRCH Rn. 28. A. A. etwa *Bernsdorff*, in: Meyer, Art. 17 Rn. 20; *Jarass*, GRCH, Art. 17 Rn. 19.

[311] Im Einzelnen *F. Wollenschläger*, in: G/S/H, Art. 17 GRCH Rn. 31 ff. m. w. N.

[312] EuGH, Rs. 44/79, Slg. 1979, 3727, Rn. 19 – Hauer; *Calliess*, in: ders./Ruffert, Art. 17 GRCH Rn. 11, 13; *F. Wollenschläger*, in: G/S/H, Art. 17 GRCH Rn. 20.

[313] EuGH, Rs. C-84/95, Slg. 1996, I-3953, Rn. 22 – Bosphorus; *F. Wollenschläger*, in: G/S/H, Art. 17 GRCH Rn. 21.

sind gemäß Art. 17 Abs. 1 S. 3 GRCH gerechtfertigt, wenn sie auf einer gesetzlichen Grundlage beruhen und für das Wohl der Allgemeinheit erforderlich sind, was eine Prüfung der Verhältnismäßigkeit und der Wesensgehaltsgarantie verlangt (→ Rn. 90 f.).[314]

(3) Auffangtatbestand

110   Im Interesse eines umfassenden Eigentumsschutzes hat der EGMR den Auffangtatbestand der „interference with the peaceful enjoyment of property" entwickelt,[315] der auf Art. 17 GRCH zu übertragen ist[316] und namentlich nicht als Nutzungsregelung subsumierbare faktische Beeinträchtigungen, wie die Zerstörung von Eigentum, erfasst.[317] Ihre Rechtfertigung unterliegt den soeben für Nutzungsregelungen skizzierten Voraussetzungen (→ Rn. 109).[318]

c) Allgemeiner Gleichheitssatz, Art. 20 GRCH

111   Von Bedeutung für das öffentliche Wirtschaftsrecht ist des Weiteren der allgemeine Gleichheitssatz. Gemäß Art. 20 GRCH „dürfen vergleichbare Sachverhalte nicht unterschiedlich behandelt werden, es sei denn, daß eine Differenzierung objektiv gerechtfertigt wäre."[319] Mit Blick auf den Spielraum des Gesetzgebers für eine Beseitigung von Gleichheitsverstößen beschränkt sich der EuGH regelmäßig darauf, die Unvereinbarkeit einer Maßnahme mit Art. 20 GRCH festzustellen und die Neuregelung dem Unionsgesetzgeber zu überlassen.[320]

d) Garantien für das Arbeitsleben, Art. 27 ff. GRCH

112   In ihrem Solidaritäts-Titel enthält die GRCH für das Arbeitsleben relevante Bestimmungen, namentlich das Recht auf Unterrichtung und Anhörung der Arbeitnehmerinnen und Arbeitnehmer im Unternehmen (Art. 27), das Recht auf Kollektivverhandlungen und Kollektivmaßnahmen (Art. 28), das Recht auf Zugang zu

---

[314] *F. Wollenschläger*, in: G/S/H, Art. 17 GRCH Rn. 36 f. m. w. N.

[315] EGMR, Nr. 7151/75 und 7152/75, Serie A, Nr. 52, Rn. 61 ff. – Sporrong und Lönnroth/Schweden; vgl. ferner Nr. 67099/01, CE:ECHR:2005:0712JUD006709901, Rn. 29 – Solodyuk/Russland. Dazu *Çoban*, Protection of Property Rights within the European Convention on Human Rights, 2004, S. 186 ff. (mit Kritik); *Jacobs/White/Ovey*, The European Convention on Human Rights, 6. Aufl. 2014, S. 493 f., 503 ff.

[316] *Jarass*, GRCH, Art. 17 Rn. 23; *F. Wollenschläger*, in: G/S/H, Art. 17 GRCH Rn. 29. Siehe demgegenüber aber auch *Calliess*, in: ders./Ruffert, Art. 17 GRCH Rn. 11, und *Frenz*, Hdb. EuR IV, Rn. 2892.

[317] Vgl. EGMR, Nr. 57947/00, 57948/00 und 57949/00, CE:ECHR:2005:0224JUD005795000, Rn. 233 – Isayeva, Yusupova und Bazayeva/Russland; ferner *Jarass*, GRCH, Art. 17 Rn. 23.

[318] Siehe *F. Wollenschläger*, in: G/S/H, Art. 17 GRCH Rn. 38.

[319] EuGH, verb. Rs. 117/76 und 16/77, Slg. 1977, 1753, Rn. 7 – Ruckdeschel; ferner Rs. C-149/10, Slg. 2010, I-8489 Rn. 64 – Chatzi; Rs. C-234/12, EU:C:2013:496, Rn. 15 – Sky Italia; Rs. C-220/17, EU:C:2019:76, Rn. 36 – Planta Tabak. Im Überblick zur Prüfung *F. Wollenschläger*, in: von Mangoldt/Klein/Starck, Art. 3 Rn. 20 ff.

[320] Siehe nur EuGH, verb. Rs. 117/76 und 16/77, Slg. 1977, 1753, Rn. 13 – Ruckdeschel; ferner Rs. C-37/89, Slg. 1990, I-2395, Rn. 17 – Weiser.

einem Arbeitsvermittlungsdienst (Art. 29), das Recht auf Schutz bei ungerechtfertigter Entlassung (Art. 30), das Recht auf gerechte und angemessene Arbeitsbedingungen (Art. 31), das Verbot der Kinderarbeit und den Schutz der Jugendlichen am Arbeitsplatz (Art. 32), das Recht auf Vereinbarkeit von Familien- und Berufsleben (Art. 33 Abs. 2) sowie das Recht auf soziale Sicherheit (Art. 34 Abs. 1). Der spezifische Gehalt dieser Bestimmungen bedarf einer sorgfältigen Präzisierung. Es verbietet sich, ihnen unbesehen unmittelbare Drittwirkung beizumessen (→ Rn. 88), und es dürfte sich meist um konkretisierungsbedürftige Schutzaufträge und Grundsätze (Art. 52 Abs. 5 GRCH) handeln.[321] Freilich weist die Charta im Vergleich zum Grundgesetz schon aufgrund der Existenz spezifisch für das Arbeitsleben formulierter Bestimmungen einen höheren Konkretisierungsgrad auf, was den Gesetzgeber tendenziell strikter bindet; so hat der EuGH eine nationale Regelung, „nach der bei Beendigung des Arbeitsverhältnisses durch Tod des Arbeitnehmers der von ihm gemäß [dem Unionsrecht] erworbene Anspruch auf vor seinem Tod nicht mehr genommenen bezahlten Jahresurlaub untergeht, ohne dass ein Anspruch auf eine finanzielle Vergütung für diesen Urlaub besteht, der im Wege der Erbfolge auf die Rechtsnachfolger des Arbeitnehmers übergehen könnte", als Verstoß gegen das Grundrecht auf bezahlten Jahresurlaub (Art. 31 Abs. 2 GRCH) qualifiziert.[322] Hinsichtlich ihrer Umsetzung ist der beschränkte Zuständigkeitsbereich der Union genauso wie die beschränkte Bindung der Mitgliedstaaten an die GRCH (→ Rn. 87) zu beachten.

5. Exkurs: EMRK

Die Bedeutung der EMRK im öffentlichen Wirtschaftsrecht hat sich, gerade wegen   113
der schlagkräftigen grundgesetzlichen und marktfreiheitlichen Garantien, bislang
als gering erwiesen. Dies mag auch daran liegen, dass die Konventionsparteien von
der Aufnahme der Berufs- bzw. unternehmerischen Freiheit in die EMRK abgesehen haben, obgleich der EGMR dieses Schutzdefizit durch eine Heranziehung anderer Konventionsgarantien (partiell) schließt.[323] So hat der Berufszugang in gewis-

---

[321] Vgl. dazu *F. Wollenschläger*, EnzEuR I, § 8 Rn. 48 ff. m. w. N. Für eine Binnendifferenzierung EuGH, verb. Rs. C-569/16 und C-570/16, EU:C:2018:871, Rn. 84 – Stadt Wuppertal/Bauer und Willmeroth/Broßonn: „Mit der zwingenden Formulierung, dass ‚jede Arbeitnehmerin und jeder Arbeitnehmer' das ‚Recht' ‚auf bezahlten Jahresurlaub' hat – und zwar ohne dass insoweit, wie z. B. in Art. 27 der Charta, zu dem das Urteil vom 15. Januar 2014, Association de médiation sociale (C-176/12, EU:C:2014:2), ergangen ist, auf ‚Fälle und Voraussetzungen, die nach dem Unionsrecht und den einzelstaatlichen Rechtsvorschriften und Gepflogenheiten vorgesehen sind', verwiesen würde –, spiegelt Art. 31 Abs. 2 der Charta den wesentlichen Grundsatz des Sozialrechts der Union wider, von dem nur unter den in Art. 52 Abs. 1 der Charta vorgesehenen strengen Bedingungen und insbesondere nur unter Achtung des Wesensgehalts des Grundrechts auf bezahlten Jahresurlaub abgewichen werden kann."

[322] EuGH, verb. Rs. C-569/16 und C-570/16, EU:C:2018:871, Rn. 35 ff. – Stadt Wuppertal/Bauer und Willmeroth/Broßonn. Siehe ferner Rs. C-684/16, EU:C:2018:874, Rn. 49 ff. – Shimizu.

[323] Näher dazu und zum Folgenden *F. Wollenschläger*, Verteilungsverfahren, S. 111 f. Siehe zur Bedeutung der EMRK in der deutschen Rechtsordnung allg. *ders.*, in: Dreier, Art. 25 Rn. 27.

sem Umfang am Recht auf Achtung des Privatlebens teil (Art. 8 EMRK).[324] Bei
Bezug beschränkender Maßnahmen zu konkreten Eigentumspositionen aktiviert
der EGMR überdies die Eigentumsgarantie des Art. 1 1. ZP EMRK, etwa bei der
Aufhebung von Genehmigungen für einen Gewerbebetrieb oder dessen Untersa-
gung (allgemein zum Schutz des Eigentums gemäß Art. 1 1. ZP EMRK bereits im
Kontext von Art. 17 GRCH → Rn. 102).[325]

V. Kompetenzen

114 Ausgehend von den Grundsätzen, die die Kompetenzverteilung zwischen Europäischer Union und Mitgliedstaaten bestimmen (1), sei die für die Wirtschaftsregulierung bedeutsamste Unionskompetenz, nämlich die Befugnis zur Rechtsangleichung im Binnenmarkt (Art. 114 AEUV) entfaltet (2). Im Kontext der
Liberalisierung mitgliedstaatlicher Monopole, namentlich in den Bereichen Post
und Telekommunikation, hat überdies Art. 106 Abs. 3 AEUV Bedeutung erlangt
(→ § 12 Rn. 39 f.).[326]

1. Grundsätze der Kompetenzverteilung zwischen Europäischer Union und Mitgliedstaaten

115 Nach dem in Art. 5 Abs. 1 S. 1 und Abs. 2 EUV verankerten und auch vom deutschen Europaverfassungsrecht (Art. 23 Abs. 1 GG) vorgegebenen[327] *Grundsatz der
begrenzten Einzelermächtigung* darf „die Union nur innerhalb der Grenzen der Zuständigkeiten tätig [werden], die die Mitgliedstaaten ihr in den Verträgen zur Verwirklichung der darin niedergelegten Ziele übertragen haben. Alle der Union nicht
in den Verträgen übertragenen Zuständigkeiten verbleiben bei den Mitgliedstaaten"
(Art. 5 Abs. 2 EUV).

116 Seit der Lissabonner Vertragsreform unterscheidet das Primärrecht, wie das GG
und namentlich deutschen Forderungen folgend, zwischen *verschiedenen Kompetenzarten*, nämlich zwischen ausschließlichen Zuständigkeiten (Art. 2 Abs. 1, Art. 3 AEUV),
geteilten Zuständigkeiten (Art. 2 Abs. 2, Art. 4 AEUV) sowie unterstützenden,
koordinierenden und ergänzenden Zuständigkeiten (Art. 2 Abs. 5, Art. 6 AEUV).

---

[324] Siehe EGMR, Nr. 55480/00 und 59330/00, Rep. 2004-VIII, Rn. 47 f. – Sidabras und Džiautas/
Litauen; Nr. 70665/01 und 74345/01, CE:ECHR:2005:0407JUD007066501, Rn. 34 f. – Rainys
und Gasparavičius/Litauen. Siehe auch *Grabenwarter/Pabel*, § 25 Rn. 38 f.

[325] EGMR, Nr. 8543/79, 8674/79, 8675/79 und 8685/79, Serie A, Nr. 101, Rn. 41 f. – van Marle
u. a.; Nr. 10873/84, Serie A, Nr. 159, Rn. 53 – Tre Traktörer Aktiebolag; Nr. 12033/86, Serie A,
Nr. 192, Rn. 41 ff. – Fredin; Nr. 31107/96, Rep. 1999-II, Rn. 54 f. – Iatridis/Griechenland;
Nr. 8803–8811/02, 8813/02 und 8815–8819/02, Rep. 2004-VI, Rn. 138 f. – Doğan u. a./Türkei
(Auszüge). Siehe auch (weit) *Grabenwarter/Pabel*, § 25 Rn. 4 ff., 31, 35 ff.

[326] *Ruffert*, in: Ehlers/Fehling/Pünder, § 21 Rn. 7; *Jung*, in: Callies/Ruffert, Art. 106 AEUV
Rn. 65 ff.; *Bieber/Epiney/Haag/Kotzur*, § 15 Rn. 50.

[327] Siehe nur BVerfGE 123, 267 (347, 350 ff.). Näher *F. Wollenschläger*, in: Dreier, Art. 23 Rn. 39 ff.

Art. 2 Abs. 3 und Art. 5 AEUV enthält darüber hinaus eine Sonderbestimmung für die Koordinierung der Wirtschafts- und Beschäftigungspolitik der Mitgliedstaaten durch die Europäische Union (→ § 5 Rn. 11 f.).[328]

Im Bereich *ausschließlicher Zuständigkeiten* kann gemäß Art. 2 Abs. 1 AEUV **117** „nur die Union gesetzgeberisch tätig werden und verbindliche Rechtsakte erlassen; die Mitgliedstaaten dürfen in einem solchen Fall nur tätig werden, wenn sie von der Union hierzu ermächtigt werden, oder um Rechtsakte der Union durchzuführen." Für das Öffentliche Wirtschaftsrecht bedeutsame ausschließliche Kompetenzen bestehen für die Zollunion, die Festlegung der für das Funktionieren des Binnenmarkts erforderlichen Wettbewerbsregeln, die Währungspolitik für die Euro-Mitgliedstaaten, die gemeinsame Handelspolitik und für das auswärtige Handeln (Art. 3 AEUV). Im Bereich *geteilter Zuständigkeiten* können gemäß Art. 2 Abs. 2 AEUV sowohl die Union als auch die Mitgliedstaaten Regelungen erlassen, wobei ein Vorrang der EU-Ebene besteht: Denn „[d]ie Mitgliedstaaten nehmen ihre Zuständigkeit [nur] wahr, sofern und soweit die Union ihre Zuständigkeit nicht ausgeübt hat. Die Mitgliedstaaten nehmen ihre Zuständigkeit erneut wahr, sofern und soweit die Union entschieden hat, ihre Zuständigkeit nicht mehr auszuüben." Unter diesen Kompetenztitel fallen im hier interessierenden Zusammenhang namentlich die Materien Binnenmarkt, Sozialpolitik, wirtschaftlicher, sozialer und territorialer Zusammenhalt, Landwirtschaft und Fischerei, Umwelt, Verbraucherschutz, Verkehr, transeuropäische Netze und Energie (Art. 4 Abs. 2 AEUV). *Unterstützende, koordinierende und ergänzende Zuständigkeiten* der Union, die mitgliedstaatliche Kompetenzen nicht ersetzen dürfen und für die ein Harmonisierungsverbot besteht (Art. 2 Abs. 5 AEUV), finden sich etwa für die Bereiche Industrie, Tourismus und berufliche Bildung (Art. 6 AEUV).

Mit den *Grundsätzen der Subsidiarität und der Verhältnismäßigkeit* enthält das **118** Unionsrecht schließlich zwei *Kompetenzausübungsregeln*. Nach ersterem, der im Übrigen auch Element der Struktursicherungsklausel des Art. 23 Abs. 1 S. 1 GG ist,[329] darf die Union außerhalb ihrer ausschließlichen Zuständigkeiten „nur tätig [werden], sofern und soweit die Ziele der in Betracht gezogenen Maßnahmen von den Mitgliedstaaten weder auf zentraler noch auf regionaler oder lokaler Ebene ausreichend verwirklicht werden können, sondern vielmehr wegen ihres Umfangs oder ihrer Wirkungen auf Unionsebene besser zu verwirklichen sind" (Art. 5 Abs. 3 UAbs. 1 EUV). Der Grundsatz der Verhältnismäßigkeit verbietet der Union, „inhaltlich wie formal ... über das zur Erreichung der Ziele der Verträge erforderliche Maß hinaus[zugehen]" (Art. 5 Abs. 4 UAbs. 1 EUV). Diese beiden Kompetenzausübungsregeln haben bislang freilich nur in sehr begrenztem Maße kompetenzbeschränkend gewirkt. Immerhin hat das im Zuge der Lissabonner Vertragsreform novellierte Subsidiaritätsprotokoll[330] eine prozedurale Stärkung des Subsidiaritätsgrundsatzes bewirkt, indem es Anhörungs-, Beteiligungs-, Begrün-

---

[328] Siehe im Überblick auch *F. Wollenschläger*, in: BK-GG, Art. 72 Rn. 11 ff. (Stand: 192. EL August 2018).

[329] Siehe *F. Wollenschläger*, in: Dreier, Art. 23 Rn. 62 f.

[330] Protokoll (Nr. 2) über die Anwendung der Grundsätze der Subsidiarität und der Verhältnismäßigkeit.

dungs- und Berichtspflichten vorsieht; überdies stehen den nationalen Parlamen-
ten mit dem Verfahren der Subsidiaritätsrüge Einspruchsrechte („Frühwarnsys-
tem")[331] und mit der Subsidiaritätsklage[332] ein Rechtsbehelf vor dem EuGH zu.
Damit ist das Subsidiaritätsprinzip justiziabel, obgleich der Gerichtshof eine nur
zurückhaltende Kontrolle ausübt.[333]

2. Die Kompetenz zur Rechtsangleichung im Binnenmarkt, Art. 114 AEUV

119 Der Realisierung des Binnenmarktziels dienen nicht nur die Marktfreiheiten, die
Hindernisse für den freien Verkehr von Waren, Personen, Dienstleistungen und Kapital innerhalb der EU verbieten. Bedeutung kommt vielmehr auch dem Instrument
der Rechtsangleichung zu, mithin dem Erlass von Normen, die unionsweit einheitliche Vorgaben für die wirtschaftliche Betätigung schaffen. Dies ermöglicht Unternehmen, Güter nach einem, europaweit geltenden Standard zu produzieren, ohne
für jeden mitgliedstaatlichen Markt andere Bedingungen erfüllen zu müssen, senkt
so die Kosten einer grenzüberschreitenden unternehmerischen Tätigkeit und dient
damit dem Binnenmarktziel. Dementsprechend ruft Art. 26 Abs. 1 AEUV die Union
auf, „die erforderlichen Maßnahmen [zu erlassen], um nach Maßgabe der einschlägigen Bestimmungen der Verträge den Binnenmarkt zu verwirklichen beziehungs-
weise dessen Funktionieren zu gewährleisten." Eine wesentliche Grundlage hierfür
stellt die Kompetenz zur Rechtsangleichung im Binnenmarkt (Art. 114 AEUV) dar.
Gestützt auf sie hat die Union zahlreiche bedeutsame Rechtsakte erlassen, deren
Notwendigkeit sowie deren Binnenmarktbezug und damit die Tragfähigkeit des
Art. 114 AEUV als Rechtsgrundlage indes oftmals in Frage gestellt wurden.

120 Prominente Beispiele für auf Art. 114 AEUV gestützte Harmonisierungs-
rechtsakte sind die – wegen eines Verstoßes gegen Unionsgrundrechte zwischenzeitlich für nichtig erklärte[334] – Richtlinie zur Vorratsdatenspeicherung,
die Telekommunikationsregulierung (→ § 12 Rn. 9) oder die jüngst novellierte
Tabakproduktrichtlinie[335].

---

[331] Siehe im Einzelnen Art. 6 f. Protokoll, § 11 IntVG, § 93a I, § 93c GOBT; zum Verfahren *Cal-liess*, ZG 2010, 1 (7 ff.); *Melin*, EuR 2011, 655 (667 ff.).

[332] Art. 8 Protokoll, Art. 23 Abs. 1a GG, § 12 IntVG, § 93d GOBT. Näher *F. Wollenschläger*, in: Dreier, Art. 23 Rn. 106 f.

[333] Siehe nur EuGH, Rs. C-377/98, Slg. 2001, I-7079, Rn. 30 ff. – Niederlande/EP und Rat; Rs. C-58/08, Slg. 2010, I-4999, Rn. 72 ff. – Vodafone.

[334] EuGH, verb. Rs. C-293/12 und C-594/12, EU:C:2014:238, Rn. 23 ff. – Digital Rights Ireland und Seitlinger u. a. Die Kompetenzkonformität bestätigt hatte indes EuGH, Rs. C-301/06, Slg. 2009, I-593, Rn. 56 ff. – Irland/EP und Rat. RL 2006/24/EG des Europäischen Parlaments und des Rates vom 15.03.2006 über die Vorratsspeicherung von Daten, die bei der Bereitstellung öf-fentlich zugänglicher elektronischer Kommunikationsdienste oder öffentlicher Kommunikationsnetze erzeugt oder verarbeitet werden, und zur Änderung der RL 2002/58/EG, ABl. EU L 105/54.

[335] RL 2014/40/EU des Europäischen Parlaments und des Rates vom 03.04.2014 zur Angleichung der Rechts- und Verwaltungsvorschriften der Mitgliedstaaten über die Herstellung, die Aufma-

a) Einführungsfall[336]

Die Europäische Union hat eine Richtlinie verabschiedet, die u. a. ein Verbot von **121** mit Menthol versetzten Zigaretten enthält und bebilderte Warnhinweise („Schockwerbung") auf Packungen von Rauchtabakerzeugnissen verlangt. Die Richtlinie ist in erster Linie auf die Binnenmarktharmonisierungskompetenz des Art. 114 AEUV gestützt, da unterschiedliche Rechts- und Verwaltungsvorschriften der Mitgliedstaaten hinsichtlich Werbung und Inhaltsstoffen zu einem Hindernis für das reibungslose Funktionieren des Binnenmarkts führen. Ein betroffenes Tabakunternehmen erachtet diese Rechtsgrundlage wegen des offensichtlich verfolgten Ziels des Gesundheitsschutzes für nicht einschlägig; zudem trage ein Verkaufsverbot nichts zur Förderung des Binnenmarktes bei, vielmehr unterbinde es den Handel.

b) Reichweite der Rechtsetzungsbefugnis

Art. 114 Abs. 1 S. 2 AEUV ermächtigt den Unionsgesetzgeber zum Erlass von **122** „Maßnahmen zur Angleichung der Rechts- und Verwaltungsvorschriften der Mitgliedstaaten, welche die Errichtung und das Funktionieren des Binnenmarkts zum Gegenstand haben."

Hierbei handelt es sich, anders als bei Art. 74 Abs. 1 Nr. 11 GG für das Recht der **123** Wirtschaft (→ § 2 Rn. 103), um *keine allgemeine Regelungskompetenz für Fragen des Binnenmarktes*. Eine solche Auslegung widerspricht nicht nur dem enger gefassten Wortlaut; vielmehr räumte sie der Union wegen des Binnenmarktbezugs zahlreicher Maßnahmen eine äußerst weitgehende, kaum zu konturierende Rechtsetzungsbefugnis ein und stellte damit den Grundsatz der begrenzten Einzelermächtigung in Frage.[337] Gedeckt sind vielmehr nur Maßnahmen, die darauf abzielen, „die Voraussetzungen für die Errichtung und das Funktionieren des Binnenmarktes zu verbessern".[338] Hierfür genügen nicht bereits Unterschiede in den nationalen Rechts- und Verwaltungsvorschriften; diese müssen überdies Handelshemmnisse oder spürbare Wettbewerbsverzerrungen bewirkt haben oder wenigstens wahrscheinlich erscheinen lassen.[339] Dabei versteht man unter einem Handelshemmnis eine Beeinträchtigung des freien Waren- und Dienstleistungsverkehrs zwischen den

---

chung und den Verkauf von Tabakerzeugnissen und verwandten Erzeugnissen und zur Aufhebung der RL 2001/37/EG, ABl. EU L 127/1.

[336] Vgl. die RL 2014/40/EU. Siehe für eine klausurmäßige Aufbereitung eines vergleichbaren Falles *F. Wollenschläger/Herrmann*, Iurratio 2009, 170.

[337] EuGH, Rs. C-376/98, Slg. 2000, I-8419, Rn. 83 – Deutschland/EP und Rat.

[338] EuGH, Rs. C-376/98, Slg. 2000, I-8419, Rn. 84 – Deutschland/EP und Rat; ferner Rs. C-58/08, Slg. 2010, I-4999, Rn. 32 – Vodafone u. a.

[339] EuGH, Rs. C-376/98, Slg. 2000, I-8419, Rn. 84 ff. – Deutschland/EP und Rat; Rs. C-491/01, Slg. 2002, I-11453, Rn. 60 f. – British American Tobacco; verb. Rs. C-154/04 und C-155/04, Slg. 2005, I-6451, Rn. 32 f. – Alliance for Natural Health u. a.; Rs. C-301/06, Slg. 2009, I-593, Rn. 64 – Irland/EP und Rat; Rs. C-58/08, Slg. 2010, I-4999, Rn. 32 f. – Vodafone u. a.; Rs. C-398/13 P, EU:C:2015:535, Rn. 26 f. – Inuit Tapiriit Kanatami; Rs. C-358/14, EU:C:2016:323, Rn. 31 ff. – Polen/EP und Rat; Rs. C-547/14, EU:C:2016:325, Rn. 57 ff. – Philip Morris.

Mitgliedstaaten[340] und unter einer Wettbewerbsverzerrung eine Beeinträchtigung des Wettbewerbs aufgrund unterschiedlicher Wettbewerbsbedingungen für Unternehmen in den einzelnen Mitgliedstaaten.[341]

124 Sind diese Voraussetzungen erfüllt, ist es unschädlich, wenn die Union bei der Harmonisierung auch *Sekundäraspekte*, wie etwa den Gesundheitsschutz, berücksichtigt. Denn Art. 114 Abs. 3 AEUV (wie im Übrigen die Querschnittsklauseln der Art. 8 ff., 168 Abs. 1 UAbs. 1 AEUV) verpflichtet die Kommission, ihren Rechtsetzungsvorschlägen ein hohes Schutzniveau hinsichtlich Gesundheit, Sicherheit, Umweltschutz und Verbraucherschutz zugrundezulegen.[342]

125 Gemäß Art. 114 Abs. 1 S. 1 AEUV tritt die Binnenmarktharmonisierungskompetenz hinter spezielle Regelungsbefugnisse zurück, die sich etwa für die Verwirklichung der Marktfreiheiten finden (Art. 46 ff., 50, 53, 59 und 64 Abs. 2 f. AEUV). Ein prominentes Beispiel für letztere stellt die DLR dar. Art. 114 Abs. 2 AEUV schließt „Bestimmungen über die Steuern, die Bestimmungen über die Freizügigkeit und die Bestimmungen über die Rechte und Interessen der Arbeitnehmer" als mögliche Regelungsgegenstände aus. Die Verabschiedung der auf Art. 114 Abs. 1 AEUV gestützten Rechtsakte erfolgt im ordentlichen Gesetzgebungsverfahren (Art. 289, 294 AEUV); möglich ist der Erlass von Verordnungen, Richtlinien und Beschlüssen (Art. 114 Abs. 1 S. 2 i. V. m. Art. 289 Abs. 1 S. 1 AEUV).

126 Schließlich ermöglicht Art. 114 Abs. 4 ff. AEUV mitgliedstaatliche Abweichungen vom Harmonisierungsniveau in begründeten Fällen und unter Wahrung bestimmter Verfahrensanforderungen.

c) Lösungshinweise zum Einführungsfall

127 Nach dem Prinzip der begrenzten Einzelermächtigung (Art. 5 Abs. 1 S. 1, Abs. 2 EUV) darf die Union nur innerhalb der Grenzen ihrer Zuständigkeiten tätig werden. Nach Art. 4 Abs. 2 lit. a AEUV hat die Union für den Binnenmarkt nur eine geteilte Zuständigkeit; als Kompetenzgrundlage kommt Art. 114 AEUV in Betracht, der indes keine allgemeine Regelungsbefugnis für Fragen des Binnenmarktes verleiht. Vielmehr bedarf es Unterschiede in den nationalen Rechts- und Verwaltungsvorschriften, die Handelshemmnisse oder spürbare Wettbewerbsverzerrungen bewirkt haben oder wenigstens wahrscheinlich erscheinen lassen. Dies liegt nach dem Ausgangssachverhalt vor, da die Mitgliedstaaten divergierende Vorschriften erlassen haben, wodurch Hindernisse für den freien Verkehr mit Tabakerzeugnissen durch unterschiedliche Anforderungen an die Herstellung und Aufmachung von Tabakerzeugnissen entstanden

---

[340] EuGH, Rs. C-376/98, Slg. 2000, I-8419, Rn. 95 f. – Deutschland/EP und Rat; Rs. C-58/08, Slg. 2010, I-4999, Rn. 32 – Vodafone u. a.

[341] EuGH, Rs. C-376/98, Slg. 2000, I-8419, Rn. 106 ff. – Deutschland/EP und Rat.

[342] EuGH, Rs. C-376/98, Slg. 2000, I-8419, Rn. 77 ff., 88 – Deutschland/EP und Rat; Rs. C-491/01, Slg. 2002, I-11453, Rn. 62 – British American Tobacco; verb. Rs. C-154/04 und C-155/04, Slg. 2005, I-6451, Rn. 36 – Alliance for Natural Health u. a.; Rs. C-58/08, Slg. 2010, I-4999, Rn. 36 – Vodafone u. a.; Rs. C-358/14, EU:C:2016:323, Rn. 34 f. – Polen/EP und Rat; Rs. C-547/14, EU:C:2016:325, Rn. 60 f. – Philip Morris.

sind.[343] Daher „kann sich der [Unions]gesetzgeber auf diese Grundlage stützen, auch wenn dem Gesundheitsschutz bei den zu treffenden Entscheidungen maßgebende Bedeutung zukommt. Zudem ist nach [Art. 168 Abs. 1 UAbs. 1 AEUV] bei der Festlegung und Durchführung aller [Unions]politiken und -maßnahmen ein hohes Gesundheitsschutzniveau sicherzustellen, und [Art. 114 Abs. 3 AEUV] verlangt ausdrücklich, dass bei Harmonisierungen ein hohes Gesundheitsschutzniveau gewährleistet wird."[344] Hinsichtlich des Verbots von Mentholzigaretten ist schließlich zu berücksichtigen, dass Art. 114 AEUV „dem Unionsgesetzgeber nach gefestigter Rechtsprechung [gestattet], das Inverkehrbringen eines bestimmten Erzeugnisses auf dem gesamten Europäischen Binnenmarkt zu verbieten, sofern dies dem Abbau von Handelshemmnissen für eine Gruppe von Erzeugnissen dient oder auch nur der Entstehung solcher Handelshemmnisse vorbeugen soll".[345]

---

[343] Siehe auch EuGH, Rs. C-491/01, Slg. 2002, I-11453, Rn. 67 ff. – British American Tobacco (Investments) and Imperial Tobacco; Rs. C-376/98, Slg. 2000, I-8419, Rn. 96 ff. – Deutschland/EP und Rat; Rs. C-358/14, EU:C:2016:323, Rn. 39 ff. – Polen/EP und Rat; Rs. C-547/14, EU:C:2016:325, Rn. 98 ff. – Philip Morris.

[344] EuGH, Rs. C-491/01, Slg. 2002, I-11453, Rn. 62 – British American Tobacco (Investments) and Imperial Tobacco; ferner Rs. C-376/98, Slg. 2000, I-8419, Rn. 89 – Deutschland/EP und Rat; Rs. C-358/14, EU:C:2016:323, Rn. 34 f. – Polen/EP und Rat.

[345] GA Kokott, in: EuGH, Rs. C-358/14, EU:C:2015:848, Rn. 39 – Polen/EP und Rat; siehe auch Rn. 62 ff. des Urteils.

128 VI. Kontrollfragen

1. Erläutern Sie die Wirtschaftsverfassung der Union und skizzieren Sie deren wesentliche Eckpfeiler! (→ Rn. 3 ff.) Bestehen Unterschiede zum Grundgesetz? (→ § 2 Rn. 3 ff.)

2. Erläutern sie den Binnenmarktbegriff! Was versteht man unter positiver und negativer Integration? Welche Instrumente enthält das Unionsrecht hierfür? (→ Rn. 6 ff.)

3. Berechtigen und verpflichten die Grundfreiheiten und die Unionsgrundrechte öffentliche Unternehmen? (→ Rn. 18, 47, 89 f.)

4. Sind Private an die Grundfreiheiten und die Unionsgrundrechte gebunden? (→ Rn. 19, 44 f., 88)

5. Was versteht man unter einer Maßnahme gleicher Wirkung i. S. d. Art. 34 AEUV? Erläutern Sie dies am Beispiel von Ladenschlussregelungen und Verpackungsvorgaben für Produkte! (→ Rn. 26 ff.)

6. Fallen Umweltauflagen für die Produktion unter Art. 35 AEUV? (→ Rn. 30)

7. Unter welchen Voraussetzungen können Beeinträchtigungen der Warenverkehrsfreiheit gerechtfertigt werden? (→ Rn. 31 ff.)

8. Grenzen Sie die Personenverkehrsfreiheiten voneinander ab! (→ Rn. 48 ff.)

9. Finden die Personenverkehrsfreiheiten auf Beliehene Anwendung? (→ Rn. 59)

10. Erläutern Sie die Gewährleistungsaspekte der Personenverkehrsfreiheiten? (→ Rn. 61 ff.)

11. Können Beschränkungen der Personenverkehrsfreiheiten gerechtfertigt werden? (→ Rn. 68 ff.)

12. Worauf findet die Kapitalverkehrsfreiheit Anwendung? (→ Rn. 79 f.)

13. Erläutern Sie das Phänomen der Inländerdiskriminierung und dessen unions- sowie verfassungsrechtliche Problematik! (→ Rn. 82 f.)

14. Sind auch die Mitgliedstaaten an die Unionsgrundrechte gebunden? (→ Rn. 87)

15. Was unterscheidet GG und GRCH mit Blick auf den Gesetzesvorbehalt? (→ Rn. 90)

16. Welche Bedeutung hat die Unterscheidung zwischen Berufs- und unternehmerischer Freiheit im Unionsrecht? (→ Rn. 95)

17. Was ist Eigentum i. S. d. Art. 17 GRCH und welche Einschränkungsmöglichkeiten sind zu unterscheiden? (→ Rn. 102 ff.)

18. Welche Kompetenzarten unterscheidet das Unionsrecht? Bestehen Parallelen zum Grundgesetz? (→ Rn. 115 ff.)

19. Ist die Kompetenz zur Rechtsangleichung im Binnenmarkt nach Art. 114 AEUV wie Art. 74 Abs. 1 Nr. 11 GG auf Bundesebene als allgemeine Regelungskompetenz für Fragen des Binnenmarkts zu verstehen? (→ Rn. 122 f.)

20. Darf die Union bei der Harmonisierung nach Art. 114 AEUV auch Sekundäraspekte wie den Gesundheitsschutz berücksichtigen? (→ Rn. 124)

Literatur

Drexl, Wettbewerbsverfassung, in: von Bogdandy/Bast (Hrsg.), Europäisches Verfassungsrecht. Theoretische und dogmatische Grundzüge, 2. Aufl. 2009, S. 905

Eger/Wagener, Die wirtschaftswissenschaftlichen Grundlagen der europäischen Integration, in: Hatje/Müller-Graff (Hrsg.), Enzyklopädie Europarecht, Bd. 1: Europäisches Organisations- und Verfassungsrecht, 2014, § 3

Grabenwarter, Wirtschaftliche Grundrechte, in: ders. (Hrsg.), Enzyklopädie Europarecht, Bd. 2: Europäischer Grundrechtsschutz, 2014, § 13

Hatje, Wirtschaftsverfassung im Binnenmarkt, in: von Bogdandy/Bast (Hrsg.), Europäisches Verfassungsrecht. Theoretische und dogmatische Grundzüge, 2. Aufl. 2009, S. 801

Müller-Graff, Grundfreiheiten und Wettbewerbsordnung, in: Hatje/ders. (Hrsg.), Enzyklopädie Europarecht, Bd. 1: Europäisches Organisations- und Verfassungsrecht, 2014, § 9

F. Wollenschläger, Grundfreiheit ohne Markt. Die Herausbildung der Unionsbürgerschaft im unionsrechtlichen Freizügigkeitsregime, 2007/2017

F. Wollenschläger, Freizügigkeit der Arbeitnehmer, in: Pache/Knauff (Hrsg.), Fallhandbuch Europäisches Wirtschaftsrecht, 2. Aufl. 2010, § 7

F. Wollenschläger, Grundrechtsschutz und Unionsbürgerschaft, in: Hatje/Müller-Graff (Hrsg.), Enzyklopädie Europarecht, Bd. 1: Europäisches Organisations- und Verfassungsrecht, 2014, § 8

F. Wollenschläger, Vorbemerkung zu Art. 15 f., Art. 15, 16 und 17 Grundrechte-Charta, in: von der Groeben/Schwarze/Hatje (Hrsg.), EUV-/AEUV-Kommentar, 7. Aufl. 2015

N. Wunderlich, Das Grundrecht der Berufsfreiheit gemäß Artikel 15 der Grundrechtecharta, in: Becker/Hatje/Potacs/dies. (Hrsg.), Verfassung und Verwaltung in Europa, FS für Schwarze, 2014, S. 304

§ 2 Verfassungsrechtliche Grundlagen des Öffentlichen Wirtschaftsrechts

Ferdinand Wollenschläger

Inhaltsverzeichnis

F. Wollenschläger (✉)
Juristische Fakultät, Universität Augsburg, Augsburg, Deutschland
E-Mail: ferdinand.wollenschlaeger@jura.uni-augsburg.de

© Springer-Verlag GmbH Deutschland, ein Teil von Springer Nature 2019
R. Schmidt, F. Wollenschläger (Hrsg.), *Kompendium Öffentliches Wirtschaftsrecht*,
Springer-Lehrbuch, https://doi.org/10.1007/978-3-662-59430-8_2

I. Einführung

1   Dem Grundgesetz kommt eine nicht zu unterschätzende Bedeutung für das Öffentliche Wirtschaftsrecht und das Wirtschaftsleben zu, bildet es doch deren Rahmen. Es stellt sich nicht nur die einleitend beleuchtete Frage nach den für die Wirtschafts- und Sozialordnung grundlegenden Systementscheidungen, die die Verfassung als „rechtliche Grundordnung des Gemeinwesens"[1] beantwortet (dazu II.). Vielmehr bedingt der im Grundgesetz angelegte umfassende Freiheitsschutz, dass die Grundrechte eine weit reichende Maßstabsfunktion für wirtschaftsregulatorische Vorgaben entfaltet haben:[2] Von Ladenschlussregeln über die Unternehmensmitbestimmung bis hin zum Atomausstieg – die Zulässigkeit all dieser und zahlloser weiterer Maßnahmen bildete den Gegenstand verfassungsrechtlicher Kontroversen, die bis hin zum BVerfG ausgetragen wurden. Vor diesem Hintergrund entfaltet der Hauptteil dieses Kapitels den grundrechtlichen Rahmen des Öffentlichen Wirtschaftsrechts (III.). Ein kurzer Blick gilt weiteren grundgesetzlichen Strukturgewährleistungen allgemeiner und besonderer Art, denen Relevanz für das Wirtschaftsleben zukommt (IV.). Im deutschen Bundesstaat stellt sich schließlich die Frage nach der Verteilung der Regelungskompetenzen zwischen Bund und Ländern für den Erlass wirtschaftsrechtlicher Regeln (V.).

2   Ausgeblendet bleibt in diesem Abschnitt das *Wirtschaftsverfassungsrecht der Länder*. Dieses erweist sich zwar teils als recht detailliert – so umfasst etwa der „Wirtschaft und Arbeit" gewidmete vierte Hauptteil der BayVerf. 27 Artikel (Art. 151–177 BayVerf.); allerdings findet es sich durch weit reichende Gesetzgebungsbefugnisse und -aktivitäten des Bundes sowie durch die unitarische Grundrechtsgeltung im deutschen Bundesstaat (Art. 1 Abs. 3 GG) überlagert.[3]

II. Die Wirtschaftsverfassung des Grundgesetzes

3   Die Wirtschaftsverfassung umfasst die – im vorliegenden Kapitel näher entfalteten – grundgesetzlichen Vorgaben für die Wirtschaftsordnung.[4] Das Grundgesetz enthält wegen seines ursprünglich provisorischen Charakters und der zunächst

---

[1] *Hesse*, § 1 Rn 17. Allgemein zur Bedeutung des Grundgesetzes für das Verwaltungsrecht *F. Wollenschläger*, VVDStRL 75 (2016), 187.

[2] Siehe zur Maßstabsfunktion des „Verwaltungsverfassungsrechts" und seiner Allbezüglichkeit *F. Wollenschläger*, VVDStRL 75 (2016), 187 (195 ff.).

[3] Im Überblick *Durner*, in: Ehlers/Fehling/Pünder, § 11 Rn. 39 ff.; *Merten*, HGR VIII, § 232 Rn. 1 ff. Siehe zur Bedeutung der Art. 151 ff. BayVerf. nur die Einzelkommentierungen in Meder/Brechmann, BV.

[4] Ein weites Begriffsverständnis der Wirtschaftsverfassung bezieht sich demgegenüber nicht nur auf die verfassungsrechtlichen, sondern auf die Gesamtheit der rechtlichen Vorgaben für die Wirtschaftsordnung, vgl. *P. M. Huber/Unger*, in: Schoch, Kap. 4 Rn. 24. Ablehnend gegenüber dem Konzept der Teilverfassungen *Wahl*, Der Staat 1981, 485 (508 ff.).

offenen Systemfrage[5] *keine ausdrückliche Entscheidung für ein bestimmtes Wirtschaftssystem* (→ § 5 Rn. 5), anders als etwa die Verfassung der ehemaligen DDR (Planwirtschaft mit Volkseigentum)[6] oder, mit einer Festlegung auf die soziale Marktwirtschaft, das Unionsrecht (→ § 1 Rn. 3 ff., § 5 Rn. 11, 13), einige Landesverfassungen (Art. 51 Verf. RP, Art. 38 ThürVerf.) und der Einigungsvertrag;[7] auch verzichtet das Grundgesetz, anders als etwa die WRV (Art. 151–165) oder die BayVerf. (Art. 151–177), auf Detailregelungen des Wirtschaftslebens. Ob dem Grundgesetz gleichwohl eine bestimmte Systementscheidung, etwa mit Hans Carl Nipperdey für die soziale Marktwirtschaft,[8] zugrunde liegt, wurde in den Anfangsjahren der Bundesrepublik kontrovers diskutiert.[9] In Positionierung hierzu hat das BVerfG in seinem Urteil zum Investitionshilfegesetz vom 20.07.1954 die *wirtschaftspolitische Neutralität des Grundgesetzes* und den mit ihr einhergehenden Spielraum des Gesetzgebers für die Ausgestaltung der Wirtschafts- und Sozialordnung betont.[10]

Diese „Offenheit der Verfassungsordnung", die „notwendig [ist], um einerseits 　**4** dem geschichtlichen Wandel Rechnung zu tragen, der im besonderen Maße das wirtschaftliche Leben kennzeichnet, andererseits die normierende Kraft der Verfassung nicht aufs Spiel zu setzen", ist mit dem Mitbestimmungs-Urteil des BVerfG vom 01.03.1979 freilich nur ei3ne „relative" und nicht mit einer Carte blanche für den Gesetzgeber zu verwechseln.[11] Denn das Grundgesetz steckt einen Rahmen für die Gestaltung der Wirtschafts- und Sozialordnung ab, der namentlich mit der Gewährleistung der Berufs- (Art. 12 GG) sowie Koalitionsfreiheit (Art. 9 Abs. 3 GG) und des Privateigentums (Art. 14 GG) einerseits und andererseits mit der prinzipiellen Einschränkbarkeit dieser Grundrechte im Interesse der Allgemeinheit und Dritter, der Möglichkeit einer Vergesellschaftung von Grund und Boden sowie von Naturschätzen und Produktionsmitteln (Art. 15 GG) sowie dem Bekenntnis zum Sozialstaat (Art. 20 Abs. 1 GG), unbeschadet des weiten gesetzgeberischen Gestaltungsspielraums, bedeutsame Weichenstellungen hin zu einer freiheitlichen, marktwirtschaftlichen, sozial fundierten Wirtschaftsverfassung enthält.[12] Verfassungsrechtlicher Prüfungsmaßstab für wirtschaftspolitische Maßnahmen bleibt freilich die grundgesetzliche Einzelnorm, nicht aber eine abstrakte Systementscheidung.

---

[5] Siehe *Durner*, in: Ehlers/Fehling/Pünder, § 11 Rn. 1 f.

[6] Art. 9 Abs. 1 S. 1, Abs. 3 S. 1 und 2, Art. 12 Verf. DDR.

[7] Art. 1 Abs. 3 Vertrag über die Schaffung einer Währungs-, Wirtschafts- und Sozialunion zwischen der Deutschen Demokratischen Republik und der Bundesrepublik Deutschland vom 18.05.1990, BGBl. II, S. 537. Näher *Rupp*, HStR[2] IX, § 203 Rn. 1 ff., 14 ff.

[8] *Nipperdey*, Die soziale Marktwirtschaft in der Verfassung der Bundesrepublik, 1954; siehe ferner *Rupp*, HStR[2] IX, § 203.

[9] Zu dieser Debatte *P. M. Huber/Unger*, in: Schoch, Kap. 4 Rn. 25 f.; *R. Schmidt*, HStR[3] IV, § 92 Rn. 16 ff.; *Stern* III/1, S. 879 ff.

[10] BVerfGE 4, 7 (17 f.); ferner 50, 290 (336 ff.).

[11] BVerfGE 50, 290 (338). Siehe auch *R. Schmidt*, HStR[3] IV, § 92 Rn. 25 ff.

[12] Siehe *Breuer*, HStR[3] VIII, § 170 Rn. 38 ff.; *Durner*, in: Ehlers/Fehling/Pünder, § 11 Rn. 5 f.; *P. M. Huber/Unger*, in: Schoch, Kap. 4 Rn. 27 ff.; *Ziekow*, § 3 Rn. 9; ferner – Ausschluss von Extremmodellen – *Ruthig/Storr*, Rn. 4.

5   Die Wirtschaftsverfassung des Grundgesetzes ist schließlich vor dem Hintergrund ihrer *Europäisierung* zu sehen. Der Befund, dass „sich die Grundordnung des
sozialen und politischen Lebens in der EU" nur aus einer „Zusammenschau" von
unionalem und nationalem Verfassungsrecht „erschließt",[13] mithin unionales und
nationales Verfassungsrecht „Teilordnungen eines einheitlichen Systems" darstellen,[14] gilt gerade auch für die Wirtschaftsverfassung. Deren Auslotung hat die zahlreichen unionsrechtlichen Vorgaben für die Wirtschaftsordnung einzubeziehen, die
den Spielraum auf nationaler Ebene erheblich einschränken (→ § 1 Rn. 1; § 5 Rn. 7).
In diesem Sinne gibt Art. 119 Abs. 1 AEUV nicht nur der Union, sondern auch den
Mitgliedstaaten „die Einführung einer Wirtschaftspolitik [vor], die auf einer engen
Koordinierung der Wirtschaftspolitik der Mitgliedstaaten, dem Binnenmarkt und
der Festlegung gemeinsamer Ziele beruht und dem Grundsatz einer offenen Marktwirtschaft mit freiem Wettbewerb verpflichtet ist."

III. Grundrechtliche Vorgaben für das Öffentliche Wirtschaftsrecht

6   Die Entfaltung der grundrechtlichen Vorgaben für das Öffentliche Wirtschaftsrecht –
das Herzstück der grundgesetzlichen Wirtschaftsverfassung – setzt zunächst bei
allgemeinen Fragen der Grundrechtsdogmatik an (1.). So gilt es, angesichts der
Multifunktionalität der Grundrechte verschiedene Gewährleistungsdimensionen zu
unterscheiden (1.a) und den Kreis der Grundrechtsverpflichteten (1.b) sowie -be-
rechtigten (1.c) zu bestimmen, bedient sich der Staat doch mitunter Handlungs- und
Organisationsformen des Privatrechts, etwa öffentlicher Unternehmen; die Europäisierung des Öffentlichen Wirtschaftsrechts wirft des Weiteren die Fragen auf, ob und
inwieweit sich EU-Ausländer auf Deutschen-Grundrechte berufen können (1.d.) und
nationale Grundrechte überhaupt noch Anwendung finden (1.e.). Hieran schließt sich
eine Entfaltung für die Wirtschaftsverfassung zentraler Einzelgrundrechte an (2.).

1. Allgemeine Grundrechtsfragen

a) Grundrechtsfunktionen

7   Im Öffentlichen Wirtschaftsrecht kommen die Grundrechte in ihren verschiedenen
Dimensionen zum Tragen, die es zu unterscheiden gilt (zur Ausstrahlungswirkung
→ Rn. 15).[15]

---

[13] *P. M. Huber*, VVDStRL 60 (2001), 194 (208 ff.).

[14] *I. Pernice*, VVDStRL 60 (2001), 148 (172); ferner *P. M. Huber*, VVDStRL 60 (2001), 194
(208 ff.); *F. Wollenschläger*, VVDStRL 75 (2016), 187 (213 ff., 256 ff.).

[15] Siehe zur Multifunktionalität der Grundrechte nur *Cremer*, Freiheitsgrundrechte, 2003, S. 191 ff.;
Dreier, in: ders., Vorb. Rn. 82 ff.; *Lindner*, Theorie der Grundrechtsdogmatik, 2005, S. 11 ff.;
F. Wollenschläger, Verteilungsverfahren, S. 46 ff. m. w. N. Kritisch *Poscher*, Grundrechte als Ab-
wehrrechte, 2003.

Die Freiheitsrechte stellen in den Worten der Lüth-Entscheidung des BVerfG „in **8** erster Linie *Abwehrrechte des Bürgers gegen den Staat*" dar.[16] In dieser Funktion liegt auch im Öffentlichen Wirtschaftsrecht ihre Hauptrolle, beschränkt der Staat doch in vielfacher Weise die freie berufliche respektive unternehmerische Betätigung: Exemplarisch genannt seien eine Berufsausübung Privater ausschließende Verwaltungsmonopole, wie für den Betrieb von Spielbanken im Freistaat Bayern,[17] die etwa im Taxengewerbe oder bei der Vergabe von Telekommunikationsfrequenzen (→ § 12 Rn. 42) zu findende Kontingentierung beruflicher Betätigungsmöglichkeiten,[18] Qualifikationsanforderungen, etwa im Gewerbe-, Handwerks- oder Gaststättenrecht (→ § 9 Rn. 61 f., § 10 Rn. 12 ff., § 11 Rn. 28 ff.),[19] sowie Vorgaben für die Art und Weise der Gewerbeausübung, etwa Ladenschlussregelungen[20] oder Umweltauflagen[21].

Im modernen Staat ist die individuelle Freiheit indes nicht bereits dann effektiv **9** geschützt, wenn die öffentliche Gewalt Eingriffe in Freiheitsrechte der Bürger unterlässt, vielmehr kann der Freiheitsschutz auch ein *Tätigwerden des Staates* verlangen; dementsprechend haben weitere, neben die Abwehrfunktion tretende Grundrechtsdimensionen Anerkennung gefunden, namentlich *Schutzpflichten, originäre Leistungsrechte* und *derivative Teilhaberechte*.[22] Deren oftmals zu findende Bezeichnung als „objektiv-rechtliche Dimension" der Freiheitsrechte[23] darf nicht darüber hinwegtäuschen, dass auch mit diesen Gewährleistungsaspekten subjektive Rechte korrespondieren,[24] mag dem Gesetzgeber bei der Realisierung von Schutzpflichten und der Zuerkennung von Leistungsrechten auch ein weiter Gestaltungsspielraum zukommen.[25]

Grundrechtliche *Schutzpflichten* spielen im Öffentlichen Wirtschaftsrecht in ers- **10** ter Linie als Schranke der freien unternehmerischen Betätigung eine Rolle, etwa wenn der Gesetzgeber Rauchverbote in Gaststätten zum Schutz der Gesundheit von Personal und Besuchern erlässt,[26] im Interesse des Verbraucher- und Gesundheitsschutzes eine behördliche Information der Öffentlichkeit über lebensmittelrechtliche Verstöße von Unternehmen vorsieht (§ 40 LFGB, § 6 Abs. 1 S. 3 VIG)[27] oder arbeit-

---

[16] BVerfGE 7, 198 (LS 1) – Hervorhebung nicht im Original; ferner 1, 97 (104); 50, 290 (337); 68, 193 (205).

[17] Art. 2 Abs. 2 S. 1 BaySpielbG. Zur grundrechtlichen Relevanz von Verwaltungsmonopolen → Rn. 59.

[18] § 13 Abs. 2 und Abs. 4 PBefG; § 55 Abs. 10, § 61 TKG.

[19] Vgl. z. B. §§ 34c, 34d GewO; § 7 HwO; § 4 GastG.

[20] § 3 LadSchlG.

[21] Vgl. z. B. §§ 47 ff., 59 KrWG.

[22] Siehe nur BVerfGE 33, 303 (330); 40, 237 (249); 56, 54 (73); 121, 317 (356); ferner die Nachweise in Fn. 14.

[23] *Stern* III/1, S. 918 ff.; *Dreier*, in: ders., Vorb. Rn. 94.

[24] BVerfGE 33, 303 (333); 46, 160; 53, 30 (57).

[25] Siehe nur BVerfGE 39, 1 (44); 121, 317 (356 f.) – Schutzpflichten; 33, 303 (333) – Leistungsrechte.

[26] BVerfGE 121, 317 (356).

[27] Näher zur (grundrechtlichen) Problematik der behördlichen Öffentlichkeitsinformation *F. Wollenschläger*, VerwArch 102 (2011), 20; ferner *ders.*, JZ 2018, 980.

nehmerschützende Regelungen trifft[28]. *Originären Leistungsrechten* kommt demgegenüber keine besondere Bedeutung im Öffentlichen Wirtschaftsrecht zu, widerspricht die Ableitung von Leistungsansprüchen aus Grundrechten doch dem Gedanken des Wettbewerbs. So folgt etwa aus der Berufsfreiheit weder ein Anspruch auf Subventionierung[29] noch auf Verschaffung eines Arbeitsplatzes noch auf Erhalt desselben („Recht auf Arbeit")[30]. *Derivative Teilhaberechte* verbürgen einen Anspruch auf (gleichheitskonforme) Partizipation an bestehenden staatlichen Leistungen, wenn der Einzelne für die Ausübung von Freiheitsrechten hierauf in qualifizierter Weise angewiesen ist. Liegt eine solche (auch) freiheitsrechtlich relevante Teilhabesituation vor, gelten im Vergleich zur Einschlägigkeit nur des allgemeinen Gleichheitssatzes strenge Maßstäbe für die Bestimmung von Verteilungskriterien und -verfahren sowie der Gesetzesvorbehalt.[31] Das BVerfG hat eine derartige – an Art. 3 Abs. 1 i. V. m. Art. 12 Abs. 1 GG zu messende – Teilhabesituation für die Vergabe von Standplätzen auf öffentlichen Märkten (→ § 9 Rn. 112 ff.),[32] von Linienverkehrsgenehmigungen nach dem PBefG[33] und von Studienplätzen[34] angenommen; ein weiteres Beispiel stellt die Vergabe von (knappen) Funkfrequenzen für Telekommunikationsdienstleistungen dar[35] (→ § 12 Rn. 42). Bei der Vergabe öffentlicher Aufträge erscheint es demgegenüber – jedenfalls jenseits staatlicher Nachfragemonopole, etwa im Rüstungsbereich[36] – wegen des fehlenden Angewiesenseins auf die Berücksichtigung bei öffentlichen Aufträgen nicht gerechtfertigt, eine freiheitsrechtlich relevante Teilhabesituation anzunehmen.[37]

11   *Gleichheitsrechte* spielen im Öffentlichen Wirtschaftsrecht auch jenseits derartiger Teilhabesituationen eine Rolle (→ Rn. 88 ff.),[38] etwa als Maßstab für die Subventionsgewährung (→ § 8 Rn. 10, 86) oder für die Vergabe öffentlicher Aufträge (→ § 7 Rn. 94 ff.).[39]

12   Freiheits- und Gleichheitsrechten kommt des Weiteren eine *Verfahrensdimension* zu, indem sie „eine den Grundrechtsschutz effektuierende Organisationsgestal-

---

[28] BVerfGE 81, 242 (254 f.); NZA 2018, 774 (776). Näher *Wieland*, in: Dreier, Art. 12 Rn. 142 ff.

[29] BVerwGE 35, 268 (275). Siehe für die Eigentumsfreiheit BVerfGE 80, 124 (137).

[30] BVerfGE 84, 133 (146 f.); NZA 2018, 774 (776); *Breuer*, HStR[3] VIII, § 170 Rn. 7, 13 ff.; *H.-P. Schneider*, HGR V, § 113 Rn. 10 f.; *Wieland*, in: Dreier, Art. 12 Rn. 26.

[31] Umfassend *F. Wollenschläger*, Verteilungsverfahren, S. 69 ff. m. w. N.; *ders.*, in: von Mangoldt/Klein/Starck, Art. 3 Rn. 178 ff.

[32] BVerfG, NJW 2002, 3691 (3692). Siehe auch *F. Wollenschläger*, Verteilungsverfahren, S. 78, 324 ff. m. w. N.

[33] BVerfG, NVwZ 2011, 113 (114).

[34] Siehe jüngst BVerfGE 147, 253 (305 ff.).

[35] Siehe BVerwG, MMR 2012, 130 (133); *F. Wollenschläger*, Verteilungsverfahren, S. 419 ff. m. w. N.

[36] Befürwortend etwa *P. M. Huber*, JZ 2000, 877 (879 f.); ablehnend BVerfGE 116, 135 (153); *Gaier*, NZBau 2008, 289 (291).

[37] Siehe nur *F. Wollenschläger*, Verteilungsverfahren, S. 202 f. m. w. N.

[38] Allgemein zur Unterscheidung von Freiheits- und Gleichheitsrechten nur *Dreier*, in: ders., Vorb. Rn. 75 f.; *F. Wollenschläger*, in: von Mangoldt/Klein/Starck, Art. 3 Rn. 47 ff.

[39] Näher *F. Wollenschläger*, in: von Mangoldt/Klein/Starck, Art. 3 Rn. 254 ff.

tung und Verfahrensgestaltung" fordern.[40] Relevant ist diese Anforderung etwa bei der Vergabe öffentlicher Aufträge (→ § 7 Rn. 82 ff.): Hier fordert der Gleichheitssatz nicht nur, sachgerechte, der Ermittlung des besten Angebots dienende Vergabekriterien festzulegen, sondern auch eine diesem Ziel entsprechende Verfahrensgestaltung. Letzteres impliziert beispielsweise eine hinreichende Bekanntmachung der Auftragsvergabe, da andernfalls kein Wettbewerb um das beste Angebot entsteht.[41] Auch für die Vergabe von Linienverkehrsgenehmigungen hat das BVerfG „eine der Bedeutung der Berufsfreiheit" und „der Sicherung des chancengleichen Zugangs zur beruflichen Tätigkeit angemessene Verfahrensgestaltung" im Vorfeld der Auswahlentscheidung angemahnt.[42] Schließlich beinhalten Freiheits- und Gleichheitsrechte eine (neben Art. 19 Abs. 4 GG stehende)[43] *Rechtsschutzdimension*, die im Interesse der Durchsetzbarkeit grundrechtlicher Gewährleistungen effektiven Rechtsschutz fordert (→ Rn. 94).[44]

b) Grundrechtsverpflichtung

Gemäß Art. 1 Abs. 3 GG verpflichten die Grundrechte alle Staatsgewalten, mithin Gesetzgebung, vollziehende Gewalt und Rechtsprechung. Nachdem der Staat bei der Vergabe öffentlicher Aufträge und bei der unternehmerischen Betätigung am Privatrechtsverkehr teilnimmt, stellt sich auch im Öffentlichen Wirtschaftsrecht die Frage nach der *Fiskalgeltung der Grundrechte* (→ § 6 Rn. 21, § 7 Rn. 7 f.).[45] Während der BGH[46] und Teile der Literatur[47] in diesem Fall zunächst eine Ausübung vollziehender Gewalt und damit eine Grundrechtsbindung mangels Einsatzes hoheitlicher Mittel verneinten, hat sich das BVerfG in seinem Urteil zum Vergaberechtsschutz unterhalb der Schwellenwerte vom 13.06.2006 jedenfalls für den allgemeinen Gleichheitssatz[48] und dann umfassend im Fraport-Urteil vom 22.02.2011[49]

13

---

[40] BVerfGE 69, 315 (355). Grundlegend 53, 30 (65); siehe bereits zuvor 6, 32 (44) und 45, 422 (430 ff.) sowie im Folgenden 84, 34 (45 f.); 118, 270 (275 f.). Siehe des Weiteren *Cremer*, Freiheitsgrundrechte, 2003, S. 394 ff.; *F. Wollenschläger*, Verteilungsverfahren, S. 38 ff., 70 ff., 82 ff. m. w. N.; *ders.*, in: von Mangoldt/Klein/Starck, Art. 3 Rn. 183.

[41] Siehe BVerfGE 116, 135 (153). Im Einzelnen *F. Wollenschläger*, Verteilungsverfahren, S. 38 ff. m. w. N.; *ders.*, in: von Mangoldt/Klein/Starck, Art. 3 Rn. 183, 309.

[42] BVerfG, NVwZ 2011, 113 (114).

[43] Für den Vorrang dieser Gewährleistung *P. M. Huber*, in: von Mangoldt/Klein/Starck, Art. 19 Rn. 368.

[44] Siehe nur BVerfGE 24, 367 (401); 39, 276 (294); 107, 299 (311); *P. M. Huber*, in: von Mangoldt/Klein/Starck, Art. 19 Rn. 365 ff.; *Schulze-Fielitz*, in: Dreier, Art. 19 Abs. 4 Rn. 148.

[45] Umfassend dazu und dem hier folgend *F. Wollenschläger*, Verteilungsverfahren, S. 32 f. m. w. N., sowie *ders.*, in: Kirchhof/Korte/Magen, § 6 Rn. 58.

[46] BGH, NJW 1962, 196 (197 f.); ferner VG Chemnitz, NVwZ-RR 1997, 198 (198). Offen gelassen dann von BGH, DÖV 1967, 569 (570); NJW 2001, 1492 (1494).

[47] *Dürig*, in: Maunz/ders., Art. 3 Abs. 1 Rn. 490 (Stand: Grundwerk); *Forsthoff*, Der Staat als Auftraggeber, 1963, S. 13 f.

[48] BVerfGE 116, 135 (151, 153) – für Art. 12 Abs. 1 GG offen gelassen.

[49] BVerfGE 128, 226 (244 ff.); ferner NJW 2016, 3153 (3154 f.) – Freizeitbad; 147, 50 (144 ff., 153 f.) – Deutsche Bahn AG; BGH, NVwZ 2015, 1622 (1623).

zu Recht der überwiegend vertretenen Gegenmeinung[50] angeschlossen. Für letztere spricht, dass auch privatrechtliches Handeln einen Ausdruck der vom Grundgesetz einheitlich konstituierten und entsprechend der Intention des Art. 1 Abs. 3 GG umfassend grundrechtsgebundenen Staatsgewalt darstellt, zumal der Staat auch insoweit keine Privatautonomie genießt, sondern dem Gemeinwohl verpflichtet bleibt.[51] Auch darf der Staat sich nicht durch die Wahl einer bestimmten Handlungsform grundrechtlichen Bindungen entziehen können (keine „Flucht ins Privatrecht").[52] Schließlich lässt sich auch nicht mit einer vermittelnden Auffassung[53] überzeugend weiter zwischen öffentlichen Aufgaben dienendem und damit grundrechtsgebundenem sowie sonstigem rein fiskalischem Privatrechtshandeln differenzieren.[54] Die Grundrechtsbindung erstreckt sich (im Falle der Organisationsprivatisierung) nicht nur auf den (staatlichen) Träger der (privatrechtlichen) Einrichtung, sondern erfasst auch die Einrichtung – etwa das öffentliche Unternehmen – selbst.[55]

14   Ein Sonderproblem aus dem Recht öffentlicher Unternehmen stellt die Frage dar, ob auch *gemischt-wirtschaftliche Unternehmen*, mithin solche, an denen sowohl der Staat als auch Private beteiligt sind, einer Grundrechtsbindung gemäß Art. 1 Abs. 3 GG unterliegen (→ § 6 Rn. 109). Im bereits erwähnten Fraport-Urteil hat das BVerfG dies für staatlich beherrschte gemischt-wirtschaftliche Unternehmen bejaht, wobei eine Beherrschung in erster Linie bei einer staatlichen Mehrheitsbeteiligung vorliegt.[56] Nachdem kooperatives Handeln des Staates genauso wenig wie der Rekurs auf privatrechtliche Handlungsformen zu einem Dispens von der Grundrechtsbindung führen darf, ist dem zuzustimmen, zumal private Anteilseigner hierdurch nicht unangemessen belastet werden und eine Durchsetzung grundrechtlicher Standards über Einwirkungsmöglichkeiten des grundrechtsgebundenen staatlichen Anteilseigners auf das Unternehmen zu aufwändig und nicht immer Erfolg versprechend erscheint.[57]

15   Nicht grundrechtsgebunden sind demgegenüber Private; allein Art. 9 Abs. 3 S. 2 GG sieht abweichend hiervon eine unmittelbare *Drittwirkung* der Koalitionsfreiheit

---

[50] Siehe etwa BVerwGE 113, 208 (211); 129, 9 (16); *Dreier*, in: ders., Art. 1 Abs. 3 Rn. 67; *P. M. Huber*, Die unternehmerische Betätigung der öffentlichen Hand, in: FS Badura, S. 897 (910 f.); *F. Wollenschläger*, Verteilungsverfahren, S. 32 f.; *ders.*, in: Kirchhof/Korte/Magen, § 6 Rn. 58; *ders.*, in: von Mangoldt/Klein/Starck, Art. 3 Rn. 61.

[51] Siehe nur BVerfGE 128, 226 (244 ff.); NJW 2016, 3153 (3154 f.); 147, 50 (144); *Dreier*, in: ders., Art. 1 III Rn. 67 f.

[52] BVerfG, NVwZ 2009, 1282 (1283); E 128, 226 (244 f.); NJW 2016, 3153 (3154 f.).

[53] *Herdegen*, in: Maunz/Dürig, Art. 1 Abs. 3 Rn. 96 (Stand: 44. EL Februar 2005); *Ronellenfitsch*, HStR³ IV, § 98 Rn. 47 ff. Vgl. auch BVerfGE 124, 199 (218).

[54] BVerfGE 128, 226 (246 f.); BVerfG, Nichtannahmebeschl. v. 10.05.2016 – 1 BvR 2871/13, juris, Rn. 5; *Dörr*, DÖV 2001, 1014 (1015 f.); *Dreier*, in: ders., Art. 1 Abs. 3 Rn. 67.

[55] BVerfG, NJW 2016, 3153 (3154 f.); 147, 50 (144 f.).

[56] BVerfGE 128, 226 (246 f.); ferner 143, 246 (314); 147, 50 (144 f.); BVerwGE 113, 208 (211).

[57] *Gurlit*, NZG 2012, 249 (252); *F. Wollenschläger*, in: Kirchhof/Korte/Magen, § 6 Rn. 59 m. w. N.; *ders.*, in: von Mangoldt/Klein/Starck, Art. 3 Rn. 61; *Ziekow*, § 7 Rn. 33. Offen gelassen *Dreier*, in: ders., Art. 1 Abs. 3 Rn. 71 f. A. A. *Höfling*, in: Sachs, Art. 1 Rn. 108 (Bindung lediglich des Staates als Anteilseigner).

vor. Auch unterfallen Beliehene im Rahmen ihres hoheitlich übertragenen Aufgabenbereichs Art. 1 Abs. 3 GG.[58] Für das Verhältnis zwischen Privaten relevant sind die Grundrechte freilich insofern, als sie auf dieses als Ausdruck einer „objektiven Wertordnung" ausstrahlen und eine grundrechtskonforme Auslegung und Anwendung auch des Privatrechts fordern, namentlich von Generalklauseln (mittelbare Drittwirkung);[59] überdies können aus Grundrechten vom Staat umzusetzende Schutzaufträge folgen (→ Rn. 9 f.). So verleiht etwa die Berufsfreiheit mit dem BVerfG keinen „unmittelbaren Schutz gegen den Verlust eines Arbeitsplatzes aufgrund privater Dispositionen. Insoweit obliegt dem Staat lediglich eine aus Art. 12 Abs. 1 GG folgende Schutzpflicht, der die geltenden Kündigungsvorschriften hinreichend Rechnung tragen."[60]

c) Grundrechtsberechtigung juristischer Personen

aa) Die Regelung des Art. 19 Abs. 3 GG

Art. 19 Abs. 3 GG erstreckt die Grundrechtsberechtigung auch auf inländische juristische Personen, soweit das fragliche Grundrecht seinem Wesen nach auf diese anwendbar ist.   **16**

Nachdem der *Begriff der juristischen Person* ein verfassungsrechtlicher ist, erfasst Art. 19 Abs. 3 GG nicht nur vollrechtsfähige juristische Personen i. S. d. Privatrechts, wie die AG (§ 1 Abs. 1 S. 1 AktG) oder die GmbH (§ 13 Abs. 1 GmbHG), sondern alle organisatorisch hinreichend verfestigten Entitäten und damit auch teilrechtsfähige Personenvereinigungen wie die OHG und KG (§ 124 Abs. 1, ggf. i. V. m. § 161 Abs. 2 HGB) oder die BGB-Gesellschaft.[61]   **17**

Maßgeblich für die *Inländer-Eigenschaft* einer juristischen Person ist der effektive (nicht der satzungsmäßige) Verwaltungssitz, mithin ein tatsächliches Aktionszentrum im Inland.[62] Mit Blick auf eine entsprechende Anforderung der   **18**

---

[58] Siehe nur *Dreier*, in: ders., Art. 1 Abs. 3 Rn. 39.

[59] BVerfGE 7, 198 (205 f.); 81, 242 (255 f.); 84, 192 (194 f.); NVwZ 2018, 813 (814 ff.) – unter Betonung auch der Grenzen einer mittelbaren Drittwirkung (LS 1 und 2: Art. 3 Abs. 1 GG verlangt eine gleichheitsgerechte Vertragsgestaltung nur „für spezifische Konstellationen … etwa dann, wenn einzelne Personen mittels des privatrechtlichen Hausrechts von Veranstaltungen ausgeschlossen werden, die von Privaten aufgrund eigener Entscheidung einem großen Publikum ohne Ansehen der Person geöffnet werden und wenn der Ausschluss für die Betroffenen in erheblichem Umfang über die Teilhabe am gesellschaftlichen Leben entscheidet. Die Veranstalter dürfen hier ihre Entscheidungsmacht nicht dazu nutzen, bestimmte Personen ohne sachlichen Grund von einem solchen Ereignis auszuschließen"); *Dreier*, in: ders., Vorb. Rn. 96 ff.

[60] BVerfGE 84, 133 (146 f.); ferner 81, 242 (254 f.); NZA 2018, 774 (776).

[61] Siehe nur *Dreier*, in: ders., Art. 19 Abs. 3 Rn. 44 ff. Aus der Rechtsprechung: BVerfGE 4, 7 (12) für die OHG; 97, 67 (76) für die KG; NJW 2002, 3533 für die BGB-Gesellschaft. BVerfGE 143, 246 (312), erstreckt den Grundrechtsschutz auf Gesellschafter, die über „substantielle, zwischen 30 % und 80 % … liegende Beteiligungen" verfügen; derartige Beteiligungen garantieren „eine Teilhabe an dem Grundrechtsschutz der Gesellschaft im Hinblick auf den Bestand und Betrieb". Anderes gilt „für das in einer Aktie verkörperte Anteilseigentum des Aktionärs, dessen Schutz aus Art. 14 GG eigenen Regeln folgt", siehe BVerfGE 143, 246 (312); ferner 132, 99 (119 f.).

[62] Siehe nur *Dreier*, in: ders., Art. 19 Abs. 3 Rn. 79 m. w. N.

Diskriminierungsverbote des Unionsrechts (→ § 1 Rn. 6 ff.) hat das BVerfG in seinem Beschluss vom 19.07.2011 Art. 19 Abs. 3 GG in erweiternder Auslegung auch auf juristische Personen aus dem EU-Ausland erstreckt, so ein hinreichender Inlandsbezug besteht und ihre Tätigkeit den unionsrechtlichen Diskriminierungsverboten unterfällt.[63] Auf *Prozessgrundrechte*, wie Art. 101 Abs. 1 S. 2 GG (Entzug des gesetzlichen Richters) oder Art. 103 Abs. 1 GG (rechtliches Gehör), können sich ausländische juristische Personen stets berufen, da diese allen Verfahrensbeteiligten zustehen.[64]

19 Eine *wesensmäßige Anwendbarkeit* von Grundrechten auf juristische Personen nimmt das BVerfG dann an, „wenn ihre Bildung und Betätigung Ausdruck der freien Entfaltung der natürlichen Personen sind, besonders wenn der ‚Durchgriff' auf die hinter den juristischen Personen stehenden Menschen dies als sinnvoll oder erforderlich erscheinen läßt" (Theorie des personalen Substrats).[65] Das herrschende Schrifttum, das die eigenständige Berechtigung juristischer Personen durch Art. 19 Abs. 3 GG für sich hat, fragt demgegenüber nach einer „grundrechtstypischen Gefährdungslage", in der sich die juristische Person befindet.[66] Auf die zentralen wirtschaftsgrundrechtlichen Verbürgungen, namentlich den allgemeinen Gleichheitssatz (Art. 3 Abs. 1 GG) sowie die Berufs- (Art. 12 Abs. 1 GG) und Eigentumsgarantie (Art. 14 GG), können sich juristische Personen des Privatrechts nach beiden Auffassungen berufen.[67]

bb) Keine Grundrechtsberechtigung öffentlicher Unternehmen

20 Ein Sonderproblem stellen wiederum *öffentliche Unternehmen* dar (→ § 6 Rn. 22). Verneint man mit der h. M. eine Grundrechtsberechtigung des Staates, da dessen Grundrechtsverpflichtung gemäß Art. 1 Abs. 3 GG einer gleichzeitigen Grundrechtsberechtigung entgegensteht (Konfusionsargument) und auch nicht die Ausübung (kollektiv betätigter) individueller Freiheit in Frage steht,[68] scheidet konsequenterweise auch eine Grundrechtsberechtigung öffentlicher Unternehmen

---

[63] BVerfGE 129, 78 (94 ff.). Kritisch *Hillgruber*, JZ 2011, 1118. Näher *Dreier*, in: ders., Art. 19 Abs. 3 Rn. 83 ff. m. w. N.

[64] Siehe nur BVerfGE 18, 441 (447); 129, 78 (95).

[65] Siehe nur BVerfGE 21, 362 (369); 75, 192 (195 f.). Dazu *Dreier*, in: ders., Art. 19 Abs. 3 Rn. 32 m. w. N.

[66] Siehe nur *Dreier*, in: ders., Art. 19 Abs. 3 Rn. 33 f. m. w. N.

[67] St. Rspr., siehe nur BVerfGE 95, 267 (317); 133, 1 (14 f.) – Art. 3 Abs. 1 GG; 102, 197 (212 f.); 147, 50 (141); 148, 40 (50) – Art. 12 Abs. 1 GG; 66, 116 (130); 143, 246 (312) – Art. 14 GG; ferner *Dreier*, in: ders., Art. 19 Abs. 3 Rn. 37.

[68] Siehe nur BVerfGE 21, 362 (369); 128, 226 (247); 143, 246 (313 f.); 147, 50 (143). Zur Ausnahme für „jene juristisch[e] Personen des öffentlichen Rechts, die unmittelbar einem durch bestimmte Grundrechte geschützten Lebensbereich zugeordnet sind oder ihm kraft ihrer Eigenart von vornherein zugehören, wie Rundfunkanstalten, Universitäten und deren Fakultäten ... oder Kirchen und sonstige öffentlich-rechtliche Weltanschauungsgemeinschaften" BVerfGE 143, 246 (314); 147, 50 (143 f.); ferner für Handwerksinnungen BGH, WM 2018, 835 (837 f.). Kritisch und anders bei grundrechtstypischer Gefährdungslage *Ludwigs/Friedmann*, NVwZ 2018, 22.

aus.[69] Analog zu den im Kontext der Grundrechtsverpflichtung entfalteten Grundsätzen (→ Rn. 13) kann auch nicht zwischen einer der Erledigung öffentlicher Aufgaben dienenden und einer rein privatwirtschaftlichen Betätigung eines öffentlichen Unternehmens differenziert werden.[70] *Gemischt-wirtschaftliche Unternehmen* sind, wie ebenfalls bereits im Kontext der Grundrechtsverpflichtung erörtert (→ Rn. 14), je nach dem Ausmaß ihrer staatlichen Beherrschung der staatlichen oder der gesellschaftlichen Sphäre zuzuordnen; nur im zweiten Fall kommt eine Grundrechtsberechtigung in Betracht.[71] Schließlich hat das Bundesverfassungsgericht in seinem Urteil zum Atomausstieg vom 06.12.2016 erwerbswirtschaftlich tätigen inländischen Unternehmen, die einem anderen EU-Mitgliedstaat gehören, die Möglichkeit zuerkannt, sich auf Grundrechte zu berufen. Denn die gegen eine Grundrechtsbindung öffentlicher Unternehmen angeführten Gründe, namentlich das Konfusionsargument, gelten nicht für durch ausländische Staaten beherrschte öffentliche Unternehmen, die mangels innerstaatlichen Einflussmöglichkeiten sogar besonders schutzbedürftig sind; überdies streitet die im Wege einer europarechtsfreundlichen Auslegung des Grundgesetzes zu berücksichtigende Niederlassungsfreiheit für dieses Ergebnis.[72]

d) Deutschen-Grundrechte und EU-Ausländer

Das zentrale Wirtschaftsgrundrecht, die Berufsfreiheit (Art. 12 Abs. 1 GG), berechtigt ausschließlich Deutsche (Deutschen-Grundrecht), ebenso im Übrigen die Vereinigungsfreiheit (Art. 9 Abs. 1 GG). Nachdem die marktfreiheitlichen Diskriminierungsverbote eine Gleichstellung EU-ausländischer Erwerbstätiger mit Inländern (nicht nur) im Erwerbsleben verlangen (→ § 1 Rn. 64), besteht im Ergebnis Einigkeit, dass ein identischer Schutz bestehen muss; nur die dogmatische Konstruktion ist strittig. Nach einer Auffassung ist Art. 12 Abs. 1 GG auf EU-Ausländer zu er-   **21**

---

[69] BVerfGE 45, 63 (78); NVwZ 2009, 1282 (1282 f.); NVwZ 2010, 373 (374); 128, 226 (247); 143, 246 (313); 147, 50 (144 ff.); *Dreier*, in: ders., Art. 19 Abs. 3 Rn. 69 ff.; *Gersdorf*, Öffentliche Unternehmen im Spannungsfeld zwischen Demokratie- und Wirtschaftlichkeitsprinzip, 2000, S. 134 ff., 165 f.; *P. M. Huber/Unger*, in: Schoch, Kap. 4 Rn. 53; *F. Wollenschläger*, in: Kirchhof/Korte/Magen, § 6 Rn. 60 f. m. w. N. Kritisch und anders bei grundrechtstypischer Gefährdungslage *Ludwigs/Friedmann*, NVwZ 2018, 22.

[70] *F. Wollenschläger*, in: Kirchhof/Korte/Magen, § 6 Rn. 61; vgl. auch BVerfGE 75, 192 (195 f.) und – für die Deutsche Bahn AG – 147, 50 (153 f.). Anders aber BVerwG, NVwZ 2001, 1399 (1406) für die früher mehrheitlich in staatlichem Eigentum stehende Telekom AG unter Verweis auf deren „ausschließlich privatwirtschaftlich[e] Tätigkeit und Aufgabenstellung (Art. 87 f. II GG)".

[71] BVerfG, NJW 1990, 1783 (1783) – unter Nennung weiterer Aspekte (öffentliche Aufgabe, strikte Regulierung); E 128, 226 (246 f.); 143, 246 (314 und 320); 147, 50 (144 f.); *Dreier*, in: ders., Art. 19 Abs. 3 Rn. 73 ff.; *Gersdorf*, Öffentliche Unternehmen im Spannungsfeld zwischen Demokratie- und Wirtschaftlichkeitsprinzip, 2000, S. 136 ff., 166; *P. M. Huber/Unger*, in: Schoch, Kap. 4 Rn. 53; *F. Wollenschläger*, in: Kirchhof/Korte/Magen, § 6 Rn. 62. Differenzierend *Remmert*, in: Maunz/Dürig, Art. 19 Abs. 3 Rn. 69 ff. (Stand: 55. EL Mai 2009); *Storr*, Der Staat als Unternehmer, 2001, S. 238 ff.

[72] Näher BVerfGE 143, 246 (315 ff.).

strecken,[73] was, jedenfalls bei Annahme einer erweiternden Auslegung, auf der Linie der jüngeren Rechtsprechung des BVerfG zu Art. 19 Abs. 3 GG (→ Rn. 18) liegt; die Gegenauffassung wendet unter Verweis namentlich auf den Wortlaut als Auslegungsgrenze Art. 2 Abs. 1 GG auf EU-Ausländer an und erhöht dessen Schutz auf das von Art. 12 Abs. 1 GG gebotene Niveau (insbesondere Rechtfertigungsanforderungen → Rn. 52 ff.).[74] Den zuletzt genannten Ansatz hat das BVerfG in einer jüngeren Kammerentscheidung favorisiert.[75]

e) Grundrechtsbindung im EU-Kontext

22 Dass das Öffentliche Wirtschaftsrecht in zunehmendem Maße durch unionsrechtliche Vorgaben geprägt ist (→ § 1 Rn. 1), hat auch Auswirkungen auf den nationalen Grundrechtsschutz. Es stellt sich nämlich die Frage, ob und inwieweit nationale Grundrechte in diesem Fall noch Anwendung finden. Bedeutung hat die Abgrenzung der nationalen und EU-Grundrechtsordnung auch für die Prüfungskompetenz des BVerfG, die auf eine Verletzung nationaler Grundrechte beschränkt ist (siehe nur Art. 93 Abs. 1 Nr. 2, Nr. 4a GG). Der folgende Abschnitt erörtert lediglich die Fallgruppe *Umsetzung und Vollzug von EU-Sekundärrecht*. Die Bindung der Mitgliedstaaten an die Unionsgrundrechte bei einer *Beschränkung von Grundfreiheiten* wurde bereits im Kontext der letzteren dargelegt (→ § 1 Rn. 36). Jenseits dieser beiden Fallgruppen ist des Weiteren strittig, ob die Unionsgrundrechte auch dann greifen, wenn mitgliedstaatliches Handeln *sonstige Bezüge zum Unionsrecht* aufweist, etwa in den Bereich geteilter, aber auf EU-Ebene noch nicht aktualisierter Zuständigkeiten fällt (Art. 4 AEUV) oder in Zusammenhang mit Zielen der Union (Art. 3 EUV) sowie sonstigen Bestimmungen des Primärrechts steht. Nach der tendenziell weiten Entscheidung in der Rs. Fransson vom 26.02.2013[76] hat der EuGH namentlich im Siragusa-Urteil vom 06.03.2014,[77] im Hernández-Urteil vom 10.07.2014[78] im Dano-Urteil vom 11.11.2014[79] und im Nisttahuz Poclava-Urteil vom 05.02.2015,[80] wohl auch in Reaktion auf die kritischen Töne des BVerfG zu einer expansiven Grundrechtsbindung der Mitgliedstaaten im Urteil zur Anti-Terror-Datei vom 24.04.2013,[81] eine eher restriktive Linie verfolgt und eine hinreichende Determinierung des Sachverhalts durch Unionsrecht verlangt.[82]

---

[73] So *Breuer*, HStR³ VIII, § 170 Rn. 43; *Ruffert*, in: BeckOK GG, Art. 12 Rn. 35 ff.

[74] *Dreier*, in: ders., Art. 2 Abs. 1 Rn. 17; *Jarass*, in: ders./Pieroth, Art. 12 Rn. 12; *Wieland*, in: Dreier, Art. 12 Rn. 58; ferner – im Kontext von Art. 9 Abs. 1 GG – *H. Bauer*, in: Dreier, Art. 9 Rn. 17.

[75] BVerfG (K), NJW 2016, 1436 (1436 f.).

[76] EuGH, Rs. C-617/10, EU:C:2013:105, Rn. 17 ff. – Fransson. Noch weiter geht die – allerdings abzulehnende (dazu *F. Wollenschläger*, EnzEuR I, § 8 Rn. 29) – Ansicht der Generalanwältin Sharpston in ihren Schlussanträgen in der Rs. C-34/09, EU:C:2010:560, Rn. 156 ff.– Ruis Zambrano, dass das Bestehen von Unionskompetenzen für die Berufung auf Unionsgrundrechte ausreichend ist.

[77] EuGH, Rs. C-206/13, EU:C:2014:126, Rn. 21 f. – Siragusa.

[78] EuGH, Rs. C-198/13, EU:C:2014:2055, Rn. 32 ff. – Hernández.

[79] EuGH, Rs. C-333/13, EU:C:2014:2358, Rn. 87 ff. – Dano.

[80] EuGH, Rs. C-117/14, EU:C:2015:60, Rn. 27 ff. – Nisttahuz Poclava.

[81] BVerfGE 133, 277 (315 f.).

[82] Näher m. w. N. *F. Wollenschläger*, EnzEuR I, § 8 Rn. 29 ff. Tendenziell (zu) weit freilich EuGH, verb. Rs. C-203/15 und C-698/15, EU:C:2016:970, Rn. 62 ff. – Tele2 Sverige; hierzu nur *F. Wollenschläger*, NJW 2018, 2532; *ders./Krönke*, NJW 2016, 906.

aa) Einführungsfälle

Fall 1[83] Eine EU-Verordnung[84] sieht eine Pflicht zur Veröffentlichung von Agrar-   **23**
Subventionsempfängern im Internet mit Name, Anschrift und Subventionsbetrag im
Interesse der Haushaltstransparenz vor. Nachdem das Amt für Ernährung, Landwirtschaft und Forsten (AELF) Augsburg die entsprechenden Angaben von Land-
wirt A im Internet veröffentlicht hat, wendet sich dieser an seinen Rechtsanwalt.
Lässt sich ein Folgenbeseitigungsanspruch auf die Verletzung nationaler Grundrechte stützen?

Fall 2 Eine EU-Richtlinie[85] verpflichtete die Mitgliedstaaten zur Speicherung   **24**
von Telekommunikations-Verbindungsdaten für einen Zeitraum von sechs bis 24 Monaten. Der deutsche Gesetzgeber hat dies im TKG umgesetzt. Sind EU- oder
nationale Grundrechte auf die Speicherungspflicht anwendbar?

bb) Abgrenzung der nationalen und EU-Grundrechtsordnung bei Umsetzung und Vollzug von EU-Sekundärrecht

Die in Frage stehenden Unionsrechtsakte (Fall 1: EU-Verordnung; Fall 2: EU-Richtlinie)   **25**
selbst unterliegen den EU-Grundrechten (Art. 51 Abs. 1 S. 1 GRCH; → § 1 Rn. 87).
Unter der (derzeit grundsätzlich[86] zu bejahenden) Voraussetzung eines im Wesentlichen vergleichbaren Grundrechtsschutzes auf EU-Ebene verzichtet das BVerfG
nach seiner Solange-Rechtsprechung auf eine Prüfung des Unionsrechtsakts an nationalen Grundrechten.[87]

Fraglich ist, was für die nationalen Vollzugs- respektive Umsetzungsakte gilt,   **26**
mithin die Veröffentlichung (Realakt) durch das AELF Augsburg (Fall 1) oder das
Umsetzungsgesetz des deutschen Gesetzgebers (Fall 2). Art. 1 Abs. 3 GG legt eine

---

[83] Nach EuGH, verb. Rs. C-92/09 und C-93/09, Slg. 2010, I-11063 – Schecke u. a. Siehe zur Thematik auch *F. Wollenschläger*, AöR 135 (2010), 363.

[84] Art. 42 Nr. 8b und 44a der VO (EG) Nr. 1290/2005 des Rates vom 21.06.2005 über die Finanzierung der Gemeinsamen Agrarpolitik, ABl. EU L 209/1 und VO (EG) Nr. 259/2008 der Kommission vom 18.03.2008 mit Durchführungsbestimmungen zur VO (EG) Nr. 1290/2005 des Rates
hinsichtlich der Veröffentlichung von Informationen über die Empfänger von Mitteln aus dem
Europäischen Garantiefonds für die Landwirtschaft (EGFL) und dem Europäischen Landwirt-
schaftsfonds für die Entwicklung des ländlichen Raums (ELER), ABl. EU L 76/28, für nichtig
erklärt durch EuGH, verb. Rs. C-92/09 und C-93/09, Slg. 2010, I-11063 – Schecke u. a.; jetzt
Art. 111 der VO (EU) Nr. 1306/2013 des Europäischen Parlaments und des Rates von 17.12.2013
über die Finanzierung, die Verwaltung und das Kontrollsystem der Gemeinsamen Agrarpolitik und
zur Aufhebung der VO (EWG) Nr. 352/78, (EG) Nr. 165/94, (EG) Nr. 2799/98, (EG) Nr. 814/2000,
(EG) Nr. 1290/2005 und (EG) Nr. 485/2008 des Rates, ABl. EU L 347/549.

[85] RL 2006/24/EG des Europäischen Parlaments und des Rates vom 15.03.2006 über die Vorratsspeicherung von Daten, die bei der Bereitstellung öffentlich zugänglicher elektronischer Kommunikationsnetze oder öffentlicher Kommunikationsnetze erzeugt oder verarbeitet werden, und zur
Änderung der RL 2002/58/EG, ABl. EU L 105/54; vom EuGH wegen einer Verletzung von Grundrechten für nichtig erklärt, siehe verb. Rs. C-293/12 und C-594/12, EU:C:2014:238 – Digital
Rights Ireland.

[86] Siehe aber im Kontext des Europäischen Haftbefehls BVerfGE 140, 317 (334 ff.).

[87] BVerfGE 73, 339 (376); ferner 129, 186 (207 f.); 140, 317 (334 ff.). Näher *F. Wollenschläger*,
EnzEuR I, § 8 Rn. 12 ff. m. w. N.

Bindung an deutsche Grundrechte nahe. Prüfte man jedoch auf *zwingenden Vorgaben des Unionsrechts* beruhende nationale Akte an nationalen Grundrechten, hingen der Vollzug respektive die Umsetzung des Unionsrechts vom jeweiligen nationalen Grundrechtsstandard ab; damit wären Vorrang und unionsweit einheitliche Anwendung des Unionsrechts in Frage gestellt. Um dies zu vermeiden, verzichtet das BVerfG nach den Grundsätzen der Solange-Rechtsprechung auch auf eine Prüfung nationaler Rechtsakte, die auf zwingenden unionsrechtlichen Vorgaben beruhen, am Maßstab der deutschen Grundrechte.[88] Prüfungsmaßstab – sowohl für den die Veröffentlichungspflicht der EU-Verordnung vollziehenden Realakt des AELF Augsburg (Fall 1) als auch für die in das nationale Recht umgesetzte Pflicht zur Vorratsdatenspeicherung (Fall 2) – sind vielmehr in Einklang mit der Rechtsprechung des EuGH[89] und Art. 51 Abs. 1 S. 1 GRCH, der eine Grundrechtsbindung der Mitgliedstaaten „bei der Durchführung des Unionsrechts" anordnet, (ausschließlich, Art. 4 Abs. 3 EUV) die Unionsgrundrechte.[90]

27   Kommt den Mitgliedstaaten *Ermessen* zu, namentlich aufgrund von Umsetzungsspielräumen wie etwa in Fall 2 hinsichtlich der Speicherungsdauer, bejaht das BVerfG die Anwendbarkeit nationaler Grundrechte.[91] Insoweit ist freilich zu berücksichtigen, dass von Ermessen auf mitgliedstaatlicher Ebene nur dann die Rede sein kann, wenn das Unionsrecht den Ermessensspielraum nicht begrenzt; dies ist vor einer Prüfung des Sachverhalts an nationalen Grundrechten zu ermitteln. An Fall 2 lässt sich dies illustrieren: So kann eine Prüfung der EU-Richtlinie an Unionsgrundrechten ergeben, dass die Vorratsdatenspeicherung angesichts ihrer Eingriffsintensität nur für maximal ein Jahr zulässig ist, der nach dem Wortlaut der Richtlinienbestimmung gegebene Umsetzungsspielraum zwischen sechs und 24 Monaten mithin unionsgrundrechtskonform zu reduzieren ist. Nur in diesem Rahmen ist dann noch Raum für eine nationale Grundrechtsprüfung.[92] Dementsprechend nimmt der EuGH eine Bindung der Mitgliedstaaten an die Unionsgrundrechte auch bei Ermessensspielräumen an,[93] lässt aber eine Parallelgeltung nationaler Grundrechte zu, wenn vorrangige unionsrechtliche Vorgaben nicht entgegenstehen: So „bestätigt Art. 53 der Charta, dass es den nationalen Behörden und Gerichten, wenn ein Unionsrechtsakt nationale Durchführungsmaßnahmen erforderlich macht, weiterhin freisteht, nationale Schutzstandards für die Grundrechte anzuwenden, sofern durch diese Anwendung weder das Schutzniveau der Charta, wie sie vom Gerichtshof ausgelegt wird, noch der Vorrang, die Einheit und die Wirksamkeit des Unionsrechts beeinträchtigt werden".[94] Besonders hervorzu-

---

[88] Grundlegend BVerfGE 118, 79 (95 ff.); bestätigt in st. Rspr., siehe etwa E 122, 1 (21 f.); 130, 151 (177 f.); 140, 317 (335 f.); 142, 74 (112); 148, 40 (48). Anerkannt im Übrigen bereits zuvor in NJW 2001, 1267 (1268) und NVwZ 2004, 1346 (1346 f.).

[89] Siehe nur EuGH, Rs. 5/88, Slg. 1989, 2609, Rn. 17 ff. – Wachauf.

[90] Näher m. w. N. *F. Wollenschläger*, EnzEuR I, § 8 Rn. 18 ff.

[91] Siehe die Nachweise in Fn. 79.

[92] Umfassend *F. Wollenschläger*, EnzEuR I, § 8 Rn. 18 ff. m. w. N.

[93] Siehe nur EuGH, Rs. C-540/03, Slg. 2006, I-5769, Rn. 104 f. – Parlament/Rat.

[94] EuGH, Rs. C-399/11, EU:C:2013:107, Rn. 60 – Melloni.

heben ist, dass das Bundesverfassungsgericht – jenseits der Umsetzung und Durchführung zwingender Vorgaben des Unionsrechts – nach seinem Beschluss zur Verbraucherinformation vom 21.03.2018 auch dann von seiner Prüfungskompetenz Gebrauch macht, „wenn zugleich Zweifel an der Vereinbarkeit des Gesetzes mit Sekundärrecht der Europäischen Union bestehen", und damit das erste Wort gegenüber Luxemburg beansprucht.[95]

2. Einzelgrundrechte

Den wirtschaftsverfassungsrechtlichen Rahmen ziehen namentlich die Grundrechte **28** des Grundgesetzes, allen voran die Berufsfreiheit (Art. 12 Abs. 1 GG; a), die Eigentumsgarantie (Art. 14 GG; b) sowie die Vereinigungs- und Koalitionsfreiheit (Art. 9 GG; c). Von Bedeutung sind aber auch der Schutz der Wohnung (Art. 13 GG; d), die allgemeine Handlungsfreiheit (Art. 2 Abs. 1 GG; e), der allgemeine Gleichheitssatz (Art. 3 Abs. 1 GG; f) sowie die Rechtsschutzgarantie (Art. 19 Abs. 4 GG; g).

a) Berufsfreiheit, Art. 12 Abs. 1 GG

Die Gewährleistung der Berufsfreiheit, mithin des Rechts, einen Beruf frei auszu- **29** wählen und auszuüben, stellt ein zentrales Element der Wirtschaftsverfassung des Grundgesetzes dar, ist sie doch entscheidende Voraussetzung für eine marktwirtschaftliche, dezentrale Wirtschaftsordnung.[96] Überdies kommt der Berufsfreiheit auch fundamentale Bedeutung für den Einzelnen zu, da die Berufstätigkeit nicht nur regelmäßig der Sicherung seiner materiellen Lebensgrundlage dient, sondern – freilich in unterschiedlichem Ausmaß – als „Lebensaufgabe" auch für die Persönlichkeit des Menschen relevant ist.[97] In den Worten des BVerfG „konkretisiert" die Berufsfreiheit „das Grundrecht auf freie Entfaltung der Persönlichkeit im Bereich der individuellen Leistung und Existenzerhaltung und zielt auf eine möglichst unreglementierte berufliche Betätigung ab".[98]

Im Vordergrund dieses Abschnitts steht die abwehrrechtliche Funktion der Berufs- **30** freiheit; teilhabe-, leistungs- und verfahrensrechtliche Aspekte wurden bereits im Kontext der allgemeinen Erörterung der Grundrechtsfunktionen behandelt (→ Rn. 9 ff.).

aa) Einführungsfälle

Fall 1 Um die mit dem Glücksspiel einhergehenden Sucht-, Betrugs-, Manipulati- **31** ons- und Kriminalitätsgefahren einzudämmen, knüpfen staatsvertragliche Regelungen die Veranstaltung von Sportwetten durch private Anbieter an das Innehaben ei-

---

[95] BVerfGE 148, 40 (LS 3 und 48). Näher dazu *F. Wollenschläger*, JZ 2018, 980 (984 ff.).

[96] Siehe nur *H.-P. Schneider*, HGR V, § 113 Rn. 15.

[97] BVerfGE 7, 377 (397); ferner 97, 12 (25). Hinsichtlich der Persönlichkeitsrelevanz differenzierend *Wieland*, in: Dreier, Art. 12 Rn. 20 ff.

[98] BVerfGE 75, 284 (292); 97, 12 (25).

ner Konzession, die nur in beschränkter Zahl und nur an zuverlässige Personen vergeben wird.[99] Verletzt diese Regelung die Berufsfreiheit?

32   **Fall 2**[100] Angesichts der Zunahme alkoholbeeinflusster Straftaten im öffentlichen Raum zur Nachtzeit und der mit übermäßigem Alkoholkonsum einhergehenden Gesundheitsgefahren hat der baden-württembergische Gesetzgeber das Landesladenschlussgesetz um folgende Vorschrift ergänzt: „In Verkaufsstellen dürfen alkoholische Getränke in der Zeit von 22 Uhr bis 5 Uhr nicht verkauft werden. Hofläden sowie Verkaufsstellen von landwirtschaftlichen Genossenschaften, von landwirtschaftlichen Betrieben und auf Verkehrsflughäfen innerhalb der Terminals dürfen alkoholische Getränke abweichend von Satz 1 verkaufen." T, der in seinem Tankshop u. a. alkoholische Getränke verkauft, erleidet infolge der Gesetzesänderung einen erheblichen Umsatzeinbruch und sieht in der Neuregelung einen Verstoß gegen Art. 12 Abs. 1 GG. Zu Recht?

33   **Fall 3** B betreibt eine Gaststätte, die in letzter Zeit mehrfach durch Hygienemängel aufgefallen ist. Infolgedessen nimmt sie die für die Lebensmittelüberwachung zuständige Behörde in eine im Internet veröffentlichte Liste auf, die Name und Anschrift des Betriebs sowie Datum und Ergebnis der letzten Kontrolle enthält. B ist der Auffassung, dass schon keine hinreichend bestimmte Rechtsgrundlage diesen schweren Eingriff in die Berufsfreiheit trage und er allein deshalb verfassungswidrig sei. Die Behörde macht geltend, dass die Berufsfreiheit nicht vor der Verbreitung marktrelevanter, zutreffender Informationen schütze, und verweist im Übrigen auf § 6 Abs. 1 S. 3 VIG und § 40 Abs. 1a Nr. 2 LFGB.

bb) Prüfungsschema[101]

34   1. Schutzbereich
   a) Persönlich
      Deutsche; inländische juristische Personen (Art. 19 Abs. 3 GG); Erstreckung auf EU-Ausländer und EU-ausländische juristische Personen; keine Berechtigung öffentlicher Unternehmen.
   b) Sachlich
      Beruf: „jede auf Erwerb gerichtete Tätigkeit …, die auf Dauer angelegt ist und der Schaffung und Aufrechterhaltung einer Lebensgrundlage dient." Keine Beschränkung auf erlaubte Tätigkeiten. Umfassender Schutz des berufsbezogenen Verhaltens.

---

[99] Vgl. den Ersten Staatsvertrag zur Änderung des Staatsvertrages zum Glücksspielwesen in Deutschland (Erster Glücksspieländerungsstaatsvertrag – Erster GlüÄndStV), BayGVBl. 2012, 318.

[100] Nach BVerfG, NVwZ 2011, 355.

[101] Zitate im Prüfungsschema entstammen der Rechtsprechung des BVerfG und sind bei der folgenden Behandlung des Sachproblems nachgewiesen.

c) Keine Ausklammerung wettbewerbsimmanenter Handlungen des Staates nach der Glykol- und Vergaberechts-Rechtsprechung des BVerfG. Betrifft staatliches Informationshandeln und die staatliche Marktteilnahme als Anbieter und Nachfrager.

2. Eingriff
   a) Vorliegen eines Eingriffs
      Anforderungen des klassischen Eingriffsbegriffs erfüllt oder, wenn nicht, ist mittelbar-faktische Beeinträchtigung einem klassischen Eingriff gleichzustellen?
   b) Berufsregelnde Tendenz (subjektiv oder objektiv)

3. Rechtfertigung
   a) Schranke: Einheitlicher Gesetzesvorbehalt
   b) Schranken-Schranken, namentlich Verhältnismäßigkeit (Drei-Stufen-Lehre)
      aa) 1. Stufe: Berufsausübungsregelungen
          Betreffen „Wie", Art und Weise der beruflichen Betätigung;
          Gerechtfertigt, „soweit vernünftige Erwägungen des Gemeinwohls [sie] zweckmäßig erscheinen lassen".
      bb) 2. Stufe: Subjektive Berufswahlregelungen
          Betreffen „Ob" der Berufstätigkeit und beziehen sich auf subjektive Voraussetzungen (z. B. persönliche Eigenschaften und Qualifikationen);
          Gerechtfertigt, „soweit der Schutz besonders wichtiger Gemeinschaftsgüter [sie] zwingend erfordert".
      cc) 3. Stufe: Objektive Berufswahlregelungen
          Betreffen „Ob" der Berufstätigkeit und beziehen sich auf von Person des Betroffenen unabhängige Umstände (z. B. Verwaltungsmonopole, Kontingentierung oder Bedarfsklauseln);
          Gerechtfertigt zur „Abwehr nachweisbarer oder höchstwahrscheinlicher schwerer Gefahren für ein überragend wichtiges Gemeinschaftsgut".

cc) Schutzbereich

(1) Persönlich
Die Berufsfreiheit steht Deutschen und, über Art. 19 Abs. 3 GG, inländischen juris- **35** tischen Personen des Privatrechts[102] zu (zur Erstreckung des Schutzes auf EU-Ausländer → Rn. 21 und auf Gesellschaften mit Sitz im EU-Ausland → Rn. 18; zur mangelnden Grundrechtsberechtigung des Staates einschließlich öffentlicher Unternehmen → Rn. 20).

---

[102] Siehe nur BVerfGE 102, 197 (212 f.); 147, 50 (141); 148, 40 (50). Zum Schutz freigemeinnütziger Einrichtungen *F. Wollenschläger/Schmidl*, VSSR 2014, 117 (149 ff.).

(2) Sachlich: Beruf und Berufsbild, Arbeitsplatz

36   In sachlicher Hinsicht gewährleistet Art. 12 Abs. 1 GG die freie Wahl und Ausübung eines Berufs. Unter dem zentralen *Tatbestandsmerkmal des Berufs* ist „jede
auf Erwerb gerichtete Tätigkeit zu verstehen, die auf Dauer angelegt ist und der
Schaffung und Aufrechterhaltung einer Lebensgrundlage dient."[103] Die Anforderungen an Dauer und Einkommen dürfen nicht überspannt werden, vielmehr
schützt die Berufsfreiheit auch Nebenberufe sowie nur gelegentliche Tätigkeiten.[104] Art. 12 Abs. 1 GG erfasst die selbstständige und unselbstständige berufliche Betätigung[105] einschließlich sog. „staatlich gebundener" Berufe, die in unterschiedlich starkem Ausmaß einer öffentlich-rechtlichen Regulierung unterliegen,
wie der des Notars[106].

37   Geschützt „sind nicht nur traditionell oder gesetzlich fixierte Berufsbilder,
sondern auch aufgrund der fortschreitenden technischen, sozialen oder wirtschaftlichen Entwicklung neu entstandene Berufe".[107] Überdies impliziert Berufsfreiheit, dass der Einzelne den Inhalt seiner Berufstätigkeit frei bestimmen kann und
somit auch untypische Tätigkeiten bzw. Tätigkeitskombinationen zu seinem Beruf machen darf.[108] Gleichwohl bleibt es dem Gesetzgeber grundsätzlich möglich,
Berufsbilder zu fixieren, mithin neu zu schaffen, aus- sowie umzugestalten und
auch wieder abzuschaffen. Dies kann zur Folge haben, dass die Ausübung bestimmter Tätigkeiten einem bestimmten Beruf vorbehalten bleibt, bestimmte
Qualifikationsanforderungen (neu) greifen oder im Rahmen der Ausübung bestimmter Berufe bestimmte Tätigkeiten untersagt sind, und determiniert folglich
die Berufswahl.[109] Wegen der damit einhergehenden Einschränkung individueller
beruflicher Betätigungsmöglichkeiten bedarf die Fixierung von Berufsbildern einer Rechtfertigung vor der Berufsfreiheit (zur Fixierung von Berufsbildern und
den Anforderungen → Rn. 61).[110]

38   Es verbietet sich, den Schutzbereich der Berufsfreiheit auf *erlaubte Tätigkeiten* zu beschränken, da dies nicht vom Wortlaut des Art. 12 Abs. 1 GG gedeckt ist
und dem Gesetzgeber die Möglichkeit einräumte, bestimmte Berufe durch ent-

---

[103] BVerfGE 102, 197 (212); ferner 110, 304 (321); 111, 10 (28); 115, 276 (300); 145, 20 (67). Im
Einzelnen *Wieland*, in: Dreier, Art. 12 Rn. 33 ff.

[104] Näher *Wieland*, in: Dreier, Art. 12 Rn. 41 f.

[105] BVerfGE 7, 377 (398 f.).

[106] BVerfGE 7, 377 (398). Zum erhöhten Spielraum des Gesetzgebers bei der Reglementierung
staatlich gebundener Berufe ebd. sowie E 17, 371 (377); 73, 280 (292); 80, 257 (265) und NJW-RR
2003, 203 (203); kritisch hierzu etwa *Breuer*, HStR² VI, § 147 Rn. 51.

[107] BVerfGE 119, 59 (78); ferner 78, 179 (193); 97, 12 (25 f.); 145, 20 (67).

[108] BVerfGE 7, 377 (397); 13, 97 (106); 17, 232 (241 f.); 78, 179 (193); 81, 70 (85 f.); *Breuer*,
HStR³ VIII, § 170 Rn. 59; *Wieland*, in: Dreier, Art. 12 Rn. 34.

[109] BVerfGE 13, 97 (106); 17, 232 (241 f.); 75, 284 (296); 78, 179 (193); 106, 62 (116); 119, 59
(79 f.); *Breuer*, HStR³ VIII, § 170 Rn. 59 ff.; *Wieland*, in: Dreier, Art. 12 Rn. 35.

[110] BVerfGE 75, 284 (296); 78, 179 (193); 97, 12 (27); 106, 62 (116); 119, 59 (79 f.); *Breuer*, HStR³
VIII, § 170 Rn. 60 ff.; *Wieland*, in: Dreier, Art. 12 Rn. 38 f.; *Ziekow*, § 3 Rn. 18.

sprechende Verbote vom Schutz durch die Berufsfreiheit auszuschließen;[111] „allenfalls" für denkbar erachtet das BVerfG noch die Ausklammerung „solcher Tätigkeiten ..., die schon ihrem Wesen nach als verboten anzusehen sind, weil sie aufgrund ihrer Sozial- und Gemeinschaftsschädlichkeit schlechthin nicht am Schutz durch das Grundrecht der Berufsfreiheit teilhaben können".[112]

Die ebenfalls geschützte freie Wahl eines *Arbeitsplatzes* konkretisiert die freie Berufswahl insofern, als sie „eine konkrete Betätigungsmöglichkeit oder ein bestimmtes Arbeitsverhältnis" betrifft;[113] insoweit „schützt [es] den Entschluss, eine konkrete Beschäftigungsmöglichkeit in dem gewählten Beruf zu ergreifen, ein Arbeitsverhältnis beizubehalten oder es aufzugeben. Dies richtet sich gegen alle staatlichen Maßnahmen, die diese Wahlfreiheit beschränken, also die Erlangung eines zur Verfügung stehenden Arbeitsplatzes behindern oder zur Annahme, Beibehaltung oder Aufgabe eines bestimmten Arbeitsplatzes zwingen".[114]   39

(3) Wichtige Einzelausprägungen

Art. 12 Abs. 1 GG gewährleistet einen umfassenden Schutz der Berufsfreiheit,[115] mithin die Wahl, Beibehaltung und Aufgabe eines bestimmten Berufs und Arbeitsplatzes sowie alle Aspekte der Ausübung einer beruflichen Tätigkeit, kurz: „das berufsbezogene Verhalten einzelner Personen oder Unternehmen am Markt".[116] Letzteres schließt „das Recht [mit ein], Art und Qualität der am Markt angebotenen Güter und Leistungen selbst festzulegen ... und damit den Kreis der angesprochenen Interessenten selbst auszuwählen."[117] Als Einzelausprägung Anerkennung gefunden haben die Gewerbefreiheit (§ 1 GewO; → § 9 Rn. 36), die (berufsbezogene) Vertragsfreiheit[118] einschließlich der Arbeitsvertragsfreiheit (für Arbeitgeber und -nehmer)[119] oder die Außendarstellung einschließlich der Werbung für berufliche bzw. geschäftliche Zwecke[120].   40

---

[111] BVerfGE 115, 276 (300 f.); *Breuer*, HStR³ VIII, § 170 Rn. 68 f.; *Wieland*, in: Dreier, Art. 12 Rn. 43; *Ziekow*, § 3 Rn. 17. Anders noch die ältere Rspr. des BVerfG, siehe etwa E 7, 377 (397); 13, 97 (106); 81, 70 (85 f.).

[112] BVerfGE 115, 276 (300 f.). Auch insoweit ablehnend *Wieland*, in: Dreier, Art. 12 Rn. 43; *Ziekow*, § 3 Rn. 17.

[113] BVerfGE 84, 133 (146).

[114] BVerfG, NZA 2018, 774 (775); ferner E 84, 133 (146).

[115] Siehe nur BVerfGE 97, 228 (253): Schutz des Berufes „in all seinen Aspekten"; ferner 121, 317 (345).

[116] BVerfGE 115, 205 (229). Ähnlich bereits 85, 248 (256); 94, 372 (389); ferner NZA 2018, 774 (775).

[117] BVerfGE 121, 317 (345).

[118] BVerfGE 116, 202 (221); K 12, 308 (221 f.).

[119] BVerfG, NZA 2018, 774 (775 f.).

[120] BVerfGE 9, 213 (221 f.); 60, 215 (229); 85, 248 (256); 94, 372 (389); 95, 173 (181); NJW 2008, 1686 (1686). Zum Schutz kommerzieller Werbung über Art. 5 Abs. 1 S. 1 GG (nur) bei „wertende[m], meinungsbildenden Inhalt": BVerfGE 95, 173 (182); 102, 347 (359 f.); 107, 275 (280).

41   Auch der Schutz vor einer Offenlegung von *Geschäfts- und Betriebsgeheimnissen* wird Art. 12 Abs. 1 GG – mitunter aber auch Art. 14 GG[121] oder einer Kombination beider Grundrechte[122] – zugeordnet.[123] Hierunter fallen „alle auf ein Unternehmen bezogene Tatsachen, Umstände und Vorgänge …, die nicht offenkundig, sondern nur einem begrenzten Personenkreis zugänglich sind und an deren Nichtverbreitung der Rechtsträger ein berechtigtes Interesse hat. Betriebsgeheimnisse umfassen im Wesentlichen technisches Wissen im weitesten Sinne; Geschäftsgeheimnisse betreffen vornehmlich kaufmännisches Wissen. Zu derartigen Geheimnissen werden etwa Umsätze, Ertragslagen, Geschäftsbücher, Kundenlisten, Bezugsquellen, Konditionen, Marktstrategien, Unterlagen zur Kreditwürdigkeit, Kalkulationsunterlagen, Patentanmeldungen und sonstige Entwicklungs- und Forschungsprojekte gezählt, durch welche die wirtschaftlichen Verhältnisse eines Betriebs maßgeblich bestimmt werden können".[124]

42   Soweit schlagwortartig formuliert wird, dass die Berufsfreiheit keinen *Schutz vor Konkurrenz* gewähre,[125] ist dies grundrechtsdogmatisch zum einen dahin zu präzisieren, dass die Marktteilnahme Privater schon mangels Grundrechtsbindung derselben nicht Art. 12 Abs. 1 GG unterfällt (→ Rn. 15), und zum anderen dahin zu qualifizieren, dass die Grundrechtsrelevanz einer Betätigung öffentlicher Unternehmen vom umstrittenen Vorliegen eines Eingriffs und ggf. von Rechtfertigungsmöglichkeiten abhängt (→ Rn. 46).

dd) Eingriff

(1) Klassischer und moderner Eingriffsbegriff

43   Eingriffe in die Berufsfreiheit stellen zunächst einmal staatliche Maßnahmen dar, die unter die *klassische Eingriffsdefinition* fallen. Nach dieser wird ein Eingriff als „ein rechtsförmiger Vorgang verstanden, der unmittelbar und gezielt (final) durch ein vom Staat verfügtes, erforderlichenfalls zwangsweise durchzusetzendes Ge- oder Verbot, also imperativ, zu einer Verkürzung grundrechtlicher Freiheiten führt."[126] Das (strafbewehrte, § 284 StGB) Erfordernis einer Konzession für die Veranstaltung von Sportwetten (Fall 1) sowie das Verbot des nächtlichen Alkoholverkaufs (Fall 2) erfüllen diese Merkmale ohne Weiteres. Bei Fall 3 ist dies demgegenüber nicht der Fall, stehen doch weder Rechtsakte noch Ge- oder Verbote im

---

[121] OVG SH, NuR 2006, 327 (328 f.); *Berg*, GewArch 1996, 177 (178); *Gurlit*, DVBl. 2003, 1119 (1123).

[122] BVerwG, NVwZ 2004, 105 (107); NVwZ 2004, 745 (746); Beschl. v. 05.02.2009 – 20 F 3/08, juris, Rn. 15; *Di Fabio*, in: Maunz/Dürig, Art. 2 Abs. 1 Rn. 172 (Stand: 39. EL Juli 2001).

[123] BVerfGE 115, 205 (230); 147, 50 (141); BVerwGE 127, 282 (285); Beschl. v. 12.10.2009 – 20 F 1/09, juris, Rn. 15; BayVBl. 2010, 414 (416); *Wolff*, NJW 1997, 98 (98 ff.). Differenzierend *Frank*, Der Schutz von Unternehmensgeheimnissen im Öffentlichen Recht, 2009, S. 173 f., 191 ff. Für eine Spezialität des Art. 12 Abs. 1 GG gegenüber dem Recht auf informationelle Selbstbestimmung hinsichtlich des Schutzes von Unternehmen im Wettbewerb BVerfGE 148, 40 (63).

[124] BVerfGE 115, 205 (230 f.).

[125] BVerfG, NVwZ 2009, 977 (977); *Ziekow*, § 3 Rn. 20.

[126] BVerfGE 105, 279 (299 f.). Näher *Dreier*, in: ders., Vorb. Rn. 124.

Raum und resultieren wirtschaftliche Nachteile für den Gastwirt nur mittelbar aus der behördlichen Information der Öffentlichkeit; unmittelbare Ursache ist ein geändertes Konsumverhalten der Verbraucher, die hygienisch bedenkliche Gaststätten meiden. Derartige mittelbar-faktische Beeinträchtigungen finden sich auch anderweitig im Öffentlichen Wirtschaftsrecht, etwa bei der Subventionierung von Konkurrenten, dem Setzen von Verhaltensanreizen (z. B. Erfüllung sozialer Kriterien, wie der Zahlung von Mindestlöhnen, als Voraussetzung für die Berücksichtigung bei der öffentlichen Auftragsvergabe) oder der unternehmerischen Betätigung der öffentlichen Hand.

Nachdem ein effektiver Grundrechtsschutz auch die Auswirkung staatlicher **44** Maßnahmen auf den Grundrechtsträger in den Blick nehmen muss, ist allgemein anerkannt, dass der handlungsbezogene klassische Eingriffsbegriff nicht alleine über das Vorliegen eines staatlichen Eingriffs entscheiden kann;[127] vielmehr können mittelbar-faktische Beeinträchtigungen mit dem BVerfG „in ihrer Zielsetzung und Wirkung einem normativen und direkten Eingriff gleichkommen und müssen dann wie dieser behandelt werden".[128] Im Einzelnen sind die Kriterien, nach denen sich die Gleichstellung bemisst, umstritten.[129] Keinesfalls genügt das Vorliegen eines staatlicherseits (mit)verursachten Nachteils, da der Grundrechtsschutz sonst an Konturen verlöre.[130] Abzustellen ist vielmehr auf die Kriterien der Finalität, Intensität und Unmittelbarkeit der Beeinträchtigung, mithin ist im Rahmen einer wertenden Betrachtung zu fragen, ob der Staat freiheitsrechtlich geschütztes Verhalten zu beeinflussen sucht, und sind das Ausmaß der Beeinträchtigung des Grundrechtsträgers und der Kausalzusammenhang zwischen dieser und dem staatlichen Handeln in den Blick zu nehmen.[131]

Im Beispielsfall der *Verbraucherinformation* (Fall 3) lässt sich zunächst eine **45** Steuerungsintention bejahen, da der Staat Anreize für ein lebensmittelrechtskonformes Verhalten des Gastwirts zu setzen und das Konsumverhalten der Verbraucher zu beeinflussen sucht. Überdies drohen gravierende Umsatzeinbußen und damit eine intensive ökonomische Betroffenheit. Zwischen letzterer und der Information besteht schließlich ein hinreichend enger, vorhersehbarer Kausalzusammenhang. So-

---

[127] Siehe dazu und zum Folgenden *F. Wollenschläger*, Verteilungsverfahren, S. 58 ff. m. w. N.; ferner *Dreier*, in: ders., Vorb. Rn. 125 ff.

[128] BVerfGE 110, 177 (191); ferner 116, 202 (222); 148, 40 (51). Siehe zur neueren Rechtsprechung des BVerfG auch *F. Wollenschläger*, Verteilungsverfahren, S. 61 f.; *ders.*, JZ 2018, 980 (983 f.).

[129] Siehe nur *F. Wollenschläger*, Verteilungsverfahren, S. 59 f. m. w. N.; ferner *Dreier*, in: ders., Vorb. Rn. 125 ff.

[130] Siehe nur BVerwGE 71, 183 (192); *Dreier*, in: ders., Vorb. Rn. 125; *F. Wollenschläger*, Verteilungsverfahren, S. 59.

[131] Im Einzelnen m. w. N. *F. Wollenschläger*, Verteilungsverfahren, S. 59 ff.; ferner BVerfGE 148, 40 (51 f.) – unter Akzentuierung des Finalitätsaspekts; *Di Fabio*, JZ 1993, 689 (694 ff.); *Dreier*, in: ders., Vorb. Rn. 126 f. Siehe zu (teilweise) abweichenden Konzeptionen nur *von Arnauld*, Die Freiheitsrechte und ihre Schranken, 1999, S. 101 ff.; *Cremer*, Freiheitsgrundrechte, 2003, S. 151 ff.; *Gallwas*, S. 41 ff.

mit ist ein Eingriff zu bejahen.[132] Dem hat sich nunmehr auch das BVerfG in seinem Beschluss zur Verbraucherinformation gemäß § 40 Abs. 1a LFGB vom 21.03.2018 unter Aufgabe der Glykol-Rechsprechung angeschlossen (näher → Rn. 49 f.).[133]

46   Ebenso hat das BVerfG das Erfordernis einer *Tariftreueerklärung* als Voraussetzung für die Berücksichtigung bei öffentlichen Ausschreibungen als (gerechtfertigten) Eingriff in die Berufsfreiheit qualifiziert, da diese Regelung „aus wirtschafts- und sozialpolitischen Gründen darauf ab[zielt], die Arbeitgeber bei der Gestaltung ihrer arbeitsvertraglichen Beziehungen zu einem bestimmten Verhalten zu veranlassen."[134] Hinsichtlich der *Marktteilnahme öffentlicher Unternehmen* ist umstritten, ob erst bei Verunmöglichung einer privatwirtschaftlichen Betätigung aufgrund der staatlichen Konkurrenz ein Eingriff vorliegt[135] oder die Schwelle wegen der Sonderrolle des Staates als Marktakteur (etwa fehlendes Insolvenzrisiko oder bessere Refinanzierungsbedingungen) tiefer liegt[136]. Insgesamt erscheint eine differenzierte Einzelfallbetrachtung angezeigt, die die Rolle des konkreten öffentlichen Unternehmens auf dem Markt sorgfältig analysiert und neben dem Marktanteil etwa nach Sondervorteilen, Lenkungsabsichten und einer Verdrängung privater Konkurrenten fragt (näher → § 6 Rn. 23 ff.).[137] Anhand der soeben entfalteten Kriterien der Finalität, Intensität und Unmittelbarkeit sind auch mittelbar-faktische Beeinträchtigungen durch eine Subventionierung und die Gewährung sonstiger Wettbewerbsvorteile zu beurteilen (im Einzelnen → § 8 Rn. 8). Eine intensive Betroffenheit durch wettbewerbsbezogene staatliche Maßnahmen liegt namentlich auf hochgradig regulierten, durch staatliche Lenkung, Finanzierung respektive Planung gekennzeichneten Märkten nahe.[138]

(2) Erfordernis einer berufsregelnden Tendenz

47   Um einen Eingriff in die Berufsfreiheit darzustellen, müssen Beeinträchtigungen der beruflichen Betätigung nach der Rechtsprechung des BVerfG eine berufsregelnde Tendenz aufweisen,[139] eine Anforderung, die in erster Linie für mittelbare respektive faktische Beeinträchtigungen relevant ist und den im Kontext des modernen Ein-

---

[132] Näher *F. Wollenschläger*, VerwArch 102 (2011), 20 (37 f.) m. w. N.; ders., JZ 2018, 980 (983 f.).

[133] BVerfGE 148, 40 (51 f.) m. Besprechung von *F. Wollenschläger*, JZ 2018, 980.

[134] BVerfGE 116, 202 (222 f.). Näher zur Problematik Verteilung und Lenkung *F. Wollenschläger*, Verteilungsverfahren, S. 62 ff.

[135] So die herrschende Rechtsprechung, siehe nur BVerwGE 39, 329 (337); VerfGH RP, NVwZ 2000, 801 (802); 71, 183 (193); NJW 1995, 2938 (2939); OVG NRW, NVwZ-RR 2005, 738 (738 f.); VGH BW, NVwZ-RR 2006, 714 (716). Aus der Literatur: *P. M. Huber/Unger*, in: Schoch, Kap. 4 Rn. 352; *Wieland*, in: Dreier, Art. 12 Rn. 74.

[136] Siehe nur *Ehlers*, Gutachten E zum 64. DJT, 2002, S. E 40 f.; *Ruthig/Storr*, Rn. 698. Noch weiter *Frenz*, GewArch 2006, 100 (102); *Hösch*, DÖV 2000, 393 (398 f.).

[137] Im Einzelnen *F. Wollenschläger*, in: Kirchhof/Korte/Magen, § 6 Rn. 75 m. w. N.

[138] Siehe im Kontext der Krankenhausplanung BVerfG, NVwZ 2009, 977 (977); allgemein *Ziekow*, § 3 Rn. 20.

[139] Siehe nur BVerfGE 13, 181 (185 f.); 38, 61 (79); 70, 191 (214); 95, 267 (302); 97, 228 (253 f.); 123, 132 (139 f.); 129, 208 (266 f.); NVwZ 2012, 1535 (1536). Nicht erwähnt und ausschließlich an der Eingriffsdogmatik geprüft in 116, 202 (222 f.); 148, 40 (51).

griffsbegriffs entwickelten Kriterien (→ Rn. 44) entspricht. Eine berufsregelnde Tendenz ist zum einen zu bejahen, wenn staatliche Regelungen „sich gerade auf die berufliche Betätigung beziehen und diese unmittelbar zum Gegenstand haben" (*subjektiv-berufsregelnde Tendenz*).[140] Dies ist „bei solchen Vorschriften [der Fall], die in Form von Zulassungsvoraussetzungen die Ausübung eines Berufes bei ihrem Beginn oder bei ihrer Beendigung regeln oder die als sogenannte reine Ausübungsregelungen die Art und Weise bestimmen, wie die Berufsangehörigen ihre Berufstätigkeit im einzelnen zu gestalten haben."[141] In den Fällen 1 und 2 wäre dies zu bejahen, nicht hingegen in Fall 3. Zum anderen kann auch bei Regelungen ohne eine derartige berufsbezogene Zielsetzung eine *(objektiv) berufsregelnde Tendenz* vorliegen, nämlich wenn sie „die Rahmenbedingungen der Berufsausübung verändern und infolge ihrer Gestaltung in einem … engen Zusammenhang mit der Ausübung des Berufs stehen", namentlich sich intensiv auf die Berufsausübung auswirken.[142] Dies ist aus den genannten Gründen bei der behördlichen Verbraucherinformation in Fall 3 gegeben (→ Rn. 45); nach diesen Grundsätzen sind auch Abgabenregelungen zu beurteilen, ein weiterer Streitfall.[143] Verneint hat das BVerfG eine berufsregelnde Tendenz der Energiesteuerpflicht für Biodiesel und Pflanzenöl, da die mit ihr „verbundene wirtschaftliche Belastung sämtliche Verbraucher dieser Kraftstoffe gleichermaßen" trifft, mithin „nicht bestimmte Berufe, sondern de[r] Verbrauch an Biokraftstoff generell beeinfluss[t]" werden sollen;[144] anderes gilt für wirtschaftslenkende und in unmittelbarem Zusammenhang mit der Berufsausübung stehende Abgabenregelungen[145]. Ebenfalls verneint hat das BVerfG die berufsregelnde Tendenz strafprozessualer Eingriffsnormen und darauf gestützter Maßnahmen, auch wenn sie im Einzelfall die berufliche Sphäre betreffen.[146]

(3) Keine Sonderregeln für die staatliche Informationstätigkeit und die staatliche Marktteilnahme

Zwei Entscheidungen des BVerfG – der Glykol-Beschluss vom 26.06.2002 zur staatlichen Informationstätigkeit und der Beschluss zum Vergaberechtsschutz unterhalb der Schwellenwerte vom 13.06.2006 – haben unter Preisgabe der über- **48**

---

[140] Siehe nur BVerfGE 13, 181 (185); ferner *H.-P. Schneider*, HGR V, § 113 Rn. 109.

[141] BVerfGE 13, 181 (185).

[142] BVerfG, NVwZ 2012, 1535 (1536); ferner E 81, 108 (121 f.); *Kingreen/Poscher*, Rn. 951 (auf Schutzbereichsebene als Erfordernis einer berufsbezogenen Handlung angesiedelt).

[143] Siehe etwa BVerfG 13, 181 (184 ff.); 38, 61 (79); NVwZ 2007, 1168 (1169); NVwZ 2012, 1535 (1536); E 137, 350 (376 ff.); näher *Wieland*, in: Dreier, Art. 12 Rn. 71.

[144] BVerfG, NVwZ 2007, 1168 (1169). Ähnliches gilt für die Luftverkehrsteuer mit Blick auf Verbraucher, siehe BVerfGE 137, 350 (377): „Eine solche berufsregelnde Tendenz ist dann nicht gegeben, wenn die Steuer alle Verbraucher ungeachtet ihrer beruflichen Betätigung trifft … Dies trifft auf die Passagiere regelmäßig zu; Touristen, Berufstätige, Personen in der Ausbildung, Fluggäste zu Familienbesuchen und andere sind unterschiedslos betroffen. Auch soweit die berufliche Tätigkeit eines Fluggastes mit einer hohen Zahl von Flügen verbunden ist, entfaltet die Steuer wegen der geringen Höhe im Vergleich zu den übrigen Flugkosten keine berufsregelnde Wirkung."

[145] Siehe etwa BVerfGE 16, 147 (162 f.); 123, 132 (139 f.); 137, 350 (377).

[146] BVerfGE 129, 208 (267); NJW 2018, 2395 (2396).

kommenen dreistufigen Prüfung einer Grundrechtsverletzung wettbewerbsimmanentes Staatshandeln, wie die Verbraucherinformation oder die staatliche Auftragsvergabe, aus dem Gewährleistungsbereich der Berufsfreiheit ausgeklammert.[147]

49   In der Glykol-Entscheidung hat das BVerfG die „Verbreitung zutreffender und
sachlich gehaltener Informationen am Markt, die für das wettbewerbliche Verhalten
der Marktteilnehmer von Bedeutung sein können, selbst" dann nicht dem Schutz der
Berufsfreiheit unterstellt, wenn sich „die Inhalte … auf einzelne Wettbewerbspositi-
onen nachteilig auswirken."[148] Denn „die Teilhabe am Wettbewerb" sei nur „nach
Maßgabe seiner Funktionsbedingungen" grundrechtlich geschützt,[149] und zu diesen
Funktionsbedingungen zähle, da eine adäquate Information der Verbraucher die für
die Funktionsfähigkeit des Wettbewerbs unerlässliche Markttransparenz erhöhe, die
Möglichkeit Dritter, Kritik an der Qualität angebotener Produkte zu üben.[150] Somit
ist nach der Glykol-Rechtsprechung auch die staatliche Verbraucherinformation als
wettbewerbsimmanentes Geschehen grundsätzlich nicht vom Gewährleistungsbereich der Berufsfreiheit erfasst (zu den Grenzen der Glykol-Rechtsprechung sogleich), so dass in Fall 3 eine Rechtsgrundlage entbehrlich erscheint, jedenfalls wenn
man die Glykol-Rechtsprechung nicht auf gubernatives Handeln (staatsleitendes
Handeln der Regierung, nicht Exekutivtätigkeit) beschränkt.[151]

50   Indes ist die Glykol-Rechtsprechung abzulehnen.[152] Zunächst können staatliche und
private Marktinformationen nicht gleichgesetzt werden, da dem Staat eine besondere
Autorität zukommt, die sich gerade in seiner Grundrechtsbindung widerspiegelt.[153]
Überdies bedeutet ein Schutz der Berufsfreiheit nach den – staatlicherseits vorgezeichneten – Funktionsbedingungen des Wettbewerbs einen Ausgestaltungsvorbehalt zugunsten des Gesetzgebers, was der als Abwehrrecht konzipierten Berufsfreiheit widerspricht.[154] Schließlich erscheint die in der Glykol-Rechtsprechung liegende Preisgabe
der überkommenen Grundrechtsdogmatik auch deshalb fragwürdig, weil das BVerfG
Teilaspekte derselben inzident prüft:[155] So müsse „der Einfluss auf wettbewerbserheb-
liche Faktoren ohne Verzerrung der Marktverhältnisse nach Maßgabe der rechtlichen
Vorgaben für staatliches Informationshandeln erfolg[en]. Verfassungsrechtlich von Bedeutung sind dabei das Vorliegen einer staatlichen Aufgabe und die Einhaltung der

---

[147] BVerfGE 105, 252 und 116, 135. Zu diesen und zum Folgenden bereits *F. Wollenschläger*, Verteilungsverfahren, S. 200 ff.; *ders.*, VerwArch 102 (2011), 20 (38 f.).

[148] BVerfGE 105, 252 (266 f.).

[149] BVerfGE 105, 252 (265).

[150] BVerfGE 105, 252 (268).

[151] So *Holzner*, NVwZ 2010, 489 (490); *ders.*, GewArch 2016, 95 (96).

[152] Näher dazu und zum Folgenden *F. Wollenschläger*, VerwArch 102 (2011), 20 (38 f.). Ablehnend
ferner *Gurlit*, DVBl. 2003, 1119 (1124 f.); *P. M. Huber*, JZ 2003, 290; *Kube*, ZLR 2007, 165 (180);
Martini, DÖV 2010, 573 (576); *Murswiek*, NVwZ 2003, 1 (3 ff.); *F. Reimer*, JöR n. F. 58 (2010),
275 (293); *H.-P. Schneider*, HGR V, § 113 Rn. 112; *Schoch*, ZLR 2010, 121 (127 f.). Der Rechtsprechung zustimmend *Kingreen/Poscher*, Rn. 942.

[153] Siehe etwa *P. M. Huber*, ZLR 2004, 241 (257 f.); *Kahl*, Der Staat 43 (2004), 167 (189 ff.);
Murswiek, NVwZ 2003, 1 (4); *Schoch*, ZLR 2010, 121 (133).

[154] *P. M. Huber*, ZLR 2004, 241 (258); *Murswiek*, NVwZ 2003, 1 (4).

[155] *P. M. Huber*, ZLR 2004, 241 (259 f.); *Ohler*, ZLR 2002, 631 (633 f.).

Zuständigkeitsordnung sowie die Beachtung der Anforderungen an die Richtigkeit und Sachlichkeit von Informationen."[156] Letztere sind zudem auf das auch unter Berücksichtigung der Position des betroffenen Unternehmens Erforderliche zu beschränken, und die Information darf sich nicht als Äquivalent zu einem Eingriff darstellen.[157] Zu Recht hat das BVerfG in seinem Beschluss zur Verbraucherinformation gemäß § 40 Abs. 1a LFGB vom 21.03.2018 das mit der Glykol-Rechtsprechung geschaffene „grundrechtliche Sonderregime"[158] für die staatliche Informationstätigkeit aufgegeben, ohne dies freilich explizit zu thematisieren, und das Informationshandeln entsprechend dem überkommenem dreistufigen Schema (Schutzbereich, Eingriff, Rechtfertigung; → Rn. 34) geprüft.[159]

Auch die im Beschluss zum Vergaberechtsschutz unterhalb der Schwellenwerte **51** vom 13.06.2006 erfolgte prinzipielle Ausklammerung der staatlichen Nachfrage aus der Berufsfreiheit – analog ließe sich im Übrigen für die unternehmerische Betätigung argumentieren[160] – vermag nicht zu überzeugen, da auch insoweit das Argument wettbewerbsimmanenten Handelns und die Gleichsetzung staatlicher und privater Marktteilnahme zu kurz greifen,[161] namentlich weil der Staat als grundrechtsgebundener, dem Gemeinwohl verpflichteter Akteur und nicht als Privatautonomie genießender Marktteilnehmer auftritt.[162] Dies bedeutet freilich nicht, dass die öffentliche Auftragsvergabe einen abwehrrechtlich relevanten Eingriff in die Berufsfreiheit darstellt; vielmehr ist sie lediglich gleichheitsrechtlich zu verarbeiten (→ Rn. 88 ff.).[163]

ee) Rechtfertigung

Ein Eingriff in die Berufsfreiheit ist gerechtfertigt, wenn er auf einer gesetzlichen **52** Grundlage beruht (1) und die materiellen Anforderungen an Grundrechtseingriffe erfüllt, namentlich den Verhältnismäßigkeitsgrundsatz wahrt (2).

(1) Einheitlicher Gesetzesvorbehalt

Obgleich Art. 12 Abs. 1 GG die Berufswahl vorbehaltlos gewährleistet (S. 1) und **53** einen Regelungsvorbehalt lediglich für die Berufsausübung formuliert (S. 2), hat das BVerfG in seinem Apotheken-Urteil vom 11.06.1958 die Berufsfreiheit als einheitliches Grundrecht verstanden und auch einen *einheitlichen Gesetzesvorbehalt* angenommen.[164] Eingriffe in Berufswahl und Berufsausübung bedürfen damit einer kom-

---

[156] BVerfGE 105, 252 (LS 1).

[157] BVerfGE 105, 252 (273).

[158] So *P. M. Huber*, JZ 2003, 290.

[159] BVerfGE 148, 40. Dazu *F. Wollenschläger*, JZ 2018, 980 (983 f.).

[160] Siehe nur *F. Wollenschläger*, in: Kirchhof/Korte/Magen, § 6 Rn. 65 ff. m. w. N.

[161] So aber BVerfGE 116, 135 (152).

[162] Siehe nur *F. Wollenschläger*, Verteilungsverfahren, S. 201 f.; ferner *Puhl*, VVDStRL 60 (2001), 456 (481).

[163] Näher *F. Wollenschläger*, Verteilungsverfahren, S. 198 ff.; a. A. *Puhl*, VVDStRL 60 (2001), 456 (481 f.).

[164] BVerfGE 7, 377 (400 ff.).

petenzgemäß erlassenen, hinreichend bestimmten gesetzlichen Grundlage. Letztere muss „Umfang und Grenzen des Eingriffs deutlich erkennen [lassen]. Dabei muß der Gesetzgeber selbst alle wesentlichen Entscheidungen treffen, soweit sie gesetzlicher Regelung zugänglich sind".[165]

54   In Fall 3 scheidet § 6 Abs. 1 S. 3 VIG als Rechtsgrundlage für Verbraucherinformationssysteme über die Einhaltung lebensmittelrechtlicher Standards durch Gastronomiebetriebe aus, da sein mageres Normprogramm nicht alle für eine Veröffentlichung wesentlichen Fragen regelt (namentlich Anforderungen an Verstoß, Veröffentlichungsdauer, Löschungsanspruch, Aufbereitung der Veröffentlichung);[166] die Bestimmtheit des § 40 Abs. 1a Nr. 2 LFGB hat das BVerfG demgegenüber bejaht[167].

(2) Verhältnismäßigkeit und Drei-Stufen-Lehre

55   Eingriffe in die Berufsfreiheit sind verhältnismäßig, „wenn sie durch ausreichende Gründe des Gemeinwohls gerechtfertigt werden und wenn sie dem Grundsatz der Verhältnismäßigkeit entsprechen, wenn also das gewählte Mittel zur Erreichung des verfolgten Zwecks geeignet und auch erforderlich ist und wenn bei einer Gesamtabwägung zwischen der Schwere des Eingriffs und dem Gewicht der ihn rechtfertigenden Gründe die Grenze der Zumutbarkeit noch gewahrt ist."[168] Die Geeignetheit eines Mittels ist zu bejahen, „wenn mit seiner Hilfe der gewünschte Erfolg gefördert werden kann, wobei die Möglichkeit der Zweckerreichung genügt";[169] erforderlich ist ein Mittel, wenn kein „milderes, gleich effektives Mittel … ersichtlich" ist.[170] Die Angemessenheit ist schließlich aufgrund „einer Gesamtabwägung zwischen der Schwere der Eingriffe und dem Gewicht und der Dringlichkeit der sie rechtfertigenden Gründe" zu beurteilen.[171] Für die Prüfung der Verhältnismäßigkeit eines Eingriffs in die Berufsfreiheit hat das BVerfG in seinem Apotheken-Urteil vom 11.06.1958 eine spezifische Dogmatik entwickelt, nämlich die sog. *Drei-Stufen-Lehre*.[172] Sie unterscheidet drei Eingriffsstufen (a), nämlich Berufsausübungsregeln (1. Stufe), subjektive Berufswahlregelungen (2. Stufe) und objektive Berufswahlregelungen (3. Stufe), sieht diese in einem Verhältnis steigender Belastungsintensität für den Grundrechtsträger und stellt dementsprechend steigende Recht-

---

[165] BVerfGE 82, 209 (224 f.); ferner 145, 20 (69). Zum Regelungsspielraum von Selbstverwaltungskörperschaften BVerfGE 33, 125 (155 ff.).

[166] *Holzner*, NVwZ 2010, 489 (493 f.); *F. Wollenschläger*, VerwArch 102 (2011), 20 (39 f.).

[167] BVerfGE 148, 40 (59); *F. Wollenschläger*, Stellungnahme Reform VIG, BT-Ausschuss-Drs. 17 (10) 735-H, S. 14; vgl. auch OVG NRW, NVwZ-RR 2013, 627 (627 f.). A. A. VGH Mannheim NVwZ 2013, 1022 (1024); VGH München GewArch 2013, 361 (362); *Wiemers*, NVwZ 2018, 1062 (1063).

[168] BVerfGE 95, 173 (183).

[169] BVerfGE 116, 202 (224).

[170] BVerfGE 145, 20 (80).

[171] BVerfGE 145, 20 (80 f.).

[172] BVerfGE 7, 377 (405 f.); kritisch zur Drei-Stufen-Lehre *Bulla*, Freiheit der Berufswahl, 2009, S. 182 ff.; *Kämmerer*, in: von Münch/Kunig, Art. 12 Rn. 66 f. Die Drei-Stufen-Lehre findet sich in der Rechtsprechung des BVerfG freilich nicht durchgängig (konsequent) umgesetzt, siehe jüngst etwa BVerfGE 145, 20 (67); auch dazu *Kämmerer*, in: von Münch/Kunig, Art. 12 Rn. 59, 66 f.

fertigungsanforderungen auf (b). Abschließend seien diese Grundsätze auf die Beispielsfälle angewendet (c).

Bei der Verhältnismäßigkeitsprüfung sind Beurteilungs- und Prognosespiel- **56** räume des Gesetzgebers zu berücksichtigen, namentlich bei komplexen Sachverhalten.[173] Für die Eignungsprüfung gilt, dass es zuvörderst dem Gesetzgeber obliegt, „auf der Grundlage seiner wirtschafts-, arbeitsmarkt- und sozialpolitischen Vorstellungen und Ziele unter Beachtung der Gesetzlichkeiten des betreffenden Sachgebiets zu entscheiden, welche Maßnahmen er im Interesse des Gemeinwohls ergreifen will".[174] Auch die gesetzgeberische Einschätzung der Erforderlichkeit kann „verfassungsrechtlich nur beanstandet werden, wenn nach den ihm bekannten Tatsachen und im Hinblick auf die bisher gemachten Erfahrungen feststellbar ist, dass Regelungen, die als Alternativen in Betracht kommen, die gleiche Wirksamkeit versprechen, die Betroffenen indessen weniger belasten".[175] Freilich reduzieren sich mit zunehmender Eingriffsintensität Spielräume.[176] Schließlich bestehen Korrekturpflichten bei sich als falsch herausstellenden Prognosen.[177]

(a) Eingriffsstufen

Die auf erster Stufe angesiedelten *Berufsausübungsregelungen* betreffen das „Wie" **57** der beruflichen Betätigung, sie bestimmen mithin, „in welcher Art und Weise die Berufsangehörigen ihre Berufstätigkeit im einzelnen zu gestalten haben".[178] Typische Berufsausübungsregeln stellen Ladenschlussregelungen (Fall 2),[179] das Rauchverbot in Gaststätten,[180] Kennzeichnungs- und Verpackungsvorgaben,[181] Anforderungen an Produkte,[182] der Zwang zum Abschluss bestimmter Verträge,[183] inhaltliche Vorgaben für die Vertragsgestaltung, etwa die Zahlung von Mindestlöhnen,[184] oder Werbebeschränkungen[185] dar.

Berufswahl- respektive Berufszulassungsregelungen beziehen sich auf das „Ob" **58** der beruflichen Betätigung, machen mithin „schon die Aufnahme der Berufstätigkeit von der Erfüllung bestimmter Voraussetzungen abhängig".[186] Zu unterscheiden sind

---

[173] BVerfGE 145, 20 (72 f.). Näher *Breuer*, HStR³ VIII, § 171 Rn. 23 ff.; *Wieland*, in: Dreier, Art. 12 Rn. 116 ff.

[174] BVerfGE 116, 202 (224); vgl. auch 145, 20 (78); BGH, GesR 2018, 437 (443).

[175] BVerfGE 116, 202 (225); ferner 145, 20 (80).

[176] Siehe nur *P. M. Huber/Unger*, in: Schoch, Kap. 4 Rn. 57 ff.

[177] Siehe nur BVerfGE 123, 186 (242); *Wieland*, in: Dreier, Art. 12 Rn. 119.

[178] BVerfGE 7, 377 (405 f.).

[179] BVerfGE 13, 237 (239 f.); NVwZ 2011, 355 (356).

[180] BVerfGE 121, 317 (345).

[181] BVerfGE 46, 246 (256 ff.).

[182] BVerfGE 46, 246 (264 f.).

[183] BVerfGK 12, 308 (327 f.).

[184] BVerfGE 116, 202 (222 f.).

[185] BVerfGE 9, 213 (221 f.); 60, 215 (229); 85, 248 (256); 94, 372 (389); NJW 2008, 1686 (1686).

[186] BVerfGE 7, 377 (406).

subjektive (2. Stufe) und objektive (3. Stufe) Berufswahlregelungen. Erstere stellen ‚subjektive' Voraussetzungen, vor allem solche der Vor- und Ausbildung" für die Berufszulassung auf. Hierunter fallen etwa die im Gewerbe-, Gaststätten- und Handwerksrecht zu findenden Anforderungen an die Zuverlässigkeit (z. B. § 4 Abs. 1 S. 1 Nr. 1 GastG; § 35 GewO; im Einzelnen → § 9 Rn. 50 ff., § 11 Rn. 40 ff.) und Qualifikation (z. B. § 4 Abs. 1 S. 1 Nr. 4 GastG; § 34a Abs. 1 S. 3 Nr. 3, S. 5 f. GewO; § 7 Abs. 2 HwO; im Einzelnen → § 9 Rn. 61 f., § 10 Rn. 44 ff., § 11 Rn. 40 ff.) oder die vergaberechtlichen Eignungsanforderungen (§ 122 Abs. 1 GWB; → § 7 Rn. 101 ff.). Ein weiteres Beispiel stellen Höchstaltersgrenzen dar.[187]

59 Objektive Berufswahlregelungen statuieren „objektive Bedingungen der Zulassung, die mit der persönlichen Qualifikation des Berufsanwärters nichts zu tun haben und auf die er keinen Einfluß nehmen kann."[188] Hierunter fallen Verwaltungsmonopole[189] oder ein bedarfsabhängiger Berufszugang, wie etwa im Taxenverkehr (§ 13 Abs. 4 PBefG)[190] oder teils im Rettungsdienstwesen[191].

60 In Fall 1 stellt die bedürfnisabhängige Erteilung von Konzessionen für Sportwetten eine objektive Berufswahlregelung und das Zuverlässigkeitserfordernis eine subjektive Berufswahlregelung dar.

61 Überdies entscheidet die Enge bzw. Weite eines *Berufsbilds* darüber, ob sich Verbote bestimmter Tätigkeiten als Berufswahlregelung oder lediglich als Berufsausübungsregelung darstellen, je nachdem, ob das Verbot einen Beruf insgesamt oder lediglich Teilbereiche eines Berufs betrifft.[192] Für die Bestimmung eines Berufsbilds und damit die Abgrenzung einzelner Berufe ist auf Rechtstradition, Marktverhältnisse und gesellschaftliche Anschauungen abzustellen;[193] überdies indiziert die Existenz einer spezifischen Berufsausbildung das Vorliegen eines eigenständigen Berufs.[194] Vor diesem Hintergrund hat das BVerfG das Verbot, mehrere Apotheken zu betreiben, nicht als Berufswahl-, sondern als Berufsausübungsregelung qualifiziert, da das maßgebliche Berufsbild das des selbstständigen Apothekers ist und dieses sich nicht weiter in den Einzel- und Filialapotheker ausdifferenziere.[195] Auch die Tätigkeit als Kassenarzt, d. h. als zur Behandlung von deren Mitgliedern berechtigter Vertragsarzt der gesetzlichen Krankenkassen

---

[187] BVerfGE 9, 338 (344 f.); 64, 72 (82); GewArch 2007, 149 (149); NVwZ 2013, 1540 (1541).

[188] BVerfGE 7, 377 (406).

[189] *Badura*, HGR II, § 29 Rn. 24; *Breuer*, HStR³ VIII, § 171 Rn. 89, 91 f.; *Durner*, in: Ehlers/Fehling/Pünder, § 11 Rn. 13; *P. M. Huber/Unger*, in: Schoch, Kap. 4 Rn. 71; *Ziekow*, § 3 Rn. 26; jedenfalls, wenn Tätigkeit „als solche [e]iner beruflichen Ausübung durch Private zugänglich" und im Übrigen offen gelassen BVerfGE 115, 276 (302); ferner 126, 112 (137 f.). A. A. *Wieland*, in: Dreier, Art. 12 Rn. 65.

[190] BVerfGE 11, 168 (191); 81, 70 (87 f.); BVerwG, NJW 1961, 2274 (2274); E 79, 208 (210 ff.). Näher *F. Wollenschläger*, Verteilungsverfahren, S. 380 ff. m. w. N.

[191] BVerfGE 126, 112 (137 f.).

[192] Siehe *Wieland*, in: Dreier, Art. 12 Rn. 39 f.

[193] BVerfGE 17, 232 (241); 75, 166 (180 f.); 75, 284 (292 ff.); 97, 12 (33); 145, 20 (70).

[194] BVerfGE 119, 59 (78 f.); *Wieland*, in: Dreier, Art. 12 Rn. 36.

[195] BVerfGE 17, 232 (240 ff.).

(§§ 72 ff. SGB V), rechnet zum Berufsbild des frei praktizierenden Arztes, so dass sich Zulassungsbeschränkungen im Kontext der vertragsärztlichen Versorgung (§§ 99 ff. SGB V) lediglich als Berufsausübungsregelung darstellen.[196] Eine Verselbstständigung hat das BVerfG indes für die hufpflegerische und huftechnische Tätigkeit gegenüber dem traditionellen Beruf des Hufbeschlagschmieds bejaht; denn diese Tätigkeiten haben sich von letzterem – zusätzlich zur eigenständigen Ausbildung – „durch die Ablehnung des Eisenbeschlags, die Entwicklung neuer Materialien und Verfahren zum Schutz des Hufs und die veränderten, einen Eisenbeschlag nicht stets erfordernden Bedürfnisse der Pferdehaltung gelöst und zu eigenständigen Berufen weiterentwickelt".[197] Auch den Betrieb einer Spielhalle hat das BVerfG als eigenständigen Beruf qualifiziert. Denn diese Tätigkeit kann „grundsätzlich unabhängig von anderen Tätigkeiten ausgeübt werden"; überdies hat sich im Laufe der Zeit „ein entsprechendes Berufsbild herausgebildet, für das das Gewerberecht spezielle Anforderungen aufstellt (vgl. § 33i Abs. 1 und 2 Nr. 1 i. V. m. § 33c Abs. 2 GewO)."[198]

(b) Rechtfertigungsanforderungen

Nach der Drei-Stufen-Lehre korrelieren mit der stufenweise steigenden Eingriffs-   62
intensität stufenweise steigende Rechtfertigungsanforderungen: So sind Berufsausübungsregeln bereits dann gerechtfertigt, „soweit vernünftige Erwägungen des Gemeinwohls [sie] zweckmäßig erscheinen lassen".[199] Subjektive Berufswahlregelungen sind demgegenüber nur zulässig, „soweit der Schutz besonders wichtiger Gemeinschaftsgüter [sie] zwingend erfordert".[200] Eine Rechtfertigung objektiver Berufswahlregelungen kommt schließlich nur zur „Abwehr nachweisbarer oder höchstwahrscheinlicher schwerer Gefahren für ein überragend wichtiges Gemeinschaftsgut" in Betracht.[201]

Überdies kommt das Stufenverhältnis auch auf der *Ebene der Erforderlichkeit*   63
eines Eingriffs zum Tragen: Denn Eingriffe „müssen stets auf der ‚Stufe‘ vorgenommen werden, die den geringsten Eingriff in die Freiheit der Berufswahl mit sich bringt; die nächste ‚Stufe‘ darf der Gesetzgeber erst dann betreten, wenn mit hoher Wahrscheinlichkeit dargetan werden kann, daß die befürchteten Gefahren mit (verfassungsmäßigen) Mitteln der vorausgehenden ‚Stufe‘ nicht wirksam bekämpft werden können."[202]

Zu berücksichtigen ist des Weiteren, dass die *Drei-Stufen-Lehre kein starres*   64
Schema darstellt, namentlich im Kontext der Berufsausübungsregelungen weiter zu differenzieren ist: Bei diesen besteht nämlich „eine breite Skala von Möglichkeiten …, der eine größere oder geringere Gestaltungsfreiheit auf der Seite des Gesetzgebers

---

[196] BVerfGE 11, 30 (41 f.).
[197] BVerfGE 119, 59 (78 f.).
[198] BVerfGE 145, 20 (70).
[199] BVerfGE 7, 377 (LS 6a).
[200] BVerfGE 7, 377 (LS 6b).
[201] BVerfGE 7, 377 (LS 6c).
[202] BVerfGE 7, 377 (LS 6d).

entspricht. Zwar ist er allgemein im Bereich der Ausübungsregelung freier als bei den Zulassungsregelungen. Das grundsätzliche Gebot der Differenzierung … gilt aber auch innerhalb der Ausübungsregelungen; der Gesetzgeber ist inhaltlich um so freier, je mehr er nur die Berufsausübung trifft, um so stärker gebunden, je mehr zugleich die Berufswahl berührt ist … Auch hier sind mithin das Maß der Beschränkung für den Einzelnen und die Notwendigkeit der Regelung zum Schutz der Allgemeinheit sorgfältig abzuwägen. Je einschneidender die Freiheit der Berufsausübung beengt wird, desto höher müssen die Anforderungen an die Dringlichkeit der öffentlichen Interessen sein, die zur Rechtfertigung solcher Beengung ins Feld geführt werden."[203]

65   Einen intensiven, einer Zulassungsregelung gleichkommenden Eingriff und entsprechend hohe Rechtfertigungsanforderungen hat das BVerfG in Fall 2 hinsichtlich des nächtlichen Alkoholverkaufsverbots verneint: „Sie berührt zwar – weil mit dem nächtlichen Alkoholverkaufsverbot erhebliche Umsatzeinbußen für die betroffenen Verkaufsstellen verbunden sein können – die Ebene der Rentabilität einer beruflichen Tätigkeit. Da das Verbot aber nur einen Teil des Warensortiments und diesen auch nur für einen auf mehrere Nachtstunden begrenzten Zeitraum betrifft, sind Bedrohungen der wirtschaftlichen Existenz der Betreiber von Verkaufsstellen nicht dessen typische Folge."[204] Anders hat das BVerfG etwa für die Zulassung eines niedergelassenen Arztes zur Behandlung gesetzlich versicherter Patienten entschieden, da dieser hierauf für eine wirtschaftlich erfolgreiche Berufstätigkeit angewiesen ist.[205]

(c) Lösungshinweise zu den Beispielsfällen

66   In *Fall 1* unterliegen die bedürfnisabhängige Konzessionserteilung für Sportwetten als objektive Berufswahlregelung und das Zuverlässigkeitserfordernis als subjektive Berufswahlregelung unterschiedlichen Rechtfertigungsanforderungen.[206] Beide Regelungen verfolgen jedoch das Ziel, die mit dem Glücksspiel einhergehenden Sucht-, Betrugs-, Manipulations- und Kriminalitätsgefahren einzudämmen. „Damit werden überragend wichtige Gemeinwohlziele verfolgt, die selbst objektive Berufswahlbeschränkungen zu rechtfertigen vermögen",[207] „da Spielsucht zu schwerwiegenden Folgen nicht nur für die Betroffenen selbst, sondern auch für ihre Familien und für die Gemeinschaft führen kann".[208] Auch der Schutz vor Betrugs-, Manipulations- und Kriminalitätsgefahren[209] stellt – im Gegensatz zu rein fiskalischen Interessen des Staates[210] – ein legitimes Gemeinwohlziel dar. Die Konzession sowie das Zulässigkeitserfordernis sind unter Beachtung des gesetzgeberischen Beurteilungs- und Prognosespielraums grundsätzlich auch geeignet und erforderlich, um diese Ziele zu

---

[203] BVerfGE 11, 30 (42 f.); ferner 82, 209 (229); 86, 28 (41 f.); 102, 197 (214 f.); NJW 2008, 1293 (1294); NVwZ 2011, 355 (356). Siehe auch *Breuer*, HStR³ VIII, § 171 Rn. 16 ff.

[204] BVerfG, NVwZ 2011, 355 (356).

[205] BVerfGE 11, 30 (43 ff.).

[206] Siehe hinsichtlich Spielhallen aus jüngerer Zeit BVerfGE 145, 20 (66).

[207] BVerfG, NVwZ 2008, 1338 (1340).

[208] BVerfGE 115, 276 (305); so auch EuGH, Rs. C-243/01, Slg. 2003, I-13076, Rn. 67 – Gambelli u. a.

[209] BVerfGE 115, 276 (306); NVwZ 2008, 1338 (1340).

[210] BVerfGE 115, 276 (307); *Wieland*, in: Dreier, Art. 12 Rn. 65.

erreichen.[211] Mildere, gleich effektive Mittel sind nicht ersichtlich, insbesondere wurde mit der Kombination aus Konzession und Zulässigkeitserfordernis ein Mittel gewählt, das milder als ein ebenfalls als erforderlich erachtetes Sportwetten-Monopol ist.[212] Die Regelungen sind auch verhältnismäßig, da die mit ihnen verfolgten Gemeinwohlinteressen, v. a. die Bekämpfung der Spielsucht, derart gewichtig sind, dass sie den Eingriff in die Berufsfreiheit zu rechtfertigen vermögen.[213]

In *Fall 2* liegt eine Berufsausübungsregelung vor, da dem T „die Möglichkeit genommen [wird], innerhalb der gesetzlich zulässigen Ladenöffnungszeiten selbst darüber zu entscheiden, zu welchen Zeiten [er] alkoholische Getränke verkaufen will."[214] Die vom Landesgesetzgeber verfolgte „Eindämmung der mit Alkoholmissbrauch verbundenen Gefahren für die öffentliche Sicherheit und Ordnung wie die Eindämmung der Gesundheitsgefahren [stellen] gewichtige Gemeinwohlziele dar."[215] Die Vorschrift ist zur Erreichung des Ziels auch geeignet, da sie dieses fördert und dem Gesetzgeber darüber hinaus auch ein weiter Einschätzungsspielraum zusteht.[216] Die zeitliche Einschränkung des Verkaufszeitraums und eine damit verbundene mögliche verstärkte Bevorratung im Zeitraum vor der Geltung des Verkaufsverbots stellen angesichts des nach bereits begonnenem Konsum meist spontanen und stimmungsabhängigen Erwerbs von Alkoholika durch Jugendliche die Geeignetheit nicht in Frage.[217] Die Regelung ist zudem erforderlich, da keine milderen Mittel ersichtlich sind, die zur Zielerreichung ebenso wirksam wären.[218] Dies gilt insbesondere für die Beschränkung des Alkoholverbots auf bestimmte Arten von Alkoholika sowie ein einzelfallbezogenes Vorgehen auf der Grundlage des Polizeirechts, für welches eine Gefahr für die öffentliche Sicherheit und Ordnung schon bestehen muss.[219] Schließlich ist die Vorschrift auch angemessen, da die mit der Regelung verfolgten gewichtigen Gemeinwohlziele die Schwere des Eingriffs überwiegen.[220] Der Eingriff ist somit gerechtfertigt und eine Verletzung des Art. 12 Abs. 1 GG liegt folglich nicht vor.

In *Fall 3* bedarf es entgegen der Auffassung der für die Lebensmittelüberwachung zuständigen Behörde einer Rechtsgrundlage (→ Rn. 45, 49 f.); § 6 Abs. 1 S. 3 VIG scheidet mangels Bestimmtheit aus, § 40 Abs. 1a Nr. 2 LFGB kommt in Betracht (→ Rn. 53 f.).[221]

67

68

---

[211] BVerfG, NVwZ 2008, 1338 (1340 f.).

[212] Dazu BVerfGE 115, 276 (308 f.).

[213] BVerfG, NVwZ 2008, 1338 (1342 f.).

[214] BVerfG, NVwZ 2011, 355 (355 f.).

[215] BVerfG, NVwZ 2011, 355 (356).

[216] BVerfG, NVwZ 2011, 355 (356 f.).

[217] BVerfG, NVwZ 2011, 355 (356).

[218] BVerfG, NVwZ 2011, 355 (357).

[219] BVerfG, NVwZ 2011, 355 (357).

[220] BVerfG, NVwZ 2011, 355 (357).

[221] Zur (hier nicht gefragten) Verhältnismäßigkeit *F. Wollenschläger*, VerwArch 102 (2011), 20 (40 ff.) und zu Rechtsschutzfragen *ders.*, DÖV 2013, 7. Siehe zur (weitgehenden) Bestätigung der Verfassungskonformität des § 40 Abs. 1a LFGB BVerfGE 148, 40, und dazu *F. Wollenschläger*, JZ 2018, 980.

b) Eigentumsgarantie, Art. 14 GG

69   Anliegen der Eigentumsgarantie ist es, „dem Träger des Grundrechts einen Frei-heitsraum im vermögensrechtlichen Bereich sicherzustellen und ihm damit eine eigenverantwortliche Gestaltung des Lebens zu ermöglichen".[222] Der Garantie des Privateigentums kommt freilich auch überindividuelle wirtschaftsverfassungsrecht-liche Bedeutung zu, indem sie eine prinzipiell dezentrale, auf dem freien Einsatz von Produktionsmitteln und dem freien Austausch von Gütern beruhende Wirt-schaftsordnung impliziert.[223] Einen Kontrapunkt hierzu setzt – der bislang praktisch unbedeutende[224] – Art. 15 GG, der die Vergesellschaftung von Grund und Boden sowie von Naturschätzen und Produktionsmitteln, freilich nur gegen Entschädi-gung, ermöglicht.

70   Art. 14 GG schützt das Eigentum natürlicher und juristischer Personen des Pri-vatrechts (Art. 19 Abs. 3 GG),[225] nicht aber das der öffentlichen Hand (→ Rn. 20).[226] Für die Abgrenzung der Eigentums- zur Berufsfreiheit gilt, dass „Art. 14 Abs. 1 GG … das Erworbene, das Ergebnis der Betätigung, Art. 12 Abs. 1 GG dagegen den Erwerb, die Betätigung selbst", schützt.[227] Eine gewisse Relativierung hat diese Ab-grenzung dadurch erfahren, dass sich Art. 14 GG nach dem Urteil des BVerfG zum Atomausstieg vom 06.12.2016 nicht nur auf Eigentum und Besitz an Betriebsanla-gen erstreckt, sondern auch auf die Möglichkeit, diese zu nutzen.[228] In modaler Hinsicht schützt Art. 14 GG, Eigentum „innezuhaben, zu nutzen, zu verwalten und [darüber] zu verfügen".[229]

---

[222] BVerfGE 30, 292 (334); ferner 115, 97 (110 f.); 143, 246 (323 f.). Näher zum Hintergrund *Depenheuer*, HGR V, § 111 Rn. 1 ff.

[223] *Badura*, HGR II, § 29 Rn. 28; *Depenheuer*, HGR V, § 111 Rn. 20 ff.; *P. M. Huber/Unger*, in: Schoch, Kap. 4 Rn. 92.

[224] Zur Diskussion im Kontext der jüngeren Finanzkrise *Wieland*, in: Dreier, Art. 15 Rn. 21. Zur Verfassungsmäßigkeit der Vergesellschaftung von Wohnungsunternehmen *Kloepfer*, NJW 2019, 1656 und *J. Ipsen*, NVwZ 2019, 527.

[225] Siehe nur BVerfGE 4, 7 (17); 66, 116 (130); 143, 246 (312).

[226] BVerfGE 61, 82 (108 f.): Art. 14 GG „schützt nicht das Privateigentum, sondern das Eigentum Privater"; ferner NVwZ 2008, 778 (778 f.); 143, 246 (314 ff.). Anders – für die Parallelnorm Art. 103 BayVerf. – BayVerfGHE 37, 101 (106 ff.); 54, 1 (5); näher *F. Wollenschläger*, in: Meder/ Brechmann, BV, Art. 11 Rn. 61.

[227] BVerfGE 30, 292 (335). Siehe zur möglichen parallelen Anwendbarkeit BVerfGE 143, 246 (391 f.).

[228] BVerfGE 143, 246 (327).

[229] BVerfGE 115, 97 (110 f.).

aa) Prüfungsschema[230]

1. Schutzbereich   **71**
   a) Persönlich
   Jedermann; inländische juristische Personen (Art. 19 Abs. 3 GG); Erstreckung auf EU-ausländische juristische Personen; keine Berechtigung öffentlicher Unternehmen.
   b) Sachlich
   Eigentum: „alle vermögenswerten Rechte, die dem Berechtigten von
   der Rechtsordnung in der Weise zugeordnet sind, dass dieser die damit
   verbundenen Befugnisse nach eigenverantwortlicher Entscheidung zu
   seinem privaten Nutzen ausüben darf".
   Weiter als Zivilrecht (auch obligatorische Positionen);
   (P) Öffentlich-rechtliche Positionen; Vermögen und Abgabentatbestände; eingerichteter und ausgeübter Gewerbebetrieb
   Abgrenzung zu Art. 12 GG: dieser schützt den Erwerb, Art. 14 GG das
   Erworbene.
2. Zulässigkeit von Ausgestaltungen und Beschränkungen
   a) Inhalts- und Schrankenbestimmung (Art. 14 Abs. 1 S. 2, Abs. 2 GG)
   Begriff: abstrakt-generelle Festlegung von Rechten und Pflichten des
   Eigentümers
   Anforderung: verhältnismäßiger Ausgleich von Privatnützigkeit
   (Art. 14 Abs. 1 S. 1 GG) und Sozialpflichtigkeit (Art. 14 Abs. 2 GG)
   ggf. Härtefall-, Ausnahme- und Übergangsregeln; im Ausnahmefall:
   Entschädigungspflicht
   Wahrung der Institutsgarantie
   b) Enteignung (Art. 14 Abs. 3 GG)
   Begriff: Zielgerichtete, vollständige oder teilweise Entziehung konkreter
   Eigentumspositionen zur Erfüllung bestimmter öffentlicher Aufgaben
   und zur Güterbeschaffung; Legal- und Administrativenteignung
   Anforderung: im Wohl der Allgemeinheit; Junktim-Klausel: Art und Aus-
   maß der Entschädigung gesetzlich geregelt; gerechte Entschädigung

bb) Begriff des Eigentums

Als Eigentum definiert das BVerfG „alle vermögenswerten Rechte, die dem Be-   **72**
rechtigten von der Rechtsordnung in der Weise zugeordnet sind, dass dieser die
damit verbundenen Befugnisse nach eigenverantwortlicher Entscheidung zu seinem privaten Nutzen ausüben darf".[231] Damit geht der verfassungsrechtliche Eigentumsbegriff über den zivilrechtlichen hinaus, indem er auch nicht dingliche und

---

[230] Zitate im Prüfungsschema entstammen der Rechtsprechung des BVerfG und sind bei der folgenden Behandlung des Sachproblems nachgewiesen.
[231] BVerfGE 115, 97 (110 f.); ferner 95, 267 (300).

andere absolute, mithin gegenüber jedermann wirkende Rechtspositionen erfasst.[232] Geschützt sind folglich nicht nur das Sacheigentum (§ 903 BGB)[233] und vergleichbare absolute Rechte, wie Immaterialgüterrechte,[234] sondern auch obligatorische Rechte, wie Forderungen,[235] das Anteilseigentum[236] oder das Recht des Mieters zum Besitz der gemieteten Wohnung[237]. Nicht unter Art 14 GG fallen Chancen und Verdienstmöglichkeiten.[238] Ebenso wenig enthält Art. 14 GG eine allgemeine Wertgarantie.[239]

73   Auch *öffentlich-rechtliche Positionen* können Art. 14 GG unterfallen. Für Sozialleistungsansprüche verlangt das BVerfG „eine vermögenswerte Rechtsposition, die nach Art eines Ausschließlichkeitsrechts dem Rechtsträger als privatnützig zugeordnet ist; diese genießt den Schutz der Eigentumsgarantie dann, wenn sie auf nicht unerheblichen Eigenleistungen des Versicherten beruht und zudem der Sicherung seiner Existenz dient."[240] Das BVerfG hat diese Voraussetzungen für Rentenansprüche[241] und das (sozialversicherungsbasierte) Arbeitslosengeld (§§ 136 ff. SGB III)[242] bejaht, für „Sozialleistungen, die ausschließlich darauf beruhen, daß der Staat sie in Erfüllung seiner Fürsorgepflicht durch Gesetz eingeräumt hat", wie etwa Arbeitslosengeld II (§ 19 SGB II) oder Sozialhilfe (§ 8 SGB XII), verneint.[243] Öffentlich-rechtliche Genehmigungen, die eine berufliche Betätigung gestatten, wie etwa die Gaststätten- oder Gewerbeerlaubnis, stellen grundsätzlich kein Eigentum dar, fehlt es doch regelmäßig an einer erheblichen Eigenleistung für ihren Erhalt[244] und gewähren sie lediglich Erwerbschancen[245].[246] Dementsprechend hat das Bundesverfassungsgericht in seinem Urteil zum Atomausstieg vom 06.12.2016 hinsichtlich atomrechtlicher Genehmigungen zum Kraftwerksbetrieb bekräftigt, dass „staatliche Erlaubnisse, mit denen je nach Ausgestaltung repressive oder präventive Verbote mit

---

[232] BVerfGE 95, 267 (300); ferner 115, 97 (110 f.).

[233] BVerfGE 143, 246 (327).

[234] BVerfGE 31, 229 (239 f.); 77, 263 (270 f.) – Urheberrecht; 51, 193 (217–219) – Warenzeichen.

[235] BVerfGE 45, 142 (179); 83, 201 (208 f.).

[236] BVerfGE 132, 99 (119). Näher *Badura*, HGR II, § 29 Rn. 29 ff.

[237] BVerfGE 89, 1 (5 ff.).

[238] BVerfGE 30, 292 (334 f.); 105, 252 (277); NVwZ 2009, 1426 (1428).

[239] BVerfGE 105, 252 (277); 132, 99 (119 f.).

[240] BVerfGE 69, 272 (300); ferner 72, 9 (18 f.); 100, 1 (32 f.); K 14, 287 (289).

[241] BVerfGE 69, 272 (304 ff.); 100, 1 (32 f.).

[242] BVerfGE 72, 9 (19 ff.).

[243] BVerfGE 69, 272 (301 f.); ferner 100, 1 (32 f.).

[244] BVerfGE 143, 246 (328 f.); ferner in diese Richtung, wenn auch im Ergebnis offen gelassen BVerfG, NVwZ 2009, 1426 (1428); ebenso bereits offen gelassen (für die Apotheken-Betriebserlaubnis) E 17, 232 (247 f.).

[245] BVerfGE 45, 142 (170 ff.).

[246] Grundsätzlich ablehnend auch *Depenheuer*, HGR V, § 111 Rn. 65; *Wieland*, in: Dreier, Art. 14 Rn. 76. Umfassend zur Thematik *M. Schröder*, Verfassungsrechtlicher Eigentumsschutz von Genehmigungen, in: FS Papier, S. 605.

Erlaubnisvorbehalt überwunden werden", keinen Eigentumsschutz genießen.[247] Hieran ändert auch der Umstand nichts, dass die Genehmigungen „erst nach erheblichen Investitionen des Anlagenbetreibers in Grundstück und Anlage erteilt werden oder die Erteilung Voraussetzung für solche Investitionen ist". Dann können Genehmigungen „Vertrauen schaffen, [sie] sind aber kein verfassungsrechtliches Eigentum. Art. 14 GG schützt nicht die öffentliche Genehmigung als solche, sondern nur die aufgrund der Genehmigung geschaffenen privaten Vermögenspositionen."[248] Gegenläufig hat das BVerfG zuvor noch entschieden, dass anderes gilt, wenn ein Anlagenbetreiber auf der Grundlage einer immissionsschutzrechtlichen Genehmigung erhebliche Investitionen getätigt hat; in diesem Fall genießt nicht nur das Sacheigentum an der Anlage, sondern wegen der „Verknüpfung der verwaltungsrechtlichen Grundlagen des Anlagenbetriebs mit den privatwirtschaftlichen Eigenleistungen des Anlagenbetreibers" auch die verwirklichte Genehmigung Eigentumsschutz.[249] Eigentumsschutz besteht mit dem BVerwG jedenfalls, wenn der Erwerb der Genehmigung selbst erhebliche Eigenleistungen erfordert hat, was etwa auf die Ersteigerung von Lizenzen für die Nutzung von Mobilfunkfrequenzen zutrifft (→ § 12 Rn. 42).[250] Greift Art. 14 GG, hat die Aufhebung solcher Genehmigungen den Anforderungen des Eigentumsgrundrechts Rechnung zu tragen, wobei sich Aufhebungstatbestände als Inhalts- und Schrankenbestimmungen darstellen und nicht zwingend eine Entschädigungspflicht begründen.[251] Zu berücksichtigen ist überdies, dass, wenn „Eigentum bereits zum Zeitpunkt seiner Begründung einem öffentlich-rechtlichen Nutzungsregime" unterliegt, „der verfassungsrechtliche Schutz der Eigentumsnutzung gegenüber späteren Eingriffen und Ausgestaltungen im Grundsatz auf das danach Erlaubte begrenzt [ist], wobei der Bestandsschutz für erlaubte Nutzungen von Rechtsgebiet zu Rechtsgebiet unterschiedlich ausgestaltet sein kann."[252]

Nach h. M. erfasst der an konkrete Rechtspositionen gebundene Eigentumsschutz **74** nicht das *Vermögen* als solches, da es „selber kein Recht, sondern den Inbegriff aller geldwerten Güter einer Person darstellt".[253] Damit unterfallen *Abgabentatbestände* grundsätzlich nicht Art. 14 GG (sondern Art. 2 Abs. 1 GG → Rn. 87), sind diese doch „nicht mittels eines bestimmten Eigentumsobjekts zu erfüllen, sondern werden aus dem fluktuierenden Vermögen bestritten".[254] Hiervon sind zwei Ausnahmen zu machen: Zum einen für Zahlungspflichten, die „den Betroffenen übermäßig belasten und seine Vermögensverhältnisse so grundlegend beeinträchtigen, dass ihnen eine erdrosselnde Wirkung zukommt",[255] zum anderen, jedenfalls nach der neueren Rechtsprechung des zweiten Senats, für an den Erwerb oder das Innehaben konkre-

---

[247] BVerfGE 143, 246 (328 f.).
[248] BVerfGE 143, 246 (329).
[249] BVerfG, NVwZ 2010, 771 (772) – offen gelassen für die noch nicht aktualisierte Genehmigung.
[250] BVerwGE 140, 221 (235 ff.).
[251] Siehe etwa BVerfG, NVwZ 2010, 771 (772 ff.); BVerwGE 140, 221 (235 ff.).
[252] BVerfGE 143, 246 (327).
[253] BVerfGE 95, 267 (300); ferner 4, 7 (17); *Wieland*, in: Dreier, Art. 14 Rn. 65 ff.
[254] BVerfGE 95, 267 (300 f.).
[255] BVerfG, NVwZ 2007, 1168 (1168 f.); ferner 95, 267 (300 f.).

ter Eigentumspositionen anknüpfende Abgabentatbestände,[256] worunter – sehr weitgehend – die Einkommen- und Gewerbesteuer wegen ihres Anknüpfens an „den Hinzuerwerb von Eigentum" gefasst wurde.[257]

75   Ob Art. 14 GG auch den *eingerichteten und ausgeübten Gewerbebetrieb*, mithin die „tatsächliche Zusammenfassung der zum Vermögen eines Unternehmens gehörenden Sachen und Rechte"[258] schützt, hat das BVerfG, anders als das BVerwG und der BGH,[259] bislang offen gelassen.[260] Eingriffe setzen jedenfalls einen Substanzbezug voraus.[261] Der Schutz des Gewerbebetriebs bezieht sich nach dem BVerfG jedenfalls „nur auf den konkreten Bestand an Rechten und Gütern"[262] und kann „nicht weiter gehen als der Schutz, den seine wirtschaftliche Grundlage genießt".[263] Keinesfalls erfasst sind damit Umsatz- und Gewinnchancen,[264] der Ruf des Unternehmens[265] oder „tatsächliche Gegebenheiten … wie die bestehenden Geschäftsverbindungen, de[r] erworben[e] Kundenstamm oder die Marktstellung"[266]. Weite Auffassungen nehmen indes nicht nur einen Eingriff bei Existenzgefährdung des Betriebs an;[267] sie beziehen in den Schutz vor allem „nicht nur den gegenständlichen Bestand des Betriebes [ein], sondern dessen gesamte Erscheinungsform, den Tätigkeitskreis und seinen Kundenstamm, kurz alles, was in seiner Gesamtheit den wirtschaftlichen Wert des konkreten Betriebes ausmacht" einschließlich des „Kontakt[s] nach außen".[268] Denn auch diese Aspekte verkörperten die im Unternehmen geronnene Leistung des Unternehmers und konstituierten gerade den Wert des Betriebs.[269] Auf jeden Fall ist zu berücksichtigen, dass das Urteil des BVerfG zum Atomausstieg vom 06.12.2016 die Notwendigkeit, auf den Schutz des eingerichteten und ausgeübten Gewerbebetriebs zur Gewährleistung von Substanzschutz zurückzugreifen, dadurch beseitigt hat, dass es Art. 14 GG nicht nur auf Eigentum und Besitz an Betriebsanlagen erstreckt hat, sondern auch auf die Möglichkeit, diese zu nutzen.[270]

---

[256] BVerfGE 115, 97 (110).

[257] BVerfGE 115, 97 (111 f.).

[258] So die Definition in BVerfG, NVwZ 2009, 1426 (1428).

[259] BVerwGE 95, 341 (348 f.) – offen gelassen dann aber in E 118, 226 (241) und 120, 54 (81); BGH, NJW 1967, 1857 (1857); Z 111, 349 (356 f.). Bejahend auch *Ziekow*, § 3 Rn. 32. Ablehnend *Wieland*, in: Dreier, Art. 14 Rn. 61 ff.

[260] BVerfGE 51, 193 (221 f.); 105, 252 (278); NVwZ 2009, 1426 (1428); 143, 246 (331).

[261] BVerfGE 13, 225 (229); BVerwGE 95, 341 (348 ff.); 118, 226 (241); BGH, NJW 1967, 1857 (1857); Z 111, 349 (356 f.).

[262] BVerfG, NVwZ 2009, 1426 (1428).

[263] BVerfG, NVwZ 2009, 1426 (1428); E 143, 246 (331).

[264] BVerfGE 77, 84 (118); 105, 252 (278); 143, 246 (331); BVerwGE 95, 341 (348 ff.).

[265] BVerfGE 105, 252 (278).

[266] BVerfGE 77, 84 (118); ferner 143, 246 (331).

[267] BGHZ 111, 349 (357).

[268] BGHZ 55, 261 (263); ferner *Depenheuer*, HGR V, § 111 Rn. 63 f.; *P. M. Huber/Unger*, in: Schoch, Kap. 4 Rn. 99; *Leisner*, HStR³ VIII, § 173 Rn. 198 ff.

[269] *Depenheuer*, HGR V, § 111 Rn. 64; *Leisner*, HStR³ VIII, § 173 Rn. 199 f.

[270] BVerfGE 143, 246 (327).

cc) Ausgestaltung und Beschränkung des Eigentums

Nachdem Eigentum, anders als etwa das menschliche Leben, kein rein natürliches **76**
Phänomen darstellt, bedarf es einer gesetzlichen Ausgestaltung.[271] Art. 14 Abs. 1 S. 2 GG
überantwortet dem Gesetzgeber, Inhalt und Schranken des Eigentums zu bestimmen, wobei verfassungsrechtliche Direktiven zu beachten sind (1). Derartige
Inhalts- und Schrankenbestimmungen „legen generell und abstrakt die Rechte
und Pflichten des Eigentümers fest, bestimmen also den ‚Inhalt' des Eigentums …
Der Gesetzgeber schafft damit auf der Ebene des objektiven Rechts diejenigen
Rechtssätze, die die Rechtsstellung des Eigentümers begründen und ausformen;
sie können privatrechtlicher und öffentlich-rechtlicher Natur sein."[272] Strikt zu
unterscheiden sind Inhalts- und Schrankenbestimmungen, wie das BVerfG im
Nassauskiesungs-Beschluss vom 15.07.1981 herausgearbeitet hat, vom Rechts-
institut der Enteignung, das auf den Entzug konkreter Eigentumspositionen gerichtet ist (zu den weiteren Voraussetzungen der Änderung der Eigentumszuordnung und der Güterbeschaffung → Rn. 81).[273] Damit erhalten „Regelungen, die
Inhalt und Schranken des Eigentums festlegen, … auch dann keinen enteignenden
Charakter, wenn sie im Einzelfall die Eigentümerbefugnisse über das verfassungsrechtlich zulässige Maß hinaus einschränken. Eine verfassungswidrige Inhaltsbestimmung stellt nicht zugleich einen ‚enteignenden Eingriff' im verfassungsrechtlichen Sinn dar und kann wegen des unterschiedlichen Charakters von
Inhaltsbestimmung und Enteignung auch nicht in einen solchen umgedeutet
werden … Das gilt auch, wenn die Anwendung einer inhaltsbestimmenden Norm
das Eigentum völlig entwertet."[274] Die Ausgestaltungsbedürftigkeit des Eigentums impliziert, dass, wenn „Eigentum bereits zum Zeitpunkt seiner Begründung
einem öffentlich-rechtlichen Nutzungsregime" unterliegt, „der verfassungsrechtliche Schutz der Eigentumsnutzung gegenüber späteren Eingriffen und Ausgestaltungen im Grundsatz auf das danach Erlaubte begrenzt [ist], wobei der
Bestandsschutz für erlaubte Nutzungen von Rechtsgebiet zu Rechtsgebiet unterschiedlich ausgestaltet sein kann."[275]

So hat das BVerfG die Pflicht zur Ablieferung eines Belegexemplars von Druck- **77**
werken an eine öffentliche Bibliothek mit folgender Begründung als Inhalts- und
Schrankenbestimmung, nicht aber als Enteignung qualifiziert: „Die Vorschrift enthält
keine Ermächtigung für die Exekutive, durch Einzelakt auf ein bestimmtes von ihr be-
nötigtes Vermögensobjekt zuzugreifen, sondern begründet in genereller und abstrakter
Weise eine Naturalleistungspflicht in der Form einer Abgabe. Sie trifft diejenigen, die –
in aller Regel in Ausübung eines Berufs – als Verleger Eigentum in den Verkehr bringen
und ruht auf der Gesamtheit der zu einer Auflage gehörenden und im Eigentum des
Verlegers stehenden Druckstücke, die das Gesetz als Druckwerk bezeichnet. Dieses

---

[271] BVerfGE 31, 229 (240); 58, 300 (330); NVwZ 2010, 771 (772); 143, 246 (324); *Depenheuer*,
HGR V, § 111 Rn. 44; *Leisner*, HStR³ VIII, § 173 Rn. 127 ff.

[272] BVerfGE 58, 300 (330); ferner 52, 1 (27 f.); 72, 66 (76).

[273] BVerfGE 58, 300 (330 ff.). Siehe auch *Wieland*, in: Dreier, Art. 14 Rn. 100.

[274] BVerfGE 102, 1 (16); ferner 58, 137 (145).

[275] BVerfGE 143, 246 (327).

Eigentum am Druckwerk ist schon bei seiner Entstehung mit der Verpflichtung zur Ablieferung eines Exemplars belastet. Die vom Verleger vorzunehmende Auswahl und Ablieferung eines beliebigen Druckstücks der Auflage aktualisiert die allgemein und im vorhinein diesem obliegende Verpflichtung. Die Pflichtexemplarregelung ist somit eine objektivrechtliche Vorschrift, die in allgemeiner Form den Inhalt des Eigentums am Druckwerk als der Gesamtheit aller Druckstücke bestimmt."[276]

78   Im Folgenden nicht weiter thematisiert werden sonstige Eigentumsbeeinträchtigungen, namentlich enteignungsgleiche und enteignende Eingriffe.[277]

(1) Anforderungen an Inhalts- und Schrankenbestimmungen

79   In materieller Hinsicht muss eine Inhalts- und Schrankenbestimmung verhältnismäßig sein, mithin die Privatnützigkeit (Art. 14 Abs. 1 S. 1 GG) und die Sozialpflichtigkeit (Art. 14 Abs. 2 GG) des Eigentums in einen angemessenen Ausgleich bringen. Die Anforderungen sind sachbereichsbezogen zu bestimmen: „Soweit das Eigentum die persönliche Freiheit des Einzelnen im vermögensrechtlichen Bereich sichert, genießt es einen besonders ausgeprägten Schutz. Dagegen ist die Gestaltungsfreiheit des Gesetzgebers um so größer, je stärker der soziale Bezug des Eigentumsobjekts ist ... Außerdem können grundlegende Veränderungen der wirtschaftlichen und gesellschaftlichen Verhältnisse den Regelungs- und Gestaltungsspielraum des Gesetzgebers erweitern."[278] Ggf. können Härtefall-, Ausnahme- und Übergangsregeln erforderlich sein.[279] Zur Vermeidung unangemessener Härte einer prinzipiell verfassungskonformen Inhalts- und Schrankenbestimmung im Einzelfall kann eine Entschädigungsregelung geboten sein (ausgleichspflichtige Inhalts- und Schrankenbestimmung);[280] wegen des Vorrangs des Bestandsschutzes sind indes primär Ausnahmen, Befreiungen oder Übergangsregelungen vorzusehen.[281] Angesichts des auf Güterbeschaffungsvorgänge beschränkten Enteignungsbegriffs (→ Rn. 81) stellt sich die Frage von Ausgleichsregelungen namentlich in Fällen des (schlichten) Entzugs von Eigentumspositionen; für die Zuerkennung eines Entschädigungsanspruchs relevant ist, ob der „Eigentümer die den Entzug des Eigentums legitimierenden Gründe zu verantworten hat oder sie ihm jedenfalls zuzurechnen sind".[282]

79a   Überdies ist „der rechtsstaatliche Grundsatz des *Vertrauensschutzes* zu berücksichtigen, der in Art. 14 Abs. 1 GG für vermögenswerte Güter eine eigene Ausprä-

---

[276] BVerfGE 58, 137 (149 ff.).

[277] Umfassend zu diesen *Ossenbühl/Cornils*, Staatshaftungsrecht, 6. Aufl. 2013, S. 259 ff., 325 ff., und im Überblick *Kingreen/Poscher*, Rn. 1086 ff.

[278] BVerfGE 101, 54 (75 f.); 143, 246 (341 f.) – dort (325; ferner 351) auch zum „besonders ausgeprägten sozialen Bezug" der Eigentumspositionen an Kernkraftwerken. Näher *Wieland*, in: Dreier, Art. 14 Rn. 103 ff.

[279] Zum „schonenden Übergang vom alten ins neue Recht" BVerfGE 53, 336 (351); 58, 300 (351 f.); *Schoch*, JZ 1995, 769 (770); *Wieland*, in: Dreier, Art. 14 Rn. 148 ff., 154.

[280] BVerfGE 58, 137 (150 f.); 143, 246 (338 f.). Näher (und kritisch) *Wieland*, in: Dreier, Art. 14 Rn. 151 ff.

[281] BVerfGE 143, 246 (338 f.).

[282] BVerfGE 143, 246 (339).

gung erfahren hat".[283] Die Befugnis zu Inhalts- und Schrankenbestimmungen ermöglicht dem Gesetzgeber, „Eigentumsrechten einen neuen Inhalt [zu] geben. Ebenso wie er neue Rechte einführen darf, kann er auch das Entstehen von Rechten, die nach bisherigem Recht möglich waren, für die Zukunft ausschließen. Die Eigentumsgarantie gebietet nicht, einmal ausgestaltete Rechtspositionen für alle Zukunft in ihrem Inhalt unangetastet zu lassen … Selbst die völlige Beseitigung bisher bestehender, durch die Eigentumsgarantie geschützter Rechtspositionen kann unter bestimmten Voraussetzungen zulässig sein … Der Gesetzgeber unterliegt dabei jedoch besonderen verfassungsrechtlichen Schranken … Der Eingriff in die nach früherem Recht entstandenen Rechte muss durch Gründe des öffentlichen Interesses unter Berücksichtigung des Grundsatzes der Verhältnismäßigkeit gerechtfertigt sein … Die Gründe des öffentlichen Interesses, die für einen solchen Eingriff sprechen, müssen so schwerwiegend sein, dass sie Vorrang haben vor dem Vertrauen des Bürgers auf den Fortbestand seines Rechts, das durch den Art. 14 Abs. 1 Satz 1 GG innewohnenden Bestandsschutz gesichert wird … Auch das zulässige Ausmaß des Eingriffs hängt vom Gewicht des dahinterstehenden öffentlichen Interesses ab … Die völlige, übergangs- und ersatzlose Beseitigung einer Rechtsposition kann jedenfalls nur unter besonderen Voraussetzungen in Betracht kommen".[284] Für *Investitionen* hat das BVerfG dies weiter dahin konkretisiert, dass Art. 14 GG „auch berechtigtes Vertrauen in den Bestand der Rechtslage als Grundlage von Investitionen in das Eigentum und seiner Nutzbarkeit [schützt]; ob und inwieweit ein solches Vertrauen berechtigt ist, hängt von den Umständen des Einzelfalls ab. Eine Garantie der Erfüllung aller Investitionserwartungen besteht nicht. Insbesondere schützt Art. 14 Abs. 1 GG grundsätzlich nicht gegen Änderungen der rechtlichen Rahmenbedingungen wirtschaftlichen Handelns und deren Auswirkungen auf die Marktchancen. Die in berechtigtem Vertrauen auf eine Gesetzeslage getätigten Investitionen ins Eigentum erfordern jedoch nach Maßgabe des Verhältnismäßigkeitsgrundsatzes sowohl hinsichtlich des Ob als auch hinsichtlich des Wie eines Ausgleichs angemessene Berücksichtigung, wenn der Gesetzgeber die weitere Verwertbarkeit des Eigentums direkt unterbindet oder erheblich einschränkt. Dabei bleibt dem Gesetzgeber für die Überleitung bestehender Rechtslagen, Berechtigungen und Rechtsverhältnisse ein breiter Gestaltungsspielraum. Insbesondere ist der Gesetzgeber von Verfassungs wegen nicht gehalten, bei Systemwechseln und der Umstellung von Rechtslagen die Betroffenen von jeder Belastung zu verschonen oder jeglicher Sonderlast mit einer Übergangsregelung zu begegnen … Ein Ausgleich hinsichtlich entwerteter Investitionen in das Eigentum ist jedenfalls dann nicht erforderlich, wenn der Gesetzgeber die Einschränkung der Verwertbarkeit des Eigentums anderweitig ausgleicht; eine Doppelkompensation ist ausgeschlossen."[285]

Eine äußerste Grenze zieht schließlich die in Art. 14 Abs. 1 S. 1 GG enthaltene Institutsgarantie des Privateigentums, „das im wesentlichen durch die Privatnützigkeit und grundsätzliche Verfügungsfähigkeit über das Eigentumsobjekt **80**

---

[283] BVerfGE 143, 246 (341 f.; weiter konkretisiert in 383 ff.) – Hervorhebung nicht im Original.

[284] BVerfGE 143, 246 (342) – 343, 383 ff. spezifisch zum Investitionsschutz von Unternehmen.

[285] BVerfGE 143, 246 (383).

gekennzeichnet ist".[286] Diese „Institutsgarantie gewährleistet einen Grundbe-
stand von Normen, der gegeben sein muß, um das Recht als ‚Privateigentum'
bezeichnen zu können."[287]

(2) Enteignung

81 Eine Enteignung „ist auf die vollständige oder teilweise Entziehung konkreter
subjektiver, durch Art. 14 Abs. 1 Satz 1 GG gewährleisteter Rechtspositionen zur
Erfüllung bestimmter öffentlicher Aufgaben gerichtet".[288] Entscheidend für das
Vorliegen einer Entziehung – gerade in Abgrenzung zur (grundsätzlich nicht entschä-
digungspflichtigen) Inhalts- und Schrankenbestimmung gemäß Art. 14 Abs. 1 Satz 2 GG
– ist zum einen die „Änderung der Eigentumszuordnung",[289] mithin der durch die
Entziehung „bewirkte Rechts- und Vermögensverlust … Nutzungs- und Verfü-
gungsbeschränkungen von Eigentümerbefugnissen können daher keine Enteignung sein …, selbst wenn sie die Nutzung des Eigentums nahezu oder völlig
entwerten".[290] Zum anderen setzt eine Enteignung nach dem die Rechtsprechung
konsolidierenden Urteil des Bundesverfassungsgerichts zum Atomausstieg vom
06.12.2016 eine „Güterbeschaffung zugunsten der öffentlichen Hand oder des
sonst Enteignungsbegünstigten" voraus; auf diese muss das Eigentum übergehen, womit die Aufhebung oder Vernichtung von Eigentumspositionen keine
Enteignung darstellt.[291] Zur Begründung führt das BVerfG „funktionale Gründe
des Eigentumsschutzes" an, und zwar neben dem „Vorteil einer klaren Abgrenzung zur Inhalts- und Schrankenbestimmung" namentlich die Sicherung gesetz-
geberischer Gestaltungsspielräume, die ein weites Verständnis der Enteignung
wegen ihrer „streng fixierten" „Voraussetzungen und Rechtsfolgen" sowie der
Ausweitung des Eigentumsbegriffes zu stark beschneide. Für diese Engführung
des Enteignungsbegriffs „spricht insbesondere, dass ein praktischer Bedarf für
den bloßen Eigentumsentzug, der nicht zugleich mit einem Übergang des Eigentums auf den Staat oder einen Drittbegünstigten verbunden ist, gerade dann besteht, wenn das Eigentumsrecht im weitesten Sinne bemakelt ist oder in sonstiger Weise als Gemeinwohllast wahrgenommen wird, der Staat also kein
originäres Interesse an der Beschaffung des betroffenen Gegenstands aus Gründen des Gemeinwohls hat (so z. B. die Entziehung deliktisch erlangten Eigentums als Nebenfolge einer strafrechtlichen Verurteilung – BVerfGE 110, 1
<24 f.>; das Einfuhr- und Verbringungsverbot bestimmter Hunderassen –
BVerfGE 110, 141 <167>; die Sicherstellung und Beschlagnahme von Gegen-

---

[286] BVerfGE 31, 229 (240 f.); ferner 77, 263 (270 f.).

[287] BVerfGE 31, 229 (241); ferner 77, 263 (270 f.).

[288] BVerfGE 104, 1 (9 f.); ferner 52, 1 (27); 72, 66 (76); 101, 239 (259); 102, 1 (15 f.); 143, 246
(333). Näher *Wieland*, in: Dreier, Art. 14 Rn. 9 ff.

[289] BVerfGE 143, 246 (332 f.).

[290] BVerfGE 143, 246 (333).

[291] BVerfGE 143, 246 (333 ff.). Siehe zur Qualifikation der im Kontext der 13. AtG-Novelle (Atomausstieg nach Fukushima) getroffenen Maßnahmen als Inhalts- und Schrankenbestimmung und
nicht als Enteignung BVerfGE 143, 246 (339 f.).

ständen zu Beweiszwecken – B VerfGK 17, 550 <557>). Es entspricht der grundsätzlichen Sozialpflichtigkeit des Eigentums (Art. 14 Abs. 2 GG), den Eigentumsentzug in solchen Fällen nicht als entschädigungspflichtige Enteignung zu qualifizieren, sondern als Bestimmung von Inhalt und Schranken des Eigentums, die auch beim Entzug von Eigentum nur ausnahmsweise einen Ausgleich erfordert".[292]

Gemäß Art. 14 Abs. 3 S. 1 GG darf die öffentliche Hand „nur zum Wohle der **82** Allgemeinheit" enteignen.[293] Dies schließt eine Enteignung zugunsten Privater nicht aus (privatnützige Enteignung).[294] Die Enteignung kann durch Gesetz (Legalenteignung) oder auf gesetzlicher Grundlage (Administrativenteignung) erfolgen,[295] wobei die gesetzliche Grundlage nach der sog. Junktim-Klausel „Art und Ausmaß der Entschädigung" regeln muss (Art. 14 Abs. 3 S. 2 GG).[296] Die Höhe der Entschädigung ist gemäß Art. 14 Abs. 3 S. 3 GG „unter gerechter Abwägung der Interessen der Allgemeinheit und der Beteiligten zu bestimmen."[297]

c) Vereinigungs- und Koalitionsfreiheit, Art. 9 GG

Die *Vereinigungsfreiheit* (Art. 9 Abs. 1 GG) gewährleistet den Zusammenschluss **83** Deutscher (zum Schutz von EU-Ausländern → Rn. 21) zu Vereinen und Gesellschaften, worunter auch Personen- und Kapitalgesellschaften fallen.[298] Verbürgt ist die „Gründungs- und Beitrittsfreiheit sowie die Freiheit, aus einer Vereinigung auszutreten oder ihr fernzubleiben".[299] Darüber hinaus kommt Art. 9 Abs. 1 GG nach h. M. eine kollektive Dimension zu, indem er den „Verband selbst in seinem Recht auf Selbstbestimmung über die eigene Organisation, das Verfahren der Willensbildung und die Führung der Geschäfte sowie das Recht auf Entstehen und Bestehen" schützt; ob diese auch Wirtschaftsvereinigungen zukommt, hat das B VerfG indes offen gelassen, da bei diesen „das personale Element bis hin zur Bedeutungslosigkeit zurück[tritt]".[300] Bejaht man dies,[301] ist Art. 9 Abs. 1 GG Maßstab für Regelungen der Mitbestimmung[302] oder der Fusionskontrolle. Nicht

---

[292] B VerfGE 143, 246 (336 f.).

[293] Näher *Wieland*, in: Dreier, Art. 14 Rn. 116 ff.

[294] Siehe B VerfGE 74, 264 (284 ff.); WM 2009, 422 (423 f.). Näher *Wieland*, in: Dreier, Art. 14 Rn. 120 ff.

[295] Zum Ausnahmecharakter der Legalenteignung B VerfGE 95, 1 (22); kritisch *Wieland*, in: Dreier, Art. 14 Rn. 112.

[296] Zur Junktim-Klausel *Wieland*, in: Dreier, Art. 14 Rn. 125 ff.

[297] Im Einzelnen *Wieland*, in: Dreier, Art. 14 Rn. 129 ff.

[298] B VerfGE 50, 290 (354); 124, 25 (34); 146, 164 (139 f.); Beschl. v. 13.07.2018 – 1 BvR 1474/12 u. a., juris, Rn. 97; *H. Bauer*, in: Dreier, Art. 9 Rn. 20, 35; *Durner*, in: Ehlers/Fehling/Pünder, § 11 Rn. 30.

[299] B VerfGE 50, 290 (354); ferner 146, 164 (139 f.).

[300] B VerfGE 124, 25 (34 f.); ferner 50, 290 (354, 355 f.); Beschl. v. 13.07.2018 – 1 BvR 1474/12 u. a., juris, Rn. 98.

[301] So etwa *R. Schmidt*, in: ders./Vollmöller (Hrsg.), Kompendium Öffentliches Wirtschaftsrecht, 3. Aufl., § 2 Rn. 69.

[302] B VerfGE 50, 290 (356 ff.).

erfasst „sind dagegen Tätigkeiten jenseits der Handlungen zur Entstehung und zur Erhaltung des Bestands der Vereinigung"; hierfür gilt das jeweils einschlägige spezielle Freiheitsrecht.[303] Die im Öffentlichen Wirtschaftsrecht vielfach anzutreffende *Zwangsmitgliedschaft Berufstätiger in Selbstverwaltungskörperschaften der Wirtschaft*, etwa für Gewerbetreibende in der IHK (§ 2 Abs. 1 IHKG) oder für Handwerker in der Handwerkskammer (§ 90 Abs. 2 ff. HwO), hat das BVerfG nicht an der (negativen) Vereinigungsfreiheit gemessen, da eine Vereinigung einen freiwilligen Zusammenschluss impliziere und einer Einbeziehung die Entstehungsgeschichte entgegenstünde; vielmehr liege mit Blick auf die Ziele der Selbstverwaltung (freiheitssichernde und sachnahe Interessenwahrnehmung durch Betroffene; Interessenbündelung) und die damit korrespondierende Notwendigkeit einer umfassenden Einbeziehung aller ein (gerechtfertigter) Eingriff in Art. 2 Abs. 1 GG vor (→ Rn. 87).[304]

84   Grundlegende Bedeutung für die Wirtschaftsverfassung kommt auch der *Koalitionsfreiheit* (Art. 9 Abs. 3 GG) zu, impliziert sie doch eine dezentrale Festlegung der Arbeitsbedingungen vorrangig durch die Koalitionen, mithin Arbeitgeberverbände und Gewerkschaften, und nicht durch den Staat: Letzterer „hat, soweit es um die Regelung des Inhalts von Arbeitsverträgen geht, gemäß Art. 9 Abs. 3 GG seine Zuständigkeit von vornherein weit zurückgenommen und die Befugnis der Koalitionen, selbst Rechtsregeln zu setzen und wieder aufzuheben, anerkannt."[305]

85   Die Koalitionsfreiheit berechtigt nicht nur den Einzelnen, sondern auch die Koalitionen selbst.[306] Als individuelles Freiheitsrecht gewährleistet Art. 9 Abs. 3 GG das Recht der Arbeitnehmer und Arbeitgeber, sich zu Koalitionen zusammenzuschließen und ihnen fernzubleiben.[307] In ihrer kollektiven Dimension schützt die Koalitionsfreiheit „auch die Koalition selbst in ihrem Bestand, ihrer organisatorischen Ausgestaltung und ihren Betätigungen, sofern diese der Förderung der Arbeits- und Wirtschaftsbedingungen dienen … Der Schutz erstreckt sich auf alle koalitionsspezifischen Verhaltensweisen und umfasst insbesondere auch die Tarifautonomie, die im Zentrum der den Koalitionen eingeräumten Möglichkeiten zur Verfolgung ihrer Zwecke steht".[308] Gewährleistet sind „als koalitionsmäßige Betätigung auch Arbeitskampfmaßnahmen, die auf den Abschluß von Tarifverträgen gerichtet sind. Sie werden jedenfalls insoweit von der Koalitionsfreiheit erfaßt, als sie erforderlich sind, um eine funktionierende Tarifautonomie sicherzustellen …

[303] BVerfG, Beschl. v. 13.07.2018 – 1 BvR 1474/12 u. a., juris, Rn. 98; ferner *Durner*, in: Ehlers/Fehling/Pünder, § 11 Rn. 31, 33. BVerfGE 80, 244 (252 f.) bezieht demgegenüber „den Kernbereich … der Vereinstätigkeit" in den Schutz ein.

[304] BVerfGE 146, 164 (193 ff.); NVwZ 2002, 335 (336 f.); kritisch (zur Auslegung des Art. 9 Abs. 1 GG) *H. Bauer*, in: Dreier, Art. 9 Rn. 47.

[305] BVerfGE 44, 322 (349 f.); ferner *Durner*, in: Ehlers/Fehling/Pünder, § 11 Rn. 34.

[306] BVerfGE 116, 202 (217 f.); 146, 71 (114); zur Berechtigung von Spitzenorganisationen i. S. d. § 2 Abs. 2 TVG BVerfGE 146, 71 (109).

[307] BVerfGE 116, 202 (217 f.); ferner 92, 365 (393 f.); 146, 71 (114).

[308] BVerfGE 116, 202 (219); ferner 92, 365 (393 f.); 146, 71 (115 f.).

Dazu gehört auch der Streik".[309] Die Koalitionsfreiheit entfaltet als einziges Grundrecht gemäß Art. 9 Abs. 3 S. 2 GG unmittelbare Drittwirkung (→ Rn. 15). In der Tariftreue-Verpflichtung bei der Vergabe öffentlicher Aufträge hat das BVerfG keinen Eingriff in Art. 9 Abs. 3 GG gesehen.[310] Ein solcher liegt freilich in der gesetzlichen Vorgabe eines Mindestlohnes gemäß dem zum 01.01.2015 in Kraft getretenen § 1 Mindestlohngesetz.[311] Auch die Verdrängungsregelung zugunsten des Mehrheitstarifvertrags für den Fall kollidierender Tarifverträge in einem Betrieb (§ 4a Abs. 2 Satz 2 TVG) greift in die Koalitionsfreiheit ein; diesen Eingriff hat das BVerfG indes für weitgehend gerechtfertigt erachtet, da „der Gesetzgeber das Verhältnis konkurrierender Gewerkschaften untereinander aus[gestaltet] hat, um strukturelle Voraussetzungen dafür herzustellen oder zu sichern, dass Tarifverhandlungen einen fairen Ausgleich ermöglichen", und dies in grundsätzlich verhältnismäßiger Weise.[312]

d) Schutz von Arbeits-, Betriebs- und Geschäftsräumen (Art. 13 GG)

Der von Art. 13 GG gewährleistete Schutz der Wohnung bezieht sich nach der **86** Rechtsprechung des BVerfG auch auf *Arbeits-, Betriebs- und Geschäftsräume*; hierfür streiten – unbeschadet des Wortlauts („Wohnung") – Entstehungsgeschichte, Begriffstradition und die Persönlichkeitsrelevanz des Berufslebens.[313] Damit müssen sich behördliche Betretungsrechte, etwa im Bereich der Gewerbe- (§ 29 Abs. 2 S. 1 GewO), Handwerks- (§ 17 Abs. 2 HwO) oder Datenschutzaufsicht (§ 40 Abs. 5 BDSG), an Art. 13 GG messen lassen. Wegen ihrer „Offenheit nach außen" genießen Geschäftsräume freilich einen geringeren Schutz als die Privatwohnung, weshalb die strengen Anforderungen des qualifizierten Gesetzesvorbehalts des Art. 13 Abs. 7 GG auch nicht unbesehen auf Geschäftsräume übertragen werden dürfen. Vielmehr besteht ein Betretungsrecht unter den folgenden erleichterten Voraussetzungen: „a) eine besondere gesetzliche Vorschrift muß zum Betreten der Räume ermächtigen; b) das Betreten der Räume, die Vornahme der Besichtigungen und Prüfungen müssen einem erlaubten Zweck dienen und für dessen Erreichung er-

---

[309] BVerfGE 92, 365 (393 f.); ferner 88, 103 (114); 146, 71 (114 f.); *H. Bauer*, in: Dreier, Art. 9 Rn. 84.

[310] BVerfGE 116, 202 (217 ff.).

[311] Näher, auch zur Verfassungskonformität *Barczak*, RdA 2014, 290; *Bayreuther*, NZA 2014, 865; *Henssler*, RdA 2015, 43; *Zeising/Weigert*, NZA 2015, 15. Gegen das Mindestlohngesetz erhobenen Gesetzesverfassungsbeschwerden hat das BVerfG mit drei Beschlüssen vom 25.6.2015 nicht zur Entscheidung angenommen (Az. 1 BvR 20/15, 1 BvR 37/15 und 1 BvR 555/15).

[312] BVerfGE 146, 71 (116 ff.).

[313] BVerfGE 32, 54 (69 ff.); ferner NVwZ 2007, 1049 (1050); NJW 2015, 2869 (2870); Beschl. v. 10.01.2018 – 2 BvR 2993/14, juris, Rn. 20. Nach den beiden zuletzt zitierten Beschlüssen greift eine Durchsuchung von Geschäftsräumen juristischer Personen in deren Grundrechtssphäre ein, grundsätzlich aber nicht in die ihrer Organe oder wirtschaftlichen Eigentümer. Privatpersonen sind nur betroffen, „wenn und soweit die Räumlichkeiten der Privatsphäre der natürlichen Person zuzuordnen sind … [Dies] kann zwar bei einem Geschäftsführer einer Ein-Personen-Gesellschaft unterstellt werden, für Geschäftsführer oder Gesellschafter einer Unternehmensgruppe mit einer Vielzahl von Gesellschaften und verschiedenen Geschäftssitzen gilt dies jedoch nicht" [BVerfG, NJW 2015, 2869 (2870); ferner Beschl. v. 10.01.2018 – 2 BvR 2993/14, juris, Rn. 20].

forderlich sein; c) das Gesetz muß den Zweck des Betretens, den Gegenstand und den Umfang der zugelassenen Besichtigung und Prüfung deutlich erkennen lassen; d) das Betreten der Räume und die Vornahme der Besichtigung und Prüfung ist nur in den Zeiten statthaft, zu denen die Räume normalerweise für die jeweilige geschäftliche oder betriebliche Nutzung zur Verfügung stehen."[314]

e) Wirtschaftsrelevante Ausprägungen der allgemeinen Handlungsfreiheit, Art. 2 Abs. 1 GG

87 Nachdem Art. 12 Abs. 1 GG „das berufsbezogene Verhalten einzelner Personen oder Unternehmen am Markt" umfassend schützt (→ Rn. 40),[315] bleibt kaum Raum für eine aus dem subsidiären Auffanggrundrecht der allgemeinen Handlungsfreiheit abgeleitete unternehmerische Freiheit.[316] Gleichwohl kommt Art. 2 Abs. 1 GG Bedeutung für das Öffentliche Wirtschaftsrecht zu. Zu nennen sind der Schutz von Ausländern im sachlichen Anwendungsbereich der Deutschen-Grundrechte (siehe auch → Rn. 21), die allgemeine, d. h. nicht berufsbezogene Vertragsfreiheit (etwa des Verbrauchers),[317] die Auferlegung von Abgaben (soweit nicht von Art. 14 GG erfasst → Rn. 74),[318] die (gerechtfertigte und mangels berufsregelnder Tendenz nicht Art. 12 Abs. 1 GG unterfallende)[319] Zwangsmitgliedschaft in Selbstverwaltungskörperschaften der Wirtschaft (→ Rn. 83)[320] oder der Schutz vor deren Handeln jenseits ihres Aufgabenbereichs.[321]

f) Allgemeiner Gleichheitssatz, Art. 3 Abs. 1 GG

88 Dem allgemeinen Gleichheitssatz (Art. 3 Abs. 1 GG) kommt im Öffentlichen Wirtschaftsrecht eine gewisse Relevanz zu, impliziert Wirtschaftsregulierung doch vielfach Differenzierung, etwa bei Steuerregelungen[322] oder Verteilungsentscheidungen wie der Vergabe öffentlicher Aufträge[323] oder von Subventionen[324].[325]

---

[314] BVerfGE 32, 54 (72 ff.); ferner NVwZ 2007, 1049 (1050 f.).

[315] Siehe nur BVerfGE 115, 205 (229).

[316] So auch *P. M. Huber/Unger*, in: Schoch, Kap. 4 Rn. 60; *R. Schmidt*, in: ders./Vollmöller (Hrsg.), Kompendium Öffentliches Wirtschaftsrecht, 3. Aufl., § 2 Rn. 79, 81; ferner zur Bedeutung des Art. 2 Abs. 1 GG als allgemeine Wirtschaftsfreiheit *Di Fabio*, in: Maunz/Dürig, Art. 2 Abs. 1 Rn. 77 ff., 116 ff. (Stand: 39. EL Juli 2001).

[317] BVerfGK 12, 308 (327 f.).

[318] Siehe nur BVerfGE 4, 7 (17); 113, 88 (103); *Dreier*, in: ders., Art. 2 Abs. 1 Rn. 33 m. w. N.

[319] Siehe BVerfGE 15, 235 (239).

[320] BVerfG, NVwZ 2002, 335 (336 f.); 146, 164 (195 ff.); ferner BVerwG, NVwZ-RR 2010, 882 (883).

[321] BVerwG, NVwZ-RR 2010, 882 (883).

[322] BVerfGE 110, 274 (299); NJW 2015, 303 (306 ff.); NVwZ 2018, 795 (797 ff.).

[323] BVerfGE 116, 135 (153 f.).

[324] BVerfGE 110, 274 (293).

[325] Umfassend zu Art. 3 Abs. 1 GG *F. Wollenschläger*, in: von Mangoldt/Klein/Starck, Art. 3 und zu den Anforderungen im Kontext von Verteilungsentscheidungen ebd., Rn. 305 ff., und *ders.* Verteilungsverfahren, S. 34 ff. m. w. N.

aa) Einführungsfall
Fall[326] Vom nächtlichen Alkoholverkaufsverbot (→ Rn. 32) hat der baden-württembergische Gesetzgeber Hofläden und weitere Verkaufsstellen ausgenommen, nämlich landwirtschaftliche Genossenschaften, landwirtschaftliche Betriebe sowie Verkehrsflughäfen innerhalb der Terminals. T, der eine Tankstelle mit Tankshop betreibt, sieht in dieser Ausnahmeregelung eine Verletzung des allgemeinen Gleichheitssatzes. Zu Recht?

bb) Prüfungsschema[327]

1. (Un)Gleichbehandlung
   Ungleichbehandlung respektive Gleichbehandlung mehrerer Personen, Sachverhalte oder Gegenstände.
2. Sachliche Rechtfertigung: Hinreichender Sachgrund für (Un-)Gleichbehandlung
   a) Zu bejahen, „wenn die Vergleichsgruppen für den jeweiligen Regelungskontext relevante Unterschiede aufweisen (mithin ein seiner Art nach gerechtfertigtes, d. h. sachgerechtes Differenzierungskriterium vorliegt) und diese Unterschiede wesentlich, mithin für die Differenzierung hinreichend gewichtig sind."
   b) Hierbei: gleitende Skala „von auf das Willkürverbot beschränkten Bindungen bis hin zu strengen Verhältnismäßigkeitserfordernissen"; maßgeblich: Regelungsgegenstand und Differenzierungsmerkmale, beurteilt namentlich nach Verfügbarkeit der Differenzierungsmerkmale für den Einzelnen, ihrer Nähe zu den nach Art. 3 Abs. 3 pönalisierten Kriterien und nach der Intensität der freiheitsrechtlichen Betroffenheit.

cc) Anforderungen des allgemeinen Gleichheitssatzes
Der allgemeine Gleichheitssatz ist nach überkommener und angesichts der Relativität seines Schutzbereichs[328] zutreffender Auffassung[329] zweistufig zu prüfen, es ist mithin zu fragen, ob erstens eine Ungleichbehandlung respektive Gleichbehandlung mehrerer Personen, Sachverhalte oder Gegenstände vorliegt und, falls dem so ist, ob

---

[326] Nach BVerfG, NVwZ 2011, 355.

[327] Zitate im Prüfungsschema entstammen der Rechtsprechung des BVerfG bzw. der Kommentierung von *F. Wollenschläger*, in: von Mangoldt/Klein/Starck, Art. 3, und sind bei der folgenden Behandlung des Sachproblems nachgewiesen.

[328] So existiert kein vom Ergebnis der Gleichheitsprüfung (Rechtfertigungsfähigkeit einer Ungleichbehandlung) unterscheidbarer Schutzbereich, womit sich Schutzbereich und (dahinter zurückbleibender) effektiver Garantiebereich decken, so *F. Wollenschläger*, in: von Mangoldt/Klein/Starck, Art. 3 Rn. 51 f. m. w. N.

[329] Näher *F. Wollenschläger*, in: von Mangoldt/Klein/Starck, Art. 3 Rn. 53 ff.; ferner *Heun*, in: Dreier, Art. 3 Rn. 26 ff.

sich zweitens die (Un-)Gleichbehandlung rechtfertigen lässt.[330] Auf Tatbestandsebene hat entgegen einer mitunter vertretenen und auch in einzelnen Entscheidungen des BVerfG anklingenden Auffassung, die eine wesentliche (Un-)Gleichheit der
Vergleichsgruppen verlangt, keine Vergleichbarkeitsprüfung zu erfolgen; vielmehr
ist die wertende Frage nach Unterschieden zwischen den Vergleichsgruppen auf
Rechtfertigungsebene zu verorten.[331] Eine Ungleichbehandlung ist gerechtfertigt,
wenn ein hinreichender Sachgrund für die Differenzierung vorliegt. Nach der jüngsten Rechtsprechung beider Senate des BVerfG gilt hierfür „ein stufenloser, am
Grundsatz der Verhältnismäßigkeit orientierter verfassungsrechtlicher Prüfungsmaßstab, dessen Inhalt und Grenzen sich nicht abstrakt, sondern nur nach den jeweils betroffenen unterschiedlichen Sach- und Regelungsbereichen bestimmen lassen ... Je nach Regelungsgegenstand und Differenzierungsmerkmalen ergeben sich
aus dem allgemeinen Gleichheitssatz unterschiedliche Anforderungen an den die
Ungleichbehandlung tragenden Sachgrund, die von auf das Willkürverbot beschränkten Bindungen bis hin zu strengen Verhältnismäßigkeitserfordernissen reichen können".[332] Diese gleitende Skala verzichtet auf eine strikte Gegenüberstel-
lung von Willkür- und Neuer Formel.[333] Die im Einzelfall geltende Strenge des
Rechtfertigungsstandards hängt namentlich davon ab, ob und inwieweit die Differenzierungsmerkmale für den Einzelnen verfügbar sind und eine Nähe zu den nach
Art. 3 Abs. 3 pönalisierten Kriterien aufweisen und ob und inwieweit die Differenzierung eine besondere freiheitsrechtliche Betroffenheit begründet.[334]

Ein hinreichender Sachgrund für die Ungleichbehandlung liegt vor, „wenn die
Vergleichsgruppen für den jeweiligen Regelungskontext relevante Unterschiede
aufweisen (mithin ein seiner Art nach gerechtfertigtes, d. h. sachgerechtes Differenzierungskriterium vorliegt) und diese Unterschiede wesentlich, mithin für die Differenzierung hinreichend gewichtig sind."[335] Hierin spiegelt sich die sog. „Neue
Formel" des BVerfG, nach der eine Ungleichbehandlung den allgemeinen Gleichheitssatz verletzt, wenn zwischen den Vergleichsgruppen „keine Unterschiede von
solcher Art und solchem Gewicht bestehen, daß sie die ungleiche Behandlung rechtfertigen könnten".[336] Greift lediglich der Willkürstandard, „verlangt Art. 3 Abs. 1

---

[330] Siehe nur BVerfGE 1, 14 (52 ff.); 13, 331 (338 f.); 71, 39 (50 ff.); 122, 210 (224); 141, 1 (38 ff.).
Näher m. w. N. *F. Wollenschläger*, in: von Mangoldt/Klein/Starck, Art. 3 Rn. 77 ff. Im Überblick
Kingreen/Poscher, Rn. 518 ff.

[331] Näher m. w. N. *F. Wollenschläger*, in: von Mangoldt/Klein/Starck, Art. 3 Rn. 81 ff.

[332] BVerfGE 141, 1 (38 f.) – Zweiter Senat; ferner 129, 49 (68 f.) – Erster Senat. Näher *F. Wollenschläger*, in: von Mangoldt/Klein/Starck, Art. 3 Rn. 89 ff. m. w. N.

[333] Näher *F. Wollenschläger*, in: von Mangoldt/Klein/Starck, Art. 3 Rn. 89 ff. m. w. N.

[334] Siehe etwa BVerfGE 130, 240 (254); 145, 106 (145). Näher, auch zur Aufgabe der Differenzierung zwischen personengruppenbezogenen und sonstigen Ungleichbehandlungen sowie zu verbleibenden Unebenheiten in der Rechtsprechung des BVerfG *F. Wollenschläger*, in: von Mangoldt/
Klein/Starck, Art. 3 Rn. 132 ff. m. w. N.

[335] So die nach der kontextwesentlichen Unterschiedlichkeit der Vergleichsgruppen fragende Formel bei *F. Wollenschläger*, in: von Mangoldt/Klein/Starck, Art. 3 Rn. 120.

[336] BVerfGE 55, 72 (88); ferner 81, 228 (236).

GG nicht, dass der Gesetzgeber unter mehreren möglichen Lösungen die zweckmäßigste oder vernünftigste wählt. Ein vom BVerfG zu beanstandender Verstoß gegen den allgemeinen Gleichheitssatz ist erst dann anzunehmen, wenn offenkundig ist, dass sich für die angegriffene gesetzliche Regelung und die durch sie bewirkte Ungleichbehandlung kein sachlicher Grund finden lässt".[337] Übertragen auf die Subventionierung bedeutet der (freilich nicht stets greifende) Willkürstandard, dass der Gesetzgeber „seine Leistungen nicht nach unsachlichen Gesichtspunkten, also nicht willkürlich verteilen darf. Sachbezogene Gesichtspunkte stehen ihm in weitem Umfang zu Gebote, solange die Regelung sich nicht auf eine der Lebenserfahrung geradezu widersprechende Würdigung der jeweiligen Lebenssachverhalte stützt, insbesondere der Kreis der von der Maßnahme Begünstigten sachgerecht abgegrenzt ist".[338]

Im Beispielsfall, der eine Berufsausübungsregel betrifft, die indes keiner Berufs- **92** wahlregelung gleichkommt (→ Rn. 57),[339] hat das BVerfG eine Rechtfertigung der Ungleichbehandlung von „privilegierten und nicht privilegierten Verkaufsstellen" bejaht; ein Sachgrund „liegt … in dem nachvollziehbar begründeten unterschiedlichen Potenzial der Verkaufsstellen, zur Bildung von Szenetreffs und missbräuchlichem Alkoholkonsum und den mit diesem verbundenen gefährlichen Begleiterscheinungen beizutragen."[340]

dd) Selbstbindung der Verwaltung und Systemgerechtigkeit

Zwei (nicht nur) für das Öffentliche Wirtschaftsrecht bedeutsame Gewährleis- **93** tungsaspekte des allgemeinen Gleichheitssatzes stellen die Grundsätze der Selbstbindung der Verwaltung und der Systemgerechtigkeit dar. Zum einen fungiert Art. 3 Abs. 1 GG als Grundlage der mittelbaren Außenwirkung von Verwaltungsvorschriften über die Figur der *Selbstbindung der Verwaltung*;[341] relevant ist dies für die kaum gesetzesdeterminierte Vergabe von Subventionen und von Aufträgen unterhalb der EU-Schwellenwerte. Zum anderen folgt der Grundsatz der *Systemgerechtigkeit* aus Art. 3 Abs. 1 GG, der dem Gesetzgeber widersprüchliche Regelungen, mithin eine „Verletzung der ,vom Gesetz selbst statuierten Sachge-

---

[337] BVerfGE 116, 135 (161); ferner 55, 72 (88 f.); 83, 1 (23); 99, 367 (389).

[338] BVerfGE 110, 274 (293). Zu Anforderungen an die gleichheitskonforme Subventionierung *F. Wollenschläger*, in: von Mangoldt/Klein/Starck, Art. 3 Rn. 255 ff., 284 m. w. N.

[339] Siehe zur Notwendigkeit einer Differenzierung nach der Grundrechtsbetroffenheit bei freiheitsrechtlicher Relevanz der Ungleichbehandlung *F. Wollenschläger*, in: von Mangoldt/Klein/Starck, Art. 3 Rn. 133, 146 ff.

[340] BVerfG, NVwZ 2011, 355 (358).

[341] Siehe etwa BVerfGE 116, 135 (153 f.); BVerwGE 104, 220 (223). Im Einzelnen *Maurer/Waldhoff*, § 24 Rn. 27 ff.; *F. Wollenschläger*, in: von Mangoldt/Klein/Starck, Art. 3 Rn. 192 ff. Zur Bedeutung für nicht vom Kartellvergaberecht erfasste Auftragsvergaben BVerfG, a. a. O.; *F. Wollenschläger*, Primärrechtsschutz außerhalb des Anwendungsbereichs des GWB, in: Müller-Wrede (Hrsg.), Kompendium des Vergaberechts, 2. Aufl. 2013, Kap. 26 Rn. 33, 57 ff.

setzlichkeit'" untersagt.[342] Im Kontext des Nichtraucherschutzes bedeutet dies: „Hat sich der Gesetzgeber aufgrund des ihm zukommenden Spielraums zu einer bestimmten Einschätzung des Gefahrenpotenzials entschlossen, auf dieser Grundlage die betroffenen Interessen bewertet und ein Regelungskonzept gewählt, so muss er diese Entscheidung auch folgerichtig weiterverfolgen. Gefahreinschätzungen sind nicht schlüssig, wenn identischen Gefährdungen in demselben Gesetz unterschiedliches Gewicht beigemessen wird".[343]

g) Rechtsschutzgarantie, Art. 19 Abs. 4 GG

94 Bereits die einzelnen materiellen Grundrechte beinhalten eine Rechtsschutzdimension (→ Rn. 12). Darüber hinaus verbürgt Art. 19 Abs. 4 S. 1 GG jedem, den die öffentliche Gewalt in seinen Rechten verletzt, nicht nur Zugang zu Gerichten, sondern auch effektiven Rechtsschutz vor diesen.[344] Daneben steht der im allgemeinen Rechtsstaatsprinzip wurzelnde und über Art. 2 Abs. 1 GG subjektivierte allgemeine Justizgewährleistungsanspruch, der sich auf Streitigkeiten zwischen Privatrechtssubjekten und Handlungen des Staates, die keine Ausübung öffentlicher Gewalt darstellen, bezieht;[345] letzteres soll nach der fragwürdigen Rechtsprechung des BVerfG auf die Vergabe öffentlicher Aufträge zutreffen.[346] Bedeutung kam der Rechtsschutzgarantie im Öffentlichen Wirtschaftsrecht für die Ausgestaltung des Rechtsschutzes bei multipolaren Konflikten zu, etwa im Kontext der öffentlichen Auftragsvergabe; insoweit hat das BVerfG den faktischen Ausschluss von Primärrechtsschutz bei nicht vom Kartellvergaberecht erfassten Auftragsvergaben, der aus der Anwendung des Grundsatzes „pacta sunt servanda" und der fehlenden Pflicht zur Information über die geplante Zuschlagserteilung resultiert, für rechtfertigungsfähig erachtet: „Es liegt [nämlich] im Hinblick auf Vergabeentscheidungen im gesetzgeberischen Gestaltungsspielraum, das Interesse des Auftraggebers an einer zügigen Ausführung der Maßnahmen und das des erfolgreichen Bewerbers an alsbaldiger Rechtssicherheit dem Interesse des erfolglosen Bieters an Primärrechtsschutz vorzuziehen und Letzteren regelmäßig auf Sekun-

---

[342] Siehe nur BVerfGE 34, 103 (115); 84, 239 (271); 127, 224 (245 f.). Zurückhaltend *Heun*, in: Dreier, Art. 12 Rn. 37; ferner abweichende Meinung des Richters *Bryde*, BVerfGE 121, 317 (380 f.): „Das Bundesverfassungsgericht darf keine Folgerichtigkeit und Systemreinheit einfordern, die kein demokratischer Gesetzgeber leisten kann. Zwingt man den Gesetzgeber unter solchen politischen Rahmenbedingungen in ein alles oder nichts, indem man ihm zwar theoretisch eine – politisch kaum durchsetzbare – Radikallösung erlaubt, aber Ausnahmen und Unvollkommenheiten benutzt, die erreichten Fortschritte zu kassieren, gefährdet das die Reformfähigkeit von Politik." Näher *F. Wollenschläger*, in: von Mangoldt/Klein/Starck, Art. 3 Rn. 197 ff.

[343] BVerfGE 121, 317 (362 f.).

[344] Siehe nur BVerfGE 35, 263 (274); 65, 1 (70); 93, 1 (13); K 1, 107 (108); 11, 153 (158); NVwZ 2011, 35 (36); NVwZ 2012, 694 (695); E 143, 216 (224 ff.). Zu den Anforderungen im Einzelnen *P. M. Huber*, in: von Mangoldt/Klein/Starck, Art. 19 Rn. 447 ff.; *Schulze-Fielitz*, in: Dreier, Art. 19 IV Rn. 84 ff.; ferner – im Kontext des vorläufigen Rechtsschutzes – *F. Wollenschläger*, in: Gärditz, § 123 Rn. 18 ff.

[345] BVerfGE 116, 135 (150).

[346] BVerfGE 116, 135 (149 f.). Kritisch *Burgi*, NZBau 2005, 610 (616); *P. M. Huber*, Die Demontage des Öffentlichen Rechts, in: FS Stober, S. 547 (554 f.); *F. Wollenschläger*, DVBl. 2007, 589 (592).

därrechtsschutz zu beschränken."[347] Ein weiteres wichtiges Anwendungsfeld der Rechtsschutzgarantie (nicht nur) im Öffentlichen Wirtschaftsrecht sind Zulässigkeit und Grenzen einer Zuerkennung von Beurteilungsspielräumen an die Verwaltung, die etwa im Bereich der Telekommunikationsregulierung anzutreffen sind (§ 10 Abs. 2 S. 2 TKG; → § 12 Rn. 57).[348]

IV. Strukturgewährleistungen

Neben den Grundrechten prägen weitere grundgesetzliche Strukturgewährleistungen die Wirtschaftsverfassung und stecken damit den Rahmen für die Regulierung des Öffentlichen Wirtschaftsrechts ab. Zu nennen sind die Staatsstruktur- und Staatszielbestimmungen, namentlich das Rechtsstaatsprinzip (1.a), das Sozialstaatsprinzip (1.b) sowie das Staatsziel des Umwelt- und Tierschutzes (1.c), und die Vorgaben für die Infrastrukturregulierung (2.). Schließlich formuliert Art. 109 GG zentrale Anforderungen an die Haushaltswirtschaft, namentlich die Verpflichtung auf das gesamtwirtschaftliche Gleichgewicht (Abs. 2; ferner § 1 StabG; im Einzelnen → § 5 Rn. 31 ff.).

95

1. Staatsstruktur- und Staatszielbestimmungen

a) Rechtsstaatsprinzip

Obgleich nur hinsichtlich Einzelausprägungen explizit normiert (siehe etwa Art. 20 Abs. 3 GG für den Vorrang des Gesetzes), zählt das Rechtsstaatsprinzip zu den grundlegenden Staatsstrukturvorgaben für die Bundesrepublik Deutschland (siehe auch Art. 23 Abs. 1 S. 1, Art. 28 Abs. 1 S. 1 GG). Einer rechtsstaatlichen Ordnung kommt fundamentale Bedeutung gerade auch für das Wirtschaftsleben zu. So bedarf es für das Wirtschaften, etwa als Grundlage für Investitionsentscheidungen, verlässlicher, berechenbarer und klarer gesetzlicher Grundlagen. Dem dienen die rechtsstaatlichen Grundsätze des Vorrangs des Gesetzes, der Rechtssicherheit, der Normklarheit und Normbestimmtheit, des Vertrauensschutzes und des Rückwirkungsverbotes, die hier nur erwähnt werden können.[349] Überdies determiniert der rechtsstaatliche Grundsatz des Vorbehalts des Gesetzes, ob und inwieweit administratives Handeln einer gesetzlichen

96

---

[347] BVerfGE 116, 135 (156). Strenger das EuG im Kontext des Art. 47 GRCH, siehe Rs. T-461/08, Slg. 2011, II-6367, Rn. 118 ff. – Evropaïki Dynamiki/EIB. Siehe ferner – in anderem Zusammenhang – BVerfG, NJW 2002, 3691 (3692); E 115, 205 (234). Näher zu den Anforderungen der Rechtsschutzgarantie bei multipolaren Konflikten *F. Wollenschläger*, Verteilungsverfahren, S. 87 ff. m. w. N.

[348] Dazu BVerfG, NVwZ 2012, 694 (694 ff.); vgl. im Kontext der Entgeltregulierung auch E 143, 216 (226 ff.). Allgemein *P. M. Huber*, in: von Mangoldt/Klein/Starck, Art. 19 Rn. 511 ff.; *Schulze-Fielitz*, in: Dreier, Art. 19 Abs. 4 Rn. 116 ff.

[349] Siehe für eine konzise Darstellung *Degenhart*, Rn. 289 ff., 371 ff.; *R. Schmidt*, in: ders./Vollmöller (Hrsg.), Kompendium Öffentliches Wirtschaftsrecht, 3. Aufl., § 2 Rn. 16 ff.

Grundlage bedarf (→ Rn. 53; speziell für Subventionen → § 8 Rn. 6 ff.).[350]
Schließlich stellt auch die Garantie effektiven Rechtsschutzes ein zentrales Element einer rechtsstaatlichen Ordnung dar (→ Rn. 94).

b) Sozialstaatsprinzip, Art. 20 Abs. 1 GG

97   Die Wirtschafts- und Sozialordnung der Bundesrepublik Deutschland prägt auch
das Sozialstaatsprinzip (Art. 20 Abs. 1 GG), das auf die *Herstellung sozialer Sicherheit und sozialer Gerechtigkeit* gerichtet ist.[351] Obgleich es sich nicht lediglich um einen unverbindlichen Programmsatz, sondern um eine rechtsverbindliche Zielvorgabe handelt, obliegt die Ausgestaltung des Sozialstaates in erster Linie dem Gesetzgeber, dem ein weiter Spielraum zukommt.[352] Ansprüche des Einzelnen bestehen nur im Ausnahmefall, namentlich im Zusammenspiel mit grundrechtlichen Leistungsansprüchen, wie dies beim aus Art. 1 Abs. 1 i. V. m. Art. 20 Abs. 1 GG abgeleiteten Grundrecht auf Gewährleistung eines menschenwürdigen Existenzminimums der Fall ist.[353] Im Öffentlichen Wirtschaftsrecht kommt dem Sozialstaatsprinzip Bedeutung namentlich als Legitimationsgrundlage für Eingriffe in die wirtschaftliche Freiheit zu, etwa wenn Tariftreueregeln im Vergaberecht dem sozialstaatlichen Ziel dienen, die Arbeitslosigkeit zu bekämpfen,[354] oder die Privatautonomie beschränkt wird, um Vertragsparität herzustellen, mithin einem sozialen respektive wirtschaftlichen Ungleichgewicht abzuhelfen[355];[356] flankierend stehen dann regelmäßig grundrechtliche Schutzpflichten im Raum (→ Rn. 9 f.).[357] In diesem Kontext zu nennen ist ferner die Einführung eines gesetzlichen Mindestlohnes zum 01.01.2015 (→ Rn. 85).

c) Staatsziel Umwelt- und Tierschutz, Art. 20a GG

98   Die nachträglich in das Grundgesetz aufgenommenen Staatsziele des Umwelt-
(1994) und Tierschutzes (2002) verpflichten den Staat, diese Belange bei der Wirtschaftsregulierung zu berücksichtigen: Gemäß Art. 20a GG schützt der Staat „auch in Verantwortung für die künftigen Generationen die natürlichen Lebens-

---

[350] Im Einzelnen *Degenhart*, Rn. 304, 313 ff.; *Maurer*, § 6 Rn. 3 ff.

[351] Siehe nur *Degenhart*, Rn. 597 ff.; *P. M. Huber/Unger*, in: Schoch, Kap. 4 Rn. 28; ferner BVerfGE 40, 121 (133).

[352] Siehe nur BVerfGE 40, 121 (133); 127, 293 (328 f.) – für den Tierschutz; *Degenhart*, Rn. 601, 604; *P. M. Huber/Unger*, in: Schoch, Kap. 4 Rn. 28 und 45; *R. Schmidt*, in: ders./Vollmöller (Hrsg.), Kompendium Öffentliches Wirtschaftsrecht, 3. Aufl., § 2 Rn. 14.

[353] BVerfGE 125, 175 (222 f.); *Degenhart*, Rn. 601 ff.; *P. M. Huber/Unger*, in: Schoch, Kap. 4 Rn. 28 f.; *R. Schmidt*, in: ders./Vollmöller (Hrsg.), Kompendium Öffentliches Wirtschaftsrecht, 3. Aufl., § 2 Rn. 14.

[354] BVerfGE 116, 202 (223).

[355] BVerfGE 81, 242 (254 f.).

[356] Siehe auch BVerfGE 127, 293 (328) – für den Tierschutz; 143, 246 (347) – für den Umweltschutz; *Badura*, HGR II, § 29 Rn. 9 ff.; *Degenhart*, Rn. 607; *R. Schmidt*, in: ders./Vollmöller (Hrsg.), Kompendium Öffentliches Wirtschaftsrecht, 3. Aufl., § 2 Rn. 14 f.

[357] Siehe BVerfGE 81, 242 (254 f.); 116, 202 (223).

grundlagen und die Tiere im Rahmen der verfassungsmäßigen Ordnung durch die Gesetzgebung und nach Maßgabe von Gesetz und Recht durch die vollziehende Gewalt und die Rechtsprechung." Hinsichtlich des konkreten rechtlichen Gehalts dieses Staatsziels kann auf die Ausführungen zum Sozialstaatsprinzip verwiesen werden (→ Rn. 97).[358]

2. Gewährleistungsvorgaben für die Infrastrukturregulierung

Das Grundgesetz enthält des Weiteren Vorgaben für die Regulierung bedeutsamer netzgebundener Infrastrukturen (→ § 4 Rn. 20 ff.; § 12 Rn. 3, 8, 38), nämlich für die Sektoren Eisenbahn (Art. 87e GG) sowie Post und Telekommunikation (Art. 87f GG). Art. 87f Abs. 2 S. 1 GG gibt die privatwirtschaftliche Erbringung von Post- und Telekommunikationsdienstleistungen vor, und zwar nicht nur durch die Nachfolgeunternehmen der Deutschen Bundespost, sondern auch durch private Anbieter (vgl. demgegenüber Art. 87e Abs. 3 GG). Indes behält der Staat die Gewährleistungsverantwortung, hat der Bund doch durch regulatorische Vorgaben „im Bereich des Postwesens und der Telekommunikation flächendeckend angemessene und ausreichende Dienstleistungen" sicherzustellen (Art. 87f Abs. 1 GG; siehe auch Art. 87e Abs. 4 GG).[359] Dem dient namentlich das Institut des Universaldienstes (§§ 11 ff. PostG; §§ 78 ff. TKG). Diese beiden Gesetze sowie das AEG und das EnWG stellen die zentralen einfach-gesetzlichen Regelungen der Netzregulierung dar (näher zum Netzregulierungsrecht → § 12 Rn. 2, 34, 87). 99

V. Kompetenzverteilung im deutschen Bundesstaat

Im Bundesstaat stellt sich die Frage, welche Ebene, Bund oder Länder, für den Erlass wirtschaftsrechtlicher Regeln zuständig ist (zur Kompetenzverteilung beim Gesetzesvollzug → § 4 Rn. 14 ff.). Als Grundregel geht Art. 70 Abs. 1 GG von einer Gesetzgebungsbefugnis der Länder aus, soweit das Grundgesetz keine Bundeskompetenzen begründet. Solche finden sich in den Katalogen des Art. 73 Abs. 1 GG (ausschließliche Gesetzgebung) und des Art. 74 Abs. 1 GG (konkurrierende Gesetzgebung). Angesichts der europäischen Integration Deutschlands ist überdies zu berücksichtigen, dass – auch ausdrücklich in diesen Katalogen normierte Zuständigkeiten – zwischenzeitlich auf die Europäische Union übertragen wurden (zu EU-Kompetenzen im öffentlichen Wirtschaftsrecht → § 1 Rn. 114 ff.). 100

---

[358] Siehe auch BVerfGE 127, 293 (328 f.); *R. Schmidt*, in: ders./Vollmöller (Hrsg.), Kompendium Öffentliches Wirtschaftsrecht, 3. Aufl., § 2 Rn. 30 ff.

[359] Siehe hierzu auch BVerfGE 147, 50 (151 ff.).

1. Überblick

101   1. Zuständigkeitsübertragung auf die Europäische Union?
   2. Grundsatz: Länderzuständigkeit (Art. 30, 70 Abs. 1 GG)
      Länder regelungsbefugt, soweit GG „nicht dem Bunde Gesetzgebungsbe-
      fugnisse verleiht" (Art. 70 Abs. 1 GG).
   3. Bundeszuständigkeit?
      a) Ausschließliche Bundeszuständigkeit (Art. 71, 73 GG)
         aa) Kompetenztitel gemäß Art. 73 Abs. 1 GG vorhanden?
         bb) Verbleibende Länderzuständigkeit?
             Länder nur regelungsbefugt, „wenn und soweit sie hierzu in einem
             Bundesgesetze ausdrücklich ermächtigt werden" (Art. 71 GG).
      b) Konkurrierende Bundeszuständigkeit (Art. 72, 74 GG)
         aa) Kompetenztitel gemäß Art. 74 Abs. 1 GG vorhanden?
             Wichtig: Recht der Wirtschaft (Art. 74 Abs. 11 Nr. 1 GG).
         bb) Wahrung der Erforderlichkeitsklausel, soweit anwendbar (Art. 72
             Abs. 2 GG)
         cc) Verbleibende Länderzuständigkeit?
             Länder regelungsbefugt, „solange und soweit der Bund von seiner
             Gesetzgebungszuständigkeit nicht durch Gesetz Gebrauch gemacht
             hat" (Art. 72 Abs. 1 GG); ggf. Abweichungsrecht (Art. 72 Abs. 3 GG).

2. Ausschließliche Zuständigkeiten des Bundes, Art. 71, 73 GG

102   Für das Öffentliche Wirtschaftsrecht relevante *ausschließliche Zuständigkeiten des
      Bundes* finden sich namentlich im Bereich des Währungsrechts (Art. 73 Abs. 1 Nr. 4 GG;
      → § 5 Rn. 11, 44), der Außenwirtschaft (Nr. 5), des Regulierungsrechts (→ § 12 Rn. 39),
      so für das Eisenbahnwesen (Nr. 6a) und für Post sowie Telekommunikation (Nr. 7),[360]
      des gewerblichen Rechtsschutzes, des Urheberrechts und des Verlagsrechts (Nr. 9)
      sowie des Kernenergierechts (Nr. 14). In den beiden zuerst genannten Zuständig-
      keitsbereichen sind zahlreiche Kompetenzen auf die Europäische Union übergegan-
      gen (→ § 1 Rn. 117).[361] Ein Tätigwerden der Länder kommt bei Vorliegen einer
      ausschließlichen Zuständigkeit des Bundes gemäß Art. 71 GG nur in Betracht, „wenn
      und soweit sie hierzu in einem Bundesgesetze ausdrücklich ermächtigt werden".

---

[360] Die Telekommunikationskompetenz des Art. 73 Abs. 1 Nr. 7 GG erstreckt sich nur auf Regelungen „der technischen Seite der Errichtung einer Telekommunikationsinfrastruktur und der Infor-
mationsübermittlung mit Hilfe von Telekommunikationsanlagen", nicht aber auf „Regelungen, die
auf die übermittelten Inhalte oder die Art der Nutzung der Telekommunikation gerichtet sind"
[BVerfGE 125, 260 (314)].

[361] Vgl. Art. 3 Abs. 1 AEUV: Zollunion; Währungspolitik für die Mitgliedstaaten, deren Währung
der Euro ist; gemeinsame Handelspolitik.

3. Konkurrierende Gesetzgebung, Art. 72, 74 GG

Aus dem Katalog der *konkurrierenden Zuständigkeiten* ist zunächst die Regelungs-   **103**
befugnis des Bundes für das *Recht der Wirtschaft* zu nennen (Art. 74 Abs. 1 Nr.
11 GG), die eine weitgehende Bundeszuständigkeit für das Wirtschaftsrecht begründet.
Das Grundgesetz selbst zählt einzelne Materien exemplarisch auf, nämlich „Bergbau, Industrie, Energiewirtschaft, Handwerk, Gewerbe, Handel, Bank- und Börsenwesen, privatrechtliches Versicherungswesen" (anders,[362] nämlich für eine abschließende Aufzählung m. w. N. → § 4 Rn. 5). Im Übrigen ist dieser Kompetenztitel weit
auszulegen und erfasst „nicht nur die Vorschriften, die sich in irgendeiner Form auf
die Erzeugung, Herstellung und Verteilung von Gütern des wirtschaftlichen Bedarfs
beziehen, sondern auch alle anderen das wirtschaftliche Leben und die wirtschaftliche Betätigung als solche regelnde Normen" (restriktiv demgegenüber → § 4 Rn. 5).[363]
Hierunter fallen die Wirtschaft regulierende oder lenkende Gesetze[364] sowie die
Berufsausbildung und die Abgabenerhebung.[365] Auch das Vergaberecht unterfällt
diesem Kompetenztitel.[366] Art. 74 Abs. 1 Nr. 11 GG deckt auch Regelungen, die auf
als solche in den Zuständigkeitsbereich der Länder fallende Materien einwirken,
„solange der maßgebliche objektive Regelungsgegenstand und -gehalt … in seinem
Gesamtzusammenhang ein im Schwerpunkt wirtschaftsrechtlicher ist".[367] Um
Regelungsspielräume der Länder zu stärken, hat der verfassungsändernde Gesetzgeber im Zuge der zum 01.09.2006 in Kraft getretenen Föderalismusreform I[368]
einzelne Materien aus dem Kompetenztitel für das Recht der Wirtschaft explizit
ausgeklammert und damit in die ausschließliche Landeszuständigkeit überführt.
Dies betrifft „das Recht des Ladenschlusses,[369] der Gaststätten, der Spielhallen,[370]

---

[362] Ebenfalls a. A. *Pieroth*, in: Jarass/ders., Art. 74 Rn. 22. Für eine nur exemplarische Aufzählung *Oeter*, in: von Mangoldt/Klein/Starck, Art. 74 Rn. 78 ff.; *Rengeling/Szczekalla*, in: BK-GG, Art. 74 Abs. 1 Nr. 11 Rn. 35 (Stand: 131. EL September 2007); *Wittreck*, in: Dreier, Art. 74 Rn. 50; offen gelassen BVerfGE 68, 319 (331).

[363] BVerfGE 55, 274 (308 f.); ferner 68, 319 (330); 116, 202 (215 f.); 135, 155 (196); BVerwGE 139, 42 (45 ff.); *Rengeling/Szczekalla*, in: BK-GG, Art. 74 Abs. 1 Nr. 11 Rn. 36 (Stand: 131. EL September 2007). Kritisch gegenüber einer weiten Auslegung aber *Kunig,* in: von Münch/ders., Art. 74 Rn. 38. Für eine Aufzählung der unter diesem Kompetenztitel erlassenen Gesetze *Sann-wald,* in: Schmidt-Bleibtreu/Hofmann/Henneke, Art. 74 Rn. 122 ff.

[364] BVerfGE 68, 319 (330); 116, 202 (215 f.).

[365] BVerfGE 55, 274 (308 f.).

[366] BVerfGE 116, 202 (216).

[367] BVerfGE 135, 155 (196 ff.).

[368] Zur Neuverteilung und Reform der Gesetzgebungskompetenzen im Kontext der Föderalismus-reform I F. *Wollenschläger*, RdJB 2007, 8 (10 ff.); *ders.*, in: BK-GG, Art. 72 Rn. 111 ff. (Stand: 192. EL August 2018).

[369] Zur Ausklammerung arbeitszeitrechtlicher Regelungen (wie Begrenzungen der Samstagsarbeit) und deren Zuordnung zu Art. 74 Abs. 1 Nr. 12 GG BVerfGE 138, 261 (273 ff.).

[370] Zur umfassenden, nicht auf Fragen der Gefahrenabwehr beschränkten Regelungsbefugnis der Länder hinsichtlich Betrieb und Zulassung von Spielhallen, die sich indes nicht auf das „Recht der Geldspielgeräte, das insbesondere die technischen Modalitäten der Geräte zum Gegenstand hat", erstreckt BVerfGE 145, 20 (58 ff.).

der Schaustellung von Personen, der Messen, der Ausstellungen und der Märkte". Seinerzeit bestehende Bundesregeln, etwa das Gaststättengesetz oder in der Gewerbeordnung, gelten gemäß Art. 125a Abs. 1 GG als Bundesrecht fort, können aber durch Landesrecht ersetzt werden;[371] von den neuen Regelungsbefugnissen haben die Länder indes nur in begrenztem Umfange Gebrauch gemacht (näher → § 9 Rn. 37 für das Gewerberecht und → § 11 Rn. 11 für das Gaststättenrecht).

104   Überdies bestehen konkurrierende Zuständigkeiten für das Arbeitsrecht (Art. 74 Abs. 1 Nr. 12 GG), die Verhütung des Missbrauchs wirtschaftlicher Machtstellung (Nr. 16) und das Lebensmittelrecht (Nr. 20).

105   Im Bereich der konkurrierenden Gesetzgebung ist der Bund grundsätzlich umfassend regelungsbefugt; für bestimmte Materien, unter den hier erwähnten das Recht der Wirtschaft und das Lebensmittelrecht, steht dem Bund nach Art. 72 Abs. 2 GG ein Gesetzgebungsrecht indes nur zu, „wenn und soweit die Herstellung gleichwertiger Lebensverhältnisse im Bundesgebiet oder die Wahrung der Rechts- oder Wirtschaftseinheit im gesamtstaatlichen Interesse eine bundesgesetzliche Regelung erforderlich macht."[372] Abgesehen von diesem Fall der fehlenden Erforderlichkeit einer Bundesregelung steht den Ländern gemäß Art. 72 Abs. 1 GG die Gesetzgebungsbefugnis zu, „solange und soweit der Bund von seiner Gesetzgebungszuständigkeit nicht durch Gesetz Gebrauch gemacht hat."[373] Die Abweichungsgesetzgebung (Art. 72 Abs. 3 GG)[374] spielt im Öffentlichen Wirtschaftsrecht angesichts der von ihr erfassten Materien, sieht man einmal vom Verwaltungsverfahrens- und -organisationsrecht ab (Art. 84 Abs. 1 S. 2 ff. GG; → § 4 Rn. 18), keine Rolle.

4. Ausschließliche Landeskompetenzen

106   Soweit das Grundgesetz keine Gesetzgebungszuständigkeit des Bundes begründet, sind die Länder gemäß Art. 70 Abs. 1 GG regelungsbefugt. Dies betrifft namentlich die bereits erwähnten, aus dem Recht der Wirtschaft (Art. 74 Abs. 1 Nr. 11 GG) ausgeklammerten und den Ländern überantworteten Bereiche Ladenschluss, Gaststätten, Spielhallen, Schaustellung von Personen, Messen, Ausstellungen und Märkte (→ Rn. 103). Das in die ausschließliche Landeszuständigkeit fallende Polizei- und allgemeine Sicherheitsrecht kann Eingriffsbefugnisse mit Blick auf eine

---

[371] Näher, namentlich zur Frage gleichwohl fortbestehender Änderungsbefugnisse des Bundes, *Uhle*, in: Maunz/Dürig, GG, Art. 125a I Rn. 27 f. (Stand: 46. EL März 2006).

[372] Zu den (strengen) Anforderungen der Erforderlichkeitsklausel BVerfGE 106, 62 (135 ff.); 110, 141 (174 ff.); 111, 10 (28 f.); 111, 226 (253 ff.); 112, 226 (243 ff.); 135, 155 (203 ff.); 138, 136 (176 f.); 140, 65 (79 ff.). Umfassend *F. Wollenschläger*, in: BK-GG, Art. 72 Rn. 245 ff. (Stand: 192. EL August 2018); ferner *Oeter*, in: von Mangoldt/Klein/Starck, Art. 72 Rn. 115 ff.; *Degenhart*, in: Sachs, Art. 72 Rn. 6 ff. Siehe zur (gegenständlichen) Einschränkung der 1994 verschärften Erforderlichkeitsklausel im Kontext der Föderalismusreform I *F. Wollenschläger*, a.a.O., Rn. 117 f., 252 ff.

[373] Umfassend dazu *F. Wollenschläger*, in: BK-GG, Art. 72 Rn. 164 ff. (Stand: 192. EL August 2018).

[374] Auch hierzu *F. Wollenschläger*, in: BK-GG, Art. 72 Rn. 419 ff. (Stand: 192. EL August 2018).

wirtschaftliche Betätigung begründen (zur Konkurrenz im Gewerberecht → § 9 Rn. 38 ff.). Es kann auch die Regulierung eines Wirtschaftssektors tragen, wenn diese vorwiegend sicherheitsrechtliche, nicht aber wirtschaftsrechtliche Anliegen verfolgt. Dementsprechend hat das BVerfG das Spielbankwesen wegen der im Vordergrund stehenden Abwehr von Gefahren für die öffentliche Sicherheit und Ordnung dieser ausschließlichen Landeskompetenz und nicht dem Recht der Wirtschaft zugeordnet;[375] für Sportwetten geht das Oddset-Urteil des BVerfG vom 28.03.2006 indes nunmehr von einer Regelungsbefugnis (auch) des Bundes gemäß Art. 74 Abs. 1 Nr. 11 GG aus,[376] von der jedenfalls kein abschließender Gebrauch gemacht wurde (§ 33h GewO; näher → § 9 Rn. 38).[377]

VI. Kontrollfragen

1. Was versteht man unter dem Begriff „Wirtschaftsverfassung"? Ist das Grundgesetz wirtschaftspolitisch neutral? (→ Rn. 3 ff.)
2. Welche Grundrechtsfunktionen lassen sich unterscheiden? Illustrieren Sie diese mit je einem Beispiel aus dem Öffentlichen Wirtschaftsrecht! (→ Rn. 7 ff.)
3. Kann sich eine Kommanditgesellschaft auf Grundrechte berufen? (→ Rn. 16 ff.)
4. Berechtigen oder verpflichten Grundrechte öffentliche Unternehmen oder gilt beides? Welche Rolle nehmen gemischt-wirtschaftliche Unternehmen insoweit ein? (→ Rn. 13 f., 20)
5. Inwiefern spielen Grundrechte im Privatrechtsverkehr eine Rolle? (→ Rn. 15)
6. Gelten die Grundrechte des Grundgesetzes auch für EU-Ausländer? (→ Rn. 21)
7. Sind die Grundrechte des Grundgesetzes maßgeblich, wenn ein deutsches Gesetz eine EU-Richtlinie umsetzt? (→ Rn. 22 ff.)
8. Übt die Notarin einen Beruf i. S. d. Art. 12 GG aus? (→ Rn. 36 ff.)
9. Sind staatliche Produktwarnungen an der Berufsfreiheit zu messen? (→ Rn. 45, 49 f.)
10. Was versteht man unter „berufsregelnder Tendenz" im Rahmen der Berufsfreiheit? (→ Rn. 47)

107

---

[375] BVerfGE 28, 119 (146 ff.).

[376] BVerfGE 115, 276 (318 f.). Für eine Übertragbarkeit auf Spielbanken *Ruthig/Storr*, Rn. 169 m. w. N.

[377] Staatsvertrag zum Glücksspielwesen in Deutschland (Glücksspielstaatsvertrag), verkündet als Art. 1 des Ersten Staatsvertrags zur Änderung des Staatsvertrages zum Glücksspielwesen in Deutschland (Erster Glücksspieländerungsstaatsvertrag), BayGVBl. 2012, 318.

11. Erläutern Sie die Drei-Stufen-Lehre! (→ Rn. 55 ff.)
12. Kann sich ein Gastwirt auf Art. 14 GG berufen, um die Rücknahme seiner Gaststättenerlaubnis anzugreifen? (→ Rn. 72 f.)
13. Grenzen Sie Inhalts- und Schrankenbestimmungen von Enteignungen ab! Sind beide Maßnahmen entschädigungspflichtig? (→ Rn. 76 ff.)
14. Was schützt die Koalitionsfreiheit? (→ Rn. 84 f.)
15. Ist die allgemeine Handlungsfreiheit im Öffentlichen Wirtschaftsrecht von Bedeutung? (→ Rn. 87)
16. Wie prüft man eine Verletzung von Art. 3 Abs. 1 GG? Was versteht man in diesem Kontext unter der Neuen Formel? (→ Rn. 88 ff.)
17. Erläutern Sie die Bedeutung des Rechtsstaatsprinzips für das Wirtschaftsleben! (→ Rn. 96)
18. Erläutern Sie die Grundsätze der Kompetenzverteilung im deutschen Bundesstaat! (→ Rn. 100 ff.)
19. Welche Materien unterfallen dem Kompetenztitel „Recht der Wirtschaft"? Wer ist für die Gesetzgebung zuständig? (→ Rn. 103 ff.)

Literatur

M. Bäcker, Wettbewerbsfreiheit als normgeprägtes Grundrecht, 2007

Badura, Grundrechte und Wirtschaftsordnung, in: Merten/Papier (Hrsg.), Handbuch der Grundrechte in Deutschland und Europa, Bd. II: Grundrechte in Deutschland – Allgemeine Lehren I, 2006, § 29

ders., Wirtschaftsverfassung und Wirtschaftsverwaltung, 4. Aufl. 2011

Breuer, Freiheit des Berufs, in: Isensee/Kirchhof (Hrsg.), Handbuch des Staatsrechts, Bd. VIII: Grundrechte: Wirtschaft, Verfahren, Gleichheit, 3. Aufl. 2010, § 170

ders., Staatliche Berufsregelung und Wirtschaftslenkung, in: Isensee/Kirchhof (Hrsg.), Handbuch des Staatsrechts, Bd. VIII: Grundrechte: Wirtschaft, Verfahren, Gleichheit, 3. Aufl. 2010, § 171

Bulla, Freiheit der Berufswahl. Verfassungs- und gemeinschaftsrechtliche Determinanten des Berufszugangs am Beispiel des Handwerksrechts, 2009

Depenheuer, Eigentum, in: Merten/Papier (Hrsg.), Handbuch der Grundrechte in Deutschland und Europa, Bd. V: Grundrechte in Deutschland – Einzelgrundrechte II, 2013, § 111

Durner, Wirtschaftsverfassung, in: Ehlers/Fehling/Pünder (Hrsg.), Besonderes Verwaltungsrecht, Bd. I: Öffentliches Wirtschaftsrecht, 3. Aufl. 2012, § 11

Hecker, Marktoptimierende Wirtschaftsaufsicht, 2007

H. M. Meyer, Vorrang der privaten Wirtschafts- und Sozialgestaltung als Rechtsprinzip, 2006

Nipperdey, Soziale Marktwirtschaft und Grundgesetz, 3. Aufl. 1965

Rupp, Die Soziale Marktwirtschaft in ihrer Verfassungsbedeutung, in: Isensee/Kirchhof (Hrsg.), Handbuch des Staatsrechts, Bd. IX: Die Einheit Deutschlands – Festigung und Übergang, 1. Aufl. 1997, § 203

R. Schmidt, Öffentliches Wirtschaftsrecht. Allgemeiner Teil, 1990

ders., Staatliche Verantwortung für die Wirtschaft, in: Isensee/Kirchhof (Hrsg.), Handbuch des Staatsrechts, Bd. IV: Aufgaben des Staates, 3. Aufl. 2006, § 92

F. Wollenschläger, Verteilungsverfahren. Die staatliche Verteilung knapper Güter: Verfassungs- und unionsrechtlicher Rahmen, Verfahren im Fachrecht, bereichsspezifische verwaltungsrechtliche Typen und Systembildung, 2010

§ 3 Grundlagen des Internationalen Wirtschaftsrechts

Jörg Philipp Terhechte

Inhaltsverzeichnis

J. P. Terhechte (✉)
Universität Lüneburg, Lüneburg, Deutschland
E-Mail: terhechte@leuphana.de

© Springer-Verlag GmbH Deutschland, ein Teil von Springer Nature 2019   119
R. Schmidt, F. Wollenschläger (Hrsg.), *Kompendium Öffentliches Wirtschaftsrecht*,
Springer-Lehrbuch, https://doi.org/10.1007/978-3-662-59430-8_3

I. Einführung

1 Das Öffentliche Wirtschaftsrecht kann heute ohne seine internationalen Bezüge nicht mehr gedacht werden.[1] Im Zeitalter der Globalisierung sind die Handels- und Dienstleistungsströme weltumspannend, Fragen nach dem Schutz des geistigen Eigentums[2] stellen sich ebenso häufig wie die nach Garantien für stabile Währungen.[3] Daneben wächst auch die Bedeutung der rechtlichen Absicherungen von

---

[1] Siehe dazu etwa *Terhechte*, Grundlagen des Öffentlichen Wirtschaftsrechts II – Deutsches Öffentliches Wirtschaftsrecht, in: Stober/Paschke (Hrsg.), Deutsches und Internationales Wirtschaftsrecht, 3. Aufl. 2016, S. 348 (Rn. 1213).

[2] *Götting*, Internationaler Schutz des Geistigen Eigentums, in: Tietje, Internationales Wirtschaftsrecht, 2. Aufl. 2015, § 12; *Sell*, Global Economic Governance: Intellectual Property, in: Moschella/Weaver (Hrsg.), Handbook of Global Economic Governance, 2014, S. 70.

[3] Allgemein dazu die Beiträge von *Germain*, The Historical Origins and Development of Global Financial Governance und *Viola*, The G-20 and Global Financial Regulation, in: Moschella/Weaver (Hrsg.), Handbook of Global Economic Governance, 2014, S. 97 und 115; Espósito/Li/Bohoslavsky (Hrsg.), Sovereign Financing and International Law – The UNCTAD Principles on Responsible Sovereign Lending and Borrowing, 2013; zu währungsrechtlichen Fragen aus der Perspektive des WTO-Rechts *Hertogen*, The Forgotten GATT Articles on Exchange Rates, und *Chang*, An Optimal Global Regime for Regulating Credit Rating Agencies in the Post-Financial Crisis Era, in:

Investitionen ausländischer Unternehmen.[4] Vor diesem Hintergrund verwundert es nicht, dass das Internationale Wirtschaftsrecht in den letzten Jahren in Wissenschaft und Praxis immense Aufmerksamkeit auf sich gezogen hat. So sind etwa die angestrebten Handelsabkommen zwischen der EU und den USA (*Transatlantic Trade and Investment Partnership*, TTIP)[5] bzw. zwischen der EU und Kanada (*Comprehensive Economic and Trade Agreement*, CETA)[6] seit geraumer Zeit Gegenstand kontroverser Diskussionen.[7] Während CETA mittlerweile vorläufige Anwendung gefunden hat, wurden die Verhandlungen zu TTIP vorerst auf Eis gelegt. Aktuell ist – wenn überhaupt – nur noch ein TTIP Light-Abkommen vorstellbar, in dem lediglich neue Regelungen zu Zöllen getroffen werden könnten.[8] Darüber hinaus wird seit Jahren die Verhängung von Wirtschaftssanktionen durch die USA und die EU gegenüber verschiedenen Staaten wie z. B. Russland, die entsprechenden ökonomischen Folgen und der damit verbundene außenpolitische Impetus kontrovers diskutiert.[9] Das Internationale Wirtschaftsrecht spielt so in der öffentlichen Wahrnehmung eine enorme Rolle.

Baetens/Caiado, Frontiers of International Economic Law, S. 3 und 22; *Footer*, Righting Socio-Economic Wrongs in Times of Financial and Economic Crisis, in: Liber Amicorum for Petersmann, S. 527.

[4] Vgl. Ehlers/Wolffgang/Schröder (Hrsg.), Rechtsfragen internationaler Investitionen, 2009; *Reinisch*, Internationales Investitionsschutzrecht, in: Tietje, Internationales Wirtschaftsrecht, 2. Aufl. 2015, § 8; Douglas/Pauwelyn/Vinuales (Hrsg.), The Foundations of International Investment Law, 2014; *Bonnitcha*, Substantive Protection under Investment Treaties, 2014; *Miles*, The Origins of International Investment Law, 2013; *Salacuse*, The Three Laws of International Investment, 2013; *Nadakavukaren Schefer*, International Investment Law, 2013; Baetens (Hrsg.), Investment Law within International Law, 2013; Brown/Miles (Hrsg.), Evolution in Investment Treaty Law and Arbitration, 2011.

[5] Informationen verfügbar auf der Homepage der Europäischen Kommission unter http://ec.europa.eu/trade/policy/in-focus/ttip/index_de.htm (11.03.2019).

[6] Informationen sowie der konsolidierte Text des Abkommens verfügbar auf der Homepage der Europäischen Kommission unter http://ec.europa.eu/trade/policy/in-focus/ceta/index_de.htm (11.03.2019); zum Entwicklungsprozess siehe *Deblock/Rioux*, International Journal 2010–11, 39.

[7] *Schill*, ZaöRV 78 (2018), 33; *Germelmann*, EuZW 2016, 207.

[8] Am 18.01.2019 hat die Kommission dem Rat Entwürfe für Verhandlungsmandate vorgeschlagen. Zwei mögliche Abkommen mit den USA werden in Betracht gezogen: 1. Ein Abkommen zum Abbau von Industriezöllen. 2. Ein Abkommen über Konformitätsbewertungen. Weitere Informationen verfügbar auf der Homepage der Europäischen Kommission unter: trade.ec.europa.eu/doclib/press/index.cfm?id=1971 (22.08.2019).

[9] *Askari/Forrer/Teegen/Yang*, Economic Sanctions: Examining their Philosophy and Efficacy, 2003; *Hufbauer/Schott/Elliott/Oegg*, Economic Sanctions Reconsidered, 3. Aufl. 2007; *Farrall*, United Nations Sanctions and the Rule of Law, 2007; *Kern*, Economic Sanctions – Law and Public Policy, 2009; *Gordon*, Invisible War, 2010; *Eriksson*, Targeted Peace: Understanding UN and EU Targeted Sanctions, 2011; *Taillard*, Economics and Modern Warfare: the Invisible Fist of the Market, 2012; *Werthes*, Die Sanktionspolitik der Vereinten Nationen, 2013; *Giumelli*, The Success of Sanctions, 2013; Cameron (Hrsg.), EU Sanctions: Law and Policy Issues Concerning Restrictive Measures, 2013; *Schneider/Terhechte*, in: Grabitz/Hilf/Nettesheim, Art. 215 AEUV Rn. 1 ff. (Stand: 65. EL August 2018); *Eriksson*, Targeting Peace – Understanding UN and EU Targeted Sanctions, 2011.

2   Trotz und vielleicht wegen der immensen Herausforderungen, welche die Globalisierung für das Recht und die Rechtswissenschaft bedeutet, ist es bislang aber
nicht gelungen, einheitliche Regeln für den internationalen Wirtschaftsverkehr zu
formulieren (zum umstrittenen Begriff des Internationalen Wirtschaftsrechts → Rn. 5).
Angesichts der neu aufkommenden Bedeutung rein bilateraler Wirtschaftsbeziehungen und der damit verbundenen Schwächung der WTO-Strukturen wird die
Systembildung im internationalen Wirtschaftsrecht gar noch schwieriger. Gleichwohl weist das internationale Wirtschaftsrecht heute eine besonders hohe Relevanz
auf: Die auf dem Gebiet des Internationalen Wirtschaftsrechts tätigen Institutionen
und Internationalen Organisationen spielen in der täglichen Berichterstattung der
Massenmedien eine wichtige, wenn auch nicht immer positive Rolle. So ist die
Welthandelsorganisation (*World Trade Organization*, WTO) schon seit der Konferenz von Seattle im Dezember 1999 und den damit verbundenen Ausschreitungen
zwischen sog. Globalisierungskritikern und den US-Sicherheitskräften Zielscheibe
berechtigter und unberechtigter Kritik.[10] Globalisierungskritiker zeigen regelmäßig
die Kehrseiten auf, welche die globale Liberalisierung des Handels mit sich bringt,
wie etwa mangelnde Rücksichtnahme auf den (grenzüberschreitenden) Umweltschutz, die Achtung der Menschenrechte oder die Stellung der Entwicklungsländer
und am wenigsten entwickelten Länder. Zunehmend spielen in der Kritik aber auch
nationale Belange wie der Verlust von Arbeitsplätzen oder die Absenkung von ar-
beits- und sozialrechtlichen Schutzstandards eine Rolle.[11] Diese Kritik konzentriert
sich häufig auf die WTO, aber auch die transatlantischen Freihandelsabkommen
dienen hierbei als prominente Beispiele, obwohl sie lediglich ein Baustein einer
umfassenden, komplexen und globalen Entwicklung sind. Sie steht jedoch exemplarisch für das Spannungsfeld, in dem sich das Internationale Wirtschaftsrecht befindet und in dem zunächst rein wirtschaftliche Interessen im Vordergrund stehen,
die aber ausgehend von einem Internationalen Wirtschaftsrecht mit den Anforderungen an den Schutz von Menschenrechten, der Umwelt etc. in Einklang gebracht
werden müssen.

3   Vor diesem Hintergrund sollen im Folgenden die *Grundstrukturen* und *Querver-
bindungen* dieses Rechtsgebietes zu anderen Rechtsgebieten näher beleuchtet werden. Zu diesem Zwecke werden zunächst die begrifflichen und rechtshistorischen
Grundlagen des Internationalen Wirtschaftsrechts behandelt (→ Rn. 4 ff.). Darauf
werden die maßgeblichen *Akteure und Institutionen* sowie die jeweiligen *Grundprinzipien* erläutert (→ Rn. 19 ff.). Anschließend stehen die unterschiedlichen *Refe-
renzgebiete des Internationalen Wirtschaftsrechts*, wie z. B. der internationale Warenhandel (→ Rn. 68 ff.), der internationale Dienstleistungshandel (→ Rn. 88 ff.),
der Schutz des geistigen Eigentums (→ Rn. 92 ff.), das Währungs- und Finanzrecht
(→ Rn. 96 ff.) sowie das Investitionsschutzrecht (→ Rn. 99 ff.) im Mittelpunkt der
Betrachtung. Darauf folgend wird auf die Rolle der *Streitbeilegung im Internationalen Wirtschaftsrecht* näher eingegangen (→ Rn. 103 ff.) sowie abschließend auf

---

[10] *Oeter*, Welthandelsrecht im Spannungsfeld von Wirtschaft, Recht und Politik, in: Hilf/ders.,
WTO-Recht, 2. Aufl. 2010, § 1 Rn. 1; *Reusch*, Die Legitimation des WTO-Streitbeilegungsver-
fahrens, 2007, S. 27 ff.

[11] Dazu nur *Stiglitz*, Globalization and its Discontents, 2002.

seine Beziehungen zu anderen Gebieten des Internationalen Rechts (*Menschen-rechte* → Rn. 108, *Umwelt* → Rn. 109, *soziale Standards* → Rn. 110).

II. Grundlagen des Internationalen Wirtschaftsrechts

Das Internationale Wirtschaftsrecht ist bislang in seinen Strukturen nur rudimentär   4
ausgeformt. Entsprechend kann es nicht verwundern, dass es zahlreiche Diskussio-nen über die Frage gibt, wie das Rechtsgebiet „Internationales Wirtschaftsrecht"
eingegrenzt werden kann und welche Teildisziplinen zum Internationalen Wirt-schaftsrecht gehören und es als eigenständiges Rechtsgebiet formen können
(→ Rn. 5 ff.). Zu den Grundlagen des Internationalen Wirtschaftsrechts gehören
zudem seine historische Entwicklung (→ Rn. 9 ff.).

1. Zum Begriff des Internationalen Wirtschaftsrechts

Kaum eine Frage wurde in den letzten Jahren in der Fachliteratur so rege diskutiert   5
wie die Frage nach dem Gegenstand und der Definition des Internationalen Wirt-schaftsrechts (bzw. in der englischen Übersetzung „International Economic Law").[12]
Jede Begriffsbildung ist angesichts der Dynamik der Materie ein schwieriges Unter-fangen und kann zunächst nur als Folie dienen. Das Internationale Wirtschaftsrecht
wird etwa von *VerLoren van Themaat* wie folgt definiert: „… international econo-mic law can be described in overall terms as the total range of norms (directly or
indirectly based on treaties) of public international law with regard to transnational
economic relations."[13] Die in dieser Definition des Internationalen Wirtschafts-rechts mitschwingende Fokussierung auf die in Deutschland dem Öffentlichen
Recht zuzuordnenden Regelungsbereiche erscheint aber angesichts der im interna-tionalen Wirtschaftsverkehr zu beobachtenden Verschleifung von Privatrecht und
Öffentlichem Recht als zu eng.

Internationales Wirtschaftsrecht hebt vielmehr die mitunter artifiziellen *Grenzen*   6
zwischen Öffentlichem Recht und Privatrecht zumindest partiell auf, indem es dem
Völkerrecht zugrunde liegende Annahmen über ausschließlich dem Staat zugeord-nete Kompetenzen (*domaine reservé*) sowie die völkerrechtliche Stellung Privater
(→ Rn. 102) verändert.[14] Entsprechend gibt es auch recht weite Definitionen des
Internationalen Wirtschaftsrechts. So charakterisiert etwa *Brand* das Internationale
Wirtschaftsrecht als die Gesamtheit der Regeln, welche die wirtschaftlichen Bezie-hungen zwischen Privaten, zwischen Souveränen sowie zwischen Privaten und Sou-veränen steuern.[15]

---

[12] Eingehende Analyse bei *Charnovitz*, JIEL 14 (2011), 3; *Charnovitz*, JIEL 17 (2014), 607; *Tietje*,
Begriff, Geschichte und Grundlagen des Internationalen Wirtschaftssystems und Wirtschafts-rechts, in: ders., Internationales Wirtschaftsrecht, 2. Aufl. 2015, § 1 Rn. 6 ff.; *Dolzer*, Wirtschaft
und Kultur im Völkerrecht, in: Graf Vitzthum/Proelß (Hrsg.), Völkerrecht, 7. Aufl. 2016, Ab-schnitt 6 Rn. 10 f.

[13] *VerLoren van Thermaat*, The Changing Structure of International Economic Law, 1981, S. 9.

[14] *Trachtman*, University of Pennsylvania Journal of International Economic Law 17 (1996), 33.

[15] *Brand*, University of Pennsylvania Journal of International Economic Law 17 (1996), 3 (4).

7   Diese Betrachtungsweise schließt bewusst die Regeln des nationalen Rechts mit ein. Ein so verstandenes Internationales Wirtschaftsrecht transzendiert die Grenzen des Völkerrechts und ist damit breiter angelegt als das „klassische" *International Economic Law* wie es im anglo-amerikanischen Rechtskreis oft verstanden wird. Zudem fällt auf, dass das Internationale Wirtschaftsrecht nur teilweise deckungs-gleich mit dem „Recht der internationalen Wirtschaftsbeziehungen"[16] ist, das eine eher politikwissenschaftliche Dimension aufweist. Auch wird das International Economic Law noch vom *International Trade Law* abgegrenzt, wobei letzteres auf den Handel zwischen Privaten abstellt und ersteres auf das Verhalten der Staaten im Geflecht der Weltwirtschaft.[17] Im französischen Sprachraum ist vom „*Droit International de l'économie*"[18] die Rede, ohne dass sich aber inhaltlich Unterschiede zum englischen oder deutschen Sprachgebrauch feststellen lassen.[19]

8   In diesem Beitrag sollen im *Kontext des Öffentlichen Wirtschaftsrechts die völker- und unionsrechtlichen Dimensionen* des Internationalen Wirtschaftsrechts im Vordergrund stehen.

2. Historische Grundlagen

9   Grenzüberschreitender Handel ist kein neu aufkommendes Phänomen der letzten Jahre, sondern findet schon seit Jahrtausenden statt.[20] Freilich herrschte in der Antike und dem Mittelalter in erster Linie ein regionaler Warenaustausch vor; Handelsver-kehr größeren Ausmaßes fand ursprünglich – wenn überhaupt – nur zwischen un-mittelbar benachbarten Staaten oder aber im Mittelmeerraum statt. Erst mit der Ko-lonisierung ganzer (überseeischer) Länder, die insbesondere wirtschaftliche Motive verfolgte, nahm der Handel „globale" Züge an. Hierbei ging es aber überwiegend um die Verfolgung einseitiger Interessen durch die kolonisierenden Länder (zunächst Spanien und Portugal, dann Frankreich, Großbritannien, die Niederlande und Bel-gien und auch schließlich das Deutsche Reich, das nach dem bekannten Ausspruch *von Bülows* ebenfalls seinen „Platz an der Sonne" erobern wollte),[21] die teilweise zu einer hemmungslosen Ausbeutung der jeweiligen Schutzgebiete und Kolonien führte. Trotzdem handelte es sich hierbei teilweise um wirtschaftsvölkerrechtliche

---

[16] *Doehring*, Völkerrecht, 2. Aufl. 2004, § 25; *Jackson/Davey/Sykes*, Materials and Texts on Legal Problems of International Economic Relations (American Casebook Series), 6. Aufl. 2013; *Koch*, Internationale Wirtschaftsbeziehungen, 3. Aufl. 2006.

[17] *Herrmann/Weiß/Ohler*, Rn. 47.

[18] *Daillier/Forteau/Pellet*, Droit International Public, 8. Aufl. 2009, S. 964 f.

[19] Vgl. etwa *Daillier/Forteau/Pellet*, Droit International Public, 8. Aufl. 2009.

[20] *Herrmann/Weiß/Ohler*, Rn. 77 ff. Freilich wurde auch schon im Mittelalter Fernhandel getrie-ben. Anschauliche Beispiele sind hier die quer durch Europa gehenden „Salzstraßen" oder die asiatische „Seidenstraße".

[21] Insbesondere zur deutschen Kolonialgeschichte vgl. *Steltzer*, Die Deutschen und ihr Kolonial-reich, 1984; *Graudenz/Schindler*, Die deutschen Kolonien, 3. Aufl. 1988; *Nipperdey*, Deutsche Geschichte 1866–1918, Bd. 2, 3. Aufl. 1992, S. 286 ff., 450 ff. und 629 ff.; *Winkler*, Der lange Weg nach Westen, Bd. 1, 7. Aufl. 2010, S. 251 ff.

Entwicklungen, denn im Zuge der Kolonisierung wurden tausende völkerrechtliche (Handels-)Verträge abgeschlossen sowie Handelsstützpunkte und Gesandtschaften eingerichtet.[22]

An dieser Stelle wird deutlich, dass eine Betrachtung der historischen Entwicklung des Internationalen Wirtschaftsrechts in die allgemeine Entwicklung des Völkerrechts eingebettet werden muss.[23] Deshalb kann man zunächst auch für das Internationale Wirtschaftsrecht – in Anlehnung an die Entwicklung des „allgemeinen Völkerrechts" – ab dem 14. Jahrhundert[24] von verschiedenen Epochen sprechen: einer spanischen (1494–1648), einer französischen (1648–1815) und einer englischen Epoche (1815–1919).[25]   **10**

Die *spanische Epoche* ist durch den riesigen Besitzerwerb Spaniens und Portugals in den überseeischen Gebieten (Südamerika) geprägt, der schon früh dazu führte, dass Papst Alexander VI. mit der Bulle *Inter caetera divinae* (1493) die nichteuropäische Welt in eine spanische und eine portugiesische Herrschaftszone aufteilte.[26] Die völkerrechtliche Entwicklung wurde in dieser Zeit maßgeblich von den großen spanischen Gelehrten *de Vitoria* (ca. 1483–1546)[27] und *Suárez* (1548–1617)[28] beeinflusst, wobei sich ihr stark theologisch geprägtes Werk nur bedingt in der alltäglichen „Kolonialpraxis" niederschlug; *Graf Vitzthum* spricht in diesem Zusammenhang von „Gräuel im Zeichen des Goldes, kaum kaschiert durch den Mantel der Mission."[29]   **11**

Mit dem Ende des Dreißigjährigen Kriegs durch den Westfälischen Frieden zu Münster (1648) wurde eine neue Epoche des (Wirtschafts-)Völkerrechts eingeleitet. Neue Staaten – und damit auch neue Kolonialstaaten – betraten die Bühne der Weltpolitik. Diese neuen Akteure ordneten sich aber nicht mehr der Autorität des Papstes unter. Als Beispiel seien die Niederlande genannt, die aufbauend auf dem Werk von *Grotius* (1583–1645) und der damit verbundenen Formel des *Mare Liberum* (Das Freie   **12**

---

[22] *Fisch*, Die europäische Expansion und das Völkerrecht, 1984, S. 37 ff.

[23] *Herrmann/Weiß/Ohler*, Rn. 77.

[24] Zum Völkerrecht der Antike und des Mittelalters vgl. etwa *Ziegler*, Völkerrechtsgeschichte, 2. Aufl. 2007, S. 10 ff.

[25] In Anlehnung an *Grewe*, Epochen der Völkerrechtsgeschichte, 2. Aufl. 1988, S. 163 ff., 323 ff., 499 ff.; *Ziegler*, Völkerrechtsgeschichte, 2. Aufl. 2007, S. 1175 ff., 142 ff., 169 ff.; *Stadtmüller*, Geschichte des Völkerrechts, 1951, S. 103 ff., 126 ff., 176 ff.

[26] Nach der Bulle wurde eine Nord/Süd-Grenzlinie gezogen, die hundert spanische Meilen westlich der Azoren „vom arktischen zum antarktischen Pol" verlief, dazu Pleticha (Hrsg.), Weltgeschichte, Bd. 7, 1996, S. 30 f.; *Herdegen*, Völkerrecht, 17. Aufl. 2018, § 2 Rn. 2. Die Bulle war die bedeutsamste Tat des spanischen Papstes Alexander VI., dessen Pontifikat ansonsten den „absoluten Tiefpunkt" des Papsttums darstellt, vgl. *Franzen*, Kleine Kirchengeschichte, 26. Aufl. 2014, S. 240 ff.

[27] Zu *de Vitoria* siehe nur *Wright*, Catholic Founders of Modern International Law, 1934, S. 13 ff.; *Stadtmüller*, Geschichte des Völkerrechts, 1951, S. 107–111.

[28] Dazu etwa *Soder*, Franciso Suárez und das Völkerrecht, 1973, insbesondere S. 310 ff. zum Kolonialrecht und zur Rechtfertigung der spanischen Kolonisierung zwecks Verbreitung des Evangeliums. Eine Sammlung der bedeutsamsten Schriften Suárez in deutscher Sprache bietet de Vries (Hrsg.), Francisco Suárez, Ausgewählte Texte zum Völkerrecht, 1965.

[29] *Graf Vitzthum*, Begriff, Geschichte und Rechtsquellen des Völkerrechts, in: ders./Proelß (Hrsg.), Völkerrecht, 7. Aufl. 2016, Abschnitt 1 Rn. 99.

Meer)[30] mit der Expansion in Teilen Südostasiens (das heutige Indonesien) begannen, das vormals zum portugiesischen Einflussgebiet zählte.[31] Die Zunahme der Akteure verkomplizierte die Lage einerseits erheblich, andererseits ist diese Tatsache auch als Grundlage der Herausbildung konsensualer Strukturen des Völkerrechts anzusehen, denn von 1648 an mussten Spanien und Portugal sich mit weiteren „Global Playern" arrangieren.

13   Der Zeitraum bis 1815, also bis zum *Wiener Kongress*, wird als „französische Epoche" bezeichnet, weil in dieser Zeit sowohl im politisch-militärischen als auch im kulturellen und diplomatischen Bereich eine Vormachtstellung Frankreichs bestand, die ihren Höhepunkt in der Herrschaft *Napoleons* fand.[32] Auch dieser Abschnitt der Geschichte ist durch zahlreiche Bezüge zum Internationalen Wirtschaftsrecht gekennzeichnet, so ist etwa der Konflikt zwischen Großbritannien und Frankreich, den das Vereinigte Königreich und Preußen bei der Schlacht von Waterloo (1814) für sich entscheiden konnten, auch durch handelspolitische und wirtschaftskriegerische Elemente geprägt worden, die zumeist aus Embargomaßnahmen bestanden (Stichwort: *Kontinentalsperre*).

14   Doch schon während der französischen Epoche zeichnete sich eine immer stärkere Expansion Englands ab, das aufgrund seiner riesigen Flotte eine dominierende Rolle auf den Weltmeeren spielen konnte. Mit dem „Erwerb" Indiens, Kanadas und Australiens, sowie weiter Teile Afrikas (Kap Kolonie) konnte England seine globale Hegemonialstellung stetig ausbauen.[33] Unterstützt wurde diese Entwicklung durch die Erfindung der Dampfmaschine und die damit einhergehende Industrialisierung, die in England ihren Ausgang nahm. England konnte seine globale Dominanz mehr oder minder bis zum 1. Weltkrieg verteidigen, in dem schließlich die USA und (später freilich) auch die Sowjetunion endgültig als neue Akteure (spätere „Supermächte") im weltpolitischen Geschehen auftraten.

15   Erst die Entwicklungen nach dem 1. Weltkrieg (Stichwort: *Weltwirtschaftskrise*) und der völlige Zusammenbruch vieler Volkswirtschaften in Folge des 2. Weltkriegs beendeten die Zeiten unilateraler Dominanzen und führten zu der Einsicht, dass globale Regelungen der internationalen Wirtschaftsbeziehungen benötigt wurden. Schon die Gründung des Völkerbundes 1919 ist Ausdruck dieses Umdenkens.[34] Dem Bedürfnis nach weltweit stabilen Währungsverhältnissen kam das Abkommen von *Bretton Woods* (USA) aus dem Jahre 1944 nach, das den Grundstein eines weltweit funktionierenden Handels bildet, indem es ein System der freien Konvertibilität von

---

[30] *Grotius*, Mare Liberum Sive De Iure Quod Batavis Competit Ad Indicana Commercia, 1609. Eine von *van Deman Magoffin* übersetzte Version des Textes von 1633 ist unter dem Titel „The Freedom of the Seas or the Right which Belongs to the Dutch to Take Part in the East Indian Trade", 1916 erschienen. Dazu auch *Feenstra*, Mare Liberum – Contexte Historique et Concepts Fondamentaux, in: Dufour/Haggenmacher/Toman (Hrsg.), Grotius et L'ordre Juridique International, 1985, S. 37 ff.; zu Grotius auch *Vreeland*, Hugo Grotius – The Father of the Modern Science of International Law, 1917.

[31] Zum Einfluss der niederländischen Kolonialherrschaft auf die indonesische Wirtschaft vgl. *Dick/Houben/Lindblad/Wie*, The Emergence of a National Economy – An Economic History of Indonesia 1800–2000, 2002; zum Einfluss auf das indonesische Rechtssystem siehe *Terhechte*, RIW 2003, 532 (535).

[32] *Ziegler*, Völkerrechtsgeschichte, 2. Aufl. 2007, S. 142.

[33] Vgl. *Ziegler*, Völkerrechtsgeschichte, 2. Aufl. 2007, S. 169 f.

[34] Dazu *Göppert*, Der Völkerbund, 1938, S. 1 ff.

Währungen verbunden mit festen Wechselkursen einführte; das Abkommen rief sowohl den *Internationalen Währungsfonds* (IWF) als auch die *Weltbank* ins Leben (→ Rn. 32 ff.; § 5 Rn. 83 ff.).

Doch erst in der Phase ab 1945, die zwar schnell durch den sog. Kalten Krieg **16** und der damit verbundenen „Konkurrenz" der beiden Supermächte USA und Sowjetunion geprägt wurde, gab es eine Reihe vielversprechender Entwicklungen: Mit der Gründung der *Vereinten Nationen* (VN oder UNO) 1945, dem Abschluss des *Allgemeinen Zoll- und Handelsabkommens* (*General Agreement on Tariffs and Trade*, GATT 47)[35] 1947 und der Gründung der *Europäischen Gemeinschaft für Kohle und Stahl* (EGKS) im Jahre 1951 wurden entscheidende Schritte für die Kodifizierung eines Internationalen Wirtschaftsrechts geleistet. Zwar scheiterten die Verhandlungen über die Schaffung einer *International Trade Organization* (ITO) 1950 endgültig am Widerstand des US-amerikanischen Kongresses. Der Trend zur zunehmenden Verflechtung der Binnenwirtschaften konnte hierdurch aber nicht mehr aufgehalten werden. Insbesondere die 1957 durch die Römischen Verträge ins Leben gerufenen *Europäischen Gemeinschaften* (die *Europäische Atomgemeinschaft* und die *Europäische Wirtschaftsgemeinschaft*) stehen für diese Entwicklung.[36]

Der vorläufige Höhepunkt wird aber durch die Schaffung der WTO im Jahre 1995 **17** markiert. Zum ersten Mal war es gelungen, eine Internationale Organisation zu errichten, die „Spielregeln" für den weltweiten Handel bereithält und ihre Einhaltung effektiv überwacht. Materiell-rechtlich sind unter dem Dach der WTO verschiedene Abkommen vereint, wie das GATT 1994[37] oder *das Allgemeine Abkommen über den Handel mit Dienstleistungen* (*General Agreement on Trade in Services*, GATS)[38] (→ Rn. 89 ff.). Während die ersten Jahre der WTO durchaus als Erfolgsgeschichte gewertet werden können, hat sich aber nach und nach gezeigt, dass es insbesondere nach der Jahrtausendwende immer schwieriger wurde, die unterschiedlichen Interessen der WTO-Mitglieder in Einklang zu bringen. Besonders deutlich wird dies an den stockenden Verhandlungen über den Ausbau der Handelsbeziehungen im Rahmen der 2001 gestarteten sog. Doha-Runde. Gegenwärtig stagniert jedenfalls die Entwicklung innerhalb der WTO. Insbesondere die USA verweigern momentan die Zusammenarbeit. Deutlich wird dies z. B. daran, dass die USA zur Zeit die (Wieder-) Ernennung von Mitgliedern der Revisionsinstanz der WTO-Streitbeilegung, dem sog. Appellate Body (→ Rn. 28), blockieren, sodass der Appellate Body Ende 2019 handlungsunfähig wird. Ob der gegenwärtig zu verzeichnende Kurswechsel im Internationalen Wirtschaftsrecht einst als neue Ära des Internationalen Wirtschaftsrechts („Zeitalter der Renationalisierung") gelten wird, ist bislang nur schwer auszumachen. Jedenfalls haben sich die politischen Vorzeichen in den letzten Jahren erheblich verändert. So spielen Zölle wieder eine größere Bedeutung, Initiativen für neue Freihandelsabkommen stoßen insbesondere in der Öffentlichkeit auf große Bedenken und die Staaten bauen neue Hürden für den Wirtschaftsverkehr auf.

---

[35] Abgedruckt in 55 U.N.T.S. 194.

[36] Zur Geschichte der europäischen (wirtschaftlichen) Integration vgl. nur *Brunn*, Die Europäische Einigung, 3. Aufl. 2009; *Oppermann/Classen/Nettesheim*, Europarecht, 8. Aufl. 2018, § 1; *Nicolaysen*, Europarecht I, 2. Aufl. 2002, S. 23 ff.

[37] Abgedruckt in ILM 33 (1994), 1154 und ABl. EG 1994 L 336/11.

[38] Abgedruckt in ILM 33 (1994), 1168 und ABl. EG 1994 L 336/190.

18   Die historische Entwicklung des Internationalen Wirtschaftsrechts ist so durch ein
permanentes Auf und Ab gekennzeichnet. In den letzten Jahren wurden globalisie-
rungskritische Stimmen immer lauter. Die Wirtschafts- und Staatsschuldenkrisen in
den USA und der EU – die zugleich globale Dimensionen aufwiesen – haben dieser
Kritik zusätzlichen Nährboden verschafft. Insgesamt befindet sich die Idee eines
wirtschaftlichen Liberalismus, wie er durch die klassische Außenhandelstheorie[39]
(→ § 5 Rn. 1) vertreten wird, in einer grundlegenden Krise. Mehr noch: Die Idee
einheitlicher Regelungen für eine „globale Rechtsgemeinschaft" wird heute nicht
einmal mehr von Utopisten aufrechterhalten. Vielmehr scheinen sich regionale oder
gar bilaterale Formen der wirtschaftlichen Zusammenarbeit immer stärker als die
eigentlichen Arenen des Internationalen Wirtschaftsrechts zu etablieren. Insofern gilt
es im Folgenden auch, diese Entwicklung näher zu beleuchten (→ Rn. 87 und 53 ff.).

III. Akteure des Internationalen Wirtschaftsrechts

19   Die zukünftige Entwicklung des Internationalen Wirtschaftsrechts hängt maßgeblich
von den beteiligten Akteuren ab. Wer hierzu zu zählen ist, bestimmt sich nicht zuletzt
danach, wie man den Begriff des Internationalen Wirtschaftsrechts definiert (→ Rn. 5 ff.).
Soweit nationale wie auch privatrechtliche Regelungen unter den Begriff des Internationalen Wirtschaftsrechts subsumiert werden, hat dies zur Folge, dass neben
originären und derivativen Völkerrechtssubjekten (*Staaten und Internationale Organisationen*) auch der *Einzelne, transnationale Wirtschaftsunternehmen* sowie Regelungen und Institutionen des nationalen Rechts zu berücksichtigen sind. Unbestritten
ist aber, dass einige Internationale Organisationen wie z. B. die WTO oder die UNO
sowie regionale und supranationale Organisationen im Rahmen internationaler Verträge das Grundgerüst des Internationalen Wirtschaftsrechts errichtet haben. Ausgangspunkt bildet insoweit die Rolle der sie konstituierenden Staaten. Daneben wird
man sich aber auch mit dem Einfluss neuer Institutionen wie *Nichtregierungsorgani-
sationen* (NGOs), *„Netzwerken"* oder speziellen Vereinigungen von sog. Globalisierungskritikern (z. B. Attac) auseinandersetzen müssen,[40] die wichtige Beiträge für die
künftige Ausgestaltung des Internationalen Wirtschaftsrechts liefern bzw. intellektu-
elle Impulse für dessen Optimierung und Weiterentwicklung geben.

1. Staaten

20   Die Rolle der Staaten als Akteure des Wirtschaftsvölkerrechts wird als „doppel-
funktional" angesehen (*Herdegen*). Zum einen sind sie Träger von Regelungsgewalt, handeln aber auch selbst wirtschaftlich, etwa im Rahmen des Handels mit
Rohstoffen.[41] Als Träger von Regelungsgewalt im Bereich des Internationalen

---

[39] Basierend auf *Ricardo*, On the Principles of Political Economy and Taxation, 1817.

[40] *Nowrot*, Steuerungssubjekte und -mechanismen im Internationalen Wirtschaftsrecht (einschließlich regionale Wirtschaftsintegration), in: Tietje, Internationales Wirtschaftsrecht, 2. Aufl. 2015,
§ 2 Rn. 30 ff.

[41] *Herdegen*, Internationales Wirtschaftsrecht, 11. Aufl. 2017, § 4 Rn. 10.

Wirtschaftsrechts kommt den Staaten mit der Globalisierung eine zunehmend wichtige Rolle zu, denn nur die Gesamtheit der Staaten ist in der Lage, Regeln auszuhandeln, die sowohl Staaten als auch Private binden, und so im besten Falle einen Ausgleich herzustellen, sofern sich widerstreitende ökonomische und soziale Interessen gegenüberstehen. Dieser Verantwortung sind sich aber nicht alle Staaten bewusst, zudem neigen einige von ihnen auch auf dem Parkett des internationalen Handels immer wieder zu „unilateralen" Vorstößen, die dem Internationalen Wirtschaftsrecht eher Schaden denn Nutzen bringen (man denke etwa an US-amerikanische Politik im Rahmen der WTO, die letztendlich im September 2003 zum Scheitern der Konferenz von Cancún führte). Doch auch die Staaten als „souveräne" Träger des Wirtschaftsvölkerrechts sind auf Foren angewiesen, in denen gemeinsame Regeln und Standards erarbeitet und durchgesetzt werden. Diese Foren bilden insbesondere eine Reihe von Internationalen Organisationen.

Treten Staaten als „einfache" Wirtschaftsteilnehmer auf, kann dies diverse Probleme nach sich ziehen, die ihrer besonderen Stellung geschuldet sind. So genießen Staaten z. B. im Völkerrecht einige Privilegien (Immunität etc.), welche die Durchsetzung von Forderungen erschweren oder gar unmöglich machen.[42] Auch wenn der Staat selbst als Anbieter von Leistungen auf dem Markt in Erscheinung tritt (Energie, Telekommunikation, Wasser etc.), unterliegt er oftmals einer bevorzugten Behandlung (vgl. etwa Art. 106 AEUV, → § 6 Rn. 36 ff.), konkurriert aber teilweise mit Privaten. Auf der anderen Seite hat der Staat auch grundrechtliche Verpflichtungen gegenüber Privaten zu beachten, selbst wenn er am Wirtschaftsverkehr teilnimmt (→ § 2 Rn. 6 ff.). Das führt im nationalen Verfassungsrecht zu mitunter schwierigen Abgrenzungsfragen, die sich ebenso auf supranationaler und internationaler Ebene stellen – wenn auch unter anderen Vorzeichen.

2. Internationale Organisationen

Neben Staaten formen insbesondere Internationale Organisationen wie die WTO 22 (→ Rn. 23 ff.), der IWF und die Weltbank (→ Rn. 32 ff.), die UNO (→ Rn. 38 ff.) oder die *Organisation für wirtschaftliche Zusammenarbeit und Entwicklung* (*Organisation for Economic Co-operation and Development*, OECD) (→ Rn. 43 ff.) das Internationale Wirtschaftsrecht. In der öffentlichen Wahrnehmung wie in der rechtlichen Debatte und Praxis spielt die WTO eine derart hervorgehobene Rolle, dass sie meist im Mittelpunkt der im Völkerrecht geführten Konstitutionalisierungsdebatte steht.[43] Insofern hängt von der Funktionsfähigkeit der WTO und ihrer Organe ab, ob das Internationale Wirtschaftsrecht dauerhaft durch globale Rechtsregime geprägt wird oder eher durch regionale Entwicklungen (→ Rn. 46 ff., 53 ff., 87).

---

[42] Siehe z. B. BVerfGE 117, 141; ausführlich zur Immunität von Staaten und Staatseigentum im Völkerrecht O'Keefe/Tams (Hrsg.), The United Nations Convention on Jurisdictional Immunities of States and Their Property, 2013.

[43] Siehe dazu nur *Oeter*, Welthandelsrecht im Spannungsfeld von Wirtschaft, Recht und Politik, in: Hilf/ders., WTO-Recht, 2. Aufl. 2010, § 1 Rn. 54 ff.; *Krajewski*, Verfassungsperspektiven und Legitimation des Rechts der Welthandelsorganisation (WTO), 2001, insbesondere S. 120 ff.; *Howse/Nicolaidis*, Governance 16 (2003), 73.

a) Die Welthandelsorganisation

aa) Gründung und Ziele der WTO

23   Das *Übereinkommen zur Errichtung der Welthandelsorganisation* (*Marrakesh Agreement Establishing the World Trade Organization*,[44] ÜWTO), das am 01.01.1995 in Kraft trat, schuf erstmals eine Internationale Organisation, die auf globaler Ebene einen *institutionellen Rahmen* zur Koordinierung der *internationalen Handelsbeziehungen* bereitstellt (vgl. Art. II:1 ÜWTO).[45] Hervorgegangen ist die WTO insbesondere aus dem GATT aus dem Jahre 1947. Das GATT sollte ursprünglich ein Abkommen unter dem Dach der ITO bilden, deren Gründung jedoch am Widerstand des US-Kongresses scheiterte. Das GATT wurde dennoch vorläufig angewendet und entwickelte sich im Laufe der Zeit zu einer sog. de-facto Internationalen Organisation.[46] Zunehmend traten jedoch die Unvollkommenheiten dieses Systems zutage, die sich insbesondere in der mangelnden institutionellen Struktur des GATT sowie den Schwächen der Streitbeilegungsmechanismen bemerkbar machten. Die Gründung der WTO als Internationale Organisation sollte diese Probleme beheben und auch weitergehende Bereiche des internationalen Handels regeln. Das Ende des Kalten Krieges und damit des Systemdualismus veranlasste die Gründungsstaaten, die WTO auf eine Zielsetzung zu verpflichten, die über den Abbau von Zollschranken hinausgehen sollte. Entsprechend standen nicht nur institutionelle Verbesserungen auf der damaligen Gründungsagenda der WTO. Auch deshalb betont die Präambel des ÜWTO, dass die Handels- und Wirtschaftsbeziehungen der Mitglieder auf eine Erhöhung des Lebensstandards, auf die Sicherung der Vollbeschäftigung und eines hohen und ständig steigenden Umfangs des Realeinkommens und der wirksamen Nachfrage sowie die Ausweitung der Produktion und des Handels mit Waren und Dienstleistungen abzielen.

bb) Abkommen unter dem Dach der WTO

24   Unter dem Dach der WTO finden sich heute insgesamt 46 Abkommen in Form von Anlagen zum ÜWTO,[47] darunter das GATT, das GATS sowie das *Übereinkommen über handelsbezogene Aspekte geistigen Eigentums* (*Agreement on Trade-Related Aspects of Intellectual Property Rights*, TRIPS)[48] (→ Rn. 92 ff.). Eine der Funktionen der WTO ist es, die Umsetzung, Durchführung und Verwaltung dieser verschiedenen

---

[44] Abgedruckt in ILM 33 (1994), 1144 und ABl. EG 1994 L 336/3.

[45] Zur WTO und zum WTO-Recht vgl. auch *Lee*, World Trade Regulation – International Trade under the WTO Mechanism, 2012; *Beise*, Die Welthandelsorganisation, 2001; *Heselhaus*, JA 1999, 76; *Hilf/Oeter*, WTO-Recht, 2. Aufl. 2010 ; *Jackson*, World Trade Organization, 1998; *Krueger* (Hrsg.), The WTO as an International Organization, 1998; *Matsushita/Schoenbaum/Mavroidis*, The World Trade Organization, 3. Aufl. 2015; *Prieß/Berrisch*, WTO-Handbuch, 2003; *Senti*, WTO – System und Funktionsweise der Welthandelsordnung, 2000; *Stoll/Schorkopf*.

[46] Siehe dazu *Neugärtner*, GATT 1947, in: Hilf/Oeter, WTO-Recht, 2. Aufl. 2010, § 3 Rn. 26 ff.; *Stoll/Schorkopf*, Rn. 14; allgemein zum GATT auch *Benedek*, Die Rechtsordnung des GATT aus völkerrechtlicher Sicht, 1990; *Jackson*, Restructuring the GATT System, 1990.

[47] *Stoll/Schorkopf*, Rn. 51.

[48] Abgedruckt in ILM 33 (1994), 1197 und ABl. EG 1994 L 336/213.

Abkommen zu erleichtern (Art. III:1 ÜWTO). Dafür formen das ÜWTO, die *Vereinbarung über Regeln und Verfahren zur Beilegung von Streitigkeiten* (*Dispute Settlement Understanding*, DSU)[49] sowie der *Mechanismus zur Überprüfung der Handelspolitik* (*Trade Policy Review Mechanism*, TPRM) den institutionellen Rahmen (vgl. Art. III:3–4 ÜWTO). Um sich in den verschiedenen Abkommen zurechtzufinden, ist es wichtig zu beachten, dass die sog. „Multilateralen Abkommen" (Art. II:2 ÜWTO), wie z. B. das GATT, GATS und das TRIPS, für alle Mitglieder verbindlich sind, während die „Plurilateralen Abkommen" (Art. II:3 ÜWTO) nur für die Mitglieder verbindlich sind, die sie ausdrücklich angenommen haben, wie etwa das *Übereinkommen über das öffentliche Beschaffungswesen* (*Agreement on Government Procurement*, GPA).[50] Darüber hinaus dient die WTO den Mitgliedern als Forum zur Verhandlung über ihre multilateralen Handelsbeziehungen (Art. III:2 ÜWTO). Gleichwohl geht die Bedeutung der WTO weit über ihre Rolle als diplomatische Plattform hinaus, die Besonderheit dieser Organisation liegt vielmehr in ihrem Streitbeilegungsmechanismus (Art. III:3 ÜWTO). Hierzu wurde eigens das DSU geschaffen, das ein ausdifferenziertes, obligatorisches (Art. 23.1 DSU) System und Verfahren zur Schlichtung von Streitigkeiten zwischen den Mitgliedern vorsieht (→ Rn. 28 ff.). Insgesamt ergibt sich damit die in Abb. 1 abgebildete Struktur.

cc) Organe der WTO

Oberstes Organ der WTO ist die Ministerkonferenz, die aus Repräsentanten aller Mitglieder besteht, alle zwei Jahre tagt und die Funktionen der WTO ausführen soll (Art. IV:1 ÜWTO).[51] Seit 1995 hat es elf Ministerkonferenzen gegeben (Singapur 1996, Genf 1998, Seattle 1999, Doha 2001, Cancún 2003, Hong Kong 2005, Genf 2009 und 2011, Bali 2013, Nairobi 2015 sowie Buenos Aires 2017), die jedoch stets von den widerstreitenden Interessen der Industrie- und Entwicklungsländer bestimmt wurden. So ist etwa die Konferenz in Cancún gescheitert, weil sich die Mitglieder nicht über den Abbau von Agrarbeihilfen und den Text der Schlusserklärung verständigen konnten.[52] Der Abbau der Beihilfen würde es den Entwicklungsländern einfacher machen, ihre landwirtschaftlichen Produkte in die Industrienationen zu exportieren (allgemein → § 8).[53]

25

---

[49] Abgedruckt in ILM 33 (1994), 1226 und ABl. EG 1994 L 336/234.

[50] Abgedruckt in 1915 U.N.T.S. 103 und ABl. EG 1994 L 336/273, geändertes Abkommen vom 02.04.2012, abgedruckt in ABl. EU 2014 L 68/2; dazu ausführlich *Kunnert*, WTO-Vergaberecht, 1998; *Bungenberg*, Vergaberecht im Wettbewerb der Systeme, 2008; *ders.*, Vergaberecht als Vorbild des Internationalen Kartell- und Fusionskontrollverfahrensrechts, in: Terhechte (Hrsg.), Internationales Kartell- und Fusionskontrollverfahrensrecht, 2009, § 89 Rn. 12 ff.; Arrowsmith/Anderson (Hrsg.), The WTO Regime on Government Procurement: Challenge and Reform, 2011.

[51] Siehe auch *Terhechte*, Der Rechtsrahmen der Welthandelsorganisation (WTO) und der Europäischen Union (EU) für den Export, in: Paschke/Graf/Olbrisch (Hrsg.), Hamburger Handbuch des Exportrechts, 2. Aufl. 2014, Abschnitt 28 Rn. 11.

[52] *Jones*, The Doha Blues, 2010; siehe zum Scheitern von Cancún *Kerremans*, EFAR 9 (2004), 363.

[53] Zur Problematik der Landwirtschaftsbeihilfen und Exportsubventionen vgl. *Tietje*, Die institutionelle Ordnung der WTO, in: Prieß/Berrisch, A.III. Rn. 17 ff.; *McMahon*, The WTO Agreement on Agriculture, 2006, S. 89 ff.; Meléndez-Ortiz/Bellmann/Hepburn (Hrsg.), Agricultural Subsidies in the WTO Green Box, 2009.

Abb. 1 Struktur des WTO-Rechts

26   Zwischen den Ministerkonferenzen nimmt der „Allgemeine Rat" ihre Aufgaben wahr, der ebenfalls aus Repräsentanten aller Mitglieder zusammenge-
setzt ist und bei Bedarf zusammenkommt (Art. IV:2 ÜWTO). Er leitet außerdem die für die verschiedenen Abkommen (GATT, GATS usw.) eingerichteten
speziellen Räte (Art. IV:5 ÜWTO),[54] so z. B. den Rat für Handel mit Waren und
den Rat für den Handel mit Dienstleistungen.[55] Die Ministerkonferenz sowie
der Allgemeine Rat werden durch das Sekretariat der WTO unterstützt, das
seinen Sitz in Genf hat und von einem Generaldirektor geleitet wird (momentan: *Roberto Azevêdo*).

27   Im Rahmen der WTO werden Beschlüsse in der Regel im Konsensverfahren gefasst, wonach ein Beschluss angenommen ist, sofern keines der anwesenden Mitglieder förmlich Einspruch erhebt; eine Abstimmung findet zunächst *nicht* statt
(Art. IX:1 ÜWTO).[56] Erst sofern sich kein Konsens finden lässt, d. h. bei Einlegen

---

[54] *Hilf*, WTO: Organisationsstruktur und Verfahren, in: ders./Oeter, WTO-Recht, 2. Aufl. 2010, § 6
Rn. 8; *Tietje*, WTO und Recht des Weltwarenhandels, in: ders., Internationales Wirtschaftsrecht,
2. Aufl. 2015, § 3 Rn. 24.

[55] *Terhechte*, Der Rechtsrahmen der Welthandelsorganisation (WTO) und der Europäischen Union
(EU) für den Export, in: Paschke/Graf/Olbrisch (Hrsg.), Hamburger Handbuch des Exportrechts,
2. Aufl. 2014, Abschnitt 30 Rn. 12.

[56] Dazu *Beise*, Die Welthandelsorganisation, 2001, S. 199 ff.; *Matsushita/Schoenbaum/Mavroidis*,
The World Trade Organization, 3. Aufl. 2015, S. 12.

eines Einspruchs durch ein Mitglied, wird über die Sache abgestimmt, wobei die erforderlichen Mehrheiten von der jeweiligen Materie abhängen (Art. IX und X ÜWTO).[57] *Jeder* Staat verfügt über eine Stimme.[58]

dd) Streitbeilegung in der WTO

Das Streitbeilegungsverfahren, das im Rahmen der WTO errichtet wurde, stellt bislang eine Erfolgsgeschichte der Entwicklung des Internationalen Wirtschafts-rechts dar. Was die Effektivität, obligatorische Unterwerfung und Bereitstellung einer zweiten Entscheidungsinstanz angeht, ist es zumindest heute noch in der Völ-kerrechtsordnung als singulär zu bezeichnen (zu den gegenwärtigen Entwicklungen s. → Rn. 17, 30 a. E.). Das DSU hat die als ineffizient erachtete Streitbeilegungs-kultur des GATT (vgl. Art. XXIII GATT 47) abgelöst und ein effektives Rechts-schutzsystem bereitgestellt, dessen praktische Bedeutung stetig zunimmt.[59] Das Ziel des Streitbeilegungssystems, die Garantie von *Sicherheit* und *Vorhersehbarkeit* im multilateralen Handelssystem (Art. 3.2 DSU) mit den Mitteln des Rechts zu ge-währleisten, hat der WTO Züge einer „Rechtsgemeinschaft" verliehen. Der weitere Ausbau des Welthandelssystems ist damit nicht zuletzt auch ein „Verrechtlichungs-prozess".[60] Die Verwirklichung dieser Ziele ist zwei Instanzen übertragen: Zum ei-nen den sog. *Panels* und zum anderen dem *Appellate Body* als Revisionsinstanz, deren Beschlüsse jeweils *vom Dispute Settlement Body* (DSB) angenommen wer-den müssen. Die Zusammensetzung des DSB entspricht im Wesentlichen der des Allgemeinen Rats der WTO und seine Zuständigkeit umfasst u. a. die Einsetzung der sog. *Panels*. Die Panels werden jeweils für einen Rechtsstreit aus drei bis fünf Experten zusammengestellt (siehe Art. 8 DSU), deren Aufgabe es ist, den DSB zu unterstützen (Art. 11 DSU). Dies geschieht in Form eines Berichts, der die Fakten- und Rechtslage bewertet und eine Entscheidungsempfehlung abgibt.

Im Wesentlichen zeichnet sich das Streitbeilegungsverfahren durch drei Phasen aus: Wenn ein Mitglied der Ansicht ist, dass das Verhalten eines anderen WTO-Mitglieds ihn in seinen durch das „Welthandelsrecht" zugesicherten Rechten beein-trächtigt (Art. 3.3 DSU), werden zunächst gegenseitige Verhandlungen aufgenommen

28

29

---

[57] Siehe ausführlich zur Beschlussfassung in der WTO *Herrmann/Weiß/Ohler*, Rn. 193 ff.; siehe auch *Terhechte*, Der Rechtsrahmen der Welthandelsorganisation (WTO) und der Europäischen Union (EU) für den Export, in: Paschke/Graf/Olbrisch (Hrsg.), Hamburger Handbuch des Export-rechts, 2. Aufl. 2014, Abschnitt 28 Rn. 14.

[58] Vgl. zu den Besonderheiten, die für die EG gelten, *Hilpold*, Die EU im GATT/WTO-System, 3. Aufl. 2009, S. 123 ff.; *Beise*, Die Welthandelsorganisation, 2001.

[59] Dazu *Ohlhoff*, Streitbeilegung in der WTO, in: Prieß/Berrisch, C.I.2.; *Herrmann/Weiß/Ohler*, Rn. 250 ff.; *Folsom/Gordon/Spanogle*, International Trade and Investment, 2. Aufl. 2000, S. 79 ff., *Stoll/Schorkopf*, Rn. 416 ff.

[60] Vgl. dazu auch *Hilf*, Allgemeine Prinzipien in der welthandelsrechtlichen Streitbeilegung – Die WTO auf dem Weg zu einer Rechtsgemeinschaft?, in: Hatje (Hrsg.), Das Binnenmarktrecht als Daueraufgabe, 2002, S. 173; siehe auch *Terhechte*, JuS 2004, 959 (961); für die Ebene des EG-Rechts vgl. *Terhechte*, Die ungeschriebenen Tatbestandsmerkmale des europäischen Wettbewerbs-rechts, 2004, S. 21 ff.

(sog. Konsultationsphase).[61] Der (vermeintlich) verletzende Staat ist dazu verpflichtet, innerhalb von zehn Tagen auf die Anfrage des (vermeintlich) verletzten Staates zu reagieren und binnen 30 Tagen Konsultationen zu beginnen; bereits von diesem *request for consultations* ist der DSB zu unterrichten (zum Ganzen vgl. Art. 4 DSU). Sofern die Konsultationen der beteiligten Mitglieder zu keiner Einigung führen, kann die beschwerte Partei die Errichtung eines Panels beim DSB beantragen (Art. 4.7, 4.3 a. E. und 6 DSU).[62] Das Panel hat grundsätzlich innerhalb von sechs Monaten einen Bericht über den Fall anzufertigen (Art. 12.8 DSU), der dem DSB vorgelegt wird und angenommen werden muss (sog. Berichtsphase). Die Entscheidung über die Annahme des Berichts ergeht im sog. *negativen Konsens*, d. h. die *Nichtannahme* des Berichts bedarf der Einigkeit aller Mitglieder (Art. 16.4 DSU).[63] Wenn die Streitparteien der Ansicht sind, dass die Entscheidung rechtsfehlerhaft ist, können sie sich in der sog. Revisionsphase an den *Appellate Body* wenden. Dieser entscheidet nur noch über *Rechtsfragen* (Art. 17.6 DSU)[64] und auch dieser Bericht bedarf der Annahme durch den DSB im negativen Konsens. An die Empfehlungen des DSB sind die Parteien unwiderruflich gebunden.[65]

30 2017 gingen 17 Konsultationsersuche sowie vier Konsultationen in Verstoßverfahren beim DSB ein. Es wurden 14 Panels in 13 Rechtssachen errichtet. Darüber hinaus waren 35 Verfahren vor Panels, dem Appellate Body und im Schiedsverfahren anhängig.[66] *Alle* neun Panel- und fünf Appellate Body-Berichte wurden vom DSB angenommen. Dies ist auf das Erfordernis der Annahme im negativen Konsens zurückzuführen. Der Abbau von Zöllen ist in den Streitigkeiten kaum noch von Bedeutung. Dies verwundert nicht, denn im Jahre 2009 lag der durchschnittliche Zollsatz unter WTO-Mitgliedern bei nur noch 4 %.[67] Die Verfahren betreffen vermehrt Fragen der Nichtdiskriminierung[68] und sog. Querschnittsgebiete (Umweltschutz etc., sog.

---

[61] Hierzu *Marceau*, Consultations and the Panel Process in the WTO Dispute Settlement System, in: Yerxa/Wilson (Hrsg.), Key Issues in WTO Dispute Settlement, 2005, S. 29 (31 f.); *Schorkopf*, in: Wolfrum/Stoll/Kaiser (Hrsg.), WTO – Institutions and Dispute Settlement, 2006, Art. 4 DSU Rn. 1 ff.

[62] Zu den formalen Anforderungen an diesen Antrag vgl. *Mavroidis*, in: Wolfrum/Stoll/Kaiser (Hrsg.), WTO – Institutions and Dispute Settlement, 2006, Art. 6 DSU Rn. 1 ff.; *Herrmann/Weiß/ Ohler*, Rn. 280.

[63] Die Umkehrung des Konsensprinzips darf als ein wesentlicher Schritt in der Entwicklung des Internationalen Wirtschaftsrechts angesehen werden, der den Streitbeilegungsmechanismus im Rahmen der WTO weitgehend unabhängig von politischen Einflussnahmen macht, dazu *Jackson*, Designing and Implementing Effective Dispute Settlement Procedures, in: Krueger (Hrsg.), The WTO as an International Organization, 1998, S. 161 (162); *Beise*, Die Welthandelsorganisation, 2001, S. 220 f.

[64] *Ohlhoff*, Streitbeilegung in der WTO, in: Prieß/Berrisch, C.I.2. Rn. 105; *Oesch*, Standards of Review in WTO Dispute Resolution, 2003, S. 21 f.

[65] Zum Ganzen *Herrmann/Weiß/Ohler*, Rn. 309.

[66] Vgl. WTO Annual Report 2018, S. 128 ff.

[67] WTO World Trade Report 2011, S. 124.

[68] *Canada – Certain Measures Affecting the Renewable Energy Generation Sector*, WT/DS412 (24.05.2013); *European Communities – Measures Prohibiting the Importation and Marketing of Seal Products*, WT/DS401 (18.06.2014).

Bereiche des „*trade and*"). Hierbei spielen Beschränkungen des Handelsverkehrs zum Schutze der Gesundheit und Umwelt eine gewichtige Rolle.[69] Das funktionierende Rechtsschutzsystem der WTO ist ein wichtiger Faktor des Ausbaus und der Verrechtlichung der Welthandelsordnung. Gegenwärtig bestehen allerdings erhebliche Gefahren für die Funktionsfähigkeit des gesamten Systems, insbesondere weil die USA sich weigern, neue Mitglieder für den Appellate Body zu benennen. Hier droht eine sukzessive „Austrocknung" des eigentlich sehr erfolgreich agierenden Gremiums.

Die Durchsetzbarkeit der Panelempfehlungen wird ebenfalls durch das DSU   **31** abgesichert. Der obsiegenden Partei wird das Recht gegeben, beim DSB gemäß Art. 22.2 DSU die Bewilligung der einseitigen *Aussetzung von Zugeständnissen* oder anderer Pflichten gegenüber der unterlegenen Partei gemäß den in Art. 22.3 DSU statuierten Grundsätzen zu beantragen für den Fall, dass die Panelentscheidung von der unterlegenen Partei *nicht fristgerecht umgesetzt* wird. Über diesen Antrag hat der DSB innerhalb von 30 Tagen im negativen Konsensverfahren zu entscheiden. Grundsätzlich gilt, dass Zugeständnisse nach Möglichkeit zunächst auf demselben Sektor, in dem die Rechtsverletzung stattgefunden hat, ausgesetzt werden sollen (Art. 22.3(a) DSU). Dies ist aber nicht immer praktikabel oder effektiv, z. B. wenn das unterlegene Mitglied in dem entsprechenden Sektor keine nennenswerten Mengen in das Gebiet des obsiegenden Mitglieds exportiert. Hierfür sieht Art. 22.3(c) DSU die Möglichkeit der sog. *cross retaliation* vor, d. h. die Aussetzung von Zugeständnissen aus anderen Sektoren des Übereinkommens oder aus anderen Übereinkommen.[70] Sofern Uneinigkeit über den Umfang der Aussetzung von Zugeständnissen besteht, kann ein Schiedsverfahren nach Art. 22.6 DSU eröffnet und das ursprüngliche Panel oder (ein oder mehrere) Schiedsrichter mit der Sache befasst werden. Diese Einsetzung entfaltet einen *Suspensiveffekt*, d. h. während das Schiedsverfahren läuft, dürfen keine Zugeständnisse ausgesetzt werden. Kommt es zwischen den Parteien zu einem Streit darüber, ob die unterlegene Partei den Bericht des DSB überhaupt bzw. vollständig umgesetzt hat, kann gemäß Art. 21.5 DSU erneut ein Panel eingesetzt werden. Dieses soll möglichst in seiner ursprünglichen Zusammensetzung innerhalb von 90 Tagen zu dem neuen Streit über die Umsetzung einen Bericht erstellen, der wiederum vom DSB angenommen werden muss, wobei die unterlegene Partei auch hier Revision beim *Appellate Body* einlegen kann. Dieses Verfahren über die Überprüfung der Umsetzung hat *keinen Suspensiveffekt* für die gemäß Art. 22 DSU ausgesetzten Zugeständnisse.[71]

---

[69] *United States – Measures Affecting the Production and Sale of Clove Cigarettes*, WT/DS406 (24.04.2012); *United States – Import Prohibition of Certain Shrimp and Shrimp Products*, WT/DS58 (06.11.1998); *European Communities – Measures Concerning Meat and Meat Products (Hormones)*, WT/DS26 (13.02.1998).

[70] Siehe insgesamt zur Aussetzung von Zugeständnissen in der WTO *Sacerdoti*, The Nature of WTO Arbitrations on Retaliation, und *Pauwelyn*, The Calculation and Design of Trade Retaliation in Context: What is the Goal of Suspending WTO Obligations?, in: Bown/Pauwelyn (Hrsg.), The Law, Economics and Politics of Retaliation in WTO Dispute Settlement, 2010, S. 23 und 34.

[71] *Stoll/Schorkopf*, Rn. 502; *Renouf*, A Brief Introduction to Countermeasures in the WTO Dispute Settlement System, in: Yerxa/Wilson (Hrsg.), Key Issues in WTO Dispute Settlement, 2005, S. 110.

b) Der Internationale Währungsfond und die Weltbank

aa) Gründung und Ziele von IWF und Weltbank

32 Der freie, internationale Warenhandel setzt einen freien Zahlungsverkehr voraus. Der Mangel an stabilen Wechselkursen oder die übermäßige (sog. galoppierende) Inflation können den freien grenzüberschreitenden Warenaustausch mitunter massiv beeinträchtigen.[72] Zur Gewährleistung dieser grundlegenden Bedingungen errichtete die Staatengemeinschaft (44 Staaten) 1944 auf der Konferenz von *Bretton Woods* den IWF[73] und die Weltbank[74] (→ § 5 Rn. 83 ff.). Sie sollten das internationale Währungssystem neu strukturieren, das im Vorfeld und aufgrund des 2. Weltkriegs mehr oder minder kollabiert war.[75] Die beiden Institutionen sollen außerdem den Schutz der nationalen Zahlungsbilanzen sicherstellen.[76]

33 Das IWF-Abkommen schuf ein System fester Wechselkurse in Kopplung an den US-Dollar, über den wiederum auch der Goldpreis festgesetzt wurde (sog. Gold-Dollar-Standard).[77] Angesichts des steigenden Liquiditätsbedarfs wuchsen Ende der 1960er-Jahre die Vorbehalte gegenüber diesem System der festen Wechselkursbindung. Im Jahre 1971 wurde es schließlich aufgegeben und durch das System sog. *Sonderziehungsrechte* (*special drawing rights*) reformiert.[78] Es handelt sich dabei um eine künstliche Währungseinheit, deren Wert sich nach einem Querschnitt diverser Leitwährungen bestimmt.[79] Diese Sonderziehungsrechte können vom Inhaber in Devisen umgetauscht werden, die eine wichtige Grundvoraussetzung für die Teilnahme am Weltmarkt darstellen.

34 Aufgrund dieses Systems werden auch IWF-Mitglieder mit stark inflationärer oder wenig konvertibler Währung in die Lage versetzt, Devisen zu erwerben. Der Umfang der einem Mitglied zugewiesenen Sonderziehungsrechte richtet sich nach

---

[72] Vgl. Art. I IWF-Statut; *Welfens*, Grundlagen der Wirtschaftspolitik, 1995, S. 309 ff.; *Södersten/ Reed*, International Economics, 3. Aufl. 1994, S. 659 ff.; *Samuelson/Nordhaus*, Volkswirtschaftslehre, 5. Aufl. 2016, S. 803 ff.

[73] Im Internet unter www.imf.org (11.03.2019).

[74] Im Internet unter www.worldbank.org (11.03.2019).

[75] Vgl. das Übereinkommen über den Internationalen Währungsfonds, abgedruckt in 726 U.N.T.S. 266 sowie Bek. v. 03.05.1978, BGBl. II, S. 838 und das Abkommen über die Internationale Bank für Wiederaufbau und Entwicklung (Weltbank), abgedruckt in 2 U.N.T.S. 39 sowie Bek. v. 16.09.1992, BGBl. II, S. 1134; dazu etwa *Herdegen*, Internationales Wirtschaftsrecht, 11. Aufl. 2017, § 20 Rn. 6 ff.; *Doehring*, Völkerrecht, 2. Aufl. 2004, Rn. 1223 f.; *Orakhelashvili*, Akenhurst's Modern Introduction to International Law, 8. Aufl. 2018, S. 407 ff.

[76] *Herrmann/Weiß/Ohler*, Rn. 727.

[77] *Södersten/Reed*, International Economics, 3. Aufl. 1994, S. 662.

[78] *Terhechte*, JuS 2004, 959 (961); ausführlich dazu *Giovanoli*, A New Architecture for the Global Financial Market, in: ders. (Hrsg.), International Monetary Law, 2000, S. 3; *Willms*, Internationale Währungspolitik, 3. Aufl. 2008, S. 146 ff.; *Södersten/Reed*, International Economics, 3. Aufl. 1994, S. 668; *Folsom/Gordon/Van Alstine*, International Trade and Economic Relations in a Nutshell, 6. Aufl. 2016, S. 84 ff.

[79] *Terhechte*, JuS 2004, 959 (961); *Folsom/Gordon/Van Alstine*, International Trade and Economic Relations in a Nutshell, 6. Aufl. 2016, S. 85.

der Höhe seiner Einlage im IWF (sog. Quoten).[80] Diese Einlagen bilden auch das „Grundkapital" des IWF, das zur Kreditvergabe an Mitglieder sowie zur Entwicklungsfinanzierung verwendet wird.

Auch die Weltbank hat die Aufgabe, durch die Vergabe von langfristigen Krediten (i. d. R. 15 Jahre), die wirtschaftliche Entwicklung in den Mitgliedstaaten zu fördern (vgl. Art. 1 des Abkommens über die Internationale Bank für Wiederaufbau und Entwicklung)[81].[82] Sie wurde ursprünglich zum Zwecke des Wiederaufbaus von Europa nach dem 2. Weltkrieg errichtet, leistet heute aber überwiegend Aufbauhilfe in Entwicklungsländern. Bei beiden Organisationen hat die teilweise übereilte Vergabe von Krediten in Verbindung mit harten Auflagen für die Neustrukturierung der heimischen Wirtschaft für viel Protest gesorgt, der die zukünftige Politik des IWF und der Weltbank sicher nicht unbeeindruckt lässt.[83]   **35**

bb) Organe des IWF und der Weltbank

Der sog. Gouverneursrat bildet das oberste Organ des IWF, dem jeweils ein Gouverneur pro Mitgliedstaat angehört (derzeit 189), vgl. Art. XII Abschn. 2 des IWF-Abkommens. Die Gouverneure kommen jährlich zusammen und die Wahrnehmung der Geschäfte obliegt in der Zwischenzeit dem sog. Exekutivdirektorium. Es besteht aus 25 Direktoren, welche die Wirtschafts- und Währungspolitik der Mitgliedstaaten überwachen und sich regelmäßig treffen.   **36**

Unter dem Dach der Weltbank sind fünf verschiedene Organisationen angesiedelt (sog. *Weltbankgruppe*), die jeweils bei gleicher Organisationsstruktur die verschiedenen Spezialbereiche ihrer gemeinsamen Hauptaufgabe der Armutsbekämpfung bearbeiten. In organisatorischer Hinsicht bestehen keine wesentlichen Unterschiede zur Struktur des IWF.   **37**

c) Die Vereinten Nationen

Jenseits der WTO ist es auch Angelegenheit der UNO, den internationalen Handel zu fördern und zu organisieren.[84] Entsprechend ist in Art. 55 lit. b der UN-Charta[85] niedergelegt, dass die UNO die Lösung *internationaler Probleme wirtschaftlicher Art* fördern soll. Zur Erfüllung dieser Aufgabe wurden verschiedene Unterorganisationen   **38**

---

[80] Siehe dazu z. B. *Bergthaler/Giddings*, Recent Quota and Governance Reforms at the International Monetary Fund, in: Herrmann/Krajewski/Terhechte (Hrsg.), European Yearbook of International Economic Law 2013, 2013, S. 371.

[81] Im Internet unter http://siteresources.worldbank.org/BODINT/Resources/278027-1215526322 295/IBRDArticlesOfAgreement_English.pdf (11.03.2019).

[82] *Terhechte*, JuS 2004, 959 (962).

[83] Vgl. dazu *Stiglitz*, Globalization and its Discontents, 2002, S. 195 ff. und *von Weizsäcker*, Logik der Globalisierung, 3. Aufl. 2003, S. 132 ff. mit zahlreichen Beispielen; siehe auch *Herdegen*, Internationales Wirtschaftsrecht, 11. Aufl. 2017, § 26 Rn. 15 f.; *Bergthaler/Bossu*, Recent Legal Developments in the International Monetary Fund, in: Herrmann/Terhechte (Hrsg.), European Yearbook of International Economic Law 2010, 2010, S. 391.

[84] Im Internet unter www.un.org (11.03.2019).

[85] Abgedruckt in BGBl. II 1973, S. 430.

gegründet. Besonders zwei dieser Organisationen aus der „UNO-Familie"[86] sind im Rahmen des Internationalen Wirtschaftsrechts von besonderem Belang und verdienen es, hervorgehoben zu werden: Die *Kommission der Vereinten Nationen für internationales Handelsrecht* (*United Nations Commission on International Trade Law*, UNCITRAL) und die *Konferenz der Vereinten Nationen für Handel und Entwicklung* (*United Nations Conference on Trade and Development*, UNCTAD).[87] Daneben gibt es zwar noch eine ganze Reihe von weiteren Unterorganisationen der UNO, deren Darstellung muss allerdings ausführlicheren Untersuchungen vorbehalten bleiben.[88]

aa) UNCITRAL

39   UNCITRAL ist ein Nebenorgan der UNO-Generalversammlung und wurde im Jahre 1966 gegründet.[89] Ihre vorrangige Funktion besteht darin, die Divergenzen der Handelsrechte der Mitglieder zu verringern, da diese ein substanzielles Hemmnis im internationalen Handel darstellen.[90] Zu diesem Zwecke erarbeitet bzw. überarbeitet die Kommission Verträge, UN-Resolutionen und eigene Leitlinien des internationalen Handelsrechts.[91] So gehen etwa das mittlerweile in Ausbildung und Praxis höchst relevante UN-Kaufrecht[92] oder Seefrachtrecht[93] auf die Arbeit der UNCITRAL zurück.

40   Die Kommission wird von der Generalversammlung der UNO nach einem regionalen Verteilungsschlüssel gewählt und setzt sich aus bestimmten Staaten der UNO-Mitglieder zusammen (derzeit 60).[94] Diese Staaten entsenden Spezialisten aus dem Bereich des internationalen Handelsrechts in die Kommission. Sie tagt jährlich für ca. zwei Wochen entweder in New York oder in Wien, während die Arbeit zwischen den Treffen vom Sekretariat und permanenten Arbeitsgruppen ausgeführt wird.[95]

---

[86] Siehe dazu www.unsystem.org (11.03.2019).

[87] Die Rechtsgrundlage für die Schaffung der UNCTAD ist nicht letztverbindlich festzumachen, dazu *Marxen*, UNCTAD – Konferenz der Vereinten Nationen für Handel und Entwicklung (Welthandels- und Entwicklungskonferenz), in: Wolfrum (Hrsg.), Handbuch Vereinte Nationen, 2. Aufl. 1991, Kap. 121 Rn. 3.

[88] Dazu etwa Wolfrum (Hrsg.), Handbuch Vereinte Nationen, 2. Aufl. 1991.

[89] Vgl. Resolution der Generalversammlung der UNO Nr. 2205 (XXI) v. 17.12.1966.

[90] *Wolfrum*, in: Simma (Hrsg.), Charta der Vereinten Nationen, 1991, Art. 55 (a, b) Rn. 30; *Käde*, in: Wolfrum (Hrsg.), Handbuch Vereinte Nationen, 2. Aufl. 1991, Kap. 120 Rn. 2 ff.

[91] *Käde*, UNCITRAL – Kommission der Vereinten Nationen für internationales Handelsrecht, in: Wolfrum (Hrsg.), Handbuch Vereinte Nationen, 2. Aufl. 1991, Kap. 120 Rn. 9.

[92] Dazu *Witz/Salger/Lorenz*, International Einheitliches Kaufrecht, 2. Aufl. 2016, S. 23 ff.

[93] *Käde*, UNCITRAL – Kommission der Vereinten Nationen für internationales Handelsrecht, in: Wolfrum (Hrsg.), Handbuch Vereinte Nationen, 2. Aufl. 1991, Kap. 120 Rn. 11 ff.

[94] Resolution der Generalversammlung der UNO Nr. 57/20 v. 19.11.2002.

[95] Zu den Einzelheiten vgl. die Gründungsresolution der Generalversammlung der UNO von UNCITRAL Nr. 2205 (XXI) v. 17.12.1966 und *Käde*, UNCITRAL – Kommission der Vereinten Nationen für internationales Handelsrecht, in: Wolfrum (Hrsg.), Handbuch Vereinte Nationen, 2. Aufl. 1991, Kap. 120 Rn. 6 ff.

bb) UNCTAD

UNCTAD wurde 1964 gegründet und beschäftigt sich mit den Herausforderungen, **41** die im Spannungsfeld von Wirtschaft und Entwicklung und ggf. auch im Zuge der widerstreitenden Interessen von Entwicklungs- und Industrieländern entstehen.[96] Die Gründung von UNCTAD geht auf die Initiative von Entwicklungsländern zurück, die ihre Interessen im Rahmen des GATT nicht ausreichend berücksichtigt sahen, und ist ein Spezialorgan der UNO-Generalversammlung mit Sitz in Genf.[97] Zu Beginn verfolgte UNCTAD vornehmlich das Ziel der Reformierung des Systems der Rohstoffabkommen; dies war allerdings nur teilweise erfolgreich.[98] Nunmehr ist die Aufgabenwahrnehmung der UNCTAD umfassender angelegt und dient der Förderung der fairen Integration von Entwicklungsländern in die Weltwirtschaft in Bezug auf internationalen Handel und Investitionen. U. a. soll dies mit Hilfe der finanziellen Unterstützung technischer Projekte erreicht werden, von denen es zur Zeit über 260 in mehr als 100 verschiedenen Ländern[99] gibt.

Alle vier Jahre tagt die UNCTAD *Konferenz* (zuletzt UNCTAD XIV im Jahre **42** 2016 in Nairobi), die auch das oberste Entscheidungsgremium der Organisation darstellt und der alle Mitgliedstaaten der UNO, ihrer Sonderorganisationen oder der *International Atomic Energy Agency* (IAEA) angehören.[100] Zwischen diesen Konferenzen nimmt der Handels- und Entwicklungsrat (*Trade and Development Board*) die Aufgaben der Konferenz wahr, der seinerseits durch das ständige UNCTAD Sekretariat in Genf unterstützt wird.[101]

d) Die Organisation für wirtschaftliche Zusammenarbeit und Entwicklung

aa) Gründung und Ziele der OECD

Abgesehen von der WTO und der UNO existieren noch weitere Internationale Organisationen, die im Bereich des Internationalen Wirtschaftsrechts von Bedeutung **43** sind. Zu nennen ist hier insbesondere die 1960 gegründete OECD mit Sitz in Paris, die aus der 1948 gegründeten *Organization for European Economic Co-Operation* (OEEC), die den Wiederaufbau Europas nach dem 2. Weltkrieg organisieren sollte,

---

[96] UNCTAD wurde mit der Resolution der Generalversammlung der UNO Nr. 1995 (XIX) v. 30.12.1964 ins Leben gerufen, im Internet unter www.unctad.org (11.03.2019).

[97] *Marxen*, UNCTAD – Konferenz der Vereinten Nationen für Handel und Entwicklung (Welthandels- und Entwicklungskonferenz), in: Wolfrum (Hrsg.), Handbuch Vereinte Nationen, 2. Aufl. 1991, Kap. 121 Rn. 1.

[98] *Marxen*, UNCTAD – Konferenz der Vereinten Nationen für Handel und Entwicklung (Welthandels- und Entwicklungskonferenz), in: Wolfrum (Hrsg.), Handbuch Vereinte Nationen, 2. Aufl. 1991, Kap. 121 Rn. 16.

[99] UNCTAD, A Guide to UNCTAD Technical Cooperation, unctad/dom/2009/2/Rev.1 (2012), S. 4.

[100] Zu den Einzelheiten vgl. *Marxen*, UNCTAD – Konferenz der Vereinten Nationen für Handel und Entwicklung (Welthandels- und Entwicklungskonferenz), in: Wolfrum (Hrsg.), Handbuch Vereinte Nationen, 2. Aufl. 1991, Kap. 121 Rn. 16.

[101] *Terhechte*, JuS 2004, 959 (962).

hervorgegangen ist.[102] Obwohl der OECD 34 Staaten von beinahe allen Kontinenten der Welt angehören, ist sie vor allem ein Forum der Industrienationen – oder plakativer formuliert: ein *Klub der Reichen*.

44   Zu den erklärten Zielen der OECD gehört die Ausweitung des Welthandels (vgl. Art. 1 lit. c des Übereinkommens über die OECD, ÜOECD)[103].[104] Als Mittel zur Verwirklichung dieses Ziels dienen insbesondere fortlaufende gegenseitige Unterrichtungen (Art. 3 lit. a ÜOECD), Konsultationen und die Koordination des mitgliedstaatlichen Handelns auf diesem Gebiet (Art. 3 lit. b, c ÜOECD). Im Bereich der internationalen Wirtschaft ist diese Koordinierung der mitgliedstaatlichen Wirtschafts- und Währungspolitik von beachtlicher Bedeutung, denn immerhin handelt es sich dabei um Staaten, die über 70 % der Güter des weltweiten Handels herstellen.[105] Gerade im faktischen Bereich entfaltet die OECD ihre Wirkmacht, so etwa in Form der vergleichenden Studien zu bestimmten Aspekten der Wirtschaft und Bildung, die von der OECD veröffentlicht werden und in regelmäßigen Abständen durch die Presse gehen.[106] Darüber hinaus ist z. B. der von der OECD verabschiedete *Kodex zur Liberalisierung des Kapitalverkehrs* zwischen ihren Mitgliedern von erheblicher Bedeutung.[107]

bb) Organe der OECD

45   Das oberste Organ der OECD bildet gemäß Art. 7 des ÜOECD der Rat. Er besteht aus allen Mitgliedern der Organisation und setzt sich entweder aus den entsprechenden Fachministern der Mitgliedstaaten („Fachministerrat") oder aus ständigen Vertretern zusammen. Die laufenden Geschäfte der OECD werden von einem Generalsekretariat ausgeführt, dem ein Generalsekretär vorsteht (derzeit *José Ángel Gurría*), der für eine Amtszeit von fünf Jahren berufen wird (Art. 10 ÜOECD). Die OECD verfügt über die Kompetenz, Beschlüsse zu fassen, die ihre Mitglieder binden (Art. 5 lit. a ÜOECD), allerdings muss dies einstimmig geschehen (Art. 6 ÜOECD). Dieses Erfordernis, das eine nicht unbeträchtliche Hürde darstellt, mag einer der Gründe sein, weshalb die OECD bislang keine übergeordnete Wirkmacht erreicht hat.

---

[102] Zur OECD *Reindl*, EnzEuR I, § 33; *Schiavone*, International Organizations, 7. Aufl. 2008, S. 223 ff.; *Hahn/Weber*, Die OECD – Die Organisation für wirtschaftliche Entwicklung und Zusammenarbeit, 1976; weitere Informationen sind auf der Homepage der OECD unter www.oecd. org (11.03.2019) erhältlich.

[103] Convention on the Organisation for Economic Co-operation and Development, abgedruckt in 888 U.N.T.S. 181.

[104] *Hahn*, OECD, in: Seidl-Hohenveldern (Hrsg.), Lexikon des Rechts/Völkerrecht, 3. Aufl. 2001, S. 301.

[105] *Herdegen*, Internationales Wirtschaftsrecht, 11. Aufl. 2017, § 4 Rn. 31.

[106] Etwa die PISA-Studien oder Studien zur Einkommensverteilung.

[107] *Hahn*, OECD, in: Seidl-Hohenveldern (Hrsg.), Lexikon des Rechts/Völkerrecht, 3. Aufl. 2001, S. 301.

3. Supranationale Organisationen (EU und EAG)

Die heutige Europäische Union ist seit dem Lissabonner Reformvertrag,[108] der seit **46**
01.12.2009 in Kraft ist, eine supranationale Organisation, die ihren Anfang mit der
sog. *Montanunion* (Europäische Gemeinschaft für Kohle und Stahl, EGKS) im
Jahre 1951 und der EAG bzw. der Europäischen Gemeinschaft (EG) im Jahre 1957
(Stichwort: Römische Verträge) nahm. Damit sind neue Organisationsgebilde geschaffen worden, die sich durch das Charakteristikum der „Supranationalität" und
der damit einhergehenden Integrationsdichte stark von „herkömmlichen" Internationalen Organisationen unterscheiden. Die „Supranationalität" der Union ist auf drei
Wesenszüge des Unionsrechts zurückzuführen: die Selbstständigkeit des Unionsrechts gegenüber den Rechtsordnungen der Mitgliedstaaten,[109] die unmittelbare innerstaatliche Anwendbarkeit des Unionsrechts[110] und sein Vorrang vor nationalem
Recht.[111] Am 23.07.2002 lief der Vertrag über die *Montanunion* (EGKSV) aus, ihre
Architektur diente aber in vielerlei Bereichen dem EGV und EAGV als Vorbild.[112]

Euratom[113] verwaltet in erster Linie die Entwicklung und Forschung auf dem **47**
Gebiet der Kernenergie, ist europaweit für die Sicherheitsüberwachung auf diesem
Feld zuständig und auch bei der Versorgung mit spaltbarem Material von großer
Bedeutung (vgl. Art. 2 Euratom); ihre Organisations- und Kompetenzstruktur ähnelt
stark der ehemaligen EG.[114] Aufgrund ihrer Regulierungsaufgaben ist sie auch auf
dem Gebiet des Internationalen Wirtschaftsrechts von einiger Bedeutung, denn es
gibt auch global agierende Organisationen auf dem Gebiet der Kernenergie, wie
z. B. die IAEA.

Als eines ihrer Hauptziele definiert die EU die Errichtung eines *Binnenmarktes* **48**
(→ § 1 Rn. 6 ff.) und einer *Wirtschafts- und Währungsunion* (→ § 5 Rn. 11 ff.),
vgl. Art. 3 Abs. 3 S. 1, Abs. 4 EUV. Der Binnenmarkt umfasst die Beseitigung aller
Hemmnisse im innerunionalen Handel mit dem Ziele der Verschmelzung der nationalen Märkte zu einem einheitlichen Markt, dessen Bedingungen denjenigen eines
wirklichen Binnenmarktes möglichst nahe kommt (vgl. auch Art. 26 Abs. 2 AEUV).[115]
Das Ziel der wirtschaftlichen Integration in Europa ist damit die möglichst
enge Verschmelzung der mitgliedstaatlichen Volkswirtschaften. Der AEUV hält
eine Vielzahl von Maßnahmen und Instrumenten bereit, mit denen dieses Ziel

---

[108] Siehe zum Vertrag von Lissabon *Craig*, The Lisbon Treaty – Law, Politics, and Treaty Reform,
2010; Hummer/Obwexer (Hrsg.), Der Vertrag von Lissabon, 2009.

[109] EuGH, Rs. C-6/64, Slg. 1964, 1251 (1270) – Costa/E.N.E.L.

[110] EuGH, Rs. C-26/62, Slg. 1963, 1 (25) – van Gend & Loos.

[111] EuGH, Rs. C-6/64, Slg. 1964, 1251 (1270) – Costa/E.N.E.L.

[112] *Nicolaysen,* Europarecht I, 2. Aufl. 2002, S. 29 ff.

[113] ABl. EU 2012 C 327/1.

[114] *Nicolaysen,* Europarecht I, 2. Aufl. 2002, S. 38; umfassend zur EAG *Grunwald*, Das Energierecht der Europäischen Gemeinschaften, 2003.

[115] EuGH, Rs. 15/81, Slg. 1982, 1409, Rn. 33 – Gaston Schul.

erreicht werden soll. An erster Stelle sind einerseits die Grundfreiheiten zu nennen, nämlich die Warenverkehrsfreiheit (Art. 34 f. AEUV), die Arbeitnehmerfreizügigkeit (Art. 45 AEUV), die Niederlassungsfreiheit (Art. 49 AEUV), die Dienstleistungsfreiheit (Art. 56 AEUV) und die Freiheit des Kapital- und Zahlungsverkehrs (Art. 63 AEUV),[116] (→ § 1 Rn. 9 ff.) sowie andererseits das europäische Wettbewerbsrecht (Art. 101 ff. AEUV).[117]

49   Der Binnenmarkt weist zudem eine „Außenkomponente" auf, denn die EU koordiniert die gesamte Handelspolitik im EU-Raum (Art. 206 ff. AEUV).[118] Diese umfasst die Schaffung einer Zollunion (Art. 28 ff. AEUV), welche auch den Gemeinsamen Außenzoll gemäß Art. 28 Abs. 1, 31 AEUV beinhaltet, womit die EU weit über die Organisationsform der „Freihandelszone" hinausgeht, die lediglich der Abschaffung der Binnenzölle dient. Das Ziel der Währungsunion ist durch die Vollendung der sog. dritten Stufe der Währungsunion am 01.01.1999 erreicht (→ § 5 Rn. 7), die Verwirklichung einer „Wirtschaftsunion" ist dagegen eine Daueraufgabe der europäischen Integration.[119]

50   Aufgrund der Zuweisung von Aufgaben an die EU durch die Mitgliedstaaten durchdringt ihr Einfluss auf die Mitgliedstaaten nunmehr beinahe sämtliche Lebensbereiche (z. B. Umwelt-, Verbraucherschutz-, Gesundheits-, Kultur-, Verkehrs- und Industriepolitik). Ihr Charakter geht somit weit über das eines rein „wirtschaftlichen Integrationsprojektes" hinaus, was zwei entscheidende Grundbedingungen voraussetzt: einerseits das Merkmal der *Supranationalität*, das zu einer größeren Unabhängigkeit der Union von den Gründungsstaaten führte, andererseits den Charakter der EU als sog. *Rechtsgemeinschaft* (heute: „Rechtsunion"). Letzteres bedeutet, dass Auseinandersetzungen mit Mitteln des Rechts gelöst werden und die daraus folgende anhaltende Schaffung von Recht den „Motor der Integration" darstellt.[120]

51   Die Organe der Union steuern diesen Prozess in effektiver Weise (Art. 13 EUV). Der steigende Einfluss des Europäischen Parlaments (vgl. Art. 14 EUV, Art. 223 ff. AEUV) lässt einen verstärkten Demokratisierungsprozess auch für den Bereich des

---

[116] Zu den Grundfreiheiten vgl. etwa *Kingreen*, in: von Bogdandy/Bast, S. 705; *Ehlers,* Europäische Grundrechte und Grundfreiheiten, 4. Aufl. 2015.

[117] Zum europäischen Wettbewerbsrecht *Frenz*, Europarecht, 2011, Rn. 335 ff.; Schröter/Jakob/Klotz/Mederer (Hrsg.), Europäisches Wettbewerbsrecht, 2. Aufl. 2014; zum Beihilfenrecht *Frenz*, Europarecht, 2011, Rn. 413 ff.; Birnstiel/Bungenberg/Heinrich, Europäisches Beihilfenrecht, 2. Aufl. 2019.

[118] Siehe *Terhechte*, Der Rechtsrahmen der Welthandelsorganisation (WTO) und der Europäischen Union (EU) für den Export, in: Paschke/Graf/Olbrisch (Hrsg.), Hamburger Handbuch des Exportrechts, 2. Aufl. 2014, Abschnitt 28 Rn. 58; *ders.*, JuS 2004, 959 (963).

[119] *Terhechte*, Der Rechtsrahmen der Welthandelsorganisation (WTO) und der Europäischen Union (EU) für den Export, in: Paschke/Graf/Olbrisch (Hrsg.), Hamburger Handbuch des Exportrechts, 2. Aufl. 2014, Abschnitt 28 Rn. 59; *ders.*, JuS 2004, 959 (963); dazu auch Hatje (Hrsg.), Das Binnenmarktrecht als Daueraufgabe, 2002; *Becker*, in: Schwarze/Becker/Hatje/Schoo, 4. Aufl. 2019, Art. 3 EUV Rn. 15; *Häde*, in: Calliess/Ruffert, Art. 120 AEUV Rn. 2.

[120] Dazu *von Bogdandy*, in: ders./Bast, S. 13 (36 ff.); siehe auch *Terhechte*, Der Rechtsrahmen der Welthandelsorganisation (WTO) und der Europäischen Union (EU) für den Export, in: Paschke/Graf/Olbrisch (Hrsg.), Hamburger Handbuch des Exportrechts, 2. Aufl. 2014, Abschnitt 28 Rn. 60.

europäischen Wirtschaftsrechts erkennen,[121] der die wichtige Bedeutung der Kommission (Art. 17 EUV, Art. 244 ff. AEUV) und des Ministerrats (Art. 16 EUV, Art. 237 ff. AEUV)[122] etwa im Bereich des Wettbewerbsrechts bislang aber nicht berührt. Die wirtschaftspolitischen Leitlinien werden darüber hinaus von den Staats- und Regierungschefs bestimmt, die im Europäischen Rat vertreten sind (Art. 15 EUV, Art. 235 f. AEUV).

Eine besondere Rolle spielt aber nach wie vor der EuGH (Art. 19 EUV, Art. 251 ff. **52** AEUV), dessen Rechtsprechung in diesem Prozess von enormer praktischer Bedeutung ist. Ganz besonders gilt das im Bereich des Wirtschaftsrechts, wo der Gerichtshof aber insbesondere seit Inkrafttreten der Europäischen Grundrechtecharta mehr denn je gefordert ist, Wirtschaftsinteressen mit sozialen und grundrechtlichen Garantien in Einklang zu bringen.[123] Zudem muss er eine Reihe von Querschnittsmaterien bei seiner Rechtsprechung im Auge behalten und kann hier Vorbildwirkungen für das Internationale Wirtschaftsrecht entfalten (→ Rn. 107 ff.).

4. Regionale Organisationen

Das Internationale Wirtschaftsrecht hat in den letzten Jahren unterschiedliche Ent- **53** wicklungspfade eingeschlagen. Während auf der einen Seite bilaterale Handelsabkommen zusehends an Bedeutung gewinnen, ist auf der anderen Seite eine stetige Fortentwicklung der entsprechenden Rechtssätze und Prinzipien durch diverse internationale und regionale Organisationen zu beobachten. Insbesondere die regionale Integration in Südamerika und Nordamerika, aber auch in Asien hat hierbei beachtliche Fortschritte gemacht. Das Verhältnis dieser regionalen Organisationen zur WTO ist in Art. XXIV GATT geregelt, sofern damit auch Freihandelszonen errichtet werden (→ Rn. 87).

a) Der Mercado Común del Sur
Der MERCOSUR wurde 1991 von mehreren südamerikanischen Staaten mit dem **54** Ziel errichtet, Handelsbeschränkungen abzubauen und einen Gemeinsamen Markt zu schaffen. Derzeitige Mitglieder[124] sind Argentinien, Brasilien, Paraguay und Uruguay; Bolivien befindet sich im Beitrittsprozess. Aufgrund andauernder Menschenrechtsverletzungen wurde Venezuela 2016 von den Gründungsmitgliedern des MERCOSUR vom Gemeinsamen Market suspendiert. Die Suspension wurde 2017 durch die Beendigung der Mitgliedschaft Venezuelas „auf unbestimmte

---

[121] Die unzureichende demokratische Legitimation auf europäischer Ebene wird bis heute oft kritisiert, vgl. *Lübbe-Wolff*, VVDStRL 60 (2001), 246.

[122] Diese Bezeichnung des Rats ist nicht ganz unproblematisch, vgl. *Hix*, in: Schwarze/Becker/Hatje/Schoo, 4. Aufl. 2019, Art. 16 EUV Rn. 2 m. w. N.

[123] Dazu *Müller-Graff*, Die Verdichtung des Binnenmarktrechts zwischen Handlungsfreiheiten und Sozialgestaltung, in: Hatje (Hrsg.), Das Binnenmarktrecht als Daueraufgabe, 2002, S. 7.

[124] Assoziierte Mitglieder sind Chile, Kolumbien, Peru, Kolumbien, Ecuador, Guyana und Suriname. Beobachterstatten sind Neuseeland und Mexiko.

Zeit" bekräftigt. Die wichtigsten Gründungsverträge sind der *Vertrag von Asunción*[125] von 1991 sowie das *Protokoll von Ouro Preto*[126] von 1994. Der Verwirklichung des Gemeinsamen Marktes („Mercado Común") dienen der freie Verkehr von Waren, Dienstleistungen und Produktionsfaktoren, die Errichtung einer Zollunion, die Einführung eines gemeinsamen Außenzolls, einer gemeinsamen Handelspolitik und die Koordination anderer, sog. *sektorieller Politiken* (z. B. Landwirtschafts-, Industrie-, und Wettbewerbspolitik; vgl. Art. 1 des Vertrages von Ascunión).[127] Die Parallelen zur EU sind unverkennbar.[128]

55   Der Vertrag bestimmt jedoch gerade nicht, *wie* dieses Ziel zu erreichen ist; auch in Bezug auf die Struktur der Organisation (Organe, Handlungsformen etc.) besteht eine Ausformung lediglich in Ansätzen. Allerdings erfolgte gemäß Art. 18 des Vertrags von Asunción die Festlegung von Rahmenbedingungen durch das Protokoll von *Ouro Preto*.[129] Am 01.01.1995 entfielen zwischen den Mitgliedstaaten des Mercosur die Binnenzölle und der gemeinsame Außenzoll (*arancel externo común*) trat in Kraft. Jedoch stellt die Schaffung und Sicherung des Gemeinsamen Marktes – wie auf der Ebene der EU – eine Daueraufgabe dar.[130]

56   Gemäß Art. 3 ff. des Protokolls von Ouro Preto ist das oberste politische Organ des Mercosur der Rat des Gemeinsamen Marktes (*Consejo der Mercado Común*) und setzt sich aus den Außen- und Wirtschaftsministern der Mitgliedstaaten des Mercosur zusammen. Eine vornehmlich exekutivische Funktion kommt gemäß Art. 10 ff. des Protokolls von Ouro Preto der „Gemeinsame Markt Gruppe" (*Grupo Mercado Común*) zu, indem sie die Beschlüsse des Rates vorbereitet und ausführt. Hierbei wird sie von der Handelskommission (*Comisión de Comercio del MERCO-SUR*) unterstützt, deren primäre Aufgabe es ist, die gemeinsame Handelspolitik durchzusetzen (vgl. Art. 16–19 des Protokolls von Ouro Preto).

57   Das Rechtsschutzsystem des Mercosur ist dem der WTO ähnlicher als dem der EU und verdeutlicht, dass der Mercosur in puncto Integrationsdichte deutlich hinter der EU zurückbleibt. So gibt es etwa keinen Gerichtshof,[131] sondern im Falle von

---

[125] Abgedruckt in ILM 30 (1991), 1034.

[126] Abgedruckt in ILM 34 (1995), 1244; die Gründungsverträge und wichtigsten Rechtsakte des Mercosur sind in deutscher Übersetzung abgedruckt bei Max-Planck-Institut für ausländisches und internationales Privatrecht (Hrsg.), Rechtsquellen des MERCOSUR, 2000; vgl. auch *Salomao Filho/Samtleben*, WM 1992, 1345 und 1385; *Samtleben*, WM 1996, 1997; *Martins*, RIW 1999, 851; *Herdegen*, Internationales Wirtschaftsrecht, 11. Aufl. 2017, § 9 Rn. 33 ff.; *Wehner*, Der MERCO-SUR, 1999; *Schiavone*, International Organizations, 7. Aufl. 2008, S. 243 ff.; *Ramos da Silva*, Rechtsangleichung im MERCOSUL, 2002; *Zilla*, Mercosur, in: Freistein/Leininger, Handbuch Internationale Organisation, 2012, S. 156; *Cason*, The Political Economy of Integration: The Experience of Mercosur, 2010. Im Internet unter http://www.mercosur.int/ (11.03.2019) zu erreichen.

[127] *Terhechte*, JuS 2004, 959 (964); weiterführend dazu auch *Samtleben*, WM 1996, 1997.

[128] Zum Vergleich von Mercosur und EG vgl. etwa *Wehner*, Der MERCOSUR, 1999, S. 111 ff.; *Loschky*, Mercosur und EU, 1998.

[129] Trotz der Bezeichnung als „Protokoll" handelt es sich hierbei um konstitutives Primärrecht des Mercosur, vgl. *Wehner*, Der MERCOSUR, 1999, S. 78 f.

[130] *Samtleben*, WM 1996, 1997 (2002 f.).

[131] *Wehner*, Der MERCOSUR, 1999, S. 99.

Streitigkeiten sind zunächst gegenseitige Konsultationen durchzuführen, um die Auseinandersetzung zu beenden. Der grundsätzliche Ablauf dieses Verfahrens ist im *Protokoll von Olivos*[132] geregelt.[133]

b) Das Nordamerikanische Freihandelsabkommen

In Nordamerika gibt es seit 1992 das *Nordamerikanische Freihandelsabkommen*   **58** (*North American Free Trade Agreement*, NAFTA).[134] Schon aufgrund der wirtschaftlichen Stärke der beteiligten Staaten (USA, Kanada und Mexiko) kommt diesem Abkommen ein hohes Gewicht zu. So tauschen die NAFTA-Partner täglich Waren im Wert von 2,6 Mrd. US$ aus.[135] Allerdings ist zu beachten, dass es sich bei NAFTA zunächst „nur" um die Errichtung einer Freihandelszone handelt, ohne dass die Schaffung eines Gemeinsamen Marktes vorgesehen wäre. Das Abkommen ist aus der kanadisch/US-amerikanischen Freihandelszone von 1988 hervorgegangen, die eine erfolgreiche Entwicklung hinter sich hatte.[136] Die Aufnahme von Mexiko stieß damals auf Kritik, da man eine Reihe von Problemen wie die starke Korruption und äußerst protektionistische Handelspolitik befürchtete.[137] Seit sich aber Mexiko zum am schnellsten wachsenden Markt für US-Produkte und Dienstleistungen entwickelt hat, ist auch die Kritik allmählich schwächer geworden und hat einem gewissen Optimismus Platz gemacht. Nunmehr sind Kanada und Mexiko die größten Abnehmer von US-Exporten.[138] Gegenwärtig werden diese Entwicklungen aber durch den geplanten Bau einer Mauer durch die Trump Regierung in den USA sowie den Neuverhandlungen des NAFTA erheblich gefährdet.

Die zentralen Ziele des Abkommens liegen in der Beseitigung der Handelsbe-   **59** schränkungen, der Sicherstellung eines fairen Wettbewerbs sowie der Förderung der Prosperität in der gesamten Region. Instrumente zur Verwirklichung dieser Bestrebungen sind der Abbau von Zöllen (Art. 302 NAFTA „Tariff Elimination") oder das Gebot der gegenseitigen Nichtdiskriminierung.

Die Free Trade Commission stellt das wichtigste Organ der NAFTA dar. Sie setzt   **60** sich aus Vertretern auf Ministerebene zusammen (Art. 2001 NAFTA) und trifft sich einmal im Jahr unter rotierendem Vorsitz. Die Free Trade Commission spielt auch

---

[132] Abgedruckt in ILM 42 (2003), 2.

[133] Dazu *Herdegen*, Internationales Wirtschaftsrecht, 11. Aufl. 2017, § 12 Rn. 38; *Wehner*, Der MERCOSUR, 1999, S. 98 ff.

[134] Text abgedruckt in ILM 32 (1993), 289; dazu *Sagasser/Kau*, RIW 1993, 573; *Meub*, EuZW 1993, 532; *Folsom/Gordon/Spanogle*, International Trade and Investment, 2. Aufl. 2000, S. 345 ff.; *Herdegen*, Internationales Wirtschaftsrecht, 11. Aufl. 2017, § 12 Rn. 27 ff.; *Schiavone*, International Organizations, 7. Aufl. 2008, S. 253 ff. Im Internet unter www.nafta-sec-alena.org (11.03.2019) zu erreichen.

[135] Siehe http://www.naftanow.org/results/default_en.asp (11.03.2019).

[136] Abgedruckt in ILM 27 (1988), 281; dazu *Folsom/Gordon/Spanogle*, International Trade and Investment, 2. Aufl. 2000, S. 346–360; *Weber*, RIW 1990, 975.

[137] *Folsom/Gordon/Spanogle*, International Trade and Investment, 2. Aufl. 2000, S. 360.

[138] Im Jahre 2013 Kanada i. H. v. 300,3 Mrd. US$, Mexiko mit 226,6 Mrd. US$, siehe http://www.ustr.gov/trade-agreements/free-trade-agreements/north-american-free-trade-agreement-nafta (11.03.2019).

eine wichtige Rolle im Streitschlichtungsverfahren (Art. 2003 ff. NAFTA).[139] Ein
ständiges Sekretariat (Art. 2002 NAFTA) mit einer kanadischen, einer US-
amerikanischen und einer mexikanischen *Section* (mit Sitz in Ottawa, Washington
und Mexico City) unterstützt die Free Trade Commission bei der Erfüllung ihrer
Aufgaben.

61   Das Streitbeilegungssystem der NAFTA weist ebenso wie das des Mercosur einige Parallelen zu dem der WTO auf. Treten Streitigkeiten auf, so sind zunächst
gegenseitige Konsultationen durchzuführen (Art. 2006 NAFTA). Kommt es innerhalb von 30 bzw. 45 Tagen zu keiner Einigung zwischen den Parteien, kann die Free
Trade Commission einberufen werden (Art. 2007.1 NAFTA). Diese kann ein *Panel*
bestehend aus fünf Experten einsetzten, sofern innerhalb von 90 Tagen keine Lösung gefunden wird (Art. 2011.1 lit. a NAFTA), das den Fall begutachtet und eine
verbindliche Entscheidung vorgibt (Art. 2008 NAFTA).[140] Allerdings variieren die
Streitbeilegungsmechanismen im Rahmen des NAFTA-Abkommens abhängig von
der Materie, so gibt es z. B. ein spezielles Verfahren bei „Antidumping-Maßnahmen"
(Kap. 19) und ein anderes im Falle von Investitionsstreitigkeiten (Kap. 11).

62   Im Rahmen des Abkommens ist für den Abbau der Handelshemmnisse in der
NAFTA-Zone eine Menge geschehen.[141] Obwohl bis Ende der 1990er-Jahre eine Erweiterung der NAFTA (insbesondere durch Chile) diskutiert wurde, sind dahinge-
hende Bemühungen mittlerweile eingeschlafen. Ebenso vorerst gescheitert ist die für
2005 geplante *Free Trade Area of the Americas* (FTAA), die eine der größten Freihandelszonen der Welt mit einem umfassenden Abbau von Handelshemmnissen werden sollte.[142] Der letzte Gipfel der beteiligten Staaten fand 2005 in Mar Del Plata statt,
seitdem gab es lange keine weiteren Verhandlungen.[143] Dies hat sich im Rahmen der
Präsidentschaft von Donald Trump geändert. Die USA drängen nun auf die Verhandlung eines „New NAFTA". Ende 2018 unterzeichneten die USA, Kanada und Mexiko
das neu verhandelte United States-Mexico-Canada Agreement (USMCA). Ob das
USMCA allerdings endgültig ratifiziert wird, ist momentan ungewiss.

c) Association of Southeast Asian Nations und Asiatisch-pazifische wirtschaftliche Zusammenarbeit

63   Die Gründung der *Association of South-East Asian Nations* (ASEAN) im Jahre
1967 erfolgte durch die sog. Bangkok-Erklärung.[144] Sie sollte ursprünglich als
Schutzwall gegen den Kommunismus dienen.[145] Mittlerweile und insbesondere seit

---

[139] *Folsom/Gordon/Spanogle*, International Trade and Investment, 2. Aufl. 2000, S. 384 ff.; vgl.
auch *Müller*, Die Lösung von Streitigkeiten in der NAFTA insbesondere durch Schiedsverfahren,
1999 m. w. N.

[140] Dazu *Herdegen*, Internationales Wirtschaftsrecht, 11. Aufl. 2017, § 12 Rn. 31.

[141] Aktuelle Informationen unter www.nafta-sec-alena.org (11.03.2019).

[142] Weitere Informationen im Internet unter www.ftaa-alca.org (11.03.2019); siehe außerdem Ver-
kündung auf dem *Summit of the Americas* 1994 zum FTAA in ILM 34 (1995), 808 (811 f., 821 f.).

[143] Siehe zum FTAA *Moreira Formiga*, Free Trade Area of the Americas (FTAA), MPEPIL (1/2010).

[144] Abgedruckt in ILM 6 (1967), 1233; außerdem im Internet unter http://www.asean.org
(11.03.2019) zu finden; dazu auch *Schiavone*, International Organizations, 7. Aufl. 2008, S. 49 ff.

[145] *Herdegen*, Internationales Wirtschaftsrecht, 11. Aufl. 2017, § 12 Rn. 41.

1993 konzentrieren sich die Bemühungen auf die Schaffung einer asiatischen Frei-handelszone (*ASEAN Free Trade Agreement*, AFTA). Das AFTA-Abkommen sieht vor, dass die ASEAN Mitgliedstaaten[146] ihre Zölle bis auf maximal 5 % des jeweili-gen Warenwertes beschränken sollen und räumt den verschiedenen Mitgliedstaaten unterschiedliche Umsetzungsfristen ein. Daneben sollen Handelsbeschränkungen aller Art abgebaut werden und insgesamt gelang so die Senkung der durchschnitt-lichen Zollraten unter den Mitgliedstaaten auf nunmehr 2,68 %. Zwischen 1993 und 2007 stieg der Handel zwischen den ASEAN-Staaten von 79 Mrd. US$ auf 404 Mrd. US$ an.[147] Die Mitgliedstaaten hatten bereits in der Erklärung von Bang-kok die Schaffung mehrerer Organe beschlossen, nämlich den jährlich stattfinden-den Außenministergipfel, die ständige Kommission und weitere Sachreferate sowie nationale Büros.[148] Für den Sitz des Sekretariats wählten sie Jakarta (Indonesien). Detailliertere Ziele wurden im Rahmenübereinkommen festgelegt.[149]

1989 wurde in Canberra die *Asiatisch-pazifische wirtschaftliche Zusammenar-* **64** *beit* (*Asia-Pacific Economic Cooperation*, APEC) gegründet. Im Laufe der Zeit wuchs die Zahl der Mitgliedstaaten um weitere asiatische und amerikanische Län-der wie die USA, Japan, China, Russland aber auch um Australien und Neuseeland. Sie diente zunächst als informelle Diskussionsplattform, wandelte sich aber mit der Deklaration von Seoul vom 14.11.1991 zu einem gigantischen Freihandelspro-jekt,[150] und wird teils auch als asiatisch-amerikanische OECD bezeichnet. Das stän-dige Sekretariat der APEC hat seinen Sitz in Singapur, daneben sind die Minister-treffen von großer Bedeutung. In der sog. *Bogor Declaration*[151] von 1994 einigten sich die APEC-Staaten darauf, bis 2010 nachhaltige Erfolge auf dem Gebiet der Handelsliberalisierung und der Investitionsfreiheit zu realisieren, und implemen-tierten zur Erreichung dieses Ziels 1995 die *Osaka Action Agenda*.[152] Daneben sol-len die nationalen Handelsrechte harmonisiert werden. Streitbeilegungsmechanis-men existieren im Rahmen der APEC lediglich in Form von gegenseitigen Konsultationen. Rechtsstreitigkeiten werden im Forum der WTO ausgetragen.[153] Aufgrund der gigantischen Größe der APEC, deren Mitglieder 40 % der Welt-bevölkerung sowie 44 % des Welthandels und 53 % des realen weltweiten BIP

---

[146] Derzeit sind folgende Staaten Mitglied des ASEAN: Indonesien (1967), Singapur (1967), Ma-laysia (1967), Thailand (1967), Philippinen (1967), Brunei Darussalam (1984), Vietnam (1995), Myanmar (1997), Laos (1999) und Kambodscha (1999).

[147] *Malanczuk*, Association of South-East Asian Nations (ASEAN), MPEPIL (10/2017), Rn. 20.

[148] *Terhechte*, JuS 2004, 959 (965).

[149] Vgl. zum ASEAN auch *Pfeifer*, Die ASEAN im Wandel, 2011; *Fukase/Martin*, The Case of ASEAN, 2001; *Sin*, Die ASEAN und die EU: eine vergleichende Analyse der regionalen Integra-tionsprozesse, 2000; *Wu*, The ASEAN Economic Community Under the ASEAN Charter, Its Ex-ternal Economic Relations and Dispute Settlement Mechanism, in: Herrmann/Terhechte (Hrsg.), European Yearbook of International Economic Law 2010, 2010, S. 331.

[150] Im Internet unter http://www.apec.org (11.03.2019) zu erreichen; zur APEC auch *Schiavone*, International Organizations, 7. Aufl. 2008, S. 44 ff.

[151] Abgedruckt in ILM 34 (1995), 758.

[152] Abgedruckt in ILM 35 (1996), 1111.

[153] Vgl. APEC Economic Leaders Declaration of Common Resolve, Bogor, Indonesia, 15.11.1994, § 9; abgedruckt bei *O'Connor*, Encyclopedia of the Global Economy, 2006, S. 76.

(in PPP$) ausmachen,[154] bleibt die weitere Entwicklung der APEC spannend. Derzeit wird das ambitionierte Projekt der Errichtung einer Asiatisch-Pazifischen Freihandelszone diskutiert.[155]

5. Private im Internationalen Wirtschaftsrecht

a) Private

65   Im Internationalen Wirtschaftsrecht existieren nur wenige Partikularordnungen, die den Einzelnen mit Rechten ausstatten und ihm auch Instrumente zu deren Durchsetzung zugestehen. Ein gutes Beispiel hierfür ist die EU. Der Unionsbürger kann z. B. Klagen vor dem Gerichtshof erheben, ist aber auch unmittelbar durch das EU-Recht betroffen. Das Unionsrecht kennt zudem weitere Möglichkeiten der Einbeziehung des Einzelnen, etwa im Bereich der Gemeinsamen Handelspolitik.[156] Zu beobachten ist auch, dass Fragen des Internationalen Wirtschaftsrechts in der (europäischen) Öffentlichkeit eine immer größere Rolle spielen, wie die Diskussionen rund um CETA und TTIP gezeigt haben. Schließlich spielen diverse menschen- und grundrechtliche Garantien (GG, EU-Grundrechte, EMRK, UNO-Pakte) im Internationalen Wirtschaftsrecht eine zunehmend wichtige Rolle.

66   Auf der Ebene des Unternehmensrechts drängen insbesondere die regionalen Organisationen auf eine fortwährende Harmonisierung der Regeln. Dabei geht es etwa um Fragen der Sitzverlegung von Gesellschaften, des Steuer- und Konkursrechts oder der Angleichung nationaler Handelsrechte. Es existieren aber auch globale Ansätze zur Regelung des grenzüberschreitenden Handels der Unternehmen (Stichwort: UN-Kaufrecht).[157] Abgesehen vom Investitionsschutzrecht steht die „Streitführungsbefugnis" aber allein den Staaten als Völkerrechtssubjekten zu. Streitigkeiten entstehen jedoch häufig gerade aus Problemen Privater. Daneben sind in erster Linie die international tätigen Unternehmen durch die Regelungen des Wirtschaftsvölkerrechts betroffen, sei es, dass sie durch Zollabbau in fremde Märkte eindringen können, sei es dass sie durch die Beseitigung von Niederlassungsbeschränkungen Zweigstellen in anderen Staaten unterhalten oder ihren Firmensitz dorthin verlegen.[158] Innerhalb der EU gibt deshalb die Handelshemmnisverordnung betroffenen Unternehmen die Möglichkeit, einen Antrag auf Einleitung eines Verfahrens im Rahmen der WTO zu stellen.

---

[154] Siehe http://www.apec.org/About-Us/About-APEC/Achievements-and-Benefits.aspx (11.03.2019).

[155] *Grote*, Asia-Pacific Economic Cooperation (APEC), MPEPIL (6/2009), Rn. 13; *Bergsten/Noland/Schott*, ADBI Working Paper Series Nr. 336 (2011).

[156] Sog. Handelshemmnisverordnung, VO (EG) Nr. 3286/94 des Rates vom 22.12.1994 zur Festlegung der Verfahren der Gemeinschaft im Bereich der gemeinsamen Handelspolitik zur Ausübung der Rechte der Gemeinschaft nach internationalen Handelsregeln, insbesondere den im Rahmen der Welthandelsorganisation vereinbarten Regeln, ABl. EG L 349/71, geändert durch VO (EG) Nr. 356/95 des Rates vom 20.02.1995, ABl. EG L 41/3.

[157] Dazu *Herdegen*, Internationales Wirtschaftsrecht, 11. Aufl. 2017, § 13 Rn. 13 ff.

[158] *Herdegen*, Internationales Wirtschaftsrecht, 11. Aufl. 2017, § 4 Rn. 63 ff.; vgl. allgemein zu dieser Problematik *Behrens*, Die private Durchsetzung von WTO-Recht, in: Nowak/Cremer (Hrsg.), Individualrechtsschutz in der EG und der WTO, 2002, S. 201.

b) Transnationale Wirtschaftsunternehmen

Ein besonderes Gewicht wird inzwischen im Rahmen des Internationalen Wirt- **67** schaftsrechts auf die Behandlung und die Rolle *transnationaler Wirtschaftsunternehmen* gelegt. Hier stellen sich neben den gegenwärtigen dringenden Fragen über Grund- und Menschenrechte z. B. auch Fragen über die Beteiligung bei Standardisierungsprozessen[159] oder die Ausgestaltung zollrechtlicher Regime. Darin zeigt sich eine Eigenart des Internationalen Wirtschaftsrechts, die mit seinen ausgeprägten völkerrechtlichen Wurzeln zu tun hat, dass die eigentlichen Akteure dieses Rechtsbereichs keine Hauptrolle spielen, sondern Randfiguren sind.

IV. Regelungen und Prinzipien des Internationalen Wirtschaftsrechts

1. Internationaler Warenhandel

Der internationale Warenhandel wird im Wesentlichen durch die entsprechenden **68** internationalen und regionalen Verträge und Abkommen geregelt. Dies sollte jedoch nicht zu der Annahme verleiten, dass dieser Bereich eine einheitliche Rechtsordnung darstellt. Vielmehr kommt es hier mitunter zu Friktionen und Unklarheiten wie z. B. bei der Frage des Verhältnisses zwischen dem WTO- und Unionsrecht.

a) Das Allgemeine Zoll- und Handelsabkommen

Das wichtigste völkerrechtliche Regelwerk über den internationalen Warenhandel **69** stellt das GATT aus dem Jahre 1947 dar. Zentrale Regelungsgegenstände des GATT bilden der Abbau von Ein- und Ausfuhrzöllen sowie die völlige Abschaffung sog. nicht-tarifärer Handelshemmnisse, d. h. also aller Maßnahmen außer Abgaben und Zöllen. Im Rahmen des GATT ist eine Senkung der durchschnittlichen Zölle auf unter 4 % des jeweiligen Warenwerts gelungen.[160] Ergänzend zum GATT finden sich als Bestandteil der WTO-Vertragstexte weitere multilaterale Übereinkommen (zum Begriff → Rn. 24) zum Warenhandel, wie z. B. das *Übereinkommen über technische Handelshemmnisse* (*Agreement on Technical Barriers to Trade*, TBT)[161] (→ Rn. 78), das die Harmonisierung von technischen Standards anstrebt (vgl. Präambel zum TBT).

Was den Abbau von Zöllen und nicht-tarifären Handelshemmnissen anbelangt, **70** gehen die verschiedenen regionalen Integrationsprojekte deutlich weiter als die WTO i. R. d. GATT. So existiert in der EU ein völliges Verbot von Ein- und Ausfuhrzöllen zwischen den Mitgliedstaaten (Art. 28 AEUV, → § 1 Rn. 14) und sonstigen nicht-tarifären Handelsbeschränkungen (mengenmäßige Beschränkungen und

---

[159] *Nowrot*, Steuerungssubjekte und -mechanismen im Internationalen Wirtschaftsrecht (einschließlich regionale Wirtschaftsintegration), in: Tietje, Internationales Wirtschaftsrecht, 2. Aufl. 2015, § 2 Rn. 3.

[160] *Herrmann/Weiß/Ohler*, Rn. 373.

[161] Abgedruckt in 1868 U.N.T.S. 120 und ABl. EG 1994 L 336/86.

sog. Maßnahmen gleicher Wirkung, Art. 34 f. AEUV, → § 1 Rn. 25 ff.). Das Gleiche gilt für den Mercosur (Art. 1 des Vertrags von Ascunión)[162] sowie die NAFTA.[163]

71   Das materielle Recht der WTO zum Warenhandel ist überwiegend im GATT und den entsprechenden Zusatzabkommen niedergelegt. Das GATT regelt sowohl den Grenzübertritt von Waren sowie die Behandlung von ausländischen Waren, die sich bereits auf dem heimischen Markt befinden. Die wichtigsten materiellen Grundprinzipien in Bezug auf den Grenzübertritt von Waren sind der Grundsatz der Meistbegünstigung,[164] die Bindung der Zollsätze nach Art. II GATT und das Verbot mengenmäßiger und sonstiger Beschränkungen.[165] Innerstaatliche Maßnahmen haben dem Inländergleichbehandlungsgebot des Art. III GATT zu genügen (→ Rn. 91).[166] Zudem enthalten das GATT sowie seine Zusatzabkommen Regelungen hinsichtlich handelspolitischer Schutzinstrumente, welche es den WTO-Mitgliedern erlauben, Antidumping-, Ausgleichs- oder Schutzzölle auf Einfuhren zu erheben (sog. *trade remedies*).[167]

72   Art. I, III und XI GATT enthalten die beiden wichtigsten Prinzipien des WTO-Rechts: das Prinzip der *Meistbegünstigung*[168] (Most-Favoured-Nation Treatment, MFN, Art. I) sowie das *Gebot der Nichtdiskriminierung*[169] (National Treatment, Art. III, XI). Nach dem Prinzip der Meistbegünstigung sind sämtliche Vorteile (z. B. verringerte Zollsätze), die den Waren eines Mitglieds gewährt werden, sofort und bedingungslos auch den gleichartigen Waren zu gewähren, die aus dem Gebiet eines anderen Mitglieds stammen. Art. III GATT findet Anwendung auf sich bereits auf dem Markt befindende Waren, denen die gleiche Behandlung zuzukommen ist wie gleichartigen Waren heimischen Ursprungs.

73   Art. XI:1 GATT untersagt den Mitgliedern die Einführung und Beibehaltung von Ein- und Ausfuhrbeschränkungen oder -verboten, die nicht in Form von Zöllen, Abgaben oder sonstigen Belastungen erhoben werden. Als verbotene Maßnahmen nennt die Norm explizit Kontingente, Einfuhr- oder Ausfuhrbewilligungen sowie Beschränkungen in Form von anderen Maßnahmen. Damit besteht für mengenmäßige Beschränkungen und Quoten (z. B. Einfuhrquoten) ein grundsätzliches Verbot. Zölle hingegen sollen gemäß Art. II GATT zwar gesenkt, müssen aber nicht völlig abgeschafft werden. WTO-Mitglieder können nicht-tarifäre Handelshemmnisse gegebenenfalls durch Zölle ersetzen (sog. *tariffication*).[170] Aufgrund der Annahme,

---

[162] *Samtleben*, WM 1996, 1997.

[163] *Sagasser/Kau*, RIW 1993, 573.

[164] Art. I GATT.

[165] Art. XI GATT.

[166] Siehe dazu auch *Terhechte*, Der Rechtsrahmen der Welthandelsorganisation (WTO) und der Europäischen Union (EU) für den Export, in: Paschke/Graf/Olbrisch (Hrsg.), Hamburger Handbuch des Exportrechts, 2. Aufl. 2014, Abschnitt 28 Rn. 24.

[167] Insgesamt hierzu Wolfrum/Stoll/Koebele (Hrsg.), WTO – Trade Remedies, 2008.

[168] Siehe nur *Lee*, World Trade Regulation – International Trade under the WTO Mechanism, 2012, S. 36 ff.; *Herrmann/Weiß/Ohler*, Rn. 378 ff.

[169] Siehe nur *Lee*, World Trade Regulation – International Trade under the WTO Mechanism, 2012, S. 18 ff.; *Herrmann/Weiß/Ohler*, Rn. 509 ff.

[170] Vgl. *Bender*, GATT 1994, in: Hilf/Oeter, WTO-Recht, 2. Aufl. 2010, § 10 Rn. 16 ff.

dass Zölle vergleichsweise transparente und wenig handelsverzerrende Maßnahmen darstellen,[171] billigt das GATT somit im Grundsatz allein Zölle als legitimes staatliches Instrument zur unmittelbaren Lenkung des Warenhandels.[172]

Der Begriff der „anderen Maßnahmen" in Art. XI:1 GATT wird in der Streitbeilegungspraxis weit ausgelegt und umfasst so *alle handelsbeschränkenden Maßnahmen* beim Grenzübergang einer Ware.[173] Art. XI:1 GATT geht jedoch nicht so weit, dass – wie im EU-Recht – auch nichtdiskriminierende Maßnahmen, die wie mengenmäßige Beschränkungen wirken, erfasst würden (→ § 1 Rn. 26 ff.).[174]   **74**

Eine wichtige Rolle im Rahmen der Art. I, III und XI GATT spielt die Voraussetzung der *Gleichartigkeit der Waren* („likeness"), um von der jeweiligen Norm erfasst zu sein. Grundsätzlich werden vier Kriterien zur Beurteilung der Gleichartigkeit herangezogen: **75**

- Eigenschaften, Qualität und Natur der Produkte;
- Endverbrauch;
- Vorlieben und Geschmack der Konsumenten; sowie
- Zollklassifizierung.

Je nach den Umständen des Einzelfalls sind diese Kriterien unterschiedlich zu gewichten. Darüber hinaus bestehen auch im Hinblick auf den Anwendungsbereich Unterschiede, die sich aus dem Kontext der jeweiligen Norm ergeben.[175]

Das GATT hält eine ganze Reihe von *Ausnahmen* bereit. Am wichtigsten sind hier die *Allgemeinen Ausnahmen* des Art. XX GATT.[176] Die Norm enthält eine abschließende Liste von Gründen, welche die Mitglieder dazu berechtigen, von den Verpflichtungen des GATT abzuweichen, z. B. wenn eine Maßnahme notwendig ist zum Schutze des Lebens von Menschen, Tieren oder Pflanzen (lit. b) oder erschöpflicher Naturschätze (lit. g).[177] Solche Maßnahmen müssen allerdings auch   **76**

---

[171] *Wolfrum*, in: ders./Stoll/Seibert-Fohr (Hrsg.), WTO – Technical Barriers and SPS Measures, 2007, Art. XI Rn. 3; *Bender*, GATT 1994, in: Hilf/Oeter, WTO-Recht, 2. Aufl. 2010, § 10 Rn. 17.

[172] *Terhechte*, Der Rechtsrahmen der Welthandelsorganisation (WTO) und der Europäischen Union (EU) für den Export, in: Paschke/Graf/Olbrisch (Hrsg.), Hamburger Handbuch des Exportrechts, 2. Aufl. 2014, Abschnitt 28 Rn. 25.

[173] *Terhechte*, Der Rechtsrahmen der Welthandelsorganisation (WTO) und der Europäischen Union (EU) für den Export, in: Paschke/Graf/Olbrisch (Hrsg.), Hamburger Handbuch des Exportrechts, 2. Aufl. 2014, Abschnitt 28 Rn. 26.

[174] *Terhechte*, Der Rechtsrahmen der Welthandelsorganisation (WTO) und der Europäischen Union (EU) für den Export, in: Paschke/Graf/Olbrisch (Hrsg.), Hamburger Handbuch des Exportrechts, 2. Aufl. 2014, Abschnitt 28 Rn. 26; *Bender*, GATT 1994, in: Hilf/Oeter, WTO-Recht, 2. Aufl. 2010, § 10 Rn. 22.

[175] WTO-Streitigkeit *Japan – Taxes on Alcoholic Beverages*, WT/DS8/AB/R (01.11.1996), S. 21; siehe außerdem ausführlich zur Gleichartigkeit *Choi*, ‚Like Products' in International Trade Law, 2003.

[176] Eine beinahe identische Norm findet sich mit Art. XIV GATS.

[177] Ausführlich zu Art. XX GATT *Tietje*, WTO und Recht des Weltwarenhandels, in: ders., Internationales Wirtschaftsrecht, 2. Aufl. 2015, § 3 Rn. 88 ff.

den Anforderungen des *chapeau* des Art. XX GATT genügen, wonach sie nicht in einer Weise angewandt werden dürfen, „… which would constitute a means of arbitrary or unjustifiable discrimination between countries where like conditions prevail, or a disguised restriction on international trade…". Daneben gibt es *spezielle Ausnahmen*, etwa in Art. XI:2 und XII GATT. Zur Verhütung oder Behebung eines kritischen Mangels an Lebensmitteln oder anderer für das Mitglied unentbehrlicher Produkte dürfen gemäß Art. XI:2(a) GATT *vorübergehend* Maßnahmen angewendet werden, die unter Art. XI:1 GATT eigentlich verboten sind. Auch Art. XI:2(b) und (c) GATT stellen vergleichbare Ausnahmen bereit, wenn diese notwendig sind zur Anwendung bzw. Durchsetzung von Normen und Vorschriften über die Sortierung, die Einteilung von Güteklassen und den Absatz von Waren (lit. b) bzw. für die Einfuhr von *Erzeugnissen der Landwirtschaft oder Fischerei*.[178] Weiterhin erlaubt z. B. Art. XII GATT Importbeschränkungen zum *Schutze der nationalen Zahlungsbilanzen*.[179] Gemäß Art. XIII GATT sind mengenmäßige Beschränkungen jedoch in nichtdiskriminierender Weise anzuwenden, d. h. sie haben dem Meistbegünstigungsgebot zu genügen.

b) Landwirtschaftliche Erzeugnisse

77 Das GATT enthält *Sonderregeln* für den Handel mit *landwirtschaftlichen Erzeugnissen*, z. B. Ausnahmen vom Verbot der mengenmäßigen Ein- und Ausfuhrbeschränkungen gemäß Art. XI:2(a)–(c) GATT (→ Rn. 73 f.), sowie ein *Vermeidungsgebot für Ausfuhrsubventionen* in diesem Bereich gemäß Art. XVI:3 GATT.[180] Weitere und speziellere Regelungen finden sich im *Übereinkommen zur Landwirtschaft* (*Agreement on Agriculture*, AoA)[181] (→ Rn. 86).

c) Das Übereinkommen über technische Handelshemmnisse

78 Abgesehen von den Regelungen im GATT existieren spezielle Vereinbarungen zu nicht-tarifären Handelshemmnissen wie etwa das TBT[182] und das Übereinkommen über sanitäre und phytosanitäre Maßnahmen (Agreement on Sanitary and Phytosanitary Measures, SPS). Laut Präambel dient das TBT der Sicherstellung, dass technische Regelungen und Standards sowie Konformitätsbewertungen keine unnötigen

---

[178] Vgl. *Terhechte*, Der Rechtsrahmen der Welthandelsorganisation (WTO) und der Europäischen Union (EU) für den Export, in: Paschke/Graf/Olbrisch (Hrsg.), Hamburger Handbuch des Exportrechts, 2. Aufl. 2014, Abschnitt 28 Rn. 27; ausführlich dazu *Bender*, GATT 1994, in: Hilf/Oeter, WTO-Recht, 2. Aufl. 2010, § 10 Rn. 23.

[179] Zu den Voraussetzungen siehe *Horlick/Dubeck*, in: Wolfrum/Stoll/Hestermeyer (Hrsg.), WTO – Trade in Goods, 2010, Art. XII Rn. 15 ff.; ausführlich zu Zahlungsbilanzen allgemein und in GATT und GATS *Herrmann/Weiß/Ohler*, Rn. 735 ff.

[180] Dazu *Prieß/Pitschas*, Das Übereinkommen über die Landwirtschaft, in: Prieß/Berrisch, B.I.2. Rn. 1 ff.

[181] Abgedruckt in 1867 U.N.T.S. 410 und ABl. EG 1994 L 336/22.

[182] Dazu ausführlich *Schick*, Das Abkommen über technische Handelshemmnisse im Recht der WTO, 2004; *Matsushita/Schoenbaum/Mavroidis*, The World Trade Organization, 3. Aufl. 2015, S. 483 ff.; vgl. die Kommentierungen in Wolfrum/Stoll/Seibert-Fohr (Hrsg.), WTO – Technical Barriers and SPS Measures, 2007, S. 167–364; *Cottier/Oesch*, International Trade Regulation, 2005, S. 750 ff.

Hindernisse im internationalen Handel errichten. Gleichzeitig ist das TBT aber um einen Ausgleich zwischen dem freien Warenhandel einerseits und der Verfolgung legitimer staatlicher Interessen andererseits bemüht. Entsprechend dürfen technische Maßnahmen nicht handelsbeschränkender sein als notwendig, um u. a. die nationale Sicherheit, die menschliche Gesundheit oder Sicherheit oder die Umwelt zu schützen (Art. 2.2 TBT). Allerdings ist die Beurteilung des Bestehens einer Gefahr für die jeweiligen Schutzgüter auf verfügbare wissenschaftliche Erkenntnisse zu stützen und nicht länger als nötig aufrechtzuerhalten (Art. 2.3 TBT). Sofern internationale Standards existieren, sind diese als Grundlage heranzuziehen (Art. 2.4 TBT) und unterliegen dann der widerleglichen Vermutung, kein unnötiges Handelshemmnis darzustellen (Art. 2.5 a. E. TBT). Technische Vorschriften und Normen dürfen aber grundsätzlich nicht zu einer Diskriminierung zwischen gleichartigen Waren führen (Art. 2.1 TBT).

d) Übereinkommen über sanitäre und phytosanitäre Maßnahmen

Das SPS[183] findet auf sämtliche Maßnahmen Anwendung, die dem Schutz des Lebens **79** oder der Gesundheit von Menschen, Tieren und Pflanzen dienen und sich mittelbar oder unmittelbar auf den internationalen Handel auswirken können (Art. 1.1 SPS). Art. 2.1 SPS bekräftigt das Recht der Mitglieder, gesundheitspolizeiliche und pflanzenschutzrechtliche Maßnahmen einzuführen, allerdings nur sofern sie den Anforderungen der Regelungen des SPS genügen. So schreibt Art. 2.1 SPS etwa vor, dass Maßnahmen nur in dem notwendigen Umfang angewendet werden dürfen und gemäß Art. 2.3 SPS darf es zu keiner Diskriminierung oder verschleierten Beschränkung des internationalen Handels kommen. Auch im Rahmen des SPS sind Maßnahmen nach Möglichkeit auf internationale Standards zu stützen (Art. 3.1 SPS), wobei die Vermutung gilt, dass solche Maßnahmen im Einklang mit dem GATT und insbesondere Art. XX(b) GATT stehen (Art. 2.4 SPS).[184]

e) Das Übereinkommen über handelsbezogene Investitionsmaßnahmen

Das *Übereinkommen über handelsbezogene Investitionsmaßnahmen* (*Agreement on* **80** *Trade-Related Investment Measures*, TRIMs)[185] spielt im Bereich des internationalen Investitionsschutzrechts (→ Rn. 99 ff.) eine relativ untergeordnete Rolle.[186] Dies liegt zum einen am stark eingeschränkten Anwendungsbereich des Übereinkommens, das eben nur bei *handelsbezogenen* Investitionsmaßnahmen zum Tragen kommt und

---

[183] Abgedruckt in 1867 U.N.T.S. 493 und ABl. EG 1994 L 336/40.

[184] Ausführlich zum SPS *Herrmann/Weiß/Ohler*, Rn. 544 ff.; *Scott*, The WTO Agreement on Sanitary and Phytosanitary Measures, 2007; *Kamann*, Das Übereinkommen über die Anwendung gesundheitspolizeilicher und pflanzenschutzrechtlicher Maßnahmen, in: Prieß/Berrisch, B.I.3. Rn. 1 ff.; *Matsushita/Schoenbaum/Mavroidis*, The World Trade Organization, 3. Aufl. 2015, S. 502 ff.; vgl. die Kommentierungen in Wolfrum/Stoll/Seibert-Fohr (Hrsg.), WTO – Technical Barriers and SPS Measures, 2007, S. 365–549; *Cottier/Oesch*, International Trade Regulation, 2005, S. 779 ff.

[185] Abgedruckt in 1868 U.N.T.S. 186 und ABl. EG 1994 L 336/100.

[186] *Lowenfeld*, Columbia Journal of Transnational Law 42 (2003), 123 (124).

zum anderen daran, dass bei Errichtung einer gewerblichen Präsenz in Form einer Direktinvestition durch einen ausländischen Dienstleistungserbringer das GATS eingreift (→ Rn. 88). Eine Definition handelsbezogener Investitionsmaßnahmen hält das TRIMs nicht bereit. Unter Investitionsmaßnahmen wird jede staatliche Maßnahme verstanden, die den Investor zu bestimmtem unternehmensbezogenem Handeln bewegen soll.[187] Grundlegend verpflichtet Art. 2.1 TRIMs die Mitglieder dazu, Maßnahmen zu unterlassen, die gegen Art. III und XI des GATT verstoßen. Darüber hinaus stellt eine Anlage eine nicht abschließende Liste von Maßnahmen zur Verfügung, die gegen das TRIMs verstoßen (Art. 2.2 TRIMs). Besonders hervorzuheben sind dabei sog. *local content requirements* (Abs. 1(a) der Anlage zum TRIMs). Dabei handelt es sich um Maßnahmen, die den Investor dazu verpflichten, Produkte heimischen Ursprungs zu erwerben oder zu verwenden.[188]

f) Anti-Dumping-Übereinkommen

81 Anti-Dumping-Maßnahmen sind in der WTO-rechtlichen Praxis von ausgesprochen großer Bedeutung. Von den bislang knapp 500 Konsultationsersuchen, die beim DSB eingegangen sind, spielte das *Anti-Dumping-Übereinkommen* (*Agreement on Implementation of Article VI of the General Agreement on Tariffs and Trade 1994*, ADA)[189] in 106 Fällen eine Rolle. Bereits unter dem GATT 1947 gab es mit Art. VI eine Norm zur Regelung von Anti-Dumping-Maßnahmen. Mit der Errichtung der WTO wurde das ADA eingeführt, das detaillierte Vorgaben für die Verhängung von Anti-Dumping-Maßnahmen bereithält.[190] Für die legitime Verhängung von Anti-Dumping-Maßnahmen durch ein WTO-Mitglied müssen eine Reihe von Voraussetzungen erfüllt sein. Zunächst muss es sich um Dumping handeln. Dies ist gemäß Art. VI:1 GATT und Art. 2.1 des ADA der Fall, wenn ein Produkt auf dem Exportmarkt zu einem niedrigeren Preis verkauft wird als das gleichartige Produkt auf dem Ursprungsmarkt. Weiterhin muss eine bedeutende Beeinträchtigung oder die Gefahr einer bedeutenden Beeinträchtigung für die heimische Industrie bestehen (Art. VI:1 GATT sowie Art. 3 und 4 ADA), die durch das Dumping verursacht wurde (Kausalzusammenhang, Art. 3.5 ADA). Die Höhe der sog. *dumping margin* (Art. 2.4.2 ADA), d. h. die Differenz zwischen Dumping- und Normalpreisen, nach der sich auch die Höhe des erlaubten Anti-Dumping-Zolls richtet, bemisst sich nach komplexen Berechnungsverfahren, für deren Ermittlung strenge Verfahrensvorschriften gelten (Art. 5 und 6 ADA).[191]

---

[187] *Michaelis/Salomon*, Handelsbezogene Investitionsmaßnahmen (TRIMs), in: Hilf/Oeter, WTO-Recht, 2. Aufl. 2010, § 15 Rn. 23.

[188] Siehe dazu WTO-Streitigkeit *Canada – Certain Measures Affecting the Renewable Energy Generation Sector*, WT/DS412 (24.05.2013); ausführlich zum TRIMs *Michaelis/Salomon*, Handelsbezogene Investitionsmaßnahmen (TRIMs), in: Hilf/Oeter, WTO-Recht, 2. Aufl. 2010, § 15; *Sidhu*, ZEuS 2004, 335; *Cottier/Oesch*, International Trade Regulation, 2005, S. 975 ff.; *Matsushita/Schoenbaum/Mavroidis*, The World Trade Organization, 3. Aufl. 2015, S. 838 ff.

[189] Abgedruckt in 1868 U.N.T.S. 201 und ABl. EG 1994 L 336/103.

[190] Siehe zur Entstehungsgeschichte *Bender/Michaelis*, Dumping, in: Hilf/Oeter, WTO-Recht, 2. Aufl. 2010, § 12 Rn. 8 ff.; *Vermulst*, The WTO Anti-Dumping Agreement, 2005, S. 2 f.

[191] Siehe hierzu ausführlich *Bender/Michaelis*, Dumping, in: Hilf/Oeter, WTO-Recht, 2. Aufl. 2010, § 12 Rn. 14 ff.; *Vermulst*, The WTO Anti-Dumping Agreement, 2005; vgl. die Kommentie-

g) Subventionen und Ausgleichsmaßnahmen

Es liegt auf der Hand, dass positive staatliche Stützungs- und Ausgleichsmaßnah- **82** men durch die Verzerrung von Wettbewerbsbedingungen im Welthandel Probleme verursachen können. Für den Bereich der staatlichen Subventionen gibt es im Rahmen der WTO deshalb seit 1994 ein multilaterales *Übereinkommen über Subventionen und Ausgleichmaßnahmen* (*Agreement on Subsidies and Countervailing Measures*, SCM)[192].[193] Daneben enthält das WTO-Recht in Art. XVI GATT Regelungen über Subventionen.[194]

Gemäß Art. 1.1 SCM liegt eine Subvention dann vor, wenn eine Regierung, öf- **83** fentliche Körperschaft oder ein beliehener Privater im Gebiet eines Mitglieds eine finanzielle Beihilfe durch den direkten oder potenziellen Transfer von Geldern, den Verzicht auf normalerweise zu entrichtende Abgaben oder die Bereitstellung von Waren oder Dienstleistungen, die nicht zur normalen Infrastruktur gehören, leistet oder irgendeine Form der Einkommens- oder Preisstützung i. S. d. Art. XVI GATT besteht und dadurch ein Vorteil gewährt wird.[195] Unterfällt eine staatliche Maßnahme diesem Subventionsbegriff, so muss, damit die Regelungen des SCM Anwendung finden, *Spezifität* gemäß Art. 2 SCM vorliegen. Das Merkmal der Spezifität soll allgemein zugängliche Subventionen von solchen mit wettbewerbsverzerrenden Wirkungen trennen. Es ist zwischen der unwiderlegbaren Vermutung der Spezifität, etwa bei Exportsubventionen (Art. 2.3 i. V. m. Art. 3 SCM) (→ § 8 Rn. 45 mit Fn. 180), und der gesonderten Feststellung der Spezifität nach Art. 2.1 SCM zu unterscheiden.

Das SCM differenziert zwischen verbotenen und anfechtbaren Subventionen. **84** Anders als z. B. im Recht der EU (→ § 8 Rn. 11 ff.) besteht somit *kein umfassendes Verbot* jeder Subvention mit einer Beseitigungspflicht bei Verstoß. Verboten sind lediglich alle in Art. 3 SCM aufgeführten Subventionen, namentlich *Exportsubventionen*. Als anfechtbar gelten nach Art. 5, 6 SCM solche Subventionen, die spezifisch i. S. d. Art. 2 SCM sind und nachteilige Auswirkungen auf die Interessen eines anderen WTO-Mitglieds haben. Erlaubt sind dagegen die in Art. 8 SCM aufgeführten Subventionen.

Gegen verbotene und anfechtbare Subventionen gibt es zwei *Vorgehensmög-* **85** *lichkeiten*. Zunächst können Mitglieder unter Benutzung des Streitbeilegungsverfahrens, wobei das SCM bestimmte Verfahrensmodifikationen enthält, vor der WTO die Entscheidung herbeiführen, dass ein anderes Mitglied Subventionen

---

rungen in Wolfrum/Stoll/Koebele (Hrsg.), WTO – Trade Remedies, 2008, S. 1–251.

[192] Abgedruckt in 1869 U.N.T.S. 14 und ABl. EG 1994 L 336/156.

[193] Vgl dazu *Senti*, WTO – System und Funktionsweise der Welthandelsordnung, 2000, Rn. 840 ff.; *Grawe*, Der Begriff der Subventionen im WTO-Übereinkommen über Subventionen und Ausgleichsmaßnahmen, 2002; *Herrmann/Weiß/Ohler*, Rn. 683 ff.

[194] Ausführlich dazu Ehlers/Wolffgang/Schröder (Hrsg.), Subventionen im WTO- und EG-Recht, 2007; *Horlick*, JWT (2013), 447; *Luengo Hernandez de Madrid*, Regulation of Subsidies and State Aids in WTO and EC Law, 2007, S. 35 ff.

[195] Siehe dazu *Adamantopoulos*, in: Wolfrum/Stoll/Koebele (Hrsg.), WTO – Trade Remedies, 2008, Art. 1 SCMA Rn. 6 ff.; *Matsushita/Schoenbaum/Mavroidis*, The World Trade Organization, 3. Aufl. 2015, S. 336 ff.

zurücknehmen muss. Zum anderen kann ein WTO-Mitglied auf Antrag aus der Privatwirtschaft im Wege seiner internen Antisubventionsvorschriften, die mit Art. 10 ff. SCM konform gehen müssen, autonom *Ausgleichszölle* auf subventionierte Importwaren verhängen.[196]

h) Sonstige Abkommen

86   Des Weiteren zu erwähnen ist zunächst das AoA,[197] das besondere Regeln über Schutzmaßnahmen (Art. 5 AoA) und (Export-)Subventionen (Art. 6–11 AoA) enthält, die den Schutz der heimischen Agrarwirtschaft erleichtern. Diese Regelungen stehen insbesondere seitens der Entwicklungsländer in der Kritik und die Neuverhandlung von Regelungen für den Handel mit Agrarprodukten spielt eine maßgebliche Rolle bei den stockenden Doha-Verhandlungen. Eine in der Praxis wichtige Rolle spielen die sog. Ursprungsregeln, zu denen sich Normen im *Übereinkommen über Ursprungsregeln* (*Agreement on Rules of Origin*, RO)[198] finden. Ihre Bedeutung resultiert daraus, dass selbstverständlich lediglich diejenigen Waren die im Rahmen der WTO ausgehandelten Bedingungen genießen (Zollsätze, Meistbegünstigung, Nichtdiskriminierung etc.), die aus dem Gebiet eines Mitglieds stammen. Darüber hinaus gelten eine Vielzahl weitergehender präferenzieller Behandlungen z. B. für Entwicklungsländer und am wenigsten entwickelte Länder in der WTO sowie in bilateralen oder regionalen Freihandelszonen. Aufgrund globalisierter und langer Zulieferer- und Produktionsketten, ist es kaum verwunderlich, dass es sich bei der Bestimmung des Ursprungs häufig um ein hochkomplexes Unterfangen handelt, das am Ende auch bedeutende, wirtschaftliche Auswirkungen haben kann. Grundsätzlich kommt es hierbei darauf an, wo die wesentliche Be- oder Verarbeitung stattgefunden hat (Art. 9.1(b) RO). Das RO[199] enthält dabei selbst keine Regelungen, sondern formuliert in Art. 9 insbesondere Ziele der (internationalen) Einheitlichkeit sowohl in Bezug auf die Regeln, als auch auf die kohärente Anwendung dieser Regeln, um handelsbeschränkende und -verzerrende Auswirkungen[200] zu vermeiden.[201]

i) Exkurs: Freier Warenhandel und regionale Wirtschaftsintegration

87   Seit einigen Jahrzehnten zeichnet sich ein so großer Trend hin zu regionalen Handelsabkommen ab, dass der von dem Ökonom *Bhagwati* in den 1990er-Jahren geprägte Begriff der *spaghetti bowl*[202] mittlerweile zum geflügelten Wort geworden

---

[196] Vgl. zum Antisubventionsrecht der EU *Herrmann*, in: Terhechte, § 30 Rn. 31 f.

[197] Ausführlich zum AoA *Matsushita/Schoenbaum/Mavroidis*, The World Trade Organization, 3. Aufl. 2015, S. 295 ff.; *McMahon*, The WTO Agreement on Agriculture, 2006.

[198] Abgedruckt in 1868 U.N.T.S. 397 und ABl. EG L 336/144.

[199] Ausführlich zum RO *Hirsch*, in: Wolfrum/Stoll/Hestermeyer (Hrsg.), WTO – Trade in Goods, 2010, S. 1101–1154.

[200] Vgl. *Augier/Gasiorek/Tong*, Economic Policy 20 (2005), 567.

[201] Allgemein zu den Ursprungsregeln *Inama*, Rules of Origin in International Trade, 2009; *Puth/Stranz*, Zölle und allgemeine Fragen des Marktzugangs, in: Hilf/Oeter, WTO-Recht, 2. Aufl. 2010, § 11 Rn. 48 ff.; *Herrmann/Weiß/Ohler*, Rn. 424 ff.

[202] Siehe dazu *Bhagwati*, Law and Policy in International Business 27 (1996), 865.

ist. Im System der WTO sind solche Freihandelsabkommen oder Zollunionen in Art. XXIV GATT und Art. V GATS vorgesehen, welche die rechtliche Grundlage bilden, um vom Meistbegünstigungsprinzip und Diskriminierungsverbot abzuweichen. Hierfür muss aber insbesondere die Voraussetzung erfüllt sein, dass die Wirtschaftsintegration der Parteien sich auf „substantially all the trade" erstreckt (Art. XXIV:8 GATT) bzw. „substantial sector coverage" und den Abbau von „substantially all discrimination" (Art. V GATS). Im Einzelfall können sich hier durchaus Beurteilungsschwierigkeiten ergeben, ob das „substantially"-Kriterium erfüllt ist.[203] Darüber hinaus werden intensiv die Folgen dieser „Regionalisierung" auf das multilaterale Handelssystem diskutiert,[204] es ist sogar bereits von einem „least-favoured-nation treatment"[205] im Rahmen der WTO die Rede.

2. Internationaler Dienstleistungshandel

Der internationale Dienstleistungshandel entwickelt sich im Zuge der Globalisierung ähnlich rasant wie der internationale Warenhandel, auch wenn die Hindernisse und Barrieren hier mitunter anderer Art sind. Auf der Ebene des internationalen Rechts spielt insbesondere das allgemeine Abkommen über den Handel mit Dienstleistungen (GATS) eine wichtige Rolle (→ Rn. 89); daneben kennen viele regionale Verbünde besondere Vorschriften (→ Rn. 90). **88**

a) Das Allgemeine Abkommen über den Handel mit Dienstleistungen

Als multilaterales Abkommen bietet das GATS einen rechtlichen Rahmen für den internationalen Handel mit Dienstleistungen.[206] Zwar zielt das GATS auf die fortschreitende Liberalisierung des grenzüberschreitenden Dienstleistungshandels ab; es erkennt aber ebenso die Sensibilität dieses Bereichs an, der nicht selten die staatliche Regulierungsautonomie und das Fremdenrecht berührt (vgl. Präambel). Der Anwendungsbereich umfasst die „Erbringung einer Dienstleistung" (Art. I:2 GATS), **89**

---

[203] *Mathis*, Regional Trade Agreements in the GATT/WTO: GATT Article XXIV and the Internal Trade Requirement, 2001, S. 181 ff.

[204] Vgl. die Beiträge in Steger (Hrsg.), Redesigning the World Trade Organization for the Twenty-first Century, 2010, Teil VI; *Senti*, Regional Trade Agreements in the World Trade Order, in: Herrmann/Terhechte (Hrsg.), European Yearbook of International Economic Law 2010, 2010, S. 227; Bartels/Ortino (Hrsg.), Regional Trade Agreements and the WTO Legal System, 2006; *Schaefer*, JIEL 10 (2007), 585; *Picker*, University of Pennsylvania Journal of International Economic Law 26 (2005), 267; *Crawford/Laird*, The North American Journal of Economics and Finance 12 (2001), 193.

[205] *Sutherland/Bhagwati/Botchwey/FitzGerald/Hamada/Jackson/Lafer/de Montbrial*, The Future of the WTO, 2004, Abs. 60; *Cottier*, JIEL 8 (2005), 595.

[206] Siehe dazu ausführlich *Michaelis*, Dienstleistungshandel (GATS), in: Hilf/Oeter, WTO-Recht, 2. Aufl. 2010, § 20; *Herrmann/Weiß/Ohler*, Rn. 810 ff.; *Weiss*, CMLRev 32 (1995), 1177; siehe außerdem *Krajewski*, Services Trade Liberalisation and Regulation: New Developments and Old Problems, in: Herrmann/Terhechte (Hrsg.), European Yearbook of International Economic Law 2010, 2010, S. 153.

also die Produktion, den Vertrieb, die Vermarktung, den Verkauf und die Bereitstellung einer Dienstleistung (Art. XXVIII(b) GATS), und geschützt sind Dienstleistungen sowie Dienstleistungserbringer (vgl. z. B. Art. XVI:1, XVII:1 GATS). Das GATS unterscheidet zwischen vier verschiedenen sog. Erbringungsmodalitäten, die in Art. I:2(a)–(d) GATS aufgeführt sind (im Kontext der EU-Dienstleistungsfreiheit → § 1 Rn. 52):

- Dienstleistungserbringung von dem Gebiet eines Mitgliedstaats auf das Gebiet eines anderen Mitgliedstaats (sog. *cross border supply*, nur die Dienstleistung überschreitet die Grenze);
- Dienstleistungserbringung auf dem Gebiet eines Mitgliedstaats an den Konsumenten eines anderen Mitgliedstaats (sog. *consumption abroad*, i. d. R.[207] überschreitet der Dienstleistungsempfänger die Grenze);
- Dienstleistungserbringung durch die gewerbliche Präsenz eines Dienstleistungserbringers auf dem Gebiet eines anderen Mitgliedstaats (sog. *commercial presence*) und
- Dienstleistungserbringung durch die Präsenz einer natürlichen Person auf dem Gebiet eines anderen Mitgliedstaats (sog. *presence of a natural person*).

Das GATS verfügt über diverse Anlagen, in denen besondere Regelungen für ausgewählte Dienstleistungssektoren vereinbart sind. Diese Anlagen betreffen als integraler Bestandteil des GATS (Art. XXIX GATS) See- und Lufttransportdienstleistungen, Finanzdienstleistungen sowie Telekommunikationsdienstleistungen. Die Anlagen enthalten gegenüber dem GATS sowohl weitergehende als auch einschränkende Regelungen.[208]

b) Weitere Regelungen

90   Neben dem GATS spielt der Handel mit Dienstleistungen auch in regionalen und supranationalen Integrationsverbünden eine große Rolle. So enthält der AEUV mit Art. 56 ff. AEUV ausgereifte Regelungen, die Beschränkungen des freien Dienstleistungsverkehrs nahezu vollständig beseitigen bzw. für die Zukunft verhindern sollen (→ § 1 Rn. 61 ff.). Auch andere regionale Verbünde wie das NAFTA (→ Rn. 58 ff.) oder der ASEAN (→ Rn. 63) beschäftigen sich mit der Liberalisierung des tertiären Sektors.

c) Grundprinzipien

91   Einige Regeln des GATS finden nur Anwendung auf Dienstleistungssektoren, in denen die Mitglieder spezifische Verpflichtungen (sog. *specific commitments*) übernommen haben. Diese sind in Listen (*schedules*) aufgeführt und geben den WTO-Mitgliedern die Möglichkeit, ihren Markt gezielt und nur für die gewünschten Sektoren und Erbringungsmodalitäten zu öffnen. In den ungebundenen Bereichen, d. h. in solchen, in denen keine spezifischen Verpflichtungen übernommen wurden, haben die Mitglieder grundsätzlich nur das Meistbegünstigungsprinzip zu beachten (Art. II:1 GATT).

---

[207] *Michaelis*, Dienstleistungshandel (GATS), in: Hilf/Oeter, WTO-Recht, 2. Aufl. 2010, § 20 Rn. 32.
[208] Ausführlich dazu *Hernekamp*, Ausgewählte Dienstleistungssektoren, in: Hilf/Oeter, WTO-Recht, 2. Aufl. 2010, § 21; *Herrmann/Weiß/Ohler*, Rn. 898 ff.

In gebunden Bereichen hingegen gelten z. B. das Verbot der mengenmäßigen Beschränkungen (Art. XVI GATS) oder die Verpflichtung zur Inländergleichbehandlung (Art. XVII GATS).

3. Schutz des geistigen Eigentums

Der Schutz des geistigen Eigentums muss in dem Maße wichtiger werden, in dem   **92** der Waren- und Dienstleistungsaustausch auf der internationalen Ebene zunimmt. Es liegt auf der Hand, dass sich Private und Unternehmen fragen, wie ihr geistiges Eigentum im Ausland geschützt werden kann. Unter die Überschrift „geistiges Eigentum" werden hierbei Immaterialgüter gefasst wie sie z. B. im Patentrecht, Urheberrecht, Markenrecht oder Geschmacksmusterrecht geschützt werden.[209] Insbesondere unter dem Dach der WTO existiert mit dem TRIPS ein nahezu globaler Standard, der durch weitere völkerrechtliche Verträge ergänzt wird. Im Rahmen der EU zeichnet sich zudem eine stärkere Vereinheitlichung ab.

a) Regelungsstrukturen

In einer globalisierten und digital vernetzten Welt ist dem Schutz des geistigen Ei-   **93** gentums im Internationalen Wirtschaftsrecht eine große Bedeutung beizumessen, die sich im Rahmen der WTO in Form des TRIPS niedergeschlagen hat.[210] Anders als die anderen WTO-Abkommen findet es in Deutschland unmittelbare Anwendung,[211] wobei diese unmittelbare Anwendbarkeit seit dem Inkrafttreten des Lissabonner Reformvertrags angesichts des Kompetenzzuwachses der EU auch in diesem Bereich eigentlich über das Unionsrechts vermittelt wird, zumindest soweit das TRIPS auch investitionsschutzrechtliche Bereiche berührt.[212]

Neben dem TRIPS gibt es eine Reihe weiterer internationaler Verträge und Orga-   **94** nisationen, die sich mit Fragen des geistigen Eigentums beschäftigen. Zu nennen sind hier etwa diverse Verträge im Rahmen der *World Intellectual Property Organisation (WIPO)*,[213] wie die Pariser Verbandsübereinkunft (PVÜ)[214] für den Bereich des gewerblichen Rechtsschutzes und die Berner Übereinkunft zum Schutz

---

[209] Siehe dazu *Götting*, Internationaler Schutz des geistigen Eigentums, in: Tietje, Internationales Wirtschaftsrecht, 2. Aufl. 2015, § 12 Rn. 6 ff.

[210] Siehe ausführlich zum geistigen Eigentumsschutz in der WTO Wolfrum/Stoll/Arend (Hrsg.), WTO – Trade-Related Aspects of Intellectual Property Rights, 2009; Correa (Hrsg.), Research Handbook on the Protection of Intellectual Property Under WTO Rules, 2010; Cottier (Hrsg.), Trade and Intellectual Property Protection in WTO Law, 2007.

[211] BGH, NJW 1999, 1953 (1958).

[212] *Johannsen*, Beiträge zum Transnationalen Wirtschaftsrecht 87 (2009), S. 8.

[213] Convention Establishing the World Intellectual Property Organization, abgedruckt in 828 U.N.T.S. 3; im Internet unter www.wipo.int (11.03.2019); siehe auch *Niemann*, Geistiges Eigentum in konkurrierenden völkerrechtlichen Vertragsordnungen: Das Verhältnis zwischen WIPO und WTO/TRIPS, 2008.

[214] Paris Convention for the Protection of Industrial Property, as last revised at the Stockholm Revision Conference, 14.07.1967, abgedruckt in 828 U.N.T.S. 303.

von Werken der Literatur und Kunst[215] für den Bereich des Urheberrechts. Im Rahmen der EU zeichnet sich zudem eine starke Zentralisierung insbesondere des Patentrechts ab, das bis dahin recht zersplittert war.[216]

b) Grundprinzipien

95 Auch das TRIPS statuiert das *Gebot der Inländergleichbehandlung* und das *Meistbegünstigungsprinzip* (Art. 3 f. TRIPS). Art. 9–40 TRIPS beinhalten umfassend[217] die Standards betreffend die Verfügbarkeit, den Umfang und die Nutzung geistiger Eigentumsrechte. Dazu gehören Urheberrechte und verwandte Schutzrechte (Art. 9–14), Markenschutz (Art. 15–21), Geographische Angaben (Art. 22–24), Gewerbliche Muster und Modelle (Art. 25 f.), Patente (Art. 27–34) sowie Topografien integrierter Schaltkreise (Art. 35–38). Weiterhin hält es Mechanismen bereit, die der Durchsetzung bzw. dem Schutz gewerblicher Schutzrechte dienen (Art. 40 ff. TRIPS). Von besonderer Bedeutung ist im TRIPS die Sozialpflichtigkeit des geistigen Eigentums (z. B. die Möglichkeit von Entwicklungsländern, Medikamente herzustellen, die in den Industrienationen entwickelt wurden und hier gewerblichen Schutzrechten unterliegen, bzw. die Möglichkeit, Zwangslizenzen für den Import dieser Medikamente zu erhalten).[218] Ähnliche Prinzipien sind in den anderen erwähnten internationalen Verträgen zu finden.[219]

4. Währungs- und Finanzrecht

96 Mit der Banken- und Staatsschuldenkrise der letzten Jahre ist einmal mehr das Bewusstsein dafür geweckt worden, welche überragende Rolle ein stabiles Währungs- und Finanzsystem für die globale Wirtschaft spielt. Dies gilt insbesondere auch für die Ebene der EU, die mit der gemeinsamen Währung des Euro große Herausforderungen zu bestehen hatte.[220] Überhaupt zeigt sich, dass die Frage

---

[215] Berne Convention for the Protection of Literary and Artistic Works, 09.09.1886, in der überarbeiteten Fassung von Stockholm, 14.07.1967, abgedruckt in 828 U.N.T.S. 222 und Berne Convention for the Protection of Literary and Artistic Works, 09.09.1886, in der überarbeiteten Fassung von Paris, 24.07.1971, abgedruckt in 1161 U.N.T.S. 30.

[216] Siehe dazu *Terhechte*, in: Grabitz/Hilf/Nettesheim, Art. 262 AEUV Rn. 6 (Stand: 53. EL Mai 2014).

[217] Vgl. *Doane*, American University Journal of International Law and Policy 9 (1993), 465 (477 ff.); ausführlich zum TRIPS Taubman/Wager/Watal (Hrsg.), A Handbook on the WTO TRIPS Agreement, 2013.

[218] Vgl. Art. 7 TRIPS; dazu auch *Terhechte*, JuS 2004, 1054 (1056); siehe zu der Problematik *Herrmann/Weiß/Ohler*, Rn. 966 f., 1106; *Reichmann*, The Journal of Law, Medicine and Ethics 37 (2009), 247; *Matsushita/Schoenbaum/Mavroidis*, The World Trade Organization, 3. Aufl. 20156, S. 719 f.

[219] *Götting*, Internationaler Schutz des geistigen Eigentums, in: Tietje, Internationales Wirtschaftsrecht, 2. Aufl. 2015, § 12 Rn. 64, 72 und 77.

[220] *Thiele*, Das Mandat der EZB und die Krise des Euro, 2013; *Straubhaar/Vöpel*, ifo Schnelldienst 65 (2012), 4; *Kuhn*, Wirtschaftsdienst 91 (2011), 347; *Flachmayer*, Bridge over Troubled Waters. Die EZB, die Euro-Rettung und die Politisierung der Geldpolitik, Kölner Zeitschrift für Soziologie und Sozialpsychologie 70 (2018), S. 495; *Brunnermeier/James/Landau*, Euro – Der Kampf der Wirtschaftskulturen, 2018; *Tober/Tehobald*, Geldpolitische Herausforderungen: Zinspolitische Wende, sichere Staatsanleihen und digitaler Euro, IMK Report No. 135 (2018).

verlässlicher Währungs- und Finanzpolitik und der korrespondierenden Regelungsstrukturen in den letzten Jahren in das Zentrum der rechtswissenschaftlichen Debatte gerückt ist.[221]

a) Regelungsstrukturen

Das Währungs- und Finanzrecht ergibt sich in der Summe aus den jeweiligen Grün-   97
dungsverträgen der Internationalen Organisationen in diesem Bereich, also dem
IWF-Statut bzw. dem Weltbank-Übereinkommen usw. Es lassen sich auf dieser
Grundlage allerdings nur schwer allgemeine Prinzipien des Währungs- und Finanz-
rechts entwickeln, weil die Zielsetzungen der jeweiligen Organisationen unterschiedlich sind. Hauptziel eines globalen Währungsrechts muss aber die Sicherstellung der *Stabilität und Konvertibilität der Währungen* im globalen Wirtschaftsverkehr
sein (vgl. auch Art. IV, VIII IWF-Statut).[222]

b) Europäische Wirtschafts- und Währungsunion

Eine Besonderheit verkörpert die enge Zusammenarbeit der EU-Mitgliedstaaten im   98
Rahmen der Wirtschafts- und Währungsunion.[223] Das wichtigste Ziel der europä-
ischen Währungspolitik ist hierbei die Sicherstellung der Preisstabilität (vgl. Art. 119
Abs. 1, Art. 127 AEUV) sowie die Koordinierung der Staaten, die den Euro bereits
als gemeinsame Währung besitzen (derzeit 19). Für diese Staaten gelten mit den
Art. 136 ff. AEUV besondere Bestimmungen (eingehend dazu auch → § 5 Rn. 43 ff.).

5. Investitionsschutzrecht

Mit der Globalisierung der Wirtschaftsbeziehungen hat sich die Bedeutung von   99
Auslandsinvestitionen sprunghaft gesteigert.[224] Schon im Jahre 2010 betrug das
Volumen von Direktinvestitionen ca. 1200 Mrd. US$.[225] Angesichts dieser Ent-
wicklung verwundert es nicht, dass das Investitionsschutzrecht sowohl in der Praxis als auch in der wissenschaftlichen Auseinandersetzung zu einem wichtigen

---

[221] *Thiele*, Finanzaufsicht – Der Staat und die Finanzmärkte, 2014; *Crawford Lichtenstein*, Reflections on the Intellectual History of the International Regulation of Monetary Affairs, und *Manger-Nestler*, Interaction for Monetary and Financial Stability: Central Banks as Main Actors in the Global Financial System, in: Herrmann/Krajewski/Terhechte (Hrsg.), European Yearbook of International Economic Law 2014, 2014, S. 3 und 33; *Zimmermann*, A Contemporary Concept of Monetary Sovereignty, 2013; *Herrmann*, Währungshoheit, Währungsverfassung und subjektive Rechte, 2010; *Ohler*, International Regulation and Supervision of Financial Markets After the Crisis, in: Herrmann/Terhechte (Hrsg.), European Yearbook of International Economic Law 2010, 2010, S. 3.

[222] *Posner/Sykes*, Economic Foundations of International Law, 2013, S. 313 ff.; *Schlemmer-Schulte*, Internationales Währungs- und Finanzrecht, in: Tietje, Internationales Wirtschaftsrecht, 2. Aufl. 2015, § 9 Rn. 29.

[223] Siehe *Schwarze*, Europäisches Wirtschaftsrecht – Grundlagen, Gestaltungsformen, Grenzen, 2007, S. 205 ff.; *Herdegen*, Internationales Wirtschaftsrecht, 11. Aufl. 2017, § 25 Rn. 1 ff.

[224] Siehe dazu *Schill*, The Multilateralization of International Investment Law, 2009, S. 3 ff.

[225] *Hofmann/Tsolakidis*, in: Ehlers/Fehling/Pünder, § 8 Rn. 1.

Referenzgebiet des Internationalen Wirtschaftsrechts geworden ist.[226] Es unterscheidet sich hierbei fast in allen Bereichen grundlegend von anderen Bereichen des Internationalen Wirtschaftsrechts, sei es in seinen Regelungsstrukturen oder hinsichtlich der Mechanismen der Streitschlichtung.

a) Regelungsstrukturen

100 Im Gegensatz zu den meisten Gebieten des Internationalen Wirtschaftsrechts existiert für den Bereich des Investitionsschutzrechts bislang kein völkerrechtlicher Vertrag, der diesem Rechtsgebiet eine klare Struktur geben würde. Im Zentrum stehen hier vielmehr *bilaterale Investitionsschutzabkommen* (*Bilateral Investment Treaties*, BITs), deren Zahl inzwischen die schwindelerregende Höhe von annährend 3000 erreicht hat.[227] Daneben bestehen vereinzelt investitionsschutzrechtliche Regelungen in regionalen Organisationen (z. B. NAFTA oder auch Bestrebungen in CETA und TTIP). Das nationale bzw. supranationale Recht entfaltet hier indes auch seine Wirkungen. So hat etwa die EU durch den Lissabonner Vertrag eine ausschließliche Kompetenz (Art. 207 Abs. 1 S. 1 AEUV) für die Regelung ausländischer Direktinvestitionen erhalten, was künftig für eine starke unionsrechtliche Durchformung des Investitionsschutzrechts sorgen dürfte.[228] Insgesamt sind Bemühungen, ein globales Investitionsschutzabkommen zu schaffen, in der Vergangenheit erfolglos geblieben, so etwa die Initiative zu dem Multilateralen Abkommen über Investitionen (Multilateral Agreement on Investment),[229] das unter dem Dach der OECD verhandelt wurde, aber u. a. an massivem zivilgesellschaftlichem Widerstand scheiterte.[230]

---

[226] Eingehend dazu etwa *Dolzer/Schreuer*, Principles of International Investment Law, 2. Aufl. 2012; Muchlinski/Ortino/Schreuer (Hrsg.), The Oxford Handbook of International Investment Law, 2008; *Reinisch*, Internationales Investitionsschutzrecht, in: Tietje, Internationales Wirtschaftsrecht, 2. Aufl. 2015, § 8; Bungenberg/Griebel/Hobe/Reinisch (Hrsg.), International Investment Law, 2015; siehe auch *von Arnauld*, Völkerrecht, 3. Aufl. 2016, Rn. 980 ff.; *Bungenberg/Titi*, Developments in International Investment Law, in: Herrmann/Krajewski/Terhechte (Hrsg.), European Yearbook of International Economic Law 2013, 2013, S. 441.

[227] Siehe Projekt der UNCTAD International Investment Agreement Navigator unter http://investmentpolicyhub.unctad.org/IIA (11.03.2019).

[228] *Schmitt*, Die Kompetenzen der Europäischen Union für ausländische Investitionen in und aus Drittstaaten, 2013; *Tietje*, Beiträge zum Transnationalen Wirtschaftsrecht 8 (2009), 13; kritisch *Bungenberg*, The Division of Competences Between the EU and Its Member States in the Area of Investment Politics, sowie *Reinisch*, The Division of Powers Between the EU and Its Member States „After Lisbon", in: Bungenberg/Griebel/Hindelang (Hrsg.), European Yearbook of International Economic Law – Special Issue: International Investment Law and EU Law, 2011, S. 29 (40 ff.) und S. 43 (46 ff.) und *Weiss/Steiner*, The Investment Regime under Article 207 of the TFEU – a legal Conundrum: the Scope of ‚Foreign Direct Investment' and the Future of Intra-EU BITs, in: Baetens (Hrsg.), Investment Law within International Law – Integrationist Perspectives, 2013, S. 355.

[229] Siehe hierzu *Reinisch*, Internationales Investitionsschutzrecht, in: Tietje, Internationales Wirtschaftsrecht, 2. Aufl. 2015, § 8 Rn. 14.

[230] *Neumayer*, Wirtschaftspolitische Blätter 46 (1999), 618.

b) Grundprinzipien

Die dem Investitionsschutzrecht zugrundeliegenden Prinzipien und Schutzstan- **101**
dards haben sich im Laufe der Zeit aus dem völkerrechtlichen Fremdenrecht entwickelt[231] und werden in den entsprechenden BITs konkretisiert. Von besonderer
Bedeutung sind hier – ähnlich wie im Recht des internationalen Warenhandels – zunächst das Meistbegünstigungsprinzip und das Prinzip der Inländergleichbehandlung. Daneben spielen spezielle Prinzipien wie das Prinzip der gerechten und fairen
Behandlung sowie Regelungen über Enteignungen und damit korrespondierende
Entschädigungen eine wichtige Rolle in nahezu allen BITs.[232] Durch diese Prinzipien soll Investitionen im Ausland ein Mindestmaß an Rechtssicherheit gewährleistet werden.

c) Besonderheiten der Streitschlichtung

Eine weitere Besonderheit des Investitionsschutzrechts besteht darin, dass Streitig- **102**
keiten im Wesentlichen durch diverse *Schiedsgerichtsbarkeiten* beigelegt werden,
d. h. dass sowohl staatliche als auch internationale Gerichte wie der IGH spürbar
an Bedeutung in diesem Referenzgebiet des Internationalen Wirtschaftsrechts verloren haben. Die heutige Generation der BITs sieht regelmäßig die Möglichkeit für
sog. gemischte Schiedsgerichtsbarkeiten vor, in denen sich Investoren und Staaten
unmittelbar gegenüberstehen.[233] Besondere Bedeutung haben hier etwa die *ICSID-
Konvention*[234] und die *UNCITRAL Arbitration Rules*.[235] Die Streitbeilegung durch
Schiedsgerichte hat in den letzten Jahren zu zahlreichen Debatten geführt. Insbesondere im Zuge der Verhandlungen des TTIP und CETA hat etwa die angestrebte
Etablierung von Schiedsgerichten für anhaltende Kritik gesorgt, die eine etwaige
„Privatisierung" und eine befürchtete Intransparenz möglicher Verfahren adres-
sierte (→ Rn. 104).

V. Streitbeilegung im Internationalen Wirtschaftsrecht

In den letzten Jahren hat die Frage, wie eine effektive Streitschlichtung im Interna- **103**
tionalen Wirtschaftsrecht zu organisieren ist, grundlegende Debatten entfacht.[236]
Letztlich haben sich in den letzten Dekaden recht unterschiedliche Formen der

---

[231] *Reinisch*, Internationales Investitionsschutzrecht, in: Tietje, Internationales Wirtschaftsrecht,
2. Aufl. 2015, § 8 Rn. 8; *von Arnauld*, Völkerrecht, 3. Aufl. 2016, Rn. 980.

[232] Eingehend dazu etwa *Hofmann/Tsolakidis*, in: Ehlers/Fehling/Pünder, § 8 Rn. 34 ff.; *Reinisch*,
Internationales Investitionsschutzrecht, in: Tietje, Internationales Wirtschaftsrecht, 2. Aufl. 2015,
§ 8 Rn. 40 ff.

[233] *Choi*, JIEL 10 (2007), 725; *Reinisch*, Die Beilegung von Investitionsstreitigkeiten, in: Tietje,
Internationales Wirtschaftsrecht, 2. Aufl. 2015, § 18 Rn. 14 ff.

[234] Abgedruckt in ILM 4 (1965), 524 ff.

[235] Abgedruckt in der geänderten Fassung vom 12.07.2010 in ILM 49 (2010), 1644; eingehend
dazu etwa *Hofmann/Tsolakidis*, in: Ehlers/Fehling/Pünder, § 8 Rn. 62.

[236] Siehe *Reinisch*, Die internationale Handelsschiedsgerichtsbarkeit und andere Formen der
Streitbeilegung im Internationalen Wirtschaftsrecht, in: Tietje, Internationales Wirtschaftsrecht,

Streitbeilegung im Internationalen Wirtschaftsrecht etabliert. Neben dem komplexen Streitbeilegungsmechanismus unter dem Dach der WTO (→ Rn. 28 ff.) ist insbesondere die Rolle der Schiedsgerichtsbarkeit diskutiert worden. Dagegen spielen im Bereich des Internationalen Wirtschaftsrechts staatliche Gerichte bzw. internationale Gerichtshöfe und Tribunale sicher eine bedeutende Rolle (etwa der EuGH), es lässt sich aber ein ausgesprochener Trend zur „Privatisierung"[237] und „Entformalisierung" der Streitschlichtung erkennen. Das Thema der Streitbeilegung ist allerdings nicht damit erschöpft, sich auf die entsprechenden Instanzen und Institutionen zu konzentrieren. Vielmehr spielen konsensuale Techniken der Streitschlichtung (Stichworte: „Alternative Dispute Resolution", „Mediation" oder traditionell „Gute Dienste") eine ebenso große Rolle und sind der förmlichen Streitbeilegung häufig vorgeschaltet. Während diese Prinzipien in erster Linie die Investoren schützen sollen, hat sich in den letzten Jahren auch ein Investitionskontrollrecht entwickelt. Hier geht es insbesondere darum, die Übernahme von Unternehmen in sicherheitsrelevanten Bereichen (z. B. in der Rüstungsindustrie) stärker zu kontrollieren. Das Investitionskontrollrecht ist zunächst nationales Recht, zumindest im Bereich der EU sind aber Bestrebungen zu verzeichnen, die entsprechenden Regime aufeinander abzustimmen.

1. Alternative Formen der Streitbeilegung

104   Zahlreiche Streitschlichtungsinstrumente auf der Ebene des Internationalen Wirtschaftsrechts setzen vor der Einleitung eines förmlichen Verfahrens vor einer Streitschlichtungsinstanz zunächst ein Bemühen der Streitparteien um eine einvernehmliche Lösung voraus. Entsprechend enthält Art. 4 DSU die dem förmlichen Verfahren vorgelagerte Konsultationspflicht. Außerdem hebt Art. 3.7 DSU ausdrücklich hervor, dass eine einvernehmliche Lösung dem förmlichen Verfahren „klar vorzuziehen" sei,[238] und das DSU hält entsprechend auch selbst Regeln zur sog. *Alternativen Streitbeilegung*[239] (*Alternative Dispute Resolution*, ADR) bereit (Gute Dienste, Art. 5 DSU; Schiedsverfahren, Art. 25 DSU). So haben in den letzten Jahren diverse Formen der ADR gezeigt, dass sie verlässliche, effiziente und für die Streitparteien akzeptable Schieds- und Mediationsvereinbarungen herstellen können. Eine besondere Bedeutung kommt im Internationalen Wirtschaftsrecht hierbei den Schiedsgerichten zu (→ Rn. 102, 106).

---

2. Aufl. 2015, § 16 Rn. 66 ff.; zur Streitbeilegung im Internationalen Wirtschaftsrecht siehe *Bubrowski*, Internationale Investitionsschiedsverfahren und nationale Gerichte, 2013; Esplugues (Hrsg.), Civil and Commercial Mediation in Europe, 2013; *Born*, International Arbitration: Law and Practice, 2012.

[237] Siehe hierzu Aufsätze in Wolfrum/Gätzschmann (Hrsg.), International Dispute Settlement: Room for Innovation?, 2013, Teil V, S. 331–441.

[238] *Stoll*, in: Wolfrum/ders./Kaiser (Hrsg.), WTO – Institutions and Dispute Settlement, 2006, Art. 3 DSU Rn. 68.

[239] Siehe dazu *Barrett/Barrett*, A History of Alternative Dispute Resolution, 2004.

2. Internationale und staatliche Gerichtsbarkeit

Neben den alternativen Formen der Streitbeilegung bzw. besonderer Verfahren wie **105** etwa unter dem Dach der WTO spielen auch originäre Gerichtsbarkeiten für das Internationale Wirtschaftsrecht eine wichtige Rolle. Hier ist allerdings zu beobachten, dass institutionalisierte Gerichte wie der IGH oder ITLOS nur sehr punktuell Einfluss auf das Internationale Wirtschaftsrecht ausüben.[240] Ihr Einfluss wird dann prägend, wenn sie sich mit völkerrechtlichen Rechtssätzen beschäftigen, die auch für das Internationale Wirtschaftsrecht von Bedeutung sind (Immunität,[241] Vollstreckung,[242] etc.). Im Rahmen der WTO kann sicherlich in Bezug auf das DSU nicht wirklich von einer Gerichtsbarkeit gesprochen werden, sondern vielmehr von einem Streitschlichtungsverfahren eigener Art (→ Rn. 104). Dagegen spielt der EuGH als „echtes" Gericht gerade für das Europäische Wirtschaftsrecht und mitunter auch für das Internationale Wirtschaftsrecht eine äußerst wichtige Rolle.[243] Jenseits der überstaatlichen Gerichtsbarkeiten können wirtschaftsrechtliche Streitigkeiten aber auch vor nationalen Gerichten – zumeist Zivilgerichten – ausgetragen werden. Hier stehen dann regelmäßig Fragen des anwendbaren Rechts, des Forums, der Vollstreckung etc. im Vordergrund, die durch das IPR des jeweiligen Forum-staates geregelt werden. Zudem können in den entsprechenden Verträgen besondere Rechtsregime wie z. B. das UN-Kaufrecht zugrunde gelegt werden. Allerdings ist insbesondere im transnationalen Wirtschaftsverkehr wiederholt eine Scheu zu erkennen, sich auf das Risiko ausländischer Foren etc. einzulassen. Diese Scheu erklärt zu guten Teilen die immer weiter steigende Bedeutung alternativer Streitschlichtungsmethoden und hier auch den offenbar nicht aufzuhaltenden Siegeszug der Schiedsgerichtsbarkeit.

3. Schiedsgerichte

Wie schon für den Bereich des Investitionsschutzrechts angedeutet, haben Schieds- **106** gerichte inzwischen einen zunehmend wichtigen Platz im Rahmen der Streitschlichtung bei internationalen Wirtschaftsstreitigkeiten erlangt.[244] Diese Entwicklung ist

---

[240] Siehe z. B. ITLOS, *Southern Bluefin Tuna Cases (New Zealand v. Japan; Australia v. Japan)*, Cases no. 3 and 4 (27.08.1999); IGH, *Barcelona Traction, Light and Power Company, Limited (Belgium v. Spain)*, Judgment, I.C.J. Reports 1964, 6.

[241] Zur Staatenimmunität O'Keefe/Tams (Hrsg.), The United Nations Convention on Jurisdictional Immunities of States and their Property, 2013; *von Arnauld*, Völkerrecht, 3. Aufl. 2016, Rn. 322 ff.

[242] IGH, *Jurisdictional Immunities of the State (Germany v. Italy: Greece intervening)*, Judgment, I.C.J. Reports 2012, 99; siehe außerdem ITLOS, *The ARA Libertad Case (Argentina v. Ghana)*, Case no. 20 (15.12.2012).

[243] Siehe dazu *Schwarze*, Europäisches Wirtschaftsrecht – Grundlagen, Gestaltungsformen, Grenzen, 2007, S. 274 ff.

[244] So das *Internationale Zentrum zur Beilegung von Investitionsstreitigkeiten* (ICSID), der *Internationale Schiedsgerichtshof London* (LCIA) oder auch der *Ständige Schiedshof* (PCA); siehe auch *Mattli/Dietz*, in: dies. (Hrsg.), International Arbitration and Global Governance – Contending

aber nicht nur für den Bereich des Investitionsschutzrechts zu beobachten, sondern allgemein für wirtschaftliche Streitigkeiten. Offenbar kommen weniger formale und auf Effizienz ausgerichtete Streitschlichtungsstrukturen den Bedürfnissen der Wirtschaft in besonderer Weise nach. Ob Schiedsgerichte aus der Warte von Öffentlichkeitsbeteiligung und Transparenz bzw. der demokratischen Legitimation größere Probleme als staatliche oder überstaatliche Gerichte verursachen, steht hierbei auf einem anderen Blatt.[245] Neuere Überlegungen zielen deshalb darauf, stänige Schiedsgerichtshöfe zu etablieren.[246]

VI. Querschnittsthemen

107   Das Internationale Wirtschaftsrecht hat in den letzten Jahren zahlreiche Diskussionen ausgelöst, die sich in erster Linie um Fragen der Menschenrechte, des Umweltschutzes und der Sicherung sozialer Standards drehen. Die Themen sind dabei vielfältig: Wie geht das Internationale Wirtschaftsrecht mit Problemen wie Kinder- und Zwangsarbeit, dem Handel mit Blutdiamanten oder der Umweltverschmutzung um? Zwar wurde etwa im Rahmen des WTO-Rechts schon Anfang der 2000er-Jahre die Parole des „Greening the Treaties" ausgegeben,[247] eine nachhaltige Verbindung dieser Themenfelder mit originär wirtschaftsrechtlichen Themen ist aber bislang nur in Ansätzen vorhanden. Selbst im EU-Recht, das zumindest über die normative Infrastruktur (vgl. Art. 9 ff. AEUV) für eine Einbeziehung dieser Fragen in wirtschaftsrechtliche Entscheidungen verfügt, sind kaum Tendenzen zu erkennen, eine Art „Gesamtperspektive" zu entwickeln.

1. Internationales Wirtschaftsrecht und Menschenrechte

108   Eine insbesondere im Rahmen des WTO-Rechts seit Jahren geführte Debatte betrifft die Frage der Möglichkeit, durch Embargomaßnahmen und Handelsbeschränkungen die Durchsetzung von unabdingbaren *Menschenrechtsstandards* zu erzwingen.[248] Aus juristischer Sicht fehlen hierfür jedoch explizite rechtliche

---

Theories and Evidence, 2014, S. 1; *Reinisch*, Die internationale Handelsschiedsgerichtsbarkeit und andere Formen der Streitbeilegung im Internationalen Wirtschaftsrecht, in: Tietje, Internationales Wirtschaftsrecht, 2. Aufl. 2015, § 16.

[245] *Brower/Schill*, Chicago Journal of International Law 9 (2008–2009), 471; *Franck*, Fordham Law Review 73 (2004–2005), 1521.

[246] Siehe z. B. die Verhandlungen über einen *Multilateral Investment Court*, die derzeit in der Arbeitsgruppe III von UNCITRAL abgehalten werden. Weitere Informationen im Internet abrufbar unter: https://uncitral.un.org/en/working_group/3/investor-state (22.08.2019).

[247] Steinberg (Hrsg.), The Greening of Trade Law, 2002; *Charnovitz*, Yale Journal of International Law 27 (2002), 59; *Shaffer*, Harvard Environmental Law Review 25 (2001), 1.

[248] Dazu *Stoll/Schorkopf*, Rn. 754 ff.; allgemein zum Thema etwa *Faßbender*, JZ 2006, 1100; *Joseph*, Blame it on the WTO? – A Human Rights Critique, 2011; Abbott/Breining-Kaufmann/Cottier (Hrsg.), International Trade and Human Rights, 2006.

Grundlagen (z. B. ließen sich solche Maßnahmen wohl nicht auf Art. XX(e) GATT stützen); oftmals vorgeschlagen wird eine „menschenrechtskonforme" Auslegung bestimmter Vorschriften, welche aber auch nur in begrenztem Maße weiterführt.[249] Zudem wird mit Recht die Nützlichkeit solcher Maßnahmen bezweifelt, da sie die betroffenen Staaten und damit die Bevölkerung möglicherweise in noch größere wirtschaftliche Schwierigkeiten bringen können.[250] Zur Klärung dieser schwierigen und drängenden Fragen wäre die Schaffung normativer Grundlagen äußerst wünschenswert; die WTO-Mitglieder sind aufgerufen, für Klarheit auf diesem überaus wichtigen Feld zu sorgen.

2. Internationales Wirtschaftsrecht und Umweltschutz

Die Präambel zum ÜWTO nennt ausdrücklich das Ziel, „den Schutz und die Erhal-   **109**
tung der Umwelt und gleichzeitig die Steigerung der dafür erforderlichen Mittel zu erreichen."[251] In der EU gilt es gar, bei der Festlegung und Durchführung aller sog. sektoriellen Politiken (vgl. Art. 11 AEUV) Belange der Umwelt zu berücksichtigen. Auch im Rahmen des Mercosur werden grundlegende Bestimmungen zum Schutz der Umwelt erarbeitet.[252] Da der sich ausweitende internationale Handel oftmals mit negativen Umweltauswirkungen einhergeht, stehen der Umweltschutz und ökonomische Interessen in einem Spannungsverhältnis.[253] Andererseits dient der Umweltschutz häufig genug als Vorwand zur Verschleierung protektionistischer Maßnahmen.[254] Trotzdem bietet das Internationale Wirtschaftsrecht mit der WTO und den zahlreichen regionalen Organisationen die Möglichkeit und die Chance, Belange des transnationalen Umweltschutzes konstruktiv mitzugestalten, da sie als Verhandlungsforen dienen können, die bereits über wertvolle institutionelle Strukturen verfügen. So existieren auch schon gewisse Übereinkünfte, welche die Verbringung bestimmter (umweltbelastender) Güter verbieten, oder aber Privilegierungen wirtschaftlicher Sachverhalte, die die dem Umweltschutz dienen (z. B. sog. Umweltabsprachen im Rahmen von Kartellen).[255] Insgesamt muss dieses Feld aber auf glo-

---

[249] *Herrmann/Weiß/Ohler*, Rn. 1108 f.; Cottier/Pauwelyn/Bürgi (Hrsg.), Human Rights and International Trade, 2005.

[250] *Stoll/Schorkopf*, Rn. 754 ff.

[251] Vgl. *Sampson*, Trade, Environment, and the WTO, 2000; *Bernauer/Ruloff*, Handel und Umwelt – Zur Frage der Kompatibilität internationaler Regime, 1999; *Stoll/Schorkopf*, Rn. 715 ff. m. w. N; zum Handel in Umweltdienstleistungen siehe *Cossy*, Environmental Services and the General Agreement on Trade in Services (GATS): Legal Issues and Negotiating Stakes at the WTO, in: Herrmann/Terhechte (Hrsg.), European Yearbook of International Economic Law 2011, 2011, S. 239.

[252] Vgl. MERCOSUR – Regionales Strategiepapier der Europäischen Kommission 2007–2013 v. 02.08.2007, S. 14 f.

[253] *Charnovitz*, Arizona Journal of International and Comparative Law 14 (1997), 341; siehe dazu *Esty*, The Journal of Economic Perspectives 15 (2001), 113 (115 ff.).

[254] Siehe dazu *Esty*, The Journal of Economic Perspectives 15 (2001) 3, 113 (117 f.).

[255] Dazu *Terhechte*, ZUR 2001, 274.

baler Ebene noch wesentlich ernster genommen werden. Dagegen spielt der Umweltschutz in der EU mittlerweile eine große Rolle. Es gibt inzwischen kaum Bereiche des EU-Rechts, in denen die Belange des Umweltschutzes nicht beachtet werden müssen (siehe auch Art. 11 AEUV); zudem ist die Kommission bemüht, die europäische Umweltpolitik (Art. 191 f. AEUV) effizient durchzusetzen, dies wird etwa an zahlreichen neuen Informationsansprüchen[256] deutlich.

3. Internationales Wirtschaftsrecht und soziale Standards

110   Im Zuge einiger schwerer Unglücksfälle in der Textilbranche in Indien und Bangladesch ist die Frage, wie das Verhältnis des Internationalen Wirtschaftsrechts zu sozialen Standards beschaffen ist, in den Vordergrund der gesellschaftlichen Diskussion über die Bedeutung des globalen Handels getreten.[257] Jedenfalls können niedrige Sozialstandards, Kinderarbeit und mangelhafter Arbeitsschutz nicht mehr einfach als „komparative Vorteile" i. S. d. klassischen Außenhandelstheorie angesehen werden, sondern stellen ebenso wie Fragen der Grundrechte sowie des Klima- und Umweltschutzes eine gewaltige Herausforderung für das Internationale Wirtschaftsrecht de lege lata dar. Während der Handel mit Waren und Dienstleistungen längst durch internationale Verträge vorgeformt ist, scheinen soziale Fragestellungen regelmäßig nur auf nationaler Ebene behandelt zu werden – das Internationale Recht trifft so auf Strukturen, die von nationalen Standards und Traditionen geprägt sind. Schon im Rahmen des EU-Rechts hat sich in den letzten Jahren die Sprengkraft des damit vorprogrammierten Konflikts deutlich abgebildet. Auf der multilateralen Ebene jedoch hat die Ministerkonferenz der WTO der Integration von Arbeits- und Sozialstandards in das Welthandelssystem eine klare Absage erteilt, indem sie die Kompetenz hierfür der Internationalen Arbeitsorganisation zuwies.[258] In den vergangenen Jahren zeichnet sich jedoch ein Trend zur Einbeziehung von Arbeitnehmerrechten in regionalen und bilateralen Freihandelsabkommen ab.[259] Die Schutzstandards sind hier unterschiedlich, und teilweise beschränken sich die Abkommen auf die Verpflichtung, nationale Gesetze zum Arbeitnehmerschutz einzu-

---

[256] Z. B. aus dem Umweltinformationsgesetz, vgl. *Terhechte*, in: Fehling/Kastner/Störmer, § 44a Rn. 9.

[257] *Scherrer/Langhammer/Matthes/Pies/Seele/Knebel*, Wirtschaftsdienst 93 (2013), 215; *Lund-Thomsen/Lindgreen*, Journal of Business Ethics 123 (2014), 11; *Taplin*, Critical Perspectives on International Business 10 (2014), 72; *Berik/Van Der Meulen*, Journal of International Development 22 (2010), 56.

[258] Erklärung der Ministerkonferenz Singapur 1996, WT/MIN(96)/DEC, Abs. 4; siehe hierzu auch *Brown*, Journal of Economic Perspectives 15 (2001), 89.

[259] Siehe dazu *Doumbia-Henry/Gravel*, International Labour Review 145 (2006), 185; *Manley/Lauredo*, Emory International Law Review 18 (2004), 85; *Polaski*, University of California Davis Journal of International Law and Policy 10 (2003), 13.

halten, um Handelsverzerrungen zu vermeiden – eine solche Verpflichtung ist dann aber auch durchsetzbar. So haben die USA ein Verfahren gegen Guatemala wegen Nichteinhaltung von Arbeitnehmerschutzstandards im Rahmen des *Dominican Republic-Central America-United States Free Trade Agreement* angestrengt und Anfang November 2014 einen entsprechenden Schriftsatz[260] eingereicht. 2017 hat das zuständige Schiedsgericht allerdings befunden, dass die Verletzungen der Arbeitnehmerschutzstandards durch Guatemala nicht auf Grundlage von dauerhaften und wiederkehrenden Handlungen bzw. Untätigkeit des Staates geschehen sind und somit keinen Einfluss auf den Handel hätten.[261] Das bedeutet allerdings nicht, dass es nicht zu Verletzungen gekommen ist.

VII. Fazit

Das Öffentliche Wirtschaftsrecht wird zu guten Teilen vom Internationalen Wirt-   **111**
schaftsrecht beeinflusst bzw. überlagert. Hierbei sind Interdependenzen sowohl auf der Mikro- als auch auf der Makroebene zu beobachten: Während internationale Verträge und die durch sie zum Teil konstituierten Internationalen Organisationen letztlich die Bedingungen für einen erfolgreichen globalen Wirtschaftsverkehr garantieren, sorgen Wirtschaftsunternehmen und Private dafür, dass dieser Prozess kontinuierlich ausdifferenziert wird. Hier gibt es durchaus gegenläufige Tendenzen. Während etwa das WTO-Recht für einen globalen Ansatz steht, zeichnet sich parallel ein Trend hin zu verstärkten bilateralen und regionalen Integrationsbemühungen ab. Die Aufgabe des Internationalen Wirtschaftsrechts besteht hier darin, diese verschiedenen Entwicklungen zu strukturieren und wechselseitig zu befruchten. Hierbei müssen die Belange des Menschenrechts- und Umweltschutzes ebenso Berücksichtigung finden wie auch der Schutz sozialer Standards. Es bleibt abzuwarten, wie sich neue politische Konstellationen wie z. B. der „America first-Ansatz" in den USA langfristig auf das System des Internationalen Wirtschaftsrechts auswirken werden. So ist etwa abzusehen, dass Zöllen wieder eine größere (politische) Bedeutung zukommen wird. Auch die Kontrollen im Bereich des Investitionsschutzrechts nehmen zu (etwa bei ausländischen Direktinvestitionen). Nicht zuletzt der bevorstehende Brexit wird langfristig dazu führen, dass neue Formen der wirtschaftsrechtlichen Koordination entstehen werden. Insofern steht das Internationale Wirtschaftsrechts vor großen Herausforderungen.

---

[260] Abrufbar unter http://www.ustr.gov/sites/default/files/US%20sub1.fin_.pdf (11.03.2019).

[261] Der Panel Report ist abrufbar unter https://www.trade.gov/industry/tas/Guatemala%20%E2%80%93%20Obligations%20Under%20Article%2016-2-1(a)%20of%20the%20CAFTA-DR%20%20June%202014%202017.pdf (11.04.2019).

112 VIII. Kontrollfragen

1. Wie lässt sich der Begriff des „Internationalen Wirtschaftsrechts" definieren? (→ Rn. 5 ff.)
2. Schildern Sie die historische Entwicklung dieses Rechtsgebiets! Welche Beziehungen hat die historische Entwicklung des Internationalen Wirtschaftsrechts zum Völkerrecht? (→ Rn. 9 ff.)
3. Welche Akteure des Internationalen Wirtschaftsrechts werden gewöhnlich unterschieden? (→ Rn. 19 ff.)
4. Welche Ziele verfolgt die WTO und mit welchen anderweitigen Zielen tritt sie in Konflikt? (→ Rn. 23)
5. Welche internationalen Verträge werden unter dem Dach der WTO administriert? (→ Rn. 24)
6. Fassen Sie die wesentlichen Inhalte des GATT, GATS und TRIPS zusammen! (→ Rn. 69 ff., 88 ff., 95)
7. Welche Rolle spielen Einzelne und Wirtschaftsunternehmen im Internationalen Wirtschaftsrecht? (→ Rn. 65 ff.)
8. Welche Regelungen über den Warenhandel gibt es neben dem GATT unter dem Dach der WTO? Wieso gibt es diese speziellen Regelungen? (→ Rn. 77 ff.)
9. Welche Grundprinzipien kennt das GATT für den Warenhandel unter den WTO-Mitgliedern? (→ Rn. 69 ff.)
10. Beschreiben Sie die Regelungsstrukturen und Grundprinzipien des internationalen Rechts der Dienstleistungen! (→ Rn. 88 ff.)
11. Beschreiben Sie die Regelungsstrukturen und Grundprinzipien des internationalen Rechts des geistigen Eigentums! (→ Rn. 92 ff.)
12. Beschreiben Sie die Regelungsstrukturen und Grundprinzipien des internationalen Währungsrechts! (→ Rn. 96 ff.)
13. Beschreiben Sie die Regelungsstrukturen und Grundprinzipien des Investitionsschutzrechts! (→ Rn. 100 f.)
14. Welche Rolle spielen Schiedsgerichte für die Streitschlichtung im Investitionsschutzrecht? (→ Rn. 102)
15. Wie funktioniert die Streitschlichtung im Internationalen Wirtschaftsrecht? Welche Institutionen der Streitschlichtung gibt es in diesem Bereich? (→ Rn. 103 ff.)
16. Welche Instrumente gibt es im Internationalen Wirtschaftrecht, um Querschnittsbereiche mit in die Betrachtungsweise zu integrieren? Benennen Sie konkrete Themenfelder! (→ Rn. 108 ff.)
17. Benennen Sie neue Herusforderungen für das System des Internationalen Wirtschafstrechts. (→ Rn. 111)

Literatur

1. Allgemeine Literatur

Baetens/Caiado (Hrsg.), Froniters of International Economic Law – Legal Tools to confront Interdisciplinary Challenges, Leiden, 2014

Charnovitz, What is International Economic Law?, Journal of International Economic Law 14 (2011), 3

ders., The Field of International Economic Law, Journal of International Economic Law 17 (2014), 607

Germelmann, Perspektiven bilateraler und regionaler Freihandelsabkommen im Welthandelsrecht, EuZW 2016, 207.

Herdegen, Principles of International Economic Law, Oxford/New York, 2013

Hilf/Oeter (Hrsg.), WTO-Recht, 2. Aufl. 2010

Jackson/Davey/Sykes, Materials and Texts on Legal Problems of International Economic Relations (American Casebook Series), St. Paul, 6. Aufl. 2013

Koch, Internationale Wirtschaftsbeziehungen, 3. Aufl. 2006

Krajewski, Wirtschaftsvölkerrecht, 4. Aufl. 2017

Lowenfeld, International Economic Law, Oxford/New York, 2. Aufl. 2008

Petersmann, International Economic Law in the 21st Century: Constitutional Pluralism and Multilevel Governance of Interdependent Public Goods, Oxford/Portland, 2012

Terhechte, Einführung in das Wirtschaftsvölkerrecht, JuS 2004, 959 (Teil 1) und 1052 (Teil 2)

Terhechte, Common Commercial Policy and External Trade, in: H. Hofmann/G. Rowe/A. Türk (Hrsg.), Specialized Administrative Law of the European Union, 2018, S. 60

Tietje (Hrsg.), Internationales Wirtschaftsrecht, 2. Aufl. 2015

Stoll/Schorkopf, WTO – World Economic Order, World Trade Law, Leiden, 2006

Wouters/Odermatt, Comparing the ‚Four Pillars‘ of Global Economic Governance: A Critical Analysis of the Institutional Design of the FSB, IMF, World Bank and WTO, Journal of International Economic Law 17 (2014), 49

2. Textsammlungen

Evans (Hrsg.), Blackstone's International Law Documents, Oxford, 13. Aufl. 2017

Schwartmann (Hrsg.), Völker- und Europarecht – Mit WTO-Recht und Zusatztexten im Internet, 11. Aufl. 2018

Sodan (Hrsg.), Öffentliches, Privates und Europäisches Wirtschaftsrecht, 14. Aufl. 2013

Tams/Tietje (Hrsg.), Documents in International Economic Law – Trade, Investment, and Finance, Oxford, 2012

Tams/Tzanakopoulos (Hrsg.), Basic Documents on the Settlement of International Disputes, Oxford/Portland, 2012

Terhechte (Hrsg.), Europarecht/European Law/Droit Européen, Baden-Baden, 2012

Tietje (Hrsg.), WTO – Welthandelsorganisation, 5. Aufl. 2013

§ 4 Die Organisation der Wirtschaftsverwaltung

Klaus Ferdinand Gärditz

Inhaltsverzeichnis

K. F. Gärditz (✉)
Lehrstuhl für Öffentliches Recht, Universität Bonn, Bonn, Deutschland
E-Mail: gaerditz@jura.uni-bonn.de

© Springer-Verlag GmbH Deutschland, ein Teil von Springer Nature 2019   173
R. Schmidt, F. Wollenschläger (Hrsg.), *Kompendium Öffentliches Wirtschaftsrecht*,
Springer-Lehrbuch, https://doi.org/10.1007/978-3-662-59430-8_4

I. Einleitung

1   Das Organisationsrecht ist Rückgrat des Verwaltungsrechts.[1] Es legt fest, wer für
     eine Entscheidung zuständig, wem eine Entscheidung zuzurechnen[2] und wie die
     zuständige Entscheidungseinheit intern verfasst ist. Es ist die Matrix, über die
     Legitimationsmittlung organisiert wird.[3] Organisation verteilt Herrschaftsmacht
     und schützt hierdurch die Freiheit des Einzelnen.[4] Das Organisationsrecht ver-
     knüpft Aufgaben und Organisation zur Kompetenz[5] und weist zudem einer Ver-
     waltungseinheit die Kognitionskompetenz zu, den maßgeblichen Sachverhalt
     festzustellen. Hierin liegt eine ganz wesentliche Eigenleistung von Verwaltungs-
     verfahren. Denn die stets wertungsabhängige Feststellung des Sachverhalts ist
     mehr als die Abbildung einer verfahrensexternen Wirklichkeit, sondern vielmehr
     konstitutive Kreationsleistung des Verfahrens,[6] damit aber letztlich Kompetenz-
     frage, mit der entschieden wird, wessen Perspektive auf die Tatsachen die maß-
     gebliche ist.[7]

2   Diese Funktionen des Organisationsrechts betreffen zwar alle Gebiete des Ver-
     waltungsrechts; sie sind aber im Wirtschaftsverwaltungsrecht besonders bedeutend,
     weil sich hier eine Vielfalt an atypischen Organisationsformen findet, die gerade
     unter Auspizien demokratischer Legitimation von Bedeutung sind, etwa die Verdün-
     nung der sachlich-inhaltlichen Legitimation durch Errichtung unabhängiger Behör-
     den im Regulierungsrecht oder die Etablierung funktionaler Selbstverwaltung.[8] Or-
     ganisationsrechtliche Diversifizierung ist auch eine Antwort des Rechts auf komplexe
     Aufgabenstrukturen und Interessenkonflikte.[9] Gerade im Regulierungsrecht ist das

---

[1] Zur Organisationsabhängigkeit des Verwaltungshandelns nur *Schmidt-Aßmann*, Das allgemeine
Verwaltungsrecht als Ordnungsidee, 2. Aufl. 2004, S. 27, 239 ff.

[2] *John-Koch*, Organisationsrechtliche Aspekte der Aufgabenwahrnehmung im modernen Staat,
2005, S. 163; *Schmidt-De Caluwe*, JA 1993, 77 (80).

[3] *Schmidt-Aßmann*, Verwaltungsorganisationsrecht als Steuerungsressource, in: ders./Hoffmann-Riem
(Hrsg.), Verwaltungsorganisationsrecht als Steuerungsressource, 1997, S. 9 (56 ff.); *Wißmann*, in:
Hoffmann-Riem/Schmidt-Aßmann/Voßkuhle, GVwR[2] I, § 15 Rn. 59 ff.

[4] Hierzu *Gärditz*, in: HStR[3] IX, § 189 Rn. 2 ff.

[5] *Jestaedt*, in: Hoffmann-Riem/Schmidt-Aßmann/Voßkuhle, GVwR[2] I, § 14 Rn. 42.

[6] Hierzu *I. Augsberg*, Informationsverwaltungsrecht, 2014, S. 204 ff.; *Gärditz*, Gerichtliche Feststellung genereller Tatsachen (legislative facts) im Öffentlichen Recht, in: FS Puppe, S. 1557;
Hufen/Siegel, Fehler im Verwaltungsverfahren, 6. Aufl. 2018, Rn. 192 ff., 199.

[7] *Kelsen*, Reine Rechtslehre, 2. Aufl. 1960, S. 244 ff.

[8] Im Regulierungsrecht drehen sich letztlich die zentralen Fragen um die Verteilung institutioneller
Macht, vgl. *Gärditz*, The Creation of Regulated Competition Markets and the Rise of Bureaucratic
Autonomy in the German Law of Telecommunications, in: Schulz/Schmoeckel/Hausman (Hrsg.),
Regulation between Legal Norms and Economic Reality, 2014, S. 245 (254 f.); *Kühling*, Sektor-
spezifische Regulierung in den Netzwirtschaften, 2004, S. 436 f.

[9] *Schmidt-Aßmann*, Das allgemeine Verwaltungsrecht als Ordnungsidee, 2. Aufl. 2004, S. 256 f.

Organisationsrecht daher auch Projektionsfläche für einen gesteigerten Bedarf nach Wissensgenerierung.[10] Es ist folglich notwendig, auch die administrative Binnendifferenzierung rechtlich angemessen zu erfassen.[11]

II. Verfassungsrechtliche Grundlagen der Verwaltungsorganisation

1. Gesetzgebungskompetenzen im Wirtschaftsverwaltungsrecht

Ausgangspunkt der Organisation der Wirtschaftsverwaltung ist die bundesstaatliche   **3**
Verteilung der Gesetzgebungskompetenzen. Die Länder haben – in Konkretisierung der föderalen Basisverteilungsvorschrift des Art. 30 GG[12] – nach Art. 70 Abs. 1 GG das Recht der Gesetzgebung, soweit das GG nicht dem Bund Gesetzgebungsbefugnisse verleiht. Im Bereich des Wirtschaftsverwaltungsrechts verfügt der Bund traditionell über ein breites Spektrum an Gesetzgebungskompetenzen, schon weil die Rechts- und Wirtschaftseinheit als von zentraler volkswirtschaftlicher Bedeutung für den bundesstaatlichen Zusammenhalt wahrgenommen wird. Nach Fortfall der alten Rahmengesetzgebungskompetenz unterscheidet das Grundgesetz zwischen konkurrierenden und ausschließlichen Gesetzgebungskompetenzen, die sich vor allem durch eine gegenläufige Richtung des Verteilungsmechanismus für legislative Regelungsmacht unterscheiden: Im Bereich der ausschließlichen Gesetzgebung des Bundes haben die Länder nach Art. 71 GG die Befugnis zur Gesetzgebung nur, wenn und soweit sie hierzu in einem Bundesgesetz ausdrücklich ermächtigt werden. Im Bereich der konkurrierenden Gesetzgebung haben die Länder nach Art. 72 Abs. 1 GG hingegen die Befugnis zur Gesetzgebung, solange und soweit der Bund von seiner Gesetzgebungszuständigkeit nicht durch Gesetz Gebrauch gemacht hat. Die Rechtsprechung hat daneben noch in eng begrenzten Ausnahmefällen ungeschriebene Gesetzgebungskompetenzen kraft Natur der Sache oder als Annexkompetenz/Kompetenz kraft Sachzusammenhangs anerkannt.[13]

Eine spezifische Fokussierung auf die Kompetenzverteilung im Bereich der   **4**
Wirtschaft wird freilich dadurch erschwert, dass das Thema „Wirtschaft" eher Querschnittscharakter hat und ökonomische Fragestellungen ubiquitär sind.[14] So sind etwa auch das allgemeine Privatrecht, das (Wirtschafts-)Strafrecht oder das

---

[10] Hierzu *Gärditz*, DVBl. 2009, 69; *B. Wollenschläger*, Wissensgenerierung im Verfahren, 2009, S. 138 ff.

[11] *Groß*, Kollegialprinzip, S. 10 f.; *Schmidt-Aßmann*, Das allgemeine Verwaltungsrecht als Ordnungsidee, 2. Aufl. 2004, S. 239 ff.; *Schmidt-De Caluwe*, JA 1993, 77 (80).

[12] *Seiler*, in: Epping/Hillgruber (Hrsg.), GG, 2. Aufl. 2013, Art. 70 Rn. 11.

[13] Nachweise bei *Seiler*, in: BeckOK GG, Art. 70 Rn. 22 ff.

[14] Vgl. auch BVerfGE 106, 62 (147).

Steuerrecht unverkennbar wirtschaftlich relevant. Der nachfolgende Überblick konzentriert sich daher auf ausgewählte Materien, die sowohl einen spezifischen Wirtschaftsbezug haben als auch Grundlage öffentlich-rechtlicher Normen sind.

a) Konkurrierende Gesetzgebungskompetenzen

5 Herzstück der Kompetenzen des Bundes auf dem Gebiet der Wirtschaftsverwaltung
ist Art. 74 Abs. 1 Nr. 11 GG. Hiernach hat der Bund eine konkurrierende Gesetzgebungskompetenz für „das *Recht der Wirtschaft* (Bergbau, Industrie, Energiewirtschaft,
Handwerk, Gewerbe, Handel, Bank- und Börsenwesen, privatrechtliches Versicherungswesen) ohne das Recht des Ladenschlusses, der Gaststätten, der Spielhallen, der
Schaustellung von Personen, der Messen, der Ausstellungen und der Märkte".[15] Der
Begriff des Rechts der Wirtschaft, das in der Fassung des Herrenchiemsee-Entwurfs
noch als „Wirtschaftsrecht" firmierte,[16] wird weit verstanden und im Sinne aller Regelungen, die – ohne Ansehung der Rechtsform[17] – das wirtschaftliche Leben und die
wirtschaftliche Betätigung erfassen, interpretiert.[18] Erfasst ist nicht nur das private,
sondern auch das öffentliche Wirtschaftsrecht.[19] Über die Organisation von Wirtschaftszweigen hinaus soll auch die gesamte Steuerung der Wirtschaft erfasst sein.[20]
Richtigerweise ist der *Klammerzusatz* eine Legaldefinition der erfassten Bereiche,
also insoweit *abschließend* und nicht nur eine exemplarische Aufzählung (anders,
nämlich für eine exemplarische Aufzählung → § 2 Rn. 103).[21] Hierfür spricht heute
schon die semantische Struktur als Regel- und Ausnahmebestimmung, die die Norm
im Rahmen der Föderalismusreform I erlangt hat, auch um einer Auszehrung der Landeskompetenzen entgegenzuwirken. Aus diesem Grund überzeugt jedenfalls heute
auch die These, Art. 74 Abs. 1 Nr. 11 GG sei weit auszulegen (siehe zu dieser Auffassung → § 2 Rn. 103),[22] nicht mehr.[23] Als generelle Auffangregelung tritt Art. 74
Abs. 1 Nr. 11 GG hinter spezielleren Regelungen mit wirtschaftlichem Bezug zurück.[24] Zugleich enthält Art. 74 Abs. 1 Nr. 11 GG seit der Föderalismusreform I eine
Rückausnahme für das Recht des Ladenschlusses, der Gaststätten, der Spielhallen,
der Schaustellung von Personen, der Messen, der Ausstellungen und der Märkte. Das

---

[15] Hervorhebung durch Verfasser.

[16] JöR 1 n.F. (1951), 516 ff.

[17] BVerfGK, JZ 1982, 288 (289); *Kunig*, in: von Münch/ders., Art. 74 Rn. 39; ablehnend *Knemeyer/
Emmert*, JZ 1982, 284 (285).

[18] BVerfGE 55, 274 (308 f.); 68, 319 (330); 116, 202 (215 f.); *Pieroth*, in: Jarass/ders., Art. 74
Rn. 21.

[19] *Kunig*, in: von Münch/ders., Art. 74 Rn. 39.

[20] BVerfGE 67, 256 (275); *Pieroth*, in: Jarass/ders., Art. 74 Rn. 21.

[21] *Pieroth*, in: Jarass/ders., Art. 74 Rn. 22. Anders *Umbach/Clemens*, in: dies., Art. 74 Rn. 46; *Wittreck*, in: Dreier, Art. 74 Rn. 50. Offen gelassen BVerfGE 68, 319 (331). Differenzierend *Seiler*, in:
Epping/Hillgruber (Hrsg.), GG, 2. Aufl. 2013, Art. 74 Rn. 43.

[22] *Badura*, AöR 92 (1967), 382 (387); *Emmerich*, BB 1972, 457.

[23] Berechtigte Kritik bei *Kunig*, in: von Münch/ders., Art. 74 Rn. 38.

[24] *Pieroth*, in: Jarass/ders., Art. 74 Rn. 24.

hierbei zunächst tragende Motiv, die Regelung von Wirtschaftätigkeit mit örtlichem Bezug den Ländern zu überlassen, hat keinen Eingang in die Verfassung gefunden. Eine entsprechende teleologische Begrenzung ist daher nicht vorzunehmen; vielmehr sind die Rückausnahmen umfassend zu verstehen.[25] Diese Ausnahmen wirken dann auch über das Recht der Wirtschaft (Nr. 11) hinaus in speziellere Kompetenztitel hinein. So hat etwa der Bund keine Zuständigkeit, das Kartellrecht (Nr. 16) des Glücksspiels zu regeln.[26]

Flankierend tritt eine Gesetzgebungskompetenz nach Art. 74 Abs. 1 Nr. 16 GG für **6** die *Verhütung des Missbrauchs wirtschaftlicher Machtstellung* hinzu, auf deren Grundlage das GWB erlassen wurde, das sich gegen unzulässige Kartellabsprachen sowie den Missbrauch einer marktbeherrschenden Stellung richtet und – im Sinne eines zweispurigen Systems[27] – neben privatrechtlichen Unterlassungsansprüchen (§ 33 GWB) auch hoheitliche Eingriffskompetenzen (§§ 32 ff. GWB) sowie mit der Zusammenschlusskontrolle ein behördliches Genehmigungsverfahren für wettbewerbsrelevante Unternehmenszusammenschlüsse (§§ 35 ff. GWB) enthält. Missbrauch soll eine Abweichung vom normalen, von der Rechtsordnung gebilligten Gebrauch wirtschaftlicher Macht sein, was durch ein illegitimes Ziel, durch eine missbräuchliche Zweck-Mittel-Relation oder eine missbilligte Wirkung indiziert sein kann.[28] Auch das einschlägige Sanktionenrecht ist mitumfasst.[29] Eine besondere ethische Aufladung oder ein Schuldvorwurf wird nicht vorausgesetzt. Presserechtliche Regelungen erfasst Nr. 16 nur, sofern hiermit keine pressespezifischen Ziele verfolgt werden.[30]

Daneben finden sich verstreut weitere konkurrierende *Gesetzgebungskompeten-* **7** *zen von wirtschaftsverwaltungsrechtlicher Relevanz*, etwa das Berufsrecht der Rechtsanwälte (Nr. 1), die Agrarwirtschaft (Nr. 17), die Zulassung zu ärztlichen und anderen Heilberufen und zum Heilgewerbe, das Recht des Apothekenwesens, der Arzneien, der Medizinprodukte und der Heilmittel (Nr. 19), das Recht der Lebensmittel, Genussmittel, Bedarfsgegenstände und Futtermittel (Nr. 20), das Schiffereirecht (Nr. 21) und das Abfallwirtschaftsrecht (Nr. 24). Von Wirtschaftsrelevanz ist auch die konkurrierende Gesetzgebungskompetenz im Steuerrecht nach Art. 105 Abs. 2 GG.

---

[25] BVerfGE 145, 20 (61 ff.). Im Anschluss ferner (jeweils zum Glücksspielrecht) BVerfGK, NVwZ 2017, 1128; BVerwG, SächsVBl 2017, 322; Beschl. v. 19.7.2017 – 8 C 8/17 u. a., Rn. 4 (juris); OVG NRW, NWVBl 2018, 379; OVG Saar, NVwZ-RR 2017, 917; VGH BaWü, ZfWG 2017, 305.

[26] OVG NRW, NWVBl 2017, 431 Rn. 89.

[27] Hierzu sowie zu den damit verbundenen Konflikten stellvertretend *Kirchhoff*, WuW 2017, 487; *Koch*, JZ 2013, 390; *Roth*, in: Basedow (Hrsg.), Private Enforcement of EC Competition Law, 2007, S. 61 ff.; namentlich zu prozessualen Fragen *Lahme*, Die Eignung des Zivilverfahrens zur Durchsetzung des Kartellrechts: Eine Untersuchung unter besonderer Berücksichtigung des zivilprozessualen Beweisrechts, 2010; *Papadelli*, Beweislastverteilung bei der privaten Durchsetzung des Kartellrechts, 2011; *Westhoff*, Der Zugang zu Beweismitteln bei Schadensersatzklagen im Kartellrecht, 2010.

[28] *Pieroth*, in: Jarass/ders., Art. 74 Rn. 40.

[29] BGHZ 110, 371 (375).

[30] BVerfGK, NJW 1986, 1743; BGHZ 76, 55 (64 ff.); *Pieroth*, in: Jarass/ders., Art. 74 Rn. 40; *Wittreck*, in: Dreier, Art. 74 Rn. 73.

8 Grundsätzlich haben die Länder im Bereich der konkurrierenden Gesetzgebung die Möglichkeit, legislativ tätig zu werden, solange und soweit der Bund keine Regelungen erlassen hat (Art. 72 Abs. 1 GG).[31] Freilich hat der Bund gerade im Bereich des Wirtschaftsrechts, soweit die genannten Regelungskompetenzen nach Art. 74 Abs. 1 GG reichen, ein engmaschiges Regelungssystem geschaffen, das den Ländern praktisch keine Räume mehr zur eigenständigen Gesetzgebung belässt. Die Länder haben allerdings im Zuge der Föderalismusreform I zusätzliche Gestaltungsspielräume dadurch erlangt, dass der Bund seine Gesetzgebungskompetenz aus Art. 74 Abs. 1 Nr. 11 GG über die explizite Rückausnahme zu Gunsten *ausschließlicher Länderkompetenzen* erheblich zurückgestutzt hat. Bisheriges Bundesrecht, das heute als solches nicht mehr erlassen werden könnte – etwa das Ladenschlussgesetz oder das GastG – gilt hiernach zwar als Bundesrecht fort, kann aber durch Landesrecht ersetzt werden (Art. 125a Abs. 1 GG).[32]

9 Da Fragen des Wirtschaftsverwaltungsrechts oftmals Querschnittsmaterien sind, die unterschiedliche Kompetenzbereiche berühren, stellt sich – ähnlich wie im Umweltrecht[33] – die Frage, inwiefern der Bund einheitliche Gesetze auf eine *Mosaikkompetenz* stützen kann, die sich aus mehreren Titeln zusammensetzt. Dies ist, auch wenn man der systematischen Trennung der einzelnen Kompetenztitel eine Ordnungsfunktion zubilligt, jedenfalls dann möglich, wenn sich sämtliche Regelungsgegenstände innerhalb des durch Addition zu bestimmenden Kompetenzradius bewegen.[34]

b) Die Erforderlichkeitsklausel

10 Im Übrigen ist eine Inanspruchnahme der konkurrierenden Gesetzgebungskompetenz im Recht der Wirtschaft seit der *Verfassungsreform 1994* dadurch nicht unerheblich erschwert worden, dass die Kompetenzausübung der verschärften Erforderlichkeitsregelung des Art. 72 Abs. 2 GG unterworfen wurde. Zwar wurde diese Klausel – mit Blick auf vom BVerfG entwickelte Anforderungen,[35] die die Bundesgesetzgebung zu lähmen drohten[36] – im Rahmen der *Föderalismusreform I* im Jahr 2006 bereinigt und ihr Anwendungsbereich auf wenige enumerierte Kompetenztitel begrenzt. Das Recht der Wirtschaft unterliegt aber weiterhin der Erforderlichkeitsklausel. Will der Bund

---

[31] Eingehend zu den Voraussetzungen *Oeter*, in: von Mangoldt/Klein/Starck, Art. 72 Rn. 64 ff.

[32] Hierzu *Dürr*, GewArch 2009, 286; *Guckelberger/Heimpel*, LKRZ 2013, 1; *Heß*, GewArch 2012, 236; *Lehmann*, GewArch 2009, 291.

[33] Vgl. *Gramm*, DÖV 1999, 540; *Kloepfer*, § 3 Rn. 176; *Peine*, NuR 2001, 421; *Rengeling*, Gesetzgebungskompetenzen für den integrierten Umweltschutz, 1999; *Sparwasser/Engel/Voßkuhle*, Umweltrecht, 5. Aufl. 2003, § 1 Rn. 176.

[34] Vgl. BVerfGE 97, 198 (218 ff.).

[35] Grundlegend BVerfGE 106, 62 (135 ff.). Vertiefend zur Rechtsprechungsentwicklung *Batt*, ZParl 2004, 753; *Depenheuer*, ZG 2005, 83 (85 ff.); *Hufen*, JuS 2005, 67; *Janz*, JuS 2004, 852; *Möstl*, Jura 2005, 48; *Pestalozza*, NJW 2004, 1840 (1843 f.); *Waldhoff*, JuS 2005, 391 (394 ff.).

[36] Vgl. hierzu *Krausnick*, DÖV 2005, 902; *Oeter*, in: von Mangoldt/Klein/Starck, Art. 72 Rn. 51.

hier legislativ tätig werden, hat er nach Art. 72 Abs. 2 GG das Gesetzgebungsrecht, wenn und soweit die Herstellung gleichwertiger Lebensverhältnisse im Bundesgebiet oder die Wahrung der Rechts- oder Wirtschaftseinheit im gesamtstaatlichen Interesse eine bundesgesetzliche Regelung erforderlich macht. Die in Art. 72 Abs. 3 GG geregelte *Abweichungsgesetzgebung* der Länder hat auf Grund der Begrenzung auf die dort genannten Bereiche keine spezifische Bedeutung für das Wirtschaftsverwaltungsrecht.

Gleichwertige Lebensverhältnisse sind nach der Systematik der Verfassung kein **11** Ziel der Bundesgesetzgebung,[37] sondern eine (optionale) Voraussetzung der Kompetenzausübung. Zur Herstellung gleichwertiger Lebensverhältnisse ist nach dem BVerfG eine bundesgesetzliche Regelung erst dann erforderlich, „wenn sich die Lebensverhältnisse in den Ländern der Bundesrepublik in erheblicher, das bundesstaatliche Sozialgefüge beeinträchtigender Weise auseinander entwickelt haben oder sich eine derartige Entwicklung konkret abzeichnet".[38] Vielfalt und föderaler Pluralismus der Regelungsansätze ist der Kompetenzverteilung nach den Art. 70 ff. GG inhärent, sodass die *Rechtseinheit* – auch im Bereich des Wirtschaftsrechts – kein Selbstzweck ist. Die Wahrung der Rechtseinheit im gesamtstaatlichen Interesse rechtfertigt eine bundesrechtliche Regelung daher erst, wenn anderenfalls eine „Rechtszersplitterung mit problematischen Folgen" drohe, „die im Interesse sowohl des Bundes als auch der Länder nicht hingenommen werden kann", weil „das gesamtstaatliche Rechtsgut der Rechtseinheit, verstanden als Erhaltung einer funktionsfähigen Rechtsgemeinschaft", gefährdet wäre.[39] „Der Erlass von Bundesgesetzen zur Wahrung der *Wirtschaftseinheit* steht dann im gesamtstaatlichen, also im gemeinsamen Interesse von Bund und Ländern, wenn Landesregelungen oder das Untätigbleiben der Länder erhebliche Nachteile für die Gesamtwirtschaft mit sich bringen".[40]

Ob die Anforderungen an die Erforderlichkeit nach Art. 72 Abs. 2 GG erfüllt **12** sind, ist *justitiabel*:[41] Das BVerfG prüft die Erforderlichkeit – auch mit Blick auf das hierfür gesondert eingeführte Verfahren nach Art. 93 Abs. 1 Nr. 2a GG – nach rechtlichen Kriterien; ein politischer Beurteilungsspielraum des Gesetzgebers wird nicht mehr anerkannt.[42] Hat der Gesetzgeber allerdings seiner Einschätzung, mit der die

---

[37] Vgl. *Selmer*, VVDStRL 52 (1993), 10 (27 f.). Zu den verwaltungsrechtlichen Konsequenzen *Kersten*, UPR 2006, 245; *ders.*, DVBl. 2006, 942.

[38] BVerfGE 112, 226 (244).

[39] BVerfGE 106, 62 (145).

[40] BVerfGE 106, 62 (147) – Hervorhebung nicht im Original; ferner E 112, 226 (249).

[41] BVerfGE 106, 62 (150); eingehend zur Entwicklung *Kenntner*, Justitiabler Föderalismus: Zur Konzeption föderaler Kompetenzzuweisungen als subjektive Rechtspositionen, 2000.

[42] BVerfGE 106, 62 (135 ff.); 110, 141 (175).

Erforderlichkeit begründet wird, sorgfältig ermittelte, plausible und diskriminie-rungsfreie Sachverhaltsannahmen zu Grunde gelegt, räumt ihm das BVerfG eine *Einschätzungsprärogative in tatsächlicher Hinsicht* ein.[43]

Prüfungsaufbau konkurrierende Gesetzgebungskompetenzen:
- Verteilungsschlüssel nach Art. 70 Abs. 1 GG
- Bestehen einer bundesrechtlichen Regelung, die in zeitlicher und gegen-ständlicher Hinsicht eine eigenständige Landesgesetzgebungskompetenz ausschließt („solange und soweit") nach Art. 72 Abs. 1 GG
- Konkurrierender Kompetenztitel des Bundes, insbesondere aus Art. 74 Abs. 1, 105 Abs. 2 GG
- Voraussetzung der Inanspruchnahme der Gesetzgebungskompetenz nach Art. 72 Abs. 2 GG, soweit die zu Grunde liegende Kompetenz unter den dortigen Katalog fällt:
  - gleichwertige Lebensverhältnisse im Bundesgebiet; *oder*
  - Wahrung der Rechtseinheit; *oder*
  - Wahrung der Wirtschaftseinheit

---

c) Ausschließliche Gesetzgebungskompetenzen im Wirtschaftsverwaltungsrecht

13   Im Bereich der ausschließlichen Gesetzgebungskompetenzen finden sich ebenfalls Gebiete von wirtschaftsverwaltungsrechtlicher Bedeutung, namentlich das Luftver-kehrsrecht (Art. 73 Abs. 1 Nr. 6 GG), das Verkehrsrecht der Eisenbahnen des Bun-des (Art. 73 Abs. 1 Nr. 6a GG)[44] sowie das Post- und das Telekommunikationsrecht (Art. 73 Abs. 1 Nr. 7 GG).

2. Verwaltungskompetenzen

14   Von entscheidender Bedeutung für die Organisation der Wirtschaftsverwaltung ist die Verteilung der Verwaltungskompetenzen zwischen Bund und Ländern. Die Län-der führen die *Bundesgesetze* nach Art. 83 GG als eigene Angelegenheit aus, soweit das Grundgesetz nichts anderes bestimmt oder zulässt. Enthält das *Landesrecht* ma-terielles Wirtschaftsverwaltungsrecht, wird dieses ebenfalls von den Ländern aus-geführt. Der Bundesvollzug von Landesrecht ist dem Grundgesetz unbekannt.[45] Vom Vollzug zu unterscheiden ist allerdings die bloße Beachtung des Landesrechts; auch Bundesbehörden haben grundsätzlich diejenigen Landesgesetze zu beachten, die allgemein – und damit fachfremd – am Standort der Behörde respektive am Vor-nahmeort der Verwaltungshandlung gelten (z. B. das Bauordnungsrecht).[46]

---

[43] BVerfGE 106, 62 (152 f.); 111, 226 (255); 125, 141 (154); *Pieroth*, in: Jarass/ders., Art. 72 Rn. 23.
[44] Für Schienenbahnen, die nicht im Eigentum des Bundes stehen, siehe Art. 74 Abs. 1 Nr. 23 GG.
[45] BVerfGE 21, 312 (325).
[46] BVerwGE 29, 52 (57 f.); 81, 220 (226); 82, 17 (21); 114, 232 (238 f.).

Der Bund kann demnach durch eigene Behörden im Bereich der Wirtschaftsver- **15** waltung nur dort tätig werden, wo er durch eine ausdrückliche (oder ausnahmsweise ungeschriebene) Kompetenz hierzu ermächtigt wird. Dies bedingt es, dass das Wirtschaftsverwaltungsrecht des Bundes eine weitgehend *dezentrale Vollzugsstruktur* aufweist. Die Art. 83 ff. GG legen die Kompetenzgrenzen zwischen Bund und Ländern im Bereich der Verwaltung verbindlich fest.[47] Weder der Bund noch die Länder können über ihre Kompetenzen disponieren.[48] Namentlich ist auch eine Kompetenzverschiebung auf Grund freiwilliger Kooperationsvereinbarung unzulässig.

Das Grundgesetz kennt folgende Typen der Verwaltungskompetenz:
- Vollzug des Landesrechts durch Landesbehörden
- Vollzug des Bundesrechts durch Landesbehörden (Art. 83, 84 GG)
- Bundesauftragsverwaltung (Art. 85 GG)
- Bundeseigenverwaltung (Art. 86 GG)

---

a) Verwaltung in Privatrechtsform und erwerbswirtschaftliche Tätigkeit

Die überwiegende Auffassung geht davon aus, dass die Art. 83 ff. GG auch für Ver- **16** waltungshandeln in Privatrechtsform gelten.[49] In der schlichten Anwendung privatrechtlicher Vorschriften liegt zwar noch keine „Ausführung" i. S. d. Art. 83 GG, schon weil das Privatrecht der Verwaltung keinen Auftrag zum Vollzug erteilt, sondern der Staat hier auf Gleichordnungsebene mit den Bürgern im allgemeinen – kompetenzindifferenten – Privatrechtsverkehr auftritt.[50] Dies ändert sich aber dann, wenn das Privatrecht als Vehikel eingesetzt wird, öffentlich-rechtliche Verwaltungszwecke zu erfüllen.[51] Anderenfalls könnte der Bund durch ein Ausweichen auf privatrechtliche Handlungsformen die Kompetenzordnung unterlaufen, sich also materiellen Regelungszugriff auf Regelungsbereiche verschaffen, die nach der bundesstaatlichen Ordnung den Ländern zugewiesen sind. Auch das BVerfG hat die umfassende Bindung staatlich gehaltener Unternehmen an öffentlich-rechtliche Vorgaben überzeugend bejaht.[52] Die wechselseitige Austauschbarkeit der Handlungsform bei gleichzeitiger Bindung zeigt sich insbesondere bei der Erreichung von Verwaltungszwecken durch Subventionierung (→ § 8). Hier verfügt die Verwaltung traditionell

---

[47] *F. Kirchhof*, in: Maunz/Dürig, Art. 83 Rn. 47 (Stand: 54. EL Januar 2009).

[48] BVerfGE 63, 1 (39); 119, 331 (364 f.); *Broß/Mayer*, in: von Münch/Kunig, Art. 83 Rn. 4; *Oebbecke*, in: HStR³ VI, § 136 Rn. 2. Allgemein BVerfGE 4, 115 (139).

[49] *Hermes*, in: Dreier, Art. 86 Rn. 40; *Jestaedt*, in: Umbach/Clemens, Art. 87 Rn. 50; *Korioth*, in: Maunz/Dürig, Art. 30 Rn. 19 (Stand: 46. EL März 2006); *Oebbecke*, in: HStR³ VI, § 136 Rn. 7; entsprechend für Art. 30 GG *Pieroth*, in: Jarass/ders., Art. 30 Rn. 3; *Wittreck*, in: Dreier, Art. 30 Rn. 18.

[50] *Pietzcker*, in: HStR³ VI, § 134 Rn. 18.

[51] Hierzu etwa *R. Schmidt*, ZGR 1996, 345; *Wahl*, Privatorganisationsrecht, S. 301 ff.

[52] BVerfGE 147, 50 (152).

über eine Wahlfreiheit, ob das Subventionsrechtsverhältnis privat- oder öffentlich-rechtlich ausgestaltet sein soll.[53] Die Formenwahl setzt aber voraus, dass es sich
um gleichwertige Handlungsoptionen desselben Verwaltungsträgers handelt. Wäre
der Bund für den Erlass eines Förderbescheides nach Art. 83 GG unzuständig, kann
er nicht – dann ggf. in Konkurrenz mit den Ländern – das Regelungsziel konsensual
durch Vertragsschluss erreichen.

17   Ob auch eine *erwerbswirtschaftliche Betätigung* der öffentlichen Hand (→ § 6)
an den Art. 83 ff. GG zu messen ist, ist umstritten.[54] Die Besonderheit besteht darin,
dass anders als im Verwaltungsprivatrecht das Ziel der Tätigkeit nicht in der Verfolgung konkreter Verwaltungszwecke liegt, sondern in der Gewinnerzielung.
Erwerbswirtschaftliches Handeln, das keine spezifischen Verwaltungszwecke
verfolgt, soll daher kompetenzfrei bleiben[55] bzw. nach den Regeln über das Finanz-
vermögen zu behandeln sein.[56] Wirtschaftliche Hilfstätigkeiten, die einem Verwal-
tungszweck dienen, namentlich *fiskalische Hilfsgeschäfte*, lassen sich ganz
allgemein als funktionaler Annex den Art. 83 ff. GG zuordnen.[57] Dies gilt namentlich für die *Beschaffung* (→ § 7).[58] Die Disposition über das Staatsvermögen als
solche – namentlich Veräußerung, Belastung und Erwerb von Vermögensgegenstän-
den oder privaten Rechten – fällt hingegen nicht unter die Art. 83 ff. GG, sondern ist
unmittelbarer Ausfluss der Staatsvermögensfähigkeit von Bund, Ländern und Gemeinden.

b) Verwaltungsorganisation

18   Führen die Länder die Bundesgesetze nach Art. 83 GG als eigene Angelegenheit
aus, so regeln sie nach Art. 84 Abs. 1 S. 1 GG auch die *Einrichtung der Behörden*
und das Verwaltungsverfahren. Damit liegt die Organisationshoheit auch im Bereich der Wirtschaftsverwaltung grundsätzlich bei den Ländern. Zwar lässt es
Art. 84 Abs. 1 S. 2 GG zu, dass Bundesgesetze etwas anderes bestimmen, sprich:
Organisations- und Verfahrensregelungen enthalten; in diesem Fall können die Länder aber davon abweichende Regelungen treffen. In Ausnahmefällen kann der Bund

---

[53] *Schulte*, Grundfragen der Errichtung, Umwandlung und Auflösung von Stiftungen der öffentlichen Hand, in: GS Walz, S. 689. Zu Diskussion und Einwänden *Wahl*, Privatorganisationsrecht,
S. 327 ff.

[54] Bejahend *Ehlers*, Verwaltung in Privatrechtsform, 1984, S. 114; *März*, in: von Mangoldt/Klein/
Starck, Art. 30 Rn. 45; *Oebbecke*, in: HStR³ VI, § 136 Rn. 7; *Pieroth*, in: Jarass/ders., Art. 30 Rn. 3.
Verneinend *Heitsch*, Die Ausführung der Bundesgesetze durch die Länder, 2001, S. 156 f.; *Klein*,
Verwaltungskompetenzen von Bund und Ländern in der Rechtsprechung des Bundesverfassungs-
gerichts, in: Starck (Hrsg.), Bundesverfassungsgericht und Grundgesetz, Bd. II, 1976, S. 277
(279); *Isensee*, in: HStR³ VI, § 133 Rn. 108; *Jestaedt*, in: Umbach/Clemens, Art. 87 Rn. 50; für
Art. 30 GG *Pietzcker*, in: HStR³ VI, § 134 Rn. 18.

[55] *Isensee*, in: HStR³ VI, § 133 Rn. 108; *Pietzcker*, in: HStR³ VI, § 134 Rn. 22 f.

[56] *Oebbecke*, in: HStR³ VI, § 136 Rn. 7.

[57] *Isensee*, in: HStR³ VI, § 133 Rn. 108.

[58] Hierfür *Pernice*, in: Dreier, Art. 30 Rn. 21; *Pietzcker*, in: HStR³ VI, § 134 Rn. 19.

nach Art. 84 Abs. 1 S. 5 GG wegen eines besonderen Bedürfnisses nach bundeseinheitlicher Regelung das Verwaltungsverfahren ohne Abweichungsmöglichkeit
für die Länder regeln. Diese Gesetze bedürfen nach Art. 84 Abs. 1 S. 6 GG der Zustimmung des Bundesrates. Durch Bundesgesetz dürfen Gemeinden und Gemein-
deverbänden nach Art. 84 Abs. 1 S. 7 GG Aufgaben generell nicht übertragen werden, was vor allem bezweckt, eine Aushebelung der inzwischen in fast allen
Landesverfassungen enthaltenen Konnexitätsregelungen (z. B. Art. 78 Abs. 3 Verf. NW)
zu verhindern;[59] da eine Aufgabenübertragung auf Kommunen innerhalb des jeweiligen Landes nunmehr nur noch durch den Landesgesetzgeber erfolgen kann, der an
die Landesverfassung gebunden ist, werden die Gemeinden vor neuen Aufgaben
ohne Mehrkostenausgleich geschützt.

c) Bundesauftragsverwaltung

Im Wege der Bundesauftragsverwaltung werden Gesetze nur ausgeführt, soweit das   19
Grundgesetz dies vorsieht. Von wirtschaftsrechtlicher Relevanz sind hier die *Luft-
verkehrsverwaltung* (Art. 87d Abs. 2 GG) und die *Atomaufsicht* (Art. 87c GG). Die
Einrichtung der Behörden nach Art. 85 Abs. 1 S. 1 GG bleibt weiterhin Angelegenheit der Länder, soweit nicht Bundesgesetze mit Zustimmung des Bundesrates
etwas anderes bestimmen. Die Landesbehörden unterstehen hierbei aber nach
Art. 85 Abs. 3 S. 1 GG den Weisungen der zuständigen obersten Bundesbehörden.
Die Bundesaufsicht erstreckt sich nach Art. 85 Abs. 4 S. 1 GG auf *Gesetzmäßigkeit
und Zweckmäßigkeit* der Ausführung.[60]

d) Bundeseigenverwaltung

Der Bund verfügt nur punktuell über wirtschaftsverwaltungsrechtliche Kompeten-   20
zen der Bundeseigenverwaltung. Nach Art. 87e Abs. 1 S. 1 GG wird die *Eisenbahnverkehrsverwaltung* für Eisenbahnen des Bundes[61] in bundeseigener Verwaltung
geführt, darüber hinaus werden dies nach Art. 87e Abs. 2 GG durch bundesgesetzliche Übertragung auch die sonstigen Aufgaben der Eisenbahnverkehrsverwaltung.
Grund für die Bundeskompetenz ist die Sicherstellung der Einheitlichkeit des Netzes.[62] Zuständig sind nach §§ 1 ff. BEVVG[63] das Bundesverkehrsministerium sowie
das EBA, wobei seit 2006 die (nichtverkehrsrechtliche) *Regulierung* des Eisenbahn-
infrastrukturzugangs (§§ 14 ff. AEG)[64] auf der Grundlage von Art. 87 Abs. 3 S. 1 GG

---

[59] *Suerbaum*, in: Epping/Hillgruber (Hrsg.), GG, 2. Aufl. 2013, Art. 84 Rn. 28.

[60] Vertiefend *Oebbecke*, DVBl 2019, 1.

[61] Zum Begriff eingehend *Möstl*, in: Maunz/Dürig, Art. 87e Rn. 77 ff. (Stand: 80. EL Juni 2017).

[62] Historisch *Hermes*, Staatliche Infrastrukturverantwortung, 1998, S. 268.

[63] Bundeseisenbahnverkehrsverwaltungsgesetz vom 27.12.1993, BGBl. I, S. 2378, 2394, zuletzt
geändert durch Gesetz vom 07.08.2013, BGBl. I, S. 3154.

[64] Zu den regulierten Bereichen *Gerstner*, in: Hermes/Sellner (Hrsg.), AEG, 2. Aufl. 2014, § 14 Rn. 8 ff.

der BNetzA übertragen wurde (§ 4 BEVVG).[65] Von der Verwaltung zu unterscheiden ist der gewinnwirtschaftliche Betrieb der Eisenbahnen des Bundes. Diese werden nach Art. 87 Abs. 3 S. 1 GG als Wirtschaftsunternehmen in privat-rechtlicher Form geführt.[66]

aa) Post- und Telekommunikationsregulierung

21   Von besonderer Bedeutung für das Wirtschaftsverwaltungsrecht sind die Kompetenzen im Bereich der Telekommunikation (→ § 12). Ausgangspunkt ist der Infrastrukturgewährleistungsauftrag des Art. 87f Abs. 1 GG, der an die Privatisierung der Post- und Telekommunikationsdienstleistungen ansetzt. Entsprechende Dienstleistungen werden nämlich seit der Postreform II nicht mehr in Eigenverwaltung des Bundes, sondern nach Art. 87f Abs. 2 S. 1 GG als privatwirtschaftliche Tätigkeiten durch die aus dem Sondervermögen Deutsche Bundespost hervorgegangenen Unternehmen und durch andere private Anbieter erbracht. Nach Maßgabe eines Bundesgesetzes, das der Zustimmung des Bundesrates bedarf, gewährleistet der Bund hiernach im Bereich des Postwesens und der Telekommunikation flächendeckend angemessene und ausreichende Dienstleistungen. Hierdurch wird zum einen eine *ausschließliche Gesetzgebungskompetenz* des Bundes begründet.[67] Soweit der Wettbewerb im Telekommunikationsbereich nicht hinreichend funktioniert, namentlich auf lukrative Bereiche begrenzt bleibt (‚Rosinenpicken‘), soll – in Konkretisierung des Sozialstaatsprinzips[68] – „der Infrastruktursicherungsauftrag des Bundes verhindern, dass es bei und nach der Privatisierung und Liberalisierung des Post- und Telekommunikationswesens zu einer Unterversorgung der Bevölkerung mit den entsprechenden Dienstleistungen kommt".[69] Die Gewährleistungsverpflichtung adressiert zum anderen ausschließlich den Bund,[70] d. h. Landesbehörden können den Infrastrukturgewährleistungsauftrag gegenüber privaten Unternehmen, die entsprechende Dienstleistungen erbringen, nicht durchsetzen[71] und dürfen auf dessen Erfüllung auch keinen mitbestimmenden Einfluss ausüben.[72]

---

[65] Zur Zuständigkeitsverteilung *Fehling*, Das Recht der Eisenbahnregulierung, in: Lüdemann (Hrsg.), Telekommunikation, Energie, Eisenbahn, 2008, S. 118 (136 f.); *Staebe/Schmitt*, Rechtsgrundlagen der Eisenbahnregulierung, in: dies. (Hrsg.), Einführung in das Eisenbahnregulierungsrecht, 2010, Rn. 18 ff.

[66] Eingehend zu den Folgen BVerfGE 147, 50 (152 ff.).

[67] *Pieroth*, in: Jarass/ders., Art. 87f Rn. 3 f.

[68] *Windthorst*, in: Gröpl/ders./von Coelln (Hrsg.), GG, 3. Aufl. 2017, Art. 87f Rn. 1.

[69] BVerfGE 130, 52 (72).

[70] *Remmert*, in: Epping/Hillgruber (Hrsg.), GG, 2. Aufl. 2013, Art. 87f Rn. 8.

[71] Zweifelhaft daher BVerwGE 121, 205 (208), wonach der Infrastrukturgewährleistungsauftrag auch steuernde Festsetzungen einer Kommune durch Bauleitplanung rechtfertigen soll, wenn die Nutzungszuordnung im Raum der Erfüllung des Auftrags dient.

[72] *Möstl*, in: Maunz/Dürig, Art. 87e Rn. 100 (Stand: 80. EL Juni 2017); *Pieroth*, in: Jarass/ders., Art. 87f Rn. 1. Der nach § 120 TKG, § 44 PostG zur Wahrung von Länderinteressen eingerichtete Beirat verstößt nicht hiergegen, weil er zum einen vom Bundesrat (einem Bundesorgan) aus mitbesetzt wird und zum anderen lediglich konsultative Aufgaben hat; zutreffend *Ruffert*, in: Säcker, TKG, § 118 Rn. 3; *Uerpmann-Wittzack*, in: von Münch/Kunig, Art. 87f Rn. 25.

Hoheitsaufgaben im Bereich des Postwesens und der Telekommunikation wer- **22**
den nach Art. 87f Abs. 2 S. 2 GG *in bundeseigener Verwaltung* (Verbandskompe-
tenz)[73] ausgeführt. Der Begriff der Hoheitsaufgaben ist weit zu verstehen. Er erfasst
alle „wirtschaftsverwaltungsrechtlichen Ordnungs- und Steuerungsaufgaben im Bereich des Postwesens und der Telekommunikation",[74] also neben der Netzzugangs-
und Netzentgeltregulierung z. B. auch Aufgaben der Infrastruktursicherung, der
sektoralen Gefahrenabwehr und der Frequenzverwaltung. Hierin liegt die Begründung einer (*ausschließlichen* und damit nicht auf die Länder delegierbaren) Kompetenz zur Bundeseigenverwaltung i. S. d. Art. 83 GG.[75] Anders als Art. 87 Abs. 3 GG
(→ Rn. 24) verhält sich Art. 87f Abs. 2 GG nicht zur Frage der *vertikalen* Organisationsstruktur innerhalb der Bundesverwaltung, namentlich zum Verwaltungsunterbau. Die überwiegende Auffassung hält einen fakultativen – bislang nicht institutionalisierten – Verwaltungsunterbau für zulässig.[76]

Der Vergleich von Art. 87f Abs. 2 GG mit Abs. 3 zeigt, dass eine *rechtliche Ver-* **23**
selbstständigung nicht zulässig ist, Abs. 2 S. 2 also ausschließlich den Aufbau einer
bundesunmittelbaren Verwaltung fordert und zulässt.[77] Tatsächlich wurde bislang
zur Ausübung der Bundeskompetenzen mit der BNetzA gezielt nur eine Bundesoberbehörde ohne Verwaltungsunterbau errichtet (§ 116 TKG, § 44 PostG).[78] Diese
Zentralisierung hat einerseits die effektive Organisation von notwendiger Expertise
ermöglicht, führt aber andererseits dazu, dass mit der Diversifikation der Marktstruktur auch die BNetzA zunehmend dezentrale Regulierungskonzepte entwickeln
muss, um entsprechend § 2 Abs. 3 Nr. 5 TKG den Besonderheiten kleinräumigerer
Märkte gerecht zu werden.[79]

---

[73] *Mayen*, in: Friauf/Höfling (Hrsg.), GG, Art. 87f Rn. 230 (Stand: 40. EL Dezember 2012); *Möstl*,
in: Maunz/Dürig, Art. 87e Rn. 99 (Stand: 80. EL Juni 2017).

[74] *Uerpmann-Wittzack*, in: von Münch/Kunig, Art. 87f Rn. 21.

[75] *Remmert*, in: BeckOK GG Art. 87f Rn. 10.

[76] *Mayen*, in: Friauf/Höfling (Hrsg.), GG, Art. 87f Rn. 233 (Stand: 40. EL Dezember 2012); *Remmert*, in: BeckOK GG Art. 87f Rn. 11.

[77] *Mayen*, in: Friauf/Höfling (Hrsg.), GG, Art. 87f Rn. 231 (Stand: 40. EL Dezember 2012); *Möstl*,
in: Maunz/Dürig, Art. 87e Rn. 101 (Stand: 80. EL Juni 2017); *Pieroth*, in: Jarass/ders., Art. 87f
Rn. 2; *Ruffert/Schmidt*, in: Säcker, TKG, § 116 Rn. 8; *Uerpmann-Wittzack*, in: von Münch/Kunig,
Art. 87f Rn. 23.

[78] Vgl. *Attendorn/Geppert*, in: Beck'scher TKG-Kommentar, § 116 Rn. 9 ff.

[79] Vgl. auch das zugrunde liegende Regionalisierungsziel nach Art. 8 Abs. 5 lit. e und Art. 15 Abs. 3
RL Nr. 2009/140/EG des Europäischen Parlaments und des Rates vom 25.11.2009 zur Änderung
der RL 2002/21/EG über einen gemeinsamen Rechtsrahmen für elektronische Kommunikationsnetze und -dienste, der RL 2002/19/EG über den Zugang zu elektronischen Kommunikationsnetzen und zugehörigen Einrichtungen sowie deren Zusammenschaltung und der RL 2002/20/EG
über die Genehmigung elektronischer Kommunikationsnetze und -dienste, ABl. EU L 337/37;
hierzu *Gärditz*, N&R Beilage 2/2011, 1 (30 f.). Zum darin liegenden Nachteil einer organisationsrechtlichen Zentralisierung *Lüdemann*, Wettbewerb und Regulierung in der Telekommunikation,
in: ders. (Hrsg.), Telekommunikation, Energie, Eisenbahn, 2008, S. 69 (88).

bb) Selbstständige Bundesoberbehörden

24   Nach Art. 87 Abs. 3 S. 1 GG können für Angelegenheiten, für die dem Bund die Gesetzgebung zusteht, selbstständige Bundesoberbehörden und neue bundesunmittelbare Körperschaften und Anstalten des öffentlichen Rechts durch Bundesgesetz errichtet werden. Hierbei handelt es sich um Behörden, die – wie der Vergleich zu Art. 87 Abs. 3 S. 2 GG zeigt[80] – über keinen eigenen Verwaltungsunterbau verfügen und die zugleich für das gesamte Bundesgebiet zuständig sind.[81] Erforderlich ist daher, dass die jeweilige Aufgabe für eine *zentrale Wahrnehmung geeignet* ist.[82] Dies ist namentlich dann nicht der Fall, wenn eine wirtschaftsverwaltungsrechtliche Aufgabe in erster Linie kleinräumige oder gar lokale Märkte betrifft. Bei Art. 87 Abs. 3 S. 1 GG handelt es sich um eine Auffangkompetenz, auf deren Grundlage namentlich das BKartA und die BaFin[83] errichtet wurden. Der Rückgriff auf Art. 87 Abs. 3 GG ist zur Ergänzung in weitere Zuständigkeiten auch dort zulässig, wo der Bund über eine speziellere Verwaltungskompetenz verfügt.[84]

25   Die *Ministererlaubnis* im Verfahren der Zusammenschlusskontrolle nach § 42 GWB lässt sich als solche nur schwer in die Struktur des Art. 87 Abs. 3 S. 1 GG einfügen, weil ein Regierungsmitglied als Ressortleiter (Art. 65 S. 2 GG) *oberste* Bundesbehörde ist. Allenfalls lässt sich ein solches – vom Grundgesetz nicht vorgesehenes – Interventionsrecht in einem konkreten Verwaltungsverfahren auf eine verfahrensrechtliche Annexkompetenz zum auf der Grundlage des Art. 87 Abs. 3 S. 1 GG errichteten BKartA stützen, weil keine Bundesbehörde für eine Verwaltungsaufgabe errichtet, sondern nur die kraft Verfassung bestehende Regierung unselbstständig durch Erlaubnisvorbehalt in das von Art. 87 Abs. 3 S. 1 GG gedeckte Verfahren vor dem BKartA einbezogen wird.

---

[80] Die dortigen Voraussetzungen der Errichtung von Behörden sind sowohl formell als auch materiell höher: Erwachsen dem Bund auf Gebieten, für die ihm die Gesetzgebung zusteht, (1) *neue Aufgaben* (zum Problem *Höfling*, Gutachten F zum 68. DJT, 2010, S. 50), so können bei (2) *dringendem Bedarf* bundeseigene Mittel- und Unterbehörden (3) *mit Zustimmung des Bundesrates* und der (4) *Mehrheit der Mitglieder des Bundestages* (Art. 121 GG) errichtet werden.

[81] BVerfGE 14, 197 (211); 110, 33 (49 f.); K 14, 402 (413); BVerwGE 35, 141 (145); 124, 47 (68 f.); *Durner*, DVBl. 2011, 853 (857); *Pieroth*, in: Jarass/ders., Art. 87 Rn. 8.

[82] BVerfGK 14, 402 (414); *Broß/Mayer*, in: von Münch/Kunig, Art. 87 Rn. 24; *Suerbaum*, in: BeckOK GG Art. 87 Rn. 28; ferner *Britz*, DVBl. 1998, 1167 (1173); *Burgi*, NVwZ 2005, 247 (251).

[83] Errichtet durch Finanzdienstleistungsaufsichtsgesetz vom 22.04.2002, BGBl. I, S. 1310, das durch Gesetz vom 15.07.2014, BGBl. I, S. 934 geändert worden ist.

[84] BVerfGE 110, 33 (51 f.); BVerfGK 14, 402 (411 f.). Anderer Ansicht z. B. noch *Dittmann*, Die Bundesverwaltung, 1983, S. 252 f.

3. Legitimation

Das Verwaltungsorganisationsrecht ist die Matrix, auf der die Mechanismen demo- **26** kratischer Legitimation aufbauen.[85] Damit alle Staatsgewalt vom Volke ausgeht, wie es das Demokratieprinzip (Art. 20 Abs. 2 S. 1 GG) fordert, bedarf es einer Verknüpfung (*Zurechnungszusammenhang*), die das *Legitimationsobjekt* (Herrschaftsgewalt) mit dem *Legitimationssubjekt* (Volk) als Legitimationsquelle verbindet und dadurch legitimiert. Da Legitimation im demokratischen Rechtsstaat nicht aus „richtigen" Inhalten folgt,[86] sondern aus formalen Verfahren zur Begründung institutionell gebundener Herrschaft, die Selbstbestimmung des Volkes über Inhalte ermöglichen, muss die Verknüpfung formal hergestellt werden. Und da demokratische Herrschaft immer nur Herrschaft auf Zeit ist,[87] bildet das periodisch durch demokratische Wahlen konstituierte Parlament den Ausgangspunkt der Legitimation innerhalb der Staatswillensbildung. Hierauf gründet das der verfassungsgerichtlichen Rechtsprechung zugrunde liegende *Legitimationskettenmodell* (→ Rn. 27). Verwaltungslegitimation wird hiernach nicht durch eine besondere Sachkunde oder Problemlösungsfähigkeit (expertokratisches Herrschaftsmodell) vermittelt, sondern durch das – inhaltlich kontingente, aber durch Wahlakt legitimierte – demokratische Recht sowie ergänzend durch die demokratische Verantwortlichkeit der Verwaltung gegenüber dem Parlament.

a) Das hierarchische Legitimationskettenmodell

Parlamentarische Verantwortlichkeit der Exekutive wird grundsätzlich vermit- **27** telt durch den jeweiligen Ressortminister,[88] und zwar *organisatorisch-personell*, indem jeder Amtswalter, der hoheitliche Gewalt (amtliches Handeln mit

---

[85] *Schmidt-Aßmann*, Verwaltungsorganisationsrecht als Steuerungsressource, in: ders./Hoffmann-Riem (Hrsg.), Verwaltungsorganisationsrecht als Steuerungsressource, 1997, S. 9 (56 ff.).

[86] *C. Möllers*, Demokratie – Zumutungen und Versprechen, 2008, S. 43 f. Vgl. zur Offenheit des demokratischen Gemeinwohlkonzepts *Engel*, Rechtstheorie 32 (2001), 23 (25 ff.); *Häberle*, Öffentliches Interesse als juristisches Problem, 2. Aufl. 2006, S. 60, 208 ff., 499 ff., 709 f., 771; *Schuppert*, Gemeinwohldefinition im kooperativen Staat, in: Münkler/Fischer (Hrsg.), Gemeinwohl und Gemeinsinn im Recht, 2002, S. 67 (74 f.).

[87] *Böckenförde*, in: HStR³ II, § 24 Rn. 50; *Dreier*, in: ders., Art. 20 (Demokratie) Rn. 73; *P. Kirchhof*, in: HStR³ II, § 21 Rn. 76.

[88] Im Einzelnen BVerfGE 97, 37 (66 f.); 107, 59 (87 f.); *Böckenförde*, in: HStR³ II, § 24 Rn. 16 ff. Kritik etwa bei *Blanke*, Funktionale Selbstverwaltung und Demokratieprinzip, in: Redaktion Kritische Justiz (Hrsg.), Demokratie und Grundgesetz, 2000, S. 33 (39); *Bryde*, StWStP 1994, 305 (315 ff.); *Frankenberg*, Vorsicht Demokratie! Kritik der juridischen Versicherung einer Gesellschaft gegen die Risiken der Selbstregierung, in: Redaktion Kritische Justiz (Hrsg.), Demokratie und Grundgesetz, 2000, S. 177 (179).

Entscheidungscharakter)[89] ausübt, von einem demokratisch legitimierten Amtswalter ernannt bzw. eingestellt wurde. Die im Ausgangspunkt unverzichtbare,
aber vergleichsweise dünne und sich im Zeitablauf verflüchtigende Legitimation des Ernennungsakts bedarf einer Ergänzung durch eine hinreichende *sachlich-inhaltliche Legitimation* der Verwaltung. Ausgangspunkt der materiellen
Legitimation ist die Bindung an das demokratische Gesetz (Art. 20 Abs. 3 GG).
Das Gesetz räumt indes der Verwaltung in unterschiedlichem Maße qua Delegation Letztentscheidungsrechte ein (Ermessen, Beurteilungsspielraum, Planungsermessen, Regulierungsermessen). Zudem setzt die Rechtsanwendung erhebliche Interpretationsleistungen voraus, für deren Inhalt (gleich ob richtig oder
falsch bestimmt) jemand demokratische Verantwortung übernehmen können
muss. Und auch die Feststellung des für die Rechtsanwendung relevanten Sachverhalts enthält ihrerseits einzelfallbezogene Wertungen, die das abstrakt-generelle Gesetz nicht vorzeichnen kann.[90] Wer zur verbindlichen Feststellung des
Sachverhalts zuständig ist, ist Kompetenzfrage (→ Rn. 1) und löst insoweit Le-
gitimationsbedarf aus, wenn hoheitliche Entscheidungen getroffen werden.
Kurzum bleiben auch die Eigenleistungen der Rechtsanwender, die die abstrakt-
generelle Gesetzesbindung nicht vorzeichnet, gesondert legitimationsbedürftig.

28   Daher bedarf es komplementär einer sachlich-inhaltlichen Legitimation, die eine
demokratisch verantwortbare Einflussnahme auf den Prozess der Rechtsanwendung
ermöglicht. Grundsätzlich sind daher *ununterbrochene Weisungsketten* des Ressortministers bzw. der Ressortministerin bis hin zum einzelnen Amtswalter notwendig.[91] Das Weisungsrecht besteht – notabene – nicht, um eine Gesetzesausführung
im Sinne des Parlaments zu befördern oder die Rechtsanwender unter permanente
Gubernativaufsicht zu stellen – beides wären sowohl unrealistische als auch dem
Sinn gestuft-arbeitsteiliger Gewaltengliederung zuwider laufende Optionen. Das
Weisungsrecht soll vielmehr zum einen gewährleisten, dass für administrative Entscheidungen politische Verantwortlichkeit besteht. Zum anderen soll einer Autonomisierung bürokratischer Herrschaft vom demokratisch-politischen Prozess entgegengewirkt werden. Sogenannte ministerialfreie Verwaltungseinheiten sind nur aus
besonderen, verfassungsimmanent zu rechtfertigenden Gründen zulässig.[92] Die
Rechtsprechung hält allerdings Abstriche bei einem Legitimationsstrang für

---

[89] BVerfGE 107, 59 (94); zutreffend für ein weites, auch kognitive Asymmetrie erfassendes Verständnis *Rixen*, DVBl. 2014, 949 (952).

[90] Hieraus folgt zugleich, dass die demokratische Verantwortung für die Norm und die für den Vollzug nicht auf das gleiche Legitimationssubjekt rückführbar sein müssen. Verfehlt daher die Kritik
bei *Groß*, Die Verwaltung 47 (2014), 197 (201 f.).

[91] Zum Legitimationskettenmodell stellvertretend BVerfGE 97, 37 (66 f.); 107, 59 (87 f.); 119, 331
(366); 130, 76 (124); 135, 317 (429); 137, 185 (232 f.); 139, 194 (225); *Böckenförde*, in: HStR³ II,
§ 24 Rn. 16 ff.

[92] Vgl. *Böckenförde*, in: HStR³ II, § 24 Rn. 24; *Dreier*, in: ders., Art. 20 (Demokratie) Rn. 123;
Ludwigs, Die Verwaltung 44 (2011), 41 (48).

zulässig, wenn diese durch anderweitige Legitimationsgewinne kompensiert werden und insgesamt ein hinreichendes *Legitimationsniveau* besteht.[93]

Daneben sind im Wirtschaftsverwaltungsrecht noch Formen der *funktionalen Selbstverwaltung* verbreitet, bei der ergänzend zur demokratischen eine mitgliedschaftliche Legitimation tritt (→ Rn. 54 f.).

Elemente der demokratischen Verwaltungslegitimation durch Organisationsrecht

- Organisatorisch-personelle Legitimation durch Ernennung der Amtswalter durch demokratisch legitimiertes Organ
- Sachlich-inhaltliche Legitimation durch Bindung der Verwaltung an das demokratische Gesetz (Art. 20 Abs. 3 GG)
- Sachlich-inhaltliche Legitimation durch ununterbrochene Weisungsabhängigkeit der Amtswalter gegenüber der Exekutivspitze (Ressortminister/-in)
- Bei wertender Gesamtbetrachtung: hinreichendes Legitimationsniveau

---

b) Abweichende unionsrechtliche Legitimationsmodelle

Das Modell, bei dem demokratische Verantwortlichkeit vor allem durch eine hierar-   29
chische Steuerung mittels Weisungen hergestellt wird, ist unter unionsrechtlichen Druck geraten. Ein gegenläufiges Leitbild der Verwaltungsorganisation insbesondere im Wirtschaftsverwaltungsrecht ist das der *unabhängigen Verwaltungsbehörde*. Unabhängige Behörden sind im Rechtsvergleich durchaus nicht unüblich,[94] wobei auch hier das Problem der demokratischen Verantwortlichkeit gesehen, in der Regel aber auf kompensatorische Legitimationsmechanismen verwiesen wird.[95] Zunächst organisiert das Unionsrecht im Bereich der *Eigenverwaltung* teils *Agenturen* selbst als unabhängige Behörden. Dies ist etwa der Fall im Bereich der europäischen Bankenaufsicht (→ § 14 Rn. 77 ff.).[96] Auch dem Unionsrecht liegt hierbei ausweislich Art. 10 Abs. 1 f. EUV ein Demokratiemodell zugrunde, in dessen (dezentralen) Knotenpunkten, an denen Legitimation ihren Ausgang nimmt, das Europäische Parlament und die parlamentarisch verantwortlichen nationalen Regierungen stehen. Dies setzt einer Autonomisierung der Exekutive auch auf europäischer Ebene Grenzen bzw. fordert positiv, insgesamt hinreichende Legitimation sicherzustellen.[97] Das Unionsrecht erscheint hierbei – auch auf Grund der Erfahrung mit sehr unterschiedlichen

---

[93] BVerfGE 83, 60 (72); 107, 59 (87).

[94] Vergleichend *Groß*, Die Verwaltung 47 (2014), 197 (200 ff.).

[95] Für die EU *Craig*, EU Administrative Law, 3. Aufl. 2019, S. 177 ff.; für Frankreich *Vilain*, Demokratische Legitimität und Verfassungsmäßigkeit unabhängiger Regulierungsbehörden: Von den ursprünglichen Bedenken bis zur richterlichen Eingliederung in das französische Verwaltungssystem, in: Masing/Marcou, S. 9 (20 ff.).

[96] Art. 1 Abs. 5 UAbs. 3, Art. 42, 46, 49, 52, 59 EBA-VO.

[97] *Gärditz*, AöR 135 (2010), 251 (276 ff.); *Görisch*, Demokratische Verwaltung durch Unionsagenturen, 2009, S. 392 ff.

Formen der Organisation von Legitimation in den Mitgliedstaaten – offener, auch andere Steuerungs- und Kontrollpfade als Legitimationsbeitrag zu akzeptieren.[98]

30   Zudem verlangt das Unionsrecht in bestimmten sekundärrechtlich besonders ausgeformten Regelungsbereichen aber auch die Unabhängigkeit nationaler Behörden, sofern diese Unionsrecht im indirekten Vollzug (*Unionsverwaltungsrecht*) anwenden. Dies zeigt sich z. B. im wirtschaftsverwaltungsrechtlich relevanten Bereich der Datenschutzkontrolle (unabhängiger Datenschutzbeauftragter)[99] und im Regulierungsrecht.[100] Ursprünglich sollte hier lediglich sichergestellt werden, dass die nationalen Regulierungsbehörden ihre Unabhängigkeit gegenüber den regulierten Unternehmen behielten (etwa Art. 23 Abs. 1 S. 2 RL 2003/54/EG; Art. 25 Abs. 1 S. 2 RL 2003/55/EG), was als solches keine politische Weisungsfreiheit erfordert.[101] Mitgliedstaaten sind freilich oftmals noch Mehrheitseigentümer ihrer privatisierten vormaligen Staatsmonopole. Dies birgt das Risiko, dass politische Kontroll- und Weisungsrechte des Ressortministers gegenüber der Regulierungsbehörde missbraucht werden können, den materiellen Wettbewerbszielen der Regulierung zuwider laufende Eigentümerinteressen zum Nachteil anderer Unternehmen durchzusetzen. In diesem Sinne fordert die TK-Rahmenrichtlinie, dass die Mitgliedstaaten, sofern sie weiterhin an Telekommunikationsunternehmen beteiligt sind, eine wirksame strukturelle Trennung der hoheitlichen Funktion von Tätigkeiten im Zusammenhang mit dem Eigentum oder der Kontrolle sicherstellen müssen.[102] Art. 3 Abs. 3a der RL verlangt durch RL 2009/140/EG darüber hinaus die politische Unabhängigkeit der Behörde, lässt aber ausdrücklich Aufsichtsrechte nach nationalem Recht zu, was im Zusammenspiel zu gewisser Unklarheit führt (zur Unabhängigkeit der BNetzA → § 12 Rn. 22 ff.).[103] Im Bereich des Energiewirtschaftsrechts wird ebenfalls explizit die politische Unabhängigkeit von sämtlichen öffentlichen Stellen gefordert (dazu auch → § 13 Rn. 13).[104]

31   Der EuGH hat in seiner Entscheidung zum unabhängigen Datenschutzbeauftragten für das Unionsrecht – auch unter Verweis auf die organisationsrechtliche Vielfalt

---

[98] In diesem Sinne *Groß*, VVDStRL 66 (2007), 152 (171 ff.); *ders.*, Die Verwaltung 47 (2014), 197 (216 ff.); *Peuker*, JZ 2014, 764 (770).

[99] Art. 28 Abs. 1 RL 95/46/EG des Europäischen Parlaments und des Rates vom 24.10.1995 zum Schutz natürlicher Personen bei der Verarbeitung personenbezogener Daten und zum freien Datenverkehr, ABl. EG L 281/31.

[100] Eingehend *Ludwigs*, Die Verwaltung 44 (2011), 41 (44 ff.).

[101] *Von Danwitz*, DÖV 2004, 977 (979); *Kühling*, Sektorspezifische Regulierung in den Netzwirtschaften, 2004, S. 380; *Mayen*, DÖV 2004, 45 (51); anders aber *Hermes*, Gemeinschaftsrecht, „neutrale" Entscheidungsträger und Demokratieprinzip, in: FS Zuleeg, S. 410 (416 f.).

[102] Art. 3 Abs. 2 RL 2002/21/EG in der Fassung der RL 2009/140/EG.

[103] Hierzu *Ludwigs*, Die Verwaltung 44 (2011), 41 (45 f.); *Möstl*, in: Maunz/Dürig, Art. 87e Rn. 102 (Stand: 80. EL Juni 2017).

[104] Art. 35 Abs. 4 RL 2009/72/EG des Europäischen Parlaments und des Rates vom 13.07.2009 über gemeinsame Vorschriften für den Elektrizitätsbinnenmarkt und zur Aufhebung der RL 2003/54/EG, ABl. EU L 211/55; Art. 39 Abs. 4 RL 2009/73/EG des Europäischen Parlaments und des Rates vom 13.07.2009 über gemeinsame Vorschriften für den Erdgasbinnenmarkt und zur Aufhebung der RL 2003/55/EG, ABl. EU L 211/94.

der mitgliedstaatlichen Rechtsordnungen – entschieden, dass dessen *Demokratie-gebot* (jetzt Art. 10 Abs. 1–2 EUV) nicht durchweg die Weisungsabhängigkeit von Behörden verlange.[105] Auch der EuGH geht freilich davon aus, dass ein hinreichender parlamentarischer Einfluss erhalten bleiben muss, wobei er die Regelungen der Kompetenzen der unabhängigen Behörde durch parlamentarische Gesetzgebung sowie etwaige Berichtspflichten an das Parlament betont.[106] Unter diesen Voraussetzungen könne das Unionsrecht den Mitgliedstaaten auch die Unabhängigstellung von Verwaltungsbehörden abverlangen. Wie sich hieraus zwangsläufig folgende Konflikte in Einklang mit demokratischen Bedürfnissen nach politischem Einfluss bringen und die unionsrechtlichen Anforderungen in die tendenziell gegenläufigen Anforderungen des nationalen Staatsorganisationsrechts einpassen lassen, erscheint bislang kaum gelöst.

c) Konflikte im Wirtschaftsverwaltungsrecht

Das traditionelle Legitimationsmodell (→ Rn. 26 ff.) ist überdies nicht nur allgemein und aus unterschiedlichen Gründen umstritten. Es stößt gerade im Wirtschaftsregulierungsverwaltungsrecht auf Widerstand, weil hier die – demokratisch positiv konnotierte – politische Einflussnahme als Risiko einer sachlichen und rein marktorientierten Regulierung gesehen wird.[107] Eine der gegenwärtig kontrovers diskutierten Fragen ist, inwiefern es weitere Legitimationsbausteine gibt, die das hierarchische Legitimationsmodell partiell ersetzen können.[108] Dies gilt namentlich für die Unabhängigkeit von Verwaltungsbehörden,[109] die im Regulierungsrecht und jüngst im Recht der Bankenaufsicht als Modell effektiver zielprogrammierter Verwaltung diskutiert und unionsrechtlich forciert werden (→ Rn. 30 f.). Hier stehen einerseits output-orientierte Legitimationsbausteine in Rede, die Legitimation auch an den Ergebnissen des administrativen Vollzugs messen wollen.[110] Da Legitimation im demokratischen Rechtsstaat, der sich aus individueller und demokratischer Selbstbestimmung und damit grundsätzlich ergebnisoffen legitimiert, nicht aus

32

---

[105] EuGH, Rs. C-518/07, Slg. 2010, I-1885, Rn. 42 – Datenschutzbeauftragter.

[106] EuGH, Rs. C-518/07, Slg. 2010, I-1885, Rn. 43 ff. – Datenschutzbeauftragter.

[107] Deutlich herausgearbeitet bei *Herzmann*, Konsultationen – Eine Untersuchung von Prozessen kooperativer Maßstabskonkretisierung in der Energieregulierung, 2010, S. 241 f.; *Masing*, Gutachten D zum 66. DJT, 2006, S. 83 ff.; ferner *Ruffert*, in: Säcker, TKG, § 116 Rn. 21. Skeptisch gegenüber der angeblichen Problemlösungsfähigkeit vermeintlich unpolitischen Sachverstands *Gärditz*, Die Rolle des parlamentarischen Gesetzgebers im Regulierungsrecht – ein Werkstattbericht, in: Kurth/Schmoeckel (Hrsg.), Regulierung im Telekommunikationssektor, 2012, S. 67 (76 ff.).

[108] Siehe *Groß*, Die Verwaltung 47 (2014), 197 (218); *Ruffert*, in: Säcker, TKG, § 116 Rn. 18.

[109] Etwa *Wiedemann*, Unabhängige Verwaltungsbehörden und die Rechtsprechung des Bundesverfassungsgerichts zur demokratischen Legitimation, in: Masing/Marcou, S. 39 (47 f.).

[110] Etwa *Groß*, VVDStRL 66 (2007), 152 (172 ff.); *Peters*, Elemente einer Theorie der Verfassung Europas, 2001, S. 647 ff.; *Lübbe-Wolff*, VVDStRL 60 (2001), 246 (284 f.). Mit Recht skeptisch *C. Möllers*, CMLRev 43 (2006), 313 (320 ff.).

bestimmten Inhalten folgt (→ Rn. 26), kann ein Output allenfalls insoweit legitimieren, als Inhalte im demokratischen Rechtsetzungsverfahren vorab definiert wurden.[111] Gerade dort, wo rechtlich nicht determinierte Entscheidungskompetenzen (mitunter unvermeidbar) auf die Verwaltung delegiert werden (nicht zuletzt bei der vom Gesetzgeber nicht zu erbringenden fallbezogenen Feststellung des maßgeblichen Sachverhalts), lässt sich daher aus einem Output keine Legitimation gewinnen, weil der demokratisch verantwortete Maßstab fehlt. Dies zeigt sich mit besonderer Schärfe im Regulierungsrecht, weil hier der EuGH sogar die Notwendigkeit weiter *Beurteilungsspielräume* der nationalen Regulierungsbehörden betont hat.[112] Man mag sowohl die Unabhängigstellung einer Behörde als auch weite Beurteilungsspielräume jeweils für sich betrachtet als gebietsspezifische Ausnahmen, mit denen organisationsrechtlich auf strukturelle Probleme des jeweiligen Wirtschaftsbereichs reagiert wird, noch rechtfertigen. Die Kombination beider Elemente trägt jedoch die Gefahr einer demokratieunverträglichen Verselbstständigung von Teilen der Verwaltung in sich, die dann über die wirtschaftliche Freiheit der Bürger weitgehend diskretionär und demokratisch unverantwortet disponieren kann.[113] Auch der Kartellsenat des OLG Düsseldorf hat für den Bereich des Energiewirtschaftsrechts zutreffend festgestellt, dass eine vollständig weisungsfreie Regulierungsverwaltung mit dem Demokratiegebot unvereinbar wäre und auch das Unionsrecht mit Blick auf die verfassungsrechtlichen Integrationsschranken sowie die Organisationsautonomie den Mitgliedstaaten keine demokratieinkompatiblen Organisationsmodelle aufzwingen kann.[114]

33   Anderen verfahrensbezogenen Bausteinen wie *Betroffenenpartizipation*[115] oder *Sachverstand*[116] mag rechtsstaatlicher Eigenwert zukommen. Selbstständige demokratische Legitimationseignung ist ihnen schon deshalb nicht inhärent, weil Demokratie inklusiv auf der gleichen Freiheit aller Mitglieder des Legitimationssubjekts gründet, eine Voraussetzung, die gruppenspezifischer Einfluss auf ein Verfahren, das allgemeine Angelegenheiten und nicht nur in die Selbstverwaltung ausgliederungsfähige Sonderinteressen betrifft, ebenso wenig zu erfüllen vermag wie Professionalität. Die Eröffnung von exklusivem Zugang für Interessengruppen („Zivilgesellschaft") erhöht das demokratische Legitimationsniveau nicht, sondern

---

[111] *Gärditz*, AöR 135 (2010), 251 (279); *Groß*, VVDStRL 66 (2007), 152 (173 f.); *Masing*, Die Regulierungsbehörde im Spannungsfeld von Unabhängigkeit und parlamentarischer Verantwortung, in: FS Schmidt, S. 521 (528).

[112] EuGH, Rs. C-424/07, Slg. 2009, I-11431, Rn. 91 – Kommission/Deutschland. Zutreffend *Ludwigs*, Die Verwaltung 44 (2011), 41 (52).

[113] Kritisch daher *Durner*, VVDStRL 70 (2011), 398 (436 ff.); *Gärditz*, JZ 2010, 198; *Mayen*, in: Fr_iauf/Höfling (Hrsg.), GG, Art. 87f Rn. 237 (Stand: 40. EL Dezember 2012).

[114] OLG Düsseldorf, RdE 2018, 324 Rn. 64 ff.

[115] Hier meist in Bezug auf die Marktakteure, vgl. *Herzmann*, Konsultationen – Eine Untersuchung von Prozessen kooperativer Maßstabskonkretisierung in der Energieregulierung, 2010, S. 243 f.

[116] Prononciert *Peuker*, Bürokratie und Demokratie in Europa, 2011, S. 222 ff.; mit Recht skeptisch *C. Möllers*, Gewaltengliederung, 2005, S. 122.

höhlt es eher zusätzlich aus, weil unter Vernachlässigung der demokratischen Gleichheit sogar formal Sonderinteressen privilegiert werden. Und der Rekurs auf einen – demokratisch völlig indifferenten[117] – Sachverstand befördert eher elitäre Expertokratien, die sich dann gegenüber dem demokratischen Willensbildungsprozess als steuerungsresistent zeigen. Transparenz und Öffentlichkeit schließlich sind Bedingungen der Politisierbarkeit und damit allgemeine Voraussetzung demokratischer Rechtsetzung, leisten aber keinen *zusätzlichen* Legitimationsbeitrag.

Diskutabel bleiben damit Legitimationsbausteine, die demokratische Legitimation nicht über die Regierung, sondern durch direkte Pfade von der nachgeordneten Verwaltung gegenüber dem Parlament herstellen sollen (z. B. über *Parlamentsausschüsse* und *Berichtspflichten*).[118] Solche Modelle sind zwar als Kompensation für fehlende Weisungsrechte nicht von vornherein ungeeignet, ihre Wirksamkeit hängt aber von den Reaktionsmöglichkeiten des Parlaments ab. Berichtspflichten müssen im Falle parlamentarischer Missbilligung auch Grundlage von wirksamen Sanktionen sein; eine folgenlose Negativevaluation[119] ersetzt keine formalisierten Interventionsrechte. Das Haushaltsbewilligungsrecht kann diese Funktion kaum übernehmen, wenn der Haushalt der Behörde im Wesentlichen mittel- bis langfristig gebundene Personalkosten sind. Und die Möglichkeit der reaktiven Rechtsänderung[120] ist nicht nur unrealistisch, sondern vor allem funktional verfehlt, wenn es um die – legislativ nicht sachgerecht zu bewältigende[121] – Korrektur von situationsbezogenen Wettbewerbseingriffen in dynamische Märkte[122] geht. Eine allgemeine Steuerung der Regulierungsverwaltung durch *gubernative Verwaltungsvorschriften* – sprich: eine Begrenzung des Weisungsrechts auf abstrakt-generelle Vorgaben – mag ein gangbarer Mittelweg zur Legitimationssicherung sein,[123] dürfte aber nicht zuletzt im Regulierungsrecht die Forderung nach Unabhängigkeit nicht befriedigen, weil gerade die (praktisch gesetzesvertretenden, damit besonders legitimationsbedürftigen) abstrakt-generellen Regulierungsstrategien staatsfrei gehalten und von politischer Einflussnahme abgeschirmt werden sollen.[124]

34

---

[117] Auch Diktaturen oder Monarchien können sich oft auf wissenschaftlich-technischen Sachverstand stützen, ohne dass hieraus irgendein legitimationstheoretisch darstellbarer Mehrwert fließt, jedenfalls wenn man die Selbstbestimmung des Einzelnen als notwendigen Ausgangspunkt von Legitimation setzt.

[118] *Groß*, JZ 2012, 1089 (1092); *Ludwigs*, Die Verwaltung 44 (2011), 41 (54 ff.).

[119] Die Wirkung überschätzend *Groß*, JZ 2012, 1089 (1092).

[120] Vgl. *Groß*, JZ 2012, 1089 (1092); *Häde*, EuZW 2011, 662 (664); *Vilain*, Demokratische Legitimität und Verfassungsmäßigkeit unabhängiger Regulierungsbehörden: Von den ursprünglichen Bedenken bis zur richterlichen Eingliederung in das französische Verwaltungssystem, in: Masing/Marcou, S. 9 (20).

[121] Vgl. zur Instabilität des Wissens *B. Wollenschläger*, Wissensgenerierung im Verfahren, 2009, S. 120 f.

[122] Analytisch *Fetzer*, Staat und Wettbewerb in dynamischen Märkten, 2013, S. 346 ff.

[123] *Groß*, Die Verwaltung 47 (2014), 197 (218 f.).

[124] Vgl. *Herzmann*, Konsultationen – Eine Untersuchung von Prozessen kooperativer Maßstabskonkretisierung in der Energieregulierung, 2010, S. 241; *Masing*, Gutachten D zum 66. DJT, 2006, S. 84.

III. Typen der Wirtschaftsverwaltung und ihre Organisation

1. Wirtschaftsaufsicht

35 Die klassische Wirtschaftsaufsicht durch staatliche Verwaltungsbehörden, die im Wesentlichen mit traditionellen ordnungsrechtlichen Instrumenten ausgestattet sind, um im Wege der Rechtsaufsicht gegenüber privaten Wirtschaftssubjekten Rechtsverstöße präventiv oder repressiv zu verhindern (namentlich Eröffnungskontrollen, Untersagungsbefugnisse bei Rechtsverstößen),[125] bildet auch weiterhin die Basis des Wirtschaftsverwaltungsrechts. Organisationsrechtlich dominiert hier die reguläre hierarchische Behördenstruktur. Meist ist Träger der jeweiligen Wirtschaftsaufsichtsbehörde das Land oder der Bund, gelegentlich auch die örtlich betroffene Kommune. Wirtschaftsaufsichtsbehörden sind dann *weisungsabhängig* und ohne rechtliche Verselbstständigung in die normale *Behördenstruktur des Staates* eingebunden, die ihrerseits nach sachlichen und örtlichen Zuständigkeiten differenziert ist. Behörde i. S. d. § 1 Abs. 4 VwVfG ist die jeweilige Exekutivspitze der Verwaltungseinheit („Behördenleiter"). Beispiele für die traditionelle Wirtschaftsaufsicht sind das Gaststättenrecht, das Ladenschlussrecht, die Gewerbeaufsicht, das Bundesinstitut für Arzneimittel und Medizinprodukte bzw. das Bundesamt für Verbraucherschutz und Lebensmittelsicherheit (§ 77 Abs. 1, 2 AMG, § 32 Abs. 1 MPG) oder das Eisenbahn-Bundesamt (EBA) (→ Rn. 20).

36 In Regelungsbereichen mit sehr überschaubaren Sachverhalten und einfachen rechtlichen Bewertungen kommt die Wirtschaftsaufsicht ohne anspruchsvolle Organisationsstruktur aus, etwa im Gewerberecht, wo es im Wesentlichen um die Erteilung und die Aufhebung von Kontrollerlaubnissen sowie die Intervention bei Rechtsverletzungen auf der Grundlage schlicht gefasster Tatbestände geht (§§ 4, 15 GastG, §§ 29 ff., 35 GewO; → § 9). Wirtschaftsaufsicht kann, vor allem dort, wo es um die Kontrolle funktionierenden Wettbewerbs geht, aber mitunter sehr anspruchsvolle Tatsachenfeststellungen und ökonomische Wertungen erfassen, worauf das Organisationsrecht in der Regel durch Ausdifferenzierung der Binnenorganisation und Konzentration der Entscheidungskompetenzen bei spezifischen Fachbehörden reagiert.

37 Dies gilt namentlich für das BKartA, das als selbstständige Bundesoberbehörde nach Art. 87 Abs. 3 GG[126] errichtet wurde (§ 51 Abs. 1 S. 1 GWB) und als hoch spezialisierte Fachbehörde agiert,[127] was arbeitsteilige Modelle einer anlassbezogenen zurückgenommenen gerichtlichen Kontrolle von Tatsachenfeststellungen ermöglicht.[128] Auch die dem BKartA und den Landeskartellbehörden

---

[125] Hierzu vertiefend *Berringer*, Regulierung als Erscheinungsform der Wirtschaftsaufsicht, 2004, S. 3 ff.; *Ehlers*, Ziele der Wirtschaftsaufsicht, 1997.

[126] Vgl. *Bosch*, in Bechtold/*ders.*, GWB, § 51 Rn. 2.

[127] Explizit BGHZ 170, 299 (303).

[128] Anschaulich BGHZ 155, 214 (221 f.); 178, 285 (294); OLG Düsseldorf, WuW DE-R 2798 (2804).

(vgl. § 48 Abs. 1 GWB) anvertraute wettbewerbliche Marktverhaltensaufsicht nach Maßgabe des GWB folgt grundsätzlich dem Muster der Wirtschaftsaufsicht; namentlich unterliegt das Amt ministeriellen Weisungen (vgl. § 52 GWB).[129] Allerdings führt die Entscheidungszuständigkeit von *Beschlussabteilungen* des BKartA (§ 51 Abs. 2 S. 1 GWB), die in der Besetzung mit einem oder einer Vorsitzenden und zwei Beisitzern entscheiden (§ 51 Abs. 3 GWB), faktisch zu einer relativen Unabhängigkeit. Insoweit greift das *Kollegialprinzip*, das eine Binnenkontrolle institutionalisiert (Mehraugenprinzip), subjektive Wertungen durch moderate Pluralisierung ausbalanciert, Verfahren freiheitsschützend rationalisiert und zugleich breitere Wissensressourcen einbindet.[130] Im Kartellrecht zeigt sich zugleich eine weitere – im Regulierungsrecht zur Blüte getriebene (→ Rn. 45) – Besonderheit, mit der das Organisationsrecht der Wirtschaftsverwaltung auf Entscheidungskomplexität reagiert: Das BKartA ist, soweit es nach § 50 Abs. 1 GWB die Art. 101 f. AEUV anwendet, auf der Grundlage der VO (EG) Nr. 1/2003[131] in ein europäisches Netzwerk der Kartellbehörden eingebunden (§ 50a GWB). Die Wertungsoffenheit methodisch höchst anspruchsvoller Entscheidungen[132] wird hier durch kooperative Vernetzung in organisierten Kommunikationsprozessen aufgefangen, indem sich verschiedene Behörden (auch fallübergreifend) in ihrer Verwaltungspraxis abstimmen und zugleich administrativ spezifisches Fachwissen durch kooperative Informationsbeschaffung generieren.[133]

Über eine komplexere Organisationsstruktur verfügt auch die – rechtsfähige **38** (§ 1 Abs. 1 FinDAG) und dienstherrenfähige (§ 9a FinDAG) – *BaFin* (→ Rn. 24; zur BaFin als Finanzaufsichtsbehörde → § 14 Rn. 81 ff.), deren Organe das Direktorium inklusive Präsident oder Präsidentin (§ 6 FinDAG) und der Verwaltungsrat (§ 7 FinDAG) als Kontrollorgan sind. Unterstützt wird die Bundesanstalt durch zwei Beiräte (§§ 8, 8a FinDAG). Auch *Börsen*, die eine komplexe Zwitterstellung zwischen Aufsichtsorgan und Akteur einnehmen, sind als (teilrechtsfähige) Anstalten des öffentlichen Rechts mit eigenen Organen organisiert (§ 2 Abs. 1 S. 1 BörsG) (zur Börsenaufsicht → § 14 Rn. 113 ff.).[134]

---

[129] *Bosch*, in: Bechtold/ders., GWB, § 52 Rn. 2 f.; streitig.

[130] Siehe zu den Funktionen im Einzelnen *Dagtoglou*, Kollegialorgane und Kollegialakte der Verwaltung, 1960, S. 22 ff.; *Gärditz*, Hochschulorganisation, S. 467 ff.; *Groß*, Kollegialprinzip, S. 51 ff., 105 ff.; *Sodan*, Kollegiale Funktionsträger als Verfassungsproblem, 1987, S. 44 ff.; *Voßkuhle*, Rechtsschutz gegen den Richter, 1994, S. 258, 294.

[131] VO (EG) Nr. 1/2003 des Rates vom 16.12.2002 zur Durchführung der in den Art. 81 und 82 des Vertrags niedergelegten Wettbewerbsregeln, ABl. EG L 1/1.

[132] *Ackermann*, Europäisches Kartellrecht, in: Riesenhuber (Hrsg.), Europäische Methodenlehre, 3. Aufl. 2015, § 21 Rn. 12 ff.

[133] Strukturell hierzu *I. Augsberg*, Informationsverwaltungsrecht, 2014, S. 99 ff.; ferner *D. Curtin*, Executive Power of the European Union, 2009, S. 168 f.

[134] Zur Zuordnung zum Wirtschaftsverwaltungsrecht *Burgi*, WM 2009, 2337; *Ruthig/Storr*, Rn. 195. Zum zweigleisigen Modell *Eisele*, JZ 2014, 703 (706 ff.).

▶   **Beachte** Im Bereich der traditionellen Wirtschaftsaufsicht sind vor die-
    sem Hintergrund lediglich folgende Zuständigkeitsfragen zu prüfen: Ver-
    bandskompetenz des Rechtsträgers (Bund/Land/Kommune); sachliche
    Zuständigkeit und (bei Behördenmehrheit) örtliche Zuständigkeit
    (§ 3 VwVfG). Fragen der inneren Organisation – namentlich die sog.
    Organzuständigkeit – sind demgegenüber ohne (außen-)rechtliche Re-
    levanz. Handelt demgegenüber eine Behörde (wie die BaFin), die über
    eine gesetzlich ausdifferenzierte Binnenstruktur verfügt, ist zusätzlich
    die Organkompetenz des Organs zu prüfen, das die jeweilige Maßnahme
    erlassen hat.[135] So wäre es etwa ein Rechtsfehler, wenn ein an ein Unter-
    nehmen gerichteter Verwaltungsakt vom internen Aufsichtsgremium
    (Verwaltungsrat) erlassen würde.

2. Regulierung

a) Hintergrund

39 Gerade im Regulierungsrecht (→ § 12) haben sich – nicht zuletzt beeinflusst durch
unionsrechtliche Regulierungskonzepte (→ Rn. 29 ff.) – Sonderformen der Verwaltungsorganisation herausgebildet. Das Telekommunikationsgesetz (TKG) 1996[136]
errichtete erstmalig eine Behörde, die mit der Regulierung der Märkte in den Bereichen Telekommunikation und Post betraut wurde, die seinerzeitige „Regulierungsbehörde für Telekommunikation und Post" (RegTP), die 2005 durch das
BNetzAG[137] – dem erweiterten Aufgabenkreis entsprechend – in „Bundesnetzagentur für Elektrizität, Gas, Telekommunikation, Post und Eisenbahnen" (BNetzA)
umbenannt wurde. Die *Telekommunikations- und Postmärkte* waren aus dem gesetzlichen Monopol des Sondervermögens Deutsche Bundespost entlassen und dem
Wettbewerb überantwortet worden (vgl. Art. 87f Abs. 2 S. 1 GG), befanden sich
aber faktisch weiterhin ausschließlich in der Hand der privatisierten Unternehmen
des Bundes (Deutsche Telekom AG, Deutsche Post AG). Die Aufgabe der Regulierungsbehörde bestand und besteht darin, den Wettbewerb zu fördern und zugleich
eine flächendeckend angemessene und ausreichende Versorgung mit entsprechenden Dienstleistungen (Universaldienst)[138] sicherzustellen (vgl. auch Art. 87f Abs. 1 GG,
→ Rn. 21 ff.).

---

[135] Zu den Begriffen *Jestaedt*, in: Hoffmann-Riem/Schmidt-Aßmann/Voßkuhle, GVwR² I, § 14
Rn. 43 ff.

[136] TKG vom 25.07.1996, BGBl. I, S. 1120.

[137] Gesetz über die Bundesnetzagentur für Elektrizität, Gas, Telekommunikation, Post und Eisenbahnen vom 07.07.2005, BGBl. I, S. 1970, 2009, zuletzt geändert durch Gesetz vom 17.07.2017,
BGBl. I S. 2503.

[138] Hierzu weiterführend *Ritter*, Die Grundversorgung mit Postdienstleistungen, 2001, S. 5 ff.;
Schweitzer, Daseinsvorsorge, „service public", Universaldienst, 2002; *Windthorst*, Der Universaldienst im Bereich der Telekommunikation, 2000.

Was als Postprivatisierungsfolgenrecht (→ § 12 Rn. 2) begann, entwickelte sich **40** mehr und mehr zu einem allgemeinen Problem, in sogenannten Netzwirtschaften potenziellen Wettbewerbern angemessenen Zugang zu den vitalen Netzinfrastrukturen zu verschaffen.[139] Die Aufgabe einer Regulierungsbehörde besteht in erster Linie darin, diskriminierungsfreien Netzzugang für Wettbewerber sicherzustellen, und zwar zu wirtschaftlich tragbaren Bedingungen. Entsprechend dem erweiterten Bedarf an einer Regulierung der Netzwirtschaften wurde daher – ohne damit sämtliche potenzielle Regulierungskandidaten zu erfassen – auch der Netzzugang in den Bereichen der ebenfalls aus einem ehemaligen Bundesmonopol heraus privatisierten *Eisenbahn* (vgl. Art. 87e Abs. 3 GG) und der *leitungsgebundenen Energiewirtschaft* (Elektrizität, Gas) der Regulierung durch die BNetzA unterworfen.

b) Die Organisationsstruktur der Bundesnetzagentur

Die von der Behörde anzuwendenden Regulierungsvorschriften finden sich verstreut über verschiedene Gesetze (PostG, TKG, AEG i. V. m. § 4 BEVVG, EnWG) **41** nebst untergesetzlichem Regelungswerk. Die BNetzA ist nach § 1 S. 2 BNetzAG eine *selbstständige Bundesoberbehörde* im Geschäftsbereich des Bundeswirtschaftsministeriums mit Sitz in Bonn. Verfassungsrechtlich folgt die Kompetenz des Bundes zur Errichtung der BNetzA aus Art. 87f Abs. 2 S. 2, Art. 87 Abs. 3 S. 1 i. V. m. Art. 73 Abs. 1 Nr. 7, Art. 74 Abs. 1 Nr. 11 und Nr. 23 GG (vgl. → Rn. 20, 22, 24). Auch die Organisationsstruktur der BNetzA entspricht der einer hoch spezialisierten Fachbehörde, die marktbezogenes Wissen generiert und speichert,[140] namentlich hierdurch die verfahrensübergreifende[141] Kohärenz der Regulierungspraxis (anschaulich § 27 Abs. 2, § 132 Abs. 4 S. 1 TKG) gewährleistet. Der iterative Prozess der regulierungsspezifischen Wissensgenerierung[142] spiegelt sich insoweit in der organisationsrechtlichen Behördenstruktur wider.[143] Auch die Binnenorganisation ist daher – wie beim BKartA – stärker differenziert.

Die BNetzA wird von einem Präsidenten bzw. einer Präsidentin geleitet **42** (§ 3 Abs. 1 S. 1 BNetzAG), dem/der zwei Vizepräsidenten oder -präsidentinnen zugeordnet sind (§ 3 Abs. 2 BNetzAG). Nach § 5 Abs. 1 BNetzAG verfügt die BNetzA über einen Beirat, der aus jeweils 16 Mitgliedern des Bundestages und 16 Vertretern des Bundesrates besteht. Die Vertreter des Bundesrates müssen hierbei Mitglied einer Landesregierung sein oder diese politisch vertreten, was institutionell die partiell politische Komponente proaktiver Marktgestaltung abbildet.[144] Die Mitglieder des Beirates und die stellvertretenden Mitglieder werden jeweils auf Vorschlag des Bundestages und des Bundesrates von der Bundesregierung berufen. Der Beirat hat die ihm durch die verschiedenen Regulierungsfachgesetze zugewiesenen Aufgaben

---

[139] Eingehend *Kühling*, Sektorspezifische Regulierung in den Netzwirtschaften, 2004, S. 65 ff.

[140] BVerwGE 130, 39 (49); eingehend *Broemel*, Strategisches Verhalten, S. 268 ff.

[141] Vgl. *Attendorn/Geppert*, in: Beck'scher TKG-Kommentar, § 132 Rn. 25.

[142] *Broemel*, Strategisches Verhalten, S. 278.

[143] *Gurlit*, in: Säcker, TKG, Vor § 132 Rn. 2.

[144] *Gärditz*, DVBl. 2009, 69 (70).

(§ 7 BNetzAG), etwa nach § 120 TKG begrenzte Mitwirkungs- und weitreichende Antrags-, Stellungnahme- und Auskunftsrechte in regulierungsbehördlichen Verwaltungsverfahren (vgl. ferner § 60 EnWG). Im Bereich der Eisenbahnregulierung wird die BNetzA zudem nach § 35 AEG von einem Eisenbahninfrastrukturbeirat beraten. Die Sättigung mit Beiräten, die dem Modell der Monopolkommission (§§ 44 ff. GWB) nachempfunden sind, unterstreicht die Wissensgenerierungsfunktion der BNetzA.

43   In besonderen, gesetzlich näher geregelten Verwaltungsverfahren – ohne Sachgrund im Übrigen nicht bei der Eisenbahnregulierung[145] – entscheidet die BNetzA durch *Beschlusskammern* (vgl. § 132 TKG, § 46 PostG).[146] Beschlusskammern sind nach dem Kollegialprinzip (→ Rn. 37) mit einem Vorsitzenden und zwei Beisitzern besetzt, die allesamt die Befähigung für die Laufbahn des höheren Dienstes erworben haben müssen und von denen einer die Befähigung zum Richteramt (vgl. §§ 5 ff. DRiG) besitzen muss (§ 132 Abs. 2 TKG). In besonderen Fällen entscheidet die Beschlusskammer in Besetzung mit ihrem Präsidenten und den beiden Vizepräsidenten (§ 132 Abs. 3 TKG).

44   Im Energieregulierungsrecht besteht die Besonderheit, dass neben der BNetzA auch noch *Landesregulierungsbehörden* bestehen (§§ 54 f. EnWG; → § 12 Rn. 21; § 13 Rn. 106 f.).[147] Um eine (rechtlich nicht bindende) Koordinierung zwischen und mit diesen Regulierungsbehörden zu gewährleisten, wurde nach § 8 BNetzAG bei der BNetzA ein *Länderausschuss* gebildet, der sich aus Vertretern der für die Wahrnehmung der Aufgaben nach § 54 EnWG zuständigen Landesregulierungsbehörden zusammensetzt.

c) Die Einbindung in den europäischen Regulierungsverbund

45   Die BNetzA tritt auf europäischer Ebene mit der Kommission und den Regulierungsbehörden anderer Mitgliedstaaten in Kooperationsbeziehungen, die teils rechtlich formalisiert wurden und in ihrer Zusammenschau einen filigranen europäischen Regulierungsverbund bilden.[148] Die BNetzA ist namentlich im Gremium Europäischer Regulierungsstellen für elektronische Kommunikation (GEREK)[149] sowie im Regulierungsrat der Europäischen Agentur für die Zusammenarbeit der Energieregulierungsbehörden[150] vertreten und mit anderen

---

[145] Mit Recht kritisch *Fehling*, Das Recht der Eisenbahnregulierung, in: Lüdemann (Hrsg.), Telekommunikation, Energie, Eisenbahn, 2008, S. 118 (137); *Kühling/Ernert*, NVwZ 2006, 33 (38 f.).

[146] Siehe *Gurlit*, N&R 2004, 32 (33).

[147] Siehe hierzu im Einzelnen *Kühling/Rasbach/Busch*, Energierecht, 4. Aufl. 2018, S. 255 ff.

[148] Eingehend *Britz*, EuR 2006, 46; *Herzmann*, ZNER 2005, 216; *Ladeur/C. Möllers*, DVBl. 2005, 525; *Trute*, Der europäische Regulierungsverbund in der Telekommunikation: ein neues Modell europäisierter Verwaltung, in: FS Selmer, S. 565.

[149] Art. 4 VO (EG) Nr. 1211/2009 des Europäischen Parlaments und des Rates vom 25.11.2009 zur Einrichtung des Gremiums Europäischer Regulierungsstellen für elektronische Kommunikation (GEREK) und des Büros, ABl. EU L 337/1.

[150] Art. 14 VO (EG) Nr. 713/2009 des Europäischen Parlaments und des Rates vom 13.07.2009 zur Gründung einer Agentur für die Zusammenarbeit der Energieregulierungsbehörden, ABl. EU L 211/1.

europäischen Regulierungsbehörden verbundförmig vernetzt. GEREK ist zwar mangels Entscheidungskompetenz keine europäische Regulierungsbehörde,[151] aber ein zentrales Koordinationsgremium, dessen faktischer Einfluss auf die Regulierungspraxis entsprechend hoch ist. Im Bereich der Eisenbahnregulierung arbeiten die nationalen Regulierungsbehörden durch wechselseitigen – ständigen[152] – Informationsaustausch zusammen (§ 14b Abs. 3 AEG).[153] Die Kommission kann von mitgliedstaatlichen Regulierungsbehörden in die Prüfung von Einzelfällen einbezogen werden.[154] Paradigmatisch für einen informationellen Kooperationsverbund sind die Bestimmungen der §§ 123a, 123b TKG, die durch das – in seiner Bedeutung bislang nicht abschließend ausgeleuchtete[155] – Kohärenzgebot des § 123 Abs. 3 TKG materiell ergänzt werden. Der Regulierungsverbund dient letztlich dazu, Kontingenzrisiken dezentraler Regulierung aufzufangen: Einerseits verfügen die Regulierungsbehörden auf Grund einer geringen gesetzlichen Programmierung und der Kompetenz zur Autoprogrammierung qua Delegation[156] über weite Spielräume, die jeweilige nationale Regulierungspraxis zu prägen. Dies schafft nicht nur Flexibilität, sondern zugleich auch das Risiko europaweiten Kohärenzverlustes, wenn die nationalen Behörden unabgestimmte oder miteinander offen inkompatible Regulierungsstrategien verfolgen. Der formalisierte Regulierungsverbund soll diese Risiken durch Koordinationsinstrumente einhegen,[157] wodurch zugleich die Schaffung einer europäischen Regulierungsbehörde (und die damit verbundene Hochzonung von Entscheidungen) vermieden wird.[158] Die Verfahrensrationalität wird durch Abschichtung von Problemkomplexen und, damit einhergehend, die sukzessive Verfeinerung der Regulierung in einem

---

[151] *Ruffert*, in: Säcker, TKG, § 116 Rn. 30.

[152] *Gerstner*, in: Hermes/Sellner (Hrsg.), AEG, 2. Aufl. 2014, § 14b Rn. 36.

[153] Die durch VO (EG) Nr. 881/2004 des Europäischen Parlaments und des Rates vom 29.04.2004 zur Errichtung einer Europäischen Eisenbahnagentur („Agenturverordnung"), ber. ABl. EU L 220/3, errichtete Europäische Eisenbahnagentur verfügt über keine Vollzugskompetenzen, sondern hat Konsultativfunktionen gegenüber der Kommission. Vgl. *Hermes*, in: ders./Sellner (Hrsg.), AEG, 2. Aufl. 2014, Einf. Rn. 103.

[154] Art. 31, 34 Abs. 2 RL 2001/14/EG des Europäischen Parlaments und des Rates vom 26.02.2001 über die Zuweisung von Fahrwegkapazität der Eisenbahn, die Erhebung von Entgelten für die Nutzung von Eisenbahninfrastruktur und die Sicherheitsbescheinigung, ABl. EG L 75/29, ber. ABl. EG 2001 L 202/51 und ber. ABl. EU 2012 L 99/35.

[155] Zutreffend *Franzius*, EuR 2002, 660 (685). Vgl. offen EuGH, Rs. C-424/07, Slg. 2009, I-11431, Rn. 53 (Zit.) mit 57–59 – Kommission/Bundesrepublik Deutschland; EuG, Rs. T-109/06, Slg. 2007, II-5151, Rn. 160 – Vodafone.

[156] *Broemel*, Strategisches Verhalten, S. 336.

[157] *Britz*, EuR 2006, 46 (56); *Broemel*, Strategisches Verhalten, S. 222 f., 327 f.; *Hombergs*, Europäisches Verwaltungskooperationsrecht auf dem Sektor der elektronischen Kommunikation, 2006, S. 331; *Rieckhoff*, Der Vorbehalt des Gesetzes im Europarecht, 2007, S. 246; *Schramm*, DÖV 2010, 387 (388); *Trute*, Der europäische Regulierungsverbund in der Telekommunikation: ein neues Modell europäisierter Verwaltung, in: FS Selmer, S. 565 (567 ff.).

[158] *Trute/Broemel*, ZHR 170 (2010), 706 (731).

arbeitsteiligen Konkretisierungsprozess verbessert.[159] Kooperationsmechanismen werden – dem institutionellen Vorbehalt des Gesetzes entsprechend – durch konkrete Regeln eingefangen und formalisiert.[160]

d) Unabhängigkeit?

46 Weiterhin umstritten ist, inwiefern die BNetzA gegenüber der Ministerialbürokratie unabhängig ist bzw. gestellt werden darf.[161] Ungeachtet unionsrechtlicher Modifikationen (→ Rn. 30), die der deutsche Gesetzgeber bislang nicht aufgegriffen hat,[162] bleibt es nach allgemeinen Erwägungen (→ Rn. 26 ff.) dabei, dass eine Weisungsabhängigkeit grundsätzlich demokratisch erforderlich ist und nur aus verfassungsrechtlich zwingenden Gründen durchbrochen werden darf. Eine spezifische verfassungsrechtliche Sanktionierung der Unabhängigstellung fehlt.[163] Rein verwaltungspraktische Erwägungen – wie etwa die Abschirmung der regulatorischen Aufgabenerfüllung von politischen Einflüssen – lassen sich nicht verfassungsrechtlich untermauern. Zudem ist zu berücksichtigen, dass Regulierung zu einer anspruchsvollen Aufgabe der Marktgestaltung geworden ist,[164] die gesetzlich nur schwach determiniert wird. Die daraus resultierenden weiten Entscheidungsspielräume der Verwaltung lassen sich von vornherein allenfalls dann legitimieren, wenn man zumindest eine hinreichende Anbindung der regulatorisch gestaltenden Behörde an die parlamentarisch verantwortliche Regierung herstellt. Daher muss auch die BNetzA – entgegen einer verbreiteten Ansicht[165] – den Weisungen des Ressortministers unterstehen.[166]

47 Das einfache Gesetzesrecht setzt die Weisungsabhängigkeit der BNetzA voraus. Die einzelnen Fachgesetze bringen dies freilich durchaus unterschiedlich zum Ausdruck: § 61 EnWG fordert – dem Modell des § 52 GWB folgend – zwar nur die Veröffentlichung *allgemeiner* Weisungen der BNetzA. Nach zutreffender Ansicht

---

[159] *Schneider*, in: Fehling/Ruffert, § 8 Rn. 103.

[160] Vgl. allgemein *Kahl*, Parlamentarische Steuerung der internationalen Verwaltungsvorgänge, in: Trute/Groß/Röhl/Möllers (Hrsg.), Allgemeines Verwaltungsrecht – zur Tragfähigkeit eines Konzepts, 2008, S. 71 (98).

[161] Eingehende Diskussion bei *Franzius*, DÖV 2013, 714; *Ludwigs*, Die Verwaltung 44 (2011), 41.

[162] Vgl. *Ludwigs*, EnzEuR V, § 5 Rn. 166.

[163] Anders *Oertel*, Die Unabhängigkeit der Regulierungsbehörde nach §§ 66 ff. TKG, 2000, S. 261 ff., 346.

[164] Vgl. BVerwGE 130, 39 (49); *Attendorn/Geppert*, in: Beck'scher TKG-Kommentar, § 132 Rn. 14a; *Gärditz*, EWS 2005, 490 (497); *ders.*, DVBl. 2009, 69 (69 f.); *Röhl*, Die Regulierung der Zusammenschaltung, 2002, S. 169 ff., 181 f.; *Ruffert*, AöR 124 (1999), 237 (279); *Schmidt-Aßmann*, Das allgemeine Verwaltungsrecht als Ordnungsidee, 2. Aufl. 2004, Rn. 3/50, 3/53.

[165] Etwa *Bullinger*, DVBl. 2003, 1355 (1360); *Hermes*, Gemeinschaftsrecht, „neutrale" Entscheidungsträger und Demokratieprinzip, in: FS Zuleeg, S. 410 (418 ff.); *Oertel*, Die Unabhängigkeit der Regulierungsbehörde nach §§ 66 ff. GWB, 2000, S. 397 ff., 420; *Masing*, Soll das Recht der Regulierungsverwaltung übergreifend geregelt werden?, 2006, S. 93 ff.

[166] *Eschweiler*, K&R 2001, 238 (241); *Mayen*, DÖV 2004, 45 (51 f.); für die Energiewirtschaftsregulierung OLG Düsseldorf, RdE 2018, 324 Rn. 64 ff. Nach Maßgabe des Unionsrechts differenzierend *Ruffert*, in: Säcker, TKG, § 116 Rn. 15.

untersteht die Behörde aber auch einzelfallbezogenen Weisungen, da § 61 EnWG lediglich eine Veröffentlichungspflicht konstituiert, nicht hingegen die Weisungsbefugnisse des zuständigen Ressortministers beschränkt.[167] § 117 TKG unterwirft von vornherein sämtliche, sprich: auch einzelfallbezogene, Weisungen der Veröffentlichungspflicht.[168] § 4 Abs. 1 S. 1 BEVVG legt schließlich explizit die Fachaufsicht des zuständigen Ministeriums über die BNetzA im Bereich der Eisenbahnregulierung fest, wobei auch hier allgemeine Weisungen nach Abs. 3 zu veröffentlichen sind. Die Veröffentlichungspflicht erfüllt hierbei zugleich eine andere Funktion: Gründe für Weisungen werden transparent gemacht, was einen Missbrauch des Weisungsrechts zur wettbewerblichen Diskriminierung bzw. Verfolgung materieller Eigentümerinteressen erheblich erschwert. Zudem sind zwei weitere Aspekte zu berücksichtigen: Die BNetzA ist in ihrer fallbezogenen Entscheidungspraxis schon deshalb faktisch unabhängig, weil die Exekutivspitze mangels fachbezogenen Detailwissens, das die Regulierungspraxis dominiert, zu einem Durchgriff im Einzelfall in der Regel gar nicht in der Lage ist.[169] Zu einer partiellen Unabhängigkeit qua Organisationsrecht führt zudem das kollegiale Beschlusskammerverfahren,[170] das – auch wenn die Kammern theoretisch ministeriellen Weisungen unterliegen[171] – Verantwortlichkeit kollegialisiert und damit ein Stück weit vor äußerer Einflussnahme abschirmt.

3. Selbstverwaltung der Wirtschaft

Eine Besonderheit des Wirtschaftsverwaltungsrechts ist die traditionsreiche[172] Selbst-   **48**
verwaltung der Wirtschaft. Im Mittelpunkt steht hier das Kammerrecht, also die gesetzlich institutionalisierte Selbstverwaltung verkammerter Berufsträger durch Körperschaften, die als „wirtschaftliche und berufliche Betroffenenselbstverwaltung"[173] aus dem allgemeinen Staatsverband ausgegliedert wurden (Fall der *mittelbaren Staatsverwaltung*).[174] Durch das spezifische Aufgabenprofil der öffentlich-rechtlich organisierten Kammern als Selbstverwaltungskörperschaften ist das Kammerrecht sowohl ein Teilgebiet des Öffentlichen Wirtschaftsrechts als auch des Verwaltungsorganisationsrechts.[175]

---

[167] *Eschweiler*, K&R 2001, 238 (241); *Hermes*, in: Britz/Hellermann/ders. (Hrsg.), EnWG, 3. Aufl. 2015, § 61 Rn. 14.

[168] Vgl. *Mayen*, in: Scheurle/ders. (Hrsg.), TKG, 3. Aufl. 2018, § 117 Rn. 3; *Ruffert*, in: Säcker, TKG, § 117 Rn. 2.

[169] *C. Möllers*, in: Masing/Marcou, S. 293 (298).

[170] *Herzmann*, Konsultationen – Eine Untersuchung von Prozessen kooperativer Maßstabskonkretisierung in der Energieregulierung, 2010, S. 247; *Ruffert*, in: Säcker, TKG, § 116 Rn. 25.

[171] *Attendorn/Geppert*, in: Beck'scher TKG-Kommentar, § 132 Rn. 12.

[172] Eingehend *Will*, Selbstverwaltung der Wirtschaft, 2011, S. 249 ff.

[173] *Kluth*, Kammerrecht als Rechtsgebiet, in: ders., § 1 Rn. 28.

[174] *Ruthig/Storr*, Rn. 205.

[175] *Kluth*, Kammerrecht als Rechtsgebiet, in: ders., § 1 Rn. 24 f.

a) Typen und Aufgaben

49 Hoheitsträger werden zur Erfüllung von Aufgaben der Selbstverwaltung in sehr unterschiedlichen Gebieten des Wirtschaftsverwaltungsrechts geschaffen. Kammern sind als Körperschaften des öffentlichen Rechts organisiert (§ 3 Abs. 1 IHKG, §§ 53 S. 1, 90 Abs. 1 HwO, § 62 Abs. 1 BRAO, § 73 Abs. 2 S. 2 StBerG). Zu nennen ist die Errichtung von IHKen durch das IHKG, von (fakultativen) Handwerksinnungen (§§ 52 ff. HwO) und (obligatorischen) HwKen (§§ 90 ff. HwO), von Kammern der sog. freien Berufe – Rechtsanwälte (§§ 60 ff. BRAO), Steuerberater (§§ 73 ff. StBerG) sowie nach Maßgabe von Landesrecht Ärzte (z. B. § 1 HeilBerG NRW) und Architekten. Vom gängigen Aufgabenprofil weichen die auf landesrechtlicher Grundlage (etwa LandwirtschaftskammerG NRW) errichteten Landwirtschaftskammern ab.[176] Notarkammern fallen trotz der organisatorischen Parallelität aus dem System, weil sie die berufliche Verwaltung öffentlich-rechtlicher Amtsträger (§ 1 BNotO) betreffen.[177]

50 Das Kammerrecht verbindet verwaltungsorganisationsrechtlich sowohl partizipative als auch genossenschaftliche Elemente.[178] Ungeachtet der faktischen Trägheit von Traditionen beruht der institutionelle Rahmen der Selbstverwaltung hier (anders als in Bezug auf die akademische und kommunale Selbstverwaltung) auf – für den Gesetzgeber grundsätzlich disponiblem – einfachem Gesetzesrecht. Eine *grundrechtliche Einrichtungspflicht* – etwa aus Art. 12 Abs. 1 GG – besteht nicht;[179] namentlich ist die Organisation berufsspezifischer Administration als Selbstverwaltung nicht notwendig, um hinreichenden organisationsrechtlichen Grundrechtsschutz zu gewährleisten. Eine Eingliederung in die allgemeine Wirtschaftsverwaltung des Staates wäre daher möglich.

51 Die verschiedenen Kammergesetze zeichnen sich allesamt durch eine auffällig *geringe Regelungsdichte* auf.[180] Sie enthalten neben einigen allgemeinen Grundsätzen vor allem Organisationsregelungen, die die Mitgliedschaft und die Kreation der Organe betreffen. Damit wird vor allem der Legitimationsprozess organisiert, durch den die Kammern in eigenen Angelegenheiten im Rahmen der gesetzlichen Ermächtigung (Delegation) Satzungsrecht schaffen (*Satzungsgewalt*).[181] Die Regelung von

---

[176] Eingehend *Perchermeier*, Landwirtschaftskammern als Modell funktionaler Selbstverwaltung, 2014.

[177] Vertiefend *Gärditz*, EWS 2012, 209; *Löwer*, DNotZ 2011, 424; *Preuß*, Zivilrechtspflege durch externe Funktionsträger, 2005.

[178] *Will*, Selbstverwaltung der Wirtschaft, 2011, S. 402.

[179] Vgl. aber Art. 59 SaarlVerf. Hieraus folgt eine objektive Aufgabenbestandsgarantie, vgl. *Elicker*, in: Wendt/Rixecker (Hrsg.), Verfassung des Saarlandes, 2009, Art. 59 Rn. 2. Eine allgemeine Selbstverwaltungsgarantie für öffentlich-rechtliche Körperschaften enthält Art. 57 Abs. 1 NdsVerf.; Art. 71 Abs. 1 S. 3 Verf. BW. Dies erfasst auch die Kammern, so *Kluth*, Verfassungsrechtliche und europarechtliche Grundlagen des Kammerrechts, in: ders., § 5 Rn. 21; *Waechter*, in: Epping u. a. (Hrsg.), Hannoverscher Kommentar zur Niedersächsischen Verfassung, 2012, Art. 57 Rn. 115.

[180] *Kluth*, Kammerrecht als Rechtsgebiet, in: ders., § 1 Rn. 29.

[181] *Geis*, Der Erlass von Satzungen, in: Kluth/Krings (Hrsg.), Gesetzgebung, 2014, § 25 Rn. 120 ff.; *Ruthig/Storr*, Rn. 206.

Detailfragen wird damit bewusst dem Satzungsrecht überlassen.[182] Als ein Proprium der Selbstverwaltung, das dem Demokratie- und dem Rechtsstaatsprinzip korrespondiert,[183] stehen Selbstverwaltungsträger im Bereich des Wirtschaftsverwaltungsrechts unter Staatsaufsicht (vgl. § 11 Abs. 1 IHKG, § 62 Abs. 2 S. 1 BRAO), sprich: der Rechtsaufsicht des Staates.

Der *Aufgabenbestand* betrifft im Ausgangspunkt vor allem die Organisation der **52** Interessenvertretung der verkammerten Berufe (vgl. § 1 Abs. 1 IHKG) sowie die Wirtschaftsförderung (§ 1 Abs. 2 IHKG), darüber hinaus aber auch Hoheitsaufgaben wie etwa den Erlass von Prüfungsordnungen, Durchführung von Prüfungen (vgl. auch §§ 37 ff. BBiG), die Führung der Handwerksrolle (vgl. § 91 Abs. 1 HwO) oder den Erlass von Standesrecht (vgl. §§ 59b, 191a Abs. 2 BRAO).[184] Das Gesetz ermächtigt hier ggf. auch zu hoheitlichen Einzelentscheidungen in Bezug auf den mitgliedschaftlichen Status (z. B. Eintragung in die Handwerksrolle nach § 7 HwO, Disziplinargewalt).

b) Binnenorganisation und Legitimationsstruktur

Auch die Binnenverfassung der Kammern folgt dem gängigen Organisationsmo- **53** dell:[185] Ein unmittelbar von den Mitgliedern gewähltes sowie kollegial zusammengesetztes Hauptorgan dient als Kreationsorgan und trifft bestimmte Entscheidungen von besonderer Bedeutung (vor allem Satzungsgebung); ein Leitungsorgan (Vorstand, Präsidium usf.) vertritt die Kammer nach außen und vollzieht die Satzungen. Zur Erledigung der Aufgaben wird dem Leitungsorgan in der Regel eine Geschäftsführung zugeordnet, die als Gehilfe das Leitungsorgan unterstützt.[186] Im Bereich der IHKen ist der zu wählende Hauptgeschäftsführer Teil des Leitungsorgans und ist daher organisationsrechtlich partiell verselbstständigt (vgl. § 7 IHKG).

Das Hauptorgan wird durch *Wahlen* konstituiert, wobei das Legitimationssubjekt **54** der funktionalen Wirtschaftsselbstverwaltung aus den Mitgliedern gebildet wird. Die Mitglieder werden wiederum auf der Grundlage abstrakt-genereller Merkmale gesetzlich festgelegt. Insoweit besteht eine verbandskonstitutive[187] *Zwangsmitgliedschaft*, deren Verfassungskonformität[188] (→ § 2 Rn. 83) und Vereinbarkeit mit den

---

[182] *Kluth*, Kammerrecht als Rechtsgebiet, in: ders., § 1 Rn. 30.

[183] *Kahl*, Die Staatsaufsicht, 2000, S. 472 ff., 498 f.

[184] Hierzu *Brandstetter*, Der Erlaß von Berufsordnungen durch die Kammern der freien Berufe, 1971.

[185] Eingehend *Groß*, Kammerverfassungsrecht – Organisation und Verfahren, in: Kluth, § 7 Rn. 13 ff.

[186] Vgl. zur Einordnung *Groß*, Kammerverfassungsrecht – Organisation und Verfahren, in: Kluth, § 7 Rn. 42.

[187] *Löwer*, in: von Münch/Kunig, Art. 9 Rn. 28.

[188] Vom BVerfG bislang bejaht, siehe BVerfGK, NVwZ 2002, 335 (337); *Ruthig/Storr*, Rn. 142. Vertiefend *Kluth*, NVwZ 2002, 298; *Löwer*, GewArch 2000, 89; *Schöbener*, VerwArch 91 (2000), 374.

Grundfreiheiten der EU[189] freilich umstritten ist. Das BVerfG hat die Zwangsmitgliedschaft nicht an Art. 9 Abs. 1 GG, sondern an Art. 2 Abs. 1 GG gemessen,[190]
insoweit aber für verfassungskonform erachtet.[191] Beispielsweise zur IHK gehören,
sofern sie zur Gewerbesteuer veranlagt sind, nach § 2 Abs. 1 IHKG natürliche Personen, Handelsgesellschaften, andere Personenmehrheiten und juristische Personen
des privaten und des öffentlichen Rechts, welche im Bezirk der IHK eine Betriebsstätte unterhalten (Kammerzugehörige).

55   Bei dem Zusammenschluss von Mitgliedern zu einem Selbstverwaltungsverband
zum Zwecke bereichsspezifischer Aufgabenerfüllung handelt es sich um eine Form
der sog. *funktionalen Selbstverwaltung*,[192] bei der ein Legitimationssubjekt funkti-
onsbezogen zur Erfüllung eng umgrenzter Aufgaben geschaffen wird. Ihre sachlich-
inhaltliche Basislegitimation beziehen solche Verbände zunächst aus dem parlamentarischen Gesetz, das sie errichtet und Aufgaben delegiert,[193] wobei der
Gesetzgeber hierbei im Interesse einer effektiven Aufgabenerfüllung weitgehende
Gestaltungsmöglichkeiten haben soll.[194] So hat das BVerfG in Bezug auf die Indus-
trie- und Handelskammern ein hinreichendes Legitimationsniveau angenommen,
weil dem Gesetzgeber außerhalb der unmittelbaren Staatsverwaltung ein erheblicher Gestaltungsspielraum zukomme, den Legitimationsprozess aufgabenadäquat
zu organisieren.[195] Das BVerfG verlangt lediglich, dass „die Regelungen über die
Organisationsstruktur der Selbstverwaltungseinheiten auch ausreichende institutionelle Vorkehrungen dafür enthalten, dass die betroffenen Interessen angemessen berücksichtigt und nicht einzelne Interessen bevorzugt werden", leitet darüber hinaus
aus dem Demokratieprinzip keine weitergehenden Anforderungen an die themati-
sche Begrenzung der delegierbaren Selbstverwaltungsaufgaben ab.[196] Die gesetzgeberische Gestaltungsfreiheit erlaube es namentlich auch, den Selbstverwaltungsträger zu verbindlichem Handeln mit Entscheidungscharakter zu ermächtigen. In
diesem Fall sei es allerdings im Hinblick auf das Demokratieprinzip nach Art. 20
Abs. 2 S. 1 GG erforderlich, dass bei Maßnahmen, die von Trägern der funktionalen
Selbstverwaltung erlassen werden, maßgeblicher Einfluss der demokratisch verantwortlichen Behörden sichergestellt sei. „Das erfordert, dass die Aufgaben und
Handlungsbefugnisse der Organe in einem von der Volksvertretung beschlossenen

---

[189] Der EuGH hat es jedenfalls für unvereinbar mit der Niederlassungsfreiheit angesehen, die Aufnahme der inländischen gewerblichen Tätigkeit eines im EU-Ausland ansässigen Unionsbürgers
von der vorherigen Eintragung in die Handwerksrolle abhängig zu machen. So EuGH, Rs. C-58/98,
Slg. 2000, I-7919, Rn. 33 ff. – Corsten.

[190] BVerfGE 146, 164 (193 f.).

[191] BVerfGE 146, 164 (197 ff.); hierzu vertiefend *Jahn*, BayVBl 2018, 761; *ders.*, GewArch 2018,
410; *Kirchberg*, NJW 2017, 2723; *Kluth*, GewArch 2018, 261.

[192] Eingehend *Kluth*, Funktionale Selbstverwaltung, 1997, S. 82 ff., 123 ff., der zwischen der
Selbstverwaltung der freien Berufe und der wirtschaftlichen Selbstverwaltung differenziert.

[193] *Jestaedt*, Demokratieprinzip und Kondominialverwaltung, 1993, S. 549 f.

[194] BVerfGE 37, 1 (26); 107, 59 (93).

[195] BVerfGE 146, 164 (210 ff.).

[196] BVerfGE 107, 59 (93).

Gesetz ausreichend vorherbestimmt sind und ihre Wahrnehmung der Aufsicht personell demokratisch legitimierter Amtswalter unterliegt".[197] Man kann diese gelockerten Anforderungen an die demokratische Determination des Verwaltungshandelns wohl damit rechtfertigen, dass an die Stelle der Verantwortung der Amtswalter gegenüber der Regierung ein neuer Legitimationsstrang tritt, der von den Verbandsmitgliedern als Legitimationssubjekt ausgeht. Diese Rechtfertigung lässt es – entgegen der Auffassung des BVerfG[198] – jedoch von vornherein nicht zu, *Selbst*verwaltungskörperschaften auch zu einem Handeln gegenüber Dritten (Nichtmitgliedern) zu ermächtigen.[199]

c) Öffentliches Haftungsrecht

Es gibt keine allgemeinen Regeln, die eine Anstaltslast oder Gewährträgerhaftung **56** für juristische Personen der Selbstverwaltung begründen, sofern sich nicht ausnahmsweise aus dem Gesetz abweichende Regelungen ergeben.[200] Etwa das Recht der IHKen kennt keine Vorschriften, die die Zahlungsfähigkeit der Körperschaften des öffentlichen Rechts sicherstellen.[201] Grundsätzlich wären öffentlich-rechtliche Selbstverwaltungskörperschaften der Wirtschaftsverwaltung auch *insolvenzfähig*.[202] Die Länder haben allerdings durchweg von der Ermächtigung des § 12 Abs. 1 Nr. 2 InsO Gebrauch gemacht und Kammern vom Insolvenzverfahren befreit.[203] Demgegenüber sind Kammern unter der Aufsicht des Bundes (z. B. Bundesrechtsanwaltskammer, Anwaltskammer beim BGH, Bundesnotarkammer, Patentanwaltskammer) insolvenzfähig. Hieraus folgt jedoch im Umkehrschluss weder eine *Anstaltslast* des Staates im Innenverhältnis noch eine *Gewährträgerhaftung* gegenüber Dritten als Gläubigern einer Kammer.[204]

d) Binnenrechtsschutz

Rechtsstreitigkeiten zwischen Organen einer Kammer über Kompetenzen können **57** im *verwaltungsgerichtlichen Organstreit* ausgetragen werden,[205] weil die einzelnen Organe durch ausschließliche gesetzliche Kompetenzzuweisungen voneinander

---

[197] BVerfGE 107, 59 (94). Ferner *Jestaedt*, Demokratieprinzip und Kondominialverwaltung, 1993, S. 546 f.

[198] BVerfGE 107, 59 (94); kritisch *Gärditz*, AbfallR 2004, 235; *Musil*, DÖV 2004, 116 (120).

[199] Zutreffend *Britz*, VerwArch 91 (2000), 418 (430 f., 434); *Oebbecke*, Weisungs- und unterrichtungsfreie Räume in der Verwaltung, 1986, S. 90; vgl. auch *Geis*, Der Erlass von Satzungen, in: Kluth/Krings (Hrsg.), Gesetzgebung, 2014, § 25 Rn. 17.

[200] BVerwGE 64, 248 (257).

[201] BVerwGE 64, 248 (258).

[202] Vgl. BVerwGE 64, 248 (255).

[203] Einzelnachweise bei *Rieger*, Kammerfinanzierung, in: Kluth, § 13 Rn. 264.

[204] *Von Lewinski*, Öffentlichrechtliche Insolvenz und Staatsbankrott, 2011, S. 147; *Rieger*, Kammerfinanzierung, in: Kluth, § 13 Rn. 263.

[205] Etwa OVG NRW, OVGE 28, 208 (211); NVwZ 2003, 1526; VG Frankfurt, GewArch 2007, 483; *Diefenbach*, GewArch 2006, 313 (321); *Groß*, Kammerverfassungrecht – Organisation und Verfahren in: Kluth, § 7 Rn. 48 f.; *Heyne*, GewArch 2016, 279 (283); *Schöbener*, GewArch 2008, 329.

verselbstständigt und zur eigenständigen Willensbildung ermächtigt wurden.[206] Eine *Prozessstandschaft* einzelner Mitglieder für ein Organ, dem sie angehören, kennt das Kammerrecht mangels ausdrücklicher Zulassung nicht.[207] Allerdings kann ein Mitglied des Verbandes, sofern ein Organ die Verbandszuständigkeiten überschreitet (ultra vires handelt), nach herkömmlicher Auffassung den Verband im Wege der allgemeinen Leistungsklage auf Unterlassung in Anspruch nehmen.[208] Wirklich überzeugend ist dies nicht. Eine allgemeine Ultra-vires-Lehre ist im deutschen Recht nicht anerkannt.[209] Und die Ermächtigung, gegen Handlungen ultra vires zu klagen, würde dem einzelnen Mitglied ein sektorales Recht auf rechtmäßige Verwaltung vermitteln, das der Systementscheidung für einen individuellen Verletztenrechtsschutz (vgl. § 42 Abs. 2 VwGO) zuwider läuft. Die *statthafte Klageart* richtet sich im Übrigen – wie allgemein – nach dem Rechtsschutzziel (§ 88 VwGO). Mangels Außenwirkung scheiden verwaltungsaktsbezogene Klagen von vornherein aus.[210] In der Regel wird ein Organstreit in Form einer Feststellungsklage (§ 43 VwGO) zu führen sein (namentlich Feststellung der Rechtswidrigkeit einer Maßnahme), sofern eine Leistung (z. B. Rückgängigmachung einer Maßnahme) begehrt wird, kommt eine allgemeine Leistungsklage in Betracht.[211]

4. Privatrechtliche Organisationsformen

58 Organisationsformen des Privatrechts, namentlich des Kapitalgesellschaftsrechts (GmbHG, AktG) sind einsetzbar und werden eingesetzt, um öffentliche Verwaltungsfunktionen zu erfüllen.[212] Dies gilt nicht zuletzt für das Wirtschaftsverwaltungsrecht: Staatliche oder kommunale Kapitalgesellschaften sind Träger wirtschaftlicher Förderprogramme, erfüllen öffentliche Informationsaufträge,[213] führen als funktionale Auftraggeber (vgl. § 98 Nr. 2 GWB) Beschaffungsvorgänge durch, entwickeln oder betreiben öffentliche Infrastruktur (z. B. Häfen, Flughäfen) und erfüllen verpflichtende Aufgaben des Daseinsvorsorge.[214] Über Public-Private-Partnerships (→ § 6 Rn. 106 ff.)

---

[206] Zu diesen Kriterien *Gärditz*, Hochschulorganisation, S. 533 f.

[207] Zutreffend *Groß*, Kammerverfassungrecht – Organisation und Verfahren in: Kluth, § 7 Rn. 49.

[208] Etwa *Kluth*, Funktionale Selbstverwaltung, 1997, S. 332.

[209] Etwa *Ehlers*, Die Lehre von der Teilrechtsfähigkeit juristischer Personen des öffentlichen Rechts und die Ultra-vires-Doktrin des öffentlichen Rechts, 2000, S. 69; *Gurlit*, Verwaltungsvertrag und Gesetz, 2000, S. 407 ff.; *Hufeld*, Die Vertretung der Behörde, 2003, S. 390; *Stelkens*, Verwaltungsprivatrecht, 2005, S. 217.

[210] VG Frankfurt, Urt. vom 15.11.2007 – 5 E 777/07, juris, Rn. 12.

[211] Hierzu stellvertretend *Gärditz*, in: ders., VwGO, § 42 Rn. 45; *Schenke*, Verwaltungsprozessrecht, Rn. 226 ff., 338, 346, 432; *Schoch*, Jura 2008, 826.

[212] *Gärditz*, Hochschulorganisation, S. 572 ff.; *Groß*, in: Hoffmann-Riem/Schmidt-Aßmann/Voßkuhle, GVwR² I, § 13 Rn. 47; *Röhl*, in: Schoch, Kap. 2 Rn. 137; *Schulze-Fielitz*, in: Hoffmann-Riem/Schmidt-Aßmann/Voßkuhle, GVwR² I, § 12 Rn. 130.

[213] Anschaulich zum Standortmarketing *Kersten*, VerwArch 99 (2008), 30.

[214] Vgl. *Kahl*, in: Fehling/Ruffert, § 14 Rn. 15 ff.

innerhalb teilprivatisierter öffentlicher Unternehmen in Privatrechtsform versucht die öffentliche Hand, Kooperationsregime zu etablieren und in der Privatwirtschaft vorhandenes Sonderwissen in die öffentliche Verwaltung einzubinden.[215] Betrachtet man daher die heutige Vielfalt der Organisationsformen, derer sich die Verwaltung bedient, bedarf es auch einer Einbeziehung der öffentlichen Unternehmen in das Gesamtbild des Verwaltungsorganisationsrechts.[216]

Nach nicht unbestrittener, aber zutreffender Auffassung gilt bei der Inanspruchnahme von Organisationsformen insbesondere der GmbH und der AG der *Vorrang des Gesellschaftsrechts*.[217] Bedient sich die Verwaltung der Formen des Kapitalgesellschaftsrechts, muss sie sich dessen Regeln unterwerfen. Dies gilt in Sonderheit für die Länder, die das vorrangige Bundesrecht nicht durch abweichende Regelungen des Wirtschaftsprivatrechts unterlaufen dürfen. Zwar mag es sein, dass die Regeln des GmbHG und des AktG (hier insbesondere die Unabhängigkeit des Vorstandes nach § 76 Abs. 1 AktG) die Anforderungen an eine demokratische und rechtsstaatliche Steuerung nicht hinreichend erfüllen. Dies ist jedoch kein Defizit des Gesellschaftsrechts, das als Wirtschaftsprivatrecht keine geeigneten Organisationsstrukturen für die Erfüllung öffentlicher Verwaltungsaufgaben (im Sinne eines öffentlichen Gesellschaftsrechts)[218] bereitstellen muss. Die Länder können, sofern sie organisationsrechtlichen Differenzierungsbedarf sehen, eigenständige öffentlich-rechtliche Formen schaffen, was etwa mit dem kommunalen Eigenbetriebs- oder dem öffentlichen Anstaltsrecht (→ Rn. 60 f.) auch geschieht. Wird auf Formen des Privatgesellschaftsrechts zurückgegriffen, wozu keine Verpflichtung besteht, muss die Verwaltung geeignete Instrumente suchen, eine hinreichende rechtsstaatliche Kontrolle und demokratische Verantwortlichkeit sicherzustellen (Ingerenzpflichten).[219] Namentlich Vorgaben des kommunalen Wirtschaftsrechts modifizieren die organisationsrechtlichen Bestimmungen des GmbHG und AktG nicht,[220] und zwar auch dann nicht, wenn die öffentliche Hand der einzige Gesellschafter oder Mehrheitsgesellschafter ist.[221]

59

---

[215] Hierzu *Voßkuhle*, in: HStR³ III, § 43 Rn. 6 ff. Zur verbleibenden Letztverantwortung der Verwaltung zutreffend *Wissmann*, in: Hoffmann-Riem/Schmidt-Aßmann/Voßkuhle, GVwR² I, § 15 Rn. 68.

[216] *Schmidt-Aßmann*, Das allgemeine Verwaltungsrecht als Ordnungsidee, 2. Aufl. 2004, S. 266 ff.

[217] *Schmidt*, ZG 1996, 345; zum Streitstand eingehend *Wahl*, Privatorganisationsrecht, S. 327 ff.

[218] Hierzu eingehend und in der Bewertung positiv *Mann*, Die öffentlich-rechtliche Gesellschaft, 2002.

[219] Siehe OLG Frankfurt a. M., WM 2010, 1790 (1792 ff.); *Burgi*, in: Ehlers/Pünder, § 10 Rn. 34; *Gärditz*, Hochschulorganisation, S. 573 ff.; *Spannowsky*, ZG 1996, 400 (412 ff.).

[220] OLG Bamberg, WM 2009, 1082 (1086); OLG Frankfurt a. M., WM 2010, 1790 (1793); OLG Naumburg, WM 2005, 1313 (1315); LG Leipzig, Urt. v. 03.06.2013 – 7 O 595/10; LG Wuppertal, WM 2008, 1637 (1640); LG Würzburg, ZIS 2008, 1059 (1060); *Ehlers*, Europa- und verfassungsrechtliche Vorgaben, in: Wurzel/Schraml/Becker (Hrsg.), Rechtspraxis der kommunalen Unternehmen, 3. Aufl. 2015, Kap. B Rn. 57; *Gärditz*, Hochschulorganisation, S. 574; *Geis*, Kommunalrecht, 4. Aufl. 2016, § 12 Rn. 71; *Mann*, Die Verwaltung 35 (2002), 463 (473 ff.); *Schmidt*, ZG 1996, 345 (350 ff.).

[221] Klarstellend OLG Bamberg, WM 2009, 1082 (1086); OLG Frankfurt a. M., WM 2010, 1790 (1793); LG Leipzig, Urt. v. 03.06.2013 – 7 O 595/10; LG Wuppertal, WM 2008, 1637 (1640); LG Würzburg, ZIS 2008, 1059 (1060); *Bausch*, BKR 2009, 304; *Schwintek*, EWiR 2005, 661 (662).

5. Kommunalwirtschaft

60 Gerade im kommunalen Bereich engagiert sich die Verwaltung häufig in Formen wirtschaftlicher Betätigung (umfassend → § 6).[222] Voraussetzung hierfür ist nach Maßgabe der einschlägigen Bestimmungen des Kommunalrechts[223] in der Regel,[224] dass sich die Gemeinde

- *zur Erfüllung ihrer Aufgaben* wirtschaftlich betätigt;
- ein *öffentlicher Zweck* die Betätigung erfordert;
- die Betätigung nach Art und Umfang in einem *angemessenen Verhältnis zu der Leistungsfähigkeit* der Gemeinde steht;
- teilweise zudem, dass bei einem Tätigwerden außerhalb tradierter Daseinsvorsorge der öffentliche Zweck *durch andere Unternehmen nicht besser und wirtschaftlicher erfüllt* werden kann, was richtigerweise für privatwirtschaftliche Konkurrenten drittschützend ist.[225]

Bisweilen wird auch die wirtschaftliche Betätigung außerhalb des Gemeindegebiets weiteren Begrenzungen unterworfen.[226] Will eine Gemeinde zu Zwecken der wirtschaftlichen Betätigung ein Unternehmen gründen, stellt das Kommunalrecht in der Regel zusätzliche Voraussetzungen auf,[227] um eine wirtschaftliche Überforderung der Gemeinde bzw. die Belastung mit gemeinwohlunverträglichen Risiken zu verhindern. Das Kommunalrecht regelt nur die kommunalrechtliche Zulässigkeit von Unternehmensgründungen („Ob"). Soweit eine Gemeinde Gesellschaften des Privatrechts gründet, gelten für den Betrieb des Wirtschaftsunternehmens die Vorschriften des Gesellschaftsrechts (→ Rn. 58).

61 Das Kommunalrecht stellt den Gemeinden aber auch *öffentlich-rechtliche Organisationsformen zur wirtschaftlichen Betätigung* zur Verfügung, nämlich den Eigenbetrieb[228] und die Anstalt des öffentlichen Rechts[229].[230] *Eigenbetriebe* sind gemeindliche

---

[222] Vertiefend *Britz*, NVwZ 2001, 380; *Hoppe/Uechtritz/Reck* (Hrsg.), Handbuch Kommunale Unternehmen, 3. Aufl. 2012; *Lange*, Kommunalrecht, 2013, Kap. 14 Rn. 167 ff.

[223] Etwa § 102 GO BW; Art. 87 BayGO; § 107 GO NRW; § 85 GO RP.

[224] Eingehend hierzu *T. I. Schmidt*, Kommunalrecht, 2011, Rn. 945 ff.; *Winnik*, Die abfallwirtschaftliche Betätigung der Gemeinden, 2009, S. 109 ff.

[225] VerfGH RP, DVBl. 2000, 992; OVG RP, ZUR 2006, 320 (321); OVG NRW, NVwZ 2003, 1520 f.; NVwZ 2008, 1031 (1032); VGH BW, NVwZ-RR 2006, 714 (715); *Gärditz*, in: ders., § 42 Rn. 90; *Lange*, Kommunalrecht, 2013, Kap. 14 Rn. 127 ff.; eingehend *Schoch*, Konkurrentenschutz im kommunalen Wirtschaftsrecht, in: FS Wahl, S. 573; differenzierend *Jungkamp*, NVwZ 2010, 546; anders noch BVerwGE 39, 329 (336).

[226] Etwa § 102 Abs. 7 GO BW; § 107 Abs. 3 GO NRW.

[227] §§ 103, 103a GO BW; Art. 92 BayGO; § 108 GO NRW; § 87 GO RP. Hierzu vertiefend *Lange*, Kommunalrecht, 2013, Kap. 14 Rn. 204 ff.

[228] Art. 88 BayGO; § 114 GO NRW; § 86 GO RP.

[229] Art. 89 BayGO; § 114a GO NRW; § 86a GO RP.

[230] Hierzu eingehend *Schneider*, Kommunalunternehmen (Anstalt des öffentlichen Rechts), in: Wurzel/Schraml/Becker (Hrsg.), Rechtspraxis der kommunalen Unternehmen, 2. Aufl. 2010, Kap. D.II. Rn. 26 ff.

wirtschaftliche Unternehmen ohne Rechtspersönlichkeit, für die das Landesrecht besondere Bewirtschaftungsvorschriften vorsieht, die einerseits die Gemeinwohlbindung des kommunalen Wirtschaftens sicherstellen, andererseits aber der Betriebsleitung im Interesse effizienter Betriebsführung ausreichende Selbstständigkeit einräumen.[231] Organisationsrechtlich sind die Eigenbetriebe Sondervermögen der Gemeinde und bleiben daher – trotz binnenorganisationsrechtlicher Ausdifferenzierung – im Außenverhältnis unselbstständiger Teil der Trägergemeinde.[232] Die Gemeinde kann aber auch durch Satzungsrecht *Anstalten des öffentlichen Rechts* gründen, die zwar verselbstständigt werden,[233] für die die Gemeinde aber in der Regel eine gesetzliche Gewährleistungsverantwortung übernimmt.[234] Anstalten verfügen dann als juristische Personen des öffentlichen Rechts über eigene Organe, und zwar in der Regel über einen kollegialen Verwaltungsrat als Hauptorgan mit Repräsentationsfunktion und einen Vorstand als ausführendes Organ.[235] Daneben ist die – in der Regel in den Gemeindeordnungen nicht gesondert geregelte – Wirtschaftsführung im sog. *Regiebetrieb* möglich, dessen Errichtung auf einem internen Organisationserlass beruht und über keine institutionell verfestigte Verselbstständigung verfügt.[236]

IV. Kontrollfragen 62

1. Welche Typen von Gesetzgebungskompetenzen des Bundes gibt es? (→ Rn. 3 ff.)
2. Was ist der wichtigste Gesetzgebungskompetenztitel für das Wirtschaftsverwaltungsrecht? (→ Rn. 5)
3. Was sind die besonderen Voraussetzungen der Inanspruchnahme einer konkurrierenden Gesetzgebungskompetenz beim Recht der Wirtschaft? (→ Rn. 10 ff.)
4. Inwiefern ist die BNetzA als Regulierungsbehörde unabhängig? (→ Rn. 46 f.)
5. Wie ist die BNetzA organisiert? (→ Rn. 41 ff.)
6. Wie legitimiert sich die wirtschaftliche Selbstverwaltung? (→ Rn. 53 ff.)
7. Was bedeutet „Vorrang des Gesellschaftsrechts"? (→ Rn. 59)
8. Welche öffentlich-rechtlichen Organisationsformen stehen einer Gemeinde zur wirtschaftlichen Betätigung zur Verfügung? (→ Rn. 61)
9. Welche Funktion erfüllt das Kollegialprinzip in der Verwaltungsorganisation? (→ Rn. 37)

---

[231] Hierzu *Lange*, Kommunalrecht, 2013, Kap. 14 Rn. 168 f.

[232] *Schneider*, in: Wurzel/Schraml/Becker (Hrsg.), Rechtspraxis der kommunalen Unternehmen, 2. Aufl. 2010, Kap. D Rn. 97 ff.

[233] Kritisch zum damit einhergehenden demokratischen Kontrollverlust *Lange*, Kommunalrecht, 2013, Kap. 14 Rn. 176.

[234] Vgl. § 114a Abs. 5 GO NRW.

[235] Vgl. Art. 90 BayGO; § 86b GO RP; *T. I. Schmidt*, Kommunalrecht, 2011, Rn. 959.

[236] Hierzu *Lange*, Kommunalrecht, 2013, Kap. 14 Rn. 167; *T. I. Schmidt*, Kommunalrecht, 2011, Rn. 957.

Literatur

Britz, Vom Europäischen Verwaltungsverbund zum Regulierungsverbund?, EuR 2006, 46

Broemel, Strategisches Verhalten in der Regulierung, 2010

Burgi, Verwaltungsorganisationsrecht, in: Ehlers/Pünder (Hrsg.), Allgemeines Verwaltungsrecht, 15. Aufl. 2015, § 10

Gärditz, Hochschulorganisation und verwaltungsrechtliche Systembildung, 2009

Groß, Das Kollegialprinzip in der Verwaltungsorganisation, 1999

Jestaedt, Grundbegriffe des Verwaltungsorganisationsrechts, in: Hoffmann-Riem/Schmidt-Aßmann/Voßkuhle (Hrsg.), Grundlagen des Verwaltungsrechts, Bd. I: Methoden, Maßstäbe, Aufgaben, Organisation, 2. Aufl. 2012, § 14

Kluth (Hrsg.), Handbuch des Kammerrechts, 2. Aufl. 2011

Ludwigs, Die Bundesnetzagentur auf dem Weg zur Independent Agency? – Europarechtliche Anstöße und verfassungsrechtliche Grenzen, Die Verwaltung 44 (2011), 41

Masing, Die Regulierungsbehörde im Spannungsfeld von Unabhängigkeit und parlamentarischer Verantwortung, in: FS Schmidt, 2006, S. 521

Masing/Marcou (Hrsg.), Unabhängige Regulierungsbehörden, 2010

Schmidt-De Caluwe, Verwaltungsorganisationsrecht, JA 1993, 77

Wahl, Privatorganisationsrecht als Steuerungsinstrument bei der Wahrnehmung öffentlicher Aufgaben, in: Schmidt-Aßmann/Hoffmann-Riem (Hrsg.), Verwaltungsorganisationsrecht als Steuerungsressource, 1997, S. 301

§ 5 Wirtschafts- und Währungspolitik

Reiner Schmidt

Inhaltsverzeichnis

Für die nachhaltige Unterstützung meines Beitrags in der Vorauflage, insbesondere bei der Auswahl und der Entwicklung der Übersichten, danke ich herzlich Frau Annika Schmidl, ehemals Wiss. Mitarbeiterin am Lehrstuhl für Öffentliches Recht, Europarecht und Öffentliches Wirtschaftsrecht (Prof. Dr. Ferdinand Wollenschläger), Universität Augsburg. Zur Aktualisierung und zur Verbesserung meines Beitrags für die 5. Auflage haben Herr Dr. Stephan Gerg, Regierungsrat im Bayerischen Staatsministerium der Finanzen und für Heimat und Herr Samed R. Sahin, wissenschaftlicher Mitarbeiter am Lehrstuhl von Prof. Wollenschläger, wesentlich beigetragen. Ich danke ihnen herzlich.

R. Schmidt (✉)
Juristische Fakultät, Universität Augsburg, Augsburg, Deutschland
E-Mail: reiner.schmidt@jura.uni-augsburg.de

© Springer-Verlag GmbH Deutschland, ein Teil von Springer Nature 2019   211
R. Schmidt, F. Wollenschläger (Hrsg.), *Kompendium Öffentliches Wirtschaftsrecht*,
Springer-Lehrbuch, https://doi.org/10.1007/978-3-662-59430-8_5

I. Die geschichtliche Entwicklung

1. Das Zeitalter des Liberalismus

1   Die industrielle Revolution in Deutschland war stark geprägt durch den Wirtschaftsliberalismus in England, dem Ausgangspunkt der Lehren eines *Adam Smith (1723–1790)* und eines *David Ricardo (1772–1823)*. Der Beginn der rechtlichen Gestaltung der *Wirtschaftspolitik* bzw. nach der damaligen Terminologie der *Wirtschaftslenkung* kann in den Staatseingriffen des 19. Jahrhunderts gesehen werden. Diese wurden entgegen den liberalen herrschenden Vorstellungen von Staat und Gesellschaft wegen der sozialen Spannungen in Folge der wachsenden Industrialisierung notwendig. Der fortschrittlich freiheitliche Deutsche Zollverein von 1834 war ein Niederschlag dieses Denkens. Erst nach der Reichsgründung

erfuhren das Postulat der Freiheit der Wirtschaft vom Staat und der Glaube an die
Selbstregulierung der Wirtschaft eine entscheidende Schwächung. Verstärkte
Auslandskonkurrenz, nationalwirtschaftliche Rivalitäten und der Druck des Groß-
grundbesitzes zwangen Reichskanzler Bismarck 1876 zur Aufgabe seiner liberalen Handelspolitik. Zunehmend setzten sich staatswirtschaftliche Tendenzen
durch: Post und Bahn, Telegraf und Telefon, umfangreiche land- und forstwirt-
schaftliche Domänen und zahlreiche Bergwerke waren in der Hand des Staates.
Über die Hälfte seiner Einnahmen kamen aus eigenen Wirtschaftsbetrieben. Den
Umbruch vom Liberalismus zu einem gemäßigten Staatsinterventionismus verdeutlicht die *Gewerbeordnung von 1869*[1] (→ § 9 Rn. 1). Sie bekennt sich zum
Prinzip der Gewerbefreiheit, behält aber gleichzeitig dem Staat Eingriffs- und
Aufsichtsbefugnisse vor. Die Rechtswissenschaft des 19. Jahrhunderts blieb trotz
mancher Ansätze hinter der theoretischen Bewältigung des Interventionismus
durch die Nationalökonomie zurück. Auf der Basis der durch einen siegreichen
Liberalismus geschaffenen Rechte erkannte die Opposition aus wirtschafts- und
sozialpolitischen Erwägungen die Lenkungsproblematik. *Adolph Wagner* stellte
in seiner „Grundlegung der politischen Ökonomie" aus dem Jahr 1892 die Grund-
frage, wie Freiheitssphäre und Eigentum beschaffen sein müssen, um den Bedingungen des gesellschaftlichen und wirtschaftlichen Zusammenlebens zu genügen.
Insgesamt gesehen gab es in Deutschland bis 1914 bemerkenswerte Ansätze für
eine rechtlich eingehegte Wirtschaftspolitik. Die Sorgen der gesamten Volkswirtschaft um sozial benachteiligte Gruppen und um den Missbrauch wirtschaftlicher
Macht fanden im Zeitalter des Liberalismus durchaus ihren juristischen Niederschlag.

2. Die Kriegswirtschaft

Mit dem Ausbruch des 1. Weltkriegs setzte eine sehr umfangreiche Lenkung der   2
Wirtschaft ein. Am 04.08.1914 war der Reichstag mit 16 Gesetzen zur Kriegswirt-
schaft übergegangen. Am folgenreichsten erwies sich das Gesetz über die Verlängerung der Fristen des Wechsel- und Scheckrechts,[2] das den Bundesrat ermächtigte,
während des Krieges diejenigen gesetzlichen Maßnahmen anzuordnen, welche sich
zur Abhilfe wirtschaftlicher Schädigungen als notwendig erweisen. Die Rechtswissenschaft war gegenüber dieser neuen Situation hilflos. Die Fülle von staatlichen
Eingriffen war mit polizeirechtlichen Kategorien nicht mehr zu bewältigen. „Aber,
wo nun die Grenze liegt zwischen solchen nichtpolizeilichen Akten und denjenigen
Maßregeln, die ‚Polizei' bleiben, ist bestritten und unklar."[3]

---

[1] Gewerbeordnung für den Norddeutschen Bund vom 21.06.1869, BGBl. des Norddeutschen
Bundes, S. 245.

[2] Gesetz über die Ermächtigung des Bundesrats zu wirtschaftlichen Maßnahmen und über die
Verlängerung der Fristen des Wechsel- und Scheckrechts im Falle kriegerischer Ereignisse vom
04.08.1914, RGBl. 1914, S. 327.

[3] So *Hedemann*, Deutsches Wirtschaftsrecht, 1943, S. 75.

3. Weimarer Verfassung und Nationalsozialismus

3   Die *Weimarer Verfassung* enthielt zwar die traditionell liberalen Grundrechte. Der
Abschnitt über das Wirtschaftsleben (Art. 151–165 WRV) brachte aber eine deutliche Begrenzung für das Wirtschaften Privater, das auf der Grundlage eines men-
schenwürdigen Daseins für alle (Art. 151 WRV), einer partiellen Sozialisierung
(Art. 156 WRV) und mit der Garantie eines sozial gebundenen Eigentums (Art. 153,
155 WRV) die Rechte des arbeitenden Menschen schützen sollte (Art. 159-163,
165 WRV). Gemeinwirtschaftliche Vorstellungen fanden sich bruchstückhaft in
Art. 156 Abs. 2 WRV, der das Reich zum Zusammenschluss von Unternehmen und
Verbänden ermächtigte. Der Erfolg der sozialistischen und interventionistischen
Bestimmungen blieb gering. Der in Art. 165 WRV vorgesehene Reichswirtschafts-
rat scheiterte an der Frage, inwieweit er eine Repräsentation des Staatsvolkes neben
der im Parlament vollzogenen darstellen sollte.

4   In der folgenden Zeit des *Nationalsozialismus* kam es zu einer umfassenden Wirtschaftslenkung und -planung. Der Staat wurde zum „Herrn und Verwalter der Wirtschaft".[4] „In der überragenden Gestalt des Führers, die wie überall, so auch hier bei
der Gestaltung der Wirtschaftsverhältnisse als der oberste Künder des Volkswillens
erscheint, erfährt diese Zentralisation ihre höchste Krönung", formulierte das damals
führende Handbuch des Wirtschaftsrechts.[5] Durch den zweiten Vierjahresplan sollte
„eine einheitliche Lenkung aller Kräfte des deutschen Volkes und die straffe Zusammenfassung aller einschlägigen Zuständigkeiten in Partei und Staat" erreicht werden.[6] Als Instrumente dienten Rechtsverordnungen, allgemeine Verwaltungsvorschriften und Weisungen, denen gleichermaßen Rechtscharakter zugebilligt wurde.[7]

4. Der Neuanfang mit dem Grundgesetz

5   Nach dem Zusammenbruch im Jahr 1945 verlagerte sich die Grundsatzdiskussion
um Berechtigung und Intensität des Interventionismus auf die Frage nach der Festlegung eines bestimmten Wirtschaftssystems in der Verfassung (→ § 2 Rn. 3 ff.).
„[D]ie Gesamtheit aller Bestrebungen, Handlungen und Maßnahmen, die darauf
abzielen, den Ablauf des Wirtschaftsgeschehens zu einem Gebiet oder Bereich zu
ordnen, zu beeinflussen oder unmittelbar festzulegen",[8] kurz die Wirtschaftspolitik,
wurde in den weiten Rahmen einer „Wirtschaftsverfassung" gestellt, über den sich
die h. M. bald einig wurde, dass in ihm die soziale Marktwirtschaft nur als eines von
mehreren Ordnungssystemen Platz fand.[9] Ein bestimmtes Wirtschaftssystem wird

---

[4] *Hedemann*, Deutsches Wirtschaftsrecht, 1943, S. 145.

[5] *Hedemann*, Deutsches Wirtschaftsrecht, 1943, S. 28.

[6] Verordnung zur Durchführung des Vierjahresplanes vom 18.10.1936, RGBl. I, S. 887.

[7] Zur Geschichte der Wirtschaftslenkungen im Ganzen siehe *R. Schmidt*, Wirtschaftspolitik,
S. 43 ff.

[8] *Giersch*, Allgemeine Wirtschaftspolitik, Bd. 1, 1961, S. 17.

[9] Näheres bei *R. Schmidt*, in: ders., AT, S. 68 ff.

zwar nicht garantiert, wie das BVerfG immer wieder betonte, allerdings gilt ein Vorrang für den freien Markt. Die Wirtschaft der Bundesrepublik ist grundsätzlich frei;
eine Einschränkung der wirtschaftlichen Betätigungsfreiheit, etwa durch eine
Marktordnung, ist nach Auffassung des Gerichts nur zulässig, soweit sie durch
überwiegende Gründe des Gemeinwohls geboten ist.[10] In diesem weiten Rahmen
konnte sich ein vitales Wirtschaftsleben entwickeln, das auch durch die Neuausrichtung der Wirtschaftspolitik auf das gesamtwirtschaftliche Gleichgewicht im
Jahr 1967 durch den neuen Art. 109 Abs. 2 GG (→ Rn. 32) nicht gebremst wurde.
Die Definition des gesamtwirtschaftlichen Gleichgewichts durch das Stabilitäts- und
Wachstumsgesetz (StabG) und die dort zu findende Instrumentalisierung
(→ Rn. 35 ff.) haben kaum mehr praktische Bedeutung. Zum einen, weil der volkswirtschaftliche Hintergrund des Gesetzes, die Vorstellung einer antizyklischen Fiskalpolitik im Sinne von *Keynes*, heute weitgehend als überholt gilt, zum anderen,
weil sich wegen des europäischen Einigungsprozesses die Grundlage wirtschaftspolitischen Handelns deutlich verändert.

5. Der Weg in die Europäische Union

Das Bemühen um eine dauerhafte Integration der Staaten Europas, das zunächst   **6**
politisch scheiterte, fand seinen Niederschlag in den Römischen Verträgen zur
Gründung der Europäischen Wirtschaftsgemeinschaft und der Europäischen Atomgemeinschaft, die im Jahr 1957 in Rom unterzeichnet wurden. Das Scheitern einer
politischen Integration begünstigte die Einsicht, dass der Ausbau des Gemein-
schaftssystems auf wirtschaftlichem Gebiet letztlich auch politische Folgen haben
würde. Kernpunkt des Einigungsprozesses war die Bildung einer Zollunion mit den
vier Marktfreiheiten, dem freien Verkehr von Waren, Personen, Dienstleistungen
und Kapital (→ § 1 Rn. 6 ff.). Weitere wesentliche Entwicklungsschritte waren die
Finanzreform der Gemeinschaften, die Direktwahl des Europäischen Parlaments
(seit 1979), die Schaffung eines Europäischen Währungssystems (seit 1978) und die
Etablierung einer europäischen politischen Zusammenarbeit (seit 1970). Eine neue
Stufe bei der Verwirklichung einer engeren Union der Völker Europas wurde durch
den *Maastrichter Vertrag* (1992)[11] erreicht. Nach kleineren Integrationsschritten
durch den *Vertrag von Amsterdam* (1997)[12] und den *Vertrag von Nizza* (2001)[13] kam

---

[10] BVerfGE 18, 315 (327).

[11] Vertrag über die Europäische Union, unterzeichnet zu Maastricht am 07.02.1992, ABl. EG C
191/1.

[12] Vertrag von Amsterdam zur Änderung des Vertrags über die Europäische Union, der Verträge zur
Gründung der Europäischen Gemeinschaften sowie einiger damit zusammenhängender Rechtsakte vom 02.10.1997, ABl. EG C 340/1.

[13] Vertrag von Nizza zur Änderung des Vertrags über die Europäische Union, der Verträge zur
Gründung der Europäischen Gemeinschaften sowie einiger damit zusammenhängender Rechtsakte, unterzeichnet in Nizza am 26.02.2001, ABl. EG C 80/1.

es schließlich zum Reformvertrag, zum *Vertrag von Lissabon* (2007).[14] Seine wesentlichen Neuerungen, wie die Konstituierung der Europäischen Union als rechtsfähige Organisation und die Überführung der polizeilichen und justiziellen Zusammenarbeit in Strafsachen in einen vergemeinschaftlichten Politikbereich, betrafen
aber nicht den Binnenmarkt. Das Regelungsgefüge des europäischen Wirtschaftsrechts, das Regime des Binnenmarktes mit den Marktfreiheiten und der Wettbewerbsordnung, blieb unverändert.

6. Der Weg in die Europäische Währungsunion

7   Die Idee einer gemeinsamen Währung wurde bereits in einem Memorandum
vom 24.10.1962[15] angesprochen. Eine Einigung über die ökonomische Notwendigkeit einer gemeinsamen Währung wurde allerdings nicht erzielt. Nach
den wichtigen Stationen des *Barre-Plans* (1969),[16] des *Werner-Plans* (1970)[17]
und des *Delors-Plans* (1988)[18] kam es schließlich zum *Vertrag von Maastricht*.
Die Kommission, die ursprünglich die Einführung einer gemeinsamen Wirtschaftspolitik vorgeschlagen hatte, konnte sich nicht durchsetzen. Stattdessen
wurde die Pflicht zu einer engen *Koordination der Wirtschaftspolitik* vereinbart
(Art. 3a Abs. 1 EGV, jetzt Art. 119 Abs. 1 AEUV; → Rn. 11 ff.). Neu wurden
auch Vorgaben für die Schuldenpolitik (Art. 104c EGV, jetzt Art. 126 AEUV;
→ Rn. 30) geschaffen. Außerdem wurde das Verbot einer monetären Haushaltsfinanzierung (→ Rn. 26) verankert. Seit dem Eintritt in die dritte Stufe der
Wirtschafts- und Währungsunion wurde die *Währungshoheit* vollständig auf
die Union übertragen (zu den drei Stufen der Wirtschafts- und Währungsunion
siehe Abb. 1). Abgesehen von Ausnahmeregelungen gibt es keine Zuständigkeit der Mitgliedstaaten mehr. Unumkehrbar ist der Eintritt in die dritte Stufe
der Wirtschafts- und Währungsunion allerdings nicht. Jeder Mitgliedstaat kann
im Einklang mit seiner Verfassung beschließen, aus der Union auszutreten
(Art. 50 EUV).

Dies geschah im Vereinigten Königreich durch ein Referendum vom Juni 2016
zugunsten eines Austritts aus der Europäischen Union.

---

[14] Vertrag von Lissabon zur Änderung des Vertrags über die Europäische Union und des Vertrags
zur Gründung der Europäischen Gemeinschaft, unterzeichnet in Lissabon am 13.12.2007, Abl. EG
C 306/1.

[15] Memorandum der Kommission über das Aktionsprogramm der Gemeinschaft für die zweite
Stufe, 1962, S. 73 ff. (sog. „Marjolin-Memorandum").

[16] Memorandum der Kommission an den Rat über die Koordinierung der Wirtschaftspolitik und die
Zusammenarbeit in Währungsfragen innerhalb der Gemeinschaft vom 12.02.1969, Sonderbeilage
zum Bulletin Nr. 3/1969 der EG.

[17] Bericht an Rat und Kommission über die stufenweise Verwirklichung der Wirtschafts- und Währungsunion in der Gemeinschaft vom 08.10.1970, ABl. EG C 136/1.

[18] Ausschuss zur Prüfung der Wirtschafts- und Währungsunion, Bericht über die Wirtschafts- und
Währungsunion in der Europäischen Gemeinschaft vom 12.04.1989.

Die drei Stufen der Wirtschafts- und Währungsunion

		Dritte Stufe **1. Januar 1999**
	Zweite Stufe **1. Januar 1994**	Unwiderrufliche Festlegung der Umrechnungskurse
Erste Stufe **1. Juli 1990**	Errichtung des EWI	Einführung des Euro: erst Buchgeld – dann Bargeld
Verstärkte Zusammenarbeit der Zentralbanken	Verbot der Gewährung von Zentralbankkrediten an öffentliche Stellen	Inkrafttreten des Stabilitäts- und Wachstumspakts
Uneingeschränkter Kapitalverkehr	Koordinierung der Geld-politik und Stärkung der wirtschaftlichen Konvergenz	Einrichtung des Wechsel-kursmechanismus II
Verbeserung der wirtschaftlichen konvergenz	Prozess hin zur Unabhängig-keit der Zentralbanken	Durchführung einer einheitlichen Geldpolitik durch das Eurosystem

Abb. 1 Die drei Stufen der Wirtschafts- und Währungsunion. [Quelle: Deutsche Bundesbank (Hrsg.), Geld und Geldpolitik, 2017, S. 139]

II. Begriffliches

1. Die Wirtschaftspolitik

Unter Wirtschaftspolitik werden alle Maßnahmen der leitenden supranationalen und staatlichen Organe [u. a. des Rats der Europäischen Union, der Europäischen Kom-mission, des Europäischen Systems der Zentralbanken (ESZB), der nationalen Regie-rungen und Parlamente] zur Verfolgung bestimmter Ziele im Bereich der Wirtschaft verstanden. Das öffentliche Wirtschaftsrecht liefert hierzu die kompetenzmäßigen Voraussetzungen sowie das rechtliche Instrumentarium und formuliert die Ziele wirt-schaftspolitischen Handelns. Herkömmlicherweise wird die Wirtschaftspolitik in die großen Bereiche der Ordnungs-, Struktur- und Konjunkturpolitik eingeteilt.

8

a) Zur *Ordnungspolitik* zählt insbesondere die Entscheidung über das volkswirt-schaftliche Lenkungssystem. Soll hierbei der private Sektor dominieren, muss durch entsprechende Wettbewerbspolitik wirksamer Wettbewerb hergestellt und bewahrt werden.

b) Zur *Strukturpolitik* gehören sektorale, auf Branchen bezogene, und regionale, auf Problemgebiete gerichtete, wirtschaftspolitische Maßnahmen, mit denen die sich langfristig vollziehenden Strukturwandlungen in einzelnen Wirtschaftszweigen bzw. -regionen beeinflusst werden sollen. Sektorale Strukturpolitik, entwickelt sie sich nicht zur speziellen Industriepolitik, besteht vor allem darin, die Investitionstätigkeit der öffentlichen Hand zur Verbesserung der sozialen und technischen Infrastruktur einzusetzen. Regionale Strukturpolitik ist auf Fördergebiete bezogen, im Unionsrecht ist sie als eigenständiger Politikbereich (Titel XVIII des AEUV: „Wirtschaftlicher, sozialer und territorialer Zusammenhalt") in den Art. 174 ff. AEUV ausgestaltet. Instrumente sind u. a. der Europäische Regionalfonds (Art. 176 AEUV) und der Strukturfonds[19] (Art. 177 AEUV). Im nationalen Bereich geht es um die Verbesserung der regionalen Wirtschafts- (Art. 91a Abs. 1 Nr. 1 GG) und um die Agrarstruktur (Art. 91a Abs. 1 Nr. 2 GG). Beide Aufgabenbereiche werden durch Gesetze zur jeweiligen Gemeinschaftsaufgabe wahrgenommen und näher ausgestaltet.[20]

c) Die Teile der Wirtschaftspolitik, welche unmittelbar auf die Beeinflussung der Konjunktur abzielen, werden als *Konjunkturpolitik* bezeichnet. Dem Ziel, die Entwicklung der Volkswirtschaft möglichst schwankungsfrei zu gestalten, dienen Maßnahmen der öffentlichen Haushalte, der Währungspolitik und der Kreditpolitik. Kurzfristige Konjunkturschwankungen sollen mit einer Detailsteuerung (Mikropolitik), vor allem aber mit Maßnahmen, die auf die volkswirtschaftliche Gesamtnachfrage gerichtet sind (Makropolitik), vermindert werden.

9 Auf nationaler Ebene bildet Art. 109 Abs. 2–4 GG mit seiner verfassungsrechtlichen Verpflichtung auf das gesamtwirtschaftliche Gleichgewicht zusammen mit dem StabG und dessen reichem Instrumentarium eine rechtliche Rahmenordnung (→ Rn. 32 ff.). Auf europäischer Ebene nimmt vor allem das ESZB, das in Art. 127 AEUV seine rechtliche Grundlage findet (→ Rn. 45 ff.), durch sein umfangreiches währungspolitisches Instrumentarium die prozesspolitische Steuerung wahr.

2. Die Abgrenzung zur Währungspolitik

10 Zwischen Wirtschafts- und Währungspolitik ist schon deshalb streng zu trennen, weil die Währungshoheit von den Mitgliedstaaten vollständig auf die Union übertragen wurde, während die Wirtschaftspolitik nach dem Prinzip der begrenzten Einzelermächtigung bei den Mitgliedstaaten verblieb. Im primären Unionsrecht wird der Begriff „Währungspolitik" in den Art. 3 Abs. 1 lit. c und Art. 127 Abs. 2 AEUV als Oberbegriff verstanden, der nicht mit dem der Geldpolitik

---

[19] Künftig ESF+.

[20] Zum Ganzen vgl. *P. M. Huber/Unger*, in: Schoch, Kap. 4 Rn. 149 ff.

gleichzusetzen ist. Während der rechtliche Geldbegriff nur das wirtschaftliche Einzelphänomen des Geldes erfasst, sich also auf eine bestimmte Werteinheit bezieht, soweit sie vom Staat zu Geld erklärt wurde, stellt der Begriff „Währung" auf die gesamte staatliche Geldordnung (Geldverfassung) ab. Daneben wird umgangssprachlich mit „Währung" auch die jeweils nationale Wert- und Recheneinheit bezeichnet.[21]

III. Die allgemeinen Grundlagen der Wirtschafts- und Währungspolitik der EU

1. Die Aufteilung der Kompetenzen

Die europäische Wirtschafts- und Währungsunion beruht auf zwei Säulen: auf der **11** *Koordinierung der Wirtschaftspolitik* (→ Rn. 14 ff.) und auf der *Ausübung der währungspolitischen Befugnisse durch das ESZB* (→ Rn. 43 ff.). Nach dem Vertrag von Maastricht ist es seit dem 01.11.1993 Aufgabe der Union (Art. 3 Abs. 4 EUV) einen Gemeinsamen Markt und eine Wirtschafts- und Währungsunion einzurichten. Seit dem Vertrag von Lissabon ist die *soziale Marktwirtschaft* nach Art. 3 Abs. 3 S. 2 EUV Ziel der Union (→ § 1 Rn. 3 ff.). Im Gegensatz zur Währungspolitik, die vergemeinschaftet wurde (Art. 127 ff. AEUV) und der Union eine ausschließliche Zuständigkeit verleiht (Art. 3 Abs. 1 lit. c AEUV), wird die Wirtschaftspolitik der Mitgliedstaaten nur koordiniert (Art. 121 AEUV) und haushaltspolitisch überwacht (Art. 126, 136 AEUV). Im Bereich der Wirtschaftspolitik hat die Union damit weder eine ausschließliche noch eine geteilte Zuständigkeit (vgl. Art. 5 AEUV).[22]

> Die sechs normativen Eckpunkte der Wirtschafts- und Währungsunion sind:
>
> • die Koordinierung der Wirtschaftspolitiken aller Mitgliedstaaten (Art. 121 AEUV);
> • der Zwang zur Haushaltsdisziplin (Art. 126, 136 AEUV);
> • die Alleinhaftung jedes Mitgliedstaates für seine Verbindlichkeiten (Art. 125 AEUV);
> • die Sicherung der Preisstabilität (Art. 127 Abs. 1 S. 1 AEUV);
> • die Grundübereinstimmung der wirtschaftlichen Grunddaten als Voraussetzung des Beitritts zur Währungsgemeinschaft (Konvergenzlage, Art. 140 AEUV) und
> • die Schaffung einer unabhängigen Europäischen Zentralbank.[21]

---

[21] So *R. Schmidt*, HStR[3] V, § 117 Rn. 3.
[22] So *Herdegen*, Internationales Wirtschaftsrecht, § 23 Rn. 2.

12   Kernstück der Wirtschaftsunion ist die *Koordinierung*, mit der wirtschaftliche Un-
     gleichgewichte vermieden oder abgebaut werden sollen. Art. 121 AEUV begründet
     keine Zuständigkeit für verbindliche Entscheidungen. Es handelt sich vielmehr ge-
     mäß Art. 5 AEUV um eine spezielle Zuständigkeit für die Koordinierung und prä-
     ventive mitgliedstaatliche Haushaltsüberwachung.[23] Zu den Überwachungsmaß-
     nahmen nach Art. 121 AEUV gehören Berichtspflichten der Mitgliedstaaten
     (Art. 121 Abs. 3 AEUV), Berichte der Kommission über wirtschaftliche Entwick-
     lungen, Verwarnungen, der sog. „blaue Brief" (Art. 121 Abs. 4 UAbs. 1 AEUV) und
     Empfehlungen der Kommission an den Rat. Der Rat kann diese Empfehlungen ver-
     öffentlichen, die Stimme der betroffenen Mitgliedstaaten bleibt unberücksichtigt
     (Art. 121 Abs. 4 UAbs. 2 AEUV).

2. Art. 3 EUV als Grundnorm des Integrationsprogramms

13   Die Koordinierung der Wirtschaftspolitik und die Ausübung der Währungspoli-
     tik stehen unter der Zielbestimmung des Art. 3 EUV. Unter der Zieltrias Förde-
     rung des Friedens, Werte der Union und *„Wohlergehen der Völker der Union"*
     (Abs. 1) interessiert im vorliegenden Zusammenhang letzteres, das sich insbe-
     sondere auf das ökonomische Wohlergehen bezieht.[24] Nach Art. 3 Abs. 4 EUV
     zielt die Union ausdrücklich darauf, eine Wirtschafts- und Währungsunion, de-
     ren Währung der Euro ist, zu errichten. Konkretisiert wird dies auch durch
     Art. 3 Abs. 3 UAbs. 1 S. 1 EUV, wonach die Union einen Binnenmarkt mit
     wirtschaftlichen Grundfreiheiten und Wettbewerb errichtet. Zum Wohlergehen
     der Völker gehört als Unionsziel nach Art. 3 Abs. 3 UAbs. 1 S. 2 EUV, die
     Preisstabilität im Rahmen der wirtschaftsverfassungsrechtlichen Grundent-
     scheidung für die Marktwirtschaft, für welche die soziale Komponente stark
     betont wird, zuwahren.[25] Damit wurde aber keine Systementscheidung für ein
     bestimmtes wirtschaftstheoretisches Konzept getroffen.[26] Art. 3 EUV ist eine
     Grundnorm des Integrationsprogramms, die in erster Linie die Unionsorgane
     verpflichtet, während die Mitgliedstaaten nur mittelbar angesprochen werden.
     Festgelegt wurde ein nicht justitiables Finalprogramm, das auf eine Annähe-
     rung der Politiken der Mitgliedstaaten zielt, ohne der Union „harte regulative
     Kompetenzen" zu übertragen.[27]

---

[23] Vgl. *Häde*, in: Calliess/Ruffert, Art. 121 AEUV Rn. 2 ff.

[24] Siehe *Ruffert*, in: Calliess/ders., Art. 3 EUV Rn. 21.

[25] So *Kahl*, Freiheitsprinzip und Sozialprinzip in der Europäischen Union, in: FS R. Schmidt,
S. 75 ff.

[26] Näheres bei *Ruffert*, in: Calliess/ders., Art. 3 EUV Rn. 38.

[27] So auch *Herrmann/Rosenfeldt*, in: Pechstein/Nowak/Häde (Hrsg.), Frankfurter Kommentar
EUV, GRC, AEUV, Bd. 3, 2017, Art. 121 AEUV Rn. 17.

IV. Die Grundsätze der europäischen Wirtschaftspolitik

1. Die Grundbedingungen für die Wirtschaftspolitik in Art. 119 Abs. 3 AEUV

Für die Koordinierung der Wirtschaftspolitik der Mitgliedstaaten legt Art. 119 Abs. 3 AEUV **14** richtungsweisende Grundsätze fest, die im Übrigen auch für die Durchführung der Währungspolitik gelten:

- stabile Preise (→ Rn. 15);
- gesunde öffentliche Finanzen (→ Rn. 16);
- gesunde monetäre Rahmenbedingungen (→ Rn. 17) sowie
- eine dauerhaft finanzierbare Zahlungsbilanz (→ Rn. 18).

Art. 119 AEUV begründet weder Befugnisse noch subjektive Rechte, schafft aber Grundbedingungen für die Wirtschafts- und Währungspolitik. Eine generelle Rangfolge wurde nicht festgelegt, wobei allerdings für den Sonderbereich der Währungspolitik nach Art. 119 Abs. 2 AEUV ein absoluter Vorrang der Preisstabilität bestimmt wurde.

a) Stabile Preise

Dieser unmittelbare *Vorrang der Preisstabilität* folgt neben Art. 119 Abs. 2 AEUV **15** auch aus Art. 3 Abs. 3 UAbs. 1 S. 2 EUV als Ziel für die Tätigkeit der Union insgesamt. Speziell für die Währungspolitik wird der Vorrang der Preisstabilität in Art. 127 Abs. 1 AEUV nochmals bekräftigt (→ Rn. 58). Mit „Preisstabilität" ist die Kaufkraft des Euro gemeint, d. h. die Stabilität der Verbraucherpreise eines differenziert zusammengesetzten Warenkorbes, der im sog. Harmonischen Verbraucherpreisindex (HVPI) abgebildet wird. Gemeint ist nicht die Stabilität einzelner Preise, sondern das exakt definierte Preisniveau einer Gruppe von Gütern.[28] Die Preisstabilität ist als absolute zu verstehen.[29] Das Ziel einer dauerhaften Bewahrung der Kaufkraft war Grundlage für die Vergemeinschaftung der Währungspolitik. Ein Anstieg der Preise „von unter, aber nahe 2 %"[30] gegenüber dem Vorjahr kann aber als praktikable, mit dem Absolutheitsanspruch noch vereinbare, Lösung angesehen werden.[31]

b) Gesunde öffentliche Finanzen

Mit dem Begriff „gesunde öffentliche Finanzen" wird auf Referenzwerte, die sog. **16** Maastricht-Kriterien verwiesen.[32] Obwohl die gesunden öffentlichen Finanzen wichtige Funktionsbedingungen der Währungsunion sind, wurde kein entsprechendes

---

[28] *Gaitanides*, Das Recht der EZB, S. 20.

[29] Zur Problematik absoluter Grenzwerte vgl. *Siekmann*, in: ders., Art. 119 AEUV Rn. 46.

[30] So *Europäische Zentralbank*, Die Geldpolitik der EZB, S. 72, 74.

[31] So wohl *Herdegen*, in: Maunz/Dürig, Art. 88 Rn. 31 (Stand: 60. EL Oktober 2010).

[32] Siehe Art. 126 Abs. 2 AEUV sowie das Protokoll (Nr. 12) über das Verfahren bei einem übermäßigen Defizit, ABl. EU 2010 C 83/273.

Instrumentarium geschaffen. Die Referenzwerte, die keine Grenzwerte sind, wurden inzwischen zum allgemeinen internationalen Standard, können aber keineswegs als ausschließliche Indizien für gesunde Finanzen angesehen werden,[33] weil sie Sonderprobleme wie die notwendige Finanzierung maroder Banken nicht erfassen. Mehr an Steuerungskraft ist von der inzwischen in das GG eingefügten sog. Schuldenbremse (Art. 109 Abs. 3 GG) zu erwarten (→ Rn. 33 f.).

c) Gesunde monetäre Rahmenbedingungen

17   Bei den neben den „gesunden öffentlichen Finanzen" genannten „monetären Rahmenbedingungen" handelt es sich um eine wenig aussagefähige Bestimmung. Dies liegt daran, weil in wenigen Artikeln des AEUV, wie in Art. 123 (Verbot von Kreditfazilitäten) und in Art. 127 ff. (Preisstabilität), konkrete Aussagen zur Wahrung gesunder monetärer Rahmenbedingungen gemacht werden, die den Regelungsgehalt des Art. 119 Abs. 3 AEUV in seiner Wirkung auf allgemeine Auslegungsgrundsätze bei der Handhabung von Beurteilungsräumen, Ermessensbestimmungen und unbestimmten Rechtsbegriffen reduzieren.[34]

d) Dauerhaft finanzierbare Zahlungsbilanz

18   Eine Zahlungsbilanz soll die wirtschaftliche Verflechtung einer Volkswirtschaft mit dem Ausland abbilden. „Ausgeglichen" ist sie, wenn der Saldo ohne Berücksichtigung der Kreditgewährung durch das Ausland und die Veränderung der Währungsreserven betrachtet wird. Langfristig darf eine Zahlungsbilanz keine Defizite ausweisen, weil sie andernfalls nicht mehr finanzierbar ist.[35]

2. Offene Marktwirtschaft mit freiem Wettbewerb

19   Die Mitgliedstaaten halten sich bei ihrem wirtschaftspolitischen Handeln an die soeben behandelten richtungweisenden Grundsätze. Diese Aktivitäten sollen in Übereinstimmung mit dem Prinzip einer *„offenen Marktwirtschaft mit freiem Wettbewerb"* (Art. 119 Abs. 2 AEUV) stehen. Die Vertragsgeber haben dieses Prinzip in Art. 120 AEUV wiederholt, woraus geschlossen werden kann, dass diese Aussage ihnen besonders wichtig gewesen sei. Trotzdem ist das Prinzip als solches wenig konkret. Vergleichbar mit der Diskussion einer „Wirtschaftsverfassung" nach dem Grundgesetz (→ § 2 Rn. 3 ff.) sind es letztlich nur konkrete Bestimmungen wie etwa die Eigentumsfreiheit, an denen staatliche Interventionen zu messen sind, während im Übrigen nur systemändernde Maßnahmen, etwa der Versuch der Einführung einer Zentralplanwirtschaft oder die vollständige Beseitigung der wirtschaftlichen Betätigungsfreiheit des einzelnen Bürgers, eine Grenze für staatliche Interventionen sind. Einen besonderen Aspekt allerdings spricht der Gesetzgeber an, wenn er sagt, dass durch den Grundsatz einer offenen Marktwirtschaft mit freiem Wettbewerb ein

---

[33] Vgl. *Siekmann*, in: ders., Art. 119 AEUV Rn. 56 f.
[34] So auch *Siekmann*, in: ders., Art. 119 AEUV Rn. 58.
[35] Zum Ganzen *Siekmann*, in: ders., Art. 119 AEUV Rn. 62 ff.

„effizienter Einsatz der Ressourcen gefördert wird" (Art. 120 S. 2 AEUV). Damit ist nicht nur Hoffnung verbunden, man kann dies durchaus als einen, allerdings nicht einklagbaren, Auftrag verstehen. Auf Marktkonformität kommt es hierbei nicht an.

3. Der Stabilitäts- und Wachstumspakt

Bei der Schaffung des Maastrichter Vertrags im Jahr 1992 gingen dessen Schöpfer **20** davon aus, dass die Währungsunion durch eine politische Union Europas ergänzt werden würde. Als sich herausstellte, dass dieses Ziel mittelfristig nicht erreichbar ist, wurde das Konzept eines Stabilitätspakts entwickelt, um den Regierungen und der Öffentlichkeit deutlich zu machen, dass die Übertragung der Geldpolitik auf die europäische Ebene eine teilweise Übertragung von Regierungskompetenzen in der Finanzpolitik erforderlich macht.[36]

Der in Amsterdam im Juni 1992 beschlossenen Stabilitätspakt, der das Verfahren **21** der Haushaltsüberwachung nach Art. 126 AEUV konkretisieren und beschleunigen soll,[37] ruht auf drei Säulen:

- der Entschließung des Europäischen Rates über den Stabilitäts- und Wachstums- pakt,[38]
- der Verordnung über den Ausbau der haushaltspolitischen Überwachung und der Überwachung und Koordinierung der Wirtschaftspolitiken[39] sowie
- der Verordnung über die Beschleunigung und Klärung des Verfahrens bei einem übermäßigen Defizit.[40]

Er wurde im Jahr 2005, auch auf Drängen der Bundesrepublik Deutschland, zu- **22** gunsten von Mitgliedstaaten mit einem Defizit von über 3 % des BIP aufgeweicht.[41] Dies wurde allerdings durch ein Bündel von Maßnahmen, den sog. „Six-Pack", wieder korrigiert.[42] Einer Gesamtwürdigung hat sich die Frage zu stellen, ob es sinnvoll ist, Ausnahmeregelungen zu schaffen, die umfangreicher sind als die ur- sprüngliche Regel als solche.

Zur Sicherung einer engeren Koordinierung der Wirtschaftspolitik und einer **23** dauerhaften Konvergenz der Wirtschaftsleistung der Mitgliedstaaten wurde ein *„Europäisches Semester"* (siehe Abb. 2) eingeführt.[43]

---

[36] So *Zeitler*, Was bleibt vom Stabilitäts- und Wachstumspakt?, in: FS R. Schmidt, S. 223 ff.

[37] *Gaitanides/Hettinger*, in: Schulze/Zuleeg/Kadelbach, § 31 Rn. 13.

[38] Entschließung des Europäischen Rates über den Stabilitäts- und Wachstumspakt vom 17.06.1997, ABl. EG C 236/1.

[39] VO (EG) Nr. 1466/97 des Rates vom 07.07.1997, ABl. EG L 209/1.

[40] VO (EG) Nr. 1467/97 des Rates vom 07.07.1997, ABl. EG L 209/6.

[41] Nachweise bei *Herdegen*, Internationales Wirtschaftsrecht, § 23 Rn. 5.

[42] Nachweise für die insgesamt sechs Regelungen bei *Herdegen*, Internationales Wirtschaftsrecht, § 23 Rn. 6.

[43] Näheres in Art. 2a VO (EG) Nr. 1466/97.

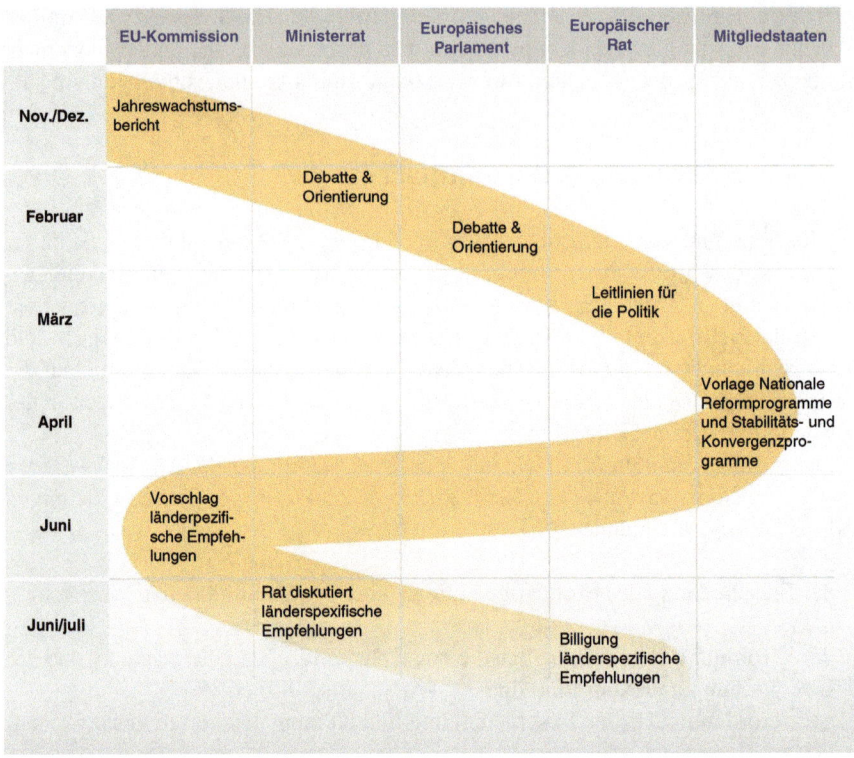

	EU-Kommission	Ministerrat	Europäisches Parlament	Europäischer Rat	Mitgliedstaaten
Nov./Dez.	Jahreswachstums-bericht				
Februar		Debatte & Orientierung	Debatte & Orientierung		
März				Leitlinien für die Politik	
April					Vorlage Nationale Reformprogramme und Stabilitäts- und Konvergenzpro-gramme
Juni	Vorschlag länderpezifi-sche Empfeh-lungen				
Juni/juli		Rat diskutiert länderspexifische Empfehlungen		Billigung länderspezifische Empfehlungen	

Abb. 2 Das Europäische Semester. (Quelle: BMF, Monatsbericht des BMF, Februar 2013, S. 25)

Mit dem *Europäischen Semester* wurde das Verfahren der multilateralen Überwachung mit dem Verfahren der makroökonomischen Überwachung ver-klammert. Die europäischen Institutionen sollen bereits vor Verabschiedung des nationalen Haushaltsplans Fehlentwicklungen erkennen können. Deshalb wur-den kalendermäßig festgelegte frühzeitige Berichts- und Berücksichtigungs-pflichten begründet.[44]

Dieses umfasst:

- die Bestimmung und Überwachung der Umsetzung der Grundzüge der Wirtschaftspolitik der Mitgliedstaaten und der Union nach Maßgabe des Art. 121 Abs. 2 AEUV,
- die Bestimmung und Prüfung der Umsetzung der von den Mitgliedstaaten nach Art. 148 Abs. 2 AEUV zu berücksichtigenden beschäftigungspoliti-schen Leitlinien,

---

[44]Vgl. *Gaitanides,* in: Siekmann, Art. 126 AEUV Rn. 48 ff.

- die Übermittlung und Bewertung der Stabilitäts- und Konvergenzprogramme der Mitgliedstaaten,
- die Übermittlung und Bewertung der nationalen Reformprogramme der Mitgliedstaaten zur Unterstützung der Strategie der Union für Wachstum und Beschäftigung sowie
- die Überwachung zur Vermeidung und Korrektur makroökonomischer Ungleichgewichte.[43]

4. Der fiskalpolitische Pakt

Im Januar 2012 einigten sich 25 Mitgliedstaaten auf den „Vertrag über Stabilität, Koordinierung und Steuerung in der Wirtschafts- und Währungsunion" (SKSV).[45] Neben dem Vereinigten Königreich nimmt die Tschechische Republik nicht teil. Es handelt sich um eine *völkerrechtliche Übereinkunft*, welche die Vertragsstaaten „in Übereinstimmung mit den Verträgen zur Gründung der Europäischen Union" bindet.[46] Ziel des Vertrags ist es, angesichts der Staatsschuldenkrise das Euro-Währungsgebiet zu stärken, die Haushaltsdisziplin zu fördern und die nationalen Währungspolitiken besser aufeinander abzustimmen.[47] Die Vertragsform wurde gewählt, da die angestrebte Änderung des Primärrechts nicht durchsetzbar war. In diesem Vorgehen kann durchaus eine Umgehung des Vertragsänderungsverfahrens des Art. 48 EUV gesehen werden.[48] **24**

Der für die Sicherung der Haushaltsdisziplin einschlägige Teil des SKSV, der sog. Fiskalpakt, verpflichtet die Vertragsstaaten, Regeln eines ausgeglichenen Haushalts und einen automatischen Korrekturmechanismus in die nationalen Rechtsvorschriften aufzunehmen. Ausdrücklich verpflichten sich die Vertragsparteien zu einem Haushalt, der ausgeglichen ist oder einen Überschuss aufweist. Die bisherige Regelung des Stabilitäts- und Wachstumspakts wurde verschärft. Das jährliche strukturelle Defizit, bei dem konjunkturell begründete Fehlbeträge nicht berücksichtigt werden, darf nicht höher als 0,5 % des BIP sein. Bei erheblichen Abweichungen vom länderspezifischen mittelfristigen Haushaltsziel wird ein Korrekturmechanismus ausgelöst, der die Vertragsparteien dazu verpflichtet, die Abweichungen innerhalb eines bestimmten Zeitraums zu korrigieren. Die Regelungen des SKS-Vertrags werden um einen Sanktionsmechanismus ergänzt, der den Gerichtsweg zum EuGH eröffnet.[49] **25**

---

[45] Vertrag über die Stabilität, Koordinierung und Steuerung in der Wirtschafts- und Währungsunion vom 02.03.2012, BGBl. II, S. 1008.

[46] Art. 2 Abs. 1 SKSV.

[47] *Gaitanides,* in: Siekmann, Art. 126 AEUV Rn. 169 ff.

[48] Hierzu *Schorkopf*, ZSER 2012, 1 (14 ff.).

[49] Zum Ganzen *Gaitanides,* in: Siekmann, Art. 126 AEUV Rn. 174 ff.

5. Die Alleinhaftung der Mitgliedstaaten

a) Die Sicherung der Haushaltsautonomie

26 Innerhalb der Union soll jede Form eines Finanztransfers zugunsten eines Mitgliedstaates verhindert werden. Nach dem Prinzip der alleinigen Haftung der Mitgliedstaaten (*no bail-out*) für ihre Verbindlichkeiten (Art. 125 AEUV) sollen die Mitgliedstaaten im haushaltspolitischen Bereich ihre Autonomie so weitgehend wie möglich behalten. Zur Absicherung dieses Grundprinzips verbietet Art. 123 Abs. 1 AEUV der Europäischen Zentralbank (EZB) oder den Zentralbanken der Mitgliedstaaten, einem Mitgliedstaat oder dessen Untergliederungen Überziehungs- oder Kreditfazilitäten einzuräumen. Das Verbot gilt zwar seinem Wortlaut nach nicht für den Ankauf auf den Kapitalmärkten, weil mit dem Markt ein immanenter Qualitätstest gegeben ist. Dies ist allerdings im Hinblick auf den Sinn der Gesamtregelung genauer zu betrachten. Besonders kontrovers in diesem Zusammenhang ist der *OMT-Beschluss (outright monetary transactions)* des Rates der EZB vom 06.09.2012, gegebenenfalls ohne Beschränkung Anleihen von Euroländern aufzukaufen, die sich unter den sog. „Rettungsschirm" der Europäischen Finanzierungsstabilisierungsfazilität (EFSF) und des Europäischen Finanzstabilisierungsmechanismus (EFSM) begeben haben. Zwar „[verbieten] Art. 123 AEUV und Art. 21.1 ESZB-Satzung ... den Erwerb von Staatsanleihen [nur] ‚unmittelbar' von den emittierenden Mitgliedstaaten, also den Erwerb am Primärmarkt. Darauf beschränkt sich das Verbot jedoch nicht, sondern ist Ausdruck eines umfassenderen Verbots der monetären Haushaltsfinanzierung".[50] Zu Recht grenzt das Gericht die Währungspolitik, für welche die EZB zuständig ist, von der primär den Mitgliedstaaten zustehenden Wirtschaftspolitik ab. Vorrangiges Ziel des ESZB sei es, „Preisstabilität zu gewährleisten (Art. 127 Abs. 1 S. 1, Art. 282 Abs. 2 S. 2 AEUV)",[51] nicht jedoch zu einer monetären Haushaltsfinanzierung überzugehen (dazu auch → Rn. 75).

b) Der freiwillige Beistand

27 Das Bail-out-Verbot des Art. 125 AEUV verbietet es allerdings nicht, den anderen Mitgliedstaaten freiwillig Beistand zu gewähren. Der Rat kann gemäß Art. 122 Abs. 2 S. 1 AEUV einen finanziellen Beistand der Union für einen Mitgliedstaat beschließen, wenn dieser „aufgrund von Naturkatastrophen oder außergewöhnlichen Ereignissen, die sich seiner Kontrolle entziehen, von Schwierigkeiten betroffen oder von gravierenden Schwierigkeiten ernstlich bedroht" ist. Das entscheidende Problem hierbei besteht darin, dass ein Mitgliedstaat, der selbst verschuldet in eine Finanzkrise geraten ist und seine Verpflichtungen nicht mehr erfüllen kann, auf Beistand durch die Union rechnen darf. Würde Art. 122 Abs. 2 AEUV nicht restriktiv gehandhabt, würde das Bail-out-Verbot des Art. 125 AEUV ausgehebelt, wenn der undisziplinierte Mitgliedstaat anstelle von Aufsichtsmaßnahmen und Sanktionen nach Art. 126 AEUV mit Finanzhilfen rechnen könnte. Die Verfehlung von Defizitkriterien kann keineswegs als „außergewöhnliches Ereignis" gewertet

---

[50] BVerfGE 134, 366 (411).
[51] BVerfGE 134, 366 (401).

werden.[52] Man wird wohl bei dem Zusammentreffen von autogenen und exogenen Ursachen darauf abstellen müssen, welche von beiden für die Schwierigkeiten überwiegend kausal ist.[53]

Art. 125 AEUV verbietet allerdings keine Haftungsübernahme der Mitglied-   **28** staaten zugunsten der Europäischen Union. Eine Haftung der Mitgliedstaaten für die Union kann nämlich nach allgemeinen völkerrechtlichen Regelungen durchaus bestehen.[54] Auf dieser Grundlage wurde zur Bewältigung der Verschuldungskrise der EFSM als rechtlich unselbstständiger Nebenhaushalt der Europäischen Union geschaffen.[55] Daneben errichteten die Mitgliedstaaten die EFSF, eine Zweckgesellschaft nach Luxemburger Recht. Die Zweckgesellschaft refinanziert sich über die Kapitalmärkte und stützt sich auf die Garantien der beteiligten Mitgliedstaaten.

c) Der dauerhafte Europäische Stabilitätsmechanismus (ESM)

Neben der zeitlich befristeten EFSF wurde der dauerhafte Europäische Stabilitätsme-   **29** chanismus (ESM) durch eine völkerrechtliche Vereinbarung eingerichtet. Eine Verstetigung des Beistands für überschuldete Eurostaaten wäre im Gegensatz zu vorübergehenden Hilfen mit dem Grundsatz der Alleinhaftung nach Art. 125 AEUV nicht mehr zu vereinbaren. Der ESM als permanenter Stabilitätsmechanismus wurde deshalb auf die im Wege der vereinfachten Vertragsänderung durch einen Beschluss des Europäischen Rates nach Art. 48 Abs. 6 EUV neu geschaffene Vorschrift des Art. 136 Abs. 3 AEUV gestützt.[56] Diese Änderung, ebenso wie die Zustimmung zum ESM-Vertrag, bedurfte einer verfassungsändernden Mehrheit nach Art. 23 Abs. 1 S. 3 GG i. V. m. Art. 79 Abs. 2 GG. Der dauerhafte Beistandsmechanismus bedeutet eine strukturelle Änderung der Bedingungen, unter denen die Bundesrepublik dem Vertrag von Maastricht zustimmte.[57] Nach Auffassung des BVerfG bedeuten zwar die Aufnahme von Art. 136 Abs. 3 AEUV und die Errichtung des Europäischen Stabilitätsmechanismus eine grundlegende Umgestaltung der ursprünglichen Wirtschafts- und Währungsunion. Die stabilitätsgerichtete Ausrichtung der Wirtschafts- und Währungsunion wird damit aber nach Ansicht des Gerichts nicht aufgegeben. Primärrechtlich wesentliche Bestandteile, wie die Unabhängigkeit der EZB, ihre Verpflichtung auf das vorrangige Ziel der Preisstabilität und das Verbot monetärer Haushaltsfinanzierung würden nicht berührt. Außerdem sei Art. 136 AEUV als Ausnahmevorschrift konzipiert.[58]

---

[52] *Kämmerer*, in: Siekmann, Art. 122 AEUV Rn. 32 f.

[53] Ähnlich *Kämmerer*, in: Siekmann, Art. 122 AEUV Rn. 33.

[54] Vgl. *Ohler*, in: Siekmann, Art. 125 AEUV Rn. 11.

[55] VO (EU) Nr. 407/2010 des Rates vom 11.05.2010 zur Einführung eines europäischen Finanzstabilisierungsmechanismus, ABl. EU L 118/1.

[56] Beschluss 2011/199/EU des Europäischen Rates vom 25.03.2011 zur Änderung des Art. 136 des Vertrages über die Arbeitsweise der Europäischen Union hinsichtlich eines Stabilitätsmechanismus für die Mitgliedstaaten, deren Währung der Euro ist, ABl. EU L 91/1. Zur Gültigkeit dieses Beschlusses, EuGH, Rs. C-370/12, EU:C:2012:756, Rn. 45 ff. – Pringle.

[57] Siehe hierzu auch *Herdegen*, Internationales Wirtschaftsrecht, § 23 Rn. 10; vgl. auch EuGH, Rs. C-370/12, EU:C:2012:756, Rn. 129 ff. – Pringle.

[58] Vgl. BVerfGE 135, 317 (407).

Das BVerfG billigte den ESM-Vertrag auch deshalb, weil durch ihn die Gesamtverantwortung des Deutschen Bundestags nicht verletzt würde. Es müsse allerdings haushaltsrechtlich sichergestellt sein, dass die Bundesrepublik Deutschland Kapitalabrufen vollständig nachkommen könne. Die absolute Höhe der von Deutschland eingegangenen Zahlungspflichten in Höhe von 190 Mrd. Euro bedeute keine Beeinträchtigung der haushaltspolitischen Gesamtverantwortung des Bundestags.[59] Der Legitimationszusammenhang zwischen dem ESM und dem Parlament würde nicht unterbrochen, weil Entscheidungen der ESM-Organe nicht gegen die Stimme des deutschen Vertreters gefasst werden könnten.[60] Auch der EuGH befand den Abschluss und die Ratifikation einer Vereinbarung wie des ESM-Vertrags durch einen Mitgliedstaat, dessen Währung der Euro ist, für vereinbar mit dem Unionsrecht, da insbesondere kein Verstoß gegen Art. 125 AEUV vorliege. Aus dem Wortlaut dieser Vorschrift ergebe sich, dass „der Union und den Mitgliedstaaten nicht jede Form der finanziellen Unterstützung eines anderen Mitgliedstaats untersagt werden soll", sondern nur eine solche, bei der „die Union oder ein Mitgliedstaat … für die Verbindlichkeiten eines anderen Mitgliedstaats eintritt und … für sie haftet."[61] Dies werde durch die – nicht als Ausnahmeregelung zu Art. 125 AEUV formulierte – Vorschrift des Art. 122 Abs. 2 AEUV, wonach die Union einem Mitgliedstaat bei Naturkatastrophen etc. „finanziellen Beistand" gewähren kann, und durch die des Art. 123 Abs. 1 AEUV, der ausdrücklich Überziehungs- oder andere Kreditfazilitäten verbietet, bestätigt.[62] Die historisch-teleologische Auslegung des Art. 125 AEUV ergebe, dass „[d]as Verbot in Art. 125 AEUV gewährleistet, dass die Mitgliedstaaten bei ihrer Verschuldung der Marktlogik unterworfen bleiben, was ihnen einen Anreiz geben soll, Haushaltsdisziplin zu wahren."[63] Art. 125 AEUV verbietet es daher nicht, „dass ein oder mehrere Mitgliedstaaten einem Mitgliedstaat, der für seine eigenen Verbindlichkeiten gegenüber seinem Gläubiger haftbar bleibt, eine Finanzhilfe [zu] gewähren, vorausgesetzt, die daran geknüpften Auflagen sind geeignet, ihn zu einer soliden Haushaltspolitik zu bewegen."[64] Da der ESM nicht für die Verbindlichkeiten des die finanzielle Hilfe empfangenden Mitgliedstaats hafte und nicht i. S. d. Art. 125 AEUV für sie eintrete, liege kein Verstoß gegen Art. 125 AEUV vor.[65]

6. Die Verpflichtung zur Haushaltsdisziplin

30   Um den grundsätzlichen Anforderungen eines Verbots der Vermeidung öffentlicher Defizite aus Art. 126 Abs. 1 AEUV zu genügen, wurden eine Reihe von Institutionen wie der sog. Stabilitäts- und Wachstumspakt aus dem Jahr 1997, einschließlich

---

[59] Vgl. BVerfG 135, 317 (408).

[60] BVerfGE 135, 317 (409).

[61] EuGH, Rs. C-370/12, EU:C:2012:756, Rn. 130 – Pringle.

[62] EuGH, Rs. C-370/12, EU:C:2012:756, Rn. 131 f. – Pringle.

[63] EuGH, Rs. C-370/12, EU:C:2012:756, Rn. 135 – Pringle.

[64] EuGH, Rs. C-370/12, EU:C:2012:756, Rn. 137 – Pringle.

[65] EuGH, Rs. C-370/12, EU:C:2012:756, Rn. 138 ff. – Pringle.

seiner Reformen in den Jahren 2005 und 2011, die Vorschriften des sog. „Six-Pack"
(→ Rn. 22) und das „Europäische Semester" (→ Rn. 23) geschaffen. Zentral ist die
Vorschrift des Art. 126 Abs. 1 AEUV, nach der übermäßige öffentliche Defizite zu
vermeiden sind und bestimmte Standards der Haushaltsdisziplin eingehalten werden müssen. Die genannten gesetzgeberischen Aktivitäten haben zu einer eigenständigen Regelungsmaterie geführt, die gekennzeichnet ist durch eine enge, kaum
mehr übersehbare Verschränkung ihrer primär- und sekundärrechtlichen Teile. Charakteristisch ist die Trennung der Kompetenzen im Bereich der Geldpolitik einerseits und der allgemeinen Wirtschaftspolitik, insbesondere der Haushalts- und Finanzpolitik, andererseits.[66] Das Überwachungs- und Sanktionsregime des Art. 126
AEUV ist die wesentliche Grundlage für die Währungsunion, die für die Feststellung der Einhaltung der Haushaltsdisziplin vor allem auf das richtige Verhältnis des
öffentlichen Defizits und des öffentlichen Schuldenstands zum Bruttoinlandsprodukt eines Mitgliedstaats abstellt (Art. 126 Abs. 2 AEUV). Das öffentliche Defizit
darf 3 % des Bruttoinlandsprodukts und der öffentliche Schuldenstand nicht 60 %
des Bruttoinlandsprodukts überschreiten. Das Überwachungsverfahren zur Vermeidung übermäßiger Defizite und zur Wahrung der Haushaltsdisziplin ist in den insgesamt 15 Absätzen des Art. 126 AEUV ungewöhnlich detailliert geregelt. Trotzdem verbleiben aber Kommission und Rat erhebliche politische Gestaltungsräume.
Auch die Würdigung der Wirksamkeit von Abhilfemaßnahmen steht im Ermessen
des Rates nach Art. 126 Abs. 9 AEUV.[67]

V. Wirtschaftspolitik im nationalen Bereich

1. Die Verpflichtung auf das gesamtwirtschaftliche Gleichgewicht

Die Konstituierung der Vertragsfreiheit durch das Grundgesetz und das Gesetz   31
gegen Wettbewerbsbeschränkungen (GWB) waren als ordnungspolitische Entscheidungen nicht ausreichend, um die konjunkturellen Schwankungen in der
Bundesrepublik auszugleichen. Insbesondere die Erfahrungen der Jahre 1965/1966
führten zur Entwicklung des Konzepts einer antizyklischen Fiskalpolitik unter
dem Begriff der Globalsteuerung. Diese will i. S. d. ökonomischen Theorie von
Keynes die Mikrogrößen dem freien Wettbewerb überlassen, versucht aber, die
Makrogrößen (Volkseinkommen, Ein- und Ausfuhr, Investitionsquote) vornehmlich über den Haushalt zu steuern. Während bei guter Wirtschaftslage Kredite zu-
rückgezahlt und staatliche Ausgaben vermindert werden (surplus saving), sollen
bei lahmender Konjunktur die staatlichen Ausgaben und die Kreditaufnahme ausgeweitet werden (deficit spending). Obwohl die keynesianische Theorie heute
weitgehend als überholt gilt, ist diese sowohl im Grundgesetz als auch durch das
StabG intensiv instrumentalisiert.

---

[66] Ähnlich *Gaitanides*, in: Siekmann, Art. 126 AEUV Rn. 69.
[67] Siehe insgesamt hierzu auch *Herdegen*, Internationales Wirtschaftsrecht, § 23 Rn. 15 ff.

32   Eine rechtliche Verpflichtung des Staates auf eine *globale Steuerung der Wirtschaft*
in diesem Sinne wurde durch die Neufassung des Art. 109 GG[68] und die gleichzeitige
Verabschiedung des StabG begründet. Die Verpflichtung von Bund und Ländern, den
Erfordernissen des *gesamtwirtschaftlichen Gleichgewichts* Rechnung zu tragen,
wurde durch die Föderalismusreform II des Jahres 2009[69] in den europäischen Kontext eingebunden. Der unbestimmte Verfassungsbegriff des gesamtwirtschaftlichen
Gleichgewichts[70] ist unter Bezugnahme auf die ökonomische Theorie in Grenzfällen
durchaus justiziabel. Inzwischen ist er im Rahmen der europarechtlichen Vorgaben
auszulegen, was allerdings nicht bedeutet, dass das gesamtwirtschaftliche Gleichgewicht mit den Anforderungen der haushaltswirtschaftlichen Regelungen des Unionsrechts deckungsgleich wäre.[71] Andererseits kann der Begriff „gesamtwirtschaftlich"
in Art. 109 Abs. 2 GG wegen der Verknüpfung mit Art. 126 AEUV nicht mehr ausschließlich national verstanden werden. Die wirtschaftlichen Belange der anderen
Teilnehmerstaaten der Wirtschafts- und Währungsunion müssen berücksichtigt werden. Ein staatlicher Verstoß gegen zentrale haushaltswirtschaftliche Maßgaben des
Unionsrechts würde auch gegen die Zielvorgabe des gesamtwirtschaftlichen Gleichgewichts verstoßen.[72] Trotz der beschränkten Justiziabilität von Art. 109 Abs. 2 GG
können sich die aus ihm ergebenden Pflichten in Verbindung mit anderweitigen verfassungsrechtlichen Vorgaben zu echten Handlungspflichten verdichten.[73]

2. Verschuldungsgrenze und unionskonforme Haushaltspolitik

33   Die Haushalte von Bund und Ländern sind nach Art. 109 Abs. 3 S. 1 GG grundsätzlich ohne Einnahmen aus Krediten auszugleichen. Die öffentliche Hand darf nur
noch unter den Voraussetzungen des Art. 109 Abs. 3 S. 2–5 GG Kredite aufnehmen.
Diese Regel des Art. 109 Abs. 3 GG wird in Art. 115 Abs. 2 GG unnötigerweise weitgehend wiederholt.[74] Mit Art. 109 Abs. 3 GG soll das kaum noch tragbare Volumen
der Gesamtverschuldung der Gebietskörperschaften erfasst werden. Mit der Föderalismusreform II im Jahr 2009 wurde ein neuer Verschuldungsrahmen geschaffen.

34   Gemäß Art. 109 Abs. 3 S. 5 GG regeln die Länder die nähere Ausgestaltung der
Ausnahmen zum Gebot des materiellen Haushaltsausgleichs. Sie müssen dabei aber
der Maßgabe folgen, dass dem Grundsatz des materiellen Haushaltsausgleichs nach
Satz 1 nur dann entsprochen ist, wenn keine Einnahmen aus Krediten zugelassen
werden. Allerdings müssen die Länder die Vorgaben des Art. 109 Abs. 3 S. 5 Hs. 2 GG
erst im Haushaltsjahr 2020 erfüllen (Art. 143d Abs. 1 S. 4 GG).

---

[68] Fünfzehntes Gesetz zur Änderung des Grundgesetzes vom 08.06.1967, BGBl. I, S. 581.

[69] Gesetz zur Änderung des Grundgesetzes (Art. 91c, 91d, 104b, 109, 109a, 115, 143d) vom
29.07.2009, BGBl. I, S. 2248.

[70] BVerfGE 79, 311 (338).

[71] So auch *Kube*, in: Maunz/Dürig, Art. 109 Rn. 107 (Stand: 62. EL Mai 2011).

[72] So *Kube*, in: Maunz/Dürig, Art. 109 Rn. 107 (Stand: 62. EL Mai 2011).

[73] So BVerfGE 86, 148 (269); *Reimer*, in: BeckOK GG, Art. 109 Rn. 32–38.

[74] Vgl. *G. Kirchhof*, in: von Mangoldt/Klein/Starck, Art. 109 Abs. 3 Rn. 76.

3. Das Stabilitäts- und Wachstumsgesetz

Das StabG, im Jahr 1967 parallel zur Schaffung der verfassungsrechtlichen Grund-   35
lage erlassen, zielt darauf, eine antizyklische Ausgabenpolitik der öffentlichen
Haushalte und den konjunkturpolitischen Einsatz steuerlicher Mittel zu gewährleisten. Die öffentliche Nachfrage soll einerseits angeregt bzw. abgeschöpft werden,
andererseits wird die private Nachfrage über die Steuerpolitik reguliert. Heute haben nur noch wenige Regelungen des StabG praktische Bedeutung. Dies gilt für die
Definition des gesamtwirtschaftlichen Gleichgewichts (§ 1 S. 2 StabG), die Regelungen zur Vorlage eines Jahreswirtschaftsberichts (§ 2 StabG) und eines Subven-
tionsberichts (§ 12 Abs. 2 StabG) sowie die Regelungen über die Finanzplanung.[75]

Der Begriff des gesamtwirtschaftlichen Gleichgewichts ist ein unbestimmter   36
Verfassungsbegriff,[76] der mit Hilfe der Wirtschaftswissenschaften juristisch zu
konkretisieren ist. Das nach § 1 S. 2 StabG herzustellende gesamtwirtschaftliche
Gleichgewicht, das „im Rahmen der marktwirtschaftlichen Ordnung gleichzeitig
zur Stabilität des Preisniveaus, zu einem hohen Beschäftigungsstand und außerwirt-
schaftlichem Gleichgewicht bei stetigem und angemessenem Wirtschaftswachstum
beitragen" soll, wird nur in extremen Ausnahmefällen durch das BVerfG als verletzt
angesehen werden können.

Zur Information und Orientierung dienen die Jahreswirtschaftsberichte (§ 2 StabG)   37
und die Subventionsberichte (§ 12 StabG) der Bundesregierung. Der *Jahreswirt-
schaftsbericht* ist dem Bundestag und dem Bundesrat jährlich vorzulegen. Er muss
eine Stellungnahme zum Jahresgutachten des Sachverständigenrates, eine Darlegung der angestrebten wirtschafts- und finanzpolitischen Ziele (Jahresprojektion)
und die für das laufende Jahr geplanten wirtschafts- und finanzpolitischen Maßnahmen enthalten. Seine besondere Bedeutung liegt in der Quantifizierung der in § 1
S. 2 StabG genannten wirtschaftspolitischen Teilziele. Der im zweijährigen Turnus
zu erstellende *Subventionsbericht* enthält eine zahlenmäßige Übersicht der Finanzhilfen, gegliedert nach Erhaltungs-, Anpassungs- und Förderungssubventionen, der
auch die Steuervergünstigungen erfasst. Ein zeitlich festgelegter Abbauvorschlag
der Bundesregierung für die Beendigung der Finanzhilfen ist in den Bericht aufzunehmen (§ 12 Abs. 4 StabG). Im Subventionsbericht muss jeweils die Rechtsgrundlage für die Subventionsgewährung angegeben werden.

Die in Art. 109 Abs. 4 GG genannten Grundsätze „für eine *mehrjährige Finanz-*   38
planung" wurden durch die §§ 9 und 14 StabG und die §§ 50 und 51 HGrG ausgestaltet. Die vorgesehene fünfjährige Finanzplanung, die mit großen Hoffnungen
verbunden war, ist in der Praxis nichts anderes als eine Fortschreibung der jährlichen Haushaltsplanung. Eine nennenswerte disziplinierende oder programmatische
Funktion kommt ihr nicht zu.[77]

---

[75] So auch *Kube*, in: Maunz/Dürig, Art. 109 Rn. 269 (Stand: 62. EL Mai 2011).

[76] BVerfGE 79, 311 (338). *Kube*, in: Maunz/Dürig, Art. 109 Rn. 98 (Stand: 62. EL Mai 2011).

[77] Statt vieler *Nachtkamp*, Mehrjährige Finanzplanungen und mittelfristige Zielprojektionen der
Bundesregierung, 1978, S. 49 ff.; *Heintzen*, HStR[3] V, § 120 Rn. 82.

39   Insgesamt gesehen hat das StabG nur noch Erinnerungswert. Dies liegt zum einen vor allem an der Europäisierung der Währungs- und der Haushaltspolitik, mit der der Preisstabilität Vorrang vor den anderen Zielen des „magischen Vierecks" gegeben wurde (Art. 119 Abs. 2 und Art. 127 Abs. 1 S. 1 AEUV). Zum anderen wurde die keynesianische Fiskalpolitik, die im Wesentlichen durch das StabG instrumentalisiert wird, tendenziell durch eine duale Geldpolitik abgelöst, die darauf abstellt, die monetäre Gesamtgröße an die Wachstumsentwicklung zu koppeln.

4. Die Außenwirtschaftspolitik

a) Die Zielbestimmung

40   Das Außenwirtschaftsrecht will vor allem die Erhaltung eines außenwirtschaftlichen Gleichgewichts durch die Abwehr schädigender Einflüsse von außen und die Förderung der deutschen Außenwirtschaft regeln. Rechtliche Grundlage ist insbesondere das Außenwirtschaftsgesetz (AWG),[78] das den im internationalen Vergleich ungewöhnlichen Versuch unternimmt, das Außenwirtschaftsrecht zu kodifizieren.[79] Bei Erlass des Gesetzes im Jahre 1961 konnte die Bundesrepublik noch autonom ihr Außenwirtschaftsrecht bestimmen. Inzwischen gingen die außenwirtschaftlichen Kompetenzen sowohl im Verhältnis zu den anderen Mitgliedstaaten wie zu den Drittstaaten weitgehend auf die Europäische Union über.

b) Die Rechtsgrundlagen

41   Das europäische und das deutsche Außenwirtschaftsrecht folgen dem Grundsatz des grenzüberschreitenden Waren-, Kapital- und sonstigen Wirtschaftsverkehrs. Die allgemeine Ausfuhrverordnung der Europäischen Union, wie die allgemeine Einfuhrverordnung, normieren die grundsätzliche Einfuhrfreiheit (Art. 1).[80] Der Grundsatz ist in § 1 AWG niedergelegt, wonach

> der Güter-, Dienstleistungs-, Kapital-, Zahlungs- und sonstige Wirtschaftsverkehr mit dem Ausland sowie der Verkehr mit Auslandswerten und Gold zwischen Inländern (Außenwirtschaftsverkehr) … grundsätzlich frei ist.

Das AWG ermöglicht Beschränkungen des Außenhandels, wie z. B. zur Erfüllung völkerrechtlicher Verpflichtungen (§ 5 AWG) oder zur Abwehr schädigender Einflüsse aus fremden Wirtschaftsgebieten. Maßgebliche Rechtsquelle des Welthandelsrechts ist der völkerrechtliche Vertrag der World Trade Organisation (WTO),[81] die einerseits den Freihandel verbürgt, andererseits im Einzelfall aber auch massive Beschränkungen zulässt.

---

[78] Gesetz zur Modernisierung des Außenwirtschaftsrechts vom 06.06.2013, BGBl. I, S. 1482, zuletzt geändert durch Art. 4 des Gesetzes vom 20.07.2017 BGBl. I, S. 2789.

[79] So *Bryde*, in: Achterberg/Püttner/Würtenberger, § 5 Rn. 4.

[80] Vgl. die Nachweise bei *Herdegen*, Internationales Wirtschaftsrecht, § 3 Rn. 46.

[81] Übereinkommen zur Errichtung der Welthandelsorganisation (WTO) vom 15.04.1994, BGBl. II, S. 1625.

Die Außenwirtschaftspolitik Deutschlands ist insbesondere durch das Unions-   42
recht und die auf die Europäische Union übergegangene Außenhandelskompetenz
(Art. 3 Abs. 1 lit. e, Art. 206 f. AEUV) reguliert.[82] Ein Beispiel für die Wirkung des
Außenwirtschaftsrechts ist das Handelsembargo gegen den Irak nach der Annexion
von Kuwait im Jahre 1990. Gestützt wurde es auf § 5 AWG (Erfüllung völkerrechtlicher Verpflichtungen im Hinblick auf einen Embargobeschluss des UN-Sicher-
heitsrats) und auf die Ermächtigung des § 4 Abs. 1 Nr. 2 AWG, eine Bestimmung,
die bei „einer Störung des friedlichen Zusammenlebens der Völker" als Rechtsgrundlage für eine Verordnung zur Beschränkung des Außenwirtschaftsver-
kehrs dient.[83] Zuletzt erließ die Europäische Union u. a. Einfuhrverbote für Waren
und bestimmte Dienstleistungen mit Ursprung auf der Krim in Reaktion auf die
Eingliederung der Autonomen Republik Krim und der Stadt Sewastopol in die Rus-
sische Föderation.[84]

VI. Währungspolitik im Rahmen der europäischen Wirtschafts- und Währungsunion

1. Die Einführung einer gemeinsamen Währung

Das internationale Währungssystem wurde im Jahr 1944 durch die späteren Sieger-   43
mächte neu geordnet. 44 Staaten einigten sich auf feste Wechselkurse, der mit Gold
hinterlegte US-Dollar wurde zur Leitwährung (→ Rn. 84). Erst mit dem Beginn von
Wechselkursänderungen innerhalb der Gründungsmitglieder der Europäischen Gemeinschaft Ende der 1960er-Jahre endete deren Einbindung in dieses *System fester
Wechselkurse*.

Das ambitionierte Ziel der stufenweisen Verwirklichung einer Wirtschafts- und   44
Währungsunion, wie sie in der Entschließung über die stufenweise Verwirklichung
der Wirtschafts- und Währungsunion des Rates vom 22.03.1971[85] zum Ausdruck
kam, endete schließlich im Europäischen Wechselkursverbund und im Europäischen
Fonds für währungspolitische Zusammenarbeit (EFWZ). Schon damals zeigte sich

---

[82] Vgl. *P. M. Huber/Unger*, in: Schoch, Kap. 4 Rn. 173.

[83] Siehe auch BVerwG, DÖV 1992, 445 und BGH, JZ 1994, 725 mit Anm. *Herdegen*.

[84] VO (EU) Nr. 692/2014 des Rates vom 23.06.2014 über Beschränkungen für die Einfuhr von
Waren mit Ursprung auf der Krim oder in Sewastopol in die Union als Reaktion auf die rechts-
widrige Eingliederung der Krim und Sewastopols durch Annexion, ABl. EU L 183/9, und der
Beschluss 2014/512/GASP des Rates vom 31.07.2014 über restriktive Maßnahmen angesichts der
Handlungen Russlands, die die Lage in der Ukraine destabilisieren, ABl EU L 229/13. Einen Über-
blick über die neben den genannten Maßnahmen bestehenden weiteren Sanktionspakete der EU im
Zusammenhang mit der Entwicklung in der Ukraine gibt das Bundesamt für Wirtschaft und Aus-
fuhrkontrolle,   http://www.bafa.de/DE/Aussenwirtschaft/Ausfuhrkontrolle/Embargos/Russland_
Ukraine/russland_ukraine_node.html (12.11.2018).

[85] Entschließung des Rates und der Vertreter der Regierungen der Mitgliedstaaten vom 22.03.1971
über die stufenweise Verwirklichung der Wirtschafts- und Währungsunion in der Gemeinschaft,
ABl. EG C 28/1.

nach Ansicht der Deutschen Bundesbank, „dass ein System fester Wechselkurse auf Dauer nur zwischen Ländern mit einer ausreichend konvergenten Wirtschaftsentwicklung und wirtschaftspolitischen Grundorientierung funktionieren kann".[86] Mit der dritten und letzten Stufe der Wirtschafts- und Währungsunion ging die Währungshoheit in den Mitgliedstaaten, in denen der Euro eingeführt wurde, auf die EG über.[87] Am 01.01.1999 wurde der Euro, die gemeinsame Währung im Euro-Währungsgebiet, zunächst beschränkt auf die elf Mitgliedstaaten der Europäischen Gemeinschaft, die sich durch die Erfüllung der Konvergenzkriterien entsprechend qualifiziert hatten, eingeführt. Die Verantwortung für die einheitliche Geldpolitik nach Festlegung der Umrechnungskurse ging auf den EZB-Rat über. Entgegen einer landläufigen Meinung war die politische Entscheidung für die gemeinsame Währung keineswegs ökonomisch bedingt. Ein gemeinsamer Markt bedarf keiner Einheitswährung. Die Herstellung eines unverfälschten Wettbewerbs einschließlich eines Wettbewerbs der Währungen durch die Europäische Union wäre ausreichend, aus heutiger Sicht vermutlich sogar die bessere Lösung gewesen.[88]

2. Das ESZB

a) Status und Organisation des ESZB und der EZB

45 Mit der europäischen Währungsunion, die durch Einführung des Eurobargeldes am 01.01.2002 vollendet wurde, wurde einer der bislang größten Erfolge im Rahmen der wirtschaftlichen Integration der Europäischen Union errungen. Auf Grundlage der ausdrücklichen Ermächtigung des im Zuge der verfassungsrechtlichen Absicherung des Vertrages von Maastricht eingeführten Art. 88 S. 2 GG wurde die Währungshoheit der Bundesrepublik Deutschland auf das ESZB übertragen.

46 Das ESZB besteht aus der EZB, die nach Art. 282 Abs. 3 UAbs. 1 AEUV Rechtspersönlichkeit besitzt, und den nationalen Zentralbanken aller Mitgliedstaaten (Art. 282 Abs. 1 S. 1 AEUV), also auch derjenigen, die den Euro nicht eingeführt haben. Die Vertragsstaaten haben sich für ein System aus eigenständigen Zentralbanken entschieden. Allerdings handeln diese gemäß den Leitlinien und Weisungen der EZB.[89] Sowohl das ESZB als auch die EZB genießen Unabhängigkeit gegenüber den Regierungen der Mitgliedstaaten und gegenüber den Organen und Einrichtungen der Union. Die Mitgliedstaaten, die den Euro eingeführt haben, werden zusammen mit der EZB als „Eurosystem" bezeichnet (Art. 282 Abs. 1 S. 2 AEUV).

---

[86] *Deutsche Bundesbank*, Die europäische Wirtschafts- und Währungsunion, April 2008, S. 12. Zum Ganzen siehe *R. Schmidt*, HStR³ XI, § 252 Rn. 17 f.

[87] Die erforderlichen Regelungen sind in zwei separaten Rechtsakten ergangen: VO (EG) Nr. 1103/97 des Rates vom 17.06.1997 über bestimmte Vorschriften im Zusammenhang mit der Einführung des Euro, ABl. EG L 162/1 und VO (EG) Nr. 974/98 des Rates vom 03.05.1998 über die Einführung des Euro, ABl. EG L 139/1.

[88] Dieser Abschnitt entspricht weitgehend meinem Beitrag in HStR³ XI, § 252 Rn. 19.

[89] Art. 14.3 ESZB-Satzung.

Die EZB besitzt nicht nur eine eigene Rechtspersönlichkeit, sie verfügt auch **47** über eine eigene Rechtsetzungsbefugnis.[90] Das Kapital der EZB steht ausschließlich den nationalen Zentralbanken zu.[91] Auf die Deutsche Bundesbank entfällt seit 01.01.2019 ein Kapitalanteil in Höhe von 18,4 % bzw. 1,9 Mrd. Euro. Die einzelnen Zentralbanken können nach nationalem Recht ebenfalls eine eigene Rechtspersönlichkeit haben. Die Deutsche Bundesbank ist beispielsweise gemäß § 2 S. 1 BBankG eine bundesunmittelbare juristische Person des öffentlichen Rechts. Sie ist mangels Mitglieder als Anstalt zu qualifizieren.

Das ESZB und das Eurosystem besitzen keine eigenen Beschlussorgane. Ihre **48** Leitung obliegt den Organen der EZB, nämlich dem EZB-Rat (Art. 283 Abs. 1 AEUV) und dem Direktorium (Art. 283 Abs. 2 AEUV). Neben sie tritt, sofern und solange noch nicht alle Mitgliedstaaten an der Währungsunion teilnehmen, als Beratungs- und Koordinierungsgremium der Erweiterte Rat (Art. 141 AEUV). In ihm sind neben dem Präsidenten und dem Vizepräsidenten der EZB die Präsidenten aller nationalen Zentralbanken vertreten. Nach außen tritt der Erweiterte Rat kaum in Erscheinung. Seine Aufgabe ist in den meisten Fällen auf eine Mitwirkungsbefugnis an den Entscheidungen des EZB-Rates beschränkt.[92] Oberstes währungspolitisches Gremium ist der EZB-Rat. Er erlässt die notwendigen Leitlinien und Entscheidungen zur Erfüllung der dem ESZB übertragenen Aufgaben und legt die Geldpolitik der Union fest.[93]

b) Das Rotationsprinzip

Der EZB-Rat setzt sich aus den Mitgliedern des Direktoriums und den Präsidenten **49** der an der Währungsunion teilnehmenden nationalen Notenbanken zusammen.[94] Als aufgrund der Erweiterung des Euro-Währungsgebiets die Zahl der Zentralbankpräsidenten achtzehn überstieg, wurde ein Rotationssystem eingeführt, wonach die Zentralbankpräsidenten abhängig von der Größe der jeweiligen Volkswirtschaft eines Mitgliedstaats unterschiedlich häufig stimmberechtigt sind.[95] Das heftig umstrittene Rotationsprinzip, das mit dem Beitritt Litauens als neunzehntes Land der Währungsunion ab 2015 praktiziert wird, soll nach Auffassung des EZB-Rates verhindern, dass an der Entscheidungsfindung zu viele Akteure beteiligt sind. Das komplizierte System sieht vor, dass die Zentralbankpräsidenten abhängig von der Größe der jeweiligen Volkswirtschaft eines Mitgliedstaats unterschiedlich häufig stimmberechtigt sind.[96] Die Mitgliedstaaten werden nach ihrer Wirtschafts- und Finanzkraft zunächst einer von zwei Gruppen zugeordnet. Die Präsidenten der fünf

---

[90] Art. 282 Abs. 4 AEUV i. V. m. Art. 127–133 AEUV.

[91] Art. 28 Nr. 2 ESZB-Satzung.

[92] Art. 46 ESZB-Satzung.

[93] Art. 12.1 ESZB-Satzung.

[94] Art. 283 Abs. 1 AEUV.

[95] Art. 10.2 1. Spiegelstrich ESZB-Satzung.

[96] Beschluss des Rates in der Zusammensetzung der Staats- und Regierungschefs vom 21.03.2003 über eine Änderung des Art. 10.2 der Satzung des Europäischen Systems der Zentralbanken und der Europäischen Zentralbank (2003/223/EG), ABl. EG L 83/66.

finanz- und wirtschaftsstärksten Staaten bilden die erste Gruppe, die übrigen Zentralbankpräsidenten die zweite Gruppe. Der ersten Gruppe werden vier Stimmrechte, der zweiten elf zugerechnet. Dabei muss sichergestellt sein, dass die Präsidenten der ersten Gruppe nicht weniger häufig stimmberechtigt sind als die der zweiten. Werden es mehr als 21 Teilnehmer, werden die Präsidenten der nationalen Zentralbanken dann drei Gruppen zugeordnet.[97] Mit der Gruppenzugehörigkeit und der entsprechenden Stimmrechtshäufigkeit wird eine Gewichtung von Stimmen eingeführt. Die EZB-Direktoriumsmitglieder können nämlich immer, die übrigen EZB-Ratsmitglieder je nach Gruppe, unterschiedlich oft abstimmen. Dadurch wird der Grundsatz „ein Mitglied, eine Stimme" durchbrochen.[98]

c) Die Unabhängigkeit der EZB

aa) Unabhängigkeit und Demokratieprinzip

50 Wichtige Voraussetzung für die Sicherung der Geldwertstabilität und für eine erfolgreiche Geldpolitik ist die Freiheit von politischer Einflussnahme, denn Preisstabilität als langfristiges Politikziel kollidiert regelmäßig mit dem Wiederwahlinteresse von Mandatsträgern, die auf kurzfristige Erfolge angewiesen sind. „Die Verselbständigung der meisten Aufgaben der Währungspolitik bei einer unabhängigen Zentralbank löst staatliche Hoheitsgewalt aus unmittelbarer staatlicher oder supranationaler parlamentarischer Verantwortlichkeit, um das Währungswesen dem Zugriff von Interessengruppen zu entziehen [...]."[99] Zwar ist dadurch das Demokratieprinzip berührt, das BVerfG hält dies aber zu Recht als eine in Art. 88 S. 2 GG vorgesehene Modifikation des Prinzips mit Art. 79 Abs. 3 GG vereinbar. „Die im Blick auf die Europäische Union vorgenommene Ergänzung des Art. 88 GG gestattet eine Übertragung von Befugnissen der Bundesbank auf eine Europäische Zentralbank, wenn diese den strengen Kriterien des Maastrichter Vertrags und der Satzung des Europäischen Systems der Zentralbanken hinsichtlich der Unabhängigkeit der Zentralbank und der Priorität der Geldwertstabilität entspricht," so das BVerfG, das die Beschlussempfehlung aus dem Bericht des Sonderausschusses „Europäische Union" zitiert.[100] Unter Bezugnahme auf seine alte Rechtsprechung[101] hält das Gericht auch eine Modifikation des Demokratieprinzips zur Sicherung des Einlösungsvertrauens für vertretbar, weil eine unabhängige Zentralbank den Geldwert eher sichert als Hoheitsorgane, die von Geldmenge und Geldwert abhängen und auf die kurzfristige Zustimmung politischer Kräfte angewiesen sind.[102]

51   Auch eine Verletzung des unionsrechtlichen Demokratieprinzips ist nicht ersichtlich, weil sich dieses in den Vorschriften der Verträge erschöpft, soweit

[97] Näheres hierzu übersichtlich bei *Deutsche Bundesbank*, Geld und Geldpolitik, S. 145 f.

[98] Näheres bei *Steven*, in: Siekmann, Art. 10 ESZB-Satzung Rn. 21.

[99] BVerfGE 89, 155 (208 f.).

[100] BVerfGE 89, 155 (208).

[101] BVerfGE 30, 1 (24); 84, 90 (121).

[102] BVerfGE 89, 155 (208 f.).

diese eine Beteiligung des europäischen Parlaments vorsehen. Die Unabhängigkeit wurde von den Schaffern des Primärrechts akzeptiert. Außerdem ist die Figur eines „europarechtswidrigen primären Gemeinschaftsrechts" dem Europarecht fremd.[103]

bb) Unabhängigkeit im Rahmen der Aufgaben

Der AEUV sichert mit der zentralen Bestimmung des Art. 130 AEUV (vgl. auch **52** Art. 282 ff. AEUV) die Unabhängigkeit der EZB, der nationalen Zentralbanken und der Mitglieder ihrer Ausschussorgane bei der Wahrnehmung ihrer Aufgaben, soweit dies für die Verfolgung des Ziels der Preisstabilität erforderlich ist. Die EZB steht damit nicht grundsätzlich außerhalb der institutionellen Regelungen der Europäischen Union. Die Weisungsunabhängigkeit gilt ohne Einschränkung nur für das Handeln, das auf der Basis der primärrechtlichen Aufgabenübertragung beruht.

Die neben die institutionelle tretende funktionelle Unabhängigkeit ist weit-**53** gehend abgesichert durch empirische Erkenntnisse über den positiven Zusammenhang zwischen der Unabhängigkeit der Zentralbank und einer erfolgreichen stabilitätsorientierten Geldpolitik. Die historische Erfahrung zeigt, dass der Staat dazu neigt, in schwierigen Zeiten seine Ausgaben über zusätzliche Geldschöpfung zu finanzieren.[104] So geht beispielsweise, wie *Otmar Issing* zeigte, die schleichende Geldentwertung vor Einführung des Euro auf die Einflüsse der Politik zurück.[105]

Zur funktionellen Unabhängigkeit tritt die persönliche. Sie ist für die Mitglieder **54** des Direktoriums durch eine Reihe von Maßnahmen abgesichert, von denen die Pluralität der im Ernennungsverfahren mitwirkenden Einrichtungen (Art. 283 Abs. 2 UAbs. 2 AEUV) und die feste Amtsperiode von acht Jahren mit dem Verbot einer Wiederernennung (Art. 283 Abs. 2 UAbs. 3 AEUV) am wichtigsten sind. Für die Mitglieder des Rates sichert eine Mindestamtszeit von fünf Jahren Unabhängigkeit (Art. 14.2 UAbs. 1 ESZB-Satzung). Die Abberufung des Präsidenten einer nationalen Zentralbank ist nur bei schweren Verfehlungen oder bei Amtsunfähigkeit (Art. 14.2 UAbs. 2 ESZB-Satzung) möglich.

Auch die finanzielle bzw. finanzwirtschaftliche Unabhängigkeit ist durch **55** Art. 282 Abs. 3 S. 3 und 4 AEUV gesichert. Die EZB ist in der Disposition über ihre Mittel frei. Die Prüfung des Rechnungshofs beschränkt sich auf die Effizienz der Verwaltung der EZB.[106]

Als allgemeines Ergebnis ist festzuhalten: Die Gewährleistung der Preisstabili-**56** tät durch eine unabhängige Notenbank ist Voraussetzung für die Wahrnehmung grundrechtlicher Freiheiten.[107]

---

[103] So näher bei *Siekmann*, in: ders., Art. 130 AEUV Rn. 148 f.

[104] So *Siekmann*, in: ders., Art. 130 AEUV Rn. 33.

[105] Vgl. *O. Issing*, Der Euro, 2008, S. 51 ff.

[106] Vgl. *R. Schmidt*, HStR³ XI, § 252 Rn. 35.

[107] Vgl. *Kämmerer*, Die EZB als Hüterin der Gemeinschaftswährung, in: März (Hrsg.), An den Grenzen des Rechts, 2003, S. 79 (81).

d) Die Rolle der Bundesbank im ESZB

57 Die Organisation der nationalen Zentralbanken richtet sich nach nationalem Recht, das den allgemeinen Vorgaben des Europarechts zu folgen hat. Die Deutsche Bundesbank, deren Organisation und Aufgaben im Bundesbankgesetz (BBankG)[108] geregelt sind, unterhält heute bundesweit neun Hauptverwaltungen und 35 Filialen. An der Spitze steht als Kollegialorgan der Vorstand (§ 7 BBankG), der aus dem Präsidenten, dem Vizepräsidenten und vier weiteren Mitgliedern besteht. Im Jahr 1999 verlor die Deutsche Bundesbank ihre Zuständigkeit für eine eigenständige Geldpolitik an das ESZB. Ursprünglich sollte sie den Geldumlauf und die Kreditversorgung der Wirtschaft mit dem Ziel regeln, die Stabilität der Währung zu sichern. Diese Aufgabe ging mit dem Beginn der Europäischen Währungsunion und mit der Einführung des Euro Anfang 1999 auf das Eurosystem über. Als Zentralbank der Bundesrepublik Deutschland ist die Deutsche Bundesbank Mitglied sowohl im ESZB als auch im Eurosystem. Ihr Präsident gehört dem EZB-Rat und dem Erweiterten Rat „ad personam" an. Im Wesentlichen hat die Deutsche Bundesbank nur noch eine *Vollzugskompetenz.* Wichtigste Aufgabe ist die Umsetzung der geldpolitischen Beschlüsse und Vorgaben des ESZB. Als integraler Bestandteil des ESZB wirkt sie an deren vorrangigem Ziel mit, die Preisstabilität zu gewährleisten, die Währungsreserven der Bundesrepublik zu verwalten und den Zahlungsverkehr im Inland und mit dem Ausland abzuwickeln und dadurch zur Stabilität des Zahlungs- und Verrechnungssystems beizutragen (§ 3 BBankG).

3. Die Aufgaben des ESZB

a) Die Geldpolitik

aa) Das Ziel der Geldwertstabilität

58 Vorrangiges Ziel der Geldpolitik ist nach Art. 127 AEUV die Gewährleistung der Geldwertstabilität. Dieses Ziel genießt Priorität und geht den in Art. 3 EUV aufgezählten Zielen vor. Nach den Worten des BVerfG ist die Europäische Union eine „Stabilitätsgemeinschaft".[109] Geldwertstabilität ist nach vorherrschender ökonomischer Meinung die notwendige Voraussetzung für eine reibungslos funktionierende Marktwirtschaft, für Wirtschaftswachstum, hohes Beschäftigungsniveau und die Verwirklichung weiterer wirtschaftspolitischer Ziele, während Inflation als wirtschaftsschädigend gilt.[110] Die besondere Bedeutung des Ziels der Preisstabilität wird durch die mehrfache Erwähnung des Stabilitätsziels im AEUV und im EUV

---

[108] Gesetz über die Deutsche Bundesbank in der Fassung der Bekanntmachung vom 22.10.1992, BGBl. I, S. 1782, zuletzt geändert durch Art. 23 des Gesetzes zur Umsetzung der RL 2011/61/EU über die Verwalter alternativer Investmentfonds (AIFM-Umsetzungsgesetz – AIFM-UmsG) vom 04.07.2013, BGBl. I, S. 1981.

[109] BVerfGE 89, 155 (205).

[110] Zu den Wirkungen der Inflation vgl. *Issing*, Einführung in die Geldtheorie, S. 328. Näheres zum Begriffsinhalt der Geldwertstabilität bei *Waldhoff*, in: Siekmann, Art. 127 AEUV Rn. 9 und bei *Gaitanides*, Das Recht der EZB, S. 16 ff.

deutlich. Die Erhaltung eines konstanten Preisniveaus ist deshalb keine unverbind-liche Empfehlung, sondern eine rechtlich verbindliche Verpflichtung aller Organe der Union, insbesondere der Kommission und des Rats. Eine gerichtliche Durch-setzung dieser Verpflichtung wird wohl kaum möglich sein. Das Rechtsschutzsys-tem der Union sieht keinen der deutschen Verfassungsbeschwerde vergleichbaren Rechtsschutz vor. Die Erhebung einer Nichtigkeitsklage nach Art. 263 AEUV gegen die EZB oder einer Untätigkeitsklage nach Art. 265 Abs. 3 AEUV dürfte wegen der komplexen Zusammenhänge bei der Entwicklung des Geldwertes daran scheitern, dass es an einem zulässigen Klagegegenstand fehlt.[111]

Nebenziel der Tätigkeit der EZB ist die Unterstützung der allgemeinen Wirt- **59** schaftspolitik. Diese bleibt weiterhin Sache der Mitgliedstaaten, was in Art. 127 Abs. 1 S. 2 AEUV dadurch zum Ausdruck kommt, dass das ESZB die allgemeine Wirtschaftspolitik *in* der Union unterstützt.

bb) Die geldpolitische Strategie

Die Deutsche Bundesbank versuchte über die Steuerung der Geldmenge Geldwert- **60** stabilität zu sichern und gleichzeitig das Wirtschaftswachstum zu fördern.[112] Dagegen praktiziert der EZB-Rat ein duales bzw. ein sog. Zwei-Säulen-System. Im Bereich der ersten Säule geht es um eine Inflationssteuerung. Die Inflation soll, gemessen an dem Vorjahr, nicht mehr als 2 % betragen, während nach der zweiten Säule die Geldmenge eine herausragende Rolle spielt. Die Obergrenze der jährlichen Wachstumsrate der Geldmenge im Euroraum wurde mit 4,5 % festgelegt.[113] Im Ergebnis berücksichtigen die EZB sowie die meisten anderen Zentralbanken „alle relevanten Faktoren".[114]

Nicht zum Regelungsprogramm gehören neuartige Zahlungsmittel, die national und international unterschiedlich bezeichnet werden. Es werden beispielsweise Be-griffe verwendet wie virtuelle, digitale, alternative oder Crypto-Währungen, Geld oder Devisen. Hauptbeispiele dafür sind Bitcoin, Litecoin oder Ripple. Diese virtu-ellen Währungen (Virtual Currency, VC) sind digitale Abbildungen von Werten, die nicht von einer Zentralbank oder Behörde geschaffen werden und auch keine Ver-bindung zu gesetzlichen Zahlungsmitteln haben müssen. Sie werden als Tauschmit-tel verwendet und können elektronisch übertragen, verwahrt oder gehandelt werden. Die VC basieren auf der Idee einer nicht staatlichen Ersatzwährung mit begrenzter Geldmenge. Die Schöpfung neuer Werteinheiten erfolgt über ein mathematisches Verfahren innerhalb eines Computernetzwerks. Dieser Prozess wird als „Mining" bezeichnet. Die BaFin hat Bitcoins gemäß § 1 Abs. 11 S. 1 KWG als Finanzinstru-mente qualifiziert. Sie sind weder gesetzliches Zahlungsmittel, Devisen oder Sorten. Sie sind auch kein E-Geld im Sinne des Zahlungsdienstaufsichtsgesetzes, weil es keinen Emittenten gibt, der sie ausgibt.[115]

---

[111] So wohl auch *Waldhoff*, in: Siekmann, Art. 127 AEUV Rn. 22 m. w. N.

[112] Vgl. *R. Schmidt*, in: ders., AT, S. 384 ff.

[113] Hierzu *Deutsche Bundesbank*, Geld und Geldpolitik, S. 187 ff. Näheres bei *Waldhoff*, in: Siek-mann, Art. 127 AEUV Rn. 34 f.; *Gaitanides,* Das Recht der EZB, S. 105 ff.

[114] Vgl. *Häde*, in: Calliess/Ruffert, Art. 127 AEUV Rn. 15.

[115] Zu den rechtlichen Problemen vgl. *Spindler/Bille*, WM 2014, 1357.

cc) Die Instrumente der Geldpolitik

61   Zum Instrumentarium der Geldpolitik gehören die Offenmarktpolitik, die Handhabung der ständigen Fazilitäten und die Mindestreserve (vgl. dazu Abb. 3).[116]

62   Wichtigstes geldpolitisches Instrument ist die *Offenmarktpolitik*, d. h. der Kauf und Verkauf von Wertpapieren durch die Zentralbank auf eigene Rechnung am offenen Markt. Mit einbezogen wird von der EZB die Kreditgewährung der Zentralbank an die Kreditinstitute, wenn es sich um Geschäfte handelt, die auf die Initiative der Zentralbank zurückgehen. Im Rahmen der Offenmarktpolitik werden sog. Hauptrefinanzierungsgeschäfte, längerfristige Refinanzierungsgeschäfte, Feinsteuerungsoperationen, strukturelle Operationen und die Zuteilung über sog. Tenderverfahren vorgenommen. Im Ganzen geht es um die Bereitstellung von Liquidität, wobei die Kreditnehmer ausreichende Sicherheiten zu stellen haben.[117]

63   Neben die Offenmarktgeschäfte treten die *ständigen Fazilitäten*. Die Spitzenrefinanzierungsfazilität bietet für einen Geschäftstag Liquidität gegen Sicherheiten. Die Einlagefazilität verschafft den Kreditinstituten die Gelegenheit, Guthaben über Nacht bei den nationalen Zentralbanken anzulegen. Die jeweiligen Zinssätze richten sich nach der Obergrenze bzw. der Untergrenze des Tagesgeldsatzes.[118]

64   Gemäß Art. 19.1 ESZB-Satzung kann die EZB von den Kreditinstituten in den Mitgliedstaaten die Unterhaltung von *Mindestreserven* bei Konten der EZB und den nationalen Zentralbanken verlangen. Dies wirkt sich auf die Liquidität der Kreditinstitute aus, d. h. der Geldmarktzins wird beeinflusst.

b) Die Aufsicht

aa) Die makroprudenzielle Aufsicht (ESRB)

65   Zur Bändigung sog. Systemrisiken wurde bei der EZB ein Europäischer Ausschuss für Systemrisiken, der ESRB (European Systemic Risk Board; → § 14 Rn. 80) geschaffen, dessen siebter Jahresbericht inzwischen vorliegt.[119] Der Begriff des Systemrisikos wird vom Verordnungsgeber sehr weit verstanden:

> Alle „Risiken einer Beeinträchtigung des Finanzsystems, die das Potenzial schwerwiegender negativer Folgen für den Binnenmarkt und die Realwirtschaft beinhalten. Alle Arten von Finanzmitteln, -märkten und -infrastrukturen können potenziell in gewissem Maße von systemischer Bedeutung sein".[120]

---

[116] Näheres in den Art. 18 ff. ESZB-Satzung.

[117] Art. 18.1 2. Spiegelstrich ESZB-Satzung; Näheres bei *Waldhoff*, in: Siekmann, Art. 127 AEUV Rn. 39 ff.

[118] Vgl. *Häde*, in: Calliess/Ruffert, Art. 127 AEUV Rn. 20.

[119] ESRB, Europäischer Ausschuss für Systemrisiken. Europäisches Finanzaufsichtssystem, Jahresbericht 2017.

[120] Art. 2 VO (EU) Nr. 1092/2010 des Europäischen Parlaments und des Rates vom 24.11.2010 über die Finanzaufsicht der Europäischen Union auf Makroebene und zur Errichtung eines Europäischen Ausschusses für Systemrisiken, ABl. EU L 331/1.

Geldpolitische Instrumente

Geldpolitische Geschäfte	Transaktionsart		Laufzeit	Rhythmus	Verfahren
	Liquiditäts-bereit-stellung	Liquiditäts-abschöpfung			
Offenmarktgeschäfte					
Haupt-refinanzierungs-geschäfte	Befristete Transaktionen	–	eine Woche	wöchentlich	Standard-tender
Längerfristige Refinanzie-rungsgeschäfte	Befristete Transaktionen	–	drei Monate	monatlich	Standard-tender
Fein-steuerungs-operationen	– Devisen-swaps – Befristete Trans-aktionen	– Devisen-swaps – Herein-nahme von Termin-einlagen – Befristete Trans-aktionen	nicht standardisiert	unregel-mäßig	– Schnelltender – Bilaterale Geschäfte
Strukturelle Operationen	Befristete Transaktionen	Emission von Schuldver-schreibungen	standardi-siert/ nicht standardisiert	regelmäßig und unregel-mäßig	Standard-tender
	Endgültige Käufe	Endgültige Verkäufe	–	unregel-mäßig	Bilaterale Geschäfte
Ständige Faziliäten					
Spitzenrefinan-zierungsfazilität	Befristete Transaktionen	–	über Nacht	Inanspruchnahme auf Initiative der Geschäftspartner	
Einlagefazilität	–	Einlagen-annahme	über Nacht	Inanspruchnahme auf Initiative der Geschäftspartner	

Abb. 3 Geldpolitische Instrumente. (Quelle: Deutsche Bundesbank (Hrsg.), Geld und Geldpolitik, 2014, S. 183)

66 Die herkömmliche Finanzmarktaufsicht war eine akteursbezogene Mikroaufsicht, die von der Individualisierbarkeit der Risikoquellen ausging. Sie hatte erhebliche Schwachstellen: zum einen, weil die Wechselwirkung zwischen den Akteuren nicht hinreichend berücksichtigt wurde und zum anderen, weil nicht einmal alle relevanten Akteure erfasst wurden. Die Verknüpfung von mikro- und makroprudenzieller Aufsicht geht von der Einsicht aus, dass die Aufsicht auf der Makroebene nur funktioniert, wenn sie sich in irgendeiner Form auf die Beaufsichtigung auf der Mikroebene auswirkt. Andererseits kann die Aufsicht auf der Mikroebene die Stabilität des Finanzsystems nur dann wirksam schützen, wenn sie Entwicklungen auf der Makroebene entsprechend Rechnung trägt.[121]

67 Das Aufsichtsnetzwerk (vgl. dazu Abb. 4) vereint die nationalen Aufsichtsbehörden der EU-Mitgliedstaaten und die drei europäischen Finanzaufsichtsbehörden (European Supervisory Authorities, ESAs; → § 14 Rn. 77 ff.).[122] Während die ESAs eigene Rechtspersönlichkeit besitzen, ist der ESRB ein europäisches Kooperationsgremium ohne eigene Rechtspersönlichkeit und ohne spezielle Durchgriffsrechte. Seine Verantwortung für die makroprudenzielle Überwachung soll durch den ständigen Erkenntnisaustausch zwischen den Beteiligten in beide Richtungen wahrgenommen werden. Der ESRB ist eng mit der EZB verbunden.[123] Der Präsident der EZB führt für fünf Jahre den Vorsitz des ESRB. Diese umstrittene Lösung[124] sollte dem neuen Gremium von Anfang an die Führung durch eine hochrangige Persönlichkeit sichern. Der Vorsitzende des ESRB vertritt nach Art. 5 Abs. 8 VO (EU) Nr. 1092/2010 das Gremium nach außen. Wichtigstes Organ des ESRB ist der Verwaltungsrat (General Board) mit 65 Mitgliedern. Er trifft seine Entscheidungen in der Regel mit einfacher Mehrheit. Nur für Empfehlungen und Warnungen ist wegen deren besonderer Bedeutung eine Zweidrittelmehrheit erforderlich. Der Verwaltungsrat stützt sich auf die Arbeit eines kleineren, schlagkräftigeren Lenkungsausschusses.[125]

68 Die Institution für makroprudenzielle Überwachung wird als wesentlicher Baustein der Finanzarchitektur angesehen. Zwei Externalitäten soll entgegengewirkt werden: zum einen dem gleichzeitigen oder sequenziellen Ausfall von eng miteinander verflochtenen Finanzinstituten, zum anderen den sich selbst verstärkenden Rückkoppelungseffekten zwischen Finanz- und Realwirtschaft. Dem ESRB als Beratungsgremium stehen als Instrumente nur *Warnungen* und *Empfehlungen* zur Verfügung. Ein mit der Geldpolitik vergleichbares Instrumentarium konnte noch nicht geschaffen werden. Geldpolitische Instrumente werden ausdrücklich

---

[121] Grundsätzlich und weiterführend zu den Anforderungen an die Aufsicht *Kaufhold*, Systemaufsicht, S. 151 ff.

[122] Die Europäische Bankenaufsichtsbehörde (EBA) in London, die Europäische Aufsichtsbehörde für das Versicherungswesen und die betriebliche Altersversorgung (EIOPA) in Frankfurt a. M. und die Europäische Wertpapier- und Marktaufsichtsbehörde (ESMA) in Paris.

[123] Näheres bei *Hartig*, EuZW 2012, 775.

[124] Vgl. *Kohtamäki*, Die Reform der Bankenaufsicht in der EU, S. 123.

[125] Art. 7 Abs. 1 und 3 VO (EU) Nr. 1092/1090.

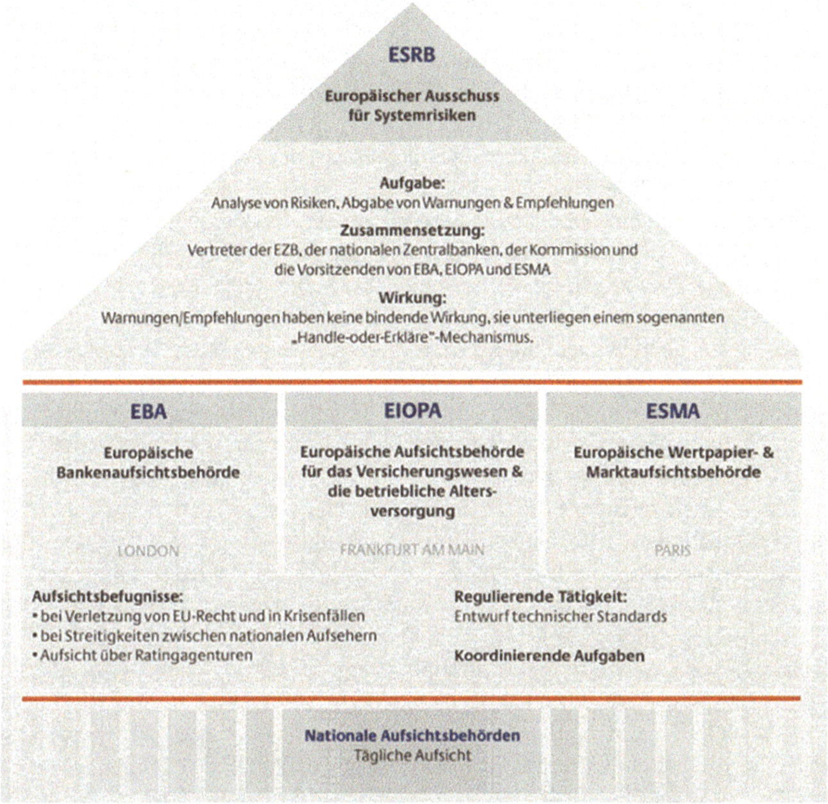

Abb. 4 Das europäische Finanzaufsichtssystem. (Quelle: BMF, Monatsbericht des BMF, April 2011, S. 52)

nicht als makroprudenzielle Instrumente angesehen. Die Stärken des ESRB liegen in der mittel- und längerfristigen Perspektive, in der Prävention, nicht im Krisenmanagement. Ob er überhaupt Wirksamkeit entfalten wird, hängt vor allem von der Qualität seiner Warnungen und Empfehlungen ab.[126]

bb) Die Bankenunion
Die Funktionsfähigkeit der Kreditinstitute ist essenziell für den EU-Binnenmarkt. **69**
Der Plan einer sog. „Bankenunion", vorläufig über eine Bankenaufsicht teilweise
verwirklicht, soll dies befördern. Mit ihr soll das Risiko gebannt werden, dass

---

[126]Zu den jüngsten Empfehlungen vgl. ESRB, Europäischer Ausschuss für Systemrisiken. Europäisches Finanzaufsichtssystem, Jahresbericht 2013, S. 57 ff. Zu den ersten öffentlichen Warnungen des ESRB seit seiner Einrichtung vgl. Jahresbericht 2015, S. 37. Zum Ganzen Näheres bei *R. Schmidt*, Finanzaufsicht als Systemaufsicht oder die neue Offenheit des öffentlichen Wirtschaftsrechts, in: Stelmach/Schmidt (Hrsg.), Krakauer-Augsburger Rechtsstudien, Die Rolle des Rechts in der Zeit wirtschaftlicher Krise, 2013, S. 115 ff.

Bankenkrisen andere Wirtschaftsbereiche und die staatliche Fiskalpolitik in Schwierigkeiten bringen. Der wichtigste erste Schritt ist eine auf Art. 127 Abs. 6 AEUV gestützte Verordnung des Rates, zumal sie eine zentrale Bankenaufsicht für die Eurozone schafft.[127] Die sog. Bankenunion soll auf zwei Säulen ruhen (→ § 14 Rn. 11 mit Fn. 28): zum einen auf einer einheitlichen Bankenaufsicht (Single Supervisory Mechanism, SSM) und zum anderen auf einem einheitlichen Regulierungsrecht (Single Rule Book).

70   Die Begründung einer Zuständigkeit der EZB für die Aufsicht über Kreditinstitute ist aus verschiedenen Gründen äußerst umstritten. Dies gilt schon für das geeignete Aufsichtsmodell, bei dem sich die Verfechter eines Konzepts durchsetzten, durch das die nationalen Aufsichtsbehörden zwar nicht jedwede Kompetenz verloren haben, aber weitgehend der EZB untergeordnet wurden.[128] Fraglich ist insbesondere, ob der für die Währungs- und Geldpolitik mit Unabhängigkeit ausgestatteten EZB überhaupt Aufsichtsfunktionen übertragen werden können und sollten. Nach der SSM-VO wurde der EZB eine umfassende Aufsicht übertragen (→ § 14 Rn. 58 ff.). Sie erstreckt sich auf die Aufsicht über die Einlagenkreditinstitute, Muttergesellschaften, Finanzholdinggesellschaften und gemischte Finanzholdinggesellschaften mit Sitz in einem Eurozonenmitgliedstaat. Zur Aufsicht gehören u. a. die Überwachung der Einhaltung von Vorschriften über Eigenmittel, Verbriefung, Kapitalpuffer, Großkredite, Liquidität und Leverage. Den nationalen Aufsichtsbehörden verbleibt wenig, etwa der Verbraucherschutz sowie die Bekämpfung der Geldwäsche und der Terrorismusfinanzierung.

71   Problematisch sind zahlreiche grundsätzliche Rechtsfragen. Die wichtigste: die SSM-VO ist nicht mehr von Art. 127 Abs. 6 AEUV gedeckt, denn selbst wenn man diese Rechtsgrundlage weit auslegte, erlaubte sie nicht die Übertragung der Bankenaufsicht „als Ganzes". Außerdem: Art. 12 ESZB-Satzung könnte den neu geschaffenen eigenen Beschlusskörper allenfalls mit dem Vorrang der Preisstabilität und der Wahrung der um ihretwillen der EZB gewährten Unabhängigkeit legitimieren.[129]

72   Die aus rechtlichen Gründen zu errichtende „chinesische Mauer" zwischen Bankenaufsicht und geldpolitischer Funktion ist allenfalls eine spanische Wand, eine vollständige Trennung wurde nicht erreicht. Es wäre durchaus denkbar, dass in Zukunft die Bankenaufsicht durch Geldpolitiker minimiert wird und dass geldpolitische durch aufsichtsrechtliche Entscheidungen beeinflusst werden.[130]

---

[127] Zum Ganzen *Wolfers/Volland*, BKR 2014, 177; *Kämmerer*, NVwZ 2013, 830; *Dinov*, EuR 2013, 593; *Schneider*, EuZW 2013, 452.

[128] Vgl. *Herdegen*, WM 2012, 1889 (1889 f.).

[129] So *Kämmerer*, NVwZ 2013, 830 (832) m. w. N. Nach Ansicht des BVerfG (U. v. 30.07.2019) ist der EZB die Bankenaufsicht nicht vollständig übertragen worden.

[130] Vgl. *Herdegen*, WM 2012, 1889 (1893 f.); *Kämmerer*, NVwZ 2013, 830 (832). Zu den Aufgaben der EZB im Rahmen der Aufsicht vgl. im Einzelnen *Langner*, in: Siekmann, Art. 25 ESZB-Satzung Rn. 15 ff.

c) Die Stellung der EZB im Gewaltengefüge

Die rechtliche Beschränkung der EZB auf die Geldpolitik und die sonstigen in   **73**
Art. 127 Abs. 2 AEUV genannten (Neben-)Themen einerseits und die Beschränkung der Mitgliedstaaten im Bereich der Wirtschaftspolitik auf eine bloße Koordinierung im Rat (Art. 121 AEUV) andererseits, führten zu einem Vakuum, das die
EZB nutzte, um zum *wichtigsten Akteur* im Bereich von Wirtschaft und Währung zu
werden. Durch die Ankündigung des unbeschränkten Aufkaufs von Staatsanleihen
(OMT-Programm) wagte sie sich, deutlich gegen die Grundsätze des AEUV
verstoßend, auf das Gebiet der Haushaltsfinanzierung (→ Rn. 26).[131] Diese Ankündigung mag tatsächlich die Märkte beruhigt haben, ist aber rechtswidrig und mit
großen tatsächlichen Risiken verbunden.

Nach dem AEUV ist das ESZB nur sehr beschränkt in die Wirtschafts- und   **74**
Haushaltspolitik, beispielsweise bei der Anhörung im Defizitverfahren (Art. 126
Abs. 14 UAbs. 2 AEUV), eingebunden. Die Zuständigkeit für die Wirtschaftspolitik liegt
bei den Mitgliedstaaten. Diese sind vor allem für die Festlegung der Ziele und die Wahl
der Instrumente der Wirtschaftspolitik zuständig (Art. 5 Abs. 1, Art. 120 ff. AEUV).
Das ESZB ist nur befugt, die allgemeine Wirtschaftspolitik in der Union zu unterstützen, soweit dies ohne Beeinträchtigung der Preisstabilität möglich ist (Art. 119
Abs. 2, Art. 127 Abs. 1 S. 2, Art. 282 Abs. 2 S. 3 AEUV). Diese rechtliche Aus-
gangslage bringt es mit sich, dass in Grau- und Grenzbereichen eine genaue Zuordnung der jeweiligen Maßnahme zur Geld- und Währungspolitik einerseits bzw. zur
Wirtschaftspolitik andererseits unausweichlich wird.

Das BVerfG hat in seinem Vorlagebeschluss vom 14.01.2014[132] sehr genau be-   **75**
gründet, dass dem OMT-Beschluss[133] keine währungspolitische Zielsetzung zugrunde liegt, dass vielmehr der Ankauf von Staatsanleihen zur Entlastung einzelner
Mitgliedstaaten in seiner Koppelung an wirtschaftspolitische Auflagen der EFSF
oder des ESM letztlich eine wirtschaftspolitische Maßnahme ist. Der EZB fehlt hierfür die Kompetenz und abgesehen von dieser die parlamentarische Legitimation. Die
rechtliche Einordnung der jeweiligen Maßnahme mag im Einzelfall schwierig sein,
ist aber im Gegensatz zur Meinung der beiden Sondervoten (*Lübbe-Wolff* und *Ger-
hardt*) zum Vorlagebeschluss vom 14.01.2014 interpretatorisch lösbar.[134]

Im Gegensatz zum BVerfG sieht der EuGH[135] im OMT-Programm eine verhält-
nismäßige Sicherung des „geldpolitischen Transmissionsmechanismus" im Dienste
der Preisstabilität. Solange bestimmte Vorgaben eingehalten würden, wäre der

---

[131] Zum OMT-Beschluss BVerfGE 134, 366 (372). Zu den Folgen vgl. *R. Schmidt,* Wettbewerbsverfälschung als Handlungsmaxime, in: FS Köhler, S. 615.

[132] BVerfGE 134, 366.

[133] Im OMT-Beschluss ist vorgesehen, dass Staatsanleihen ausgewählter Mitgliedstaaten in unbegrenz-
ter Höhe aufgekauft werden können, wenn und solange diese Mitgliedstaaten zugleich an einem mit
der EFSF oder dem ESM vereinbarten Reformprogramm teilnehmen; so BVerfGE 134, 366 (372).

[134] Näheres bei *R. Schmidt,* Gesetzesgestaltung, Gesetzesanwendung und Geldpolitik, in: FS Hufen, S. 219.

[135] EuGH, Rs. C-62/14, EU:C:2015:400 – Gauweiler.

Ankauf von Staatsanleihen auf dem Sekundärmarkt keine verbotene monetäre Staatsfinanzierung.

Die sachkundige Erfüllung dieser hermeneutischen Aufgabe ist von größter Bedeutung, weil das gesamte Kompetenzgefüge im Bereich von Wirtschaft und Währung und die Wahrung des Demokratieprinzips auf dem Spiel stehen.

Über die Ankäufe von Wertpapieren des öffentlichen Sektors an den Sekundärmärkten durch die EZB im Rahmen des sog. PSPP (Public Sector Purchase Programme) wurde nach dem Vorlagebeschluss des BVerfG vom 18. Juli 2017[136] vom EuGH mit Urteil vom 11. Dezember 2018[137] entschieden. Der EuGH setzt sich über die sorgfältig begründeten Bedenken des Vorlagebeschlusses, soweit er überhaupt auf sie eingeht, hinweg. Er hält das Ankaufprogramm für rechtmäßig. Damit wird der EZB grünes Licht für eine monetäre Staatsfinanzierung gegeben. Eine der tragenden Säulen der Währungsunion wird somit ausgehöhlt. Die schwerwiegenden Folgen der Politik des leichten Geldes (u. a. die Enteignung der Sparer) werden vom EuGH ignoriert.

Das BVerfG wird über diese eindeutige Mandatsüberschreitung der EZB und deren Billigung durch den EuGH nicht hinwegsehen können. Es wird feststellen müssen, dass der EuGH gegen die durch Art. 79 Abs. 3 GG und Art. 20 GG geschützte Identität der Bundesrepublik verstößt.

4. Währungsaußenpolitik

76 Auch durch die Währungsaußenpolitik können Gefahren für den Geldwert entstehen. Während die Währungsinnenpolitik von den Mitgliedstaaten der Europäischen Union dem ESZB übertragen wurde, ist die Festlegung nach außen, d. h. gegenüber Drittstaaten, gemäß Art. 219 AEUV vom Rat zu treffen. Als Spezialbestimmung zur auswärtigen Gewalt der Europäischen Union konkretisiert Art. 219 AEUV zum einen die bereits in Art. 138 AEUV niedergelegte Verbandszuständigkeit der Europäischen Union in der auswärtigen Währungspolitik. Zum anderen legt er die Organzuständigkeiten beim Abschluss von Übereinkünften fest. Seine wesentliche Bedeutung liegt demnach in der Zuständigkeitsabgrenzung. Für die Außenbeziehungen der Union ist nämlich im Allgemeinen der Rat der entscheidende Akteur, im Bereich der Währungspolitik ist dies das ESZB (Art. 127 Abs. 2 AEUV) und damit die EZB (Art. 132 AEUV). Durch Art. 219 AEUV wird die EZB in die Währungsaußenpolitik eingebunden. Jedoch wird an der Letztentscheidung des Rates in auswärtigen Angelegenheiten der Union auch für Währungsfragen festgehalten. Der Rat handelt auf Empfehlungen der EZB oder der Kommission. Ganz selbstverständlich ist dies nicht, denn wegen der politischen Ausrichtung der Währungspolitik könnte die Preisstabilität speziell durch die Währungsaußenpolitik gefährdet werden. Dem stehen aber die Verfassungstradition und auch das Selbstverständnis der Staaten gegenüber, wonach die Währungspolitik ein Bestandteil

---

[136] BVerfGE 146, 216 ff.
[137] EuGH, Rs. C-493/17, EU:C:2018:1000 – Heinrich Weiss u. a.

der Außenpolitik ist. Die Staaten wollten dieses Politikfeld nicht einer unabhängigen Institution übertragen.

Ein rechtlich verbindliches Wechselkurssystem kann nur durch völkerrechtlichen 77
Vertrag begründet werden, was in Art. 219 AEUV mit der Formulierung „förmliche Vereinbarungen" angesprochen wird. Dadurch sollte nicht etwa eine neue Kategorie von Verträgen eingeführt, sondern nur die rechtliche Bindungswirkung der Vereinbarungen hervorgehoben werden. Die politische Initiative liegt nicht beim Rat, da er nur auf Empfehlung der EZB oder der Kommission handeln kann. Das Parlament ist nur anzuhören. Zentral ist die Verpflichtung des Rates, sich darum zu bemühen, „zu einem mit dem Ziel der Preisstabilität im Einklang stehenden Konsens zu gelangen". Das Wechselkurssystem dient zwar nicht nur der Geldwertstabilität, sondern der Stabilisierung des Außenwerts. Die Einführung einer einheitlichen Währung wurde aber durch Art. 119 Abs. 2 AEUV vorrangig auf das Ziel der Preisstabilität ausgerichtet, sodass der Rat bei Ausrichtung seiner Wechselkurspolitik diese jeweils vorrangig im Auge zu behalten hat. Im Vorfeld des jeweiligen Vertrags beschließt der Rat die Modalitäten für die Aushandlung und den Abschluss der Vereinbarungen (Art. 219 Abs. 3 AEUV). Dadurch sollte gewährleistet werden, dass die Union einen einheitlichen Standpunkt vertritt. Nicht entscheidend sollte sein, ob ein Mitgliedstaat, der Ratspräsident oder der EZB-Präsident mit der Außenvertretung betraut ist.

Vorläufig nur von akademischem Interesse ist die Frage, was mit den „allgemei- 78
nen Orientierungen für die Wechselkurspolitik" in Abs. 2 des Art. 219 AEUV rechtlich gemeint ist. Orientierungen sind Leitlinien des Rates an die Adresse des ESZB, zu dessen grundlegenden Aufgaben die Devisenpolitik gehört (Art. 127 Abs. 2 AEUV). Diese Bestimmung räumt dem Rat ein Ermessen ein, d. h., dass er nicht tätig werden muss. Schon vor Längerem hat man sich darauf verständigt, dass die genannten Orientierungen nur unter außergewöhnlichen Umständen aufgestellt werden sollen. Solange dies nicht geschieht, handelt die EZB auf den Devisenmärkten nach eigenem Ermessen. Würden die „Orientierungen" eines Tages verabschiedet, würde sich die Frage stellen, inwieweit sie bindend sind. Die besseren Argumente streiten wohl für deren Rechtscharakter, weil die Pflicht der EZB darin besteht, ihre Devisenpolitik in Einklang mit Art. 219 AEUV zu betreiben.[138]

5. Rechtsschutzfragen

Die Unabhängigkeit der Zentralbank bedeutet nicht, dass sie außerhalb des Rechts 79
steht. Einmal bestehen Wechselbeziehungen zwischen den Zentralbanken und ihren Entscheidungsträgern sowie den Organen der Union und den Mitgliedstaaten. Außerdem kommen subjektiv-öffentliche Rechte gegen Maßnahmen der EZB in Betracht. Die Art. 263, 265 und 267 AEUV sehen konsequenterweise Klagemöglichkeiten gegen die EZB vor.[139] Mit einer Nichtigkeitsklage nach Art. 263 AEUV ist

---

[138] Vgl. hierzu *Kadelbach*, in: Siekmann, Art. 219 AEUV Rn. 44. Zur Währungsaußenpolitik im Ganzen siehe, weitgehend mit dem obigen Text übereinstimmend, *R. Schmidt*, HStR³ XI, § 252 Rn. 52.
[139] Näher hierzu *Hahn/Häde*, ZHR 165 (2001), 30 ff.

grundsätzlich jede Handlung der EZB angreifbar, soweit diese verbindliche Rechtswirkungen erzeugt und den Kläger in seiner Rechtsstellung beeinträchtigt. Neben
der Nichtigkeitsklage kann, wenn die allgemeinen Voraussetzungen erfüllt sind,
eine *Untätigkeitsklage* nach Art. 265 AEUV erhoben werden. Denkbar ist auch die
Vorlageberechtigung bzw. -verpflichtung nationaler Gerichte im *Vorabentscheidungsverfahren* nach Art. 267 AEUV. Eine inzidente Kontrolle der Handlungen der
EZB ist nach Art. 267 AEUV möglich. Im Vertrag von Lissabon wurde außerdem in
Art. 340 Abs. 3 AEUV geregelt, dass sich eine Klage auf Schadensersatz nach
Art. 280 AEUV aus einer außervertraglichen Rechtsverletzung durch die EZB gegen diese zu richten hat.[140]

80   Besonders problematisch ist das Kriterium der individuellen Betroffenheit.
Seit der grundlegenden Plaumann-Entscheidung des Gerichtshofs[141] entstanden
hierzu zahlreiche Kontroversen.[142] Für den vorliegenden Zusammenhang ist von
besonderer Bedeutung, ob und inwieweit eine Verschlechterung des Geldwerts
die Eigentumsgarantie verletzt. Für die Einbeziehung des Geldes in den Schutzbereich des Art. 14 GG spricht, dass eine prinzipielle Gewährleistung des
Tauschwerts gegeben wurde. Dessen Ausklammerung aus der Gewährleistungsfunktion des Art. 14 GG würde für Geld und geldwerte Forderungen, die keinen
eigenständigen, vom Tauschwert unabhängigen Nutzwert hätten, den Schutz
des Art. 14 GG nicht mehr garantieren. Das Gegenargument, wonach auch Aktienkurse und Immobilienpreise ins Bodenlose fallen könnten, überzeugt insofern nicht, als der Wert des Geldes *ausschließlich* in dem von ihm verkörpertem
Tauschwert besteht. Die grundsätzliche objektive Verpflichtung des Staates in
der Europäischen Union zur Bereitstellung einer funktionierenden stabilen
Geldordnung verdient den Vorzug.[143] Nicht ganz eindeutig ist die Haltung des
BVerfG. In der einschlägigen Passage zur Wirtschafts- und Währungsunion[144]
heißt es:

> „Art. 14 Abs. 1 GG gewährleistet das Recht, Sach- und Geldeigentum zu besitzen, zu nut
> zen, es zu verwalten und über es zu verfügen.
>   a) In der Eigentumsgarantie des Art. 14 Abs. 1 S. 1 GG gewährleistet das Grundgesetz
> die privat verfügbare ökonomische Grundlage individueller Freiheit. Der Eigentumsgaran
> tie kommt im Gesamtgefüge der Grundrechte die Aufgabe zu, dem Träger des Grundrechts
> einen Freiraum im vermögensrechtlichen Bereich zu sichern und ihm dadurch eine eigen
> verantwortliche Gestaltung seines Lebens zu ermöglichen … In der heutigen Gesellschaft
> sichert die große Mehrzahl der Staatsbürger die wirtschaftliche Grundlage ihrer Existenz
> und ihrer Freiheiten weniger durch privates Sachvermögen als durch den Arbeitsertrag und
> die daran anknüpfende solidarisch getragene Daseinsvorsorge, die historisch von jeher eng
> mit dem Eigentumsgedanken verknüpft war …

---

[140] Näheres hierzu bei *Ohler/Schmidt-Wenzel*, in: Siekmann, Art. 132 AEUV Rn. 102.

[141] EuGH, Rs. C-25/62, Slg. 1963, 213 (237) – Plaumann/Kommission.

[142] Näheres bei *Cremer*, in: Calliess/Ruffert, Art. 263 AEUV Rn. 39 ff.

[143] Näheres bei *R. Schmidt*, Geld, in: FS P. Kirchhof, § 142 Rn. 13 ff.

[144] BVerfGE 97, 350.

Dementsprechend schützt die Eigentumsgarantie nicht nur körperlich greifbare Sachen, sondern auch geldwerte Forderungen, die nach Art eines Ausschließlichkeitsrechts dem Rechtsträger privatnützig zugeordnet sind, auf Eigenleistungen beruhen und als materielle Grundlagen persönlicher Freiheit dienen ... Eine wesentliche Freiheitsgarantie des Eigentums liegt gerade darin, Sachgüter und Geld gegeneinander austauschen zu können. Die Gleichwertigkeit von Sach- und Geldeigentum ist auch eine der Funktionsgrundlagen des Art. 14 GG. Geld ist geprägte Freiheit; es kann frei in Gegenstände eingetauscht werden.

b) Allerdings ist der Geldwert in besonderer Weise gemeinschaftsbezogen und gemeinschaftsabhängig. Er bildet sich im Rahmen der staatlichen Währungshoheit und Finanzpolitik wesentlich auch durch das Verhalten der Grundrechtsberechtigten selbst, insbesondere über Preise, Löhne, Zinsen, wirtschaftliche Einschätzungen und Bewertungen. Der Außenwert des Geldes folgt aus der Beziehung des nationalen Geldes zu anderen Währungen und deren staatlichen, wirtschaftlichen und gesellschaftlichen Grundlagen. In diesen Abhängigkeiten kann der Staat den Geldwert nicht grundrechtlich garantieren. Wie Art. 14 Abs. 1 GG beim Sacheigentum nur die Verfügungsfreiheit des anbietenden Eigentümers, nicht aber die Bereitschaft des Nachfragers gewährleisten kann, so kann das Grundrecht des Eigentümers auch beim Geld nur die institutionelle Grundlage und die individuelle Zuordnung gewährleisten."[145]

Im Ergebnis ist festzuhalten, dass der *Tauschwert des Geldes* im Regelfall am Markt **81** gebildet wird, aber normgeprägt ist durch Vorschriften über den Nominalismus oder durch die Verpflichtung der EZB auf die Preisstabilität. Deshalb muss auch dessen prinzipieller Schutz grundrechtlich bzw. europarechtlich abgesichert sein. Die Möglichkeit, die Geldwertsicherung durch die EZB mit einer Nichtigkeitsklage nach Art. 263 AEUV oder einer Untätigkeitsklage nach Art. 265 AEUV durchzusetzen, dürfte allerdings kaum erfolgreich sein, weil die geltende Währungsverfassung zumindest keine klare subjektiv-rechtliche Gewährleistung des Wertschutzinteresses des Individuums schuf.

Auch Klagen der nationalen Zentralbanken gegen die EZB sind nur dann mög- **82** lich, wenn sich eine unmittelbare und individuelle Betroffenheit nachweisen ließe. Dies käme beispielsweise bei einem Kompetenzstreit in Betracht. Internen Weisungen, auch der internen Zuständigkeitsverteilung, fehlen die Außenwirkung und damit die Justiziabilität. So wäre beispielsweise ein gerichtlich durchsetzbarer Anspruch auf Beteiligung an der Geldpolitik abzulehnen.[146]

VII. Das Weltfinanzsystem

1. Der Internationale Währungsfonds

a) Allgemeines

Preisstabilität und Wachstum hängen nicht zuletzt vom Weltfinanzsystem ab. Die **83** wichtigste Institution der internationalen Währungsverfassung ist der Internationale Währungsfonds (IWF) (zu diesem auch → § 3 Rn. 32 ff.). Er hat 189 Mitglieder.

---

[145] BVerfGE 97, 350 (370 ff.).
[146] So zu Recht *Häde*, in: Calliess/Ruffert, Art. 127 AEUV Rn. 32.

Aus rechtlichen Gründen kann die Europäische Union nicht Mitglied werden, allerdings sind all ihre Mitgliedstaaten Mitglieder des IWF. Die Bundesrepublik ist dies seit 1952.[147] Die Mitglieder sind seit 1976 dazu verpflichtet, ihre Wirtschafts- und Finanzpolitik auf das Ziel eines geordneten Wirtschaftswachstums bei angemessener Preisstabilität auszurichten, nach Stabilität zu streben und dabei ein Währungssystem ohne drastische Störungen zu schaffen sowie Manipulationen an den Wechselkursen zu vermeiden.[148]

84   Die wesentlichen Probleme der internationalen Wirtschaftsverfassung liegen in der Regelung der grenzüberschreitenden Transaktionen. Die drei Kernprobleme bestehen in der Umtauschbarkeit von Währungen, der Etablierung eines Systems zur Festlegung des Umtauschkurses und der Frage nach den Mechanismen zum Ausgleich der Transaktionsströme.[149] Entscheidendes Element des im Jahr 1944 in Bretton Woods geschaffenen Systems bildete die freie Konvertibilität von Währungen in Verbindung mit festen Wechselkursen. Die ursprüngliche Koppelung des Dollars an das Gold ließ sich vor dem Hintergrund einer zunehmenden Inflation und eines über die Goldvorräte hinaus expandierenden Dollarvolumens nicht mehr aufrechterhalten. Im Jahr 1976 wurde die Freigabe der Wechselkurse durch Änderung des IWF-Vertrags geregelt. Den Mitgliedstaaten wurde bei der Wahl des Wechselkurssystems erheblicher Gestaltungsraum eingeräumt.

b) Die Organe

85   Der Gouverneursrat ist das höchste, einmal jährlich tagende Entscheidungsorgan des IWF. Das Exekutivdirektorium ist mit der täglichen Geschäftsführung betraut, an der Spitze des Mitarbeiterstabes führt der geschäftsführende Direktor die Geschäfte. Die Bedeutung des geschäftsführenden Direktors liegt aber weniger in seinen förmlichen Kompetenzen, als darin, dass er als Vorsitzender von mehr als hunderten von Ökonomen die wirtschaftliche Diskussion im IWF und auch außerhalb wesentlich beeinflussen kann. Die Stimmengewichtung im Exekutivdirektorium richtet sich nach dem Kapitalanteil der Mitglieder am Fonds bzw. nach dem wirtschaftlichen Gewicht des Mitgliedstaats.[150] Das Exekutivdirektorium, das mehrmals in der Woche tagt, entscheidet mit einfacher Mehrheit, im Ausnahmefall mit qualifizierter Mehrheit von 85 % der nach Quoten gewichteten Stimmen. Es besteht aus 24 Exekutivdirektoren, von denen acht von den größten Kapitaleignern des Fonds ernannt werden (USA, China, Deutschland, Japan, Frankreich, Großbritannien, Russland und Saudi-Arabien). China wird zur drittgrößten Kraft.

---

[147] Näheres bei *Haltern*, in: K. Ipsen, § 35 Rn. 40 ff.

[148] Art. IV Abschnitt 1 des IWF-Abkommens, zum Text insgesamt vgl. BGBl. 1978 II, S. 13. Zur zentralen Bedeutung des Abkommens über den IWF vgl. *Herdegen*, Internationales Wirtschaftsrecht, § 26 Rn. 1 ff.

[149] Vgl. *Herrmann*, Währungshoheit, S. 245.

[150] Art. XII Abschnitt 5 IWF-Abkommen.

c) Ziele und Aufgaben

Der IWF erfüllt zwei wesentliche Aufgaben. Zum einen vergibt er Kredite,[151] zum anderen ist er Sicherheitsinspektor[152] im Rahmen der Politiküberwachung. **86**

Zentral ist die Aufgabe, den Mitgliedstaaten bei Zahlungsbilanzdefiziten finanziell zu helfen. Diese Funktion als „lender of the last resort" wurde nach dem Ausbruch der Finanzkrise im Herbst 2007 besonders wichtig. Hierbei sind die Sonderziehungsrechte,[153] die 1969 zur Schaffung von Liquidität eingeführt wurden, an erster Stelle zu nennen. Diese Sonderziehungsrechte werden den Staaten in bestimmter Höhe zugeteilt. Sie müssen dafür an den Fonds Zinsen bezahlen. Es handelt sich dabei um eine künstliche Währungseinheit, die sich aus einem Korb speist, in dem sich die wichtigsten Währungen (US-Dollar, Euro, japanischer Yen, Pfund Sterling und chinesischer Renminbi (seit dem 01.10.2016)[154] befinden. Wirtschaftlich gesehen sind die Sonderziehungsrechte ein internationales Zahlungsmittel. Die Vergabe der Kredite wird von der Erfüllung bestimmter Verpflichtungen, der sog. Konditionalität, abhängig gemacht. Dies kann mit einem massiven Eingriff in die wirtschaftspolitische Souveränität des kreditnehmenden Landes verbunden sein. Der Schuldnerstaat verpflichtet sich jeweils, bestimmte wirtschaftliche Reformmaßnahmen zur Erlangung einer ausgeglichenen Zahlungsbilanz vorzunehmen. Die Einhaltung der hierfür erforderlichen Erklärung („letter of intent") ist nicht sanktionsbewehrt, aber gegebenenfalls Voraussetzung für die Vergabe weiterer Kredite.[155] Inzwischen sind die Risiken für den Fonds gewachsen, weil die Programmeffizienz gesunken ist und weil, der Not gehorchend, weitgehend auf Vorgaben für die wirtschaftspolitische Anpassung verzichtet wurde.[156] Der Fonds nimmt sogar hin, dass IWF-Mittel zur fiskalischen Stimulierung der inländischen Nachfrage, d. h. konjunkturpolitisch verwendet werden.[157] **87**

Zu den Überwachungsaufgaben gehören die Überwachung der Wechselkursregelungen der Mitgliedstaaten, Koordinierungen im Hinblick auf Devisengeschäfte und die Gewährleistung der Währungskonvertibilität. Vielfach geht es um vorbeugende Maßnahmen. Hierzu gehören Besuche, sog. Konsultationen und Bewertungen. Im zweimal jährlich herausgegebenen World Economic Outlook findet sich ein Überblick über die wirtschaftliche Entwicklung weltweit.[158] **88**

---

[151] *Deutsche Bundesbank*, Weltweite Organisationen und Gremien im Bereich von Währung und Wirtschaft, S. 50 ff.

[152] *Deutsche Bundesbank*, Weltweite Organisationen und Gremien im Bereich von Währung und Wirtschaft, Surveillance, S. 42 ff.

[153] *Deutsche Bundesbank*, Weltweite Organisationen und Gremien im Bereich von Währung und Wirtschaft, S. 77 ff.

[154] *Herdegen*, Internationales Wirtschaftsrecht, § 26 Rn. 6.

[155] *Herdegen*, Internationales Wirtschaftsrecht, § 26 Rn. 8.

[156] *Deutsche Bundesbank*, Monatsbericht September 2012, S. 64 f.

[157] *Deutsche Bundesbank*, Monatsbericht September 2012, S. 68 m. w. N.

[158] Vgl. *Haltern*, in: K. Ipsen, § 35 Rn. 51. Zum Ganzen Abschnitt VII. siehe, teilweise wortgleich und vertiefend, *R. Schmidt*, HStR³ XI, § 252 Rn. 53 ff.

2. Sonstige Akteure

89   Zur Regulierung der Finanzmärkte gibt es eine Vielzahl finanzrelevanter Institutionen und unterschiedliche Formen der Zusammenarbeit, etwa die von Europäischer Kommission, IWF und EZB, bekannt unter dem Namen Troika. Ein System zeichnet sich noch nicht ab, weshalb es verfehlt wäre, von einer Finanzarchitektur zu sprechen. Die Maßnahmen zur Bekämpfung der Finanzkrise sind bisher noch wenig koordiniert.[159] Unter den Institutionen sind neben dem IWF die Weltbankgruppe, insbesondere die International Finance-Corporation (IFC), die WTO, die Organisation für wirtschaftliche Zusammenarbeit und Entwicklung (OECD) und die Bank für Internationalen Zahlungsausgleich (BIZ) zu nennen. Daneben existieren rechtlich kaum organisierte Märkte, wie beispielsweise ein grauer Kapitalmarkt, vor allem für den Handel von Anleihen mit Immobilienfonds.[160] Unter den informellen Zusammenschlüssen ist die G10-Gruppe wichtig, der entgegen ihrer Bezeichnung inzwischen die elf wichtigsten Industrieländer angehören (USA, Japan, Kanada, Deutschland, Frankreich, Großbritannien, Italien, Belgien, Niederlande, Schweiz und Schweden). Von größerer Bedeutung ist die Gruppe der 20, die den Dialog zwischen Industrie- und Schwellenländern in wichtigen Fragen des Internationalen Währungs- und Finanzsystems verbessern will. Um dessen Schwachstellen aufzuzeigen und Empfehlungen zur Förderung der Finanzstabilität aufzuzeigen, wurde im Jahr 1999 das Forum für Finanzstabilität („Financial Stability Forum", FSF) einberufen.[161]

90   Die wichtigste Institution unter den Genannten dürfte die in Basel ansässige BIZ sein. Ihre Hauptaufgabe ist die Unterstützung der Zentralbanken bei deren Bemühung um Währungs- und Finanzstabilität und zur Förderung der internationalen Zusammenarbeit. Zu diesem Zweck vergibt sie als „Bank der Zentralbanken" Kredite und verwaltet treuhänderisch Währungsreserven. Getragen wird sie weltweit von 60 Zentralbanken und Finanzorganisationen. Wichtigste Organe der BIZ sind die einmal im Jahr stattfindende Generalversammlung, in der 60 Zentralbanken Sitz und Stimme haben, und der Verwaltungsrat (Board of Directors), dem die Geschäftsführung obliegt. Weiterhin fehlt aber das seit der unkontrollierten Insolvenz von Lehmann Brothers im Jahr 2008 besonders schmerzlich vermisste internationale Regelwerk zur Überwachung und Bändigung globaler Risiken. Von einem Weltfinanz„system" kann (noch) nicht die Rede sein (Abb. 5).

---

[159] Vgl. *Haltern*, in: K. Ipsen, § 35 Rn. 63.

[160] Vgl. *von Daniels*, Private Equity Secondary Transactions: Chancen und Grenzen des Aufbaus eines institutionalisierten Secondary Market, 2004, S. 78 ff.

[161] Näheres bei *R. Schmidt*, HStR³ XI, § 252 Rn. 57 ff.

91 **VIII. Zusammenfassende Übersicht**

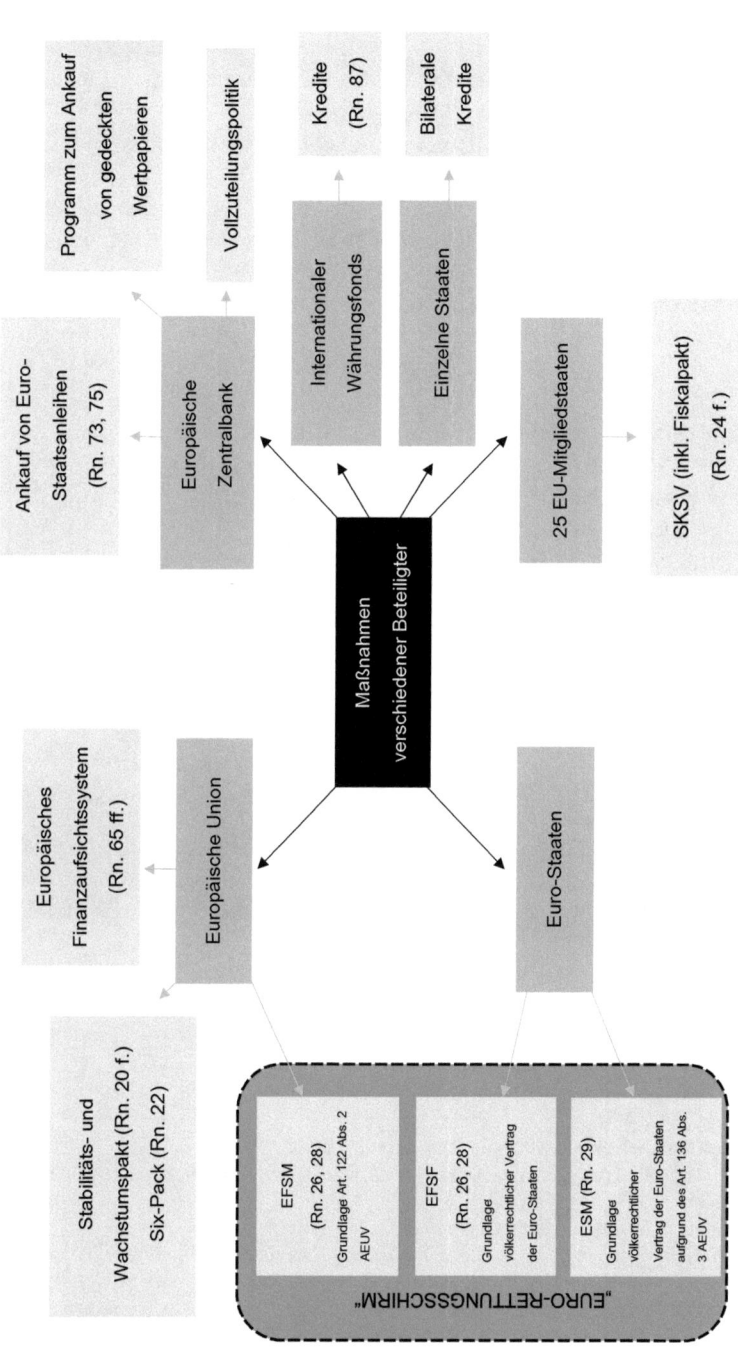

Abb. 5 Maßnahmen zur Stabilität des Finanzsystems in der Europäischen Währungsunion

92 **IX. Kontrollfragen**

1. Finden sich im geltenden Recht der Europäischen Union Elemente des historischen Liberalismus? (→ Rn. 6)
2. Erläutern Sie die Begriffe der Ordnungs-, Struktur- und Konjunkturpolitik! (→ Rn. 8)
3. Wie sind die Zuständigkeiten zwischen der Europäischen Union und den Mitgliedstaaten im Bereich der Wirtschafts- und Währungspolitik aufgeteilt? (→ Rn. 11 f.)
4. Nennen Sie die normativen Eckpunkte der Wirtschafts- und Währungsunion! (→ Rn. 11)
5. Erläutern Sie die Grundbedingungen für die Wirtschaftspolitik in Art. 119 Abs. 3 AEUV! (→ Rn. 14 ff.)
6. Was ist der wesentliche Inhalt des Stabilitäts- und Wachstumspaktes? (→ Rn. 20 ff.)
7. Wie ist im AEUV der Finanztransfer von Mitgliedstaat zu Mitgliedstaat geregelt? (→ Rn. 26 ff.)
8. Wie wird im AEUV die Verpflichtung zur Haushaltsdisziplin gesichert? (→ Rn. 30)
9. Wie ist die Wirtschaftspolitik im Recht der Bundesrepublik Deutschland instrumentalisiert? (→ Rn. 31 ff.)
10. Was spricht für, was spricht gegen die Ausstattung der EZB mit Unabhängigkeit? (→ Rn. 50 ff.)
11. Welche Aufgabe hat das ESZB und mit welchen Instrumenten kann sie erfüllt werden? (→ Rn. 58 ff.)
12. Stellen Sie die wichtigsten Formen der Finanzaufsicht vor! (→ Rn. 65 ff.)
13. Was versteht man unter Währungsaußenpolitik und wer ist für diese zuständig? (→ Rn. 76 ff.)
14. Stellt die Verschlechterung des Geldwerts eine Verletzung der Eigentumsgarantie dar? (→ Rn. 80 f.)
15. Erläutern Sie die Ziele und Aufgaben des IWF! (→ Rn. 86 ff.)

Literatur

Blankart, Öffentliche Finanzen in der Demokratie, 9. Aufl. 2017
Deutsche Bundesbank, Weltweite Organisationen und Gremien im Bereich von Währung und Wirtschaft, 2013
Deutsche Bundesbank, Geld und Geldpolitik, 2017
Ehrlicher, Geldtheorie und Geldpolitik I: Einführung. Der theoretisch-politische Doppelaspekt, in: W. Albers u. a. (Hrsg.), Handwörterbuch der Wirtschaftswissenschaft (HdWW), Bd. 3: Finanzen bis Handelshemmnisse, nicht-tarifäre, 1981, S. 355 ff.
Europäische Zentralbank, Die Geldpolitik der EZB, 3. Aufl. 2011
Gaitanides, Das Recht der Europäischen Zentralbank. Unabhängigkeit und Kooperation in der Europäischen Währungsunion, 2005
Görgens/Ruckriegel/Seitz, Europäische Geldpolitik, 6. Aufl. 2013

Hahn/Häde, Währungsrecht, 2. Aufl. 2010

Herdegen, Internationales Wirtschaftsrecht, 11. Aufl. 2017

C. Herrmann, Währungshoheit, Währungsverfassung und subjektive Rechte, 2010

Issing, Einführung in die Geldtheorie, 15. Aufl. 2014

Kaufhold, Systemaufsicht, 2016

P. Kirchhof, Deutschland im Schuldensog, 2012

Kohtamäki, Die Reform der Bankenaufsicht in der Europäischen Union, 2012

B. Molitor, Wirtschaftspolitik, 7. Aufl. 2010

Schorkopf, Finanzkrisen als Herausforderung der internationalen, europäischen und nationalen
Rechtssetzung, VVDStRL 71 (2012), 183

§ 6 Die wirtschaftliche Betätigung der öffentlichen Hand

Matthias Knauff

Inhaltsverzeichnis

M. Knauff (✉)
Juristische Fakultät, Friedrich-Schiller-Universität Jena, Jena, Deutschland
E-Mail: ls-knauff@uni-jena.de

© Springer-Verlag GmbH Deutschland, ein Teil von Springer Nature 2019
R. Schmidt, F. Wollenschläger (Hrsg.), *Kompendium Öffentliches Wirtschaftsrecht*,
Springer-Lehrbuch, https://doi.org/10.1007/978-3-662-59430-8_6

I. Öffentliche Wirtschaft in Deutschland

1 Die wirtschaftliche Betätigung der öffentlichen Hand hat in Deutschland traditionell eine *große Bedeutung.* Seit jeher beschränken sich Staat und Gemeinden nicht auf die Wahrnehmung von Hoheitsgewalt zur Erfüllung ihrer Aufgaben, sondern nehmen auch aktiv als Anbieter von Produkten und Leistungen am Marktgeschehen teil. Gegenstand und Umfang der staats- und kommunalwirtschaftlichen Betätigung unterliegen jedoch in Abhängigkeit von politischen, ökonomischen und rechtlichen Rahmenbedingungen einem stetigen Wandel. Im internationalen Vergleich erscheint die wirtschaftliche Betätigung der öffentlichen Hand in Deutschland weder als besonders ausgeprägt noch als besonders zurückhaltend.[1]

1. Historische Entwicklung

2 Seit den Anfängen der Herausbildung des modernen Staates im 16. Jahrhundert ist die wirtschaftliche Betätigung ein wesentlicher Bestandteil deutscher Staatlichkeit.[2] Die Gründe hierfür waren zunächst ausschließlich ökonomischer Natur: Der Finanzbedarf der deutschen Territorialstaaten insbesondere für die Unterhaltung stehender Heere sowie für die Hofhaltung der regierenden Fürsten überstieg die Steuereinnahmen bei Weitem. Dieser *Finanzierungszweck öffentlicher Wirtschaft* trat nur langsam hinter die heute weitaus bedeutsameren Ziele der Bereitstellung bestimmter sozialstaatlich motivierter Leistungen insbesondere im Bereich der *Daseinsvorsorge* sowie der Erreichung politischer Ziele zurück, ohne von diesen jedoch völlig verdrängt zu werden. Dies gilt grundsätzlich auch für die sich erst im 19.

---

[1] Zu öffentlichen Unternehmen aus völkerrechtlicher Perspektive unter besonderer Berücksichtigung des Investitionsschutzrechts *Dereje*, Staatsnahe Unternehmen. Die Zurechnungsproblematik im internationalen Investitionsrecht und weiteren Bereichen des Völkerrechts, 2016, S. 53 ff.

[2] Siehe zur Entwicklung ausführlich *Pohl*, in: Jeserich/Pohl/von Unruh (Hrsg.), Deutsche Verwaltungsgeschichte, Bd. 1, 1983, S. 215 ff.; für die Zeit seit 1871 *Ambrosius*, Der Staat als Unternehmer, 1984; zusammenfassend *Kim*, Die Verwirklichung der Staatszwecke in öffentlichen Unternehmen unter Berücksichtigung des Wirtschaftlichkeitsprinzips nach deutschem und koreanischem Recht, 2011, S. 31 ff.; *Ronellenfitsch*, HStR[3] VI, § 98 Rn. 8 ff.

Jahrhundert herausbildende Kommunalwirtschaft, deren frühe Anfänge ebenfalls durch die Möglichkeit der Erzielung zusätzlicher Einnahmen motiviert waren, die jedoch alsbald noch stärker als die staatliche Wirtschaftstätigkeit zur unmittelbaren Erreichung von Allgemeinwohlzielen diente.

a) Merkantilismus

Erste planmäßige staatswirtschaftliche Betätigungen erfolgten in Deutschland ab dem *17. Jahrhundert* durch die Einrichtung von Manufakturen durch die Landesfürsten, die zu den auch zuvor existenten staatlichen landwirtschaftlichen und bergbaulichen Unternehmungen hinzu traten. Diese vorindustriellen Produktionsstätten zeichneten sich durch einen arbeitsteiligen Herstellungsprozess aus, der deutlich effizienter als die bis dahin übliche handwerksmäßige Produktion von Gütern war. Die staatlichen Manufakturen wie auch sonstige Unternehmen nahmen – regelmäßig im Wettbewerb mit privaten Anbietern, teils aber auch auf Grundlage von Monopolstellungen (z. B. Porzellanherstellung, Handel mit Tabak oder Kaffee) – am allgemeinen Marktgeschehen teil und verfolgten *keine über die Erzielung von Einnahmen hinausgehenden Zwecke*. Ein spezifischer Rechtsrahmen für die staatswirtschaftliche Betätigung bestand grundsätzlich nicht.[3]

3

b) Intensivierung der Staats- und Herausbildung der Kommunalwirtschaft

Zahl und Bedeutung der zunächst vereinzelten staatswirtschaftlichen Betätigungen nahmen im Zuge der Industrialisierung und der damit verbundenen technischen Entwicklungen sowie vor dem Hintergrund des weiter steigenden staatlichen Finanzbedarfs zu und wurden durch eine Steuerbefreiung öffentlicher Unternehmen privilegiert.[4] Die unternehmerische Betätigung wurde im *19. Jahrhundert* zu einem *prägenden Bestandteil des Staates*. Dieser verfolgte damit zunehmend auch weitere Zwecke, wie erstmalig am Beispiel der Eisenbahn deutlich zu Tage trat. Mit dem Eisenbahnverkehr ließen sich nicht nur erhebliche Einnahmen für den Staat generieren; vielmehr wurde auch die strategische Bedeutung dieses Verkehrsmittels alsbald erkannt. Bereits 1838 wurde daher durch das preußische Eisenbahngesetz eine Vorrangstellung der preußischen Staatsbahnen normiert, die sich de facto als Monopol auswirkte. In den anderen deutschen Ländern kam es im Laufe des 19. Jahrhunderts zu vergleichbaren Entwicklungen.[5]

4

---

[3] Siehe auch *Schliesky*, S. 13 f.; *Ruthig/Storr*, Rn. 9; *Ziekow*, § 2 Rn. 7 ff.; im Kontext der öffentlichen Finanzwirtschaft *Gömmel*, Die Entwicklung der Wirtschaft im Zeitalter des Merkantilismus 1620–1800, 1998, S. 68 ff.

[4] *Püttner*, Rechtliche Vorgaben für kommunale Unternehmen: Bremse oder Wettbewerbsvorteil?, in: Eichhorn/Reichard/Schuppert (Hrsg.), Kommunale Wirtschaft im Wandel, 2000, S. 27 (28); zu den steuerrechtlichen Entwicklungen siehe ausführlich *Louis*, Die Besteuerung der öffentlichen Unternehmen und Einrichtungen der Daseinsvorsorge, 1981, S. 61 ff.

[5] Näher *Püttner*, Die Ursprünge des deutschen Eisenbahnrechts, in: FS Blümel, S. 467 (473 ff.); zur Entwicklung im Überblick *Heise*, Die Deutsche Bahn AG zwischen Wirtschaftlichkeit und Gemeinwohlverantwortung, 2013, S. 40 ff.; *Hermes*, in: Ehlers/Fehling/Pünder, § 25 Rn. 4 ff.; *Stamm*, Eisenbahnverfassung und Bahnprivatisierung, 2010, S. 32 ff.

5   Nahezu parallel dazu begann ab dem letzten Drittel des 19. Jahrhunderts die
Herausbildung einer Gemeindewirtschaft.[6] Ebenso wie für die Staatswirtschaft
existierte für diese zunächst kein spezifischer Rechtsrahmen. Das Wachstum der
Städte infolge von Landflucht und wirtschaftlichem Aufschwung stellte diese vor
neue Herausforderungen. Dies galt zunächst vor allem in finanzieller Hinsicht, da
sowohl neue Infrastrukturen errichtet werden mussten[7] als auch die Ausgaben für
die Armenfürsorge anstiegen. Eine kommunalwirtschaftliche Betätigung in lukrati-
ven Bereichen versprach Abhilfe. Folge war die *Kommunalisierung* bestehender
lokaler Unternehmen beginnend mit Wasserwerken über Schlachthäuser, Gas- und
Elektrizitätswerke, Straßenbahnen bis hin zu Teilen der Lebensmittelversorgung,[8]
also deren Überführung von privater in kommunale Trägerschaft. Hinzu kam die
Neugründung von Unternehmungen durch die Gemeinden. Schon bald wurden die
finanziellen Motive jedoch durch sozialpolitische Notwendigkeiten überlagert.[9]
Deutlich früher und stärker als im Bereich der Staatswirtschaft erfolgte daher eine
Ausrichtung der Kommunalwirtschaft unmittelbar an Gemeinwohlerfordernissen,
etwa bei der Festlegung von Tarifen oder der Erschließung neuer Siedlungsgebiete.
Ungeachtet dessen galt gegen Ende des 19. Jahrhunderts ein umfangreiches kommunales Erwerbs- und Betriebsvermögen zudem als „Ausdruck wirtschaftlicher
und sozialer Potenz", das die Bedeutung und Eigenständigkeit der kommunalen
Selbstverwaltung unterstrich.[10] Nach der ersten Dekade des 20. Jahrhunderts wies
die Kommunalwirtschaft daher bereits sowohl eine große Bedeutung als auch erhebliche Unterschiede gegenüber der Staatswirtschaft auf.

6   Der 1. Weltkrieg brachte eine deutliche Intensivierung des staatlichen Zugriffs
auf die Wirtschaft insgesamt mit sich.[11] Nach seinem Ende und den damit verbundenen Änderungen der politischen Grundlagen des deutschen Reiches scheiterten
Pläne zu umfassenden Sozialisierungen[12] ebenso wie die Verabschiedung eines
Kommunalisierungsgesetzes.[13] Gleichwohl erfolgte während der *Weimarer Republik*
eine starke Ausdehnung[14] und organisatorische Verselbstständigung[15] insbesondere

---

[6] *Steckert*, DfK 41 (2002), 61 (63), bezeichnet die Zeit nach 1870 als „kommunalwirtschaftliche
Gründerjahre".

[7] *Gröttrup*, Die kommunale Leistungsverwaltung, 2. Aufl. 1976, S. 11.

[8] *Ambrosius*, Die historische Entwicklung der öffentlichen Daseinsvorsorge in Deutschland unter
aktueller europäischer Perspektive, in: Hrbek/Nettesheim (Hrsg.), Europäische Union und mitgliedstaatliche Daseinsvorsorge, 2002, S. 15 (16).

[9] Dazu am Beispiel des Öffentlichen Personenverkehrs *Knauff*, Gewährleistungsstaat, S. 333 f. m. w. N.

[10] *Ambrosius*, Der Staat als Unternehmer, 1984, S. 40.

[11] *Ruthig/Storr*, Rn. 14.

[12] Ein Sozialisierungsgesetz wurde allerdings 1919 verabschiedet, RGBl. I, S. 341; zur Frage von
Sozialisierung und Gemeinwirtschaft zu Beginn der Weimarer Republik ausführlich *Zacher*, Die
Entstehung des Wirtschaftsrechts in Deutschland, 2002, S. 101 ff.

[13] *Lindemann*, Kommunalisierung und Entkommunalisierung, in: Luther/Mitzlaff/Stein (Hrsg.),
Die Zukunftsaufgaben der deutschen Städte, 1922, S. 679 (681).

[14] *Püttner*, Rechtliche Vorgaben für kommunale Unternehmen: Bremse oder Wettbewerbsvorteil?,
in: Eichhorn/Reichard/Schuppert (Hrsg.), Kommunale Wirtschaft im Wandel, 2000, S. 27 (27 f.).

[15] *Ambrosius*, Die öffentliche Wirtschaft in der Weimarer Republik, 1984, S. 66.

der Kommunalwirtschaft.[16] Durchschnittlich 10–15 % der Einnahmen der Gemeinden wurden von kommunalen Unternehmen erwirtschaftet.[17] Die ab Mitte der 1920er-Jahre erlassenen Gemeindeordnungen der Länder erkannten die Berechtigung der Gemeinden zur wirtschaftlichen Betätigung grundsätzlich an; zugleich wurden aber einige Anforderungen normiert, etwa dass die Unternehmensführung nach kaufmännischen Grundsätzen und grundsätzlich in organisatorisch verselbstständigter Form zu erfolgen habe. Für die Staatswirtschaft wurden keine vergleichbaren Regelungen erlassen.

Das *Dritte Reich* zog die Wirtschaft insgesamt zur Erreichung der nationalso-   **7**
zialistischen Ziele heran und zeichnete sich durch eine staatswirtschaftlich geprägte Wirtschaftsordnung[18] aus. Für die Kommunalwirtschaft stellte § 67 Abs. 1 der 1935 erlassenen Deutschen Gemeindeordnung (DGO)[19] gleichwohl deutliche Grenzen auf, wenngleich diese nur für neue Unternehmen galten. Danach durfte eine „Gemeinde … wirtschaftliche Unternehmen nur errichten oder wesentlich erweitern, wenn 1. der öffentliche Zweck das Unternehmen rechtfertigt, 2. das Unternehmen nach Art und Umfang in einem angemessenen Verhältnis zu der Leistungsfähigkeit der Gemeinde und zum voraussichtlichen Bedarf steht, 3. der Zweck nicht besser und wirtschaftlicher durch einen anderen erfüllt wird oder erfüllt werden kann." Ziel war es, eine Überforderung der Gemeinden zugunsten des Staates zu verhindern und der organisatorischen Einordnung der Gemeinden in den Führerstaat zu dienen.[20] Weitere Restriktionen folgten aus der 1938 erlassenen Eigenbetriebsverordnung.[21]

Das öffentliche Wirtschaftsrecht der *frühen Bundesrepublik* knüpfte ungeachtet   **8**
der grundlegenden verfassungsrechtlichen Neuausrichtung an die vorgefundene Rechtslage an und führte die bestehenden Regelungen vielfach fort. So wurde der Regelungsgehalt des § 67 DGO von den neuen Gemeindeordnungen der Länder mit Unterschieden im Detail übernommen. Spezifische Vorgaben für die Staatswirtschaft wurden auch weiterhin nicht geschaffen (→ Rn. 42 ff.). In der DDR kam es in Umsetzung der sozialistischen Ideologie zur Verstaatlichung weiterer Bereiche der Wirtschaft.[22]

---

[16] Zur allgemeinen Ausdehnung öffentlicher Unternehmen siehe *Emmerich*, Das Wirtschaftsrecht der öffentlichen Unternehmen, 1969, S. 32.

[17] *Ambrosius*, Der Staat als Unternehmer, 1984, S. 92. Teilweise stammten bis zu 50 % der kommunalen Einnahmen aus wirtschaftlicher Betätigung, *Steckert*, DfK 41 (2002), 61 (63).

[18] *Himmelmann*, Geschichtliche Entwicklung der öffentlichen Wirtschaft, in: Brede/von Loesch (Hrsg.), Die Unternehmen der öffentlichen Wirtschaft in der Bundesrepublik Deutschland, 1986, S. 31 (47); *Pagenkopf*, GewArch 2000, 177 (179 f.).

[19] RGBl. I, S. 47.

[20] *Surén/Loschelder*, Die Deutsche Gemeindeordnung, Bd. 2, 1940, § 67 S. 89.

[21] RGBl. I, S. 1650.

[22] Dazu im Überblick *Borchardt*, in: Stolper/Häuser/ders. (Hrsg.), Deutsche Wirtschaft seit 1870, 2. Aufl. 1966, S. 344 ff.; *Wehler*, Deutsche Gesellschaftsgeschichte, Bd. 5: Bundesrepublik und DDR 1949–1990, 2009, S. 26, 91, 101 ff.

c) Privatisierungen

9 In der Bundesrepublik stieß der sich herausbildende Leistungsstaat, in dem der öffentlichen Wirtschaft eine bedeutsame Funktion zukam, *ab den 1970er-Jahren* an Akzeptanz- und ökonomische Grenzen. Zugleich nahm der Einfluss der (heutigen) Europäischen Union (EU) zu, die bis zur Jahrtausendwende zunehmend anspruchsvollere Deregulierungs- und Liberalisierungsziele aufstellte. Folge dieser Gemengelage waren umfangreiche Privatisierungen vormals öffentlicher Unternehmen.[23]

10 Privatisierungen können in unterschiedlichen *Formen* erfolgen.[24] In der Frühzeit überwogen die formelle (→ Rn. 11) und die materielle Privatisierung (→ Rn. 12) öffentlicher Unternehmen. Funktionale Privatisierungen (→ Rn. 13) erfolgten vor allem seit den 1990er-Jahren.

11 Eine *formelle Privatisierung* zeichnet sich dadurch aus, dass ein vormals öffentlich-rechtlich organisiertes Unternehmen bzw. eine wirtschaftlich tätige Verwaltungseinheit eine privatrechtliche Rechtsform erhält. Eine Änderung der Trägerschaft erfolgt dagegen ebenso wenig wie eine Aufgabe des spezifischen öffentlich-rechtlichen Pflichtenregimes.[25] Infolgedessen wird die formelle Privatisierung mitunter auch als unechte oder Scheinprivatisierung bezeichnet. Zahlreiche kommunale Unternehmen wurden auf diese Weise privatisiert. Exemplarisch sei auf die vielerorts bestehenden kommunalen Stadtwerke GmbHs verwiesen. Auch staatliche Unternehmen wurden jedoch teilweise nur formell privatisiert, so etwa die Deutsche Bahn AG (dazu und zum Netzregulierungsrecht als „Privatisierungsfolgenrecht" → § 12 Rn. 2). Zweck derartiger formeller Privatisierungen war regelmäßig die Steigerung der Effizienz der Aufgabenerfüllung.[26]

12 Bei einer *materiellen Privatisierung* trennt sich die öffentliche Hand dagegen von einem vormals öffentlichen Unternehmen und überführt dieses in private Trägerschaft. Damit geht zugleich ein Rückzug der öffentlichen Hand von der Erfüllung der mittels dieses Unternehmens erfüllten Aufgabe einher, sofern die Privatisierung vollständig erfolgt.[27] Das Unternehmen verliert dann zugleich seinen Charakter als öffentliches Unternehmen. Erfolgt eine materielle Privatisierung nur teilweise, etwa durch den Verkauf nicht aller Anteile, entsteht ein gemischt-wirtschaftliches Unternehmen als Ausdruck einer Öffentlich-Privaten Partnerschaft (ÖPP, → Rn. 106 ff.). Materielle Privatisierungen von staatlichen Unternehmen erfolgten bereits seit den

---

[23] Zu „Privatisierungsphasen" *Tiemann*, Privatisierung öffentlicher Unternehmen in Deutschland und Frankreich, 2009, S. 77 ff.; im Überblick siehe auch *Scheele*, Privatisierung öffentlicher Unternehmen: Theorie und Praxis, in: Blanke/Fedder (Hrsg.), Privatisierung, 2. Aufl. 2010, S. 16 ff., sektorbezogene Fallbeispiele S. 108 ff.

[24] Umfassender Überblick bei *Stober*, NJW 2008, 2301; zusammenfassend *Schoch*, Jura 2008, 672 (676 ff.).

[25] Siehe nur *Tietje*, Die Neuordnung des Rechts der wirtschaftlichen Betätigung und privatrechtlicher Beteiligung der Gemeinden, 2002, S. 36; *Weiß*, Privatisierung und Staatsaufgaben, 2002, S. 30.

[26] Zu Privatisierungsmotiven im Überblick *Kämmerer*, S. 81 m. w. N.; *ders.*, in: Ehlers/Fehling/Pünder, § 14 Rn. 36 ff.; zur Umsetzung *Fabry*, in: ders./Augsten, Unternehmen, S. 184 ff.

[27] *Gern*, Privatisierung in der Kommunalverwaltung, 1997, S. 8; *Hoffmann-Riem*, Verantwortungsteilung als Schlüsselbegriff moderner Staatlichkeit, in: FS Vogel, S. 47 (51).

1960er, insbesondere aber in den 1980er- und 1990er-Jahren.[28] Wichtige Beispiele für materielle Privatisierungen sind die Deutsche Lufthansa AG[29] und die Deutsche Telekom AG, die aus der Deutschen Bundespost, einem nicht rechtsfähigen Sondervermögen des Bundes, hervorging.[30] Folge war eine deutliche Reduzierung der Zahl der staatlichen Unternehmen. Eine materielle Privatisierung kommunaler Unternehmen erfolgte dagegen in deutlich geringerem Umfang.[31]

Die *funktionale Privatisierung* zeichnet sich schließlich dadurch aus, dass sich **13** die öffentliche Hand aus der Leistung zurückzieht, jedoch deren Existenz durch andere – i. d. R. private – Anbieter garantiert.[32] Sie steht in enger Verbindung zum Leitbild des Gewährleistungsstaates[33] und weist spezifische regulierungs-, beihilfe- und vergaberechtliche Problemstellungen auf.[34] Für öffentliche Unternehmen ist die funktionale Privatisierung vielfach mit dem Verlust von Betätigungsfeldern verbunden, welche ihre Fortexistenz in Frage zu stellen geeignet ist.

Privatisierungen sind nicht uneingeschränkt zulässig. Neben (wenigen) normati- **14** ven expliziten Privatisierungsverboten, etwa bezüglich Eisenbahninfrastrukturunternehmen nach Art. 87e Abs. 3 S. 2 und 3 GG sowie der Bundesautobahnen und -fernstraßen gemäß Art. 90 Abs. 1 S. 2, Abs. 2 S. 3 GG, ist insbesondere wegen Art. 33 Abs. 4 GG die Ausübung hoheitsrechtlicher Befugnisse als ständige Aufgabe keiner Privatisierung zugänglich.[35] Die wirtschaftliche Betätigung geht jedoch grundsätzlich nicht mit derartigen Befugnissen einher, so dass die Privatisierung öffentlicher Unternehmen kaum auf rechtliche *Grenzen* stößt.[36]

---

[28] Vgl. auch *Ruthig/Storr*, Rn. 653.

[29] Dazu *von Ruckteschell*, ZGR 1996, 364.

[30] Näher *Schwemmle*, Von der staatlichen Fernmeldebehörde zum globalen Konzern: Die Transformation der Deutschen Telekom 1995–2005, 2005, https://www.input-consulting.de/files/inpcon-DATA/download/MS_ISW_Telekom_end.pdf (17.08.2018).

[31] Vgl. *Püttner*, ZÖR 56 (2001), 227 (230); *ders.*, DÖV 2002, 731. Als „wichtigste[n] Grund für die Privatisierung" auf kommunaler Ebene bezeichnen *Matecki/Schulten*, Zwischen Privatisierung und Rekommunalisierung: Zur Entwicklung der öffentlichen Daseinsvorsorge, in: Matecki/Schulten (Hrsg.), Zurück zur öffentlichen Hand?, 2013, S. 8 (10), dringenden Finanzbedarf.

[32] Siehe nur *Gramm*, Privatisierung und notwendige Staatsaufgaben, 2001, S. 109; *Schoch*, DVBl. 1994, 962 (963); *Schuppert*, Geändertes Staatsverständnis als Grundlage des Organisationswandels öffentlicher Aufgabenwahrnehmung, in: Budäus (Hrsg.), Organisationswandel öffentlicher Aufgabenwahrnehmung, 1998, S. 19 (23 f.); umfassend *Burgi*, Funktionale Privatisierung und Verwaltungshilfe, 1999.

[33] Im Einzelnen zur Konzeption etwa *Franzius*, VerwArch 99 (2008), 351 (351 ff.); *Knauff*, Gewährleistungsstaat, S. 59 ff.; *Schuppert*, Der Gewährleistungsstaat – modisches Label oder Leitbild sich wandelnder Staatlichkeit?, in: ders. (Hrsg.), Der Gewährleistungsstaat – ein Leitbild auf dem Prüfstand, 2005, S. 11.

[34] *Burgi*, ZSE 2007, 46 (48 ff.); zum diesbezüglichen „Privatisierungsfolgenrecht" im Überblick *Kämmerer*, in: Ehlers/Fehling/Pünder, § 14 Rn. 94 ff.; aus verwaltungsorganisationsrechtlicher Perspektive *Stelkens*, Jura 2016, 1260; siehe auch umfassend *Inkook*, Regulierung als Erscheinungsform der Gewährleistungsverwaltung. Eine rechtsdogmatische Untersuchung zur Einordnung der Regulierung in das Staats- und Verwaltungsrecht, 2013, S. 86 ff.

[35] Ausführlich *Hunze*, Verfassungsrechtliche Grenzen und Anforderungen der Privatisierung hoheitlicher Staatsaufgaben in Deutschland, Frankreich und den USA, 2017, insb. S. 181 ff.

[36] Dazu im Überblick *Kämmerer*, in: Ehlers/Fehling/Pünder, § 14 Rn. 54 f.; *Knauff*, Gewährleistungsstaat, S. 211 ff. jeweils m. w. N.

d) Gegenwärtige Tendenzen

15 Nachdem Privatisierungen jeder Form in erheblichem Umfang erfolgt sind, ohne stets die damit verbundenen Erwartungen zu erfüllen, schwingt gleichsam das Pendel seit einigen Jahren zurück. Die frühere Privatisierungseuphorie ist verbreitet einer erheblichen *Privatisierungsskepsis* gewichen.[37] Neben dem Abbruch von Privatisierungsprozessen – prominent insbesondere der unterbliebene Börsengang der Deutschen Bahn AG – wird dies insbesondere durch Rekommunalisierungen von Unternehmen, also der Rückführung zuvor privatisierter Einrichtungen in die Trägerschaft der Gemeinden,[38] deutlich. Im Zuge dessen gewinnen öffentliche Unternehmen erneut an Bedeutung.

2. Tätigkeitsfelder und wirtschaftliche Bedeutung

16 Ungeachtet der erfolgten Privatisierungen werden öffentliche Unternehmen heute in zahlreichen Bereichen als Leistungsanbieter tätig.[39] Sie leisten dabei einen bedeutenden Beitrag zur Gesamtwirtschaft.[40]

17 Das zentrale Betätigungsfeld kommunaler Unternehmen bildet die *örtliche Daseinsvorsorge*.[41] Der Begriff der Daseinsvorsorge umschreibt Leistungen, auf deren Existenz der Einzelne in der modernen Gesellschaft angewiesen ist oder die ihm zumindest nützlich sind, die er aber nicht selbst erbringen kann. Sie zeichnen sich stets durch ihre Gemeinwohlorientierung aus. Herkömmlich werden etwa die Versorgung mit Wasser und Energie, der ÖPNV sowie die Abwasser- und Abfallentsorgung der

---

[37] Vgl. aus der neueren Literatur *Engartner*, Parl Beilage 2017, Nr 16–17, 12 ff. Hinzu kamen politisch für notwendig erachtete Staatsinterventionen im Zuge der Finanzkrise, *Ruthig/Storr*, Rn. 674.

[38] Dazu *Brüning*, VerwArch 100 (2009), 453; *Bauer*, DÖV 2012, 329; *Burgi*, NdsVBl. 2012, 225; *Guckelberger*, VerwArch 104 (2013), 161; *Leisner-Egensperger*, NVwZ 2013, 1110; in energierechtlichem Kontext *Gößmann*, Rekommunalisierung von Energienetzen. Die Rolle der öffentlichen Hand zwischen Selbstverwaltungsgarantie und Marktmechanismen, 2018; *Grünewald*, Die (Re)Kommunalisierung in der Energieverteilung. Grenzen und Möglichkeiten kommunaler wirtschaftlicher Betätigung in der Elektrizitätsverteilung – Zugleich eine kritische Auseinandersetzung mit dem energiewirtschaftlichen Konzessionsvergaberecht, 2016; *Koppe*, (Re-)Kommunalisierung des Strom- und Gasversorgungsnetzbetriebes, 2017; *Klement*, Die Verwaltung 48 (2015), 55; *Knauff*, EnWZ 2015, 51; *Hömke/Mathis/Hagemann-Marré*, ET 2017, 63; zu den beihilferechtlichen Folgefragen *Kleve/Gayger*, NVwZ 2018, 273.

[39] Siehe im Überblick *Kim*, Die Verwirklichung der Staatszwecke in öffentlichen Unternehmen unter Berücksichtigung des Wirtschaftlichkeitsprinzips nach deutschem und koreanischem Recht, 2011, S. 53 ff.; *Storr*, Staat, S. 6 ff.

[40] Das Statistische Bundesamt weist die Zahl der öffentlichen Unternehmen für das Jahr 2016 mit 16.833 aus, die Erträge von über 547 Mrd. Euro erwirtschafteten, https://www.destatis.de/DE/Themen/Staat/Oeffentliche-Finanzen/Fonds-Einrichtungen-Unternehmen/Tabellen/jahresabschluesse-eigner.html (17.08.2019).

[41] Zugleich handelt es sich damit um einen der prägenden Teilbereiche kommunaler Selbstverwaltung, vgl. BayVerfGH, DÖV 1958, 216 (217); VerfGH RP, NVwZ 2000, 801; *Badura*, DÖV 1998, 818 (820); *Franz*, Gewinnerzielung durch kommunale Daseinsvorsorge, 2005, S. 74.

Daseinsvorsorge zugerechnet.[42] Auch das kommunale Sparkassenwesen lässt sich als (finanzielle) Daseinsvorsorge qualifizieren.[43] Staatliche Unternehmen nehmen ebenfalls Aufgaben der Daseinsvorsorge wahr. Zu nennen ist etwa die Erbringung von Personenverkehrsleistungen durch die Deutsche Bahn AG.

Neben gemeinwohlorientierten Tätigkeiten werden öffentliche Unternehmen jedoch auch in erheblichem Umfang *erwerbswirtschaftlich* tätig, also primär mit dem Ziel der Erwirtschaftung von Gewinnen.[44] Dies gilt insbesondere für staatliche Unternehmen, die im Vergleich zu kommunalen Unternehmen deutlich weniger restriktiven rechtlichen Vorgaben unterliegen. Als erwerbswirtschaftlich ist etwa der Güterverkehr der Deutschen Bahn AG zu qualifizieren. Doch auch auf kommunaler Ebene sind erwerbswirtschaftliche Betätigungen öffentlicher Unternehmen anzutreffen, wobei die Grenzen des rechtlich Zulässigen mitunter überschritten werden. So bieten kommunale Unternehmen etwa Gartenbauarbeiten auf dem Markt im Wettbewerb mit privaten Unternehmen an.[45] Auch die Durchführung von Messen durch kommunale Messegesellschaften[46] und der Betrieb von Flughäfen[47] sind als erwerbswirtschaftlich anzusehen. Die Rechtmäßigkeit derartiger Unternehmungen ist jeweils im Einzelfall am Maßstab der jeweils relevanten Rechtsvorschriften und unter Berücksichtigung der damit verfolgten sonstigen Zwecke zu beurteilen.   18

II. Grundfragen

Für öffentliche Unternehmen enthalten das Verfassungs- und das Europarecht unabhängig von ihrer staatlichen oder kommunalen Trägerschaft einige grundlegende Vorgaben. Zwar sind öffentliche Unternehmen nicht explizit deren Regelungsobjekte; die Zugehörigkeit dieser Unternehmen zur öffentlichen Hand wirft jedoch spezifische Fragen auf.   19

1. Verfassungsrecht

Das *Grundgesetz* steht einer öffentlichen Wirtschaft grundsätzlich *neutral* gegenüber (→ § 2 Rn. 3 ff.).[48] In der Literatur unternommene Versuche, das grundgesetzliche Konzept des „Steuerstaates",[49] der sich primär durch Abgaben, nicht aber   20

---

[42] Grundlegend *Forsthoff*, Die Verwaltung als Leistungsträger, 1938, S. 7.

[43] A. A. *Leisner*, WiVerw 2011, 55 (71).

[44] Kritisch *Schliesky*, S. 182; *Stober*, ZHR 145 (1981), 565 ff.; differenzierend *Ziekow*, § 7 Rn. 29.

[45] Vgl. OLG Hamm, DVBl. 1998, 792.

[46] Dazu aus vergaberechtlicher Perspektive EuGH, verb. Rs. C-223/99 und C-260/99, Slg. 2001, I-3605 – Messe Mailand.

[47] Zu grundrechtlichen Aspekten BVerfGE 128, 226; zur kommunalrechtlichen Bewertung *Kämper*, Kommunale Flugplätze, in: Püttner/Mann, HWKP, § 57.

[48] Ausführlich zu den verfassungsrechtlichen Wertungen *Mann*, Öffentlich-rechtliche Gesellschaft, S. 16 ff.

[49] Vgl. BVerfGE 93, 319 (342).

durch eine eigene Wirtschaftstätigkeit finanziert, gegen die Zulässigkeit öffentlicher Unternehmen anzuführen,[50] haben sich nicht durchzusetzen vermocht. Gleiches gilt für das verfassungsrechtliche Wirtschaftlichkeitsgebot,[51] das (in seiner verfassungsrechtlichen Geltung zweifelhafte) Subsidiaritätsprinzip[52] sowie die (wenig konkreten) Aussagen des Grundgesetzes über die Wirtschaftsordnung.[53] Ein Gebot öffentlicher Wirtschaft ist ihm jedoch ebenso wenig zu entnehmen. Von Bedeutung für öffentliche Unternehmen sind daher vor allem einige generelle Vorgaben, die sich jedoch in besonderer Weise auf diese Unternehmen auswirken und ihr Tätigwerden beeinflussen.

a) Grundrechtsbindung und -berechtigung

21 Anders als Unternehmen in privater Trägerschaft sind *öffentliche Unternehmen grundrechtsverpflichtet* (→ § 2 Rn. 13; zu gemischt-wirtschaftlichen Unternehmen → Rn. 109). Maßgeblich hierfür ist allein ihre Zugehörigkeit zur umfassend nach Art. 1 Abs. 3 GG an die Grundrechte gebundenen öffentlichen Gewalt.[54] Infolge dessen kommt es auch nicht auf das Betätigungsfeld öffentlicher Unternehmen an. Selbst wenn diese in gleicher Weise erwerbswirtschaftlich wie private Unternehmen auf einem wettbewerblich geprägten Markt agieren, führt dies nicht zum Entfall ihrer Grundrechtsbindung.[55]

22 Einer *Grundrechtsberechtigung* öffentlicher Unternehmen (→ § 2 Rn. 20) steht damit neben der Funktion der Grundrechte als individuelle Freiheitsrechte zugleich das Konfusionsargument entgegen, wonach eine gleichzeitige Bindung an die Grundrechte und die Berechtigung durch diese *ausgeschlossen* ist.[56] Mag es im Einzelfall durchaus dazu kommen, dass öffentliche Unternehmen sich in einer vergleichbaren Gefährdungslage gegenüber der öffentlichen Gewalt wie private Unternehmen befinden, etwa bei der beabsichtigten Enteignung eines Betriebsgrundstücks, kann dies keine abweichende grundrechtliche Wertung nach sich ziehen. Auch in einer solchen Situation und bei gegebener juristischer Eigenständigkeit

---

[50] *Hösch*, WiVerw 2000, 159 (170 Anm. 70); *Kluth*, Öffentlich-rechtliche Zulässigkeit gewinnorientierter staatlicher und kommunaler Tätigkeit, in: Stober/Vogel (Hrsg.), Wirtschaftliche Betätigung der öffentlichen Hand, 2000, S. 23 (27).

[51] *Von Arnim*, Wirtschaftlichkeit als Rechtsprinzip, 1988, S. 72 ff.; *ders.*, Rechtsfragen der Privatisierung, 1995, S. 97 ff.; zustimmend *Link*, VVDStRL 48 (1990), 7 (41); siehe dazu auch *Gersdorf*, Öffentliche Unternehmen, S. 408 ff.; *Kim*, Die Verwirklichung der Staatszwecke in öffentlichen Unternehmen unter Berücksichtigung des Wirtschaftlichkeitsprinzips nach deutschem und koreanischem Recht, 2011, S. 142 ff.; *Musil*, Wettbewerb in der staatlichen Verwaltung, 2005, S. 75 ff.

[52] *Isensee*, Subsidiaritätsprinzip und Verfassungsrecht, 1968, S. 286 ff.; zusammenfassend *Knauff*, Gewährleistungsstaat, S. 227 ff.

[53] Im Überblick dazu *Durner*, in: Ehlers/Fehling/Pünder, § 11; *Ziekow*, § 3 Rn. 7 ff.

[54] Siehe nur *Dreier*, in: ders., Art. 1 Abs. 3 Rn. 68 ff.; *Gurlit*, NZG 2012, 249 (251 ff.); ausführlich *Gersdorf*, Öffentliche Unternehmen, S. 47 ff.; *Möstl*, Grundrechtsbindung, insbesondere S. 89 ff.

[55] BVerfGE 147, 50 (144 f.).

[56] *Kempen*, HGR II, § 54 Rn. 48 ff.; *F. Wollenschläger*, in: Kirchhof/Korte/Magen, § 6 Rn. 60; vgl. auch *Ziekow*, § 7 Rn. 32.

sind öffentliche Unternehmen nichts anderes als eine spezifische Ausprägung deutscher Staatlichkeit, die ihre Grundlage in der Organisations- und Formenwahlfreiheit der Verwaltung findet.[57]

b) Konkurrenzschutz

Beteiligen sich öffentliche Unternehmen am Wettbewerb, beschränken sie nahezu 23 unvermeidlich die Erwerbsmöglichkeiten privater Konkurrenten. Vor dem Hintergrund der Grundrechtsverpflichtung öffentlicher Unternehmen wirft dies die Frage auf, ob das Grundrecht der Berufsfreiheit, Art. 12 Abs. 1 GG, eine Schutzwirkung zugunsten der dadurch berechtigten privaten Unternehmen entfaltet.[58]

Dies hängt maßgeblich davon ab, ob das wirtschaftliche Tätigwerden der öffent- 24 lichen Hand als *Eingriff in den Schutzbereich der Berufsfreiheit* zu qualifizieren ist (allgemein → § 2 Rn. 43 ff.). Entgegen nicht wenigen Stimmen in der Literatur[59] lehnt die h.M., insbesondere die Rechtsprechung, jedoch bereits die Eröffnung des Schutzbereichs grundsätzlich ab: Art. 12 Abs. 1 GG schütze nicht vor Wettbewerb, auch nicht durch die öffentliche Hand.[60] Anderes gelte jedoch (nur), wenn dieser Wettbewerb, etwa durch qualitative oder quantitative Relevanz oder die Bevorzugung öffentlicher Unternehmen,[61] erdrückend wirke[62] und damit zugleich eine objektiv berufsregelnde Tendenz an den Tag lege.[63] Fehlt es daran, wie zumeist mangels Sonderrechten für öffentliche Unternehmen, berührt deren Wettbewerbsteilnahme die Berufsfreiheit ihrer privaten Wettbewerber nicht.[64] Anderes gilt jedoch in den Fällen eines Anschluss- und Benutzungszwangs, der zugunsten eines öffentlichen Unternehmens vorgegeben wird. Der in diesem Falle gegebene Grundrechtseingriff ist jedoch regelmäßig einer Rechtfertigung zugänglich.[65]

Ein grundrechtlich begründeter *Schutz privater Unternehmen vor der Konkur-* 25 *renz durch öffentliche Unternehmen* besteht mithin *nur in wenigen Ausnahmefällen.*

---

[57] Siehe auch *Schliesky*, S. 187.

[58] Ausführlich dazu *Storr*, Staat, S. 152 ff.; näher auch *F. Wollenschläger*, in: Kirchhof/Korte/Magen, § 6 Rn. 64 ff.

[59] Siehe etwa *Krölls*, GewArch 1992, 281 (283 f.); *Tettinger*, NJW 1998, 3473 (3474); *Nierhaus*, Selbstverwaltungsgarantie und wirtschaftliche Betätigung der Kommunen, in: Püttner/Mann, HWKP, § 40 Rn. 48; *Ruthig/Storr*, Rn. 135 f.

[60] BVerwGE 71, 183 (193); BayVBl. 1973, 49 (50); BayVGH, JZ 1976, 641 (642); *Pieroth/Hartmann*, DVBl. 2002, 421 (427); *Prandl u. a.*, Art. 87 BayGO Rn. 12 (Stand: 132. EL April 2017).

[61] *Schneider*, DVBl. 2000, 1250 (1255 f.); ähnlich *Kämmerer*, S. 223; *Otting*, Neues Steuerungsmodell und rechtliche Betätigungsspielräume der Kommunen, 1997, S. 158.

[62] BVerwGE 71, 183 (191); VGH BW, VBlBW 1995, 99.

[63] VerfGH RP, NVwZ 2000, 801 (802); *Schneider*, DVBl. 2000, 1250 (1255); dahingehend auch *Pieroth/Hartmann*, DVBl. 2002, 421 (426); kritisch *Pielow*, Grundstrukturen, S. 511 ff.

[64] Siehe auch zusammenfassend *Tiemann*, Privatisierung öffentlicher Unternehmen in Deutschland und Frankreich, 2009, S. 146 ff.

[65] Vgl. für einen Anschluss- und Benutzungszwang in Bezug auf die öffentliche Fernwärmeversorgung BVerwGE 125, 68 (70 f., 74 ff.).

Infolge dessen können diese unter Beachtung der für sie geltenden speziellen Vorgaben des einfachen Rechts sowie ihrer allgemeinen Grundrechtsbindung am Markt agieren.

c) Verpflichtung auf das Gemeinwohl

26 Ein in der Praxis wie auch der Wahrnehmung öffentlicher Unternehmen insbesondere im Zuge weitgehender (formeller) Privatisierungen stark in den Hintergrund getretener[66] Maßstab für das Agieren öffentlicher Unternehmen ist deren auch verfassungsrechtlich begründete Verpflichtung auf das Gemeinwohl.[67] Während private Unternehmen ihr Handeln am Ziel der Maximierung von Gewinnen ausrichten können (und im Interesse ihres Bestandes zumindest in gewissem Umfang auch müssen) und dabei allein zur Beachtung der von der Rechtsordnung aufgestellten Grenzen verpflichtet sind, folgt – vorbehaltlich anderweitiger verfassungsrechtlicher Aussagen[68] – aus der Zugehörigkeit öffentlicher Unternehmen zur öffentlichen Gewalt, dass diese denselben Bindungen wie alle anderen Organisationsformen von Staatlichkeit unterliegen. Dabei ist im vorliegenden Kontext von besonderer Bedeutung, dass jeder Staat seine *Legitimation* wesentlich dadurch erlangt, dass er auf die Verwirklichung des Allgemeinwohls abzielt.[69] Diese vorrechtliche Grundvoraussetzung für die Staatlichkeit wird durch das Verfassungsrecht konkretisiert. Neben der Grundrechtsbindung jeglicher Erscheinungsform öffentlicher Gewalt schlägt sich dies im Grundgesetz insbesondere in den Prinzipien der Rechts- und der Sozialstaatlichkeit nieder. Deren Verwirklichung obliegt – unter Berücksichtigung ihrer gesetzlichen Ausgestaltung – auch den öffentlichen Unternehmen. Hieraus lassen sich einige Handlungsmaximen für die Ausgestaltung ihrer *Geschäftspolitik*[70] ableiten, wenngleich eine abstrakte Bestimmung des Gemeinwohls kaum möglich ist.[71]

27   Jede wirtschaftliche Betätigung der öffentlichen Hand muss (zumindest mittelbar) zur *Realisierung von Gemeinwohlzwecken* beitragen. Sie muss mithin für das Gemeinwesen mit einem Mehrwert verbunden sein. Die bloße Gewinnerwirtschaftung entspricht dem nicht, obwohl sie zur Vermehrung der der öffentlichen Hand zur Verfügung stehenden finanziellen Mittel beiträgt, die diese zur Erfüllung ihrer Aufgaben verwenden kann.

---

[66] *Fehling*, Verschiedene Arten demokratischer Steuerung am Beispiel der deutschen Straßen- und Eisenbahninfrastrukturen, in: Hochhuth (Hrsg.), Rückzug des Staates und Freiheit des Einzelnen, 2012, S. 93 (103).

[67] Zutreffend *Britz*, NVwZ 2001, 380 (382); *Löwer*, VVDStRL 60 (2001), 416 (419); *Schliesky*, S. 183.

[68] Vgl. BVerfGE 157, 50 (153 f.).

[69] Näher zur Frage der Rechtfertigung des Staates *Schöbener/Knauff*, Allgemeine Staatslehre, 4. Aufl. 2019, § 4 Rn. 17 ff.

[70] Siehe dazu etwa *Münch*, Prinzipien der Geschäftspolitik kommunaler Unternehmen, in: Püttner (Hrsg.), Handbuch der kommunalen Wissenschaft und Praxis, Bd. 5: Kommunale Wirtschaft, 2. Aufl. 1984, § 94A; *Püttner*, Verwaltungslehre, 4. Aufl. 2007, § 15 Rn. 25, spricht allerdings zu Recht von einer „Konzeptionslosigkeit" im Hinblick auf die Existenz allgemeiner Führungsgrundsätze.

[71] *Musil*, Wettbewerb in der staatlichen Verwaltung, 2005, S. 380 ff.

Entsprechendes gilt auch für das Marktverhalten öffentlicher Unternehmen. **28** Zwar gebietet der Wirtschaftlichkeitsgrundsatz, dass die durch das Leistungsangebot verursachten Kosten in der Regel durch die Einnahmen gedeckt werden.[72] Die *Hinnahme einer Kostenunterdeckung*, die – unter Beachtung des Beihilfe- und des Haushaltsrechts – einen Verlustausgleich aus Haushaltsmitteln erforderlich macht, kann jedoch aus übergeordneten Gründen geboten sein. So ist etwa eine allein mittels Tarifeinnahmen kostendeckende Erbringung von Leistungen im ÖPNV ausgeschlossen, soll zugleich das sowohl politische als auch sozialstaatlich gebotene Ziel erreicht werden, die Mobilität weiter Teile der Bevölkerung unabhängig von eigenen motorisierten Verkehrsmitteln sicherzustellen.

Doch auch jenseits der Preissetzung kann das Angebotsverhalten öffentlicher **29** Unternehmen durch ihre Gemeinwohlbindung beeinflusst werden. Ein Marktverhalten, welches gezielt auf die *Verdrängung privater Wettbewerber* abzielt, ist nicht nur grundrechtlich bedenklich, sondern aufgrund der Folgewirkungen auch nicht als gemeinwohlverträglich zu qualifizieren. Entsprechendes gilt für das Nachfrageverhalten öffentlicher Unternehmen.

Soweit öffentlichen Unternehmen normativ oder durch ihre gesellschaftsver- **30** tragliche bzw. satzungsmäßige Zweckbestimmung die Erfüllung spezifischer Aufgaben zugewiesen ist, werden sie dadurch legitimiert; zugleich begrenzen diese Zweckbestimmungen ihre Handlungsmöglichkeiten jedoch auch. Eine *Instrumentalisierung* öffentlicher Unternehmen durch ihre jeweiligen Träger, also insbesondere Bund, Länder und Kommunen, mit dem Ziel der Umgehung rechtlicher Anforderungen an das Verwaltungshandeln, ist unzulässig. Nur unter Beachtung der Rechtsbindung ihrer Träger können öffentliche Unternehmen daher insbesondere eingesetzt werden, um das Verhalten Dritter zu beeinflussen und Steuerungserfolge zu erzielen. Damit geht notwendig eine partielle Überlagerung der allgemeinen gesellschaftsrechtlichen Vorgaben durch öffentlich-rechtliche Wertungen einher.[73]

Im Verhältnis öffentlicher Unternehmen untereinander ist schließlich zu beach- **31** ten, dass es sich dabei nicht um ein rein wettbewerblich geprägtes Verhältnis handelt. Zwar ist eine punktuelle Konkurrenz unter öffentlichen Unternehmen nicht per se ausgeschlossen. Aufgrund ihrer Zugehörigkeit zur staatlichen Exekutive sind aber sowohl die für diese geltenden *Kompetenzgrenzen*[74] als auch die Gebote gegenseitiger Rücksichtnahme zu beachten, die für das Verwaltungshandeln generell bestehen, da diese gerade der Realisierung des (unteilbaren) Gemeinwohls dienen.

---

[72] *Von Arnim*, Wirtschaftlichkeit als Rechtsprinzip, 1988, S. 19 ff., 26 ff.

[73] Näher *Mann*, Kapitalgesellschaften, in: Püttner/ders., HWKP, § 46; zum umstrittenen „Verwaltungsgesellschaftsrecht" siehe zusammenfassend *Mann*, Öffentlich-rechtliche Gesellschaft, S. 269 ff.; *Peter*, Rechtliche Grenzen, S. 343 ff.; *Ruthig/Storr*, Rn. 714 ff.; ausführlich *Kraft*, Das Verwaltungsgesellschaftsrecht, 1982; vgl. auch BGHZ 91, 84 (96): „Nimmt die Verwaltung in den Formen des Privatrechts Aufgaben der öffentlichen Verwaltung wahr, so werden die Normen des Privatrechts durch Bestimmungen des öffentlichen Rechts ergänzt, überlagert und modifiziert."

[74] Siehe bezogen auf das Verhältnis von Bund und Ländern *Pfahl*, Staatliche Wirtschaftsteilnahme und Art. 30 GG, 2016, insb. ab S. 97.

2. Europarecht

32 Das EU-Primärrecht enthält wenige Bestimmungen, die sich spezifisch mit öffentlichen Unternehmen befassen.[75] Von zentraler Bedeutung ist der in Art. 106 Abs. 1 AEUV verankerte Grundsatz der *Nichtprivilegierung*.[76] Nach dieser Vorschrift gelten die Bestimmungen der Verträge auch für öffentliche Unternehmen, so dass diese gegenüber ihren privaten Wettbewerbern nicht bevorzugt werden dürfen. Zudem erwähnt Art. 54 Abs. 2 AEUV öffentliche Unternehmen explizit als Berechtigte der Niederlassungsfreiheit. Praktische Bedeutung für öffentliche Unternehmen entfalten zum einen die Grundfreiheiten (→ Rn. 33) und zum anderen die Bestimmungen über Dienstleistungen von allgemeinem wirtschaftlichem Interesse (→ Rn. 36 ff.).[77] Das EU-Sekundärrecht enthält mit der Transparenzrichtlinie (Transparenz-RL, → Rn. 40 f.) ein spezifisch auf öffentliche Unternehmen bezogenes Regelwerk.

a) Grundfreiheiten

33 Öffentliche Unternehmen unterfallen grundsätzlich den Grundfreiheiten des AEUV.[78] Diese setzen neben einer *Grenzüberschreitung* (→ § 1 Rn. 58) allein ein *wirtschaftliches Tätigwerden* voraus (→ § 1 Rn. 46 ff.). Infolge dessen können öffentliche ebenso wie private Unternehmen ihre Dienste in anderen Mitgliedstaaten anbieten und entsprechende Leistungen entgegennehmen. Beschränkungen dieser Möglichkeiten durch andere Mitgliedstaaten sind unzulässig, sofern sie nicht im Einzelfall einer Rechtfertigung durch die geschriebenen Rechtfertigungsgründe oder aus zwingenden Gründen des Allgemeininteresses zugänglich sind (→ § 1 Rn. 61 ff., 68 ff.).

34 Nicht abschließend geklärt ist jedoch, in welchem Umfang sich öffentliche Unternehmen gegenüber ihrem eigenen Mitgliedstaat auf Grundfreiheiten berufen können. Dieser Frage kommt etwa im Hinblick auf die verfassungs- und kommunalrechtliche *Beschränkung des räumlichen Tätigkeitsbereichs kommunaler Unternehmen* in Deutschland eine erhebliche praktische Bedeutung zu. Zwar ist mangels normativer Differenzierung und der Qualifikation öffentlicher Unternehmen als am Markt tätige Akteure[79] der Schutzbereich der Grundfreiheiten auch in dieser Konstellation zu ihren Gunsten eröffnet. Mitgliedstaatliche Beschränkungen ihres Angebotsverhaltens sind jedoch regelmäßig einer Rechtfertigung aus zwingenden Gründen des Allgemeinwohls zugänglich, da im Falle der Realisierung der mit einer

---

[75] Siehe ausführlich *Köke*, Kommunale Unternehmen in Europa. Die Erbringung kommunaler Dienstleistungen zwischen Europäischem Wettbewerbsrecht und Europäischer Charta der kommunalen Selbstverwaltung, 2015, insb. ab S. 67.

[76] Zu dieser Qualifikation *Knauff*, Gewährleistungsstaat, S. 122 ff.; *ders.*, in: Loewenheim/Meessen/Riesenkampff/Kersting/Meyer-Lindemann, Kartellrecht, 3. Aufl. 2016, Art. 106 AEUV Rn. 21 ff.

[77] Ausführlich zum europarechtlichen Rahmen für öffentliche Unternehmen *Storr*, Staat, S. 225 ff.

[78] Siehe nur *Frenz*, Hdb. EuR I, Rn. 233 ff.; *Manthey*, Bindung und Schutz öffentlicher Unternehmen durch die Grundfreiheiten des Europäischen Gemeinschaftsrechts, 2001, S. 51 ff.; *F. Wollenschläger*, in: Kirchhof/Korte/Magen, § 6 Rn. 43 ff.

[79] *Löwer*, VVDStRL 60 (2001), 416 (448); *Weiß*, DVBl. 2003, 564 (567).

unternehmerischen Expansion einhergehenden wirtschaftlichen Risiken die Gefahr von Rückwirkungen auf den jeweiligen Träger besteht, so dass dieser nicht mehr zu einer ordnungsgemäßen Erfüllung seiner hoheitlichen Aufgaben fähig ist. Die Funktionsfähigkeit der Mitgliedstaaten wird jedoch vom Europarecht vorausgesetzt und ist zugleich Bedingung für dessen Verwirklichung. Zudem kann in einem derartigen Fall auch die ordnungsgemäße Versorgung der Bevölkerung mit Verwaltungsleistungen in Frage stehen. Im Ergebnis haben von einem Mitgliedstaat für seine öffentlichen Unternehmen normativ vorgesehene Beschränkungen der Grundfreiheiten im Hinblick auf ihre aktiven Handlungsmöglichkeiten daher regelmäßig Bestand.[80]

Die Grundfreiheiten berechtigen öffentliche Unternehmen jedoch nicht nur, sondern *verpflichten* diese zugleich aufgrund ihrer Zugehörigkeit zu den aus europarechtlicher Perspektive als Einheit anzusehenden Mitgliedstaaten (→ § 1 Rn. 18).[81] Sie dürfen daher weder von ihren Trägern instrumentalisiert werden, um die Nutzung der Grundfreiheiten durch Dritte zu behindern, noch sich im Rahmen ihrer eigenen Geschäftspolitik entsprechend verhalten.   **35**

b) Privilegierung von Dienstleistungen von allgemeinem wirtschaftlichem Interesse

Sofern öffentliche Unternehmen nicht erwerbswirtschaftlich tätig sind, ermöglicht   **36** Art. 106 Abs. 2 AEUV die Inanspruchnahme von *Ausnahmen von den europarechtlichen Vorgaben* einschließlich des Wettbewerbsrechts. Voraussetzung ist, dass das jeweilige Unternehmen mit einer Dienstleistung von allgemeinem wirtschaftlichem Interesse betraut wurde. Eine solche Ausnahme kann nur insoweit in Anspruch genommen werden, als die Anwendung des Europarechts „die Erfüllung … der übertragenen besonderen Aufgabe rechtlich oder tatsächlich verhindert." Zudem darf die Entwicklung des Handelsverkehrs nicht in einem dem europäischen Interesse zuwiderlaufenden Maße beeinträchtigt werden, was im Rahmen einer Abwägung festzustellen ist.[82]

Art. 106 Abs. 2 AEUV liegt ebenso wie der thematisch verwandten Unionszielbestimmung des Art. 14 AEUV ein *funktionaler Ansatz* zugrunde: Entscheidend ist   **37** der Aufgabenbezug. Auf die Trägerschaft des leistenden Unternehmens kommt es dagegen nicht an. Dennoch wirkt sich Art. 106 Abs. 2 AEUV in erheblichem Maße

---

[80] Näher *Knauff*, VR 2005, 145 (147 ff.); ebenso *Peter*, Rechtliche Grenzen, S. 738 ff.; ausführlich *Marten*, Ein konzeptioneller Ansatz zur Konkretisierung des öffentlichen Zweckes. Darstellung und Untersuchung anhand § 107 Abs. 1 Satz 1 GO NRW, 2014, S. 126 ff.; a. A. *Ehricke*, Die Vereinbarkeit des kommunalen Örtlichkeitsprinzips mit dem EG-Recht, 2009, S. 111; differenzierend *Wenzl*, Das Örtlichkeitsprinzip im europäischen Binnenmarkt, 2007, S. 119 ff.

[81] *Ruthig/Storr*, Rn. 750; *Ziekow*, § 7 Rn. 19; ausführlich *Manthey*, Bindung und Schutz öffentlicher Unternehmen durch die Grundfreiheiten des Europäischen Gemeinschaftsrechts, 2001, S. 50 ff.

[82] Von Bedeutung ist dabei auch die sekundärrechtliche Ausgestaltung, vgl. in beihilferechtlichem Kontext zum sog. „DAWI-Paket" *Knauff*, ZG 28 (2013), 139; zum Ganzen siehe vertiefend *Knauff*, in: Pache/ders., § 13.

zugunsten öffentlicher, insbesondere kommunaler Unternehmen aus, da diese vielfach die Privilegierungsvoraussetzungen erfüllen.[83]

38   *Dienstleistungen von allgemeinem wirtschaftlichem Interesse* zeichnen sich dadurch aus, dass sie sowohl marktbezogen als auch gemeinwohlorientiert sind.[84] Es besteht mithin eine weitgehende, wenn auch nicht uneingeschränkte Übereinstimmung mit dem Begriff der Daseinsvorsorge.[85] Dementsprechend ist anerkannt, dass die der Daseinsvorsorge zugeordneten Leistungen der Energie-, Wasser- und Verkehrsversorgung sowie der Telekommunikation und Post als Dienstleistungen von allgemeinem wirtschaftlichem Interesse zu qualifizieren sind.[86] Anerkannt ist zudem eine mitgliedstaatliche Definitionsmacht, die allerdings einer europäischen „Vertretbarkeitskontrolle"[87] unterliegt. Allein die Erbringung einer Dienstleistung von allgemeinem wirtschaftlichem Interesse lässt jedoch selbst bei öffentlichen Unternehmen die uneingeschränkte Geltung des Europarechts nicht entfallen. Vielmehr bedarf es zusätzlich der Betrauung eines konkreten, zumindest individualisierbaren Unternehmens mit der spezifischen Aufgabe. Diese kann durch eine hoheitliche Verpflichtung zur Leistungserbringung vorgenommen werden, aber auch im Wege einer sonstigen Überantwortung der Aufgabenerfüllung an ein Unternehmen, etwa durch Vertrag oder aus dem Gesamtzusammenhang heraus.[88]

39   Eine *Verhinderung der Aufgabenerfüllung* durch die Anwendung des Europarechts liegt nach der (sehr großzügigen) Rechtsprechung des EuGH nicht nur vor, wenn diese unmöglich ist, sondern kann schon bei einer bloßen Gefährdung gegeben sein,[89] die bereits dann bejaht wird, wenn die Aufgabe andernfalls nicht unter wirtschaftlich tragbaren Bedingungen wahrgenommen werden könnte.[90] Der Nachweis für die Verhinderung[91] wie auch für die Erforderlichkeit der ergriffenen Maßnahme[92] obliegt dem jeweiligen Mitgliedstaat.

---

[83] Siehe nur *Wernicke*, in: Grabitz/Hilf/Nettesheim, Art. 106 AEUV Rn. 36 (Stand: 65. EL März 208).

[84] Vgl. KOM(96) 443 endg., S. 5; sowie KOM(2003) 270 final, S. 14.

[85] Siehe auch *Kluth*, Kommunalwirtschaftliche Aktivitäten als Dienste von allgemeinem wirtschaftlichem Interesse, in: Püttner/Mann, HWKP, § 39 Rn. 15 ff.; die EU-Kommission verwendet die Begriffe mitunter parallel, vgl. die Mitteilung „Leistungen der Daseinsvorsorge in Europa", KOM(2000) 580 endg.

[86] Vgl. *Jung*, in: Calliess/Ruffert, Art. 106 AEUV Rn. 36.

[87] *Pielow*, Grundstrukturen, S. 81, bezüglich des Gesamtbegriffs „allgemeines wirtschaftliches Interesse"; ähnlich EuG, Rs. T-289/03, Slg. 2008, II-81, Rn. 169 – BUPA; verb. Rs. T-309/04, T-317/04, T-329/04 und T-336/04, Slg. 2008, II-2935, Rn. 102 – TV2.

[88] Näher *Jung*, in: Calliess/Ruffert, Art. 106 AEUV Rn. 40 ff.

[89] EuGH, Rs. C-157/94, Slg. 1997, I-5699, Rn. 45 – Kommission/Niederlande; verb. Rs. C-115/97 bis 117/97, Slg. 1999, I-6025, Rn. 107 – Brentjens.

[90] EuGH, Rs. C-320/91, Slg. 1993, I-2533, Rn. 16 – Corbeau; Rs. C-475/99, Slg. 2001, I-8089, Rn. 61 – Ambulanz Glöckner.

[91] EuGH, Rs. C-157/94, Slg. 1997, I-5699, Rn. 53 – Kommission/Niederlande.

[92] EuGH, Rs. C-203/96, Slg. 1998, I-4075, Rn. 67 – Dusseldorp.

c) Transparenzrichtlinie

Das Verhältnis zwischen Mitgliedstaaten und ihren öffentlichen Unternehmen ist **40** schließlich Gegenstand der auf Art. 106 Abs. 3 AEUV gestützten Transparenz-RL, die in Deutschland durch das Transparenzrichtlinie-Gesetz (TranspRLG)[93] umgesetzt wurde. Als *öffentliches Unternehmen* gilt nach Art. 2 Abs. 1 lit. b Transparenz-RL „jedes Unternehmen, auf das die öffentliche Hand aufgrund Eigentums, finanzieller Beteiligung, Satzung oder sonstiger Bestimmungen, die die Tätigkeit des Unternehmens regeln, unmittelbar oder mittelbar einen beherrschenden Einfluss ausüben kann." Entscheidend kommt es mithin auf eine Steuerungsmöglichkeit der öffentlichen Hand unabhängig von hoheitlichen Instrumenten an.[94]

Ziel der Transparenz-RL ist es, *Wettbewerbsverzerrungen zugunsten öffentlicher* **41** *Unternehmen zu verhindern.* Zu diesem Zweck normiert sie zum einen Offenlegungspflichten gegenüber der Kommission im Hinblick auf das finanzielle Engagement der öffentlichen Hand in Bezug auf öffentliche Unternehmen und die Verwendung öffentlicher Mittel durch diese. Zum anderen erfordert sie eine nach Geschäftsbereichen getrennte Buchführung derjenigen Unternehmen, die über besondere oder ausschließliche Rechte verfügen und mit Dienstleistungen von allgemeinem wirtschaftlichem Interesse betraut sind, aus der die jeweilige Zuordnung der Kosten und Einnahmen zu Tage tritt.

III. Staatswirtschaft

Ungeachtet der zwischenzeitlich erfolgten Privatisierungen nehmen Bund und Län- **42** der vielfach mit eigenen Unternehmen am Wirtschaftsleben teil.[95] Im Folgenden wird die Rechtsstellung der Staatswirtschaft anhand bundesrechtlicher Vorgaben dargestellt. Die Situation in den Ländern stimmt damit weithin überein.

1. Rechtsrahmen

Für staatliche Unternehmen enthält die deutsche Rechtsordnung über den vorste- **43** hend umrissenen allgemeinen Rechtsrahmen für die öffentliche Wirtschaft hinaus *nur wenige spezifische Vorgaben.* Diese unterliegen daher deutlich geringeren rechtlichen Bindungen als die Kommunalwirtschaft.

---

[93] BGBl. I, S. 2141; geändert durch Gesetz vom 21.12.2006, BGBl. I, S. 3364.

[94] *Jung*, in: Calliess/Ruffert, Art. 106 AEUV Rn. 13.

[95] Für das Jahr 2016 weist das Statistische Bundesamt 354 Unternehmen des Bundes sowie 1667 Unternehmen der Länder aus, https://www.destatis.de/DE/Themen/Staat/Oeffentliche-Finanzen/ Fonds-Einrichtungen-Unternehmen/Tabellen/jahresabschluesse-eigner.html (17.08.2019).

a) Spezifische verfassungsrechtliche Determinanten

44   Das Grundgesetz trifft *keine generellen Aussagen über staatliche Unternehmen*. Es enthält allein einige bereichsspezifische Vorgaben. Diese sind einer Verallgemeinerung nicht zugänglich.

45   Für den Bereich der *Eisenbahnen des Bundes* bestimmt Art. 87e Abs. 3 GG, dass diese „als Wirtschaftsunternehmen in privat-rechtlicher Form geführt [werden]. Diese stehen im Eigentum des Bundes, soweit die Tätigkeit des Wirtschaftsunternehmens den Bau, die Unterhaltung und das Betreiben von Schienenwegen umfaßt. Die Veräußerung von Anteilen des Bundes an den Unternehmen nach Satz 2 erfolgt auf Grund eines Gesetzes; die Mehrheit der Anteile an diesen Unternehmen verbleibt beim Bund ...“ Die Vorschrift geht ersichtlich von der Existenz eines staatlichen Eisenbahnunternehmens aus und stellt zum einen für dessen Wirtschaftsführung und Organisation besondere Anforderungen auf. Zum anderen gibt sie die dauerhafte Existenz eines zumindest mehrheitlich vom Bund gehaltenen Eisenbahninfrastrukturunternehmens zwingend vor, so dass ihr insoweit zugleich eine (materielle) Privatisierungsschranke zu entnehmen ist. Eine grundgesetzliche Verpflichtung zum dauerhaften Bestand eines öffentlichen Eisenbahnverkehrsunternehmens existiert allerdings nicht.[96]

46   Für *Telekommunikations- und Postleistungen* bestimmt Art. 87f Abs. 2 S. 1 GG zwar, dass diese (auch) „als privatwirtschaftliche Tätigkeiten durch die aus dem Sondervermögen Deutsche Bundespost hervorgegangenen Unternehmen ... erbracht“ werden. Diese vormals öffentlichen Unternehmen sind jedoch zunächst auf Grundlage von Art. 143b GG formell und sodann mittels verfassungsrechtlich nicht zu beanstandenden Anteilsverkäufen weitgehend[97] materiell privatisiert worden und haben im Zuge dessen ihren Status als solche verloren (zu Art. 87e und 87f GG → § 12 Rn. 8).

b) Haushaltsrecht

47   Das Haushaltsrecht des Bundes stellt einige spezifische Anforderungen an dessen wirtschaftliche Betätigung auf. Von Bedeutung ist insbesondere § 65 Abs. 1 BHO. Danach soll sich der Bund „an der Gründung eines *Unternehmens in einer Rechtsform des privaten Rechts* oder an einem bestehenden Unternehmen in einer solchen Rechtsform nur beteiligen, wenn 1. ein wichtiges Interesse des Bundes vorliegt und sich der vom Bund angestrebte Zweck nicht besser und wirtschaftlicher auf andere Weise erreichen läßt, 2. die Einzahlungsverpflichtung des Bundes auf einen bestimmten Betrag begrenzt ist, 3. der Bund einen angemessenen Einfluß,

---

[96] Näher *Knauff*, Gewährleistungsstaat, S. 236 ff.; *Möstl*, in: Maunz/Dürig, Art. 87e Rn. 105 ff., 130 ff.; ausführlich zu den Verfassungsfragen der Bahnprivatisierung *Heise*, Die Deutsche Bahn AG zwischen Wirtschaftlichkeit und Gemeinwohlverantwortung, 2013, S. 76 ff.; *Stamm*, Eisenbahnverfassung und Bahnprivatisierung, 2010, S. 66 ff.

[97] Die Bundesrepublik Deutschland war an der Deutsche Telekom AG am 30.06.2019 mit nur noch 31,9 % der Anteile unmittelbar oder mittelbar beteiligt, die übrigen Aktien befinden sich in Streubesitz, https://www.telekom.com/de/investor-relations/unternehmen/aktionaersstruktur (17.08.2019). An der Deutsche Post AG hält die staatliche KfW-Bankengruppe 20,5 % der Anteile, die im Übrigen frei gehandelt werden, http://www.dpdhl.com/de/investoren/aktie/aktionaersstruktur.html (17.08.2019).

insbesondere im Aufsichtsrat oder in einem entsprechenden Überwachungsorgan erhält, 4. gewährleistet ist, daß der Jahresabschluß und der Lagebericht, soweit nicht weitergehende gesetzliche Vorschriften gelten oder andere gesetzliche Vorschriften entgegenstehen, in entsprechender Anwendung der Vorschriften des Dritten Buchs des Handelsgesetzbuchs für große Kapitalgesellschaften aufgestellt und geprüft werden." Ungeachtet ihrer restriktiv erscheinenden Fassung ist die Vorschrift nicht geeignet, eine unternehmerische Betätigung des Bundes in Privatrechtsform wirksam zu begrenzen, da das normativ geforderte wichtige Interesse allein einen öffentlichen Zweck(anteil) und somit eine gewisse Gemeinwohlorientierung erfordert und dem Bund zudem ein Beurteilungsspielraum zukommt.[98] Überdies entfaltet § 65 BHO keinen Drittschutz, ist also nicht einklagbar.

Für eine unternehmerische Betätigung des Bundes in der Rechtsform einer *bun-* **48** *desunmittelbaren juristischen Person des öffentlichen Rechts* gelten die Voraussetzungen des § 65 Abs. 1 Nr. 2 und 3 BHO nach § 112 Abs. 2 S. 1 BHO entsprechend. Für deren Mehrheitsbeteiligungen an privatrechtlichen Unternehmen gelten nach § 112 Abs. 2 S. 2 BHO sämtliche Voraussetzungen des § 65 BHO entsprechend.

Der „Erwerb von *Beteiligungen* und sonstigem Kapitalvermögen, von Forderun- **49** gen und Anteilsrechten an Unternehmen, von Wertpapieren sowie für die Heraufsetzung des Kapitals von Unternehmen" ist gemäß § 10 Abs. 3 Nr. 2 lit. d HGrG und § 13 Abs. 3 Nr. 2 lit. d BHO als Investitionsausgabe in den *Haushaltsplan* aufzunehmen. Entsprechende Verkäufe sind nach § 10 Abs. 3 Nr. 1 HGrG und § 13 Abs. 3 Nr. 1 BHO als „Einnahmen aus Vermögensveräußerungen" ebenfalls in den Haushaltsplan aufzunehmen. Für den Fall, dass dies nicht geschehen ist und „Anteile an Unternehmen besondere Bedeutung" haben, „so dürfen sie" nach § 65 Abs. 7 S. 1 BHO „nur mit Einwilligung des Bundestages und des Bundesrates veräußert werden, soweit nicht aus zwingenden Gründen eine Ausnahme geboten ist."

Beteiligungen des Bundes an privatrechtlichen Unternehmen unterliegen einer **50** besonderen parlamentarischen *Kontrolle* nach § 69a BHO sowie der Prüfung durch den Bundesrechnungshof nach § 44 HGrG und § 92 BHO. Dieser ist zudem nach § 102 Abs. 1 Nr. 3 BHO unverzüglich zu unterrichten, wenn „unmittelbare Beteiligungen des Bundes oder mittelbare Beteiligungen i. S. d. § 65 Abs. 3 an Unternehmen begründet, wesentlich geändert oder aufgegeben werden". § 53 HGrG sieht zudem für Unternehmen mit öffentlicher Mehrheitsbeteiligung eine Erweiterung der Abschlussprüfung vor.

2. Rechtsformen

Die unternehmerische Betätigung des Staates erfolgt nicht in spezifisch hierfür ge- **51** schaffenen Rechtsformen. Vielmehr können die von der Rechtsordnung in genereller Weise ausgestalteten Organisationsformen des öffentlichen und des privaten Rechts hierfür genutzt werden. Dies schließt grundsätzlich die Verwendung von

---

[98] *Czaplik*, Die öffentliche Beteiligung an Gesellschaften des Privatrechts, 2013, S. 41; *Hermesmeier*, Staatliche Beteiligungsverwaltung, 2010, S. 575; *Ronellenfitsch*, HStR³ VI, § 98 Rn. 29.

Gesellschaftsformen aus anderen EU-Mitgliedstaaten ein.[99] Vorbehaltlich anderweitiger spezialgesetzlicher Vorgaben schlägt sich die *Formenwahlfreiheit* der Verwaltung auch bei der Wahl der Rechtsform für staatliche Unternehmen nieder.[100]

52   *Öffentlich-rechtlichen Rechtsformen* (für die Kommunalwirtschaft → Rn. 91 ff.) kam im Bereich der staatlichen Wirtschaft nie eine prägende Bedeutung zu und sie spielen heute keine nennenswerte Rolle mehr. Im Zuge der (zumindest formellen) Privatisierungen wurden vormals als Anstalten des öffentlichen Rechts organisierte staatliche Unternehmen in Privatrechtsform überführt.

53   Im Hinblick auf die Verwendung *privatrechtlicher Rechtsformen*[101] setzt allerdings das Haushaltsrecht insoweit Grenzen für die Organisationsfreiheit, als zunächst § 65 Abs. 1 Nr. 2 BHO einer unbegrenzten Haftung des Staates entgegensteht. Grundsätzlich[102] kommen daher die Rechtsformen der Gesellschaft bürgerlichen Rechts (GbR) nach §§ 705 ff. BGB sowie der Offenen Handelsgesellschaft (OHG) nach §§ 105 ff. HGB nicht in Betracht. Gleiches gilt für die Beteiligung an einer Kommanditgesellschaft (KG) nach §§ 161 ff. HGB als Komplementär.[103] Das in § 65 Abs. 1 Nr. 3 BHO verankerte Gebot der Sicherung eines angemessenen Einflusses des Bundes auf das Unternehmen steht aber auch seiner Beteiligung als Kommanditist grundsätzlich entgegen, so dass auch die KG als Rechtsform für staatliche Unternehmen tendenziell ungeeignet ist.[104]

54   Für staatliche Unternehmen stehen daher vor allem die Rechtsformen der AG sowie der GmbH zur Verfügung. Diese verfügen als *juristische Personen des Privatrechts* jeweils über eigene Rechtspersönlichkeit.

a) GmbH

55   In der Praxis sind staatliche wie auch sonstige öffentliche Unternehmen vielfach in der Rechtsform einer GmbH organisiert.[105] Diese ist einer Steuerung durch die Gesellschafter in erheblich größerem Maße zugänglich als eine AG.[106] Im Vergleich zu dieser vermittelt sie zudem deutlich größere *Gestaltungsspielräume* im Hinblick auf ihre Organisationsstruktur, vgl. § 45 Abs. 2 GmbHG.

---

[99] Zu den mit einem ausländischen Verwaltungssitz von öffentlichen, insbesondere kommunalen Unternehmen einhergehenden Fragen *Kronawitter*, NVwZ 2009, 936.

[100] Zu den maßgeblichen Motiven *Blessing*, Öffentlich-rechtliche Anstalten unter Beteiligung Privater, 2008, S. 61 ff.

[101] Zu den demokratietheoretischen Fragen *Kapteina*, Öffentliche Unternehmen in Privatrechtsform und ihre demokratische Legitimation, 2017, S. 41 ff.

[102] Zu denkbaren Ausnahmen und ihren Voraussetzungen *Czaplik*, Die öffentliche Beteiligung an Gesellschaften des Privatrechts, 2013, S. 75 ff.; *Rau*, Die Gesellschaft bürgerlichen Rechts als Rechtsform für die öffentliche Hand: zur Frage der Bedeutung und Zulässigkeit der BGB-Gesellschaft mit öffentlicher Beteiligung, 2014, S. 147 ff.

[103] *Ziekow*, § 7 Rn. 36.

[104] *Cronauge*, Kommunale Unternehmen, Rn. 154.

[105] Umfassend *Buken*, Rechtsprobleme der kommunalen GmbH im Rechtsvergleich der Bundesländer, 2017.

[106] *Suerbaum*, in: Ehlers/Fehling/Pünder, § 13 Rn. 85; näher zu den Steuerungsmöglichkeiten *Gersdorf*, Öffentliche Unternehmen, S. 313 ff.; *Peter*, Rechtliche Grenzen, S. 371 ff.

Die GmbH verfügt zwingend über eine Geschäftsführung und eine Gesellschaf- **56**
terversammlung. Der oder die Geschäftsführer vertritt bzw. vertreten die GmbH
nach außen. Im Übrigen werden die Geschäftsführerbefugnisse im Wesentlichen
durch den *Gesellschaftsvertrag* bestimmt. Die Gesellschafterversammlung ernennt,
kontrolliert und entlässt die Geschäftsführung und nimmt vorbehaltlich einer anderweitigen gesellschaftsvertraglichen Ausgestaltung die weiteren in §§ 45 ff. GmbHG
normierten Aufgaben wahr. Insbesondere trifft sie die wesentlichen gesellschafts-
bezogenen Entscheidungen. Die Schaffung eines Aufsichtsrates ist nach § 52
GmbHG möglich und durch § 65 Abs. 1 Nr. 3 BHO grundsätzlich geboten.

Das *Eigentum* an der GmbH wird durch die Gesellschaftsanteile vermittelt. Die- **57**
ses geht mit umfassenden Informationsrechten nach § 51a GmbHG einher, sofern
diese Vorschrift nicht spezialgesetzlich überlagert wird.[107] Die Haftung jedes Ge-
sellschafters ist auf die Höhe des auf seinen Anteil entfallenden Stammkapitals begrenzt, vgl. § 13 Abs. 2, §§ 14, 19 GmbHG. Die Einführung einer fakultativen
Nachschusspflicht nach § 26 GmbHG ist bei staatlichen Unternehmen in der Rechtsform einer GmbH wegen § 65 Abs. 1 Nr. 2 BHO haushaltrechtlich unzulässig.

b) AG

Die AG kommt als Rechtsform für staatliche Unternehmen[108] vor allem dann in Be- **58**
tracht, wenn hinausgehend über eine formelle Privatisierung auch eine materielle
(Teil-)Privatisierung erfolgen soll. Insbesondere ermöglicht sie einen *Börsengang*
des Unternehmens und damit die erleichterte Beschaffung von zusätzlichem Eigenkapital.[109]

Das AktG sieht für jede AG unabhängig von ihrer Trägerschaft und damit auch **59**
für staatliche Unternehmen in der Rechtsform der AG eine *zwingende Organisationsstruktur* vor. Zentraler Akteur ist der Vorstand, der die Geschäfte der AG nach
§ 76 AktG in eigener Verantwortung führt. Dieser wird vom Aufsichtsrat gemäß
§§ 84, 90, 111 AktG bestellt, kontrolliert und entlassen. Größe und Zusammensetzung des Aufsichtsrates richten sich nach Grundkapital und dem spezifischen Tätigkeitsbereich des Unternehmens und den hierfür jeweils maßgeblichen Vorgaben.
Stets gehören ihm Aktionärs- und Arbeitnehmervertreter an, vgl. §§ 95 f. AktG. Die
Gesamtheit der Aktionäre bildet die Hauptversammlung, die gemäß § 119 AktG
über grundlegende Fragen der Gesellschaft, nicht aber der Geschäftsführung, beschließt. Der besonderen Situation öffentlicher Unternehmen mit der Rechtsform
einer AG tragen allein die §§ 394 f. AktG Rechnung, welche die Verwendung von
Informationen betreffen.

Das *Eigentum* an der AG wird über die Aktien vermittelt. Diese sind grundsätz- **60**
lich frei handelbar und vermitteln ihrem Inhaber ein seinem Anteil entsprechendes

---

[107] Zur Problematik des Verhältnisses zwischen den Entflechtungsvorschriften des EnWG und dem
GmbH-Recht siehe etwa *Bourwieg/Miller*, RdE 2008, 230; *Ehricke*, IR 2004, 170.

[108] Ausführlich dazu *Früchtl*, Die Aktiengesellschaft als Rechtsform für die wirtschaftliche Betätigung der öffentlichen Hand, 2009.

[109] Siehe dazu *Tödtmann*, Börsengang kommunaler Unternehmen, in: Fabry/Augsten, Unternehmen, S. 783 ff.

Stimmrecht in der Hauptversammlung. Die Haftung jedes Aktionärs ist auf die von ihm gehaltenen Aktien begrenzt, so dass die Anforderungen des § 65 Abs. 1 Nr. 2 BHO erfüllt sind. Aufgrund der gesetzlichen Vorgaben verfügt eine AG allerdings gegenüber ihren Eigentümern über eine erhebliche Unabhängigkeit. Die Instrumentalisierung einer AG durch den Staat zur Erreichung politischer Ziele ist daher ungeachtet der demokratischen Legitimation seiner Entscheidung kaum möglich, selbst wenn er sämtliche Aktien an dieser hält.[110] Auf die Realisierung von Gemeinwohlzielen (→ Rn. 26 ff.) wirkt sich dies tendenziell negativ aus. Zudem lässt die weitgehende Eigenständigkeit der AG in vergaberechtlichem Kontext die Möglichkeit einer In-house-Vergabe im Hinblick auf das diesbezügliche Erfordernis einer Kontrolle wie über eine eigene Dienststelle fraglich erscheinen (→ § 7 Rn. 73 f.).[111]

IV. Kommunalwirtschaft

61 Die Kommunalwirtschaft wurde vom Privatisierungstrend der vergangenen Jahrzehnte deutlich weniger stark erfasst als die Staatswirtschaft. *Vielfach* erfolgten *allein formelle Privatisierungen* etwa von Stadtwerken, Immobiliengesellschaften sowie von Einrichtungen für den Tourismus. Soweit es zu materiellen und funktionalen Privatisierungen vormals kommunaler Unternehmen kam,[112] werden diese im Zuge der derzeitigen Rekommunalisierungstendenzen wieder in Frage gestellt. Zugleich bildet die Kommunalwirtschaft nach dem Selbstverständnis der Gemeinden wie auch in der Praxis eine wesentliche Ausprägung kommunaler Selbstverwaltung.

1. Rechtsrahmen

62 Das wirtschaftliche Tätigwerden der Gemeinden ist in deutlich stärkerem Maße normativ determiniert als dasjenige des Staates. Über die allgemeinen verfassungs- und europarechtlichen Anforderungen an die öffentliche Wirtschaftstätigkeit hinaus enthält die Rechtsordnung eine *Vielzahl spezifischer Vorgaben* für die Kommunalwirtschaft. Diese sind weithin dem Landesrecht zu entnehmen und weisen insoweit teils bedeutsame Unterschiede auf.[113]

---

[110] *Suerbaum*, in: Ehlers/Fehling/Pünder, § 13 Rn. 87, spricht explizit von „Steuerungsproblemen"; ausführlich *Gersdorf*, Öffentliche Unternehmen, S. 276 ff.

[111] Näher *Säcker/Wolf*, in: Säcker (Hrsg.), Europäisches und Deutsches Wettbewerbsrecht (Kartellrecht), Bd. 3: Vergaberecht I, 2. Aufl. 2018, § 108 GWB Rn. 26.

[112] Von einer dadurch bedingten „Sinnkrise" sprechen *Püttner*, ZÖR 56 (2001), 227 (239 f.); *Steckert*, DfK 41 (2002), 61 (64).

[113] Kritisch zu „Zersplitterung und Bedeutungsverlust des Gemeindewirtschaftsrechts" *Breuer*, WiVerw 2015, 150.

a) Spezifische verfassungsrechtliche Determinanten

Das Grundgesetz enthält zwar keine Bestimmung, die sich spezifisch mit kommu-   **63**
nalen Unternehmen befasst. Diese unterfallen jedoch dem Anwendungsbereich von
Art. 28 Abs. 2 GG, da die verfassungsrechtliche *Garantie der kommunalen Selbst-*
verwaltung umfassend angelegt ist. Für kommunale Unternehmen wirkt sich die
Norm sowohl als Grundlage wie auch als Grenze ihrer Betätigung aus. Im Einzelnen bestehen jedoch zahlreiche Streitfragen über die Wirkungsweise des
Art. 28 Abs. 2 GG im Hinblick auf die Kommunalwirtschaft.

Art. 28 Abs. 2 S. 1 GG gewährleistet den Gemeinden das „Recht …, alle An-   **64**
gelegenheiten der örtlichen Gemeinschaft im Rahmen der Gesetze in eigener Verantwortung zu regeln." Ungeachtet der Formulierung handelt es sich nicht um ein
Grundrecht, sondern um eine *staatsorganisationsrechtliche Bestimmung.*[114] Es ist
anerkannt, dass die wirtschaftliche Betätigung der Gemeinden grundsätzlich als
Teilbereich der kommunalen Selbstverwaltung und Ausdruck der Formenwahlfreiheit der Verwaltung auf Gemeindeebene von Art. 28 Abs. 2 S. 1 GG erfasst wird
und somit einen verfassungsrechtlichen Schutz genießt.[115] Eine Bestands- oder
Wertgarantie für bestehende kommunale Unternehmen geht damit jedoch ebenso
wenig einher[116] wie eine Verpflichtung zum Einsatz kommunaler Unternehmen.[117]
Auch vermittelt Art. 28 Abs. 2 S. 1 GG keinen Schutz vor privater Konkurrenz,[118]
wie diese wiederum vor dem Marktzutritt öffentlicher Unternehmen durch
Art. 12 Abs. 1 GG nicht geschützt wird.

Für die Bestimmung der *Tätigkeitsfelder* kommunaler Unternehmen lassen sich   **65**
Art. 28 Abs. 2 S. 1 GG bei zutreffender Interpretation grundlegende Anforderungen
entnehmen, deren Beachtung in der Praxis nicht stets gewährleistet war. Indem die
Vorschrift die Gemeinden für alle Angelegenheiten der örtlichen Gemeinschaft für
zuständig erklärt, begründet und begrenzt sie zugleich deren Möglichkeiten wirtschaftlichen Handelns.

Das zum unantastbaren Kernbereich der Selbstverwaltungsgarantie zählende[119]   **66**
Prinzip der *Allzuständigkeit* beinhaltet eine Kompetenz-Kompetenz auf lokaler
Ebene,[120] mithin ein autonomes Aufgabenbestimmungsrecht der Gemeinde. Ent-
sprechend der Wirkungsrichtung der Selbstverwaltungsgarantie bezieht sich diese

---

[114] Dazu *Mehde*, in: Maunz/Dürig, Art. 28 Abs. 2 Rn. 10 ff.; *Hösch*, Die kommunale Wirtschaftstätigkeit, 2000, S. 70 ff.

[115] Siehe nur *Nierhaus*, Selbstverwaltungsgarantie und wirtschaftliche Betätigung der Kommunen,
in: Püttner/Mann, HWKP, § 40 Rn. 22 ff.

[116] *Rennert*, Die Verwaltung 35 (2002), 319 (330).

[117] So schon *Zeiß*, DÖV 1958, 201 (202) in Bezug auf kommunale Pflichtaufgaben.

[118] *Frenz*, ZHR 166 (2002), 307 (319).

[119] VerfGH RP, NVwZ 2000, 801 (802); *Nierhaus*, in: Sachs, Art. 28 Rn. 48, 64; ähnlich *Kämmerer*,
S. 182, mit dem zutreffenden Hinweis, dass dies aber nicht auch für die auf dessen Grundlage ergriffenen Aufgaben gilt.

[120] *Oebbecke*, Kommunalverfassungsrechtliche Aspekte wirtschaftlicher Betätigung der öffentlichen Hand, in: Wallerath (Hrsg.), Kommunen im Wettbewerb, 2001, S. 13 (18); *Rennert*, Die Verwaltung 35 (2002), 319 (322).

jedoch nur auf potenziell öffentliche Aufgaben,[121] so dass die Allzuständigkeit damit nur als besondere Verwaltungsbefugnis, nämlich die Zuständigkeit für alle Verwaltungsaufgaben der Ortsstufe,[122] erscheint. Für deren Wahrnehmung können auch kommunale Unternehmen eingesetzt werden,[123] insbesondere wenn derartige Aufgaben zu einer wirtschaftlichen Wahrnehmung geeignet sind. Sofern Tätigkeiten allerdings nicht als örtliche Verwaltungsaufgaben zu qualifizieren sind, sind sie einer Wahrnehmung durch kommunale Unternehmen nicht zugänglich, so dass insoweit zugleich eine gegenständliche Beschränkung ihrer Betätigungsmöglichkeiten besteht.

67   Besonders bedeutsam für den Aktionsradius kommunaler Unternehmen ist das aus der Bezugnahme des Art. 28 Abs. 2 S. 1 GG gerade auf die Angelegenheiten der örtlichen Gemeinschaft folgende *Örtlichkeitsprinzip*, welches im Interesse der Funktionsfähigkeit und geordneten Aufgabenerfüllung durch alle Gemeinden im Geltungsbereich des Grundgesetzes eine territoriale Begrenzung kommunalen Handelns bedingt. Das Örtlichkeitsprinzip gilt dabei mangels verfassungsrechtlicher Unterscheidung nicht nur für hoheitliches Handeln der Gemeinde,[124] sondern für jegliches kommunales Tätigwerden und damit auch für die Kommunalwirtschaft.[125] Auch auf die gewählte Rechtsform kommt es nicht an. Bedient sich die Gemeinde in Ausübung ihrer Formenwahlfreiheit eigenständiger Rechtssubjekte in privater Rechtsform, kann sie sich dadurch ihrer spezifischen öffentlich-rechtlichen Bindungen einschließlich des Örtlichkeitsprinzips nicht entledigen. Infolgedessen ist der räumliche Tätigkeitsbereich kommunaler Unternehmen im Grundsatz auf das Gebiet ihrer Trägergemeinde beschränkt.[126] Ein darüber hinausgehendes Tätigwerden ist nur zulässig, wenn gleichwohl ein Bezug zu dieser gegeben ist[127] und – zumin-

[121] VerfGH RP, NVwZ 2000, 801 (802); dahingehend auch *Löwer*, VVDStRL 60 (2001), 416 (424); *Pielow*, Grundstrukturen, S. 688 f. Zu Recht verweist *Fischerhof*, DÖV 1957, 305 (314) daher darauf, dass die Allzuständigkeit keine Generalermächtigung zu wirtschaftlicher Tätigkeit enthalte.

[122] *Löwer*, Energieversorgung zwischen Staat, Gemeinde und Wirtschaft, 1989, S. 223; dahingehend auch BVerfGE 78, 344 (348).

[123] Vgl. *Hill*, Kommunen im wirtschaftlichen Wettbewerb unter veränderten rechtlichen Rahmenbedingungen, in: ders. (Hrsg.), Kommunalwirtschaft, 1998, S. 41 (46).

[124] So aber *Moraing*, WiVerw 1998, 233 (244 f.); *Hellermann/Wieland*, Die wirtschaftliche Betätigung der Kommunen außerhalb ihres Gebiets, in: Püttner (Hrsg.), Zur Reform des Gemeindewirtschaftsrechts, 2002, S. 117 (124 f.); ablehnend zur Geltung des Örtlichkeitprinzips im sog. „nichtwirtschaftlichen" Bereich OLG Düsseldorf, NVwZ 2000, 714 (715); *Steckert*, DfK 41 (2002), 61 (68).

[125] Siehe nur *Ehlers*, Gutachten E zum 64. DJT, 2002, S. 43; *Jarass*, Kommunale Wirtschaftsunternehmen im Wettbewerb, 2002, S. 32; *Rennert*, Die Verwaltung 35 (2002), 319 (338 f.).

[126] *Nierhaus*, Selbstverwaltungsgarantie und wirtschaftliche Betätigung der Kommunen, in: Püttner/Mann, HWKP, § 40 Rn. 24 ff.

[127] *Gern*, NJW 2002, 2593 (2594 f.); *Hösch*, GewArch 2001, 223 (230); *Rennert*, JZ 2003, 385 (391). Dies bedeutet zwar nicht eine strikte Bindung der Betätigung an die Gemeindegrenzen und steht auch grundsätzlich einem erfolgreichen Wirtschaften nicht entgegen, *Hellermann*, Örtliche Daseinsvorsorge und gemeindliche Selbstverwaltung, 2000, S. 211 f.

dest innerhalb Deutschlands[128] – das Einverständnis der davon betroffenen Kommunen vorliegt. Eine Expansion kommunaler Unternehmen ist daher nur in sehr begrenztem Maße zulässig.

Diese aus Art. 28 Abs. 1 S. 2 GG folgenden Vorgaben für die Gemeinden einschließlich der kommunalen Unternehmen sind ausweislich des Wortlauts der Bestimmung *auf eine gesetzliche Ausgestaltung angelegt*. Diese erfolgt vor allem landesrechtlich durch das Gemeindewirtschaftsrecht. **68**

b) Gemeindewirtschaftsrecht

In Anknüpfung an §§ 67 ff. DGO enthalten die *Gemeindeordnungen* der Länder spezifische und teils voneinander abweichende Vorgaben für die Kommunalwirtschaft. Es handelt sich dabei um die zentralen rechtlichen Maßstäbe für die Zulässigkeit und das Agieren kommunaler Unternehmen, die im nachfolgenden Abschnitt im Detail dargestellt werden. Diese zielen primär darauf ab, die Gemeinden vor finanzieller und organisatorischer Überforderung zu schützen.[129] Zugleich dienen sie jedoch als Kompetenz(rahmen)bestimmungen für die kommunale Wirtschaftstätigkeit im Verhältnis zu Privaten.[130] **69**

Als *grundsätzliche Erfordernisse* werden für die Aufnahme einer wirtschaftlichen Betätigung der Gemeinden vorgesehen, dass diese der Verfolgung eines öffentlichen Zwecks dienen und in angemessenem Verhältnis zur Leistungsfähigkeit der Gemeinde sowie zum voraussichtlichen Bedarf stehen muss. Darüber hinaus enthalten die Gemeindeordnungen Subsidiaritätsklauseln zugunsten privater Unternehmen, die jedoch sehr unterschiedlich ausgestaltet sind. Das bereits verfassungsrechtlich begründete Örtlichkeitsprinzip wird teilweise konkretisiert. Des Weiteren enthält das Gemeindewirtschaftsrecht Vorgaben über zulässige öffentlich- und privatrechtliche Rechtsformen sowie spezifische Anforderungen an Organisation und Wirtschaftsführung kommunaler Unternehmen. Einige Gemeindeordnungen enthalten schließlich ein grundsätzliches Veräußerungsverbot für kommunale Unternehmen.[131] **70**

c) Sonstige relevante Regelungen

Ebenso wie diejenige des Staates ist auch die wirtschaftliche Betätigung der Kommunen an *haushaltsrechtliche Vorgaben* gebunden (→ Rn. 47 ff.). Die Regelungen der Landeshaushaltsordnungen entsprechen grundsätzlich denjenigen der BHO. **71**

Wie alle anderen Unternehmen sind auch kommunale Unternehmen an das *Wettbewerbsrecht* gebunden, vgl. auch § 185 Abs. 1 S. 1 GWB.[132] Seitens privater **72**

---

[128] Zur Problematik des ausländischen Engagements von Kommunen vgl. *Koehler*, VR 2000, 44 (48).

[129] Vgl. statt vieler *Henneke*, NdsVBl. 1999, 1 (5).

[130] *Löwer*, Energieversorgung zwischen Staat, Gemeinde und Wirtschaft, 1989, S. 148.

[131] § 124 Abs. 1 S. 2 HessGO; § 134 Abs. 1 KVG LSA; § 103 Abs. 1 S. 2 GO SH; gegenstandsbezogen § 79 Abs. 1 S. 2 BbgKVerf; Genehmigungspflicht bei Veräußerung von Eigenbetrieben § 56 Abs. 4 Nr. 2 KV MV; § 113 SaarlKSG; unspezifisch § 106 GO BW.

[132] Im Einzelnen zum EU-Kartellrecht *Schnabel*, Öffentliche Unternehmen in der Europäischen Union. Art. 106 in Verbindung mit Art. 101 AEUV als Begrenzung staatlicher Maßnahmen zu Gunsten einer sozialen Marktwirtschaft mit einem unverfälschten Wettbewerb, 2014, insb. S. 110 ff.

Wettbewerber wurde vor diesem Hintergrund der Versuch unternommen, Verstöße gegen das Gemeindewirtschaftsrecht als unlauteres Verhalten im wettbewerbsrechtlichen Sinne zu qualifizieren und ein entsprechendes Handeln kommunaler Unternehmen zu unterbinden. Anders als einige Oberlandesgerichte zuvor[133] lehnte der BGH es jedoch ab, den (heutigen) § 3 UWG zur Durchsetzung der Restriktionen des Gemeindewirtschaftsrechts zu instrumentalisieren, da dieses nicht der Sicherstellung eines lauteren Marktverhaltens kommunaler Unternehmen diene.[134] Infolge dessen unterliegen kommunale Unternehmen zwar den allgemeinen wettbewerbsrechtlichen Vorgaben; darüber hinausgehende Verhaltenserfordernisse oder Kontrollmaßstäbe folgen aus dem Wettbewerbsrecht für kommunale (wie auch für sonstige öffentliche) Unternehmen jedoch nicht.[135]

2. Zulässigkeit kommunaler Wirtschaftstätigkeit

73   Das *Gemeindewirtschaftsrecht* stellt eine *Vielzahl spezifischer Anforderungen* auf, deren Beachtung Voraussetzung für die Zulässigkeit einer unternehmerischen Betätigung der Gemeinden ist und die deren Möglichkeiten zugleich erheblich begrenzen. Neben den allgemeinen Zulässigkeitsvoraussetzungen für die Kommunalwirtschaft enthalten die Gemeindeordnungen besondere Vorgaben für die Beteiligung an Unternehmen und schließen einzelne Tätigkeiten generell aus.

a) Schrankentrias

74   In Anknüpfung an das historische Vorbild des § 67 DGO enthalten alle Gemeindeordnungen Vorschriften, welche die Zulässigkeit einer wirtschaftlichen Betätigung von Gemeinden mittels der Schrankentrias aus *öffentlichem Zweck, Leistungsfähigkeit der Gemeinde und Subsidiaritätsprinzip* einschränken.[136] Deren Geltungsbereich ist jedoch gegenständlich begrenzt und erstreckt sich daher nicht auf die gesamte Kommunalwirtschaft.[137]

aa) Geltungsbereich

75   Die Mehrzahl der Gemeindeordnungen beschränkt die Anwendbarkeit der besonderen Zulässigkeitsvoraussetzungen für die Aufnahme einer unternehmerischen Betätigung durch Gemeinden auf „wirtschaftliche" Unternehmen, die zu diesem Zweck

---

[133] OLG Düsseldorf, NWVBl. 1997, 353; OLG Hamm, DVBl. 1998, 792.

[134] BGHZ 150, 343.

[135] Näher *F. Wollenschläger*, in: Kirchhof/Korte/Magen, § 6 Rn. 88 ff.

[136] § 102 Abs. 1 Nr. 1–3 GO BW; Art. 87 Abs. 1 S. 1 Nr. 1, 2, 4 BayGO; § 91 Abs. 2 Nr. 1, 2, Abs. 3 S. 1 BbgKVerf; § 121 Abs. 1 S. 1 Nr. 1–3 HessGO; § 68 Abs. 2 S. 1 Nr. 1–3 KV MV; § 136 Abs. 1 S. 2 Nr. 1–3 NdsKomVG; § 107 Abs. 1 S. 1 Nr. 1–3 GO NRW; § 85 Abs. 1 S. 1 Nr. 1–3 GO RP; § 108 Abs. 1 Nr. 1–3 SaarlKSVG; § 94a Abs. 1 S. 1 Nr. 1–3 SächsGO; § 128 Abs. 1 S. 1 Nr. 1–3 KVG LSA; § 101 Abs. 1 Nr. 1–3 GO SH; § 71 Abs. 2 Nr. 1, 2, 4 ThürKO.

[137] Vergleichend zum Ganzen *Breuer*, WiVerw 2015, 150 (157 ff.).

von „nichtwirtschaftlichen" Unternehmen unterschieden werden.[138] Teilweise erfolgt dies positiv durch eine Legaldefinition der *wirtschaftlichen Betätigung*.[139] Grundsätzlich handelt es sich dabei um eine Betätigung, die auch von einem Privaten mit der Absicht der Gewinnerzielung vorgenommen werden könnte.[140] Darin wird zugleich die Marktbezogenheit entsprechender Tätigkeiten deutlich. Vielfach wird die Abgrenzung jedoch negativ durch eine Aufzählung bestimmter „nichtwirtschaftlicher" Aufgaben der Daseinsvorsorge sowie durch die Bezugnahme auf Unternehmen, die von Gesetzes wegen oder zur Erfüllung gesetzlich vorgesehener Aufgaben betrieben werden, vorgenommen.[141] Kommunale Unternehmen, die in diesen Bereichen tätig werden, unterfallen nicht dem Begriff der „wirtschaftlichen Unternehmen" und damit zugleich nicht den Anforderungen der Schrankentrias.

Ebenso wie das historische Vorbild des § 67 DGO beziehen sich diese Beschränkungen, auch soweit sie nicht bereits wegen Nichtwirtschaftlichkeit ausgeschlossen sind, allein auf die *Errichtung, Übernahme und wesentliche Erweiterung von Unternehmen* durch die Kommunen einschließlich der Erschließung neuer Geschäftsbereiche, die in keinem sachlichen Zusammenhang mit bisher ausgeübten Tätigkeiten stehen.[142] Infolge dessen wirken sie sich nicht auf die bloße Fortführung bestehender kommunaler Unternehmen aus. Insbesondere ergibt sich aus der Schrankentrias auch kein Zwang zur Schließung kommunaler Unternehmen oder zu einer Änderung ihrer angestammten Geschäftsfelder, wenn diese nicht den Anforderungen der Schrankentrias entsprechen. Deren praktische Wirkung ist infolge dieser in allen Gemeindeordnungen vorhandenen Restriktionen stark begrenzt.

bb) Öffentlicher Zweck

Die erste und zugleich wichtigste Voraussetzung für die Gründung, Übernahme oder wesentliche Erweiterung eines Unternehmens durch eine Gemeinde ist, dass dieses einem öffentlichen Zweck dient.[143] Als öffentlicher Zweck gilt dabei *jede*

76

77

---

[138] Siehe dazu *Ronellenfitsch*, Kommunalrechtlicher Begriff der privatwirtschaftlichen Betätigung der Kommunen, in: Hoppe/Uechtritz/Reck, Handbuch, § 4. Rechtspolitisch ist diese Unterscheidung stark umstritten, siehe etwa kritisch *Ehlers*, Gutachten E zum 64. DJT, S. 135 f.

[139] So in § 91 Abs. 1 BbgKVerf; § 107 Abs. 1 S. 3 GO NRW.

[140] *Cronauge*, in: Rehn u. a., GO NRW, § 107 S. 27 (Stand: 39. EL Juli 2013).

[141] § 102 Abs. 4 GO BW; § 91 Abs. 7 BbgKVerf; § 121 Abs. 2 S. 1 Nr. 1, 2 HessGO; § 136 Abs. 3 Nr. 1, 2 NdsKomVG; sehr umfassend und detailliert § 107 Abs. 2 S. 1 Nr. 2–4 GO NRW; § 85 Abs. 4 S. 1 Nr. 1–6 GO RP; § 108 Abs. 2 Nr. 1 SaarlKSVG; § 94a Abs. 3 Nr. 1–3 SächsGO; § 101 Abs. 4 Nr. 1, 2 GO SH; unternehmensbezogen § 121 Abs. 2 S. 1 Nr. 1 HessGO; § 136 Abs. 3 Nr. 1, 2 NdsKomVG; § 107 Abs. 2 S. 1 Nr. 1 GO NRW; § 94a Abs. 3 S. 1 Nr. 1 SächsGO; § 101 Abs. 4 Nr. 1 GO SH.

[142] *Widtmann/Grasser/Glaser*, Art. 87 BayGO Rn. 2 ff. (Stand: 23. EL Mai 2010); *Köhler*, BayVBl. 2000, 1.

[143] § 102 Abs. 1 Nr. 1 GO BW; Art. 87 Abs. 1 S. 1 Nr. 1 BayGO; § 91 Abs. 2 Nr. 1 BbgKVerf; § 121 Abs. 1 Nr. 1 HessGO; § 68 Abs. 2 S. 1 Nr. 1 KV MV; § 136 Abs. 1 S. 2 Nr. 1 NdsKomVG; § 107 Abs. 1 S. 1 Nr. 1 GO NRW; § 85 Abs. 1 S. 1 Nr. 1 GO RP; § 108 Abs. 1 Nr. 1 SaarlKSVG; § 94a Abs. 1 S. 1 Nr. 1 SächsGO; § 128 Abs. 1 S. 1 Nr. 1 KVG LSA; § 101 Abs. 1 Nr. 1 GO SH; § 71 Abs. 2 Nr. 1 ThürKO.

gemeinwohlorientierte, im unmittelbaren öffentlichen Interesse der Einwohner liegende Zielsetzung.[144] Ausgeschlossen werden dadurch (de facto ausschließlich)[145] Tätigkeiten, deren einziger Zweck die Gewinnerzielung ist.[146] Dienen kommunale Unternehmen der Erfüllung von Aufgaben der Daseinsvorsorge, liegt stets ein öffentlicher Zweck vor.[147] Teilweise werden bestimmte Daseinsvorsorgebereiche explizit landesverfassungsrechtlich[148] oder einfachgesetzlich[149] besonders als öffentlicher Zweck hervorgehoben.

78   Inwieweit die Übernahme *gewinnorientierter Nebentätigkeiten* durch kommunale Unternehmen und die Ausweitung der Geschäftstätigkeit zur Erhaltung und Steigerung der rechtlich grundsätzlich geforderten Rentabilität[150] gemeindlicher Anlagen von einem öffentlichen Zweck gedeckt sind, ist im Einzelnen umstritten.[151] Wenngleich den Gemeinden diesbezüglich ein Beurteilungsspielraum zuzugestehen ist,[152] so dienen jedenfalls geplante Überkapazitäten, etwa bei einer von vornherein zu groß errichteten kommunalen Müllverbrennungsanlage, keinem öffentlichen Zweck. Erweisen sich von kommunalen Unternehmen betriebene Anlagen dagegen erst im Nachhinein und unvorhersehbar als überdimensioniert, ist eine ergänzende erwerbswirtschaftliche Nutzung der freien Kapazitäten zumindest dann nicht unzulässig, wenn dies aus technischen Gründen erforderlich ist, andernfalls ein kostendeckender Betrieb nicht möglich wäre oder die Entgelte für diejenigen Leistungen, die der Realisierung des öffentlichen Zwecks dienen und damit das Unternehmen rechtfertigen, sonst in einem für die Nutzer unzumutbarem Maße angehoben werden müssten.[153]

---

[144] *Cronauge*, in: Rehn u. a., GO NRW, § 107 S. 32 (Stand: 39. EL Juli 2013); näher *Zimmermann*, Überwindung, S. 25 ff.; umfassend *Marten*, Ein konzeptioneller Ansatz zur Konkretisierung des öffentlichen Zweckes. Darstellung und Untersuchung anhand § 107 Abs. 1 Satz 1 GO NRW, 2014, inb. S. 26 ff.

[145] Das Erfordernis des Vorliegens eines öffentlichen Zwecks wirkt daher kaum restriktiv, vgl. *Pieroth/Hartmann*, DVBl. 2002, 421 (428).

[146] VerfGH RP, NVwZ 2000, 801; *Oebbecke*, Kommunalrechtliche Voraussetzungen der wirtschaftlichen Betätigung, in: Püttner/Mann, HWKP, § 41 Rn. 29; *Pieroth/Hartmann*, DVBl. 2002, 421 (428); *Cronauge*, in: Rehn u. a., GO NRW, § 107 S. 32 (Stand: 39. EL Juli 2013); *Widtmann/ Grasser/Glaser*, Art. 87 BayGO Rn. 12 f. (Stand: 20. EL Januar 2007); ausdrücklich auch Art. 87 Abs. 1 S. 2 BayGO; § 128 Abs. 1 S. 2 KVG LSA.

[147] *Fehling*, Zu Möglichkeiten und Grenzen identischer Wettbewerbsbedingungen für öffentliche Unternehmen der Daseinsvorsorge und private Konkurrenten, in: Schwarze (Hrsg.), Daseinsvorsorge im Lichte des Wettbewerbsrechts, 2001, S. 195 (198 f.); *Pieroth/Hartmann*, DVBl. 2002, 421 (428).

[148] Vgl. Art. 83 Abs. 1 BayVerf.

[149] Art. 87 Abs. 1 S. 1 Nr. 1 BayGO; § 68 Abs. 3 Nr. 2, 4 KV MV; § 107a Abs. 1 GO NRW; § 128 Abs. 2 S. 1 KVG LSA.

[150] Explizit § 102 Abs. 3 Hs. 2 GO BW; § 91 Abs. 4 S. 1 Nr. 2 BbgKVerf; § 121 Abs. 8 HessGO; § 68 Abs. 3 S. 2 KV MV; § 109 Abs. 1 S. 2, Abs. 2 GO NRW; § 85 Abs. 3 S. 1 Hs. 2, S. 2 Nr. 1–3 GO RP; § 116 S. 2 SaarlKSVG; § 94a Abs. 4 Hs. 2 SächsGO; § 107 S. 2 GO SH; § 75 Abs. 1 ThürKO.

[151] Vgl. dazu *Köhler*, BayVBl. 2000, 1 (2 f.); *Prandl u. a.*, Art. 87 BayGO Rn. 8 (Stand: 132. EL April 2017).

[152] BVerwGE 39, 329 (334); VerfGH RP, NVwZ 2000, 801 (803).

[153] Zur Frage der Kapazitätsnutzung im Überblick *Uechtritz/Otting/Olgemöller*, Kommunalrechtliche Voraussetzungen für die wirtschaftliche Betätigung, in: Hoppe/Uechtritz/Reck, Handbuch, § 6 Rn. 94 ff.

cc) Leistungsfähigkeit und Bedarfsgerechtigkeit

Neben dem öffentlichen Zweck fordern die Gemeindeordnungen, dass kommunale 79 Unternehmen nach Art und Umfang in einem angemessenen Verhältnis zur Leistungsfähigkeit der Gemeinde und zum voraussichtlichen Bedarf stehen müssen.[154] Diese Erfordernisse sollen die *Schaffung überdimensionierter* und für die Kommunen mit erheblichen wirtschaftlichen Risiken verbundenen *Unternehmungen verhindern.*[155] In der Praxis ist ihre Steuerungskraft jedoch gering, da diese Anforderungen keinen belastbaren Maßstab zur Verfügung stellen und überdies ihre Nichterfüllung bereits das Vorliegen eines öffentlichen Zwecks in Frage zu stellen geeignet ist.[156]

dd) Subsidiarität

Die Gemeindeordnungen ordnen als weitere, teilweise auf Bereiche außerhalb der 80 Daseinsvorsorge beschränkte Voraussetzung für eine kommunale wirtschaftliche Betätigung deren Subsidiarität an. Nach den *„einfachen"* Subsidiaritätsklauseln ist eine kommunalwirtschaftliche Betätigung zulässig, wenn die Aufgabe nicht von der Privatwirtschaft besser erfüllt werden kann.[157] Bei *„qualifizierten"* Subsidiaritätsklauseln steht bereits eine gleich gute oder wirtschaftliche Aufgabenerfüllung durch Private einem wirtschaftlichen Tätigwerden der Gemeinde entgegen.[158] Maßstäblich sind Zuverlässigkeit, Qualität und Preis der Leistung.[159] Den Gemeinden kommt dabei ein Beurteilungsspielraum zu.[160] Im Hinblick auf die Feststellung dieser Voraussetzungen ist teilweise ein Markterkundungsverfahren vorgesehen.[161] Ergänzend ordnen einige Gemeindeordnungen an, dass kommunale Unternehmen keine wesentliche Schädigung privatwirtschaftlicher Unternehmen bewirken dürfen.[162]

Ob eine Subsidiaritätsklausel *drittschützende Wirkung* entfaltet, so dass private 81 Konkurrenten unter Berufung darauf gegen ein deren Vorgaben missachtendes kommunalwirtschaftliches Tätigwerden vorgehen können, richtet sich nach der

---

[154] § 102 Abs. 1 Nr. 2 GO BW; Art. 87 Abs. 1 S. 1 Nr. 2 BayGO; § 91 Abs. 2 Nr. 2 BbgKVerf; § 121 Abs. 1 S. 1 Nr. 2 HessGO; § 68 Abs. 2 S. 1 Nr. 2 KV MV; § 136 Abs. 1 S. 2 Nr. 2 NdsKomVG; § 107 Abs. 1 S. 1 Nr. 2 GO NRW; § 85 Abs. 1 S. 1 Nr. 2 GO RP; § 108 Abs. 1 Nr. 2 SaarlKSVG; § 94a Abs. 1 S. 1 Nr. 2 SächsGO; § 128 Abs. 1 S. 1 Nr. 2 KVG LSA; § 101 Abs. 1 Nr. 2 GO SH; § 71 Abs. 2 Nr. 2 ThürKO.

[155] *Zimmermann*, Überwindung, S. 36.

[156] Vgl. *Oebbecke*, Kommunalrechtliche Voraussetzungen der wirtschaftlichen Betätigung, in: Püttner/Mann, HWKP, § 41 Rn. 34 ff.

[157] § 91 Abs. 3 S. 1 BbgKVerf; § 107 Abs. 1 Nr. 3 GO NRW; § 128 Abs. 1 S. 1 Nr. 3 KVG LSA; § 101 Abs. 1 Nr. 3 GO SH.

[158] § 102 Abs. 1 Nr. 3 GO BW; Art. 87 Abs. 1 S. 1 Nr. 4 BayGO; § 121 Abs. 1 S. 1 Nr. 3 HessGO; § 68 Abs. 2 S. 1 Nr. 3 KV MV; § 136 Abs. 1 S. 2 Nr. 3 NdsKomVG; § 85 Abs. 1 S. 1 Nr. 3 GO RP; § 108 Abs. 1 Nr. 3 SaarlKSVG; § 94a Abs. 1 S. 1 Nr. 3 SächsGO; § 71 Abs. 2 Nr. 4 S. 1 ThürKO.

[159] *Hölzl/Hien/Huber*, Art. 87 BayGO S. 8 (Stand: 58. EL April 2018); *Köhler*, BayVBl. 2000, 1 (8).

[160] VerfGH RP, NVwZ 2000, 801 (803); *Prandl u. a.*, Art. 87 BayGO Rn. 12 (Stand: 132. EL April 2017).

[161] § 121 Abs. 1a S. 4, Abs. 4 S. 1 HessGO; § 71 Abs. 2 Nr. 4 S. 3 ThürKO.

[162] § 71 Abs. 3 ThürKO.

jeweiligen landesrechtlichen Ausgestaltung und bestimmt sich anhand der Schutz-normlehre.[163] Insgesamt kommt den Subsidiaritätsklauseln keine wesentliche Be-deutung neben dem Kriterium des öffentlichen Zwecks zu.

b) Örtlichkeitsprinzip

82   Anknüpfend an Art. 28 Abs. 2 S. 1 GG normieren die meisten Gemeindeordnungen explizit eine grundsätzliche *Begrenzung* des räumlichen Betätigungsbereichs kom-munaler Unternehmen *auf das Gebiet ihrer (Träger-)Gemeinde*.[164] Diese dürfen jen-seits dessen (auf dem Territorium der Bundesrepublik Deutschland) nur tätig wer-den, wenn die berechtigten Interessen der betroffenen Kommunen gewahrt werden.[165] Als berechtigt gelten dabei (vorbehaltlich sektorspezifischer Sonderregeln) alle Inte-ressen, die in deren Stellung als Träger des kommunalen Selbstverwaltungsrechts wurzeln.[166] Diese Begrenzung ist europarechtlich nicht zu beanstanden (→ Rn. 34).

83   Das Einverständnis einer Gemeinde zum Tätigwerden eines Unternehmens einer anderen Gemeinde auf ihrem Gebiet wahrt zwar die berechtigten Interessen ersterer. Die allgemeinen verfassungs- und kommunalrechtlichen Grenzen werden dadurch jedoch nicht überwunden. Häufig steht der *räumlichen Expansion* eines kommuna-len Unternehmens bereits das Fehlen eines öffentlichen Zwecks entgegen.[167]

84   Das Örtlichkeitsprinzip steht einer überörtlichen kommunalwirtschaftlichen Be-tätigung jedoch dann nicht entgegen, wenn diese im Wege der *kommunalen Zusam-menarbeit* erfolgt. Sein Bezugspunkt ist in diesem Falle das Gebiet aller daran be-teiligten Gemeinden, das somit zulässiger Betätigungsbereich des gemeinsamen kommunalwirtschaftlichen Engagements ist.

c) Vorgaben für spezifische Märkte

85   Im Hinblick auf eine kommunalwirtschaftliche Betätigung in bestimmten Märkten bestehen teilweise über die explizite Benennung einzelner Bereiche der Daseinsvor-sorge hinaus besondere Vorgaben. Grund hierfür sind marktspezifische sowie euro-pa- und bundesrechtliche Besonderheiten.

86   Übereinstimmend verbieten die Gemeindeordnungen den Gemeinden wegen der damit einhergehenden Risiken die Errichtung von und die Beteiligung an *Bankunternehmen*.[168] Von diesen sind ungeachtet teils sich überschneidender Ge-

---

[163] Anerkannt jedenfalls für § 102 Abs. 1 Nr. 3 GO BW; § 121 Abs. 1b S. 1, 2 HessGO; § 85 Abs. 1 S. 1 Nr. 3 GO RP.

[164] Siehe auch *Brüning*, NVwZ 2015, 689 (694 f.); einen Bedeutungsverlust des Örtlichkeitsprin-zips konstatiert *Breuer*, WiVerw 2015, 150 (163 f.).

[165] § 102 Abs. 7 S. 1, 2 GO BW; Art. 87 Abs. 2 S. 1 BayGO; § 121 Abs. 5 Nr. 2 HessGO; § 107 Abs. 3 S. 1 GO NRW; § 85 Abs. 2 S. 1 GO RP; § 108 Abs. 4 Nr. 2 SaarlKSVG; § 128 Abs. 4 S. 1 KVG LSA; § 101 Abs. 2 S. 1 GO SH.

[166] Vgl. zur Problematik der Bestimmung *Zimmermann*, Überwindung, S. 39 f.

[167] *Zimmermann*, Überwindung, S. 40; tendenziell a. A. *Ruthig/Storr*, Rn. 706.

[168] § 102 Abs. 5 S. 1 GO BW; Art. 87 Abs. 4 S. 1 BayGO; § 92 Abs. 4 S. 1 BbgKVerf; § 121 Abs. 9 S. 1 HessGO; § 68 Abs. 5 S. 1 KV MV; § 136 Abs. 5 S. 1 NdsKomVG; § 107 Abs. 4 GO NRW; § 85 Abs. 5 S. 1 GO RP; § 108 Abs. 7 S. 1 SaarlKSVG; § 94a Abs. 5 S. 1 SächsGO; § 128 Abs. 6 S. 1 KVG LSA; § 101 Abs. 4 S. 1 GO SH; § 71 Abs. 4 S. 1 ThürKO.

schäftsbereiche die *Sparkassen* zu unterscheiden, die durch die Zurverfügungstellung von Krediten an die mittelständische Wirtschaft und die Kontenführung für jedermann Aufgaben der Daseinsvorsorge erfüllen. Für diese gelten jedoch die besonderen Regeln des Sparkassenrechts.[169]

Für eine kommunalwirtschaftliche Betätigung in der *Energieversorgung*[170]   **87**
(→ § 13 Rn. 28) wird das Vorliegen eines öffentlichen Zwecks teilweise normativ festgestellt.[171] Auch finden sich diesbezüglich explizite Einschränkungen der Subsidiaritätsklausel[172] und Modifikationen des Örtlichkeitsprinzips insoweit, als allein nach dem Energiewirtschaftsgesetz zulässige Wettbewerbsbeschränkungen als berechtigte Interessen der betroffenen Gemeinde angesehen werden können.[173]

Spezifische Vorgaben bestehen schließlich in einigen Gemeindeordnungen für   **88**
kommunale *Telekommunikationsunternehmen.*[174] Soweit dies der Fall ist, erfolgt eine Beschränkung des Tätigkeitsbereichs auf die Errichtung und den Betrieb von Telekommunikationsnetzen.

Kommunale *Verkehrsunternehmen* werden in einigen Gemeindeordnungen als   **89**
der Daseinsvorsorge dienende und somit zulässige Unternehmen ausdrücklich aufgeführt.[175] Wenngleich diesbezüglich keine besonderen Regelungen hinsichtlich des Örtlichkeitsprinzips bestehen, wird dieses im Anwendungsbereich der VO über öffentliche Personenverkehrsdienste[176] insoweit verstärkt, als ein überörtliches Tätigwerden eines kommunalen Verkehrsunternehmens einer Direktvergabe von öffentlichen Dienstleistungen im ÖPNV durch seine Trägergemeinde, mithin der wettbewerbsfreien Beauftragung, entgegensteht.[177]

---

[169] § 102 Abs. 5 S. 2 GO BW; Art. 87 Abs. 4 S. 2 BayGO; § 92 Abs. 4 S. 2 BbgKVerf; § 121 Abs. 9 S. 2 HessGO; § 68 Abs. 5 S. 2 KV MV; § 136 Abs. 5 S. 2 NdsKomVG; § 107 Abs. 7 GO NRW; § 85 Abs. 5 S. 2 GO RP; § 116 Abs. 4 S. 2 LSA; § 108 Abs. 7 S. 2 SaarlKSVG; § 94a Abs. 5 S. 2, 3 SächsGO; § 101 Abs. 4 S. 2 GO SH; § 71 Abs. 4 S. 2 ThürKO. Ausführlich *Henneke* und *Gerlach*, Die kommunalen Sparkassen, in: Püttner/Mann, HWKP, § 53 (a und b).

[170] Näher dazu *Pielow*, Kommunale Energiewirtschaft, in: Püttner/Mann, HWKP, § 54.

[171] § 68 Abs. 2 S. 3 KV MV; § 107a Abs. 1 GO NRW; § 85 Abs. 1 S. 2 GO RP; § 128 Abs. 2 S. 1 KVG LSA; § 71 Abs. 2 Nr. 4 ThürKO.

[172] § 121 Abs. 1a S. 1 HessGO; § 136 Abs. 1 S. 1 Nr. 3 NdsKomVG; § 107a Abs. 1 GO NRW; § 85 Abs. 1, 3, 4 GO RP; § 71 Abs. 2 Nr. 4 S. 2 ThürKO.

[173] Art. 87 Abs. 2 S. 2 BayGO; § 107a Abs. 3 S. 2 GO NRW.

[174] § 136 Abs. 1 S. 1 Nr. 3 NdsKomVG; § 107 Abs. 1 S. 2 GO NRW; § 85 Abs. 1 S. 1 Nr. 3 GO RP.

[175] § 136 Abs. 1 S. 1 Nr. 3 NdsKomVG; § 107 Abs. 1 S. 1 Nr. 3 GO NRW; § 85 Abs. 1 S. 1 Nr. 3 GO RP; § 128 Abs. 2 S. 1 KVG LSA.

[176] VO (EG) Nr. 1370/2007 des Europäischen Parlaments und des Rates vom 23.10.2007 über öffentliche Personenverkehrsdienste auf Schiene und Straße und zur Aufhebung der Verordnungen (EWG) Nr. 1191/69 und (EWG) Nr. 1107/70 des Rates, ABl. EU L 315/1, geändert durch VO (EU) 2016/2338, ABl. EU L 354/22.

[177] Vgl. zu den Folgen für die Entscheidung zwischen wettbewerblicher und Direktvergabe *Knauff*, DVBl. 2014, 692 (694 f.).

3. Rechtsformen

90 Ebenso wie staatliche Unternehmen können kommunale Unternehmen in verschiedenen Rechtsformen organisiert werden.[178] Neben privatrechtlichen Organisationsformen, deren Nutzung vielfach an spezifische Voraussetzungen geknüpft wird, spielen auch öffentlich-rechtliche Organisationsformen in der Praxis nach wie vor eine bedeutsame Rolle.

a) Öffentlich-rechtliche Organisationsformen

91 Nach der Konzeption des Gemeindewirtschaftsrechts stellen öffentlich-rechtliche Organisationsformen den *Regelfall* einer kommunalwirtschaftlichen Betätigung dar. Dies steht jedoch *in deutlichem Gegensatz zur Rechtspraxis*, die infolge zahlreicher Privatisierungen durch ein Überwiegen privatrechtlich organisierter kommunaler Unternehmen geprägt ist. Es ist jedoch nicht auszuschließen, dass öffentlich-rechtliche Organisationsformen im Zuge des Rekommunalisierungstrends künftig erneut an Bedeutung gewinnen werden.[179]

aa) Rechtlich unselbstständige Ausprägungen

92 Alle Gemeindeordnungen sehen vor, dass eine *kommunalwirtschaftliche Betätigung* in rechtlich unselbstständiger Form und somit *juristisch unmittelbar durch die Gemeinde* erfolgen kann. Hierfür kommen Regie- und Eigenbetriebe in Betracht.

93 *Regiebetriebe*[180] sind in die allgemeine Verwaltungsstruktur der Gemeinde eingegliederte Einheiten, die wirtschaftlich tätig werden.[181] Sie unterliegen weder spezifischen Zulässigkeitsanforderungen noch sind ihre Organisation und Arbeitsweise abweichend von den allgemeinen kommunalrechtlichen Anforderungen determiniert. Die Bedeutung von Regiebetrieben ist heute wegen ihrer fehlenden Anpassung an die Markterfordernisse gering. Sie finden vor allem als Hilfsinstrumente bei der Erfüllung kommunaler Aufgaben Verwendung, etwa in Form eines Bauhofes oder bei technischen Dienstleistungen.

94 *Eigenbetriebe* verfügen dagegen über eine tatsächliche organisatorische Eigenständigkeit gegenüber der Gemeinde. Es handelt sich um „gemeindliche Unternehmen, die außerhalb der allgemeinen Verwaltung als Sondervermögen ohne eigene

---

[178] Zur Organisationsentscheidung *Pitschas/Schoppa*, Kriterien für die Wahl der Rechtsform, in: Püttner/Mann, HWKP, § 43; siehe zum Ganzen auch *Cronauge*, Kommunale Unternehmen, Rn. 144 ff.; *Fabry*, in: dies./Augsten, Unternehmen, S. 37 ff.

[179] Vereinzelt enthält die Rechtsordnung Privilegierungen derartiger Organisationsformen, vgl. § 13 Abs. 6 PBefG.

[180] Art. 88 Abs. 4 S. 1 BayGO; § 129 Nr. 10 ThürKO.

[181] *Suerbaum*, in: Ehlers/Fehling/Pünder, § 13 Rn. 91; ausführlich *Brüning*, Regie- und Eigenbetriebe, in: Püttner/Mann, HWKP, § 44 Rn. 1 ff.

Rechtspersönlichkeit geführt werden."[182] Dies trägt den Besonderheiten der wirtschaftlichen gegenüber der administrativen Betätigung Rechnung, ohne dass jedoch eine juristische Ausgliederung erfolgt.[183] Die Struktur von Eigenbetrieben wird durch die Gemeindeordnungen dahingehend bestimmt, dass diese über eine Werkleitung und einen Werkausschuss verfügen müssen, die vom Gemeinderat bestellt werden.[184] Die Werkleitung führt die Geschäfte, nimmt gegenüber dem Personal Vorgesetztenfunktionen wahr und vertritt den Eigenbetrieb und damit auch die Gemeinde insoweit nach außen. Der Werkausschuss ist ein beschließender Ausschuss des Gemeinderates, der alle weiteren Zuständigkeiten wahrnimmt. Der Gemeinderat ist befugt, jederzeit alle Entscheidungen an sich zu ziehen. Eine kommunalwirtschaftliche Betätigung in der Organisationsform des Eigenbetriebs erfolgt etwa bei dem Betrieb von Kindertagesstätten, der Verwaltung und Bewirtschaftung kommunaler Immobilien oder dem Kultur- und Tourismusmarketing.

bb) Eigenständige Rechtspersönlichkeit

Neben den rechtlich unselbstständigen Formen des Regie- und des Eigenbetriebs **95** kann eine kommunalwirtschaftliche Betätigung in öffentlich-rechtlicher Form auch mit eigenständiger Rechtspersönlichkeit erfolgen. Das Grundmodell hierfür ist die *Anstalt des öffentlichen Rechts*, die als mit Personal- und Sachmitteln ausgestattete Organisation, die über Teil- oder Vollrechtsfähigkeit verfügt, ihre Leistungen den Benutzern, i. d. R. den Gemeindeangehörigen, anbietet.[185]

Dieses Grundmodell wird von den Gemeindeordnungen für die kommunal- **96** wirtschaftliche Betätigung teils spezifisch ausgestaltet, wobei auch die Bezeichnung „*Kommunalunternehmen*"[186] Verwendung findet. Die Gründung eines solchen Unternehmens erfolgt durch Satzung. Dem Kommunalunternehmen können hoheitliche Befugnisse einschließlich des Rechts zum Erlass von Satzungen übertragen werden. Es wird von einem Vorstand geleitet und vertreten, der von einem Verwaltungsrat bestellt und überwacht wird. Vorsitzender des Verwaltungsrates ist i. d. R. der (erste) Bürgermeister der Gemeinde. Die übrigen Mitglieder

---

[182] Art. 88 Abs. 1 BayGO; § 95a Abs. 1 S. 1, 2 SächsGO; § 76 Abs. 1 S. 1 ThürKO; vgl. auch § 96 Abs. 1 Nr. 3 GO BW; § 86 Abs. 1 Nr. 1 BbgKVerf; §§ 127 Abs. 1, 115 Abs. 1 Nr. 3 HessGO; § 64 Abs. 1 S. 1 KV MV; §§ 140, 130 Abs. 1 Nr. 3 NdsKomVG; §§ 114 Abs. 1, 97 Abs. 1 Nr. 3 GO NRW; § 86 Abs. 1 GO RP; § 109 Abs. 1 S. 1 SaarlKSVG; §§ 106, 97 Abs. 1 S. 1 GO SH. Ergänzend bestehen zudem Eigenbetriebsgesetze bzw. -verordnungen.

[183] *Suerbaum*, in: Ehlers/Fehling/Pünder, § 13 Rn. 92 f.; ausführlich *Brüning*, Regie- und Eigenbetriebe, in: Püttner/Mann, HWKP, § 44 Rn. 25 ff.

[184] Art. 88 Abs. 2 BayGO; § 93 Abs. 2 S. 1 BbgKVerf; § 86 Abs. 4 GO RP; § 109 Abs. 2 Hs. 1 SaarlKSVG; § 95a Abs. 2 S. 1 SächsGO; § 76 Abs. 1 S. 1 ThürKO.

[185] Im Überblick dazu *Erbguth/Guckelberger*, Allgemeines Verwaltungsrecht, 9. Aufl. 2018, § 6 Rn. 19 f.

[186] Art. 89 Abs. 1 S. 1 BayGO; § 70 Abs. 1 KV MV; § 106a Abs. 1 S. 1 GO SH; siehe dazu *Waldmann*, NVwZ 2008, 284.

des Verwaltungsrats werden vom Gemeinderat gewählt, dem zudem Weisungsbefugnisse eingeräumt werden können.[187]

97   Anstalten des öffentlichen Rechts und hiervon abgeleitete öffentlich-rechtliche
Organisationsformen ermöglichen eine *weitgehende Verselbstständigung* kommu-
nalwirtschaftlicher Betätigung gegenüber der Gemeinde, ohne dass eine Privatisierung erfolgt. In der Praxis kommt ihnen daher noch immer eine große Bedeutung
zu, etwa in der Wasserver- und Abwasserentsorgung, im Verkehrsbereich sowie bei
dem Betrieb von Bädern, Parkhäusern, Kliniken und anderen kommunalen Infrastrukturen.

b) Privatrechtliche Organisationsformen

98   Aufgrund der inhaltlich übereinstimmenden *haushaltsrechtlichen Vorgaben* unterliegen kommunale Unternehmen hinsichtlich der Wahl einer Rechtsform des privaten Rechts denselben Einschränkungen wie staatliche Unternehmen (→ Rn. 47 ff.).
Zusätzlich enthalten die *Gemeindeordnungen* sowohl generelle Anforderungen an
das wirtschaftliche Tätigwerden in Privatrechtsform als auch spezifische Voraussetzungen für die Wahl einzelner Rechtsformen.

99   Zum Schutz der Gemeinden sowie im öffentlichen Interesse gestatten alle Gemeindeordnungen den Gemeinden die *Wahl privatrechtlicher Organisationsformen*
für ihre wirtschaftliche Betätigung nur, wenn eine Festlegung des Unternehmens-
zwecks in der Satzung auf den das Unternehmen rechtfertigenden öffentlichen
Zweck erfolgt, die Gemeinde im Aufsichtsrat oder durch ein vergleichbares Gremium einen angemessenen Einfluss auf das Unternehmen erhält und ihre Haftung
auf einen ihrer Leistungsfähigkeit angemessenen Betrag begrenzt wird.[188] Die Vertretung der Gemeinde in der Gesellschafterversammlung erfolgt durch den Bürgermeister. Von der Gemeinde bestellte Aufsichtsratsmitglieder unterliegen dieser gegenüber Berichtspflichten und sollen im Rahmen der gesellschaftsrechtlichen
Möglichkeiten an Weisungen gebunden werden. Korrespondierend damit sind sie
im Falle ihrer Inanspruchnahme von ihrer Haftung freizustellen.[189] Zusätzlich sehen

---

[187] Art. 90 Abs. 2 S. 4 BayGO; § 95 Abs. 2 S. 3 BbgKVerf; § 126a Abs. 4 S. 7 Alt. 1 HessGO; § 71
Abs. 1 S. 5, § 70a Abs. 3 S. 5 KV MV; § 145 Abs. 3 S. 5 NdsKomVG; § 114a Abs. 7 S. 4 GO NRW;
§ 76b Abs. 2 S. 5 Hs. 1 ThürKO; siehe auch BVerwGE 140, 300; *Heidel*, NZG 2012, 48 ff.; näher
Schraml, Anstalten des öffentlichen Rechts – Kommunalunternehmen, in: Püttner/Mann, HWKP,
§ 45; zu den Vor- und Nachteilen gegenüber anderen Organisationsformen *Lange*, Die Beteiligung
Privater an rechtsfähigen Anstalten des öffentlichen Rechts, 2008, S. 52 ff.

[188] § 103 Abs. 1 Nr. 2, 3, 4 GO BW; Art. 92 Abs. 1 S. 1 Nr. 1–3 BayGO; § 96 Abs. 1 S. 1 Nr. 1–3
BbgKVerf; § 122 Abs. 1 S. 1 Nr. 1–3 HessGO; § 69 Abs. 1 Nr. 3–5 KV MV; § 137 Abs. 1 Nr. 2, 5,
6 NdsKomVG; § 108 Abs. 1 S. 1 Nr. 1, 3, 5–6 GO NRW; § 87 Abs. 1 S. 1 Nr. 1–3 GO RP; § 110
Abs. 1 Nr. 2, 3 SaarlKSVG; § 96 Abs. 1 Nr. 1–3 SächsGO; § 129 Abs. 1 Nr. 2–4 KVG LSA; § 102
Abs. 2 GO SH; § 73 Abs. 1 S. 1 Nr. 1, 2, 3–5 ThürKO.

[189] § 104 Abs. 4 S. 2 GO BW; Art. 93 Abs. 3 S. 2 BayGO; § 97 Abs. 6 S. 1 BbgKVerf; § 125 Abs. 3
S. 2 HessGO; § 71 Abs. 3 S. 2 KV MV; § 138 Abs. 6 S. 1 NdsKomVG; § 113 Abs. 4 S. 2 GO NRW;
§ 88 Abs. 6 S. 1 GO RP; § 114 Abs. 5 S. 2 SaarlKSVG; § 98 Abs. 4 S. 2 SächsGO; § 74 Abs. 3
ThürKO. Zum kommunalen Aufsichtsratsmandat *Keller/Paetzelt*, KommJur 2005, 451, ausführlich *Geerlings*, Das kommunale Aufsichtsratsmandat, in: Püttner/Mann, HWKP, § 52.

einige Gemeindeordnungen einen anhand des Umsatzes zu bestimmenden Mindestgrad der Aufwandsdeckung vor.[190]

Für die Wahl der *GmbH* als privatrechtliche Rechtsform (→ Rn. 55 ff.) für die **100** Kommunalwirtschaft enthalten die Gemeindeordnungen weithin keine spezifischen Anforderungen. Die GmbH-rechtlich bestehenden Ausgestaltungsspielräume sind jedoch dahingehend zu nutzen, dass die kommunalrechtlichen Vorgaben für eine wirtschaftliche Betätigung in Privatrechtsform realisiert werden.[191] Dies hat insoweit einen normativen Niederschlag gefunden, als einige Gemeindeordnungen bestimmen, dass „[z]ur Sicherstellung des öffentlichen Zwecks … im Gesellschaftsvertrag oder in der Satzung bestimmt werden [soll], dass die Gesellschafterversammlung auch über den Erwerb und die Veräußerung von Unternehmen und Beteiligungen und über den Abschluss und die Änderung von Unternehmensverträgen beschließt."[192]

Deutlich höher sind in einigen Ländern die kommunalrechtlichen Schranken für **101** die Wahl der *AG* als Rechtsform (→ Rn. 58 ff.) für eine kommunalwirtschaftliche Betätigung. So dürfen Gemeinden vielfach „Unternehmen und Einrichtungen in der Rechtsform einer Aktiengesellschaft nur gründen, übernehmen, wesentlich erweitern oder sich daran beteiligen, wenn der öffentliche Zweck nicht ebenso gut in einer anderen Rechtsform erfüllt wird oder erfüllt werden kann."[193] Damit geht eine grundsätzliche Subsidiarität dieser Rechtsform gegenüber anderen öffentlich- wie auch privatrechtlichen Organisationsformen für kommunale Unternehmen einher, die ihre Begründung in der aktienrechtlich bedingten weitgehenden Eigenständigkeit des Unternehmens findet.[194] Die meisten Gemeindeordnungen sehen überdies vor, dass in der Satzung der AG ein Zustimmungserfordernis des Aufsichtsrates für den Erwerb und die Veräußerung von Unternehmen und Beteiligungen vorgesehen werden soll.[195]

4. Wirtschafts- und Rechnungsführung

Die Wirtschaftsführung kommunaler Unternehmen muss stets primär *auf die Erfüllung* **102** *des öffentlichen Zwecks* gerichtet sein.[196] Die Erwirtschaftung von Gewinnen wird dadurch jedoch nicht ausgeschlossen, sondern von einigen Gemeindeordnungen sogar

---

[190] § 97 Abs. 8 BbgKVerf; § 125 Abs. 1, S. 7 HessGO; § 71 Abs. 5 KV MV; § 138 Abs. 7 S. 1 NdsKomVG.

[191] Siehe dazu *Altmeppen*, NJW 2003, 2561.

[192] § 103a Nr. 3 GO BW; Art. 92 Abs. 1 S. 2 BayGO; 108 Abs. 5 Nr. 1 lit. b GO NRW; § 111 Abs. 1 Nr. 2 lit. b und c SaarlKSVG; § 96a Abs. 1 Nr. 2 lit. a SächsGO; § 73 Abs. 1 S. 2 ThürKO; vgl. § 87 Abs. 3 Nr. 1 lit. b GO RP.

[193] § 103 Abs. 2 GO BW; § 96 Abs. 4 BbgKVerf; § 122 Abs. 3 HessGO; § 108 Abs. 4 GO NRW; § 87 Abs. 2 GO RP; 96 Abs. 2 SächsGO. Nach § 68 Abs. 4 S. 2 KV MV ist die „Errichtung einer Aktiengesellschaft … ausgeschlossen."

[194] Vgl. auch *Suerbaum*, in: Ehlers/Fehling/Pünder, § 13 Rn. 86 ff.

[195] Art. 92 Abs. 1 S. 3 BayGO; § 73 Abs. 1 S. 3 ThürKO.

[196] § 102 Abs. 3 Hs. 1 GO BW; Art. 95 Abs. 1 S. 1 BayGO; § 91 Abs. 2 Nr. 1 BbgKVerf; § 121 Abs. 1 HessGO; § 75 Abs. 1 S. 1 KV MV; § 149 Abs. 1 NdsKomVG; § 109 Abs. 1 GO NRW; § 85 Abs. 1 Nr. 1, Abs. 3 S. 1 Hs. 1 GO RP; § 116 S. 1 SaarlKSVG; § 94a Abs. 4 Hs. 1 SächsGO; § 107 S. 1 GO SH.

explizit gefordert.[197] Soweit dies nicht der Fall ist, wird zumindest auf die Beachtung
betriebswirtschaftlicher Grundsätze und des Grundsatzes der Sparsamkeit und Wirtschaftlichkeit verwiesen.[198] Einige Gemeindeordnungen normieren ergänzend gleichsam als „Erfolgsbremse" das Gebot, dass gemeindliche Unternehmen keine wesentliche Schädigung und keine Aufsaugung selbstständiger Betriebe in Landwirtschaft,
Handwerk, Handel, Gewerbe und Industrie bewirken dürfen,[199] und greifen damit die
Ratio des Subsidiaritätsprinzips nochmals auf. In der Praxis weist die Rentabilität kommunaler Unternehmen deutliche Unterschiede auf. Während etwa kommunale Energieversorgungsunternehmen häufig erhebliche Gewinne erwirtschaften, weisen kommunale Verkehrsunternehmen im Regelfall einen hohen Zuschussbedarf auf.

103   Unabhängig von ihrer Rechtsform und vorbehaltlich weitergehender Anforderungen unterliegen kommunale Unternehmen den für große Kapitalgesellschaften
geltenden *Rechnungslegungsvorschriften nach §§ 264 ff. HGB.* Sie sind mithin zur
Aufstellung eines Jahresabschlusses einschließlich eines Lageberichts verpflichtet,
der der Prüfung durch einen Abschlussprüfer unterliegt.[200] Bei Mehrheitsbeteiligungen der Gemeinde an Unternehmen in Privatrechtsform gelten zudem die zusätzlichen Vorgaben für die Abschlussprüfung nach § 53 HGrG.[201] Des Weiteren sind die
Aufstellung von Wirtschafts- und mehrjährigen Finanzplänen für alle Unternehmen
vorgesehen, an denen die Gemeinde mehrheitlich beteiligt ist.[202]

5. Aufsicht

104   Auch bei wirtschaftlicher Betätigung unterliegen Gemeinden der staatlichen Kom-
munalaufsicht.[203] Die Gemeindeordnungen sehen hierfür spezifische *Anzeigeer-
fordernisse* vor. So sind (jedenfalls) die Errichtung, Übernahme und wesentliche
Erweiterung sowie die Änderung der Rechtsform oder der Aufgaben gemeindlicher Unternehmen, die unmittelbare oder mittelbare Beteiligung der Gemeinde an
Unternehmen, die gänzliche oder teilweise Veräußerung gemeindlicher Unternehmen oder Beteiligungen, sowie die Auflösung von Kommunalunternehmen der

---

[197] § 102 Abs. 3 Hs. 2 GO BW; § 121 Abs. 8 HessGO; § 75 Abs. 1 S. 2 KV MV; § 149 Abs. 1
NdsKomVG; § 109 Abs. 1 S. 2 GO NRW; § 85 Abs. 3 S. 1 Hs. 2, S. 2 Nr. 3 GO RP; § 116 S. 2
SaarlKSVG; § 94a Abs. 4 Hs. 2 SächsGO; § 107 S. 2 GO SH; § 75 Abs. 1 ThürKO.

[198] Art. 95 Abs. 1 S. 1 BayGO; § 68 Abs. 3 S. 2 KV MV; vgl. § 91 Abs. 3 S. 1 BbgKVerf.

[199] Art. 95 Abs. 2 BayGO; § 71 Abs. 3 ThürKO.

[200] § 103 Abs. 1 Nr. 5 lit. b GO BW; Art. 91 Abs. 1 BayGO; § 122 Abs. 1 S. 1 Nr. 4 HessGO; §§ 70b
Abs. 1, 73 Abs. 1 S. 1 Nr. 2 KV MV; § 108 Abs. 1 Nr. 8 GO NRW; § 87 Abs. 3 Nr. 2, Abs. 7 Nr. 1 GO
RP; § 110 Abs. 1 Nr. 4 SaarlKSVG; § 96a Abs. 1 Nr. 8, Abs. 3 SächsGO; § 75 Abs. 4 S. 1 Nr. 1 ThürKO.

[201] § 105 Abs. 1 Nr. 1 GO BW; Art. 94 Abs. 1 S. 1 Nr. 3 BayGO; § 123 Abs. 1 Nr. 1 HessGO; § 73
Abs. 1 S. 1 Nr. 3 KV MV; § 112 Abs. 1 Nr. 1 GO NRW; § 89 Abs. 6 RP; § 111 Abs. 1 Nr. 4 lit. a
SaarlKSVG; § 96a Abs. 1 Nr. 7, Abs. 3 SächsGO; § 133 Abs. 1 Nr. 3, Abs. 3 KVG LSA.

[202] § 103 Abs. 1 Nr. 5 lit. a GO BW; Art. 94 Abs. 1 S. 1 Nr. 1 BayGO; § 73 Abs. 1 S. 1 Nr. 1 KV
MV; § 108 Abs. 3 S. 1 Nr. 1 lit. b GO NRW; § 87 Abs. 1 Nr. 7 lit. a GO RP; § 111 Abs. 1 Nr. 3
SaarlKSVG.

[203] Näher *Brüning*, DÖV 2010, 553.

Rechtsaufsichtsbehörde mindestens sechs Wochen vor ihrem Vollzug vorzulegen.[204] Zudem sind den Rechnungsprüfungsbehörden die in § 54 HGrG vorgesehenen *Einsichtnahmebefugnisse* einzuräumen.[205]

Kommunale Unternehmen unterliegen überdies in vielfacher Hinsicht der Steue-   **105** rung und Kontrolle durch ihre Trägergemeinde. Dies erfolgt durch die Wahrnehmung ihrer *Eigentümerstellung* und der damit verbundenen Rechte, darüber hinaus bei rechtlich eigenständigen Unternehmen vermittels des stets gebotenen, jedoch je nach Rechtsform unterschiedlich ausgestalteten Aufsichtsorgans der Gesellschaft. Die meisten Gemeindeordnungen enthalten insbesondere Regelungen, die eine umfassende *Information des Gemeinderats* über Angelegenheiten des kommunalen Unternehmens durch die kommunalen Aufsichtsratsmitglieder ermöglichen.[206]

V. Öffentlich-Private Partnerschaften

Eine besondere Form der Wahrnehmung öffentlicher Aufgaben mit wirtschaftli-   **106** chem Charakter sind ÖPP (engl.: Public Private Partnership – PPP). Dieser dem Bereich der Privatisierung zugehörige Sammelbegriff[207] erfasst all diejenigen Konstellationen, in denen *öffentliche Hand und Private zur Erreichung eines Ziels zusammenwirken.*[208] Während der private Partner mit seinem Beitrag Gewinninteressen verfolgt, dient seine Einbeziehung aus Sicht des öffentlichen Partners der Nutzung seiner Fachkompetenzen und finanziellen Möglichkeiten sowie der Steigerung der Effizienz der Aufgabenerfüllung. In der Praxis sind ÖPP weit verbreitet, etwa im Zusammenhang mit öffentlichen Bauten, neuen Entwicklungen wie dem E-Government, in der Verkehrsinfrastruktur, im Strafvollzug sowie der kommunalen Daseinsvorsorge.[209]

ÖPP treten in zahlreichen Erscheinungsformen auf. Grundsätzlich lassen sich *ein-*   **107** *zelvertraglich-projektbezogene und institutionalisierte ÖPP* unterscheiden,[210] die

---

[204] Art. 96 Abs. 1 S. 1 BayGO; § 127a Abs. 1 HessGO; § 152 Abs. 1 S. 3 NdsKomVG; § 115 Abs. 1 S. 1 GO NRW; § 92 Abs. 1 GO RP; § 135 Abs. 2 KVG LSA; § 108 Abs. 1 S. 1 GO SH; § 72 Abs. 1 S. 1 ThürKO; § 100 BbgKVerf; abweichend; § 77 KV MV; § 118 Abs. 1 SaarlKSVG; § 102 Abs. 2 SächsGO.

[205] § 103 Abs. 1 S. 1 Nr. 5 lit. d GO BW; Art. 94 Abs. 1 S. 1 Nr. 4 BayGO; § 96 Abs. 1 S. 1 Nr. 5 BbgKVerf; § 123 Abs. 1 Nr. 2 HGO; § 73 Abs. 1 S. 1 Nr. 3 KV MV; § 112 Abs. 1 Nr. 2 GO NRW; § 89 Abs. 4 S. 1 Nr. 2 GO RP; § 111 Abs. 1 Nr. 4 lit. b SaarlKSVG; § 96a Abs. 1 Nr. 12, Abs. 3 SächsGO; § 75 Abs. 4 S. 1 Nr. 4 ThürKO.

[206] Art. 93 Abs. 2 S. 2 BayGO; § 97 Abs. 7 BbgKVerf; § 125 Abs. 1 S. 5 HessGO; § 71 Abs. 4 KV MV; § 138 Abs. 4 NdsKomVG; § 113 Abs. 5 GO NRW; § 115 Abs. 1 S. 1 SaarlKSVG; § 98 Abs. 3 SächsGO; § 104 Abs. 1 S. 3 GO SH.

[207] *Dreher*, NZBau 2002, 245 (247).

[208] Ausführlich *Ziekow/Windoffer*, Public Private Partnership, 2008; *Schliesky*, Public Private Partnership, in: Püttner/Mann, HWKP, § 47; Weber/Schäfer/Hausmann (Hrsg.), Praxishandbuch Public Private Partnership, 2. Aufl. 2018; siehe auch *Kühling/Schreiner*, ZJS 2011, 112.

[209] *Bonk*, DVBl. 2004, 141 (144 f.).

[210] So die EU-Kommission, vgl. KOM(2004) 327 endg., Rn. 20.

wiederum verschiedene Ausprägungen annehmen können.[211] Während sich erstere in einem zeitlich begrenzten Zusammenwirken von öffentlicher Hand und Privaten auf vertraglicher Grundlage erschöpfen, wobei eine kaum mehr überschaubare Ausprägungsvielfalt besteht, zeichnen sich letztere durch eine organisatorische Verfestigung in Form eines gemischt-wirtschaftlichen Unternehmens aus. Dieses weist grundsätzlich eine privatrechtliche Rechtsform auf, i.d.R. diejenige der GmbH oder AG.[212]

108   Spezifische gesetzliche Vorgaben für ÖPP bestehen nur teilweise.[213] Vielmehr haben ÖPP den *Rahmen der allgemeinen Rechtsordnung* zu beachten. Dies gilt insbesondere bei ihrer Begründung. Von besonderer Bedeutung sind dabei unabhängig von der Kooperationsform das Vergabe- und das Beihilferecht. Für institutionalisierte ÖPP sind darüber hinaus die haushalts- und kommunalrechtlichen[214] Vorgaben für Beteiligungen der öffentlichen Hand an privatrechtlichen Unternehmen zu beachten. Damit geht insbesondere die Geltung der Schrankentrias in Bezug auf die Zulässigkeit einer wirtschaftlichen Betätigung von Kommunen einher.

109   Ob ein *gemischt-wirtschaftliches Unternehmen grundrechtsberechtigt oder -verpflichtet* ist, richtet sich nach seiner *Beherrschung*,[215] die regelmäßig, wenn auch nicht zwingend,[216] mit den Beteiligungsanteilen von öffentlicher Hand und Privaten korrespondiert (→ § 2 Rn. 14).[217] Mehrheitsbeteiligungen der öffentlichen Hand haben grundrechtlich eine Zurechnung gemischt-wirtschaftlicher Unternehmen zur staatlichen Sphäre mit der Konsequenz einer uneingeschränkten Grundrechtsverpflichtung zur Folge. Im entgegengesetzten Falle sind sie dagegen ebenso wie ihre privaten Mehrheitsanteilseigner grundrechtsberechtigt. Dass in der erstgenannten Konstellation die Grundrechtsberechtigung der privaten Minderheitsanteilseigner nicht auf das gemischt-wirtschaftliche Unternehmen durchschlägt, so dass diese de facto eine Grundrechtsverkürzung erfahren, findet seine Rechtfertigung darin, dass ein mehrheitlich von der öffentlichen Hand gehaltenes Unternehmen ebenso wie ein sonstiges öffentliches Unternehmen gleichsam als verselbstständigte Verwaltungseinheit zu qualifizieren ist; es handelt sich eben gerade nicht um ein materiell privates Wirtschaftssubjekt. Die – stets freiwillige – Minderheitsbeteiligung eines Privaten hieran erfolgt in Kenntnis dieses Umstands und ist daher als partieller Grundrechtsverzicht zu qualifizieren.[218]

---

[211] Praktiziert werden Erwerber-, Leasing-, Miet-, Inhaber-, Contracting-, Gesellschafts- und Konzessionsmodelle, vgl. näher *Schliesky*, Public Private Partnership, in: Püttner/Mann, HWKP, § 47 Rn. 7 ff.; *Ziekow*, § 8 Rn. 7.

[212] *Blessing*, Öffentlich-rechtliche Anstalten unter Beteiligung Privater, 2008, S. 113, hält darüber hinaus mittelbare Beteiligungen in Form von stillen Gesellschaften für zulässig; siehe darüber hinaus zu Beteiligungsmodellen unter Einbeziehung einer Holding *Lange*, Die Beteiligung Privater an rechtsfähigen Anstalten des öffentlichen Rechts, 2008, S. 143 ff.

[213] Zu nennen sind insbesondere das ÖPP-Beschleunigungsgesetz, BGBl. I 2005, S. 2676, und das ÖPP-Gesetz SH, GVOBl. 2007, S. 328.

[214] Spezifisch zur Subsidiaritätsprüfung *Shirvani*, DÖV 2011, 865.

[215] Näher dazu *Ruthig/Storr*, Rn. 686 f.

[216] Vgl. BGHZ 69, 334; 135, 107.

[217] BVerfGE 128, 226 (246 f.); *Ziekow*, § 7 Rn. 33.

[218] Vgl. auch *Ruthig/Storr*, Rn. 706 f.; *Gurlit*, NZG 2012, 249 (254 f.).

Für die Verhältnisse innerhalb des gemischt-wirtschaftlichen Unternehmens sind **110** vor allem der *Gesellschaftsvertrag* bzw. die Unternehmenssatzung maßgeblich, welche durch die haushalts- und kommunalrechtlichen Anforderungen für Beteiligungen der öffentlichen Hand an privatrechtlichen Unternehmen geprägt sind bzw. sein sollen. Darüber hinaus gilt das allgemeine Gesellschaftsrecht, dessen zwingende Bestandteile auch im Rahmen gemischt-wirtschaftlicher Unternehmen nicht überwunden werden können. Nach außen handelt das gemischt-wirtschaftliche Unternehmen als juristische Person stets in eigenem Namen und trägt die wirtschaftlichen Risiken. Eine wesentliche Einschränkung der Attraktivität gemischt-wirtschaftlicher Unternehmen folgt aus dem Umstand, dass diese grundsätzlich nicht seitens ihrer jeweiligen öffentlichen Anteilseigner wettbewerbsfrei im Wege der In-house-Vergabe[219] mit öffentlichen Aufträgen i. S. v. § 98 GWB beauftragt werden dürfen (→ § 7 Rn. 76).[220]

VI. Rechtsschutz

Hinsichtlich des Rechtsschutzes im Zusammenhang mit dem wirtschaftlichen Tätig- **111** werden der öffentlichen Hand ist zwischen verschiedenen Konstellationen zu differenzieren.[221] Verstößt die staats- oder kommunalwirtschaftliche Betätigung gegen *öffentlich-rechtliche Zulässigkeitsvoraussetzungen*, können private Wettbewerber Rechtsschutz hiergegen nur bei (selten anzunehmenden → Rn. 23 ff.) Grundrechtsverstößen oder bei Verstößen gegen das gemeindewirtschaftsrechtliche Subsidiaritätsprinzip, sofern dieses individualschützend ausgestaltet ist (→ Rn. 81), im Wege einer allgemeinen Leistungs- in Form einer Unterlassungs- oder Beseitigungsklage[222] vor den Verwaltungsgerichten in Anspruch nehmen. Bei Verstößen gegen andere Zulässigkeitsvoraussetzungen haben Wettbewerber mangels Drittschutzes der betreffenden Normen keine Möglichkeit der Inanspruchnahme von Rechtsschutz. Insbesondere kann dieser auch nicht vor den Zivilgerichten erlangt werden, da derartige Verstöße nicht zugleich als wettbewerbswidriges Verhalten i. S. v. § 3 UWG zu qualifizieren sind.[223] Verstößt ein öffentliches Unternehmen aber durch sein *Marktverhalten* gegen

---

[219] Dazu unter Berücksichtigung der EU-Vergaberechtsreform 2014 *Dabringhausen*, VergabeR 2014, 512; *Knauff*, EuZW 2014, 486.

[220] EuGH, Rs. C-26/03, Slg. 2005, I-1, Rn. 49 f. – Stadt Halle. Im Detail abweichende Vorgaben bestehen für Direktvergaben von öffentlichen Dienstleistungsaufträgen im Anwendungsbereich der VO (EG) Nr. 1370/2007 über öffentliche Personenverkehrsdienste (Fn. 170) an interne Betreiber, näher dazu *Knauff*, NZBau 2012, 65 (69 ff.).

[221] Siehe auch *F. Wollenschläger*, in: Kirchhof/Korte/Magen, § 6 Rn. 97 ff.; spezifisch im Hinblick auf die kommunalwirtschaftliche Betätigung *Wendt*, Rechtsschutz privater Konkurrenten gegen wirtschaftliche Betätigungen der Gemeinden, in: Püttner/Mann, HWKP, § 42; umfassend *Kendziur*, Neue Wege für den Rechtsschutz Privater gegen die Wirtschaftstätigkeit der öffentlichen Hand, 2009, S. 162 ff.

[222] *Wendt*, Rechtsschutz privater Konkurrenten gegen wirtschaftliche Betätigung der Gemeinden, in: Püttner/Mann, HWKP, § 42 Rn. 23.

[223] BGHZ 150, 343.

wettbewerbsrechtliche Vorgaben, können Wettbewerber hiergegen auf dem Zivilrechtsweg vorgehen. Für *unternehmensinterne Streitigkeiten*, insbesondere unter
Beteiligung von Gesellschaftern, hängen die Rechtsschutzmöglichkeiten von der pri-
vat- oder öffentlich-rechtlichen Rechtsform des Unternehmens ab. Spezifische Besonderheiten bestehen aber jeweils nicht. Gegen *aufsichtliche Maßnahmen* kann
deren Adressat (im Falle kommunalaufsichtlicher Anordnungen regelmäßig die Gemeinde) nach den allgemeinen Bestimmungen verwaltungsgerichtlichen Rechtsschutz in Anspruch nehmen.

112   VII. Kontrollfragen

1. Welche wesentlichen Erscheinungsformen der Privatisierung gibt es?
   (→ Rn. 10 ff.)
2. Sind öffentliche und gemischt-wirtschaftliche Unternehmen grundrechtsverpflichtet? (→ Rn. 21 f., 109)
3. Inwiefern berechtigen und verpflichten die Grundfreiheiten des AEUV
   öffentliche Unternehmen? (→ Rn. 33 ff.)
4. Unter welchen Voraussetzungen können öffentliche Unternehmen Ausnahmen vom Europarecht in Anspruch nehmen? (→ Rn. 36 ff.)
5. Welche sind die wichtigsten privatrechtlichen Rechtsformen staatlicher
   und kommunaler Unternehmen und welche Besonderheiten bestehen dabei? (→ Rn. 55 ff., 98 ff.)
6. Inwiefern garantiert das Grundgesetz die Gemeindewirtschaft? (→ Rn. 63 ff.)
7. Was verbirgt sich hinter dem Begriff „Schrankentrias" im kommunalen
   Wirtschaftsrecht? (→ Rn. 74 ff.)
8. In welchen öffentlich-rechtlichen Formen kann die Kommunalwirtschaft
   erfolgen? (→ Rn. 91 ff.)
9. Was sind „Öffentlich-Private Partnerschaften"? (→ Rn. 106 ff.)
10. Welche Besonderheiten bestehen im Hinblick auf den Rechtsschutz im
    Zusammenhang mit dem wirtschaftlichen Tätigwerden der öffentlichen
    Hand? (→ Rn. 111)

Literatur

Cronauge, Kommunale Unternehmen. Eigenbetriebe – Kapitalgesellschaften – Zweckverbände,
   6. Aufl. 2016
Ehlers, Empfiehlt es sich, das Recht der öffentlichen Unternehmen im Spannungsfeld von öffentlichem Auftrag und Wettbewerb national und gemeinschaftsrechtlich neu zu regeln? Gutachten
   E zum 64. DJT Berlin 2002, 2002
Fabry/Augsten (Hrsg.), Unternehmen der öffentlichen Hand, 2. Aufl. 2011
Gersdorf, Öffentliche Unternehmen im Spannungsfeld zwischen Demokratie- und Wirtschaftlichkeitsprinzip. Eine Studie zur verfassungsrechtlichen Legitimation der wirtschaftlichen Betätigung
   der öffentlichen Hand, 2000

Hoppe/Uechtritz/Reck (Hrsg.), Handbuch kommunale Unternehmen, 3. Aufl. 2012

Knauff, Der Gewährleistungsstaat: Reform der Daseinsvorsorge. Eine rechtswissenschaftliche Untersuchung unter besonderer Berücksichtigung des ÖPNV, 2004

Mann, Die öffentlich-rechtliche Gesellschaft. Zur Fortentwicklung des Rechtsformenspektrums für öffentliche Unternehmen, 2002

Peter, Rechtliche Grenzen der gemeindlichen Wirtschaftsbetätigung durch die kommunale Selbstverwaltungsgarantie im Kontext europäischer Integration, 2012

Pielow, Grundstrukturen öffentlicher Versorgung. Vorgaben des Europäischen Gemeinschaftsrechts sowie des französischen und deutschen Rechts unter besonderer Berücksichtigung der Elektrizitätswirtschaft, 2001

Püttner/Mann (Hrsg.), Handbuch der kommunalen Wissenschaft und Praxis, Bd. 2: Kommunale Wirtschaft, 3. Aufl. 2011

Storr, Der Staat als Unternehmer. Öffentliche Unternehmen in der Freiheits- und Gleichheitsdogmatik des nationalen Rechts und des Gemeinschaftsrechts, 2001

F. Wollenschläger, Wettbewerbliche Vorgaben für öffentliche Unternehmen, in: Kirchhof/Korte/Magen (Hrsg.), Öffentliches Wettbewerbsrecht, 2014, § 6

Zimmermann, Die Überwindung kommunalrechtlicher Schranken des Gemeindewirtschaftsrechts? Das Thüringer Modell, 2008

§ 7 Vergaberecht

Lars Diederichsen und Ingo Renner

Inhaltsverzeichnis

L. Diederichsen (✉) · I. Renner
Haldenwang Rechtsanwälte GbR, Frankfurt am Main, Deutschland
E-Mail: ffm@haldenwangRAe.de

© Springer-Verlag GmbH Deutschland, ein Teil von Springer Nature 2019
R. Schmidt, F. Wollenschläger (Hrsg.), *Kompendium Öffentliches Wirtschaftsrecht*,
Springer-Lehrbuch, https://doi.org/10.1007/978-3-662-59430-8_7

I. Einführung

1. Begriff, Zweck und Bedeutung des Vergaberechts

1   Als Vergaberecht hat das BVerfG die Gesamtheit der Normen bezeichnet, die ein Träger öffentlicher Verwaltung bei der Beschaffung von sachlichen Mitteln und Leistungen, die er zur Erfüllung von Verwaltungsaufgaben benötigt, zu beachten hat.[1] Das Vergaberecht gilt für den Einkauf von Waren, Bau- oder Dienstleistungen durch öffentliche Auftraggeber.

> **Beispiel**
>
> Neubau, Renovierung oder Reinigung öffentlicher Gebäude, Kauf von Einsatz-fahrzeugen für die Polizei oder Feuerwehr.

Zu den öffentlichen Auftraggebern (→ Rn. 20 ff.) zählen über die Definition des BVerfG hinaus unter bestimmten Umständen auch Privatrechtssubjekte.

2   Zweck des Vergaberechts ist eine möglichst sparsame Verwendung von Haushaltsmitteln und damit Steuergeldern. Öffentliche Auftraggeber sollen sich Leistungen Dritter zu den preiswertesten und besten Konditionen beschaffen. Sie sind daher grundsätzlich zu einer öffentlichen Ausschreibung der von ihnen benötigten Leistungen verpflichtet. Dadurch soll zugleich Korruption und Vetternwirtschaft verhindert bzw. Wettbewerb, Gleichbehandlung und Transparenz bei der Vergabe

---

[1] Vgl. BVerfGE 116, 135 (136). Zur Einführung in die Materie siehe auch *Koenig/Haratsch*, NJW 2003, 2637; *Lux*, JuS 2006, 969.

öffentlicher Aufträge gewährleistet werden. Aus europäischer Sicht ist das Vergaberecht Bestandteil des Binnenmarktrechts und deshalb auf die Gewährleistung eines freien Dienstleistungsverkehrs und eines unverfälschten Wettbewerbs gerichtet.[2]

Dieser *funktionale, am Prinzip des effet utile orientierte Ansatz*[3] des Vergaberechts ist der Auslegung und Anwendung aller Bestimmungen zugrunde zu legen. Da die Bestimmungen des Vergaberechts ihrem Zweck entsprechend weit auszulegen sind, können z. B. auch Veräußerungsgeschäfte der öffentlichen Hand vergabepflichtig sein, wenn sie als Mittel zur Beschaffung einer Leistung anzusehen sind, also einem Beschaffungszweck dienen und damit bei wirtschaftlicher Betrachtungsweise dem Einkauf einer Leistung gleichkommen.[4] Ein öffentlicher Auftraggeber beschafft sich eine Leistung, wenn ihm diese entweder unmittelbar oder mittelbar zugutekommt, indem sie ihn bei der Erfüllung der ihm obliegenden Aufgaben unterstützt.[5] Es sollte daher in Zweifelsfällen vor einem Vertragsabschluss immer ein wettbewerbliches Verfahren durchgeführt werden, nicht zuletzt um das *Haftungsrisiko* des Auftraggebers wegen einer nach § 135 GWB unwirksamen Direktvergabe (→ Rn. 148) auszuschließen.[6]

Öffentliche Stellen werden zwar durch das Vergaberecht nicht dazu verpflichtet, öffentliche Aufträge zu vergeben; sie können ihre im allgemeinen Interesse liegenden Aufgaben mit eigenen Mitteln erfüllen, anstatt sich an externe Einrichtungen zu wenden, die nicht zu ihren Dienststellen gehören.[7] In praxi führt jedoch häufig an einer externen Beschaffung und damit an der Anwendung des Vergaberechts kein Weg vorbei. Öffentliche Aufträge stellen heutzutage einen bedeutenden Wirtschaftsfaktor dar. Schätzungen gehen von einem Volumen der jährlich durch die Behörden des Bundes, der Länder und der Gemeinden vergebenen öffentlichen Aufträge zwischen 160 und 360 Mrd. Euro aus, das entspricht einem Anteil von rund 5,9 bis rund 13,2 % am Bruttoinlandsprodukt der Bundesrepublik Deutschland.[8]

Beim Vergaberecht handelt es sich um ein stark europarechtlich geprägtes, sehr dynamisches Rechtsgebiet, das wegen der Zielsetzung der Gewährleistung eines freien Dienstleistungsverkehrs im gesamten europäischen Binnenmarkt und eines

---

[2] EuGH, Rs. C-336/12, EU:C:2013:647, Rn. 28 – Manova; *F. Wollenschläger*, Verteilungsverfahren, S. 197; *Kainer*, NZBau 2018, 387.

[3] Vgl. EuGH, Rs. 31/97, Slg. 1988, 4655, Rn. 11 – Beentjes; *Dreher*, in: Immenga/Mestmäcker, vor §§ 97 ff. Rn. 131 ff.

[4] BGHZ 162, 116 (130) – Altpapierverwertung II; OLG Karlsruhe, VergabeR 2017, 165 – Kiesverwertung m. Anm. *Probst.*

[5] OLG München, NZBau 2011, 380 – Breitbanderschließung; OLG Karlsruhe, NZBau 2015, 506 (507).

[6] So zu Recht *Otting*, NJW 2010, 2167 (2168).

[7] EuGH, Rs. C-324/07, Slg. 2008, I-8457, Rn. 48 – Coditel Brabant; Rs. C-480/06, Slg. 2009, I-4747, Rn. 45 – Stadtreinigung Hamburg; VK Bund, Beschluss vom 15.05.2018 – VK 1-41/18, juris, Rn. 36; *von Donat*, Kooperationen der öffentlichen Hand, in: Müller-Wrede, Kompendium, Kap. 9 Rn. 2; *Ziekow*, NZBau 2015, 258.

[8] Begründung des Gesetzentwurfs der Bundesregierung zur Modernisierung des Vergaberechts zu § 114 Abs. 2 GWB, BT-Drs. 18/6281. Zur wirtschaftlichen und wirtschaftspolitischen Bedeutung öffentlicher Aufträge siehe auch *F. Wollenschläger*, in: Terhechte, § 19 Rn. 1.

unverfälschten Wettbewerbs in allen Mitgliedstaaten auch bei der öffentlichen Beschaffung[9] einem stetigen Anpassungsdruck an die sich permanent ändernden Marktgegebenheiten unterworfen ist und dadurch geradezu zwangsläufig von Reform zu Reform eilt.[10]

2. Historie

6 Das deutsche Vergaberecht war ursprünglich reines Haushaltsrecht und in § 30 HGrG sowie in den Bundes-, Landes- und Gemeindehaushaltsordnungen (vgl. auf Bundesebene § 55 BHO) geregelt.[11] Auch nach dem Haushaltsrecht muss dem Abschluss von Verträgen über Lieferungen und Leistungen für Behörden schon seit jeher eine öffentliche (freilich nicht europaweite) Ausschreibung vorausgehen, sofern nicht die Natur des Geschäfts oder besondere Umstände eine Ausnahme rechtfertigen. Dieselbe Verpflichtung ergibt sich implizit auch aus dem in allen Gemeindeordnungen der Länder normierten Grundsatz der Wirtschaftlichkeit und Sparsamkeit, da eine Gemeinde nur bei einer Ausschreibung die Angebote mehrerer Bieter vergleichen und im Wege von Verhandlungen mit verschiedenen Anbietern ein optimales Preis-Leistungs-Verhältnis erzielen kann.

7 Als Bestandteil des Haushaltsrechts war das Vergaberecht klassisches Innenrecht der Verwaltung, welches keine Rechte und Pflichten für Außenstehende begründete. Bewerbern[12] und Bietern[13] um einen öffentlichen Auftrag standen daher früher im Vergabeverfahren keine subjektiven Rechte und damit auch keine Rechtsschutzmöglichkeiten zur Verfügung.[14] Auch die Geltendmachung von Schadensersatzansprüchen gegen einen öffentlichen Auftraggeber wegen Verletzung der Vergaberegeln war praktisch nicht möglich.

---

[9] Vgl. EuGH, Rs. C-26/03, Slg. 2005 I-1, Rn. 44 – Stadt Halle; Rs. C-340/94, Slg. 2006, I-4137, Rn. 58 – Carbotermo; Rs. C-454/06, Slg. 2008 I-4401, Rn. 31 – Pressetext; Rs. C-480/06, Slg. 2009, I-4747, Rn. 47 – Stadtreinigung Hamburg; Rs. C-599/10, EU:C:2012:191, Rn. 25 – SAG ELV; BGHZ 162, 116 (128); 177, 150 (159); *F. Wollenschläger*, in: Terhechte, § 19 Rn. 7.

[10] Siehe etwa *Burgi*, NZBau 2016, 321; *Trautmann*, NZBau 2016, 721 sowie die jährlichen Berichte über die Entwicklung des Vergaberechts von *Byok*, zuletzt in NJW 2019, 1650. *Krönke*, NVwZ 2016, 568, sieht die Vergaberechtsentwicklung dagegen „nach über 15 Jahren des Sturms und Drangs" in einer „Phase der Konsolidierung".

[11] Vgl. *Otting*, JA 1998, 505; *Roebling*, Jura 2000, 453 (454).

[12] Als Bewerber bezeichnet man vergaberechtlich einen Wirtschaftsteilnehmer, der sich um eine Aufforderung zur Teilnahme an einem nichtoffenen Verfahren, einem Verhandlungsverfahren mit oder ohne vorherige Bekanntmachung, einem wettbewerblichen Dialog oder einer Innovationspartnerschaft beworben hat, vgl. Art. 2 Abs. 1 Nr. 12 VRL, Art. 2 Nr. 8 SRL.

[13] Bieter ist ein Wirtschaftsteilnehmer, der ein Angebot gegenüber einem öffentlichen Auftraggeber abgegeben hat, vgl. Art. 2 Abs. 1 Nr. 11 VRL, Art. 2 Nr. 7 SRL.

[14] Vgl. *Faber*, DÖV 1995, 403 (408); *Pache*, DVBl. 2001, 1781 (1785).

Erst durch das Europarecht wurde der deutsche Gesetzgeber gezwungen, das **8**
Vergaberecht grundlegend zu reformieren und insbesondere *Rechtsschutzmöglich-*
keiten für Teilnehmer an Vergabeverfahren zu gewährleisten. Mit dem Erlass mehrerer RL zum materiellen Vergaberecht sowie zum Rechtsschutz in den Jahren 1989,[15]
1992[16] und 1993,[17] an deren Stelle im Jahr 2004 die Vergabekoordinierungsrichtlinie
(*VKR*) und die Sektorenkoordinierungsrichtlinie (*SKR*) traten, strebte die EU auch
im Bereich der öffentlichen Aufträge oberhalb bestimmter Schwellenwerte einen
gemeinsamen Markt mit gemeinschaftsweitem Wettbewerb und einheitlichen Regeln für die Vergabe öffentlicher Aufträge in sämtlichen Mitgliedstaaten an.[18] Später
wurden zudem eine RL zur Vergabe bestimmter Bau-, Liefer- und Dienstleistungsaufträge in den Bereichen Verteidigung und Sicherheit (*VSRL*)[19] und zwei VO für die
Bereiche des öffentlichen Personenverkehrs[20] und des Luftverkehrs[21] erlassen.

Zur Umsetzung der europäischen Vorgaben wurden die grundlegenden nationalen **9**
Vergaberechtsvorschriften im Jahr 1999 als 4. Teil in das Gesetz gegen Wettbewerbs-
beschränkungen (§§ 97 ff. GWB) aufgenommen.[22] Für diese sog. „*kartellrechtliche*
Lösung"[23] wurde eine Reihe von Gründen angeführt, wie die zentrale Bedeutung des
Wettbewerbsprinzips, die Ähnlichkeit des neu geschaffenen Vergaberechtsschutzes

---

[15] RL 89/665/EWG des Rates vom 21.12.1989 zur Koordinierung der Rechts- und Verwaltungsvorschriften für die Anwendung der Nachprüfungsverfahren im Rahmen der Vergabe öffentlicher Lie-
fer- und Bauaufträge, ABl. EG 1989 L 395/33.

[16] RL 92/50/EWG des Rates vom 18.06.1992 über die Koordinierung der Verfahren zur Vergabe
öffentlicher Dienstleistungsaufträge, ABl. EG 1992 L 209/1.

[17] RL 93/37/EWG des Rates vom 14.06.1993 zur Koordinierung der Verfahren zur Vergabe öffentlicher Bauaufträge, ABl. EG 1993 L 199/54.

[18] Vgl. *Brauser-Jung*, VergabeR 2013, 285; *Puhl*, VVDStRL 60 (2001), 456 (464 ff.); *Roebling*,
Jura 2000, 453 (456 ff.). Zu Impulsen aus dem WTO-Recht vgl. *Pünder*, Völkerrechtliche Vorgaben für das öffentliche Beschaffungswesen, insbesondere im Government Procurement Agreement, in: Müller-Wrede, Kompendium, Kap. 1; *F. Wollenschläger*, in: Terhechte, § 19 Rn. 88 ff.

[19] RL 2009/81/EG des Europäischen Parlaments und des Rates vom 13.07.2009 über die Koordi-
nierung der Verfahren zur Vergabe bestimmter Bau-, Liefer- und Dienstleistungsaufträge in den
Bereichen Verteidigung und Sicherheit und zur Änderung der RL 2004/17/EG und 2004/18/EG,
ABl. EU 2009 L 216/76.

[20] VO (EG) Nr. 1370/2007 des Europäischen Parlaments und des Rates vom 23.10.2007 über öffentliche Personenverkehrsdienste auf Schiene und Straße und zur Aufhebung der VO (EWG)
Nr. 1191/69 und (EWG) Nr. 1107/70 des Rates, ABl. EU 2007 L 315/1; siehe dazu *Diehl*, ÖPNV
und Vergaberecht, in: Müller-Wrede, Kompendium, Kap. 35 Rn. 15 ff.; *Heiß*, VerwArch 100
(2009), 113; *Saxinger*, DVBl. 2008, 688; *Ziekow*, NVwZ 2009, 865.

[21] VO (EG) Nr. 1008/2008 des Europäischen Parlaments und des Rates vom 24.09.2008 über gemeinsame Vorschriften für die Durchführung von Luftverkehrsdiensten in der Gemeinschaft (Neufassung), ABl. EU 2008 L 293/3.

[22] Gesetz zur Änderung der Rechtsgrundlagen für die Vergabe öffentlicher Aufträge vom
29.05.1998, BGBl. I, S. 2512. Vgl. dazu *Boesen*, EuZW 1998, 551; *Byok*, NJW 1998, 3475; *Dre-*
her, NVwZ 1997, 343; *Gröning*, ZIP 1999, 52; *Jasper*, DB 1998, 2151; *Knauff*, VR 2000, 397;
Martin-Ehlers, EuR 1998, 648 (664 ff.); *Peus*, NJW 1998, 3474.

[23] Siehe dazu statt vieler *Eichler*, in: Müko, Einl. VergabeR Rn. 222 ff.

mit dem Kartellrechtsschutz sowie die auf diese Weise ermöglichte Bezugnahme auf Begriffe und Verfahrensregeln des Kartellrechts.[24]

10   Das GWB-Vergaberecht findet jedoch nur Anwendung, wenn bestimmte, europarechtlich vorgegebene Schwellenwerte (→ Rn. 66) überschritten werden. Unterhalb dieser Schwellenwerte wird die Auftragsvergabe durch die für öffentliche Auftraggeber des Bundes seit dem 07.02.2017 geltende *Unterschwellenvergabeordnung* (*UVgO*),[25] die in allen Bundesländern mit Ausnahme Bayerns erlassenen *Landesvergabegesetze* und durch sog. *Verdingungsordnungen gere*gelt. Das Vergaberecht ist somit zweigeteilt,[26] wobei ca. 90 % aller Auftragsvergaben den Unterschwellenbereich betreffen.[27] Aus rechtsstaatlicher Sicht ist es daher zu begrüßen, dass sich die Rechtsprechung zunehmend darum bemüht, auch hier einen effektiven Rechtsschutz der Wettbewerbsteilnehmer zu gewährleisten (→ Rn. 152 ff.).

11   Trotz seines primär wettbewerbsrechtlichen Standorts kann das Vergaberecht als *Bestandteil des öffentlichen Wirtschaftsrechts* angesehen werden, denn Ziel ist es, die öffentliche, nicht die private Nachfragemacht zu regulieren.[28] Ferner steht das Vergaberecht in engem Problemzusammenhang mit anderen Rechtsfragen des öffentlichen Wirtschaftsrechts, wie beispielsweise der Privatisierung öffentlicher Aufgaben (→ § 6 Rn. 9 ff.), und kann als Spiegelbild des Rechts der öffentlichen Unternehmen verstanden werden. Regelt letzteres die Tätigkeit des Staates als Unternehmer auf der Angebotsseite, so betrifft ersteres die Tätigkeit des Staates als Unternehmer auf der Nachfrageseite.

3. Vergaberechtsreform 2014/2016

12   Am 17.04.2014 sind die RL über die öffentliche Auftragsvergabe[29] (*VRL*), und die RL über die Vergabe von Aufträgen durch Auftraggeber im Bereich der Wasser-, Energie- und Verkehrsversorgung sowie der Postdienste[30] (*SRL*), die am 18.04.2016

---

[24] Vgl. *Byok*, NJW 1998, 2774 (2776). Krit. hingegen mit beachtlichen Gründen *Dreher*, NVwZ 1997, 343 (345), der für ein eigenes Vergabegesetz plädiert hatte; in diesem Sinne auch *H.-P. Müller*, in: Kulartz/Kus/Portz/Prieß, Einführung Rn. 80 f.

[25] BAnz AT 07.02.2017 B1; siehe dazu *Frenz*, VergabeR 2016, 245; *Lausen*, NZBau 2017, 3; *Probst/Winters*, VergabeR 2017, 311; *Siegel*, VergabeR 2016, 183.

[26] Vgl. *Bulla*, in: BeckOGK, § 631 BGB Rn. 1962 ff.; *ders./Schneider*, VergabeR 2011, 664 (665); *Ziekow*, in: ders./Völlink, Einl. GWB Rn. 2.

[27] Vgl. *Pietzcker*, NJW 2005, 2881; *F. Wollenschläger*, Primärrechtsschutz außerhalb des Anwendungsbereichs des GWB, in: Müller-Wrede, Kompendium, Kap. 26 Rn. 1; *ders.*, in: Terhechte, § 19 Rn. 19.

[28] Vgl. *Boesen*, EuZW 1997, 713 (718).

[29] RL 2014/24/EU des Europäischen Parlaments und des Rates vom 26.02.2014 über die öffentliche Auftragsvergabe und zur Aufhebung der RL 2004/18/EG, ABl. EU 2014 L 94/65.

[30] RL 2014/25/EU des Europäischen Parlaments und des Rates vom 26.02.2014 über die Vergabe von Aufträgen durch Auftraggeber im Bereich der Wasser-, Energie- und Verkehrsversorgung sowie der Postdienste und zur Aufhebung der RL 2004/17/EG, ABl. EU 2014 L 94/243.

die VKR und die SKR ersetzt haben, sowie die RL über die Konzessionsvergabe[31] (*KRL*) in Kraft getreten, die die Vergabe von Bau- und Dienstleistungskonzessionen regelt und bezüglich letzterer den bisherigen Anwendungsbereich des Vergaberechts erweitert hat.

Die Reform des EU-Vergaberechts[32] hatte vor allem folgende Ziele: 13

- Vereinfachung und Flexibilisierung des Vergaberechts insbesondere für regionale und lokale Auftraggeber, bei sog. personenbezogenen Dienstleistungsaufträgen und bei der Konzessionsvergabe;
- Schrittweise Einführung des elektronischen Vergabeverfahrens („e-Vergabe");
- Erleichterung des Zugangs zu öffentlichen Aufträgen für kleine und mittlere Unternehmen (KMU);
- Stärkere Berücksichtigung umwelt-, sozial- und industriepolitischer Kriterien in den Vergabeverfahren und bei der Zuschlagsentscheidung („strategische Vergabe").

Die öffentliche Auftragsvergabe soll „in stärkerem Maße zur Unterstützung gemeinsamer gesellschaftlicher Ziele" genutzt werden,[33] u. a. durch „angemessene Einbeziehung ökologischer, sozialer und arbeitsrechtlicher Erfordernisse".[34] Zwar waren öffentliche Auftraggeber schon nach früher geltendem Recht unter bestimmten Umständen berechtigt, bei der Auftragsvergabe auch soziale, umweltbezogene, innovative oder sonstige politische Aspekte zu berücksichtigen. Durch die Vergaberechtsreform haben diese Aspekte jedoch deutlich mehr Gewicht erlangt.[35] Es hat sich somit eine Erweiterung der Zielsetzung des Vergaberechts von einer ursprünglich vorwiegend ökonomischen zu einer *nachhaltigen Beschaffung* vollzogen, die sozialen und ökologischen Lenkungszwecken gleich großen Stellenwert einräumt.[36]   14

Der deutsche Gesetzgeber hat im Zuge der Umsetzung der neuen Vergaberichtlinien im Jahr 2016 die formellgesetzlichen Bestimmungen im GWB deutlich ausgeweitet und ist damit seiner Verpflichtung, das Wesentliche im Vergaberecht selbst zu regeln, besser gerecht geworden als früher.[37]   15

---

[31] RL 2014/23/EU des Europäischen Parlaments und des Rates vom 26.02.2014 über die Konzessionsvergabe, ABl. EU 2014 L 94/1; siehe dazu *Opitz*, NVwZ 2014, 753 (755 ff.).

[32] Siehe dazu *Bulla*, in: BeckOGK, § 631 BGB Rn. 1945; *Gröning*, VergabeR 2014, 339; *Jaeger*, NZBau 2014, 259; *Opitz*, NZBau 2014, 129; *Schwab/Giesemann*, VergabeR 2014, 351.

[33] Siehe dazu den 2. Erwägungsgrund der VRL.

[34] Siehe den 37. Erwägungsgrund der VRL.

[35] Vgl. *Haak*, NZBau 2015, 11 (14).

[36] Vgl. dazu *Brackmann*, VergabeR 2014, 310; *Bulla*, in: Willenbruch/Wieddekind, § 58 VgV Rn. 11; *Burgi*, NZBau 2015, 597; *ders.*, NZBau 2018, 579 (583); *Gaus*, NZBau 2013, 401.

[37] Zum europa- und verfassungsrechtlichen Rahmen der Vergaberechtsreform siehe *Burgi*, VergabeR 2016, 261.

4. Aufbau des Vergaberechts

16   Wie andere Teilgebiete des öffentlichen Wirtschaftsrechts ist auch das Vergaberecht
mehrstufig aufgebaut (sog. „*Kaskadenprinzip*").[38] Im GWB selbst sind der Anwendungsbereich, die vergaberechtlichen Grundprinzipien, die wesentlichen Regelungen über das Vergabeverfahren und der Rechtsschutz gegen Vergabeentscheidungen
geregelt. Dabei wird systematisch zwischen allgemeinen Regeln für die Auftragsvergabe (§§ 97 ff. GWB) und Spezialregelungen für besondere Bereiche öffentlicher Aufträge (Sektorentätigkeiten, Verteidigung und Sicherheit, §§ 136 ff. GWB)
sowie für die Vergabe von Konzessionen (§§ 148 ff. GWB) unterschieden. Durch
§ 113 GWB wird die Bundesregierung ermächtigt, nähere Bestimmungen über das
Vergabeverfahren durch Rechtsverordnung zu regeln. Die auf dieser Grundlage beruhende Vergabeverordnung (*VgV*)[39] gestaltet die formellgesetzlichen Vorgaben inhaltlich näher aus und umfasst jetzt auch diejenigen Regelungen, die früher im
zweiten Abschnitt der Verdingungsordnung für Leistungen (VOL/A-EG)[40] sowie in
der Verdingungsordnung für freiberufliche Leistungen (VOF)[41] enthalten waren.
Letztere wurde mit Wirkung vom 18.04.2016 aufgehoben, die VOL/A gilt seither
nur noch für die Auftragsvergabe unterhalb der Schwellenwerte (→ Rn. 66) in den
Ländern, die für ihr Gebiet noch nicht die UVgO übernommen haben. Insgesamt ist
die Bedeutung der Verdingungsordnungen, bei denen es sich um von privaten Gremien erarbeitete Regeln handelt, die über einen Verweis in der VgV für anwendbar
erklärt werden und damit deren Rang als Rechtsverordnung teilen,[42] für das Vergaberecht daher zurückgegangen. Einzig die Vergabe- und Vertragsordnung für Bauleistungen (VOB/A-EU)[43] gilt auch für Aufträge oberhalb der Schwellenwerte neben den Vorschriften des GWB und der VgV weiter.

17   Für bestimmte Wirtschaftsbereiche, die für die Daseinsvorsorge von Bedeutung sind, nämlich Verkehr, Trinkwasser- und Energieversorgung sowie Verteidigung und Sicherheit, gelten neben dem GWB die Vergabeverordnung Verteidigung und Sicherheit (*VSVgV*),[44] die Sektorenverordnung (*SektVO*)[45] und die

---

[38] Siehe dazu *Knauff*, NZBau 2016, 195; *Krönke*, NVwZ 2016, 568; *von Wietersheim*, VergabeR 2016, 269.

[39] Verordnung über die Vergabe öffentlicher Aufträge (Vergabeverordnung) vom 12.04.2016, BGBl. I S. 624, zuletzt geändert durch Gesetz vom 10.07.2018, BGBl. I S. 1117.

[40] BAnz. Nr. 196a; siehe dazu *Amelung*, NZBau 2010, 727.

[41] BAnz. Nr. 185a.

[42] Vgl. *F. Wollenschläger*, Verteilungsverfahren, S. 206.

[43] BAnz. AT 01.07.2016 B4.

[44] BGBl. I, S. 1509; siehe dazu etwa *Byok*, NVwZ 2012, 70; *Rosenkötter*, VergabeR 2012, 267; *Ruff*, Vergabeverfahren in den Bereichen Verteidigung und Sicherheit, in: Müller-Wrede, Kompen-dium, Kap. 33; *Scherer-Leydecker*, NZBau 2012, 509.

[45] Verordnung zur Neuregelung der für die Vergabe von Aufträgen im Bereich des Verkehrs, der Trinkwasserversorgung und der Energieversorgung anzuwendenden Regeln (SektVO) i. d. F. der Verordnung zur Modernisierung des Vergaberechts (Vergaberechtsmodernisierungsverordnung – VergRModVO) vom 12.04.2016, BGBl. I, S. 624, zuletzt geändert durch Gesetz vom 18.07.2017,

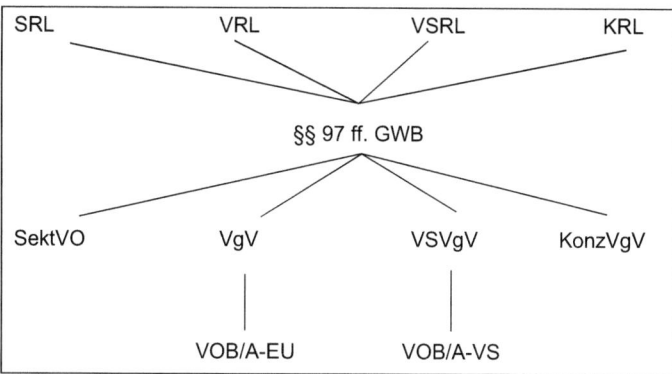

Abb. 1 Übersicht des mehrstufigen Aufbaus des Vergaberechts

Konzessionsvergabeverordnung (*KonzVgV*).[46] Für Bauaufträge verweist die VS-VgV noch weiter auf einige Bestimmungen der VOB/A (Abb. 1).

Hinweis: Im Folgenden werden zur besseren Übersicht in der Regel nur Bestimmungen des GWB und der VgV zitiert.

II. Anwendungsbereich

Die Anwendung des Vergaberechts nach §§ 97 ff. GWB setzt *kumulativ* das Vorliegen (I.) eines Auftraggebers (§§ 98 ff. GWB) und (II.) eines öffentlichen Auftrags bzw. einer Konzession (§§ 103 ff. GWB), ferner (III.) das Überschreiten bestimmter Schwellenwerte (§ 106 GWB) sowie schließlich (IV.) das Nichtvorliegen von sog. Bereichsausnahmen nach §§ 107 ff., 116 f., 149 f. GWB voraus.   18

▶   **Beachte** Wenn Beschaffungsvorgänge nach diesen Kriterien nicht in den   19
    Anwendungsbereich der §§ 97 ff. GWB fallen, hat die Vergabe dennoch
    immer dann, wenn eindeutig ein grenzüberschreitendes Interesse an dem
    betreffenden Auftrag besteht, im Einklang mit den im AEUV niedergeleg-
    ten Grundsätzen zu erfolgen, insbesondere mit den Grundsätzen der
    Gleichbehandlung und der Nichtdiskriminierung aus Gründen der Staats-
    angehörigkeit sowie dem daraus folgenden Transparenzgebot,[47] durch

---

BGBl. I, S. 2745; siehe dazu *H.-P. Müller*, VergabeR 2010, 302; *Opitz*, VergabeR 2009, 689; *Ruff*, Vergaben im Sektorenbereich, in: Müller-Wrede, Kompendium, Kap. 34.

[46] Verordnung über die Vergabe von Konzessionen (Konzessionsvergabeverordnung – KonzVgV) vom 12.04.2016, BGBl. I, S. 624, 683, zuletzt geändert durch Gesetz vom 18.07.2017, BGBl. I, S. 2745; siehe dazu *Goldbrunner*, VergabeR 2016, 365.

[47] EuGH, Rs. C-573/07, Slg. 2009, I-8127, Rn. 38 – Ponte Nossa; Rs. C-458/14 und C-67/15, EU:C:2016:558, Rn. 65 – Promoimpresa; Rs. C-318/15, EU:C:2016:747, Rn. 19 – Tecnoedi Costruzioni Srl; OLG Celle, NZBau 2016, 381 (382); siehe auch den 1. Erwägungsgrund der VRL. Umfassend dazu sowie zur Bedeutung der Grundrechte aus Art. 12 Abs. 1 GG und Art. 3 Abs. 1 GG in diesem Zusammenhang *F. Wollenschläger*, Verteilungsverfahren, S. 198 ff.

das die Gefahr einer Günstlingswirtschaft oder willkürlicher Entscheidungen des öffentlichen Auftraggebers ausgeschlossen werden soll.[48] Für das Vorliegen eines grenzüberschreitenden Interesses können u. a. das Auftragsvolumen, ein Leistungsort in Grenznähe oder ein erklärtes und reales Interesse eines in einem anderen Mitgliedstaat ansässigen Wirtschaftsteilnehmers sprechen.[49] Unter solchen Umständen besteht eine Verpflichtung des Auftraggebers, vor Auftragsvergabe einen Wettbewerb zu eröffnen, in dem für alle Wirtschaftsteilnehmer die reale Möglichkeit besteht, Interesse an dem Auftrag zu bekunden.[50] Hierzu bedarf es jedoch nicht zwingend einer öffentlichen oder gar EU-weiten Ausschreibung.

1. Auftraggeber

20   Die Begriffsbestimmung des Auftraggebers findet sich für den Oberschwellenbereich[51] in §§ 98 ff. GWB. Die Regelungen sind abschließend. Lässt sich im Einzelfall der Auftraggeber keiner der im Gesetz genannten Kategorien zuordnen, so findet das GWB-Vergaberecht keine Anwendung.[52]

a) Der institutionelle Auftraggeberbegriff (§ 99 Nr. 1 GWB)

21   Öffentliche Auftraggeber sind nach § 99 Nr. 1 GWB alle Gebietskörperschaften sowie deren Sondervermögen. Zu den Gebietskörperschaften im kommunalen Bereich gehören auch rechtlich unselbstständige Regie- und Eigenbetriebe (→ § 4 Rn. 61), nicht dagegen Eigengesellschaften mit eigener Rechtspersönlichkeit, die jedoch unter § 99 Nr. 2 GWB fallen können.

b) Der funktionelle Auftraggeberbegriff (§ 99 Nr. 2 GWB)

22   Öffentliche Auftraggeber gem. § 99 Nr. 2 GWB sind „juristische Personen des öffentlichen und des privaten Rechts, die zu dem besonderen Zweck gegründet wurden, im Allgemeininteresse liegende Aufgaben nichtgewerblicher Art zu erfüllen", sofern Stellen, die unter § 99 Nr. 1 oder 3 fallen, sie „einzeln oder gemeinsam durch Beteiligung oder auf sonstige Weise finanzieren" oder über ihre Leitung die Aufsicht ausüben oder „mehr als die Hälfte der Mitglieder eines ihrer zur Geschäftsführung oder zur Aufsicht berufenen Organe" bestimmt haben. Dasselbe gilt, wenn die Stelle,

---

[48] EuGH, Rs. C-496/99, Slg. 2004, I-3801, Rn. 111 – CAS; *Prieß/Simonis*, NZBau 2015, 731 (732); *F. Wollenschläger*, NVwZ 2007, 388; *ders.*, Verteilungsverfahren, S. 204 f.

[49] EuGH, Rs. C-298/15, EU:C:2017:266, Rn. 44 – Borta; Rs. C-187/16, EU:C:2018:194, Rn. 106 ff. – Kommission/Österreich.

[50] EuGH, Rs. C-324/98, Slg. 2000, I-10745, Rn. 60 ff. – Telaustria, Rs. C-231/03, Slg. 2005, I-7287, Rn. 15 ff. – Coname; Rs. C-458/03, Slg. 2005, I-8585, Rn. 46 ff. – Parking Brixen; Rs. C-410/04, Slg. 2006, I-3303, Rn. 21 – ANAV; Rs. C-324/07, Slg. 2008, I-8457, Rn. 25 – Coditel Brabant; Rs. 64/08, Slg. 2010, I-8219, Rn. 49 – Engelmann.

[51] Der Auftraggeberbegriff im Unterschwellenbereich kann davon abweichen, vgl. *Bulla*, in: Handbuch, 3. Kap., Rn. 130 ff.

[52] OLG Celle, NZBau 2017, 51 (53); *Bulla*, in: Handbuch, 3. Kap. Rn. 5; *Eschenbruch*, in: Kulartz/Kus/Portz/Prieß, § 99 GWB Rn. 13.

die „einzeln oder gemeinsam mit anderen die überwiegende Finanzierung gewährt, über deren Leitung die Aufsicht ausübt oder die Mehrheit der Mitglieder eines zur Geschäftsführung oder Aufsicht berufenen Organs bestimmt hat", unter Satz 1 fällt. Die Tatbestandsmerkmale des § 99 Nr. 2 GWB müssen kumulativ vorliegen.[53]

Nach dem Zweck des § 99 Nr. 2 GWB sollen alle Einrichtungen vom Vergabe- **23** recht erfasst werden, die eine besondere Staatsnähe aufweisen, die die Gefahr begründet, dass Entscheidungen über die Vergabe öffentlicher Aufträge nach anderen als wirtschaftlichen Überlegungen getroffen und die betreffenden Einrichtungen bei der Auftragsvergabe bevorzugt werden.[54]

Beispiel

Öffentliche Unternehmen (→ Rn. 37) wie kommunale Wohnungsbaugesellschaften, Universitäten,[55] öffentlich-rechtliche Rundfunkanstalten,[56] Wirtschafts- und Berufskammern (→ § 4 Rn. 49 ff.).[57]

Um bei der Vergabe öffentlicher Aufträge keine Umgehungsmöglichkeiten zu eröffnen,[58] wird auch § 99 Nr. 2 GWB funktionell und weit, zum Teil sogar über seinen Wortlaut hinaus ausgelegt.[59]

Beispiel:

Eine Gesellschaft bürgerlichen Rechts kann öffentlicher Auftraggeber sein, obwohl es sich dabei trotz ihrer vom *BGH* anerkannten Teilrechtsfähigkeit[60] nicht um eine juristische Person handelt.[61]

Der funktionelle Auftraggeberbegriff des § 99 Nr. 2 GWB soll auch verhindern, **24** dass sich Gebietskörperschaften durch Ausgliederung von Aufgabenbereichen auf von ihnen kontrollierte Eigengesellschaften, also durch eine sog. Organisationsprivatisierung (→ § 6 Rn. 11), der Anwendung des Vergaberechts entziehen können („Flucht in das Privatrecht").[62]

---

[53] EuGH, Rs. C-393/06, Slg. 2008, I-2339, Rn. 36 – Aigner; Rs. C-300/07, Slg. 2009, I-4779, Rn. 48 – Oymanns; Rs. C-567/15, EU:C:2017:736, Rn. 30 – LitSpecMet; *Bulla*, in: Handbuch, 3. Kap. Rn. 23.

[54] EuGH, Rs. C-237/99, Slg. 2001, I-939, Rn. 42 – Opac; OLG Düsseldorf, NZBau 2015, 440 (441) – InEK; *Burgi*, Vergaberecht, § 8 Rn. 10.

[55] EuGH, Rs. C-380/98, Slg. 2000, I-8035 – University of Cambridge.

[56] EuGH, Rs. C-337/06, Slg. 2007, I-11173 (11196) – Bayerischer Rundfunk.

[57] *Burgi*, Vergaberecht, Kap. 2 Rn. 4, 8; *Kau*, NZBau 2016, 523; a.A. jedoch VK Bund, Beschluss vom 22.08.2018 – VK 1-77/18, VPR 2018, 218, wonach Handwerkskammern keine öffentlichen Auftraggeber sind.

[58] EuGH, Rs. C-526/11, EU:C:2013:543, Rn. 20 f. – IVD.

[59] EuGH, Rs. C-214/00, Slg. 2003, 276, Rn. 53 – Kommission/Spanien; EuGH, Rs. C-567/15, EU:C:2017:736, Rn. 31 – LitSpecMet.

[60] BGH, NJW 2001, 1056.

[61] OLG Celle, VergabeR 2007, 86 (87). Siehe auch den 14. Erwägungsgrund der VRL, wonach der Begriff des „Wirtschaftsteilnehmers" weit auszulegen ist und Einrichtungen auch unabhängig davon erfasst, ob sie unter allen Umständen als juristische Personen gelten oder nicht.

[62] Vgl. *Bulla*, in: Handbuch, 3. Kap. Rn. 20.

25   Juristische Personen des öffentlichen Rechts sind rechtsfähige Körperschaften, Anstalten und Stiftungen. Nicht dazu zählen nach h. M. Religionsgemeinschaften und ihre Einrichtungen wie z. B. Diözesen und Bistümer.[63]

26   Die juristische Person muss zu dem besonderen Zweck gegründet worden sein, *im Allgemeininteresse liegende Aufgaben* nicht gewerblicher Art zu erfüllen. Sie muss dazu Aufgaben wahrnehmen, die sonst von der öffentlichen Verwaltung erfüllt werden.[64] Grundsätzlich ist dabei auf den Gründungszweck der jeweiligen Einrichtung abzustellen, der sich regelmäßig aus deren Satzung ergibt.[65] Allerdings sind auch nachträgliche Änderungen des Zwecks beachtlich.[66] Ist der besondere Zweck nicht in der Unternehmenssatzung festgeschrieben, reicht es zur Bejahung des funktionellen Auftraggeberbegriffs auch aus, wenn rein tatsächlich im Allgemeininteresse liegende Aufgaben nicht gewerblicher Art erfüllt werden.[67]

27   Die Tatbestandsvoraussetzung der *Nichtgewerblichkeit* ist nicht identisch mit dem Gewerbebegriff der GewO (→ § 9 Rn. 7 ff.). Die bloße Gewinnerzielungsabsicht einer juristischen Person des Privatrechts schließt die Anwendbarkeit des § 99 Nr. 2 GWB nicht aus.[68] Als nicht gewerblicher Art werden vielmehr nach ständiger Rechtsprechung des *EuGH* Aufgaben angesehen, die auf andere Art als durch das Angebot von Dienstleistungen auf dem Markt erfüllt werden, und die der Staat aufgrund eines Allgemeininteresses selbst erfüllt oder bei denen er einen entscheidenden Einfluss erhalten möchte.[69] Es kommt entscheidend auf die Bedingungen an, unter denen die fragliche Tätigkeit ausgeübt wird. Ist eine Einrichtung uneingeschränkt dem Wettbewerb ausgesetzt und trägt sie die wirtschaftlichen Risiken ihrer Tätigkeit selbst, liegt grundsätzlich eine gewerbliche Tätigkeit vor, die die Anwendung des § 99 Nr. 2 GWB ausschließt.[70] Finanzielle Vergünstigungen irgendwelcher Art gegenüber anderen Wettbewerbsteilnehmern können dagegen zur Bejahung des funktionellen Auftraggeberbegriffs führen.[71]

---

[63] OLG Celle, VergabeR 2012, 182 (183 f.) – Bistum.

[64] EuGH, Rs. C-44/96, Slg. 1998, I-73, Rn. 20 ff. – Mannesmann Anlagenbau Austria; Rs. C-373/00, Slg. 2003, I-1931 – Truley; C-300/07, Slg. 2009, I-4779 (4803) – AOK.

[65] EuGH, Rs. C-44/96, Slg. 1998, I-73, Rn. 37 ff. – Mannesmann Anlagenbau Austria; OLG Karlsruhe, VergabeR 2009, 108 (110).

[66] EuGH, Rs. C-470/99, Slg. 2002, I-11617, Rn. 56 ff. – Universale Bau; OLG Karlsruhe, VergabeR 2009, 108 (110).

[67] EuGH, Rs. C-470/99, Slg. 2002, I-11617, Rn. 56 ff. – Universale Bau; *Ziekow*, in: ders./Völlink, § 98 GWB, Rn. 76 ff.

[68] EuGH, Rs. C-44/96, Slg. 1998, 4, Rn. 25 – Mannesmann Anlagenbau Austria; Rs. C-393/06, Slg. 2008, I-2339, Rn. 47 – Aigner; Rs. C-567/15, EU:C:2017:736, Rn. 40 – LitSpecMet; OLG Düsseldorf, NZBau 2013, 653 (654).

[69] EuGH, Rs. C-18/01, Slg. 2003, I-5321, Rn. 47 ff. – Korhonen; OLG Celle, VergabeR 2007, 86, (87 f.); OLG Karlsruhe, VergabeR 2009, 108 (112).

[70] EuGH, Rs. C-360/96, Slg. 1998, I-6821, Rn. 49 – Gemeente Arnhem; Rs. C-373/00, Slg. 2003, I-1931, Rn. 60 – Truley; Rs. C-18/01, Slg. 2003, I-5321, Rn. 51 – Korhonen; Rs. 393/06, Slg. 2008, I-2339, Rn. 41 – Fernwärme Wien GmbH.

[71] OLG Düsseldorf, NZBau 2018, 370 – Messegesellschaft.

§ 99 Nr. 2 GWB setzt schließlich voraus, dass Gebietskörperschaften oder **28** Verbände i. S. d. § 99 Nr. 3 GWB die Einrichtung entweder überwiegend finanzieren oder über ihre Leitung die Aufsicht ausüben oder maßgeblichen Einfluss auf die Besetzung der Geschäftsführung oder des Aufsichtsgremiums genommen haben.

Nicht erforderlich ist dafür, dass die Tätigkeit der fraglichen Einrichtung direkt **29** vom Staat oder einer anderen öffentlichen Stelle finanziert wird. Eine indirekte öffentliche Finanzierung reicht aus.[72]

> **Beispiel**
> *Gesetzliche Krankenkassen*, deren Tätigkeit hauptsächlich durch Mitgliedsbeiträge finanziert wird, sind öffentliche Auftraggeber i. S. d. § 99 Nr. 2 GWB, weil die Festsetzung der Höhe des Beitragssatzes im Wesentlichen gesetzlich vorgegeben ist und zudem der Genehmigung durch die staatliche Aufsichtsbehörde bedarf.[73] Dagegen verfügen *Ärztekammern* nach Auffassung des *EuGH*[74] bei der Festlegung der Höhe der Beiträge über eine Autonomie, die eine Anwendung des funktionellen Auftraggeberbegriffs trotz im Übrigen struktureller Ähnlichkeiten mit den gesetzlichen Krankenkassen ausschließt.

Hinsichtlich des Kriteriums der Aufsicht über die Leitung ist erforderlich, aber auch **30** ausreichend, dass die Leitung der Einrichtung einer Aufsicht durch die öffentliche Hand untersteht, die es dieser ermöglicht, die Entscheidungen auch in Bezug auf die Vergabe öffentlicher Aufträge zu beeinflussen. Wird die Tätigkeit einer Gesellschaft z. B. durch ihre Satzung in einem sehr engen Rahmen geregelt, und sind die Regeln für die Führung der Geschäfte sehr detailliert, kann die bloße Überwachung der Einhaltung dieser Regeln für sich allein schon dazu führen, dass der öffentlichen Hand ein bedeutender Einfluss eingeräumt wird.[75]

c) Verbände, deren Mitglieder unter Nr. 1 oder 2 fallen (§ 99 Nr. 3 GWB)

Öffentliche Auftraggeber sind gem. § 99 Nr. 3 GWB auch Verbände, deren Mitglie- **31** der unter Nr. 1 oder 2 fallen.

> **Beispiel**
> Kommunale Spitzenverbände wie Städte- und Kreistage, Verwaltungsgemeinschaften, Zweckverbände.

---

[72] EuGH, Rs. C-337/06, Slg. 2007, I-11173, Rn. 34, 49 – Bayerischer Rundfunk; siehe dazu *Degenhart*, JZ 2008, 568; krit. *Wagner/Raddatz*, NZBau 2010, 731.

[73] EuGH, Rs. C-300/07, Slg. 2009, I-4779, Rn. 51 ff. – Oymanns.

[74] EuGH, Rs. C-526/11, EU:C:2013:543, Rn. 26 ff. – IVD; siehe dazu *Heyne*, NVwZ 2014, 621; *Jahn*, GewArch 2013, 440.

[75] EuGH, Rs. C-237/99, Slg. 2001, I-939 – OPAC; OLG Düsseldorf, NZBau 2013, 653 (655); *Kau*, NZBau 2016, 523 (526 ff.) krit. dazu *Roth*, NZBau 2013, 685.

d) Auftraggeber bei öffentlich geförderten Projekten (§ 99 Nr. 4 GWB)

32   Nach § 99 Nr. 4 GWB sind öffentliche Auftraggeber auch natürliche oder juristische Personen des privaten Rechts sowie juristische Personen des öffentlichen Rechts, soweit sie nicht unter § 99 Nr. 2 fallen, in den Fällen, in denen sie für Tiefbaumaßnahmen, für die Errichtung von Krankenhäusern, Sport-, Erholungs- oder Freizeiteinrichtungen, Schul-, Hochschul- oder Verwaltungsgebäuden oder für damit in Verbindung stehende Dienstleistungen und Auslobungsverfahren von Stellen, die unter § 99 Nr. 1 bis 3 GWB fallen, Mittel erhalten, mit denen diese Vorhaben zu mehr als 50 % subventioniert werden. Diese Vorschrift hat zur Folge, dass Rechtssubjekte, die normalerweise nicht dem Vergaberecht unterliegen, bei bestimmten Vorhaben dem Vergaberecht unterworfen sein können.[76]

33   Sinn des § 99 Nr. 4 GWB ist es zu verhindern, dass sich der Staat seinen vergaberechtlichen Verpflichtungen durch Zwischenschaltung von durch ihn subventionierten Auftraggebern entzieht.[77] Im Gegensatz zu § 99 Nr. 1 bis 3 GWB knüpft daher die Eigenschaft als öffentlicher Auftraggeber bei § 99 Nr. 4 GWB nicht an die Person des Auftraggebers, sondern an ein bestimmtes Vorhaben an. Bei der 50 %-Grenze ist auf die gesamten Projektkosten einschließlich aller damit in Verbindung stehender Dienstleistungen abzustellen. Maßgeblich ist insoweit nicht der Nettoauftragswert, sondern der Bruttoauftragswert inklusive Umsatzsteuer.[78]

34 ▶   **Beachte** Auch Personen, die keine öffentlichen Auftraggeber nach § 99 Nr. 4 GWB sind, werden in aller Regel, wenn sie *Zuwendungen* für ein Vorhaben erhalten, im zugrunde liegenden Zuwendungsvertrag oder als Auflage im Zuwendungsbescheid bei Auftragsvergaben zur Einhaltung der Bestimmungen des Vergaberechts verpflichtet. Zwar handelt es sich bei Zuwendungen nicht um öffentliche Aufträge.[79] Verstöße gegen die so begründete öffentliche Ausschreibungspflicht können jedoch die Aufhebung und die verzinsliche Rückforderung einer Zuwendung nach sich ziehen.[80]

e) Sektorenauftraggeber (§ 100 GWB)

35   Für sog. Sektorentätigkeiten gemäß § 102 GWB in den für die Daseinsvorsorge wichtigen Bereichen der Versorgung mit Wasser, Elektrizität, Gas und Wärme, Verkehrsleistungen und Förderung fossiler Brennstoffe gelten besondere Vorschriften,

---

[76] OLG Celle, VergabeR 2012, 182 (184) – Bistum.

[77] OLG München, VergabeR 2011, 205 (208); *Weyand*, § 98 GWB Rn. 167.

[78] OLG Celle, VergabeR 2012, 182 (184 f.) – Bistum.

[79] Zur Abgrenzung OLG Düsseldorf, VPR 2018, 172.

[80] Siehe dazu EuGH, Slg. 2011, I-14081, Rn. 37 ff.; BVerwG, NVwZ 2013, 1082 m. Anm. *Burgi*; BGH, BauR 2012, 496; NdsOVG, Beschl. v. 03.09.2012 – 8 LA 187/11 – juris, Rn. 19; OVG NRW, NVwZ-RR 2012, 671; OVG RP, Urt. v. 25.09.2012 – 6 A 10478/12 – juris, Rn. 40 ff.; VGH BW, Urt. v. 17.10.2013 – 9 S 123/12 – juris, Rn. 56; *Guarrata/Wagner*, NZBau 2018, 443; *Kaelble*, Verhältnis zum EG-Beihilfenrecht, in: Müller-Wrede, Kompendium, Kap. 36; *Pape/Holz*, NVwZ 2011, 1231; *Schilder*, VergabeR 2013, 661.

weil hier eine erhöhte Tendenz zu politischer Einflussnahme und Marktabschottung besteht. Aus diesem Grund werden durch § 100 GWB nicht nur öffentliche Auftraggeber gemäß § 99 Nr. 1 bis 3 GWB, die eine Sektorentätigkeit ausüben, sondern unter bestimmten Umständen auch Privatrechtssubjekte dem „Sondervergaberecht" für Sektorenauftraggeber unterworfen.

Dies setzt im Einzelnen voraus, dass natürliche oder juristische Personen des pri- **36** vaten Rechts eine Sektorentätigkeit entweder (lit. a) auf der Grundlage von besonderen oder ausschließlichen Rechten ausüben, die von einer zuständigen Behörde gewährt wurden, oder (lit. b) einem beherrschenden Einfluss öffentlicher Auftraggeber gemäß § 99 Nr. 1 bis 3 GWB unterliegen. Letzteres wird nach § 100 Abs. 3 GWB vermutet, wenn (Nr. 1) der öffentliche Auftraggeber unmittelbar oder mittelbar die Mehrheit des gezeichneten Kapitals der juristischen Person besitzt, (Nr. 2) über die Mehrheit der mit den Anteilen verbundenen Stimmrechte verfügt oder (Nr. 3) mehr als die Hälfte der Mitglieder des Verwaltungs-, Leitungs- oder Kontrollorgans bestellen kann. Der Begriff des beherrschenden Einflusses ist nicht identisch mit dem Beherrschungsbegriff des § 17 AktG. Er ist vielmehr Art. 106 Abs. 1 AEUV entlehnt.[81]

Besondere oder ausschließliche Rechte sind nach § 100 Abs. 2 S. 1 GWB Rechte, **37** die dazu führen, dass die Ausübung der Tätigkeit einem oder mehreren Unternehmen vorbehalten und die Möglichkeit anderer Unternehmen, diese Tätigkeiten auszuüben, erheblich beeinträchtigt wird. Keine besonderen oder ausschließlichen Rechte sind dagegen nach § 100 Abs. 2 S. 2 GWB Rechte, die aufgrund eines wettbewerblichen Verfahrens nach dem GWB oder anderen Vorschriften, das angemessen bekannt gemacht wurde und auf objektiven Kriterien beruht, gewährt wurden.

Beispiel

Der Eigenbetrieb Stadtwerke der Stadt X (= öffentlicher Auftraggeber i. S. d. § 98 Nr. 1 GWB) will einen Auftrag zum Bau von Leitungen für die Trinkwasserversorgung eines neuen Baugebiets vergeben. Er hat dabei, obwohl nicht selbst Sektorenauftraggeber, die Vorgaben der SektVO einzuhalten. Ferner sind etwa die Deutsche Bahn AG und ihre Tochtergesellschaften oder Flughafenbetreiber als öffentliche Unternehmen bei Beschaffungen im Rahmen ihrer Sektorentätigkeit an das Sektorenvergaberecht gebunden. Verfolgen sie dagegen mit einer Beschaffung sektorenfremde Zwecke, ist das allgemeine Vergaberecht anzuwenden.[82]

Nähere Bestimmungen über die Vergabe von Aufträgen für Sektorentätigkeiten tref- **38** fen §§ 136 ff. GWB und die auf § 113 GWB beruhende *SektVO*.

f) Konzessionsgeber (§ 101 GWB)

Konzessionsgeber sind nach § 101 Abs. 1 GWB öffentliche Auftraggeber gemäß § 99 **39** Nr. 1 bis 3 GWB (nicht dagegen nach § 99 Nr. 4 GWB) sowie Sektorenauftraggeber

---

[81] OLG Düsseldorf, NZBau 2010, 649 (650).
[82] EuGH, Rs. C-393/06, Slg. 2008, I-2339, Rn. 28 ff. – Aigner; *Bulla*, in: BeckOGK, § 631 BGB Rn. 2202.

gemäß § 100 Abs. 1 Nr. 1 und 2 GWB, die eine Sektorentätigkeit gemäß § 102 Abs. 2 bis 6 GWB ausüben (nicht dagegen gemäß § 102 Abs. 1 GWB im Bereich Wasser),[83] wenn sie eine Konzession (→ Rn. 58 ff.) vergeben.

2. Öffentlicher Auftrag

a) Begriff (§ 103 Abs. 1 GWB)

40   Nicht jeder Vertrag zwischen einem öffentlichen Auftraggeber und einem Dritten ist ein öffentlicher Auftrag i. S. d. Vergaberechts. Öffentliche Aufträge sind vielmehr gem. § 103 Abs. 1 GWB nur entgeltliche[84] Verträge über die Beschaffung von Leistungen, die die Lieferung von Waren, die Ausführung von Bauleistungen oder die Erbringung von Dienstleistungen zum Gegenstand haben.

41   Unerheblich ist dabei, ob es sich um privatrechtliche oder öffentlich-rechtliche Verträge handelt. Entscheidend ist vielmehr, ob Gegenstand eines Vertrages die *Beschaffung von Marktleistungen* oder die Ausübung hoheitlicher Gewalt ist.[85] Im letzteren Fall findet das Vergaberecht keine Anwendung.

42 ▶   **Beachte** Die EU erkennt nach Art. 4 Abs. 2 S. 1 EUV die nationale Identität der Mitgliedstaaten, die in ihren grundlegenden politischen und verfassungsmäßigen Strukturen einschließlich der kommunalen und regionalen Selbstverwaltung zum Ausdruck kommt, ausdrücklich an. Bund, Ländern und Gemeinden steht es deshalb frei zu entscheiden, wie die Erbringung von Bau- und Dienstleistungen am effizientesten gesteuert werden kann. Sie können wählen, ob sie die ihnen obliegenden Aufgaben von öffentlichem Interesse mit eigenen Mitteln oder in Zusammenarbeit mit anderen Körperschaften erfüllen oder ob sie private Wirtschaftsteilnehmer damit betrauen. Maßnahmen der Staatsorganisation sind keine Tätigkeiten am Markt und daher nicht dem Vergaberecht unterworfen. Zu diesem Zweck abgeschlossene Vereinbarungen zwischen Hoheitsträgern erfüllen deshalb mangels Beschaffungsbezugs nicht den Begriff des öffentlichen Auftrags.[86]

---

[83] Zu den Gründen für diese Ausnahme *Bulla*, in: Handbuch, 3. Kap., Rn. 128.

[84] Der Begriff des Entgelts umfasst dabei jeden vom Auftraggeber gewährten vermögenswerten Vorteil, also nicht etwa nur eine Geldzahlung, vgl. EuGH, Rs. C-399/98, Slg. 2001, I-5409, Rn. 76 ff. – Milano; Rs. C-220/05, Slg. 2007, I-412, Rn. 45 – Roanne. Für die Entgeltlichkeit ist ausreichend, dass zwischen Auftraggeber und Auftragnehmer vermögenswerte Leistungen gleich welcher Art ausgetauscht werden und das Rechtsgeschäft zumindest auch im unmittelbaren wirtschaftlichen Interesse des Auftraggebers liegt, vgl. BGHZ 162, 116 (129 ff.) – Altpapierverwertung II; OLG Karlsruhe, VergabeR 2017, 165 – Kiesverwertung m. Anm. *Probst*. Das weite Verständnis von Entgeltlichkeit soll öffentliche Aufträge von vergabefreien Gefälligkeitsverhältnissen oder außerrechtlichen Beziehungen abgrenzen, vgl. *Dreher*, in: Immenga/Mestmäcker, § 99 Rn. 49.

[85] OLG Naumburg, WuW/Verg 429 (431) – Rettungsdienst.

[86] So jetzt klarstellend Art. 1 Abs. 6 VRL, Art. 1 Abs. 4 KRL. Siehe auch *Siegel*, NZBau 2018, 507 (508).

> **Beispiel**
>
> Die benachbarten Städte X, Y und Z schließen sich vertraglich zu einem Zweck-
> verband zusammen. Diesem wird die Aufgabe der Abfallentsorgung auf dem Ge-
> biet aller drei Städte übertragen. Im Vertrag verpflichten sich die Städte dazu, den
> Zweckverband mit den für die Aufgabenerfüllung erforderlichen finanziellen Mit-
> teln auszustatten. Unter diesen Umständen liegt eine vergaberechtsfreie „Maß-
> nahme der internen Organisation" bzw. „echte Kompetenzübertragung" vor.[87]

Nach der Rechtsprechung des *EuGH*[88] setzt ein öffentlicher Auftrag mit Blick auf   **43**
die Zwecke des Vergaberechts (→ Rn. 2) zudem voraus, dass durch den Auftraggeber eine *Auswahlentscheidung* zugunsten eines Angebots und somit eines Auftrag-
nehmers getroffen wird. Strebt eine öffentliche Einrichtung deshalb an, mit allen
Wirtschaftsteilnehmern, die benötigte Waren oder Leistungen zu vorgegebenen Bedingungen anbieten, Verträge zu schließen, liegt kein öffentlicher Auftrag vor, weil
keine Gefahr einer Bevorzugung bestimmter Bieter oder Bewerber bei der Auftragsvergabe besteht.

b) Öffentlich-Private Partnerschaften

Dagegen findet das Vergaberecht Anwendung auf sog. *institutionalisierte öffentlich-*   **44**
private Partnerschaften (IÖPP), bei der gemischt-wirtschaftliche Unternehmen
gegründet werden, die sodann als Auftrag- oder Konzessionsnehmer fungieren.
Der Beitrag des privaten Partners besteht dabei neben der Einbringung von Kapital
in der aktiven Teilnahme an der Ausführung der Aufgabe, die dem gemischt-
wirtschaftlichen Unternehmen übertragen wird, und/oder in der Geschäftsführung
der Gesellschaft. Wegen der Beteiligung einer Privatperson liegt hier weder eine
verwaltungsinterne Organisationsmaßnahme i. S. v. Rn. 42 noch ein vergabefreies
In-House- oder In-State-Geschäft (→ Rn. 71 ff.) vor. Nach Auffassung der EU-
Kommission[89] ist für das komplexe Verfahren der Gründung und Übertragung eines
öffentlichen Auftrags an eine IÖPP das Verfahren des Wettbewerblichen Dialogs
(→ Rn. 132) besonders geeignet. Dadurch wird eine doppelte Ausschreibung
sowohl zur Auswahl eines privaten Partners als auch anschließend zur Vergabe des
öffentlichen Auftrags bzw. der Konzession vermieden.

Auch ohne Institutionalisierung durch Gründung einer selbstständigen Rechts-   **45**
person werden öffentlich-private Partnerschaften bzw. *Public-Private-Partnerships*
nach den obigen Grundsätzen in der Regel vom Vergaberecht erfasst. Insbesondere

---

[87] Siehe dazu EuGH, Rs. C-51/15, EU:C:2016:985, Rn. 46 ff. – Remondis, m. Anm. *Griechwitz*,
EuZW 2017, 144; OLG Celle, VergabeR 2017, 721; *Burgi*, Vergaberecht, § 11 Rn. 12a ff.; *Fritz*,
NZBau 2017, 537; *Gyulai-Schmidt*, VerwArch 109 (2018), 242; *Portz*, VergabeR 2017, 704.

[88] EuGH, Rs. C-410/14, EU:C:2016:399, Rn. 36 ff. – Falk Pharma, m. Anm. *Schabel*, EuZW 2016,
705.

[89] Siehe Mitteilung der Kommission vom 05.02.2008 zu Auslegungsfragen in Bezug auf die Anwendung der gemeinschaftlichen Rechtsvorschriften für öffentliche Aufträge und Konzessionen
auf institutionalisierte Öffentlich Private Partnerschaften, ABl. EU 2008 C 91/4; siehe dazu auch
Knauff, NZBau 2005, 249.

§ 105 GWB ist hierfür einschlägig, da Schätzungen zufolge 60 % aller gängigen PPP-Modelle mit der Vergabe einer Konzession verbunden sind.[90]

c) Privatisierungen

46 Ein Zwang zur Privatisierung staatlicher Leistungen ist mit dem Vergaberecht nicht verbunden.[91] Zwar stellen *Privatisierungsvorgänge* (→ § 6 Rn. 9 ff.) für sich genommen keinen öffentlichen Auftrag dar, weil es insoweit an einem unmittelbaren Beschaffungscharakter fehlt und das Unionsrecht den Mitgliedstaaten keine bestimmte Rechtsform für die Erfüllung ihrer Aufgaben vorschreibt (→ Rn. 4, 42). Jedoch ist nach dem funktionalen Ansatz (→ Rn. 3) das Vergaberecht auch auf Privatisierungen anwendbar, wenn damit erkennbar der Abschluss eines öffentlichen Auftrags verknüpft ist bzw. werden soll. Dann hat eine Privatisierung einen mittelbaren Beschaffungsbezug.[92]

Beispiel

Die österreichische Stadt Mödling gründete eine Eigengesellschaft und schloss mit dieser eine Vereinbarung ab, wonach dieser die Abfallentsorgung im Stadtgebiet übertragen wurde. Zwei Wochen später beschloss der Gemeinderat, 49 % der Anteile an der Gesellschaft auf eine private AG zu übertragen. Der *EuGH*[93] entschied hierzu auf Klage der EU-Kommission, dass die Pflicht des öffentlichen Auftraggebers, eine Ausschreibung vorzunehmen, aus Gründen der Rechtssicherheit zwar normalerweise anhand der Bedingungen zu prüfen ist, die zum Zeitpunkt der Vergabe des fraglichen öffentlichen Auftrags vorliegen, jedoch die besonderen Umstände des Einzelfalls hier erforderten, die kurze Zeit später erfolgte Anteilsveräußerung an eine Privatperson zu berücksichtigen. Er qualifizierte daher den Gesamtvorgang als öffentlichen Dienstleistungsauftrag.

---

47 Nach der Rechtsprechung des *EuGH*[94] stellt auch die (Teil-)Privatisierung einer kommunalen Eigengesellschaft, die mit der Erbringung öffentlicher Dienstleistungen beauftragt wurde, eine wesentliche Vertragsänderung dar, die eine (erneute) öffentliche Ausschreibung erfordert.

d) Auftragsarten (§ 103 Abs. 2 bis 4 GWB)

48 Die einzelnen Auftragsarten werden in § 103 Abs. 2 bis 4 GWB definiert. Die genaue Abgrenzung ist u. a. wegen der unterschiedlich hohen Schwellenwerte

---

[90] Siehe Nr. 13 der von der EU-Kommission herausgegebenen FAQ's zur KRL vom 15.01.2014, http://europa.eu/rapid/press-release_MEMO-14-19_en.htm (22.02.2019).

[91] Siehe den 31. und 33. Erwägungsgrund der VRL; *Burgi*, Vergaberecht, § 11 Rn. 24.

[92] *Bulla*, in: BeckOGK, § 631 BGB Rn. 2059 f.; *Dreher*, NZBau 2002, 245 (248 ff.); *Jennert*, Öffentlich-Private Partnerschaft, einschließlich Dienstleistungs- und Baukonzession, in: Müller-Wrede, Kompendium, Kap. 10 Rn. 73 ff.; *Müller/Brauser-Jung*, NVwZ 2007, 884 (885 f.).

[93] EuGH, Rs. C-29/04, Slg. 2005, I-9705, Rn. 38 ff. – Stadt Mödling.

[94] EuGH, Rs. C-573/07, Slg. 2009, I-8127, Rn. 53 – Sea; siehe auch OLG Düsseldorf, NZBau 2012, 50 (53) – stoffgleiche Nichtverpackungen.

(→ Rn. 66) von erheblicher Bedeutung. Die Bestimmung der Auftragsart erfolgt in Zweifelsfällen nach §§ 110 ff. GWB.[95]

aa) Lieferaufträge

Lieferaufträge sind gem. § 103 Abs. 2 S. 1 GWB Verträge zur Beschaffung von Wa- **49** ren, die insbesondere Kauf oder Ratenkauf oder Leasing, Miet- oder Pachtverhält- nisse mit oder ohne Kaufoption betreffen. Dass das Eigentum an dem Vertragsge- genstand auf den Auftraggeber übergeht, stellt dabei keine zwingende Voraussetzung für die Anwendung des Vergaberechts dar. Erforderlich ist nur, dass der Auftragge- ber für einen längeren Zeitraum die gelieferte Ware nutzen kann.[96] Als Waren sind nach der Rechtsprechung des *EuGH* alle Erzeugnisse anzusehen, die einen Geldwert haben und Gegenstand von Handelsgeschäften sein können (→ § 1 Rn. 22).[97]

> **Beispiel**
>
> Aufträge über die Lieferung von Strom und Gas, Fahrzeugen, Computern, Büro- möbeln, nicht dagegen Arzneimittelrabattvereinbarungen zwischen einer gesetz- lichen Krankenkasse und einem Pharmaunternehmen nach § 130a Abs. 8 SGB V im sog. *Open-House-Modell*.[98]

Nach § 103 Abs. 2 S. 2 GWB können die Verträge auch Nebenleistungen umfassen, **50** wie z. B. das Verlegen und Anbringen. Stellt der Auftragnehmer die gelieferte Ware hingegen dem Auftrag entsprechend erst her, kann anstelle eines Lieferauftrags ein Dienstleistungsauftrag vorliegen.

> **Hinweis** **51**
>
> Neben Lieferaufträgen unterliegen auch *Rahmenvereinbarungen* nach §§ 103 Abs. 5 GWB, 21 VgV dem Vergaberecht, obwohl diese nur Bedingungen für öf- fentliche Aufträge, die in einem bestimmten Zeitraum vergeben werden, festle- gen, insbesondere in Bezug auf den Preis und ggfs. die in Aussicht genommene Menge.[99] Rahmenvereinbarungen ermöglichen es dem Auftraggeber, die Bedin- gungen für regelmäßig wiederkehrende Beschaffungen festzulegen, um dann die Einzelaufträge ohne erneute Ausschreibung kurzfristig zu erteilen. Die Rahmen- vereinbarung muss selbst nicht die Merkmale eines öffentlichen Auftrags auf-

---

[95] *Klar*, NVwZ 2014, 185 (187).

[96] Siehe den 4. Erwägungsgrund der VRL.

[97] St. Rspr. seit EuGH, Rs. 7/68, Slg. 1968, 634 (642) – Kommission/Italien.

[98] EuGH, Rs. C-410/14, EU:C:2016:399, Rn. 42 – Falk Pharma, m. Anm. *Schabel*, EuZW 2016, 705; *Willenbruch*, VergabeR 2017, 419.

[99] Vgl. die gleichlautenden Definitionen in Art. 33 Abs. 1 VRL und Art. 51 Abs. 1 SRL. Siehe dazu auch *Knauff*, VergabeR 2006, 24; *ders.*, in: Müller-Wrede, GWB-Vergaberecht, § 101 Rn. 53 ff.; *Poschmann*, Rahmenvereinbarungen, in: Müller-Wrede, Kompendium, Kap. 16; *Wichmann*, Ver- gabeR 2017, 1.

weisen, um eine Ausschreibungspflicht zu begründen. Es genügt, wenn die darin geregelten Einzelaufträge als entgeltliche Lieferungen anzusehen sind.[100]

bb) Bauaufträge

52 *Öffentliche Bauaufträge* sind nach der sperrigen Definition in § 103 Abs. 3 S. 1 GWB Verträge über die Ausführung oder die gleichzeitige Planung und Ausführung

1. „von Bauleistungen im Zusammenhang mit einer der Tätigkeiten, die in Anhang II VRL und Anhang I SRL genannt sind, oder
2. eines Bauwerkes für den öffentlichen Auftraggeber oder Sektorenauftraggeber, das Ergebnis von Tief- oder Hochbauarbeiten ist und eine wirtschaftliche oder technische Funktion erfüllen soll."

Nach § 103 Abs. 3 S. 2 GWB liegt ein Bauauftrag ferner vor, wenn ein Dritter eine Bauleistung gemäß den vom Auftraggeber genannten Erfordernissen erbringt, die dem Auftraggeber unmittelbar wirtschaftlich zugutekommt, und dieser einen entscheidenden Einfluss auf Art und Planung der Bauleistung hat.

53   Die Frage, was unter „den vom Auftraggeber genannten Erfordernissen" zu verstehen ist, war lange Zeit unklar und umstritten, wurde jedoch auf einen Vorlagebeschluss des *OLG Düsseldorf*[101] durch den *EuGH*[102] geklärt. Danach setzt ein öffentlicher Bauauftrag voraus, dass der Auftragnehmer eine *einklagbare Bauverpflichtung* übernimmt, an der der Auftraggeber ein *unmittelbares wirtschaftliches Interesse* hat. Letzteres ist (alternativ) gegeben, wenn der Auftraggeber

- nach dem Vertrag Eigentümer des Bauwerks wird,
- über einen Rechtstitel verfügt, der die öffentliche Zweckbestimmung des Bauwerks sicherstellt,
- wirtschaftliche Vorteile aus der zukünftigen Nutzung oder Veräußerung des Bauwerks ziehen kann,
- an der Erstellung des Bauwerks finanziell beteiligt ist[103] oder
- Risiken im Fall eines wirtschaftlichen Fehlschlags des Bauwerks trägt.

---

[100] OLG Düsseldorf, VergabeR 2012, 475 (477) – Open-House-Rabattvertrag.

[101] OLG Düsseldorf, NZBau 2008, 727 – Sontra.

[102] EuGH, Rs. C-451/08, Slg. 2010, I-2673 – Helmut Müller; siehe dazu auch OLG München, NZBau 2012, 134 – Kasernengelände; *Brakalova*, EuZW 2010, 340; *Görtz*, NZBau 2010, 293; *Haak*, VergabeR 2011, 351; *Hausmann*, VR 2011, 41; *Hertwig*, VergabeR 2010, 554; *Kühling*, NVwZ 2010, 1257; *Seidler*, NZBau 2010, 552; *Tomerius*, ZfBR 2012, 332; *Vetter/Bergmann*, NVwZ 2010, 569.

[103] Dabei kann auch der Verkauf eines Grundstücks unter dem Verkehrswert zur Annahme einer finanziellen Beteiligung des öffentlichen Auftraggebers und damit zu einem unmittelbaren wirtschaftlichen Interesse an der Bauleistung führen, vgl. OLG Düsseldorf, NZBau 2010, 580 (581) – Haan.

Allein die Verwirklichung einer vom Auftraggeber gewünschten, städtebaulichen **54** Entwicklung ist demnach für die Bejahung eines öffentlichen Bauauftrags nicht ausreichend. Grundstücksverkäufe durch Gemeinden unterfallen also grundsätzlich nicht dem Vergaberecht,[104] solange der Erwerber keine Bauverpflichtung gegenüber der Gemeinde übernimmt, an der diese ein unmittelbares wirtschaftliches Interesse im oben genannten Sinne hat. Im Zusammenhang mit der *Anwendbarkeit des Vergaberechts im Städtebau*[105] bestehen allerdings nach wie vor zahlreiche Unklarheiten.[106] Angesichts der Vielgestaltigkeit der Fallkonstellationen in der Praxis ist stets eine sorgfältige Prüfung des Einzelfalls und im Zweifel die Durchführung eines wettbewerblichen Verfahrens ratsam.[107]

Die h.M. legt den Begriff der Bauleistung bisher in dem Sinne weit aus, dass **55** alles, was zur Herstellung eines funktionsfähigen Bauwerks notwendig ist, vom Begriff des Bauauftrags erfasst wird.[108] Ob ein notwendiger Funktionszusammenhang besteht, richtet sich dabei nach dem Nutzungszweck, den der Auftraggeber mit dem Bauwerk verfolgt. Auch ein fester Einbau von Ausstattungsgegenständen in ein Gebäude ist zur Bejahung eines Bauauftrags nicht zwingend erforderlich.

> **Beispiel**
> Die Lieferung von Geräten und Werkbänken zur Einrichtung einer Lehrwerkstatt für die Ausbildung im Bereich Metalltechnik ist eine Bauleistung, da das Gebäude ohne diese Ausstattung nicht bestimmungsgemäß genutzt werden könnte.[109] Dagegen ist die bloße Lieferung von Baustoffen oder das bloße Vermieten von Baugeräten ein selbstständiger Lieferauftrag.[110]

cc) Dienstleistungsaufträge

Als *Dienstleistungsaufträge* i. S. d. § 103 Abs. 4 GWB gelten Verträge über Leistun- **56** gen, die nicht unter Abs. 2 oder 3 fallen.

> **Beispiel**
> Gebäudereinigung, Kanalreinigung, Abfallentsorgung.

---

[104] *Dreher*, in: Immenga/Mestmäcker, § 99 Rn. 38.

[105] Siehe dazu etwa Gemeindeprüfungsanstalt Baden-Württemberg, GPA-Mitteilung Nr. 1/2014, abrufbar unter www.gpabw.de; *Birk*, Städtebauliche Verträge, 5. Aufl. 2013, S. 80 ff.; *Gartz*, NZ-Bau 2011, 437; *Grziwotz*, in: Ernst/Zinkahn/Bielenberg/Krautzberger, BauGB, Bd. 2, § 11 Rn. 385 ff. (Stand: 110. EL August 2013); *Otting*, VergabeR 2013, 343; *Wellens*, DVBl. 2009, 423.

[106] Siehe *L. Diederichsen*, EurUP 2018, 237 (245) m. w. N.

[107] *Burgi*, Vergaberecht, § 10 Rn. 4.

[108] OLG Dresden, VergabeR 2005, 258 (258 f.).

[109] OLG Dresden, VergabeR 2005, 258.

[110] OLG Brandenburg, Beschl. v. 25.05.2010 – Verg W 15/09 – juris, Rn. 53 – Richtfunkstation; OLG Düsseldorf, VergabeR 2011, 78 (79) – Brandmeldeanlage; OLG München, VergabeR 2010, 677 (680) – Tonanlage; *Bulla*, in: BeckOGK, § 631 BGB Rn. 2115.

57 Der vergaberechtliche Begriff des Dienstleistungsauftrages ist nicht identisch mit dem Begriff des Dienstvertrages nach § 611 BGB. Auftragnehmer kann auch ein öffentlicher Auftraggeber sein.[111]

dd) Konzessionen

58 Abzugrenzen sind Bau- und Dienstleistungsaufträge von Bau- und *Dienstleistungs-konzessionen*.[112] Diese werden in § 105 Abs. 1 GWB definiert als „entgeltliche Ver-träge, mit denen ein oder mehrere Konzessionsgeber ein oder mehrere Unternehmen mit der Erbringung von Bauleistungen" oder „mit der Erbringung und der Verwal-tung von Dienstleistungen betrauen", wobei die Gegenleistung anders als bei einem normalen öffentlichen Auftrag nicht in einer Zahlung des Auftraggebers, sondern entweder allein in dem Recht des Konzessionsnehmers zur Nutzung des Bauwerks bzw. zur Verwertung der Dienstleistungen oder in einem solchen Recht zuzüglich einer Zahlung besteht. Konzessionen werden häufig bei Infrastruktureinrichtungen vergeben.

Beispiel für Baukonzession

Auftrag zum Bau eines Fernstraßenabschnitts, bei dem der Konzessionsnehmer vom Konzessionsgeber ein befristetes Nutzungsrecht sowie das Recht erhält, zur Refinanzierung der Bauleistungen eine Mautgebühr von den Nutzern zu erheben.[113]

Beispiel für Dienstleistungskonzession

Recht zur Schaffung und zum Betrieb bestimmter Leistungen des öffentlichen Per-sonennahverkehrs,[114] eines öffentlichen Parkplatzes,[115] der Wasserversorgung[116] und Abwasserbeseitigung,[117] einer Spielbank,[118] öffentlicher Toiletten[119] oder von Anlagen der Außenwerbung.[120]

---

[111] EuGH, Rs. C-107/98, Slg. 1999, I-8121, Rn. 51 – Teckal; Rs. C-159/11, EU:C:2012:817, Rn. 26 – Ordine degli Ingegneri della Provincia di Lecce u. a., m. Anm. *Schrotz/Ahlhaus*, NVwZ 2013, 710; *Bulla*, in: Handbuch, 3. Kap. Rn. 10.

[112] Siehe dazu EuGH, Rs. C-221/12, EU:C:2013:736, Rn. 25 ff. – Belgacom; *Bultmann*, NVwZ 2011, 72; *Classen*, VergabeR 2016, 13; *Jennert*, Öffentlich-Private Partnerschaft, einschließlich Dienstleistungs- und Baukonzession, in: Müller-Wrede, Kompendium, Kap. 10 Rn. 10 ff.; *Knauff*, VergabeR 2013, 157; *Mösinger*, NZBau 2015, 545; *Opitz*, NVwZ 2014, 753 (754 ff.); *Siegel*, Ver-gabeR 2015, 265.

[113] *Klar*, NVwZ 2014, 185 (190).

[114] OLG Karlsruhe, NVwZ-RR 2007, 27.

[115] EuGH, Rs. C-458/03, Slg. 2005, I-8585 – Parking Brixen.

[116] EuGH, Rs. C-196/08, Slg. 2009, I-9913 – Acoset.

[117] EuGH, Rs. C-206/08, Slg. 2009, I-8377 – Eurawasser; dazu *Byok/Bormann*, NVwZ 2010, 1262 (1264).

[118] OLG Hamburg, VergabeR 2018, 35 m. Anm. *von Donat/Plauth*.

[119] EuGH, Rs. C-91/08, Slg. 2010, I-2815 – Wall.

[120] Dazu *Bulla/Schneider*, ZfBR 2011, 657; weitere Beispiele bei *Eschenbruch*, in: Kulartz/Kus/Portz/Prieß*, § 99 Rn. 617.

Der Konzessionsnehmer erhebt zur Refinanzierung in der Regel von den Nutzern **59** Entgelte.[121] Es entsteht bei Konzessionen also im Gegensatz zu zweiseitigen öffentlichen Aufträgen gleichsam ein Dreiecksverhältnis.[122]

Einem Konzessionsnehmer wird im Gegensatz zum Auftragnehmer eines öffent- **60** lichen Bau- oder Dienstleistungsauftrags vom öffentlichen Auftraggeber das wirtschaftliche Risiko der betreffenden Bau- oder Dienstleistung übertragen (§ 105 Abs. 2 GWB). Dieses sog. *Betriebsrisiko* besteht, wenn unter normalen Betriebsbedingungen nicht garantiert ist, dass die Investitionsaufwendungen oder die Kosten für die Erbringung der Leistungen, die Gegenstand der Konzession sind, vom Konzessionsnehmer wieder erwirtschaftet werden können, sondern der Konzessionsnehmer insoweit den Unwägbarkeiten des Marktes ausgesetzt ist,[123] so dass es auch zu erheblichen Verlusten kommen kann. Für die Annahme einer Konzession unschädlich ist, dass der Konzessionsgeber den Konzessionsnehmer für die Erfüllung der übertragenen Aufgabe bezuschusst, solange dies nicht faktisch zu einer Verlagerung des Betriebsrisikos auf den Konzessionsgeber führt.

Abzugrenzen sind Konzessionen von schlichten Gestattungen in Form von Ge- **61** nehmigungen oder Lizenzen. Diese unterfallen nicht dem Vergaberechtsregime, wenn und soweit lediglich Nutzungsrechte vergeben werden, ohne dass sich der Auftraggeber eine bestimmte Bau- oder Dienstleistung beschafft, die ihm unmittelbar oder mittelbar von Nutzen ist.[124] Zwar fällt nach diesen Kriterien die Platzvergabe auf Volksfesten und Weihnachtsmärkten grundsätzlich nicht unter den Konzessionsbegriff.[125] Anders verhält es sich jedoch, wenn Kommunen den Betrieb öffentlicher Einrichtungen insgesamt Privaten überantworten, wie etwa die Durchführung von Märkten und Messen.[126]

ee) Wettbewerbe

Wettbewerbe i. S. v. § 103 Abs. 6 GWB sind *Auslobungsverfahren*, die dem Auftrag- **62** geber auf Grund vergleichender Beurteilung durch ein Preisgericht mit oder ohne Verteilung von Preisen zu einem Plan oder einer Planung verhelfen sollen. Auch

---

[121] EuGH, Rs. C-458/03, Slg. 2005, I-8585, Rn. 39 – Parking Brixen; Rs. C-206/08, Slg. 2009, I-8377, Rn. 57 – Eurawasser; Rs. C-274/09, Slg. 2011, I-1335, Rn. 24 – Stadler; Rs. C-348/10, Slg. 2011, I-10983, Rn. 41 – Ludza; BGHZ 188, 200 (215) – S-Bahn-Verkehr Rhein/Ruhr I; OLG Brandenburg, VergabeR 2010, 699 (702) – tierische Nebenprodukte.

[122] So Generalanwältin *Kokott*, Schlussanträge v. 01.03.2005 – Rs. C-458/03, Slg. 2005, I-8612, Rn. 30 – Parking Brixen; *Jennert*, Öffentlich-Private Partnerschaft, einschließlich Dienstleistungs- und Baukonzession, in: Müller-Wrede, Kompendium, Kap. 10 Rn. 15; *Michaels*, NVwZ 2011, 969 (971).

[123] EuGH, Rs. C-234/03, Slg. 2005, I-9315, Rn. 22 – Contse; Rs. C-300/07, Slg. 2009, I-4779, Rn. 74 – Oymanns. Siehe auch den 20. Erwägungsgrund der KRL und *Mestwerdt/Stanko*, VergabeR 2017, 348.

[124] Vgl. *F. Wollenschläger*, in: Beck´scher Vergaberechtskommentar, § 105 GWB, Rn. 38.

[125] *Krönke*, NVwZ 2016, 568 (575); *Opitz* NVwZ 2014, 753 (756).

[126] OVG Berlin-Brandenburg, NVwZ-RR 2011, 293 (294); VG Köln, NVwZ-RR 2009, 327 (328); *F. Wollenschläger*, in: Beck´scher Vergaberechtskommentar, § 105 GWB, Rn. 45.

insoweit handelt es sich um einen autonomen Begriff des EU-Vergaberechts, der nicht i. S. d. § 661 BGB zu verstehen ist.[127] Erfasst werden davon insbesondere Architektenwettbewerbe.

ff) Verteidigungs- oder sicherheitsrelevante Aufträge

63 *Verteidigungs- oder sicherheitsrelevante Aufträge* i. S. v. § 104 GWB sind Aufträge, deren Gegenstand u. a. die Lieferung von Militärausrüstung oder von Liefer-, Bau- und Dienstleistungen speziell für militärische Zwecke umfasst. Einzelheiten hierzu sind in der *VSVgV* geregelt.

e) Abgrenzung zwischen den einzelnen Auftragsarten

64 Die Abgrenzung zwischen den einzelnen Auftragsarten[128] richtet sich nach der Rechtsprechung des *EuGH* allein nach dem Unionsrecht.[129] Die dafür maßgeblichen Vorgaben in Art. 3 VRL, Art. 5 f. SRL und Art. 20 ff. KRL werden durch §§ 110 ff. GWB umgesetzt. Öffentliche Aufträge oder Konzessionen, die verschiedene Leistungen zum Gegenstand haben, werden gemäß § 110 Abs. 1 GWB nach den Vorschriften vergeben, denen der Hauptgegenstand des Auftrags zuzuordnen ist (sog. *Schwerpunkttheorie*). Dabei ist nicht allein auf die Wertverhältnisse der verschiedenen Elemente abzustellen, sondern auf die wesentlichen, vertragsprägenden Verpflichtungen.[130]

> **Beispiel**
>
> Bei einem Auftrag für die Errichtung und den Betrieb einer Autobahnraststätte mit Tankstelle auf die Dauer von 30 Jahren handelt es sich nicht um eine Bau-, sondern eine Dienstleistungskonzession, weil der Bau im Verhältnis zum langjährigen Betrieb als untergeordnet anzusehen ist.[131] Dasselbe gilt für den Betrieb eines vom Auftragnehmer zu errichtenden örtlichen Breitbandnetzes über einen Zeitraum von mindestens 7 Jahren.[132]

65 Voraussetzung für eine einheitliche Qualifizierung der ausgeschriebenen Leistungen ist allerdings stets, dass die einzelnen Teile eines gemischten Vertrags nach der Ausschreibung untrennbar miteinander verbunden sind und somit ein unteilbares Ganzes bilden.[133] Sind die einzelnen Elemente eines öffentlichen Auftrags dagegen

---

[127] *Bulla*, in: BeckOGK, § 631 BGB Rn. 2111.

[128] Siehe dazu auch *Klar*, NVwZ 2014, 185.

[129] EuGH, Rs. C-458/03, Slg. 2005, I-8585, Rn. 40 – Parking Brixen; siehe dazu Art. 3 VRL, Art. 5 f. SRL, Art. 20 ff. KRL.

[130] EuGH, Rs. C-331/92, Slg 1994, I-1329, Rn. 26 f. – Gestión Hotelera Internacional SA; Rs. C-196/08, Slg. 2009, I-9913, Rn. 49 – Acoset.

[131] OLG Karlsruhe, VergabeR 2013, 570 (Rn. 36) – Autobahnraststätte.

[132] OLG Karlsruhe, NZBau 2015, 506 (507 f.) – Breitbandausschreibung.

[133] EuGH, Rs. C-145/08, Slg. 2010, I-4165, Rn. 48 – Club Hotel Loutraki.

klar voneinander trennbar und ist dabei keines der Elemente von nur untergeordneter Bedeutung (sog. *Trennungstheorie*), so sind Parallelausschreibungen für jeden Teil zulässig.[134]

3. Schwellenwerte (§ 106 GWB)

Die Vergabevorschriften der §§ 97 ff. GWB finden nur Anwendung, wenn der zur Zeit der Einleitung des Vergabeverfahrens geschätzte Gesamtauftragswert ohne Umsatzsteuer die jeweils geltenden Schwellenwerte erreicht oder überschreitet (§ 106 Abs. 1 GWB). Diese werden für die einzelnen Auftragsarten in den in § 106 Abs. 2 GWB genannten EU-Richtlinien und dazu erlassenen Durchführungsverordnungen festgelegt.[135] Seit dem 01.01.2018 betragen sie für Bauaufträge und Konzessionsvergaben jeweils 5.548.000 Euro, für Liefer- und Dienstleistungsaufträge Oberer und Oberster Bundesbehörden 144.000 Euro, bei Sektorenauftraggebern 443.000 Euro und bei sonstigen öffentlichen Auftraggebern 221.000 Euro. Abweichende Schwellenwerte gelten im Bereich Verteidigung und Sicherheit sowie bei der Vergabe sog. personenbezogener Dienstleistungen i. S. v. Anhang XIV VRL (z. B. Dienstleistungen im Bereich öffentliche Sicherheit und Rettungsdienste, Hotel und Gaststätten, Rechtsberatung). **66**

Maßgeblich für die Beurteilung ist dabei in allen Fällen der vom Auftraggeber zu schätzende Gesamtauftragswert ohne Umsatzsteuer.[136] Unterbleibt infolge fehlerhafter Schätzung des Schwellenwerts eine europaweite Bekanntmachung einer Auftragsvergabe, können subjektive Bieterrechte beeinträchtigt sein.[137] **67**

Hinweis **68**

Für Auftragsvergaben unterhalb der europarechtlich vorgegebenen Schwellenwerte können die Länder eigene Schwellenwerte festlegen, bei deren Überschreitung eine Ausschreibung nach Maßgabe der jeweils geltenden, landesrechtlichen Vorschriften zu erfolgen hat. Beispielsweise schreibt § 15 Abs. 1 Nr. 1 lit. a HVTG[138] vor, dass Bauleistungen im Wege einer beschränkten Ausschreibung, die vom Ablauf her im Wesentlichen dem nicht offenen Verfahren nach § 119 Abs. 4 GWB (→ Rn. 129 ff.) entspricht, vergeben werden, wenn deren Wert je Gewerk 1.000.000 Euro übersteigt. Ab einem Wert von 100.000 Euro ist eine sog. Freihändige Vergabe durchzuführen, die dem Verhandlungsverfahren nach § 119 Abs. 5 (→ Rn. 134 ff.) GWB ähnelt. Eine europaweite Ausschreibung ist zwar nicht erforderlich. Jedoch sind nach § 9 Abs. 1 HVTG alle Ausschreibungen und Bekanntmachungen in einer speziellen Ausschreibungsdatenbank zu veröffentlichen. Daneben können Bekanntmachungen in weiteren Medien erfolgen.

---

[134] Siehe den 12. Erwägungsgrund der VRL.

[135] Durch die dynamische Verweisung in der VgV, der SektVO sowie der VSVgV ist eine Anpassung des deutschen Rechts bei jeder Änderung der Schwellenwerte nicht mehr erforderlich.

[136] Näher dazu *Greb*, VergabeR 2013, 308.

[137] OLG München, VergabeR 2013, 807 (812) – technische Betriebsführung.

[138] Hessisches Vergabe- und Tariftreuegesetz, bekanntgemacht am 30.12.2014, HessGVBl. S. 354.

4. Bereichsausnahmen

69   Eingeschränkt wird der Anwendungsbereich des GWB-Vergaberechts schließlich durch die sog. Bereichsausnahmen in §§ 107 bis 109, 116, 117 und 145 GWB. Die dort enumerativ aufgezählten Aufträge erfordern keine europaweite Ausschreibung. Nach § 107 Abs. 1 GWB ist das GWB-Vergaberecht etwa nicht anwendbar auf Arbeitsverträge, Verträge über den Erwerb, die Miete oder die Pacht von Immobilien sowie bestimmte Dienstleistungen im Rettungswesen.[139]

70   In § 108 GWB hat der Gesetzgeber aufgrund entsprechender Vorgaben in Art. 12 VRL[140] erstmals zwei nach der Rechtsprechung des *EuGH* nicht vom Anwendungsbereich des Vergaberechts erfasste Arten öffentlicher Aufträge kodifiziert, nämlich sog. *In-House-Geschäfte*[141] (auch vertikale Zusammenarbeit genannt) und sog. *In-State-Geschäfte*[142] (auch horizontale Zusammenarbeit genannt). In beiden Fällen wird angenommen, dass der Leistungsaustausch innerhalb der staatlichen Sphäre stattfindet und damit kein Beschaffungsvorgang mit Wettbewerbsrelevanz vorliegt, so dass auf eine Anwendung des Vergaberechts verzichtet werden kann. Der öffentliche Auftraggeber greift im Fall der In-House-Vergabe quasi auf eigene Mittel zurück, die beauftragte Einrichtung ist funktional wie eine eigene Dienststelle des Auftraggebers anzusehen.[143]

a) In-House-Geschäfte

71   Bei der In-House-Vergabe ist zu unterscheiden:

- Gehören Auftraggeber und Leistungserbringer zur gleichen Rechtsperson (wie etwa bei kommunalen Eigen- und Regiebetrieben → § 6 Rn. 92 ff.), liegt mangels Personenverschiedenheit schon kein Vertrag, sondern ein sog. „In-sich-Geschäft" vor, welches eindeutig nicht dem Vergaberecht unterfällt.[144]
- Bei In-House-Geschäften im eigentlichen Sinne handelt es sich regelmäßig um Aufträge an öffentliche und gemischt-wirtschaftliche Unternehmen (→ § 6 Rn. 60, 110) wie etwa kommunale Tochtergesellschaften.

---

[139] Näher *Antweiler*, VergabeR 2015, 275; *Esch*, VergabeR 2017, 131.

[140] Siehe dazu *Ziekow*, NZBau 2015, 258.

[141] EuGH, Rs. C-107/98, Slg. 1999, I-8121, Rn. 50 – Teckal; siehe dazu etwa *Gaus*, VergabeR 2016, 418; *Greb*, VergabeR 2015, 289; *H. Hofmann*, VergabeR 2016, 189; *Losch*, VergabeR 2016, 541; *Müller-Wrede*, VergabeR 2016, 292.

[142] EuGH, Rs. C-480/06, Slg. 2009, I-4747, Rn. 37 – Stadtreinigung Hamburg; *Ziekow/Siegel*, VerwArch 96 (2005), 119 (129).

[143] EuGH, Rs. C-15/13, EU:C:2014:303, Rn. 25 – Datenlotsen Informationssysteme; Rs. C-553/15, EU:C:2016:935, Rn. 30 – Undis Servizi; OLG Düsseldorf, NZBau 2017, 112 (113); *Mager/Weßler*, NZBau 2017, 342; *Ziekow*, NZBau 2017, 339.

[144] EuGH, Rs. C-107/98, Slg. 1999, I-8121, Rn. 50 – Teckal; *Egger*, In-house-Vergabe und Vergabe an konzernverbundene Unternehmen, in: Müller-Wrede, Kompendium, Kap. 8 Rn. 1 ff.; *Krajewski/Wethkamp*, DVBl. 2008, 355 (356); *Wolf*, VergabeR 2011, 27.

Nach Art. 12 Abs. 1 S. 1 VRL, § 108 Abs. 1 GWB, die die Rechtsprechung des   **72**
EuGH im Wesentlichen kodifizieren,[145] ist die öffentliche Ausschreibung eines Auftrags in einem solchen Fall nicht erforderlich, wenn drei Voraussetzungen kumulativ
erfüllt sind: *erstens* muss der öffentliche Auftraggeber über das beauftragte Unternehmen eine ähnliche Kontrolle ausüben wie über seine eigenen Dienststellen
(Kontrollkriterium), *zweitens* muss das Unternehmen mehr als 80 % seiner Tätigkeit
für den öffentlichen Auftraggeber oder eine andere juristische Person, die von diesem kontrolliert wird, ausüben (Wesentlichkeitskriterium), und *drittens* darf keine
direkte private Kapitalbeteiligung an dem kontrollierten Unternehmen bestehen mit
Ausnahme nicht beherrschender Formen und Beteiligungen ohne Sperrminorität,
die gesetzlich vorgeschrieben und nicht mit maßgeblichen Einflussmöglichkeiten
verbunden sind (Inkompatibilitätskriterium).

Das *Kontrollkriterium* ist erfüllt, wenn der Auftraggeber durch die satzungsgemä-   **73**
ßen Organe des beauftragten Unternehmens sowohl auf dessen strategische Ziele als
auch auf wichtige Entscheidungen ausschlaggebenden Einfluss nehmen, also eine
wirksame *strukturelle und funktionelle Kontrolle* ausüben kann.[146] Dies setzt Sitz
und Stimme in einem Beschlussgremium wie z. B. der Gesellschafterversammlung
voraus. Bei einem von mehreren öffentlichen Stellen gemeinsam kontrollierten Unternehmen ist nach § 108 Abs. 4 Nr. 1 GWB erforderlich, dass jede Stelle sowohl am
Kapital als auch an den Leitungsorganen des Unternehmens beteiligt ist; die Kontrolle wie über eine eigene Dienststelle kann dann gemeinsam ausgeübt werden.[147]

▶   **Beachte** Ob im konkreten Fall das Kontrollkriterium erfüllt ist, hängt   **74**
    von einer Gesamtwürdigung aller Umstände ab.[148] Entscheidend ist
    nicht allein der Umfang der gesellschaftsrechtlichen Beteiligung des
    Auftraggebers an dem beauftragten Unternehmen. Selbst bei rein öf-
    fentlichen Unternehmen kann es an der Erfüllung des Kontrollkriteri-
    ums fehlen, wenn die Geschäftsführung über eine weitgehende Auto-
    nomie verfügt, wie dies etwa beim Vorstand einer Aktiengesellschaft
    nach § 76 Abs. 1 AktG der Fall ist.[149] Umgekehrt kann auch eine nur ganz

---

[145] EuGH, Rs. C-107/98, Slg. 1999, I-8121, Rn. 50 – Teckal; Rs. C-26/03, Slg. 2005, I-1, Rn. 49 –
Stadt Halle; Rs. C-340/94, Slg. 2006, I-4137, Rn. 33 – Carbotermo; Rs. C-295/05, Slg. 2007,
I-2999, Rn. 55 – Asemfo/Tragsa; siehe dazu auch *Krajewski/Wethkamp*, DVBl. 2008, 355 (356 f.);
Polster, NZBau 2010, 486; *Wagner/Piesbergen*, NVwZ 2012, 653.

[146] EuGH, Rs. C-458/03, Slg. 2005, I-8585, Rn. 65 – Parking Brixen; Rs. C-324/07, Slg. 2008,
I-8457, Rn. 28 – Coditel Brabant; Rs. C-573/07, Slg. 2009, I-8127, Rn. 65 – Sea; Rs. C-573/07,
Slg. 2009, I-8127, Rn. 90 – Ponte Nossa; Rs. C-182/11, EU:C:2012:758, Rn. 27 – Econord, m.
Anm. *Schabel*, VergabeR 2013, 202.

[147] EuGH, Rs. C-182/11 EU:C:2012:758, Rn. 28 ff. – Econord, m. Anm. *Schabel*, VergabeR 2013,
202; dazu auch *Hausmann*, NVwZ 2013, 760; *Knauff*, EuZW 2013, 112.

[148] EuGH, Rs. C-458/03, Slg. 2005, I-8585, Rn. 65 - Parking Brixen; Rs. C-340/94, Slg. 2006,
I-4137, Rn. 36 – Carbotermo.

[149] EuGH, Rs. C-458/03, Slg. 2005, I-8585, Rn. 68 f. – Parking Brixen; *Krajewski/Wethkamp*,
DVBl. 2008, 355 (358).

geringfügige Minderheitsbeteiligung des öffentlichen Auftraggebers an dem beauftragten Unternehmen eine strukturelle und funktionelle Kontrolle ermöglichen, etwa wenn ein Beherrschungsvertrag nach § 291 Abs. 1 S. 1 AktG abgeschlossen wurde, der den Vorstand wie einen GmbH-Geschäftsführer intern an Weisungen bindet (§ 308 AktG).[150] Eine hinreichend wirksame Kontrolle kommt im Einzelfall selbst dann in Betracht, wenn der Auftraggeber nur mittelbar, etwa über eine Beteiligung an einer Holdinggesellschaft, an dem beauftragten Unternehmen beteiligt ist.[151] Dagegen schließt eine – bestehende oder während der Laufzeit des betreffenden öffentlichen Auftrags konkret beabsichtigte – Beteiligung eines privaten Dritten am Stammkapital des beauftragten Unternehmens gleich welcher Größenordnung aus, dass der öffentliche Auftraggeber über dieses eine ähnliche Kontrolle ausüben kann wie über seine eigenen Dienststellen.[152] Die bloße Möglichkeit einer späteren Öffnung des Unternehmenskapitals für private Investoren steht allerdings der Erfüllung des Kontrollkriteriums noch nicht entgegen.[153]

75 Der *EuGH* sah das *Wesentlichkeitskriterium* nur als erfüllt an, wenn mindestens 90 % der Tätigkeit des Unternehmens für seine Anteilseigner erfolgt.[154] Dagegen reicht jetzt nach Art. 12 Abs. 1 S. 1 lit. b VRL, § 108 Abs. 1 Nr. 2 GWB schon eine *Quote von 80 %* aus, was öffentlichen Unternehmen auf dem Markt einen größeren Spielraum verschafft. Zur Berechnung der Quote kann nach Art. 12 Abs. 5 VRL, § 108 Abs. 7 S. 1 GWB auf den durchschnittlichen Gesamtumsatz des betreffenden Unternehmens der letzten drei Jahre vor Vergabe des öffentlichen Auftrags oder einen anderen tätigkeitsgestützten Wert abgestellt werden.[155]

76 Das *Inkompatibilitätskriterium* greift ungeachtet der Höhe einer privaten Kapitalbeteiligung am beauftragten Unternehmen ein, weil im Falle einer Auftragsvergabe ohne vorherige Ausschreibung stets von einem ungerechtfertigten Wettbewerbsvorteil des privaten Anteilseigners ausgegangen wird. Eine Ausnahme gilt jedoch nunmehr für nicht beherrschende und nicht mit einer Sperrminorität verbundene

---

[150] Vgl. *Orlowski*, NZBau 2007, 80 (81); *Steinberg*, VergabeR 2006, 491 (492).

[151] OLG Düsseldorf, NZBau 2013, 327 (327) – IT-Allianz; siehe dazu *Geitel*, NZBau 2013, 483.

[152] EuGH, Rs. C-410/04, Slg. 2006, I-3303, Rn. 30 ff. – ANAV.

[153] EuGH, Rs. C-573/07, Slg. 2009, I-8127, Rn. 50 – Sea.

[154] EuGH, Rs. C-295/05, Slg. 2007, I-2999, Rn. 63 – Asemfo/Tragsa; siehe dazu *Gruneberg/Wilden*, VergabeR 2012, 149; *H. Schröder*, NVwZ 2011, 776.

[155] Zur Zurechenbarkeit von Drittumsätzen in diesem Zusammenhang siehe *Tomerius*, VergabeR 2015, 373.

Formen der privaten Kapitalbeteiligung, die durch nationale gesetzliche Bestimmungen vorgeschrieben sind. Dies könnte beispielsweise auf eine stille Gesellschaftsbeteiligung i. S. d. §§ 230 ff. HGB zutreffen.[156]

> **Beachte** Nur eine *unmittelbare* private Beteiligung an dem zu beauftragenden Unternehmen führt zur Anwendbarkeit des Vergaberechts. Dass öffentliche Anteilseigner des Unternehmens ihrerseits private Shareholder haben, hindert nach Auffassung des europäischen Gesetzgebers eine Auftragsvergabe ohne Ausschreibung dagegen nicht, da derartig mittelbare Beteiligungen den Wettbewerb zwischen privaten Wirtschaftsteilnehmern nicht nachteilig beeinflussen.[157] Dasselbe dürfte für den Fall gelten, dass an einer Tochtergesellschaft des beauftragten Unternehmens eine private Kapitalbeteiligung besteht.

77

b) In-State-Geschäfte

Bei sog. *In-State-Vergaben* handelt es sich um Verträge, mit denen eine entgeltliche Zusammenarbeit mehrerer öffentlicher Auftraggeber bei der Erfüllung einer ihnen gemeinsam obliegenden öffentlichen Aufgabe vereinbart wird.[158]

78

Im Falle einer solchen *Kooperation zwischen verschiedenen öffentlichen Auftraggebern*[159] besteht wechselseitig keine Kontrolle wie über eigene Dienststellen, so dass die Voraussetzungen einer vergaberechtsfreien In-House-Beauftragung nicht vorliegen. Auch der Umstand, dass eine Vereinbarung nur zwischen öffentlichen Stellen abgeschlossen wird, reicht für sich genommen nicht aus, um eine Anwendung der Vergabevorschriften auszuschließen,[160] weil sich auch öffentliche Stellen um öffentliche Aufträge bewerben und dabei mit privaten Wirtschaftsteilnehmern konkurrieren dürfen.[161]

79

---

[156] So *Burgi*, Vergaberecht, § 11 Rn. 18; *Krönke*, NVwZ 2016, 568 (571); *Ziekow*, NZBau 2015, 258 (261).

[157] Siehe den 32. Erwägungsgrund der VRL; *Bulla*, in: BeckOGK, § 631 BGB Rn. 2023.

[158] EuGH, Rs. C-159/11, EU:C:2012:817, Rn. 34 – Ordine degli Ingegneri della Provincia di Lecce u. a., m. Anm. *Schrotz/Ahlhaus*, NVwZ 2013, 710; siehe dazu auch *von Donat*, Kooperationen der öffentlichen Hand, in: Müller-Wrede, Kompendium, Kap. 9; *Gruneberg/Wilden-Beck*, VergabeR 2014, 99; *Guckelberger*, VerwArch 104 (2013), 161 (180 f.); *Klein*, VergabeR 2013, 328; *Kunde*, NZBau 2013, 555.

[159] Häufig wird in diesem Zusammenhang auch von „interkommunaler Zusammenarbeit" gesprochen. Obwohl es in der Praxis zumeist Kommunen sind, die miteinander zusammenarbeiten, gelten die vom *EuGH* entwickelten Kriterien jedoch in einem allgemeinen Sinne für die entgeltliche, vertragliche Zusammenarbeit mehrerer öffentlicher Auftraggeber, also nicht nur für Kommunen, vgl. *Siegel*, NZBau 2018, 507. Daher wird hier eine abweichende Begrifflichkeit gewählt.

[160] EuGH, Rs. C-84/03, Slg. 2005, I-139, Rn. 33 ff. – Kommission/Spanien; siehe auch den 31. Erwägungsgrund zur VRL.

[161] EuGH, Rs. C-159/11, EU:C:2012:817, Rn. 35 – Ordine degli Ingegneri della Provincia di Lecce u. a., m. Anm. *Schrotz/Ahlhaus*, NVwZ 2013, 710; OLG Naumburg, DVBl. 2006, 121 (123) – Nachbarlandkreis; *Ziekow/Siegel*, VerwArch 96 (2005), 119 (129).

80 Nach Auffassung der EU-Kommission,[162] gefestigter Rechtsprechung des *EuGH*[163] und dem neuen § 108 Abs. 6 GWB[164] ist jedoch die Vergabe von Aufträgen aufgrund eines Vertrages zwischen mehreren öffentlichen Auftraggebern ohne Durchführung einer europaweiten Ausschreibung zulässig, wenn

- (Nr. 1) „ein Vertrag eine Zusammenarbeit zwischen öffentlichen Auftraggebern begründet oder erfüllt, um sicherzustellen, dass die von ihnen zu erbringenden Dienstleistungen im Hinblick auf die Erreichung gemeinsamer Ziele ausgeführt werden," und
- (Nr. 2) „die Zusammenarbeit ausschließlich durch Überlegungen im Zusammenhang mit dem öffentlichen Interesse bestimmt wird," und
- (Nr. 3) „die öffentlichen Auftraggeber auf dem Markt weniger als 20 % der Tätigkeiten erbringen, die durch die vereinbarte Zusammenarbeit erfasst sind."

81 Die genannten Kriterien sind als Ausnahmen von der Anwendung des Vergaberechts *eng auszulegen*.[165] Die Beweislast für das tatsächliche Vorliegen der eine Ausnahme rechtfertigenden Umstände trägt derjenige, der sich auf diese Ausnahme berufen will.[166] Daher unterliegen ohne Ausschreibung durchgeführte Kooperationen zwischen öffentlichen Auftraggebern stets der Gefahr einer nachträglichen, gerichtlichen Beanstandung.[167] Im Hinblick darauf, dass es nach der im Anschluss an die EU-Vergaberechtsreform ergangenen Remondis-Entscheidung des *EuGH*[168] bei einer vertraglichen Zusammenarbeit von Hoheitsträgern, die lediglich der internen Organisation der Erfüllung einer öffentlichen Aufgabe dient, schon mangels Beschaffungsbezugs an einem öffentlichen Auftrag fehlt (→ Rn. 42), ist jedoch fraglich, ob und inwieweit der Bestimmung des § 108 Abs. 6 GWB noch eine praktische Bedeutung zukommt.

---

[162] Siehe Arbeitsdokument der Kommissionsdienststellen vom 04.10.2011 über die Anwendung des EU-Vergaberechts im Fall von Beziehungen zwischen öffentlichen Auftraggebern (öffentlich-öffentliche Zusammenarbeit), SEK 2011, 1169 endg.; siehe dazu *Wagner/Piesbergen*, NVwZ 2012, 653 (657 f.).

[163] EuGH, Rs. C-480/06, Slg. 2009, I-4747, Rn. 44 ff. – Stadtreinigung Hamburg; Rs. C-159/11, EU:C:2012:817, Rn. 35 – Ordine degli Ingegneri della Provincia di Lecce u. a., m. Anm. *Schrotz/Ahlhaus*, NVwZ 2013, 710; Rs. C-386/11, EU:C:2013:385, Rn. 37 – Piepenbrock, m. Anm. *Schrotz/Raddatz*, NVwZ 2013, 931; siehe zum Ganzen auch *Brakalova*, EuZW 2013, 593; *Gabriel/Voll*, VergabeR 2013, 690; *Geitel*, NVwZ 2013, 765; *Gruneberg/Wilden-Beck*, VergabeR 2014, 99; *Kunde*, NZBau 2013, 555; *Ruffert*, JuS 2014, 87.

[164] Dazu *Horn*, VergabeR 2017, 229.

[165] EuGH, Rs. C-71/92, Slg. 1993, I-5923, Rn. 36 – Kommission/Spanien.

[166] EuGH, Rs. C-328/92, Slg. 1994, I-1569, Rn. 15 f. – Kommission/Spanien; Rs. C-337/05, Slg. 2008, I-2174, Rn. 57 f. – Kommission/Italien; Rs. C-157/06, Slg. 2008, I-7313, Rn. 23 – Kommission/Italien.

[167] Siehe aus jüngerer Zeit OLG München, VergabeR 2013, 750 (758) m. Anm. *Trautner* – Krankenhausapotheke; OLG Koblenz, NZBau 2018, 381 (382).

[168] EuGH, Rs. C-51/15, EU:C:2016:985, Rn. 46 ff. – Remondis, m. Anm. *Griechwitz*, EuZW 2017, 144; siehe dazu auch OLG Celle, VergabeR 2017, 721; *Burgi*, Vergaberecht, § 11 Rn. 12a ff.; *Fritz*, NZBau 2017, 537; *Gyulai-Schmidt*, VerwArch 109 (2018), 242; *Portz*, VergabeR 2017, 704.

III. Allgemeine Vergabegrundsätze

Die allgemeinen Grundsätze des Vergabeverfahrens[169] sind in § 97 GWB geregelt. **82** Sie waren vor Einfügung des Vergaberechts ins GWB weitgehend schon in den Verdingungsordnungen enthalten, gehen diesen aber im Konfliktfall vor. Auf ihre Einhaltung besteht gem. § 97 Abs. 6 GWB ein *Rechtsanspruch der Bieter*.[170] Die Grundsätze in § 97 GWB gelten mit Ausnahme des § 97 Abs. 4 GWB auch für die Vergabe von Konzessionen.[171]

1. Wettbewerb und Transparenz (§ 97 Abs. 1 S. 1 GWB)

Nach § 97 Abs. 1 S. 1 GWB werden öffentliche Aufträge und Konzessionen im **83** Wettbewerb und im Wege transparenter Vergabeverfahren vergeben. Das *Wettbewerbsprinzip* soll eine breite Beteiligung der Wirtschaft an der Versorgung öffentlicher Institutionen und Unternehmen gewährleisten.[172]

Nicht verkannt werden darf jedoch in diesem Zusammenhang, dass es jeder Ver- **84** gabestelle freisteht, die auszuschreibende Leistung nach ihren individuellen Vorstellungen zu bestimmen und nur in dieser Gestalt einen Wettbewerb zu eröffnen (*Beschaffungsautonomie*).[173] Der Auftraggeber hat stets das *Leistungsbestimmungsrecht*. Das Vergaberecht regelt nicht, was der öffentliche Auftraggeber zu beschaffen hat, sondern nur die Art und Weise der Beschaffung.

Allerdings unterliegt auch die Bestimmungsfreiheit des Auftraggebers bezüglich **85** des Beschaffungsgegenstands im Interesse des Wettbewerbsschutzes und der effektiven Durchsetzung der Warenverkehrsfreiheit im europäischen Binnenmarkt bestimmten, durch das Vergaberecht gezogenen Grenzen. So schreibt etwa § 31 Abs. 6 VgV vor, dass der Auftraggeber grundsätzlich in der Leistungsbeschreibung nicht auf eine bestimmte Produktion oder Herkunft oder ein besonderes Verfahren verweisen darf, wenn dadurch bestimmte Unternehmen oder Produkte ausgeschlossen oder begünstigt werden. Etwas anderes gilt aber wiederum ausnahmsweise, wenn dies durch den konkreten Auftragsgegenstand gerechtfertigt ist, vom Auftraggeber dafür nachvollziehbare, objektive und auftragsbezogene Gründe angegeben und andere Wirtschaftsteilnehmer dadurch nicht diskriminiert werden.[174]

---

[169] Siehe dazu auch *Aicher*, Die Verfahrensgrundsätze des § 97 Abs. 1, 2 GWB, in: Müller-Wrede, Kompendium, Kap. 12; *Burgi*, NZBau 2008, 29; *Frenz*, VergabeR 2011, 13.

[170] Siehe dazu etwa *Knauff*, in: Müller-Wrede, GWB-Vergaberecht, § 101 Rn. 3; *F. Wollenschläger*, in: Terhechte, § 19 Rn. 65.

[171] Vgl. *Burgi*, Vergaberecht, § 24, Rn. 18.

[172] Vgl. BT-Drs. 13/9340, S. 14.

[173] OLG Jena, NZBau 2006, 735 (736) – Anna Amalia; NZBau 2007, 730 (731) – PPP-Beratungsleistungen.

[174] OLG Düsseldorf, NZBau 2017, 623 (625 f.) – MALE UAS Brückenlösung; NZBau 2016, 656 (657) – VoIP-Telefone; NZBau 2013, 650 (651 f.) – Hochschulverwaltungssoftware; OLG Karlsruhe, Beschl. v. 15.11.2013 – 15 Verg 5/13, juris, Rn. 104; siehe zum Ganzen auch *Kainer*, NZBau 2018, 387 (389 ff.).

Beispiel

Eine Fachhochschule darf ohne vorherige Ausschreibung Verwaltungssoftware von dem Entwickler bisher verwendeter Software beschaffen, wenn anderenfalls die bisherige Softwareinfrastruktur aufwändig angepasst oder ausgetauscht werden müsste. Unzulässige Einschränkungen des Wettbewerbs sind dagegen beispielsweise die Verengung der Leistungsbeschreibung auf bestimmte hersteller- oder markenbezogene Produkte[175] sowie die Begrenzung der Ausschreibung auf örtliche oder regionale Bewerber oder Bieter.[176]

86   Das *Transparenzgebot* verlangt insbesondere die ausreichende Bestimmtheit der Vergabeunterlagen sowie die vollständige Dokumentation des Vergabeverfahrens (§ 8 VgV).[177] Ersteres wird durch die verbindliche Vorgabe von Standardformularen für die Veröffentlichung von Vergabebekanntmachungen[178] sichergestellt.

87   Ausfluss des Transparenzgebots ist u. a., dass der Auftraggeber vor der Ausschreibung die sog. *Vergabe- oder Ausschreibungsreife*[179] herstellen muss. Er darf erst ausschreiben, wenn der Beschaffungsbedarf abschließend bestimmt ist, alle Vergabeunterlagen fertig gestellt sind, diese alle Angaben umfassen, die erforderlich sind, um Bewerbern oder Bietern eine Entscheidung zur Teilnahme am Vergabeverfahren zu ermöglichen (§ 29 Abs. 1 VgV), und wenn bei Bauanträgen innerhalb der in den Vergabeunterlagen angegebenen Fristen mit der Ausführung begonnen werden kann (§ 2 Abs. 8 VOB/A-EU).[180] Das Erfordernis der Vergabereife dient dem Schutz der Bieter davor, sich an Angebotspreise zu binden, die im Falle einer durch mangelhafte Vorbereitung des Verfahrens durch den Auftraggeber verursachten Verzögerung nicht mehr kostendeckend sind. Mehrkosten, die infolge von Verzögerungen während des laufenden Vergabeverfahrens eintreten, sind vom Auftraggeber zu tragen.[181]

88   Ferner hat der Auftraggeber das *Gebot der eindeutigen und erschöpfenden Leistungsbeschreibung*[182] zu beachten (§ 31 Abs. 2 VgV). Alle Merkmale des

---

[175] Vgl. VÜA Bund, WuW/E Verg 63 (64 f.) – Regale 2; VÜA Bay, WuW/E Verg 66 (67 f.) – Fassadenprofilsystem.

[176] Vgl. BayObLG, WuW/E Verg 325 (328 f.) – Tragwerksplanung.

[177] Vgl. EuGH, Rs. C-423/07, Slg. 2010, I-3429 – Autobahn A6. Zu den Dokumentations- und Informationspflichten des Auftraggebers siehe auch *Knauff*, Dokumentations- und Informationspflichten, in: Müller-Wrede, Kompendium, Kap. 24; *F. Wollenschläger*, Verteilungsverfahren, S. 244 f.

[178] Siehe § 37 II VgV mit Verweis auf die Durchführungsverordnung (EU) Nr. 2015/1986 zur Einführung von Standardformularen für die Veröffentlichung von Vergabebekanntmachungen für öffentliche Aufträge und zur Aufhebung der Durchführungsverordnung (EU) Nr. 842/2011, ABl. EU L 296/1.

[179] Siehe dazu OLG Naumburg, NZBau 2003, 628 ff.; OLG Düsseldorf, NZBau 2014, 121 (122 f.); *Eichler*, in: Müko, Einl. VergabeR Rn. 237; *Wagner-Cardenal/Scharf/Dierkes*, NZBau 2012, 74 (75 f.).

[180] OLG Karlsruhe, VergabeR 2017, 165 – Kiesverwertung m. Anm. *Probst*.

[181] Siehe zu diesem sog. Vergabeverfahrensrisiko des Auftraggebers *Leinemann*, NJW 2010, 471.

[182] Siehe etwa § 7 Abs. 1 SektVO und § 8 Abs. 1 VOL/A-EG; *Gerlach/Manzke*, VergabeR 2016, 443; *Eichler*, in: Müko, Einl. VergabeR Rn. 260.

Auftragsgegenstands sind so klar, präzise und eindeutig zu formulieren, dass zum einen alle gebührend informierten und mit der üblichen Sorgfalt handelnden Bewerber und Bieter die Merkmale im gleichen Sinne auslegen und verstehen sowie insbesondere die für die Angebotserstellung wesentlichen Beschaffungsziele erkennen können, und zum anderen der Auftraggeber ohne Weiteres prüfen kann, ob die Angebote der Bieter die für den betreffenden Auftrag geltenden Kriterien erfüllen.[183] Eine Angebotskalkulation darf den Bietern nicht erst nach umfangreichen Vorarbeiten und Recherchen möglich sein.[184]

Die Vergabeunterlagen sind nach dem objektiven Empfängerhorizont auszulegen **89** (§§ 133, 157 BGB).[185] Widersprüche und mehrdeutige Klauseln gehen dabei zulasten der Vergabestelle und können nicht nur zur gerichtlichen Aufhebung einer Vergabeentscheidung, sondern auch zu Schadensersatzansprüchen eines übergangenen Bieters führen.[186] Den Bietern obliegt jedoch bei für sie erkennbaren Unklarheiten in der Leistungsbeschreibung nach der Rechtsprechung der Vergabegerichte eine Obliegenheit, gegenüber der Vergabestelle unverzüglich auf eine Klärung hinzuwirken. Die Vergabestelle ist nach § 12a Abs. 4 VOB/A 2019[187] verpflichtet, entsprechende Rückfragen der Bieter zu beantworten und die Antwort in anonymisierter Form auch allen anderen Bietern zugänglich zu machen.[188]

Ein Anspruch auf lückenlose Unterrichtung über den Verfahrensfortgang oder **90** ein Einsichtsrecht in andere Angebote lässt sich aus dem Transparenzgebot dagegen nicht herleiten, da wesentliches und unverzichtbares Kennzeichen einer Auftragsvergabe die Gewährleistung eines *Geheimwettbewerbs* zwischen den an der Ausschreibung teilnehmenden Bietern ist. Nur wenn jeder Bieter seine Leistung in Unkenntnis der Angebote seiner Mitbieter anbietet, ist ein echter Bieterwettbewerb um den Zuschlag möglich.[189]

---

[183] EuGH, Rs. C-496/99, Slg. 2004, I-3801, Rn. 111 – CAS Succhi di Frutta; Rs. C-368/10, NVwZ 2012, 867 (874) – Max Havelaar, m. Anm. *Rosenkötter*; Rs. C-27/15, EU:C:2016:404, Rn. 36 – Pizzo; Rs. C-76/16, EU:C:2017:549, Rn. 34 – INGSTEEL und Metrostav; OLG Celle, NZBau 2016, 381 (383); OLG Schleswig, VergabeR 2016, 97 – Ladetechnik; OLG Düsseldorf, NZBau 2018, 242 (243 f.) – Lkw-Mautsystem III.

[184] OLG Düsseldorf, Beschl. v. 12.10.2011 – VII Verg 46/11 – juris, Rn. 71.

[185] BGHZ 124, 64 (67); 186, 295 (306) – Küstenkanal; BGH, VergabeR 2008, 782 (783) – Nachunternehmererklärung; VergabeR 2013, 208 (209) – Friedhofserweiterung; VergabeR 2013, 434 (436) – Parkhaussanierung; VergabeR 2014, 149 (153) – Stadtbahnprogramm Gera; OLG Celle, VergabeR 2015, 580 – Pfahldurchmesser.

[186] BGH, NZBau 2012, 513 (513) – Straßenausbau; VK Bund, Beschl. v. 24.04.2012 – VK 2-169/11 – juris, Rn. 134.

[187] BAnz AT 19.02.2019 B2.

[188] OLG Schleswig, NZBau 2011, 375 (379 f.) – Straßengründung; OLG Frankfurt a. M., VergabeR 2014, 62 (72) – Bauvorbereitung.

[189] VK Bund, WuW/E Verg 218 (218 f.) – Euro-Münzplättchen II; OLG Frankfurt a. M., VergabeR 2018, 352 – Chance of Control; VK Westfalen, Beschluss vom 29.11.2017 – VK 1-33/17, juris, Rn. 109 ff.

91   Um die Transparenz der Vergabeverfahren sicherzustellen, erfordern wesentliche *Änderungen* eines öffentlichen Auftrags während der Vertragslaufzeit unter den in § 132 Abs. 1 GWB genannten Voraussetzungen ein neues Vergabeverfahren.[190] Dies gilt jedoch nicht in den Fällen des § 132 Abs. 2 und 3 GWB.

Beispiel

Die Vereinbarung einer Laufzeitverlängerung für einen Gebäudereinigungsvertrag erfordert nach der De-minimis-Regelung des § 132 Abs. 3 GWB kein neues Vergabeverfahren, wenn sich dadurch der Gesamtcharakter des Auftrags nicht ändert und der nach § 3 VgV zu bestimmende Wert der Änderung 10 % des ursprünglichen Auftragswerts nicht übersteigt, es sei denn, gerade durch den Wert der Änderung würde der im konkreten Fall einschlägige Schwellenwert für Dienstleistungsaufträge (→ Rn. 66) überschritten. Die erfolgte Änderung des Auftrags ist jedoch vom Auftraggeber gemäß § 132 Abs. 5 GWB im Amtsblatt der EU bekannt zu machen.

---

2. Wirtschaftlichkeit und Verhältnismäßigkeit (§ 97 Abs. 1 S. 2 GWB)

92   Nach § 97 Abs. 1 S. 2 GWB werden bei der Vergabe öffentlicher Aufträge und Konzessionen die Grundsätze der Wirtschaftlichkeit und der Verhältnismäßigkeit gewahrt. Der Grundsatz der Wirtschaftlichkeit ist mit der jüngsten Vergaberechtsreform von einem Zuschlagskriterium (siehe § 127 Abs. 1 S. 1 GWB) zu einem allgemeinen Grundsatz des Vergabeverfahrens „aufgestiegen". Er gemahnt die Vergabestellen, bei der ihnen obliegenden Gestaltung der Verfahren auf eine effiziente Verwendung personeller und finanzieller Ressourcen zu achten, ohne dass dadurch jedoch die Wahl der konkreten Verfahrensart nach § 119 GWB vorbestimmt oder eingeschränkt wird.[191]

93   Die ebenfalls erstmals ausdrücklich in den Kanon der allgemeinen Vergabegrundsätze aufgenommene Verpflichtung öffentlicher Auftraggeber, Vergabeverfahren verhältnismäßig zu gestalten, ist für die Gestaltung der Leistungsbeschreibung, die Festlegung von Eignungs- (→ Rn. 101) und Zuschlagskriterien (→ Rn. 116) sowie für die Vorgabe von Ausführungsbedingungen (→ Rn. 110) bedeutsam. Sie kann in praxi z. B. überzogenen Anforderungen des Auftraggebers zum Nachweis der Leistungsfähigkeit von Bewerbern und Bietern eine Schranke setzen. Durch die Aufnahme des Verhältnismäßigkeitsgrundsatzes in § 97 Abs. 1 S. 2 GWB wird jedoch das umfassende Leistungsbestimmungsrecht des Auftraggebers nicht angetastet; der Auftraggeber bestimmt weiterhin selbst, welche konkrete Leistung seinem Beschaffungsbedarf am Besten entspricht.[192]

---

[190] Siehe dazu *Frenz*, VergabeR 2017, 323; *Chr. Müller*, VergabeR 2015, 652; *Queisner*, VergabeR 2017, 299; *Ziekow*, VergabeR 2016, 278.

[191] Ähnlich *Burgi*, Vergaberecht, § 6 Rn. 23.

[192] OLG München, NZBau 2018, 427 (429).

3. Gleichbehandlung (§ 97 Abs. 2 GWB) und Neutralität

Gem. § 97 Abs. 2 GWB ist der öffentliche Auftraggeber dazu verpflichtet, alle Teil- **94** nehmer eines Vergabeverfahrens gleich zu behandeln.[193] Das Gleichbehandlungsgebot muss in allen Phasen des Vergabeverfahrens beachtet werden.[194] Es gebietet zwingend den Ausschluss von Wettbewerbern, bei denen gesetzliche Ausschlussgründe[195] vorliegen, oder den Ausschluss formal fehlerhafter Angebote aus dem Vergabeverfahren, und verbietet kehrseitig den Verzicht auf die Einhaltung der in der Leistungsbeschreibung vorgegebenen Standards gegenüber einzelnen Bietern.[196]

Hinweis **95**

Ein Bieter, dessen Angebot zu Recht ausgeschlossen wird, kann auch dann in seinen Rechten nach § 97 Abs. 6 GWB verletzt sein, wenn ein anderes Angebot unter Missachtung von Bestimmungen über das Vergabeverfahren nicht ausgeschlossen wird und den Zuschlag erhalten soll.[197]

In engem Zusammenhang mit dem Gleichbehandlungsgebot steht das *Neutralitäts-* **96** *gebot*, wonach es keine Verflechtungen und Nähebeziehungen zwischen Vergabestelle und Wettbewerbsteilnehmern geben darf. In §§ 6, 7 VgV ist dazu geregelt, welche Personen auf Seiten des Auftraggebers als voreingenommen gelten und daher am Vergabeverfahren nicht mitwirken dürfen, es sei denn, dass sich deren Tätigkeiten im Einzelfall nicht auf die Entscheidungen in dem Vergabeverfahren auswirken können. Zur Sicherung eines unverfälschten Wettbewerbs sind die Vorschriften weit auszulegen.[198] Das Mitwirkungsverbot gilt auch für Entscheidungen im Vorfeld eines Vergabeverfahrens, insbesondere für die Ausarbeitung der Leistungsbeschreibung, um zu verhindern, dass diese von vornherein auf einen bestimmten Bieter zugeschnitten wird.[199]

---

[193] EuGH, Rs. C-470/99, Slg. 2002, I-11617, Rn. 93 – Universale-Bau; Rs. C-213/07, Slg. 2008, I-9999, Rn. 44 f. – Michaniki; Rs. C-199/07, Slg. 2009, I-10669, Rn. 37.

[194] EuGH, Rs. C-470/99, Slg. 2002, I-11617, Rn. 93 – Universale-Bau; BGHZ 169, 131 (148) – Polizeianzüge.

[195] Siehe dazu §§ 123, 124 GWB. Öffentliche Auftraggeber haben vor Auftragsvergabe bei jedem Bieter das Vorliegen zwingender oder fakultativer Ausschlussgründe zu prüfen. Praktisch bedeutsame zwingende Ausschlussgründe sind insbesondere Geldwäsche-, Betrugs-, Korruptions- und Steuerdelikte. Als fakultative Ausschlussgründe erfasst sind u. a. Verstöße gegen umwelt-, sozial- und arbeitsrechtliche Verpflichtungen bei der Ausführung öffentlicher Aufträge. Auftraggeber sind nach § 6 Abs. 1 S. 1 des Wettbewerbsregistergesetzes (WRegG) ab einem geschätzten Auftragswert von 30.000 Euro ohne Umsatzsteuer zu einer Abfrage des vom Bundeskartellamt geführten Wettbewerbsregisters verpflichtet. Näher dazu *Meixner*, DVBl. 2018, 215 ff.

[196] OLG Frankfurt a. M., VergabeR 2014, 62 (71) – Bauvorbereitung.

[197] BGHZ 169, 131 (147 f.) – Polizeianzüge.

[198] OLG München, NZBau 2013, 661 (663) – Portalklinik.

[199] VK Bund, Beschl. v. 24.04.2012 – VK 2-169/11 – juris, Rn. 144.

4. Strategische Beschaffung (§ 97 Abs. 3 GWB)

97   Nach § 97 Abs. 3 GWB werden bei der Vergabe Aspekte der Qualität und der Innovation sowie soziale[200] und umweltbezogene Aspekte berücksichtigt. Die Einbeziehung dieser sog. strategischen Ziele bei der Beschaffung war ein wichtiger Baustein
der EU-Vergaberechtsreform 2014 (→ Rn. 13). Die konkrete Umsetzung des Grundsatzes in § 97 Abs. 3 GWB erfolgt in den einzelnen Vorschriften des GWB-Vergaberechts und der auf dieser Grundlage erlassenen Rechtsverordnungen sowie in den
Vergabegesetzen der Länder.

> **Beispiel**
>
> Nach § 128 Abs. 1 GWB haben Unternehmen bei der Auftragsausführung u. a.
> die arbeitsschutzrechtlichen Bestimmungen zu beachten und ihren Arbeitneh-
> mern wenigstens das jeweilige gesetzliche Mindestentgelt zu gewähren. Auftrag-
> geber müssen bei der Beschaffung von Straßenfahrzeugen nach § 68 Abs. 1 S. 1 VgV
> Energieverbrauch und Umweltauswirkungen berücksichtigen.

5. Mittelstandsschutz (§ 97 Abs. 4 GWB)

98   Mittelständische Interessen sind nach § 97 Abs. 4 S. 1 GWB bei der Vergabe vornehmlich zu berücksichtigen.[201] Leistungen sind nach §§ 97 Abs. 4 S. 2 GWB, 30 VgV
grundsätzlich in der Menge aufgeteilt (*Teillose*) und getrennt nach Art oder Fachgebiet
(*Fachlose*) zu vergeben, damit sie auch durch kleine und mittlere Unternehmen erbracht werden können. Mehrere Teil- oder Fachlose dürfen zwar nach § 97 Abs. 4 S. 3 GWB
zusammen vergeben werden, wenn wirtschaftliche oder technische Gründe dies erfordern. Eine Gesamtvergabe darf jedoch nur in Ausnahmefällen stattfinden, weil grundsätzlich davon auszugehen ist, dass der Wettbewerb i. S. d. § 97 Abs. 1 GWB durch die
Bildung von Losen gefördert wird.[202] Der mit einer Teil- oder Fachlosvergabe allgemein verbundene Ausschreibungs-, Prüfungs- und Koordinierungsmehraufwand sowie ein höherer Aufwand bei Gewährleistungen können eine Loslimitierung für sich
allein nicht rechtfertigen. Grund für eine Gesamtvergabe kann jedoch z. B. sein, eine
unwirtschaftliche Zersplitterung der Auftragsvergabe zu vermeiden.[203] Die Zulässigkeit einer Gesamtlosvergabe setzt voraus, dass sich der öffentliche Auftraggeber mit
dem grundsätzlichen Gebot der Fachlosvergabe und im konkreten Falle dagegen spre-
chenden Gründen auseinandersetzt und sodann eine umfassende Abwägung der widerstreitenden Belange trifft, wobei die für eine zusammenfassende Vergabe spre-
chenden technischen und wirtschaftlichen Gründe überwiegen müssen.[204]

---

[200] Siehe dazu *Krönke*, VergabeR 2017, 101.

[201] Siehe dazu *Ziekow*, GewArch 2013, 417.

[202] BGHZ 188, 200 (222 f.) – S-Bahn-Verkehr Rhein/Ruhr I; OLG Düsseldorf, NZBau 2011, 369
(369 f.) – Glasreinigung; *Kirchner*, VergabeR 2010, 725 (730 f.).

[203] OLG Düsseldorf, VergabeR 2012, 773 (775) – Gebietslose.

[204] OLG Frankfurt a. M., NZBau 2018, 632 (634 f.) – Landkreis Limburg-Weilburg.

Da der konkrete Beschaffungsgegenstand durch den Auftraggeber bestimmt   **99**
wird (→ Rn. 84), scheidet eine Losaufteilung immer dort aus, wo sie für das konkret
vom Auftraggeber ins Auge gefasste Projekt z. B. aufgrund dessen Komplexität
oder Umfang keinen Sinn macht.[205] Auftraggeber sind allerdings verpflichtet, den
Grund für eine Gesamtvergabe nachvollziehbar zu dokumentieren.[206] Ferner haben
öffentliche Auftraggeber nach § 97 Abs. 4 S. 4 GWB Auftragnehmer bei der Auftragsvergabe zu verpflichten, bei der Vergabe von Unteraufträgen ihrerseits die Anforderungen der § 97 Abs. 4 S. 1 bis 3 GWB einzuhalten.

6. Elektronische Vergabe (§ 97 Abs. 5 GWB)

Nach § 97 Abs. 5 GWB verwenden Auftraggeber und Unternehmen in einem Ver-   **100**
gabeverfahren grundsätzlich elektronische Mittel für die Speicherung und Übermittlung von Daten. Die Vorschrift setzt damit den Grundsatz der elektronischen
Kommunikation aus dem europäischen Vergaberecht um (→ Rn. 13). Die Vergabeunterlagen müssen nach § 41 VgV vollständig und unentgeltlich zum Down-
load bereitstehen. Ein Verweis auf externe Quellen reicht nicht aus.[207] Seit dem
18.10.2018 ist nur noch eine elektronische Angebotsabgabe in der Textform des
§ 126 BGB zulässig. Ab November 2020 müssen auch alle Rechnungen für die
Ausführung öffentlicher Aufträge elektronisch ausgestellt und versandt werden.

IV. Eignungskriterien (§ 122 GWB)

Gem. § 122 Abs. 1 GWB werden Aufträge an fachkundige und leistungsfähige   **101**
(geeignete) Unternehmen vergeben, die nicht nach den §§ 123 oder 124 GWB vom
Verfahren ausgeschlossen sind.[208]

Ein Bewerber ist *fachkundig*, wenn er die erforderlichen Kenntnisse, Erfahrun-   **102**
gen und Fertigkeiten für die Ausführung der zu vergebenden Leistungen besitzt.
Nähere Bestimmungen dazu enthält § 44 VgV.

---

[205] OLG Celle, NZBau 2010, 715 (716) – Neubau LKA; OLG Düsseldorf, NZBau 2013, 329
(331 f.) – sozialversicherungspflichtiges Personal.

[206] Vgl. die Begründung des Gesetzentwurfs zur Modernisierung des Vergaberechts, BT-Drs.
16/10117, S. 15 sowie *Buhr*, VergabeR 2018, 207.

[207] VK Bund, Beschl. v. 11.11.2017 – VK 2-128/17, zit. nach *Byok*, NJW 2018, 1859 (1865). Zur
Reichweite und Bedeutung der e-Vergabe siehe auch *Chr. Braun*, VergabeR 2016, 179; *P. Schäfer*,
NZBau 2015, 131; *Schippel*, VergabeR 2016, 434.

[208] Zu den Ausschlussgründen siehe etwa *Brüning*, NZBau 2016, 723 (726). Öffentliche Auftraggeber (mit Ausnahme von solchen nach §§ 100 Abs. 1 Nr. und 101 Abs. 1 Nr. 3 GWB) sind ab einem
geschätzten Auftragswert von 30.000 Euro ohne Umsatzsteuer verpflichtet, vor Erteilung des Zuschlags das beim Bundeskartellamt elektronisch geführte Wettbewerbsregister abzufragen, ob für
den gewählten Bieter Ausschlussgründe vorliegen. Näher dazu *Fülling/Freiberg*, NZBau 2018,
259; *Meixner*, DVBl. 2018, 2015.

> **Beispiel**
> Bei Handwerksleistungen fehlt die Fachkunde, wenn der Bieter wegen fehlender Eintragung in die Handwerksrolle (→ § 10 Rn. 12 ff.) gar nicht zur Ausführung der ausgeschriebenen Leistungen fähig ist.[209]

103 Die *Leistungsfähigkeit* besteht, wenn der Bewerber zum einen über das für die fach- und fristgerechte Erbringung notwendige Personal und Gerät sowie zum anderen über die zur Auftragsausführung erforderlichen finanziellen Mittel verfügt. Einzelheiten dazu sind in den §§ 45, 46 VgV geregelt.

104 Eignungskriterien[210] müssen nach § 122 Abs. 4 GWB mit dem Auftragsgegenstand in Verbindung und zu diesem in einem angemessenen Verhältnis stehen und vom Auftraggeber in der Auftragsbekanntmachung zusammen mit den zum Eignungsnachweis vorzulegenden Unterlagen (§ 48 Abs. 1 VgV) genannt werden. Sie dürfen nach § 122 Abs. 2 GWB ausschließlich die Befähigung und Erlaubnis zur Berufsausübung, die wirtschaftliche und finanzielle bzw. die technische und berufliche Leistungsfähigkeit betreffen.

105 ▶ **Beachte** Bei Eignungskriterien handelt es sich um unbestimmte Rechtsbegriffe, die dem Auftraggeber eine Prognose darüber ermöglichen sollen, ob vom künftigen Auftragnehmer die ordnungsgemäße Erfüllung der vertraglichen Verpflichtungen erwartet werden kann. „Dem öffentlichen Auftraggeber steht dabei ein *Beurteilungsspielraum* zu, der von den Nachprüfungsinstanzen nur darauf hin überprüft werden kann, ob das vorgeschriebene Verfahren eingehalten worden ist, der Auftraggeber die von ihm selbst aufgestellten Bewertungsvorgaben beachtet hat, der zugrunde gelegte Sachverhalt vollständig und zutreffend ermittelt worden ist, keine sachwidrigen Erwägungen angestellt worden sind und nicht gegen allgemeine Bewertungsgrundsätze verstoßen worden ist".[211] Der Auftraggeber genießt in diesem Rahmen Freiheit bei der Bestimmung der Mindestanforderungen für die wirtschaftliche und finanzielle Leistungsfähigkeit eines Bewerbers oder Bieters.[212]

106 Die Bedeutung der Eignungskriterien ist durch die Vergaberechtsreform 2016 gestiegen, da nach § 58 Abs. 2 S. 2 Nr. 2 VgV die Organisation, Qualifikation und Erfahrung des mit der Ausführung des Auftrags betrauten Personals jetzt auch als qualitatives Zuschlagskriterium vorgesehen werden kann, wenn die Qualität des eingesetzten Personals erheblichen Einfluss auf das Niveau der Auftragsausführung

---

[209] BayObLG, GewArch 2003, 167.

[210] Siehe dazu *Meißner*, VergabeR 2017, 270.

[211] OLG Frankfurt a. M., VergabeR 2009, 629 (636); VK Sachsen-Anhalt, ZfBR 2018, 306.

[212] EuGH, Rs. C-76/16, EU:C:2017:549, Rn. 33 – INGSTEEL und Metrostav; *Willenbruch*, VergabeR 2015, 322.

haben kann. Damit ist das früher uneingeschränkt geltende Verbot der Vermischung von Eignungs- und Zuschlagskriterien aufgeweicht worden.[213]

Dem Auftraggeber steht es grundsätzlich frei, wie und in welcher Tiefe er die Eignungsprüfung durchführt. Dabei muss er von den vom Bieter eingereichten Unterlagen, etwa Referenzen über die Erbringung vergleichbarer Leistungen, ausgehen. Vergleichbar ist eine Leistung bereits dann, wenn sie der ausgeschriebenen Leistung ähnelt.[214] Die Änderung eines von einem Bieter erbrachten Eignungsnachweises nach Ablauf der Angebotsfrist ist in der Regel unzulässig.[215]   **107**

Der Auftraggeber kann im offenen Verfahren (→ Rn. 128) nach § 42 Abs. 3 VgV entscheiden, ob er die Eignungsprüfung der Bieter vor oder nach der Angebotsprüfung durchführt. Bei den anderen Verfahrensarten darf der Auftraggeber dagegen nach § 42 Abs. 2 VgV nur solche Bewerber zur Angebotsabgabe auffordern, deren Eignung er bereits festgestellt hat. Dadurch soll vermieden werden, dass ein Auftraggeber den Aufwand eines Bieters für die Angebotserstellung und die Teilnahme am Wettbewerb nachträglich durch Verneinung der Eignung zunichte macht.[216]   **108**

▶ **Beachte** Will ein Bieter einen Teil der ihm obliegenden Leistung durch Subunternehmer ausführen lassen, ist auch für diese ein Eignungsnachweis zu erbringen. Fehlen einem Bieter bestimmte Eignungskriterien, ist unter bestimmten Voraussetzungen eine sog. *Eignungsleihe* bei einem Subunternehmer möglich (§ 47 VgV).[217] Umgekehrt schlagen Eignungsmängel eines Subunternehmers auf den Bieter durch mit der Folge, dass sein Angebot zwingend vom weiteren Verfahren ausgeschlossen werden muss.[218]   **109**

V. Ausführungsbedingungen (§§ 128, 129 GWB)

Nach § 128 I GWB haben Unternehmen bei der Ausführung eines öffentlichen Auftrags alle für sie geltenden rechtlichen Verpflichtungen einzuhalten, insbesondere zur Entrichtung von Steuern und Beiträgen zur Sozialversicherung sowie zu Arbeitsschutz und Mindestlohn. § 128 Abs. 2 GWB eröffnet Auftraggebern darüber   **110**

---

[213] Siehe dazu auch EuGH, Rs. C-601/13, EU:C:2015:204, Rn. 25 – Ambisig; OLG Düsseldorf, NZBau 2015, 440 (443) – InEK; *Bulla*, in: Willenbruch/Wieddekind, § 58 VgV Rn. 23 f.; *Otting*, VergabeR 2016, 316; *Petersen*, VergabeR 2015, 8; *Rosenkötter*, NZBau 2015, 609.

[214] VK Nordbayern, Beschl. v. 02.10.2013 – 21.VK-3194-36/13 – juris, Rn. 95 ff.

[215] OLG München, NZBau 2012, 460 (463) – Mindestumsatz.

[216] BGH, VergabeR 2014, 149 (154) – Stadtbahnprogramm Gera. Ein Wiedereintritt in die Eignungsprüfung ist nur unter engen Voraussetzungen möglich, vgl. dazu VK Bund, Beschl. v. 01.03.2018 – VK 2-8/18, juris.

[217] EuGH, Rs. C-387/14, EU:C:2017:338, Rn. 41 ff. – Esaprojekt; OLG München, Beschl. v. 09.08.2012 – Verg 10/12 – juris, Rn. 77 ff. – Verbrennungsschlacke; *Fock/Geuerich-Schmitt*, VergabeR 2017, 422; *Losch*, VergabeR 2017, 275.

[218] OLG Düsseldorf, ZfBR 2012, 179 (181) – Neubau Bundesinnenministerium.

hinaus die Möglichkeit, besondere Bedingungen festzulegen, sofern diese mit dem Auftragsgegenstand in Verbindung stehen (*Ausführungsbedingungen*). Dazu gehören alle Faktoren, die mit dem konkreten Prozess der Herstellung, Bereitstellung oder Vermarktung zusammenhängen.[219]

> **Beispiel**
>
> Der Auftraggeber kann die Beschäftigung von Auszubildenden oder Langzeitarbeitslosen bei der Ausführung des zu vergebenden Auftrags verlangen (sozialer Aspekt) oder bei der Ausschreibung von Straßenfahrzeugen nach § 68 VgV vorschreiben, dass der Schadstoffausstoß auf ein bestimmtes Maß begrenzt wird (umweltbezogener Aspekt) oder dass es sich um Fahrzeuge mit Brennstoffzellentechnologie handeln muss (innovativer Aspekt). Nicht zulässig ist dagegen, allgemeine Vorgaben für die Unternehmenspolitik oder Betriebsorganisation zu machen, weil es insoweit an der erforderlichen Verbindung zum Auftragsgegenstand fehlt.[220]

111   Neben Leistungsbeschreibung, Eignungs- und Zuschlagskriterien bieten Ausführungsbedingungen ein wesentliches Steuerungsinstrument für öffentliche Auftraggeber. Denn dadurch kann der Auftraggeber auch für den Zeitraum nach der Zuschlagserteilung auf die Art und Weise der Erbringung der Leistung unmittelbar Einfluss nehmen. Kommt ein Auftragnehmer Ausführungsbedingungen nicht nach, liegt eine Vertragsverletzung vor, die zivilrechtliche Konsequenzen haben kann. Der Verstoß gegen Ausführungsbedingungen kann z. B. durch Vereinbarung einer Vertragsstrafe oder eines Sonderkündigungsrechts des Auftraggebers sanktioniert werden.

112   Zulässig ist die Vorgabe von Ausführungsbedingungen jedoch nur, wenn diese bereits in der Auftragsbekanntmachung oder den Vergabeunterlagen enthalten sind, damit jeder Interessent von vornherein beurteilen kann, ob er im Falle eines Zuschlags zur Erfüllung der Bedingungen in der Lage ist.

113   § 129 GWB ermächtigt Bundes- und Landesgesetzgeber, Ausführungsbedingungen festzulegen, die der Auftraggeber den beauftragten Unternehmen zwingend vorzugeben hat.

> **Beispiel**
>
> § 141 SGB IX sieht vor, dass Aufträge der öffentlichen Hand, die von anerkannten Werkstätten für behinderte Menschen ausgeführt werden können, bevorzugt diesen Werkstätten anzubieten sind. Ferner schreibt § 67 VgV als Bestandteil der sog. Energiewende den Auftraggebern bei der Vergabe von Liefer- und Dienstleistungsaufträgen vor, von Auftragnehmern die Einhaltung des höchsten Leistungsniveaus an *Energieeffizienz* und die höchste Energieeffizienzklasse zu fordern.[221]

---

[219] Siehe den 104. Erwägungsgrund zur VRL.

[220] Vgl. den 97. Erwägungsgrund zur RL 2014/24/EU; *Opitz*, in: Beck´scher Vergaberechtskommentar, § 128 GWB, Rn. 25.

[221] Siehe dazu *Haak*, NZBau 2015, 11 (14 ff.).

Mittlerweile haben nahezu alle Bundesländer in ihren Landesvergabegesetzen Aus- **114** führungsbedingungen geregelt, insbesondere Arbeitnehmerschutzbestimmungen in Form von *Tarifbindungen*.[222] In einigen Ländern gilt zusätzlich, dass bei der Auftragsausführung keine Waren verwendet werden dürfen, die unter Missachtung der sog. Kernarbeitsnormen der International Labour Organisation (ILO), also insbesondere durch Zwangs- und Kinderarbeit, hergestellt worden sind.[223]

Hinweis **115**

Die Vereinbarkeit von Ausführungsbedingungen mit dem Unionsrecht ist stets einzelfallbezogen zu prüfen. Insoweit war in der jüngeren Vergangenheit vor allem die Vorgabe vergabespezifischer Mindestlöhne für Arbeitnehmer umstritten. Eine gesetzliche oder tarifvertragliche Mindestlohnvorgabe stellt eine Beschränkung der in Art. 56 AEUV statuierten Niederlassungsfreiheit dar, die jedoch durch das Ziel des Arbeitnehmerschutzes gerechtfertigt sein kann. Sie muss dafür aber nach der Rechtsprechung des EuGH allgemein und branchenunabhängig für die Vergabe öffentlicher Aufträge gelten.[224] Nicht zulässig ist eine Mindestlohnvorgabe, wenn ein Bieter beabsichtigt, einen öffentlichen Auftrag ausschließlich unter Einsatz von Arbeitnehmern aus einem anderen Mitgliedstaat als dem, dem der öffentliche Auftraggeber angehört, auszuführen.[225]

VI. Zuschlagskriterien (§ 127 GWB)

Anders als Eignungskriterien knüpfen Zuschlagskriterien nicht an die Person des Bie- **116** ters an, sondern dienen als Grundlage für die vergleichende Bewertung der Qualität von Angeboten.[226] Nach §§ 127 Abs. 1 S. 1 GWB, 58 Abs. 1 S. 1 VgV wird der Zuschlag auf das *wirtschaftlichste Angebot* erteilt. Dieses bestimmt sich nach dem besten Preis-Leistungs-Verhältnis (§§ 127 Abs. 1 S. 3 GWB, 58 Abs. 2 S. 1 VgV).[227] Zu dessen Ermittlung können neben dem Preis auch qualitative, umweltbezogene oder soziale Aspekte berücksichtigt werden (§§ 127 Abs. 1 S. 4 GWB, 58 Abs. 2 S. 2 VgV).

---

[223] Überblick bei *Pünder/Klafki*, NJW 2014, 429 (430 ff.); *Wagner/Pfohl*, VergabeR 2015, 389; krit. *Summa*, VergabeR 2016, 147.

[224] EuGH, Rs. C-346/06, Slg. 2008, I-1989, Rn. 22 – Rüffert; Rs. C-115/14, EU:C:2015:760, Rn. 69 – RegioPost; siehe dazu *Bonitz*, NZBau 2016, 418; *Frenz*, DVBl. 2016, 50; *Glaser/Kahl*, ZHR 177 (2013), 643.

[225] EuGH, Rs. C-549/13, EU:C:2014:2235, Rn. 36 – Bundesdruckerei; siehe dazu *Mager/Ganschow*, NZBau 2015, 79; *Schnieders*, VergabeR 2015, 136; *Schrotz/Raddatz*, NVwZ 2014, 1507; *Tugendreich*, NZBau 2015, 395 (399 ff.).

[226] Siehe dazu etwa *Herrmann*, VergabeR 2015, 296.

[227] Zur Methodik von dessen Ermittlung siehe *Kiiver/Kodym*, NZBau 2015, 59; *Stede*, VergabeR 2017, 240.

Lieferfrist bzw. Ausführungsdauer, Betriebskosten, Ästhetik, Umwelteigenschaften, technischer Wert, Kundendienst, Zugänglichkeit der Leistung für Menschen mit Behinderungen.

117 Auftraggebern ist bei der Wahl der Zuschlagskriterien ein weiter Bewertungsspielraum eingeräumt, der rechtlich nur auf die Einhaltung der von §§ 97, 127 GWB vorgegebenen Grenzen überprüfbar ist.[228] Die Zuschlagskriterien müssen jedoch stets mit dem Auftragsgegenstand in Verbindung stehen (§ 127 Abs. 3 S. 1 GWB), sich also auf die Leistung beziehen, die den Gegenstand des Auftrags bildet.[229] Auftraggeber dürfen Bewerbern und Bietern durch Zuschlagskriterien keine allgemeine Unternehmens- und Geschäftspolitik wie z. B. eine allgemeine Ausbildungsquote im Unternehmen, eine Frauenquote in Leitungsgremien oder eine dauerhafte, d. h. auftragsunabhängige Beschäftigung von Langzeitarbeitslosen vorschreiben.[230]

118 Nach dem Vergabegrundsatz in § 97 Abs. 1 S. 1 GWB (→ Rn. 83) müssen Zuschlagskriterien hinreichend bestimmt sein und einen wirksamen Wettbewerb gewährleisten. Der Auftraggeber muss zur Wahrung der Transparenz nach §§ 127 Abs. 5 GWB, 58 Abs. 3 VgV die Zuschlagskriterien und ihre Gewichtung in der Auftragsbekanntmachung oder den Vergabeunterlagen aufführen.[231] Er kann nach § 59 VgV auch vorgeben, dass das Zuschlagskriterium „Kosten" auf der Grundlage der *Lebenszykluskosten* der Leistung bzw. der angebotenen Produkte berechnet wird.[232] Diese und andere qualitative Kriterien können im Ergebnis zu einem Zuschlag auf ein Angebot führen, das preislich ungünstiger ist als andere Angebote.

119 Bei vom Auftraggeber vorgegebenen, qualitativen Zuschlagskriterien ist jedoch ganz besonders darauf zu achten, dass diese dem Transparenzgebot des § 97 Abs. 1 S. 1 GWB genügen.

Hieran fehlte es nach Ansicht des EuGH bei der Vorgabe, dass Bieter die „Kriterien der Nachhaltigkeit der Einkäufe und des gesellschaftlich verantwortlichen Verhaltens einhalten", und in ihrem Angebot angeben, wie sie „zur Verbesserung der Nachhaltigkeit des Kaffeemarkts und einer umwelttechnisch, sozial und wirtschaftlich verantwortlichen Kaffeeproduktion beitragen".[233]

---

[228] EuG, Rs. T-339/10 und T-352/10, VergabeR 2013, 420, Rn. 54; BGH, NZBau 2017, 366 – Postdienstleistungen; *Bulla*, in: Willenbruch/Wieddekind, § 58 VgV, Rn. 34.

[229] EuGH, Rs. C-532/06, Slg. 2008, I-251, Rn. 26 ff. – Lianakis; OLG Celle, NZBau 2012, 198 (199) – Konzeptbewertung; OLG Düsseldorf, NZBau 2013, 329 (331) – sozialversicherungspflichtiges Personal.

[230] Siehe den 97. Erwägungsgrund der VRL; *Bulla*, in: Willenbruch/Wieddekind, § 58 VgV Rn. 20; *Krönke*, NVwZ 2016, 568 (573 f.).

[231] Vgl. EuGH, Rs. C-19/00, Slg. 2001, I-7725, Rn. 40 f. – SIAC Construction. Zum häufig praktizierten, jedoch umstrittenen Schulnotensystem siehe BGH, NZBau 2017, 366 – Postdienstleistungen; *Bulla*, in: Willenbruch/Wieddekind, § 58 VgV Rn. 37; *Friton/Stein*, NZBau 2017, 267; *Müller-Wrede*, VergabeR 2018, 190; *Reichling/Scheumann*, GewArch 2017, 371.

[232] Näher dazu *Bulla*, in: Willenbruch/Wieddekind, § 58 VgV Rn. 12.

[233] EuGH, Rs. C-368/10, EU:C:2012:284, Rn. 111 – Kommission/Niederlande, m. Anm. *Rosenkötter*, NVwZ 2012, 867.

Auftraggeber sind grundsätzlich[234] auch bei der Gewichtung der Zuschlagskriterien untereinander frei. Der Preis darf allerdings wegen des Wettbewerbsprinzips aus § 97 Abs. 1 S. 1 GWB nur noch dann alleiniges Zuschlagskriterium sein, wenn dies nach dem konkreten Gegenstand des Auftrags geeignet ist, das effizienteste und für den Auftraggeber im Ergebnis kostengünstige Angebot hervorzubringen.[235] Dies ist bei standardisierten Leistungen der Fall, wenn die erwartete Qualität des Auftragsgegenstands vom Auftraggeber erschöpfend in der Leistungsbeschreibung beschrieben wird.[236] **120**

Entscheiden sich Auftraggeber gegen eine „Nur-Preis-Vergabe", müssen sie anderen Wirtschaftlichkeitsmerkmalen ein angemessenes Gewicht einräumen. Eine Festlegung und Gewichtung von Zuschlagskriterien, bei denen sonstige Kriterien neben dem Angebotspreis nur eine marginale Rolle spielen, kann gegen den Wirtschaftlichkeitsgrundsatz nach § 97 Abs. 1 S. 2 GWB verstoßen.[237] **121**

Beispiel

Eine Gewichtung des Preises mit 95 % ist unzulässig, weil anderen Kriterien daneben nur noch eine Alibifunktion zukommt.[238] Dagegen wurde eine Gewichtung des Preises mit 90 % und des technischen Werts der Leistung mit 10 % noch als zulässig angesehen.[239]

---

§ 60 VgV enthält eine in der Praxis wichtige Vorschrift zum Umgang des Auftraggebers mit Angeboten zu unangemessen niedrigen Preisen.[240] Erscheinen der Preis oder die Kosten eines Angebots im Vergleich zu der zu erbringenden Leistung ungewöhnlich niedrig, muss der Auftraggeber vom Bieter Aufklärung verlangen. Wenn keine zufriedenstellende Aufklärung möglich ist, ist die Ablehnung des Zuschlags zulässig. Dem Auftraggeber ist dabei in § 60 Abs. 3 VgV ein intendiertes Ermessen eingeräumt, d. h. die Ablehnung des Zuschlags ist in einem solchen Fall grundsätzlich geboten, weil (zu) niedrige Preise das gesteigerte Risiko einer nicht einwandfreien Ausführung der ausgeschriebenen Leistungen und damit im Ergebnis einer unwirtschaftlichen Beschaffung bergen.[241] **122**

Das Gesetz macht keine Angabe dazu, ab welcher sog. Aufgreifschwelle eine Prüfung durch den Auftraggeber veranlasst ist. In der Rechtsprechung wird zumeist eine Aufklärungspflicht angenommen, wenn das preislich günstigste Angebot um mindestens 20 % unter dem nächsthöheren Angebot liegt.[242] Die Frage der Unange- **123**

---

[234] Zu Ausnahmefällen siehe etwa §§ 19 Abs. 7 S. 2, 76 VgV.

[235] BGH, NZBau 2016, 576 f. – Industriebrache; *Stoye/Plantko*, VergabeR 2015, 309.

[236] *Krönke*, NVwZ 2016, 568 (570).

[237] OLG Düsseldorf, VergabeR 2013, 599 (603) – Putzaufbau.

[238] OLG Düsseldorf, NZBau 2014, 121 (124).

[239] VK Bund, Beschl. v. 14.01.2014 – VK 2 – 118/13 – juris, Rn. 71 ff.

[240] Siehe dazu auch *Lausen*, NZBau 2018, 585.

[241] BGHZ 214, 11 (17 f., 20 f.) – Notärztliche Dienstleistungen; OLG Koblenz, VergabeR 2018, 165 – Abwasserreinigung, m. Anm. *Hartung; Hölzl*, NZBau 2018, 18.

[242] VK Bund, VPR 2018, 92; OLG Düsseldorf, ZfBR 2012, 613; OLG Düsseldorf, VergabeR 2018, 151 – Umschlagstellen; OLG Frankfurt a.M., VergabeR 2017, 656 – Loskombination; schon 10 % Preisunterschied für ausreichend hielt noch OLG Karlsruhe, VergabeR 2010, 96; a.A. EuG, VPR 2018, 91.

messenheit eines Preises kann sich dabei nicht nur im Vergleich zum nächstgünsti-
gen Gebot im selben Vergabeverfahren stellen, sondern auch bei augenfälliger Abweichung von in vergleichbaren Vergabeverfahren oder sonst erfahrungsgemäß
verlangten Preisen.[243]

124   Der Zuschlag stellt zivilrechtlich die Annahme nach § 147 Abs. 2 BGB eines
Angebots des Bieters nach § 145 innerhalb der vom Auftraggeber regelmäßig vorgegebenen Annahmefrist nach § 148 BGB dar. Zuschlag und Vertragsschluss fallen daher in einem Rechtsakt zusammen.[244] Der Zuschlag beendet das Vergabeverfahren. Ein wirksam erteilter Zuschlag kann nicht mehr aufgehoben werden
(§ 168 Abs. 2 S. 1 GWB).[245]

VII. Vergabearten

125   In § 119 GWB werden abschließend fünf Arten von Vergabeverfahren genannt, nämlich offene Verfahren (§ 119 Abs. 3 GWB), nicht offene Verfahren
(§ 119 Abs. 4 GWB), Wettbewerblicher Dialog (§ 119 Abs. 6 GWB), Verhandlungsverfahren (§ 119 Abs. 5 GWB) und Innovationspartnerschaft (§ 119 Abs. 7 GWB).

126   Der früher geltende *Grundsatz des Vorrangs des offenen Verfahrens* wurde im
Zuge der Vergaberechtsreform 2016 aufgehoben. Nunmehr haben öffentliche Auftraggeber nach §§ 119 Abs. 2 S. 1 GWB, 14 Abs. 2 S. 1 VgV die freie Wahl zwischen
dem offenen Verfahren und dem nicht offenen Verfahren mit vorherigem öffentlichem Teilnahmewettbewerb. Die anderen Verfahrensarten stehen jedoch nach §§ 119
Abs. 2 S. 2 GWB, 14 Abs. 2 S. 2 VgV nur zur Verfügung, soweit dies im GWB oder
dem untergesetzlichen Regelwerk (siehe etwa § 14 Abs. 3 und 4 VgV) gestattet ist.
Die Wahl eines unzulässigen Vergabeverfahrens durch den Auftraggeber stellt einen
Verfahrensfehler dar, der von unterlegenen Bietern im Rahmen eines Nachprüfungsverfahrens (→ Rn. 143) gerügt werden kann.[246]

127 | Hinweis |

Auftraggeber im Sektorenbereich verfügen insoweit über eine gesteigerte Beschaffungsautonomie, als sie nach § 141 Abs. 2 GWB im Gegensatz zu Auftraggebern gemäß § 99 GWB bei der Auftragsvergabe frei zwischen allen gesetzlichen Verfahrensarten wählen können. Bei der Vergabe von Konzessionen wird
den Mitgliedstaaten durch die neue KRL ebenfalls weitgehende Flexibilität eingeräumt. Nach Art. 30 Abs. 1 KRL können Auftraggeber das Verfahren zur Auswahl eines Konzessionsnehmers frei gestalten und sind dabei lediglich an die in

---

[243] BGHZ 214, 11 (16) – Notärztliche Dienstleistungen; OLG München, VergabeR 2010, 992 –
Straßenreinigung; OLG Karlsruhe, VergabeR 2010, 96; OLG Düsseldorf, VergabeR 2018, 328.

[244] *Burgi*, Vergaberecht, § 19 Rn. 1; *F. Wollenschläger*, Verteilungsverfahren, S. 228, 251 ff.

[245] *Bulla*, in: Willenbruch/Wieddekind, § 58 VgV Rn. 60.

[246] *Eichler*, in: Müko, Einl. VergabeR Rn. 242.

Art. 3 KRL kodifizierten Grundsätze der Gleichbehandlung, Nichtdiskriminierung und Transparenz gebunden.[247] Ähnliche Verfahrenserleichterungen sehen §§ 151 ff. GWB für Konzessionsgeber vor.

1. Offene Verfahren

Offene Verfahren sind gem. §§ 119 Abs. 3 GWB, 15 VgV Verfahren, in denen eine **128** unbeschränkte Anzahl von Unternehmen durch eine Vergabebekanntmachung öffentlich zur Abgabe von Angeboten aufgefordert wird.[248] Alle an der Auftragsvergabe interessierten Unternehmen haben das Recht, die Vergabeunterlagen bei der Vergabestelle anzufordern und ein Angebot abzugeben. Eine Vorauswahl unter den Bewerbern durch den Auftraggeber ist nicht möglich, so dass die Zahl der eingehenden Angebote sehr hoch sein kann. Das offene Verfahren sichert in besonderem Maße die Verwirklichung der europäischen Grundfreiheiten ab, weil es den deutschen Vergabemarkt uneingeschränkt für Anbieter auch aus anderen EU-Mitgliedstaaten öffnet.[249]

2. Nicht offene Verfahren

Bei *nicht offenen Verfahren* wird gem. §§ 119 Abs. 4 GWB, 16 VgV zunächst öffent- **129** lich zur Teilnahme aufgefordert. Dieser Teilnahmewettbewerb dient der Markterkundung (§ 28 VgV). Danach kann der Auftraggeber jedoch den Teilnehmerkreis begrenzen und aus dem Bewerberkreis nur eine beschränkte Anzahl von Unternehmen (mindestens jedoch fünf, § 51 Abs. 2 S. 1 VgV) zur Angebotsabgabe auffordern.

Hinweis **130**
Das nicht offene Verfahren kann z. B. für die Vergabe von Bauleistungen oberhalb des Schwellenwerts gewählt werden, wenn die Bearbeitung von Angeboten wegen der Eigenart der Leistung einen außergewöhnlich hohen Aufwand erfordert, wenn die ausgeschriebene Leistung nach ihrer Eigenart nur von einem beschränkten Kreis von Unternehmen ausgeführt werden kann, besonders wenn außergewöhnliche Zuverlässigkeit oder Leistungsfähigkeit (z. B. Erfahrung, technische Einrichtungen oder fachkundige Arbeitskräfte) erforderlich ist, oder wenn ein offenes Verfahren aufgehoben wurde oder sich als von vornherein unzweckmäßig darstellt.[250]

---

[247] OLG Düsseldorf, Beschl. v. 21.03.2018 – 2 U (Kart) 6/16, juris; *Donhauser/Hölzlwimmer*, VergabeR 2015, 509; *H. Schröder*, NZBau 2015, 351.

[248] Zum Ablauf im Einzelnen siehe *F. Wollenschläger*, in: Terhechte, § 19 Rn. 34 ff.

[249] *Knauff*, in: Müller-Wrede, GWB-Vergaberecht, § 101 Rn. 8 ff.

[250] Siehe § 3 Abs. 3 VOB/A-EU.

131   Da die Beteiligung an einem Teilnahmewettbewerb für Bewerber mit einem erheblich geringeren Aufwand verbunden ist als die Beteiligung an einem offenen Verfahren, weil noch kein vollständiges Angebot erarbeitet werden muss, kann das nicht
offene Verfahren mit vorherigem öffentlichem Teilnahmewettbewerb dazu führen,
dass besonders geeignete und günstige Anbieter, die den Aufwand eines offenen
Verfahrens gescheut hätten, sich am Verfahren beteiligen.[251] Auch für den Auftraggeber ist das nicht offene Verfahren weniger aufwändig als das offene Verfahren.
Daher wird das nicht offene Verfahren in der Praxis recht häufig gewählt.

3. Wettbewerblicher Dialog

132   Ein *Wettbewerblicher Dialog* nach §§ 119 Abs. 6 GWB, 18 VgV kommt in Betracht,
wenn der Auftraggeber objektiv nicht in der Lage ist, die Mittel zur Befriedigung
seines Bedarfs zu definieren oder zu beurteilen, was der Markt an technischen, finanziellen oder rechtlichen Lösungen zu bieten hat.[252] Dies kann etwa bei der Realisierung großer Verkehrsinfrastrukturprojekte oder bei Projekten mit einer komplex
strukturierten Finanzierung der Fall sein.[253] Der wettbewerbliche Dialog dient dann
der Ermittlung und Festlegung der Mittel, mit denen die Bedürfnisse des Auftraggebers am besten erfüllt werden können.

133   Seitens des Auftraggebers wird beim wettbewerblichen Dialog in der Ausschreibung noch keine konkrete Leistungsbeschreibung, sondern lediglich ein Bedarf vorgegeben und zur Grundlage eines öffentlichen Teilnahmewettbewerbs gemacht. Die
Leistungsbeschreibung wird dann erst in der nachfolgenden, sog. Dialogphase mit
den vom Auftraggeber ausgewählten Unternehmen (mindestens drei, § 51 Abs. 2
S. 1 VgV) erarbeitet, wenn feststeht, wie der Bedarf des Auftraggebers am besten
befriedigt werden kann. Nach Abschluss der Dialogphase fordert der Auftraggeber
die noch beteiligten Unternehmen auf, ihr endgültiges Angebot vorzulegen, aufgrund dessen dann der Zuschlag erteilt wird.[254]

4. Verhandlungsverfahren

134   *Verhandlungsverfahren* sind gem. §§ 119 Abs. 5 GWB, 17 VgV Verfahren, bei denen sich der Auftraggeber mit oder ohne vorherigen Teilnahmewettbewerb von
vornherein nur an von ihm ausgewählte Unternehmen wendet, um mit einem oder
mehreren über Angebote zu verhandeln.[255]

---

[251] OVG RP, Urt. v. 25.09.2012 – 6 A 10478/12 – juris, Rn. 41.

[252] Siehe § 3 Abs. 7 Nr. 1 VOB/A-EU, § 3 Abs. 7 VOL/A-EU.

[253] Siehe den 42. Erwägungsgrund der VRL.

[254] Zu Einzelheiten siehe etwa *Otting/Olgemöller*, NVwZ 2011, 1225; *Knauff*, VergabeR 2004,
287; *ders.*, in: Müller-Wrede, GWB-Vergaberecht, § 101 Rn. 27 ff.

[255] Siehe dazu etwa *Dobmann*, VergabeR 2013, 175.

Das Verhandlungsverfahren gefährdet wegen seiner fehlenden Formalisierung **135** die Verwirklichung der allgemeinen Vergabegrundsätze (→ Rn. 82 ff.) in erheblichem Maße und ist für außervergaberechtliche Einflussnahmen besonders anfällig.[256] Daher ist es nur unter bestimmten Voraussetzungen zulässig. Insbesondere Verhandlungsverfahren ohne vorherigen öffentlichen Teilnahmewettbewerb dürfen nur in den in §§ 119 Abs. 5 GWB, 14 Abs. 4 VgV geregelten Ausnahmefällen (z. B. äußerst dringliche, zwingende Gründe im Zusammenhang mit Ereignissen, die der Auftraggeber nicht vorsehen konnte) durchgeführt werden, für deren Vorliegen der Auftraggeber die Beweislast trägt.[257]

Zulässigkeitsvoraussetzung für die Durchführung von Verhandlungsverfahren **136** mit öffentlicher Vergabebekanntmachung ist bei Bauleistungen, dass entweder ein offenes oder nicht offenes Verfahren mangels zuschlagsfähiger Angebote aufgehoben wurde und die ursprünglichen Vertragsunterlagen nicht grundlegend geändert worden sind, oder die betroffenen Bauvorhaben nur zu Forschungs-, Versuchs- oder Entwicklungszwecken durchgeführt werden und nicht mit dem Ziel der Rentabilität oder der Deckung von Entwicklungskosten, oder im Ausnahmefall die Leistung nach Art und Umfang oder wegen der damit verbundenen Wagnisse nicht eindeutig und nicht so erschöpfend beschrieben werden kann, dass eine einwandfreie Preisermittlung zur Vereinbarung einer festen Vergütung möglich ist.[258]

Das Verhältnis zwischen Verhandlungsverfahren und Wettbewerblichem Dialog **137** ist in der Literatur umstritten. Vielfach wird bei besonders komplexen Aufträgen ein Wahlrecht des Auftraggebers zwischen beiden Vergabearten angenommen.[259] Die Gegenmeinung geht von einem Vorrang des Wettbewerblichen Dialogs vor dem Verhandlungsverfahren aus.[260]

5. Innovationspartnerschaft

§§ 119 Abs. 7 GWB, 19 VgV führen als neue Vergabeart die *Innovationspartner-* **138** *schaft* ein.[261] Gegenstand dieses auf eine längere Zusammenarbeit zwischen Auftraggeber und Auftragnehmer angelegten Verfahrens ist die Entwicklung innovativer, noch nicht auf dem Markt verfügbarer Liefer-, Bau- oder Dienstleistungen und der anschließende Erwerb der daraus hervorgehenden Leistungen. Wie beim Verhandlungsverfahren verhandelt der Auftraggeber nach einem (bei

---

[256] *Knauff*, in: Müller-Wrede, GWB-Vergaberecht, § 101 Rn. 34.

[257] OLG Düsseldorf, NZBau 2018, 118; NZBau 2017, 679 (681) – MARS; VK Bund, Beschl. v. 18.10.2017 – VK 2-106/17, juris, Rn. 49; *Roth*, NZBau 2018, 77.

[258] Siehe § 3 Abs. 4 VOB/A-EU.

[259] So etwa *Fleckenstein*, DVBl. 2006, 75 (78); *Kus*, VergabeR 2006, 851 (853); *Ollmann*, VergabeR 2005, 685 (688); *Opitz*, VergabeR 2006, 450 (452); *H. Schröder*, NZBau 2007, 216 (217); *Steinberg*, NVwZ 2006, 1349 (1350 f.).

[260] *Müller-Wrede/Kaelble*, Allgemeine Verfahrenstypen, in: Müller-Wrede, Kompendium, Kap. 17 Rn. 37 ff.; differenzierend *Knauff*, NZBau 2018, 134 (138).

[261] Siehe dazu *Badenhausen-Fähnle*, VergabeR 2015, 743; *Püstow/Meiners*, NZBau 2016, 406.

der Innovationspartnerschaft im Gegensatz zum Verhandlungsverfahren stets obligatorischen) Teilnahmewettbewerb in mehreren Phasen mit den ausgewählten Unternehmen über Erst- und Folgeangebote mit dem Ziel, diese inhaltlich zu verbessern. Nach dem Zuschlag durchläuft eine Innovationspartnerschaft zwei Phasen: eine Forschungs- und Entwicklungsphase, die die Herstellung von Prototypen oder die Entwicklung der ausgeschriebenen Dienstleistung umfasst, und eine Leistungsphase, in der die in der ersten Phase entwickelte Leistung ausgeführt wird (§ 19 Abs. 8 VgV).

VIII. Rechtsschutz

1. Allgemein

139 Werden die Regelungen des Vergabeverfahrens vom öffentlichen Auftraggeber nicht eingehalten, stellt sich die Frage, ob und unter welchen Voraussetzungen den Teilnehmern an einem Vergabeverfahren Rechtsschutz gegen die Entscheidungen der Vergabestelle zusteht. Das Bedürfnis entsteht etwa dann, wenn ein Bieter zu Unrecht vom weiteren Verfahren ausgeschlossen wurde oder der Zuschlag nicht an den Bieter mit dem wirtschaftlichsten Angebot erteilt werden soll. Hierbei ist zunächst zwischen Primär- und Sekundärrechtschutz zu unterscheiden.

140 Während der Bieter im Rahmen des Primärrechtsschutzes das Ziel verfolgt, den Zuschlag selbst zu erhalten und hierfür zunächst verhindern muss, dass einem anderen Unternehmer der Zuschlag erteilt wird, geht es dem Bieter beim Sekundärrechtschutz ausschließlich um Schadensersatzansprüche wegen vergaberechtlicher Verstöße des Auftraggebers. Weiterhin wird zwischen Vergabeverfahren mit Auftragswerten ober- und unterhalb des jeweils einschlägigen Schwellenwertes (→ Rn. 66) unterschieden, denn nur bei Oberschwellenvergaben gilt der 4. Teil des GWB (§§ 97–184) mit den gesonderten Vorschriften zum Rechtsschutz (vgl. § 155 ff. GWB).

2. Primärrechtschutz oberhalb der Schwellenwerte

141 § 97 Abs. 6 GWB gewährt den Unternehmen[262] ausdrücklich einen Anspruch darauf, dass der Auftraggeber die Bestimmungen über das Vergabeverfahren einhält.

Nach der amtlichen Begründung muss eine Bestimmung, deren Verletzung geltend gemacht wird, allerdings drittschützenden Charakter haben, also zumindest auch den Schutz des übergangenen Bieters bezwecken.[263] Zur Gewährleistung eines

---

[262] Der Unternehmensbegriff ist grundsätzlich weit zu fassen, erfasst sind natürliche und juristischen Personen und Personenvereinigungen, die aktiv am Wirtschaftsleben teilnehmen, vgl. *Steiff*, in: Heuvels/Höß/Kuß/Wagner, § 107 GWB Rn. 18.

[263] Siehe die amtliche Begründung, BT-Drs. 13/9340, S. 14; vgl. auch *Gröning*, ZIP 1998, 370 (373); *Roebling*, Jura 2000, 453 (460).

effektiven Rechtsschutzes wird von der Rechtsprechung eher eine weite Auslegung der von der Vorschrift umfassten „Bestimmungen über das Vergabeverfahren" vertreten.[264] Nur auf die Verletzung solcher Vorschriften, die lediglich dem Interesse der Allgemeinheit dienen oder reine Ordnungsfunktion haben, kann ein Nachprüfungsantrag nicht gestützt werden.[265] Außerdem ist die drittschützende Wirkung unabhängig vom unionsrechtlichen Vorverständnis für alle Regelungen zu bejahen, die der Umsetzung der Teilnahme- und Publizitätsvorschriften der Vergaberichtlinien dienen,[266] denn deren drittschützende Wirkung hat der *EuGH*[267] ausdrücklich bestätigt. Letztlich ist davon auszugehen, dass der ganz überwiegende Teil der Vorschriften des Vergaberechts als bieterschützend anzusehen ist.[268]

Gem. § 156 Abs. 2 GWB können Rechte aus § 97 Abs. 6 GWB und sonstige Ansprüche gegen einen öffentlichen Auftraggeber, die auf die Vornahme oder das Unterlassen einer Handlung in einem Vergabeverfahren gerichtet sind,[269] in zwei Instanzen geltend gemacht werden. **142**

a) Das Verfahren vor den Vergabekammern (§§ 160 ff. GWB)

In erster Instanz wird ein sog. Nachprüfungsverfahren gem. § 160 Abs. 1 GWB durch einen Antrag (also nicht von Amts wegen) bei der zuständigen Vergabekammer eingeleitet. Für Aufträge und Konzessionen des Bundes bzw. Aufträge und Konzessionen, die dem Bund zuzurechnen[270] sind, sind die Vergabekammern des Bundes zuständig. Bei allen anderen öffentlichen Auftraggebern sind die Kammern des Bundeslandes zuständig, in dem der Auftraggeber seinen Sitz hat (vgl. §§ 156 Abs. 1, 159 GWB). Einrichtung, Organisation und Besetzung der Vergabekammern des Bundes sind in §§ 157, 158 GWB geregelt. Die Länder organisieren ihre Vergabekammern gem. § 158 Abs. 2 GWB in eigener Kompetenz. **143**

Der Antrag bei der Vergabekammer muss eine Reihe von Zulässigkeitsvoraussetzungen erfüllen: **144**

- **Antragsbefugnis**: Gem. § 160 Abs. 2 GWB muss das antragstellende Unternehmen ein Interesse am Auftrag oder der Konzession haben, die Verletzung eigener Rechte nach § 97 Abs. 6 GWB geltend machen sowie eine Schadensgefahr darlegen. Antragsbefugt sind nur (potenzielle) Teilnehmer am Vergabeverfahren, keine Vorlieferanten oder Subunternehmer, die kein unmittelbares Interesse am Auftrag haben, sondern nur reflexartig betroffen sind.[271] Erforderlich ist ferner,

---

[264] Vgl. u. a. OLG Brandenburg, NVwZ 1999, 1142 (1146) – Flughafen Berlin.

[265] *Möllenkamp* in Heuvels/Höß/Kuß/Wagner, § 160 Rn. 78 m. w. N.

[266] So *Byok*, NJW 1998, 2774 (2777).

[267] EuGH, Rs. C-433/93, Slg. 1995, I-2303, Rn. 19 – Kommission/Deutschland, m. Anm. *Dreher*, EuZW 1995, 637.

[268] Vgl. *Wagner*, in Heuvels/Höß/Kuß/ders., § 97 GWB Rn. 155.

[269] Andere kartellrechtliche Ansprüche, etwa aus § 1 oder § 14 GWB, zählen nicht hierzu; siehe OLG Düsseldorf, WuW/E Verg 658 (659 f.) – Kommunale Einkaufsgemeinschaft.

[270] Zur „Zurechenbarkeit" der Aufträge und Konzessionen, vgl. § 159 GWB.

[271] Vgl. *Byok*, NJW 1998, 2774 (2778); *Vetter*, NVwZ 2001, 745 (755).

ähnlich wie bei § 42 Abs. 2 VwGO, dass zumindest die Möglichkeit der Verletzung in eigenen Rechten bzw. eines Schadens besteht.[272]

- **Keine Präklusion:** Gem. § 160 Abs. 3 GWB ist der Antrag unzulässig, wenn der Antragsteller den behaupteten Verstoß gegen Vergabevorschriften erkannt und nicht innerhalb einer Frist von zehn Kalendertagen gegenüber dem Auftraggeber gerügt hat. Verstöße, die bereits aufgrund der Bekanntmachung oder der Vergabeunterlagen erkennbar sind, müssen bis spätestens zum Ablauf der Frist zur Bewerbung oder Angebotsabgabe gerügt werden.
- **Antragsform:** Der Antrag ist gem. § 161 Abs. 1 S. 1 GWB schriftlich bei der Vergabekammer einzureichen und unverzüglich zu begründen. Er muss ferner die in § 161 Abs. 1 und 2 GWB festgelegten inhaltlichen Anforderungen erfüllen (hierbei ist zwischen Muss- und Soll-Vorschriften zu unterscheiden).

145 Für das Verfahren vor der Vergabekammer gilt der Untersuchungs- (§ 163 Abs. 1 GWB) und Beschleunigungsgrundsatz (§ 167 GWB). Die Vergabekammer entscheidet auf Grund einer mündlichen Verhandlung (§ 166 GWB). Die Parteien haben ein Akteneinsichtsrecht (§ 165 GWB) und bestimmte Mitwirkungspflichten (§ 167 Abs. 2 GWB). Durch das Recht auf Einsicht in die Vergabeakte kann der Antragsteller evtl. auch weitere Vergabeverstöße des Auftraggebers feststellen, die ihm bisher nicht bekannt waren. Die Vergabekammern entscheiden durch Verwaltungsakt (§ 168 Abs. 3 S. 1 GWB). Der Verwaltungsrechtsweg ist allerdings nicht eröffnet. Vielmehr ist der Rechtsweg zu den Vergabekammern und Beschwerdegerichten in § 156 Abs. 2 GWB abschließend geregelt. Es handelt sich um eine abdrängende Sonderzuweisung i. S. v. § 40 Abs. 1 S. 1 Hs. 2 VwGO.[273]

146 Dem europa- und verfassungsrechtlichen Gebot effektiven Rechtsschutzes wird dadurch Rechnung getragen, dass der Auftraggeber gem. § 134 Abs. 1 GWB die unterlegenen Bieter über den Namen des Bieters, dessen Angebot angenommen werden soll, über den Grund der vorgesehenen Nichtberücksichtigung und über den frühesten Zeitpunkt des Vertragsschlusses spätestens 14 Kalendertage vor Vertragsabschluss informieren muss. Ein Vertrag, der ohne Erteilung dieser Information oder unter Missachtung der Frist geschlossen wird, ist gem. § 135 Abs. 1 Nr. 1 GWB unwirksam, wenn dies in einem Nachprüfungsverfahren festgestellt wird. Hintergrund dieser Regelung ist die Entscheidung des *EuGH* in der Rechtssache Alcatel Austria.[274] Hiernach muss den Bietern eines Vergabeverfahrens wirksamer Rechtsschutz eröffnet sein.[275] Letzteres war nach Inkrafttreten des GWB fraglich, da der Zuschlag als reines Verwaltungsinternum nicht bekanntgemacht wird und ein bereits erteilter Zuschlag nach § 168 Abs. 2 S. 1 GWB auch von der Vergabekammer nicht mehr aufgehoben werden kann.[276] Durch die Informationspflicht wird dem

---

[272]Vgl. *Reidt*, in: ders./Stickler/Glahs, § 160 Rn. 30; OLG Jena, ZfBR 2011, 206.

[273]*Malmendier*, DVBl. 2000, 963 (966).

[274]EuGH, Rs. C-81/98, Slg. 1999, I-7671 – Alcatel Austria, m. Anm. *Hausmann*, EuZW 1999, 762; dazu auch *Malmendier*, DVBl. 2000, 963.

[275]Vgl. auch VK Bund, BauR 1999, 1284 – Euro-Münzplättchen II, wonach auch Art. 19 IV GG eine Informationspflicht erfordert.

[276]Vgl. *Pache*, DVBl. 2001, 1781 (1788).

unterlegenen Bietern die Möglichkeit eröffnet, noch vor Zuschlagserteilung einen Antrag auf Nachprüfung zu stellen, dem nach § 169 Abs. 1 GWB aufschiebende Wirkung zukommt (Suspensiveffekt).

▶ **Beachte** Auf Antrag kann die Vergabekammer dem Auftraggeber nach Abwägung aller möglicherweise geschädigten Interessen sowie des Interesses der Allgemeinheit an einem raschen Abschluss des Vergabeverfahrens erlauben, den Zuschlag doch zu erteilen (§ 169 Abs. 2 GWB). Gegen die Entscheidung der Vergabekammer kann der Antragsteller gem. § 169 Abs. 2 S. 5 GWB beim Beschwerdegericht die Widerherstellung des Zuschlagsverbots beantragen.[277]

Sollte der Zuschlag bereits erteilt worden sein, so kann die Vergabekammer nur noch feststellen, dass eine Verletzung der Rechte des Bieters vorgelegen hat (vgl. § 168 Abs. 2 S. 2 GWB).[278] Nach h.M. ist ein Feststellungsantrag allerdings nicht mehr statthaft, wenn das Vergabeverfahren bereits vor Einleitung des Nachprüfungsverfahrens (z. B. durch Zuschlag) beendet wurde.[279] Dies gilt jedoch dann nicht, wenn das Vergabeverfahren durch den Auftraggeber aufgehoben wurde und der Bieter die Rechtswidrigkeit der Aufhebung behauptet. Auch in diesem Fall ist der Weg zu den Vergabekammern eröffnet (keine Flucht in die Aufhebung).[280] Allerdings kann der Auftraggeber im Falle einer rechtswidrigen Aufhebung nach h.M. nicht verpflichtet werden, den Auftrag zu vergeben,[281] es bestehen dann aber Schadensersatzansprüche. **147**

Hat der öffentliche Auftraggeber einen Auftrag ohne vorherige ordnungsgemäße Bekanntmachung im Amtsblatt der Europäischen Union vergeben (sog. Direktvergabe oder „De-facto-Vergabe"), ist der Vertrag gem. § 135 Abs. 1 Nr. 2 GWB von Anfang an unwirksam, wenn der Verstoß in einem Nachprüfungsverfahren festgestellt wurde und die Bekanntmachung nicht ausnahmsweise entbehrlich war.[282] Diese Vorschrift ermöglicht es einem Unternehmen, das gar nicht an einem Vergabeverfahren teilnehmen konnte, im Rahmen eines Nachprüfungsverfahrens die Unwirksamkeit des Vertrages geltend zu machen und damit i. d. R. auch die Durchführung eines Vergabeverfahrens zu erzwingen. Hiermit soll verhindert werden, dass sich die Vergabestelle dadurch, dass sie erst gar kein Verfahren eröffnet oder die Vergabe bekanntmacht, einer rechtlichen Kontrolle durch Mitbewerber entzieht. Zugleich stellt dies eine Ausnahme von dem Grundsatz aus § 168 Abs. 2 S. 1 GWB **148**

---

[277] Vgl. zum vorläufigen Rechtsschutz *Boesen*, EuZW 1998, 551 (555 ff.); *Gröning*, ZIP 1999, 181 (182 ff.); *Vetter*, NVwZ 2001, 745 (758).

[278] Die Regelung erinnert an die Fortsetzungsfeststellungsklage nach § 113 Abs. 1 S. 4 VwGO.

[279] Vgl. BGH, WuW/E Verg 447 (449 f.) – Bahnhofsreinigung; *Stickler*, in Reidt/ders./Glahs, § 178, Rn. 30; *Dreher*, in: Immenga/Mestmäcker, § 114 Rn. 45; *Vetter*, NVwZ 2001, 745 (756 f.).

[280] Vgl. EuGH, Rs. C-92/00, Slg. 2002, I-5553 – Hospital Ingenieure, m.Anm. *Bauer/Kegel*, NZBau 2002, 458; BGH, VergabeR 2003, 313.

[281] Es besteht kein Kontrahierungszwang: BGH, VergabeR 2010, 781 – Ziegelverblendung.

[282] Vgl. zu den gesetzlichen Ausnahmen die Zusammenfassung von *Maimann*, in: Kulartz/Kus/Portz, § 135 Rn. 17.

dar, wonach ein erteilter Zuschlag von der Vergabekammer nicht aufgehoben werden kann. Nach § 135 Abs. 3 GWB tritt in bestimmten Ausnahmefällen eine Unwirksamkeit des Vertrages trotz Verstoßes gegen die Bekanntmachungspflicht nicht
ein, wenn der Auftraggeber die Bekanntmachungspflicht verkannt, die Absicht zur
Auftragsvergabe aber bekanntgemacht und mit der Vergabe mind. 10 Kalendertage
seit dieser Bekanntmachung abgewartet hat.

b) Das Beschwerdeverfahren (§§ 171 ff. GWB)

149 In zweiter Instanz kann gegen Entscheidungen der Vergabekammer[283] gem. § 171
Abs. 1 GWB sofortige Beschwerde beim Vergabesenat des jeweils zuständigen
OLG (§ 171 Abs. 3 GWB) eingelegt werden. Antragsberechtigt sind gem.
§ 171 Abs. 1 S. 2 GWB die im Verfahren vor der Vergabekammer Beteiligten
(§ 162 GWB). Das Verfahren vor dem OLG wird durch die Verweisung in
§ 175 Abs. 2 GWB neben den §§ 171 ff. GWB auch durch eine Reihe von Vorschriften der ZPO geregelt.[284] Hält das OLG die Beschwerde für begründet, so hebt
es gem. § 178 S. 1 GWB die Entscheidung der Vergabekammer auf. In diesem Fall
entscheidet es gem. § 178 S. 2 GWB in der Sache selbst oder spricht die Verpflichtung der Vergabekammer aus, unter Berücksichtigung der Rechtsauffassung des
Gerichts über die Sache erneut zu entscheiden. Gegen die Entscheidung des OLG
ist kein Rechtsmittel eröffnet. Nur für den Fall, dass ein OLG von einer Entscheidung eines anderen OLG oder des BGH abweichen will, sieht § 179 Abs. 2 S. 1
GWB eine Vorlagepflicht zum BGH vor.[285]

> ▶ **Beachte** Hinsichtlich des Suspensiveffektes ist wie folgt zu unterschei-
> den: Hat die Vergabekammer dem Antrag auf Nachprüfung durch Unter-
> sagung des Zuschlags stattgegeben, so unterbleibt dieser, solange nicht
> das OLG die Entscheidung durch Vorabentscheidung nach § 176 GWB oder
> Beschwerdeentscheidung nach § 178 GWB aufhebt (§ 173 Abs. 3 GWB).
> Hat die Vergabekammer dem Antrag dagegen nicht stattgegeben, so löst
> die sofortige Beschwerde gem. § 173 Abs. 1 S. 1 GWB zwar den Suspensi-
> veffekt aus. Dieser ist allerdings im Gegensatz zum Verfahren vor der Ver-
> gabekammer zeitlich beschränkt auf zwei Wochen (§ 173 Abs. 1 S. 2 GWB).
> Die aufschiebende Wirkung kann auf Antrag verlängert werden
> (§ 173 Abs. 1 S. 3 GWB).[286]

---

[283] Mit Ausnahme der Entscheidung über den Suspensiveffekt, vgl. § 169 Abs. 2 S. 8 GWB.

[284] Ausführlich hierzu *Gröning*, ZIP 1999, 181.

[285] Es handelt sich um den sprichwörtlich „kurzen Prozess". Zur Verfassungsmäßigkeit vgl. *Dreher*,
NVwZ 1997, 343 (344).

[286] Näher hierzu *Losch*, in: Ziekow/Völlink, § 173 Rn. 17 ff.

3. Sekundärrechtsschutz oberhalb der Schwellenwerte (§§ 180, 181 GWB)

Das GWB sieht in § 180 zum einen Schadensersatzansprüche für die missbräuchli- **150**
che Inanspruchnahme des Vergaberechtsschutzes aus den §§ 155 ff. GWB vor[287] und
enthält zum anderen mit § 181 S. 1 GWB eine eigene Anspruchsgrundlage für die
Geltendmachung von Schadensersatzansprüchen wegen Vergabeverstößen: Nach
§ 181 S. 1 GWB kann ein Unternehmen Schadensersatz fordern, wenn der Auftraggeber gegen eine den Schutz von Unternehmen bezweckende Vorschrift verstoßen
hat und das Unternehmen ohne diesen Verstoß bei der Wertung der Angebote eine
echte Chance gehabt hätte, den Zuschlag zu erhalten.[288] Ersetzt werden die Kosten
der Vorbereitung des Angebotes oder der Teilnahme am Vergabeverfahren, also der
sog. Vertrauensschaden.

Weiterreichende Schadensersatzansprüche (insbesondere auf entgangenen **151**
Gewinn) sind gem. § 181 S. 2 GWB nicht ausgeschlossen. Geltend gemacht werden
kann also auch ein deliktischer Schadensersatzanspruch aus § 823 Abs. 2 BGB, da
den meisten Vergabenormen drittschützende Wirkung und somit Schutznormquali-
tät zukommt.[289] In Betracht kommt ferner ein Anspruch wegen vorvertraglicher
Pflichtverletzung gem. § 241 Abs. 2, § 311 Abs. 2 Nr. 1 und § 280 Abs. 1 BGB (früher: culpa in contrahendo).[290] Zuständig für alle Ansprüche sind gem. § 156 Abs. 3 GWB
die ordentlichen Gerichte, welche allerdings gem. § 179 Abs. 1 GWB an die Entscheidungen von Vergabekammer und Beschwerdegericht gebunden sind. Von der
Bindungswirkung erfasst werden neben dem Tenor auch die tragenden Entschei-
dungsgründe.[291]

4. Primärrechtsschutz unterhalb der Schwellenwerte

Unterhalb der Schwellenwerte haben juristische Personen des öffentlichen Rechts **152**
die einschlägigen haushaltsrechtlichen Bestimmungen zu beachten, insbesondere
das Gebot der Wirtschaftlichkeit und Sparsamkeit sowie den Grundsatz des Vorrangs der öffentlichen Ausschreibung nach § 30 HGrG. Ferner können sie durch
entsprechenden Erlass oder Landesgesetze an die VOB/A und VOL/A gebunden

---

[287] Die praktische Relevanz dieser Vorschrift ist allerdings bisher offenbar begrenzt, vgl. *Gesterkamp*, Schadensersatzansprüche infolge eines Vergabeverfahrens, in: Müller-Wrede, Kompendium, Kap. 32 Rn. 61.

[288] Eine „echte Chance" hat ein Angebot nach BGH, WM 2008, 494 nur dann, wenn der Auftraggeber darauf im Rahmen des ihm zustehenden Wertungsspielraums den Zuschlag hätte erteilen
dürfen.

[289] So die h.M., vgl. OLG Schleswig, BauR 2000, 1046; *Schneider*, in: Heuvels/Höß/Kuß/Wagner,
§ 126 GWB Rn. 64.

[290] *Glahs*, in: Reidt/Stickler/ders., § 181 Rn. 45.

[291] *Damaske*, in: Müller-Wrede, GWB-Vergaberecht, § 179 Rn. 29.

sein. Jedoch ist eine Überprüfung derartiger Vergabeverfahren im Gegensatz zu Verfahren oberhalb der Schwellenwerte nicht im Rahmen eines Nachprüfungsverfahrens vor den Vergabekammern gem. §§ 155 ff. GWB möglich, denn der 4. Teil des GWB gilt gem. § 106 GWB nur für Vergaben oberhalb des jeweiligen Schwellenwertes. Auch die UVgO enthält keine Regelungen oder Vorgaben zum Rechtsschutz. Es handelt sich dabei ohnehin nicht um ein materielles Gesetz, sondern um eine Verwaltungsvorschrift des Bundes, die in den Ländern durch Landesgesetz, Rechtsverordnung oder Verwaltungserlass für anwendbar erklärt werden muss. Erst dann entfaltet sie im Wege der Selbstbindung der Verwaltung Außenwirkung. Für den Bund gilt sie seit der Änderung der Verwaltungsvorschriften zu § 55 der Bundeshaushaltsordnung am 2. September 2017. Bisher haben neun Bundesländer die UVgO für anwendbar erklärt.[292]

153   Diese Zweigleisigkeit des deutschen Vergaberechts wird im Schrifttum z. T. als „Zweiklassensystem" kritisiert.[293] Zu Recht wird darauf hingewiesen, dass auch unterhalb der Schwellenwerte die Vorschriften des primären EU-Rechts gelten, wie insbesondere die Grundfreiheiten sowie die Diskriminierungsverbote.[294] Zu beachten ist ferner die Bindung an die Grundrechte, vor allem den Gleichheitsgrundsatz des Art. 3 Abs. 1 GG.[295]

154   Ob und ggfs. unter welchen Voraussetzungen gerichtlicher Primärrechtsschutz bei Vergabeverfahren unterhalb der Schwellenwerte besteht, ist zum Teil bis heute umstritten.[296]

Das *BVerfG* hat in seinem Beschluss vom 13.06.2006 zunächst ausgeführt, es sei nicht zu beanstanden, dass der Rechtsschutz oberhalb des Schwellenwertes anders gestaltet sei als unterhalb, und dass der Gesetzgeber dem Interesse der Vergabestelle an einer raschen Vergabeentscheidung gegenüber dem Rechtsschutzinteresse des benachteiligten Bieters Vorrang einräumen dürfe. Für Aufträge, die den maßgeblichen Schwellenwert nicht erreichen, bleibe das Vergaberecht Teil des öffentlichen Haushaltsrechts und daher grundsätzlich Innenrecht der Verwaltung. Allerdings wurde zugleich klargestellt, dass die staatlichen Vergabestellen das Verfahren oder die Kriterien der Vergabe nicht willkürlich bestimmen dürfen und eine tatsächliche Vergabepraxis zu einer Selbstbindung der Verwaltung führen könne. Weicht die Vergabestelle hiervon ab, könne dies gegen Art. 3 Abs. 1 GG verstoßen und einem übergangenen Mitbewerber einen Rechtsschutzanspruch gewähren.

---

[292] Baden-Württemberg, Bayern, Brandenburg, Bremen, Hamburg, Mecklenburg-Vorpommern, Nordrhein-Westfalen, Saarland, Schleswig-Holstein.

[293] Vgl. *Byok*, NJW 1998, 2774 (2776); *Dreher*, DB 1998, 2579 (2588); *Faber*, DÖV 1995, 403 (413); *Pache*, DVBl. 2001, 1781 (1791); *Roebling*, Jura 2000, 453 (460).

[294] *Wagner*, in: Langen/Bunte, Kartellrecht, vor § 79 Rn. 4; *Hermes*, JZ 1997, 909 (912); *P. M. Huber*, JZ 2000, 877 (880 f.).

[295] Vgl. OLG Stuttgart, WuW/E Verg 591 (593) – Weinbergmauer; *Hermes*, JZ 1997, 909 (912 ff.); *P. M. Huber*, JZ 2000, 877 (878 ff.); *Puhl*, VVDStRL 60 (2001), 456 (477 ff.).

[296] Vgl. hierzu *F. Wollenschläger*, NVwZ 2007, 388; *Burgi*, NVwZ 2011, 1217.

Diese Maßstäbe zugrunde legend, hat die Rechtsprechung im unterschwelligen **155** Bereich zunächst mehrheitlich einen Verstoß gegen Vorschriften des Vergaberechts *allein* für den Erfolg des Rechtsmittels eines Bieters nicht für ausreichend erachtet. Zusätzlich musste ein vorsätzliches oder zumindest willkürliches Verhalten des Auftraggebers vorliegen.[297] Der Bieter konnte nur geltend machen, dass der Auftraggeber entweder willkürlich – also ohne sachlich rechtfertigenden Grund – Vergabevorschriften verletzt hat oder vorsätzlich rechtswidrig oder sonst in unredlicher Absicht gehandelt hat.[298] Da für einen effektiven Primärrechtsschutz, der ja auf die Verhinderung der i. d. R. kurz bevorstehenden Zuschlagserteilung an ein anderes Unternehmen gerichtet ist, de facto nur ein Verfahren des einstweiligen Rechtsschutzes nach §§ 935 ff. ZPO mit eingeschränkten Beweismitteln in Frage kommt, konnten die genannten, strengen Voraussetzungen nur in Ausnahmefällen von einem Bieter zur Überzeugung des Gerichts glaubhaft gemacht werden.

Bei den Entscheidungen der Landes- und Oberlandesgerichte kann jedoch zwi- **156** schenzeitlich von einer „Trendwende" gesprochen werden. Die Situation, dass es den Bietern auch bei zum Teil offensichtlichen vergaberechtlichen Verstößen des Auftraggebers nur in wenigen Ausnahmefällen gelang, den Zuschlag an ein anderes Unternehmen zu verhindern, hat dazu geführt, dass die restriktive Rechtsprechung, die ein vorsätzliches oder willkürliches Verhalten des Auftraggebers voraussetzte, inzwischen überwiegend aufgegeben wurde.

Heute wird mehrheitlich angenommen, dass ein Unterlassungsanspruch[299] gegen **157** den Auftraggeber besteht, der gegen Regeln, die er bei der Auftragsvergabe einzuhalten versprochen hat, verstößt, wenn dies zu einer Beeinträchtigung der Chancen des Rechtsschutz suchenden Bieters führen kann. Ein vorsätzliches oder willkürliches Handeln des Auftraggebers ist damit nicht Anspruchsvoraussetzung.[300] Dieser Unterlassungsanspruch, der im Rahmen des einstweiligen Rechtsschutzes geltend gemacht werden kann, wird zum Teil unter Bezugnahme auf das vorvertragliche Schuldverhältnis zwischen dem Auftraggeber und dem beteiligten Unternehmen auf § 241 Abs. 2, § 311 Abs. 2 BGB gestützt,[301] zum Teil auf §§ 823, 1004 BGB.[302] Dies gilt auch für den Fall, dass sich ein privater Auftraggeber freiwillig oder in Befolgung von Nebenbestimmungen zu einem Zuwendungsbescheid den Regelungen der VOB/A unterwirft.[303] Auch beim Primärrechtsschutz unterhalb der Schwellenwerte

---

[297] OLG Hamm, ZfBR 2008, 816.

[298] OLG Brandenburg, VergabeR 2012, 133 (135 f.); OLG Stuttgart, NZBau 2002, 395); LG Düsseldorf, NZBau 2009, 142 (144); LG Frankfurt/Oder, VergabeR 2008, 132 (135); LG Bad Kreuznach, NZBau 2007, 471; LG Konstanz, Urt. v. 18.09.2003 – 4 O 266/03, juris, Rn. 23 ff.

[299] Vgl. *F. Wollenschläger,* Primärrechtsschutz außerhalb des Anwendungsbereichs des GWB, in: Müller-Wrede Kompendium, Kap. 26 Rn. 66.

[300] OLG Schleswig, IBR 2013, 166; OLG Saarbrücken, NZBau 2012, 654.

[301] OLG Düsseldorf, NZBau 2010, 328.

[302] LG Leipzig, Beschl. v. 04.10.2011 – 07 O 2886/11, juris, Rn. 2.

[303] OLG Düsseldorf, VergabeR 2012, 669; LG Berlin, Beschl. v. 05.12.2011 – 52 O 254/11, juris, Rn. 12.

ist aber eine unverzügliche Rüge des Vergabeverstoßes Voraussetzung für die erfolgreiche Geltendmachung eines Unterlassungsanspruchs gegen den Auftraggeber.[304]

158   Der rechtsuchende Bieter kann stets nur die Zuschlagserteilung auf einen anderen Mitbewerber unterbinden und nicht etwa die Auftragserteilung an das eigene Unternehmen erreichen.[305] Ist der Zuschlag schon an einen anderen Bieter erteilt, ist dem Vertrauensschutz des erfolgreichen Bieters der Vorrang gegenüber dem Rechtsschutzinteresse des unterlegenen Bieters einzuräumen. Den übergangenen Bieter trifft dann eine Duldungspflicht.[306]

159   Auch die Frage des Rechtswegs ist zwischenzeitlich überwiegend geklärt. Wurde in der Vergangenheit z. T. eine Zuständigkeit der Verwaltungsgerichte angenommen,[307] wird nach der Entscheidung des *BVerwG* aus dem Jahr 2007 nahezu einheitlich vertreten, dass der ordentliche Rechtsweg eröffnet ist.[308]

160   Trotz der überwiegenden Aufgabe der strengeren, an Art. 3 Abs. 1 GG orientierten Rechtsprechung darf nicht übersehen werden, dass es für einen übergangenen Wettbewerbsteilnehmer im Bereich unterhalb der Schwellenwerte – nach wie vor – erheblich schwerer ist, seine Rechte gegenüber dem Auftraggeber durchzusetzen als oberhalb der Schwellenwerte. Dies liegt vor allem daran, dass es bisher keine § 134 GWB entsprechende bundesgesetzliche Verpflichtung für die öffentlichen Auftraggeber gibt, die Bieter rechtzeitig vor Zuschlagserteilung über den Mitbewerber in Kenntnis zu setzen, der den Zuschlag erhalten soll und zu erläutern, warum das eigene Angebot ausgeschlossen oder nicht berücksichtigt wurde. Der übergangene Bieter erfährt daher häufig gar nicht rechtzeitig von seiner Nichtberücksichtigung und kann den Zuschlag an den Mitbewerber nicht mehr verhindern. Einige Bundesländer haben aber inzwischen aus diesem Grund für Vergaben innerhalb ihres Hoheitsgebiets ab einem bestimmten Auftragswert eine solche Vorabinformationspflicht in ihre Vergabegesetze aufgenommen.[309]

161   Die UVgO enthält keine Regelung zu einer Vorabinformations- oder Wartepflicht des öffentlichen Auftraggebers. Allerdings wird die jüngere Rechtsprechung des EuG[310] zum Teil als der Beginn einer „Kehrtwende" in dieser Frage angesehen.[311] Das OLG Düsseldorf hat in diesem Zusammenhang auch auf bestehende

---

[304] LG Wiesbaden, Beschl. v. 12.07.2012 – 4 O 17/12, juris, Rn. 2; LG Berlin, Beschl. v. 05.12.2011 – 52 O 254/11, juris, Rn. 13 ff.

[305] OLG Stuttgart, VergabeR 2011, 236.

[306] OLG Frankfurt/Main, NZBau 2013, 250.

[307] OVG NRW, DVBl. 2007, 391 mit Verweis auf die Zweistufigkeit des Vergabeverfahrens und den öffentlich-rechtlichen Charakter des Vergaberechts. So auch *OVG RP*, NZBau 2005, 411; *SächsOVG*, VergabeR 2006, 348.

[308] Vgl. BVerwGE 129, 9 mit zahlreichen Fundstellen in Rechtsprechung und Literatur zu beiden Auffassungen; BGH, VergabeR 2012, 440.

[309] § 19 ThürVgG; § 8 SächsVergabeG; § 19 LVG LSA; § 12 VgG MV.

[310] Vgl. u. a. EuG, Rs T-461/08, Slg 2011, II-6367, Rn. 119 ff. – Evropaïki Dynamiki/EIB.

[311] Vgl. *F. Wollenschläger*, Primärrechtsschutz außerhalb des Anwendungsbereichs des GWB, in: Müller-Wrede Kompendium, Kap. 26 Rn. 81.

Informations- und Wartepflichten aus nationalem Recht in anderen Rechtsgebieten
(z. B. im Beamtenrecht) verwiesen und ausgeführt, dass bei konsequenter Fortführung dieser Grundsätze sogar die Nichtigkeit eines unter Verstoß gegen die Infor-
mations- und Wartepflicht geschlossenen Vertrags in Erwägung zu ziehen sei, da
nur dies effektiven Rechtschutz sicherstelle.[312] Das BVerfG hat mit Kammerbe-
schluss vom 19.07.2016[313] ebenfalls die Nichtigkeit von Verträgen gem. § 134 BGB
angenommen, bei deren Zustandekommen der öffentliche Auftraggeber gegen den
Gleichheitssatz aus Art. 3 Abs. 1 GG oder die EU-Grundfreiheiten verstoßen hat.
Ob diese Ausführungen aber auch für Vergabeverfahren unterhalb des Schwellenwertes gelten und damit tatsächlich das sog. „Stabilitätsdogma" für erteilte Aufträge aufgebrochen ist, darf bezweifelt werden[314] und wird von den Zivilgerichten
zukünftig zu entscheiden sein.

Eine weitere Schlechterstellung beim Primärrechtsschutz unterhalb des Schwel-   **162**
lenwerts ergibt sich daraus, dass dem Bieter kein vergleichbares Akteneinsichtsrecht wie nach § 165 GWB zusteht. Hier kann sich der Bieter nur auf die Informati-
onsfreiheitsgesetze der Länder (soweit vorhanden) oder des Bundes berufen, die
ihm i. d. R. nicht die gleichen Informationsmöglichkeiten über evtl. Vergaberechts-
verstöße des Auftraggebers bieten.[315] Schließlich darf auch nicht übersehen werden,
dass dem Antrag eines Bieters im einstweiligen Rechtsschutzverfahren vor den
Zivilgerichten im Gegensatz zum Nachprüfungsantrag (§ 169 Abs. 1 GWB) kein
Suspensiveffekt zukommt. Der Auftraggeber kann also ggfs. auch noch während
eines laufenden Gerichtsverfahrens – i. d. R. irreversibel – den Zuschlag an ein anderes Unternehmen erteilen.[316] Neben dem Verfahren des einstweiligen Rechtsschutzes besteht für den Bieter auch die Möglichkeit, die Aufsichtsbehörde der Vergabestelle anzurufen und wegen des Vergaberechtsverstoßes zum Einschreiten
aufzufordern.[317] Einige Vergabegesetze der Länder haben Verfahrensvorschriften für
diese verwaltungsinterne Kontrolle erlassen und sehen neben einer Vorabinformationspflicht auch ein zeitlich begrenztes Zuschlagsverbot für den Zeitraum der Überprüfung vor.[318]

---

[312] Im Ergebnis wegen der Unzulässigkeit des Antrags offen gelassen OLG Düssledorf, NZBau
2018, 168.

[313] BVerfG, NVwZ 2016, 1553.

[314] Vgl. dazu *F. Wollenschläger*, NVwZ 2016, 1535, auch mit weiteren Anmerkungen zu der Entscheidung des BVerfG.

[315] Vgl. hierzu *Steiff*, in Heuvels/Höß/Kuß/Wagner, § 111 GWB Rn. 4.

[316] Das OLG Düsseldorf, NZBau 2010, 328 (329 f.), hat hierzu aber bereits entschieden, dass dem
befürchteten Zuschlag während des Verfahrens im einstweiligen Rechtsschutz durch einen Antrag
auf eine Zwischenverfügung gem. § 938 ZPO begegnet werden könne, mit der dem Auftraggeber
eine Zuschlagserteilung vor Entscheidung über den eigentlichen Antrag untersagt wird.

[317] § 155 GWB erwähnt die Prüfungsmöglichkeit durch die Aufsichtsbehörde ausdrücklich. Dies ist
jedoch nicht auf Vergabeverfahren oberhalb der Schwellenwerte beschränkt (vgl. u. a. *Kus*, in:
Kulartz/ders./Portz/Prieß, § 155 Rn. 21).

[318] § 19 ThürVgG; § 8 SächsVergabeG; § 19 LVG LSA; § 12 VgG M-V sieht eine Vorabinformationspflicht vor.

5. Sekundärrechtsschutz unterhalb der Schwellenwerte

163 Ein Schadensersatzanspruch wegen rechtsmissbräuchlicher Inanspruchnahme vergaberechtlichen Rechtsschutzes aus § 180 GWB scheidet bei Auftragsvergaben unterhalb der Schwellenwerte ebenso aus, wie ein Anspruch aus § 181 GWB gegen den öffentlichen Auftraggeber, da diese Vorschriften des 4. Teils gem. § 106 GWB nur für Vergaben oberhalb der Schwellenwerte gelten. Auch eine analoge Anwendung wird ganz überwiegend abgelehnt.[319]

164 Demgegenüber können Schadensersatzansprüche aus § 241 Abs. 2, § 311 Abs. 2 Nr. 1 und § 280 Abs. 1 BGB auch unterhalb der Schwellenwerte geltend gemacht werden. Es entsteht auch hier spätestens mit Angebotsabgabe durch den Bieter, aber wohl auch schon mit Anforderung der Ausschreibungsunterlagen,[320] ein vorvertragliches Schuldverhältnis, aus dem sich Rechte und Pflichten ergeben. Auf die Ausführungen unter *3.* kann verwiesen werden.

IX. Kontrollfragen

165 1. Was sind die Ziele und Zwecke des Vergaberechts? (→ Rn. 2)
2. Erläutern Sie den kaskadenartigen Aufbau des Vergaberechts. (→ Rn. 16 ff.)
3. Welche Voraussetzungen müssen erfüllt sein, damit das GWB-Vergaberecht zur Anwendung kommt? (→ Rn. 18 ff.)
4. Was versteht man unter einem öffentlichen Auftrag? (→ Rn. 40 ff.)
5. Erläutern Sie die Vergabegrundsätze, die von öffentlichen Auftraggebern zu beachten sind. (→ Rn. 82 ff.)
6. Nach welchen Kriterien ist das wirtschaftlichste Angebot (nicht) zu bestimmen? (→ Rn. 116 ff.)
7. Inwieweit können öffentliche Auftraggeber die Art eines Vergabeverfahrens wählen? (→ Rn. 126 f.)
8. Was versteht man unter einer „de-facto-Vergabe" und welche Rechtsfolgen ergeben sich hieraus? (→ Rn. 148)
9. Unter welchen Voraussetzungen ist ein Unternehmen im Nachprüfungsverfahren gem. § 160 Abs. 2 GWB antragsbefugt? (→ Rn. 144)
10. Wie unterscheidet sich der Primärrechtsschutz im Bereich unterhalb des Schwellenwertes vom Rechtsschutz oberhalb des Schwellenwertes? (→ Rn. 152 ff.)
11. Welche wesentlichen Nachteile verbleiben beim Primärrechtsschutz unterhalb der Schwellenwerte gegenüber dem Verfahren vor den Vergabekammern nach §§ 160 ff. GWB? (→ Rn. 160, 161, 162)

---

[319] Vgl. *Gesterkamp*, Schadensersatzansprüche infolge eines Vergabeverfahrens, in: Müller-Wrede, Kompendium, Kap. 32 Rn. 4.
[320] Vgl. BGH, BauR 2005, 1618 (1619).

Literatur

Burgi, Vergaberecht, 2. Aufl. 2018 (zitiert: *Burgi*, Vergaberecht);

Burgi/Dreher (Hrsg.), Beck´scher Vergaberechtskommentar, Band 1, GWB 4. Teil, 3. Aufl. 2016 (zitiert: *Bearbeiter*, in: Beck´scher Vergaberechtskommentar);

Goede/Stoye/Stolz (Hrsg.), Handbuch des Fachanwalts Vergaberecht, 2017 (zitiert: *Bearbeiter*, in: Handbuch);

Gsell/Krüger/Lorenz/Reymann (Hrsg.), beck-online Großkommentar, Stand: 2019, § 631 BGB, Abschn. L (zitiert: *Bearbeiter*, in: BeckOGK);

Immenga/Mestmäcker (Hrsg.), Wettbewerbsrecht, Band 2, GWB, Teil 2 (Vergaberecht), 5. Aufl. 2014 (zitiert: *Bearbeiter*, in: Immenga/Mestmäcker);

Säcker (Hrsg.), Münchener Kommentar zum Europäisches und Deutsches Wettbewerbsrecht, Band 3, Vergaberecht, 2. Aufl. 2018 (zitiert: *Bearbeiter*, in: Müko)

Kulartz/Kus/Portz/Prieß (Hrsg.), Kommentar zum GWB-Vergaberecht, 4. Aufl. 2016 (zitiert: *Bearbeiter*, in: Kulartz/Kus/Portz/Prieß);

Heuvels/Höß/Kuß/Wagner (Hrsg.), Vergaberecht, 2013 (zitiert: *Bearbeiter*, in Heuvels/Höß/Kuß/Wagner).

Langen/Bunte (Hrsg.), Kartellrecht, Kommentar, Band 1, Deutsches Kartellrecht, 13. Aufl. 2018 (zitiert: *Bearbeiter*, in: Langen/Bunte, Kartellrecht);

Müller-Wrede (Hrsg.), GWB-Vergaberecht, Kommentar, 2. Aufl. 2014 (zitiert: *Bearbeiter*, in: Müller-Wrede, GWB-Vergaberecht);

Müller-Wrede (Hrsg.), Kompendium des Vergaberechts, 2. Aufl. 2013 (zitiert: *Bearbeiter*, in: Müller-Wrede, Kompendium);

Reidt/Stickler/Glahs (Hrsg.), Vergaberecht, Kommentar, 4. Aufl. 2018 (zitiert: *Bearbeiter*, in Reidt/Stickler/Glahs);

Weyand, Vergaberecht, 4. Aufl. 2013 (zitiert: *Weyand*);

Willenbruch/Wieddekind (Hrsg.), Vergaberecht Kompaktkommentar, 4. Aufl. 2017 (zitiert: *Bearbeiter*, in: Willenbruch/Wieddekind);

F. Wollenschläger, Verteilungsverfahren. Die staatliche Verteilung knapper Güter: Verfassungs- und unionsrechtlicher Rahmen, Verfahren im Fachrecht, bereichsspezifische verwaltungsrechtliche Typen- und Systembildung, 2010 (zitiert: *F. Wollenschläger*, Verteilungsverfahren);

F. Wollenschläger, Europäisches Vergabeverwaltungsrecht, in: Terhechte (Hrsg.), Verwaltungsrecht der Europäischen Union, 2011, § 19 (zitiert: *F. Wollenschläger*, in: Terhechte);

Ziekow/Völlink (Hrsg.), Vergaberecht, Kommentar, 2. Aufl. 2013 (zitiert: *Bearbeiter*, in: Ziekow/Völlink).

§ 8 Subventions- und Beihilfenrecht

Sebastian Unger

Inhaltsverzeichnis

S. Unger (✉)
Lehrstuhl für Öffentliches Recht, Wirtschafts- und Steuerrecht, Ruhr-Universität Bochum,
Bochum, Deutschland
E-Mail: sebastian.unger@rub.de

© Springer-Verlag GmbH Deutschland, ein Teil von Springer Nature 2019   359
R. Schmidt, F. Wollenschläger (Hrsg.), *Kompendium Öffentliches Wirtschaftsrecht*,
Springer-Lehrbuch, https://doi.org/10.1007/978-3-662-59430-8_8

I. Gegenstand und Prüfungsrelevanz

1   Gegenstand des folgenden Abschnitts ist die Förderung von Unternehmen durch
Subventionen der öffentlichen Hand.[1] Der *Subventionsbegriff* ist dabei ein Sammelbegriff für Zuwendungen, denen keine Gegenleistung gegenübersteht.[2] Traditionell
wird er eng gefasst. Ähnlich wie im Strafrecht, wo Subventionen i. S. v. § 264 Abs. 7 StGB
nur direkt gewährte vermögenswerte Leistungen sind,[3] werden auch im Verwaltungsrecht unter Subventionen häufig nur positive Leistungen verstanden.[4] Nicht erfasst
sind danach Belastungsminderungen, die lediglich mittelbar zu einer Begünstigung
führen. Gegen diese Engführung des Subventionsbegriffs spricht zum einen, dass es
häufig lediglich eine technische Frage ist, ob eine Begünstigung unmittelbar oder
mittelbar erfolgt. Zum anderen wird der unionsrechtliche *Beihilfenbegriff* – das
Äquivalent zum Subventionsbegriff – weit ausgelegt und umfasst in der Folge sowohl positive als auch negative Zuwendungen (→ Rn. 16). Sinnvoll ist daher jedenfalls insoweit alleine eine inhaltliche Parallelführung von Subventions- und Beihilfenbegriff.[5] Eine synonyme Verwendung beider Begriffe[6] ginge indes zu weit:
Während der Beihilfenbegriff ein Rechtsbegriff ist, an den Art. 107 Abs. 1 AEUV ein
grundsätzliches Verbot knüpft, ist der Subventionsbegriff eher ein Sammelbegriff für
Fördermaßnahmen der öffentlichen Hand. Verwendete man beide Begriffe synonym,
schlösse man die Möglichkeit, dass eine Subvention nicht dem unionsrechtlichen
Beihilfenregime und damit seinem grundsätzlichen Verbot unterfällt, von vornherein
aus.[7] Im Folgenden findet daher in erster Linie der Subventionsbegriff Anwendung.
Der Beihilfenbegriff wird nur verwendet, wenn bewusst auf das unionsrechtliche
Beihilfenregime Bezug genommen wird.

2   Den rechtlichen Rahmen für öffentliche Subventionen liefert das *Subventions-
und Beihilfenrecht*. Mit seinen materiell-rechtlichen Bestimmungen (II.) zielt es auf

---

[1] Empirischer Überblick über die Subventionspraxis des Bundes zuletzt in *BMF*, 26. Subventionsbericht, 2017, zugleich veröffentlicht als BT-Drs. 18/13456; instruktiv auch das *State Aid Scoreboard*
der Kommission, das einen guten Überblick über die mitgliedstaatliche Beihilfenpraxis vermittelt,
http://ec.europa.eu/competition/state_aid/scoreboard/index_en.html (21.08.2019).

[2] Typologie bei *Kämmerer*, HStR³ V, § 124 Rn. 12 ff.

[3] Etwa *Perron*, in: Schönke/Schröder (Hrsg.), StGB, 30. Aufl. 2019, § 264 StGB Rn. 10.

[4] Dazu *Kühling*, in: Ehlers/Fehling/Pünder, § 29 Rn. 3 f.; siehe auch EuGH, Rs. C-387/92,
Slg. 1994, I-877, Rn. 13 – Banco Exterior de España/Ayuntamiento de Valencia.

[5] Ebenso etwa *Ehlers*, DVBl. 2014, 1 (1); *Kämmerer*, HStR³ V, § 124 Rn. 11; *Kühling*, in: Ehlers/
Fehling/Pünder, § 29 Rn. 6; *Schorkopf*, in: Kirchhof/Korte/Magen, § 12 Rn. 12 f.

[6] Dafür etwa *Ehlers*, DVBl. 2014, 1 (2).

[7] Kritisch auch *Kämmerer*, HStR³ V, § 124 Rn. 5.

einen Ausgleich zwischen der Gefahr einer Wettbewerbsverzerrung und legitimen wirtschafts- und wettbewerbspolitischen Anliegen: Einerseits wirken sich Subventionen bei ihren Empfängern kostenentlastend aus und führen daher regelmäßig zu Wettbewerbsverzerrungen. Andererseits zielen sie darauf, ein technisches Marktversagen[8] zu kompensieren[9] oder ein Marktergebnis aus sozial- oder verteilungspolitischen Gründen zu korrigieren, weil der Markt, obwohl er ökonomisch funktioniert, ein aus politischer Sicht wünschenswertes Ziel verfehlt.[10] Sie sind damit ein wichtiges Mittel der Wirtschafts- und Wettbewerbspolitik.[11] Das materielle Subventions- und Beihilfenrecht erkennt dies zwar grundsätzlich an, versucht aber zugleich, die Verzerrung des Wettbewerbs auf ein gesamtgesellschaftlich angemessenes Maß zu begrenzen. Neben das materielle Subventions- und Beihilfenrecht treten formelle Bestimmungen (III.). Sie regeln die Vergabe von Subventionen sowie – erforderlichenfalls – ihre Rückforderung. Darüber hinaus ist der Rechtsschutz (IV.) von großer Bedeutung, insbesondere für Prüfungsarbeiten.

Prüfungsarbeiten im Subventions- und Beihilfenrecht haben – wie andere   3 öffentlich-rechtliche Prüfungsarbeiten auch – häufig eine prozessuale Ausgangssituation zum Gegenstand. Klassisch ist die Anfechtungsklage eines Subventionsempfängers gegen die behördliche Rückforderung einer Subvention durch Verwaltungsakt. Möglich sind aber auch eine Leistungsklage auf Vergabe einer Subvention sowie die Klage eines Konkurrenten gegen die Bewilligung (sowie erforderlichenfalls: auf Rückforderung) einer rechtswidrigen Subvention. Im ersten Fall steht die Frage nach einem Anspruch auf Vergabe der Subvention im Mittelpunkt, im zweiten die Frage, ob die Subvention rechtswidrig ist und den Kläger in eigenen Rechten verletzt. Subventionsrecht ist insoweit tatsächlich Ver-

---

[8] Dazu instruktiv *Fritsch*, Marktversagen und Wirtschaftspolitik, 10. Aufl. 2018, S. 83 ff.

[9] Ein klassisches Beispiel ist die Internalisierung externer Effekte: Subventionen zielen insoweit darauf, Anreize für unternehmerisches Verhalten zu setzen, das positive externe Effekte (also: Vorteile, die nicht dem Unternehmen selbst oder seinen Vertragspartnern, sondern der Gesamtgesellschaft zugutekommen) erzeugt, daher politisch erwünscht ist, aber erst unter Berücksichtigung einer Vergütung auch dieser externen Effekte wirtschaftlich ist und folglich ohne eine die externen Effekte „vergütende" Subvention unterbleiben würde; dazu am Beispiel von unternehmerischen Ausbildungsmaßnahmen *Unger*, in: Birnstiel/Bungenberg/Heinrich, Kap. 1 Rn. 1871.

[10] Das wirtschaftsverwaltungsrechtliche Schrifttum spricht von „Wirtschaftslenkung", *Badura*, Rn. 178. Ein Beispiel ist die Versorgung mit Breitband. Sie sichert nach den Leitlinien der EU für die Anwendung der Vorschriften über staatliche Beihilfen im Zusammenhang mit dem schnellen Breitbandausbau, ABl. EU 2013 C 25/1 (Leitlinien Breitbandausbau), Rn. 39, „den Zugang aller Mitglieder der Gesellschaft zu einem wesentlichen Instrument der Kommunikation und der Teilhabe an der Gesellschaft", ermöglicht eine „freie Meinungsäußerung" und stärkt damit den „sozialen und territorialen Zusammenhalt". Vom insoweit funktionierenden Markt wird sie in dünn besiedelten Gebieten nicht bereitgestellt, weil sie hier nicht rentabel ist. Erforderlich sind daher Subventionen. Allgemein zur Unterscheidung von Marktversagens- und Marktergebniskorrektur *Behrens*, in: Birnstiel/Bungenberg/Heinrich, Einl. Rn. 164 ff. und 167 ff.; alternativ wird auch zwischen „ökonomischem" oder „allokativem" und „sozialem" oder „distributivem" Marktversagen unterschieden, *Jaeger*, WuW 2008, 1064 (1070 ff.); zum Ganzen auch *Unger*, in: Birnstiel/Bungenberg/Heinrich, Kap. 1 Rn. 1881 mit Fn. 1822.

[11] Ökonomische Analyse von Beihilfen etwa bei *Behrens*, in: Birnstiel/Bungenberg/Heinrich, Einl. Rn. 163 ff.

waltungsrecht, die subventionsrechtliche Klausur mithin eine *verwaltungsrecht-liche Klausur*.[12] Seltener, aber (insbesondere im Schwerpunktbereich) durchaus denkbar sind Klagen eines Mitgliedstaats, des Subventionsempfängers oder eines Konkurrenten gegen Entscheidungen der Kommission im Rahmen ihrer Aufsicht über die mitgliedstaatliche Subventionsvergabe. Hier geht es um das unionsrecht-lich geregelte Aufsichtsverfahren sowie um die inhaltliche Vereinbarkeit der mit-gliedstaatlichen Subvention mit Bestimmungen des unionsrechtlichen Beihilfen-regimes. Die subventionsrechtliche Klausur hat dann eher den Charakter einer *europarechtlichen Klausur*.

II. Materielles Subventions- und Beihilfenrecht

4 Das materielle Subventions- und Beihilfenrecht ist durch das *Nebeneinander natio-nal-, unions- und völkerrechtlicher Vorgaben* geprägt. Die „Führungsrolle" hat das Unionsrecht. Das nationale Recht ist hingegen von vergleichsweise geringer Be-deutung.

1. Nationales Recht: Vorbehalt und Vorrang des Gesetzes

5 Das deutsche Verfassungs- und Verwaltungsrecht enthält *kaum materiell-rechtliche Vorgaben für die Vergabe von Subventionen*. Das ist vor allem darauf zurückzufüh-ren, dass die Grundrechtsrelevanz von Subventionen nach wie vor wissenschaftlich unterbelichtet ist, von den Gerichten nur in Ausnahmefällen bejaht wird und die Vergabe von Subventionen daher – jedenfalls nach überwiegender Auffassung – im Regelfall keinem Gesetzesvorbehalt unterliegt. In der Folge fehlt eine einfachge-setzliche Subventionsordnung, so dass Subventionen häufig nur auf Grundlage ver-waltungsinterner Subventionsrichtlinien vergeben werden.

a) Vorbehalt des Gesetzes

6 Nach Auffassung der Rechtsprechung unterliegt die Subventionsvergabe *grundsätz-lich mangels Grundrechtsrelevanz keinem Gesetzesvorbehalt*. Sie ist daher in der Regel ohne die Bestimmung der wesentlichen Voraussetzungen der Subventions-vergabe in einem parlamentarischen Gesetz zulässig. Zwar erkennen die Verwal-tungsgerichte seit langem an, dass „die veränderte Realität des modernen Staates und die Vielfalt der Gesetze, die nicht Eingriffe, sondern Leistungen des Staates zum Gegenstand haben, zu einer anderen Beurteilung des Gesetzesbegriffs und sei-ner Funktion als Regulativ der Sozialabläufe Veranlassung geben".[13] Sie ziehen da-raus aber bis heute nicht den Schluss, dass Zuwendungen an Unternehmen stets ei-ner hinreichend bestimmten formell-gesetzlichen Grundlage bedürfen. Vielmehr

---

[12] Dazu sowie zu „Klausurkonstellationen" im Subventionsrecht instruktiv *Ebeling/Tellenbröker*, JuS 2014, 217.

[13] BVerwGE 6, 282 (287), unter Hinweis auf *Forsthoff*, DVBl. 1957, 724.

genüge grundsätzlich auch „jede andere parlamentarische Willensäußerung, insbesondere etwa die etatmäßige Bereitstellung der zur Subventionierung erforderlichen Mittel".[14] Als Rechtsgrundlage ausreichend ist danach im „Normalfall der Subventionierung"[15] auf Bundes- und Landesebene der nach Art. 110 Abs. 2 S. 1 GG oder entsprechenden landesverfassungsrechtlichen Vorschriften[16] durch Gesetz festgestellte *Haushaltsplan*, auf kommunaler Ebene die *Haushaltssatzung*.[17]

Anders ist dies nach Auffassung der Rechtsprechung nur, wenn mit einer Subvention ausnahmsweise „Eingriffe in die Grundrechtssphäre von am Subventionsverhältnis nicht beteiligten Dritten" verbunden sind. Dann bedarf es über den durch Haushaltsgesetz festgestellten Haushaltsplan hinaus, der „keine Rechtswirkungen außerhalb des Organbereichs" von Parlament und Regierung hat,[18] einer *formell-gesetzlichen Grundlage*, die über Betrag und Zweck der Subvention hinaus auch die Voraussetzungen für ihre Vergabe (und damit: die wesentlichen Bedingungen für den Grundrechtseingriff) hinreichend ausführlich regelt.[19] Freilich liegt ein *Eingriff in Grundrechte Dritter* – einschlägig ist die durch Art. 12 Abs. 1 GG geschützte Wettbewerbsfreiheit[20] – nach Auffassung der Rechtsprechung nur in dem seltenen Fall vor, dass „die wirtschaftliche Betätigung ... unmöglich gemacht oder unzumutbar eingeschränkt wird".[21] Noch verschärft wurde diese traditionelle *Engführung der Wettbewerbsfreiheit* durch Entscheidungen des BVerfG, nach denen die Wettbewerbsfreiheit schon tatbestandlich nur „die Teilhabe am Wettbewerb nach Maßgabe seiner Funktionsbedingungen" schützte. Keine Eingriffe waren danach Maßnahmen, die den Wettbewerb erst „ermöglichen und begrenzen".[22] Subventionen fielen auf dieser Grundlage schon aus dem Schutzbereich der Wettbewerbsfreiheit hinaus (und bedurften daher keiner Rechtfertigung),[23] sofern sie wie regelmäßig auf die Korrektur eines Marktversagens zielten (→ Rn. 2) und folglich funktionsfähigen Wettbewerb erst ermöglichen sollten. Überzeugend war diese Rechtsprechungslinie nicht: Sie bedeutete nicht nur eine „Abkehr von

7

---

[14] So BVerwGE 6, 282 (287); siehe aus der Folgezeit etwa 58, 45 (48); 104, 220 (222).

[15] So BVerwGE 90, 112 (126).

[16] Siehe etwa Art. 79 Abs. 2 S. 1 Verf. BW, Art. 78 Abs. 3 BayVerf. und Art. 81 Abs. 3 S. 1 Verf. NRW.

[17] Siehe etwa § 79 Abs. 1 S. 1 GO BW, Art. 63 Abs. 1 S. 1 BayGO und § 78 Abs. 1 GO NRW.

[18] So BVerwGE 104, 220 (222); aus dem Schrifttum etwa *Siekmann*, in: Sachs, Art. 110 GG Rn. 24.

[19] Zum Vorstehenden, wenn auch für den Schutzbereich nicht der Wettbewerbs-, sondern der Religionsfreiheit, BVerwGE 90, 112 (126). Mit Blick auf das Demokratieprinzip hält neuerdings OVG Berl-Bbg, NVwZ 2012, 1265 (1266 ff.), ein formelles Gesetz für erforderlich; zustimmend für „Subventionen in außerordentlicher Höhe" *Ehlers*, DVBl. 2014, 1 (4).

[20] Dazu m. w. N. nur *F. Wollenschläger*, in: Kirchhof/Korte/Magen, § 6 Rn. 64.

[21] So, wenn auch für eine wirtschaftliche Betätigung der öffentlichen Hand, BVerwG, NJW 1995, 2938 (2939); ähnlich NJW 1978, 1539 (1539 f.); *Bungenberg/Motzkus*, WiVerw 2013, 73 (84).

[22] Grundlegend BVerfGE 105, 252 (265); fortführend 115, 205 (229 f.); 116, 135 (151 f.); zustimmend etwa *Bäcker*, Wettbewerbsfreiheit als normgeprägtes Grundrecht, 2007, S. 124; zur Kritik *Unger*, in: Kirchhof/Korte/Magen, § 8 Rn. 41 ff.

[23] Tatsächlich geht es in der Sache um eine Erweiterung wirtschafts- und wettbewerbspolitischer Handlungsspielräume im Sinne einer sozialstaatlichen Grundrechtstheorie, *Unger*, in: Kirchhof/Korte/Magen, § 8 Rn. 42 f.

der traditionellen Grundrechtsdogmatik",[24] sondern entzog auch ein zentrales Instrument der Wirtschafts- und Wettbewerbspolitik weitgehend der grundrechtlichen Kontrolle. Wettbewerb drohte in der Folge von einem Ergebnis dezentraler individueller Freiheitsrealisierung zu einer staatlich bereitgestellten Institution zu werden.[25] Zu Recht ist das BVerfG daher in einer jüngeren Entscheidung – wenn auch nicht ausdrücklich[26] – von der eingeschlagenen Linie abgerückt. Marktbezogene staatliche Informationstätigkeit kann nach dieser Entscheidung ungeachtet ihres Beitrags zur Beseitigung von Informationsasymmetrien am Markt und damit zur Ermöglichung von Wettbewerb „in ihrer Zielsetzung und ihren mittelbar-faktischen Wirkungen einem Eingriff [in die Wettbewerbsfreiheit zur betroffenen Unternehmen] als funktionales Äquivalent gleichkommen …, wenn sie direkt auf die Marktbedingungen konkret individualisierter Unternehmen zielt, indem sie die Grundlagen der Entscheidungen am Markt zweckgerichtet beeinflusst und so die Markt- und Wettbewerbssituation zum wirtschaftlichen Nachteil der betroffenen Unternehmen verändert".[27] Nichts anderes gilt für die Subventionstätigkeit der öffentlichen Hand.

8   Unabhängig davon stößt auch die traditionelle Beschränkung des Gewährleistungsgehalts der Wettbewerbsfreiheit auf drastische Beschränkungen der wirtschaftlichen Betätigung Privater (→ Rn. 7) auf *durchgreifende Einwände*. Sicher: Weil die öffentliche Subventionsvergabe sich nicht unmittelbar, sondern nur mittelbar-faktisch auf die Wettbewerbsposition anderer Marktteilnehmer auswirkt, ist die Annahme eines Grundrechtseingriffs positiv zu begründen. Zurückzugreifen ist dabei auf die *Kriterien der Finalität, der Intensität und der Unmittelbarkeit*.[28] Hilfreich ist vor allem das Kriterium der Finalität. Wenn das BVerfG in Maßnahmen der Wirtschaftslenkung, „durch die auf den wirtschaftlichen Prozeß eingewirkt werden soll, um einen wirtschafts-, sozial- oder gesellschaftspolitisch erwünschten Zustand oder Ablauf des Wirtschaftslebens herzustellen oder zu erhalten", Eingriffe in die freie unternehmerische Betätigung sieht,[29] gilt das nicht nur für die Veröffentlichung von Arzneimittel-Transparenzlisten,[30] sondern auch für die Subventionsvergabe als das klassische wirtschaftspolitische Lenkungsinstrument (→ Rn. 2).[31] Ein rechtfertigungsbedürftiger Eingriff in die Wettbewerbs-

---

[24] So *F. Wollenschläger*, VerwArch 102 (2011), 20 (38 f.).

[25] Im Einzelnen *Unger*, in: Kirchhof/Korte/Magen, § 8 Rn. 43; zum grundrechtstheoretischen Hintergrund *ders.*, in: I. Augsberg/ders. (Hrsg.), Basistexte Grundrechtstheorie, 2012, S. 377 (379 f.).

[26] Dazu *F. Wollenschläger*, JZ 2018, 980 (983): „Bezugnahmen auf den Glykol-Beschluss … könnten bei unbefangener Lektüre sogar eine (freilich nur scheinbar bestehende) Kontinuität suggerieren".

[27] BVerfGE 148, 40 (51); dazu näher *F. Wollenschläger*, JZ 2018, 980 (983 f.).

[28] So mit Blick auf eine wirtschaftliche Betätigung der öffentlichen Hand die Diskussion zusammenfassend *F. Wollenschläger*, in: Kirchhof/Korte/Magen, § 8 Rn. 71.

[29] BVerfGE 71, 183 (190).

[30] Diese war in BVerfGE 71, 183, Verfahrensgegenstand; ähnlich für die „amtliche Information der Öffentlichkeit" BVerfGE 148, 40 (51).

[31] Die Einwände gegenüber einer zu weitgehenden Anwendung der Wettbewerbsfreiheit auf eine wirtschaftliche Betätigung der öffentlichen Hand, wie sie sich etwa bei *F. Wollenschläger*, in: Kirchhof/Korte/Magen, § 8 Rn. 75, finden, lassen sich daher auf die Subventionsvergabe nicht

freiheit ist vor diesem Hintergrund nur dann abzulehnen, wenn die Subventionsvergabe zu keinerlei Wettbewerbsverzerrungen führt. Das ist letztlich nur dann der
Fall, wenn die Subvention einen Markt betrifft (zur Abgrenzung des Marktes noch
→ Rn. 24 und 27), auf dem weder tatsächlicher noch potenzieller Wettbewerb
herrscht. Folgt man dem, unterliegt die Subventionsvergabe entsprechend allgemeiner Grundrechtsdogmatik[32] *in aller Regel einem Gesetzesvorbehalt.*[33] Eine Einstellung in den Haushalt genügt dabei mangels Außenwirkung nicht (→ Rn. 7).
Erforderlich ist vielmehr ein parlamentarisches Gesetz, das die wesentlichen[34] Voraussetzungen der Subventionsvergabe hinreichend ausführlich regelt.[35] Das überzeugt auch unter demokratischen Vorzeichen, weil es in Zeiten knapper Kassen
und einer sensibilisierten Öffentlichkeit eine eingehende parlamentarische und öffentliche Diskussion der staatlichen Subventionspraxis ermöglicht.[36]

b) Vorrang des Gesetzes

Auch weil die Rechtsprechung für Subventionen entgegen der hier vertretenen Auf-   9
fassung regelmäßig keine formell-gesetzliche Grundlage verlangt, sondern die Bereitstellung in Haushaltsplan oder Haushaltssatzung genügen lässt, besteht auf Bundes-
und Landesebene *keine übergreifende einfachgesetzliche Subventionsordnung.*[37] Folgt
man der hier vertretenen Auffassung, verlangt immerhin die Wettbewerbsfreiheit Beachtung. Sie unterstellt Subventionen der öffentlichen Hand dem *Verhältnismäßigkeitsgrundsatz* und nimmt eine Wettbewerbsverzerrung daher nur hin, wenn diese einem legitimen Zweck – insbesondere: der Behebung eines Marktversagens oder der
Korrektur eines Marktergebnisses aus einem von der Verfassung anerkannten wirt-
schafts- oder sozialpolitischen Grund (→ Rn. 2) – dient und zur Verwirklichung dieses
Zwecks geeignet, erforderlich und angemessen ist.[38]

Unabhängig davon (und zumal: wenn eine formell-gesetzliche Regelung fehlt)   10
bestehen für die Subventionsvergabe regelmäßig *Verwaltungsvorschriften.*[39]
Entsprechende „Subventionsrichtlinien", die der für die Vergabe zuständige

---

übertragen: Während die wirtschaftliche Betätigung in aller Regel nicht auf Lenkung zielt und
daher häufig alleine am Intensitätskriterium zu messen ist, zielt die Subventionsvergabe stets auf
Wirtschaftslenkung. Sie ist daher primär am Finalitätskriterium zu messen.

[32] Statt vieler *Müller-Franken*, in: Schmidt-Bleibtreu/Hofmann/Henneke, Vorb. Art. 1 GG Rn. 50
und 57; *Manssen*, in: von Mangoldt/Klein/Starck, Art. 12 GG Rn. 111 f.; siehe ferner *F. Wollenschläger*, Verteilungsverfahren, S. 57 ff.

[33] Ähnlich wie hier *P. M. Huber*, Konkurrenzschutz im Verwaltungsrecht, 1991, S. 497 ff.; *Kämmerer*, HStR[3] V, § 124 Rn. 32; vorsichtiger *Ehlers*, DVBl. 2014, 1 (3 f.); *Kühling*, in: Ehlers/Fehling/
Pünder, § 29 Rn. 13 ff.

[34] Zur Anwendung der „Wesentlichkeitstheorie" *Ehlers*, DVBl. 2014, 1 (4).

[35] Zur Gesetzgebungszuständigkeit *Bungenberg/Motzkus*, WiVerw 2013, 73 (85 f.).

[36] Zu diesem Aspekt OVG Berl-Bbg, NVwZ 2012, 1265 (1266).

[37] Nur für einzelne Bereiche existieren auf Bundes- und Landesebene einfachgesetzliche Regelungen; dazu *Bungenberg/Motzkus*, WiVerw 2013, 73 (87 ff.). Denkbar sind auch Regelungen in Verordnungen und Satzungen.

[38] Eingehend *Kämmerer*, HStR[3] V, § 124 Rn. 34 und 45 f.

[39] *Badura*, Rn. 223; *Kämmerer*, HStR[3] V, § 124 Rn. 36 ff.

Verwaltungsträger[40] erlässt, haben zwar keine Außenwirkung, können aber i. V. m. Art. 3 Abs. 1 GG zu einer *Selbstbindung der Verwaltung* (an eine in den Richtlinien niedergelegte Subventionspraxis) führen.[41] Freilich steht diese Bindung stets unter haushaltsrechtlichem Vorbehalt.[42] Überdies bleibt es dem Verwaltungsträger unbenommen, ein durch Subventionsrichtlinien festgelegtes Förderprogramm aus willkürfreien (also: sachlichen) Gründen jederzeit für die Zukunft zu ändern.[43]

2. Unionsrecht: Beihilfenverbot mit Erlaubnisvorbehalt

11   Das Unionsrecht enthält in Art. 107 AEUV materiell-rechtliche Vorschriften über „staatliche oder aus staatlichen Mitteln gewährte" Subventionen.[44] Zweck der Vorschrift, die danach nur für mitgliedstaatliche Subventionen und nicht für solche der Europäischen Union selbst gilt,[45] ist es, eine Verzerrung des Wettbewerbs im Binnenmarkt durch einen Mitgliedstaat zugunsten seiner nationalen Wirtschaft zu verhindern. Die Regelung zielt damit auf *grenzüberschreitende Wettbewerbsgleichheit.*[46] Zugleich erkennt sie aber an, dass Subventionen ein klassisches Mittel der Wettbewerbs- und Wirtschaftspolitik sind (→ Rn. 2). Strukturellen Ausdruck findet dies in einem *Verbot mit Erlaubnisvorbehalt*: Einerseits sind Beihilfen unter den Voraussetzungen des Art. 107 Abs. 1 AEUV verboten, andererseits sieht Art. 107 Abs. 2 und 3 AEUV Ausnahmen von diesem Verbot für bestimmte Fälle vor, in

---

[40] Zur Verbandszuständigkeit *Bungenberg/Motzkus*, WiVerw 2013, 73 (86).

[41] BVerwGE 104, 220 (222 f.).

[42] *Ehlers*, DVBl. 2014, 1 (4).

[43] BVerwGE 104, 220 (223).

[44] Hilfreiche Dokumentation des geltenden Rechts, laufender Reformvorhaben sowie der Entscheidungspraxis der Kommission unter http://ec.europa.eu/competition/state_aid/overview/index_ en.html (21.08.2019).

[45] Diese Einschränkung des Anwendungsbereichs ist insofern folgerichtig, als sich Subventionen der Europäischen Union selbst dann, wenn sie indirekt und also dezentral durch die Mitgliedstaaten verwaltet werden, auf den gesamten Binnenmarkt beziehen und daher keine grenzüberschreitenden Wettbewerbsverzerrungen befürchten lassen; dazu etwa EuGH, Rs. C-298/96, Slg. 1998, I-4767, Rn. 37 – Oelmühle Hamburg und Schmidt Söhne/Bundesanstalt für Landwirtschaft und Ernährung. Welche materiell-rechtlichen Vorgaben für Subventionen der Europäischen Union gelten, die nicht anders als nationale Subventionen Wettbewerbsverzerrungen – wenn auch nicht zwischen den Mitgliedstaaten, so doch immerhin zwischen begünstigten und nichtbegünstigten Unternehmen – zur Folge haben können, ist umstritten. Richtigerweise findet Art. 107 AEUV keine Anwendung. Einschlägig ist vielmehr – entsprechend der Rechtslage im deutschen Verfassungsrecht (→ Rn. 6 ff. und 9) – die Charta der Grundrechte der Europäischen Union, insbesondere Art. 16 und Art. 20 f. GRCH; dazu im Einzelnen *Petzold*, in: Birnstiel/Bungenberg/Heinrich, Kap. 4 Rn. 17 ff.; monographisch *Cichy*, Wettbewerbsverfälschungen durch Gemeinschaftsbeihilfen, 2002; instruktiv zum Ganzen auch *Mestmäcker/Schweitzer*, in: Immenga/Mestmäcker, Einl Rn. 51 ff.; ergänzend gelten völkerrechtliche Vorgaben (→ Rn. 44 ff.).

[46] *Kühling*, in: Ehlers/Fehling/Pünder, § 29 Rn. 30; *Petzold*, in: Birnstiel/Bungenberg/Heinrich, Kap. 4 Rn. 2.

denen ein Marktversagen kompensiert oder ein Marktergebnis korrigiert werden soll. Funktional handelt es sich ähnlich wie bei den Grundfreiheiten um eine verfassungsrechtliche Schranke mitgliedstaatlicher Souveränität: Den Mitgliedstaaten wird zwar nicht wie bei der Rechtsharmonisierung positiv vorgegeben, wie sie ihr Recht zu gestalten haben; ihnen werden aber immerhin negativ Rechtsakte untersagt, die mit einem funktionsfähigen Binnenmarkt unvereinbar sind.[47]

Dabei gibt die seit Inkrafttreten des Vertrags zur Gründung der Europäischen Wirt-   **12** schaftsgemeinschaft am 01.01.1958 inhaltlich weitgehend unverändert gebliebene *primärrechtliche Regelung in Art. 107 AEUV* alleine nur ansatzweise Auskunft über die Zulässigkeit mitgliedstaatlicher Subventionen. Ergänzend sind stets *sekundär- und tertiärrechtliche Regelungen* zu berücksichtigen.[48] Insbesondere das Tertiärrecht[49] ist von großer Bedeutung: In zahlreichen Dokumenten[50] hat die Kommission abstrakt-generelle „Verhaltensnormen"[51] für ihre eigene Entscheidungspraxis aufgestellt.[52] Einerseits führen diese Dokumente – ähnlich wie Verwaltungsvorschriften im deutschen Recht (→ Rn. 10)[53] – unter Gleichbehandlungs- und Vertrauensschutzgesichtspunkten zu einer Selbstbindung der Kommission.[54] Sie machen damit die Anwendung des Beihilfenrechts durch die Kommission transparenter und vorherseh-

---

[47] Zur Unterscheidung zwischen positiver und negativer Integration knapp *Scharpf*, in: Höpner/Schäfer (Hrsg.), Die politische Ökonomie der europäischen Integration, 2008, 49 (50 f.).

[48] Hervorzuheben sind die Gruppenfreistellungs-, die allgemeine De-minimis- und eine besondere De-minimis-Verordnung für Dienstleistungen von allgemeinem wirtschaftlichem Interesse (zu den drei Rechtsakten ausführlich → Rn. 26, 35 und 39). Erlassen hat alle drei Verordnungen die Kommission noch auf Grundlage einer Ermächtigung in der ihrerseits auf Art. 109 AEUV beruhenden VO (EG) Nr. 994/98 des Rates vom 07.05.1998 über die Anwendung der Art. 107 und 108 des Vertrags über die Arbeitsweise der Europäischen Union auf bestimmte Gruppen horizontaler Beihilfen, ABl. EG L 142/1, geändert durch VO (EU) Nr. 733/2013 des Rates vom 22.07.2013 zur Änderung der VO (EG) Nr. 994/98 über die Anwendung der Art. 92 und 93 des Vertrags zur Gründung der Europäischen Gemeinschaft auf bestimmte Gruppen horizontaler Beihilfen, ABl. EU L 204/11. Zwischenzeitlich wurde die VO (EG) Nr. 994/98 aufgehoben und ersetzt durch die VO (EU) 2015/1588 des Rates vom 13.07.2015 über die Anwendung der Art. 107 und 108 des Vertrags über die Arbeitsweise der Europäischen Union auf bestimmte Gruppen horizontaler Beihilfen, ABl. EU L 248/1, geändert durch VO (EU) 2018/1911 des Rates vom 26.11.2018 zur Änderung der Verordnung (EU) 2015/1588 über die Anwendung der Art. 107 und 108 des Vertrags über die Arbeitsweise der Europäischen Union auf bestimmte Gruppen horizontaler Beihilfen, ABl. EU L 311/8.

[49] Zum Begriff *Götz*, in: Dauses/Ludwigs, Kap. H. III. Rn. 27 (Stand: 43. EL Oktober 2017).

[50] Die Terminologie ist uneinheitlich und schwankt zwischen „Rahmen", „Leitlinien" und „Mitteilung"; Versuch einer Systematisierung etwa bei *Birnstiel*, in: ders./Bungenberg/Heinrich, Kap. 1 Rn. 1061; *Kühling/Rüchardt*, in: Streinz, Art. 107 AEUV Rn. 124 ff.

[51] So EuGH, Rs. C-464/09 P, Slg. 2010, I-12443, Rn. 46 – Holland Malt/Kommission.

[52] Siehe für das Beihilfenrecht *Kühling/Rüchardt*, in: Streinz, Art. 107 AEUV Rn. 124 ff.; allgemein *Brohm*, Die „Mitteilungen" der Kommission im Europäischen Verwaltungs- und Wirtschaftsraum, 2012.

[53] Zur Vergleichbarkeit *Kreuschitz*, in: Säcker, Art. 107 AEUV Rn. 738 ff.; *Kühling/Rüchardt*, in: Streinz, Art. 107 AEUV Rn. 126.

[54] Etwa EuGH, Rs. C-464/09 P, Slg. 2010, I-12443, Rn. 46 f. – Holland Malt/Kommission.

barer.[55] Andererseits verfügt die Kommission mit ihnen über ein wirkkräftiges Instrument, um außerhalb der für die Rechtsetzung vorgesehenen Verfahren wettbewerbspolitische Weichenstellungen vorzunehmen,[56] zumal Mitgliedstaaten und private Unternehmen wenn auch nicht rechtlich, so doch faktisch an die Aussagen in den internen Verhaltensnormen gebunden sind.[57]

13   Sowohl im Tertiär- als auch im Sekundärrecht, die zwischen 2012 und 2014 beide erneut einen *Modernisierungsprozess* durchlaufen haben[58] und gegenwärtig unmittelbar vor einer weiteren Evaluierungs- und Aktualisierungsrunde stehen,[59] hat dabei in den letzten knapp fünfzehn Jahren ein „Paradigmenwechsel" stattgefunden.[60] Dem kartellrechtlichen Vorbild[61] folgend sieht die Kommission nunmehr auch im Beihilfenrecht anders als noch in der „Gründungsphase"[62] der Europäischen Union immer weniger Rechtsnormen, die nach Maßgabe einer juristischen Methode zu interpretieren und anzuwenden sind. Verfolgt wird vielmehr ein *„ökonomischerer Ansatz"*.[63] Im Mittelpunkt dieses Ansatzes steht neben der Konzentration der einzelfallbezogenen Beihilfenkontrolle auf potenziell besonders wettbewerbsschädliche Fördermaßnahmen vor allem eine ökonomisch fundierte Analyse der Auswirkungen wettbewerbsrelevanten Verhaltens auf die Marktergebnisse. Diese schlägt sich in der Beihilfenpraxis der Kommission bislang vor allem auf der Rechtfertigungsebene nieder. Hier, also bei der Prüfung der Vereinbarkeit einer Beihilfe mit dem Binnenmarkt nach Art. 107 Abs. 2 und 3 AEUV, wägt die Kommission in einem ökonomisch geprägten „Abwägungstest", der ihr ganz erhebliche quasi-regulatorische Spielräume eröffnet,[64] offen zwischen den Vorteilen (Kompensation eines Marktversagens

---

[55] So *Birnstiel*, in: ders./Bungenberg/Heinrich, Kap. 1 Rn. 1061; *Götz*, in: Dauses/Ludwigs, Kap. H. III. Rn. 27 (Stand: 43. EL Oktober 2017); *Kühling/Rüchardt*, in: Streinz, Art. 107 AEUV Rn. 125.

[56] Zur politischen Funktion der „Verhaltensnormen" *Götz*, in: Dauses/Ludwigs, Kap. H. III. Rn. 27 und 29 (Stand: 43. EL Oktober 2017).

[57] Zutreffend *Bartosch*, Art. 107 Abs. 3 AEUV Rn. 6; vorsichtiger, aber letztlich ähnlich *Thomas*, EuR 2009, 423 (437 f.): „natürliche Autorität" und „Vermutung für rechtspraktische Plausibilität"; treffend daher auch der Titel bei *Bechtold*, in: FS Hirsch, 2008, S. 223: „Faktische Rechtssätze aus Brüssel"; zu weitgehend ausgeschlossenen Direktklagen betroffener Unternehmen gegen Beihilfeleitlinien der Kommission *Gundel*, EuZW 2016, 606.

[58] Überblick zu dieser „State Aid Modernisation" unter http://ec.europa.eu/competition/state_aid/modernisation/index_en.html (21.08.2019); aus dem Schrifttum zum Reformprozess etwa *Ruthig*, ZG 2014, 136; *Soltész*, NJW 2014, 3128; *ders.*, EuZW 2015, 277; *Stöbener*, EuZW 2014, 601.

[59] Dazu knapp *Stöbener de Mora*, EuZW 2019, 102; *dies.*, EuZW 2019, 260 und EuZW 2019, 483.

[60] Ausgangspunkt war Kommission, Aktionsplan Staatliche Beihilfen, KOM(2005) 107 endg.

[61] Dazu zusammenfassend *Dreher/Kulka*, Wettbewerbs- und Kartellrecht, 10. Aufl. 2018, Rn. 629: „ökonomische Ausrichtung", die „die Auswirkungen der konkreten Handlung in das Zentrum der Analyse stellt".

[62] Zugrunde liegt die Periodisierung bei *Weiler*, 100 Yale L. J. 2403 (1991).

[63] Überblick bei *Bartosch*, RIW 2007, 681; *Jaeger*, WuW 2008, 1064; *Jungheim*, BRZ 2010, 123 und 187; siehe ferner die Beiträge in Oberender (Hrsg.), Der „more economic approach" in der Beihilfenkontrolle, 2008; kritische Bewertung nach knapp zehn Jahren bei *Rusche*, in: Immenga/Mestmäcker, Art. 107 Abs. 3 AEUV Rn. 52 f.

[64] Pointiert *Soltész*, EuZW 2016, 87 (94): „geradezu unbegrenztes Spiel- und Experimentierfeld".

oder politisch erwünschte Korrektur eines Marktergebnisses) und den Nachteilen (Wettbewerbsverzerrung) mitgliedstaatlicher Subventionen ab (ausführlich → Rn. 32).[65] Auf der Tatbestandsebene, also bei der Prüfung, ob überhaupt eine Beihilfe vorliegt, hat der „ökonomischere Ansatz" hingegen bislang kaum Bedeutung erlangt. Das ist, einmal ganz abgesehen von grundsätzlichen Einwänden gegen eine Ökonomisierung des Wettbewerbsrechts, wenig überzeugend.[66] So eröffnen gerade die gegenwärtig praktisch bedeutungslosen Tatbestandsmerkmale der Wettbewerbsverfälschung und der Handelsbeeinträchtigung Spielräume für eine ökonomischere Perspektive auf mitgliedstaatliche Subventionen (näher → Rn. 25 und 27). Hier liegt zugleich bislang nur ansatzweise gehobenes Potenzial für eine tatbestandliche Begrenzung des immer weiter ausufernden und in der Folge immer mehr als Gefährdung mitgliedstaatlicher Souveränität und immer weniger als Sicherung funktionsfähigen Wettbewerbs wahrgenommenen Beihilfenverbots.[67]

a) Tatbestand des Beihilfenverbots

Art. 107 Abs. 1 AEUV erklärt „staatliche oder aus staatlichen Mitteln gewährte   **14**
Beihilfen gleich welcher Art" für „mit dem Binnenmarkt unvereinbar", wenn sie „durch die Begünstigung bestimmter Unternehmen oder Produktionszweige den Wettbewerb verfälschen oder zu verfälschen drohen" und „soweit sie den Handel zwischen Mitgliedstaaten beeinträchtigen". Das unionsrechtliche Beihilfenverbot unterliegt damit *sechs tatbestandlichen Voraussetzungen*: Es muss *erstens* eine Begünstigung vorliegen (aa). Diese Begünstigung muss sich *zweitens* an ein Unternehmen richten (bb). Sie muss *drittens* und *viertens* selektiv (cc) und staatlich (dd) sein, *fünftens* eine Wettbewerbsverfälschung im Binnenmarkt befürchten lassen (ee) und *sechstens* den grenzüberschreitenden Handel beeinträchtigen (ff). Insbesondere die Kommission tendiert dabei dazu, die Tatbestandsvoraussetzungen des Beihilfenverbots immer großzügiger auszulegen.[68] Folge ist eine zunehmende Entgrenzung des Beihilfenverbots.[69] Diese verschafft der Kommission über ihre Beihilfenaufsicht (→ Rn. 56 ff. und 67 f.) weitreichenden Einfluss auf das mitgliedstaatliche Wirtschafts- und Steuerrecht, auch und vor allem in Bereichen, in denen die Union nach der primärrechtlichen Kompetenzordnung über

---

[65] Folge ist – wie stets bei Abwägungsentscheidungen – eine erhebliche Flexibilisierung der rechtlichen Bindungen; dazu *Behrens*, in: Birnstiel/Bungenberg/Heinrich, Einl. Rn. 193: „Spannungsverhältnis zwischen Regelbindung (*per-se rules*) und Ermessen (*rule of reason*)"; zum Problem auch *Frenz/Ehlenz*, EuR 2010, 490.

[66] Kritisch auch *Koenig/Förtsch*, in: Streinz, Art. 107 AEUV Rn. 106.

[67] Dazu aus steuerrechtlicher Perspektive *Hey*, StuW 2015, 331 (343).

[68] Siehe insbesondere Bekanntmachung der Kommission zum Begriff der staatlichen Beihilfe im Sinne des Art. 107 Abs. 1 des Vertrags über die Arbeitsweise der Europäischen Union, ABl. EU 2016 C 262/1 (Bekanntmachung Beihilfenbegriff); dazu pointiert *Stöbener de Mora*, EuZW 2016, 685: „Überall Beihilfen? – Die Kommissionsbekanntmachung zum Beihilfenbegriff"; ferner *Soltész*, EuZW 2017, 51 (55 f.): „maximal weite Auslegung des Beihilfebegriffs".

[69] Dazu bereits *Koenig/Kühling*, NVwZ 2001, 768 (770): Gefahr einer „Fehlentwicklung" des Beihilfenrechts zu einem „alles übergreifenden Meta-Recht".

keine Zuständigkeiten verfügt.[70] Das unionsrechtliche Beihilfenregime gerät im Zuge dieser Entwicklung rechtspolitisch zunehmend unter Druck.[71]

aa) Begünstigung

15 Eine Begünstigung liegt vor, wenn dem Adressaten einer mitgliedstaatlichen Maßnahme ein wirtschaftlicher Vorteil zugewendet wird (1), ohne dass diesem Vorteil eine angemessene marktmäßige Gegenleistung des Adressaten gegenübersteht (2).[72]

(1) Positive oder negative Zuwendung

16 Der Zuwendungsbegriff ist weit. Umfasst sind *sowohl positive als auch negative Zuwendungen*.[73] Die Bandbreite reicht bei positiven Zuwendungen von verlorenen Zuschüssen über Darlehen und Bürgschaften[74] zu besseren als den marktüblichen Konditionen bis hin zu tatsächlichen Leistungen wie logistischer Unterstützung oder Infrastrukturmaßnahmen.[75] Zuwendungscharakter haben auch der Verzicht auf die Durchsetzung einer Forderung[76] sowie die Veräußerung von Grundstücken und die Privatisierung von öffentlichen Unternehmen zu einem Preis unterhalb des Marktwerts,[77] nicht hingegen gerechtfertigter staatlicher Schadensersatz.[78] Negative Zuwendungen resultieren aus Belastungsminderungen. Umfasst sind alle Befreiungen von Abgaben, insbesondere Steuervergünstigungen.[79] Zuwendungscharakter hat auch ein Zahlungsaufschub.[80] Maßgeblich ist stets eine *objektive Betrachtungsweise*;

---

[70] Dazu etwa *Nettesheim,* NJW 2014, 1847 (1852): Beihilfenkontrolle „Hebel zur Verwirklichung regulatorischer Politik"; siehe auch *Soltész,* EuZW 2018, 60 (60). Es ist bezeichnend, dass mit dem Steuerrecht in den letzten Jahren ein Rechtsgebiet in den Mittelpunkt der Kontrollpraxis der Kommission geraten ist, in dem die Europäische Union weitreichendere Kompetenzen besonders schmerzlich vermisst, wie das Plädoyer für eine Abkehr vom Einstimmigkeitserfordernis in der EU-Steuerpolitik in Kommission, Auf dem Weg zu einer effizienteren und demokratischeren Beschlussfassung in der EU-Steuerpolitik, KOM(2019) 8 endg., illustriert.

[71] Besonders prominent zuletzt im Bereich des Steuerrechts, siehe zusammenfassend nur BMF (Hrsg.), Steuervergünstigungen und EU-Beihilfenaufsicht, 2017, S. 5: „Die Unsicherheit hinsichtlich der Einordnung von Vorschriften als Beihilfe und die Ausweitung des Beihilfebegriffs greift erheblich in die Steuerautonomie der EU-Mitgliedstaaten ein";

[72] Etwa *Bartosch,* Art. 107 Abs. 1 AEUV Rn. 1; *Ehlers,* DVBl. 2014, 1 (2).

[73] Zu dieser systematischen Zweiteilung *Kleine/Sühnel,* in: Birnstiel/Bungenberg/Heinrich, Kap. 1 Rn. 90; aus der Rechtsprechung etwa EuGH, Rs. C-387/92, Slg. 1994, I-877, Rn. 13 – Banco Exterior de España/Ayuntamiento de Valencia: „positive Leistungen" und „Maßnahmen, die … Belastungen vermindern".

[74] Dazu etwa EuGH, Rs. C-559/12 P, EU:C:2014:217, insbesondere Rn. 93 ff. – Kommission/ Frankreich.

[75] Überblick bei *Kleine/Sühnel,* in: Birnstiel/Bungenberg/Heinrich, Kap. 1 Rn. 93 ff.

[76] Speziell dazu *Soltész/Makowski,* EuZW 2003, 73.

[77] Hierzu insbesondere *F. Wollenschläger,* in: Birnstiel/Bungenberg/Heinrich, Kap. 1 Rn. 469 ff.

[78] Dazu m. w. N. *Soltész,* EuZW 2016, 87 (89).

[79] Dazu EuGH, Rs. C-222/04, Slg. 2006, I-289, Rn. 131 f. – Cassa di Risparmio di Firenze u. a.

[80] EuGH, Rs. C-222/04, Slg. 2006, I-289, Rn. 132 – Cassa di Risparmio di Firenze u. a.

ob die Begünstigung intendiert ist, spielt keine Rolle.[81] Besonderheiten sind bei Dienstleistungen von allgemeinem wirtschaftlichem Interesse zu beachten. Hier stellen Ausgleichszahlungen unter bestimmten Voraussetzungen keine Begünstigungen dar, sofern die Dienstleistung vom Markt ohne eine zusätzliche „Vergütung" in Form einer Subvention mangels Rentabilität nicht bereitgestellt würde (im Einzelnen → Rn. 37).[82]

(2) Keine marktmäßige Gegenleistung

Während sich die Frage, ob eine Zuwendung vorliegt, noch relativ einfach beantworten lässt, führt die Frage, ob der Zuwendung eine marktmäßige Gegenleistung gegenübersteht, vielfach zu Problemen. Die Unionsgerichte stellen darauf ab, ob dem potenziellen Beihilfenempfänger durch die Zuwendung auch unter Berücksichtigung einer etwa erbrachten Gegenleistung ein wirtschaftlicher Vorteil eingeräumt wird, den er „unter normalen Marktbedingungen nicht erhalten hätte".[83] Operationalisiert wird dieser Maßstab durch einen *Vergleich des tatsächlichen Verhaltens der öffentlichen Hand mit dem hypothetischen Verhalten eines vernünftigen privaten Marktteilnehmers* mit einem Interesse an einer angemessenen Rendite.[84] Bei einer Kapitalzufuhr erfolgt der Vergleich in einem *Private* (auch: *Market Economy*) *Investor Test*,[85] bei der Veräußerung eines Gegenstands in einem *Private Vendor Test*,[86] beim Ankauf eines Gegenstands in einem *Private Purchaser Test* und bei

17

---

[81] Etwa EuGH, Rs. C-124/10 P, EU:C:2012:318, Rn. 77 – Kommission/EDF; *Kleine/Sühnel*, in: Birnstiel/Bungenberg/Heinrich, Kap. 1 Rn. 91 ff.: „objektive Wirkung einer Maßnahme entscheidend".

[82] Dazu insbesondere EuGH, Rs. C-280/00, Slg. 2003, I-7774, Rn. 87 ff. – Altmark Trans und Regierungspräsidium Magdeburg.

[83] EuGH, Rs. C-280/00, Slg. 2003, I-7774, Rn. 84 – Altmark Trans und Regierungspräsidium Magdeburg.

[84] Instruktiv zum Maßstab EuGH, Rs. C-124/10 P, EU:C:2012:318, Rn. 84 – Kommission/EDF, der mit Blick auf eine staatliche Kapitalzufuhr fragt, ob diese „auf wirtschaftlichen Bewertungen beruht, die mit jenen vergleichbar sind, die ein rationaler privater Kapitalgeber in einer möglichst ähnlichen Lage wie dieser Mitgliedstaat vor dieser Kapitalanlage hätte erstellen lassen, um die künftige Rentabilität einer solchen Kapitalanlage zu bestimmen". Die Kommission hat den Vergleichstest im Tertiärrecht und ihrer einzelfallbezogenen Entscheidungspraxis ausbuchstabiert; siehe insbesondere Bekanntmachung Beihilfenbegriff, Rn. 73 ff.; dazu etwa *Stöbener de Mora*, EuZW 2016, 685 (688 f.).

[85] Eingehend zum Test und seiner Durchführung *Bartosch*, Art. 107 Abs. 1 AEUV Rn. 2 ff.; *Giesberts/Streit*, EuZW 2009, 484; *Kleine/Sühnel*, in: Birnstiel/Bungenberg/Heinrich, Kap. 1 Rn. 105 ff.; *Sühnel*, EWS 2007, 115.

[86] Dazu *Kleine/Sühnel*, in: Birnstiel/Bungenberg/Heinrich, Kap. 1 Rn. 179 ff. Zur Ermittlung des Marktpreises in einem offenen, transparenten und bedingungsfreien Ausschreibungsverfahren EuGH, verb. Rs. C-214/12 P, C-215/12 P und C-223/12 P, EU:C:2013:682, Rn. 92 ff. – Land Burgenland u. a./Kommission; hier kann vermutet werden, dass der Marktpreis dem höchsten Angebot entspricht, wenn dieses Angebot verpflichtend und verlässlich ist und es überdies nicht gerechtfertigt ist, andere Faktoren als den Preis zu berücksichtigen; dazu näher Bekanntmachung Beihilfenbegriff, Rn. 89 ff.; ferner knapp *Stöbener de Mora*, EuZW 2016, 685 (688 f.).

der Durchsetzung von Forderungen in einem *Private Creditor Test*.[87] Stets geht es um die Frage, ob die öffentliche Hand sich wie ein vernünftig handelnder privater Marktteilnehmer verhält. Ist das (wie bei einem Darlehen zu marktüblichen Konditionen oder der Veräußerung eines Grundstücks zu einem dem Marktwert entsprechenden Preis) der Fall, scheidet eine Begünstigung aus, weil der potenzielle Beihilfenempfänger die Zuwendung zu gleichen Bedingungen auch am Markt erhalten könnte; eine Wettbewerbsverzerrung liegt nicht vor. Verhält sich die öffentliche Hand umgekehrt (wie bei einem verlorenen Zuschuss, einem zinslosen Darlehen oder dem Verzicht auf die Durchsetzung einer Forderung) nicht marktrational, ist eine Begünstigung zu bejahen. Folgerichtig sah der EuGH in einem Darlehen ganz unabhängig von der Höhe des Zinssatzes eine Begünstigung, weil der Empfänger in den drei vorangegangenen Jahren stets erhebliche Verluste erlitten hatte und überdies überschuldet war; selbst die Aussicht auf einen relativ geringen Gewinn im Folgejahr hätte daher „einen privaten Investor doch nicht veranlassen können, derart hohe Beträge aufzuwenden".[88]

bb) Unternehmen

18   Empfänger der Begünstigung muss ein Unternehmen oder eine (in Art. 107 Abs. 1 AEUV als „Produktionszweig" bezeichnete) Gruppe gleichartiger Unternehmen sein.[89] Ein Unternehmen ist nach dem *rein tätigkeitsbezogenen und daher weiten unionsrechtlichen Unternehmensbegriff* „jede eine wirtschaftliche Tätigkeit ausübende Einheit unabhängig von ihrer Rechtsform und der Art ihrer Finanzierung".[90] Umfasst sind damit, wie sich auch aus Art. 106 Abs. 1 AEUV ergibt, *sowohl private als auch öffentliche Unternehmen* (→ § 6 Rn. 32).[91] Eine Gewinnerzielungsabsicht ist nicht erforderlich.[92] Gewisse Grenzen ergeben sich lediglich aus dem Erfordernis einer wirtschaftlichen Tätigkeit, die nach Auffassung des EuGH nur vorliegt, wenn für die angebotenen Güter und Dienstleistungen ein Markt existiert.[93] Ausgenommen vom Beihilfenregime ist in der Folge insbesondere die Ausübung öffentlicher Befugnisse.[94] Einschränkungen bestehen

---

[87] Überblick bei *Ehlers*, DVBl. 2014, 1 (2); siehe auch *Kleine/Sühnel*, in: Birnstiel/Bungenberg/Heinrich, Kap. 1 Rn. 108, die vom „Private Investor Test" und zugehörigen „Derivaten" sprechen.

[88] EuGH, Rs. C-261/89, Slg. 1999, I-4437, Rn. 7 ff. – Italien/Kommission.

[89] Regelfall ist die unmittelbare Begünstigung von Unternehmen; ergänzend zum Sonderfall einer mittelbaren Begünstigung von Unternehmen durch die unmittelbare Begünstigung Dritter, die etwa bei nachfragesteuernden Zuwendungen an Verbraucher in Betracht kommt, *Soltész/Hellstern*, EuZW 2013, 489.

[90] So etwa EuGH, verb. Rs. C-180/98–C-184/98, Slg. 2000, I-6451, Rn. 74 – Pavlov u. a.

[91] Dazu auch *F. Wollenschläger*, in: Kirchhof/Korte/Magen, § 6 Rn. 49.

[92] EuGH, Rs. C-244/94, Slg. 1995, I-4013, Rn. 21 – FFSA u. a./Ministère de l'Agriculture et de la Pêche.

[93] EuGH, verb. Rs. C-180/98–C-184/98, Slg. 2000, I-6451, Rn. 75 – Pavlov u. a.

[94] Dazu mit Nachweisen aus der Rechtsprechung des EuGH Mitteilung der Kommission über die Anwendung der Beihilfevorschriften der Europäischen Union auf Ausgleichsleistungen für die Erbringung von Dienstleistungen von allgemeinem wirtschaftlichem Interesse, ABl. EU 2012 C 8/4 (DAWI-Mitteilung), Rn. 16.

ferner bei Einrichtungen, die in den Bereichen soziale Sicherheit,[95] Gesundheits-
fürsorge und Bildungswesen tätig sind.[96] Wird eine Einheit sowohl wirtschaftlich
als auch nichtwirtschaftlich tätig und lassen sich beide Bereiche trennen, ist die
Einheit nur mit Blick auf ihre wirtschaftliche Tätigkeit als Unternehmen zu behandeln.[97]

cc) Selektivität

Dass der Empfänger einer Begünstigung ein Unternehmen ist, genügt nicht. Die Be- **19**
günstigung muss sich nach Art. 107 Abs. 1 AEUV vielmehr an „bestimmte[] Unternehmen oder Produktionszweige" richten, mithin *selektiv sein*.[98] Keine Beihilfe liegt
daher bei einer Begünstigung vor, die der Wirtschaft insgesamt zugutekommt, so
dass *allgemeine wirtschafts- und sozialpolitische Maßnahmen*, die wie eine gute Verkehrsinfrastruktur oder eine niedrige Unternehmensteuerbelastung einen insgesamt
günstigen Rahmen für alle Unternehmen eines Mitgliedstaats schaffen, nicht dem
grundsätzlichen Beihilfenverbot nach Art. 107 Abs. 1 AEUV unterliegen.[99] Funktional zielt das Selektivitätserfordernis vor diesem Hintergrund darauf, eine souveräni-
tätsschonende „Grenze zwischen der Regelungskompetenz der Mitgliedstaaten für
allgemeine Maßnahmen der Wirtschafts- und Sozialpolitik und der unionsrechtlichen Kompetenz zum Schutz des Wettbewerbs vor punktueller staatlicher Intervention" zu ziehen.[100] Unterschiedliche Rahmenbedingungen in den einzelnen Mitgliedstaaten sind kein Thema für die Beihilfenaufsicht, sondern für die nur begrenzt
zulässige Rechtsangleichung nach den Art. 113 ff. AEUV.[101] Das Problem besteht
dabei darin, unschädliche allgemeine von schädlichen selektiven Maßnahmen abzugrenzen. Dabei ist keineswegs jede Differenzierung schädlich. Wirtschafts- und
Sozialpolitik kommt ohne Differenzierung nicht aus. Der EuGH verlangt in seiner
neueren Rechtsprechung aber *Kohärenz*.[102] Eine im Kontext eines rechtlichen Regelungssystems stehende Maßnahme ist danach selektiv, wenn sie bestimmte Unternehmen rechtlich oder tatsächlich gegenüber anderen Unternehmen begünstigt, obwohl sich beide mit Blick auf das Ziel des Regelungssystems, zu dem die Maßnahme
gehört, in einer vergleichbaren tatsächlichen und rechtlichen Situation befinden,[103]

---

[95] Dazu EuGH, Rs. C-350/07, Slg. 2009, I-1513, Rn. 42 ff. – Kattner Stahlbau.

[96] Dazu mit Nachweisen aus der Rechtsprechung des EuGH DAWI-Mitteilung, Rn. 17 ff., 21 ff. und 26 ff.

[97] Dazu *Bungenberg*, in: Birnstiel/ders./Heinrich, Kap. 1 Rn. 35.

[98] Zum Begriff *Pache/Pieper*, in: Birnstiel/Bungenberg/Heinrich, Kap. 1 Rn. 205.

[99] EuGH, Rs. C-143/99, Slg. 2001, I-8365, Rn. 35 – Adria Wien Pipeline und Wietersdorfer & Peggauer Zementwerke.

[100] So *Mestmäcker/Schweitzer*, in: Immenga/Mestmäcker, Art. 107 Abs. 1 AEUV Rn. 169.

[101] *Mestmäcker/Schweitzer*, in: Immenga/Mestmäcker, Art. 107 Abs. 1 AEUV Rn. 169.

[102] *Bartosch*, EuZW 2015, 99 (102).

[103] Daran fehlte es nach EuGH, Rs. C-518/13, EU:C:2015:9, Rn. 56 ff. – Eventech, bei der Taxis, nicht aber Funkmietwagen eingeräumten Berechtigung, Bussspuren zu benutzen, weil Taxis u. a. einer Beförderungspflicht unterliegen und daher nicht mit Funkmietwagen vergleichbar sind.

sofern sich die Begünstigung nicht aus der Natur oder dem inneren Aufbau des Regelungssystems ergibt und daher gerechtfertigt ist.[104] Auf Grundlage dieser Formel hält
der EuGH Differenzierungen im Steuersystem für unschädlich, die auf den „Grund-
oder Leitprinzipien" des Steuersystems (wie etwa dem Prinzip der Besteuerung nach
der Leistungsfähigkeit oder dem Grundsatz der Missbrauchsvermeidung) und nicht
auf Zielen „außerhalb dieser Regelung" (wie etwa dem Umweltschutz oder der Rettung und Umstrukturierung von Unternehmen) beruhen.[105] Diese Vorgehensweise,
die auf eine relativ invasive umfassende Gleichheitsprüfung des mitgliedstaatlichen
Steuerrechts hinausläuft[106] und es der Kommission ermöglicht, dessen Regelungen
„zu ,glätten', indem sie die Aufhebung der Differenzierungen verlangt, die aus sozialen, wirtschaftlichen, ökologischen oder anderen Gründen zulässigerweise festgelegt wurden",[107] stößt zunehmend auf Kritik, auch aus dem EuGH selbst.[108] Vorzugswürdig – weil: weniger invasiv – ist nach dieser Kritik eine Rückkehr zum
klassischen „Kriterium der allgemeinen Verfügbarkeit". Eine Begünstigung ist danach nicht selektiv, wenn sie mangels tatbestandlicher Begrenzung auf bestimmte
(etwa: in einem bestimmten Sektor tätige oder in einer bestimmten Region ansässige) Unternehmen grundsätzlich allen Unternehmen offensteht.[109]

dd) Staatlichkeit

20 Das Beihilfenverbot gilt gemäß Art. 107 Abs. 1 AEUV nur für staatliche oder aus
staatlichen Mitteln gewährte Begünstigungen.[110] Eine Beihilfe liegt dabei trotz der
Oder-Verknüpfung nach ganz überwiegender Auffassung nur vor, wenn die Begünstigung sowohl staatlich (also: dem Staat zurechenbar) ist (1) als auch aus staatlichen
Mitteln gewährt wird (also: seinen Haushalt belastet) (2).

(1) Zurechenbarkeit der Begünstigung

21 Art. 107 Abs. 1 AEUV verlangt danach zunächst, dass die Begünstigung dem Staat –
das heißt: einem *Träger hoheitlicher Gewalt* und also einer juristischen Person des

---

[104] Grundlegend EuGH, Rs. C-143/99, Slg. 2001, I-8365, Rn. 41 f. – Adria Wien Pipeline und Wietersdorfer & Peggauer Zementwerke; zu insgesamt selektiven Regelungssystemen, die sich mit
dem Test nicht erfassen lassen, *Mestmäcker/Schweitzer*, in: Immenga/Mestmäcker, Art. 107 Abs. 1
AEUV Rn. 198 f.

[105] EuGH, verb. Rs. C-78/08–C-80/08, Slg. 2011, I-7611, Rn. 69 f. – Paint Graphos u. a.

[106] *Balbinot*, FR 2018, 729 (731 f.); *Hey*, StuW 2015, 331 (334 f.); siehe auch *GA Saugmandsgaard
Øe*, Rs. C-374/17, EU:C:2018:741, Rn. 61 – A-Brauerei: Kriterium „der Diskriminierung".

[107] So *GA Saugmandsgaard Øe*, Rs. C-374/17, EU:C:2018:741, Rn. 77 – A-Brauerei.

[108] Siehe bereits *GA Kokott*, Rs. C-66/14, EU:C:2015:242, Rn. 113 ff. – Finanzamt Linz; ausführlich jüngst *GA Saugmandsgaard Øe*, Rs. C-374/17, EU:C:2018:741, insbesondere Rn. 61 ff. –
A-Brauerei.

[109] Instruktiv *GA Saugmandsgaard Øe*, Rs. C-374/17, EU:C:2018:741, insbesondere Rn. 89 ff. –
A-Brauerei; dagegen aber EuGH, Rs. C-374/17, EU:C:2018:1024, Rn. 44 ff. – A-Brauerei; siehe
auch schon Rs. C-20/15 P, EU:C:2016:981, Rn. 65 ff. – Kommission/World Duty Free Group.

[110] Nicht anwendbar sind die Art. 107–109 AEUV daher auf Unionsbeihilfen (→ Rn. 11).

öffentlichen Rechts[111] – zugerechnet werden kann.[112] Entscheidet über die Begünstigung ein *Organ* ist dies stets zu bejahen.[113] Erfolgt die Begünstigung hingegen durch ein *öffentliches Unternehmen* – etwa: ein Finanzunternehmen – lässt es der EuGH nicht genügen, dass die öffentliche Hand das Unternehmen kontrolliert und folglich rechtlich einen beherrschenden Einfluss auf seine Tätigkeit ausüben kann. Es müssen vielmehr Indizien dafür vorliegen, dass im konkreten Fall auch tatsächlich Einfluss genommen worden ist und also die Einrichtungen des Staates tatsächlich „in irgendeiner Weise am Erlass dieser Maßnahmen beteiligt waren" (zum Staatsbegriff im Kontext der Marktfreiheiten → § 1 Rn. 18).[114]

(2) Belastung des staatlichen Haushalts

Nach Auffassung des EuGH genügt die Staatlichkeit der Begünstigung alleine **22** nicht. Erforderlich ist darüber hinaus trotz der Oder- anstelle einer Und-Verknüpfung in Art. 107 Abs. 1 AEUV stets, dass die Begünstigung unmittelbar oder mittelbar „aus staatlichen Mitteln" gewährt wird: Die Unterscheidung zwischen „staatlichen" und „aus staatlichen Mitteln gewährte[n]" Begünstigungen in Art. 107 Abs. 1 AEUV bedeute nicht, dass dem Staat zurechenbare Begünstigungen auch dann Beihilfen sind, wenn sie nicht aus staatlichen Mitteln finanziert werden. Ziel der Regelung sei es vielmehr lediglich, auch solche Begünstigungen in das Beihilfenregime einzubeziehen, die zwar aus staatlichen Mitteln, aber nicht unmittelbar durch den Staat, sondern durch eine vom Staat benannte oder errichtete öffentliche oder private Einrichtung gewährt werden.[115] Eine Beihilfe scheidet danach aus, wenn eine Begünstigung zwar auf eine staatliche Entscheidung zurückzuführen ist, aber unmittelbar aus privaten Mitteln gewährt wird. Damit wird zwar einer weiteren Entgrenzung des Beihilfenverbots vorgebeugt;[116] umgekehrt ist die „Staatlichkeit" einer Begünstigung aber häufig eher von ihrer tech-

---

[111] Zu diesem funktionalen und daher weiten Verständnis von „Staatlichkeit" etwa *Pache/Pieper*, in: Birnstiel/Bungenberg/Heinrich, Kap. 1 Rn. 66. Instruktiv RL 2006/111/EG der Kommission vom 16.11.2006 über die Transparenz der finanziellen Beziehungen zwischen den Mitgliedstaaten und den öffentlichen Unternehmen sowie über die finanzielle Transparenz innerhalb bestimmter Unternehmen, ABl. EU L 318/17, wo mit Blick auf eine in Erwägungsgrund Nr. 7 postulierte „angemessene und wirkungsvolle Anwendung der Beihilfevorschriften des EG-Vertrags auf öffentliche und private Unternehmen" nicht auf die Mitgliedstaaten als solche, sondern auf die öffentliche Hand und ihre Beziehungen zu den öffentlichen Unternehmen abgestellt wird. Art. 2 lit. a der Richtlinie nennt insoweit neben dem Staat auch „regionale, lokale und alle anderen Gebietskörperschaften".

[112] Siehe nur *Bartosch*, Art. 107 Abs. 1 AEUV Rn. 150.

[113] Ähnlich *Bartosch*, Art. 107 Abs. 1 AEUV Rn. 151: „staatliche Einrichtung im engeren Sinne".

[114] EuGH, Rs. C-482/99, Slg. 2002, I-4397, Rn. 52 – Frankreich/Kommission. Entsprechendes gilt erst recht für Begünstigungen durch private Einrichtungen; siehe zur Stützung einer Bank durch einen privaten Einlagensicherungsfonds ohne staatliche Beteiligung, EuG, Rs. T-98/16, T-196/16 und T-198/16, EU:T:2019:167, Rn. 69 und 87 ff. – Italien/Kommission.

[115] EuGH, Rs. C-379/98, Slg. 2001, I-2099, Rn. 58 – PreussenElektra; die Rede ist von einem „doppelten Zurechenbarkeitstest", siehe nur *Säcker/Schmitz*, NZKart 2014, 202 (202).

[116] Dazu *Soltész*, EuZW 2017, 51 (54): andernfalls „Gefahr, dass jeglicher regulatorische Eingriff am Beihilferecht gemessen wird".

nischen Ausgestaltung als von ihren tatsächlichen wirtschaftlichen Auswirkungen und der zugrunde liegenden mitgliedstaatlichen Lenkungsentscheidung abhängig. Das verdeutlicht ein Blick auf die Operationalisierung des Kriteriums der Haushaltsbelastung durch den EuGH. Dieser verlangt zwar nicht, dass die Mittel dauerhaft dem Staat gehören. Sie müssen aber *ständig unter staatlicher Kontrolle* und also den zuständigen Behörden zur Verfügung stehen.[117] In der Folge liegt nach Auffassung des EuGH keine Beihilfe zugunsten der Erzeuger erneuerbarer Energien vor, wenn Energieversorgungsunternehmen zur Abnahme von Strom aus erneuerbaren Energien zu einem Mindestpreis verpflichtet werden; die Mittel stehen hier zu keiner Zeit unter unmittelbarer staatlicher Kontrolle.[118] Umgekehrt ist eine Beihilfe anzunehmen, wenn ergänzend ein öffentlich verwalteter und aus Abgaben der Endverbraucher gespeister Fonds besteht, aus dem die durch die Abnahmepflicht entstehenden Mehrkosten der Energieversorgungsunternehmen ausgeglichen werden.[119] Mitgliedstaatliche Maßnahmen mit praktisch identischen wirtschaftlichen Auswirkungen und einer identischen wettbewerbspolitischen Stoßrichtung werden damit beihilfenrechtlich unterschiedlich behandelt.[120] So berechtigt das Anliegen ist, den Beihilfenbegriff und damit das Beihilfenverbot tatbestandlich zu begrenzen (→ Rn. 13 und 14), ist das Merkmal der Staatlichkeit möglicherweise nicht der richtige Ort für dessen Umsetzung. Andere Tatbestandsmerkmale wie insbesondere die Erfordernisse einer drohenden Wettbewerbsverfälschung und einer Beeinträchtigung des zwischenstaatlichen Handels eignen sich dafür deutlich besser.

23   Unabhängig davon setzt eine Begünstigung aus staatlichen Mitteln jedenfalls nicht voraus, dass sich der Vorteil des Begünstigten und die tatsächliche Haushaltsbelastung entsprechen. Eine Beihilfe liegt daher auch vor, wenn eine *Begünstigung lediglich in Aussicht gestellt* wird, etwa um die Märkte zu beruhigen.[121] Überdies

---

[117] So EuGH, Rs. C-262/12, EU:C:2014:851, Rn. 21 – Vent De Colère u. a.; hierzu sowie zum Folgenden instruktiver Überblick bei *Burgi/Wolff*, EuZW 2014, 647 (650 ff.).

[118] EuGH, Rs. C-379/98, Slg. 2001, I-2099, Rn. 58 ff. – PreussenElektra; siehe auch Rs. C-329/15, EU:C:2017:836, Rn. 23 ff. – ENEA; ferner Rs. C-677/11, EU:C:2013:348, Rn. 35 ff. – Doux Élevage und Coopérative agricole UKL-ARREE: Pflichtabgabe französischer Geflügelmäster an den Branchenausschuss für französisches Geflügel keine Beihilfe; relativierend mit Blick auf die in der Folge als Beihilfe eingestufte deutsche EEG-Umlage 2012 EuG, Rs. T-47/15, EU:T:2016:281, Rn. 71 ff. – Deutschland/Kommission; allgemein auch Bekanntmachung Beihilfenbegriff, Rn. 57 ff. und 61 ff. und hier insbesondere Rn. 58 und 65; dagegen unter Aufhebung der Entscheidung des EuG in der Rs. T-47/15 EuGH, Rs. C-405/16 P, EU:C:2019:268, Rn. 61 ff. – Deutschland/Kommission; kritisch auch *Soltész*, EuZW 2017, 51 (54); *Stöbener de Mora*, EuZW 2016, 539 (542); *dies.*, EuZW 2016, 685 (687 f.).

[119] EuGH, Rs. C-262/12, EU:C:2014:851, Rn. 34 ff. – Vent De Colère u. a.

[120] Kein Problem sieht darin *Soltész*, EuZW 1998, 747, der ebd., 753, darauf hinweist, dass zur Bewältigung staatlicher Begünstigungen ohne Haushaltsbelastung andere Instrumente wie insbesondere die Grundfreiheiten zur Verfügung stehen; ähnlich wie hier hingegen *Ludwigs*, NVwZ 2019, 909 (911): „abweichende Würdigung des EuGH ... kontrastiert ... erkennbar mit dem ansonsten in der Rechtsprechung betonten wirkungsorientierten Verständnis vom Beihilfetatbestand".

[121] EuGH, verb. Rs. C-399/10 P und C-401/10 P, EU:C:2013:175, Rn. 109 f. – Bouygues and Bouygues Télécom/Kommission u. a.: ausreichend ein „hinreichend enge[r] Zusammenhang"; treffend daher *Ehlers*, DVBl. 2014, 1 (3): „potenzielle Belastung des Haushalts" ausreichend.

erfolgt eine Begünstigung auch dann aus staatlichen Mitteln, wenn der Staat – wie bei Steuervergünstigungen – auf Einnahmen verzichtet.[122]

ee) Wettbewerbsverfälschung

Beihilfen müssen durch die Begünstigung bestimmter Unternehmen oder Produktionszweige den Wettbewerb verfälschen oder zu verfälschen drohen. Die Anforderungen sind gering (1), sofern es sich nicht ohnehin um Maßnahmen mit einem relativ geringen Begünstigungsvolumen handelt, die die Kommission sekundärrechtlich für per se wettbewerbsunschädlich erklärt hat (2).   **24**

(1) „Vermutung" einer Wettbewerbsverfälschung

Nach Art. 107 Abs. 1 AEUV genügt es, wenn eine Subvention den Wettbewerb zu verfälschen droht. Eine *tatsächlich bereits eingetretene Wettbewerbsverfälschung* ist *nicht erforderlich*.[123] Die Kommission muss in der Folge auch bei schon durchgeführten Subventionen lediglich nachweisen, dass sie immerhin geeignet sind, den Wettbewerb zu verfälschen.[124] Dabei sind die Anforderungen nach der Rechtsprechung gering. Zwar muss die Kommission darlegen, dass die Gefahr einer Wettbewerbsverfälschung mit Blick auf die immerhin grob analysierte Marktsituation nicht lediglich ganz abstrakter Natur ist.[125] Gelingt ihr das aber, soll jeder auch noch so geringfügige Vorteil, dessen Kosten das begünstigte Unternehmen normalerweise selbst hätte tragen müssen, geeignet sein, den Wettbewerb zu verfälschen.[126] Diese Engführung der Voraussetzungen einer Wettbewerbsverfälschung, die das Tatbestandsmerkmal weitgehend in der Voraussetzung einer selektiven Begünstigung aufgehen lässt,[127] ist zu Recht auf Kritik gestoßen.[128] Sie lässt sich mit dem Anspruch eines „ökonomischeren Ansatzes" im Beihilfenrecht kaum vereinbaren   **25**

---

[122] EuGH, Rs. C-279/08 P, Slg. 2011, I-7671, Rn. 106 – Kommission/Niederlande.

[123] Das entspricht dem grundsätzlich präventiven Charakter der Beihilfenkontrolle, *Götz,* in: Dauses/Ludwigs, Kap. H. III. Rn. 83 (Stand: 43. EL Oktober 2017).

[124] EuGH, Rs. C-148/04, Slg. 2005, I-11137, Rn. 54 – Unicredito Italiano.

[125] Siehe etwa EuG, Rs. T-214/95, Slg. 1998, II-717, Rn. 65 – Vlaams Gewest/Kommission. Einer detaillierten Marktanalyse bedarf es aber nicht, Rs. T-177/07, Slg. 2010, II-2341, Rn. 145 f. – Mediaset/Kommission. Die Anforderungen sind denkbar gering, wenn man mit Bekanntmachung Beihilfenbegriff, Rn. 187, die Begünstigung eines Unternehmens „in einem liberalisierten Wirtschaftszweig, in dem Wettbewerb herrscht oder herrschen könnte", genügen lässt und nicht einmal den Nachweis grenzüberschreitender Wettbewerbsbeziehungen zwischen dem Beihilfenempfänger und anderen Unternehmen verlangt; zu Recht kritisch *Stöbener de Mora,* EuZW 2016, 685 (689).

[126] Siehe etwa EuG, Rs. T-214/95, Slg. 1998, II-717, Rn. 46 – Vlaams Gewest/Kommission: „Begünstigt eine staatliche Stelle ein Unternehmen, das in einer durch intensiven Wettbewerb gekennzeichneten Branche tätig ist, durch die Einräumung eines Vorteils, so liegt eine Verzerrung des Wettbewerbs oder die Gefahr einer solchen Verzerrung vor. Ist der Vorteil geringer, so wird auch der Wettbewerb geringer verfälscht, aber verfälscht wird er gleichwohl"; Rs. T-55/99, Slg. 2000, II-3207, Rn. 92 – CETM/Kommission: „Gewährt der Staat einem Unternehmen einen nur geringen Vorteil, so wird der Wettbewerb zwar auch nur gering verfälscht, jedenfalls aber wird er verfälscht."

[127] So auch *Hey,* StuW 2015, 331 (343).

[128] Nachweise bei *Mestmäcker/Schweitzer,* in: Immenga/Mestmäcker, Art. 107 Abs. 1 AEUV Rn. 297.

(→ Rn. 13) und versäumt es, das Tatbestandsmerkmal der Wettbewerbsverfälschung, in dem die wettbewerbsschützende Funktion des Beihilfenrechts besonders
deutlich zum Ausdruck kommt, mit einer eigenständigen Bedeutung auszustatten.
Damit bleibt eine Chance für eine stärkere tatbestandliche Konturierung des Beihilfenverbots ungenutzt (→ Rn. 13).

(2) Beihilfen mit geringem Volumen

26 Besonderheiten sind bei Beihilfen mit geringem Volumen zu beachten. Insoweit hat
die Kommission auf Grundlage einer Ermächtigung durch den Rat[129] eine „*De-minimis-Verordnung*"[130] (DMVO) erlassen. Sie zielt mit Blick auf die begrenzten Ressourcen der Kommission darauf, die Beihilfenkontrolle auf potenziell besonders wettbewerbsschädliche mitgliedstaatliche Fördermaßnahmen zu konzentrieren. Art. 3 Abs. 1
und 2 DMVO sieht daher Maßnahmen mit geringem Begünstigungsvolumen – die
Regelung spricht von „De-minimis-Beihilfen" – „als Maßnahmen an, die nicht alle
Tatbestandsmerkmale des Art. 107 Abs. 1 AEUV erfüllen, und … daher von der Anmeldepflicht nach Art. 108 Abs. 3 AEUV ausgenommen [sind]". Voraussetzung ist,
dass der Gesamtbetrag der einem Unternehmen von einem Mitgliedstaat innerhalb
von drei Steuerjahren gewährten De-minimis-Beihilfen den Betrag von 200.000 Euro
(im Bereich des gewerblichen Straßengüterverkehrs: 100.000 Euro) nicht übersteigt.[131] Nach Auffassung der Kommission ist in diesem Fall typisierend davon auszugehen, dass die Maßnahmen „weder Auswirkungen auf den Handel zwischen Mitgliedstaaten haben noch den Wettbewerb verfälschen oder zu verfälschen drohen".[132]

ff) Handelsbeeinträchtigung

27 Ähnlich wie die Gefahr einer Wettbewerbsverfälschung unterliegt auch die Beeinträchtigung des Handels zwischen den Mitgliedstaaten nur geringen Anforderungen. Nach Auffassung des EuGH besteht *weder eine begünstigungs- noch eine
unternehmensbezogene Schwelle*, bis zu der davon ausgegangen werden kann, dass
der Handel zwischen den Mitgliedstaaten nicht beeinträchtigt wird.[133] In der Folge
können auch Beihilfen mit geringem Volumen an relativ kleine Unternehmen den

---

[129] Seinerzeit Art. 2 Abs. 1 VO (EG) Nr. 994/98, heute Art. 2 Abs. 1 VO (EU) Nr. 2015/1588.
Grundlage für beide Bestimmungen ist Art. 109 AEUV.

[130] VO (EU) Nr. 1407/2013 der Kommission vom 18.12.2013 über die Anwendung der Art. 107 und
108 des Vertrags über die Arbeitsweise der Europäischen Union auf De-minimis-Beihilfen, ABl.
EU L 352/1. Die Verordnung ist am 01.01.2014 in Kraft getreten und gilt bis zum 31.12.2020. Sie
löst die VO (EG) Nr. 1998/2006 der Kommission vom 15.12.2006 über die Anwendung der Art. 87
und 88 EG-Vertrag auf „De-minimis"-Beihilfen, ABl. EU L 379/5, ab. Eine grundsätzlich kumulativ anwendbare weitere De-minimis-Regelung besteht im Bereich der Dienstleistungen von allgemeinem wirtschaftlichem Interesse (→ Rn. 39).

[131] Zur Berechnung der Schwellenwerte Art. 3 und 4 DMVO.

[132] So Erwägungsgrund Nr. 3 zur DMVO. Zur Frage, ob dies mit dem Primärrecht vereinbar ist, das
in Art. 107 Abs. 1 AEUV jedenfalls nach Auffassung des EuGH gerade keine Spürbarkeit verlangt,
Bartosch, Art. 107 Abs. 1 AEUV Rn. 159.

[133] EuGH, Rs. C-280/00, Slg. 2003, I-7747, Rn. 81 – Altmark Trans und Regierungspräsidium
Magdeburg.

Handel zwischen den Mitgliedstaaten beeinträchtigen, sofern nur „nicht auszuschließen ist", dass das begünstigte Unternehmen mit Unternehmen aus anderen
Mitgliedstaaten im Wettbewerb steht.[134] Nach ständiger Rechtsprechung des EuGH
soll es dabei auch ohne Bedeutung sein, ob das Angebot des begünstigten Unternehmens lediglich örtlichen oder regionalen Charakter hat.[135] Davon abweichend
hat die Kommission in ihrer jüngeren Entscheidungspraxis das Zwischenstaatlich-
keitskriterium „wiederentdeckt" und in Maßnahmen „rein lokaler Natur" keine
Beihilfen gesehen, sofern das Angebot der begünstigten Unternehmen „kaum für
Kunden oder Investitionen aus anderen Mitgliedstaaten von Interesse sein dürfte"[136].[137] Beispiele sind die Förderung von Sport- und Freizeiteinrichtungen mit
lokalem Einzugsgebiet, die Förderung regionalsprachiger Medien, die regionale
Kulturförderung und die Förderung von Häfen und Medizin- und Pflegezentren
von lediglich regionaler Bedeutung. Unabhängig von dieser grundsätzlich überzeugenden tatbestandlichen Begrenzung des Beihilfenverbots ist bei *Beihilfen mit
relativ geringem Volumen* zu beachten, dass diese unter den Voraussetzungen des
Art. 3 Abs. 1 und 2 DMVO bereits kraft Gesetzes keine Auswirkungen auf den
Handel zwischen den Mitgliedstaaten haben und folglich von der Anmeldepflicht
nach Art. 108 Abs. 3 AEUV ausgenommen sind (→ Rn. 26).[138]

Tatbestand des Beihilfenverbots nach Art. 107 Abs. 1 AEUV im Überblick

1. *Begünstigung* = Zuwendung ohne marktmäßige Gegenleistung
2. *Unternehmen* = wirtschaftliche Tätigkeit ausübende Einheit
3. *Selektivität* = Begünstigung nur bestimmter Unternehmen
4. *Staatlichkeit* = Zurechenbarkeit und Haushaltsbelastung
5. *Wettbewerbsverfälschung* = „Vermutung" bei jeder selektiven Begünstigung
   ← Ausnahme: Maßnahme nach De-minimis-Verordnung
6. *Handelsbeeinträchtigung* = „Vermutung" bei grenzüberschreitendem
   Wettbewerb
   ← Ausnahme: Maßnahme nach De-minimis-Verordnung

---

[134] So EuGH, Rs. C-172/03, Slg. 2005, I-1627, Rn. 35 – Heiser. Folge ist eine weitgehende „Vermutung" grenzüberschreitender Auswirkungen, *Soltész/Pflock*, EuZW 2017, 207 (208).

[135] Etwa EuGH, Rs. C-172/03, Slg. 2005, I-1627, Rn. 33 – Heiser.

[136] So die zusammenfassende Formulierung in Bekanntmachung Beihilfenbegriff, Rn. 197.

[137] Pressemitteilungen der Kommission IP/15/4889 vom 29.04.2015 und IP/16/3141 vom
21.09.2016; dazu *Bonhage/Dieterich*, EuZW 2018, 716 (719 ff.); *Mestmäcker/Schweitzer*, in: Im-
menga/Mestmäcker, Art. 107 Abs. 1 AEUV Rn. 319 ff.; *Soltész/Pflock*, EuZW 2017, 207; siehe
auch schon DAWI-Mitteilung, Rn. 40.

[138] Auch hier ist auf die grundsätzlich kumulativ anwendbare weitere De-minimis-Regelung im
Bereich der Dienstleistungen von allgemeinem wirtschaftlichem Interesse hinzuweisen (→ Rn. 39).

b) Ausnahmen vom Beihilfenverbot

28   Das Beihilfenverbot nach Art. 107 Abs. 1 AEUV gilt nicht absolut, sondern unterliegt Ausnahmen (zum Hintergrund → Rn. 2 und 11). Geregelt sind diese in Art. 107 Abs. 2 und 3 AEUV. Bei der Förderung von Dienstleistungen von allgemeinem wirtschaftlichem Interesse liefert darüber hinaus Art. 106 Abs. 2 AEUV einen Rechtfertigungsgrund (im Einzelnen → Rn. 36 und 41). Das Beihilfenverbot ist vor diesem Hintergrund ein *Verbot mit Erlaubnisvorbehalt*.[139] Dabei ist zu unterscheiden: Während Art. 107 Abs. 2 AEUV *Legalausnahmen* vom Beihilfenverbot enthält, die – ungeachtet der Tatsache, dass auch hier vor Durchführung einer Subvention ein Beschluss der Kommission einzuholen ist[140] – kraft Gesetzes Anwendung finden, sofern nur die Voraussetzungen vorliegen (aa), setzen die *Ermessensausnahmen* nach Art. 107 Abs. 3 AEUV stets eine in ihrem Ermessen stehende Entscheidung der Kommission über die Vereinbarkeit der Beihilfe mit dem Binnenmarkt voraus (bb).

aa) Legalausnahmen nach Art. 107 Abs. 2 AEUV

29   Gemäß Art. 107 Abs. 2 AEUV sind unter bestimmten Voraussetzungen insbesondere Beihilfen sozialer Art an einzelne Verbraucher (wie etwa Heizungs- oder Lebensmittelzuwendungen)[141] und Beihilfen zur Beseitigung von Schäden, die durch Naturkatastrophen oder sonstige außergewöhnliche Ereignisse entstanden sind, mit dem Binnenmarkt vereinbar. Die *Befreiung* vom Beihilfenverbot tritt anders als bei Art. 107 Abs. 3 AEUV *kraft Gesetzes* ein, sofern nur die Voraussetzungen erfüllt sind. Die Kommission stellt dies im Genehmigungsverfahren (→ Rn. 56 ff.) lediglich fest, ohne insoweit wie bei Art. 107 Abs. 3 AEUV über einen Ermessensspielraum zu verfügen.[142] Die Bedeutung der eng auszulegenden[143] Ausnahmevorschrift ist gering.[144] Das gilt vor allem für die „Deutschlandklausel" in Art. 107 Abs. 2 lit. c AEUV, deren Voraussetzungen heute kaum noch erfüllt sein können.[145]

bb) Ermessensausnahmen nach Art. 107 Abs. 3 AEUV

30   Anders als Art. 107 Abs. 2 AEUV hat Art. 107 Abs. 3 AEUV erhebliche praktische Bedeutung. Nach dieser Vorschrift „können" bestimmte Beihilfen als mit dem Binnenmarkt vereinbar angesehen werden. Zu unterscheiden sind die

---

[139] *Kühling*, in: Ehlers/Fehling/Pünder, § 29 Rn. 30; allgemein zum Regelungsmodell des Verbots mit Erlaubnisvorbehalt *Detterbeck*, Rn. 504.

[140] *Penner*, in: Birnstiel/Bungenberg/Heinrich, Kap. 1 Rn. 997: „alleine ... materielle Legalausnahme".

[141] Weil Art. 107 Abs. 1 AEUV nur die Begünstigung von Unternehmen verbietet, gewinnt Art. 107 Abs. 2 lit. a AEUV nur Bedeutung, wenn die „Verbraucherbeihilfen" mittelbar Unternehmen zugutekommen, *Mestmäcker/Schweitzer*, in: Immenga/Mestmäcker, Art. 107 Abs. 2 AEUV Rn. 7.

[142] Lediglich bei der Auslegung einzelner Tatbestandsmerkmale kann wegen der wirtschaftlich komplexen Sachverhalte ein Beurteilungsspielraum bestehen, wie EuG, verb. Rs. T-132/96 und T-143/96, Slg. 1999, II-3663, Rn. 148 – Freistaat Sachsen und Land Sachsen-Anhalt/Kommission, annimmt; ebenso *Mestmäcker/Schweitzer*, in: Immenga/Mestmäcker, Art. 107 Abs. 2 AEUV Rn. 7; zur Problematik auch *Penner*, in: Birnstiel/Bungenberg/Heinrich, Kap. 1 Rn. 1015.

[143] Etwa EuGH, verb. Rs. C-346/03 und C-529/03, Slg. 2006, I-1875, Rn. 79 – Atzeni u. a.

[144] *Penner*, in: Birnstiel/Bungenberg/Heinrich, Kap. 1 Rn. 1005.

[145] *Penner*, in: Birnstiel/Bungenberg/Heinrich, Kap. 1 Rn. 1052.

positive Entscheidung über die Vereinbarkeit einer konkreten Beihilfe mit dem Binnenmarkt im Einzelfall (1) und die abstrakt-generelle „Freistellung" ganzer Gruppen von Beihilfen vom Beihilfenverbot (2).

(1) Entscheidung der Kommission im Einzelfall

Grundsätzlich wird über die Vereinbarkeit einer Beihilfe mit dem Binnenmarkt nach Art. 107 Abs. 3 AEUV *im Einzelfall* entschieden. Zuständig ist die Kommission. Sie   **31** verfügt bei ihrer Entscheidung entsprechend dem Wortlaut des Art. 107 Abs. 3 AEUV „über ein weites Ermessen, das sie nach Maßgabe komplexer wirtschaftlicher und sozialer Wertungen ausübt".[146] Korrespondierend ist die gerichtliche Kontrolle „auf die Überprüfung der Beachtung der Verfahrens- und Begründungsvorschriften sowie auf die Kontrolle der inhaltlichen Richtigkeit der festgestellten Tatsachen und des Fehlens von Rechtsfehlern, von offensichtlichen Fehlern bei der Bewertung der Tatsachen und von Ermessensmissbrauch beschränkt".[147] Art. 107 Abs. 3 AEUV unterscheidet fünf Arten von Beihilfen. Die größte Bedeutung hat *Art. 107 Abs. 3 lit. c AEUV.*[148] Nach dieser Vorschrift können „Beihilfen zur Förderung der Entwicklung gewisser Wirtschaftszweige oder Wirtschaftsgebiete" vom Beihilfenverbot ausgenommen werden. Die Kommission genehmigt auf dieser Grundlage *horizontale* (also: an alle Wirtschaftszweige adressierte) und *sektorale* (also: nur an bestimmte Wirtschaftszweige gerichtete) *Beihilfen zur Wirtschaftsförderung.*[149]

Die Prüfung der Vereinbarkeit konkreter Beihilfen mit dem Binnenmarkt   **32** fragt entsprechend dem *„ökonomischeren Ansatz"* in der Wettbewerbspolitik (→ Rn. 13), ob „der positive Beitrag der Beihilfemaßnahme zur Erreichung eines Ziels von gemeinsamem Interesse die potenziellen negativen Auswirkungen wie Wettbewerbsverzerrungen oder Handelsbeeinträchtigungen überwiegt".[150] In der Sache handelt es sich um eine *Verhältnismäßigkeitsprüfung: Erstens* muss die Beihilfe auf die Verwirklichung eines Ziels von gemeinsamem Interesse gerichtet sein. In Betracht kommen die Kompensation eines ökonomischen Marktversagens und die Korrektur eines Marktergebnisses aus unionsrechtlich anerkannten verteilungspolitischen Gründen (→ Rn. 2 und 11). *Zweitens* muss die Beihilfe zur Verwirklichung dieses Ziels geeignet sein und insoweit einen echten Anreizeffekt

---

[146] EuGH, Rs. C-464/09 P, Slg. 2010, I-12443, Rn. 46 – Holland Malt/Kommission.

[147] EuGH, Rs. C-372/97, Slg. 2004, I-3679, Rn. 83 – Italien/Kommission.

[148] Im Zusammenhang mit der globalen Banken- und Finanzkrise von 2007 und 2008 hat zudem Art. 107 Abs. 3 lit. b AEUV größere Bedeutung erlangt. Die Kommission zieht diese Vorschrift als Grundlage heran, um staatliche Maßnahmen zur Unterstützung des Finanzsektors vom Beihilfenverbot freizustellen; dazu exemplarisch Mitteilung der Kommission über die Anwendung der Vorschriften für staatliche Beihilfen ab dem 01.08.2013 auf Maßnahmen zur Stützung von Banken im Kontext der Finanzkrise, ABl. EU 2014 C 216/1, Rn. 1 und öfter.

[149] Darüber hinaus werden auch regionale Beihilfen zur Wirtschaftsförderung am Maßstab des Art. 107 Abs. 3 lit. c AEUV gemessen; ergänzend wird insoweit auf Art. 107 Abs. 3 lit. a AEUV zurückgegriffen.

[150] So die Prüfung zusammenfassend Leitlinien Breitbandausbau, Rn. 32; übersichtlich zum Folgenden ferner *Bartosch*, Art. 107 Abs. 3 AEUV Rn. 8 f.; *Behrens*, in: Birnstiel/Bungenberg/Heinrich, Einl. Rn. 188 ff.

haben;[151] sie darf ferner nicht über das erforderliche Maß hinausgehen. *Drittens* schließlich wägt die Kommission den positiven Beitrag einer Beihilfe zur Erreichung des Ziels von gemeinsamem Interesse gegen die potenziellen negativen Auswirkungen ab. Die Kommission hat diese in ihrem Kern nach wie vor dreistufige Prüfung[152] nicht nur in einer Vielzahl von Einzelentscheidungen durchgeführt, sondern darüber hinaus für bestimmte Maßnahmen der horizontalen und sektoralen Wirtschaftsförderung in abstrakt-generellen Leitlinien (→ Rn. 12) ausbuchstabiert.[153] Ein instruktives Beispiel ist die staatliche Förderung von Ausbildungsmaßnahmen in einem Autowerk. Die Kommission hält diese für gemäß Art. 107 Abs. 3 lit. c AEUV mit dem Binnenmarkt vereinbar: Die Förderung ziele erstens angesichts allgemein unzureichender Investitionen in die Fortbildung auf die Behebung eines Marktversagens. Sie habe zweitens einen Anreizeffekt, sofern die Ausbildungsmaßnahmen nicht aus betrieblichen oder rechtlichen Gründen zwingend erforderlich seien und das Unternehmen sie daher ohne die Förderung nicht durchgeführt hätte. Drittens schließlich sei die Förderung auch verhältnismäßig in Bezug auf die veranschlagten Kosten der Ausbildung, weil sie nur einen Teil dieser Kosten abdecke.[154]

(2) Abstrakt-generelle Gruppenfreistellung durch Verordnung

33   Die Einzelprüfung aller mitgliedstaatlichen Beihilfen würde die Kommission überfordern und eine wirksame Beihilfenkontrolle verhindern.[155] Auch aus diesem Grund ermächtigt der Rat die Kommission in Art. 1 VO (EU) 2015/1588[156] zu „*Gruppenfreistellungen*". Die Kommission kann danach „im Hinblick auf eine wirksame Überwachung und aus Gründen der Verwaltungsvereinfachung … in den Gebieten, auf denen sie über ausreichende Erfahrung verfügt, um allgemeine Vereinbarkeitskriterien festzulegen", durch Verordnung erklären, dass bestimmte Gruppen von Beihilfen

---

[151] Der Anreizeffekt fehlt, wenn eine „kontrafaktische Analyse" ergibt, dass sich ein Unternehmen ohne die Beihilfe nicht anders als mit der Beihilfe verhalten hätte. Dazu am Beispiel der Förderung unternehmerischer Ausbildungsmaßnahmen *Unger*, in: Birnstiel/Bungenberg/Heinrich, Kap. 1 Rn. 1884 ff.; hier entfällt der Anreizeffekt, wenn eine Ausbildungsmaßnahme durch ein betriebliches Erfordernis veranlasst oder (etwa: aus Sicherheitsgründen) gesetzlich vorgeschrieben ist und daher auch ohne Beihilfe durchgeführt worden wäre; dazu instruktiv EuGH, Rs. C-459/10 P, Slg. 2011, I-109, Rn. 32 ff. – Freistaat Sachsen und Land Sachsen-Anhalt/Kommission.

[152] Zur weiteren Ausdifferenzierung im Zuge der „State Aid Modernisation" *Kühling/Rüchardt*, in: Streinz, Art. 107 AEUV Rn. 122, die mit exemplarischem Blick auf den Unionsrahmen für staatliche Beihilfen zur Förderung von Forschung, Entwicklung und Innovation, ABl. EU C 198/1, Rn. 36, von einer „siebenschrittige[n] Prüfung" sprechen.

[153] Zu den Fallgruppen die Beiträge in Birnstiel/Bungenberg/Heinrich, Kap. 1 Rn. 1571 ff. und 1892 ff.

[154] Exemplarisch Beschluss der Kommission vom 02.12.2009 über die staatliche Beihilfe C 39/08 (ex N 148/08), die Rumänien als Ausbildungsbeihilfe zugunsten von Ford Craiova gewähren will, ABl. EU L 167/1, Rn. 65 ff.

[155] Überdies bedeutete das Erfordernis einer Notifizierung jeder einzelnen Beihilfe vor allem für kleine (und zumal: für kommunale) Verwaltungsträger einen kaum zu bewältigenden Verwaltungsaufwand; zu dieser Perspektive auf das Problem auch *Soltész*, EuZW 2014, 89 (95).

[156] Grundlage hierfür ist Art. 109 AEUV.

nach Art. 107 Abs. 2 und 3 AEUV mit dem Binnenmarkt vereinbar und daher vom Anmeldeverfahren nach Art. 108 Abs. 3 AEUV freigestellt sind.[157]

Die Kommission hat auf dieser Grundlage „*Gruppenfreistellungsverordnungen*" erlassen.[158] In ihnen werden bestimmte Beihilfen für mit dem Binnenmarkt vereinbar erklärt und von der Anmeldepflicht nach Art. 108 Abs. 3 S. 1 AEUV freigestellt, sofern sie verschiedene allgemeine sowie für die einzelnen Beihilfegruppen separat geregelte besondere Voraussetzungen erfüllen.[159] Anders als bei Beihilfen, die nach Art. 107 Abs. 2 AEUV kraft Gesetzes zulässig sind (→ Rn. 29), ist hier folglich vor Durchführung einer Subvention *kein Beschluss der Kommission nach Art. 108 Abs. 3 S. 3 AEUV einzuholen*; die Kommission hat ihre Genehmigung vielmehr durch die abstrakt-generelle Freistellung der ganzen Beihilfegruppe erklärt. Subventionsgeber und Subventionsempfänger müssen infolge dieser „Umstellung vom Grundsatz der Präventivkontrolle ... auf eine ex-post-Kontrolle"[160] selbst prüfen, ob eine Subvention anzumelden oder von der Anmeldepflicht durch Gruppenfreistellungsverordnung freigestellt ist, weil sie nach der Verordnung mit dem Binnenmarkt vereinbar ist. Weil diese „*Selbstveranlagung*" offensichtlich mit Risiken verbunden ist,[161] soll die Gruppenfreistellung „den Mitgliedstaaten nicht die Möglichkeit [nehmen], Beihilfen anzumelden, deren Ziele den unter diese Verordnung fallenden Zielen entsprechen".[162]

Die seit dem 01.07.2014 maßgebliche, zunächst bis zum 31.12.2020 geltende[163] „*Allgemeine* [also: alle Freistellungen zusammenfassende] *Gruppenfreistellungsverordnung*"[164] (AGFVO) hat die Palette der bereits in frühere Regelungen einbezogenen

34

35

---

[157] So erläuternd Erwägungsgrund Nr. 4 zur VO (EG) Nr. 994/98. In der an ihre Stelle getretenen VO (EU) 2015/1588 findet sich eine ähnliche Formulierung in Erwägungsgrund Nr. 4.

[158] Zur „Geschichte" der Gruppenfreistellungen, die zunächst durch getrennte Verordnungen für einzelne Beihilfegruppen und dann erstmals durch die VO (EG) Nr. 800/2008 der Kommission vom 06.08.2008 zur Erklärung der Vereinbarkeit bestimmter Gruppen von Beihilfen mit dem Gemeinsamen Markt in Anwendung der Art. 87 und 88 EG-Vertrag (allgemeine Gruppenfreistellungsverordnung), ABl. EU L 214/3, geändert durch VO (EU) Nr. 1224/2013 der Kommission vom 29.11.2013 zur Änderung der VO (EG) Nr. 800/2008 hinsichtlich ihrer Geltungsdauer, ABl. EU L 320/22, in einer Verordnung erfolgten, knapp *Bartosch*, VO 651/2014 Rn. 1 ff.

[159] Eine ergänzende Freistellungsregelung in Form eines Beschlusses der Kommission besteht im Bereich der Dienstleistungen von allgemeinem wirtschaftlichem Interesse (→ Rn. 40).

[160] So zutreffend *Jennert/Manz*, in: Birnstiel/Bungenberg/Heinrich, Kap. 1 Rn. 2169.

[161] Dazu *Jennert/Manz*, in: Birnstiel/Bungenberg/Heinrich, Kap. 1 Rn. 2170.

[162] So Erwägungsgrund Nr. 7 zur AGFVO; dazu auch *Unger*, in: Birnstiel/Bungenberg/Heinrich, Kap. 1 Rn. 1877.

[163] Zur gegenwärtig diskutierten Verlängerung der Geltungsdauer um zunächst weitere zwei Jahre *Stöbener de Mora*, EuZW 2019, 102; *dies.*, EuZW 2019, 260; zu geplanten punktuellen Änderungen *dies.*, EuZW 2019, 580.

[164] VO (EU) Nr. 651/2014 der Kommission vom 17.06.2014 zur Feststellung der Vereinbarkeit bestimmter Gruppen von Beihilfen mit dem Binnenmarkt in Anwendung der Art. 107 und 108 des Vertrags über die Arbeitsweise der Europäischen Union, ABl. EU L 187/1, geändert durch VO (EU) 2017/1084 der Kommission vom 20.06.2017 zur Änderung der Verordnung (EU) Nr. 651/2014 in Bezug auf Beihilfen für Hafen- und Flughafeninfrastrukturen, in Bezug auf Anmeldeschwellen für Beihilfen für Kultur und die Erhaltung des kulturellen Erbes und für Beihilfen für Sportinfrastrukturen und multifunktionale Freizeitinfrastrukturen sowie in Bezug auf regionale

Beihilfen noch einmal erweitert.[165] So sind seit 2014 auch Beihilfen für Breitbandinfrastrukturen, für Kultur und die Erhaltung des kulturellen Erbes, für Sportinfrastrukturen und multifunktionale Freizeitinfrastrukturen sowie seit 2017 Beihilfen für Hafen- und Flughafeninfrastrukturen erfasst.[166] Ebenso wie die anderen in Kapitel III der AGFVO berücksichtigten Beihilfen müssen diese, um von der Anmeldepflicht nach Art. 108 Abs. 3 S. 1 AEUV freigestellt zu sein, gemäß Art. 3 AGFVO zunächst die für die jeweilige Beihilfegruppe bestehenden besonderen Freistellungsvoraussetzungen erfüllen. Darüber hinaus müssen sie gruppenübergreifenden allgemeinen Freistellungsvoraussetzungen genügen. So müssen freigestellte Beihilfen gemäß Art. 4, 5 und 6 AGFVO stets unterhalb eines (freilich sehr großzügigen) Schwellenwerts liegen, hinreichend transparent sein und einen Anreizeffekt haben. Erfüllt eine Beihilfe die allgemeinen und besonderen Freistellungsvoraussetzungen nicht, kommt alleine eine Einzelfallentscheidung über die Vereinbarkeit mit dem Binnenmarkt nach Art. 107 Abs. 3 AEUV (→ Rn. 31 f.) in Betracht.[167]

Ausnahmen vom Beihilfenverbot nach Art. 107 Abs. 2 und 3 AEUV

1. *Legalausnahmen* nach Art. 107 Abs. 2 AEUV
   – Vereinbarkeit mit Binnenmarkt liegt kraft Gesetzes vor …
   – … muss aber durch die Kommission im Anmeldeverfahren nach Art. 108 Abs. 3 AEUV *durch Beschluss* festgestellt werden.
2. *Ermessensausnahmen* nach Art. 107 Abs. 3 AEUV
   Vereinbarkeit mit Binnenmarkt wird durch Kommission konstitutiv erklärt …
   a) … *im Einzelfall* durch Beschluss im Anmeldeverfahren nach Art. 108 Abs. 3 AEUV unter Abwägung des positiven Beitrags zur Erreichung eines Ziels von gemeinsamem Interesse und der negativen Auswirkungen auf Wettbewerb und Handel.
   b) … *für Gruppen von Beihilfen* durch Festlegung allgemeiner und besonderer Vereinbarkeitskriterien in einer Verordnung.

Betriebsbeihilferegelungen für Gebiete in äußerster Randlage und zur Änderung der Verordnung (EU) Nr. 702/2014 in Bezug auf die Berechnung der beihilfefähigen Kosten, ABl. EU L 156/1.

[165] Dazu *Soltész*, EuZW 2015, 127 (131), der im Ausbau der Freistellungstatbestände zu Recht einen „Befreiungsschlag" der nicht zuletzt infolge ihres weiten Verständnisses des Beihilfenbegriffs chronisch überlasteten Kommission sieht; ferner *Petzold/Stöbener de Mora*, EuZW 2017, 717.

[166] *Stöbener de Mora*, EuZW 2019, 102, geht davon aus, dass mittlerweile „mehr als 97 % aller Beihilfemaßnahmen von den Mitgliedstaaten durchgeführt werden, ohne dass sie der Kommission vorab zur Genehmigung vorgelegt werden müssen".

[167] Die Schwellenwerte in Art. 4 AGFVO sollen sicherstellen, dass entsprechend Erwägungsgrund Nr. 2 zur AGFVO Beihilfen „mit besonders großen Auswirkungen auf den Binnenmarkt" einzelfallabhängig geprüft werden.

c) Exkurs: Dienstleistungen von allgemeinem wirtschaftlichem Interesse

Besonderheiten sind bei Maßnahmen zur Förderung von „Dienstleistungen von all- **36**
gemeinem wirtschaftlichem Interesse" zu beachten. Angesprochen sind mit diesem
Begriff, dem *unionsrechtlichen Gegenstück zum deutschen Begriff der „Daseinsvorsorge"*,[168] Dienstleistungen „zum Wohle der Bürger oder im Interesse der Gesellschaft als Ganze[r]", die der Markt ohne öffentliche Zuschüsse nicht oder jedenfalls
nicht in der politisch erwünschten Form (etwa hinsichtlich: Preis, Qualität oder Kontinuität) erbringt.[169] Ein instruktives Beispiel sind Breitbanddienste mit einer angemessenen Flächendeckung, die jedenfalls in dünner besiedelten Gebieten von privaten Investoren nicht angeboten werden. Die Kommission hält sie für erforderlich, um
den „Zugang aller Mitglieder der Gesellschaft zu einem wesentlichen Instrument der
Kommunikation und der Teilhabe an der Gesellschaft" und damit eine „freie Meinungsäußerung" sicherzustellen.[170] Die Vorschriften des unionalen Wettbewerbsrechts (mithin: die Art. 101–109 AEUV) gelten zwar grundsätzlich auch für Unternehmen, die mit solchen Dienstleistungen betraut sind;[171] ihre Anwendung darf aber
gemäß *Art. 106 Abs. 2 S. 1 AEUV* „nicht die Erfüllung der ihnen übertragenen
besonderen Aufgabe rechtlich oder tatsächlich verhinder[n]".[172] Beihilfenrechtlich
führt diese *sachgebietsübergreifende*[173] *wettbewerbsrechtliche Sonderregelung* dazu,
dass eine öffentliche Förderung entsprechender Unternehmen (und damit der von
ihnen erbrachten gemeinwohlorientierten Dienstleistungen) über die Ausnahmen
vom Beihilfenverbot nach Art. 107 Abs. 2 und 3 AEUV (→ Rn. 28 ff.) hinaus zulässig ist. Angesprochen ist insbesondere die kommunale Förderung privater und
öffentlicher Unternehmen, die Dienstleistungen der Daseinsvorsorge erbringen.[174]
Diese war auch Gegenstand der wegweisenden Entscheidung des EuGH in der
Rechtssache „Altmark Trans" (aa). Die Kommission hat die Bedeutung des Art. 106

---

[168] Dazu grundlegend *Forsthoff*, Die Verwaltung als Leistungsträger, 1938; aus neuerer Zeit etwa
Rüfner, HStR³ IV, § 96 Rn. 3 ff. Gleichwohl handelt es sich beim Begriff der „Dienstleistungen von
allgemeinem wirtschaftlichem Interesse" um einen autonomen Begriff des Unionsrechts, so dass
beide Begriffe nicht gleichzusetzen sind, *Storr*, in: Birnstiel/Bungenberg/Heinrich, Kap. 1 Rn. 2391.

[169] So die Begriffsbestimmung der Kommission in ihrer DAWI-Mitteilung, Rn. 47 und 50; siehe
ergänzend Art. 14 AEUV; Protokoll Nr. 26 (zum Vertrag von Lissabon) über Dienste von allgemeinem Interesse, ABl. EU 2007 C 306/158; Kommission, Ein Qualitätsrahmen für Dienstleistungen
von allgemeinem Interesse in Europa, KOM(2011) 900 endg., S. 3 f.; Rahmen der Europäischen
Union für staatliche Beihilfen in Form von Ausgleichsleistungen für die Erbringung öffentlicher
Dienstleistungen, ABl. EU 2012 C 8/15 (DAWI-Rahmen), Rn. 13; ferner *Bartosch*, Art. 106 Abs. 2
AEUV Rn. 8 ff.; *Storr*, in: Birnstiel/Bungenberg/Heinrich, Kap. 1 Rn. 2401 ff.

[170] Leitlinien Breitbandausbau, Rn. 39.

[171] Zu Ausnahmen *Pauly/Jedlitschka*, DVBl. 2012, 1269 (1270 f.).

[172] Eine Rückausnahme sieht Art. 106 Abs. 2 S. 2 AEUV für Fälle vor, in denen die Entwicklung des
Handelsverkehrs in einem Ausmaß beeinträchtigt wird, das dem Interesse der Union zuwiderläuft.

[173] Die systematische Stellung legt den Schluss nahe, Art. 106 Abs. 2 AEUV gelte nur für die
Art. 101–106 AEUV. Gleichwohl wird die Vorschrift seit jeher auch auf das Beihilfenrecht angewendet. Eine Grundlage findet dies in Art. 106 Abs. 1 AEUV, der sich auf die Art. 101–109 AEUV
bezieht.

[174] Dazu knapp *Pauly/Jedlitschka*, DVBl. 2012, 1269 (1269). Zu betonen ist hier noch einmal
(→ Rn. 18), dass das unionale Beihilfenrecht auch für die Förderung öffentlicher Unternehmen gilt.

Abs. 2 AEUV für die Förderung gemeinwohlorientierter Dienstleistungen davon ausgehend in mehreren – als „Almunia-Paket" bezeichneten[175] – Rechtsakten konkretisiert (bb).

aa) Rechtssache „Altmark Trans"

37 Ausgangspunkt der Rechtsentwicklung ist eine Entscheidung des EuGH aus dem Jahr 2003. In dieser verneint das Gericht mit Blick auf die kommunale Förderung eines im ÖPNV tätigen Unternehmens eine Begünstigung nach Art. 107 Abs. 1 AEUV und damit schon den Tatbestand des Beihilfenverbots, soweit die *Zuwendung lediglich „Ausgleich"* für Leistungen zur Erfüllung gemeinwirtschaftlicher Verpflichtungen ist. In diesem Fall erhalte das Unternehmen *in Wirklichkeit keinen finanziellen Vorteil*, so dass eine Wettbewerbsverfälschung nicht zu befürchten sei.[176] Im Einzelnen nennt der Gerichtshof *vier Voraussetzungen* für eine Ausnahme vom Beihilfenverbot: *Erstens* muss das begünstigte Unternehmen durch einen klar definierten Akt mit der Erfüllung bestimmter gemeinwirtschaftlicher Verpflichtungen betraut sein. *Zweitens* müssen die Parameter zur Berechnung des Ausgleichs objektiv und transparent festgelegt sein. *Drittens* darf der Ausgleich nicht über das hinausgehen, was erforderlich ist, um die Kosten der Erfüllung unter Berücksichtigung der dabei erzielten Einnahmen und eines angemessenen Gewinns zu decken. *Viertens* schließlich muss sich der Ausgleich an den Kosten orientieren, die einem durchschnittlichen, gut geführten Unternehmen bei Erfüllung der Verpflichtungen entstehen würden.[177]

bb) „Almunia-Paket" der Kommission

38 Die Kommission erläutert die in der Rechtssache „Altmark Trans" aufgestellten Voraussetzungen für eine tatbestandliche Ausnahme vom Beihilfenverbot in einer Mitteilung.[178] Darüber hinaus trägt sie in drei weiteren Rechtsakten, die zusammen mit dieser Mitteilung das „*Almunia-Paket*" bilden (→ Rn. 36),[179] der beihilfenrechtlichen

---

[175] Benannt ist das Paket nach dem für seine Ausarbeitung zuständigen Kommissar für Wettbewerb *Joaquín Almunia*. Vorgänger war das nach den seinerzeit zuständigen Kommissaren *Mario Monti* und *Neelie Kroes* benannte „Monti-Kroes-Paket" aus dem Jahr 2005. Zu beiden Paketen etwa *Deuster/Seidenspinner*, IR 2012, 52 (53 f.); *Pauly/Jedlitschka*, DVBl. 2012, 1269 (1272 ff.); *Sonder/Bühner*, BayVBl. 2013, 296.

[176] EuGH, Rs. C-280/00, Slg. 2003, I-7747, Rn. 87 – Altmark Trans und Regierungspräsidium Magdeburg; dazu näher *Wernsmann/Loscher*, NVwZ 2014, 976 (977 f.).

[177] Zum Ganzen EuGH, Rs. C-280/00, Slg. 2003, I-7747, Rn. 88 ff. – Altmark Trans und Regierungspräsidium Magdeburg. Die Ermittlung der Kosten eines durchschnittlichen, gut geführten Unternehmens ist entbehrlich, wenn das betraute Unternehmen in einem Verfahren zur Vergabe öffentlicher Aufträge ermittelt wird, das die Auswahl des Bewerbers sicherstellt, der die jeweiligen Dienste zu den geringsten Kosten erbringen kann.

[178] DAWI-Mitteilung, Rn. 42 ff.

[179] Siehe ergänzend noch Kommission, Ein Qualitätsrahmen für Dienstleistungen von allgemeinem Interesse in Europa, KOM(2011) 900 endg.; dazu etwa *Pauly/Jedlitschka*, DVBl. 2012, 1269 (1275).

Sonderstellung der Dienstleistungen von allgemeinem wirtschaftlichem Interesse i. S. v. Art. 106 Abs. 2 S. 1 AEUV Rechnung.[180]

Erstens bestimmt die Kommission in einer besonderen *De-minimis-Verordnung* **39** *für Dienstleistungen von allgemeinem wirtschaftlichem Interesse*[181] (DAWI-DMVO), dass Beihilfen an Unternehmen für die Erbringung entsprechender Dienstleistungen nicht alle Tatbestandsmerkmale des Art. 107 Abs. 1 AEUV erfüllen und daher von der Anmeldepflicht nach Art. 108 Abs. 3 S. 1 AEUV befreit sind, wenn der Gesamtbetrag der De-minimis-Beihilfe, die dem Unternehmen gewährt wird, in drei Steuerjahren 500.000 Euro nicht übersteigt. Die Regelung tritt neben die grundsätzlich kumulativ anwendbare allgemeine DMVO (→ Rn. 26).[182] Wie sich aus den Erwägungsgründen ergibt, ist grundsätzlich auch hier eine klar definierte Betrauung des geförderten Unternehmens mit der Erbringung einer bestimmten Dienstleistung entsprechend der „Altmark Trans"-Rechtsprechung (→ Rn. 37) erforderlich.[183]

Zweitens sieht die Kommission in einem abstrakt-generell formulierten „*Frei-* **40** *stellungsbeschluss*"[184] vor, dass bestimmte Ausgleichsleistungen, die weder den „Altmark Trans"-Kriterien für eine unschädliche Bezuschussung (→ Rn. 37) genügen noch unterhalb der Schwellenwerte der DAWI-DMVO liegen, mit Blick auf die Ausnahmeklausel in Art. 106 Abs. 2 AEUV als mit dem Binnenmarkt vereinbar anzusehen und demzufolge ebenfalls von der Anmeldepflicht nach Art. 108 Abs. 3 S. 1 AEUV freigestellt sind. Unabhängig von ihrer Höhe findet der Freistellungsbeschluss Anwendung auf Ausgleichsleistungen für die Erbringung bestimmter Sozial- und Verkehrsdienstleistungen sowie für den Betrieb kleiner Flug- und Seeverkehrshäfen, sofern insoweit nur Dienstleistungen von allgemeinem wirtschaft-

---

[180] Ergänzend finden sich auch in anderen Dokumenten punktuelle Sonderbestimmungen für die Förderung von Dienstleistungen von allgemeinem wirtschaftlichem Interesse. So heißt es etwa in den Leitlinien der Kommission für staatliche Beihilfen zur Rettung und Umstrukturierung nichtfinanzieller Unternehmen in Schwierigkeiten, ABl. EU 2014 C 249/1, Rn. 99, unter Hinweis auf Art. 106 Abs. 2 AEUV, die Kommission werde bei der Würdigung von Beihilfen für Erbringer von Dienstleistungen von allgemeinem wirtschaftlichem Interesse „die besonderen Eigenschaften der Dienstleistungen von allgemeinem wirtschaftlichem Interesse" berücksichtigen.

[181] VO (EU) Nr. 360/2012 der Kommission vom 25.04.2012 über die Anwendung der Art. 107 und 108 des Vertrags über die Arbeitsweise der Europäischen Union auf De-minimis-Beihilfen an Unternehmen, die Dienstleistungen von allgemeinem wirtschaftlichem Interesse erbringen, ABl. EU L 114/8, geändert durch VO (EU) 2018/1923 der Kommission vom 07.12.2018 zur Änderung der Verordnung (EU) Nr. 360/2012 hinsichtlich ihrer Geltungsdauer, ABl. EU L 313/2; dazu *Pauly/Jedlitschka*, DVBl. 2012, 1269 (1274 f.). Rechtsgrundlage für die Verordnung ist noch Art. 2 Abs. 1 VO (EG) Nr. 994/98, der zwischenzeitlich durch Art. 2 Abs. 1 VO (EU) Nr. 2015/1588 ersetzt worden ist. Grundlage für beide Bestimmungen ist Art. 109 AEUV.

[182] Zur „Kumulierung" beider Verordnungen im Einzelnen Art. 5 DMVO.

[183] Im Einzelnen Erwägungsgrund Nr. 6 zur DAWI-DMVO.

[184] Beschluss der Kommission vom 20.12.2011 über die Anwendung von Art. 106 Abs. 2 des Vertrags über die Arbeitsweise der Europäischen Union auf staatliche Beihilfen in Form von Ausgleichsleistungen zugunsten bestimmter Unternehmen, die mit der Erbringung von Dienstleistungen von allgemeinem wirtschaftlichem Interesse betraut sind, ABl. EU L 7/3 (DAWI-Beschluss); dazu *Pauly/Jedlitschka*, DVBl. 2012, 1269 (1273 f.).

lichem Interesse erbracht werden.[185] Auf andere Dienstleistungen von allgemeinem wirtschaftlichem Interesse ist der Freistellungsbeschluss nur anwendbar, wenn die Ausgleichsleistungen einen Betrag von 15.000.000 Euro im Jahr nicht übersteigen.[186] Voraussetzung der Freistellung ist auch hier ein klar definierter Betrauungsakt.[187]

41   *Drittens* schließlich regelt die Kommission in einem *Rahmen* die Prüfung von Ausgleichsleistungen, die erstens den Tatbestand des Art. 107 Abs. 1 AEUV erfüllen – also: weder den „Altmark Trans"-Kriterien genügen noch der DAWI-DMVO unterfallen – und zweitens nicht durch den Freistellungsbeschluss der Kommission von der Anmeldepflicht nach Art. 108 Abs. 3 S. 1 AEUV freigestellt sind.[188] Hier bleibt die Möglichkeit, die Leistungen gemäß Art. 106 Abs. 2 AEUV – der insoweit eine echte Ausnahme vom Beihilfenverbot nach Art. 107 Abs. 1 AEUV regelt, die bei Dienstleistungen von allgemeinem wirtschaftlichem Interesse neben die Ausnahmen nach Art. 107 Abs. 2 und 3 AEUV tritt[189] – im Verfahren der präventiven Beihilfenaufsicht für mit dem Binnenmarkt vereinbar erklären zu lassen.[190] Voraussetzung ist erneut ein klar definierter Betrauungsakt.[191] Ferner bestehen relativ restriktive Vorgaben für die Bemessung der zulässigen Ausgleichshöhe.[192]

42   Das beihilfenrechtliche Regime für die Förderung der Daseinsvorsorge stößt auch nach seiner Überarbeitung im „Almunia-Paket" auf *Kritik*.[193] Zwar räumt die Kommission den Mitgliedstaaten bei der Festlegung der Dienstleistungen von allgemeinem wirtschaftlichem Interesse einen weiten Ermessensspielraum ein.[194] Die Freistellung der Förderung vom Beihilfenverbot setzt dann aber durchweg einen *hinreichend klar definierten Betrauungsakt* voraus.[195] Vor allem dieses formale Erfordernis, das auf eine Regelung von Gegenstand, Dauer und Höhe der Ausgleichsleistungen sowie von Kontrollmaßnahmen zur Vermeidung und Rückforderung einer

---

[185] Im Einzelnen Art. 2 Abs. 1 lit. b–e DAWI-Beschluss.

[186] Art. 2 Abs. 1 lit. a DAWI-Beschluss.

[187] Art. 4 DAWI-Beschluss. Gemäß Art. 2 Abs. 2 DAWI-Beschluss erfolgt eine Freistellung überdies nur, wenn der Zeitraum, für den das Unternehmen mit der Erbringung der Dienstleistung von allgemeinem wirtschaftlichem Interesse betraut ist, nicht mehr als zehn Jahre beträgt.

[188] Rahmen der Europäischen Union für staatliche Beihilfen in Form von Ausgleichsleistungen für die Erbringung öffentlicher Dienstleistungen, ABl. EU C 8/15 (DAWI-Rahmen).

[189] Dazu auch *Wernsmann/Loscher,* NVwZ 2014, 976 (981).

[190] DAWI-Rahmen, Rn. 7; zu den Voraussetzungen ebd., Rn. 11 ff.

[191] DAWI-Rahmen, Rn. 15 f.

[192] DAWI-Rahmen, Rn. 21 ff.

[193] Siehe etwa *Deuster/Seidenspinner*, IR 2012, 52 (54 ff. und 57); *Pauly/Jedlitschka*, DVBl. 2012, 1269 (1275 f.).

[194] Dazu DAWI-Mitteilung, Rn. 45 ff., wo die Abhängigkeit von „sozialen und politischen Präferenzen" betont wird; siehe aber auch *Storr*, in: Birnstiel/Bungenberg/Heinrich, Kap. 1 Rn. 2391: „Spannungslage" zwischen Daseinsvorsorgepolitik der Mitgliedstaaten und unionalem Wettbewerbsrecht; strenger dann auch DAWI-Rahmen, Rn. 14, wo von den Mitgliedstaaten verlangt wird, „dass sie den Bedarf an der öffentlichen Dienstleistung anhand einer öffentlichen Konsultation oder anhand anderer angemessener Mittel genau ermittelt haben".

[195] Dazu eingehend *Burgi,* EuZW 2017, 90.

Überkompensation zielt,[196] stellt die öffentliche Hand (und dabei vor allem: kleinere Verwaltungsträger wie insbesondere Kommunen) bei der Förderung gemeinwohlbezogener Dienstleistungen vor erhebliche Probleme. Das gilt nicht nur für den vieldiskutierten Fall der Privatisierung kommunaler Unternehmen,[197] sondern auch überall dort, wo die konkrete Beauftragung eines bestimmten Unternehmens mit einer bestimmten Dienstleistung angesichts der gewählten Begünstigungsform wie insbesondere bei abstrakt-generell formulierten gesetzlichen Steuervergünstigungen nicht oder kaum möglich ist.[198] Probleme bereitet darüber hinaus auch die *Deckelung der zulässigen Ausgleichsleistungen* durch die Kosten, die einem durchschnittlichen und gut geführten Unternehmen entstehen würden: Einerseits lässt sich diese Grenze nur mit erheblichem Aufwand ermitteln, andererseits können öffentliche oder im Bereich der Daseinsvorsorge tätige private Unternehmen das Kostenniveau eines durchschnittlichen Unternehmens häufig nicht ohne weiteres erreichen.[199]

d) Rechtsfolge des Beihilfenverbots

Ein Verstoß gegen das Beihilfenverbot nach Art. 107 Abs. 1 AEUV führt zwar zur **43** *materiellen Rechtswidrigkeit mitgliedstaatlicher Subventionen* und ist für die Kommission Anlass zur *Einleitung des Verfahrens nach Art. 108 Abs. 2 UAbs. 1 AEUV.* Vor einem mitgliedstaatlichen Gericht kann er indes (insbesondere: durch einen Konkurrenten) zunächst nicht geltend gemacht werden, weil *Art. 107 Abs. 1 AEUV* angesichts der Möglichkeit einer Ermessensausnahme nach Art. 107 Abs. 3 AEUV *nicht unmittelbar anwendbar* ist. Erst wenn die Kommission im Verfahren nach Art. 108 Abs. 2 UAbs. 1 AEUV durch Negativentscheidung nach Art. 15 Abs. 1 S. 2 i. V. m. Art. 9 Abs. 5 VVO abschließend festgestellt hat, dass die Maßnahme mit dem Binnenmarkt unvereinbar ist (im Einzelnen → Rn. 68), ist diese Entscheidung für die mitgliedstaatlichen Gerichte und Behörden bindend.[200] Freilich geht ein materieller Verstoß gegen Art. 107 Abs. 1 AEUV in aller Regel mit einem formellen Verstoß gegen *Art. 108 Abs. 3 S. 3 AEUV* einher, der einem Mitgliedstaat die Durchführung einer Maßnahme untersagt, bevor die Kommission über die Maßnahme abschließend positiv entschieden hat. Dieses „*Durchführungsverbot*" ist unmittelbar anwendbar, führt zur Rechtswidrigkeit vorzeitig durchgeführter Subventionen und kann von Wettbewerbern vor den mitgliedstaatlichen Gerichten durchgesetzt

---

[196] Zu dieser Funktion des Betrauungsakts *Burgi*, EuZW 2017, 90 (92 f.).

[197] Dazu etwa *Deuster/Seidenspinner*, IR 2012, 52 (54 f.).

[198] Zum Problem näher *Burgi*, EuZW 2017, 90 (93); *Wernsmann/Loscher*, NVwZ 2014, 976 (979 f.).

[199] Dazu *Deuster/Seidenspinner*, IR 2012, 52 (55 f.). Eine gewisse Entlastung bringen insoweit immerhin der DAWI-Beschluss und der DAWI-Rahmen, die unter bestimmten Voraussetzungen auch einen Vollkostenausgleich zulassen; dazu näher *Wernsmann/Loscher*, NVwZ 2014, 976 (981).

[200] Zum Ganzen EuGH, Rs. 78/76, Slg. 1977, 595, Rn. 8 – Steinicke & Weinlig; *Bungenberg*, in: Birnstiel/ders./Heinrich, Kap. 1 Rn. 8. Entsprechendes gilt, wenn die Kommission einer gemäß Art. 108 Abs. 3 S. 1 AEUV angemeldeten Beihilfe die Genehmigung versagt und der Mitgliedstaat die Maßnahme sodann gleichwohl durchführt.

werden (→ Rn. 72 und 75).[201] Mitgliedstaatliche Behörden und Gerichte müssen es daher schon vor einer abschließenden Entscheidung der Kommission über die materielle Binnenmarktkonformität einer Subvention beachten.

3. Völkerrecht: welthandelsrechtliches Subventionsregime

44 Völkerrechtliche Vorgaben für die Subventionspraxis (sowohl der Bundesrepublik Deutschland und ihrer Untergliederungen als auch der Europäischen Union, die ebenfalls Mitglied der Welthandelsorganisation ist)[202] enthält das *Welthandelsrecht*.[203] Dieses zielt darauf, Handelsschranken und Diskriminierungen in den internationalen Handelsbeziehungen abzubauen.[204] Folgerichtig enthält es auch Regelungen über Subventionen, zunächst in Art. VI, XVI und XXIII GATT[205] sowie dem aus der Tokio-Runde hervorgegangenen Übereinkommen zur Auslegung und Anwendung der Art. VI, XVI und XXIII des Allgemeinen Zoll- und Handelsabkommens von 1979,[206] sodann vor allem in dem auf die Uruguay-Runde zurückgehenden *Übereinkommen über Subventionen und Ausgleichsmaßnahmen* von 1994 (Agreement on Subsidies and Countervailing Measures, SCM),[207] das die anderen Regelungen wenn nicht verdrängt, so doch jedenfalls konkretisiert (zu diesem auch → § 3 Rn. 82 ff.).[208] Sein Anwendungsbereich ist auf Waren beschränkt.[209]

45 Das Übereinkommen unterscheidet auf Grundlage eines eigenen Subventionsbegriffs, der in den Grundzügen dem Subventionsbegriff des deutschen Rechts entspricht (Art. 1 f. SCM),[210] im Sinne einer „*Subventionsampel*"[211] zwischen verbotenen Subventionen (Art. 3 f. SCM),[212] lediglich anfechtbaren (also: weder stets

---

[201] Instruktiv zum Ganzen BGH, EuZW 2003, 444 (445).

[202] Dazu *Herdegen*, § 10 Rn. 4 und 21.

[203] Einführend zum Welthandelsrecht *Terhechte*, JuS 2004, 959 und 1054.

[204] *Stoll*, in: Ehlers/Fehling/Pünder, § 5 Rn. 5 f. und 7.

[205] ABl. EG 1994 L 336/11.

[206] ABl. EG 1980 L 71/72.

[207] ABl. EG 1994 L 336/156.

[208] *Herrmann*, WiVerw 2010, 36 (45); zu den weiteren Subventionsregelungen im Welthandelsrecht und ihrem Verhältnis zu diesem hauptsächlich maßgeblichen Übereinkommen *Hahn*, in: Birnstiel/Bungenberg/Heinrich, Kap. 6 Rn. 69 ff.; vertiefend zum welthandelsrechtlichen Subventionsregime *Grave*, Der Begriff der Subvention im WTO-Übereinkommen über Subventionen und Ausgleichsmaßnahmen, 2002; *Herdegen*, § 10 Rn. 80 ff.; *Herrmann/Weiß/Ohler*, Rn. 683 ff.; *Nowak*, in: Hilf/Oeter, § 13; siehe ferner die Beiträge in Ehlers/Wolffgang/Schröder (Hrsg.), Subventionen im WTO- und EG-Recht, 2007.

[209] Eine knappe Regelung für Dienstleistungen enthält Art. XV GATS; dazu *Herrmann*, WiVerw 2010, 36 (45).

[210] Dazu instruktiver Überblick bei *Hahn*, in: Birnstiel/Bungenberg/Heinrich, Kap. 6 Rn. 40 ff.

[211] Zu dieser Metapher *Hahn*, in: Birnstiel/Bungenberg/Heinrich, Kap. 6 Rn. 39 und 50.

[212] Wichtigster Fall sind Exportsubventionen, zu denen sowohl offene als auch verdeckte Exportsubventionen gehören; dazu *Hahn*, in: Birnstiel/Bungenberg/Heinrich, Kap. 6 Rn. 51.

verbotenen noch stets erlaubten) Subventionen (Art. 5 ff. SCM)[213] und nicht anfechtbaren (also: stets erlaubten) Subventionen (Art. 8 f. SCM, die freilich gemäß Art. 31 SCM seit dem 01.01.2000 keine Anwendung mehr finden).

Sieht sich ein Mitglied des Übereinkommens nach diesen Vorschriften durch die **46** Subvention eines anderen Mitglieds in seinen Interessen beeinträchtigt, bestehen zwei Reaktionsmöglichkeiten: Erstens kann das beeinträchtigte Mitglied „*Ausgleichsmaßnahmen*" treffen (im Einzelnen Art. 10 ff. SCM). Gemeint sind damit, wie sich auch aus Art. VI Abs. 3 GATT ergibt, Zölle, die das Einfuhrland erhebt, um eine im Ausfuhrland für die Herstellung, Erzeugung oder Ausfuhr eines Produkts gewährte Subvention zu neutralisieren. Sie sind zulässig, sofern sie den Betrag der Subvention nicht übersteigen und damit keine über die Herstellung von internationaler Wettbewerbsgleichheit hinausgehende handelsbeschränkende Wirkung haben.[214]

Zweitens – und zunächst parallel zur Einleitung von Ausgleichsmaßnahmen **47** nach Art. 10 ff. SCM[215] – kommt die *Einleitung eines Verfahrens zur Streitbeilegung* in Betracht.[216] Für verbotene Subventionen nach Art. 3 SCM sieht Art. 4.1–4.3 SCM insoweit zunächst Konsultationen der im Streit befindlichen Mitglieder vor. Führen diese nicht innerhalb von 30 Tagen zu einer einvernehmlichen Lösung, kann gemäß Art. 4.4–4.7 SCM die Einsetzung eines Untersuchungsausschusses beantragt werden. Kommt dieser zu dem Schluss, dass eine verbotene Subvention vorliegt,[217] muss die Subvention nach Art. 4.7 SCM zurückgenommen werden. Ein entsprechendes Verfahren sieht Art. 7 SCM für anfechtbare Subventionen vor, sofern schädliche Auswirkungen nach Art. 5 SCM dargelegt werden. Stellen der Untersuchungsausschuss oder das Berufungsorgan nach erfolglosen Konsultationen fest, dass die Subvention tatsächlich schädliche Auswirkungen hat, muss der Subventionsgeber gemäß Art. 7.8 SCM die Auswirkungen abstellen oder die Subvention zurücknehmen.

---

[213] Maßgeblich ist insoweit, ob die Subventionen eines Mitglieds des Übereinkommens „nachteilige Auswirkungen auf die Interessen anderer Mitglieder verursachen". Als Beispiele nennt Art. 5 SCM die „Schädigung des inländischen Wirtschaftszweiges eines anderen Mitglieds", die „Zunichtemachung oder Schmälerung von Vorteilen, die anderen Mitgliedern gemäß dem GATT 1994 … erwachsen", schließlich die sodann in Art. 6 SCM näher konkretisierte „ernsthafte Schädigung der Interessen eines anderen Mitglieds".

[214] Ausführlich zu diesem „Track I" *Hahn*, in: Birnstiel/Bungenberg/Heinrich, Kap. 6 Rn. 58 ff. Die Europäische Union regelt entsprechende Ausgleichsmaßnahmen in der VO (EU) 2016/1037 des Europäischen Parlaments und des Rates vom 08.06.2016 über den Schutz gegen subventionierte Einfuhren aus nicht zur Europäischen Union gehörenden Ländern, ABl. EU L 176/55, zuletzt geändert durch VO (EU) 2018/825 des Europäischen Parlaments und des Rates vom 30.05.2018 zur Änderung der Verordnung (EU) 2016/1036 über den Schutz gegen gedumpte Einfuhren aus nicht zur Europäischen Union gehörenden Ländern und der Verordnung (EU) 2016/1037 über den Schutz gegen subventionierte Einfuhren aus nicht zur Europäischen Union gehörenden Ländern, ABl. EU L 143/1.

[215] Im Einzelnen zum Verhältnis beider Reaktionsmöglichkeiten Anm. 1 zu Art. 10 SCM.

[216] Ausführlich zu diesem „Track II" *Hahn*, in: Birnstiel/Bungenberg/Heinrich, Kap. 6 Rn. 66 ff.

[217] Gegen die Entscheidung kann nach Art. 4.9 SCM ein Berufungsorgan angerufen werden.

III. Subventions- und Beihilfenverfahrensrecht

48   Neben die materiellen Vorgaben treten Vorschriften über das bei der Vergabe von
Subventionen (1.) und ihrer etwa erforderlichen Rückforderung (2.) zu beachtende
Verfahren. Die folgende Darstellung konzentriert sich dabei auf die *Vergabe und
Rückforderung von Subventionen durch deutsche Behörden nach deutschem Verwaltungsverfahrensrecht.* In der Regel geht es dabei um nationale Subventionen.
Gegenstand der Vergabe und Rückforderung können aber auch durch die Europäische Union veranlasste Subventionen sein. Entsprechende Unionsbeihilfen, die
nicht unter Art. 107 Abs. 1 AEUV fallen (→ Rn. 11), werden im Regelfall ebenfalls
durch die Mitgliedstaaten im Wege des indirekten Vollzugs nach ihrem Verwaltungsrecht durchgeführt. Außer Betracht bleiben hier Unionsbeihilfen, die im Wege
des direkten Vollzugs von Unionsorganen verwaltet werden.[218]

1. Vergabe von Subventionen

49   Bei der Vergabe von Subventionen sind vor allem zwei Aspekte von Bedeutung: die
Handlungsform (a) und das Vergabeverfahren (b).

a) Handlungsformen
50   Die Form der Subventionsvergabe ist – vorbehaltlich einer für einzelne Subventionen
ausnahmsweise bestehenden, aber seltenen besonderen Bestimmung – in Deutschland nicht geregelt. Die Verwaltung[219] verfügt in der Folge grundsätzlich über *Form-
wahlfreiheit.*[220] Die Formen reichen dann auch tatsächlich – freilich: ohne dass sich
die öffentliche Hand durch die Wahl einer Handlungsform öffentlich-rechtlichen
Bindungen entziehen könnte[221] – vom Gesetz über den Verwaltungsakt und den öf-

---

[218] Ein wichtiges Beispiel ist das in der VO (EU) Nr. 1291/2013 des Europäischen Parlaments und
des Rates vom 11.12.2013 über das Rahmenprogramm für Forschung und Innovation Horizont
2020 (2014–2020) und zur Aufhebung des Beschlusses Nr. 1982/2006/EG, ABl. EU L 347/104,
geändert durch VO (EU) 2015/1017 des Europäischen Parlaments und des Rates vom 25.06.2015
über den Europäischen Fonds für strategische Investitionen, die europäische Plattform für Investi-
tionsberatung und das europäische Investitionsvorhabenportal sowie zur Änderung der Verordnungen (EU) Nr. 1291/2013 und (EU) Nr. 1316/2013 – der Europäische Fonds für strategische Investitionen, ABl. EU L 169/1, geregelte Forschungsförderungsprogramm „Horizont 2020". Gemäß
Art. 9 der Verordnung wird das Programm, das direkte und indirekte (also: auf bloße Förderung
gerichtete) Maßnahmen umfasst, von der Kommission durchgeführt. Diese kann die Durchführung
dabei auf Fördereinrichtungen übertragen. In beiden Fällen richten sich wie in anderen Fällen einer
Eigenverwaltung von Unionsbeihilfen Vergabe und Rückforderung nach Unionsrecht.
[219] Zur Verbandszuständigkeit *Bungenberg/Motzkus*, WiVerw 2013, 73 (86).
[220] Etwa *Bungenberg/Motzkus*, WiVerw 2013, 73 (97); kritisch *Ehlers*, DVBl. 2014, 1 (7).
[221] Agiert die öffentliche Hand in Handlungsformen des Privatrechts, gelten die allgemeinen öffentlich-rechtlichen Bindungen, die Rede ist von „Verwaltungsprivatrecht"; siehe für die Subventionsvergabe durch privatrechtlichen Vertrag *Badura*, WiVerw 1978, 137 (146); *Haverkate*, in:
R. Schmidt, BT I, § 4 Rn. 55.

fentlich-rechtlichen Vertrag bis zum privatrechtlichen Vertrag.[222] Stets wird dabei durch den Vergabeakt ein besonderes *Subventionsverhältnis*[223] zwischen Subventionsgeber[224] und Subventionsempfänger[225] begründet.[226]

Denkbar ist danach zunächst eine Subventionsvergabe durch *abstrakt-generelles* **51** *Gesetz*. Die Vergabe erfolgt hier unmittelbar durch Gesetz; einer Durchführungsmaßnahme im Einzelfall bedarf es nicht. Wichtigster Fall sind *Belastungsminderungen durch Steuervergünstigungen*.[227] So befreit etwa § 5 Abs. 1 Nr. 9 KStG gemeinnützige Körperschaften von der Körperschaftsteuer, ohne dass es einer die Belastungsminderung konkretisierenden Entscheidung im Einzelfall bedarf.

In der Regel werden Subventionen indes durch *Entscheidung im Einzelfall* ver- **52** geben. Die Vergabe kann hier *ein- oder zweistufig* erfolgen. Bei einer *einstufigen Vergabe* fallen die Bewilligung (also: die Entscheidung über das „Ob" der Vergabe) und die Durchführung (also: die Regelung des „Wie" der Vergabe) in einem Rechtsakt zusammen. Bei diesem Rechtsakt kann es sich um einen *privatrechtlichen Vertrag*,[228] einen *öffentlich-rechtlichen Vertrag*[229] oder – das ist der Regelfall – einen *Verwaltungsakt* handeln. Erfolgt die einstufige Vergabe durch Verwaltungsakt nach § 35 S. 1 VwVfG, wird dieser – alleine schon mit Blick auf § 49 Abs. 3 S. 1 Nr. 2 VwVfG – in der Regel gemäß § 36 VwVfG mit Nebenbestimmungen (insbesondere: einer Auflage nach § 36 Abs. 2 Nr. 4 VwVfG)[230] versehen.[231] Diese sollen – mit der Mög-

---

[222] *Kühling*, in: Ehlers/Fehling/Pünder, § 29 Rn. 19.

[223] Zum Begriff und seiner Bedeutung *Badura*, WiVerw 1978, 137 (144 f.).

[224] Zum Subventionsgeber *Bungenberg/Motzkus*, WiVerw 2013, 73 (96). Subventionen werden in der Regel durch juristische Personen des öffentlichen Rechts vergeben. Als Besonderheit hervorzuheben ist ergänzend die in § 44 Abs. 3 BHO (und entsprechenden Vorschriften der Landeshaushaltsordnungen) geregelte Möglichkeit, juristischen Personen des Privatrechts mit ihrem Einverständnis die Befugnis zu verleihen, „Verwaltungsaufgaben auf dem Gebiet der Zuwendungen im eigenen Namen und in den Handlungsformen des öffentlichen Rechts wahrzunehmen, wenn sie die Gewähr für eine sachgerechte Erfüllung der ihnen übertragenen Aufgaben bieten und die Beleihung im öffentlichen Interesse liegt"; zum Hintergrund der Regelung *Stelkens*, NVwZ 2004, 304 (304 f.).

[225] Zum Subventionsempfänger *Bungenberg/Motzkus*, WiVerw 2013, 73 (96 f.).

[226] *Kämmerer*, HStR[3] V, § 124 Rn. 48.

[227] *Kämmerer*, HStR[3] V, § 124 Rn. 50, spricht von „horizontalen Verschonungssubventionen"; siehe auch *Schorkopf*, in: Kirchhof/Korte/Magen, § 12 Rn. 15; *Ziekow*, § 6 Rn. 58; zur Möglichkeit einer Subventionsvergabe durch Gesetz ferner *Badura*, WiVerw 1978, 137 (144 f.).

[228] Die einstufige Vergabe durch privatrechtlichen Vertrag – früher der Regelfall – ist heute selten. Anzutreffen ist sie insbesondere noch bei der Gewährung von Sachleistungen; dazu *Ziekow*, § 6 Rn. 73; Beispiel bei *Goldmann*, Jura 2008, 275 (276): Verkauf eines gemeindlichen Grundstücks unter Marktwert; insgesamt kritisch *H. P. Ipsen*, VVDStRL 25 (1967), 257 (297 f.); ähnlich aus neuerer Zeit *Ehlers*, DVBl. 2014, 1 (7).

[229] Zur mitunter schwierigen Abgrenzung zwischen der Vergabe durch privatrechtlichen und der Vergabe durch öffentlich-rechtlichen Vertrag *Bungenberg/Motzkus*, WiVerw 2013, 73 (97 f.).

[230] Dazu *Badura*, WiVerw 1978, 137 (144), der darauf hinweist, dass im Zweifel nicht von einer Bedingung nach § 36 Abs. 2 Nr. 2 VwVfG, sondern von einer Auflage nach § 36 Abs. 2 Nr. 4 VwVfG auszugehen ist.

[231] Hier wird stets das VwVfG des Bundes zitiert. Handeln Landes- oder Kommunalbehörden, finden die (bekanntlich weitgehend inhaltsgleichen) VwVfGe der Länder Anwendung.

lichkeit der Aufhebung der Vergabeentscheidung und der Rückforderung der Subvention bewehrt (→ Rn. 61) – sicherstellen, dass der Subventionszweck verwirklicht wird.

53 Bei der *zweistufigen Vergabe* erfolgen die Bewilligung und die Durchführung
einer Subvention nach immer noch ganz überwiegender Auffassung[232] in getrennten
Rechtsakten. Zunächst entscheidet der Subventionsgeber *auf einer ersten Stufe
durch Verwaltungsakt nach § 35 S. 1 VwVfG* über die Bewilligung der Subvention.
Innerhalb des so begründeten (öffentlich-rechtlichen) Subventionsverhältnisses
wird sodann *auf einer zweiten Stufe* die bewilligte Subvention durchgeführt. In Betracht kommen hier sowohl ein privatrechtlicher als auch ein *öffentlich-rechtlicher
Vertrag*.[233] Auf der zweiten Stufe kann daher auch ein privater „Subventionsmittler" – insbesondere: ein privates Kreditinstitut, das als „Auszahlungsstelle" in Erscheinung tritt[234] – tätig werden, der auf Grundlage der Bewilligung privatrechtlich
agiert.[235]

b) Verwaltungsverfahren

54 Bei der Vergabe öffentlicher Subventionen sind mangels besonderer verfahrens-
rechtlicher Regelungen die *allgemeinen verwaltungsverfahrensrechtlichen Grundsätze* zu beachten (aa). Ist die Subvention eine Beihilfe nach Art. 107 Abs. 1 AEUV
(→ Rn. 14 ff.), bedarf es einer vorherigen Beteiligung der Kommission (bb).

aa) Allgemeine verwaltungsverfahrensrechtliche Grundsätze

55 Besondere Verfahrensvorschriften für die nationale Subventionsvergabe existieren –
ganz unabhängig von der unterschiedlich beantworteten Frage, ob die Subventionsvergabe einer formell-gesetzlichen Grundlage bedarf (ausführlich → Rn. 6 ff.) – in
Deutschland nicht. Anwendung finden daher jedenfalls dann, wenn der Subventionsgeber in den Handlungsformen des Verwaltungsakts oder des öffentlich-rechtlichen
Vertrags tätig wird (→ Rn. 52 f.), die allgemeinen verwaltungsverfahrensrechtlichen
Vorschriften. In der Folge ist der *Antragsteller gemäß § 28 Abs. 1 VwVfG anzuhören*,
bevor sein Antrag auf Vergabe einer Subvention abgelehnt wird.[236] Entsprechendes gilt,
wenn eine Subvention zwar gewährt, die Bewilligung aber mit einer belastenden Nebenbestimmung verbunden werden soll, die nicht lediglich darauf zielt, die Wahrung

---

[232] Grundlegend *H. P. Ipsen*, Öffentliche Subventionierung Privater, 1956, S. 59 ff.; stellvertretend
für die Kritik *Ehlers*, DVBl. 2014, 1 (7): „Auseinanderreißen eines einheitlichen Lebenssachver-
halts in zwei verschiedenartige Rechtsverhältnisse", das „immer wieder zu großen Abgrenzungsschwierigkeiten und zu unklaren Einwirkungen des einen Verhältnisses auf das andere [führt]".

[233] *Bungenberg/Motzkus*, WiVerw 2013, 73 (97).

[234] Dazu *Kämmerer*, HStR³ V, § 124 Rn. 49.

[235] Abweichende Konstruktion bei *Ehlers*, DVBl. 2014, 1 (7): Ungeachtet privater Rechtsverhältnisse zwischen Subventionsgeber und Subventionsmittler sowie zwischen Subventionsmittler und
Subventionsempfänger bestehe zwischen Subventionsgeber und Subventionsempfänger lediglich
eine öffentlich-rechtliche Beziehung.

[236] Allgemein zur kontrovers diskutierten Frage, ob eine Anhörung gemäß § 28 Abs. 1 VwVfG auch
bei Ablehnung einer Begünstigung geboten ist, *Kopp/Ramsauer*, § 28 VwVfG Rn. 26 ff.

des Subventionszwecks sicherzustellen.[237] Eine *Anhörung Dritter* – insbesondere: etwaiger Konkurrenten des Subventionsempfängers – ist hingegen grundsätzlich nicht geboten: Weder sind diese Beteiligte nach § 13 Abs. 1 VwVfG noch ist eine Anhörung aus allgemeinen rechtsstaatlichen Erwägungen geboten. Anders ist dies nur, wenn ausnahmsweise die Voraussetzungen für eine einfache Hinzuziehung nach § 13 Abs. 2 S. 1 VwVfG vorliegen.[238] In diesem Fall ist den Dritten im Lichte des § 28 Abs. 1 VwVfG eine Beteiligtenstellung einzuräumen.[239] Sie sind dann ebenfalls anzuhören.

bb) Beteiligung der Kommission bei der Subventionsvergabe

Handelt es sich bei einer mitgliedstaatlichen Subvention um eine Beihilfe nach Art. 107 Abs. 1 AEUV (→ Rn. 14 ff.), darf der Mitgliedstaat die Subventionen nach dem Durchführungsverbot in *Art. 108 Abs. 3 S. 3 AEUV* erst durchführen, wenn die Kommission zuvor abschließend über ihre Vereinbarkeit mit dem Binnenmarkt entschieden hat.[240] Erforderlich ist daher eine *Beteiligung der Kommission am nationalen Verwaltungsverfahren*. Geregelt ist diese Beteiligung zum einen in Art. 108 Abs. 3 S. 1 und 2 i. V. m. Art. 108 Abs. 2 UAbs. 1 AEUV, zum anderen in einer besonderen „Verfahrensverordnung"[241] (VVO) (siehe Abb. 1). **56**

Gemäß Art. 2 VVO ist die Subvention durch den Mitgliedstaat[242] bei der Kommission anzumelden.[243] Im Schrifttum ist von ihrer „*Notifizierung*" die Rede.[244] Ist eine Maßnahme durch den Mitgliedstaat notifiziert, führt die Kommission **57**

---

[237] Zur Anhörung bei belastenden Nebenbestimmungen *Kopp/Ramsauer*, § 28 VwVfG Rn. 26a.

[238] Das dürfte freilich im Subventionsrecht bei Konkurrenten kaum denkbar sein, wenn man mit *Sennekamp*, in: Mann/ders./Uechtritz, § 13 VwVfG Rn. 24, bei § 13 Abs. 2 S. 1 VwVfG unmittelbare Auswirkungen des Verfahrens auf die Rechtslage des Hinzuzuziehenden verlangt. Anders wohl *Bungenberg/Motzkus*, WiVerw 2013, 73 (99); die Verwaltung wäre damit vor kaum lösbare tatsächliche Probleme gestellt.

[239] Dazu allgemein *Engel/Pfau*, in: Mann/Sennekamp/Uechtritz, § 28 VwVfG Rn. 40.

[240] Art. 3 VVO spricht von einem „Durchführungsverbot".

[241] VO (EU) 2015/1589 des Rates vom 13.07.2015 über besondere Vorschriften für die Anwendung von Art. 108 des Vertrags über die Arbeitsweise der Europäischen Union, ABl. EU L 248/9. Rechtsgrundlage ist Art. 109 AEUV. Ergänzende Regelungen insbesondere zu den Formalitäten der Anmeldung enthält die VO (EG) Nr. 794/2004 der Kommission vom 21.04.2004 zur Durchführung der VO (EG) Nr. 659/1999 des Rates über besondere Vorschriften für die Anwendung von Art. 93 des EG-Vertrags, ABl. EU L 140/1, zuletzt geändert durch VO (EU) 2016/2105 der Kommission vom 01.12.2016 zur Änderung von Anhang I der Verordnung (EG) Nr. 794/2004 in Bezug auf das für die Anmeldung staatlicher Beihilfen für den Fischerei- und Aquakultursektor zu verwendende Formular, ABl. EU L 327/19. Zu Vereinfachungen des Verfahrens bei bestimmten Beihilfenkategorien *Petzold*, EuZW 2009, 645 (645).

[242] Zuständig für die Anmeldung einer Beihilfe ist in der Bundesrepublik Deutschland unabhängig davon, welcher Verwaltungsträger die Beihilfe gewährt, grundsätzlich das Bundesministerium für Wirtschaft und Energie, https://www.bmwi.de/Redaktion/DE/Artikel/Europa/beihilfenkontrollpolitik.html (21.08.2019). Der die Beihilfe gewährende Verwaltungsträger gibt insoweit nur den „Anstoß zur Notifizierung", diese selbst erfolgt dann durch das Ministerium, *Kühling*, in: Ehlers/Fehling/Pünder, § 29 Rn. 48.

[243] Zur Anmeldung Art. 2 ff. VO (EG) Nr. 794/2004; ein Standardformular enthält der dortige Anhang I.

[244] Statt vieler *Kühling*, in: Ehlers/Fehling/Pünder, § 29 Rn. 46.

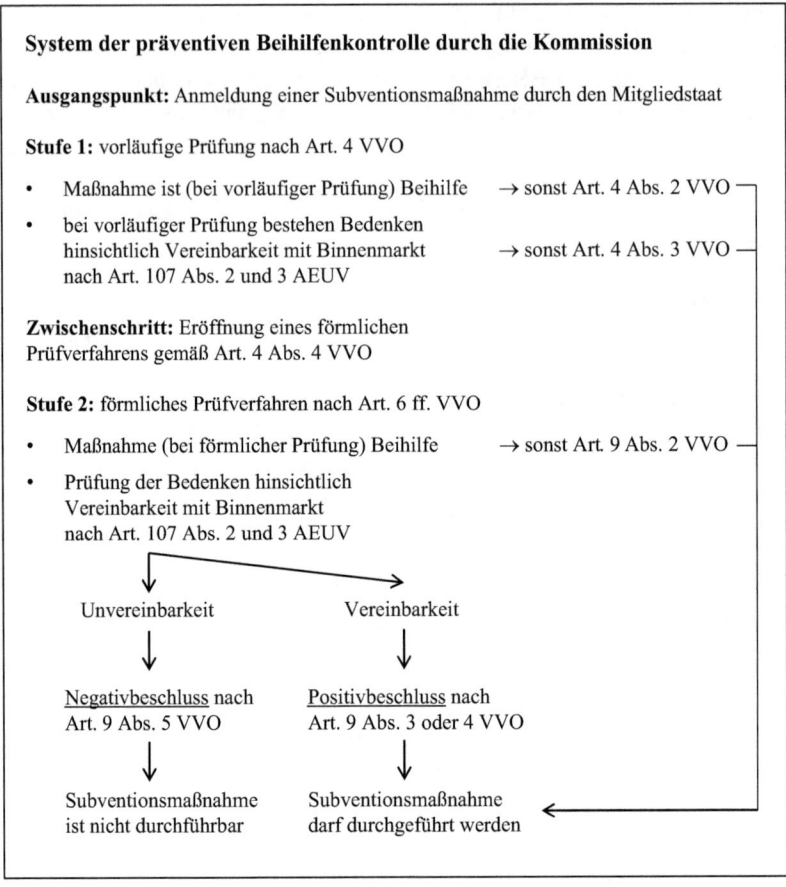

System der präventiven Beihilfenkontrolle durch die Kommission

Ausgangspunkt: Anmeldung einer Subventionsmaßnahme durch den Mitgliedstaat

Stufe 1: vorläufige Prüfung nach Art. 4 VVO

• Maßnahme ist (bei vorläufiger Prüfung) Beihilfe   → sonst Art. 4 Abs. 2 VVO

• bei vorläufiger Prüfung bestehen Bedenken
  hinsichtlich Vereinbarkeit mit Binnenmarkt   → sonst Art. 4 Abs. 3 VVO
  nach Art. 107 Abs. 2 und 3 AEUV

Zwischenschritt: Eröffnung eines förmlichen
Prüfverfahrens gemäß Art. 4 Abs. 4 VVO

Stufe 2: förmliches Prüfverfahren nach Art. 6 ff. VVO

• Maßnahme (bei förmlicher Prüfung) Beihilfe   → sonst Art. 9 Abs. 2 VVO

• Prüfung der Bedenken hinsichtlich
  Vereinbarkeit mit Binnenmarkt
  nach Art. 107 Abs. 2 und 3 AEUV

         Unvereinbarkeit   Vereinbarkeit

         <u>Negativbeschluss</u> nach   <u>Positivbeschluss</u> nach
         Art. 9 Abs. 5 VVO   Art. 9 Abs. 3 oder 4 VVO

         Subventionsmaßnahme   Subventionsmaßnahme
         ist nicht durchführbar   darf durchgeführt werden

Abb. 1 System der präventiven Beihilfenkontrolle durch die Kommission

gemäß Art. 4 Abs. 1 S. 1 und Abs. 5 VVO innerhalb von zwei Monaten nach Eingang der vollständigen Anmeldung eine *vorläufige Prüfung* durch.[245] Kommt sie dabei zu dem Ergebnis, dass die angemeldete Maßnahme die Voraussetzungen des Art. 107 Abs. 1 AEUV (im Einzelnen → Rn. 14 ff.) nicht erfüllt und daher schon tatbestandlich nicht dem Beihilfenverbot unterfällt, stellt sie dies gemäß *Art. 4 Abs. 2 VVO* fest. Das Verfahren ist dann beendet, der Mitgliedstaat darf die Maßnahme durchführen. Kommt die Kommission umgekehrt zu dem Ergebnis, dass die angemeldete Maßnahme eine Beihilfe nach Art. 107 Abs. 1 AEUV darstellt, prüft sie weiter, ob diese nach Art. 107 Abs. 2 oder 3 AEUV mit dem Binnenmarkt vereinbar ist (→ Rn. 28 ff.).

---

[245] Wird die vorläufige Prüfung nicht innerhalb dieser Frist abgeschlossen, kann der Mitgliedstaat die dann als genehmigt geltende Maßnahme durchführen, sofern die Kommission, nachdem sie über die geplante Durchführung in Kenntnis gesetzt worden ist, nicht doch noch eine Entscheidung trifft; zum Ganzen Art. 4 Abs. 6 VVO.

Lässt sich dies ohne genauere Prüfung bejahen, entscheidet die Kommission gemäß *Art. 4 Abs. 3 S. 1 VVO* noch im vorläufigen Prüfverfahren, gegen die Maßnahme „keine Einwände zu erheben". Hält sie die Vereinbarkeit mit dem Binnenmarkt hingegen für zweifelhaft und daher eine genauere Prüfung der Maßnahme für erforderlich, beschließt sie gemäß *Art. 4 Abs. 4 VVO* „die Eröffnung des förmlichen Prüfverfahrens".

Im *förmlichen Prüfverfahren* holt die Kommission Stellungnahmen des betroffenen Mitgliedstaats und der anderen Beteiligten[246] ein. Abgeschlossen wird das förmliche Prüfverfahren gemäß Art. 9 Abs. 1 VVO durch einen Beschluss der Kommission.[247] Hier bestehen *vier Entscheidungsmöglichkeiten*: Die Kommission kann *erstens* gemäß *Art. 9 Abs. 2 VVO* (wie schon im vorläufigen Prüfverfahren) feststellen, dass die angemeldete Maßnahme keine Beihilfe nach Art. 107 Abs. 1 AEUV darstellt. Sie kann *zweitens* gemäß *Art. 9 Abs. 3 S. 1 VVO* in einem „*Positivbeschluss*" feststellen, dass zwar eine Beihilfe vorliegt, diese aber mit dem Binnenmarkt vereinbar ist, und diesen Positivbeschluss *drittens* gemäß *Art. 9 Abs. 4 VVO* „mit Bedingungen und Auflagen" verbinden. *Viertens* schließlich kann sie gemäß *Art. 9 Abs. 5 VVO* in einem „*Negativbeschluss*" feststellen, dass eine Beihilfe nicht eingeführt werden darf, weil sie weder nach Art. 107 Abs. 2 AEUV mit dem Binnenmarkt vereinbar ist noch gemäß Art. 107 Abs. 3 AEUV für mit dem Binnenmarkt vereinbar erklärt wird.

58

2. Rückforderung von Subventionen

Erhebliche praktische Bedeutung hat die Rückforderung von Subventionen durch den Subventionsgeber.[248] Auslöser ist in der Regel eine *Verfehlung des Subventionszwecks* durch den Subventionsempfänger oder die (verspätet erkannte oder geltend gemachte) *Rechtswidrigkeit der Subvention*. Wichtigster Fall ist insoweit ein Verstoß gegen das unionale Beihilfenrecht.

59

---

[246] Eine Begriffsbestimmung enthält Art. 1 lit. h VVO.

[247] Vorschriften über die Dauer des förmlichen Prüfverfahrens, eine Anhörung des betroffenen Mitgliedstaats zu den gemäß Art. 7 VVO von Dritten erlangten Auskünften sowie den Umgang mit vertraulichen Auskünften und Geschäftsgeheimnissen enthält Art. 9 Abs. 6–10 VVO.

[248] Die Darstellung beschränkt sich auf die Rückforderung von Subventionen durch deutsche Behörden nach deutschem Verwaltungsverfahrensrecht (→ Rn. 48). Nicht näher behandelt wird im Folgenden die Rückforderung steuerrechtlicher Subvention. Hier wird die Subvention unmittelbar durch Gesetz gewährt (→ Rn. 51). Festgesetzt wird sie im Steuerbescheid. Die Rückforderung durch „Nachbesteuerung" erfolgt dann durch eine Änderung des Steuerbescheids auf Grundlage der §§ 172 ff. AO in den Grenzen der Festsetzungsverjährung nach den §§ 169 ff. AO. Besondere Probleme bereitet dabei die Rückabwicklung unionsrechtswidriger Steuervergünstigungen. Die §§ 172 ff. AO passen hier nicht, weil sie zum Schutz des Steuerpflichtigen bei Rechtsanwendungsfehlern der Finanzverwaltung keine Änderung des Steuerbescheids zu seinen Lasten zulassen. Zum Problem und seiner Lösung *Blumenberg/Kring*, Europäisches Beihilfenrecht und Besteuerung, 2011, S. 30 ff.; *Englisch*, in: Schaumburg/ders. (Hrsg.), Europäisches Steuerrecht, 2015, Rn. 9.64 ff.; *Geisenberger*, Der Einfluss des Europarechts auf steuerliches Verfahrensrecht, 2010, S. 71 ff.; *Krumm*, DStJG 41 (2018), 561 (593 ff.); speziell zur Unbeachtlichkeit des Eintritts der Festsetzungsverjährung BFH, BFH/NV 2009, 857 (859 f.).

a) Allgemeines Rückforderungsregime

60   Für die Rückforderung einer Subvention gelten die allgemeinen verwaltungsverfahrensrechtlichen Grundsätze. Dabei ist zwischen einer ein- oder zweistufigen Vergabe durch Verwaltungsakt (aa) und einer Vergabe durch öffentlich- oder privatrechtlichen Vertrag (bb) zu unterscheiden.

aa) Vergabe durch Verwaltungsakt

61   Ist eine zurückzufordernde Subvention durch Verwaltungsakt bewilligt worden, ist
dieser stets nach *§ 48 oder § 49 VwVfG* aufzuheben.[249] Dabei ist die Aufhebungs-
befugnis vor allem durch § 48 Abs. 2 und 4 sowie § 49 Abs. 3 VwVfG eingeschränkt. Die Vorschriften tragen einem *schutzwürdigen Vertrauen des Begünstigten*
Rechnung und lassen die Aufhebung eines Subventionsbescheids in der Regel nur
zu, wenn der Subventionszweck verfehlt oder eine Auflage nach § 36 Abs. 2 Nr. 4
VwVfG (→ Rn. 52) nicht erfüllt wird. Im Übrigen scheidet jedenfalls bei Subventionen, die keine Beihilfen nach Art. 107 Abs. 1 AEUV sind, selbst die Aufhebung
eines rechtswidrigen Subventionsbescheids regelmäßig aus.[250]

(1) Rückforderung bei einstufiger Vergabe

62   Wird ein Subventionsbescheid gemäß § 48 oder § 49 VwVfG mit Wirkung für die
Vergangenheit aufgehoben, kann die bereits ausgezahlte Subvention bei einstufiger
Vergabe (→ Rn. 52) *gemäß § 49a Abs. 1 S. 2 VwVfG durch Verwaltungsakt* zurückgefordert werden. Der Umfang der Erstattung und die Verzinsung ergeben sich dabei aus § 49a Abs. 2–4 VwVfG. Hat der Begünstigte die Subvention bereits verbraucht und beruft er sich auf Entreicherung, gewinnt § 49a Abs. 2 S. 2 VwVfG
Bedeutung, der eine Berufung auf den Wegfall der Bereicherung ausschließt, soweit
der Begünstigte die Umstände kannte oder infolge grober Fahrlässigkeit nicht
kannte, die zur Aufhebung des Verwaltungsakts geführt haben.

(2) Rückforderung bei zweistufiger Vergabe

63   Bei zweistufiger Vergabe – zur Erinnerung: die Bewilligung erfolgt hier durch Verwaltungsakt, die Durchführung durch privat- oder öffentlich-rechtlichen Vertrag
(→ Rn. 53) – scheidet eine Anwendung des § 49a VwVfG hingegen aus.[251] Der Bewilligungsbescheid ist hier nicht, wie von § 49a VwVfG vorausgesetzt und bei einstufiger Subventionsvergabe der Fall, der Rechtsgrund für die Auszahlung; er begründet vielmehr nur einen Anspruch auf Abschluss eines die Subvention durchführenden

---

[249] Das gilt selbst im Fall seiner Unionsrechtswidrigkeit, BVerwGE 138, 322 (325 ff.).

[250] § 49 Abs. 3 S. 1 VwVfG findet auf rechtswidrige Verwaltungsakte „erst recht" Anwendung,
Suerbaum, in: Mann/Sennekamp/Uechtritz, § 49 VwVfG Rn. 50 ff. Über den engen Anwendungsbereich dieser Regelung hinaus fehlt ein schutzwürdiges Vertrauen auch bei rechtswidrigen Ver-
waltungsakten gemäß § 48 Abs. 2 S. 3 VwVfG in aller Regel nur, wenn der Begünstigte den Verwaltungsakt durch arglistige Täuschung, Drohung, Bestechung oder unrichtige oder unvollständige
Angaben erwirkt hat oder er die Rechtswidrigkeit des Verwaltungsakts kannte oder infolge grober
Fahrlässigkeit nicht kannte. Im Übrigen setzt sich die Bestandskraft des Subventionsbescheids
zugunsten des Begünstigten durch.

[251] Zutreffend BVerwG, NJW 2006, 536 (537).

Vertrags.[252] Gleichwohl setzt die Rückforderung der Subvention voraus, dass zunächst der Bewilligungsbescheid aufgehoben wird; andernfalls würde eine Subvention zurückgefordert, auf die der Empfänger nach wie vor einen Anspruch hat.[253] Eine andere Frage, ist, wie in einem zweiten Schritt der Vertrag als eigentlicher Rechtsgrund für die Auszahlung beseitigt werden kann, um sodann – in einem dritten Schritt – auf Grundlage des privatrechtlichen Bereicherungs- oder des öffentlich-rechtlichen Erstattungsanspruchs die Rückzahlung der Subvention zu verlangen. Das ist noch nicht abschließend geklärt. Sinnvoll ist daher die Vereinbarung eines vertraglichen Kündigungsrechts bei Aufhebung des Bewilligungsbescheids oder eine andere *Geltungsverknüpfung von Bescheid und Vertrag*.[254] Unabhängig davon wird jedenfalls bei unionsrechtswidrigen Subventionen in Erwägung gezogen, die Aufhebung des Bewilligungsbescheids auf den Vertrag „durchschlagen zu lassen", etwa indem der Vertrag als durch die Aufhebung des Bewilligungsbescheids auflösend bedingt ausgelegt wird.[255]

bb) Vergabe durch Vertrag

Ist eine Subvention nicht durch Verwaltungsakt, sondern durch öffentlich-rechtlichen **64** Vertrag vergeben worden, erfolgt die Rückforderung auf Grundlage des *öffentlich-rechtlichen Erstattungsanspruchs*.[256] Bei einer Subventionsvergabe durch privatrechtlichen Vertrag findet der privatrechtliche *Anspruch auf Herausgabe einer ungerechtfertigten Bereicherung* aus § 812 Abs. 1 S. 1 Var. 1 BGB Anwendung. Voraussetzung ist jeweils, dass kein Rechtsgrund für die Subvention (mehr) besteht. Der Vertrag muss mithin nichtig oder gekündigt oder aufgehoben worden sein. Bei privatrechtlichen Verträgen richtet sich die Nichtigkeit des Vertrags nach den Vorschriften des Privatrechts, bei öffentlich-rechtlichen Verträgen ist § 59 VwVfG maßgeblich. Hier ist überdies das besondere Kündigungsrecht nach § 60 VwVfG zu beachten. Erstattungs- und Bereicherungsanspruch können dabei nicht durch Erlass eines Verwaltungsakts, sondern nur gerichtlich durchgesetzt werden (ausführlich → Rn. 76).

b) Rückforderung von Beihilfen

Modifikationen unterliegt dieses Rückforderungsregime, soweit es sich bei nationa- **65** len Subventionen um Beihilfen i. S. v. Art. 107 Abs. 1 AEUV handelt. Das Unionsrecht unterscheidet hier zwischen bestandsgeschützten „bestehenden Beihilfen" (aa) und „neuen Beihilfen" (bb). Gewisse Besonderheiten bestehen bei letzteren, wenn sie zwar an sich nicht unionsrechtswidrig sind, aber „missbräuchlich angewendet" werden (cc).

---

[252] Anders ist dies nur dann, wenn der Subventionsbescheid trotz zweistufiger Vergabe die unmittelbare Grundlage für die Auszahlung ist und der Vertrag nur weitere Modalitäten, nicht aber die eigentliche Durchführung regelt. Hier ist § 49a VwVfG ohne weiteres anwendbar. Siehe zu diesem Sonderfall *Ziekow*, § 6 Rn. 97.

[253] Ebenso *Rennert*, EuZW 2011, 576 (579).

[254] Dazu *Bungenberg/Motzkus*, WiVerw 2013, 73 (116 f.); *Ziekow*, § 6 Rn. 96.

[255] So *Rennert*, EuZW 2011, 576 (579).

[256] Zu diesem etwa *Detterbeck*, Rn. 1235 ff.

aa) „Zweckdienliche Maßnahmen" bei „bestehenden Beihilfen"

66 „*Bestehende Beihilfen*" *i. S. v. Art. 1 lit. b VVO* sind insbesondere Beihilfen, die bereits genehmigt worden sind, die gemäß Art. 4 Abs. 6 VVO (oder der Vorgängerregelung) als genehmigt gelten oder die gemäß Art. 17 Abs. 3 VVO wegen Ablaufs der zehnjährigen Verjährungsfrist für ihre Rückforderung durch die Kommission als bestehende Beihilfen anzusehen sind. Sie genießen *Bestandsschutz*. Ihre Unionsrechtswidrigkeit kann einem Mitgliedstaat daher grundsätzlich nicht entgegengehalten werden. Lediglich *bestehende Beihilferegelungen i. S. v. Art. 1 lit. d VVO*, die Grundlage für eine weitere Begünstigung von Unternehmen im Einzelfall sein können, unterliegen gemäß Art. 108 Abs. 1 AEUV einer laufenden Überprüfung durch die Kommission. Erweisen sie sich dabei als nicht (mehr) mit dem Binnenmarkt vereinbar, sehen die *Art. 22 f. VVO* ein *spezielles Abwicklungsregime* vor. Dieses zielt auf ihre einvernehmliche Änderung oder Abschaffung durch „zweckdienliche Maßnahmen" des Mitgliedstaats. Auf Grundlage der Beihilferegelung bereits gewährte Einzelbeihilfen bleiben von dieser Abwicklung unberührt.

bb) Rückforderung „neuer", aber „rechtswidriger Beihilfen"

67 „*Neue Beihilfen*" *i. S. v. Art. 1 lit. c VVO* sind alle Beihilfen, die keine bestehenden Beihilfen sind, ferner Änderungen bestehender Beihilfen.[257] Sie unterliegen gemäß Art. 108 Abs. 2 UAbs. 1 AEUV einer laufenden Kontrolle durch die Kommission. Werden neue Beihilfen ohne Anmeldung nach Art. 108 Abs. 3 S. 1 AEUV und daher unter Verstoß gegen das Durchführungsverbot in Art. 108 Abs. 3 S. 3 AEUV und Art. 3 VVO eingeführt, handelt es sich gemäß *Art. 1 lit. f VVO* um „*rechtswidrige Beihilfen*".[258] Für diese sehen die *Art. 12 ff. VVO* ein *besonderes Verfahren* vor. In diesem Verfahren führt die Kommission die bei Anmeldung einer Maßnahme vorgesehene und mangels Anmeldung unterbliebene Prüfung (→ Rn. 56 ff.) nachträglich durch und ordnet erforderlichenfalls die Rückforderung der bereits gewährten Beihilfe an (siehe Abb. 2).

68   Dabei kann die Kommission zunächst im *vorläufigen Prüfverfahren* gemäß *Art. 15 Abs. 1 S. 1 i. V. m. Art. 4 Abs. 2 und 3 VVO* feststellen, dass die Maßnahme keine Beihilfe darstellt oder ihre Vereinbarkeit mit dem Binnenmarkt keinen Einwänden unterliegt. Eröffnet die Kommission hingegen gemäß Art. 15 Abs. 1 S. 1 i. V. m. Art. 4 Abs. 4 VVO ein *förmliches Prüfverfahren*, endet dieses gemäß *Art. 15 Abs. 1 S. 1 i. V. m. Art. 9 Abs. 3–5 VVO* wie bei angemeldeten Beihilfen (→ Rn. 58) mit einem Positiv- oder Negativbeschluss. Hält die Kommission die Beihilfe für mit dem Binnenmarkt unvereinbar und erlässt sie daher einen

---

[257] Zur Ersetzung der Rundfunkgebühr durch einen Rundfunkbeitrag in Deutschland EuGH, Rs. C-492/17, EU:C:2018:1019, Rn. 53 ff. – Rittinger u. a.: keine Änderung einer bestehenden Beihilfe und daher nicht notifizierungspflichtig; siehe dazu auch schon BVerwGE 154, 275 (295 f.); BVerfG, NJW 2018, 3223 (3236 f.).

[258] Die Kommission erfährt von solchen Beihilfen häufig durch Beschwerden nach Art. 24 Abs. 2 VVO. Überdies kann sie nach Art. 25 VVO aus eigener Initiative Wirtschaftszweige und Beihilfeninstrumente untersuchen.

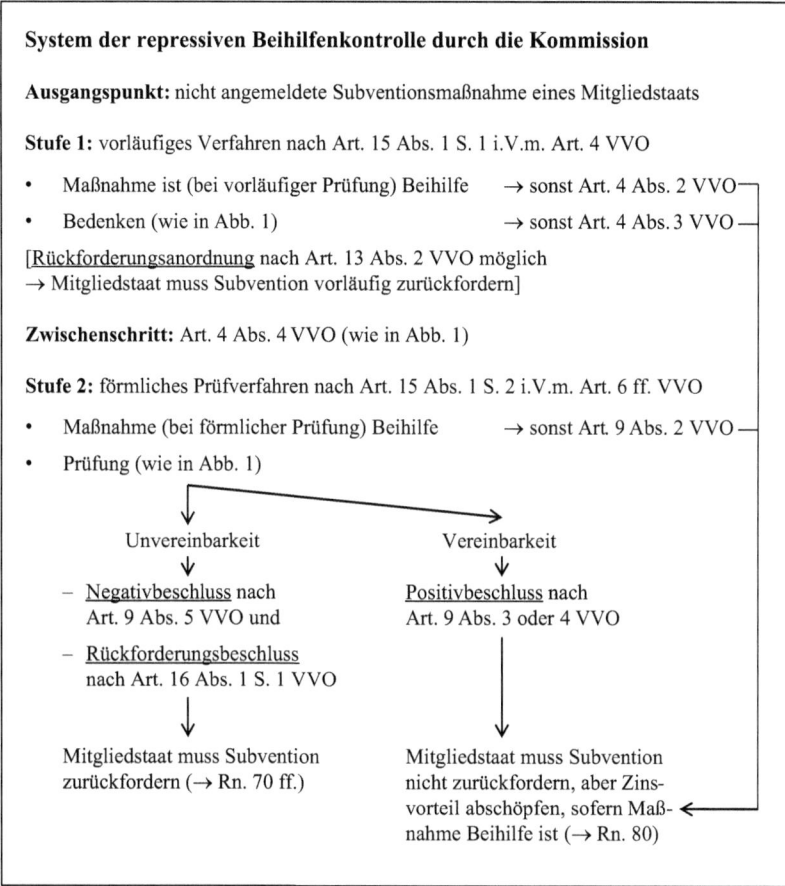

Abb. 2 System der repressiven Beihilfenkontrolle durch die Kommission

Negativbeschluss, verlangt sie gemäß Art. 16 Abs. 1 S. 1 VVO zugleich, dass der Mitgliedstaat[259] die Beihilfe vom Empfänger zurückfordert, sofern nicht ausnahmsweise ein Grundsatz des Unionsrechts – insbesondere: die absolute Unmöglichkeit der Rückforderung[260] oder ein schutzwürdiges Vertrauen des Begünstigten – entgegensteht[261] und überdies die zehnjährige Verjährungsfrist nach Art. 17 Abs. 1 und 2 VVO noch nicht abgelaufen ist.[262] *Art. 16 Abs. 1 S. 1 VVO*

---

[259] Adressat ist entsprechend der „Blindheit" der Europäischen Union für den Staatsaufbau der einzelnen Mitgliedstaaten nicht die beihilfegewährende Untergliederung, sondern stets der Mitgliedstaat selbst, dem das Handeln seiner Untergliederungen zugerechnet wird.

[260] Dazu EuGH, verb. Rs. C-622/16 P–C-624/16 P, EU:C:2018:873, Rn. 90 ff. – Scuola Elementare Maria Montessori/Kommission.

[261] Dazu *Bartosch*, Art. 16 VO 2015/1589 Rn. 5 ff.

[262] Nach Ablauf der Verjährungsfrist ist gemäß Art. 17 Abs. 3 VVO von einer bestandsgeschützten „bestehenden Beihilfe" (→ Rn. 66) auszugehen.

spricht insoweit von einem „*Rückforderungsbeschluss*".[263] Da die Prüfung vor
allem dann, wenn ein förmliches Prüfverfahren eröffnet wird, eine gewisse Zeit
in Anspruch nimmt, eröffnet Art. 13 Abs. 2 UAbs. 1 VVO der Kommission überdies die Möglichkeit, bis zum Abschluss des Prüfverfahrens und der endgültigen
Entscheidung über die Beihilfe und ihre Rückforderung vom Mitgliedstaat die
vorläufige Rückforderung der Beihilfe[264] zu verlangen. *Art. 13 Abs. 2 UAbs. 1 VVO*
spricht insoweit von einer „*Rückforderungsanordnung*". Weil die Vereinbarkeit
oder Unvereinbarkeit der Beihilfe mit dem Binnenmarkt zu diesem Zeitpunkt
noch offen ist, unterliegt der Erlass einer Rückforderungsanordnung hohen
Anforderungen. Voraussetzung ist nicht nur, dass „hinsichtlich des Beihilfecha-
rakters der betreffenden Maßnahme keinerlei Zweifel [bestehen]", mithin immerhin ein Verstoß gegen Art. 108 Abs. 3 S. 3 AEUV und damit die formelle
Unionsrechtswidrigkeit außer Zweifel stehen. Auch verlangt Art. 13 Abs. 2
UAbs. 1 VVO, dass ein Tätigwerden dringend geboten und ein erheblicher und
nicht wiedergutzumachender Schaden für einen Konkurrenten ernsthaft zu befürchten ist.[265]

69   Mit Blick auf die mitgliedstaatliche Rückforderung „neuer" und zudem „rechtswidriger Beihilfen" ist vor diesem Hintergrund zwischen Fällen zu unterscheiden,
in denen die Kommission vom Mitgliedstaat die endgültige oder vorläufige Rückforderung der Beihilfe bereits angeordnet hat (1), und solchen, in denen ein solches
Rückforderungsverlangen noch fehlt (2).

(1) Rückforderung auf Verlangen der Kommission

70   Im Fall eines Rückforderungsbeschlusses oder einer Rückforderungsanordnung
nach Art. 16 Abs. 1 S. 1 oder Art. 13 Abs. 2 UAbs. 1 VVO muss der Mitgliedstaat
die *Beihilfe gemäß Art. 16 Abs. 3 S. 1 VVO*[266] „*unverzüglich*" *zurückverlangen*, um
„die sofortige und tatsächliche Vollstreckung der Kommissionsentscheidung" zu

---

[263] Dieser kann gemäß Art. 16 Abs. 1 S. 1 VVO nur mit einem Negativbeschluss verbunden werden.
Zwar muss der Mitgliedstaat auch im Fall eines Positivbeschlusses immerhin den Zinsvorteil ab-
schöpfen, den der Empfänger durch die Gewährung der Beihilfe vor ihrer Genehmigung nach
Art. 108 Abs. 3 S. 3 AEUV erlangt hat (→ Rn. 80). Das kann aber, weil es sich nicht im engeren
Sinne um eine „Rückforderung von Beihilfen" handelt, nicht durch Beschluss angeordnet werden.
Zum Ganzen *Bungenberg*, in: Birnstiel/ders./Heinrich, Kap. 2 Rn. 463.

[264] Ergänzend ermöglicht Art. 13 Abs. 1 VVO die Anordnung der vorläufigen Aussetzung von Beihilfen, mithin insbesondere die Unterbindung einer Durchführung von Beihilferegelungen durch
die Gewährung weiterer Einzelbeihilfen. Auch insoweit wird entsprechend Art. 13 Abs. 2 UAbs. 1 AEUV
verlangt, dass jedenfalls eine Beihilfe und also ein Verstoß gegen Art. 108 Abs. 3 S. 3 AEUV vorliegt, *Bartosch*, Art. 13 VO 2015/1589 Rn. 1 und 3.

[265] Angesichts dieser hohen Voraussetzungen kommt dem Instrument der Rückforderungsanordnung bislang keine praktische Bedeutung zu, *Rusche*, in: Immenga/Mestmäcker, Art. 13 Beihilfe-
verfahrens-VO Rn. 3.

[266] Art. 13 Abs. 2 UAbs. 2 S. 1 VVO verweist für die Rückforderungsanordnung auf diese
Vorschrift.

ermöglichen.[267] An die Kommissionsentscheidung gebunden sind alle mitgliedstaatlichen Organe, auch die Gerichte.[268]

Dabei erfolgt die mitgliedstaatliche Rückforderung der Beihilfe gemäß Art. 16 **71** Abs. 3 S. 1 VVO (im Einklang mit der durch Art. 291 Abs. 1 AEUV primärrechtlich gewährleisteten mitgliedstaatlichen Verfahrensautonomie) „nach den Verfahren des betreffenden Mitgliedstaats". Anwendung findet daher zwar auch hier das *allgemeine nationale Rückforderungsregime* (→ Rn. 60 ff.). Dieses ist aber im Lichte der allgemeinen Loyalitätspflicht nach Art. 4 Abs. 3 EUV und ihrer beihilfenrechtlichen Konkretisierung in Art. 16 Abs. 3 VVO zu modifizieren, soweit es eine unionsrechtlich gebotene Rückforderung praktisch unmöglich macht oder übermäßig erschwert und damit gegen das *unionsrechtliche „Effektivitätsgebot"* verstößt.[269] In der Folge sind bei der mitgliedstaatlichen Rückforderung von Beihilfen Besonderheiten zu beachten. Dabei ist zwischen Beihilfen, die ein- oder zweistufig durch Verwaltungsakt vergeben worden sind (a), und Beihilfen, die durch Vertrag vergeben worden sind, zu unterscheiden (b).

(a) Vergabe durch Verwaltungsakt

Eine Rückforderungsanordnung der Kommission nach Art. 13 Abs. 2 UAbs. 1 VVO **72** setzt einen Verstoß gegen Art. 108 Abs. 3 S. 3 AEUV voraus (→ Rn. 68), ein Rückforderungsbeschluss nach Art. 16 Abs. 1 S. 1 VVO überdies eine inhaltliche Unvereinbarkeit der Beihilfe mit dem Binnenmarkt nach Art. 107 AEUV. Unter beiden Gesichtspunkten ist ein *mitgliedstaatlicher Subventionsbescheid* nicht gemäß § 44 Abs. 1 VwVfG nichtig,[270] sondern *lediglich rechtswidrig*. Er ist daher zunächst gemäß § 48 VwVfG zurückzunehmen, bevor die Zuwendung selbst im Fall einer einstufigen Vergabe[271] gemäß § 49a VwVfG zurückgefordert werden kann. Beide

---

[267] Das gilt vorbehaltlich einer gerichtlichen Aussetzung des Rückforderungsbeschlusses oder der Rückforderungsanordnung nach Art. 278 S. 2 AEUV selbst im Falle einer bei den Unionsgerichten anhängigen Klage gegen den Rückforderungsbeschluss oder die Rückforderungsanordnung (→ Rn. 91 ff.), die gemäß Art. 278 S. 1 AEUV keine aufschiebende Wirkung hat.

[268] Dazu EuGH, Rs. C-69/13, EU:C:2014:71, Rn. 18 ff. – Mediaset.

[269] Zu dieser Grenze der mitgliedstaatlichen Verfahrensautonomie allgemein und stellvertretend für die st. Rspr. EuGH, Rs. C-34/02, Slg. 2003, I-6515, Rn. 56 und 58 – Pasquini; speziell für die Rückforderung unionsrechtswidriger Beihilfen Rs. C-24/95, Slg. 1997, I-1591, Rn. 24 – Land Rheinland-Pfalz/Alcan Deutschland. Neben dem Effektivitätsgebot besteht ein „Äquivalenzgebot". Nach diesem darf das Verfahren zur Behandlung grenzüberschreitender Sachverhalte nicht ungünstiger als das Verfahren zur Behandlung rein innerstaatlicher Sachverhalte sein. Im Beihilfenrecht spielt diese Vorgabe für den indirekten Vollzug des Unionsrechts praktisch kaum eine Rolle.

[270] Dazu etwa BVerwGE 138, 322 (326 f.); allgemein für unionsrechtswidrige Verwaltungsakte *Detterbeck*, Rn. 613.

[271] Zum Sonderfall der zweistufigen Vergabe → Rn. 63. Da hier § 49a VwVfG keine Anwendung findet, muss auf der zweiten Stufe der Vertrag gekündigt oder anderweitig beseitigt werden. Folge ist ein gewisses Spannungsverhältnis zum unionalen Effektivitätsgebot, *Bungenberg/Motzkus*, WiVerw 2013, 73 (116 f.).

Verwaltungsakte – also: sowohl die *Rücknahme des Beihilfenbescheids nach § 48 Abs. 1 S. 1 VwVfG* als auch die *Festsetzung der zu erstattenden Leistung nach § 49a Abs. 1 S. 2 VwVfG* – sind dabei mit Blick auf das in Art. 16 Abs. 3 S. 2 VVO für den „Fall eines Verfahrens vor nationalen Gerichten" konkretisierte Unionsinteresse an einer zügigen und effektiven Rückforderung der Beihilfe gemäß § 80 Abs. 2 S. 1 Nr. 4 VwGO *für sofort vollziehbar zu erklären*.[272] Eine gerichtliche Wiederherstellung der aufschiebenden Wirkung nach § 80 Abs. 5 S. 1 Alt. 2 VwGO scheidet mit Blick auf das unionsrechtliche Effektivitätsgebot grundsätzlich aus.[273] Hauptproblem bei der Rückforderung ist der *Vertrauensschutz nach § 48 Abs. 2 und 4 und § 49a Abs. 2 VwVfG* (→ Rn. 61 f.). Der EuGH erkennt Belange des Vertrauensschutzes zwar grundsätzlich an, zieht ihrer rückforderungsbeschränkenden Wirkungskraft aber auf Ebene der mitgliedstaatlichen Umsetzung des Rückforderungsverlangens der Kommission[274] enge Grenzen:[275]

73   Weil der Mitgliedstaat bei einem Rückforderungsverlangen der Kommission nach Art. 108 Abs. 2 UAbs. 1 AEUV und Art. 16 Abs. 3 S. 1 VVO zu einer Rückforderung verpflichtet ist und daher entgegen § 48 Abs. 1 S. 1 VwVfG[276] über keinen Ermessensspielraum verfügt, ist der Begünstigte nicht im Ungewissen darüber, ob die Behörde einen Beihilfenbescheid tatsächlich aufheben wird. Die *Jahresfrist nach § 48 Abs. 4 VwVfG*, die eine etwa bestehende Ungewissheit zeitlich begrenzt, findet daher keine Anwendung. Andernfalls hätte es der Mitgliedstaat in der Hand, die Frist verstreichen zu lassen und damit seinen Unionsrechtsverstoß zu zementieren; die Rückforderung würde so gegenläufig zum Effektivitätsgebot „praktisch unmöglich gemacht" und dem unionalen Beihilfenregime „jede praktische Wirksamkeit genommen".[277]

---

[272] Dazu allgemein EuGH, Rs. C-217/88, Slg. 1990, I-2879, Rn. 13 ff. – Kommission/Deutschland; für das Beihilfenrecht *Bungenberg*, in: Birnstiel/ders./Heinrich, Kap. 2 Rn. 523.

[273] *Bungenberg*, in: Birnstiel/ders./Heinrich, Kap. 2 Rn. 523. In Betracht kommt sie im Lichte von EuGH, verb. Rs. C-143/88 und C-92/89, Slg. 1991, I-415, Rn. 23 ff. – Zuckerfabrik Süderdithmarschen und Zuckerfabrik Soest/Hauptzollamt Itzehoe und Hauptzollamt Paderborn, nur, wenn erstens erhebliche Zweifel an der Gültigkeit des Rückforderungsverlangens der Kommission bestehen und das mitgliedstaatliche Gericht die Gültigkeitsfrage dem EuGH vorlegt, zweitens die gerichtliche Entscheidung dringlich ist und dem Antragsteller ein schwerer und nicht wiedergutzumachender Schaden droht sowie drittens das Interesse der Union an der sofortigen Vollziehung angemessen berücksichtigt wird; zur Übertragung dieser Grundsätze auf das Beihilfenrecht EuGH, Rs. C-527/12, EU:C:2014:2193, Rn. 57 – Kommission/Deutschland.

[274] Vertrauensschutz wird in der Folge praktisch nur auf Unionsebene gewährt. Hier begrenzt er die Zulässigkeit eines Rückforderungsverlangens der Kommission gegenüber dem Mitgliedstaat (→ Rn. 68).

[275] Zur daraus folgenden „Diskrepanz von formaler und materialer Rechtslage in Deutschland" bei der Rückforderung unionsrechtswidriger Beihilfen nach § 48 und § 49a VwVfG kritisch *Kahl*, NVwZ 2011, 449 (452). Auch eine Berufung auf die tatsächliche Unmöglichkeit der Rückforderung scheidet nach der Rechtsprechung des EuGH in aller Regel aus; pointiert *Soltész*, EuZW 2016, 87 (93): „Unmöglichkeit der Rückforderung? – gibt es nicht"; siehe dazu auch *Zellhofer/Solek*, EuZW 2015, 622 (623).

[276] Dogmatisch handelt es sich um eine unionsrechtlich induzierte Ermessensreduzierung auf Null.

[277] EuGH, Rs. C-24/95, Slg. 1997, I-1591, Rn. 34 ff. – Land Rheinland-Pfalz/Alcan Deutschland.

Entsprechendes gilt für den *Vertrauensschutz nach § 48 Abs. 2 und § 49a Abs. 2 VwVfG*: **74**
Wird eine Beihilfe ohne „abschließenden Beschluss" der Kommission nach Art. 108
Abs. 3 S. 3 AEUV gewährt, kann der Begünstigte nach der Rechtsprechung des
EuGH nicht darauf vertrauen, die Beihilfe behalten zu dürfen. Ein „sorgfältiger Ge-
werbetreibender" müsse grundsätzlich selbst prüfen, ob ein Anmeldeverfahren
durchgeführt worden ist; unterlasse er dies, fehle es an einem schutzwürdigen
Vertrauen.[278] Folgt man dieser sehr weitreichenden Abwälzung des Risikos auf den
Beihilfenempfänger, die ohne Differenzierung nach der Größe des Unternehmens
und der Art der Beihilfe[279] nicht überzeugt,[280] kann § 48 Abs. 2 S. 1 VwVfG einer
Rücknahme des Beihilfenbescheids selbst dann nicht entgegengehalten werden,
wenn der Begünstigte die Subvention bereits verbraucht hat.[281] Aus den gleichen
Gründen scheidet auch eine Berufung auf den Wegfall der Bereicherung nach
§ 49a Abs. 2 S. 1 VwVfG i. V. m. § 818 Abs. 3 BGB aus.[282]

(b) Vergabe durch Vertrag

Wird eine mitgliedstaatliche Beihilfe durch privatrechtlichen Vertrag vergeben, ohne **75**
zuvor bei der Kommission angemeldet worden zu sein, ist der privatrechtliche Vertrag
nach Auffassung des BGH gemäß § 134 BGB i. V. m. Art. 108 Abs. 3 S. 3 AEUV
nichtig.[283] Entsprechendes gilt nach überwiegender Auffassung gemäß § 59 Abs. 1
VwVfG und § 134 BGB[284] für einen öffentlich-rechtlichen Vertrag.[285] Überzeugender

---

[278] EuGH, Rs. C-24/95, Slg. 1997, I-1591, Rn. 25, 30 f., 41 und 49 – Land Rheinland-Pfalz/Alcan
Deutschland. Nach einer neueren Entscheidung des EuGH gilt das auch dann, wenn eine Beihilfe
von der nationalen Stelle unter rechtsfehlerhafter Anwendung der AGFVO gewährt wird und der
Beihilfeempfänger aus diesem Grund davon ausgeht, die Beihilfe bedürfe keiner Notifizierung,
EuGH, Rs. C-349/17, EU:C:2019:172, Rn. 96 ff. – Eesti Pagar.

[279] So kann insbesondere bei Steuervergünstigungen, deren Beihilfencharakter auch infolge der gewissermaßen „automatischen" Gewährung regelmäßig nur schwer zu erkennen ist, kaum verlangt
werden, dass sich begünstigte Unternehmen darüber informieren, ob eine Notifizierung stattgefunden hat; zum Problem *Krumm*, DStJG 41 (2018), 561 (610 f.); *Martini*, StuW 2017, 101 (110).

[280] Zur Kritik etwa *Sinnaeve*, Die Rückforderung gemeinschaftsrechtswidriger nationaler Beihilfen, 1996, S. 183 f.

[281] EuGH, Rs. C-24/95, Slg. 1997, I-1591, Rn. 49 ff. – Land Rheinland-Pfalz/Alcan Deutschland.
Dogmatisch lässt sich das einigermaßen überzeugend damit begründen, dass ein Vertrauen auf den
Bestand des Verwaltungsakts i. S. v. § 48 Abs. 2 S. 1 VwVfG mangels Anmeldung gar nicht erst
entstanden ist. Alternativ kommen auch eine Ablehnung der Schutzwürdigkeit des Vertrauens
„unter Abwägung mit dem öffentlichen [nämlich: unionalen] Interesse" an der Rückforderung und
ein Ausschluss des Vertrauensschutzes nach § 48 Abs. 2 S. 3 Nr. 3 VwVfG in Betracht. Zum Ganzen auch *Ehlers*, DVBl. 2014, 1 (9), der § 48 Abs. 2 VwVfG insgesamt für nicht anwendbar hält.

[282] Dogmatisch kann das mit grob fahrlässiger Unkenntnis der Unionsrechtswidrigkeit der Subventionsvergabe und damit ohne weiteres über § 49a Abs. 2 S. 2 VwVfG begründet werden.

[283] Siehe nur BGH, EuZW 2003, 444 (445); zur Annahme einer bloßen Teilnichtigkeit von Verträgen, die lediglich ein „Beihilfeelement" enthalten, im Übrigen aber keine Beihilfe gewähren,
BGHZ 196, 254 (260 ff.).

[284] Allgemein zur Anwendbarkeit des § 134 BGB im Rahmen des § 59 Abs. 1 VwVfG *Detterbeck*,
Rn. 816 f.

[285] OVG Berl-Bbg, EuZW 2018, 323 (324); *Kühling*, in: Ehlers/Fehling/Pünder, § 29 Rn. 71.

erscheint demgegenüber eine neuere Auffassung.[286] Sie geht bis zu einer endgültigen Entscheidung der Kommission nach Art. 15 Abs. 1 S. 1 und 2 VVO lediglich von einer *schwebenden Unwirksamkeit des Subventionsvertrags* aus. Begründet wird dies bei privatrechtlichen Verträgen über § 134 Hs. 2 BGB, bei öffentlich-rechtlichen Verträgen über eine entsprechende Anwendung von § 58 Abs. 2 VwVfG. Vorteil dieser Auffassung ist nicht nur, dass der Subventionsvertrag bei einer nachträglichen positiven Entscheidung der Kommission automatisch wirksam wird und kein neuer Vertrag abgeschlossen werden muss. Sie bietet auch eine tragfähige Grundlage für die Behandlung von Fällen, in denen die Kommission noch keine Rückforderung verlangt hat und nunmehr positiv über die Vereinbarkeit mit dem Binnenmarkt entscheidet (→ Rn. 80). Verlangt die Kommission hingegen endgültig oder vorläufig die Rückforderung der Beihilfe, muss und kann diese auch bei lediglich schwebender Unwirksamkeit (und nicht: Nichtigkeit) des Subventionsvertrags vom Mitgliedstaat „unverzüglich" zurückgefordert werden.[287] Nicht anders als bei der Annahme von Nichtigkeit fehlt auch hier (zunächst) der Rechtsgrund für die Zuwendung.

76   Rechtsgrundlage für die Rückforderung ist bei einer *Subventionsvergabe durch öffentlich-rechtlichen Vertrag* der *öffentlich-rechtliche Erstattungsanspruch* (→ Rn. 64).[288] Da sich der Verwaltungsträger im öffentlich-rechtlichen Subventionsvertrag auf eine Ebene mit dem Bürger begeben und damit das verwaltungsakttypische Subordinationsverhältnis verlassen hat, kann er diesen allerdings nicht (wie im gesetzlich geregelten Fall des § 49a Abs. 1 S. 2 VwVfG) durch Erlass eines vollstreckbaren Verwaltungsakts durchsetzen.[289] Erforderlich ist vielmehr die *Erhebung einer allgemeinen Leistungsklage vor den Verwaltungsgerichten*. Dem Unionsinteresse an einer zügigen und effektiven Rückforderung kann dabei entsprechend der Vorgabe in Art. 16 Abs. 3 S. 2 VO durch *Erlass einer einstweiligen Anordnung nach § 123 Abs. 1 VwGO* gegenüber dem zur Rückzahlung verpflichteten Beihilfenempfänger Rechnung getragen werden.[290] Bei *privatrechtlichen Verträgen* gilt grundsätzlich

---

[286] Zum Folgenden etwa *Detterbeck*, Rn. 818; *Finck/Gurlit*, Jura 2011, 87 (90 f. und 93); *Goldmann*, Jura 2008, 275 (276 ff.); *Kahl*, NVwZ 2011, 449 (453 f.); *Ziekow*, § 6 Rn. 112.

[287] Handelt es sich beim Rückforderungsverlangen um einen Rückforderungsbeschluss nach Art. 16 Abs. 1 S. 1 VVO, ist dieser ohnehin stets mit einem Negativbeschluss verbunden. Hier steht also die inhaltliche Unvereinbarkeit der Beihilfe mit dem Binnenmarkt bereits fest, so dass aus der schwebenden eine endgültige Unwirksamkeit des Subventionsvertrags wird.

[288] Dazu instruktiv OVG RP, EuZW 2013, 677 (677 f.). Auch im Rahmen dieses Anspruchs scheidet eine Berufung auf Entreicherung in aller Regel aus, *Finck/Gurlit*, Jura 2011, 87 (93).

[289] Es fehlt die „Verwaltungsaktbefugnis"; dazu allgemein *Detterbeck*, Rn. 600; mit Blick auf die Rückabwicklung von Subventionsverträgen *Ehlers*, DVBl. 2014, 1 (9); *Goldmann*, Jura 2008, 275 (280).

[290] Dazu – wenn auch für den Fall eines bereits vorliegenden Negativ- und Rückforderungsbeschlusses der Kommission – instruktiv OVG RP, EuZW 2013, 677 (677), das das Verbot einer Vorwegnahme der Hauptsache angesichts der Möglichkeit einer Einzahlung des Rückforderungsbetrags auf ein Sperrkonto nicht für einschlägig hält. Von einer einstweiligen Anordnung abgesehen werden darf im Lichte von EuGH, Rs. C-465/93, Slg. 1995, I-3761, Rn. 23 ff. – Atlanta Fruchthandelsgesellschaft u. a./Bundesamt für Ernährung und Forstwirtschaft, nur, wenn erstens erhebliche Zweifel an der Gültigkeit des Rückforderungsverlangens der Kommission bestehen und das mitgliedstaatliche Gericht die Gültigkeitsfrage dem EuGH vorlegt, zweitens die gerichtliche Entscheidung dringlich ist und dem Antragsteller ein schwerer und nicht wiedergutzumachender Schaden droht sowie drittens das Interesse der Union an der sofortigen Vollziehung angemessen berücksichtigt

nichts anderes. Einschlägig ist hier der *Anspruch auf Herausgabe einer ungerecht-fertigten Bereicherung* aus § 812 Abs. 1 S. 1 Var. 1 BGB (→ Rn. 64).[291] Verweigert der Beihilfenempfänger die Rückzahlung der Beihilfe, ist der *Anspruch im Wege einer Leistungsklage vor den ordentlichen Gerichten durchzusetzen.* Dem Unionsinteresse an einer zügigen Rückforderung kann auch hier entsprechend Art. 16 Abs. 3 S. 2 VVO durch eine *einstweilige Verfügung nach § 935 ZPO* Rechnung getragen werden.[292]

Unter Druck geraten sind diese an sich klaren Grundsätze durch eine Entschei-   **77** dung des OVG Berlin-Brandenburg. Nach dieser ist ein *Erstattungs- oder Bereiche-rungsanspruch durch Verwaltungsakt durchzusetzen*: Für eine „sofortige und tatsäch-liche Vollstreckung" der Kommissionsentscheidung i. S. v. Art. 16 Abs. 3 S. 1 VVO genüge es nicht, wenn der Mitgliedstaat eine Leistungsklage erhebe und Eilrechts-schutz beantrage; erforderlich sei vielmehr der Erlass eines sofort vollziehbaren Rückforderungsbescheids, mit dem die Verwaltung sich einen vollstreckbaren Titel verschaffe. Zwar fehle eine ausdrückliche gesetzliche Grundlage für den Erlass eines entsprechenden Verwaltungsakts. Das sei jedoch mit Blick auf Art. 16 Abs. 3 S. 1 VVO hinzunehmen.[293] Die Entscheidung ist *zu Recht auf Kritik gestoßen*: Nicht nur bedarf die Festsetzung einer Rückzahlungsverpflichtung als Grundrechtseingriff stets einer formell-gesetzlichen Rechtsgrundlage.[294] Auch bietet der in Art. 16 Abs. 3 S. 2 VVO ausdrücklich angesprochene Eilrechtsschutz eine Grundlage, um dem unionsrecht-lichen Effektivitätsgebot hinreichend Rechnung zu tragen, sofern sich die Gerichte nur an die insoweit maßgeblichen Grundsätze[295] halten und das Unionsinteresse an einer effektiven Rückforderung angemessen berücksichtigen.[296]

Der *EuGH* hat demgegenüber jüngst in einem vergleichbaren Fall zwar nicht ab-   **78** schließend Stellung bezogen, aber letztlich doch *wenig Respekt für eine nationale Engführung der Verwaltungsaktbefugnis* gezeigt: Einem Mitgliedstaat sei es zwar nicht verwehrt, die Rückforderung einer durch privatrechtlichen Vertrag gewährten Beihilfe auf dem Zivilrechtsweg zu betreiben.[297] Sei auf diesem Weg aber eine effek-

---

wird; zur Übertragung dieser Grundsätze auf das Beihilfenrecht EuGH, Rs. C-527/12, EU:C:2014:2193, Rn. 57 – Kommission/Deutschland; OVG RP, EuZW 2013, 677 (678).

[291] Anders etwa *Karpenstein/Meindl*, in: Säcker, Anh. zu Art. 16 VerfVO Rn. 24: auch insoweit öf-fentlich-rechtlicher Erstattungsanspruch anwendbar, weil Rückforderungsverlangen der Kommis-sion das Rechtsverhältnis öffentlich-rechtlich präge.

[292] Dazu *Goldmann*, Jura 2008, 275 (279 ff.); ebd., 280, finden sich auch instruktive Hinweise zur unionsrechtskonformen Auslegung der §§ 812 ff. BGB bei der Rückforderung unionsrechtswidri-ger Beihilfen.

[293] OVG Berl-Bbg, NVwZ 2006, 104 (105).

[294] Zutreffend ThürOVG, DVBl. 2011, 242 (244 f.).

[295] Dazu grundlegend EuGH, Rs. C-465/93, Slg. 1995, I-3761, Rn. 23 ff. – Atlanta Fruchthandels-gesellschaft u. a./Bundesamt für Ernährung und Forstwirtschaft; zur Übertragung auf das Beihil-fenrecht EuGH, Rs. C-527/12, EU:C:2014:2193, Rn. 57 – Kommission/Deutschland.

[296] Zur Kritik an der Entscheidung etwa *Ehlers*, DVBl. 2014, 1 (9 f.); *Goldmann*, Jura 2008, 275 (279 ff.); *Kühling*, in: Ehlers/Fehling/Pünder, § 29 Rn. 73; zustimmend hingegen m. w. N. *Karpen-stein/Meindl*, in: Säcker, Anh. zu Art. 16 VerfVO Rn. 28 ff.; skeptisch zur Effektivität der Durch-setzung von Rückforderungsansprüchen auf dem Zivilrechtsweg aus praktischer Sicht *Soltész*, EuZW 2015, 127 (134).

[297] EuGH, Rs. C-527/12, EU:C:2014:2193, Rn. 44 – Kommission/Deutschland.

tive Rückforderung nicht sichergestellt, könne es erforderlich sein, „eine nationale Vorschrift unangewendet zu lassen ... und andere Maßnahmen zu ergreifen". Dabei könnten „Gründe, die im Zusammenhang mit der nationalen Rechtsordnung stehen, solche Maßnahmen nicht ausschließen".[298] Die Stoßrichtung ist klar: Entweder gelingt es den mitgliedstaatlichen Gerichten, Erstattungsansprüchen im Eilrechtsschutz zur effektiven Durchsetzung zu verhelfen, oder der Mitgliedstaat muss, will er einer Verurteilung durch den EuGH entgehen, die Erstattungsansprüche durch Verwaltungsakt festsetzen. Mit der überkommenen verwaltungsrechtlichen Dogmatik ließe sich das nur vereinbaren, wenn man entweder bereits bei der Subventionsvergabe auf die Handlungsform des Vertrags verzichtete oder eine ausdrückliche gesetzliche Rechtsgrundlage für die Rückforderung vertraglich gewährter Beihilfen durch Verwaltungsakt schüfe.[299]

(2) Rückforderung ohne Verlangen der Kommission

79   Hat die Kommission bislang weder einen Rückforderungsbeschluss nach Art. 16 Abs. 1 S. 1 VVO noch eine Rückforderungsanordnung nach Art. 13 Abs. 2 UAbs. 1 VVO erlassen, obwohl eine Beihilfe unter Verstoß gegen Art. 108 Abs. 3 S. 3 AEUV gewährt worden und folglich formell unionsrechtswidrig ist, stellt sich die Frage, ob der Mitgliedstaat die Beihilfe gleichwohl zurückfordern muss. Eine *Rückforderungspflicht* ergibt sich mangels Rückforderungsanordnung oder -beschluss der Kommission zwar nicht aus Art. 16 Abs. 3 S. 1 VVO, wohl aber *aus der allgemeinen Loyalitätspflicht nach Art. 4 Abs. 3 EUV*.[300] Dabei darf der Mitgliedstaat nicht den Abschluss eines Verfahrens nach Art. 12 ff. VVO abwarten, da andernfalls dem Beihilfenempfänger die Begünstigung für einen Zeitraum gewährt würde, in dem er bei ordnungsgemäßer Notifizierung der Beihilfe über diese nicht hätte verfügen können.[301] Für die Rückforderung durch den Mitgliedstaat gelten sodann die für die Rückforderung einer mitgliedstaatlichen Beihilfe auf Verlangen der Kommission maßgeblichen Grundsätze (→ Rn. 70 ff.) entsprechend.

80   Besonderheiten sind zu beachten, wenn die Kommission *zwischenzeitlich* eine *nachträgliche positive Entscheidung* über die Vereinbarkeit der Maßnahme mit dem Binnenmarkt getroffen hat (→ Rn. 68). Eine Rückforderung der Beihilfe selbst ist jetzt nicht mehr erforderlich. Abzuschöpfen bleibt aber der *Vorteil*, den der Beihilfenempfänger *durch die vorzeitige Gewährung der Beihilfe* unter Verstoß

---

[298] EuGH, Rs. C-527/12, EU:C:2014:2193, Rn. 55 – Kommission/Deutschland.

[299] Nicht nur unter diesem Gesichtspunkt, sondern auch mit Blick auf die vom Wortlaut weitgehend entkoppelte Anwendung der §§ 48 und 49a VwVfG bei der Rückabwicklung von Beihilfen – dazu kritisch *Kahl*, NVwZ 2011, 449 (452) – sowie die Schwierigkeiten bei der gesetzlich nicht ausdrücklich geregelten Rückabwicklung von Steuervergünstigungen – dazu *Krumm*, DStJG 41 (2018), 561 (593 ff.) – spricht viel für einen „State Aid Recovery Act", wie es ihn in den Niederlanden seit 2018 gibt; dazu *van den Brink/den Ouden*, in: F. Wollenschläger/Wurmnest/Möllers (Hrsg.), Private Enforcement of European Competition and State Aid Law (im Erscheinen); zu dieser Perspektive auch *Kahl*, NVwZ 2011, 449 (456 f.).

[300] Dazu auch EuGH, Rs. C-349/17, EU:C:2019:172, Rn. 89 ff. – Eesti Pagar; *Goldmann*, Jura 2010, 275 (278 f.).

[301] *Ehlers*, DVBl. 2014, 1 (10).

gegen das Durchführungsverbot in Art. 108 Abs. 3 S. 3 AEUV erlangt hat. In der Regel handelt es sich um einen Zinsvorteil.[302] Begründen lässt sich die Abschöpfung des Verfrühungsvorteils bei einer Vergabe durch Verwaltungsakt über eine entsprechende Anwendung des § 45 Abs. 1 Nr. 4 VwVfG, bei einer Vergabe durch öffentlich-rechtlichen Vertrag über eine entsprechende Anwendung des § 58 Abs. 2 VwVfG: Beim zunächst formell rechtswidrigen Verwaltungsakt tritt erst durch die nachträgliche „Mitwirkung" der Kommission Heilung ein, der zunächst schwebend unwirksame öffentlich-rechtliche Vertrag (zu dieser Folge eines Verstoßes gegen Art. 108 Abs. 3 S. 3 AEUV schon → Rn. 75) wird erst durch die nachträgliche „Mitwirkung" der Kommission wirksam. Heilung und Wirksamkeit treten dabei aber nicht rückwirkend ein.[303] Ein Bewilligungsbescheid bleibt folglich für den Zeitraum bis zur „Mitwirkung" der Kommission durch den nachträglichen Positivbeschluss rechtswidrig und kann insoweit zurückgenommen werden. Die Rückforderung des dann ohne Rechtsgrund erlangten Vorteils erfolgt über § 49a Abs. 1 S. 2 VwVfG. Entsprechend fehlt es auch bei einer Vergabe durch öffentlich-rechtlichen Vertrag bis zum Positivbeschluss an einem Rechtsgrund für den erlangten Vorteil, der in der Folge auf Grundlage des öffentlich-rechtlichen Erstattungsanspruchs abgeschöpft werden kann.[304]

cc) Rückforderung „missbräuchlich angewendeter" Beihilfen

Eine Sonderstellung nehmen schließlich Beihilfen ein, die zwar unionsrechtskonform vergeben worden sind, aber missbräuchlich angewendet werden. Angesprochen sind, wie sich aus Art. 1 lit. g VVO ergibt, Beihilfen, die gemäß Art. 4 Abs. 3 oder Art. 9 Abs. 3 oder 4 VVO genehmigt worden sind, aber vom Empfänger *entgegen dieser Genehmigung verwendet* werden. Auch hier kann die Kommission gemäß Art. 108 Abs. 2 UAbs. 1 AEUV den Mitgliedstaat zur Aufhebung der Beihilfe verpflichten. Art. 20 VVO verweist dazu auf die Vorschriften für das Verfahren bei „rechtswidrigen Beihilfen". Verlangt die Kommission danach die Rückforderung der Beihilfe, ist der Mitgliedstaat zur Rückforderung verpflichtet. Bei einer Vergabe durch Verwaltungsakt erfolgt dessen

81

---

[302] Zum Vorstehenden EuGH, Rs. C-199/06, Slg. 2008, I-469, Rn. 45 ff. – CELF und Ministre de la Culture et de la Communication, der es den Mitgliedstaaten anheimstellt, ob sie lediglich den Zinsvorteil für die Dauer der Rechtswidrigkeit abschöpfen oder (unbeschadet der Möglichkeit, diese später erneut zu gewähren) die Rückzahlung der Beihilfe samt Zinsvorteil anordnen.

[303] Das schließt EuGH, Rs. C-199/06, Slg. 2008, I-469, Rn. 40 ff. – CELF und Ministre de la Culture et de la Communication, zu Recht aus, weil bei einer rückwirkenden Heilung der unter Verstoß gegen das Durchführungsverbot gewährten Subvention die Missachtung des Art. 108 Abs. 3 S. 3 AEUV letztlich folgenlos bliebe und der Vorschrift damit ihre praktische Wirksamkeit genommen würde. Der EuGH verweist ebd., Rn. 50, vor allem auf die anderen Wirtschaftsteilnehmer, die sonst im Ergebnis bereits zu einem früheren als dem beihilfenrechtlich vorgesehenen Zeitpunkt den Auswirkungen der Beihilfe ausgesetzt wären.

[304] Zum Ganzen eingehend *Finck/Gurlit*, Jura 2011, 87 (91 f. und 93); *Kahl*, NVwZ 2011, 449 (453 f.). Entsprechend für privatrechtliche Subventionsverträge *Finck/Gurlit*, Jura 2011, 87 (90); *Goldmann*, Jura 2008, 275 (278). Hier wird die schwebende Unwirksamkeit bis zu einer endgültigen Feststellung der Vereinbarkeit einer Beihilfe mit dem Binnenmarkt durch die Kommission über § 134 Hs. 2 BGB begründet (→ Rn. 75).

Aufhebung, weil die Vergabe selbst rechtmäßig war, auf Grundlage von
§ 49 Abs. 3 S. 1 Nr. 1 VwVfG.[305] § 48 Abs. 4 VwVfG ist dabei entgegen
§ 49 Abs. 3 S. 2 VwVfG erneut mit Blick auf das Effektivitätsgebot nicht anwendbar. Für die eigentliche Rückforderung der Beihilfe gilt dann § 49a VwVfG.
Eine Berufung auf Entreicherung scheidet hier schon nach dem Wortlaut des
§ 49a Abs. 2 S. 2 VwVfG stets aus.

c) Rückforderung von Unionsbeihilfen

82 Unionsbeihilfen, die entgegen dieser üblichen Bezeichnung gerade keine Beihilfen
nach Art. 107 Abs. 1 AEUV sind, werden im Regelfall im Wege des indirekten
Vollzugs durch die Mitgliedstaaten nach ihrem Verwaltungsrecht durchgeführt
(→ Rn. 48). Auch die Rückforderung richtet sich daher nach dem nationalen Verwaltungsverfahrensrecht (→ Rn. 60 ff.). Da Unionsbeihilfen von Haus aus *in geringerem Maße Wettbewerbsverzerrungen befürchten lassen,*[306] sind dabei die durch
das unionsrechtliche Effektivitätsgebot veranlassten *Anpassungen weniger weitrei-
chend* als bei der Rückforderung mitgliedstaatlicher Beihilfen (→ Rn. 69 ff.).[307] Das
gilt vor allem für den Einwand der Entreicherung, der einer Rückforderung durchaus entgegengehalten werden kann.[308]

IV. Rechtsschutz im Subventions- und Beihilfenrecht

83 Prüfungsarbeiten im Subventions- und Beihilfenrecht haben häufig eine prozessuale Ausgangssituation zum Gegenstand (→ Rn. 3). Ihre Bewältigung verlangt dann
die Kenntnis der wichtigsten Rechtsschutzkonstellationen.[309] Zu unterscheiden
sind erstens der Rechtsschutz bei Versagung einer Subvention (1.), zweitens der
Rechtsschutz bei Rückforderung einer Subvention (2.) und drittens der Rechtsschutz bei Subventionierung eines Konkurrenten (3.). Zuständig sind in allen drei
Konstellationen *in erster Linie die nationalen Gerichte.* Die *Unionsgerichte* werden nur tätig, soweit *Rechtsschutz gegen eine Entscheidung der Kommission im
Rahmen ihrer Beihilfenaufsicht* begehrt wird oder ein nationales Gericht eine Frage
zur Vorabentscheidung vorlegt.

---

[305] *Ehlers*, DVBl. 2014, 1 (9).

[306] Dazu EuGH, Rs. C-298/96, Slg. 1998, I-4767, Rn. 37 – Oelmühle Hamburg und Schmidt Söhne/
Bundesanstalt für Landwirtschaft und Ernährung.

[307] Grundlegend EuGH, Rs. 205/82, Slg. 1983, 2633, Rn. 27 ff. – Deutsche Milchkontor GmbH;
relativierend *Petzold*, in: Birnstiel/Bungenberg/Heinrich, Kap. 4 Rn. 25 ff.

[308] EuGH, Rs. C-298/96, Slg. 1998, I-4767, Rn. 37 – Oelmühle Hamburg und Schmidt Söhne/Bun-
desanstalt für Landwirtschaft und Ernährung; dazu *Petzold*, in: Birnstiel/Bungenberg/Heinrich,
Kap. 4 Rn. 26.

[309] Außer Betracht bleibt auch hier die Verwaltung von Unionsbeihilfen durch Unionsorgane; es
geht alleine um Maßnahmen deutscher Behörden nach deutschem Recht (→ Rn. 48). Im Übrigen
wird hier das besondere Vertragsverletzungsverfahren nach Art. 108 Abs. 2 UAbs. 2 AEUV nicht
weiter verfolgt. Gleiches gilt für die Anrufung des EuGH nach Art. 14 und Art. 28 Abs. 1 VVO.

1. Rechtsschutz bei Versagung einer Subvention

Wird einem Unternehmen eine Subvention versagt, muss es vor den nationalen Ge- **84** richten auf Vergabe der Subvention klagen (a).[310] Ist die Versagung darauf zurückzuführen, dass die Subvention bei der Kommission angemeldet worden ist, diese ihre Einführung aber gemäß Art. 9 Abs. 5 VVO untersagt hat (→ Rn. 58), ist überdies diese Entscheidung vor den Unionsgerichten anzugreifen (b). Unterbleibt dies, obwohl eine Klage zulässig wäre, wird die Kommissionsentscheidung gegenüber dem potenziellen Subventionsempfänger bestandskräftig; ihre Ungültigkeit kann dann vor den nationalen Gerichten nicht mehr geltend gemacht werden.

a) Nationale Ablehnungsentscheidung

Auf nationaler Ebene sind *Rechtsweg und Klageart von der Handlungsform abhän-* **85** *gig, in der die Subvention vergeben wird.* Handelt es sich um eine Handlungsform des öffentlichen Rechts, sind gemäß § 40 Abs. 1 S. 1 VwGO die Verwaltungsgerichte zuständig. Nur dieser Fall wird hier weiterverfolgt.[311] Wird die begehrte Subvention einstufig durch Verwaltungsakt vergeben oder wird bei zweistufiger Vergabe jedenfalls über die Bewilligung durch Verwaltungsakt entschieden (→ Rn. 52 f.), ist die *Verpflichtungsklage nach § 42 Abs. 1 Alt. 2 VwGO* statthaft.[312] Erfolgt die Vergabe einstufig durch öffentlich-rechtlichen Vertrag, ist eine *allgemeine Leistungsklage auf Abgabe einer Willenserklärung* durch den Verwaltungsträger zu erheben.

Im Rahmen der Begründetheit ist in beiden Fällen fraglich, ob der Kläger einen **86** *Anspruch auf die begehrte Subvention* hat. Einfachgesetzliche Regelungen fehlen in aller Regel (→ Rn. 9), Haushaltsplan und Haushaltsgesetz entfalten (ebenso wie eine kommunale Haushaltssatzung) keine Außenwirkung (→ Rn. 7). Es bleibt die Möglichkeit eines Anspruchs aus Subventionsrichtlinien (→ Rn. 10). Bei diesen handelt es sich zwar um reines Innenrecht der Verwaltung. Verfährt ein Verwaltungsträger aber tatsächlich nach ihnen, ergibt sich aus den Subventionsrichtlinien i. V. m. Art. 3 Abs. 1 GG ein *Anspruch auf Gleichbehandlung.*[313] Subventionsrichtlinien entfalten so über Art. 3 Abs. 1 GG mittelbar Außenwirkung und liefern in der Folge eine taugliche Anspruchsgrundlage.[314] Ob das Gericht den Verwaltungsträger dann tatsächlich durch *Vornahmeurteil* gemäß § 113 Abs. 5 S. 1 VwGO zur Vergabe

---

[310] Abzugrenzen sind Fälle, in denen die Subvention bereits gewährt worden ist und lediglich die Auszahlung verweigert wird. Hier ist stets eine einfache Leistungsklage zur Durchsetzung des Anspruchs aus dem Vergabeakt statthaft.

[311] Zur Zuständigkeit der ordentlichen Gerichte bei Vergabe durch privatrechtlichen Vertrag *Ziekow*, § 6 Rn. 127.

[312] Ob zunächst ein Vorverfahren durchzuführen ist, richtet sich nach § 68 Abs. 1 S. 2 und Abs. 2 VwGO. Zum Sonderfall einer „Konkurrentenklage" bei begrenzten Subventionsmitteln *Ebeling/ Tellenbröker*, JuS 2014, 217 (220). Hier sind die an Dritte ergangenen Subventionsbescheide grundsätzlich nicht anzugreifen; es genügt eine Verpflichtungsklage. Hat diese Erfolg, muss der Verwaltungsträger die Dritten bereits gewährten Subventionen rückabwickeln und eine Neuvergabe durchführen.

[313] Das gilt auch für eine nicht in Richtlinien niedergelegte ständige Subventionspraxis.

[314] Zum Ganzen *Kühling*, in: Ehlers/Fehling/Pünder, § 29 Rn. 28.

der Subvention verurteilt, hängt davon ab, ob die Richtlinien einen Spielraum belassen. Ist das der Fall, kommt lediglich ein *Bescheidungsurteil* gemäß § 113 Abs. 5 S. 2 VwGO in Betracht. In diesem wird dem zuständigen Verwaltungsträger aufgegeben, ermessensfehlerfrei über die Vergabe der Subvention an den Kläger zu entscheiden, sofern dies noch nicht durch eine die Subvention zwar versagende, aber doch ermessensfehlerfreie Entscheidung geschehen ist.[315]

b) Negativbeschluss der Kommission

87   Wird eine Subvention auf nationaler Ebene nicht gewährt, weil die Kommission im Anmeldeverfahren nach Art. 108 Abs. 3 AEUV einen *Negativbeschluss nach Art. 9 Abs. 5 VVO* erlassen hat, kommt gegen diese Entscheidung eine *Nichtigkeitsklage des potenziellen Subventionsempfängers nach Art. 263 Abs. 4 AEUV* in Betracht.[316] Da der Subventionsempfänger nicht Adressat des an den Mitgliedstaat gerichteten Negativbeschlusses ist, ist eine Klagebefugnis gemäß Art. 263 Abs. 4 Var. 2 AEUV nur zu bejahen, wenn er durch die Kommissionsentscheidung *unmittelbar und individuell betroffen* ist.[317] Maßgeblich ist insoweit, ob der Negativbeschluss den Subventionsempfänger „wegen bestimmter persönlicher Eigenschaften oder besonderer, [ihn] aus dem Kreis aller übrigen Personen heraushebender Umstände berührt und daher in ähnlicher Weise individualisiert wie den Adressaten".[318] Das ist bei *Einzelbeihilfen* stets der Fall, bei *Beihilferegelungen*, auf deren Grundlage „Unternehmen, die in der Regelung in einer allgemeinen und abstrakten Weise definiert werden, ohne nähere Durchführungsmaßnahmen Einzelbeihilfen gewährt werden können",[319] hingegen grundsätzlich[320] auch dann nicht, wenn der Beihilfenempfänger „wegen seiner Zugehörigkeit zu dem fraglichen Sektor und seiner

---

[315] Dazu auch *Ziekow*, § 6 Rn. 127.

[316] Klagebefugt ist gemäß Art. 263 Abs. 2 AEUV ferner der subventionierende Mitgliedstaat.

[317] Ein Rechtsakt mit Verordnungscharakter i. S. v. Art. 263 Abs. 4 Var. 3 AEUV, der keine Durchführungsmaßnahme nach sich zieht, liegt schon deshalb nicht vor, weil der an den Mitgliedstaat gerichtete Negativbeschluss stets auf Umsetzung durch den Mitgliedstaat gegenüber dem Beihilfenempfänger – nämlich: durch Versagung der Subvention – angewiesen ist. Das gilt auch für Negativbeschlüsse betreffend Beihilferegelungen. Diese sind zwar nach EuGH, verb. Rs. C-622/16 P-C-624/16 P, EU:C:2018:873, Rn. 31 ff. – Scuola Elementare Maria Montessori/Kommission, bei materieller Betrachtung Maßnahmen mit allgemeiner Geltung und daher Rechtsakte mit Verordnungscharakter. Sie ziehen aber, wie der EuGH ebd., Rn. 63 f., unter Hinweis auf seine st. Rspr. feststellt, gegenüber den potenziellen Beihilfenempfängern in Form des Rechtsakts, mit dem der Antrag auf Beihilfengewährung abgelehnt wird, Durchführungsmaßnahmen nach sich; dazu kritisch *Jaeger*, EuZW 2019, 194 (198 f.).

[318] So EuGH, Rs. C-274/12 P, EU:C:2013:852, Rn. 46 – Telefónica/Kommission, unter Rekurs auf die klassische Formulierung in Rs. 25/62, Slg. 1963, 213 (238 f.) – Plaumann/Kommission.

[319] So die Begriffsbestimmung in Art. 1 lit. d VVO. Sehen Beihilferegelungen hingegen, wie es Art. 1 lit. d VVO als zweite Möglichkeit erwähnt, vor, dass „einem oder mehreren Unternehmen nicht an ein bestimmtes Vorhaben gebundene Beihilfen für unbestimmte Zeit und/oder in unbestimmter Höhe gewährt werden können", ist in der Regel von einer individuellen Betroffenheit durch die Negativentscheidung auszugehen.

[320] Zu Ausnahmen *Harringa*, in: Birnstiel/Bungenberg/Heinrich, Kap. 2 Rn. 385.

Eigenschaft als durch diese Regelung potenziell Begünstigter betroffen ist".[321] Der EuGH sieht hierin keinen Verstoß gegen das in Art. 47 GRCH geregelte *Gebot effektiven Rechtsschutzes*: Scheide eine Direktklage nach Art. 263 Abs. 4 AEUV mangels Klagebefugnis aus, könne der potenzielle Beihilfenempfänger die Ungültigkeit der Entscheidung im Rahmen einer Klage gegen „den Verwaltungsakt ..., durch den [ihm] der Vorteil ... im Rahmen der fraglichen Regelung verweigert wird", vor den nationalen Gerichten geltend machen und diese dazu veranlassen, dem EuGH gemäß Art. 267 Abs. 1 lit. b i. V. m. Art. 267 Abs. 2 oder 3 AEUV die Frage nach der Gültigkeit des Kommissionsbeschlusses zur Vorabentscheidung vorzulegen.[322]

2. Rechtsschutz bei Rückforderung einer Subvention

Bei Rückforderung einer Subvention ist zu differenzieren zwischen dem Rechtsschutz gegen ein nationales Rückforderungsverlangen des Subventionsgebers (a)[323] und dem Rechtsschutz gegen eine Entscheidung der Kommission, in der diese dem Mitgliedstaat die Rückforderung einer unionsrechtswidrigen Beihilfe vom Beihilfenempfänger aufgibt (b). **88**

a) Nationales Rückforderungsverlangen

Ist eine *Subvention durch Vertrag vergeben* worden, erfolgt die Rückforderung auf Grundlage des öffentlich-rechtlichen Erstattungs- oder des privatrechtlichen Bereicherungsanspruchs (→ Rn. 64). Beide Ansprüche können nicht durch Verwaltungsakt festgesetzt werden. Der Verwaltungsträger muss den Anspruch vielmehr seinerseits gerichtlich geltend machen (→ Rn. 76).[324] **89**

Ist eine *Subvention durch Verwaltungsakt vergeben* worden, ergeht ein *Aufhebungsbescheid*, der bei einer einstufigen Vergabe mit der *Festsetzung der zu erstattenden Leistung* verbunden wird (→ Rn. 61 f.). Gegen beide Verwaltungsakte ist die *Anfechtungsklage nach § 42 Abs. 1 Alt. 1 VwGO* statthaft.[325] Sie hat Erfolg, wenn Aufhebungs- und Rückforderungsbescheid rechtswidrig sind. Die Anfechtungsklage hat dabei *gemäß § 80 Abs. 1 S. 1 VwGO aufschiebende Wirkung*, so dass der Empfänger die Subvention zunächst behalten darf. Die Verwaltung wird daher regelmäßig gemäß § 80 Abs. 2 S. 1 Nr. 4 VwGO die sofortige Vollziehung anordnen. Der Empfänger ist dann auf einen *Antrag nach § 80 Abs. 5* **90**

---

[321] So EuGH, Rs. C-274/12 P, EU:C:2013:852, Rn. 49 – Telefónica/Kommission.

[322] EuGH, Rs. C-274/12 P, EU:C:2013:852, Rn. 56 ff. – Telefónica/Kommission; kritisch *Berrisch*, EuZW 2014, 231 (231 f.), der darauf hinweist, dass der Mitgliedstaat mitunter keine anfechtbare Entscheidung mehr erlässt.

[323] Zu sekundären Schadensersatzansprüchen *Ehlers*, DVBl. 2014, 1 (12).

[324] Dazu *Ziekow*, § 6 Rn. 121.

[325] Ob zunächst ein Vorverfahren durchzuführen ist, richtet sich nach § 68 Abs. 1 S. 2 VwGO. Bei einer gegen Aufhebungs- und Festsetzungsbescheid gerichteten Klage liegt eine objektive Klagenhäufung nach § 44 VwGO vor.

S. 1 Alt. 2 VwGO auf Wiederherstellung der aufschiebenden Wirkung verwiesen. Bei der Rückforderung einer unionsrechtswidrigen Beihilfe ist eine behördliche Sofortvollzugsanordnung unionsrechtlich geboten. Den Gerichten ist es hier überdies grundsätzlich verwehrt, die aufschiebende Wirkung gemäß § 80 Abs. 5 S. 1 Alt. 2 VwGO wiederherzustellen (→ Rn. 72).

b) Rückforderungsverlangen der Kommission

91   Fordert ein Mitgliedstaat eine Beihilfe zurück, dient dies regelmäßig der Umsetzung eines Rückforderungsverlangens der Kommission nach Art. 13 Abs. 2 UAbs. 1 oder Art. 16 Abs. 1 S. 1 VVO. Das Rückforderungsverlangen ist an den Mitgliedstaat gerichtet, der es gegenüber dem Beihilfenempfänger durch Erlass eines Aufhebungs- und Rückforderungsbescheids oder durch Geltendmachung eines Erstattungs- oder Bereicherungsanspruchs umsetzt (ausführlich zum Ganzen → Rn. 70 ff.). Hält der Beihilfenempfänger bereits das *Rückforderungsverlangen der Kommission* für rechtswidrig, muss er es *vor den Unionsgerichten direkt angreifen.* Unterlässt er dies, obwohl er vom Rückforderungsverlangen Kenntnis hat und ohne jeden Zweifel klagebefugt ist, kann er Mängel des ihm gegenüber in diesem Fall *bestandskräftigen Rückforderungsverlangens der Kommission* in einem späteren Rechtsstreit über das mitgliedstaatliche Rückforderungsverlangen vor den nationalen Gerichten nicht mehr geltend machen.[326]

92   Einschlägig ist die *Nichtigkeitsklage nach Art. 263 Abs. 4 AEUV.*[327] Der Beihilfenempfänger ist insoweit gemäß Art. 263 Abs. 4 Var. 2 AEUV nur klagebefugt, wenn er durch das nicht an ihn, sondern an den Mitgliedstaat gerichtete Rückforderungsverlangen der Kommission *unmittelbar und individuell betroffen* ist.[328] Zwar ist das Rückforderungsverlangen der Kommission auf mitgliedstaatliche Umsetzung angewiesen, es lässt dem Mitgliedstaat aber keinen Umsetzungsspielraum, so dass der Beihilfenempfänger bei der gebotenen materiellen Betrachtungsweise unmittelbar betroffen ist.[329] Auch individuell betroffen ist er,

---

[326] EuGH, Rs. C-188/92, Slg. 1994, I-833, Rn. 17 – TWD/Bundesrepublik Deutschland; Rs. C-135/16, EU:C:2018:582, Rn. 17 – Georgsmarienhütte u. a.

[327] Klagebefugt ist gemäß Art. 263 Abs. 2 AEUV auch der subventionierende Mitgliedstaat.

[328] Ein Rechtsakt mit Verordnungscharakter i. S. v. Art. 263 Abs. 4 Var. 3 AEUV, der keine Durchführungsmaßnahme nach sich zieht, liegt schon deshalb nicht vor, weil das Rückforderungsverlangen der Kommission gegenüber dem Mitgliedstaat stets auf Umsetzung durch den Mitgliedstaat gegenüber dem Beihilfenempfänger angewiesen ist. Das gilt auch für Rückforderungsverlangen betreffend Beihilfen, die auf Grundlage von Beihilferegelungen gewährt worden sind. Entsprechende Rückforderungsverlangen sind zwar nach EuGH, verb. Rs. C-622/16 P-C-624/16 P, EU:C:2018:873, Rn. 34 ff. – Scuola Elementare Maria Montessori/Kommission, bei materieller Betrachtung Maßnahmen mit allgemeiner Geltung und daher Rechtsakte mit Verordnungscharakter. Sie ziehen aber gegenüber den Beihilfenempfängern in Form des Rechtsakts einer nationalen Stelle, mit dem die Beihilfe zurückgefordert wird, Durchführungsmaßnahmen nach sich; dazu kritisch *Jaeger*, EuZW 2019, 194 (198 f.).

[329] EuGH Rs. C-135/16, EU:C:2018:582, Rn. 29 f. – Georgsmarienhütte u. a.; EuG, verb. Rs. T-254/00, T-270/00 und T-277/00, Slg. 2008, II-3269, Rn. 69 – Hotel Cipriani/Kommission.

wenn das Rückforderungsverlangen ihn „wegen bestimmter persönlicher Eigenschaften oder besonderer, [ihn] aus dem Kreis aller übrigen Personen heraushebender Umstände berührt und daher in ähnlicher Weise individualisiert wie den Adressaten".[330] Das ist bei *Einzelbeihilfen* ohne weiteres der Fall. Bei *Beihilferegelungen*, auf deren Grundlage „Unternehmen, die in der Regelung in einer allgemeinen und abstrakten Weise definiert werden, ohne nähere Durchführungsmaßnahmen Einzelbeihilfen gewährt werden können",[331] folgt es daraus, dass diejenigen, die bereits in den Genuss der Regelung gekommen sind, angesichts des Rückforderungsverlangens mit einer Einziehung der erlangten Vorteile rechnen müssen. Bei diesen Begünstigten handelt es sich mithin um einen hinreichend individualisierten Personenkreis.[332]

Gemäß *Art. 278 S. 1 AEUV* hat die Nichtigkeitsklage *keine aufschiebende* **93** *Wirkung*, so dass der Mitgliedstaat auch bei einer Klage gegen das Rückforderungsverlangen der Kommission zunächst gemäß Art. 16 Abs. 3 S. 1 VVO zur unverzüglichen Rückforderung der Beihilfe vom Beihilfenempfänger verpflichtet bleibt.[333] Der EuGH kann jedoch, wenn er dies für nötig hält, gemäß *Art. 278 S. 2 AEUV* die *Durchführung des Rückforderungsverlangens der Kommission aussetzen.* Die Darlegung der insoweit erforderlichen Dringlichkeit[334] unterliegt indes sehr hohen Anforderungen. So soll ein im Beihilfenrecht alleine in Betracht kommender finanzieller Schaden grundsätzlich nachträglich ausgeglichen werden können und daher nicht irreparabel sein. Er rechtfertigt daher eine Aussetzungsentscheidung nur, sofern die Existenz des Beihilfenempfängers gefährdet ist. Auch insoweit wird ein strenger Maßstab angelegt.[335] Der einstweilige Rechtsschutz hat daher im Beihilfenrecht nur eine geringe praktische Bedeutung.[336]

---

[330] So etwa EuGH, Rs. C-274/12 P, EU:C:2013:852, Rn. 46 – Telefónica/Kommission, unter Rekurs auf die klassische Formulierung in Rs. 25/62, Slg. 1963, 213 (238 f.) – Plaumann/Kommission.

[331] So die Begriffsbestimmung in Art. 1 lit. d VVO. Sehen Beihilferegelungen hingegen, wie es Art. 1 lit. d VVO als zweite Möglichkeit erwähnt, vor, dass „einem oder mehreren Unternehmen nicht an ein bestimmtes Vorhaben gebundene Beihilfen für unbestimmte Zeit und/oder in unbestimmter Höhe gewährt werden können", ist in der Regel ebenfalls ohne weiteres von einer individuellen Betroffenheit durch das Rückforderungsverlangen auszugehen.

[332] EuGH, verb. Rs. C-71/09 P, C-73/09 P und C-76/09 P, Slg. 2011, I-4727, Rn. 51 ff. – Comitato „Venezia vuole vivere" u. a./Kommission; Rs. C-135/16, EU:C:2018:582, Rn. 33 – Georgsmarienhütte u. a.; dazu instruktiv *Soltész*, EuZW 2012, 174 (179).

[333] *Kühling*, in: Ehlers/Fehling/Pünder, § 29 Rn. 81.

[334] Dazu Art. 104 § 2 VerfO EuG und Art. 160 Abs. 3 VerfO EuGH.

[335] Zum Ganzen EuG, Rs. T-111/01 R, Slg. 2001, II-2335, Rn. 23 ff. – Saxonia Edelmetalle/Kommission.

[336] Siehe aber jüngst EuGH, Rs. C-315/18 P(R)-R, EU:C:2018:443 – Valencia Club de Fútbol/Kommission; EuG, Rs. T-901/16, EU:T:2018:268 – Elche Club de Fútbol/Kommission; dazu pointiert *Soltész*, EuZW 2019, 53 (59 f.): „Einstweiliger Rechtsschutz – … und es gibt ihn doch!"

3. Konkurrentenschutz

94   Zunehmend an Bedeutung gewinnt schließlich der Konkurrentenschutz. So begreifen die Kommission[337] und der EuGH[338] die private Durchsetzung der „Wettbewerbsregeln" in den Art. 101 ff. und 107 ff. AEUV durch Wettbewerber als einen
wichtigen Hebel, um die praktische Wirksamkeit des europäischen Wettbewerbsrechts sicherzustellen.[339] Als Hindernis erweisen sich dabei ungeachtet unionsrechtlicher Transparenzdirektiven[340] nach wie vor Informationsdefizite der Wettbewerber. Erlangen diese keine zuverlässige Kenntnis von rechtswidrigen Subventionen,
bleibt das Instrument der privaten Rechtsdurchsetzung wirkungslos.[341] Zuständig
für Konkurrentenklagen sind in erster Linie die nationalen Gerichte (a). Konkurrentenschutz durch Unionsgerichte kommt in Betracht, wenn die Kommission eine
Beihilfe genehmigt hat oder es unterlässt, gegen eine unionsrechtswidrige Beihilfe
nach Art. 108 Abs. 2 UAbs. 1 AEUV vorzugehen (b).

a) Konkurrentenschutz durch nationale Gerichte

95   Vor den nationalen Gerichten können Konkurrenten des Beihilfenempfängers zunächst
die Rechtswidrigkeit des Vergabeakts geltend machen – im Falle einer Vergabe
durch Verwaltungsakt mit der *Anfechtungsklage nach § 42 Abs. 1 Alt. 1 VwGO*,[342]
im Falle einer Vergabe durch öffentlich- oder privatrechtlichen Vertrag mit der *Feststellungsklage nach § 43 VwGO oder § 256 Abs. 1 ZPO*.[343] Darüber hinaus können

---

[337] Siehe nur Bekanntmachung der Kommission über die Durchsetzung des Beihilfenrechts durch
die einzelstaatlichen Gerichte, ABl. EU 2009 C 85/1 (Bekanntmachung einzelstaatliche Gerichte).

[338] Siehe aus der an Hinweise in EuGH, Rs. 6/64, Slg. 1964, 1253, 1273 – Costa/ENEL, und Rs.
120/73, Slg. 1973, 1472, Rn. 8 f. – Lorenz GmbH/Bundesrepublik Deutschland u. a., anknüpfen-
den Rechtsprechung etwa Rs. C-39/94, Slg. 1996, I-3547, Rn. 39 ff. und 67 ff. – SFEI u. a.;
Rs. C-368/04, Slg. 2006, I-9957, Rn. 36 ff. – Transalpine Ölleitung in Österreich.

[339] Dazu näher *Martin-Ehlers/Strohmayr*, EuZW 2008, 745 (748 f.); *Rennert*, EuZW 2011, 576
(576 f.); *Soltész*, ZWeR 2006, 388 (388 ff.); *Wagner*, FS Roth, 2015, 665 (667 ff.); zur zugrunde
liegenden Idee einer „Mobilisierung" des Einzelnen für die Durchsetzung des Rechts *Masing*, Die
Mobilisierung des Bürgers für die Durchsetzung des Rechts, 1997.

[340] Siehe neben Art. 9 AGFVO die Transparenzmitteilung der Kommission, ABl. EU 2014 C
198/30. Darüber hinaus bestehen Informationsrechte auf nationaler Ebene; dazu *Bungenberg/
Motzkus,* in: Birnstiel/Bungenberg/Heinrich, Kap. 5 Rn. 149; *Unger/Hug,* in: F. Wollenschläger/
Wurmnest/Möllers (Hrsg.), Private Enforcement of European Competition and State Aid Law (im
Erscheinen).

[341] Dazu *Soltész*, ZWeR 2006, 388 (392 f.); *ders.*, EuR 2012, 60 (65 ff.); *Unger/Hug*, in: F. Wollen-
schläger/Wurmnest/Möllers (Hrsg.), Private Enforcement of European Competition and State Aid
Law (im Erscheinen).

[342] Die Klagefrist wird mangels Bekanntgabe des Verwaltungsakts gegenüber dem Konkurrenten in
der Regel gar nicht erst in Lauf gesetzt; siehe dazu *Ebeling/Tellenbröker*, JuS 2014, 217 (222).
Erlangt der Konkurrent freilich von Existenz und Inhalt des Bewilligungsbescheids sichere Kenntnis oder hätte er diese erlangen müssen, läuft nach BVerwGE 138, 322 (327), wie beim Nachbar-
rechtsschutz im Baurecht entsprechend § 58 Abs. 2 S. 1 VwGO eine Verwirkungsfrist von einem
Jahr; dagegen BVerfG, NVwZ 2016, 238 (241): Figur einer einjährigen Verwirkungsfrist setzt ein
besonderes Näheverhältnis zwischen dem Adressaten des Verwaltungsakts und dem klagenden
Dritten voraus, das im Baurecht in Form eines besonderen nachbarschaftlichen Gemeinschaftsver-
hältnisses besteht, im Beihilfenrecht aber fehlt. Eine Verwirkung des Klagerechts ist danach zwar
nicht ausgeschlossen, aber an keine starre Frist gebunden.

[343] Dazu BGHZ 196, 254 (257 f.).

sie je nach öffentlich- oder privatrechtlicher Ausgestaltung des Subventionsverhältnisses auf Grundlage des öffentlich-rechtlichen Folgenbeseitigungsanspruchs oder des privatrechtlichen Beseitigungsanspruchs aus § 823 Abs. 2 BGB i. V. m. § 1004 Abs. 1 S. 1 BGB[344] vom Subventionsgeber die Rückforderung der Subvention und des mit dieser verbundenen Zinsvorteils verlangen. Dieser Anspruch kann im Hauptsacheverfahren mit der verwaltungs- oder zivilprozessualen *Leistungsklage* durchgesetzt werden.[345] Eilrechtsschutz wird über § 123 VwGO und § 935 ZPO gewährt.[346] Voraussetzung sowohl der Anfechtungs- als auch der Leistungsklage ist freilich, dass der Kläger eine *Verletzung in eigenen Rechten* durch die angegriffene Subvention dartun kann. In Fällen ohne unionsrechtlichen Bezug wird ihm das angesichts der (nicht überzeugenden) subventionsrechtlichen Engführung der Grundrechte (→ Rn. 6 ff.) nur in seltenen Ausnahmefällen gelingen.[347]

Handelt es sich bei der Subvention hingegen um eine Beihilfe und ist diese ohne **96** Notifizierung gewährt worden, kann sich der Kläger stets auf einen *Verstoß gegen Art. 108 Abs. 3 S. 3 AEUV* berufen.[348] Nach anfänglichen Vorbehalten erkennen die deutschen Zivil- und Verwaltungsgerichte mittlerweile entsprechend der Rechtsprechung des EuGH[349] an, dass sich das Durchführungsverbot nach Art. 108 Abs. 3 S. 3 AEUV nicht nur an die Mitgliedstaaten richtet,[350] sondern auch die Interessen der Wettbewerber des Beihilfenempfängers[351] schützt. Es kann daher mit der Anfechtungsklage verteidigt werden und begründet Rückforderungsansprüche des Konkurrenten gegen den Beihilfengeber, der den Ansprüchen aus Effektivitätsgründen in aller Regel nicht entgegenhalten kann, die Rückforderung vom Beihilfenempfänger sei aus rechtlichen oder tatsächlichen Gründen ausgeschlossen.[352] Voraussetzung ist freilich, dass es sich bei der Begünstigung um eine Beihilfe i. S. v. Art. 107 Abs. 1 AEUV handelt, die weder genehmigt noch von der Notifizierung freigestellt ist. Die nationalen

---

[344] Ob sich ein privatrechtlicher Beseitigungsanspruch darüber hinaus auch aus § 8 UWG i. V. m. § 3 Abs. 1 und § 3a UWG ergibt, ist umstritten; ablehnend *Ohly*, in: ders./Sosnitza, UWG, 7. Aufl. 2016, Einleitung D Rn. 30; anders etwa *Tilmann/Schreibauer*, GRUR 2002, 212 (220 f.).

[345] Bei einer Subventionsvergabe durch Verwaltungsakt erleichtert § 113 Abs. 1 S. 2 VwGO den Konkurrentenschutz insofern, als über die Leistungsklage zusammen mit der Anfechtungsklage (und nicht erst nach Eintritt der Rechtskraft des Aufhebungsurteils) entschieden werden kann.

[346] Dazu Bekanntmachung einzelstaatliche Gerichte, Rn. 56 ff.

[347] Siehe etwa *Ebeling/Tellenbröker*, JuS 2014, 217 (222); *Ziekow*, § 6 Rn. 130.

[348] Ist die Beihilfe erfolgreich notifiziert worden, ist gegen die positive Kommissionsentscheidung vorzugehen (→ Rn. 98). Unterbleibt dies, können Einwände gegenüber der Kommissionsentscheidung dem nachfolgenden mitgliedstaatlichen Vergabeakt nicht mehr entgegengehalten werden.

[349] Siehe etwa EuGH, Rs. C-368/04, Slg. 2006, I-9957, Rn. 38 und 44 – Transalpine Ölleitung in Österreich; Rs. C-199/06, Slg. 2008, I-469, Rn. 38 – CELF und Ministre de la Culture et de la Communication.

[350] So etwa noch OLG München, EuZW 2004, 125 (127).

[351] Zur Abgrenzung des geschützten Personenkreises *Bungenberg/Motzkus*, WiVerw 2013, 76 (124): Angebot „gleichartige[r] Waren oder Dienstleistungen … innerhalb desselben Adressatenkreises".

[352] Grundlegend BGHZ 188, 326 (332 ff.); BVerwGE 138, 322 (324 ff.); dazu *Martin-Ehlers*, EuZW 2011, 583: „Paradigmenwechsel in der deutschen Rechtsprechung"; *Unger/Hug*, in: F. Wollenschläger/Wurmnest/Möllers (Hrsg.), Private Enforcement of European Competition and State Aid Law (im Erscheinen).

Gerichte müssen und dürfen das *autonom prüfen*,[353] sind dabei aber *an etwaige Entscheidungen der Kommission gebunden.* Das gilt nach der neueren Rechtsprechung des EuGH auch für Entscheidungen im vorläufigen Prüfverfahren nach Art. 15 Abs. 1 S. 1 i. V. m. Art. 4 Abs. 2, 3 und 4 VVO. Eröffnet die Kommission mithin gemäß Art. 15 Abs. 1 S. 1 i. V. m. Art. 4 Abs. 4 VVO ein *förmliches Prüfverfahren* (und qualifiziert sie damit, wie sich aus Art. 4 Abs. 2 VVO ergibt, die mitgliedstaatliche Maßnahme vorläufig als Beihilfe), sind die *nationalen Gerichte an diese Entscheidung gebunden.* Entsprechendes gilt für einen Beschluss nach Art. 15 Abs. 1 S. 1 i. V. m. Art. 4 Abs. 3 VVO, sofern die Kommission die Frage, ob eine Beihilfe vorliegt, nicht ausdrücklich offenlässt.[354] Die nationalen Gerichte dürfen in diesen Fällen von der Beurteilung der Kommission nur abweichen, wenn sie zuvor den EuGH gemäß Art. 267 Abs. 2 und 3 i. V. m. Art. 267 Abs. 1 lit. b AEUV mit der Frage nach der Gültigkeit der Kommissionsentscheidung befasst haben.[355] Die deutschen Zivil- und Verwaltungsgerichte tun sich mit diesen Grundsätzen unter Hinweis auf den vorläufigen Charakter der Kommissionsbeschlüsse im vorläufigen Prüfverfahren und die Unabhängigkeit der Gerichte traditionell schwer.[356] In zwei jüngeren Entscheidungen haben sie die Bindungswirkung auch vorläufiger Kommissionsbeschlüsse zwar im Ausgangspunkt anerkannt, dabei aber – mit unterschiedlicher Begründung – Spielräume für eine Abweichung ohne vorherige Befassung des EuGH reklamiert.[357] Das ist im Lichte der Rechtsprechung des EuGH zu Recht auf Kritik gestoßen.[358]

97   Der Konkurrentenschutz soll nach dem Willen der Kommission und des EuGH nicht auf die Rückforderung unionsrechtswidriger Beihilfen beschränkt bleiben. Beide haben wiederholt darauf hingewiesen, dass *Schadensersatzansprüche von Wettbewerbern* „wesentlich zur Aufrechterhaltung eines wirksamen Wettbewerbs in der Gemeinschaft beitragen".[359] Trotz dieser Direktive spielen Schadensersatzansprüche bei der

---

[353] Siehe etwa EuGH, Rs. C-284/12, EU:C:2013:755, Rn. 34 f. – Deutsche Lufthansa; Bekanntmachung einzelstaatliche Gerichte, Rn. 8 ff. In Zweifelsfällen kann gemäß Art. 267 Abs. 2 und 3 i. V. m. Art. 267 Abs. 1 lit. a AEUV der EuGH angerufen werden.

[354] Zu dieser Vorgehensweise *Karpenstein/Dorn*, EuZW 2017, 337 (338).

[355] Zum Ganzen EuGH, Rs. C-284/12, EU:C:2013:755, Rn. 36 ff. – Deutsche Lufthansa; bestätigend und präzisierend Rs. C-27/13, EU:C:2014:240, Rn. 20 ff. und 30 ff. – Flughafen Lübeck, wo ergänzend festgestellt wird, dass das nationale Gericht das Verfahren nicht bis zum Abschluss des förmlichen Prüfverfahrens aussetzen darf.

[356] Stellvertretend für ähnliche Kritik im Schrifttum *Berrisch*, EuZW 2014, 253; *Soltész*, EuZW 2014, 89 (93); *Traupel/Jennert*, EWS 2014, 1; zustimmend hingegen *Martin-Ehlers*, EuZW 2014, 247.

[357] BVerwGE 156, 199; BGH, EuZW 2017, 312.

[358] Siehe insbesondere *Martin-Ehlers*, EuZW 2017, 316 (316 f.); differenzierend *Karpenstein/Dorn*, EuZW 2017, 337 (338 ff.); *Soltész*, EuZW 2018, 60 (66 f.); positiver *Rennert*, EuZW 2017, 567 (568 ff.); zum Ganzen auch *Unger/Hug*, in: F. Wollenschläger/Wurmnest/Möllers (Hrsg.), Private Enforcement of European Competition and State Aid Law (im Erscheinen).

[359] So für das Kartellrecht EuGH, Rs. C-453/99, Slg. 2001, I-6297, Rn. 27 – Courage und Crehan; für das Beihilfenrecht Rs. C-199/06, Slg. 2008, I-469, Rn. 53 und 55 – CELF und Ministre de la Culture et de la Communication; Bekanntmachung einzelstaatliche Gerichte, Rn. 43 ff.

Durchsetzung des Beihilfenrechts in Deutschland bis heute praktisch keine Rolle.[360] Zwar bestehen mit § 823 Abs. 2 BGB i. V. m. Art. 108 Abs. 3 S. 3 AEUV (für privatrechtlich ausgestaltete Beihilfen) und der Staatshaftung für Verstöße gegen Unionsrecht[361] (für öffentlich-rechtlich ausgestaltete Beihilfen) tragfähige Grundlagen für Schadensersatzansprüche gegen den Beihilfengeber.[362] Das Problem des Nachweises eines kausal gerade auf die unionsrechtswidrige Beihilfe zurückzuführenden Schadens durch den beweisbelasteten Wettbewerber erweist sich aber bis heute als kaum überwindbares Hindernis für ein effektives Schadensersatzregime.[363]

b) Konkurrentenschutz durch Unionsgerichte

Handelt es sich bei einer mitgliedstaatlichen Subvention um eine Beihilfe nach **98** Art. 107 Abs. 1 AEUV, kommt auch Konkurrentenschutz durch Unionsgerichte in Betracht. Hier ist zu unterscheiden: Hat der Mitgliedstaat eine Subvention angemeldet, können Konkurrenten des Subventionsempfängers „*positive*" *Beschlüsse der Kommission* nach Art. 4 Abs. 2 und 3 VVO im vorläufigen Prüfverfahren und nach Art. 9 Abs. 2, 3 und 4 VVO im förmlichen Prüfverfahren (→ Rn. 57 f.) angreifen. Da diese Beschlüsse nicht an die Konkurrenten, sondern an den Mitgliedstaat gerichtet sind und es sich jedenfalls bei Einzelbeihilfen nicht um Rechtsakte mit Verordnungscharakter handelt, die keine Durchführungsmaßnahmen nach sich ziehen, müssen Konkurrenten hier gemäß *Art. 263 Abs. 4 Var. 2 AEUV* eine *unmittelbare und individuelle Betroffenheit* dartun, mithin darlegen, dass ihnen die Beschlüsse der Kommission „wegen bestimmter persönlicher Eigenschaften oder besonderer, sie aus dem Kreis aller übrigen Personen heraushebender Umstände berühr[en] und sie daher in ähnlicher Weise individualisier[en] wie den Adressaten".[364] Das setzt grundsätzlich voraus, dass ihre *Marktstellung durch die Beihilfe*

---

[360] Siehe etwa *Ebers,* Rechte, Rechtsbehelfe und Sanktionen im Unionsprivatrecht, 2016, S. 684.

[361] Zu den unionsrechtlichen Direktiven mit Blick auf das Beihilfenrecht EuGH, Rs. C-173/03, Slg. 2006, I-5177, Rn. 41 – Traghetti del Mediterraneo; zur Umsetzung in Deutschland nur BGHZ 134, 30.

[362] Schadensersatzansprüche gegen den Empfänger einer unionsrechtswidrigen Beihilfe sind in Deutschland bislang nur ganz vereinzelt in Erwägung gezogen worden, siehe etwa BVerwG, EuZW 2013, 274 (277); dagegen überzeugend *Ehlers*, DVBl. 2014, 1 (12); *Rennert*, EuZW 2011, 576 (582). Unionsrechtlich geboten sind sie nicht, EuGH, Rs. C-39/94, Slg. 1996, I-3547, Rn. 72 ff. – SFEI u. a.

[363] Dazu *Ehlers*, DVBl. 2014, 1 (12); *Soltész*, ZWeR 2006, 388 (395 f.); *ders.*, EuR 2012, 60 (66 f.); *Unger/Hug*, in: F. Wollenschläger/Wurmnest/Möllers (Hrsg.), Private Enforcement of European Competition and State Aid Law (im Erscheinen).

[364] So EuGH, Rs. C-78/03 P, Slg. 2005, I-10737, Rn. 33 – Kommission/Aktionsgemeinschaft Recht und Eigentum, unter Rekurs auf die klassische Formulierung in Rs. 25/62, Slg. 1963, 213 (238 f.) – Plaumann/Kommission. Positivbeschlüsse betreffend Beihilferegelungen sind hingegen nach EuGH, verb. Rs. C-622/16 P-C-624/16 P, EU:C:2018:873, Rn. 31 ff. und 65 ff. – Scuola Elementare Maria Montessori/Kommission, gegenüber Konkurrenten bei materieller Betrachtung Rechtsakte mit Verordnungscharakter, die jedenfalls ihnen gegenüber keine Durchführungsmaßnahmen nach sich ziehen. Konkurrenten müssen daher nach Art. 263 Abs. 4 Var. 3 AEUV lediglich dartun, dass die Beschlüsse sie unmittelbar betreffen. Der EuGH lässt insoweit ebd., Rn. 50, den Vortrag genügen, dass die Konkurrenten „auf demselben Dienstleistungsmarkt und demselben räumlichen Markt aktiv [sind]". Eine spürbare Beeinträchtigung der eigenen Marktstellung ist anders als bei Klagen gegen Positivbeschlüsse betreffend Einzelbeihilfen nicht nachzuweisen; zu diesem Widerspruch mit berechtigter Kritik *Jaeger*, EuZW 2019, 194 (200).

spürbar beeinträchtigt wird.[365] Unabhängig davon ist eine Klagebefugnis aber auch insoweit zu bejahen, als Konkurrenten Beteiligte nach Art. 1 lit. h VVO sind[366] und die Kommission eine Entscheidung nach Art. 4 Abs. 2 oder 3 VVO trifft. In diesem Fall sieht sie implizit von der Eröffnung eines förmlichen Prüfverfahrens gemäß Art. 4 Abs. 4 VVO ab. Beteiligte verlieren damit die *Möglichkeit, gemäß Art. 6 Abs. 1 S. 2 VVO eine Stellungnahme abzugeben.* Dieses Verfahrensrecht können sie mit der Nichtigkeitsklage verteidigen.[367] Zwar ist insoweit – anders als bei Geltendmachung einer Beeinträchtigung der eigenen Marktstellung – nicht der positive Beschluss der Kommission über die mitgliedstaatliche Subvention, sondern nur die Verletzung des Verfahrensrechts aus Art. 6 Abs. 1 S. 2 VVO Klagegegenstand.[368] Dieses ist aber nur dann verletzt, wenn die Subvention durchaus „Anlass zu Bedenken hinsichtlich ihrer Vereinbarkeit mit dem Binnenmarkt gibt" und das förmliche Prüfverfahren daher nach Art. 4 Abs. 4 VVO hätte eröffnet werden müssen. Inhaltliche „Bedenken hinsichtlich der Vereinbarkeit der fraglichen Maßnahme mit dem Gemeinsamen Markt" können daher von beteiligten Konkurrenten auch hier vorgebracht werden.[369]

99   Hat der Mitgliedstaat eine Beihilfe nach Art. 107 Abs. 1 AEUV nicht angemeldet, können Konkurrenten des Empfängers zunächst nur gemäß Art. 24 Abs. 2 S. 1 i. V. m. Art. 1 lit. h VVO der Kommission „*Mitteilung über mutmaßlich rechtswidrige Beihilfen und über eine mutmaßlich mißbräuchliche Anwendung von Beihilfen*" machen. Setzt die Kommission daraufhin ein repressives Aufsichtsverfahren nach Art. 108 Abs. 2 UAbs. 1 AEUV in Gang, stehen gegen „positive" Beschlüsse in diesem Verfahren die gleichen Rechtsbehelfe wie gegen „positive"

---

[365] EuGH, Rs. C-78/03 P, Slg. 2005, I-10737, Rn. 37 – Kommission/Aktionsgemeinschaft Recht und Eigentum; EuG, Rs. T-162/13, EU:T:2016:341, Rn. 36 – Magic Mountain Kletterhallen u. a./ Kommission. Exemplarisch zu den hohen Anforderungen zuletzt Rs. T-492/15, EU:T:2019:252, Rn. 145 ff. – Deutsche Lufthansa/Kommission; T-764/15, EU-T:2019:349, Rn. 112 ff. – Deutsche Lufthansa/Kommission, das eine bloße Berufung auf die „Eigenschaft als Wettbewerber des begünstigten Unternehmens" nicht genügen lässt, sondern vielmehr „Belege für die Besonderheit [der] wettbewerblichen Situation" verlangt. Konkurrenten müssen danach „in stichhaltiger Weise" den Grad der Beeinträchtigung der eigenen Stellung auf einem genau definierten Markt dartun. Der bloße Hinweis auf Indizien wie eine Umsatzeinbuße, einen finanziellen Verlust oder eine Verringerung des Marktanteils genügt ebenso wenig wie eine bestimmte Höhe der gewährten Beihilfe.

[366] Dazu EuGH, Rs. C-78/03 P, Slg. 2005, I-10737, Rn. 36 – Kommission/Aktionsgemeinschaft Recht und Eigentum; EuG, Rs. T-162/13, EU:T:2016:341, Rn. 35 – Magic Mountain Kletterhallen u. a./Kommission: „Beteiligte … sind die durch die Gewährung einer Beihilfe eventuell in ihren Interessen verletzten Personen, Unternehmen oder Vereinigungen, d. h. insbesondere die mit den Beihilfenempfängern konkurrierenden Unternehmen und die Berufsverbände". Erforderlich ist insoweit noch nicht einmal, dass ein konkretes Wettbewerbsverhältnis zum Empfänger der Beihilfe besteht; es genügt, dass sich die Beihilfe auf die Situation eines Unternehmens konkret auswirken kann, EuGH, Rs. C-83/09 P, Slg. 2011, I-4441, Rn. 63 ff. – Kommission/Kronoply und Kronotex.

[367] EuGH, Rs. C-78/03 P, Slg. 2005, I-10737, Rn. 35 – Kommission/Aktionsgemeinschaft Recht und Eigentum; EuG, Rs. T-162/13, EU:T:2016:341, Rn. 34 – Magic Mountain Kletterhallen u. a./ Kommission.

[368] EuGH, Rs. C-78/03 P, Slg. 2005, I-10737, Rn. 37 – Kommission/Aktionsgemeinschaft Recht und Eigentum; EuG, Rs. T-162/13, EU:T:2016:341, Rn. 36 – Magic Mountain Kletterhallen u. a./ Kommission.

[369] So EuGH, Rs. C-83/09 P, Slg. 2011, I-4441, Rn. 59 – Kommission/Kronoplay und Kronotex.

Beschlüsse im Anmeldeverfahren zur Verfügung (→ Rn. 98). Wird die Kommission hingegen auf die Beschwerde hin nicht tätig, kommt eine *Untätigkeitsklage nach Art. 265 Abs. 3 AEUV* in Betracht. Konkurrenten müssen hier dartun, dass die Kommission einen Rechtsakt unterlassen hat, der sie unmittelbar und individuell betroffen hätte.[370] Insoweit gelten erneut die für Klagen gegen „positive" Beschlüsse im Anmeldeverfahren maßgeblichen Grundsätze (→ Rn. 98).[371]

V. Kontrollfragen   100

1. Bedarf die Subventionsvergabe einer formell-gesetzlichen Grundlage? (→ Rn. 6 ff.)
2. Welche Grenzen ziehen die Grundrechte der Subventionsvergabe? (→ Rn. 6 ff. und 9)
3. Unter welchen Voraussetzungen verbietet das Unionsrecht nationale Subventionen? Skizzieren Sie knapp den Inhalt der einzelnen Voraussetzungen! (→ Rn. 14 ff.)
4. Gibt es Ausnahmen vom unionsrechtlichen Beihilfenverbot? (→ Rn. 28 ff.)
5. Welche Besonderheiten sind bei der unionsrechtlichen Beurteilung der Förderung der Dienstleistungen von allgemeinem wirtschaftlichem Interesse zu beachten? (→ Rn. 36 ff.)
6. Welche Vorgaben für die Subventionsvergabe kennt das Völkerrecht? (→ Rn. 44 ff.)
7. In welchen Handlungsformen können Subventionen vergeben werden? (→ Rn. 50 ff.)
8. Wie sind Subventionen bei Zweckverfehlung oder Rechtswidrigkeit zurückzufordern, die einstufig durch Verwaltungsakt (alternativ: durch öffentlich-rechtlichen oder durch privatrechtlichen Vertrag) gewährt worden sind? (→ Rn. 61, 62 und 64)
9. Welche Besonderheiten sind bei der Rückforderung unionsrechtswidriger nationaler Subventionen zu beachten, wenn die Kommission den Mitgliedstaat (alternativ: noch nicht) zur Rückforderung aufgefordert hat? (→ Rn. 70 ff. und 79 f.)
10. Skizzieren Sie den Rechtsschutz bei a) Verweigerung einer Subvention, b) Rückforderung einer Subvention, c) Subventionierung eines Konkurrenten! Was ist zu beachten, wenn die Kommission eine Entscheidung im Rahmen der Beihilfenaufsicht getroffen hat? (→ Rn. 84 ff., 88 ff. und 94 ff.)

---

[370] Zu diesem weiten Verständnis des Art. 265 Abs. 3 AEUV, auf dessen Grundlage eine Untätigkeitsklage auch zulässig ist, wenn die begehrte Maßnahme zwar nicht an den Kläger zu richten gewesen wäre, ihre Unterlassung ihn aber unmittelbar und individuell betrifft, *Thiele*, Europäisches Prozessrecht, 2. Aufl. 2014, § 8 Rn. 25 ff.

[371] EuG, Rs. T-95/96, Slg. 1998, II-3407, Rn. 57 ff. – Gestevisión Telecinco/Kommission.

Literatur

Bartosch, EU-Beihilfenrecht, 2. Aufl. 2016

Beljin, Beihilfenrecht, in: Schulze/Zuleeg/Kadelbach (Hrsg.), Europarecht, 3. Aufl. 2015, § 28

Birnstiel/Bungenberg/Heinrich (Hrsg.), Europäisches Beihilfenrecht, 2013

Bungenberg, Europäisches Subventionsverwaltungsrecht, in: Terhechte (Hrsg.), Verwaltungsrecht der Europäischen Union, 2011, § 21

Bungenberg/Motzkus, Die Praxis des Subventions- und Beihilfenrechts in Deutschland, WiVerw 2013, 73

Carnap-Bonheim, Einführung in das Europäische Beihilfenrecht, JuS 2013, 215

Ebeling/Tellenbröker, Subventionsrecht als Verwaltungsrecht, JuS 2014, 217

Ehlers, Rechtsfragen des Subventionsrechts, DVBl. 2014, 1

Goldmann, Rechtsfolgen des Verstoßes gegen das EG-Beihilfenrecht für privatrechtliche Verträge und ihre Rückabwicklung, Jura 2008, 275

Haverkate, Subventionsrecht, in: R. Schmidt (Hrsg.), Öffentliches Wirtschaftsrecht, Besonderer Teil 1, 1995, § 4

Heidenhain (Hrsg.), European State Aid Law, 2010

Hilbert, Die reformierte europäische Beihilfeaufsicht, Jura 2017, 1150

Immenga/Mestmäcker (Hrsg.), Wettbewerbsrecht, Bd. 3: Beihilfenrecht/Sonderbereiche, 5. Aufl. 2012

Kämmerer, Subventionen, in: Isensee/Kirchhof (Hrsg.), Handbuch des Staatsrechts, Bd. 5: Rechtsquellen, Organisation, Finanzen, 3. Aufl. 2007, § 124

Kilb, Subventionskontrolle durch europäisches Beihilferecht, JuS 2003, 1072

Koenig/Kühling/Ritter, EG-Beihilfenrecht, 2. Aufl. 2005

Kühling, Subventionsrecht, in: Ehlers/Fehling/Pünder (Hrsg.), Besonderes Verwaltungsrecht, Bd. I: Öffentliches Wirtschaftsrecht, 3. Aufl. 2012, § 29

Kühling/el-Barudi, Grundzüge des Rechts der Wirtschaftsförderung, Jura 2006, 672

Lübbig/Martin-Ehlers, Beihilfenrecht der EU, 2. Aufl. 2009

Säcker (Hrsg.), Münchener Kommentar Europäisches und Deutsches Wettbewerbsrecht, Bd. 5: Beihilfenrecht, 2. Aufl. 2018

Nowak, Subventionen, in: Hilf/Oeter (Hrsg.), WTO-Recht, 2. Aufl. 2010, § 13

Rodi, Die Subventionsrechtsordnung, 2000

Säcker/Montag (Hrsg.), European State Aid Law, 2016

Schorkopf, Subventionen, in: Kirchhof/Korte/Magen (Hrsg.), Öffentliches Wettbewerbsrecht, 2014, § 12

Soltész, Wichtige Entwicklungen im europäischen Beihilfenrecht im Jahre 2018, EuZW 2019, 53

§ 9 Gewerberecht

Stefan Korte

Inhaltsverzeichnis

S. Korte (✉)
Fachbereich Wirtschaftswissenschaften, Technische Universität Chemnitz,
Chemnitz, Deutschland
E-Mail: stefan.korte@wirtschaft.tu-chemnitz.de

© Springer-Verlag GmbH Deutschland, ein Teil von Springer Nature 2019   423
R. Schmidt, F. Wollenschläger (Hrsg.), *Kompendium Öffentliches Wirtschaftsrecht*,
Springer-Lehrbuch, https://doi.org/10.1007/978-3-662-59430-8_9

1 Das Gewerberecht findet seine Basis in der Gewerbeordnung (GewO) von 1869. Sie bildet noch heute eine Art *Grundgesetz des Rechts der gewerblichen Wirtschaft*,[1] obwohl schon vor längerer Zeit viele ihrer Sachgebiete, so z. B. das Gerätesicherheitsrecht, eigenständig kodifiziert wurden. Weitere Auslagerungen stehen bevor oder sind zwischenzeitlich erfolgt, weil die Föderalismusreform von 2006 in Art. 74 Abs. 1 Nr. 11 GG wichtige Teile der GewO wie das Recht der Messen, der Ausstellungen und der Märkte,[2] das Spielhallenrecht sowie das Recht der Schaustellung von Personen (→ § 2 Rn. 103) den Ländern überlässt.[3] Hinzu treten unionsrechtliche Implikationen, weil das Gewerberecht seine Basis teilweise in EU-Richtlinien findet oder weil dort EU-Verordnungen unmittelbar wirken (→ § 1 Rn. 1). Aufgrund dieser Gemengelage verschiedener Normgeber und Normen wird das Gewerberecht immer unübersichtlicher und ist daher ein ideales Feld für die juristischen Examina,[4] auch weil es Fragen aus dem allgemeinen und besonderen Verwaltungsrecht vereint, eine Spiegelung des einfachen am höheren Recht auf Unions- und Verfassungsebene erlaubt sowie ständig rechtlichen Neuerungen ausgesetzt ist.[5]

I. Ziele und Struktur der Gewerbeordnung

2 Die GewO sichert einerseits die Gewerbefreiheit, dient als Teil des besonderen Ordnungsrechts andererseits aber auch wirtschaftsordnenden Zielsetzungen und insbesondere der Abwehr solcher Gefahren, die von der gewerblichen Wirtschaft vor allem für die Verbraucher,[6] aber auch für die Arbeitnehmer ausgehen.[7] Diese eher allgemeinen Ziele erfahren verschiedene Konkretisierungen – je nachdem, welcher *Titel der GewO* greift, was von der konkreten unternehmerischen Aktivität abhängt. Ganz generell unterscheidet die GewO das stehende (Titel II, §§ 14 ff.) und das reisend betriebene Gewerbe (Titel III, §§ 55 ff.) sowie noch (→ Rn. 1) die Veranstaltung von Märkten,

---

[1] *Stober/Eisenmenger*, § 45 II 2; *Ehlers*, in: ders./Fehling/Pünder, § 18 Rn. 4.

[2] Vgl. zum bestehenden Landesrecht in Rheinland-Pfalz *Bickenbach*, LKRZ 2014, 265 ff. und *Stollenwerk*, GewArch 2017, 274; zum Bedarf nach entsprechendem Landesrecht in Sachsen jüngst *Böttner*, SächsVBl. 2018, 213.

[3] *Schliesky*, S. 223.

[4] Vgl. zur Examensrelevanz auch *Wormit*, JuS 2017, 641 sowie die aktuellen Übungsfälle von *ders.*, Jura 2018, 87; *Schaks*, JA 2018, 687; *Linke*, JuS 2018, 259; *Klafki*, JURA 2018, 1019; *Kluckert*, JuS 2017, 610; *ders.*, Jura 2017, 1319 sowie *Korte/Dittrich*, GewArch 2015, 165.

[5] Vgl. dazu z. B. *Drasdo*, NVwZ 2018, 31; *Eisenmenger*, NVwZ 2018, 1768 oder *Graef/Rafiqpoor*, NWVBl. 2016, 133.

[6] Allg. dazu *Wiebe*, Unternehmerfreiheit versus Verbraucherschutz, 2017.

[7] *Ehlers*, in: ders./Fehling/Pünder, § 18 Rn. 1.

Messen und Ausstellungen (Titel IV, §§ 64 ff.) Diese drei Bereiche enthalten vorbehaltlich etwaiger Verweise (vgl. z. B. die §§ 61a, 71b GewO) *jeweils eigenständige Vorschriften*, die eigenen Schutzbedürfnissen gerecht werden sollen. Daher muss ein Unternehmer ggf. mehreren rechtlichen Anforderungen genügen, wenn er auf unterschiedliche Art und Weise, z. B. zugleich stehend und reisend, gewerblich tätig werden will.

Ziele und Struktur der GewO lassen sich im Überblick durch Abb. 1 darstellen.   **3**

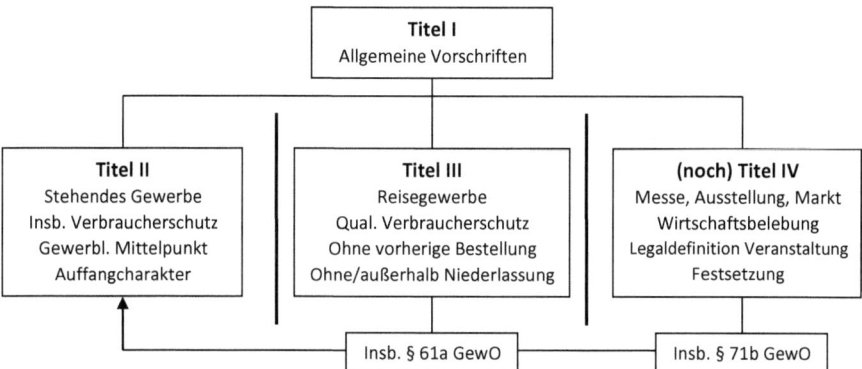

Abb. 1 Ziele und Struktur der GewO

Um die konkret geltenden Vorschriften zu ermitteln, ist zunächst zu bestimmen,   **4**
ob die Tätigkeit reisend oder marktmäßig ausgeübt wird.[8] Ist das nicht der Fall, liegt ein stehendes Gewerbe vor (sog. Negativabgrenzung), so dass *Titel II der GewO ein Auffangcharakter* zukommt.[9] Kennzeichnend für marktmäßige Aktivitäten ist, dass eine der in den §§ 64 ff. GewO legaldefinierten Veranstaltungen vorliegt und sie i. S. d. § 69 GewO festgesetzt ist.[10] Für die Abgrenzung der §§ 55 ff. von den §§ 14 ff. GewO gilt: Wird der Gewerbetreibende in seiner eigenen Niederlassung (→ Rn. 47, 87) i. S. d. § 4 Abs. 3 GewO oder auf vorhergehende Bestellung (dann ggf. auch außerhalb der Niederlassung)[11] aktiv, ist der Wortlaut des § 55 Abs. 1 GewO nicht erfüllt. Fehlt eine Niederlassung, kann ebenfalls ein stehendes Gewerbe gegeben sein, wenn der Betätigung eine Bestellung vorausgeht und zumindest ein geschäftlicher Mittelpunkt i. S. e. ortsfesten, lokal radizierten Einrichtung[12] vorhanden ist. Sie ist nötig, damit die Eingriffsmechanismen des Titels II der GewO zum auch örtlich auf eine bestimmte Gefahrenquelle gerichteten Schutzbedürfnis vor der stehenden gewerblichen Tätigkeit (→ Rn. 3) passen. Ein Briefkasten, eine Mobilfunknummer oder eine von einem Laptop aus betreute Internet-Seite

---

[8] *Frotscher/Kramer*, Rn. 407.

[9] *Schönleiter*, in: Landmann/Rohmer, GewO, § 55 Rn. 12 (Stand: 52. EL Mai 2008).

[10] Vgl. *Scheidler*, VR 2010, 224 (227).

[11] *Schliesky*, S. 253 ff.; *Hamdan*, JA 2007, 249 (252).

[12] Siehe dazu *Schönleiter*, in: Landmann/Rohmer, GewO, § 4 Rn. 46 (Stand: 61. EL Juni 2012).

sollen dieser Anforderung nicht genügen.[13] Hinreichend dürfte aber eine betriebsnotwendige Infrastruktur[14] wie ein Büro sein, soweit es sich noch nicht um eine
Niederlassung i. S. d. § 4 Abs. 3 GewO handelt.

5   Je nachdem, welcher Titel der GewO greift, spiegeln die darin enthaltenen Vorschriften *konkret* (→ Rn. 2) *folgende Zielsetzungen des Gesetzgebers*: Die §§ 14 ff. GewO
schützen vornehmlich das Vermögen, ggf. aber auch die Gesundheit oder wie
im Falle des Bewachungsgewerbes (§ 34a GewO) Leben, Leib und Freiheit des
Konsumenten – z. B. wenn eine Entführung verhindert werden soll.[15] Da sich die
§§ 55 ff. GewO speziell auf unternehmerische Aktivitäten ohne vorhergehende Bestellung des Kunden und ohne oder außerhalb einer Niederlassung i. S. d. § 4 Abs. 3 GewO
beziehen, zielen sie auf einen qualifizierten Verbraucherschutz ab. Sie wollen die
Marktgegenseite vor Anbieterverflüchtigung und Überrumpelung bewahren, weil
der Reisegewerbetreibende den Kunden unvorbereitet treffen und nach Abschluss
des Geschäfts ggf. nicht mehr auffindbar sein kann.[16] Die §§ 64 ff. GewO haben
schließlich eine wirtschaftsbelebende Funktion. Die Beteiligung der Hoheitsgewalt
vor allem in Form des Erlasses einer Festsetzung i. S. d. § 69 GewO dient dort dazu,
die Anbieter bzw. Aussteller auf Messen, Ausstellungen und Märkten von rechtlichen Vorgaben zu befreien, zumal diese Veranstaltungen normalerweise für eine
gewisse Zeit ortsfest und damit weniger gefahrgeneigt sind und mit dem Organisator jederzeit ein verantwortlicher Ansprechpartner zur Verfügung steht.[17]

II. Anwendungsbereich der Gewerbeordnung

6   Damit die Unterscheidung der einzelnen Titel der GewO relevant wird, bedarf es
einer gewerblichen Tätigkeit. Liegt sie vor, ist die Bedeutung anderer Normenkom-
plexe zu erörtern, um den Anwendungsbereich der GewO endgültig festlegen zu
können. Die damit angesprochenen Vorgaben für die Anwendbarkeit der GewO lassen sich bildlich mit Hilfe von Abb. 2 wie folgt darstellen.

1. Erfordernis einer gewerblichen Tätigkeit

7   Eine gewerbliche Aktivität setzt gewerbsmäßiges und -fähiges Handeln, das nicht
nur als Bagatelle einzustufen ist, voraus. Den genauen Inhalt dieser Merkmale hat
die Gerichtsbarkeit entwickelt, weil es an einer Legaldefinition des Gewerbebegriffs in der GewO, aber auch in anderen Regelungsbereichen fehlt.[18] Maßgeblich
für die Begriffsbildung sind daher die im jeweiligen Normenkomplex verfolgten

---

[13] BayVGH, GewArch 2007, 158 (159).

[14] Ausführlich dazu *Calliess/Korte*, Dienstleistungsrecht in der EU, 2011, § 3 Rn. 143.

[15] Vgl. z. B. *Tettinger/Wank/Ennuschat*, GewO, § 34a Rn. 9.

[16] *Korte*, in: Friauf, § 55 Rn. 7 ff. (Stand: 309. Oktober EL 2018).

[17] *Ruthig/Storr*, Rn. 362.

[18] *Schliesky*, S. 227.

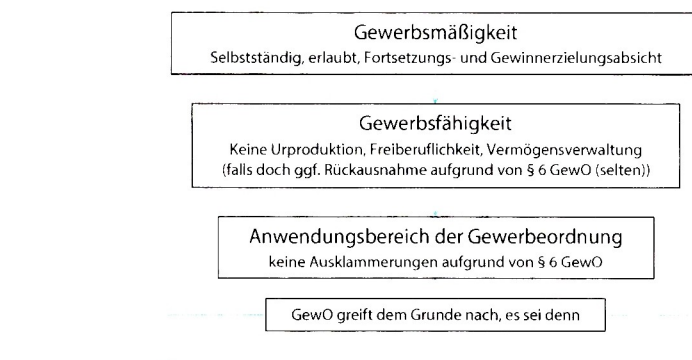

Abb. 2 Vorgaben für die Anwendbarkeit der GewO

Regelungsziele.[19] Daraus ergeben sich *bereichsspezifische* Definitionen: So ist insbesondere das der GewO zugrunde liegende Verständnis vom Gewerbebegriff ein anderes als im Abgabenrecht, das keine ordnungsrechtlichen Zwecke (→ Rn. 4) verfolgt, sondern vielmehr sicherstellen will, dass die Erfüllung hoheitlicher Aufgaben finanziert werden kann.[20] Ähneln sich die Ziele hingegen, kann die gewerberechtliche Terminologie Orientierung bieten – so z. B. für das Kreditwirtschaftsrecht[21] (→ § 14 Rn. 8).

a) Gewerbsmäßigkeit

Das Merkmal der Gewerbsmäßigkeit verlangt eine selbstständige, erlaubte und auf Dauer angelegte Tätigkeit, die mit Gewinnerzielungsabsicht ausgeübt wird.[22]

aa) Selbstständigkeit

Selbstständigkeit liegt vor, wenn ein Wirtschaftssubjekt nach außen hin eigenverantwortlich in eigenem Namen und für eigene Rechnung – also unter *Übernahme des Unternehmerrisikos* – aktiv ist.[23] Daher handeln Stellvertreter nicht selbstständig, weil sie zwar nach außen eigenständig auftreten und deshalb wegen § 45 GewO den für das jeweilige Gewerbe bestehenden Anforderungen (→ Rn. 50 ff.) gerecht werden müssen, aber im Namen und auf Rechnung eines anderen tätig werden. Da Arbeitnehmer i. S. d. § 41 GewO weisungsabhängig und unter Aufsicht operieren,

---

[19] Vgl. dazu BayVGH, GewArch 2016, 116 (116 f.) für die steuer – und gewerberechtliche Behandlung der Tätigkeit als selbstständiger Schachlehrer.

[20] *Guckelberger*, Jura 2007, 598 (599).

[21] *Ruthig/Storr*, Rn. 214.

[22] *Ziekow*, § 10 Rn. 4.

[23] *Stober/Eisenmenger*, § 45 VII 3.

agieren sie ebenfalls nicht selbstständig.[24] Im Übrigen kommt es auf den Einzelfall an – so z. B. auf die Möglichkeit einer freien Zeiteinteilung.[25] Folglich können Geschäftsvermittler, die Waren für Dritte verkaufen und eine erfolgsabhängige Provision erhalten, selbstständig oder angestellt sein. Orientiert man sich am Schutzzweck der GewO, sind auch Scheinselbstständige – sie werden de iure selbstständig, de facto aber arbeitnehmerähnlich tätig – Gewerbetreibende. Denn auch deren Aktivität weckt das Bedürfnis nach effektiver Wirtschaftsüberwachung, während die Verbesserung ihres sozialen Schutzes eher eine arbeitsrechtliche Frage ist.[26]

10   Juristische Personen handeln ebenfalls in eigenem Namen sowie auf eigene Rechnung und operieren damit anders als ihr Vorstand oder ihre Geschäftsführer[27] selbstständig. Diese Einschätzung bestätigt exemplarisch § 15 Abs. 2 S. 2 GewO, weil er juristische Personen adressiert und überflüssig wäre, wenn sie keine Gewerbetreibenden sein könnten.[28] Im Falle einer *Personengesellschaft* wird demgegenüber oft auf die geschäftsführungsbefugten Gesellschafter als selbstständig Handelnde und damit als Gewerbetreibende abgestellt.[29] Soweit solche Organisationen aber durch Teilnahme am Rechtsverkehr eigene Rechte und Pflichten begründen können,[30] was regelmäßig der Fall ist (vgl. für die OHG § 124 HGB), scheint diese Einschätzung jedoch nicht zutreffend zu sein, weil Personengesellschaften dann wie juristische oder natürliche Personen am gewerblichen Leben teilnehmen. Hinzu kommt, dass aus ordnungsrechtlicher Sicht keine Schutzlücken drohen, wenn man Personengesellschaften als selbstständig klassifiziert, wenn bzw. weil sie sich Verfehlungen ihrer Gesellschafter bzw. Geschäftsführer ähnlich wie juristische Personen zurechnen lassen müssen. Stattdessen würde diese Einordnung den gewerberechtlichen Verwaltungsaufwand deutlich reduzieren, weil das ordnungsrechtliche Instrumentarium nicht mehr auf ggf. mehrere Gesellschafter, sondern auf eine Organisation zu beziehen wäre.[31]

11   Besonderheiten bestehen schließlich für sog. *Strohmannverhältnisse*. Sie prägt, dass ein Unternehmer zwar dem äußeren Eindruck nach selbstständig agiert, insbesondere weil er selbst nach außen handelt und sich rechtlich bindet, gleichwohl aber von einem Hintermann derart gelenkt wird, dass er zu dessen Marionette wird.[32] Ein maßgeblicher Einfluss auf die Geschäftsführung ähnlich wie juristische Personen genügt dabei allein noch nicht. Vielmehr müssen weitere Umstände hinzutreten, die die Absicht der Verschleierung der wahren Verhältnisse im Betrieb nach außen treten lassen. Liegt ein solches Strohmannverhältnis vor, handeln der

---

[24] *Schliesky*, S. 230.

[25] *Tettinger/Wank/Ennuschat*, GewO, § 1 Rn. 28.

[26] *Fetzer*, in: Steiner/Brinktrine, § 6 Rn. 215.

[27] BVerwG, NJW 1977, 1250 (1250).

[28] *Ruthig/Storr*, Rn. 231.

[29] *Ziekow*, § 10 Rn. 15; vgl. auch *Guckelberger*, Jura 2007, 598 (599).

[30] Vgl. BGHZ 146, 341 (343 ff.).

[31] Ausführlich *Ruthig/Storr*, Rn. 233; ebenso *Fetzer*, in: Steiner/Brinktrine, § 6 Rn. 223; *Ehlers*, in: ders./Fehling/Pünder, § 18 Rn. 30.

[32] *Schliesky*, S. 231.

Hintermann materiell und der Vordermann formell selbstständig. Infolgedessen sind beide Beteiligte des Strohmannverhältnisses als Gewerbetreibende einzuordnen; die Strohmannkonstellation kann im Ergebnis niemanden von gewerberechtlicher Verantwortung freistellen.[33]

bb) Gewinnerzielungsabsicht

Gewerbsmäßigkeit verlangt zudem Gewinnerzielungsabsicht. Sie liegt vor, wenn un- **12** ternehmerisches Handeln einen *wirtschaftlichen Vorteil* nach sich ziehen soll, der zu einem Überschuss über die Aufwendungen führt.[34] Ist die Tätigkeit jedoch defizitär[35] oder wie im Falle sog. Notverkäufe z. B. von Fußballtickets vor einem Stadion[36] auf Kostendeckung bzw. -minderung angelegt, fehlt es an der Gewerbsmäßigkeit.[37] Sollen hingegen Gewinne entstehen, ist unerheblich, ob sie für ideelle Zwecke verwendet werden oder nicht.[38] Da die ordnungsrechtlichen Ziele der GewO nicht von der Motivation des Unternehmers abhängen,[39] hindert es die Gewinnerzielungsabsicht ebenfalls nicht,[40] wenn mit einer gewinnorientierten Tätigkeit unmittelbar ideelle Zwecke verfolgt werden[41] – so z. B. beim Verkauf von Bibeln.

Anhand des Merkmals der Gewinnerzielungsabsicht ist auch die umstrittene Frage **13** zu beantworten, inwieweit der Staat gewerblich tätig wird, wenn ihm eine wirtschaftliche Betätigung mit Hilfe von öffentlichen Unternehmen dem Grunde nach gestattet ist (→ § 6 Rn. 77 f.).[42] Pauschalurteile verbieten sich insoweit. Stattdessen kommt es vielmehr auf die Umstände des Einzelfalls an. Mit deren Hilfe kann Gewinnerzielungsabsicht bejaht oder verneint werden – je nachdem, inwieweit sich die öffentliche Hand am gemeinsamen Nutzen und am Gedanken der Kostendeckung orientiert oder Gewinnmitnahme anstrebt.[43] Entsprechendes dürfte für gemeinnützige Institutionen oder Organisationen der Wohlfahrtspflege wie das Deutsche Rote Kreuz gelten.[44]

cc) Dauerhaftigkeit

Weiteres Merkmal der Gewerbsmäßigkeit ist die Dauerhaftigkeit. Die Tätigkeit **14** darf also nicht nur gelegentlich, sondern muss *der Intention nach fortgesetzt*, d. h. also mit Wiederholungsabsicht ausgeübt werden, was anhand objektiver Indizien

---

[33] BVerwG, NVwZ 2004, 103 (104); *Ehlers*, in: ders./Fehling/Pünder, § 18 Rn. 22; vgl. auch *Scheidler*, VR 2015, 150.

[34] OLG Hamm, NJW 1977, 399 (399); *Jarass*, S. 261.

[35] VGH BW, BWGZ 2008, 235 (237); AG Radolfzell, NVwZ-RR 1998, 233 (234).

[36] OVG NRW, NJW 2006, 2137; *Scheidler*, GewArch 2006, 371 (372).

[37] *Stober/Eisenmenger*, § 45 VII 2.

[38] *Friauf*, in: ders., § 1 Rn. 82 (Stand: 282. EL Dezember 2014).

[39] *Tettinger/Wank/Ennuschat*, GewO, § 1 Rn. 19.

[40] So aber *Friauf*, in: ders., § 1 Rn. 82 (Stand: 282. EL Dezember 2014).

[41] *Ruthig/Storr*, Rn. 221.

[42] Ausführlich dazu *Stober/Korte*, Rn. 769 ff.

[43] Ähnlich *Ziekow*, § 10 Rn. 9; *Badura*, Rn. 316; *Ruthig/Storr*, Rn. 221; vgl. auch BGHZ 83, 382 (386 f.).

[44] Vgl. *Ehlers*, in: ders./Fehling/Pünder, § 18 Rn. 17.

zu bestimmen ist. Unterbrechungen oder saisonale Begrenzungen hindern die Gewerbsmäßigkeit daher genauso wenig[45] wie die Aufgabe einer Tätigkeit kurz nach deren Aufnahme aufgrund Erfolglosigkeit, weil schon der erste Kundenbesuch gewerberechtliche Schutzzwecke anspricht.[46]

dd) Erlaubte Tätigkeit

15 Gewerbsmäßigkeit setzt schließlich noch eine erlaubte, dem Rechtssystem entsprechende Aktivität voraus. Gesetzeswidrige Tätigkeiten unterliegen nicht dem Schutz der GewO, sondern dem allgemeinen Polizei- und Ordnungsrecht.[47]

(1) Aussagen inner- und außerhalb der Gewerbeordnung

16 Soweit die GewO auf eine unternehmerische Aktivität Bezug nimmt, unterstellt sie damit zugleich deren Erlaubtheit. In diesen Fällen bedarf es also grundsätzlich (siehe aber → Rn. 23) keiner näheren Auseinandersetzung mit dieser Anforderung. Daher sind die unter die Verbote des § 56 GewO fallenden Tätigkeiten genauso erlaubt wie die in den Genehmigungsvorbehalten der §§ 30 ff. GewO angesprochenen Aktivitäten. Ferner folgt aus den §§ 14 Abs. 2, 33h, 35 Abs. 9 GewO, dass die Veranstaltung der dort genannten *Glücksspiele* und der Vertrieb von Lotterielosen sowie der Betrieb von Wettannahmestellen aller Art [unabhängig von der Einordnung des § 284 StGB als Totalverbot (→ Rn. 18)][48] erlaubt sein muss, weil diese Vorschriften eine gewerbsmäßige Tätigkeit voraussetzen.[49]

17 Hinzu treten Wertungen aus dem einfachen Recht, die sich nicht aus der GewO selbst, sondern aus anderen Normenkomplexen ableiten lassen, gleichwohl aber belegen können, dass eine Betätigung erlaubt ist: So will z. B. das Prostituiertenschutzgesetz die rechtliche und soziale Situation der Prostituierten verbessern, wenn sie freiwillig und autonom, d. h. ohne den Zwang Dritter käufliche Liebesdienste erbringen. Dadurch zeigt dieser Rechtsakt aber zugleich auch, dass die *Prostitution* [unabhängig von deren Klassifikation als sozialschädlich (→ Rn. 19 f.)] unter den genannten Voraussetzungen dem Rechtssystem entspricht und infolgedessen als erlaubt eingestuft werden muss.[50]

---

[45] *Tettinger/Wank/Ennuschat*, GewO, § 1 Rn. 10.

[46] *Frotscher/Kramer*, S. 187 f.

[47] *Stober/Eisenmenger*, § 45 VII 1.

[48] Vgl. dazu *Ehlers*, in: ders./Fehling/Pünder, § 18 Rn. 13 sowie *Ruthig/Storr*, Rn. 216 einerseits und *Korte*, in: Friauf, § 55 Rn. 54 ff. (Stand: 309. Oktober EL 2018) andererseits.

[49] *Friauf*, in: ders., § 1 Rn. 30 (Stand: 282. EL Dezember 2014); zumindest implizit auch BVerwGE 126, 149 (154 f.); vgl. zu den damit verbundenen Folgen für die Vertriebsvorschriften des GlüStV am Beispiel der Online-Vermittlung von Lotterien und Sportwetten jüngst *Korte*, ZfGW 2018, 507.

[50] So zur früheren Rechtslage auf Basis des Prostitutionsgesetzes *Hösch*, GewArch 2001, 112 (114 f.); *Caspar*, NVwZ 2002, 1322 (1327 f.); *Pöltl*, VBlBW 2003, 181 (187 f.); vgl. auch BVerwG, NVwZ 2009, 909 (910); s. zur Einschätzung auf Basis der aktuellen Rechtslage *Wormit*, JuS 2017, 641 (642).

(2) Gesetzliche Totalverbote

Finden sich keine Aussagen im einfachen Recht, setzt eine erlaubte Tätigkeit **18** voraus, dass die Aktivität *nicht generell* – d. h. also ihrer Art nach – *untersagt* ist, so dass ein Verbot von Teilbereichen oder Modalitäten die Gewerbsmäßigkeit nicht hindert.[51] Somit ist danach zu differenzieren, ob eine Norm wie die §§ 17 f. TPG oder § 217 StGB die unternehmerische Aktivität als solche generell oder wie § 184e StGB nur bestimmte Ausübungsvarianten untersagt.[52]

(3) Irrelevanz der Sozialschädlichkeit

Darüber hinaus sollen sog. sozialschädliche, d. h. also den allgemein anerkannten, **19** sittlichen und moralischen, nicht aber gesetzlich positivierten Wertvorstellungen zuwider laufende[53] Tätigkeiten nicht erlaubt sein.[54] Dieser vergleichsweise unbestimmte (vor allem im Bereich der Prostitution diskutierte) Anknüpfungspunkt einer „*herrschenden Sozialmoral*" konfligiert jedoch mit dem Gebot der Rechtsstaatlichkeit und der Berufsfreiheit (→ § 2 Rn. 38), weil er sich nicht auf eine gesetzliche, sondern auf eine ungeschriebene Basis bezieht und damit insoweit außerhalb des geltenden Rechts steht.[55] Dementsprechend zeigt auch (noch) § 33a Abs. 2 Nr. 2 GewO (→ Rn. 1), dass eine sozialschädliche Tätigkeit erlaubt sein kann, weil diese Vorschrift eine gewerbliche Aktivität voraussetzt und die Erteilung einer Erlaubnis zur Schaustellung von Personen im Falle der Sittenwidrigkeit, die der Sozialschädlichkeit inhaltsverwandt ist, verbietet.[56]

Damit könnte das Kriterium der Sozialschädlichkeit allenfalls dann, wenn es an **20** das geltende Rechtssystem anknüpfte, die Gewerbsmäßigkeit einer Tätigkeit hindern.[57] Jedoch lässt sich auf *einfachgesetzliche Wertungen* insoweit kaum abstellen,[58] weil die Verletzung von Rechtsnormen oftmals die Unzuverlässigkeit (→ Rn. 52 f.) begründet. Denn hätten Vorschriften wie die §§ 180a, 181a StGB die Kraft, das Tor zur GewO zu versperren, weil sie die Sozialschädlichkeit einer Tätigkeit und damit deren fehlende Gewerbsmäßigkeit belegen,[59] bestünde die Gefahr, der einzelfallbezogenen (→ Rn. 60) Zuverlässigkeitsprüfung Teile ihres Anwendungsbereichs abzuschneiden. Die Sozialschädlichkeit führt somit nicht dazu, dass eine Aktivität als nicht erlaubt einzustufen ist.

---

[51] *Sprenger-Richter*, in: Robinski, S. 17 (30 f.); *Hamdan*, JA 2007, 249 (251).

[52] Ähnlich *Schliesky*, S. 228; vgl. auch BVerwG, NJW 2013, 327 (327, 330) sowie *Wormit*, JuS 2017, 641 (642).

[53] *Tettinger/Wank/Ennuschat*, GewO, § 1 Rn. 35.

[54] *Ziekow*, § 10 Rn. 8.

[55] Ähnlich *Frotscher/Kramer*, Rn. 373; *Ruthig/Storr*, Rn. 216.

[56] *Korte*, NdsVBl. 2003, 252 (254); vgl. dazu auch *Öttinger*, GewArch 2016, 365.

[57] *Ehlers*, in: ders./Fehling/Pünder, § 18 Rn. 13; *Stober/Eisenmenger*, § 45 VII 1.

[58] So aber *Fetzer*, in: Steiner/Brinktrine, § 6 Rn. 210; ähnlich *Schliesky*, S. 227.

[59] Ähnlich *Frotscher/Kramer*, Rn. 338; *Ehlers*, in: ders./Fehling/Pünder, § 18 Rn. 13.

(4) Menschenwürdeverletzung als verfassungsrechtliches Totalverbot

21   Neben einer Verletzung einfachgesetzlicher Totalverbote kann ein Verstoß gegen
die Menschenwürde zur Folge haben, dass eine Tätigkeit nicht erlaubt ist – und
zwar im Lichte der Normenhierarchie auch dann, wenn das einfache Recht deren
Gewerbsmäßigkeit unterstellt (→ Rn. 16 f.). Denn Beeinträchtigungen der in Art. 1
Abs. 1 GG enthaltenen Garantien sind nicht rechtfertigungsfähig,[60] sie bergen also
ein verfassungsrechtliches Totalverbot. Diese absolute Grenze gewerblicher Aktivität wird vor allem bei *Show- bzw. Spielveranstaltungen* diskutiert. Zwar wird
man die in der Regel freiwillige Teilnahme als Ausdruck des individuellen, von
Art. 1 Abs. 1 GG gerade geschützten Selbstbestimmungsrechts begreifen
müssen.[61] Nicht erlaubt können solche Veranstaltungen aber sein, wenn sie der
Würde des Menschen aus einer objektiven, von der Rechtsstellung des einzelnen
Grundrechtsträgers abstrahierenden Perspektive widersprechen, gewissermaßen
also den Menschen als Gattungswesen ansprechen, weil dann ein überindividueller
Bezugspunkt gewählt ist. Er lässt sich aus Art. 1 Abs. 1 GG ableiten, weil dieses
Grundrecht als Basis der objektiven Werteordnung den Kern des verfassungsrecht-
lichen Systems ausmacht.[62]

22   Wann eine Veranstaltung diese Grenze überschreitet, ist eine Frage des Einzelfalls, wobei ein strenger Maßstab anzulegen ist, sollen die Grundrechte doch vor
allem ihre Träger schützen.[63] Gleichwohl hat die verwaltungsgerichtliche Rechtsprechung eine Verletzung des Art. 1. Abs. 1 GG für den *Zwergenweitwurf*[64] und für
Peep-Shows[65] bejaht – wenn auch systemwidrig (→ Rn. 19, 69) durch Subsumtion
unter den Versagungsgrund „sittenwidrig" in § 33a Abs. 2 Nr. 2 GewO. Hingegen
gilt für den Fall der Veranstaltung sog. *Laserdrome-*[66] bzw. *Paintball-Spiele* im Einklang mit der Omega-Rechtsprechung des BVerwG:[67] Je klarer die Spielregeln sind,
je vielschichtiger bzw. komplexer der regelkonforme Ablauf ist und je weniger das
Spiel ausschließlich Tötungshandlungen simuliert, desto mehr dominieren Fairness,
Sportlichkeit und Teamgeist, desto weniger trägt das Spiel zu einer Verharmlosung
von Gewalt bei und desto eher ist es mit Art. 1 Abs. 1 GG zu vereinbaren.[68]

b) Gewerbsfähigkeit

23   Gewerbliche Tätigkeiten müssen nicht nur gewerbsmäßig, sondern auch gewerbsfähig sein. Diese Anforderung klammert die Urproduktion, freie Berufe und die
Verwaltung eigenen Vermögens aus. In Teilen finden sich diese Ausnahmen auch

---

[60] *Ruthig/Storr*, Rn. 217.

[61] Vgl. *Köhne*, GewArch 2004, 285.

[62] Vgl. dazu *Höfling*, in: Sachs, Art. 1 Rn. 50 ff.; *ders.*, JuS 2017, 577 (581).

[63] Vgl. *Frotscher/Kramer*, Rn. 390.

[64] VG Neustadt, NVwZ 1993, 98 (99).

[65] BVerwGE 64, 274 (276 ff.); 84, 314 (316 ff.).

[66] Vgl. dazu schon *Szczekalla*, JA 2002, 992.

[67] BVerwG, GewArch 2007, 247 (248: „durch das … angebotene Laserdrome-Spiel").

[68] BayVGH, GewArch 2013, 218 (220); vgl. zum Ganzen allg. auch *Wienbracke*, GewArch 2016, 66.

in § 6 Abs. 1 GewO. Diese Norm erstreckt in einigen wenigen Randbereichen Teile der GewO aber auch auf solche Tätigkeiten, die an sich nicht gewerbsfähig sind.[69]

aa) Urproduktion

Die Urproduktion ist gewerbsunfähig, weil maßgebliche Erfolgsfaktoren der Land- **24** wirtschaft – vor allem die klimatischen Verhältnisse – unbeeinflussbar sind.[70] Daher bedarf es *zwingend* eines *Bezugs zur Bodennutzung*, damit eine Tätigkeit zur Ur- produktion zählt.[71] Ist er gegeben, ist nicht nur die Produktgewinnung, sondern auch die sog. erste Veredelungsstufe, d. h. also die Verarbeitung zum Zwecke des Ver- kaufs, gewerbsunfähig.

Solange der daran anknüpfende *Produktvertrieb* der eigentlichen landwirtschaft- **25** lichen Tätigkeit i. S. e. Nebenzwecks dient und nicht den Schwerpunkt des Han- delns ausmacht, zählt er ebenfalls zur Urproduktion.[72] Werden ein Hofladen oder mehrere Verkaufsstellen unterhalten, kann diese Grenze aber überschritten sein, ins- besondere wenn sie sich der Vertriebsstruktur nach nicht von anderen Einzelhan- delsgeschäften unterscheiden.[73]

Die Urproduktion erfasst die in § 6 Abs. 1 GewO aufgeführten Wirtschaftszweige **26** Fischerei, Bergwesen und Viehzucht, darüber hinaus aber auch die Forstwirtschaft, den Ackerbau oder die Jagd. Diese Bereiche werden zwar in *§ 55a Abs. 1 Nr. 2 GewO* teilweise als reisegewerbekartenfrei und damit als gewerbsfähig eingestuft. Überlagern sich § 6 GewO und § 55a Abs. 1 Nr. 2 GewO, bleibt es aber bei der Gewerbsunfähigkeit, weil § 6 GewO als Vorschrift des Allgemeinen Teils Vorrang vor § 55a Abs. 1 Nr. 2 GewO beansprucht (→ Rn. 3 f.).[74]

bb) Freiberufliche Tätigkeiten

Gewerbsunfähig sind auch freiberufliche Tätigkeiten. Diese traditionelle Ausnahme **27** erfasst Wissenschaft, Kunst und Schriftstellerei sowie (andere) Dienstleistungen, die ein *höheres Erbringungsniveau* erfordern. Sie wird oft mit den dann eher ideel- len Motiven des Unternehmers und der Dominanz persönlichen Handelns begrün- det,[75] obwohl auch Freiberufler gewinnorientiert arbeiten und sich ggf. von Dritten vertreten lassen.[76]

Die Erbringung von Dienstleistungen eines höheren Niveaus setzt einen *Hochschul-* **28** *abschluss* voraus.[77] Auch insoweit nennt § 6 Abs. 1 GewO einige Fälle wie Rechts- anwälte oder Wirtschaftsprüfer, ohne abschließend zu sein. Die Ausklammerung

---

[69] Vgl. dazu *Ehlers*, in: ders./Fehling/Pünder, § 18 Rn. 28.

[70] *Fetzer*, in: Steiner/Brinktrine, § 6 Rn. 219.

[71] *Ziekow*, § 10 Rn. 17.

[72] *Schliesky*, S. 231 f.

[73] *Ruthig/Storr*, Rn. 226.

[74] Ausführlich zum Ganzen *Korte*, in: Friauf, § 55 Rn. 69 ff. (Stand: 309. EL Oktober 2018).

[75] Siehe dazu *Ehlers*, in: ders./Fehling/Pünder, § 18 Rn. 24 f.

[76] Vgl. dazu *Frotscher/Kramer*, Rn. 344; ähnlich BVerfGE 117, 163 (183).

[77] *Ruthig/Storr*, Rn. 227; NdsOVG, GewArch 2002, 293 (293).

solcher Dienstleistungen lässt sich ordnungsrechtlich oft damit begründen, dass das Standesrecht dieser Berufsgruppen ausreichend effektive Überwachungsmechanismen bereithält.[78] Auch deshalb fallen Software-Entwickler[79] oder Berufsbetreuer[80] unter den Gewerbebegriff.

29   Schriftstellerische, wissenschaftliche und künstlerische Aktivitäten sind wegen grundrechtlicher Vorgaben gewerbsunfähig – aber nicht generell. Stattdessen ist eine *Schwerpunktbetrachtung* nötig, die danach differenziert, ob es primär um den gewerblichen Vermarktungs- oder um den kreativen Herstellungsprozess geht.[81]

cc) Verwaltung eigenen Vermögens

30   Auch die Verwaltung eigenen Vermögens ist nicht gewerbsfähig, solange sie nicht über das „*Haben und Halten*" hinausgeht, weil die ordnungsrechtlichen Ziele der GewO mangels Intensität der unternehmerischen Aktivität dann nicht berührt sind.[82] Wird das Vermögen hingegen mit Hilfe von Arbeitnehmern oder einer umfangreichen Werbung bzw. Infrastruktur optimiert, liegt eine gewerbliche Aktivität vor.[83]

c) Keine Bagatelltätigkeit

31   Selbst wenn eine Tätigkeit gewerbsmäßig und gewerbsfähig ist, kann sie nicht als gewerblich einzustufen sein, weil es sich um eine Bagatelle handelt. Diese Ausnahme vom Gewerbebegriff basiert (ebenfalls) auf der Annahme, dass bestimmte Aktivitäten nicht des Schutzes der GewO bedürfen, weil deren ordnungsrechtliche Ziele aufgrund der Nebensächlichkeit der Tätigkeit nicht angesprochen sind. Wegen dieses wenig trennscharfen Indikators ist die Einordnung als Bagatelle stark einzelfallabhängig und anhand einer umfassenden Betrachtung der jeweiligen Tätigkeit vorzunehmen.[84] Diese sog. *Gesamtbildlehre*[85] kann bei jedem einzelnen Merkmal der Gewerbsmäßigkeit und -fähigkeit relevant werden. Sie ist daher nicht i. S. e. eigenen dritten Prüfungsschritts zu verstehen.[86]

---

[78] *P. M. Huber/Unger*, in: Schoch, Kap. 4 Rn. 234; vgl. *Hellwig*, AnwBl. 2004, 213 (215); ähnlich *Wormit*, JuS 2017, 641 (643).

[79] NdsOVG, NdsVBl. 2012, 299 (301 f.).

[80] NdsOVG, GewArch 2008, 34 (35 f.); *Mann*, NJW 2008, 121.

[81] *Ehlers*, in: ders./Fehling/Pünder, § 18 Rn. 24; *Oberrath*, JA 2001, 991 (993); siehe auch VG Freiburg, GewArch 2001, 246 (247) sowie *Korte*, JA 2003, 225 (230); vgl. dazu jüngst auch BayVGH, GewArch 2018, 473 (474).

[82] *Frotscher/Kramer*, Rn. 346.

[83] Vgl. VG Braunschweig, NVwZ-RR 2001, 439 (440); VG Schleswig, GewArch 2002, 292 (293).

[84] BayObLG, GewArch 1989, 340 (341); *Stober/Eisenmenger*, § 45 VI 4.

[85] *Friauf*, in: ders., § 1 Rn. 193 ff. (Stand: 282. EL Dezember 2014).

[86] *Ruthig/Storr*, Rn. 215.

2. Verhältnis zum gewerblichen Nebenrecht

Liegt eine gewerbliche Tätigkeit vor, hängt die Anwendbarkeit der GewO noch da- **32**
von ab, ob das sog. gewerbliche Nebenrecht vorrangig greift.

a) Aussagen in der Gewerbeordnung

Insofern werden die in *§ 6 Abs. 1 GewO* (→ Rn. 23) enthaltenen Vorbehalte zuguns- **33**
ten bundes- bzw. landesrechtlicher Spezialregeln relevant. Sie erfassen mittlerweile
auch die „Tätigkeit der Prostituierten",[87] reichen aber nur so weit, wie es der Wortlaut des § 6 Abs. 1 GewO erlaubt. Er legt eine *Dreiteilung* in dem Sinne nahe, dass
ein Bereich sachgegenständlich entweder erstens völlig (z. B. Unterrichtswesen,
soweit es sich nicht um eine höhere Tätigkeit handelt) oder zweitens nur partiell
(z. B. Errichtung und Verlegung von Apotheken)[88] vom Anwendungsbereich der
GewO ausgenommen wird. Nach § 6 Abs. 1 S. 2 GewO gilt drittens dieser Normenkomplex nur dann, wenn er Regelungen über eine bestimmte gewerbliche Tätigkeit
wie z. B. über den Verkauf von Arzneimitteln in § 14 Abs. 2 GewO[89] enthält.

Eine weitere Ausnahme findet sich in § 33h GewO, wonach gewerbliche (→ Rn. 16) **34**
Glücksspielveranstaltungen nicht unter die §§ 33c ff. GewO fallen, weil sie erhebliche
Gefahren für die Gesundheit und das Vermögen des Spielers mit sich bringen. Nimmt
man dieses Ziel ernst, muss § 33h GewO allerdings auf die gesamte GewO bezogen
werden. Denn anderenfalls würde diese Norm dazu führen, dass für die dort genannten
Glücksspielveranstaltungen nicht die in den §§ 33c ff. GewO enthaltenen Genehmigungsvorbehalte, sondern nur die in den §§ 14, 35 GewO normierte Anzeigepflicht mit
Untersagungsmöglichkeit (→ Rn. 75 ff.) gilt, was dem Anliegen des § 33h GewO erst
recht nicht genügt.[90]

Für den *Glücksspielvertrieb* enthält die GewO hingegen viele speziell auf derartige **35**
Tätigkeiten ausgerichtete Vorschriften wie die §§ 35 Abs. 9, 14 Abs. 2 GewO, die ggf.
über § 6 Abs. 1 S. 2 GewO greifen. Diese Bestimmungen finden ihre Rechtfertigung
darin, dass die Sportwett- bzw. Lotterievermittlung der Veranstaltung vor- bzw. nachgelagert ist und daher nur einen schwächeren Gefahrenherd begründet. Denn das Vermögen des Spielers kann vor allem dann in Mitleidenschaft gezogen sein, wenn der
Spielablauf manipuliert wird, während Suchtgefahren primär bei hoher Spielfrequenz
entstehen. Auf diese Stellschrauben hat der Vermittler aber keinen Einfluss.[91]

b) Verhältnis im Übrigen

Im Übrigen folgt aus *§ 1 Abs. 1 GewO*, dass der Betrieb eines Gewerbes jedem **36**
gestattet ist, soweit nicht durch dieses Gesetz Ausnahmen und Beschränkungen
vorgesehen sind. Diese sog. *Gewerbefreiheit* ist in dieser Vorschrift zur Regel

---

[87] Vgl. zur zugehörigen Rechtslage *Rixen*, WiVerw 2018, 127 (139 ff.).

[88] *Ziekow*, § 10 Rn. 2; vgl. zur Einordnung des Apothekers als Gewerbetreibenden *Tettinger/Wank/Ennuschat*, GewO, § 1 Rn. 68.

[89] Vgl. dazu *Repkewitz*, in: Friauf, § 6 Rn. 81 ff. (Stand: 234. EL Juli 2009).

[90] *Korte*, in: Friauf, § 55 Rn. 54 (Stand: 309. EL Oktober 2018).

[91] *Korte*, NVwZ 2009, 283 (285).

erhoben,[92] findet ihre Einschränkungen allerdings nicht nur „durch dieses Gesetz", d. h. also in der GewO, sondern auch in später erlassenen und deshalb
vorrangigen Spezialnormen[93] wie dem Handwerks-[94] oder Ausländerrecht.[95] Da
die GewO allgemeine gewerbliche Ordnungsvorstellungen enthält, kommt den
darin normierten Vorschriften aber eine *Speicherfunktion* zu. Sie lebt auf, wenn
das gewerbliche Nebenrecht wie teilweise noch im Falle des § 31 GastG (→ § 11 Rn. 27)
auf die GewO verweist. Falls im Nebenrecht Lücken klaffen, erfüllt die GewO
hingegen eine *Auffangfunktion*. Sie greift, solange keine Umgehung spezielleren
Rechts droht, was durch Auslegung zu ermitteln ist.[96]

3. Rückgriff auf das Landesordnungsrecht

37   Soweit die Regelung gewerblicher Tätigkeiten *verfassungsrechtlich den Landesge-*
setzgebern überantwortet ist (→ § 2 Rn. 106), findet die GewO mangels Gesetzgebungskompetenz des Bundes keine Anwendung – so z. B. für die gewerbliche
(→ Rn. 13) Tätigkeit von öffentlichen Unternehmen in Länderhand.[97] Dasselbe gilt
für solche Aktivitäten, die im Zuge der Föderalismusreform von 2006 in Art. 74 Abs. 1
Nr. 11 GG aus der Bundeskompetenz „Recht der Wirtschaft" ausgeklammert worden sind (→ § 2 Rn. 103), so dass namentlich die §§ 64 ff. GewO und § 33i GewO[98]
wegen Art. 125a Abs. 1 GG nur noch solange Relevanz entfalten, wie die Länder für
diese Wirtschaftssektoren keine eigenen Regeln treffen. Zudem bleibt dann Raum
für die GewO, wenn die in Art. 74 Abs. 1 Nr. 11 GG niedergelegten Ausnahmen
nicht greifen, was freilich eine Auslegung dieser Verfassungsnorm nötig macht[99]
und namentlich für reisegewerbliche Tätigkeiten oder Vorschriften mit Bezug zu
den dort aufgeführten Sachbereichen diskutiert wird – so für Wandergaststätten[100]
oder § 55e GewO.[101]

38   Landesordnungsrecht gilt für gewerbliche Tätigkeiten zudem dann, wenn die
GewO wie in § 33b GewO für Tanzlustbarkeiten darauf *verweist oder Lücken* enthält, etwa weil sie nicht anwendbar ist, keine Eingriffsmöglichkeiten bietet (sog. lex
imperfecta)[102] oder keine Aussagen trifft – so im Falle des Glücksspielstaatsvertrages

---

[92] *Scheidler*, VR 2010, 224 (224).

[93] *Ziekow*, § 10 Rn. 27.

[94] *P. M. Huber/Unger*, in: Schoch, Kap. 4 Rn. 219.

[95] *Frotscher/Kramer*, Rn. 328; *Guckelberger*, Jura 2007, 598 (599); *Scheidler*, VR 2010, 224 (224).

[96] Vgl. dazu *Stober/Eisenmenger*, § 45 II 1.

[97] *Ehlers*, in: ders./Fehling/Pünder, § 18 Rn. 34.

[98] Siehe dazu z. B. OVG SH, NVwZ-RR 2013, 553.

[99] Vgl. *Höfling/Rixen*, GewArch 2008, 1.

[100] Siehe dazu z. B. *Stollenwerk*, GewArch 2011, 186.

[101] Ausführlich dazu *Korte*, GewArch 2018, 175.

[102] Vgl. dazu *Korte/Dietrich*, JA 2017, 332 (334); *Peters/Rind*, LKV 2017, 251 (252); *Kniesel/
Braun/Keller*, Besonderes Polizei- und Ordnungsrecht, 2018, Rn. 1476.

der Länder[103] für die Veranstaltung von Glücksspielen i. S. d. § 33h GewO bzw. für Teile der Sportwett- und Lotterievermittlung (→ Rn. 16, 34 f.). Abgesehen davon ist Landesordnungsrecht dort anwendbar, wo jemand auf vorhergehende Bestellung, aber ohne gewerblichen Mittelpunkt tätig wird, um eine effektive Gefahrenabwehr zu ermöglichen. Denn in einem solchen Fall liegt zwar ein Gewerbe vor, so dass der Anwendungsbereich der GewO an sich eröffnet ist. Es ist aber keiner ihrer Titel einschlägig, weil die Ausgestaltung der dortigen Eingriffsmechanismen nicht recht zu den dann bestehenden Schutzbedürfnissen passt (→ Rn. 3 f.). Die in § 1 Abs. 1 GewO garantierte Gewerbefreiheit (→ Rn. 36) ist demnach nur auf den Betrieb eines Gewerbes i. S. d. Titel II–IV zu beziehen, so dass nicht sie, sondern allein die Berufsfreiheit als auslegungs- bzw. ermessenslenkendes Kriterium heranziehbar ist, wenn ein gewerblicher Mittelpunkt fehlt.

Im Übrigen entfaltet § 1 Abs. 1 GewO (→ Rn. 36) Sperrwirkung i. S. d. Art. 74 **39** Abs. 1 Nr. 11, 72 Abs. 1 GG (→ § 2 Rn. 105) für den „Betrieb eines Gewerbes" und damit für das „Ob", nicht aber für das „Wie" einer gewerblichen Tätigkeit.[104] Somit kann auch bei Lücken im Bereich der *Gewerbeausübung* Landesordnungsrecht (so z. B. die landesrechtlichen Erlaubnisvorbehalte aus dem Straßen- und Baurecht) greifen – wegen § 1 Abs. 1 GewO aber nicht generell,[105] sondern nur, solange es den Unternehmer nicht de facto zur Geschäftsaufgabe zwingt.[106] Das Polizeirecht bietet darüber hinaus – also nicht nur für das „Wie" gewerblicher Tätigkeit – insoweit eine taugliche Basis für hoheitliche Maßnahmen, als sie *eilig bzw. vorläufig*, also nicht dauerhaft sind.[107] Wegen dieser Beschränkung spielt die aus den Unternehmergrundrechten ableitbare Pflicht des Gesetzgebers, besonders eingriffsintensive Maßnahmen nur für eine Übergangzeit auf die polizeiliche Generalklausel zu stützen und möglichst bald eine bereichsspezifische Rechtsgrundlage zu schaffen, innerhalb der GewO keine Rolle; sie wird aber ggf. für nicht erlaubte (→ Rn. 15 ff.) Tätigkeiten relevant.[108]

Schließlich ist ein Rückgriff auf das Landesordnungsrecht zulässig, wenn die **40** *gewerberechtlichen Eingriffsgrundlagen nicht passen*, um einen Gefahrenherd einzudämmen – so, wenn auf Basis der GewO nur im Falle eines persönlichen Verhaltensdefizits des Gewerbetreibenden (→ Rn. 51) eingeschritten werden darf, die Gefahr aber von der Tätigkeit selbst bzw. als solcher oder von deren Umständen ausgeht, d. h. also unabhängig vom konkreten Gewerbetreibenden ist. Denn dann drohen Schutzlücken, die wegen des Erfordernisses effektiver Gefahrenabwehr über das Landesordnungsrecht geschlossen werden müssen. Hierher gehört z. B. der Fall, dass sich eine Schneelawine vom Hausdach zu lösen und in den Eingangs-

---

[103] Siehe dazu den Ersten Staatsvertrag zur Änderung des Staatsvertrages zum Glücksspielwesen in Deutschland vom 15.12.2011; abgedruckt und erläutert in: Dietlein/Hecker/Ruttig (Hrsg.), Glücksspielrecht, 2. Aufl. 2013.

[104] *P. M. Huber/Unger*, in: Schoch, Kap. 4 Rn. 222; *Schliesky*, S. 234.

[105] So wohl *Fetzer*, in: Steiner/Brinktrine, § 6 Rn. 203.

[106] *Friauf*, in: ders., § 1 Rn. 205 (Stand: 268. EL April 2013); *Badura*, Rn. 311.

[107] *Ziekow*, § 10 Rn. 28; *Stober/Korte*, Rn. 60 ff.

[108] BVerwG, GewArch 2002, 154 (154); vgl. auch *Ruthig/Storr*, Rn. 322 f.

bereich eines Ladens zu fallen droht. Diese Konstellation soll aber auch dann gegeben sein, wenn eine strafrechtlich verbotene Wettannahmestelle betrieben wird,
obwohl dann an sich auch ein unzuverlässigkeitsbegründender Normverstoß
(→ Rn. 52 f.) gegeben sein dürfte, so dass die gewerberechtlichen Eingriffsgrundlagen an sich passen.[109]

III. Überwachung gewerblicher Tätigkeit

41 Greift die GewO, hängen die einschlägigen Kontrollmechanismen von der Gefah-
renintensität der jeweiligen Tätigkeit ab. Im Wesentlichen lassen sich Verbotsnor-
men, Genehmigungs- und Anzeigepflichten differenzieren.

1. Behördliche Zuständigkeiten

42 Für die Anwendung der zugehörigen Vorschriften *sachlich zuständig* sind gemäß
§ 155 Abs. 2 GewO grundsätzlich die nach Landesrecht zuständigen Ordnungsbehörden.[110] Hinzu treten die IHKen, soweit sie in der GewO ausdrücklich mit einer
bestimmten Aufgabe betraut werden – so weil sie im Rahmen eines Untersagungsverfahrens auf Basis des § 35 Abs. 4 GewO angehört werden müssen oder die Erlaubnis für die Tätigkeit als Versicherungsvermittler (§ 34d GewO) bzw. -berater
(§ 34e GewO) erteilen.[111] Gewerbeaufsichtsbehörden i. S. d. § 139b GewO sind
trotz der missverständlichen Bezeichnung in der Regel[112] nicht für das Gewerberecht zuständig, sondern für den Arbeitsschutz.[113]

43 Über die *örtliche Zuständigkeit* der Ordnungsämter finden sich in der GewO
oftmals ausdrückliche Vorschriften – so z. B. in den §§ 61, 35 Abs. 7 S. 1 GewO.
Diese Normen knüpfen in der Regel an die Niederlassung oder den gewöhnlichen
Aufenthalt an.[114] Damit stoßen sie an die Grenzen ihrer Leistungsfähigkeit, wenn
ein Gewerbetreibender vom Ausland aus aktiv wird und z. B. seine Produkte über
Internet anbietet. Die örtliche Zuständigkeit einer deutschen Behörde ließe sich
in solchen Fällen nur begründen, wenn die allgemeinen Zuständigkeitsregeln
insbesondere aus § 3 Abs. 1 Nr. 4 LVwVfG[115] greifen. Da § 35 Abs. 7 S. 2 GewO
eine Sonderregel enthält, wird man die Zulässigkeit eines solchen Rückgriffs

---

[109] Vgl. dazu BVerwGE 126, 149 (154 f.).

[110] *Guckelberger*, Jura 2007, 598 (604).

[111] Vgl. dazu z. B. *Stober/Eisenmenger*, § 46 I 5 h.

[112] Ausführlich dazu *Stober/Korte*, Rn. 886.

[113] *Tettinger/Wank/Ennuschat*, GewO, § 139b Rn. 4.

[114] *Ruthig/Storr*, Rn. 246.

[115] Die verwaltungsverfahrensrechtlichen Vorschriften beziehen sich hier und im Folgenden auf das
jeweils einschlägige Landesrecht.

zumindest in dessen Anwendungsbereich aus systematischen Gründen verneinen müssen,[116] jedenfalls aber dort, wo Polizeirecht Anwendung finden kann (→ Rn. 37 ff.), bejahen können.[117]

2. Besonderheiten für das Verwaltungsverfahren

Die GewO enthält spezielle Regeln über das Verwaltungsverfahren. So erlischt eine **44** auf Basis der §§ 30, 33a und 33i GewO erteilte Zulassung grundsätzlich nach § 49 GewO, wenn sie ein Jahr ungenutzt bleibt oder ruht. Zeitdruck besteht aber auch auf Behördenseite, weil in bestimmten Fällen nach § 6a GewO im Verbund mit § 42a LVwVfG eine Genehmigung als erteilt gilt, wenn nicht binnen drei Monaten über einen Zulassungsantrag entschieden worden ist. Diese *Genehmigungsfiktion*[118] ist genauso ein Kind der Dienstleistungsrichtlinie (DLR; → § 1 Rn. 42) wie § 6b GewO. Danach können über die §§ 71a ff. LVwVfG gewerberechtliche Verwaltungsverfahren mit Hilfe einer *einheitlichen Stelle* abgewickelt werden. Deren Zwischenschaltung führt zu erheblichen Erleichterungen, weil der Gewerbetreibende nicht mehr selbst mit jeder Behörde, die im Rahmen der Tätigkeitsaufnahme zuständig ist, in Kontakt treten muss. Dadurch spart er, insbesondere weil gewerberechtlichen Erlaubnissen keine Konzentrationswirkung[119] zukommt, Zeit und Geld – so im Falle eines Reisegewerbetreibenden, der auch eine landesstraßenrechtliche (→ Rn. 39) Sondernutzungserlaubnis benötigt[120].

Die Existenz der einheitlichen Stelle ändert freilich nichts an der materiellen Rechts- **45** lage, so dass mangels *Konzentrationswirkung* gewerberechtlicher Aufnahmeüberwachungsmechanismen sämtliche Voraussetzungen für eine zusätzlich erforderliche Genehmigung vorliegen müssen, damit sie erteilt wird. Abweichungen in Form von Erleichterungen im Anforderungsprogramm bestehen jedoch in der umgekehrten Situation, wenn eine Baugenehmigung erteilt worden ist und nun eine gewerbliche Erlaubnis begehrt wird, da dem Antragsteller dann solche raumbezogenen Einwände nicht entgegengehalten werden dürfen, die zum Prüfungsumfang der Baubehörden zählen (vgl. zum Gaststättenrecht → § 11 Rn. 60 ff.).[121]

In solchen Fällen, in denen die Erlaubnis an objektive Umstände wie die Be- **46** triebsräume (vgl. § 33i Abs. 2 Nr. 2 GewO) oder -einrichtung (vgl. §§ 30 Abs. 1 S. 2 Nr. 2, 33e GewO) anknüpft, spricht man von einer Sachkonzession. Demgegenüber stellen sog. Personalkonzessionen auf persönliche Eigenschaften wie die

---

[116] *Ruthig/Storr*, Rn. 246.

[117] Vgl. *Schenke*, Rn. 324.

[118] Allg. dazu *Kluth*, JuS 2011, 1078; vgl. auch *Weidemann*, DVBl. 2012, 226; *Odenthal*, GewArch 2016, 401.

[119] *Schönleiter*, in: Landmann/Rohmer, GewO, § 55 Rn. 104 (Stand: 52. EL Mai 2008).

[120] *Korte*, in: Friauf, Vor Titel III Rn. 155 ff. (Stand: 308. EL September 2018).

[121] BayVGH, GewArch 2002, 471 (471); *Ruthig/Storr*, Rn. 312.

Zuverlässigkeit ab. Kommt beides zusammen, liegt eine gemischte Konzession vor. Diese Unterscheidung ist insbesondere für die *Rechtsnachfolge* relevant, weil Sachkonzessionen ohne weiteres übergehen, während Personalkonzessionen an den Gewerbetreibenden anknüpfen. Folglich benötigt ein neuer Betriebsinhaber auch eine neue Erlaubnis. Etwas anderes gilt nur innerhalb des § 46 GewO. Das dort niedergelegte Hinterbliebenenprivileg zielt darauf ab, den wirtschaftlichen Wert des Unternehmens zu erhalten, indem es nach dem Tod des Gewerbetreibenden mit Hilfe eines Stellvertreters i. S. d. § 45 GewO fortgeführt werden darf. Nach § 46 Abs. 3 GewO können die Behörden die Betriebsfortführung sogar ohne Stellvertreter für längstens ein Jahr gestatten.[122]

3. Anwendbarkeit der GewO bei grenzüberschreitender Tätigkeit

47 Die Reichweite der gewerberechtlichen Kontrollmechanismen ist begrenzt, wenn eine vorübergehende Leistungserbringung im Bundesgebiet von einem anderen Mitgliedstaat der EU bzw. des EWR aus erfolgt, weil dann § 4 GewO in Umsetzung des Art. 16 DLR (→ § 1 Rn. 42) bestimmte Vorschriften für nicht anwendbar erklärt.[123] § 4 Abs. 1 GewO setzt eine Tätigkeit von einer *in einem anderen Mitgliedstaat gelegenen Niederlassung*[124] (→ Rn. 4, 87) i. S. d. § 4 Abs. 3 GewO – die Vorschrift entspricht weitgehend der unionsrechtlichen Terminologie (→ § 1 Rn. 51) – voraus. Aufgrund dieses Erfordernisses darf der Gewerbetreibende also weder von einer inländischen noch von einer in einem Drittstaat gelegenen noch ohne Niederlassung im Binnenmarkt[125] tätig werden. Wird im Bundesgebiet eine Zweigstelle unterhalten, greift § 4 Abs. 1 GewO nur solange, wie es sich um keine Niederlassung handelt oder der Dienstleister von anderswo tätig wird.[126] Zudem gelten die dortigen Privilegierungen nicht, wenn eine Umgehung i. S. d. § 4 Abs. 2 GewO gegeben ist.

48 Die *Rechtmäßigkeit der Tätigkeit* im Herkunftsland ist keine (ungeschriebene) Voraussetzung des § 4 Abs. 1 GewO,[127] so dass bundesdeutsche Behörden nicht etwa einschreiten dürfen, wenn sie ggf. nach Rücksprache mit dem Niederlassungsstaat davon ausgehen, dass der Gewerbetreibende dort nicht die rechtlichen Anforderungen erfüllt. Denn die Art. 30 f. DLR basieren für den Fall einer vorübergehenden Leistungserbringung auf dem Gedanken einer geteilten Zuständigkeit.[128] Folglich ist jeder Zielmitgliedstaat darauf beschränkt, die nach Art. 16 DLR noch anwendbaren Vorschriften seiner Rechtsordnung zu vollziehen (→ § 1 Rn. 53), und

---

[122] *Frotscher/Kramer*, Rn. 378; vgl. zur Rechtsnachfolge allgemein *Zacharias*, JA 2001, 720.

[123] Vgl. dazu mit Blick auf das Kriterium der Unzuverlässigkeit *Korte/Fischer*, GewArch 2018, 272.

[124] *Ehlers*, in: ders./Fehling/Pünder, § 18 Rn. 8.

[125] So aber *Ruthig/Storr*, Rn. 238.

[126] Ähnlich *Ruthig/Storr*, Rn. 238.

[127] So aber VG Neustadt, GewArch 2011, 117 (119).

[128] *Calliess/Korte*, Dienstleistungsrecht in der EU, 2011, § 6 Rn. 103 ff.

darf im Übrigen nur Amtshilfe leisten, um nicht die Vorstellungen des Herkunfts-
lands über den Vollzug des eigenen Rechts zu umgehen.[129] Im Ergebnis kann somit
nur der Herkunftsstaat selbst darüber befinden, ob die Dienstleistungserbringung
den eigenen Rechtsvorschriften entspricht. Ausnahmen davon sieht die Richtlinie
nur in seltenen Fällen vor.[130]

4. Anknüpfungspunkte eines behördlichen Einschreitens

Soweit die gewerberechtlichen Kontrollmechanismen anwendbar sind, basieren sie   **49**
primär auf den gleichen materiell-rechtlichen Anknüpfungspunkten, so vor allem in
Form der Zuverlässigkeit, aber auch der Sachkunde oder etwaiger sachgebundener
Anforderungen. Nachweise, die die Einhaltung dieser Vorgaben belegen, sind im Falle
einer grenzüberschreitenden Leistungserbringung nach Maßgabe des § 13b GewO[131]
anzuerkennen.

a) Zuverlässigkeit

Am wichtigsten, weil in den meisten Tatbeständen enthalten, ist das personenbe-   **50**
zogene (→ Rn. 46) Merkmal der Zuverlässigkeit.[132] Dieser unbestimmte Rechtsbegriff ist zwar in manchen Spezialgesetzen wie in § 3 Abs. 3 Nr. 1 GüKG, nicht
aber in der GewO definiert. Gleichwohl ist man sich darüber einig, dass jemand
nach dem Gesamteindruck seines Verhaltens aufgrund bestimmter Tatsachen
keine Gewähr dafür bieten darf, dass er in Zukunft sein Gewerbe ordnungsgemäß
ausüben wird, um unzuverlässig zu sein; auf ein Verschulden oder einen Charak-
termangel kommt es nicht an.[133] Stattdessen bedarf es eines bestehenden Verhaltensdefizits, auf dessen Basis eine negative Verhaltensprognose anzustellen ist.
Damit erfordert die Unzuverlässigkeit genauso wie die polizeirechtliche Gefahr
ein *faktenbasiertes Wahrscheinlichkeitsurteil*;[134] lediglich die betroffenen Schutzgüter (→ Rn. 2, 5) divergieren. Im Überblick dazu Abb. 3.

aa) Bestehendes Verhaltensdefizit

Das zunächst nötige Verhaltensdefizit muss sich auf *Tatsachen*, also in der Vergan-   **51**
genheit liegende, dem Beweis zugängliche Umstände beziehen.[135] Sie müssen
nicht aus der gewerblichen Tätigkeit herrühren, solange nur Rückschlüsse auf das
künftige berufliche Verhalten möglich sind.[136] Das Defizit muss wegen der Schwere

---

[129] *Shirvani*, DVBl. 2012, 1338 (1342).

[130] Siehe dazu z. B. *Calliess/Korte*, Dienstleistungsrecht in der EU, 2011, § 6 Rn. 98 ff.

[131] Siehe *Schönleiter*, GewArch 2009, 384 (387 f.).

[132] *Frotscher/Kramer*, Rn. 361.

[133] *Stober/Eisenmenger*, § 46 I 5 f.

[134] *Eifert*, JuS 2004, 565 (570); BVerwGE 121, 257 (261); vgl. auch *Schliesky*, S. 240; allgemein
dazu *Poscher/Rusteberg*, JuS 2011, 888.

[135] *Ziekow*, § 10 Rn. 43.

[136] *Ruthig/Storr*, Rn. 250.

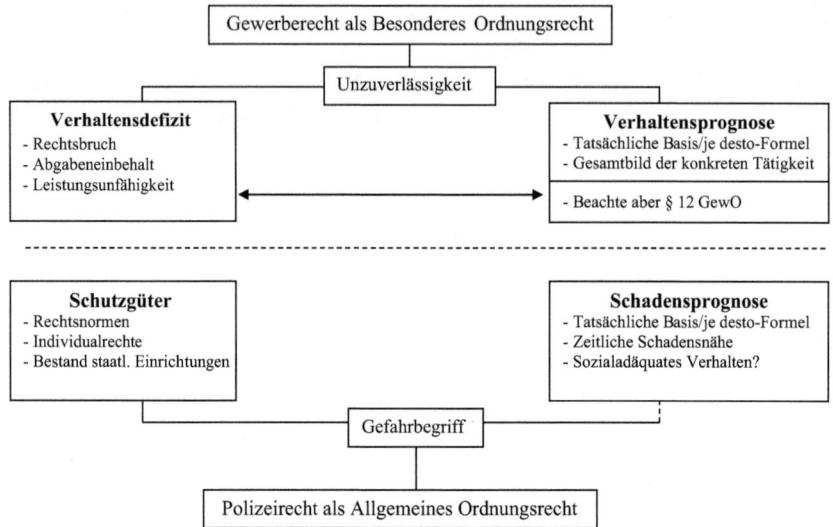

Abb. 3 Unzuverlässigkeit und Gefahrbegriff

der Auswirkungen einer Untersagung von einigem Gewicht sein.[137] Soweit zur Sachverhaltsermittlung auf Registereinträge zugegriffen werden soll, sind die zugehörigen Tilgungsvorschriften zu beachten.[138]

(1) Rechtsverstöße

52 Ein Verhaltensdefizit kann sich aus der Nichtbeachtung von Rechtsvorschriften ergeben – so insbesondere aus der Verletzung von *Straftatbeständen*, ohne dass es einer staatsanwaltschaftlichen Verfolgung, eines Schuldspruchs oder einer Verurteilung bedarf.[139] Stattdessen müssen die der Entscheidung zugrunde liegenden Umstände selbstständig gewerberechtlich gewürdigt werden.[140] Dabei ist die Behörde an bestimmte Feststellungen und Beurteilungen aus dem Strafurteil aufgrund von § 35 Abs. 3 GewO gebunden, darf davon also nicht zum Nachteil für den Gewerbetreibenden abweichen. Da diese Bindung nur für anzeigepflichtige stehende Gewerbe gilt, die naturgemäß weniger gefahrenintensiv sind (→ Rn. 64), bestehen für genehmigungspflichtige und damit gefahrenträchtigere Tätigkeiten keine entsprechenden Bindungen.[141]

53   Abgesehen davon kann auch ein Verstoß gegen *verwaltungsrechtliche Vorschriften* sowie gegen Nebenbestimmungen zu einer erteilten Erlaubnis zur Unzuverlässigkeit des Gewerbetreibenden führen – vor allem, wenn die verletzte Vorschrift

---

[137] *Ehlers*, in: ders./Fehling/Pünder, § 18 Rn. 56.

[138] *Stober/Eisenmenger*, § 46 I 5 e.

[139] *Korte*, in: Friauf, § 57 Rn. 36 (Stand: 275. EL Februar 2014); vgl. dazu OVG NRW, GewArch 2015, 335.

[140] *P. M. Huber/Unger*, in: Schoch, Kap. 4 Rn. 228; *Fetzer*, in: Steiner/Brinktrine, § 6 Rn. 229.

[141] *Korte*, in: Friauf, § 57 Rn. 37 (Stand: 275. EL Februar 2014); vgl. dazu NdsOVG, NVwZ-RR 2011, 895 (896).

gewerbliche Bezüge aufweist. Zudem können Verstöße gegen *zivil-*, d. h. also auch gegen *wettbewerbsrechtliche Normen* ein Fehlverhalten begründen. Wegen des Grundsatzes ordnungsrechtlicher Subsidiarität, wonach die zivilrechtlichen Streit-schlichtungsmechanismen regelmäßig vorrangig vor einem behördlichen Einschrei-ten sind,[142] bedarf es dazu aber besonders nachhaltiger und wiederholter, kurz notorischer Verstöße. Denn nur dann werden Mängel sichtbar, die als spürbares Verhaltensdefizit die Annahme der Unzuverlässigkeit rechtfertigen können.[143]

(2) Nichtabführung von Abgaben

Ein Normverstoß liegt auch im Falle der Nichtabführung von (insbesondere) steuer- oder sozialversicherungsrechtlichen Abgaben vor. Denn dann lässt der Gewerbe-treibende durch sein Verhalten ebenfalls erkennen, dass er nicht gewillt ist, sich rechtskonform zu verhalten. Allerdings sind entsprechende Rückstände nur zur Be-gründung von Unzuverlässigkeit geeignet, wenn es sich um ein *Fehlverhalten von einigem Gewicht* handelt,[144] was wiederum von der absoluten Höhe der Rückstände, aber auch von ihrem Verhältnis zur Gesamtbelastung des Gewerbetreibenden und der zeitlichen Dimension abhängt.[145]

54

(3) Wirtschaftliche Leistungsunfähigkeit

Wirtschaftliche Leistungsunfähigkeit kann ebenfalls ein Fehlverhalten begründen – so nach der geltenden Rechtslage insbesondere bei kapitalintensivem Gewerbe wie dem der Pfandleiher, das nach § 34 Abs. 1 Nr. 2 GewO nicht betrieben werden darf, wenn die dazu erforderlichen Mittel oder entsprechende Sicherheiten nicht nachge-wiesen werden können.[146] Fehlt es an solchen gesetzlichen Aussagen, liegt ein Ver-haltensdefizit bei wirtschaftlicher Leistungsunfähigkeit nicht generell vor, sondern nur dann, wenn finanzielle Mittel für die Ausübung einer gewerblichen Tätigkeit be-sonders wichtig sind und die *Marktgegenseite besonders schutzwürdig* ist, z. B. weil sie auf die Solvenz des Gewerbetreibenden vertraut. Dasselbe gilt, wenn eine ausweg-lose wirtschaftliche Krisensituation gegeben ist, weil sie gewerbetypisches Fehlver-halten deutlich ankündigt.[147] Nötig ist dann aber eine lang andauernde, ausweglos erscheinende Situation,[148] was zeigt, dass die wirtschaftliche Leistungsunfähigkeit genauso wie die übrigen inhaltsverwandten Untersagungsgründe (so z. B. ungeord-nete Vermögensverhältnisse) letztlich Regelbeispiele der Unzuverlässigkeit sind.[149]

55

---

[142] *Fröhler/Kormann*, GewO, § 35 Rn. 32.

[143] *Guckelberger*, Jura 2007, 598 (603).

[144] BVerwG, EzGewR § 35 Abs. 1 GewO Nr. 33, S. 1 f.; vgl. auch BayVGH, GewArch 2017, 155.

[145] Siehe *Heß*, in: Friauf, § 35 Rn. 196 ff. (Stand: 310. EL November 2018); BVerwG, GewArch 1988, 162 (162 f.).

[146] *Ruthig/Storr*, Rn. 305; vgl. dazu auch die Debatte um die Verfassungskonformität der Pflicht zur Abführung von Überschüssen aus der Pfandverwertung BVerwG, GewArch 2018, 379. (und dazu *Glückert*, GewArch 2018, 382 (382 f.)).

[147] *Tettinger/Wank/Ennuschat*, GewO, § 35 Rn. 64 ff.

[148] BVerwG, GewArch 1999, 72 (72); ThürOVG, GewArch 2006, 472 (473); *Guckelberger*, Jura 2007, 598 (603); *Eifert*, JuS 2004, 565 (569).

[149] Ähnlich *Schliesky*, S. 243.

(4) Sonstige Verhaltensdefizite

56   Wenn ein Gewerbetreibender der *Unsittlichkeit* Vorschub leistet oder sich selbst unsittlich verhält, z. B. weil er Kundinnen sexuell belästigt, liegt ebenfalls ein Verhaltensdefizit vor.[150] Diese und vergleichbare Fallgruppen prägt, dass sich der Gewerbetreibende außerhalb rechtlicher Sanktionsmechanismen bedenkenlos über die Bedürfnisse Dritter hinwegsetzt und dadurch unzuverlässig wird.[151]

57   Abgesehen davon kann auch *mangelnde Sachkenntnis* ein Verhaltensdefizit begründen. Insoweit ist aber wegen Art. 12 Abs. 1 GG[152] und im Umkehrschluss insbesondere zu § 34a Abs. 1 S. 2 Nr. 1 und 3 GewO Zurückhaltung angebracht, da diese Vorschrift gerade zeigt, dass Sachkunde und Zuverlässigkeit voneinander unabhängige Anforderungen sind.[153] Daher wird man sich auf den Fall zu beschränken haben, dass grundlegende Kenntnisse fehlen.[154]

bb) Verhaltensprognose

58   Neben einem Verhaltensdefizit bedarf es auch (→ Rn. 51) einer negativen Verhaltensprognose. Obwohl mit deren Durchführung naturgemäß Wertungen verbunden sind, ist die *gerichtliche Kontrolldichte nicht reduziert.* Denn dazu wären nach der verfassungsgerichtlichen Spruchpraxis[155] entsprechende Hinweise im Wortlaut der relevanten Bestimmungen der GewO (z. B. in § 35 oder § 57 GewO) erforderlich, die allerdings nicht ersichtlich sind.[156] Im Gegenteil drängt sich, soweit man dieses Kriterium noch für maßgeblich halten will,[157] der Eindruck auf, dass die befassten Richter nicht an ihre Funktionsgrenzen stoßen, wenn sie sich in die Lage der handelnden Behörde versetzen und die künftige Zuverlässigkeit des Gewerbetreibenden prognostizieren, weil sie genauso wie der befasste Amtswalter auf Basis des vorhandenen Defizits auf das künftige Verhalten des Gewerbetreibenden schließen können, ohne dass dazu ein etwaiges Sonderwissen nötig wäre.[158]

58a   Inhaltlich erfordert Unzuverlässigkeit keine eingetretene oder unmittelbar bevorstehende Störung,[159] sondern verlangt, dass das Gesamtbild der Tätigkeit die Annahme nahe legt, dass sich der Gewerbetreibende auch *künftig nicht ordnungsgemäß* verhält. Diese Prognose kann je nach Art, Vertriebsform oder Gefahrneigung

---

[150] *Ruthig/Storr*, Rn. 262.

[151] BVerwG, EzGewR § 35 Abs. 1 GewO Nr. 27, S. 3; *Laubinger*, VerwArch 89 (1998), 145 (156).

[152] Vgl. BVerfG, GewArch 1972, 337 (338).

[153] *Laubinger*, VerwArch 89 (1998), 145 (154); ähnlich *P. M. Huber/Unger*, in: Schoch, Kap. 4 Rn. 228.

[154] Vgl. zu den damit verbundenen Problemen im Falle der Astrologie BVerwGE 22, 286 (297 f.); großzügiger offenbar *Wormit*, JuS 2017, 641 (644).

[155] BVerfGE 129, 1 (23); *Korte/Dittrich*, JA 2017, 332 (333).

[156] Vgl. dazu BVerwGE 24, 60 (63 f.); *Wolff/Bachof/Stober* I, § 31 III.

[157] Offen gelassen in BVerfGE 129, 1 (23).

[158] Vgl. dazu BVerwGE 24, 60 (63 f.) sowie 121, 257 (261); *Wolff/Bachof/Stober* I, § 31 III; siehe auch *Diegmann/Hoffmann/Ohlmann*, Praxishandbuch für das gesamte Spielrecht, 2008, Rn. 289.

[159] *Schönleiter*, in: Landmann/Rohmer, GewO, § 57 Rn. 6 (Stand: 62. EL Januar 2013).

des Gewerbes[160] unterschiedlich ausfallen.[161] Relevant sind überdies die Schadenswahrscheinlichkeit, die Wiederholungsgefahr, die Frequenz und Häufigkeit des Fehlverhaltens sowie die Bedeutung der gefährdeten Rechtsgüter.[162] Daher sind an die Erwartung eines Schadens umso geringere Anforderungen zu stellen, je folgenschwerer er sein wird.[163] Drohen dem Verbraucher also erhebliche Verletzungen, ist der Gewerbetreibende nur bei strikter Einhaltung der nötigen Sicherheitsanforderungen zuverlässig, selbst wenn nur statistische Risiken bestehen.[164] Ist der Gewerbetreibende hingegen zahlungswillig und arbeitet er trotz seiner Schulden nach einem sinnvollen und erfolgversprechenden Sanierungskonzept, kann der Vorwurf der Unzuverlässigkeit aufgrund wirtschaftlicher Leistungsunfähigkeit entfallen.[165]

Soweit das Verhaltensdefizit des Gewerbetreibenden auf ungeordnete Vermö- **59** gensverhältnisse (→ Rn. 55) zurückzuführen ist, ist eine negative Prognose aufgrund von § 12 GewO während eines Insolvenz- oder vergleichbaren Verfahrens ausgeschlossen. Begründen lässt sich diese Ausnahme damit, dass *Insolvenzverfahren* ausweislich des § 1 InsO bezwecken sollen, die Gläubiger gemeinschaftlich zu befriedigen, so dass eine Unternehmung vorzugsweise zu erhalten ist, um etwa erzielte Überschüsse verwerten zu können. Inhaltlich bezieht sich § 12 GewO auch auf die Konstellation, dass in einer Norm wie in § 34b Abs. 4 GewO das Merkmal der ungeordneten Vermögensverhältnisse neben der Unzuverlässigkeit genannt ist.[166] § 12 GewO hindert die Anwendung des Gewerberechts allerdings nur auf Erkenntnis-, nicht jedoch auf Vollstreckungsebene, wie schon der allein auf die Untersagung eines Gewerbes bzw. auf die Aufhebung einer Zulassung bezogene Wortlaut der Norm zeigt. Die Vorschrift greift folglich nicht, wenn bereits eine Untersagung aufgrund von Unzuverlässigkeit ergangen ist, sie vollstreckt werden soll und erst dann ein Insolvenzverfahren eröffnet wird.[167]

cc) Bezug zur konkreten Tätigkeit

Den maßgeblichen Bezugspunkt für die Feststellung der Unzuverlässigkeit bildet **60** die konkrete Tätigkeit. Das Fehlverhalten des Unternehmers und die darauf basierende Verhaltensprognose müssen sich deshalb auf genau das *Gewerbe* beziehen, *dessen Ausübung verboten werden soll*.[168] Von Bedeutung kann diese Tatsache im Falle der Straffälligkeit des Gewerbetreibenden sein, wenn keine Vermögensdelikte wie Diebstahl, Betrug oder Unterschlagung, sondern Beziehungstaten im Raum stehen.

---

[160] Vgl. VG Neustadt, GewArch 2012, 317 (318).

[161] *Ruthig/Storr*, Rn. 292; vgl. auch *Ziekow*, § 10 Rn. 45.

[162] Siehe dazu *Eifert*, JuS 2004, 565 (568 f.); vgl. auch VGH BW, GewArch 1994, 421 (421).

[163] Vgl. BVerwG, DÖV 1992, 30 (31).

[164] *Schönleiter*, in: Landmann/Rohmer, GewO, § 57 Rn. 6 (Stand: 62. EL Januar 2013); VGH BW, GewArch 1994, 421 (421); vgl. auch OVG NRW, GewArch 2016, 388, (388 f.).

[165] Vgl. dazu BVerwG, GewArch 2015, 366 (367 f.); s. a. *Kment*, KTS 2016, 84.

[166] *Tettinger/Wank/Ennuschat*, GewO, § 12 Rn. 12.

[167] Ausführlich dazu BVerwGE, 152, 39 (45 f.); vgl. dazu auch *Kment*, KTS 2016, 84 (86 f.).

[168] *Laubinger*, VerwArch 89 (1998), 145 (162); *Eifert*, JuS 2004, 565 (568).

b) Sachkunde

61   Manche gewerbliche Kontrollmechanismen lassen ein behördliches Einschreiten (auch) bei mangelnder Sachkunde zu. Sie fehlt, wenn bestimmte *Fertigkeiten oder Kenntnisse* nicht gegeben sind, so dass dieses Merkmal ebenfalls personenbezogen ist. Es bringt wegen der dann entstehenden Nachweispflichten im Vergleich zur Zuverlässigkeit eine intensivere Beschränkung der gewerblichen Tätigkeit mit sich. Sie lässt sich im Lichte der Unternehmergrundrechte nur dann rechtfertigen, wenn die Eigenart des jeweiligen Gewerbes aufgrund seiner Gefahrneigung entsprechende Nachweise fordert.[169] Die Anforderungen an die Erlangung der zugehörigen Belege und die Prüfungsvorgaben folgen aus dem einschlägigen Recht (vgl. § 32 GewO).

62   *Sachkunde* verlangt die GewO nur für bestimmte erlaubnispflichtige Gewerbe – so z. B. für Bewachungsunternehmen i. S. d. § 34a GewO. Dort wird ein Befähigungsnachweis gefordert, der nur im Falle einer bestandenen Prüfung erlangt werden kann. Die für den Betrieb eines Bewachungsgewerbes ausweislich des § 34a Abs. 1 S. 3 Nr. 3 GewO nötige *Unterrichtung* setzt demgegenüber nur eine Schulung von bestimmter Länge, nicht aber eine bestandene Prüfung voraus.[170] Der nach Teilnahme an der Unterrichtung ausgestellte Sitzschein ist infolgedessen mit einem Sachkundenachweis nicht vergleichbar.

c) Sachgebundene Anforderungen

63   Manche Vorschriften der GewO über erlaubnispflichtige Gewerbe machen sachgebundene Vorgaben. Sie knüpfen nicht an die Person des Gewerbetreibenden, sondern an objektive Umstände wie die *Betriebsräume* (vgl. § 33i Abs. 2 Nr. 2 GewO)[171] oder die *Betriebseinrichtung* (vgl. § 30 Abs. 1 S. 2 Nr. 2 GewO an. Hierher gehört auch der Nachweis eines bestimmten *Betriebskapitals* oder einer Versicherung,[172] nicht aber das Bestehen wirtschaftlicher Leistungsfähigkeit[173] als Regelbeispiel der Zuverlässigkeit (→ Rn. 55).[174]

5. Bezugspunkte behördlichen Einschreitens

64   Welche gewerberechtlichen Kontrollmechanismen greifen, hängt wegen der unterschiedlichen Schutzbedürfnisse (→ Rn. 5) davon ab, welcher Titel der GewO gilt.

a) Stehendes Gewerbe

65   Die Vorschriften über das stehende Gewerbe sind je nach zeitlichem Anknüpfungspunkt der Aufnahme- oder der Ausübungsüberwachung zuzuordnen. Im Einzelnen lassen sich die bestehenden Eingriffsbefugnisse wie in Abb. 4 skizzieren.

---

[169] *P. M. Huber/Unger*, in: Schoch, Kap. 4 Rn. 228; vgl. dazu jüngst auch *Waldhoff*, GewArch 2018, 89 und 133.

[170] *Korte*, VerwArch 102 (2011), 51 (66).

[171] Siehe dazu *Diegmann/Hoffmann/Ohlmann*, Praxishandbuch Spielrecht, 2008, Rn. 360.

[172] *P. M. Huber/Unger*, in: Schoch, Kap. 4 Rn. 250.

[173] So aber *Frotscher/Kramer*, Rn. 361.

[174] *Fetzer*, in: Steiner/Brinktrine, § 6 Rn. 245.

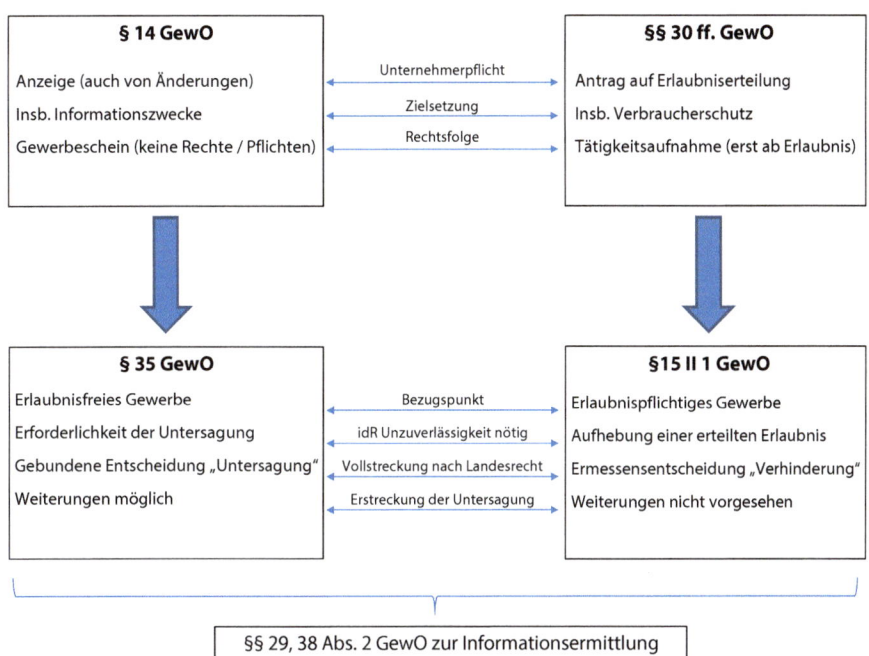

Abb. 4 Eingriffsbefugnisse

aa) Aufnahmeüberwachung

Innerhalb der Aufnahmeüberwachung sind anzeige- und genehmigungspflichtige **66** Tätigkeit zu unterscheiden sowie zum sog. überwachungsbedürftigen Gewerbe und zur öffentlichen Bestellung Sachverständiger in Beziehung zu setzen.

(1) Anzeigepflichtige Gewerbe

Für stehende Gewerbe besteht gemäß § 14 Abs. 1 GewO wegen der Gewerbefreiheit **67** aus § 1 Abs. 1 GewO (→ Rn. 36) grundsätzlich keine Genehmigungs-, sondern eine Anzeigepflicht.[175] Sie bezieht sich auf den Beginn, die Verlegung, den Wechsel, die Aufgabe und die Ausdehnung des Gewerbes über das Geschäftsübliche hinaus. Ihr *Ziel* ist es, der öffentlichen Hand die *Gewerbeüberwachung zu ermöglichen*, indem die Anzeige die dazu nötigen Kenntnisse verschafft. Daher ist die Anzeige gleichzeitig, d. h. unverzüglich im Anschluss an die anmeldepflichtigen Tätigkeiten zu erstatten.[176] Da mit den angezeigten Daten wegen des Rechts auf informationelle Selbstbestimmung aus Art. 2 Abs. 1, 1 Abs. 1 GG vertraulich umzugehen ist, dürfen nur Name, betriebliche Anschrift und gemeldete Tätigkeit als sog. Grunddaten nach § 14 Abs. 5 S. 2 GewO allgemein zugänglich gemacht werden. Im Übrigen regelt

---

[175] *Schliesky*, S. 234.

[176] *Ziekow*, § 10 Rn. 31.

§ 14 GewO in den Abs. 5 bis 14 den Umgang mit gewerblichen Daten.[177] Hinzu
treten ggf. weitere Regelungen, so z. B. aus der Datenschutzgrundverordnung.

68   Die Anzeige ist nach § 15 Abs. 1 GewO innerhalb von drei Tagen nach Emp-
fang durch Ausstellung eines sog. *Gewerbescheins* behördlich zu bestätigen. Darauf besteht also grundsätzlich ein subjektiv öffentliches Recht,[178] auch wenn der
Gewerbeschein nur eine Beweisfunktion erfüllt und keine Aussage über die Ord-
nungsmäßigkeit der Gewerbeausübung trifft.[179] Auch im Übrigen begründet die
Anzeige keine Rechte oder Pflichten.[180] Folglich macht eine (nachhaltige) Verletzung des § 14 Abs. 1 GewO nicht unzuverlässig (→ Rn. 52 f.).[181] Allerdings soll
der Gewerbetreibende zur Abgabe der Anzeige aufgefordert werden können, obwohl § 14 Abs. 1 GewO eine solche Befugnis dem Wortlaut nach an sich nicht
bietet; sie soll sich aber aus Sinn und Zweck der Norm ergeben.[182] Diese Aufforderung soll dann wiederum mit Hilfe des Verwaltungszwangs durchgesetzt werden können, weil es sich nicht nur um einen Hinweis auf die Rechtslage,[183] sondern um eine verbindliche Feststellung der Anzeigepflicht und damit um einen
Verwaltungsakt handelt.[184]

(2) Genehmigungspflichtige Gewerbe

69   Die in den §§ 30 ff. GewO enthaltenen Arten gewerblicher Betätigung sind wegen
ihres höheren Gefahrenpotenzials für die Konsumenten (→ Rn. 64) erlaubnispflichtig.[185] Diese in Teilen unionsrechtlich überformten Normen beziehen sich auf verschiedene Tätigkeiten, so z. B. den Betrieb von Privatkrankenanstalten oder die Veranstaltung von Spielen. Probleme können sich im Einzelfall bei der Subsumtion
unter einzelne (antragsgebundene) Genehmigungsvorbehalte ergeben – vor allem,
wenn es um *Sachverhalte mit Internet-Bezug* geht.[186] Die §§ 30 ff. GewO erlauben
in der Regel den ggf. auch nachträglichen – er ist freilich Teil der Ausübungsüberwachung – Erlass von Auflagen. Diese Rechtsgrundlagen sind erforderlich, weil auf
die in den §§ 30 ff. GewO enthaltenen Erlaubnisse im Lichte des § 1 Abs. 1 GewO
(→ Rn. 36) ein Anspruch besteht.[187] Deshalb bedarf es wegen § 36 Abs. 1 LVwVfG
einer gesetzlichen Basis für den Erlass von Nebenbestimmungen, wenn sie nicht

---

[177] *Badura*, Rn. 318.

[178] *Fetzer*, in: Steiner/Brinktrine, § 6 Rn. 228; *Schliesky*, S. 237; allgemein dazu *Ramsauer*, JuS
2012, 769.

[179] *Wormit*, JuS 2017, 641 (643).

[180] *Ziekow*, § 10 Rn. 32; *Oberrath*, JA 2001, 991 (994 f.).

[181] *Stober/Eisenmenger*, § 46 I 2 b.

[182] *Ehlers*, in: ders./Fehling/Pünder, § 18 Rn. 51.

[183] *Ruthig/Storr*, Rn. 277.

[184] *Ziekow*, § 10 Rn. 32.

[185] *Schliesky*, S. 234 f.

[186] Vgl. dazu *Guckelberger*, Jura 2007, 598 (600); *Oberrath*, JA 2001, 991 (995 f.); siehe auch
BVerwG, NVwZ 2005, 961.

[187] *Schliesky*, S. 253.

lediglich sicherstellen sollen, dass die gesetzlichen Voraussetzungen des Verwaltungsakts erfüllt werden.[188] Soweit eine erteilte Erlaubnis sittenwidrig ist (→ Rn. 19 ff.), ist sie wegen § 44 Abs. 2 Nr. 6 LVwVfG nichtig.

Für *grenzüberschreitende Aktivitäten* ergeben sich aus den §§ 13a und 13c **70** GewO Sonderregeln, die auf Unionsrecht zurückgehen und reglementierte Tätigkeiten, die eine Berufsqualifikation verlangen (→ § 1 Rn. 42),[189] erfassen. Darunter fallen auch die vor allem, aber nicht nur (→ Rn. 88 ff.)[190] in den §§ 30 ff. GewO teilweise geforderten Sachkunde- und Unterrichtungsnachweise.[191] Konkret widmet sich § 13a GewO der Konstellation, dass die Tätigkeit in Ausübung der Dienstleistungsfreiheit vom EU- bzw. EWR-Ausland aus im Bundesgebiet ausgeübt werden soll. Inhaltlich setzt § 13a GewO in Entsprechung zu den ausdrücklichen Vorgaben des Art. 5 Abs. 1 Berufsqualifikationsanerkennungs-Richtlinie (BQRL) anders als § 4 GewO (→ Rn. 47) eine rechtmäßige Niederlassung in einem anderen Mitgliedstaat sowie die schriftliche Anzeige der Tätigkeitsabsicht im Bundesgebiet voraus. Ist diese Anmeldung erfolgt, darf die Tätigkeit sofort erbracht werden, es sei denn, es ist spezialgesetzlich (→ Rn. 36) eine besondere Nachprüfung der Berufsqualifikation vorgeschrieben. Dann gilt der enge Kontrollzeitplan des § 13a Abs. 2 ff. GewO.[192] Für die dauerhafte Erbringung einer im Bundesgebiet reglementierten Tätigkeit greift § 13c GewO. Er macht primär Vorgaben für die Gleichwertigkeit von im EU- bzw. EWR-Ausland erworbenen Befähigungsnachweisen und geht den Anforderungen des Berufsqualifikationsfeststellungsgesetzes ausweislich seines Abs. 6 vor. Im Einzelnen stellt § 13c GewO drei kumulativ erforderliche Anforderungen: So bedarf es erstens der Vergleichbarkeit der bisher ausgeübten und der avisierten Tätigkeit (Nr. 1), zweitens der Berechtigung des Antragstellers (Nr. 2) und drittens der inhaltlichen Ähnlichkeit der Qualifikationen (Nr. 3).[193] Fehlt es daran, verlangt § 13c Abs. 2 f. GewO i. V. m. den einschlägigen gewerberechtlichen Verordnungen eine ergänzende Prüfung, sofern belegte praktische Erfahrungen das Defizit nicht ausgleichen.[194]

(3) Überwachungsbedürftige Gewerbe
Eine Zwitterstellung zwischen anzeige- und genehmigungspflichtigem Gewerbe **71** nehmen die sog. überwachungsbedürftigen Gewerbe i. S. d. § 38 GewO ein, weil die *Zuverlässigkeit* zwar nicht vorab im Rahmen des Genehmigungsverfahrens, immerhin aber *unverzüglich nach Erstattung der Gewerbeanzeige* zu überprüfen ist. Dazu hat der Gewerbetreibende ein Führungszeugnis i. S. d. § 30 Abs. 5 BZRG und

---

[188] *Ehlers*, in: ders./Fehling/Pünder, § 18 Rn. 43; *Fetzer*, in: Steiner/Brinktrine, § 6 Rn. 247.

[189] *Calliess/Korte*, Dienstleistungsrecht in der EU, 2011, § 5 Rn. 81.

[190] *Korte*, in: Friauf, § 57 Rn. 67 (Stand: 275. EL Februar 2014).

[191] *Korte*, VerwArch 102 (2011), 51 (65 f.).

[192] Ausführlich zum Ganzen *Schulze-Werner*, GewArch 2009, 391 (394).

[193] Siehe dazu *Schönleiter*, in: Landmann/Rohmer, GewO, § 13a Rn. 11 ff. (Stand: 71. EL Januar 2016).

[194] Vgl. *Schulze-Werner*, in: Friauf, § 13a Rn. 31 ff. (Stand: 292. EL April 2016).

einen Auszug aus dem Gewerbezentralregister[195] nach § 150 Abs. 5 GewO zur Vorlage bei einer Behörde zu beantragen.

72   Nach § 38 Abs. 1 GewO überwachungsbedürftig sind namentlich der An- und
Verkauf hochwertiger Konsumgüter, sog. Auskunfteien und Detekteien, Partnerver-
mittlungs- oder Schlüsseldienste. Der Gesetzgeber reagiert in § 38 GewO somit auf
spezifische Gefahrenlagen zulasten des Verbrauchers, in Teilen aber auch auf das
Erfordernis der Kriminalprävention und -aufklärung, insbesondere wenn Herstellung und Vertrieb spezieller diebstahlsbezogener Öffnungswerkzeuge oder Vertrieb
und Einbau von Gebäudesicherungseinrichtungen in dieser Vorschrift für überwachungsbedürftig erklärt werden.[196]

(4) Öffentliche Bestellung von Gewerbetreibenden

73   Keine Frage der Aufnahmeüberwachung ist die sog. öffentliche Bestellung von besonders sachkundigen Versteigerern (§ 34b Abs. 5 GewO) bzw. von Sachverständigen (§ 36 Abs. 1 GewO). Denn in beiden Fällen geht es nicht darum, den Zugang
zur jeweiligen Tätigkeit einer Präventivkontrolle zu unterwerfen, sondern vielmehr
darum, dem Versteigerer oder Sachverständigen eine *besondere Qualifikation* zuzu-
erkennen, um der Marktgegenseite die Auswahl zu erleichtern.[197] In manchen Fällen
bestimmen zudem (vornehmlich) zivilrechtliche Vorschriften, dass es einer öffentlichen Bestellung bedarf, um als Versteigerer tätig werden zu dürfen, oder dass öffentlich bestellte Sachverständige bevorzugt herangezogen werden sollen, dann
aber auch zur Begutachtung verpflichtet sind.[198]

bb) Ausübungsüberwachung

74   Die Vorschriften über die Ausübungsüberwachung des stehenden Gewerbes lassen
sich ebenfalls danach unterscheiden, ob es sich um eine anzeige- oder genehmigungspflichtige Tätigkeit handelt. Hinzu treten Vorschriften über Auskunft und
Nachschau sowie § 51 GewO.

(1) Untersagung der anzeigepflichtigen Gewerbeausübung[199]

75   Für anzeigepflichtige Gewerbe entscheidet § 35 GewO darüber, ob und wenn ja inwieweit deren weitere Ausübung untersagt werden muss. Er greift, wenn tatsächlich
ein Gewerbe zum Zeitpunkt der Einleitung des Untersagungsverfahrens ausgeübt
wird, also nicht nur angezeigt worden ist.[200] Eine danach eintretende Betriebsaufgabe
hindert wegen § 35 Abs. 1 S. 3 GewO die Verfahrensfortsetzung nicht. *§ 35 GewO gilt
nach Abs. 8 nicht* für erlaubnisfreie Tätigkeiten, soweit speziellere unzuverlässigkeits-
bezogene Vorschriften bestehen (→ Rn. 36), und nicht für genehmigungspflichtige

---

[195] Allgemein dazu *Wolff*, GewArch 1999, 17.

[196] *Stober/Eisenmenger*, § 46 III 1, 3.

[197] *Ziekow*, § 10 Rn. 34; vgl. dazu allg. *Bleutge*, GewArch 2017, 266 sowie konkret *ders.*, GewArch
2018, 301 (301 f.).

[198] *Tettinger/Wank/Ennuschat*, GewO, § 36 Rn. 5, § 34b Rn. 30.

[199] Ausführlich dazu der Überblick bei *Scheidler*, GewArch 2015, 102.

[200] BVerwG, NVwZ 2004, 103 (103); *Ehlers*, in: ders./Fehling/Pünder, § 18 Rn. 51.

Tätigkeiten, soweit die Zulassung wegen Unzuverlässigkeit aufgehoben werden kann.[201] Daher ist im Falle eines unzuverlässigen Handwerkers ein Rückgriff auf § 35 GewO möglich, weil sich die in § 16 Abs. 3 S. 1 HwO in Bezug genommenen „Vorschriften dieses Gesetzes" nicht auf die Zuverlässigkeit, sondern auf handwerksrechtliche Aspekte beziehen (→ § 10 Rn. 88).[202] Zudem soll § 35 GewO greifen, wenn ein erlaubnispflichtiges Gewerbe ohne Genehmigung ausgeübt wird, weil dann keine Erlaubnis vorliegt, die aufgehoben werden könnte.[203]

In tatbestandlicher Hinsicht stellt § 35 GewO auf den Gewerbetreibenden ab. **76** Daher können auch *juristische Personen* (→ Rn. 10) unzuverlässig sein, soweit sich das Fehlverhalten verobjektivieren lässt – so bei der Nichtabführung von Abgaben.[204] Sind hingegen subjektive Komponenten wie das persönliche Verhalten oder individuelle Eigenschaften relevant, ist ihnen das Verhalten ihrer Vertreter zuzurechnen.[205] Soweit man die Rechtsfähigkeit der *Personengesellschaften* auch im Gewerberecht für maßgeblich hält (→ Rn. 10), gelten diese Grundsätze entsprechend. Anderenfalls ist auf jeden Gesellschafter selbst abzustellen, ohne dass dessen Fehlverhalten andere Gesellschafter unzuverlässig macht[206] – es sei denn, sie schließen ihn trotz Kenntnis des Fehlverhaltens nicht von der Geschäftsführung aus.[207] Falls Dritte eingeschaltet werden, ist deren Fehlverhalten relevant, wenn es sich um einen Stellvertreter (→ Rn. 9) und/oder einen Betriebsleiter (§ 35 Abs. 1 S. 1 GewO) handelt. Nur deren Verhalten wird dem Gewerbetreibenden zugerechnet, nicht hingegen das sonstiger Dritter – so eines Angestellten (§ 41 GewO). Anderenfalls umginge man den Aussagegehalt dieser Bestimmungen. Allerdings kann der Gewerbetreibende selbst unzuverlässig werden, wenn er einem unzuverlässigen Dritten – so der Strohmann einem Hintermann (→ Rn. 11) – maßgeblichen Einfluss auf die Geschäftsführung oder seine gewerberechtlichen Pflichten einräumt und ihn trotz Kenntnis von einem Fehlverhalten gewähren lässt.[208]

Ist Unzuverlässigkeit gegeben, muss die Untersagung zum Schutz der Allge- **77** meinheit oder der im Betrieb Beschäftigen *erforderlich* sein. Daher sind Abmahnungen, Auflagen oder Teiluntersagungen als mildere Mittel im Falle gleicher Eignung vorzuziehen.[209] Ob überdies die Untersagungsverfügung auch verhältnismäßig im engeren Sinne, d. h. also angemessen sein muss, ist umstritten, wird in praxi aber kaum relevant.[210] Liegen die Anforderungen des § 35 Abs. 1 S. 1 GewO vor,

---

[201] *Frotscher/Kramer*, Rn. 356; vgl. dazu OVG NRW, GewArch 2017, 113 (114).

[202] *Stober/Eisenmenger*, § 48 IV 3.

[203] BVerwG, NVwZ 1982, 557 (558); *Guckelberger*, Jura 2007, 598 (604).

[204] *Ruthig/Storr*, Rn. 265.

[205] *Ziekow*, § 10 Rn. 55; *Ehlers*, in: ders./Fehling/Pünder, § 18 Rn. 57.

[206] *Ruthig/Storr*, Rn. 265.

[207] NdsOVG, NVwZ-RR 2009, 103 (104); *Ziekow*, § 10 Rn. 55.

[208] BVerwG, NVwZ 2004, 103 (104); vgl. auch BayVGH, GewArch 2017, 399; allg. dazu *Scheidler*, GewArch 2014, 238.

[209] *Schliesky*, S. 245.

[210] *Ruthig/Storr*, Rn. 296; vgl. aber NdsOVG, NVwZ-RR 2007, 521 (522).

„ist" die Ausübung des Gewerbes zu untersagen. Die zuständige Behörde verfügt insoweit also über keinen Ermessensspielraum. Die daran anschließende Verfügung gilt für das gesamte Bundesgebiet und ist nach § 149 Abs. 2 GewO genauso wie alle anderen dort aufgeführten Entscheidungen in das Gewerbezentralregister einzutragen, so dass sich der Gewerbetreibende den Rechtswirkungen der Verfügung durch Ortswechsel nur schwer entziehen kann.[211] Weiterungen der Untersagung sind auf Basis des § 35 Abs. 1 S. 2 GewO zulasten des Gewerbetreibenden[212] und des § 35 Abs. 7a GewO zulasten des Betriebsleiters möglich.[213] Fortgeführt werden kann der Gewerbebetrieb eines unzuverlässigen Unternehmers demgegenüber nach § 35 Abs. 2 GewO durch einen zuverlässigen Stellvertreter; im Lichte des Art. 12 Abs. 1 GG besteht trotz des insoweit eher missverständlichen Wortlauts sogar ein Anspruch darauf.[214]

78   Ergeht eine Untersagungsverfügung auf Basis des § 35 GewO und kommt der Gewerbetreibende dieser Maßnahme nicht nach, können Vollstreckungsmaßnahmen wie z. B. die Wegnahme der Arbeitsmittel[215] ggf. sogar bis hin zur Zwangshaft[216] ergriffen werden. Die Zulässigkeit dieser Maßnahmen richtet sich nach dem Landesrecht. Der für den Vollzug nötige Grundverwaltungsakt liegt in der Untersagung selbst. Einer separaten Schließungsverfügung bedarf es nicht (mehr).[217] Ist eine Gewerbeuntersagung auf Basis des § 35 GewO ergangen, bietet Abs. 6 dieser Vorschrift die Möglichkeit der *Wiedergestattung*. Erfolg hat der dazu nötige Antrag nur, wenn die anfängliche Unzuverlässigkeit zwischenzeitlich weggefallen ist und kein neues Fehlverhalten hinzutritt.[218] Ein Wohlverhalten während eines laufenden Prozesses – so z. B. die Nachzahlung offener Sozialabgaben – wiegt das ursprüngliche Fehlverhalten aber nicht auf. Denn von einem Gewerbetreibenden, der gegen eine behördliche Verfügung Rechtsbehelfe einlegt, ist zu erwarten, dass er sich während dieses Verfahrens ordnungsgemäß verhält.[219] Vor Ablauf eines Jahres nach Durchführung – also Vollzug[220] – der Untersagung kommt eine Wiedergestattung wegen § 35 Abs. 6 S. 2 GewO nur in Betracht, wenn „besondere Gründe"

---

[211] *Frotscher/Kramer*, Rn. 359.

[212] Vgl. dazu ausführlich *Ziekow*, § 10 Rn. 62, 64; siehe auch BVerwG, GewArch 1995, 115 (115).

[213] Vgl. dazu ausführlich *Schliesky*, S. 244 f.

[214] *Fetzer*, in: Steiner/Brinktrine, § 6 Rn. 235.

[215] *P. M. Huber/Unger*, in: Schoch, Kap. 4 Rn. 246.

[216] Vgl. zu den Anforderungen VGH BW, GewArch. 2016, 347 (348); s. a. *Weber*, GewArch 2016, 275 (276 f.).

[217] Vgl. zum Streitstand nach früherem Recht *Schliesky*, S. 246; allgemein dazu *Dietz*, GewArch 2014, 225.

[218] Vgl. *Marcks*, in: Landmann/Rohmer, GewO, § 35 Rn. 174, 179 (Stand: 79. EL Juni 2018) sowie NdsOVG, GewArch 2018, 37 (37 f.); allgemein zur Wiedergestattung *Scheidler*, VBlBW 2010, 270.

[219] BVerwGE 28, 202 (210); *Frotscher/Kramer*, Rn. 366.

[220] *Heß*, in: Friauf, § 35 Rn. 573 (Stand: 311. EL Dezember 2018).

sozialer oder familiärer Natur vorliegen.[221] Eine verfassungskonforme Auslegung fordert im Lichte der Berufsfreiheit aber gleichwohl eine großzügige Betrachtungsweise.[222] Dieser Gedanke setzt sich innerhalb des in § 35 Abs. 6 S. 2 GewO eingeräumten Ermessens fort.[223]

(2) Verhinderung der erlaubnispflichtigen Gewerbeausübung

Für erlaubnispflichtige Gewerbe ermöglicht § 15 Abs. 2 S. 1 GewO die Verhinderung der Fortsetzung des Betriebs, wenn er ohne die nötige Zulassung ausgeübt wird. Diese Norm bezieht sich auch auf spezialgesetzliche Erlaubnisvorbehalte, solange es sich um Elemente der gewerberechtlichen Präventivkontrolle und nicht um repressive Verbote handelt, tritt aber hinter spezielleren Normen wie § 16 Abs. 3 S. 1 HwO zurück.[224] § 15 Abs. 2 S. 1 GewO setzt eine *zulassungspflichtige Tätigkeit*, vor allem aber das Fehlen einer Genehmigung voraus (→ Rn. 75). Wurde sie ursprünglich erteilt, ist ihre zwischenzeitliche Aufhebung zu erörtern. Soweit keine abschließenden Spezialvorschriften wie in Teilen § 33d Abs. 4 f. GewO greifen,[225] sind dann die §§ 48 f. LVwVfG zu prüfen.

In Betracht kommt vor allem ein Widerruf nach § 49 Abs. 2 S. 1 Nr. 3 LVwVfG, wenn die Behörde wegen nach Erlaubniserteilung eingetretener Tatsachen von der Unzuverlässigkeit des Gewerbetreibenden ausgehen kann und deshalb berechtigt wäre, die ursprünglich erteilte Genehmigung nicht zu erlassen. Die außerdem nötige Gefährdung des öffentlichen Interesses lässt sich dann daraus ableiten, dass die Teilnahme eines unzuverlässigen Gewerbetreibenden am Geschäftsleben jederzeit fremde Rechtsgüter gefährdet.[226] Liegt eine von Anfang an rechtswidrige Erlaubnis vor, gilt § 48 Abs. 1 S. 2, Abs. 3 LVwVfG – so wenn schon vor der Zulassungserteilung Tatsachen die Annahme der Unzuverlässigkeit rechtfertigten, weil die Erlaubnis dann ggf. von Anfang an hätte versagt werden müssen.[227] Etwaige Abwägungsgesichtspunkte – z. B. die Möglichkeit des Erlasses einer Auflage statt einer *Aufhebung* als milderes, gleich geeignetes Mittel – sind innerhalb des § 48 Abs. 1 und innerhalb des § 49 Abs. 2 LVwVfG auf Ermessensebene einzustellen.

Liegt der Tatbestand des § 15 Abs. 2 S. 1 GewO vor, kann die weitere Ausübung des Gewerbes verhindert werden. Insoweit besteht also (ebenfalls) *Ermessen*, so dass ggf. eine Teilschließung als milderes, gleich geeignetes Mittel in Betracht kommt.[228] Zudem bedarf es einer Differenzierung zwischen formeller und materieller

79

80

81

---

[221] *Tettinger/Wank/Ennuschat*, GewO, § 59 Rn. 8; vgl. auch OVG NRW, GewArch 2016, 244.

[222] BVerfG, GewArch 1995, 242 (243); BVerwG, GewArch 1991, 110 (111); *Ziekow*, § 10 Rn. 67.

[223] *Tettinger/Wank/Ennuschat*, GewO, § 35 Rn. 212.

[224] Vgl. dazu VGH BW, VBlBW 2004, 306 (307); *Ziekow*, § 10 Rn. 39.

[225] *Tettinger/Wank/Ennuschat*, GewO, § 33d Rn. 34 ff.; vgl. auch *P. M. Huber/Unger*, in: Schoch, Kap. 4 Rn. 251; vgl. dazu auch *Diegmann/Hoffmann/Ohlmann*, Praxishandbuch Spielrecht, 2008, Rn. 338 ff.

[226] *Laubinger/Repkewitz*, VerwArch 89 (1998), 337 (353); 609 (614 f.); in diese Richtung auch BVerwG, GewArch 1995, 113 (114); vgl. auch BayVGH, GewArch 2018, 35.

[227] *Schönleiter*, in: Landmann/Rohmer, GewO, § 57 Rn. 24 (Stand: 50. EL August 2007).

[228] *Ruthig/Storr*, Rn. 316.

Illegalität. Im erstgenannten Fall liegen die Genehmigungsvoraussetzungen vor, im zweiten nicht. Daher ist bei formeller Illegalität der Hinweis auf die Antragsmöglichkeit gegenüber der Verhinderung ein milderes, gleich geeignetes Mittel.[229] Eine Einladung zur Außerachtlassung gewerberechtlicher Präventivkontrollmechanismen geht damit nicht einher,[230] sondern stattdessen vielmehr ein im Lichte des Art. 12 Abs. 1 GG abgewogenes Behördenverhalten.[231] Soweit Verwaltungszwang nötig wird, bietet § 15 Abs. 2 S. 1 GewO eine vollstreckungsfähige, aber auch -bedürftige Basis für etwaige Vollstreckungsmaßnahmen; deren Zulässigkeit richtet sich nach dem jeweils einschlägigen Landesrecht.[232]

(3) Auskunft und Nachschau

82 § 29 GewO erlaubt es den Behörden, mittels Auskunft und Nachschau die für weitere ordnungsrechtliche Maßnahmen erforderlichen *Informationen* vom Gewerbetreibenden und in deren Geschäftsräumen zu erlangen. Diese Befugnisse lassen keine Warenkontrolle,[233] sehr wohl aber die Einsicht in Geschäftsunterlagen sowie Besichtigungen und Prüfungen zu.[234] Sie sind im Lichte des Art. 13 GG nicht unproblematisch (→ § 2 Rn. 86).[235]

83 Im Zusammenhang mit Auskunftsrechten ist auch auf *§ 38 Abs. 2 GewO* hinzuweisen. Dort wird den Behörden die Möglichkeit gegeben, ein Führungszeugnis oder eine Auskunft aus dem Gewerbezentralregister einzuholen, wenn die begründete Besorgnis der Gefahr einer Verletzung wichtiger Gemeinschaftsgüter besteht. Diese Befugnis ist systematisch verfehlt platziert, weil es ihrer auch jenseits des Betriebs eines überwachungsbedürftigen Gewerbes bedarf. Sie wäre daher besser in § 29 GewO integriert worden.[236]

(4) Untersagung der Benutzung gewerblicher Anlagen

84 Eine objektbezogene Rechtsgrundlage bietet schließlich § 51 GewO. Nach dieser Norm kann die Benutzung einer gewerblichen Anlage im Falle überwiegender Nachteile und Gefahren für das Gemeinwohl jederzeit untersagt werden. Da diese Vorschrift wenn überhaupt nur jenseits des spezielleren *Bundesimmissionsschutzrechts* z. B. für die Betriebsstätten von Privatkrankenanstalten i. S. d. § 30 GewO[237]

---

[229] *Schliesky*, S. 251; *P. M. Huber/Unger*, in: Schoch, Kap. 4 Rn. 252.

[230] So aber *Ziekow*, § 10 Rn. 39.

[231] *Ruthig/Storr*, Rn. 318; nach dem Gefahrenpotenzial der jeweiligen Tätigkeit differenzierend *Guckelberger*, Jura 2007, 598 (601 f.).

[232] *P. M. Huber/Unger*, in: Schoch, Kap. 4 Rn. 252; allgemein dazu *Dietz*, GewArch 2014, 225; *Weber*, GewArch 2016, 275.

[233] *Ruthig/Storr*, Rn. 335.

[234] *Schliesky*, S. 235; vgl. auch *Hamdan*, JA 2007, 249 (253).

[235] Ausführlich dazu *Ennuschat*, AöR 127 (2002), 251; vgl. auch *Thiel*, GewArch 2011, 403.

[236] *Stober/Eisenmenger*, § 46 III 4.

[237] Vgl. dazu *Stollenwerk*, Praxishandbuch zur Gewerbeordnung, 2. Auflage 2002, Rn. 441; *Schliesky*, S. 247.

einschlägig sein kann, sind die Anwendungsfälle des § 51 GewO in praxi selten, zumal wegen des eigentumsentziehenden Charakters der auf Basis dieser Vorschrift ergangenen Maßnahmen Schadensersatzpflichten bestehen können.[238]

b) Reisegewerbe

In den §§ 55 ff. GewO finden sich Bestimmungen über die Kontrolle des Reisege-   **85** werbes. Sie lassen sich im Überblick wie in Abb. 5 skizzieren.

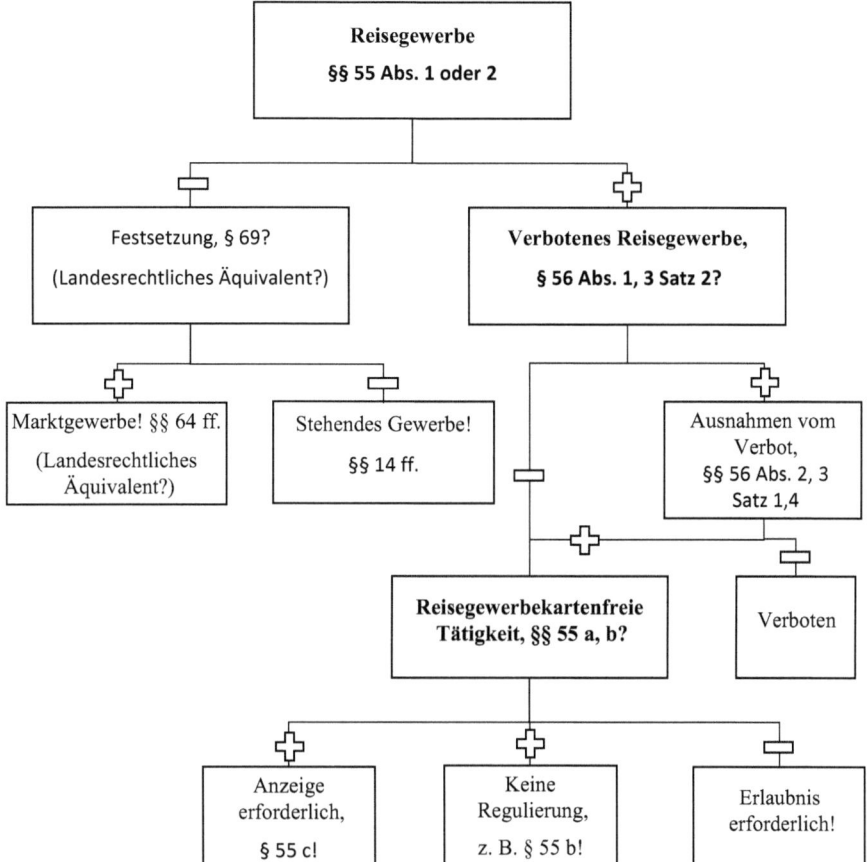

Abb. 5 Bestimmungen über die Kontrolle des Reisegewerbes. [Quelle: *Korte*, in: Friauf, Vorbem. vor Titel III Rn. 47 (Stand: 308. EL September 2018)]

---

[238] *Badura*, Rn. 320; *Frotscher/Kramer*, Rn. 358; vgl. auch *Sydow*, Jura 2007, 7 (10), der von einem auf Null reduzierten Anwendungsbereich spricht.

aa) Begriff des Reisegewerbes

86 Reisegewerblich sind nach der in § 55 Abs. 1 GewO enthaltenen Legaldefinition die dort genannten gewerbsmäßigen (→ Rn. 8 ff.) und (trotz des an sich abweichenden Wortlauts auch) gewerbsfähigen[239] (→ Rn. 23 ff.) Aktivitäten, wenn sie ohne vorhergehende Bestellung und ohne oder außerhalb einer Niederlassung betrieben werden. Ein Handeln in eigener Person ist seit 2007 nicht mehr erforderlich; zudem werden nur noch selbstständig Tätige erfasst.[240]

(1) Definitionsmerkmale

87 Das Merkmal der *Niederlassung* ist in § 4 Abs. 3 GewO legaldefiniert (→ Rn. 4, 47) und knüpft dort anders als nach der früheren Rechtslage an das unionsrechtliche Begriffsverständnis (→ § 1 Rn. 51) an. Es stellt folglich auf die Integrationsdichte – sie indiziert z. B. die Existenz spezifischer Betriebsmittel[241] – und nicht wie früher auf gefahrenabwehrrechtliche Gesichtspunkte in Form der Anbieterverflüchtigung ab (→ Rn. 5), was zumindest in Randbereichen zu Unterschieden führen kann.[242] Sie lassen sich insbesondere daran festmachen, dass betriebsnotwendige Infrastruktur wie z. B. ein Büro nach der unionsgerichtlichen Rechtsprechung nicht als Niederlassung einzuordnen ist – eine Einschätzung, die auf Basis des früher die GewO beherrschenden Verständnisses kaum hätte begründet werden können.

88 Das *Fehlen einer vorherigen Bestellung* verlangt, dass der Reisende zum Kunden kommt und nicht wie an sich üblich der Nachfrager zum Anbieter. Es ist damit Ausdruck der dem Reisegewerbe eigenen Überrumpelungsgefahr (→ Rn. 5). Deshalb greifen die §§ 55 ff. GewO vor allem, wenn der Gewerbetreibende die Vertragsverhandlungen initiiert oder provoziert und sein Gegenüber damit unvorbereitet trifft.[243] Hinzu sollen Fälle besonderer Schutzbedürftigkeit des Verbrauchers kommen – so beim vorübergehenden Ankauf wertvoller Gegenstände.[244] Handelt der Unternehmer hingegen aufgrund einer insbesondere in puncto Vertragsgegenstand und -umfeld, Kontaktaufnahme und Person des Verbrauchers konkretisierten Absprache, ist eine Bestellung gegeben und Titel III greift nicht.[245]

89 Zu diesen allgemeinen kommen die *besonderen Merkmale reisegewerblicher Tätigkeit* hinzu. Sie müssen nicht kumulativ, sondern alternativ vorliegen: So erfasst § 55 Abs. 1 Nr. 1 GewO zum einen den Ankauf und das Feilbieten von Waren sowie

---

[239] Vgl. zu den zugehörigen Problemen *Korte*, in: Friauf, § 55 Rn. 66 ff. (Stand: 309. EL Oktober 2018).

[240] Unzutreffend insoweit *Kniesel/Braun/Keller*, Besonderes Polizei- und Ordnungsrecht, 2018, Rn. 1533 f.

[241] ThürOVG, GewArch 2011, 127 (127 f.); VG München, GewArch 2011, 312 (313).

[242] *Korte*, in: Friauf, § 4 Rn. 53 ff. (Stand: 307. EL August 2018); *Schönleiter*, in: Landmann/Rohmer, GewO, § 4 Rn. 45 (Stand: 61. EL Juni 2012); ausführlich dazu *Korte*, VerwArch 109 (2018), 217 (219 ff.).

[243] S. dazu *Tettinger/Wank/Ennuschat*, GewO, § 55 Rn. 15 ff.

[244] Vgl. dazu NdsOVG, NVwZ-RR 2010, 971 (971); HmbOVG, NVwZ-RR 2007, 170 (170); vgl. aber auch den diferenzierenden Ansatz von *Korte*, VerwArch 109 (2018), 217 (233 ff.).

[245] *Schönleiter*, in: Landmann/Rohmer, GewO, § 55 Rn. 30 ff. (Stand: 74. EL Dezember 2016); allgemein dazu *Ratzke*, GewArch 2014, 71.

das Anbieten von Dienstleistungen und damit Konstellationen einer sofortigen Erfüllungsbereitschaft, zum anderen aber auch das Aufsuchen von Bestellungen, wo Akquisition und Erfüllung auseinanderfallen. § 55 Abs. 1 Nr. 2 GewO bezieht sich hingegen auf unterhaltende Tätigkeiten als Schausteller oder nach Schaustellerart z. B. auf Volksfesten i. S. d. § 60b GewO. Diese Variante setzt damit ein belustigendes, dem Zeitvertreib dienendes Moment voraus.[246]

Fehlt es an den Vorgaben des § 55 Abs. 1 Nr. 2 GewO, greifen die §§ 14 ff. GewO   **90**
(→ Rn. 4) – und zwar nach der Gesetzesbegründung[247] auch dann, wenn eine unterhaltende Tätigkeit nicht schaustellerisch i. S. d. § 55 Abs. 1 Nr. 2 GewO erfolgt, aber unter Nr. 1 dieser Vorschrift fällt, weil *unterhaltende Tätigkeiten dort abschließend* geregelt sein sollen.[248] Hingegen finden, solange der mobile Unternehmer ohne vorhergehende Bestellung tätig wird, die §§ 55 ff. GewO Anwendung, wenn der Gewerbetreibende nicht von einer Niederlassung i. S. d. § 4 Abs. 3 GewO aus tätig wird, zugleich aber keine Anbieterverflüchtigung droht, weil betriebsnotwendige Infrastruktur gegeben ist (→ Rn. 4).[249]

(2) Einordnung des Reisehandwerks

Die Unterscheidung von stehendem und reisendem Gewerbe ist wichtig, um die   **91**
Titel II und III abzugrenzen (→ Rn. 4). Zuordnungsprobleme bestehen aber auch, wenn ein Handwerk reisend betrieben wird, weil dann Handwerksrecht und Titel III der GewO mit je unterschiedlichen Rechtsfolgen greifen können. Insoweit gilt im Grundsatz, dass der *sofort erfüllungsbereite Reisehandwerker* unter die §§ 55 ff. GewO fällt, weil handwerkliche und reisende Tätigkeit verschmelzen. Denn dann bleibt für die Normen über das stehende Handwerk, da auch ihm eine Auffangfunktion zukommt (→ § 10 Rn. 18), kein Raum.[250]

Schwierigkeiten bestehen jedoch, wenn Akquisition und Leistungserbringung   **92**
auseinanderfallen, der reisende Handwerker also *nicht sofort erfüllungsbereit* ist. Für diesen Fall ließe sich nämlich behaupten, dass zwar die Bestellung im Reisegewerbe eingeworben wurde, die spätere Erledigung jedoch auf Basis des ambulant erlangten Auftrags und daher nicht „ohne vorhergehende Bestellung" i. S. d. § 55 Abs. 1 Nr. 1 GewO erfolgt. Im Lichte dieser ersten Lesart läge im Hinblick auf den Erfüllungsvorgang ein stehendes Gewerbe vor, so dass Handwerksrecht und Titel III je nach Tätigkeit nebeneinander gelten würden.[251]

Gegen die damit verbundene Trennbarkeit von Akquisitions- und Erfüllungs-   **93**
vorgang spricht jedoch, dass das Aufsuchen von Bestellungen und deren Erfüllung untrennbar zusammengehören, weil es dem Wesen jeder Akquisition entspricht, dass die Erledigung der eingegangenen Verpflichtung nicht sofort, sondern später

---

[246] *Korte*, in: Friauf, § 55 Rn. 177 ff. (Stand: 309. EL Oktober 2018).

[247] BT-Drs. 10/1125, S. 18.

[248] *Korte*, in: Friauf, § 55 Rn. 79 (Stand: 309. EL Oktober 2018).

[249] Kritisch zu dieser Weiterung des Titel III der Gewerbeordnung *Korte*, VerwArch 109 (2018), 217 (229 f.)

[250] *Korte*, GewArch 2010, 265 (268).

[251] *Stollenwerk*, Praxishandbuch zur Gewerbeordnung, 2. Auflage 2002, S. 153.

erfolgt.[252] Diese zweite Lesart des § 55 Abs. 1 GewO liegt auch die *Rechtspre-chung des BVerfG* zugrunde, die im Sinne eines Marginalvorbehalts eine grund-rechtsfreundliche, auf das Erfordernis eines handwerklichen Befähigungsnachwei-ses verzichtende Auslegung im Lichte des Art. 12 Abs. 1 GG anmahnt, weil es in der Regel um Handreichungen geringeren Ausmaßes gehe.[253]

94   Da sich beide Lesarten des § 55 Abs. 1 GewO mit dessen Wortlaut vereinbaren lassen, bietet es sich *vermittelnd* an, die Ziele des Handwerksrechts insbesondere in Form eines auf die körperliche Unversehrtheit bezogenen Verbraucherschutzes (→ § 10 Rn. 9) zu betonen. Daher müssen Titel III der GewO sowie die HwO neben-einander gelten, wenn die reisehandwerkliche Tätigkeit nicht nur Überrumpelungs- und Anbieterverflüchtigungsgefahren birgt, sondern auch Leib und Leben erheblich beeinträchtigen kann. Wann diese Schwelle überschritten ist, ist eine Frage des Ein-zelfalls, wobei vor allem die Gefahrenpotenziale und die Betriebsstättenabhängig-keit der Tätigkeit relevant werden.[254]

bb) Aufnahmeüberwachung

95   Die Aufnahmeüberwachung ist in den §§ 55 ff. GewO wegen des Misstrauens des Ge-setzgebers gegenüber dem ambulanten Vertrieb intensiver als in den §§ 14 ff. GewO.[255]

(1) Verbotstatbestände

96   So können zunächst die in *§ 56 Abs. 1, Abs. 3 S. 2 GewO* enthaltenen Verbote grei-fen. Liegen die dortigen Voraussetzungen vor, ist die Tätigkeit im Reisegewerbe untersagt – es sei denn, der Betroffene fungiert als Handels- bzw. Firmenvertreter (§ 56 Abs. 3 S. 1 i. V. m. § 55b Abs. 1 GewO), tätigt in bestimmter Form Geldge-schäfte (§ 56 Abs. 4 GewO) oder es wurden generell bzw. individuell ansetzende Ausnahmen vom Verbotstatbestand des § 56 Abs. 1 GewO auf Basis der Ermächti-gungsnorm des § 56 Abs. 2 GewO[256] festgelegt.

97   Zudem sind *Wanderauktionen* – sie werden außerhalb einer Niederlassung oder ohne eine solche durchgeführt – ausweislich des § 57 Abs. 3 GewO verboten. Denn danach ist die reisende Ausübung des Versteigerergewerbes „nur", d. h. also aus-schließlich zulässig, falls eine Erlaubnis für die Veranstaltung von Auktionen im stehenden Gewerbe nach § 34b Abs. 1 GewO besteht. Damit wird ein Unternehmen, das im Bundesgebiet Wanderversteigerungen anbieten will, de iure verpflichtet, dort eine Niederlassung zu gründen, zumindest aber einen gewerblichen Mittelpunkt zu unterhalten, was auch jenseits des § 4 Abs. 1 S. 2 GewO (→ Rn. 47 f.) im Lichte der Dienstleistungsfreiheit (→ § 1 Rn. 40 ff.) bedenklich erscheint.[257]

---

[252] *Steib*, GewArch 2001, 57 (57); *Laubinger*, Reisehandwerk, in: FS Frotscher, S. 497 (506).

[253] BVerfG, GewArch 2000, 480 (481 f.); GewArch 2007, 294 (295).

[254] Ausführlich dazu *Korte*, GewArch 2010, 265 (268 ff.).

[255] *Schliesky*, S. 254.

[256] *Frotscher/Kramer*, Rn. 375.

[257] *Korte*, in: Friauf, § 57 Rn. 23 ff. (Stand: 308. EL September 2018).

(2) Erlaubnis- und Anzeigevorbehalte

Greifen die §§ 56, 57 Abs. 3 GewO nicht, folgt aus § 55 Abs. 2 GewO die sog. *Rei-* **98**
segewerbekartenpflicht mobiler Aktivitäten i. S. d. § 55 Abs. 1 GewO. Diese Form
der Genehmigung kann nach Maßgabe des § 55 Abs. 3 GewO (→ Rn. 69) mit Nebenbestimmungen – im Falle von Auflagen ggf. auch nachträglich – versehen werden und ist nach § 57 Abs. 1 GewO bei Unzuverlässigkeit zu versagen. Manche
reisegewerbliche Tätigkeit wird allerdings in den §§ 55a, 55b GewO von der
aus § 55 Abs. 2 GewO folgenden Erlaubnispflicht befreit. Sie ist dann wegen
§ 55c GewO *anzeigepflichtig* oder unterliegt wie im Falle des § 55b GewO keinem
Aufnahmeüberwachungsmechanismus.

In den §§ 55 ff. GewO finden sich ferner Spezialnormen, die die darin enthalte- **99**
nen allgemeinen Vorgaben der Vorabkontrolle bei (an sich) reisegewerbekarten-
pflichtigen Aktivitäten verdrängen oder andere Anzeige- bzw. Erlaubnisvorbehalte
hinzutreten lassen. So führt § 55a Abs. 1 Nr. 7 GewO zur *Reisegewerbekartenfrei-*
heit, wenn ein reisendes und ein ggf. auch nach Landesrecht erlaubnispflichtiges[258]
Gewerbe gleichzeitig betrieben werden. Damit unterliegen z. B. nur ausschließlich
ambulant, nicht aber gleichzeitig reisend und stehend tätige Bewachungsunterneh-
mer oder Makler § 55 Abs. 2 GewO.[259] Für die reisend betriebene Veranstaltung von
Spielen kommen nach § 60a GewO ggf. weitere Zulassungen zur Reisegewerbekarte hinzu. § 55a Abs. 1 Nr. 7 GewO greift insoweit nicht, da diese Erlaubnisse
nicht zuverlässigkeitsbezogen sind.[260]

cc) Ausübungsüberwachung

Neben den Aufnahmeüberwachungsmechanismen enthalten die §§ 55 ff. GewO **100**
Vorschriften, die die Ausübung mobiler Tätigkeiten betreffen. Für die behördliche
Auskunft und Nachschau gilt § 29 GewO wegen § 61a Abs. 1 GewO entsprechend.

(1) Verhinderung reisegewerbekartenpflichtiger Tätigkeit

Behördliche Eingriffsgrundlagen finden sich für reisegewerbekartenpflichtige Tä- **101**
tigkeiten vor allem in *§ 60d GewO*, der die Verhinderung der weiteren Durchführung eines Reisegewerbes zulässt, wenn eine der darin aufgeführten Normen nicht
eingehalten ist. Werden andere als die dortigen Vorschriften wiederholt verletzt,
kann sich daraus ggf. die Unzuverlässigkeit ergeben. In diesem Falle könnte dann
nach Maßgabe des § 49 Abs. 2 S. 1 Nr. 3 LVwVfG eine ggf. auf Basis des
§ 55 Abs. 2 GewO erteilte Erlaubnis aufgehoben und die weitere Ausübung der
Tätigkeit nach § 60d GewO [ähnlich wie im Falle des § 15 Abs. 2 S. 1 GewO
(→ Rn. 79 ff.)] verhindert werden. Der Vollzug einer etwaigen Verhinderungsver-
fügung folgt (ebenfalls) den zu § 15 Abs. 2 GewO erarbeiteten Grundsätzen.[261]

---

[258] *Ruthig/Storr*, Rn. 348.

[259] *Schönleiter*, in: Landmann/Rohmer, GewO, § 55a Rn. 43 f. (Stand: 74. EL Dezember 2016).

[260] Siehe dazu *Stober/Korte*, in: Friauf, § 60a Rn. 59 ff. (Stand: 227. EL Juni 2008).

[261] *Schliesky*, S. 256.

(2) Untersagung reisegewerbekartenfreier Tätigkeit

102   Für reisegewerbekartenfreie Aktivitäten wird vor allem *§ 59 GewO* relevant. Diese
Norm ermächtigt zur Untersagung ambulanter Tätigkeiten, wenn die Voraussetzungen des § 57 GewO vorliegen, d. h. insbesondere Unzuverlässigkeit gegeben ist.
Seiner Struktur nach ähnelt § 59 S. 1 GewO dem für das stehende Gewerbe geltenden § 35 GewO. Aus diesem Grund verweist dessen Absatz 2 auf einige Absätze des
§ 35 GewO. Allerdings räumt § 59 GewO den Behörden Ermessen ein, was sich mit
dem geringen Gefahrenpotenzial der von dieser Norm erfassten reisegewerbekar-
tenfreien Tätigkeiten begründen lässt.[262]

(3) Einstellung bis zur Herbeischaffung der Reisegewerbekarte

103   Zudem kann nach § 60c Abs. 1 S. 1 a. E. GewO die Behörde dafür sorgen, dass der
Umherziehende seine ambulante Tätigkeit bis zur Herbeischaffung der Reisegewerbekarte einstellt.

(4) Untersagung der Beschäftigung unzuverlässiger Personen

104   Hinzu kommt *§ 60 GewO*, wonach Reisegewerbetreibenden die Fortbeschäftigung
von umherziehenden Angestellten im Falle der Unzuverlässigkeit dieser Personen
untersagt werden darf.[263]

(5) Umgang mit Wanderlagern

105   Für Wanderlager – sie werden von einer standfesten, mit einer gewissen Infrastruktur ausgestatteten Verkaufsstätte aus vorübergehend[264] durchgeführt – bestehen neben der Reisegewerbekartenpflicht[265] gemäß § 56a GewO je Veranstaltung gesonderte *Anzeigepflichten.*[266] Sie setzen voraus, dass das Wanderlager mittels öffentlicher
Ankündigung – deren Ausgestaltung wird in § 56a Abs. 1 GewO näher beschrieben – beworben wird.

106   Erfasst von § 56a GewO werden insbesondere sog. Kaffeefahrten, bei denen der
Produktvertrieb mit einem Busausflug gekoppelt wird. Die dortigen Anzeigepflichten reagieren auf die *besonderen Überrumpelungsgefahren* solcher Veranstaltungen,
bei denen die Teilnehmer dem Veranstalter fernab der Heimat oft hilflos ausgeliefert
sind.[267] Die Untersagung solcher Wanderlager richtet sich nach § 56a Abs. 2 GewO.
Diese Vorschrift knüpft an eine Verletzung der Anzeigepflicht bzw. der Modalitäten
der öffentlichen Ankündigung des Wanderlagers an.

---

[262] *Ehlers*, in: ders./Fehling/Pünder, § 18 Rn. 72; ausführlich dazu *Korte*, in: Friauf, § 59 Rn. 37 ff. (Stand: 305. EL Dezember 2017).

[263] Siehe dazu *Lenski*, GewArch 2008, 388.

[264] OVG LSA, NVwZ-RR 2011, 472 (472); *Scheidler*, GewArch 2012, 392 (393 f.).

[265] *Ehlers*, in: ders./Fehling/Pünder, § 18 Rn. 76.

[266] *Stober/Eisenmenger*, § 46 IV 8.

[267] *Korte*, in: Friauf, § 56a Rn. 12 (Stand: 308. EL September 2018).

c) Marktgewerbe   107

Das Recht der Märkte, Messen und Ausstellungen ist noch (→ Rn. 1) in Titel IV der
GewO niedergelegt. Die §§ 64 ff. GewO richten sich im Wesentlichen[268] an Veranstalter und Anbieter bzw. Aussteller, die jedenfalls dem Grunde nach alle gleichermaßen in unterschiedlicher Ausprägung Gewerbefreiheit in Form von Marktfreiheit
genießen. Die Struktur des Titels IV der GewO veranschaulicht Abb. 6.

aa) Veranstalterbezogene Vorschriften

Die zugunsten des Veranstalters bestehende Marktfreiheit verleiht ihm das Recht der   108
Marktgestaltung – und zwar unabhängig davon, ob er privat und dann ggf. gewerblich[269] (→ Rn. 7 ff.) tätig wird oder insbesondere als Kommune Teil der öffentlichen
Hand[270] ist. Erfüllt seine Veranstaltung eine der in den §§ 64–68 GewO legaldefinierten Formen einer Messe, einer Ausstellung oder eines Marktes, ist Titel IV der GewO
angesprochen. Die dort aufgeführten Veranstaltungen haben zwar gemein, dass sie
außer im Falle eines Großmarktes zeitlich begrenzt sind. Zudem treten dort jeweils
viele Aussteller bzw. Anbieter auf, die jedenfalls überwiegend Gewerbetreibende
sein müssen, damit die GewO anwendbar (→ Rn. 7 ff.) ist.[271] Allerdings unterscheiden

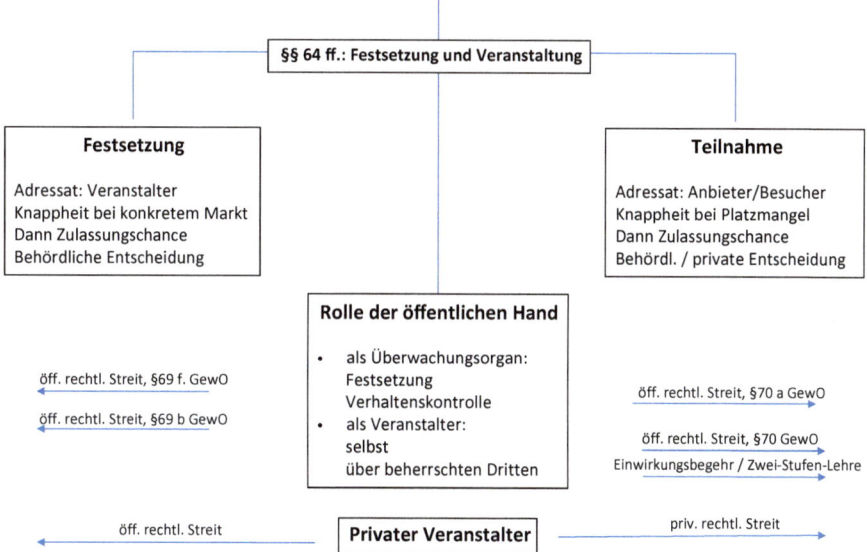

Abb. 6 Struktur des Titels IV der GewO

---

[268] Hinzu kommen die Besucher; vgl. dazu *Hilderscheidt*, GewArch 2011, 11 (16).

[269] Vgl. *Ehlers*, in: ders./Fehling/Pünder, § 18 Rn. 40, 77.

[270] *Ziekow*, § 10 Rn. 78.

[271] *Ehlers*, in: ders./Fehling/Pünder, § 18 Rn. 40.

sich die in den §§ 64 ff. GewO aufgeführten Veranstaltungen durch die angebotenen Waren, die Vertriebsform und die Frequenz der Durchführung.[272] Hinzu kommen Volksfeste i. S. d. § 60b GewO, die hauptsächlich[273] der Unterhaltung dienen und zumindest grundsätzlich (vgl. § 60b Abs. 2 GewO) Titel III, nicht aber Titel IV unterliegen. Die Differenzierung zwischen Messen, Volksfesten, Märkten und Ausstellungen ist wichtig, weil manche der in den §§ 64 ff. GewO enthaltenen Normen in ihrem Geltungsbereich beschränkt sind – so z. B. § 71 GewO, der Eintrittsgelder nur auf Volksfesten, Wochen- und Jahrmärkten verbietet.[274]

109　　Ist eine der in den §§ 64 ff. GewO genannten Veranstaltungen oder ein Volksfest i. S. d. § 60b GewO gegeben, hat der Veranstalter aufgrund von § 69 GewO (ggf. i. V. m. § 60b Abs. 2 Hs. 1 GewO) die *Möglichkeit der Beantragung einer behördlichen Festsetzung.* Sie ist ihm nach § 69 GewO zu gewähren, wenn keine Ablehnungsgründe i. S. d. § 69a Abs. 1 GewO vorliegen – namentlich Zuverlässigkeit gegeben ist und keine Störungen der öffentlichen Sicherheit und Ordnung zu befürchten sind. Ggf. ist eine Auswahl zu treffen, soweit mehrere potenzielle Organisatoren um die Durchführung einer bestimmten festzusetzenden Veranstaltung konkurrieren.[275] Etwaige Nebenbestimmungen können, da ein Anspruch auf die Festsetzung besteht, wegen § 36 Abs. 1 LVwVfG grundsätzlich (→ Rn. 69) nur auf Basis des § 69a Abs. 2 GewO, ggf. auch nachträglich, beigefügt werden. An eine einmal erteilte Festsetzung mitsamt den darin getroffenen Festlegungen über Gegenstand, Zeit, Öffnungszeiten und Platz ist die zuständige Behörde vorbehaltlich der in § 69b GewO niedergelegten Änderungs- und Aufhebungsmöglichkeiten gebunden. Die dortigen Gründe sind abschließend zu verstehen, so dass auf die §§ 48 ff. LVwVfG nur im Übrigen, d. h. namentlich in Bezug etwa auf die Rechtsfolgen oder die Formalia zurückgegriffen werden darf.[276] Der Veranstalter ist im Falle einer Festsetzung zur Durchführung nicht nur berechtigt, sondern in den in § 69 Abs. 2 GewO genannten Fällen sogar verpflichtet (sog. Einstandspflicht).

110　　Ihrer Rechtsfolge nach bringt die Festsetzung eine Besserstellung mit sich, weil sie die sog. *Marktprivilegien* aufleben lässt, was die Attraktivität der Veranstaltung deutlich erhöht.[277] So gelten insbesondere Titel III und ggf. auch Titel II der GewO wegen der kategorischen Trennung der Vertriebsformen in der GewO (→ Rn. 3) nur noch insoweit, als die §§ 70a, 71b GewO entsprechende Verweise – so auf § 29 GewO – enthalten oder es Titel IV wie in § 68 Abs. 3 Hs. 2 GewO selbst vorschreibt.[278] Hinzu treten Sonderregeln, die vor allem Arbeitsschutzvorschriften, in

[272] Vgl. *Frotscher/Kramer*, Rn. 423, 428.

[273] *Schönleiter*, in: Landmann/Rohmer, GewO, § 60b Rn. 19 (Stand: 43. EL Februar 2003); vgl. auch *Badura*, Rn. 321.

[274] *Ziekow*, § 10 Rn. 80.

[275] BVerwG, GewArch 2006, 164 (165); *Guckelberger*, Jura 2007, 598 (605).

[276] *Ehlers*, in: ders./Fehling/Pünder, § 18 Rn. 92; *Laubinger/Repkewitz*, VerwArch 89 (1998), 609 (626).

[277] *Schliesky*, S. 259.

[278] *Wagner*, in: Friauf, § 68 Rn. 35 (Stand: 281. EL November 2014).

Teilen aber auch das Gaststättenrecht (vgl. § 68a GewO) suspendieren.[279] Im Falle der Veranstaltung eines Volksfestes gelten die §§ 55 ff. GewO ausweislich des § 60b Abs. 2 Hs. 2 GewO hingegen fort; die Marktprivilegien beziehen sich dann daher nur auf spezialgesetzliche Regeln.[280] Soweit der Veranstalter auf die Festsetzung verzichtet, bestehen keine Privilegien, weil dann ein Privatmarkt vorliegt.[281]

bb) Anbieter- bzw. ausstellerbezogene Vorschriften
Die Marktfreiheit der Aussteller und Anbieter folgt aus § 70 Abs. 1 GewO.   **111**

(1) Existenz eines Teilnahmeanspruchs
Der dort normierte Teilnahmeanspruch greift nur nach Maßgabe der für alle gel-   **112**
tenden Bestimmungen und hängt zudem davon ab, ob der Veranstalter den Teilnehmerkreis auf bestimmte Aussteller- und Anbietergruppen beschränkt hat. Dazu
ist er nach § 70 Abs. 2 GewO befugt, wenn es erforderlich ist, um den Zweck der
Veranstaltung zu erreichen. Soweit der Veranstalter eine juristische Person des
öffentlichen Rechts wie z. B. eine Kommune ist, führt der in § 70 Abs. 1 GewO
normierte Teilnahmeanspruch zu einem subjektiv öffentlichen Recht.[282] Übersteigt die Zahl der zugangswilligen Aussteller bzw. Anbieter wie regelmäßig die
räumlichen Kapazitäten der Veranstaltung, folgt daraus aber kein unbedingter
Teilnahmeanspruch und auch kein Anspruch auf Kapazitätserweiterung, sondern
nur auf ermessensfehlerfreie Auswahl zwischen den interessierten Anbietern bzw.
Ausstellern.[283] Insbesondere ist der Veranstalter dabei gemäß § 70 Abs. 3 GewO
befugt, einzelne Teilnahmewillige bei *Platzmangel* auszuschließen. Er muss im
Falle eines solchen Bewerberüberhangs aber wegen der Art. 12 Abs. 1, 3 Abs. 1 GG
und daran anknüpfend wegen § 70 Abs. 1, 3 GewO eine den Freiheits- und
Gleichheitsgrundrechten entsprechende Auswahl treffen (zum Teilhabeanspruch
→ § 2 Rn. 10).[284] Diese Verpflichtung kann im Falle einer marktbeherrschenden
Stellung aufgrund von § 20 Abs. 2 GWB auch bei einer nicht festgesetzten Veranstaltung bestehen.[285]

(2) Anforderungen an die Auswahlkriterien
Die verwendeten Auswahlkriterien müssen transparent, d. h. vorab den Anbietern   **113**
und Ausstellern bekannt, und allgemein zugänglich sowie sachgerecht sein.[286] Ihnen
darf also insbesondere nicht der Bezug zur Veranstaltung fehlen. Anderenfalls wäre
die aus dem Grundsatz der Marktfreiheit ableitbare *Zulassungschance für jedermann*

---

[279] *Frotscher/Kramer*, Rn. 425 f.

[280] *Tettinger/Wank/Ennuschat*, GewO, § 60b Rn. 11.

[281] *Badura*, Rn. 322.

[282] *Ziekow*, § 10 Rn. 89.

[283] *Schliesky*, S. 260 f.; *Fetzer*, in: Steiner/Brinktrine, § 6 Rn. 260.

[284] *Windoffer*, GewArch 2013, 265 (265).

[285] *Frotscher/Kramer*, Rn. 433 f.; *F. Wollenschläger*, Verteilungsverfahren, S. 183 ff., 327.

[286] Vgl. *Ehlers*, in: ders./Fehling/Pünder, § 18 Rn. 84 ff.; *F. Wollenschläger*, Verteilungsverfahren, S. 324 ff.; zu deren Änderbarkeit während des Auswahlverfahrens VGH BW, GewArch 2017, 83.

nicht gewahrt.[287] Diese Zulassungschance drängt zudem darauf, bei der isolierten
Anwendung einzelner Auswahlkriterien aus verfassungsrechtlichen Gründen[288] Vorsicht walten zu lassen und sie eher als kumulativ, sich gegenseitig stützend zu verstehen – jedenfalls soweit anderenfalls die Gefahr besteht, bestimmte Anbieter bzw.
Aussteller zu übergehen oder den Inhalt ihres Angebots nicht hinreichend zu würdigen.[289] Daran anknüpfend wird oftmals ein Vorrang der sog. materiellen (inhaltlichen) vor formellen (nicht inhaltlichen) Kriterien postuliert.[290] Jedenfalls verlangt
die Marktfreiheit der Anbieter aber nach Verfahrensvorkehrungen, die sich im Ver-
gabevorfeld als Vergabekonzept bis hin zu einer Ausschreibung, aber auch nach der
Vergabeentscheidung in Form einer Pflicht zur Begründung manifestieren.[291]

114   *Im Einzelnen* haben sich zeitliche Prioritäten i. S. e. „Neu vor Alt" bzw. „Alt vor
Neu" als unzulässig erwiesen, weil damit je einer Gruppe ihre Zulassungschance
genommen wird.[292] Deshalb, aber auch im Lichte des Unionsrechts kommt die Orts-
ansässigkeit ebenfalls nicht als ermessenslenkendes Auswahlkriterium in Betracht –
es sei denn nur dadurch kann die Attraktivität der Veranstaltung gewahrt werden.[293]
Zudem sind ehe- oder familienbezogene Ausschlussgründe z. B. in Form der Ausklammerung von Zweitbewerbungen durch einen Ehegatten unzulässig.[294] Rechtlich nicht beanstandet werden hingegen Losentscheidungen zwischen vergleichbaren Bewerbern,[295] zeitliche Prioritäten im Sinne eines Windhundprinzips (jedenfalls
für den Fall eines chancengleichen Anmeldeverfahrens)[296] oder Rotationen im Sinne
einer im Turnus abwechselnden Zulassung, soweit der Bewerberkreis bei den Fol-
geveranstaltungen identisch bleibt.[297] Ein Vorrang bekannter und bewährter Anbieter ist ebenfalls möglich, sofern Neubewerber eine reale Zulassungschance haben,
z. B. weil ihnen Standplätze vorbehalten bleiben.[298] Die Angebotsattraktivität ist
trotz des damit verbundenen Beurteilungsspielraums ebenfalls ein zulässiges Auswahlkriterium, wenn sie auf das Gesamtkonzept der Veranstaltung bezogen ist und
nicht als qualitative Zusatzanforderung missbraucht wird, um eine Anbietergruppe
(insbesondere in Form von Neubewerbern) auszugrenzen.[299]

---

[287] BVerwG, NVwZ 1984, 585 (586).

[288] Ausführlich dazu *Frotscher/Kramer*, Rn. 447 ff.

[289] Zur Kriterienfrage auch *F. Wollenschläger*, Verteilungsverfahren, S. 331 ff., 553 ff.

[290] Siehe dazu *Windoffer*, GewArch 2013, 265 (266 f.).

[291] *Ruthig/Storr*, Rn. 377 f.; vgl. dazu auch *F. Wollenschläger*, Verteilungsverfahren, S. 335 ff.

[292] BVerwG, NVwZ 1984, 585 (586).

[293] VG Neustadt, GewArch 2010, 39 (41); *Ehlers*, in: ders./Fehling/Pünder, § 18 Rn. 86.

[294] BVerwG, NVwZ 1984, 585 (586).

[295] BVerwG, NVwZ-RR 2006, 786 (786); aus verfassungsrechtlicher Perspektive *Jarass*, NVwZ
2017, 273.

[296] BayVGH, GewArch 1982, 236 (236 f.).

[297] HmbOVG, GewArch 1987, 303 (304 f.).

[298] NdsOVG, NJW 2003, 531 (531 ff.); ähnlich OVG NRW, GewArch 2016, 47 (für Ortsfremde).

[299] Vgl. dazu VGH BW, DÖV 2006, 837 (837); siehe allgemein *Windoffer*, GewArch 2013, 265;
F. Wollenschläger, Verteilungsverfahren, S. 332 f., 555 f.

(3) Erfordernis der Zuverlässigkeit

Die zur Veranstaltung zugelassenen Anbieter bzw. Aussteller unterliegen einer **115** behördlichen Kontrolle. So bestimmt § 70a Abs. 1 GewO, dass deren Tätigkeit zu untersagen ist, wenn Tatsachen die Annahme der Unzuverlässigkeit rechtfertigen. Für die in § 70a Abs. 2 GewO niedergelegten Tätigkeiten kommen darüber hinaus bestimmte aus Titel II der GewO bekannte Anforderungen hinzu. Schließlich folgt aus § 70a Abs. 3 GewO, dass das Versteigerergewerbe auf Veranstaltungen i. S. d. §§ 64 ff. GewO nur ausgeübt werden darf, wenn eine Erlaubnis für das stehende Versteigerergewerbe vorhanden ist. Diese Norm begegnet den schon oben zu § 57 Abs. 3 GewO (→ Rn. 97) angesprochenen Bedenken.

cc) Verhältnis zum Kommunalrecht

Soweit eine Gemeinde einen Markt veranstaltet, kann es sich auch um eine öffent- **116** liche Einrichtung i. S. d. Kommunalrechts handeln – jedenfalls solange er dem Wortsinn entsprechend nicht einmalig, sondern regelmäßig oder hinreichend dauerhaft ist. In solchen Fällen kommen *Widmung und Festsetzung gleichermaßen* in Betracht, um den Markt ins Leben zu rufen.[300] Es ist folglich eine Frage der Auslegung der hoheitlichen Maßnahme, ob Kommunal- oder Gewerberecht greift. Einer Entscheidung in die eine oder andere Richtung bedarf es aber, weil die Teilnahmevoraussetzungen erhebliche Unterschiede aufweisen.[301] Liegt eine festgesetzte Veranstaltung i. S. d. §§ 64 ff. GewO vor und findet sie auf einer als öffentliche Einrichtung gewidmeten Fläche statt, muss sie sich innerhalb dieser Widmung halten.[302] Inwieweit ein Markt privatisiert werden darf, ist demgegenüber eine kommunalrechtliche Frage.[303]

6. Ordnungswidrigkeiten- und Strafrecht

Abgesehen von den Vorschriften, die ein behördliches Einschreiten ermöglichen, **117** finden sich in den §§ 143 ff. GewO Normen, die eine repressiv ansetzende Sanktionierung der Verletzung des Gewerberechts als Ordnungswidrigkeit oder Straftat zulassen. Diese *vergangenheitsgerichtete Pönalisierung von Verwaltungsunrecht* wirkt zumindest reflexartig auch disziplinierend in die Zukunft, weil sie die Gewerbetreibenden davon abhält, weitere Verstöße zu begehen, und Dritte abschreckt. Etwa eingeleitete Bußgeld- bzw. Strafverfahren hindern die Behörden aber nicht, zugleich präventiv wirkende Verwaltungsmaßnahmen zu ergreifen und so künftigen Rechtsverstößen unmittelbar entgegenzutreten.[304]

---

[300] *Frotscher/Kramer*, Rn. 460.

[301] Vgl. *Tettinger/Wank/Ennuschat*, GewO, § 69 Rn. 3 ff.; *Windoffer*, GewArch 2013, 265 (265).

[302] *Ruthig/Storr*, Rn. 391.

[303] BVerwG, NVwZ 2009, 1305.

[304] BayVGH, DÖV 1982, 251 (251).

IV. Rechtsschutz

118 Die in Betracht kommenden Rechtsschutzmöglichkeiten hängen ebenfalls davon ab, welcher Titel der GewO Anwendung findet.

1. Stehendes und Reisegewerbe

119 Liegt ein stehendes bzw. reisend betriebenes Gewerbe vor, ist danach zu differenzieren, ob es um Rechtsschutzmöglichkeiten des Gewerbetreibenden oder eines Dritten geht.

a) Rechtsbehelfsmöglichkeiten des Gewerbetreibenden selbst

120 Im Falle eines Vorgehens des Gewerbetreibenden ist vor allem zu erörtern, welche Verfahren statthaft sein können und welche Tatsachen berücksichtigt werden dürfen.

aa) Statthafte Verfahren

121 Verwaltungsrechtsschutz kommt in Betracht, wenn die Reichweite der in den §§ 14 ff. GewO bzw. in den §§ 55 ff. GewO enthaltenen *Genehmigungsvorbehalte* in Streit steht. So können Gewerbetreibende je nach Landesrecht zunächst Verpflichtungswiderspruch gemäß § 68 Abs. 2 VwGO auf Erlaubniserteilung und danach (oder aber sofort) eine Verpflichtungsklage nach § 42 Abs. 1 Alt. 2 VwGO erheben, wenn ihnen keine Zulassung erteilt worden ist. Denn begehrt wird dann der Erlass eines Verwaltungsakts i. S. d. § 35 S. 1 LVwVfG. In manchen Fällen ist gleichzeitig einstweiliger Rechtsschutz auf Basis des § 123 VwGO zu suchen – so z. B. bei einer versagten Ausnahmebewilligung i. S. d. § 61a Abs. 2 S. 2 GewO.

122 Soll die zwischenzeitliche Aufhebung einer Genehmigung angegriffen werden, ist erneut ggf. zunächst gemäß § 68 Abs. 1 VwGO Anfechtungswiderspruch und danach (oder aber sofort) Anfechtungsklage nach § 42 Abs. 1 Alt. 1 VwGO zu erheben. Dies gilt auch für andere *Maßnahmen der Eingriffsverwaltung* wie Verhinderungs- bzw. Untersagungsverfügungen. Weil derartige Bescheide oft mit einer Anordnung der sofortigen Vollziehung versehen werden, kann zudem vorläufiger Rechtsschutz nach § 80 Abs. 5 VwGO nötig sein.[305] Soll eine Nebenbestimmung angegriffen werden, gelten (ebenfalls) die allgemeinen Grundsätze, so dass in der Regel Anfechtungs- und seltener Verpflichtungsrechtsbehelfe angezeigt sind.[306]

123 Wird ein Gewerbeschein i. S. d. § 15 Abs. 1 GewO (→ Rn. 68) begehrt, ist grundsätzlich die *allgemeine Leistungsklage* statthaft, weil es sich um eine Bestätigung handelt, der es am für einen Verwaltungsakt erforderlichen Regelungscharakter fehlt.[307] Soweit dessen Erteilung abgelehnt worden ist, kann jedoch gleichzeitig eine

---

[305] *Stollenwerk*, Praxishandbuch zur Gewerbeordnung, 2. Auflage 2002, S. 177.

[306] Siehe dazu *Hufen*, § 14 Rn. 46 ff.

[307] *Frotscher/Kramer*, Rn. 350.

Anfechtungsklage erforderlich werden, wenn diese Ablehnung ihrerseits als Verwaltungsakt[308] ergeht, um zu verhindern, dass Bestandskraft eintritt.[309] Soweit die zuständige Behörde zu erkennen gibt, dass sich aus dem Fehlen des Gewerbescheins keine nachteiligen Auswirkungen zulasten des Gewerbetreibenden ergeben, kann es ihm allerdings am Rechtschutzbedürfnis mangeln.[310]

bb) Berücksichtigungsfähige Tatsachen

Falls während des Untersagungsverfahrens bzw. des anschließenden Prozesses neue z. B. für die Bewertung der Zuverlässigkeit relevante Tatsachen eintreten, stellt sich die Frage nach ihrer Bedeutung. Deren Beantwortung hängt von der prozessualen Konstellation ab. **124**

(1) Anfechtungssituation

Für den Fall einer Anfechtungssituation ist grundsätzlich davon auszugehen, dass die Kassation einer behördlichen Entscheidung begehrt wird und sie den maßgeblichen Verfahrensgegenstand bildet. Daher ist auf die Bekanntgabe des Verwaltungsakts ggf. in Form des Widerspruchsbescheids abzustellen. Eine Ausnahme ist für Dauerverwaltungsakte zu machen, weil deren Regelungsinhalt nicht auf einen bestimmten Zeitpunkt bezogen ist, sondern sich laufend aktualisiert und sich daher an der aktuellen Sach- und Rechtslage orientieren muss.[311] Da sowohl die Gewerbeuntersagung bzw. -verhinderung als auch die Erteilung einer gewerblichen Erlaubnis nicht auf einen bestimmten Zeitpunkt bezogen sind, sondern ein künftiges Verhalten unterbinden bzw. legitimieren sollen, handelt es sich um solche Dauerverwaltungsakte.[312] Infolgedessen wirken sich gerichtliche Entscheidungen über diese Maßnahmen nicht nur in der Gegenwart, sondern auch auf die Zukunft aus, so dass z. B. im Rahmen eines Verhinderungsverfahrens nach den §§ 15 Abs. 2 S. 1, 60d GewO auf die Sach- und Rechtslage im *Zeitpunkt der letzten mündlichen Verhandlung* abzustellen ist.[313] **125**

Diese Grundsätze gelten nicht, wenn das materielle Recht eine abweichende Beurteilung gebietet, weil das Prozessrecht dienenden Charakter hat.[314] Sie könnte sich aus § 35 Abs. 6 GewO (→ Rn. 78) ergeben, wenn ein (echter) Wiedergestattungsantrag gestellt wird.[315] Teile der Literatur sehen diesen Zusammenhang allerdings nicht, weil dieses Verfahren ein im Lichte der Berufsfreiheit unzu- **126**

---

[308] Vgl. zur strittigen Rechtsnatur der Ablehnung des Gewerbescheins *Ehlers*, in: ders./Fehling/Pünder, § 18 Rn. 52 einerseits und *Tettinger/Wank/Ennuschat*, GewO, § 15 Rn. 8 andererseits sowie die Parallele zur Ablehnung einer behördlichen Auskunft bei *Guckelberger*, Jura 2007, 598 (602).

[309] *Ziekow*, § 10 Rn. 33.

[310] *Ruthig/Storr*, Rn. 278.

[311] *Hufen*, § 24 Rn. 9.

[312] BVerwG, EzGewR § 35 Abs. 1 GewO Nr. 8, S. 7 f.

[313] *Ziekow*, § 10 Rn. 40.

[314] *Hufen*, § 24 Rn. 7.

[315] BVerwGE 65, 1 (1 ff.); *Guckelberger*, Jura 2007, 598 (604).

mutbarer Formalismus sei und auch aus Gründen der Verfahrensökonomie auf den Zeitpunkt der letzten mündlichen Verhandlung abgestellt werden müsse.[316] Insbesondere die Rechtsprechung[317] geht indes davon aus, dass sich aus § 35 Abs. 6 GewO die Pflicht ergibt, ein Verwaltungsverfahren durchzuführen, bevor die Wiedergestattung erfolgt. Es würde aber umgangen werden, wenn man im Rahmen der Anfechtungsklage zwischenzeitlich eingetretene Umstände berücksichtigen müsste, so dass insoweit auf den *Zeitpunkt der letzten Behördenentscheidung* abzustellen sei.[318] Für den Eintritt ungünstiger Tatsachen bleibt es hingegen nach der Rechtsprechung mangels Anwendbarkeit des § 35 Abs. 6 GewO bei den allgemeinen Regeln für Dauerverwaltungsakte.[319] Auch diese Einschätzung wird in der Literatur kritisiert, weil sie dem Grundsatz der Waffengleichheit widerspreche.[320]

126a   Soweit der maßgebliche Zeitpunkt für die Beurteilung der Sach- und Rechtslage auf den der letzten Behördenentscheidung festgelegt ist, ändert sich nach der verwaltungsgerichtlichen Spruchpraxis daran auch nichts im Falle der *Eröffnung eines Insolvenzverfahrens.* Zwar ließe sich § 12 GewO insoweit dem Wortlaut nach durchaus noch anwenden, weil die dort normierte Nichtanwendung gewerberechtlicher Untersagungstatbestände auch auf das gerichtliche Verfahren bezogen sein kann. Entscheidend ist aber die in § 35 GewO angelegte, strikte zeitliche Trennung zwischen Untersagung in Abs. 1 und Wiedergestattung in Abs. 6. Denn sie führt dazu, dass jedwede nachträgliche Tatsache nur im Rahmen des Wiedergestattungsverfahrens berücksichtigt werden darf. Ggf. kann daher ein entsprechender Antrag durchaus auch schon vor Ablauf der Jahresfrist erfolgreich sein (→ Rn. 78). Dafür reicht die Eröffnung des Insolvenzverfahrens aber allein nicht, sondern es ist vielmehr auch nötig, dass eine begründete Aussicht auf eine Sanierung der Vermögensverhältnisse des Gewerbetreibenden infolge der im Insolvenzverfahren durchgeführten Maßnahmen besteht, weil nur dann eine künftig ordnungsgemäße Gewerbeausübung prognostiziert werden kann.[321]

(2) Verpflichtungssituation

127   Im Falle einer anfänglichen Versagung der gewerblichen Erlaubnis ist aufgrund der dann zu untersuchenden Frage nach dem Bestehen einer behördlichen Verpflichtung auf die Sach- und Rechtslage im *Zeitpunkt der letzten mündlichen Verhandlung* abzustellen. Denn falls sich nach Durchführung des (Vor-)verfahrens nachträglich herausstellen sollte, dass doch keine Unzuverlässigkeit vorliegt, hätte die Behörde

---

[316] *Frotscher/Kramer*, Rn. 365.

[317] BVerwG, NVwZ 1991, 372 (372 f.).

[318] *Guckelberger*, Jura 2007, 598 (604).

[319] *Ruthig/Storr*, Rn. 292; *Laubinger*, VerwArch 89 (1998), 145 (169).

[320] *Mager*, NVwZ 1996, 134 (135); ähnlich *Ehlers*, in: ders./Fehling/Pünder, § 18 Rn. 67.

[321] Ausführlich dazu BVerwGE 152, 39 (46 ff.); vgl. dazu *Wiemers*, NVwZ 2015, 1548 (1548); *Kment*, KTS 2016, 84 (88 f.).

dem potenziellen Gewerbetreibenden sofort seine Zulassung zu erteilen, so dass ein Urteil des befassten Gerichts auf Basis der ursprünglichen Tatsachen ein bloßer Formalismus wäre.[322]

b) Rechtsbehelfsmöglichkeiten Dritter

Etwa betroffene Dritte – d. h. also Konsumenten oder Konkurrenten – können grundsätzlich keine Verhinderungs- bzw. Untersagungsverfügung erwirken[323] oder auf den Entzug der Erlaubnis eines Dritten drängen. Denn ihnen stünde nach der sog. *Schutznormlehre* ein Anspruch auf Einschreiten bzw. auf fehlerfreie Ermessensausübung gegen die zuständige Behörde nur zu, wenn die streitentscheidenden Normen zumindest auch dem Schutz eines Dritten als Teil eines abgrenzbaren Personenkreises zu dienen bestimmt sind.[324] **128**

Diese Voraussetzung erfüllen die Bestimmungen des Titels II und III jedoch grundsätzlich nicht. Denn sie sollen prinzipiell alle (d. h. also nicht nur – wie nach der Schutznormlehre an sich nötig – bestimmte) Verbraucher vor unzuverlässigen Gewerbetreibenden schützen (→ Rn. 5).[325] Ein etwaiger *Drittschutz* kann sich daher nur ausnahmsweise ergeben, wenn in die gewerberechtliche Prüfung Vorschriften einbezogen werden, die nicht nur dem öffentlichen Interesse dienen sollen,[326] sondern auch Dritten wie den konkret im Betrieb Beschäftigten.[327] Da eine Untersagung aber deren Interessen regelmäßig zuwiderläuft, ist dann das Rechtsschutzbedürfnis fraglich.[328] **129**

2. Besonderheiten des Marktgewerbes

Die Rechtsschutzmöglichkeiten im Anwendungsbereich des Titels IV der GewO hängen vor allem davon ab, welche Maßnahme in Streit steht. In Betracht kommt die Festsetzung, aber auch die Zulassung zur festgesetzten Veranstaltung. **130**

a) Festsetzung

Je nach Begehr sind in Bezug auf die Festsetzung Anfechtungs- oder Verpflichtungswiderspruch bzw. -klage statthaft, weil es sich jedenfalls gegenüber dem Veranstalter nach allgemeiner Ansicht um einen *Verwaltungsakt* handelt.[329] Das soll auch dann gelten, wenn eine Kommune als Organisator auftritt und zugleich für die **131**

---

[322] Siehe dazu BVerwG, NJW 1989, 3233 (3234); *Korte*, in: Friauf, § 57 Rn. 74 (Stand: 275. EL Februar 2014).

[323] So im Ergebnis auch *Schönleiter*, in: Landmann/Rohmer, GewO, § 60d Rn. 10 (Stand: 43. EL Februar 2003).

[324] Vgl. VGH BW, GewArch 1975, 374 (374); *Kopp/Schenke*, VwGO, § 42 Rn. 83.

[325] NdsOVG, GewArch 2018, 420 (421); *Tettinger/Wank/Ennuschat*, GewO, § 35 Rn. 135.

[326] *Ziekow*, § 10 Rn. 68.

[327] *Ruthig/Storr*, Rn. 289.

[328] *Ziekow*, § 10 Rn. 68.

[329] *Frotscher/Kramer*, Rn. 427.

Erteilung der Festsetzung zuständig ist,[330] obwohl dann die Außenwirkung fehlen dürfte.[331] Gegenüber Dritten wird demgegenüber oftmals von einem bloßen Organisationsakt[332] oder einer Allgemeinverfügung[333] ausgegangen, obwohl die Rechtsnatur behördlicher Maßnahmen an sich absolut zu bestimmen ist, weil es keinen relativen, je nach Betroffenheit unterschiedlich wirkenden Verwaltungsakt[334] gibt und die Festsetzung deren Rechtskreis nicht unmittelbar berührt.[335]

132   Die allein auf den Veranstalter bezogene Rechtswirkung der Festsetzung hindert aber jedenfalls die *Klagebefugnis* etwaiger Konkurrenten sowie der Anbieter oder Aussteller nach einfachem Recht. Denn § 69 GewO bezweckt nicht deren Schutz, so dass er kein subjektiv öffentliches Recht zu deren Gunsten vermittelt.[336] Drittschutz kommt daher nur im Anwendungsbereich des § 69a Abs. 1 Nr. 3 GewO in Betracht – so wenn dort über das Merkmal der öffentlichen Sicherheit und Ordnung drittschützende Normen z. B. zugunsten der Nachbarn in die Prüfung der Festsetzung einbezogen werden.[337]

b) Zulassung zur festgesetzten Veranstaltung

133   Soweit es um die Zulassung zu einer festgesetzten Veranstaltung geht, beginnen die Probleme bereits bei der Auswahl des richtigen *Rechtswegs*. Für den Fall, dass ein Markt in öffentlich-rechtlicher Trägerschaft durchgeführt werden soll, ist der Verwaltungsrechtsweg einschlägig, weil § 70 Abs. 2 GewO dann die öffentliche Hand in spezifischer Weise berechtigt bzw. verpflichtet. Für den Fall eines privaten Veranstalters wendet sich jedoch das Blatt, so dass dann der ordentliche Rechtsweg einzuschlagen ist. Handelt die öffentliche Hand hingegen in Privatrechtsform, gilt nach überwiegender Ansicht die Zweistufenlehre.[338]

134   Auf Basis der *Begehr* des übergangenen Anbieters kommen als statthafte Verfahrensarten Verpflichtungswiderspruch bzw. -klage in Betracht. Wenn die öffentliche Hand aber eine Privatperson als Veranstalter einsetzt, geht es nicht mehr um einen Teilnahme-, sondern um einen Einwirkungsanspruch, solange sie auf deren Verhalten maßgeblichen Einfluss hat. Statthaft ist dann die allgemeine Leistungsklage. Soweit aber ein Vorgehen gegen den Organisator einen einfacheren Weg der Rechtsverfolgung bietet, kann es am Rechtsschutzbedürfnis fehlen.[339]

135   Da die Zulassung zum Markt im Ermessen des Veranstalters steht, kann bei einem Bewerberüberhang in der Regel nur eine ermessensfehlerfreie Entscheidung

---

[330] HessVGH, GewArch 2003, 426 (426); *Steinweg*, GewArch 2004, 101 (106 f.).

[331] So auch *Ehlers*, in: ders./Fehling/Pünder, § 18 Rn. 78.

[332] *Fuchs*, in: Robinski, S. 195 (201).

[333] So *Tettinger/Wank/Ennuschat*, GewO, § 69 Rn. 25.

[334] Siehe dazu *Voßkuhle*, SächsVBl. 1995, 54.

[335] *Ehlers*, in: ders./Fehling/Pünder, § 18 Rn. 78; *Ziekow*, § 10 Rn. 68.

[336] *Fetzer*, in: Steiner/Brinktrine, § 6 Rn. 258.

[337] *Ziekow*, § 10 Rn. 86; *Ehlers*, in: ders./Fehling/Pünder, § 18 Rn. 81.

[338] Ausführlich dazu *Weißenberger*, GewArch 2009, 417 (418 ff.).

[339] *Badura*, Rn. 322; *Ehlers*, in: ders./Fehling/Pünder, § 18 Rn. 87; vgl. zur statthaften Klageart *Geis*, Kommunalrecht, 4. Aufl. 2016, § 10 Rn. 52.

und damit ein *Bescheidungsurteil* verlangt werden. Ein Zulassungsanspruch scheitert grundsätzlich an der Marktfreiheit des Veranstalters, weil er über den Teilnehmerkreis entscheidet.[340] Ob *stattdessen Anfechtungsklage oder -widerspruch* gegen den Ablehnungsbescheid in Betracht kommen, hängt im Lichte des erforderlichen Rechtsschutzbedürfnisses davon ab, ob mit der Verpflichtungsklage eine weitergehende Entscheidung erreichbar ist, ob also Spruchreife gegeben sein kann; denn dann müsste diese rechtsschutzintensivere Rechtsbehelfsart gewählt werden.[341]

Abgesehen davon werden oft *zusätzlich* zur Verpflichtungsklage *Anfechtungs-* **136** *widersprüche bzw. -klagen* gegen die Bescheide zugunsten der zugelassenen Bewerber gefordert.[342] Ein derartiges Rechtsschutzersuchen scheitert jedoch regelmäßig an der Widerspruchs- bzw. Klagebefugnis, weil der Zulassungsbescheid zugunsten eines Dritten den Übergangenen nicht rechtlich, sondern nur tatsächlich belastet[343] und er die begünstigten Bewerber normalerweise nicht kennt.[344] Etwas anderes kann nur gelten, wenn sie ihm namentlich mitgeteilt werden, weil dann eine Anfechtung nötig sein kann, um Bestandskraft zu verhindern.[345] Ggf. kann die Erhebung eines solchen Rechtsbehelfs in solchen Konstellationen aber auch unzumutbar sein, so wenn die Anzahl der zugelassenen Konkurrenten zu groß ist.[346]

V. Kontrollfragen ## 137

1. Welche Bedeutung hat die in der GewO vorgesehene Trennung nach Titeln für die juristische Fallanalyse? (→ Rn. 2–5)
2. Wie lässt sich das stehende vom reisend betriebenen Gewerbe abgrenzen? (→ Rn. 4)
3. Welche Vorgaben macht der Begriff des Gewerbes i. S. d. GewO und ist die Veranstaltung von Paintball-Spielen erlaubt? (→ Rn. 7 f., 21 f.)
4. Inwieweit gilt innerhalb des Gewerberechts das Landesordnungsrecht? (→ Rn. 38–40)
5. Wie ist der Begriff der Niederlassung in § 4 Abs. 3 GewO zu definieren? (→ Rn. 47)
6. Setzt § 4 Abs. 1 GewO eine rechtmäßige Tätigkeit im Herkunftsstaat voraus? (→ Rn. 48)

---

[340] *Ziekow*, § 10 Rn. 91.

[341] NdsOVG, NVwZ-RR 2012, 594 (595); vgl. auch *Frotscher/Kramer*, Rn. 438.

[342] *Badura*, Rn. 322; *Ehlers*, in: ders./Fehling/Pünder, § 18 Rn. 87, 89; OVG LSA, DVBl. 1996, 162 (162 f.); kritisch dazu z. B. *Schenke*, DVBl. 1996, 387 (388 f.).

[343] BVerwGE 80, 270 (272 f.); *Fetzer*, in: Steiner/Brinktrine, § 6 Rn. 260.

[344] Siehe dazu *Windoffer*, GewArch 2013, 265 (269).

[345] *Ruthig/Storr*, Rn. 385. Siehe insgesamt auch *F. Wollenschläger*, Verteilungsverfahren, S. 349 ff., 634 ff.

[346] BayVGH, GewArch 2015, 460 (460 f.); *Lindner*, GewArch 2016, 135 (137).

7. Welche Parallelen lassen sich zwischen der gewerberechtlichen Unzuverlässigkeit und der polizeirechtlichen Gefahr ziehen? (→ Rn. 50)

8. Welche Eingriffsbefugnisse bieten die Vorschriften über das stehende Gewerbe und wie lassen sie sich voneinander abgrenzen? (→ Rn. 65 ff.)

9. Welche Konsequenzen ergeben sich, wenn ein Gewerbetreibender die Anzeige seines Gewerbes verweigert? Was kann die Behörde in diesem Falle tun? (→ Rn. 68)

10. Unter welchen Voraussetzungen kann eine erteilte gewerbliche Erlaubnis aufgehoben werden? (→ Rn. 80, 101)

11. Welchen Vorschriften unterliegt das sog. Reisehandwerk? (→ Rn. 91–94)

12. Was sind Wanderlager und wie werden sie in Titel III behandelt? (→ Rn. 105 ff.)

13. Welche Konsequenzen hat der Grundsatz der Marktfreiheit für die Anbieter bzw. Aussteller und wie können sie sich gerichtlich zur Wehr setzen, wenn sie nicht zu einem Markt zugelassen werden? (→ Rn. 112 ff., 130 ff.)

14. Ist die Festsetzung eines Marktes auch gegenüber den Anbietern und gegenüber einer Kommune, soweit sie zugleich Veranstalter des Marktes ist, als Verwaltungsakt einzustufen? (→ Rn. 131)

15. Inwieweit sind nach Klageerhebung eingetretene Tatsachenänderungen im verwaltungsprozessualen Verfahren noch berücksichtigungsfähig, falls ein stehendes Gewerbe untersagt bzw. verhindert worden ist und sich der betroffene Gewerbetreibende dagegen zur Wehr setzen will? (→ Rn. 124 ff.)

Literatur

Calliess/Korte, Dienstleistungsrecht in der EU, 2011

Diegmann/Hoffmann/Ohlmann, Praxishandbuch für das gesamte Spielrecht, 2008

Dietz, Abwägungslinien bei sofort vollziehbaren Gewerbeuntersagungen, GewArch 2014, 225

Eifert, Zuverlässigkeit als persönliche Tätigkeitsvoraussetzung im Besonderen Verwaltungsrecht, JuS 2004, 565

Guckelberger, Einführung in das Gewerberecht, Jura 2007, 598

Hamdan, Grundzüge des Gewerberechts, JA 2007, 249

Laubinger, Die gewerbliche Unzuverlässigkeit und ihre Folgen, Teil 1, VerwArch 89 (1998), 145

ders./Repkewitz, Die gewerbliche Unzuverlässigkeit und ihre Folgen, Teil 2, VerwArch 89 (1998), 337

ders./Repkewitz, Die gewerbliche Unzuverlässigkeit und ihre Folgen, Teil 3, VerwArch 89 (1998), 609

Oberrath, Ausgewählte Grundfragen des Gewerberechts, JA 2001, 991

Scheidler, Einführung in das Gewerberecht, VR 2010, 224

Stollenwerk, Praxishandbuch zur Gewerbeordnung, 2. Aufl. 2002

Windoffer, Die Vergabe von Standplätzen auf gemeindlichen Märkten und Volksfesten – Bewährte Lösung bekannter Probleme, GewArch 2013, 265

Wormit, Einführung in das allgemeine Gewerberecht, JuS 2017, 641 ff.

§ 10 Handwerksrecht

Simon Bulla

Inhaltsverzeichnis

S. Bulla (✉)
Kanzlei Scheidle & Partner, Augsburg, Deutschland
E-Mail: s.bulla@scheidle.eu

© Springer-Verlag GmbH Deutschland, ein Teil von Springer Nature 2019
R. Schmidt, F. Wollenschläger (Hrsg.), *Kompendium Öffentliches Wirtschaftsrecht*,
Springer-Lehrbuch, https://doi.org/10.1007/978-3-662-59430-8_10

I. Einführung

1   Das Handwerksrecht ist eines der ältesten Rechtsgebiete des öffentlichen Wirtschaftsrechts. Seine Bedeutung darf dennoch weder für die heutige Volkswirtschaft
und Verwaltungspraxis noch für die Rechtswissenschaft unterschätzt werden. Die
Handwerksordnung (HwO) bietet ein anschauliches Beispiel für den *weiten Ein-
schätzungs- und Gestaltungsspielraum*, der dem Gesetzgeber von der herrschenden
Meinung in Literatur und Rechtsprechung gerade bei der normativen Ausgestaltung
des Wirtschaftslebens eingeräumt wird.[1] Es ist vornehmste Aufgabe der Legislative,
den Berufszugang zum Handwerk innerhalb der ihr gesetzten verfassungs- und
unionsrechtlichen Leitplanken zu regeln und den rechtspolitisch „richtigen" Weg
zwischen Regulierung (Beibehaltung Meisterpflicht), Liberalisierung (Gewerbefreiheit)[2] und – neuerdings – Re-Regulierung (Rückvermeisterung zulassungsfreier
Handwerke) zu finden.

   Trotz des Ursprungs der HwO in der Gewerbeordnung (einschließlich des darin
verankerten Grundsatzes der Gewerbefreiheit, § 1 GewO) hat sich der deutsche
Gesetzgeber mit dem sog. Großen Befähigungsnachweis für eine starke Regle-
mentierung des Berufszugangs zum Handwerk entschieden. Die selbstständige
Ausübung eines (zulassungspflichtigen) Handwerks ist nur dem gestattet, der den
Großen Befähigungsnachweis erbringt, also regelmäßig einen Meistertitel nachweist

---

[1] BVerwGE 140, 276 (284). Ferner *Mann*, in: Sachs, Art. 12 Rn. 127 ff.

[2] Hierzu *Bulla*, Freiheit der Berufswahl und *ders.*, GewArch 2012, 470.

(→ Rn. 41 ff.). Nachdem das BVerwG wiederholt die Verfassungsmäßigkeit der Meisterpflicht bestätigt hat und das BVerfG die hiergegen eingereichten Verfassungsbeschwerden nicht zur Entscheidung angenommen hat,[3] war es in der Diskussion um die Verfassungsmäßigkeit der Meisterpflicht zuletzt ruhig geworden. Im Gegenteil hat sich die Große Koalition aus CDU, CSU und SPD in ihrem Koalitionsvertrag nicht nur die Forderung nach einem Erhalt des Meisterbriefs zur Stärkung des Handwerks als „tragende Säule des deutschen Mittelstands", sondern sogar die Wiedereinführung der Meisterpflicht für einzelne Berufsbilder auf die Fahnen geschrieben.[4]

Mit der Meisterpflicht der HwO beschreitet Deutschland einen Sonderweg, **2** der in dieser weitreichenden Form – abgesehen von Luxemburg[5] – in der Europäischen Union keinen Nachahmer findet. In anderen EU-Mitgliedstaaten, wie den Niederlanden, Österreich oder der autonomen Region Bozen, hat bei ähnlicher historischer Ausganslage eine deutlich weitreichendere Liberalisierung des Handwerksrecht stattgefunden; hier ist der Meistertitel zwar *eine* Möglichkeit, die erforderliche Berufsqualifikation nachzuweisen, es genügt aber (inzwischen) grundsätzlich auch eine niederschwelligere Berufsausbildung in Verbindung mit einer mehrjährigen Berufserfahrung für die Aufnahme einer selbstständigen handwerklichen Tätigkeit.[6]

Die Rechtsentwicklung erscheint dennoch nicht abgeschlossen. Neuen Druck könnte die jüngste EU-Verhältnismäßigkeitsrichtlinie (RL [EU] 2018/958) entfalten. Unterlag das deutsche Handwerksrecht bislang nur insoweit einem unionsrechtlichen Einfluss, als es die Dienstleistungserbringung bzw. Niederlassung von Handwerkern aus anderen EU-/EWR-Mitgliedstaaten regelte – und finden insbesondere die EU-Grundfreiheiten auf rein inländische Sachverhalte mangels eines grenzüberschreitenden Bezugs keine Anwendung (→ § 1 Rn. 82) – so fordert die VHMK-RL jedenfalls bei künftigen Änderungen der HwO eine deutlich stärkere und mit evidenzbasierten, qualitativen und quantitativen Belegen abgesicherte Prüfung der Verhältnismäßigkeit von Berufsreglementierungen ein (→ Rn. 125 ff.).

---

[3] BVerwGE 140, 276 (280 f.) und BVerfG, Nichtannahmebeschl. v. 01.03.2012, 1 BvR 2873/11, sowie BVerwGE 149, 265 (274 f.) und BVerfG, Nichtannahmebeschl. v. 21.08.2014, 1 BvR 1944/14.

[4] Zeile 2976 f. des Koalitionsvertrags zwischen CDU, CSU und SPD vom 12.03.2018, Ein neuer Aufbruch für Europa – Eine neue Dynamik für Deutschland – Ein neuer Zusammenhalt für unser Land, herunterzuladen unter https://www.bundesregierung.de/breg-de/bundesregie-rung/koalitionsvertrag-vom-14-maerz-2018-975210 (01.03.2019). Hierzu *Burgi*, WiVerw 2018, S. 181.

[5] Siehe Art. 12 Abs. 1 und 2 des Loi du 2 septembre 2011 réglementant l'accès aux professions d'artisan, de commerçant, d'industriel ainsi qu'à certaines professions libérales et des ausführen-den Règlement grand-ducal du 1er décembre 2011, abzurufen unter http://data.legilux.public.lu/ eli/etat/leg/loi/2011/09/02/n1/jo (01.03.2019).

[6] Siehe Art. 2 i. V. m. 25 ff. des Landesgesetzes der autonomen Region Bozen Südtirol vom 25.02.2008, ABl. vom 11.03.2008, Nr. 11. Ferner zu den sog. reglementierten Gewerben § 18 Öst-GewO i. V. m. den jeweiligen Ausführungsverordnungen.

1. Geschichte des Handwerksrechts

3 Das aufgezeigte Spannungsverhältnis zwischen dem Grundsatz der Gewerbefreiheit und dem Bedürfnis nach einer Regulierung des Berufszugangs zum Handwerk
ist so alt wie die Geschichte des Handwerksrechts selbst. Nicht zuletzt aufgrund der
wiederholt wechselnden Gesetzesbegründungen – vom Standesrecht zum Gefahrenabwehrrecht und zurück – lohnt sich ein kurzer Blick in die Vergangenheit.[7]

a) Vom Zunftzwang zur Gewerbefreiheit

4 Die Wurzeln der Meisterpflicht der HwO reichen bis in das hochmittelalterliche
Zunftwesen zurück. Ab dem 12. Jahrhundert schlossen sich die Handwerker zunächst
freiwillig, bald aber als zwingende Voraussetzung der selbstständigen Handwerksausübung in den jeweiligen Zünften ihres Gewerks zusammen. Dem *Zunftzwang* folgte
der *Meisterzwang*: In die Zünfte wurden nur mehr Gesellen aufgenommen, die nach
einer Wanderzeit und dem Nachweis ihrer freien, echten und deutschen Geburt auch
ihre handwerklichen Fertigkeiten durch ein Meisterstück belegt hatten. Die Reglementierung des Berufszugangs und der Berufsausübung diente ursprünglich dem al-
truistischen Ziel, den Zunftmitgliedern eine gleiche wirtschaftliche Ausgangsposition
zu verschaffen[8] und ein standesgemäßes Auskommen zu sichern. Das Handwerksrecht war in seinen Ursprüngen ein Standesrecht.

5   Die Geburtsstunde des modernen öffentlichen Wirtschaftsrechts schlug indes mit
den *Stein-Hardenbergschen-Reformen* in den Jahren 1807/1810, die in Preußen
erstmals die Berufs- und Gewerbefreiheit proklamierten. Triebfeder der preußischen Gewerbereformen war seinerzeit weniger die Idee der Freiheit und Gleichheit
aus der französischen Revolution, denn die Erkenntnis der Obrigkeit, dass die Be-
rufs- und Gewerbefreiheit den ordnungspolitischen Rahmen für den Aufstieg und
die Industrialisierung Preußens schufen.[9]

Die Ausübung eines Gewerbes war – mit Ausnahme besonders gefahrgeneigter
Handwerke[10] – nur noch von einem Gewerbeschein abhängig, auf dessen Erteilung
einen Anspruch hatte, wer seine persönliche Redlichkeit (= Zuverlässigkeit) nachgewiesen und die Gewerbesteuer für ein Jahr vorausbezahlt hatte.[11] Diese Regelung
wurde landesweit mit § 26 PreußGewO 1845 in Preußen und reichsweit mit den
§ 1 und § 14 GewO 1869/71 Gesetz.

Der Grundsatz der Gewerbefreiheit (§ 1 GewO 1869/1871), die Anzeigepflicht in
§ 14 GewO 1869/1871 und die Gewerbeuntersagung wegen Unzuverlässigkeit in § 35
GewO 1869/1871 entsprachen nahezu wörtlich den heutigen Regelungen in §§ 1, 14

---

[7] Dazu ausführlich *Bulla*, Freiheit der Berufswahl, S. 29 ff. m. w. N.

[8] *Weber*, Wirtschaftsgeschichte, S. 129 („Zunftpolitik ist Nahrungspolitik").

[9] Vertiefend *Boch*, Staat und Wirtschaft im 19. Jahrhundert, 2004, S. 11; *Fehrenbach*, Vom Ancien
Régime zum Wiener Kongress, 5. Aufl. 2010, S. 119; *Bulla*, Freiheit der Berufswahl, S. 41 ff.

[10] § 21 des Gewerbesteueredikts.

[11] § 19 i. V. m. § 27 Abs. 2 des Gewerbesteueredikts vom 02.11.1810, PreußGS 1810–1811,
S. 79 ff. *Ziekow*, GewArch 1985, 313 (315).

und 35 GewO. Im Handwerk galt Gewerbefreiheit, die nur aus Gründen der Gefahrenabwehr für wenige besonders gefahrgeneigte Gewerke reglementiert wurde.[12]

In den Folgejahren schlug das Regulierungspendel um: In mehreren Phasen wur-   6
den zunächst 1897 die Handwerkskammern (HwK) als überörtliche und berufsüber-
greifende Gesamtvertretungen des Handwerks eingerichtet,[13] 1908 wurde der
Meistertitel zur Voraussetzung, um Lehrlinge ausbilden zu dürfen (sog. *Kleiner Befähigungsnachweis*)[14] und 1929 wurde die Handwerksrolle eingeführt, in die jeder
selbstständige Betrieb (und Nebenbetrieb) eines Handwerks im stehenden Gewerbe
einzutragen war.[15] Die Eintragung wirkte freilich nicht konstitutiv, war also (noch)
keine Voraussetzung für die selbstständige Ausübung eines Handwerks.[16]

b) Von der Gewerbefreiheit zur Meisterpflicht

Die Gewerbefreiheit im Handwerksrecht endete nach knapp 130 Jahren erst mit der   7
Machtergreifung der Nationalsozialisten. Der in den Handwerkskammern verkörperte Gedanke der Selbstverwaltung der Wirtschaft war mit dem Führerprinzip des
NS-Regimes unvereinbar, und die Gleichschaltung des gesamten politischen Lebens und der Wirtschaft machte auch vor dem Handwerk nicht halt. Neben der Einrichtung von *Zwangsinnungen* und *Kreishandwerkerschaften* als überfachlichen
Zusammenschlüssen der Innungen auf Bezirksebene (1. NS-HwVO) hat die 3. NS-
HwVO den *Großen Befähigungsnachweis* eingeführt, um das Führerprinzip auch
im einzelnen Betrieb zu verankern: Der selbstständige Betrieb eines Handwerks als
stehendes Gewerbe war fortan nur noch den in der Handwerksrolle eingetragenen
natürlichen und juristischen Personen gestattet (§ 1) und in die Handwerksrolle
wurde nur eingetragen, wer die Meisterprüfung für das betriebene oder ein diesem
verwandtes Handwerk bestanden hatte oder wer die Ausbildungsberechtigung für
Lehrlinge besaß (§ 3).[17]

Nach dem Ende des Dritten Reiches gab es in der amerikanischen Zone nur ein   8
kurzes Interregnum der Gewerbefreiheit, als im November 1948 das NS-Hand-
werksrecht außer Kraft gesetzt wurde. Schon im Jahr 1953 verabschiedete der Deutsche Bundestag jedoch den Entwurf einer Handwerksordnung, der die Regelungen
der 3. NS-HwVO nahezu wortgleich und identisch übernahm, nun aber damit rechtfertigte, Leistungsfähigkeit und Leistungsstand sowie die besondere Ausbildungsleistung des deutschen Handwerks zu erhalten.[18] Die HwO 1953 verfolgte erkennbar (erneut) berufsständische Interessen.

---

[12] Ein fachlicher Befähigungsnachweis musste nur für die Tätigkeit als Seeschiffer, Steuermann,
Lotse, Arzt oder Apotheker erbracht werden, vgl. §§ 29, 31 GewO 1869/1871. Zum Ganzen
Britsch, GewArch 1972, 173.

[13] §§ 103 ff. GewO 1897, RGBl. 1897, S. 663.

[14] § 129 Abs. 1 GewO 1908, RGBl. 1908, S. 356.

[15] § 104o GewO 1929, RGBl. 1929 I, S. 21.

[16] Ausführlich *Bulla*, Freiheit der Berufswahl, S. 29 ff.

[17] 3. NS-HwVO vom 18.01.1935, RGBl. I, S. 15.

[18] BT-Drs. 1/1428, S. 17 f.

c) Vom Standesrecht zum Gefahrenabwehrrecht

9   Von 1953 bis 2004 ist der Große Befähigungsnachweis, bestätigt durch eine Grund-
    satzentscheidung des BVerfG aus dem Jahr 1961, primär mit dem Zweck, Leis-
    tungsstand und Leistungsfähigkeit des deutschen Handwerks zu erhalten, und se-
    kundär mit der Sicherung der besonderen Ausbildungsleistung gerechtfertigt
    worden. Das Handwerksrecht diente dem Schutz des Mittelstandes; ihm wurde eine
    ordnungspolitische Leitfunktion zugeschrieben.[19]

    Angesichts zunehmender Zweifel an der verfassungsrechtlichen Legitimations-
    fähigkeit des Großen Befähigungsnachweises mit berufsständischen Interessen, die
    schließlich auch vom BVerfG geteilt wurden,[20] angesichts sinkender Beschäfti-
    gungszahlen und einer „Strukturkrise im Handwerk"[21] sowie nicht zuletzt unter
    dem Eindruck der von der Rechtsprechung des EuGH erzwungenen Teilliberalisie-
    rung des deutschen Handwerksrechts für EU-Handwerker läutete der deutsche Ge-
    setzgeber Ende 2003 einen Paradigmenwechsel ein: Die HwO 2004 soll seither
    (wieder) vorrangig den Schutz von Gesundheit und Leben Dritter und sekundär den
    Erhalt der besonderen Ausbildungsleistung des Handwerks gewährleisten; der
    Große Befähigungsnachweis sollte auf die besonders gefahrgeneigten bzw. ausbil-
    dungsrelevanten Handwerke beschränkt werden.[22]

2. Volkswirtschaftliche Bedeutung

10 Der Sonderweg des deutschen Handwerksrechts innerhalb der Europäischen Union
    erklärt sich zu großen Teilen in der besonderen volkswirtschaftlichen Bedeutung,
    die dem Handwerk auch im aktuellen Wirtschaftsleben zukommt. Seine volkswirt-
    schaftlichen Kennzahlen sind beachtlich: Das deutsche Handwerk verzeichnete bei-
    spielsweise im Jahr 1994 6.085.000 Beschäftigte und 588.246 Lehrlinge, im Jahr
    2012 5.346.000 Beschäftigte und 401.819 Lehrlinge, und im Jahr 2017 5.491.000
    Beschäftigte und 365.182 Lehrlinge.[23]

    Gleichwohl ist im Hinblick auf die Rechtfertigung des Großen Befähigungs-
    nachweises auch mit der besonderen Ausbildungsleistung des Handwerks kritisch
    festzuhalten, dass die Ausbildungsleistung im Handwerk gegenüber Industrie und
    Handel deutlich zurückgegangen ist. Im Jahr 1985 wurden noch alleine in West-
    deutschland 689.590 Lehrlinge im Handwerk ausgebildet.[24] Das Handwerk ist nicht

---

[19] *Ziekow*, § 11 Rn. 1. Ferner *Burgi*, WiVerw 2018, 181 (182 ff.). Siehe auch BVerfGE 13, 97 (111).

[20] BVerfG, GewArch 2006, 71 (73).

[21] BT-Drs. 15/1206, S. 20.

[22] Siehe BT-Drs. 15/1206, S. 21 ff., 41 sowie BT-Drs. 15/2138, S. 1 f.

[23] Zu den Kennzahlen siehe https://www.zdh.de/daten-fakten/kennzahlen-des-handwerks/ (01.03.2019)
und *Statistisches Bundesamt*, Handwerkszählung 1994, 1995.

[24] https://www.zdh.de/fileadmin/user_upload/themen/Tab._1_-_Zeitreihe_Entw._der_Ausbil-
dungsverh_ltnisse_im_Handwerk__bis_2004_.pdf (01.03.2019). Hierzu eingehend *Bulla*, Freiheit
der Berufswahl, S. 267 ff., 535 f.

mehr – wie in den 1960er-Jahren, als noch zwei Drittel aller Lehrlinge der gesamten gewerblichen Wirtschaft in Handwerksbetrieben ausgebildet wurden – „Ausbildungsstätte der Nation".

3. Rechtsgrundlagen

Das Recht des Handwerks ist vom Bund kraft seiner *konkurrierenden Gesetz-* **11** *gebungskompetenz* aus Art. 74 Abs. 1 Nr. 11 GG grundsätzlich abschließend in der deutschen Handwerksordnung (HwO) geregelt worden. Wo eine Regelungslücke besteht – etwa für das Reisegewerbe (§§ 55 ff. GewO) oder eine Gewerbeuntersagung wegen Unzuverlässigkeit (§ 35 GewO) –, kann ergänzend auf die subsidiäre, da allgemeinere GewO zurückgegriffen werden.[25] Den Ländern verbleibt lediglich der Erlass ergänzender Vorschriften, insbesondere zu den Zuständigkeiten.

Neben dem nationalen Recht spielen für EU-Handwerker noch die EU/EWR-HwV und die zugrunde liegenden EU-Sekundärrechtsakte, namentlich die BQRL[26] und die DLR[27] sowie neuerdings die Verhältnismäßigkeitsrichtlinie (VHMK-RL → Rn. 125 ff.)[28] eine Rolle.

II. Der Berufszugang im zulassungspflichtigen Handwerk

1. Die Handwerksrolleneintragung als Eröffnungskontrolle

Nach § 1 Abs. 1 HwO ist der selbstständige Betrieb eines zulassungspflichtigen **12** Handwerks als stehendes Gewerbe nur natürlichen und juristischen Personen gestattet, die in der Handwerksrolle eingetragen sind. Eingetragen wird ein Betriebsinhaber, wenn sein Betriebsleiter eine der alternativen Eintragungsvoraussetzungen in die Handwerksrolle erfüllt (§ 7 Abs. 1 S. 1 HwO), d. h.

- die Meisterprüfung bestanden hat (§ 7 Abs. 1a HwO),
- über einen gleichgestellten (Hochschul- oder Fachschul-)Abschluss verfügt (§ 7 Abs. 2 HwO),
- über eine gleichwertige Berechtigung für die Ausübung des betreffenden Gewerbes aus einem anderen EU-/EWR-Mitgliedstaat verfügt (§ 7 Abs. 2a HwO i. V. m. § 1 ff. EU/EWR HwV),

---

[25] OVG Brl-Bbg, Urt. v. 26.06.2007 – OVG 1 B 14.05, juris, Rn. 14; VG Sigmaringen, Beschl. v. 12.07.2016 – 3 K 1949/16, juris, Rn. 8. Vgl. *Detterbeck*, HwO, § 13 Rn. 5.

[26] RL 2005/36/EG.

[27] RL 2006/123/EG.

[28] RL 2018/958/EU über eine Verhältnismäßigkeitsprüfung vor Erlass neuer Berufsreglementierungen.

- eine Ausnahmebewilligung nach § 8 oder § 9 Abs. 1 HwO oder eine Gleichwertigkeitsfeststellung nach § 50b HwO besitzt (§ 7 Abs. 3 HwO) *oder*
- eine Ausübungsberechtigung nach § 7a oder § 7b HwO vorweisen kann (§ 7 Abs. 7 HwO).

Im Jahr 2017 erfolgten beispielsweise im Freistaat Bayern 2.092 Eintragungen kraft eines Meistertitels, denen 186 Hochschulabsolventen (§ 7 Abs. 2 HwO) und 351 Inhaber einer Ausnahmebewilligung (§ 8 Abs. 2 HWO) gegenüberstanden.[29]

Beispiel

Seit der Handwerksnovelle 2004 müssen die Eintragungsvoraussetzungen nicht mehr zwingend in der Person des Betriebsinhabers, sondern können auch in der Person eines Betriebsleiters vorliegen (zum *Betriebsleiterprinzip* → Rn. 42 f.).

13   In der Gestalt der Eintragungspflicht wird der Grundsatz der Gewerbefreiheit (Art. 12 Abs. 1 GG, § 1 GewO) im Bereich des (zulassungspflichtigen) Handwerks durch ein *präventives Verbot mit Erlaubnisvorbehalt* eingeschränkt. Die selbstständige Ausübung eines solchen Handwerks wird an die Eröffnungskontrolle des sog. *Großen Befähigungsnachweises* (ungenau auch: Meisterpflicht oder Meisterzwang) geknüpft und ist erst nach der konstitutiv wirkenden Eintragung in die Handwerksrolle zulässig (§ 1 i. V. m. § 7 HwO).

Wie regelmäßig bei der Prüfung öffentlich-rechtlicher Erlaubnisse und Genehmigungen sind bei der Prüfung handwerksrechtlicher Sachverhalte die Fragen der Eintragungsbedürftigkeit und der Eintragsfähigkeit zu unterscheiden.

1. **Eintragungsbedürftigkeit** → Rn. 15 ff.
   a. Selbstständiger Betrieb eines stehenden Gewerbes (Abs. 1 S. 1) → Rn. 16 ff. (insbesondere Abgrenzung künstlerischer Tätigkeiten und Reisegewerbe),
   b. das *handwerksmäßig* betrieben wird (Abs. 2 S. 1 Alt. 1) → Rn. 21 ff. (Abgrenzung zum Industriebetrieb),
   c. *handwerksfähig* ist, d. h. ein Gewerbe der Anlage A vollständig oder zumindest in wesentlichen Tätigkeiten umfasst (Abs. 2 S. 1 Alt. 2) → Rn. 25 ff. (Ausnahme: Kleinhandwerk – Abs. 2 S. 2) *und*
   d. nicht nur unerheblicher Nebenbetrieb oder Hilfsbetrieb ist (§ 3 HwO) → Rn. 35 ff.
2. **Eintragungsfähigkeit** → Rn. 41 ff.
   a. Meistertitel oder gleichgestellte Abschlüsse → Rn. 44 ff.
   b. Ausnahmebewilligungen nach § 8 oder § 9 HwO → Rn. 48 ff.
   c. Ausübungsberechtigung nach § 7a und § 7b HwO → Rn. 66 ff.

---

[29] Hierzu *Burgi*, WiVerw 2018, 181 (218).

Neben der Eintragung, mit der die zuständige Handwerkskammer die Berechtigung   **14** zur Handwerksausübung feststellt, bleibt eine *Gewerbeanzeige nach § 14 Abs. 1 GewO* erforderlich.[30] Sie wird nicht von der Handwerksrolleneintragung konzentriert. Sinn und Zweck der Gewerbeanzeige ist es, den zuständigen Behörden (grundsätzlich den Gemeinden)[31] Kenntnis von der Betriebsaufnahme zu verschaffen und eine wirksame Überwachung zu ermöglichen.

2. Eintragungsbedürftigkeit

Die Eintragungspflicht eines Handwerks ergibt sich aus § 1 Abs. 1 i. V. m. Abs. 2   **15** HwO. Es muss ein stehendes Gewerbe selbstständig (→ Rn. 16 ff.) und handwerksmäßig betrieben werden (→ Rn. 21 ff.) sowie handwerksfähig sein (→Rn. 25 ff.). Von der Eintragungspflicht ausgenommen werden besondere Betriebsformen wie Neben- und Hilfsbetriebe (→ Rn. 35 ff.).

a) Selbstständiger Betrieb eines stehenden Gewerbes

aa) Selbstständiger Betrieb

Eintragungspflichtig ist nach § 1 Abs. 1 S. 1 HwO zunächst nur der *selbstständige*   **16** *Betrieb* eines zulassungspflichtigen Handwerks, im eigenen Namen, auf eigene Rechnung und in eigener Verantwortung[32] – selbstredend also nicht die abhängige Beschäftigung als Angestellter eines Handwerksbetriebs. Subunternehmer werden – sofern keine Scheinselbstständigkeit vorliegt – demgegenüber in aller Regel selbstständig tätig.[33]

   Die Selbstständigkeit als Tatbestandsmerkmal ist streng genommen überflüssig, da § 1 Abs. 1 HwO auf den Gewerbebegriff der GewO Bezug nimmt, der seinerseits bereits eine selbstständige Tätigkeit voraussetzt (im Einzelnen → § 9 Rn. 8 ff.).[34]

bb) Stehendes Gewerbe (insb. Reisegewerbe)

Die Eintragungspflicht setzt weiterhin voraus, dass das zulassungspflichtige Hand-   **17** werk als *stehendes Gewerbe* ausgeübt wird (§ 1 Abs. 1 S. 1 HwO). Es gilt der Gewerbebegriff der GewO (→ § 9 Rn. 7 ff.).[35]

   Die für ein Gewerbe notwendige *Gewinnerzielungsabsicht* kann bei Gefängnis- und Behindertenwerkstätten fehlen, wenn sich deren Zweck in einer Beschäftigungstherapie erschöpft, ebenso bei Regiebetrieben der öffentlichen Hand, die nur den eigenen Bedarf des Hoheitsträgers decken.[36]

---

[30] BVerwG, GewArch 1988, 96 (96); *Eisenmenger*, in: Landmann/Rohmer, GewO, Einl. Rn. 28 (Stand: Juni 2018).

[31] Etwa § 1 Abs. 3 S. 1 BayGewV; § 8 Abs. 1 Nr. 1 GewOZuVO BW; § 1 i. V. m. Ziff. 1.1 Nds. ZustVO-Wirtschaft.

[32] OVG Hamburg, GewArch 1990, 408 (411).

[33] So auch *Leisner*, in: ders., HwO, § 1 Rn. 13 unter Berufung auf BGH, NJW 1994, 2756. Offener *Thiel*, in: Honig/Knörr/ders., HwO, § 1 Rn. 20.

[34] BayObLG, GewArch 1999, 296 (296). Ferner *Ehlers*, in: ders./Fehling/Pünder, § 19 Rn. 16 ff.

[35] So auch *Frotscher/Kramer*, § 18 Rn. 584.

[36] Vgl. *Thiel*, in: Honig/Knörr/ders., HwO, § 1 Rn. 22; *Ruthig/Storr*, Rn. 461.

Kunst ist kein Gewerbe. Die Abgrenzung des freiberuflichen Künstlers zum gewerblichen Kunsthandwerker ist im Einzelfall indes sehr schwierig.[37] Einerseits entzieht sich der Kunstbegriff des Art. 5 GG einer trennscharfen Definition der für den Vollzug des Gewerbe- und Handwerksrecht zuständigen Ordnungsbehörden und Handwerkskammern; andererseits verfehlen manche selbsterklärte „Künstler" die Gestaltungshöhe des formalen weiten Kunstbegriffs, also die freie schöpferische Gestaltung, in der Eindrücke, Erfahrungen, Erlebnisse des Künstlers durch das Medium einer bestimmten Formensprache zu unmittelbarer Anschauung gebracht werden und die unmittelbarster Ausdruck der individuellen Persönlichkeit des Künstlers ist.[38] Ein Kunsthandwerk bleibt Handwerk,[39] zumal seine Ausübung in der Regel der Einnahmeerzielung dient und auf Bestellung und nach den Vorgaben des Kunden erfolgt. Die Abgrenzung hat dadurch an Brisanz verloren, dass die meisten Kunsthandwerke (z. B. Gold- und Silberschmiede, Holzbildhauer, Fotografen, Keramiker) inzwischen zu den zulassungsfreien Handwerken der Anlage B 1 zur HwO zählen und damit nicht mehr der Meisterpflicht unterliegen.[40]

18   Umso schärfer umstritten ist die Abgrenzung des zulassungspflichtigen Handwerks im stehenden Gewerbe – dieses unterliegt der HwO und der Eintragungspflicht in die Handwerksrolle – von seiner Ausübung im *Reisegewerbe*, das in den §§ 55 ff. GewO geregelt wird (→ § 9 Rn. 4).[41] Auf dem Papier ist die Abgrenzung recht einfach. Entscheidend ist nach der Rechtsprechung des BVerfG alleine, von wem die Initiative für einen Handwerksauftrag ausgeht.[42]

> **Ein stehendes Gewerbe betreibt ein Handwerker, der seine Leistungen auf vorhergehende Bestellung des Kunden erbringt (= der Kunde kommt zum Handwerker); ein Reisegewerbe übt ein Handwerker aus, der (unangemeldet) potenzielle Kunden aufsucht (= der Handwerker kommt zum Kunden).**

19   In der Praxis hat sich die Berufung auf die eintragungsfreie reisegewerbliche Ausübung eines zulassungspflichtigen Handwerks als Vermeidungsstrategie nicht eingetragener Handwerker vor einer unerwünschten (und häufig mangels Erfüllung der Eintragungsvoraussetzung nicht möglichen) Eintragung in die Handwerksrolle herausgebildet.

Das BVerfG hat allen Versuchen einer teleologischen Reduktion des Reisegewerbeprivilegs seitens der verwaltungsgerichtlichen Rechtsprechung eine deutliche Absage erteilt. Weder darf für ein Reisegewerbe die Bereitschaft und Fähigkeit zur

---

[37] Vgl. *Korte*, JA 2003, 225 (226 ff.); *Rüth*, GewArch 1995, 363 (364 ff.).

[38] BVerfGE 30, 173 (189); 67, 213 (226); 81, 278 (291 f.); 83, 130 (138). Siehe auch HessLAG, Urt. v. 22.01.2016, 10 Sa 804/15, juris, Rn. 40. *Bethge*, in: Sachs, Art. 5 Rn. 183 ff.

[39] So auch *Ehlers*, in: ders./Fehling/Pünder, § 19 Rn. 16.

[40] *Thiel*, in: Honig/Knörr/ders., HwO, § 1 Rn. 25; *Ruthig/Storr*, Rn. 461.

[41] Zum Ausschlussverhältnis *Leisner*, GewArch 2015, 435 (436). Zum Verhältnis der §§ 55 ff. GewO zur HwO siehe auch *Rossi*, in: BeckOK GewO, § 55 Rn. 21 ff.

[42] BVerfG, NVwZ 2001, 189 (190); *Bulla*, GewArch 2012, 470 (473); *Leisner*, GewArch 2015, 435 (436).

sofortigen Ausführung eines Auftrages gefordert werden[43] noch schließt das Vorhandensein einer festen Betriebsstätte ein Reisegewerbe aus.[44] Rechtsdogmatisch
ist der Auffassung des BVerfG vorbehaltlos zuzustimmen: solche richterrechtlichen
Einschränkungsversuche sind mit der Berufsfreiheit und dem grundrechtlichen Gesetzesvorbehalt aus Art. 12 Abs. 1 GG nicht zu vereinbaren.[45] Auch wenn sich ein
Reisegewerbe häufig auf Reparaturen und kleinere Handreichungen an Ort und
Stelle beim Kunden beschränken und somit als Kleinhandwerk (→ Rn. 31 ff.) darstellen wird, dürfen in ihm auch vollhandwerkliche Leistungen mit der vollen
Kunstfertigkeit eines zulassungspflichtigen Handwerks erbracht werden.[46]

Beispiel

Ein Zimmerer schließt als Haustürgeschäft ohne vorhergehende Bestellung mit
Hausbesitzern Verträge über den Ausbau ihrer Dachstühle ab, die er aufgrund
der notwendigen Vorbereitungsarbeiten (Zurechtschneiden der Dachbalken in
einem Sägewerk, Vorbearbeitung in seiner Werkstatt) erst mit zeitlicher Verzögerung erfüllt. Dennoch genügt eine Reisegewerbekarte, da kein stehendes
Gewerbe vorliegt.[47]

Ungeachtet dessen führt die Privilegierung des Reisegewerbes zu einem *erheblichem* 20
Systembruch.[48] In der Systematik der GewO sollen die §§ 55 ff. GewO die Anforderungen an die Ausübung eines Reisegewerbes aufgrund der mit diesem verbundenen
besonderen Gefahren (Haustürsituation, Überrumpelungsgefahr) gegenüber stehenden Gewerben (bei denen eine Anzeige nach § 14 GewO genügt) verschärfen
(→ § 9 Rn. 5, 88). Im Bereich des zulassungspflichtigen Handwerks führen die Vorschriften des Reisegewerbes demgegenüber zu einer systemwidrigen Privilegierung:
Während ein zulassungspflichtiges Handwerk im stehenden Gewerbe nur ausüben
darf, wer seine fachtheoretischen und praktischen Kenntnisse und Fertigkeiten umfassend in einer Meisterprüfung bzw. vor Erteilung einer Ausnahmebewilligung oder
Ausübungsberechtigung nachgewiesen hat, kann ein Reisegewerbe betreiben, wer
lediglich eine Reisegewerbekarte hat. Diese ist freilich schon dann zu erteilen, wenn
der Gewerbetreibende – unabhängig von seiner Fachkunde – persönlich zuverlässig
ist (§ 57 GewO).

---

[43] So noch VGH BW, NVwZ-RR 1995, 261 (261 f.); OVG NRW, GewArch 1999, 32 (32).

[44] Hierfür plädiert *Leisner*, GewArch 2015, 435 (439) unter Berufung auf das steuerrechtliche Leitbild des Reisegewerbes in § 35a GewStG i. V. m § 35 GewStDV.

[45] Dies verkennt *Schreiner*, GewArch 2015, 233 (234).

[46] BVerfG, GewArch 2000, 480 (481 f.); BVerfG, GewArch 2007, 294 (295); OVG NRW, Gew-
Arch 2004, 32 (33); BayVGH, GewArch 2006, 34 (35 f.). Siehe auch *Thiel*, in: Honig/Knörr/ders.,
HwO, § 1 Rn. 31. Zur problematischen Werbung eines Reisehandwerkers für sein Handwerk siehe
ThürOLG, GewArch 2009, 208 (208).

[47] OVG NRW, GewArch 2004, 32. Siehe auch VG Würzburg, Urt. v. 11.02.2004, W 6 K 03.1040
(Ls.). Zum Begriff der vorherigen Bestellung *Ratzke*, GewArch 2014, 71.

[48] So auch *Detterbeck*, HwO, § 1 Rn. 28; *Ehlers*, in: ders./Fehling/Pünder, § 19 Rn. 18. *Dürr*, GewArch
2011, 8; *Hüpers*, GewArch 2004, 230 (232 f. „nicht mehr tolerierbare[r] Systembruch").

Fazit: Die Eintragungspflicht in die Handwerksrolle, der Große Befähigungsnachweis und die Pflichtmitgliedschaft in der Handwerkskammer können durch
eine entsprechende Vertriebsstrategie (= die Initiative geht vom Reisegewerbetreibenden aus) umgangen werden.

b) Handwerksmäßigkeit

21 Der unbestimmte Rechtsbegriff der Handwerksmäßigkeit in § 1 Abs. 2 S. 1 HwO
dient insb. der *Abgrenzung zum Industriebetrieb*. Was noch handwerksmäßig und
was schon industriell ist, entzieht sich einer starren Beurteilung anhand fester Kriterien, etwa allein nach der Größe des Unternehmens; auch der subjektive Wille des
Betriebsinhabers ist irrelevant. Die Handwerksmäßigkeit ist vielmehr in einer Ge-
samtschau verschiedener Kriterien nach dem Erscheinungsbild des einzelnen Betriebes und unter Berücksichtigung der Besonderheiten des jeweiligen Handwerkszweiges zu beurteilen (sog. *dynamischer Handwerksbegriff*).[49]

22 Bewusst hat der Gesetzgeber die Auslegung und Konkretisierung dieses unbestimmten Rechtsbegriffes der Rechtsprechung und Literatur überlassen, um die notwendige Entwicklungsoffenheit des Handwerksbegriffs zu wahren. Ausgehend von
Wortlaut und Wesen des *Hand*werks (in Abgrenzung vom *Maschinen*werk)[50] ist
eine Reihe von Unterscheidungsmerkmalen entwickelt worden. Für die Handwerksmäßigkeit sprechen nach dem *Gesamtbild des Betriebs* als Indizien:

* die *überschaubare Größe* (Zahl der Beschäftigten, Umsatz, Anzahl an Filialen
  und räumliche Ausdehnung);[51]
* ein *geringerer Kapitaleinsatz* des Betriebs;
* der Einsatz und die Ausbildung *fachlich qualifizierter Mitarbeiter*, die im Wesentlichen alle im Betrieb anfallenden Arbeiten ausführen können und nicht be-
  liebig durch ungelernte Arbeitskräfte austauschbar sind;
* ein *geringer(er) Grad an systematischer Arbeitsteilung*. Während in Handwerksbetrieben häufig die Mitarbeiter in alle Phasen der Herstellung einbezogen werden, ist die industrielle Produktion durch eng begrenzte, wiederkehrende Ar-
  beitsschritte gekennzeichnet;[52]
* keine Weitergabe von Aufträgen zur Gänze an dritte Subunternehmen,
* die *persönliche Mitarbeit des Betriebsleiters* und seine Einflussnahme auf den
  Betriebsablauf und
* eine *auftragsbasierte Einzelfertigung* im Gegensatz zu einer serienmäßigen
  Massenfertigung auf Vorrat für den Markt.[53]

---

[49] BVerwGE 17, 230 (232); 18, 226 (232 f.); 20, 263 (264); 58, 217 (223 f.); 94, 201; 95, 363 (369).

[50] *Frotscher/Kramer*, § 18 Rn. 589.

[51] Nach BVerwG, GewArch 2003, 79, müssen aber selbst bei einem Betrieb mit über 550 Mitarbeitern weitere Abgrenzungskriterien geprüft werden. Kritisch auch *Ruthig/Storr*, Rn. 468.

[52] Nach BVerwGE 95, 363 (374) nimmt allerdings auch im Handwerk aufgrund der vordringenden
Rationalisierung der Grad der Arbeitsteilung zu.

[53] BVerwGE 18, 226 (230 ff.); 58, 217 (223 f.); *Thiel*, in: Honig/Knörr/ders., HwO, § 1 Rn. 37 ff.;
Stober/Eisenmenger, § 48 V. 2.; *Frotscher/Kramer*, § 18 Rn. 588 ff. Zum interessanten Versuch
einer normativen Abgrenzung siehe Art. 4 Abs. 1 des Landesgesetzes der autonomen Region
Bozen Südtirol vom 25.02.2008, Nr. 1, ABl. vom 11.03.2008, Nr. 11.

Dagegen schließt der *Einsatz von Maschinen und technischen Hilfsmitteln* aufgrund **23** der fortschreitenden Technisierung, die zunehmend auch die Handwerksbetriebe ergreift, die Handwerksmäßigkeit nicht generell aus. Es kommt entscheidend darauf an, ob die Maschinen die Handarbeit erleichtern und beschleunigen (Unterstützungsfunktion) oder diese vollkommen ersetzen sollen (Substitutionsfunktion). Neben der maschinellen Bedienung muss Raum für die Entfaltung von Handfertigkeit verbleiben.[54]

Auf eine *persönliche Mitarbeit* des Betriebsleiters und die Möglichkeit seiner **24** *entscheidenden Einflussnahme* auf den Betriebsablauf kann für die Handwerksmäßigkeit eines Betriebs nicht verzichtet werden, soll der Großer Befähigungsnachweis des Betriebsleiters durch seine Beaufsichtigung des Betriebs entsprechend der Gesetzesbegründung eine effektive Gefahrenabwehr sicherstellen.[55] Die Abgrenzung bleibt freilich schwierig.

Beispiel

Das Backen von Semmeln und Brot in der Nacht mit selbst hergestellten Teigsorten, die tagsüber frisch und unverpackt verkauft werden, ist ein starkes Indiz für einen handwerksmäßigen Bäckerbetrieb.[56] Unterhält ein Filialbäcker hingegen eine Vielzahl an Filialen, in denen vorproduzierte Teigwaren in Backautomaten durch ungelernte Mitarbeiter aufgebacken werden, spricht vieles für einen nicht handwerksmäßigen, industriellen Betrieb.

c) Handwerksfähigkeit

Handwerksfähig ist nach § 1 Abs. 2 S. 1 HwO nur ein solcher Betrieb, der ein in der **25** Anlage A aufgeführtes Gewerbe vollständig oder zumindest in wesentlichen Tätigkeiten umfasst.

aa) Gewerbe im Sinne der Anlage A

Die Positivliste[57] der Anlage A regelt als Bestandteil der HwO und damit im Rang **26** eines formellen Gesetzes abschließend die 41 zulassungspflichtigen Handwerke.[58] Die Anlage A kann, soweit es die technische und wirtschaftliche Entwicklung

---

[54] BVerwGE 17, 230 (233); 18, 226 (232); GewArch 1979, 262; *Frotscher/Kramer*, § 18 Rn. 589. Siehe auch *Leisner*, in: ders, HwO, § 1 Rn. 22, der zutreffend auf die Tendenz zur laufenden Steigerung des Maschineneinsatzes im Handwerk verweist.

[55] Dieses „personale Prinzip" des Handwerks betont auch *Leisner*, in: ders., HwO, § 1 Rn. 24. Siehe aber auch BVerwG, GewArch 2004, 488 (488), wonach die Mitarbeit im Betrieb aufgrund der persönlichen Entscheidung des Betriebsinhabers ein unsicheres Kriterium sei.

[56] VG Halle, GewArch 2001, 421 (422).

[57] Eine vergleichbare Regelungssystematik liegt den reglementierten Gewerben nach § 94 Öst-GewO, den in den Anhängen der luxemburgischen Règlement grand-ducal vom 01.12.2011 und in den Art. 24 ff. des Landesgesetzes vom 25.02.2008 der autonomen Region Bozen Südtirol aufgezählten Gewerke zugrunde.

[58] *Ruthig/Storr*, Rn. 463. Die Positivliste geht zurück auf die Liste handwerksfähiger Gewerbe, die im Jahr 1934 auf der Grundlage von § 1 S. 1 der 1. NS-HwVO erlassen worden ist. Mit der Handwerksnovelle von 2004 ist die Zahl der zulassungspflichtigen Handwerke von 94 auf 41 reduziert worden. Hierzu *Bulla*, Freiheit der Berufswahl, S. 97 f.

erfordert, *durch Rechtsverordnung* des BMWi mit Zustimmung des Bundesrates *geändert* werden (§ 1 Abs. 3 HwO),[59] um eine rasche Anpassung an die veränderten Wirtschaftsbedingungen zu ermöglichen. Ausweislich des Wortlauts von § 1 Abs. 3 HwO können durch Rechtsverordnung die aufgezählten Gewerbe aber nur gestrichen, zusammengefasst oder getrennt sowie umbenannt werden. Eine *Erweiterung* der Anlage A (und B) bleibt als Berufszulassungsbeschränkung dem parlamentarischen Gesetzgeber vorbehalten.[60]

Die vom Gesetzgeber mit der Verordnungsermächtigung verfolgte Idee des „atmenden Handwerks"[61] wird – jedenfalls, was Streichungen von zulassungspflichtigen Gewerken aus der Anlage 1 anbelangt – nur bedingt erreicht. Der Verordnungsgeber scheint die Büchse der Pandora nicht öffnen zu wollen und hat die Anlage A in ihrem Umfang seit 2004 unverändert gelassen.

bb) Wesentliche Teiltätigkeit

27 Handwerksfähig ist nicht nur ein Betrieb, der ein Gewerbe der Anlage A vollständig umfasst; es genügt bereits die Ausübung von Tätigkeiten, die für dieses Gewerbe wesentlich sind (§ 1 Abs. 2 S. 1 HwO). Wesentlich sind nach der sog. *Kernbereichsrechtsprechung des BVerwG* Tätigkeiten, die qualitativ „nicht nur fachlich zu dem betreffenden Handwerk gehören, sondern gerade den Kernbereich dieses Handwerks ausmachen und ihm sein essenzielles Gepräge geben".[62] Eine wesentliche Tätigkeit kann dabei aber auch mehreren (zulassungspflichtigen) Handwerken zuzuordnen sein (siehe aber auch → Rn. 30).[63]

28 Auf die subjektive Selbsteinschätzung und -bezeichnung des Betriebsinhabers kommt es dabei nicht an. Auch die in den *Ausbildungs-* und *Meisterprüfungsverordnungen*[64] typisierten Berufsbilder können – was gerade in der jüngeren verwaltungsgerichtlichen Rechtsprechung immer wieder übersehen wird[65] – allenfalls indizielle Bedeutung haben,[66] da sie über die wesentlichen und gefahrengeneigten Kerntätigkeiten hinaus einen Überschuss an Ausbildungsinhalten, einfachen Tätigkeiten und Tätigkeiten anderer (auch zulassungsfreier) Handwerke, beinhalten.[67]

---

[59] Mit dieser Ermächtigungsgrundlage verfolgt der Reformgesetzgeber die Idee eines „atmenden Handwerks", BT-Drs. 15/1206, S. 42.

[60] BVerwG, GewArch 1994, 199 (200); *Detterbeck*, HwO, § 1 Rn. 65.

[61] Siehe die Gesetzesbegründung, BT-Drs. 15/1206, S. 42.

[62] BVerwGE 87, 191 (194); BVerwGE 149, 265 (271). Siehe auch die Gesetzesbegründung, BT-Drs. 15/1089, S. 6.

[63] Vgl. § 1 Abs. 3 des Übergangsgesetzes vom 25.03.1998, BGBl. I, S. 596, abdruckt als Fußnote zur Anlage A der HwO.

[64] Siehe auch § 25 Abs. 1 und § 26 HwO sowie § 45 Abs. 1 HwO.

[65] Wohl zu weitgehend etwa BVerwGE 140, 276 (279).

[66] BVerwGE 25, 66 (67); 58, 217 (219 f.); BGH, GewArch 1992, 25 (25 f.); NdsOVG, NVwZ-RR 2010, 639 (640). Siehe auch BT-Drs. 15/1206, S. 41; *Detterbeck*, HwO, § 1 Rn. 64, 70; *Leisner*, in: ders., HwO, § 1 Rn. 33.

[67] Gesetzesbegründung, BT-Drs. 13/9388, S. 20 f. und Vollzugshinweise des Bund-Länder-Ausschusses Handwerksrecht in den sog. Leipziger Beschlüssen, GewArch 2001, 123. Ferner *Bulla*, Freiheit der Berufswahl, S. 99; *Detterbeck*, GewArch 2018, 264 (265).

Angesichts des primären Gesetzeszwecks der Gefahrenabwehr sollte bei der Auslegung des unbestimmten Rechtsbegriffs der wesentlichen Tätigkeit nach hier vertretener Auffassung maßgebend auf die Gefahrgeneigtheit einer Tätigkeit abgestellt werden.

> **Beispiele**
>
> Als *wesentliche Tätigkeiten* eines zulassungspflichtigen Handwerks werden etwa angesehen die Errichtung von Dachstühlen (Zimmerer und Dachdecker),[68] das Verlegen von Dachziegeln und Dachsteinen,[69] das Lackieren von Kraftfahrzeugen (Maler und Lackierer, Karosserie- und Fahrzeugbauer und Kraftfahrzeugtechniker),[70] die Feuerstättenschau (Schornsteinfeger),[71] der Betrieb einer Frischfleischabteilung in einem Lebensmittelmarkt (Fleischer),[72] das Bearbeiten von Grabsteinen mit einem Dremel (Steinmetz),[73] Putzarbeiten und Fassadendämmung (Maurer, Stuckateur, Maler und Lackierer bzw. Wärme-, Kälte- und Schallschutzisolierer),[74] das Streichen und Lasieren von Türen und Fenstern (Maler und Lackierer),[75] das Waschen, Schneiden und Haarfärben (Friseur).[76]
>
> *Keine wesentlichen*, den Kernbereich des zulassungspflichtigen Handwerks prägenden Tätigkeiten sind demgegenüber einfache Wartungs- und Reparaturarbeiten von Heizungs- und Sanitäranlagen (kein Installateur und Heizungsbauer)[77] oder der Import und Verkauf von Grabsteinen mit Aufstellen und Beschriftung (kein Steinmetz).[78]

Quantitativ kann die Verrichtung *einer einzigen* wesentlichen Teiltätigkeit genügen, **29** um die Handwerksfähigkeit eines Gewerbes zu bejahen. Soweit § 1 Abs. 2 S. 1 HwO von „Tätigkei*ten*" spricht, wird allein die wiederholte Ausübung einer Teiltätigkeit verlangt, nicht aber von mehreren (verschiedenen) Teiltätigkeiten.[79] Die Wesentlichkeit ist primär qualitativ zu bestimmen (siehe auch § 1 Abs. 2 S. 3 HwO).

---

[68] NdsOVG, GewArch 2005, 381 (382). Siehe § 1 Abs. 2 des Übergangsgesetzes vom 25.03.1998, BGBl. I, S. 596, abdruckt als Fußnote zur Anlage A der HwO.

[69] BVerwGE 140, 276 (279).

[70] § 1 Abs. 3 des Übergangsgesetzes vom 25.03.1998, BGBl. I, S. 596, abdruckt als Fußnote zur Anlage A der HwO.

[71] BAG, NZA 2018, 876 (882). SächsOVG, GewArch 2017, 438 (439).

[72] VG Sigmaringen, GewArch 2018, 204. Kritisch *Detterbeck*, GewArch 2018, 264 ff. Siehe auch *Schmitz*, GewArch 2018, 365 ff.

[73] OLG Celle, WRP 2016, 1541 (1543), abgesehen davon, dass die Tätigkeit des Steinmetzes im Hinblick auf Grabsteine weder mit der besonderen Gefahrgeneigtheit noch mit einer besonderen Ausbildungsleistung dieses Handwerks gerechtfertigt werden kann.

[74] OVG NRW, Beschl. v. 11.07.2016 – 4 B 96/16, juris, Rn. 13. Zum Verputzen auch BayVGH, GewArch 2007, 125 (125).

[75] BVerwGE 149, 265 (269 f.).

[76] OVG NRW, Beschl. v. 06.10.2014 – 4 B 88/14, juris, Rn. 23 ff.

[77] BayVGH, GewArch 2018, 43 (44).

[78] VG Stuttgart, GewArch 2016, 153 (153 f.); so schon OVG Lüneburg, Urt. v. 11.03.2010 – 8 LB 9/08, juris. Rn. 21.

[79] BayObLG, DÖV 1994, 75 (76). *Detterbeck*, HwO, § 1 Rn. 68.

30   Eine Tätigkeit, die auch einem zulassungsfreien Handwerk der Anlage B 1 oder
einem handwerksähnlichen Gewerbe der Anlage B 2 zur HwO zuzuordnen ist und
damit *zulassungsfrei erbracht werden darf*, kann nicht zugleich wesentliche Tätigkeit eines zulassungspflichtigen Handwerks sein.[80]

> **Beispiele**
>
> Das Anlegen von befahrbaren Wegen und (Park-)Plätzen im Zusammenhang
> mit (landschafts-)gärtnerisch geprägten Anlagen gehört zum Kernbereich des
> nicht-handwerklichen Gewerbes des Garten- und Landschaftsbauers und kann
> nicht zugleich als wesentliche Tätigkeit dem zulassungspflichtigen Straßenbauer-
> Handwerk (Nr. 5 der Anlage A zur HwO) zugeordnet werden.[81]

cc) Ausnahme: Kleinhandwerk

31   Von wesentlichen Tätigkeiten eines zulassungspflichtigen Handwerks grenzt sich das
sog. Kleinhandwerk (auch: Minderhandwerk) ab. Schon aus Gründen der Verhältnismäßigkeit muss sich die Zulassungspflicht als Berufszugangsbeschränkung auf solche Gewerbe beschränken, in denen es für eine fachgerechte und insb. gefahrfreie
Ausführung überhaupt auf handwerkliche Fertigkeiten und Kenntnisse ankommt.[82]

Nach der Kernbereichsrechtsprechung des BVerwG liegt ein solches Minderhandwerk vor, wenn die Arbeitsvorgänge keine qualifizierten Kenntnisse und Fertigkeiten erfordern und aus der Sicht des vollhandwerklich arbeitenden Betriebes
als untergeordnet erscheinen, also lediglich einen *Randbereich* des betreffenden
Handwerks erfassen.[83] Für diese Kleingewerbe bleibt es bei der allgemeinen Anzeigepflicht aus § 14 GewO.

32   Der Gesetzgeber definiert als nicht-wesentlich in § 1 Abs. 2 S. 2 HwO solche
Tätigkeiten, die

- in einem Zeitraum von bis zu drei Monaten erlernt werden können (Nr. 1),
- zwar eine längere Anlernzeit verlangen, aber für das Gesamtbild des betreffenden zulassungspflichtigen Handwerks nebensächlich sind und deswegen nicht
  die Fertigkeiten und Kenntnisse erfordern, auf die die Ausbildung in diesem
  Handwerk hauptsächlich ausgerichtet ist (Nr. 2), *oder*
- nicht aus einem zulassungspflichtigen Handwerk entstanden sind (Nr. 3).

33   Als klassischen Fall eines Minderhandwerks sieht der Gesetzgeber solche Tätigkeiten an, die innerhalb einer Anlernzeit von höchstens drei Monaten erlernt werden
können (§ 1 Abs. 2 S. 2 Nr. 1 HwO). Teilweise wird gefordert, die jeweilige Tätigkeit nicht isoliert zu betrachten (welche einzelne [Teil-]Tätigkeit ließe sich isoliert
betrachtet nicht binnen dreier Monate lernen?), sondern auch die Anlernzeit gewisser

---

[80] BVerwGE 152, 132 (135); BVerwGE 149, 265 (272) *Detterbeck*, HwO, § 1 Rn. 71.

[81] BVerwG, GewArch 1993, 329.

[82] *Czybulka*, in: R. Schmidt, BT I, § 2 Rn. 22.

[83] BVerwGE 58, 217 (221); 67, 273 (277); 87, 191 (193 f.). Zur verfassungsgerichtlichen Billigung
dieser Rspr. siehe BVerfG, NVwZ 2001, 187 und 189.

Grundkenntnisse mit zu berücksichtigen.[84] Nach zutreffender Auffassung wollte der Gesetzgeber mit seiner Kodifizierung des Minderhandwerks die Zulassungspflicht aber nicht auf bisher zulassungsfreie Minderhandwerke ausdehnen, sondern diese im Gegenteil privilegieren.[85]

Umgekehrt kann die Eintragungspflicht nicht dadurch umgangen werden, die einzelnen Handwerkstätigkeiten „im Drei-Monats-Rhythmus" abschnittsweise zu erlernen (sog. *Kumulationsverbot*). Werden mehrere Tätigkeiten i. S. d. § 1 Abs. 2 Nr. 1 und 2 HwO ausgeübt, ist deren Wesentlichkeit gemäß § 1 Abs. 2 S. 3 HwO anhand einer *Gesamtbetrachtung* zu beurteilen.

Beispiele

Beispiele für ein Minderhandwerk sind Montagetätigkeiten, die in wenigen einfachen Arbeitsschritten auszuführen und in kurzer Zeit zu erlernen sind, etwa die Installation von zuvor verkauften Satelliten-Empfängern, Lampen oder Waschmaschinen (kein Elektrotechniker bzw. Installateur),[86] die Reparatur eines PCs durch einfaches, auch dem Laien mögliches Austauschen von Hardwarekomponenten,[87] das Backen von Dönerfladenbrot (kein Bäcker)[88] oder das Anbringen vorgefertigter Fassadenteile oder Wärmedämmeinheiten auf einer Außenfassade.[89]

Beispiel für eine nicht aus dem Handwerk entstandene Tätigkeit i. S. d. § 1 Abs. 2 Nr. 3 HwO ist der Messebau.[90]

§ 1 Abs. 2 S. 2 Nr. 2 HwO stellt seit der Begründung des Großen Befähigungsnach-weises mit Gefahrenabwehr und Ausbildungsleistung einen Fremdkörper im System der HwO dar. Für den Zweck einer effektiven Gefahrenabwehr kann es nicht ausschlaggebend sein, ob eine Tätigkeit für das Gesamtbild eines zulassungs-pflichtigen Handwerks hauptsächlich oder nebensächlich ist – hier schimmert noch der berufsständische Gedanke der HwO 1953 durch (→ Rn. 8); maßgebend kann bei teleologischer Reduktion des § 1 Abs. 2 S. 2 Nr. 2 HwO alleine die Gefahrge-neigtheit einer Tätigkeit oder die besondere Ausbildungsleistung eines typisierten Handwerksbetriebs sein.[91] **34**

§ 1 Abs. 2 S. 2 Nr. 3 HwO soll verhindern, dass der dynamische Handwerksbegriff, der es dem Handwerk möglich macht, sich an neuere technische Entwicklungen anzu-passen und diese zunutze zu machen, ohne seine Handwerkseigenschaft zu verlieren,

---

[84] BayVGH, GewArch 2007, 125.

[85] NdsOVG, NVwZ-RR 2010, 639; VGH BW, GewArch 2006, 126 (128). *Ruthig/Storr*, Rn. 466.

[86] BVerfG, NVwZ 2001, 187 (188) unter Verweis auf BVerwG, NVwZ-RR 1992, 547 f.

[87] LG Karlsruhe, NVwZ-RR 1998, 751.

[88] Zutreffend OVG RhPf, GewArch 1995, 161 (162); a. A. ohne überzeugende Begründung im Hinblick auf den gewandelten Gesetzeszweck VG Saarlouis, GewArch 2005, 157 (158).

[89] VGH BW, GewArch 2006, 126 (127).

[90] OLG Saarbrücken, GewArch 2002, 35 (35 f.).

[91] So auch *Detterbeck*, HwO, § 1 Rn. 77; *Ruthig/Storr*, Rn. 466; *Kormann/Hüpers*, GewArch 2004, 353 (355). Kritisch *Baumeister*, GewArch 2007, 310; a. A. NdsOVG, NVwZ-RR 2010, 639 (641); VGH BW, GewArch 2006, 126 (128).

zu einer schleichenden Ausweitung des Vorbehaltsbereichs der HwO führt. Tätigkeiten, die im „freien Handwerk" entstanden sind, können nicht dem zulassungspflichtigen Handwerk exklusiv zugeordnet werden. Dies kann nur der Gesetzgeber.[92]

Beispiel

Die biologische Hausdämmung ist nicht im zulassungspflichtigen Handwerk des Wärme-, Kälte- und Schallschutzisolierers, sondern im „freien" Handwerk entwickelt worden und ist daher nicht dem zulassungspflichtigen Gewerk nach Nr. 6 der Anlage A zur HwO zuzuordnen.

---

d) Betriebsformen

35 Eintragungspflichtig ist nicht nur die selbstständige Ausübung eines Handwerks in einem Hauptbetrieb, sondern grundsätzlich auch in einem (erheblichen) handwerklichen Nebenbetrieb, der mit einem Unternehmen eines (anderen) zulassungspflichtigen Handwerks, der Industrie, des Handels, der Landwirtschaft oder sonstiger Wirtschafts- und Berufszweige verbunden ist (§ 2 Nr. 3 HwO; dazu Rn. 36). Von der Eintragungspflicht und dem Vorbehaltsbereich des Großen Befähigungsnachweises ausgenommen sind demgegenüber unerhebliche Neben- und Hilfsbetriebe (§ 3 HwO) sowie unselbstständige Zweigstellen.

aa) Eintragungspflichtiger Nebenbetrieb

36 Ein handwerklicher *Neben*betrieb setzt voraus, dass er mit einem *Haupt*betrieb verbunden ist (§ 2 Nr. 3 HwO).

- *Fachlich* muss der Nebenbetrieb aus ökonomischer und Kundensicht das Leistungsangebot des Hauptbetriebs sinnvoll ergänzen und erweitern.[93]
- *Wirtschaftlich* verbunden ist ein Nebenbetrieb nur, wenn er dem Hauptbetrieb untergeordnet ist und dessen wirtschaftlich-unternehmerischen Zwecken dient, indem er Effizienz oder Gewinn steigert. Im Hauptbetrieb muss der Schwerpunkt der unternehmerischen Tätigkeit liegen, der das Bild des Unternehmens (noch) prägt.[94]
- *Organisatorisch* müssen die inneren Geschäftsbetriebe aufeinander abgestimmt sein, was durch gemeinsame Einrichtungen (z. B. zur Auftragsannahme oder Inkassotätigkeit) indiziert wird. Ohne eine hinreichende Verbindung liegen zwei voneinander unabhängige (Haupt-)Betriebe vor, die jeweils nach den einschlägigen Vorschriften zu bewerten sind.[95] Eine Betreiberidentität dürfte hinreichend, aber nicht notwendig sein; weitergehende Forderungen[96] sind mit der Überlagerung des Inhaberprinzips durch das Betriebsleiterprinzip überholt.

---

[92] Gesetzesbegründung, BT-Drs. 15/1089, S. 8.

[93] BVerwGE 67, 273 (279); BVerwG, NVwZ 1987, 132 (Rn. 16).

[94] BVerwGE 67, 273 (278); BVerwG, Urt. v. 19.08.1986, 1 C 2/84, NVwZ 1987, 132 (133).

[95] Siehe auch *Czybulka*, in: R. Schmidt, BT I, § 2 Rn. 30; *Frotscher/Kramer*, § 18 Rn. 601; *Stober/Eisenmenger*, § 48 VI 1.

[96] OLG Stuttgart, Beschl. v. 17.10.1984, 4 Ss 602/84, NVwZ 1986, 155; BGH, Urt. v. 16.06.2016, I ZR 46/15, GewArch 2017, 209 (210). *Tillmanns*, in: Honig/Knörr/Thiel, HwO, § 3 Rn. 4; *Detterbeck*, HwO, § 3 Rn. 3.

> **Beispiel**
>
> Eine Kfz-Werkstatt kann als Nebenbetrieb mit einer Tankstelle (oder einem Gebrauchtwagenhandel) als Hauptbetrieb verbunden sein. Reparaturen an Ort und Stelle können das Leistungsangebot der Tankstelle sinnvoll ergänzen und dazu beitragen, Stammkunden zu gewinnen (fachliche Verbundenheit). Die Werkstatt muss eine untergeordnete, dienende Funktion haben und darf nicht völlig unabhängig zur Tankstelle betrieben werden (wirtschaftliche Verbundenheit).[97]

In nur scheinbarem Widerspruch zum Merkmal der Verbundenheit erfordert ein **37** Neben*betrieb* zugleich ein gewisses Maß an *Eigenständigkeit*, das ihn vom unselbstständigen Hilfsbetrieb (§ 3 Abs. 1 Hs. 2, Abs. 3 HwO) abgrenzt.[98] Die wohl h.M. stellt unter Hinweis auf den Wortlaut des § 3 Abs. 1 HwO („Absatz *an Dritte*", „Leistungen *für Dritte*") entscheidend darauf ab, ob der Nebentrieb über einen eigenen Zugang zum Markt verfügt.[99] Die rechtliche Selbstständigkeit des Betriebs ist demgegenüber irrelevant.[100]

> **Beispiel**
>
> Den Kauf von Elektrogeräten in Einzelhandelsgeschäften machen Kunden häufig von einer anschließenden Installation und Reparatur abhängig. Hier liegt ein *einheitlicher, nicht aufspaltbarer Lebenssachverhalt* vor; die handwerkliche Tätigkeit ist fester und existenznotwendiger Teil des Handelsgewerbes und mangels Eigenständigkeit kein Nebenbetrieb.[101] Ein unmittelbarer Marktzugang wäre hingegen zu bejahen, wenn auch *Fremdgeräte* installiert und repariert würden.
>
> Ist der Praxis eines Zahnarztes, Orthopäden oder HNO-Arztes eine Werkstatt für Zahn-, Orthopädietechnik oder Hörgeräteakustik angegliedert, kommt es auf den Einzelfall an: Wird die Werkstatt laufend vom Freiberufler auf der Grundlage seiner ärztlichen Qualifikation überwacht, liegt schon kein hinreichend selbstständiger Nebenbetrieb vor. Ohne ein hinreichende ärztliche Leitungsfunktion liegt demgegenüber ein grundsätzlich eintragungspflichtiger handwerklicher Nebenbetrieb i. S. d. § 2 Nr. 3 HwO vor.[102]

bb) Unerheblicher Nebenbetrieb

Von der Eintragungspflicht und dem Großen Befähigungsnachweis als Eröff- **38** nungskontrolle ausgenommen ist ein sog. unerheblicher Nebenbetrieb, der die durchschnittliche Jahresarbeitszeit eines Ein-Mann-Betriebes des betreffenden

---

[97] BVerwG, GewArch 1987, 25 (25 f.).

[98] BVerwGE 67, 273 (278 f.); *Tillmanns*, in: Honig/Knörr/Thiel, HwO, § 3 Rn. 11.

[99] BVerwGE 58, 93 (98); *Ziekow*, § 11 Rn. 22; a. A. *Detterbeck*, HwO, § 3 Rn. 9.

[100] VG Augsburg, GewArch 1995, 162 (163); *Detterbeck*, HwO, § 3 Rn. 3; *Ziekow*, § 11 Rn. 22; a. A. *Tillmanns*, in: Honig/Knörr/Thiel, HwO, § 3 Rn. 4.

[101] BVerwGE 67, 273 (278 f.); BayObLG, NVwZ 1984, 268 (Ls.); *Frotscher/Kramer*, § 18 Rn. 602.

[102] BGH, GewArch 2017, 209 (210 f.). Ebenso *Leisner*, in: ders., HwO, § 2 Rn. 7.

Handwerkszweiges unterschreitet (§ 3 Abs. 1 Hs. 2 und Abs. 2 HwO). Er unterliegt nur dem allgemeinen Anzeigevorbehalt des § 14 GewO.[103] Als Ausgangspunkt für die Jahresarbeitszeit wird auf gesetzliche (siehe z. B. § 3 ArbZG) und
tarifliche Regelungen mit einem angemessenen Selbstständigenzuschlag abgestellt.[104]

cc) Hilfsbetrieb

39   Auf den handwerklichen Hilfsbetrieb findet das Handwerksrecht ebenfalls keine
Anwendung (§ 3 Abs. 1 Hs. 2 und Abs. 3 HwO). Ein solcher Hilfsbetrieb ist zum
einen jeder unselbstständige, der wirtschaftlichen Zweckbestimmung des Hauptbetriebs dienende Handwerksbetrieb, der *ohne unmittelbaren Marktzugang* ausgeübt wird (§ 3 Abs. 3 Nr. 1 HwO).[105]

Zum anderen können in einem Hilfsbetrieb in den engen Grenzen des § 3 Abs. 3
Nr. 2 HwO auch *Leistungen an Dritte* erbracht werden, wenn diese zur gebrauchs-
fertigen Überlassung üblich sind (lit. a) bzw. unentgeltliche (lit. b) oder entgeltliche
Pflege-, Installations-, Instandhaltungs- oder Instandsetzungsarbeiten (lit. c) um-
fassen. Der Gesetzgeber wollte hiermit ausdrücklich Servicetätigkeiten „aus einer
Hand" ermöglichen.[106]

> **Beispiele**
>
> Werden von Fleisch und Wurst ausschließlich für die eigene Gaststätte als Haupt-
> betrieb hergestellt, liegt ein Hilfsbetrieb nach § 3 Abs. 3 Nr. 1. HwO vor.[107] Die
> Installation verkaufter Elektrogeräte ist als handwerkliche Arbeit untergeordne-
> ter Art zur gebrauchsfertigen Überlassung üblich (Nr. 2 lit. a).[108]

dd) Zweigstelle

40   Nicht eintragungspflichtig sind unselbstständige Zweigstellen als Untergliederungen eines Hauptbetriebs jedenfalls dann, wenn diese im Bezirk derselben Handwerkskammer liegen. Liegen die Zweigstellen in verschiedenen HwK-Bezirken,
sind diese gesondert eintragungspflichtig, wenn sie eine gewisse Eigenständigkeit
aufweisen.[109] Eine doppelte Eintragungspflicht schließt indes nicht von vorneher-
ein aus, dass zwei Zweigstellen durch denselben Betriebsleiter beaufsichtigt werden
(siehe Rn. 43).

---

[103] *Czybulka*, in: R. Schmidt, BT I, § 2 Rn. 33; *Ehlers*, in: ders./Fehling/Pünder, § 19 Rn. 34.

[104] Siehe etwa *Leisner*, in: ders., HwO, § 3 Rn. 14.

[105] *Tillmanns*, in: Honig/Knörr/Thiel, HwO, § 3 Rn. 30 („Hilfsbetrieb im engeren Sinn"); *Detterbeck*, HwO, § 3 Rn. 19.

[106] Siehe die Gesetzesbegründung, BT-Drs. 15/1206, S. 25.

[107] OLG Koblenz, GewArch 1981, 14 (Ls. 1).

[108] Vgl. *Frotscher/Kramer*, § 18 Rn. 603. Zu diesem „Hilfsbetrieb im weiteren Sinne" auch *Tillmanns*, in: Honig/Knörr/Thiel, HwO, § 3 Rn. 33 ff.

[109] BVerwGE 95, 363 (Ls. 1); VGH BW, NVwZ-RR 2002, 113 (Rn. 4). *Ziekow*, § 11 Rn. 19.

3. Eintragungsfähigkeit

Nach § 7 Abs. 1 HwO wird als Inhaber eines zulassungspflichtigen Handwerksbe- 41
triebs eine natürliche oder juristische Person bzw. Personengesellschaft in die Handwerksrolle eingetragen, wenn der Betriebsleiter die Eintragungsvoraussetzungen der
§ 7 Abs. 1a–9 HwO erfüllt. In diesem Fall besteht ein *Anspruch auf Eintragung*
(§ 7 Abs. 1 HwO: „wird eingetragen"). Die HwK hat weder einen Ermessens- noch
einen Beurteilungsspielraum.[110]
   Eingetragen wird der Betriebsinhaber als natürliche oder juristische Person. Als
Folge der (Teil-)Rechtsfähigkeit von *Personengesellschaften* werden auch bei einer
GbR, OHG oder KG nicht mehr deren haftende Gesellschafter, sondern die Gesellschaften als solche eingetragen.[111]

a) Betriebsleiterprinzip

Die Eintragungsvoraussetzungen müssen – anders als bis zur Handwerksnovelle 42
2004 – nicht zwingend in der Person des Betriebsinhabers selbst, sondern können
auch in Person eines angestellten Betriebsleiters vorliegen. Zu Recht hat der Gesetzgeber das frühere Leitbild des inhabergeführten Handwerksbetriebes (= Inha-
berprinzip) zugunsten des *Betriebsleiterprinzips* als rechtsformneutrale und nach-
folgefreundliche Regelung aufgegeben.[112]

Praxishinweis

In der Praxis eröffnet die Einstellung eines Betriebsleiters vielen Handwerkern,
die selbst nicht die Eintragungsvoraussetzungen erfüllen, den Weg in die Selbstständigkeit. Die Ernsthaftigkeit der Betriebsleiterbestellung wird von den Handwerkskammern und Verwaltungsgerichten im Einzelfall recht intensiv anhand
des zeitlichen Umfangs der Anstellung und Tätigkeitsverpflichtung des Betriebsleiters, seiner marktüblichen Vergütung (= wie ein Handwerksmeister) und der
rechtlichen Befugnis des Betriebsleiters im Unternehmen nachgeprüft.[113]

Betriebsleiter ist, wer für den Handwerksbetrieb in seiner fachlichen Ausgestal- 43
tung und in seinem technischen Ablauf verantwortlich ist. Er muss den gleichen
Einfluss haben wie ein das Handwerk selbstständig betreibender Handwerksmeister.
In rechtlicher Hinsicht setzt dies voraus, dass der Betriebsleiter zum Vorgesetzten

---

[110] *Detterbeck*, HwO, § 7 Rn. 10.

[111] Vgl. Anlage D Ziff. I. 3. lit. a zur HwO; VGH BW, GewArch 2002, 81 (81). Hierzu Ruthig/Storr,
Rn. 473; *Thiel*, in: Honig/Knörr/ders., HwO, § 1 Rn. 34.

[112] So schon BVerwGE 88, 122 (124 f.); 102, 204 (208 f.). Siehe die Gesetzesbegründung, BT-Drs.
15/1206, S. 26. *Knörr*, in: Honig/ders./Thiel, HwO, § 7 Rn. 2.

[113] BVerwGE 88, 122 (125); VGH BW, GewArch 1984, 124; unzulässig, wenn bereits in anderem
Betrieb vollzeitbeschäftigt: NdsOVG, GewArch 1997, 420 (421); VG Magdeburg, Urt. v.
10.09.2018, 3 B 193/18, juris, Rn. 14 ff. (unzureichend bei 450 EUR Monatsverdienst und 42,5
Stunden Arbeitszeit im Monat).

der übrigen Mitarbeiter des Betriebs bestellt wird und diesen (und ggf. sogar dem mitarbeitenden Betriebsinhaber als Nicht-Meister) gegenüber ein *fachlich-technisches Weisungsrecht* ausüben kann.[114] Selbstverständlich kann der Betriebsinhaber zugleich Betriebsleiter sein.[115]

Die HwO kennt keine ständige Präsenzpflicht des Betriebsleiters, so dass ein Betriebsleiter auch zwei oder im Einzelfall u. U. mehr als zwei Handwerksbetriebe hinreichend überwachen kann.[116] Er muss aber in tatsächlicher Hinsicht seine Leitungsfunktion auch praktisch wahrnehmen können, also zumindest in Eilfällen *jederzeit und kurzfristig erreichbar* sein und den Arbeitsablauf leiten, kontrollieren und überwachen können.[117] Eine rein telefonische Erreichbarkeit oder eine bloße Ergebniskontrolle genügt nicht.[118]

Beispiel

Eine hinreichende Erreichbarkeit wird bei einer Entfernung bis zu 50 km in der Regel gegeben sein.[119] Eine Entfernung von über 100 km zwischen zwei Betrieben bei einer wöchentlichen Arbeitszeit von 20 Stunden schließt demgegenüber eine tatsächliche Leitungsfunktion in der Regel aus.[120]

Bei den *Gesundheitshandwerken*, wie den Augenoptikern, Orthopädie- und Zahntechnikern, wird eine schnellere Erreichbarkeit in wenigen Minuten gefordert, d. h. nur eine geringere Entfernung zu tolerieren sein.[121] Die darüber hinaus gehende Forderung nach einer ständigen Meisterpräsenz[122] dürfte demgegenüber unverhältnismäßig sein. Schließlich fordert die HwO auch beim Regelfall eines Einzel-Augenoptikerbetriebs, der von einem Meister als Betriebsleiter mit mehreren Angestellten geführt wird, keine ständige Präsenz des Meisters ein.

---

b) Die bestandene Meisterprüfung als Regelvoraussetzung

44   Die Regelvoraussetzung für die Eintragung in die Handwerksrolle ist sowohl nach der Systematik der HwO als auch in der Praxis weiterhin eine bestandene Meisterprüfung im *betreffenden Handwerk* oder in einem *verwandten zulassungspflichtigen*

---

[114] BVerwG, GewArch 1997, 481 (482); NdsOVG, GewArch 2012, 167 (168); BayVGH, GewArch 1997, 75.

[115] BT-Drs. 15/1206, S. 26; *Knörr*, in: Honig/ders./Thiel, HwO, § 7 Rn. 18.

[116] NdsOVG, GewArch 1997, 420 (421). *Detterbeck*, HwO, § 7 Rn. 20; *Leisner*, in: ders., HwO, § 7 Rn. 26.

[117] NdsOVG, GewArch 2012, 167 (168); *Ziekow*, § 11 Rn. 27.

[118] BVerwG, GewArch 1994, 172 (172 f.). *Leisner*, in: ders., HwO, § 7 Rn. 18.

[119] *Knörr*, in: Honig/ders./Thiel, HwO, § 7 Rn. 12.

[120] VG Greifswald, Urt. v. 15.05.1997 – 4 A 1627/96, juris, Rn. 17; ähnlich BVerwG, NVwZ-RR 1995, 325 (325); BVerwGE 102, 204 (209 f.); NdsOVG, GewArch 1994, 171 (172); BayVGH, GewArch 1997, 75 (76).

[121] BGH, GewArch 2013, 407 (409); VG Göttingen, GewArch 1994, 423 („enger räumlicher Zusammenhang"). BGH, GewArch 2017, 209 (210) fordert gar „für jede Betriebsstätte ständige Meisterpräsenz". *Knörr*, in: Honig/ders./Thiel, HwO, § 7 Rn. 14.

[122] OVG SH, GewArch 1992, 277 (278 f.); *Karsten*, in: Schwannecke, HwO, § 7 Rn. 41 (Stand: 51. EL August 2018).

Handwerk (§ 7 Abs. 1a HwO). Welche Handwerke einander so nahestehen, dass die Beherrschung des einen auch die gefahrfreie Ausübung des anderen Handwerks sicherstellt, ist durch die Verordnung über verwandte Handwerke[123] abschließend festgelegt worden.[124]

Beispiele

Wechselseitig verwandt sind etwa die Bäcker und Konditoren, die Elektrotechniker und Informationstechniker, die Maler/Lackierer und die Stuckateure, die Dachdecker und die Klempner.

In der Meisterprüfung hat ein Prüfling in vier selbstständigen Prüfungsteilen nachzuweisen, dass er wesentliche Tätigkeiten seines Handwerks praktisch meisterhaft verrichten kann (Teil I) und dass er die erforderlichen fachtheoretischen Kenntnisse (Teil II), die erforderlichen betriebswirtschaftlichen, kaufmännischen und rechtlichen Kenntnisse (Teil III) sowie die erforderlichen berufs- und arbeitspädagogischen Kenntnisse (Teil IV) besitzt (§ 45 Abs. 3 HwO).   **45**

c) Gleichgestellte Abschlüsse

§ 7 Abs. 2 HwO stellt dem Handwerksmeister Ingenieure, Absolventen von technischen Hochschulen und von staatlichen oder staatlich anerkannten Fachschulen für Technik und Gestaltung mit einschlägigen Studienabschlüssen gleich, ohne dass (wie nach früherer Rechtslage) zusätzlich eine Gesellenprüfung oder eine mehrjährige praktische Tätigkeit erforderlich wäre. Gleiches gilt für Hochschuldiplome aus einem anderen EU/EWR-Mitgliedsstaat (§ 7 Abs. 2 S. 4 HwO).   **46**

d) Ausnahmebewilligung

Einen Anspruch auf Eintragung hat nach § 7 Abs. 3 HwO ferner, wer eine Ausnahmebewilligung nach den §§ 8, 9 Abs. 1 HwO oder eine Gleichwertigkeitsfeststellung nach § 50b HwO besitzt.   **47**

aa) Ausnahmebewilligung nach § 8 HwO

Die Ausnahmebewilligung nach § 8 HwO ist die „Mutter aller Ausnahmetatbestände" von der Meisterpflicht der HwO, deren Ursprünge bis zur Einführung der Meisterpflicht mit der Dritten NS-Handwerksverordnung zurückreichen.   **48**

(1) Formelle Voraussetzungen

Die Erteilung einer Ausnahmebewilligung setzt nach § 8 Abs. 3 S. 1 HwO einen *Antrag* des Gewerbetreibenden voraus. Sie erfolgt nicht von Amts wegen.[125]   **49**

    Zuständig ist für die Erteilung einer Ausnahmebewilligung nach § 8 Abs. 3 S. 1 HwO eigentlich die höhere Verwaltungsbehörde nach Anhörung der Handwerkskammer.

---

[123] Verordnung vom 18.12.1968 (BGBl. I, S. 1355), zuletzt geändert durch die VO über den Erlass und die Änderung handwerksrechtlicher Verordnungen vom 22.06.2004, BGBl. I, S. 1314.

[124] BVerwG, GewArch 1994, 115 (115).

[125] *Knörr*, in: Honig/ders./Thiel, HwO, § 8 Rn. 56.

Die Länder haben indes durchweg von der Ermächtigung des § 8 Abs. 3 S. 4 und § 124b HwO Gebrauch gemacht und die Zuständigkeit im Sinne einer funktionalen Selbstverwaltung der Wirtschaft auf die Handwerkskammern übertragen.[126]

(2) Materielle Voraussetzungen

50 Nach § 8 Abs. 1 HwO ist in Ausnahmefällen eine Bewilligung zur Eintragung in die Handwerksrolle (Ausnahmebewilligung) zu erteilen, wenn die zur selbstständigen Ausübung des vom Antragsteller zu betreibenden Handwerks notwendigen Kenntnisse und Fertigkeiten nachgewiesen sind. Die Ausnahmebewilligung setzt also zweierlei voraus: (1) Den Nachweis meisterähnlicher Kenntnisse und (2) einen Ausnahmefall.

51 Erste Voraussetzung für die Erteilung einer Ausnahmebewilligung ist, dass der Betriebsinhaber oder sein Betriebsleiter die *„notwendigen Kenntnisse und Fertigkeiten"* nachweist. Im Hinblick auf die Berufsfreiheit (Art. 12 Abs. 1 GG) und den Grundsatz der Verhältnismäßigkeit darf § 8 HwO nicht zu engherzig ausgelegt werden.[127] Die Forderung nach einer „meisterlichen" oder „meistergleichen" Befähigung geht zu weit;[128] es genügt, *in etwa* bzw. *im Wesentlichen* die praktischen Fertigkeiten und die fachtheoretischen Kenntnisse eines Handwerksmeisters vorzuweisen; zudem ist eher auf den Handwerksmeister in der Praxis und nicht auf den Kandidaten in der Meisterprüfung abzustellen.[129]

Problematisch ist die weitergehende Forderung, auch den Nachweis von betriebswirtschaftlichen, kaufmännischen und rechtlichen Kenntnissen einzufordern.[130] Diese sind für die selbstständige Ausübung eines zulassungspflichtigen Handwerks vor dem Hintergrund des primären Gesetzeszwecks der Gefahrenabwehr schlicht nicht notwendig (→ Rn. 113).

---

[126] § 3 Abs. 1 Nr. 3 HwOZustV BW, § 1 BayHwOZustV, § 1 der 2. HWZustUeVO Berlin, § 1 Brandenb. Verordnung zur Übertragung von Zuständigkeiten nach § 124b der Handwerksordnung, § 1 Nr. 3 Verordnung über die Zuständigkeiten nach den §§ 7 a bis 9 der Handwerksordnung Bremen, Ziff. III Abs. 2 der Anordnung über Zuständigkeiten nach der Handwerksordnung Hamburg, § 2 Abs. 1 Nr. 3 HessHwOAV, § 3 Nr. 3 Zust LVO HwO M-V, Ziff. 3.1.1.2 der Anlage zur ZustVO-Wirtschaft Nds, § 1 Abs. 2 HwOZustV NRW, § 1 Nr. 2 HwO/SchwarzArbGZustV RP, § 1 Nr. 3 Saarl. Verordnung über Zuständigkeiten nach der Handwerksordnung, § 3 Abs. 1 Nr. 2 Sächsische Handwerks-Ausführungs-Verordnung, Ziff. 3.3.4 der Anlage 1 zur ZustVO GewAIR S-A, § 1 Landesverordnung zur Bestimmung der zuständigen Behörden nach den §§ 7a, 7 b und 8 der Handwerksordnung sowie der EU/EWR-Handwerk-Verordnung S-H und § 5 Abs. 1 S. 4 ThürZustErm-GeVO.

[127] BVerfG, GewArch 2006, 71 (73); BVerwGE 13, 97 (120 f.).

[128] BayVGH, GewArch 2004, 259 (259 f.). Ähnlich *Detterbeck*, HwO, § 8 Rn. 25 („Nachweis der meistergleichen Kenntnisse und Fertigkeiten"); *Leisner*, in: ders., HwO, § 8 Rn. 48 („Meistergleiche Befähigung").

[129] BayVGH, GewArch 2018, 43 (44); VGH BW, GewArch 2013, 213 (213). *Knörr*, in: Honig/ders./Thiel, HwO, § 8 Rn. 7.

[130] So aber OVG NRW, NVwZ-RR 2017, 330 (331; „betriebswirtschaftlichen, kaufmännischen und rechtlichen Grundlagenwissen"); VG Magdeburg, Urt. 28.03.2018, 3 A 154/17, juris, Rn. 23. *Knörr*, in: Honig/ders./Thiel, HwO, § 8 Rn. 11.

Die zuständige Behörde hat die Qualifikation des Antragstellers *von Amts wegen* **52**
zu ermitteln (§ 24 LVwVfG) und nach der ausdrücklichen Wertung des Gesetzgebers hierbei auch die bisherigen beruflichen Erfahrungen und Tätigkeiten zu berücksichtigen (§ 8 Abs. 1 S. 1 Hs. 2 HwO). Als taugliche Mittel des Nachweises sind
eine (legale) langjährige, selbstständige Handwerksausübung, Zeugnisse früherer
Arbeitgeber, anderweitige Prüfungsleistungen (Fachschulabschluss, Industriemeis-
ter o. ä.) oder eine förmliche Sachkundeprüfung anerkannt,[131] nicht aber Referenzen
früherer Auftraggeber, soweit diese keine Fachleute sind.[132] Ein Eignungstest ist nur
ultima ratio.[133]

Als zweite Voraussetzung muss ein *Ausnahmefall* vorliegen, der es dem Betrof- **53**
fenen zum Zeitpunkt der Antragstellung oder danach unzumutbar macht, die Meisterprüfung abzulegen (§ 8 Abs. 1 S. 2 HwO). Das Vorliegen eines Ausnahmefalles
ist in einer Gesamtbetrachtung aller Umstände des Einzelfalls danach zu beurteilen,
ob es für den konkreten Antragsteller im Vergleich zum durchschnittlichen Meister-
prüfling eine übermäßige, nicht mehr zumutbare Belastung darstellt, eine Meisterprüfung abzulegen.[134] Im Übrigen ist bei der Beurteilung eines Ausnahmefalles jedoch grundsätzlich großzügig zu verfahren.[135]

Beispiele

Eine Auslegungshilfe zum Vorlegen eines Ausnahmefalles geben die sog. *Leipziger Beschlüsse* des Bund-Länder-Ausschusses Handwerksrecht.[136] Sie benennen
die drohende Arbeitslosigkeit eines langjährig angestellten Handwerkers wegen
Outsourcings des handwerklichen Betriebsteils (Ziff. 2.6. der Leipziger Beschlüsse), unzumutbar lange Wartezeiten von zwei Jahren oder mehr auf die Ab-
legung der Meisterprüfung (Ziff. 2.7.), gesundheitliche Gründe oder körperliche
Behinderungen, wenn die Nachteile nicht durch eine Gestaltung des Prüfverfahrens kompensiert werden können (Ziff. 2.8.), die Gelegenheit zur Betriebsüber-
nahme (befristete Ausnahmebewilligung, um Meisterprüfung zu ermöglichen –
Ziff. 2.10.), die Ausübung einer begrenzten Spezialtätigkeit (Ziff. 2.11.) und
insbesondere ein fortgeschrittenes Lebensalter von mind. 47 Jahren (Ziff. 2.12.).

Ein Ausnahmefall kann auch in familiären Umständen, etwa der Pflegebe-
dürftigkeit von Familienmitgliedern oder einer besonders großen Familie, deren
Unterhalt nur mit Überstunden gesichert werden kann, begründet sein.[137]

---

[131] Zur Berufserfahrung: BVerwG, GewArch 2004, 488 (490). Zu Zeugnissen der Arbeitgeber:
BVerwGE 8, 287 (290). Vgl. *Detterbeck*, HwO, § 8 Rn. 23; *Knörr*, in: Honig/ders./Thiel, HwO,
§ 8 Rn. 15.

[132] BVerfG, GewArch 1991, 137 (137). *Knörr*, in: Honig/ders./Thiel, HwO, § 8 Rn. 15.

[133] BT-Drs. 12/5918, S. 18; *Ehlers*, in: ders./Fehling/Pünder, § 19 Rn. 52; *Czybulka*, in: R. Schmidt,
BT I, § 2 Rn. 51.

[134] *Knörr*, in: Honig/ders./Thiel, HwO, § 8 Rn. 27.

[135] BVerwGE 115, 70 (73, 76). Ebenso *Knörr*, in: Honig/ders./Thiel, HwO, § 8 Rn. 20.

[136] BMWi, Bekanntmachung vom 21.11.2000, GewArch 2001, 123.

[137] BVerwGE 115, 70 (76). Siehe auch *Detterbeck*, HwO, § 8 Rn. 44 f.

Keinen Ausnahmefall begründen die allgemeinen finanziellen Belastungen,[138] da diese von jedem Durchschnitts-Meisteranwärter zu tragen sind und diese auch durch staatliche Förderung (Meister-BAföG) ausgeglichen werden können[139] oder Sprachschwierigkeiten, auf die in der Meisterprüfung Rücksicht genommen werden kann.[140]

54 Der Erteilung einer Ausnahmebewilligung steht nicht entgegen, dass der Antragsteller in der Vergangenheit in einer Meisterprüfung durchgefallen ist.[141] Der Gesetzgeber wollte bewusst eine Vergangenheitsforschung ausschließen; es soll nicht (mehr) darauf ankommen, ob der Antragsteller die Ausnahmesituation zu vertreten hat.[142] Eine Ausnahmebewilligung kann selbst dann erteilt werden, wenn die Meisterprüfung in einem bestimmten Handwerk wegen wiederholten Nichtbestehens endgültig nicht mehr abgelegt werden kann.[143] Ist ein Handwerker jedoch zeitlich unmittelbar vor der Antragstellung durch die Meisterprüfung gefallen, spricht dies sowohl gegen die Unzumutbarkeit der Meisterprüfung (kein Ausnahmefall) als auch gegen meisterähnliche Kenntnisse und Fertigkeiten.[144]

55 Die Ausnahmebewilligung kann – und *muss* als milderes Mittel gegenüber einer Versagung – mit Auflagen und Bedingungen versehen, befristet oder auf ein Teilhandwerk beschränkt erteilt werden (§ 8 Abs. 2 HwO). Die notwendigen Kenntnisse und Fertigkeiten sind dann (nur) auf dieses Teilhandwerk beschränkt nachzuweisen.[145]

> **Beispiel**
>
> Auch wenn die Erteilung einer befristeten Ausnahmebewilligung nach der Gesetzessystematik (Gefahrenabwehr!) nicht dazu dienen soll, dass der Antragsteller erst die notwendigen Kenntnisse und Fertigkeiten erwirbt, wird in der Praxis nicht selten eine befristete Ausnahmebewilligung unter Widerrufsvorbehalt erteilt, um einem Handwerker das vorübergehende Führen eines Betriebes zu ermöglichen, während er sich um den Erwerb des Meistertitels bemüht oder bis die Voraussetzungen des § 7b HwO (insb. vier Jahre in leitender Stellung) vorliegen.[146]

---

[138] *Burgi*, WiVerw 2018, 181 (190) beziffert diese zwischen 4.000,- EUR (Fleischerhandwerk) und 10.000 EUR (Elektrohandwerk), allerdings sind in die Belastung noch die Gebühren für Meisterprüfungsvorbereitungskurse und der entsprechende Verdienstausfall einzupreisen.

[139] BVerwGE 102, 204 (211); 115, 70 (75 f.); OVG NRW, Beschl. v. 29.04.2013, 4 A 764/12, juris, Rn. 10.

[140] *Knörr*, in: Honig/ders./Thiel, HwO, § 8 Rn. 36.

[141] So aber VG Stuttgart, GewArch 2004, 35. Ferner *Knörr*, in: Honig/ders./Thiel, HwO, § 8 Rn. 24; *Detterbeck*, HwO, § 8 Rn. 55 f.

[142] Gesetzesbegründung, BT-Drs. 15/1206, S. 29. Siehe auch BVerwGE 115, 70 (Ls. 2); OVG NRW, GewArch 2000, 75 (76).

[143] Gesetzesbegründung, BT-Drs. 15/1206, S. 29.

[144] *Knörr*, in: Honig/ders./Thiel, HwO, § 8 Rn. 24; *Detterbeck*, HwO, § 8 Rn. 55.

[145] BayVGH, Beschl. v. 25.07.2017, 22 ZB 17.720, juris, Rn. 21. Kritisch zur beschränkten Ausnahmebewilligung unter Berufung auf den umfassenden Charakter als Stärke des Handwerks *Faber*, GewArch 2018, 367.

[146] Siehe auch *Leisner*, in: ders., HwO, § 8 Rn. 35.

bb) Ausnahmebewilligung nach § 9 Abs. 1 HwO

Der deutsche Gesetzgeber hat sich mit dem Großen Befähigungsnachweis der **56** HwO für eine Berufszugangsreglementierung entschieden, die in dieser restriktiven Form in der Europäischen Union – von Luxemburg abgesehen – wie gesehen ohne Vorbild ist. Vor diesem Hintergrund hat der EuGH unter Berufung auf die EU-Grundfreiheiten, insb. die Dienstleistungsfreiheit,[147] und haben die BQRL (RL 2005/36/EG) die DLR (RL 2006/123/EG) schon in den 2000er-Jahren eine Teilliberalisierung des Berufszugangs für Handwerker aus dem EU-/EWR-Ausland erzwungen.[148]

Die Umsetzung der unionsrechtlichen Vorgaben erfolgt durch die auf der Grundlage des § 9 Abs. 1 HwO erlassene EU/EWR-HwV. Die EU/EWR-HwV unterscheidet insoweit zwischen einer dauerhaften Niederlassung (§§ 1 ff.) und einer vorübergehenden Dienstleistungserbringung (§§ 8 ff.).

(1) Grenzüberschreitender Bezug

Der Anwendungsbereich der EU/EWR-HwV setzt einen grenzüberschreitenden **57** Bezug voraus. Sie knüpft personal in § 1 und § 8 EU/EWR-HwV an Staatsangehörige der EU, eines EWR-Vertragsstaates oder der Schweiz an, die sich in Deutschland zur Ausübung eines Handwerks niederlassen oder als Betriebsleiter tätig sein wollen.

Die EU/EWR-HwV ist auch auf deutsche Staatsbürger anwendbar, die ihre Berufserfahrung bzw. -abschluss in einem dieser Herkunftsländer erworben haben, nicht aber auf EU/EWR-Staatsangehörige, die ihre Befähigung in Deutschland erlangt haben.[149] Vereinfacht gesprochen, privilegiert die EU/EWR-HwV den *Berufsbildungsausländer* (im Folgenden vereinfachend als EU/EWR-Handwerker bezeichnet).

(2) Ausnahmebewilligung für Niederlassung

Das Eintragungserfordernis in die Handwerksrolle gilt auch für den EU/EWR-Hand- **58** werker. Die EU/EWR-HwV ermöglicht jedoch, eine Ausnahmebewilligung auf der Grundlage der Anerkennung seiner Berufserfahrung (§ 2 EU/EWR-HwV) oder seiner Ausbildungs- und Befähigungsnachweise (§ 3 EU/EWR-HwV). Von der Anerkennung der Berufserfahrung sind die Gesundheitshandwerke ausgenommen; weiterhin bestehen Übergangsvorschriften für neue EU-Mitgliedstaaten (derzeit noch Kroatien).[150]

Anspruch auf Erteilung einer Ausnahmebewilligung kraft *Anerkennung seiner* **59** *(praktischen) Berufserfahrung* – ausgenommen in den Gesundheitshandwerken nach Anlage A Nr. 33–37 – hat nach § 2 EU/EWR-HwV, wer *alternativ*

---

[147] EuGH, Rs. C-58/98, Slg. 2000, I-7919 (7920) – Corsten; Rs. C-215/01, Slg. 2003, I-14847 (14849) – Schnitzer.

[148] Zum Einfluss des Unionsrechts auf die HwO *Krimphove,* WiVerw 2014, 234 ff.

[149] BayVGH, GewArch 2001, 422 (422); NdsOVG, GewArch 1999, 79 (79). Siehe auch *Knörr,* in: Honig/ders./Thiel, HwO, § 9 Rn. 9.

[150] *Knörr,* in: Honig/ders./Thiel, HwO, § 9 Rn. 8. Zur Ausnahme der Gesundheitshandwerke siehe Art. 16 f. BQRL.

1. mindestens sechs Jahre ununterbrochen als Selbstständiger/Betriebsverantwort-
   licher,[151] solange die Tätigkeit nicht länger als zehn Jahre vor der Antragstellung
   beendet wurde,
2. mindestens drei Jahre ununterbrochen als Selbstständiger/Betriebsverantwortli-
   cher nach einer mindestens dreijährigen Ausbildung in der Tätigkeit,
3. mindestens vier Jahre ununterbrochen als Selbstständiger/Betriebsverantwortli-
   cher nach einer mindestens zweijährigen Ausbildung in der Tätigkeit,
4. mindestens drei Jahre ununterbrochen als Selbstständiger und mindestens fünf
   Jahre als Arbeitnehmer, sofern die Tätigkeit nicht länger als zehn Jahre vor der
   Antragstellung beendet wurde *oder*
5. mindestens fünf Jahre ununterbrochen in einer leitenden Stellung eines Unternehmens, hiervon mindestens drei Jahre mit technischen Aufgaben und mit der
   Verantwortung für mindestens eine Abteilung des Unternehmens, nach einer
   mindestens dreijährigen Ausbildung in der Tätigkeit (ausgenommen das Friseur-
   Handwerk) tätig war.

60 Alternativ gibt § 3 EU/EWR-HwV einen Anspruch auf *Anerkennung von Ausbil-
dungs- und Befähigungsnachweisen*, wenn

• die berufliche Qualifikation im Herkunftsland Voraussetzung für die Ausübung
  zumindest einer wesentlichen Tätigkeit des betreffenden Handwerks ist (Abs. 1),
  oder
• für die Ausübung des betreffenden Gewerbes im Herkunftsland zwar keine bestimmte berufliche Qualifikation erforderlich ist, der Antragsteller aber eine sog.
  reglementierte Ausbildung abgeschlossen hat (Abs. 2).[152]

Die Bewilligungsvoraussetzungen können durch Bescheinigungen der zuständigen
Stellen des Herkunftslandes bewiesen werden, an deren *Tatsachenfeststellungen* die
deutschen Behörden *gebunden* sind.[153] Die deutschen Behörden bleiben allerdings
befugt, wie § 2 und § 3 EU/EWR-HwV mit ihrem Vorbehalt nach § 5 EU/EWR-
HwV deutlich machen, die Gleichwertigkeit der Berufsausbildung gegenüber der
deutschen Ausbildung zu prüfen. Bei wesentlichen Unterschieden, insbesondere in
Dauer und inhaltlichem Umfang der Ausbildung, kann die zuständige Behörde nach
Maßgabe des § 5 EU/EWR-HwV die Teilnahme an einem max. dreijährigen Anpassungslehrgang oder eine Eignungsprüfung verlangen. Das Anerkennungsverfahren
regelt § 6 EU/EWR-HwV.

---

[151] Als Betriebsverantwortlichen definiert § 2 Abs. 3 EU/EWR-HwV den Leiter des Unternehmens
oder der Zweckniederlassung, seinen Stellvertreter mit vergleichbarer Verantwortung oder eine
leitende Stellung mit kaufmännischen oder technischen Aufgaben und der Verantwortung für mindestens eine Abteilung des Unternehmens.

[152] Zum Begriff der reglementierten Ausbildung näher in § 3 Abs. 2 S. 2 EU/EWR-HwV.

[153] *Leisner*, in: ders., HwO, § 9 Rn. 8. Die Bindungswirkung entfällt nur bei offensichtlichen
Anhaltspunkten für eine Unrichtigkeit, EuGH, Rs. C-130/88, Slg. 1989, 3057 – Van de Bijl/
Staatssecretaris van Economische Zaken.

cc) Grenzüberschreitende Dienstleistungen ohne Niederlassung

Während für den Fall einer dauerhaften Niederlassung die Unterschiede im Be- **61**
rufszugang des EU-/EWR-Handwerkers und des deutschen Handwerkers durch
§ 7b HwO (siehe sogleich) weitgehend angenähert sind, erzwingt das Unionsrecht für die vorübergehende und gelegentliche Dienstleistungserbringung eine
weitreichende Durchbrechung des Großen Befähigungsnachweises. Der EUGH
hat in seinen Entscheidungen *Corsten* und *Schnitzer* geurteilt, dass die Dienstleistungserbringung nicht durch eine Eintragung in die Handwerksrolle (und die
damit verbundene Pflichtmitgliedschaft in der Handwerkskammer) verzögert, erschwert oder verteuert werden darf. Diese Rechtsprechung wurde mit Art. 5
Abs. 1 BQRL aufgegriffen und wird mit § 8 ff. EU/EWR-HwV in deutsches
Recht umgesetzt.[154]

Einem EU/EWR-Handwerker ist nach § 8 Abs. 1 S. 1 EU/EWR-HwV die vorü- **62**
bergehende und gelegentliche Erbringung auch von vollhandwerklichen Dienstleistungen gestattet, wenn er in einem anderen EU/EWR-Mitgliedstaat zur Ausübung
vergleichbarer Tätigkeiten rechtmäßig niedergelassen ist. Es gilt damit das *Her-
kunftslandprinzip.*

Setzt der Herkunftsstaat für die Ausübung der betreffenden Tätigkeiten keine
bestimmte berufliche Qualifikation voraus oder verfügt der Dienstleistungserbringer über keine reglementierte Ausbildung, muss der Handwerker die Tätigkeit zusätzlich während der letzten zehn Jahre mindestens für ein Jahr im Herkunftsstaat
ausgeübt haben (§ 8 Abs. 1 S. 2 EU/EWR-HwV).

Eine *vorübergehende* Dienstleistungserbringung (vgl. auch Art. 57 UAbs. 3 **63**
AEUV) grenzt sich von einer (dauerhaften) Niederlassung danach ab, ob der Wirtschaftsteilnehmer über eine *Infrastruktur* verfügt, die es ihm ermöglicht, in *stabiler
und kontinuierlicher Weise einer Erwerbstätigkeit* nachzugehen, und von der aus er
sich an die Nachfrager des jeweiligen Mitgliedsstaates wenden kann (→ § 1 Rn. 50).
Eine vorübergehende Dienstleistung liegt nach Auffassung des EuGH aber auch
dann noch vor, wenn der Dienstleistungserbringer *einen* langjährigen Großauftrag
ausführt und hierzu ein Büro im Inland unterhält.[155]

Eine beabsichtigte vorübergehende Dienstleistungserbringung muss der zustän- **64**
digen Behörde unter Nachweis der vorgenannten Voraussetzungen vor dem erstmaligen Tätigwerden lediglich *schriftlich oder elektronisch angezeigt* werden
(§ 9 Abs. 1 und 2 EU/EWR-HwV). Der EU/EWR-Handwerker darf die Tätigkeit
sofort nach der Anzeige erbringen.

Nur beim Schornsteinfeger- und den Gesundheitshandwerken muss die zuständige Behörde vor der Dienstleistungserbringung die Berufsqualifikation des Dienstleistungserbringers prüfen, wenn unter Berücksichtigung der beabsichtigten Tätigkeit bei unzureichender Qualifikation eine schwere Gefahr für die Gesundheit
oder Sicherheit der Dienstleistungsempfänger oder Dienstleistungsempfängerinnen

---

[154] Zur Novellierung der BQRL *Stork*, GewArch 2013, 338.
[155] EuGH, Rs. C-58/98, Slg. 2003, I-14847 – Schnitzer. Siehe auch Art. 5 Abs. 2 UAbs. 2
BQRL. Hierzu *Ziekow*, § 11 Rn. 10.

bestünde (§ 8 Abs. 2 EU/EWR-HwV). In diesem Fall darf die Dienstleistung erst mit der Mitteilung der zuständigen Behörde, dass keine Prüfung beabsichtigt ist oder mit positiver Feststellung der ausreichenden Berufsqualifikation erbracht werden (§ 9 Abs. 2 EU/EWR-HwV).

dd) Gleichwertigkeitsfeststellung nach § 50b HwO

65 § 50b HwO ermöglicht auch Handwerkern, die ihren Abschluss außerhalb des EU-/EWR-Raums erworben haben, die Feststellung der Gleichwertigkeit zu beantragen und damit eine Eintragung in die Handwerksrolle auf der Grundlage des § 7 Abs. 3 HwO zu erreichen.

Nach § 50b Abs. 1 HwO ist die Gleichwertigkeit festzustellen, wenn der Antragsteller einen im Ausland erworbenen gleichwertigen Ausbildungsnachweis besitzt. Ein Ausbildungsnachweis ist nach § 50b Abs. 2 HwO als gleichwertig anzusehen, sofern kumulativ

1. der im Ausland erworbene Ausbildungsnachweis, bezogen auf die Meisterprüfung, die Befähigung zu vergleichbaren beruflichen Tätigkeiten belegt (*formale Gleichwertigkeit*),
2. der Antragsteller im Ausbildungsstaat zur Ausübung des zu betreibenden zulassungspflichtigen Handwerks berechtigt ist oder die Berechtigung nur aus Gründen verwehrt wird, die der Ausübung in Deutschland nicht entgegenstehen (*funktionelle Gleichwertigkeit*), und
3. zwischen der nachgewiesenen Befähigung und der einschlägigen Meisterprüfung keine wesentlichen Unterschiede bestehen (*materielle Gleichwertigkeit*).[156]

Ergibt die Gleichwertigkeitsprüfung wesentliche Unterschiede, insbesondere im Hinblick auf die für Ausbildungsinländer geforderten Fertigkeiten und Kenntnisse (näher hierzu § 50b Abs. 3 HwO), und können diese auch nicht durch sonstige Befähigungsnachweise oder Berufserfahrung ausgeglichen werden (§ 50b Abs. 3 Nr. 3 HwO), so kann die zuständige Handwerkskammer die Teilnahme an einem Anpassungslehrgang oder eine Eignungsprüfung verlangen (§ 50b Abs. 5 HwO).

e) Ausübungsberechtigung

66 In die Handwerksrolle wird ferner eingetragen, wer eine Ausübungsberechtigung für das zu betreibende (oder ihm verwandte) Handwerk besitzt (§ 7 Abs. 7 HwO).

aa) Ausübungsberechtigung für andere Handwerke nach § 7a HwO

67 Wer schon mit einem anderen zulassungspflichtigen Handwerk nach § 1 HwO in die Handwerksrolle eingetragen ist, erhält auch für ein weiteres Handwerksgewerbe nach Anlage A eine Ausübungsberechtigung, wenn die hierfür erforderlichen praktischen und fachtheoretischen Kenntnisse und Fertigkeiten nachgewiesen werden (§ 7a Abs. 1 HwO). Auch hier sind im Wesentlichen meistergleiche Kenntnisse notwendig und

---

[156] *Ehlers*, in: ders./Fehling/Pünder, § 19 Rn. 45.

hinreichend. Eine besondere Nähe des zusätzlichen Handwerks zum „Stammhandwerk" des Antragstellers ist nicht erforderlich.[157] Diese Regelung will dem Handwerk „Leistungen aus einer Hand" und eine Anpassung an die Bedürfnisse des Marktes ermöglichen.[158] Das andere Handwerk darf isoliert, d. h. ohne fachlichen Zusammenhang mit dem „Stammhandwerk", ausgeübt und beworben werden.[159]

Die erforderliche Qualifikation ist von Amts wegen zu ermitteln (§ bzw. Art. 24 LVwVfG), wobei die bisherigen beruflichen Erfahrungen und Tätigkeiten zu berücksichtigen sind (§ 7a Abs. 1 Hs. 2 HwO). Der Nachweis kann mit vergleichbaren Mitteln wie bei § 8 HwO erbracht werden (siehe Rn. 52).[160] Für Verfahren und Inhalt der Ausübungsberechtigung gilt § 8 Abs. 2–4 HwO entsprechend (§ 7a Abs. 2 HwO). Zur Problematik, ob Kenntnisse aus einer illegalen früheren Tätigkeit berücksichtigt werden können siehe Rn. 71.

bb) Altgesellenregelung nach § 7b HwO

Die spannendste und in der Rechtsprechung und Literatur umstrittenste Ausnahme **68** von der Meisterpflicht ist die Ausübungsberechtigung nach § 7b HwO – die sog. Altgesellenregelung. Mit ihrer Einführung wollte der Gesetzgeber die Inländerdiskriminierung beseitigen bzw. zumindest entschärfen, die durch die unionsrechtlichen Vorgaben an die Anerkennung von Berufserfahrung und -qualifikationen aus dem EU-/ EWR-Ausland entstanden waren (zur EU/EWR-HwV siehe nochmals Rn. 56 ff.).

Nach § 7b Abs. 1 HwO hat einen *Anspruch auf Ausübungsberechtigung* für ein zulassungspflichtiges Handwerk (ausgenommen die besonders gefahrgeneigten Schornsteinfeger- und die Gesundheitshandwerke), wer kumulativ

1. die Gesellenprüfung in dem zu betreibenden (oder ihm verwandten) Handwerk bzw. eine gleichwertige Abschlussprüfung bestanden hat (Nr. 1) und
2. in diesen Handwerken eine Tätigkeit als Geselle von insgesamt sechs Jahren ausgeübt hat, davon vier Jahre in leitender Stellung (Nr. 2),
3. wenn diese Beschäftigung zumindest eine wesentliche Tätigkeit des zu betreibenden Handwerks umfasst hat (Nr. 3).

Die Ausübungsberechtigung nach § 7b HwO wird für das gesamte Handwerk erteilt. „Teilausübungsberechtigungen", Befristungen und Auflagen sind mangels eines Verweises auf § 8 Abs. 2 HwO nicht zulässig.[161]

Für die *insgesamt sechsjährige Berufstätigkeit* soll nach herrschender Meinung in **69** Rechtsprechung und Literatur nur eine Gesellentätigkeit genügen; Ausbildungszeiten und Beschäftigungszeiten als Hilfsarbeiter sollen damit nicht berücksichtigungsfähig

---

[157] *Leisner*, in: ders., HwO, § 7a Rn. 2.

[158] Gesetzesbegründung, BT-Drs. 12/5918, S. 17.

[159] *Leisner*, in: ders., HwO, § 7a Rn. 1.

[160] *Leisner*, in: ders., HwO, § 7a Rn. 6.

[161] Arg. e contr. § 7b Abs. 2 S. 2 HwO. *Detterbeck*, HwO, § 7b Rn. 9; *Günther*, GewArch 2011, 189 mit insgesamt kritischer Sicht des § 7b HwO. *Leisner*, in: ders., HwO, § 7b Rn. 7.

sein.[162] Warum die Zeiten als angelernter Hilfsarbeiter, der im Betrieb dieselben Tätigkeiten wie ein Geselle ausübt, nicht berücksichtigungsfähig sein sollen, erschließt
sich nicht. Diese Auffassung entbehrt einer normativen Grundlage.

Der Gesetzgeber wollte mit seiner Formulierung „insgesamt" klarstellen, dass
Unterbrechungen aufgrund von Fortbildung, Krankheit und Schwangerschaft nicht
anzurechnen sind, aber auch nicht unterbrechend wirken.[163] Bei einer *Teilzeittätig-
keit* ist nach der Rechtsprechung des BVerwG keine Verlängerung der in § 7b HwO
geregelten Vier- bzw. Sechsjahreszeiträume geregelt. Eine solche Verlängerung der
Mindestzeiträume bedürfe jedoch als Eingriff in die Berufsausübungsfreiheit einer
ausdrücklichen gesetzgeberischen Entscheidung.[164]

70   Die entscheidende Voraussetzung (die in der Praxis häufig zu einer Ablehnung
der Altgesellenregelung führt) ist eine vierjährige Tätigkeit in *leitender Stellung*.
Eine leitende Stellung liegt nach § 7b Abs. 1 Nr. 2 S. 2 HwO vor, wenn dem Gesellen *eigenverantwortliche Entscheidungsbefugnisse* im Betrieb oder einem wesentlichen Betriebsteil übertragen worden sind. Seine Stellung muss sich von der
eines idealtypischen Durchschnittsgesellen abheben.[165] Anhaltspunkte für eine leitende Stellung sind der Umfang der (tatsächlichen) Weisungsabhängigkeit des Gesellen vom Betriebsinhaber, der Umfang seiner Personalverantwortung gegenüber
anderen Mitarbeitern mit Dispositions- und Weisungsbefugnis in relevanten Teilbereichen und eine übertarifliche Entlohnung.[166] Der Nachweis der leitenden Stellung kann durch Arbeitszeugnisse, Stellenbeschreibungen oder in anderer Weise
erbracht werden (§ 7b Abs. 1 Nr. 2 S. 3 HwO).

Eine leitende Stellung kann auch mit einer selbstständigen Tätigkeit im Rahmen
eines *Einmannbetriebs* als zulassungsfreier unerheblicher Nebenbetrieb i. S. d.
§ 3 Abs. 2 HwO, als Reisegewerbe oder auf der Grundlage einer befristeten Ausnahmebewilligung nach § 8 HwO nachgewiesen werden.[167]

Inhaltlich muss die leitende Stellung mit Blick auf den Gesetzeszweck (Gefahrenabwehr!) von *fachlich-technischen Aufgaben* geprägt sein, wenn ihre mehrjährige Ausübung sicherstellen soll, dass dem Gesellen die selbstständige Handwerkstätigkeit erlaubt werden kann, ohne dass Gefahren für Gesundheit oder Leben
Dritter zu befürchten sind.[168] Eine überwiegend betriebswirtschaftliche, kaufmännische oder organisatorische Tätigkeit genügt nach Sinn und Zweck des Großen

---

[162] BayVGH, GewArch 2009, 313 (314); VG Neustadt, GewArch 2012, 44. *Knörr*, in: Honig/ders./
Thiel, HwO, § 7b Rn. 6.

[163] BT-Drs. 15/1206, S. 28.

[164] BVerwGE 152, 132 (134 f.). Anders wohl noch *Leisner*, in: ders., HwO, § 7b Rn. 13; *Detterbeck*, HwO, § 7b Rn. 19.

[165] VG München, GewArch 2015, 267 (268).

[166] SächsOVG, Beschl. v. 08.12.2015, 3 A 366/15, juris, Rn. 5; NdsOVG, GewArch 2011, 494
(495 f.); VG München, GewArch 2015, 267 (268). Ferner *Detterbeck*, HwO, § 7b Rn. 23; *Knörr*,
in: Honig/ders./Thiel, HwO, § 7b Rn. 11.

[167] BVerwGE 152, 132 (143 f.).

[168] NdsOVG, GewArch 2011, 494 (495 f.). Vgl. BT-Drs. 15/1206, S. 29; *Sydow*, GewArch 2005,
456 (458).

Befähigungsnachweises nicht. Der unbestimmte Rechtsbegriff der leitenden Stellung ist teleologisch zu reduzieren.

Die für die selbstständige Handwerksausübung erforderlichen *betriebswirtschaftlichen, kaufmännischen und rechtlichen Kenntnisse* werden aufgrund der insgesamt sechsjährigen Berufserfahrung gemäß § 7b Abs. 1a S. 1 HwO widerleglich vermutet ("gelten in der Regel").

Besonders umstritten war die Berücksichtigungsfähigkeit der Zeiten *illegaler* **71** *Handwerkstätigkeit*. Das BVerwG hat hier Klarheit geschaffen und die Berücksichtigungsfähigkeit verneint. Der Grundsatz der Einheit und Widerspruchsfreiheit der Rechtsordnung verbiete es, ein illegales, bußgeldbewehrtes Verhalten zu belohnen und Anreize hierfür zu schaffen, es sei denn, der Gesetzgeber habe eine eindeutige Legalisierungsentscheidung schaffen wollen. Die Altgesellenregelung wolle "dem tüchtigen Altgesellen eine verbesserte Perspektive der selbstständigen Handwerksausübung" bieten.[169]

Die Begründung der Entscheidung überzeugt nur bedingt. § 7b HwO soll keine Belohnung des "tüchtigen Gesellen", sondern die Verfassungsmäßigkeit der Meisterpflicht als Eingriff in die Berufswahlfreiheit sicherstellen. Gesetzeszweck ist primär die Gefahrenabwehr. Ob die Berufserfahrung in legaler oder illegaler Tätigkeit gewonnen worden ist, ist auf die Gefahrgeneigtheit der Tätigkeit freilich ohne Einfluss. Vor allem aber wollte der Gesetzgeber bewusst eine goldene Brücke zur Legalität schlagen und hat in der Gesetzesbegründung eine Berufserfahrung in einem unzulässigen Handwerksbetrieb ausdrücklich anerkennen wollen.[170] Das BVerfG hat dennoch eine gegen die Entscheidung des BVerwG eingereichte Verfassungsbeschwerde nicht zur Entscheidung angenommen.[171]

Beispiele

Ein Vorarbeiter oder Polier, der auf der Baustelle den Personaleinsatz eigenverantwortlich plant und die fachlichen Weisungsbefugnisse gegenüber den übrigen Gesellen und Hilfsarbeitern ausübt, ist regelmäßig in leitender Stellung tätig; ebenso ein Kundendiensttechniker, der selbstständig Termine vereinbart, seine Arbeitszeit einteilt und Kalkulationen (Preisnachlässe, Garantie- und Kulanzfälle) vornimmt.

Die Ausübungsberechtigung wird nach § 7b Abs. 2 S. 1 HwO auf Antrag des Gewerbe- **72** treibenden nach Anhörung der Handwerkskammer von der höheren Verwaltungsbehörde

---

[169] BVerwGE 152, 132 (136 ff.). *Knörr*, in: *Honig/ders./Thiel, HwO, § 7b Rn. 7.*

[170] BT-Drs. 15/1206, S. 28: „Es genügt, wie in allen Fällen des § 8, jede Art der Tätigkeit, auch im Rahmen eines „unerheblichen Nebenbetriebs" oder auch in einem unzulässigen Handwerksbetrieb". Ebenso *Detterbeck*, HwO, § 7b Rn. 25 f.; *Sydow*, GewArch 2005, 456 (457 f.); *Bulla*, Freiheit der Berufswahl, S. 331 f. Das BVerwG liest die Gesetzesbegründung so, dass mit dieser Formulierung nur die Zeiten als angestellter Arbeitnehmer in einem illegalen Handwerksbetrieb erfasst seien.

[171] BVerfG, Beschl. v. 18.11.2015, 1 BvR 1979/15.

erteilt. Auch insoweit haben die Bundesländer jedoch durchweg von der Ermächtigung zur Zuständigkeitsübertragung auf die Handwerkskammern Gebrauch gemacht
(→ Rn. 49).[172]

f) Sonderfall: Hinüberarbeiten in andere Handwerke

73   Eine Ausnahme vom Großen Befähigungsnachweis enthält § 5 HwO, der einem
eingetragenen Handwerker auch ohne eine zusätzliche Ausnahmebewilligung oder
Ausübungsberechtigung Arbeiten in anderen zulassungspflichtigen Handwerken
gestattet, wenn sie einen *technischen oder fachlichen Zusammenhang* mit dem
Hauptgewerbe aufweisen oder dieses *wirtschaftlich ergänzen*. Diese Arbeiten müssen einen Bezug zu einem konkreten Auftrag („hierbei") und ihren Schwerpunkt in
dem eingetragenen Handwerk haben.[173] Wie auch § 7a HwO will § 5 HwO Leistungen aus einer Hand ermöglichen bzw. soll wirtschaftlich unvernünftigen Ergebnissen vorbeugen.[174]

> **Beispiel**
>
> Ein Elektrotechniker, der neue Kabel verlegt, kann die notwendigen Putzarbeiten
> miterledigen, ohne einen Stuckateur hinzuzuziehen. Ein Kücheninstallateur
> kann sanitäre Anschlussarbeiten miterledigen. Einem Garten- und Landschafts-
> bauer (zulassungsfreies Gewerbe) sind demgegenüber keine zulassungspflichti-
> gen Maurerarbeiten gestattet.

g) Sonderfall: Fortführung des Betriebs durch Ehegatten und Erben

74   Stirbt ein Betriebsinhaber, dürfen sein Ehegatte bzw. eingetragener Lebenspart-
ner, der Erbe, Testamentsvollstrecker, Nachlassverwalter, Nachlassinsolvenzver-
walter oder Nachlasspfleger nach § 4 Abs. 1 HwO den Betrieb fortführen, ohne
die Voraussetzungen für die Eintragung in die Handwerksrolle zu erfüllen. Sie
haben allerdings dafür Sorge zu tragen, dass unverzüglich, d. h. ohne schuldhaftes
Zögern, ein Betriebsleiter bestellt wird. Die HwK kann in *Härtefällen* eine angemessene Frist setzen, wenn eine ordnungsgemäße Führung des Betriebs gewährleistet ist.

Scheidet ein angestellter Betriebsleiter aus, muss der Betriebsinhaber unverzüglich für die Einsetzung eines anderen Betriebsleiters sorgen (§ 4 Abs. 2 HwO). Unverzüglich meint ohne schuldhaftes Zögern. Der Betriebsinhaber muss alles ihm
Mögliche und Zumutbare tun, um möglichst zeitnah einen neuen Betriebsleiter zu
bestellen.[175] Eine Härtefallregelung ist hier nicht vorgesehen.[176]

---

[172] Siehe § 7b Abs. 2 S. 2 i. V. m. § 8 Abs. 3 S. 4 bzw. § 124b HwO.

[173] BT-Drs. 12/5918, S. 16. *Tillmanns*, in: Honig/Knörr/Thiel, HwO, § 5 Rn. 3 spricht von „auf-
tragsspezifische[r] Akzessorietät". Zur eingeschränkt zulässigen Werbung siehe OLG Düsseldorf,
GewArch 1994, 340 (unzulässige Werbung eines Lackierers für „Unfallreparatur").

[174] *Tillmanns*, in: Honig/Knörr/Thiel, HwO, § 5 Rn. 9; *Detterbeck*, HwO, § 5 Rn. 10.

[175] *Tillmanns*, in: Honig/Knörr/Thiel, HwO, § 4 Rn. 5.

[176] Arg. e contr. § 4 Abs. 1 S. 2 HwO. *Tillmanns*, in: Honig/Knörr/Thiel, HwO, § 4 Rn. 9.

4. Eintragung in die Handwerksrolle

Die Eintragung in die Handwerksrolle ist nicht betriebs-, sondern personenbezogen. **75**
Wer die Eintragungsvoraussetzungen erfüllt und beabsichtigt, ein Handwerk selbstständig zu betreiben, wird auf Antrag binnen dreier Monate[177] oder von Amts wegen
in die Handwerksrolle eingetragen (§ 10 Abs. 1 S. 1 und 2 HwO). Der Handwerkskammer stehen hierbei *kein Ermessen* und kein Prognosespielraum zu (§ 7 Abs. 1
HwO: „wird … eingetragen").[178] Insbesondere ist die Handwerkskammer nicht berechtigt – ihr fehlt hierzu bereits die Zuständigkeit – eine gewerberechtliche Zuverlässigkeit des Handwerkers zu überprüfen.[179] Ein unzuverlässiger Handwerker ist
von der Handwerkskammer in die Handwerksrolle einzutragen, ihm droht aber eine
Untersagungsverfügung der zuständigen Kreisverwaltungsbehörde auf der Grundlage des (subsidiär anwendbaren) § 35 GewO.

Das *Eintragungsverfahren* ist grundsätzlich *zweistufig* ausgestaltet. Die Hand- **76**
werkskammer hat dem Gewerbetreibenden zunächst die beabsichtigte Eintragung
gegen Empfangsbescheinigung *mitzuteilen* (§ 11 Hs. 1 HwO). Hat der Gewerbetreibende die Eintragung beantragt, ist diese Mitteilung entgegen dem Gesetzes-
wortlaut entbehrlich.[180] Sie wäre eine überflüssige Förmelei. Gehört der Gewerbetreibende der IHK an, muss jedenfalls gegenüber dieser eine Mitteilung ergehen
(§ 11 Hs. 2 HwO).

Die Mitteilung regelt die rechtsverbindliche Entscheidung über die Eintragungsbedürftigkeit und ist ein selbstständig angreifbarer *Verwaltungsakt* der Handwerkskammer als Körperschaft des öffentlichen Rechts (§ 90 Abs. 1 HwO) und damit
funktionaler Behörde (§ 1 Abs. 4 VwVfG). Hierfür spricht auch die erforderliche
Empfangsbescheinigung, die nur in Hinblick auf das Ingangsetzen einer Rechtsbe-
helfsfrist Sinn macht.[181] Zum Rechtsschutz siehe Rn. 91 ff.

Anschließend erfolgt die *eigentliche Eintragung*, über die eine Bescheinigung, **77**
die sog. Handwerkskarte, auszustellen ist (§ 10 Abs. 2 S. 1 HwO). Sie vollzieht
nicht nur die Mitteilung,[182] sondern ist ein *konstitutiver Verwaltungsakt*, dessen Re-
gelungswirkung in der Gestattung des selbstständigen Handwerksbetriebs liegt
(§ 1 Abs. 1 S. 1 HwO).[183] Wird eine Eintragung ohne die erforderliche Mitteilung
vorgenommen, ist sie zwar rechtswidrig und durch Anfechtungsklage aufhebbar,
aber wirksam.[184]

---

[177] Erfolgt eine Eintragung trotz Vorliegens der Eintragungsvoraussetzungen nicht innerhalb dieser
Dreimonatsfrist, sieht § 10 Abs. 1 S. 3 HwO eine Eintragungsfiktion vor („gilt").

[178] BVerwG, NVwZ-RR 1995, 325 (326).

[179] *Knörr*, in: Honig/ders./Thiel, HwO, § 7 Rn. 43.

[180] Vgl. *Detterbeck*, HwO, § 11 Rn. 2; *Knörr*, in: Honig/ders./Thiel, HwO, § 11 Rn. 4.

[181] BVerwGE 12, 75 (75 f.); 88, 122 (123). Ferner *Knörr*, in: Honig/ders./Thiel, HwO, § 11 Rn. 1
und § 12 Rn. 3.

[182] So *Taubert*, in: Schwannecke, HwO, § 11 Rn. 12 (Stand: 51. EL August 2018), der den Verwal-
tungsaktcharakter der Eintragung ablehnt.

[183] *Detterbeck*, HwO, § 6 Rn. 5 ff.

[184] *Knörr*, in: Honig/ders./Thiel, HwO, § 11 Rn. 9; *Czybulka*, in: R. Schmidt, BT I, § 2 Rn. 81.

78   Folge der Eintragung ist die *Pflichtmitgliedschaft* in der HwK (§ 90 Abs. 2 HwO
→ § 4 Rn. 54,[185] die ihrerseits eine Beitragspflicht nach sich zieht (§ 113 Abs. 1
HwO). Für Existenzgründer sieht § 113 Abs. 2 S. 4–6 HwO eine Beitragsbefreiung
bzw. -reduzierung vor.

III. Überwachung, Untersagung und Löschung zulassungspflichtiger Handwerksbetriebe

79   Den Handwerkskammern und zuständigen Ordnungsbehörden stehen verschiedene
Eingriffsinstrumente zur Verfügung, die formell und materiell rechtmäßige Ausübung zulassungspflichtiger Handwerke zu kontrollieren und gegebenenfalls gegen
einen handwerksrechtswidrigen Betrieb einzuschreiten.

> *Übersicht über gewerbeaufsichtliche Maßnahmen im weiteren Sinne*
>
> (1) Auskunfts- und Betretungsrechte → Rn. 80 ff.
> (2) Betriebsuntersagung und Betriebsschließung → Rn. 82 ff.
> (3) Löschung der Eintragung → Rn. 86 f.
> (4) Untersagung wegen Unzuverlässigkeit nach § 35 GewO → Rn. 88.
> (5) Ordnungswidrigkeitsverfahren → Rn. 89.
> (6) Wettbewerbsrechtliche Unterlassungsklage nach UWG → Rn. 90.

1. Auskunfts- und Betretungsrechte

80   Die Handwerkskammern kann nach § 17 Abs. 1 S. 1 HwO zunächst *Auskunft* über
Art und Umfang des Betriebs, der Beschäftigten, die Qualifikation des Betriebsin-
habers bzw. -leiters sowie über die vertragliche und praktische Ausgestaltung des
Betriebsleiterverhältnisses und die *Vorlage sämtlicher Dokumente* verlangen, die
für die Prüfung der Eintragungsvoraussetzungen erforderlich sind. Darüberhinaus-
gehende Informationen dürfen nicht erfragt und zufällig erlangte Informationen
(Zufallsfunde) nicht verwendet werden.[186] Ein konkretes Auskunftsverlangen ist ein
Verwaltungsakt.[187]

Der Gewerbetreibende kann sich auf ein *Auskunftsverweigerungsrecht* berufen,
soweit er sich selbst oder seine Angehörigen der Gefahr eines Straf- oder Ordnungs-
widrigkeitsverfahrens aussetzen würde (§ 17 Abs. 3 HwO).

81   Die Beauftragten der Handwerkskammern sind zu dem vorgenannten Zweck befugt, das Grundstück und die Geschäftsräume des Gewerbetreibenden *zu betreten*
und dort Prüfungen vorzunehmen (§ 17 Abs. 2 HwO). Dieses Betretungsrecht wird

---

[185] Zur Verfassungskonformität der Pflichtmitgliedschaft siehe auch BVerfGE 146, 164.

[186] *Knörr*, in: Honig/ders./Thiel, HwO, § 17 Rn. 3.

[187] *Knörr*, in: Honig/ders./Thiel, HwO, § 17 Rn. 13.

nur „nach Maßgabe des § 29 Abs. 2 der Gewerbeordnung" eingeräumt, der grundsätzlich ein Betreten lediglich der Grundstücke und Geschäftsräume des Betroffenen während der üblichen Geschäftszeit vorsieht. Weiterhin muss der Grundsatz der Verhältnismäßigkeit gewahrt sein.

Das BVerfG hat wiederholt Hausdurchsuchungen bei Handwerkern für verfassungswidrig erklärt und auf die strenge Verhältnismäßigkeitsprüfung hingewiesen. Für eine Durchsuchung müssen zunächst Verdachtsgründe vorliegen, die über vage Anhaltspunkte und bloße Vermutungen hinausreichen; sie muss in angemessenem Verhältnis zu der Schwere der Ordnungswidrigkeit und dem Grad des Tatverdachts stehen.[188] Auch dann, wenn bereits feststeht, dass die persönlichen Eintragungsvoraussetzungen unzweifelhaft nicht vorliegen, bestehen bei verfassungskonformer Auslegung des § 17 HwO keine Auskunfts- und Betretungsrechte der Handwerkskammer mehr (etwa zur Beschaffung von Informationen über eine unerlaubte Handwerkstätigkeit, um diese zu sanktionieren). Eine solche Durchsuchung, die von § 17 Abs. 2 HwO nicht mehr gedeckt ist, ist nur unter den strengen Anforderungen des Art. 13 Abs. 2 GG auf der Grundlage einer richterlichen Durchsuchungsanordnung zulässig.[189]

2. Betriebsuntersagung und -schließung

Wird der selbstständige Betrieb eines zulassungspflichtigen Handwerks als stehendes Gewerbe entgegen den Vorschriften der HwO ausgeübt, so kann die nach Landesrecht zuständige Ordnungsbehörde die Fortsetzung des Betriebs untersagen (§ 16 Abs. 3 HwO) und die weitere Ausübung verhindern (§ 16 Abs. 9 HwO). § 15 Abs. 2 GewO wird durch diese spezialgesetzlichen Vorschriften verdrängt.[190]   **82**

Die sachliche Zuständigkeit für die Untersagungsverfügung richtet sich nach dem jeweiligen Landesrecht.[191] Eine Zuständigkeitsübertragung auf die Handwerkskammer wird von § 124b S. 2 HwO ausdrücklich ausgeschlossen.

Die *Untersagung* steht nach dem Wortlaut des § 16 Abs. 3 HwO im (pflichtgemäßen) *Ermessen* der zuständigen Behörde. Die Untersagung setzt aufgrund der   **83**

---

[188] BVerfG, GewArch 2007, 294 (294 f.).

[189] BVerfG, GewArch 2007, 206 (207); BVerfG, Beschl. v. 21.04.2008 – 2 BvR 1910/05, juris, Rn. 17; BVerfG, Beschl. v. 04.03.2008 – 2 BvR 1866/03, juris, Rn. 16 f. *Hüpers*, GewArch 2014, 190 (191); *Knörr*, in: Honig/ders./Thiel, HwO, § 17 Rn. 7.

[190] *Marcks*, in: Landmann/Rohmer, GewO, § 15 Rn. 17 (Stand: 79. EL Juni 2018).

[191] Vgl. etwa § 2 BayHwOZustV (Kreisverwaltungsbehörde), § 2 Abs. 2 HessHwOAV (in den Landkreisen der Kreisausschuss, in den kreisfreien Städten der Magistrat), Ziff. 3.1.1.3 der Anlage zur ZustVO-Wirtschaft Nds (Landkreis, selbständige Gemeinde bzw. große selbständige Stadt), § 2 Abs. 1 HwOZustV NRW (Ordnungsbehörden der Großen kreisangehörigen Städte, im Übrigen die Kreisordnungsbehörden), § 1 Abs. 2 HwO/SchwarzArbGZustV RP (Gemeindeverwaltung der verbandsfreien Gemeinde, Verbandsgemeindeverwaltung sowie in kreisfreien und großen kreisangehörigen Städten die Stadtverwaltung).

Schwere des Eingriffs grundsätzlich eine doppelte Handwerksrechtswidrigkeit, d. h. eine formelle und materielle Illegalität voraus. Dies bedeutet:

- Die Behörde ist an eine *bestehende Eintragung* in die Handwerksrolle *gebunden*, auch wenn diese ohne Vorliegen der Eintragungsvoraussetzungen erfolgt sein sollte.[192] Hier muss also zunächst die Löschung der Eintragung erfolgen (siehe Rn. 86 f.);
- wird ein Handwerk ohne die erforderliche Eintragung ausgeübt (formelle Illegalität), liegen aber die materiellen Eintragungsvoraussetzungen zweifelsfrei vor, ist die (bei der HwK anzuregende) *Eintragung von Amts wegen das mildere Mittel* (§ 10 Abs. 1 Alt. 2 HwO);[193]
- fehlen neben einer Eintragung selbst auch die materiellen Eintragungsvoraussetzungen (doppelte Illegalität), ist das Ermessen der Behörde nach Sinn und Zweck des Großen Befähigungsnachweises (Gefahrenabwehr) in der Regel auf Null reduziert.[194]

84 Das *Verfahren* der Untersagung, insbesondere die Beteiligung der HwK und IHK regelt § 16 Abs. 3–7 HwO. Inhaltlich kann nur die Fortsetzung des konkreten Handwerksbetriebs, nicht aber des Handwerks schlechthin untersagt werden (eine weitergehende generelle Untersagung der Handwerksausübung kann aber auf bei Vorliegen der entsprechenden Voraussetzungen auf § 35 Abs. 1 S. 2 GewO gestützt werden).[195] Mit der förmlichen und ausdrücklichen Untersagung ist die weitere Handwerksausübung verboten.

§ 16 Abs. 8 HwO ermöglicht eine *vorläufige Untersagung* bei Gefahr in Verzug. Die Rechtswidrigkeit der Handwerksausübung allein rechtfertigt die vorläufige Untersagung noch nicht. Hinzukommen muss eine besondere Gefahrenlage,[196] die bei den Gesundheitshandwerken näher liegen wird als z. B. beim Friseur oder beim Maler und Lackierer.

85 Ist ein Handwerk untersagt worden, kann seine weitere Ausübung nach § 16 Abs. 9 HwO durch eine *Betriebsschließung* oder andere geeignete Maßnahmen (z. B. Androhung eines Zwangsgelds oder Wegnahme der Betriebsmittel) verhindert werden. Da erst diese Verfügung die konkreten Maßnahmen festsetzt, die im

---

[192] VGH BW, GewArch 1987, 28 (29). *Leisner*, in: ders., HwO, § 16 Rn. 12.

[193] NdsOVG, GewArch 2012, 167 (168); BayVGH, Beschl. v. 28.02.2012 – 22 CE 12.2327, juris, Rn. 2. *Detterbeck*, HwO, § 16 Rn. 26; *Ziekow*, § 11 Rn. 44. Ähnlich *Leisner*, in: ders., HwO, § 16 Rn. 14.

[194] NdsOVG, GewArch 2012, 167 (168); BayVGH, Beschl. v. 28.02.2012, 22 CE 12.2327, juris, Rn. 2. *Knörr*, in: Honig/ders./Thiel, HwO, § 16 Rn. 23.

[195] BVerwG, GewArch 1993, 117 (117). *Knörr*, in: Honig/ders./Thiel, HwO, § 16 Rn. 36 ff.

[196] *Knörr*, in: Honig/ders./Thiel, HwO, § 16 Rn. 34; *Detterbeck*, HwO, § 16 Rn. 24 f. (etwa bei wiederholter und längerfristiger Abwesenheit des Betriebsleiters).

Wege des Verwaltungszwanges nach den einschlägigen landesrechtlichen Vorschriften zu vollstrecken sind, stellt sie einen eigenständigen, vollstreckungsfähigen und -bedürftigen Verwaltungsakt dar.[197]

3. Löschung der Eintragung

Die Eintragung in der Handwerksrolle wird *auf Antrag* oder *von Amts wegen* ge- **86** löscht, wenn die Voraussetzungen für die Eintragung nicht oder nicht mehr vorliegen (§ 13 Abs. 1 HwO). Der Handwerkskammer steht hierbei kein Ermessen zu („wird […] gelöscht"); sie kann aus Gründen der Verhältnismäßigkeit allenfalls vorübergehend von einer Löschung absehen.[198] Für eine Löschung auf Antrag ist zum einen der Gewerbetreibende selbst (insb. bei Betriebsaufgabe) antragsberechtigt. Einen Löschungsantrag kann aber auch die IHK (nur) für den Fall stellen, dass das Gewerbe nicht (mehr) handwerksmäßig betrieben wird (§ 13 Abs. 2 HwO).

> **Beispiele**
> Als Gründe für eine Löschung aus der Handwerksrolle kommen eine Betriebseinstellung, ein Übergang von handwerksmäßiger zu industrieller Produktion, der Ablauf einer befristeten Ausnahmebewilligung nach § 8 Abs. 2 HwO, das Ausscheiden des qualifizierten Betriebsleiters ohne unverzügliche Neueinstellung (vgl. § 4 Abs. 2 HwO) oder eine Untersagungsverfügung nach § 16 Abs. 3 HwO oder § 35 GewO in Betracht.

Die Löschung erfolgt wie die Eintragung in einem *zweistufigen Verfahren.* Die **87** beabsichtigte Löschung ist dem Gewerbetreibenden gegen Empfangsbescheinigung vorab *mitzuteilen* (§ 13 Abs. 3 HwO). Diese Mitteilung stellt (ähnlich der Mitteilung der beabsichtigen Eintragung nach § 11 HwO) einen anfechtbaren Verwaltungsakt dar;[199] sie ist erneut entbehrlich, wenn sie auf Antrag des Eingetragenen erfolgt.[200] Die *Löschung* selbst ist ebenfalls ein konstitutiver Verwaltungsakt, der das präventive Verbot des § 1 Abs. 1 S. 1 HwO wieder aufleben lässt.[201] Nach erfolgter Löschung ist die Handwerkskarte an die HwK zurückzugeben (§ 13 Abs. 4 HwO).

---

[197] So auch *Czybulka*, in: R. Schmidt, BT I, § 2 Rn. 96. A. A. *Ehlers*, in: ders./Fehling/Pünder, § 19 Rn. 75, und wohl auch *Ruthig/Storr*, Rn. 491, soweit die Betriebsschließung ein reiner Vollstreckungsakt der vorausgegangenen Untersagungsverfügung darstellt.

[198] BVerwGE 22, 73 (77 f.); *Knörr*, in: Honig/ders./Thiel, HwO, § 13 Rn. 15.

[199] BVerwGE 88, 122 (123).

[200] *Knörr*, in: Honig/ders./Thiel, HwO, § 13 Rn. 18.

[201] *Knörr*, in: Honig/ders./Thiel, HwO, § 13 Rn. 20.

§ 14 HwO, wonach der Gewerbetreibende eine Löschung erst nach Ablauf eines Jahres seit Unanfechtbarkeit der Eintragung und nur bei einer wesentlichen Änderung der Umstände verlangen kann, lässt sich im Hinblick auf die mit der Eintragung in die Handwerksrolle verbundene Pflichtmitgliedschaft in der Handwerkskammer und das Grundrecht auf negative Berufsfreiheit – also die Freiheit, einen Beruf nicht (mehr) auszuüben – verfassungsrechtlich nicht, auch nicht unter Hinweis auf eine gewisse Kontinuität der Handwerksrolle,[202] rechtfertigen.[203] Auch die Sperrfrist des § 15 HwO nach Ablehnung einer Eintragung schränkt den Berufszugang unverhältnismäßig ein.[204]

4. Untersagung nach § 35 GewO

88 Die HwO kennt keine eigenständige (Sonder-)Regelung für die Untersagung wegen *persönlicher Unzuverlässigkeit* des Handwerkers. Aufgrund dieser Regelungslücke kann auf die allgemeine Gewerbeuntersagung nach § 35 Abs. 1 GewO zurückgegriffen werden, wenn ein Betriebsinhaber oder sein Betriebsleiter unzuverlässig ist, er also keine Gewähr dafür bietet, das Gewerbe in Zukunft ordnungsgemäß auszuüben (vgl. § 35 Abs. 8 S. 1 GewO → § 9 Rn. 50 ff.).[205]

Eine bestandskräftige oder vorläufig vollstreckbare Gewerbeuntersagung führt zwingend, d. h. ohne ein eigenständiges Prüfrecht der Handwerkskammer, zu einer Löschung in der Handwerksrolle.[206] Nach Wiedergestattung des Gewerbes (§ 35 Abs. 6 GewO) ist der Betreffende wieder in die Handwerksrolle einzutragen.

5. Ordnungswidrigkeitsverfahren

89 Die unberechtigte Handwerksausübung stellt eine Ordnungswidrigkeit nach § 117 Abs. 1 Nr. 1 HwO und – bei erheblichem Umfang – nach § 1 Abs. 2 Nr. 5 und § 8 Abs. 1 Nr. 1 lit. e SchwarzArbG dar.[207] Die Gleichstellung eines formell

---

[202] So *Leisner*, in: ders., HwO, § 14 Rn. 3.

[203] A. A. unter Hinweis darauf, dass ein gewisser zeitlicher Betrachtungsraum für die Frage der Handwerksmäßigkeit oder Handwerksfähigkeit (Ausübung wesentlicher Tätigkeiten etc.) erforderlich sei *Knörr*, in: Honig/ders./Thiel, HwO, § 14 Rn. 1. Dies ist freilich eher eine Frage der (materiellen) Beweislast.

[204] *Czybulka*, in: R. Schmidt, BT I, § 2 Rn. 100 und 72; *Ehlers*, in: ders./Fehling/Pünder, § 19 Rn. 64 und 78. A. A. unter Hinweis auf die „Kontinuität der Eintragungslage in die Handwerksrolle" *Leisner*, in: ders., HwO, § 14 Rn. 5.

[205] BVerwG, GewArch 1992, 339 (339 f.). Ferner *Ziekow*, § 11 Rn. 43; *Knörr*, in: Honig/ders./ Thiel, HwO, § 16 Rn. 38.

[206] BVerwGE 34, 56 (60 ff.); BVerwG, GewArch 1992, 339 (339 f.). *Knörr*, in: Honig/ders./Thiel, HwO, § 13 Rn. 8. Von einem „Beurteilungsspielraum der rechtlichen und tatsächlichen Umstände" geht ohne überzeugende Erläuterung *Leisner*, in: ders., HwO, § 13 Rn. 8 aus.

[207] Hierzu auch *Hüpers*, GewArch 2014, 190 (190 f.).

nicht eingetragenen Handwerksbetriebs mit einem Betriebsinhaber, der Steuern oder Sozialversicherungsabgaben hinterzieht, die mit dem SchwarzArbG in der Sache vorgenommen wird, ist rechtspolitisch scharf zu kritisieren.

6. Exkurs: Wettbewerbsrechtliche Unterlassungsklagen

Schließlich droht einem nicht eingetragenen Handwerker eine wettbewerbsrechtli- **90** che Abmahnung und *Unterlassungsklage* durch Konkurrenten, Innungen oder Wettbewerbszentralen. Nach der Rechtsprechung des BGH stellen die §§ 1 und 7 HwO, soweit sie eine bestimmte Qualität, Sicherheit oder Unbedenklichkeit der hergestellten Waren oder angebotenen Dienstleistungen gewährleisten sollen, *Marktverhaltensregelungen im Sinne von § 3a UWG* dar.[208]

Insbesondere die Werbung eines nicht eingetragenen Handwerkers, der den Eindruck erweckt, vollhandwerkliche Tätigkeiten wie ein eingetragener Betrieb erbringen zu dürfen und über die dementsprechende Befähigung und Qualifikation zu verfügen, wird von der Rechtsprechung als irreführend angesehen.[209] Wirbt ein Handwerker für ein zulassungspflichtiges Handwerk, muss er in die Handwerksrolle eingetragen sein.

IV. Rechtsschutz

Für Klagen von Handwerkern und Kammern ist der Verwaltungsrechtsweg eröffnet. **91** Die HwO zählt als besonderes Gewerberecht zum Kernbestand des Öffentlichen Wirtschaftsrechts. Sind ihre Normen streitentscheidend, liegt eine öffentlich-rechtliche Streitigkeit i. S. d. § 40 Abs. 1 S. 1 VwGO vor (vgl. § 12 HwO).

1. Rechtsschutz gegen eine Eintragung (von Amts wegen)

Sowohl die Mitteilung der Eintragung als auch die Eintragung selbst sind *Verwal-* **92** *tungsakte* i. S. d. § 35 LVwVfG (→ Rn. 76 f.) und damit isoliert im Wege des Widerspruchs (soweit noch statthaft[210]) und der *Anfechtungsklage* angreifbar (§ 42 Abs. 1 Alt. 1 VwGO).[211]

---

[208] BGH, GewArch 2017, 209 (210) zu § 4 Nr. 11 UWG a.F.

[209] KG Berlin, WRP 2017, 1495 (1498); OLG Celle, WRP 2016, 1541 (1542). Siehe schon BGH, GewArch 1993, 118 (119). Grundlegend *Hüpers*, GewArch 2014, 190; kritisch zum Wettbewerbsrecht als Hüter der Meisterpflicht *Bulla*, GB 2012, 257.

[210] Siehe etwa Art. 15 BayAGVwGO, mit dem das Widerspruchsverfahren in Bayern weitgehend abgeschafft worden ist.

[211] Grundlegend BVerwGE 12, 75 (76 f.). Ebenso *Leisner*, in: ders., HwO, § 11 Rn. 7 f.; *Knörr*, in: Honig/ders./Thiel, HwO, § 12 Rn. 11. A. A. *Detterbeck*, HwO, § 12 Rn. 9 (Eintragung als Realakt, deren Löschung über Annexantrag nach § 113 Abs. 1 S. 2 VwGO geltend zu machen ist).

Nach Auffassung des BVerwG kann die Eintragung selbst „in aller Regel" nur so lange angefochten werden, als die *Mitteilung*, mit der bereits rechtsverbindlich über die Eintragungsbedürftigkeit entschieden wurde, *nicht bereits unanfechtbar* geworden ist.[212] Sicherster Weg ist es daher, binnen eines Monats Widerspruch bzw. Klage gegen die Mitteilung zu erheben und nicht erst die Eintragungsentscheidung abzuwarten.

Vertiefungshinweis

Nach Bestandskraft der Mitteilung können gegen die Eintragung nur solche Tatsachen und Einwendungen vorgebracht werden, die *nach Eintritt der Unanfechtbarkeit der Mitteilung entstanden* (nicht nur bekanntgeworden) sind, also von deren Bestandskraft nicht erfasst werden können. Statthaft ist in diesen Fällen eine vorbeugende Unterlassungs- oder Feststellungsklage. Die von der a. A. vertretene Vollstreckungsgegenklage nach § 767 ZPO analog ist abzulehnen. Für eine Analogie ist mangels Regelungslücke kein Raum.[213]

Erfolgt die Eintragung (Verwaltungsakt!) noch vor Eintritt der Bestandskraft der Mitteilung, kann auch gegen die Eintragung selbst Widerspruch (soweit noch statthaft) bzw. Anfechtungsklage erhoben werden.[214] Für eine vorbeugende Unterlassungsklage gegen eine mitgeteilte, drohende Eintragung besteht daher kein Rechtsschutzbedürfnis.[215] *Passivlegitimiert* ist die HwK, welche die Handwerksrolle führt (§ 6 Abs. 1 HwO).

2. Rechtsschutz bei Ablehnung der Eintragung, einer Ausnahmebewilligung oder Ausübungsberechtigung

93   Auch die *Ablehnung* der beantragten Eintragung ist eine „Entscheidung über die Eintragung" i. S. d. § 12 HwO. Gegen sie kann mit einem Verpflichtungswiderspruch (so noch statthaft) und einer *Verpflichtungsklage* vorgegangen werden.[216] Passivlegitimiert ist die HwK.

94   Einen isoliert einklagbaren Verwaltungsakt stellen auch die *Ausnahmebewilligung* (§ 8 oder § 9 HwO) oder die *Ausübungsberechtigung* (§ 7a oder § 7b HwO) dar. Im Falle ihrer Versagung ist die Verpflichtungsklage bzw. der Verpflichtungswiderspruch statthaft. Eine isolierte Anfechtung des Versagungsbescheides scheitert am fehlenden Rechtsschutzbedürfnis.[217]

---

[212] BVerwGE 12, 75 (76).

[213] *Detterbeck*, HwO, § 12 Rn. 15, der zu Recht auf den Vorrang der VwGO und der darin geregelten Klagearten verweist (§ 173 VwGO).

[214] VGH BW, NVwZ-RR 1992, 473 (474); *Detterbeck*, HwO, § 11 Rn. 9 ff.

[215] *Leisner*, in: ders., HwO, § 12 Rn. 5.

[216] *Knörr*, in: Honig/ders./Thiel, HwO, § 12 Rn. 3.

[217] BayVGH, GewArch 1990, 101.

Passivlegitimiert ist der Rechtsträger der zuständigen Behörde. Aufgrund der bundesweiten Zuständigkeitsdelegation auf die Handwerkskammern also die HwK als Körperschaft des öffentlichen Rechts selbst (§ 90 Abs. 1 HwO).

3. Rechtsschutz gegen handwerksaufsichtliche Maßnahmen

Die *Untersagung* nach § 16 Abs. 3 HwO ist ein mit der Anfechtungsklage (und dem Anfechtungswiderspruch, soweit noch statthaft) angreifbarer *Verwaltungsakt mit Dauerwirkung.* Für die Beurteilung seiner Rechtmäßigkeit ist nach h.M. der Zeitpunkt der letzten mündlichen Verhandlung in der letzten Tatsacheninstanz entscheidend.[218]   **95**

Da dem Gewerbetreibenden nicht zumutbar ist, eine aufsichtliche Maßnahme mitsamt eines anschließenden OWi-Verfahrens (ggf. nach SchwarzArbG) gegen sich abzuwarten, ist daneben – jedenfalls bei konkreten Anhaltspunkten für ein aufsichtliches Einschreiten – auch eine *Feststellungsklage* bzw. *vorbeugende Unterlassungsklage* eröffnet, mit der er die Zulassungsfreiheit seiner handwerklichen Tätigkeit (z. B. als unerheblicher Nebenbetrieb oder als Reisegewerbe) feststellen lassen kann.[219]

> **Vertiefungshinweis**
>
> Das für eine vorbeugende Unterlassungsklage notwendige qualifizierte Rechtsschutzbedürfnis kann insbesondere damit begründet werden, dass ein Gewerbetreibender sich bei Fortführung seines Betriebs der Gefahr eines OWi-Verfahrens aussetzt und es ihm unzumutbar ist, verwaltungsrechtliche Zweifelsfragen von der Anklagebank aus klären zu müssen bzw. das Ergebnis eines Bußgeld- oder Untersagungsverfahrens abzuwarten und hiergegen nachträglichen Rechtsschutz zu suchen. Es genügt die Androhung eines Bußgeld- oder Untersagungsverfahrens, auch wenn ein solches tatsächlich nicht eingeleitet wird.[220]
>
> Eine Auseinandersetzung mit der Handwerkskammer um die Eintragungsfähigkeit stellt nach der jüngeren Rechtsprechung des BVerfG indes kein feststellungsfähiges Rechtsverhältnis mehr dar, da die Handwerkskammer nach der Neufassung des § 16 Abs. 3 HwO kein eigenständiges Antrags- und Klagerecht für Betriebsuntersagungen mehr hätte, also noch kein Betriebsuntersagung droht.[221] Die Auffassung ist rechtsdogmatisch zutreffend, allerdings dauert es von einer Auseinandersetzung mit der HwK in der Praxis nicht allzu lange, bis den Handwerker ein Anhörungsschreiben der Ordnungsbehörde erreicht.

---

[218] VGH BW, GewArch 1989, 194; *Detterbeck*, HwO, § 16 Rn. 32; a. A. *Ehlers*, in: ders./Fehling/Pünder, § 19 Rn. 73, der analog § 36 Abs. 6 GewO auf den Zeitpunkt der letzten mündlichen Behördenentscheidung abstellen will.

[219] BayVGH, GewArch 1998, 75. *Knörr*, in: Honig/ders./Thiel, HwO, § 16 Rn. 28 f. Siehe aber auch BVerwGE 140, 267 (270 ff.).

[220] BVerwGE 16, 92; 39, 247 (248 f.); Gesetzesbegründung, BT-Drs. 15/1206, S. 32.

[221] BVerwGE 140, 267 (270 ff.).

Auch gegen die *Betriebsschließung* gemäß § 16 Abs. 9 HwO, soweit diese einen vollstreckungsfähigen und -bedürftigen Verwaltungsakt darstellt (→ Rn. 85), ist eine Anfechtungsklage statthaft.

4. Rechtsschutz gegen die Löschung aus der Handwerksrolle

96   Die Mitteilung der Löschung und die Löschung als solche stellen ebenfalls zwei eigenständige Verwaltungsakte dar (→ Rn. 87). Der Sinn und Zweck dieses zwei-stufigen Verfahrens besteht darin, Rechtsstreitigkeiten schon im Vorfeld der Lö-schung auszutragen und fehlerhafte Löschungen zu vermeiden, um dadurch die Ver-lässlichkeit der Handwerksrolle als öffentliches Register zu gewährleisten.[222] Auch hier steht die Bestandskraft der Mitteilung einer Anfechtung der Löschung entgegen (siehe Rn. 92).[223]

Maßgebender Entscheidungszeitpunkt für die Sach- und Rechtslage ist jener der letzten mündlichen Verhandlung in der Tatsacheninstanz.[224]

Vertiefungshinweis
Nach Bestandskraft der Mitteilung *neu entstandene Tatsachen* können der dro-henden Löschung mit einer vorbeugenden Unterlassungs- bzw. Feststellungs-klage entgegengesetzt (→ Rn. 92) und nach erfolgter Löschung mit einer Ver-pflichtungsklage auf Wiedereintragung geltend gemacht werden.[225]

5. Konkurrentenklage

97   Eine (negative) Konkurrentenklage, mit der ein eingetragener Handwerker gegen die Zulassung eines Konkurrenten vorgehen oder eine Untersagung des Betriebs erzwingen will, ist in der Regel mangels Klagebefugnis unzulässig, aber jedenfalls unbegründet, da er keine Verletzung eines drittschützenden Rechts geltend machen kann.[226] Drittschützend ist eine Norm, wenn sie zumindest auch dem Schutz von Individualinteressen zu dienen bestimmt ist (sog. *Schutznormtheorie*).[227] Die HwO begründet keine solche drittschützenden Normen.[228]

---

[222] BVerwG, GewArch 1983, 139 (139 f.).

[223] *Detterbeck*, HwO, § 13 Rn. 12.

[224] BVerwG, NVwZ 1991, 1189 (1190). *Knörr*, in: Honig/ders./Thiel, HwO, § 13 Rn. 20.

[225] *Detterbeck*, HwO, § 13 Rn. 13.

[226] BVerwG, GewArch 1984, 30; SächsOVG, GewArch 2012, 262 (263 f.). *Detterbeck*, HwO, § 8 Rn. 78.

[227] BVerwGE 1, 83; 27, 30 (31 f.); 92, 313 (317).

[228] BVerwG, GewArch 1984, 30 (30 f.).

Vertiefungshinweis

Das Berufszulassungsregime der HwO mit seinem Meistervorbehalt als Regel und den Ausübungsberechtigungen und Ausnahmebewilligungen als Ausnahmen ist weder reiner Selbstzweck noch ein Mittel zum Schutz vor unerwünschter Konkurrenz; es will Gefahren für Leben und Gesundheit Dritter vorbeugen und auch im Interesse der besonderen Ausbildungsleistung des Handwerks gewährleisten, dass ein zulassungspflichtiges Handwerk nur von fachlich qualifizierten Gewerbetreibenden selbstständig ausgeübt werden kann.[229]

Auch eine Grundrechtsverletzung scheidet im Ergebnis aus. Art. 14 Abs. 1 GG **98** schützt vermögenswerte Güter, nicht aber die Stellung am Markt, Wettbewerbschancen oder bloße Expektanzen (→ § 2 Rn. 72). Die Berufsfreiheit aus Art. 12 Abs. 1 GG steht nur berufs- und gewerbe*spezifischen* Eingriffen mit berufsregelnder Tendenz entgegen, nicht aber hoheitlichem Handeln, das anderen gestattet, ebenfalls am Wettbewerb teilzunehmen (→ § 2 Rn. 43 ff.).[230] Auch die Wettbewerbsfreiheit (Art. 2 Abs. 1 GG) bietet vor einer nachteiligen Veränderung der Marktbedingungen keinen Schutz, sofern sie nicht in unerträglichem Maße eingeschränkt oder der Betroffene unzumutbar geschädigt wird.[231] Die Art. 2, 12, 14 GG treffen im Gegenteil eine *Grundentscheidung für den Wettbewerb*.[232]

Rechtsschutz gegen den unerlaubten Betrieb eines Handwerks vermittelt indes **99** das Wettbewerbsrecht. Wie dargelegt, sind die Berufszulassungsvorschriften der §§ 1 und 7 HwO nach der Rechtsprechung des BGH eine *marktverhaltensbezogene Regelung* i. S. d. § 3a UWG. Konkurrenten eines rechtswidrig tätigen Handwerkers können Beseitigungs- und Unterlassungsklagen (§ 8 UWG) bzw. Schadensersatzklagen erheben (§ 9 UWG).

6. Rechtsschutz der Kammern

Die örtliche zuständige *IHK* hat ein eigenes Anfechtungsrecht gegen Entscheidungen über die Eintragung, wenn der Gewerbetreibende ihr angehört (§ 12 Alt. 2 HwO). Wird die beantragte Eintragung hingegen abgelehnt, fehlt es an einer eigenen Rechtsverletzung der IHK. **100**

Wird ein Gewerbebetrieb nicht (mehr) handwerksmäßig betrieben, überschreitet er also insbesondere die qualitative Schwelle zum Industriebetrieb, kann die IHK nach § 13 Abs. 2 HwO – auch gegen den Willen des Gewerbetreibenden – die

---

[229] BVerwG, NVwZ 1982, 680; BVerwG, NVwZ 1984, 306 (307).

[230] BVerfGE 34, 252 (256); 55, 261 (269); BVerwGE 10, 122 (123); 65, 167 (173). Ausdrücklich zu § 8 HwO BVerwG, GewArch 1984, 30 (31).

[231] BVerwGE 30, 191 (198); 39, 329 (336 f.); 65, 167 (173 f.).

[232] *Czybulka*, in: R. Schmidt, BT I, § 2 Rn. 62; *Ehlers*, in: ders./Fehling/Pünder, § 19 Rn. 68.

Löschung der Eintragung beantragen und dies ggf. mit einer Verpflichtungsklage durchstreiten.

101   Den *Handwerkskammern* steht de lege lata gegen die Entscheidung über eine Ausnahmebewilligung oder eine Ausübungsberechtigung gemäß § 8 Abs. 4 HwO (i. V. m. § 7a Abs. 2, § 7b Abs. 2 S. 2 bzw. § 9 Abs. 1 S. 2 Hs. 2 HwO) der Rechtsweg offen. Diese Klageberechtigung läuft freilich leer, soweit und so-lange den Handwerkskammern bundesweit die Zuständigkeit über die Erteilung der Ausnahmebewilligungen und Ausübungsberechtigungen übertragen worden ist (→ Rn. 49).

Entgegen der früheren Gesetzeslage kann eine HwK auch nicht mehr eine Be-triebsschließung beantragen und gegen eine ablehnende Entscheidung den Verwal-tungsrechtsweg beschreiten. Mit der Neufassung des § 16 Abs. 3 HwO ist bewusst das Klagerecht entzogen worden. Die Ermessensentscheidung der Verwaltungsbe-hörde nach § 16 Abs. 3 S. 1 HwO dient nach dem ausdrücklichen Willen des Gesetz-gebers allein dem öffentlichen Interesse am Schutz vor fachlich ungeeigneten Handwerkern.[233]

102   Auch den *Handwerksinnungen*, die als freiwillige Zusammenschlüsse gleicher bzw. sich zumindest fachlich oder wirtschaftlich nahestehender Handwerke oder handwerksähnlicher Gewerbe der gemeinsamen Interessenwahrnehmung dienen (vgl. § 52 Abs. 1 HwO), fehlt eine Klagebefugnis.[234]

V. Exkurs: Zulassungsfreie Handwerke und handwerksähnliche Gewerbe

1. Begriff der Zulassungsfreien Handwerke und handwerksähnlichen Gewerbe

103   Ein *zulassungsfreies Handwerk* ist ein Gewerbe, das handwerksmäßig betrieben wird und in der Anlage B 1 zur HwO aufgeführt ist (§ 18 Abs. 2 S. 1 HwO). Die Anlage B 1 zählt 53 Handwerksberufe auf, denen im Zuge der Handwerksnovelle 2004 eine Gefahrgeneigtheit oder bedeutende Ausbildungsleistung abgesprochen wurde und für die kein Großer Befähigungsnachweis mehr erforderlich ist.

> **Beispiel**
104   Beim Parkettlegen (Anlage B Abschn. 1 Nr. 12) besteht nach der Gesetzesbe-gründung nur eine geringfügige Verletzungs- und Gesundheitsgefahr durch Holzsplitter und Ausdünstungen eines Überzugs, die eine Zulassungspflicht nicht rechtfertigen kann.[235]

---

[233] BT-Drs. 15/1206, S. 31 f. Siehe auch BVerwGE 140, 267 (270 ff.).

[234] BVerwG, GewArch 1982, 271 (271). So auch *Knörr*, in: Honig/ders./Thiel, HwO, § 12 Rn. 8 und § 8 Rn. 70.

[235] BT-Drs. 15/1206, S. 41.

Zu den *handwerksähnlichen Gewerben* zählen die 57 in der Anlage B 2 zur HwO enumerierten Gewerbe, wenn sie handwerksähnlich betrieben werden (§ 18 Abs. 2 S. 2 HwO).

Beispiel

Unter den handwerksähnlichen Gewerben der Anlage B 2 finden sich insbesondere auch (Aus-)Baugewerbe wie das Bautentrocknungsgewerbe, der Fuger (im Hochbau), das Holz- und Bautenschutzgewerbe (Mauerschutz und Holzimprägnierung in Gebäuden), der Kabelverleger im Hochbau (ohne Anschlussarbeiten) und der Einbau von genormten Baufertigteilen (z. B. Fenster, Türen, Zargen, Regale). Handwerker ohne hinreichenden Befähigungsnachweis melden in der Praxis häufig diese zulassungsfreien handwerksähnlichen Gewerbe an, um tatsächlich Tätigkeiten zu erbringen, die in den Kernbereich eines zulassungspflichtigen Handwerks fallen (Rohbauarbeiten als Kernbereich des Maurers- und Betonbauers, Zimmerer-, Dachdecker- und Tischlerarbeiten etc.).

Das Merkmal der *Handwerksmäßigkeit* bzw. -ähnlichkeit dient wie beim zulassungspflichtigen Handwerk der Abgrenzung zum Industriebetrieb, es finden dieselben Abgrenzungskriterien Anwendung (→ Rn. 21 ff.).[236]

2. Gewerbefreiheit

Zulassungsfreie Handwerke und handwerksähnliche Gewerbe sind vom Vorbehaltsbereich des Großen Befähigungsnachweises der HwO ausgenommen (arg. e contr. § 1 Abs. 2 HwO); für sie gilt der *Grundsatz der Gewerbefreiheit* (§ 1 GewO), so dass sie auch ohne Eröffnungskontrolle ausgeübt werden dürfen. Nach allgemeinen gewerberechtlichen Grundsätzen ist nur der Beginn des selbstständigen Betriebs eines stehenden Gewerbes (sowie ggf. das Verlegen des Betriebs, das Wechseln des Gewerbegegenstands und die Betriebsaufgabe) der zuständigen Behörde (grds. der Gemeinde) *anzuzeigen* (§ 14 Abs. 1 GewO → § 9 Rn. 67). **105**

Neben der Gewerbeanzeige sieht § 18 Abs. 1 HwO eine unverzügliche Anzeige bei der örtlich zuständigen Handwerkskammer vor. Die zusätzliche Anzeige bei der Handwerkskammer soll lediglich gewährleisten, dass die von dieser geführten Verzeichnisse aktuell sind. Ein Verstoß ist lediglich OWi-bewehrt (§ 118 Abs. 1 Nr. 1 HwO), ändert aber nichts an der Zulässigkeit der Handwerksausübung.

Die Meisterpflicht spielt bei den zulassungsfreien Handwerken und handwerksähnlichen Gewerben für den Berufszugang keine Rolle mehr. Eine Meisterprüfung kann als freiwillige Qualifikation abgelegt werden, soweit dies in einer Ausbildungsordnung vorgesehen ist (§ 51a HwO).

---

[236] HmbOVG, NVwZ-RR 1993, 185 (185). *Honig/Knörr/Kremer*, in: Honig/Knörr/Thiel, HwO, § 18 Rn. 6.

3. Eintragung und Pflichtmitgliedschaft

106 Mit der Anzeige bei der Handwerkskammer (→ Rn. 105) erfolgt eine *Eintragung* in das Verzeichnis zulassungsfreier Handwerke oder handwerksähnlicher Betriebe (§ 19 S. 1 HwO). Für das Verfahren von Eintragung und Löschung gelten die Bestimmungen der zulassungspflichtigen Handwerke entsprechend (§ 20 S. 1 HwO). Die Eintragung wirkt aber *nicht konstitutiv*; zulassungsfreie Handwerke und handwerksähnliche Gewerbe dürfen auch ohne sie ausgeübt werden. Die Eintragung dient vielmehr der Abgrenzung der Zuständigkeit von Handwerkskammern zu den IHKen.[237] Neben- und Hilfsbetriebe eines anderen Unternehmens (vgl. §§ 2, 3 HwO) werden nicht in diese Verzeichnisse eingetragen, um eine zersplitterte Kammerzugehörigkeit zu vermeiden.[238]

Folge der Eintragung ist eine beitragspflichtige *Pflichtmitgliedschaft* in der HwK (§ 90 Abs. 2, § 113 HwO). Mit dieser nach h.M. verfassungskonformen Pflichtmitgliedschaft (→ § 4 Rn. 54) soll eine qualifizierte fachliche Betreuung und Beratung durch die im Vergleich zur IHK sachnähere Handwerkskammer gewährleistet werden.[239]

4. Aufsichtliches Einschreiten

107 § 20 S. 1 HwO verweist nicht auf die Rechtsgrundlage für Betriebsuntersagungen (zulassungspflichtiger) Handwerke in § 16 Abs. 3 HwO. Dies ist auch konsequent, da zulassungsfreie Handwerke und handwerksähnliche Gewerbe gerade keinen Nachweis der fachlichen Qualifikation voraussetzen. Eine *Untersagung* zulassungsfreier Handwerke und handwerksähnlicher Gewerbe kann nur auf die Auffangvorschrift des § 35 GewO und eine persönliche Unzuverlässigkeit des Gewerbetreibenden gestützt werden.[240]

In der Literatur werden darüber hinaus die Auskunfts- und Betretungsrechte des § 17 HwO für „sinngemäß" anwendbar gehalten.[241] Dies ist aufgrund des grundrechtlichen Gesetzesvorbehalts für Maßnahmen der Eingriffsverwaltung – insbesondere für Hausdurchsuchungen (Art. 13 GG) – zweifelhaft. Besteht der Verdacht, dass unter dem Deckmantel eines zulassungsfreien Handwerks bzw. handwerksähnlichen Gewerbes ein zulassungspflichtiges Handwerk betrieben wird, ist der Anwendungsbereich des § 17 HwO („Die in der Handwerksrolle eingetragenen *oder in*

---

[237] § 1 Abs. 1 S. 1 und § 3 Abs. 4 S. 1 IHKG. VGH BW, GewArch 2008, 249 (249). *Honig/Knörr/Kremer*, in: Honig/Knörr/Thiel, HwO, § 19 Rn. 2.

[238] Arg. e contr. § 20 S. 1 HwO. BVerwG, GewArch 1994, 248 (249). Ferner *Honig/Knörr/Kremer*, in: Honig/Knörr/Thiel, HwO, § 19 Rn. 4.

[239] BVerwG, NVwZ-RR 1998, 169 (170). VGH BW, GewArch 2008, 249 (249).

[240] *Ehlers*, in: ders./Fehling/Pünder, § 19 Rn. 85.

[241] *Knörr*, in: Honig/ders./Thiel, HwO, § 17 Rn. 1.

diese einzutragenden Gewerbetreibenden sind verpflichtet [...]") ohnehin unmittelbar eröffnet.[242] Darüber hinausgehende Betretungsrechte ohne richterlichen Durchsuchungsbeschluss sind abzulehnen (zur Rückvermeisterung → Rn. 132).

VI. Vertiefung: Verfassungsmäßigkeit des Großen Befähigungsnachweises?

Die herrschende Meinung verteidigt den Großen Befähigungsnachweis der HwO **108** als verfassungskonform. Das BVerwG hat sich in zwei Entscheidungen aus den Jahren 2011 und 2014 ausführlich mit der Meisterpflicht als Berufszulassungsbeschränkung (Art. 12 Abs. 1 GG) und den der HwO systemimmanenten Ungleichbehandlungen (Art. 3 Abs. 1 GG) auseinandergesetzt.[243] Die gegen die Entscheidungen eingelegten Verfassungsbeschwerden wurden vom BVerfG nicht zur Entscheidung angenommen.[244] Trotz dieser höchstrichterlichen Rechtsprechung bestehen bei näherer Betrachtung erhebliche Bedenken gegen die Verfassungsmäßigkeit des Großen Befähigungsnachweis in seiner derzeitigen Ausgestaltung.

1. Berufsfreiheit

Der Große Befähigungsnachweis greift in das Grundrecht der Berufsfreiheit ein. **109** Will man an der überkommenen Dogmatik des Art. 12 Abs. 1 GG als einheitliches Grundrecht festhalten und die sog. Drei-Stufen-Theorie bemühen (→ § 2 Rn. 55 ff.), so liegt aus Sicht des Einzelhandwerkers, der sich selbstständig machen will oder dessen rechtswidriger Betrieb untersagt werden soll, eine *subjektive Berufswahlregelung* vor. Selbst wenn man von einer Berufsausübungsregelung auf der dritten Stufe ausgehen wollte,[245] weist diese jedenfalls die Eingriffsintensität einer subjektiven Berufswahlregelung auf.[246] Die berufsregelnde Tendenz liegt auf der Hand, will doch der Gesetzgeber gezielt den Berufszugang reglementieren.

---

[242] OVG Lüneburg, GewArch 2010, 84 (85).

[243] BVerwGE 140, 267 und 140, 276 (280 ff.); BVerwGE 149, 265 (273 ff.). Siehe auch OVG NRW, GewArch 2018, 72 (73); VGH BW, GewArch 2013, 213 (213 f.). Von einer Verfassungsmäßigkeit der Meisterpflicht gehen auch *Burgi*, WiVerw 2018, 181 (191 ff.); *Kramer*, GewArch 2013, 105 ff. und *Leisner*, WiVerw 2014, 229 ff. aus.

[244] BVerfG, Beschl. v. 29.12.2011, 1 BvR 2876/11 und BVerfG Beschl. v. 21.08.2014, 1 BvR 1944/14.

[245] So *Burgi*, WiVerw 2018, 181 (193) jedenfalls aus Sicht eines größeren Handwerksbetriebs, da der Befähigungsnachweis nicht mehr in Person des Betriebsinhabers, sondern auch eines anzustellenden Betriebsleiters erfüllt werden kann.

[246] BVerwGE 140, 276 (282).

Zur Rechtfertigung einer subjektiven Berufswahlregelung fordert das BVerfG in ständiger Rechtsprechung den Schutz „eines besonders wichtigen Gemeinschaftsguts".[247] Dieser wurde mit der Wiedereinführung der Meisterpflicht in der HwO 1953 zunächst im Erhalt von Leistungsstand und Leistungsfähigkeit des Handwerks gesehen, was vom BVerfG in seiner Handwerkerentscheidung aus dem Jahr 1961 gebilligt worden ist.[248] Die Kritik an dieser Rechtfertigung des Grundrechtseingriffs mit berufsständischen Interessen, verstärkt durch die vom EU-Recht oktroyierte Teil-Liberalisierung der HwO für Ausbildungsausländer, führte Ende 2005 jedoch zu einem Umdenken der Karlsruher Richter:

> „Mit Blick auf die Veränderung der wirtschaftlichen und rechtlichen Umstände sind Zweifel daran angebracht, ob die bis Ende des Jahres 2003 geltenden Regelungen über die Ausgestaltung des Meisterzwangs (§ 1 Abs. 1 S. 1 i. V. m. § 7 HwO a. F.) dem Grundsatz der Verhältnismäßigkeit in dem hier maßgeblichen Zeitraum noch gerecht werden konnten".[249]

110 Die HwO-Novelle 2004 sollte den Große Befähigungsnachweis auf verfassungsrechtlich belastbare Beine stellen. Er dient seither primär der Abwehr von Gefahren für Leben und Gesundheit Dritter und sekundär der Sicherung der besonderen Ausbildungsleistung (→ Rn. 8 f.). Rechtsprechung und Literatur sehen die Gesetzeszwecke, Gefahren für Gesundheit und Leben Dritter abzuwehren und die besondere Ausbildungsleistung des Handwerks zu fördern, überwiegend als wichtige Gemeinwohlbelange, die den Meisterzwang als subjektive Berufswahlbeschränkung rechtfertigen können. Der Große Befähigungsnachweis sei insbesondere deshalb auch verhältnismäßig, da mit der sog. Altgesellenregelung (§ 7b HwO) eine gleichrangige Eintragungsalternative geschaffen worden sei. Der Gesetzgeber habe mit der Zuordnung der 41 zulassungspflichtigen Gewerke zur Anlage A der HwO seinen verfassungsrechtlichen Einschätzungsspielraum nicht überschritten.[250]

111 Hieran bestehen berechtigte Zweifel. Zwar sind mit der Handwerksnovelle 2004 nominell 53 Handwerksberufe liberalisiert worden; tatsächlich vereinigen diese freilich 90 % aller Handwerksbetriebe, 83 % aller Beschäftigten und 90 % aller Auszubildenden auf sich.[251] Obwohl der Reformgesetzgeber ausweislich seiner Gesetzesbegründung erkannt hatte, dass für jedes einzelne der in der Anlage A zur HwO verbleibenden 41 Gewerken eine besondere Gefahrgeneigtheit oder besondere Ausbildungsleistung zu ermitteln gewesen wären, erschöpft sich seine Gesetzesbegründung in Allgemeinplätzen.[252] Die gesetzgeberische Einschätzungsprärogative wird in den Worten des BVerfG indes fraglich, „wenn zur Begründung

---

[247] BVerfGE 13, 97 (107); 69, 209 (218); 119, 59 (82 f.).

[248] BVerfGE 13, 97 (110) unter Hinweis auf das gesetzgeberische „Interesse an der Erhaltung und Förderung eines gesunden, leistungsfähigen Handwerksstandes als Ganzen".

[249] BVerfG, GewArch 2006, 71 (72).

[250] BVerwGE 140, 267 und 276 (282 f.); BVerwGE 149, 265 (276 f.).

[251] *Kormann/Hüpers*, Das neue Handwerksrecht, S. 20 (Fn. 34); *Beaucamp*, DVBl. 2004, 1458 (1458); *Bulla*, Freiheit der Berufswahl, S. 280.

[252] BT-Drs. 15/1206, S. 41 f.

von Gesetzesänderungen Gefährdungspotenziale herangezogen werden, die eine intensivere Beschränkung der Berufsfreiheit plausibel machen sollen, obwohl dafür tatsächliche Erkenntnisse fehlen".[253] Jedenfalls stellt die neue EU-Verhältnismäßigkeitsrichtlinie klar, dass der hiergegen bemühte Leitsatz „Der Gesetzgeber schuldet nur das Gesetz" überholt ist;[254] er schuldet eben doch eine Begründung.

Nicht zuletzt die zahlreichen Systembrüche (→ Rn. 115 ff.) und die Tatsache, dass neben Deutschland nur noch Luxemburg eine vergleichbar strenge Reglementierung des Berufszugangs kennt, erschüttert die gesetzgeberische Annahme, der Große Befähigungsnachweis sei erforderlich, um Gefahren für Leben und Gesundheit Dritter abzuwehren. Hierbei wird nicht verkannt, dass der Gesetzgeber grundsätzlich eine recht weitreichende Einschätzungsprärogative hat und sich im Ausgangspunkt auch für einen weitreichenden Gesundheits- und Verbraucherschutz entscheiden kann. Wenn er dies tut, muss er dies in der HwO aber auch konsequent und systemstimmig umsetzen. Dies ist angesichts zahlreicher Ausnahmen vom Befähigungsnachweis, die weniger der fehlenden Gefahrgeneigtheit, denn dem berufsständischen Selbstverständnis dienen, indes nicht erfolgt.

Auch die vorgebliche *besondere Ausbildungsleistung* des Handwerks kann die **112** Berufszugangsbeschränkung nach der hier vertretenen Meinung nicht mehr länger tragen. Hat in den 1960er-Jahren das Handwerk noch ca. zwei Drittel aller gewerblichen Ausbildungsplätze bereitgestellt, ist seine Ausbildungsquote seither auf unter 30 % gefallen.[255] Auch insoweit gilt, dass nicht die Ausbildungsleistung des *gesamten* Handwerks, sondern allenfalls des betreffenden Gewerks eine Berufszugangsbeschränkung rechtfertigen könnte.

Die Kausalität des Großen Befähigungsnachweises für eine besondere Ausbildungsleistung ist indes fraglich; einer der wenigen Evaluationen nach der Teilliberalisierung der HwO von 2003/2004 kam zu dem Ergebnis, dass es *keinen* Hinweis auf eine eindeutig nachweisbare Wirkung der Handwerksnovelle auf die Ausbildungsleistung gebe. Die generell relativ großen Unterschiede zwischen den A- und B1-Handwerken im Hinblick auf die Ausbildungsleistung seien schon vor der HwO-Novelle 2004 feststellbar gewesen und kein Effekt der Teilliberalisierung.[256]

Die Meisterprüfung ist nach hier vertretener Auffassung jedenfalls *in ihrer ak-* **113** *tuellen konkreten Ausgestaltung* unverhältnismäßig. Während die notwendigen praktischen (Teil I), fachtheoretischen (Teil II) und berufs- und arbeitspädagogischen Kenntnisse (Teil IV der Meisterprüfung[257]) noch den gesetzgeberischen

---

[253] BVerfGE 107, 186 (197). Zur in Teilen willkürlichen Zuordnung einzelner Gewerke zur Anlage A der HwO *Bulla*, GewArch 2012, 470 (473); ähnlich *M. Müller*, GewArch 2007, 361.

[254] So aber *Burgi*, WiVerw 2018, 181 (195 f.).

[255] Antwort der Bundesregierung auf eine Kleine Anfrage, BT-Drs. 17/3373, S. 28; *K. Müller*, Göttinger handwerkswirtschaftliche Studien, Bd. 74 (2006), S. 113; *Bulla*, Freiheit der Berufswahl, S. 535.

[256] *Koch/Nielen*, Ökonomische Effekte der Liberalisierung der Handwerksordnung von 2004, WISO Diskurs 05/2016, S. 36, herunterzuladen unter http://library.fes.de/pdf-files/wiso/12448.pdf (01.03.2019). Ebenso *Kamp/Weiß*, GewArch 2018, 450 (452).

[257] § 45 Abs. 3 HwO.

Zielen dienen mögen, hat Teil III der Meisterprüfung zu den betriebswirtschaftlichen, kaufmännischen und rechtlichen Kenntnissen, die u. a. Fragen der Unter-
nehmensbewertung, der Gründungs- und Übernahmeaktivitäten und Unterneh-
mensführungsstrategien umfassen,[258] weiterhin den wirtschaftlich gesunden,
mittelständischen Handwerksbetrieb vor Augen. Die Inhalte der Meisterprüfung
dürfen nach der ausdrücklichen Entscheidung des Gesetzgebers (anders als noch
nach der HwO 1953) nicht mehr den Erhalt eines leistungsfähigen und gesunden
Handwerksstandes, sondern ausschließlich die Abwehr von Gefahren für Leben
und Gesundheit sowie eine Ausbildungseignung sichern wollen.[259]

Im Ergebnis fehlt dem Großen Befähigungsnachweis nach der hier vertretenen
Auffassung aufgrund der inkonsistenten Regelungen in der HwO die Geeignetheit,
jedenfalls aber die Erforderlichkeit,[260] da als milderes Mittel im Hinblick auf die
Ausbildungsleistung der sog. Kleine Befähigungsnachweis genügen würde, der das
Recht zur Ausbildung an eine bestandene Meisterprüfung (oder gleichwertige Prüfung) knüpft.[261] Im Hinblick auf die Gefahrenabwehr genügt ein individueller Befähigungsnachweis mit gegenüber dem Meistertitel abgeschwächte Anforderungen
(z. B. Gesellenprüfung zuzüglich mehrjährige Berufserfahrung ohne eine qualifizierte leitende Stellung) in Verbindung mit den ohnehin geltenden Verbraucher-
schutzvorschriften und der nicht zu unterschätzenden Entscheidung des mündigen
Verbrauchers, ob er einen Meisterbetrieb oder einen „freien Handwerker" beauftragt. Der Blick nach Österreich, die Niederlande und Südtirol, in denen die (früher
vergleichbar ausgestaltete) Meisterpflicht schon sehr viel weitergehend liberalisiert
wurde, mag als Vorbild dienen.

2. Gleichheitssatz

114   Der Große Befähigungsnachweis der HwO ist zum zweiten am allgemeinen
       Gleichbehandlungsgrundsatz aus Art. 3 Abs. 1 GG zu messen, der verbietet, we-
       sentlich gleiche Sachverhalte ungleich zu behandeln, ohne dass dies durch hinrei-
       chend gewichtige sachliche Gründe gerechtfertigt wird. Nach der Rechtsprechung
       des BVerfG sind an die Rechtfertigung einer Ungleichbehandlung umso höhere
       Anforderungen zu stellen, je stärker sich die Ungleichbehandlung auf die Aus-
       übung grundrechtlich geschützter Freiheiten (hier: der Berufsfreiheit) nachteilig
       auswirken kann.[262]

---

[258] Siehe § 2 Abs. 2 der Allgemeinen Meisterprüfungsverordnung (AMVO).

[259] *Bulla*, GewArch 2012, 470 (475) m. w. N.

[260] A. A. *Burgi*, WiVerw 2018, 181 (191 ff.), der auch den vom Gesetzgeber ausdrücklich aufgege-
benen Zweck des Erhalts von Leistungsfähigkeit und Leistungsstand des Handwerks weiter berücksichtigen will.

[261] *Ziekow*, § 11 Rn. 6.

[262] BVerfGE 62, 256 (274); 92, 53 (69); 121, 317 (369 f.).

a) Systembrüche und Wertungswidersprüche der HwO

Vor diesem Hintergrund wird die ungleiche Behandlung an sich gleich gefahrge- **115**
neigter Tätigkeiten durch die HwO problematisch. Die Meisterpflicht wird von einigen Ausnahmen durchbrochen, die sich nicht (mehr) dem primären gesetzgeberischen Ziel der Gefahrenabwehr unterordnen. Dies stellt nicht nur die Eignung der
Meisterpflicht zur Erreichung des erklärten gesetzgeberischen Ziels der Gefahrenabwehr bei der Prüfung des Art. 12 Abs. 1 GG in Frage, sondern ist auch vor dem
allgemeinen Gleichheitssatz (Art. 3 Abs. 1 GG) problematisch. Die Wertungswidersprüche sollen nur angerissen werden:

Industrielle Betriebe sind trotz der erklärtermaßen schwierigen Abgrenzbarkeit
von Handwerksbetrieben bei gleich gelagerter (und gleich gefahrgeneigter) Tätigkeit von der Meisterpflicht freigestellt.

Werden vollhandwerklichen Tätigkeiten im *Reisegewerbe* erbracht, ist nur eine **116**
Reisegewerbekarte erforderlich (§§ 55 ff. GewO) und greifen die HwO und der Große
Befähigungsnachweis ebenso nicht. Dieser Systembruch war vor dem Hintergrund
der alten HwO und ihres primären Gesetzeszwecks, die Leistungsfähigkeit und den
Leistungsstand des (niedergelassenen) Handwerks zu erhalten, noch erklärbar, da der
Reisegewerbetreibende keine ernstzunehmende Konkurrenz zum niedergelassenen
Handwerker darstellte.[263] Soll der Große Befähigungsnachweis jedoch der effektiven
Gefahrenabwehr dienen, ist die Ausnahme rechtfertigungsbedürftig. Die Begrün-
dungsansätze des BVerwG in seinen jüngeren Entscheidungen, wonach aufgrund der
nur begrenzt möglichen personellen und sachlichen Ausstattung im Reisegewerbe
„tatsächlich kaum vorstellbar ist", dort gefahrgeneigte Arbeiten in größerem Umfang
auszuführen,[264] ist angesichts des gelebten Alltags von Reisehandwerkern insbesondere im Bereich des Ausbaugewerbes (Dachabdichtungen, Fassadenanstrich etc.) anbieten, nicht nachvollziehbar.

Auch in den Ausnahmen für unerhebliche Nebenbetriebe und Hilfsbetriebe (§ 3 **117**
Abs. 2 und 3 HwO) atmet ein alter berufsständischer Geist. Sie treten nicht in Konkurrenz zu eingetragenen vollhandwerklichen Betrieben. Ist aber die Gefahrenlage,
die von einem „Feierabend-" oder „Wochenendhandwerker" ausgeht, selbst bei typisierender Betrachtungsweise tatsächlich geringer als von einem vollhandwerklichen Betrieb? Ähnliches gilt für den Hilfsbetrieb. Die Gefährlichkeit einer Tätigkeit
entfällt ersichtlich weder deshalb, weil zwischen Handwerker und Kunden noch ein
Verkäufer zwischengeschaltet ist (§ 3 Abs. 3 Nr. 1 HwO), noch, weil die Kunden sie
aus einer Hand erwarten (Nr. 2).[265]

Das *Hinüberarbeiten in andere Handwerke* nach § 5 HwO privilegiert nur den mit **118**
einem zulassungspflichtigen Handwerk eingetragenen Handwerker, aber nicht den
Inhaber zulassungsfreier oder handwerksähnlicher Gewerbe.[266] Die Gefahrgeneigtheit ist beide Male ähnlich zu beurteilen. Der eigentliche Grund der Privilegierung ist
auch hier die Stärkung des eingetragenen Vollhandwerkbetriebs.

---

[263] So wohl auch *Schreiner*, GewArch 2015, 233 (234).

[264] BVerwGE 140, 276 (285 f.). Siehe auch BVerwGE 149, 265 (277). Ähnlich *Burgi*, WiVerw
2018, 181 (228).

[265] Kritisch auch *Leisner*, in: ders., HwO, § 3 Rn. 27; *Tillmanns*, in: Honig/Knörr/Thiel, HwO,
§ 3 Rn. 38; *Bulla*, GewArch 2012, 470 (474).

[266] *Tillmanns*, in: Honig/Knörr/Thiel, HwO, § 5 Rn. 4.

119   Nach § 7 Abs. 2 HwO können sich *Hochschulabsolventen* ohne jede praktische
        Erfahrung eintragen lassen, etwa der Dipl.-Ing. für Bauingenieurwesen als Maurer
        und Betonbauer oder der Absolvent eines Fahrzeugbau-Masterstudiums als Kraft-
        fahrzeugtechniker – u. U. ohne jemals einen Ziegelstein oder eine Bremsscheibe in
        der Hand gehalten zu haben. Diese „Akademisierung des Handwerks" und der nicht
        nachvollziehbare Verzicht auf praktische Berufserfahrung sind vor dem Hinter-
        grund des Großen Befähigungsnachweises, der eine gefahrfreie Handwerksaus-
        übung und die Ausbildungsleistung des Handwerks durch den Zweiklang von um-
        fassenden fachtheoretischen Kenntnissen *und* praktischer Befähigung sicherstellen
        will, nicht nachvollziehbar und systemwidrig.[267]

120   Unionsrechtlich determiniert greift für die *vorübergehende Dienstleistungser-*
        bringung eines EU/EWR-Handwerkers das Herkunftslandprinzip und ersetzt den
        Großen Befähigungsnachweises durch einen bloßen Anzeigevorbehalt (§§ 8 f. EU/
        EWR-HwV). Damit aufgeworfen ist das Problem der *Inländerdiskriminierung*
        (siehe gleich).

121   Allen Ausnahmen ist gemein, dass sie solche Tätigkeiten aus dem Vorbehaltsbe-
        reich der HwO ausnehmen, die nicht in ernsthafte Konkurrenz zu einem handwerk-
        lichen Vollbetrieb treten. Für den neuen Gesetzeszweck der Gefahrenabwehr kann
        dieses Kriterium jedoch keine Rolle mehr spielen: Gefahr ist Gefahr, gleichgültig, ob
        sie von einem vollhandwerklichen Betrieb, von einem Industriebetrieb, einem Reise-
        gewerbetreibenden oder einem Feierabendhandwerker verursacht wird.[268] Der Ge-
        setzgeber ist dazu aufgerufen, diese Systemwidersprüche zu bereinigen.

b) Insbesondere: Inländerdiskriminierung

122   Vor dem allgemeinen Gleichheitssatz wird auch das Phänomen der *Inländerdis-*
        kriminierung virulent (allgemein → § 1 Rn. 82 f.). Während Handwerker, die ihre
        Berufsqualifikation oder -erfahrung im EU/EWR-Ausland gewonnen haben, sich
        unter den im Detail flexibleren Bedingungen der §§ 2, 3 EU/EWR-HwV in
        Deutschland niederlassen können und vor allem eine vorübergehende und gele-
        gentliche Dienstleistungserbringung ohne vorherigen Befähigungsnachweis nur
        anzeigen müssen, solange sie in ihrem Herkunftsstaat zur Erbringung dieser Tätig-
        keiten rechtmäßig niedergelassen sind (§§ 8 f. EU/EWR-HwV → Rn. 61 ff.), bleibt
        der Ausbildungsinländer an die strengeren Vorgaben der HwO gebunden. Die
        (noch) h.M. will die Inländerdiskriminierung damit sachlich vor Art. 3 Abs. 1 GG
        rechtfertigen, dass der deutsche Gesetzgeber durch den Anwendungsvorrang des
        Unionsrechts und insbesondere der BQRL im Hinblick auf die EU/EWR-Hand-
        werker sachlich gebunden ist, während er für rein innerstaatliche Sachverhalte (auf
        die mangels grenzüberschreitenden Bezugs das EU-Recht keinen Anwendung
        finden kann) in seiner Regelung frei bleiben muss.[269]

---

[267] So im Ergebnis auch *Leisner*, in: ders., HwO, § 7 Rn. 34. Kritisch auch *Knörr*, in: Honig/ders./
Thiel, HwO, § 6 Rn. 34.

[268] *Bulla*, GewArch 2012, 470 (473 f.). Ähnlich auch *Ziekow*, § 11 Rn. 5 f.; *M. Müller*, GewArch
2007, 361 ff.; *Hüpers*, GewArch 2014, 190 (194); *Kamp/Weiß*, GewArch 2018, 450 (451).

[269] So *Kormann/Hüpers*, GewArch 2008, 273; *Kramer*, GewArch 2013, 105 (111).

Bemerkenswert ist, dass das BVerwG in seinen jüngsten Grundsatzentscheidungen zur HwO die *Inländerdiskriminierung an Art. 3 Abs. 1 GG gemessen* hat. Es hat eine Ungleichbehandlung letztlich mit dem wenig überzeugenden Argument gerechtfertigt, dass der deutsche Gesetzgeber das „Unionsmodell" für deutsche Handwerker schon deshalb nicht übernehmen konnte, weil dieses regelmäßig eine Tätigkeit als Selbstständiger oder Betriebsleiter voraussetzt, die einem im Inland ausgebildeten Gesellen regelmäßig nicht offenstehe.[270] Die Inländerdiskriminierung wird in diesem argumentativen Zirkelschluss mit sich selbst gerechtfertigt. Auch das quantitative Argument, dass die grenzüberschreitende Dienstleistungserbringung vorwiegend nur im grenznahen Raum erbracht würde und angesichts der „Nahversorgungsfunktion des Handwerks"[271] daher nicht nennenswert ins Gewicht falle,[272] überzeugt schon grundrechtsdogmatisch nicht (kann eine Ungleichbehandlung ohne hinreichende sachliche Rechtfertigung damit gerechtfertigt werden, dass der Gleichheitsverstoß schon nicht so oft passiere? Wohl kaum!). Abgesehen davon gibt es wohl kaum eine deutsche Großbaustelle, auf der nicht in großer Zahl Subunternehmer aus dem EU-Ausland (insb. den ost- und südosteuropäischen Mitgliedstaaten) eingesetzt werden.[273]

Anlass zum Nachdenken geben auch zwei Entscheidungen des ÖVerfGH zur **123** früheren Rechtslage in Österreich. Bis zu seinen Grundsatzentscheidungen aus den Jahren 1992 und 1999 war das österreichische Handwerksrecht der deutschen HwO im Wesentlichen vergleichbar geregelt. Voraussetzung für die selbstständige Handwerksausübung war ein förmlicher Befähigungsnachweis in Gestalt der Meisterprüfung. In Ausnahmefällen konnte hiervon eine sog. Nachsicht erteilt werden. Mit Entscheidung aus dem Jahr 1992 beanstandete der ÖVerfGH zunächst das Erfordernis eines Ausnahmefalls für eine Nachsichtserteilung als Verstoß gegen die Erwerbsausübungsfreiheit (Art. 6 Staatsgrundsetz [StGG]) und die Berufsausbildungsfreiheit (Art. 18 StGG). Könne die volle Befähigung nachgewiesen werden, dürfe nicht zusätzlich ein Ausnahmefall verlangt werden.[274] In einer zweiten Entscheidung aus dem Jahr 1999 beurteilte er die Inländerdiskriminierung gegenüber EU/EWR-Handwerkern als Verstoß gegen das Grundrecht auf Erwerbsausübungsfreiheit und das Gleichheitsgebot, da er keine sachliche Rechtfertigung für eine unterschiedliche Behandlung erkennen

---

[270] BVerwGE 140, 276 (287 f.).

[271] BVerwGE 149, 265 (278).

[272] BVerwGE 140, 276 (289). Ähnlich *Burgi*, WiVerw 2018, 181 (222 f.), der den vorübergehend Dienstleistungen erbringenden EU-Handwerker mit einem Reisegewerbe-Handwerker vergleicht. Hiernach seien auf der Grundlage des § 9 Abs. 1 S. 1 Nr. 1 HwO 226 Eintragungen von 27.315 Eintragungen insgesamt im Jahr 2017 erfolgt, was einem Anteil von nur 0,8 % entspricht. Dies verkennt, dass bei der grenzüberschreitenden Dienstleistungserbringung nach § 8 f. EU/EWR HwV überhaupt keine Eintragung in die Handwerksrolle mehr erfolgt.

[273] So auch *Kamp/Weiß*, GewArch 2018, 450 (451). Der Zentralverband des Deutschen Handwerks (ZDH), Jahrbuch 2005, S. 11, spricht davon, dass „auf vielen Baustellen große Gruppen von Scheinselbstständigen" aus anderen EU-Mitgliedstaaten tätig seien.

[274] ÖVerfGH, Vf Slg. 13.094/1992.

konnte.[275] Dass das BVerwG[276] und die Literatur[277] die österreichische Rechtslage (ohne Begründung!) für nicht vergleichbar erklären, ist nicht überzeugend.

c) Möglichkeit einer verfassungskonformen Neuregelung

124　Eine verfassungskonforme Regelung könnte in einer HwO-Novelle dadurch umgesetzt werden, dass neben der Gefahrenabwehr und der Ausbildungssicherung auch
der Gedanke des Verbraucherschutzes aufgegriffen wird, die bestehenden System-
widersprüche beseitigt oder zumindest abgemildert werden und – dies ist ganz entscheidend – für jedes zulassungspflichtige Handwerk gesondert begründet wird,
warum es der Berufszugangsreglementierung bedarf (hierzu auch sogleich).[278]

Schließlich dürfen die (systemkonform auszugestaltenden) Ausnahmen auch –
wie vom BVerfG wiederholt postuliert – „nicht engherzig" angewendet werden,
sondern sind als gleichrangige Eintragungsvoraussetzungen zu verstehen.[279] Die
Verwaltungspraxis ist derzeit eine andere.[280]

VII. Ausblick: Die EU-Verhältnismäßigkeitsrichtlinie

125　Ein neuer Reformdruck könnte durch die neue EU-Verhältnismäßigkeitsrichtlinie
(RL [EU] 2018/958 – im Folgenden VHMK-RL) entstehen, die bis zum 30.07.2020 in
nationales Recht umzusetzen ist (Art. 13 VHMK-RL). Die VHMK-RL setzt sich
ausdrücklich zum Ziel, eine Fragmentierung des Binnenmarkts zu vermeiden und
die Schranken bei der Aufnahme und Ausübung bestimmter abhängiger oder selbstständiger Tätigkeiten abzubauen.[281] Als ersten Erwägungsgrund postuliert der
Richtliniengeber: „Die Berufsfreiheit ist ein Grundrecht".

126　Der *Anwendungsbereich* der Richtlinie erfasst nur die Einführung neuer oder die
Änderung bestehender Rechts- und Verwaltungsvorschriften, mit denen der Zugang
oder die Ausübung reglementierter Berufe geregelt werden soll (Art. 1 S. 1
VHMK-RL). Der sachliche Anwendungsbereich ist deckungsgleich mit der BQRL

---

[275] ÖVerfGH, Vf Slg. 15.683/1999. Zustimmend *Früh*, GewArch 2001, 58 (59); *Huber-Wilhelm*,
EuZW 2001, 223 (223 f.). *Burgi*, WiVerw 2018, 181 (221) verweist pauschal auf die vorgeblichen
Unterschiede der früheren österreichischen und der deutschen Rechtslage. Zur Vergleichbarkeit
siehe *Bulla*, Freiheit der Berufswahl, S. 485 ff.

[276] BVerwGE 140, 276 (287 f.), das die Existenz des § 7b HwO als maßgebenden Unterschied sieht.

[277] *Burgi*, WiVerw 2018, 181 (220).

[278] *Burgi*, WiVerw 2018, 181 (199) liest diese entgegen dem ausdrücklichen Willen des Gesetzes-
gebers (a.a.O., S. 184) schon heute in die HwO hinein.

[279] BVerfGE 13, 97 (120 f.); BVerfG, Beschl. v. 05.12.2005, 1 BvR 1730/02, juris, Rn. 26.

[280] *Burgi*, WiVerw 2018, 181 (218) benennt die Eintragungen im Jahr 2017 in Bayern mit 2.092
Meistern, 186 Hochschulabsolventen und 351 Ausnahmebewilligungen (wohl mit Ausübungsberechtigungen nach § 7b HwO).

[281] Erwägungsgrund 5 RL (EU) 2018/958. Kritisch *Burgi*, WiVerw 2018, 181 (248), der auf die von
Bundesrat (BR-Drs. 45/17) und Bundestag (BT-Drs, 18/11442) erhobenen Subsidiaritätsrügen
nach Art. 12 lit. b) EUV i. V. m. Art. 6 des Subsidiaritätsprotokolls hinweist.

(Art. 2 Abs. 1 VHMK-RL). Ein grenzüberschreitender Sachverhalt wird im Wortlaut der Richtlinie nicht vorausgesetzt; die VHMK-RL dürfte im Lichte der jüngeren Rechtsprechung des EuGH zum Anwendungsbereich der DLR auch auf reine *Inlandssachverhalte anwendbar* sein.[282]

Kerninstrument ist die Verpflichtung der Mitgliedstaaten, vor der Einführung von neuen oder der Änderung von bestehenden Berufsreglementierungen eine *Ex-ante-Prüfung der Verhältnismäßigkeit* vorzunehmen (Art. 4 Abs. 1 VHMK-RL). Die Verhältnismäßigkeitsprüfung muss ihrerseits verhältnismäßig sein, also im Verhältnis zu Art, Inhalt und Auswirkungen der reglementierenden Vorschriften stehen (Art. 4 Abs. 2 VHMK-RL). Die *Beweislast* für die Rechtfertigung und Verhältnismäßigkeit einer Berufsreglementierung wird jedoch ausdrücklich den Mitgliedstaaten auferlegt. Die Gründe, mit denen ein Mitgliedstaat eine Reglementierung rechtfertigen will, sollen erläutert (Art. 4 Abs. 3 VHMK-RL) und anhand von qualitativen und quantitativen Elementen substanziiert werden (Art. 4 Abs. 4 VHMK-RL).[283] Dient eine Berufsreglementierung der Gefahrenabwehr, ist im Lichte der Rechtsprechung des EuGH zu fordern, dass

> „[a]nhand einer solchen objektiven, eingehenden und auf Zahlenangaben gestützten Untersuchung … sich mittels zuverlässiger, übereinstimmender und beweiskräftiger Daten nachweisen lassen [muss], dass die öffentliche Gesundheit tatsächlich gefährdet ist“.[284]

Die eingeforderte Verhältnismäßigkeitsprüfung wird in den Art. 5 ff. VHMK-RL näher strukturiert. Die Berufsreglementierung muss nichtdiskriminierend (Art. 5 VHMK-RL) und durch Ziele des Allgemeininteresses gerechtfertigt sein (Art. 6 Abs. 1 VHMK-RL), wozu insbesondere der Schutz der öffentlichen Gesundheit und der Verbraucher zählen (Art. 6 Abs. 2 VHMK-RL).

Steckt in dieser Struktur für den deutschen Verwaltungsjuristen noch wenig Neues, überrascht Art. 7 Abs. 2 und 3 VHMK-RL mit dem Versuch, die Prüfung der Geeignetheit und Erforderlichkeit von Berufsreglementierungen recht detailliert zu strukturieren.[285] Im Rahmen der vorliegenden Darstellung zum Handwerksrecht bemerkenswert ist vor allem die verpflichtende Berücksichtigung („berücksichtigen die Mitgliedstaaten“) folgender Aspekte:[286]

127

128

---

[282] EuGH, Rs. C-360/15, EuZW 2018, 224 (Rn. 98 ff.). So im Ergebnis wohl auch *Burgi*, WiVerw 2018, 181 (250: „dürfte eine entsprechende Annahme […] nicht unrealistisch sein“).

[283] Vgl. Erwägungsgrund 13 RL (EU) 2018/958.

[284] Zum Hochschulzugang in medizinischen und paramedizinischen Fächern EuGH, Rs. C-73/08, Slg. 2010, I-2735, Rn. 71 – Bressol u. a.; siehe auch EuGH, Rs. C-148/15, EU:C:2016:776, Rn. 42 – Deutsche Parkinson Vereinigung, wonach für Gefahren für die menschliche Gesundheit nicht auf allgemeine Überlegungen, sondern auf relevante wissenschaftliche Untersuchungen zu stützen sind. *Schäfer*, EuZW 2018, 789 (791) spricht von „evidenzbasierten“ Belege/Beweise/Nachweise.

[285] Siehe auch *Burgi*, WiVerw 2018, 181 (252: „deutlich detaillierter als jemals in der Rechtsprechung des Europäischen Gerichtshofs formuliert“).

[286] *Burgi*, WiVerw 2018, 181 (254) geht wenig überzeugend von einem „nicht als Vorgaben verpflichtenden Charakter“ der Verhältnismäßigkeitskriterien aus.

- Sind Regelungen auf dem Gebiet der Produktsicherheit oder des Verbraucherschutzes nicht schon ausreichend, um das angestrebte Ziel zu erreichen (Art. 7 Abs. 2 UAbs. 1 lit. b) VHMK-RL)?[287]
- Werden die Vorschriften dem Ziel tatsächlich in kohärenter und systematischer Weise gerecht und wirken somit den Risiken entgegen, die bei vergleichbaren Tätigkeiten in ähnlicher Weise identifiziert wurden (lit. c)? Nach den Erwägungsgründen soll dies insbesondere auch die mit den Beschränkungen zusammenhängenden Ausnahmen umfassen;[288]
- Wahlmöglichkeiten für die Verbraucher. Nach den Erwägungsgründen meint dies insbesondere ein Wahlrecht des Verbrauchers nach vernünftigem Ermessen, ob er eine Dienstleistung von qualifizierten Fachleuten in Anspruch nehmen will oder nicht, so dass u. U. der Schutz der Berufsbezeichnung (hier z. B. „Handwerksmeister" oder „Handwerker") genügt.[289]
- Ausdrücklich fordert der Richtliniengeber schließlich auch ein, die Möglichkeit zum Erlangen der beruflichen Qualifikation auf alternativen Wegen zu berücksichtigen (Art. 7 Abs. 2 UAbs. 2 lit. b) VHMK-RL).

129   Der Große Befähigungsnachweis in seiner aktuellen Ausgestaltung und den mehrfachen Systembrüchen unter seinen Ausnahmen dürfte vor diesem Hintergrund erneut unter Druck geraten. Die EU-Kommission sah sich aufgrund eines massiven politischen Drucks aus Deutschland zwar genötigt, in einem Thesenpapier mit dem Titel „Der Meisterbrief bleibt" klarzustellen, dass man der Meisterpflicht der HwO nicht zu Leibe rücken wolle.[290] Eine Norm kann sich freilich als klüger (oder mutiger) als der Normgeber erweisen.

130   Das zulassungspflichtige Handwerk stellt einen reglementierten Beruf dar, bei der die Aufnahme oder Ausübung an den Besitz bestimmter Berufsqualifikationen gebunden ist (Art. 3 Abs. 1 lit. a) BQRL). Die VHMK-RL ist damit anwendbar.[291] Sie regelt zunächst zwar nur den Fall einer *neuen* Berufsreglementierung oder der *Änderung* bestehender Vorschriften, so dass der Gesetzgeber versucht sein mag, den Großen Befähigungsnachweis unangetastet in seinem Schneewittchensarg zu belassen. Nach Art. 7 Abs. 2 UAbs. 1 lit. f) VHMK-RL ist aber auch der Wirkungszusammenhang der neuen bzw. geänderten mit bestehenden berufsreglementierenden Vorschriften, die dasselbe Gemeinwohlziel verfolgen, zu untersuchen. Mittel-

---

[287] Siehe auch Erwägungsgrund 21 RL (EU) 2018/958.

[288] Erwägungsgrund 22 RL (EU) 2018/958.

[289] Erwägungsgrund 24 RL (EU) 2018/958.

[290] Kommission, Der Meisterbrief bleibt: Fragen und Antworten zum EU-Dienstleistungspaket-abzurufen unter https://ec.europa.eu/germany/sites/germany/files/q_a-dienstleistungen_de.pdf (01.03.2019). Der politische Druck lässt sich aus der einleitenden Feststellung, dass die Debatte über eine europäische Dienstleistungswirtschaft „nicht immer auf Basis von Tatsachen geführt [werde]", nur erahnen.

[291] Hiervon geht auch *Burgi*, WiVerw 2018, 181 (249) aus.

bar wird mit jeder Änderung der HwO-nahen Rechtsgebiete, etwa der GewO oder Regulierungen der handwerksnahen industriellen Tätigkeit, die Verhältnismäßigkeitsfrage nach hier vertretener Auffassung neu aufgeworfen.[292]

Zwar mag man zur Verteidigung des Großen Befähigungsnachweises anführen, **131** dass es grundsätzlich Sache der Mitgliedstaaten bleibt, das angemessene Regulierungsniveau zu bestimmen (Art. 1 S. 2 VHMK-RL) und ein weniger strenges Zulassungsregime in einem anderen Mitgliedstaat noch nicht den Schluss auf die Unverhältnismäßigkeit der strengeren Regelung zulässt.[293] Auch betont die VHMK-RL nicht nur den hohen Stellenwert, den Gesundheit und Leben des Menschen unter dem vom AEUV geschützten Interessen einnehmen, sondern zählt auch die Gewährleistung der Qualität der handwerklichen Arbeit in den Erwägungsgründen als einen der zwingenden Gründe des Allgemeininteresses auf.[294] Die Kommission stellt in ihrem Papier „Der Meisterbrief bleibt" fest:

> „Für die Reglementierung oder sogar die Liberalisierung von Berufen ist die EU nicht zuständig; dies ist nach wie vor ein Vorrecht der Mitgliedstaaten. Allerdings muss ein Mitgliedstaat nach EU-Recht nachweisen, dass neue nationale Vorschriften für Berufe notwendig und angemessen sind".[295]

Da außer Deutschland indes nur noch Luxemburg eine vergleichbare strenge Be- **132** rufszugangsreglementierung des Handwerks kennt und vor allem aufgrund der vielfachen Systembrüche der HwO (→ Rn. 115 ff.) dürfte der Druck auf den deutschen Gesetzgeber zu einer Modernisierung der HwO jedoch zunehmen. Es geht hierbei mitnichten um ein „race to the bottom",[296] sondern um eine ernst genommene Verhältnismäßigkeitsprüfung und die Frage, ob die Meisterpflicht in ihrer derzeitigen Ausgestaltung tatsächlich von hinreichend gewichtigen Allgemeinwohlbelangen getragen ist. Insbesondere die bislang völlig unzureichende Begründung der Gefahrgeneigtheit und der Ausbildungsleistung (die sich womöglich auch nicht belegen lässt[297]) der einzelnen zulassungspflichtigen Gewerke – die jüngst von der Rechtsprechung unter Hinweis auf allgemein- oder gerichtsbekannte Tatsachen ersetzt wurde[298] – kann vor dem Hintergrund der Begründungspflicht des Art. 4 Abs. 3 und 4 VHMK-RL für den Großen Befähigungsnachweis in seiner aktuellen Form zur Gefahr werden.

Die aktuelle Diskussion um eine *Rückvermeisterung* von B1-Handwerken gewinnt vor diesem Hintergrund erheblich an Brisanz. Ein Referentenentwurf, mit

---

[292] So auch *Schäfer*, EuZW 2018, 789 (790).

[293] Erwägungsgrund 18 und 30 RL (EU) 2018/958.

[294] Erwägungsgrund 17 RL (EU) 2018/958.

[295] *Kommission*, Der Meisterbrief bleibt, S. 3.

[296] *Burgi*, WiVerw 2018, 181 (223).

[297] Siehe *Koch/Nielen*, Ökonomische Effektive der Liberalisierung der Handwerksordnung von 2004, WISO Diskurs 05/2016, S. 36 f.

[298] OVG NRW, Urt. v. 20.11.2017, 4 A 1113/13, GewArch 2018, 72 (74; „liegt die Gefahrgeneigtheit [...] auf der Hand").

dem einzelne Anlage B-Handwerke wieder zu zulassungspflichtigen Anlage A-Handwerken erklärt werden sollen, wurde im Oktober 2019 vorgestellt.[299] Die Kommission wollte mit der VHMK-RL ausdrücklich nicht die Meisterpflicht als status quo angreifen. Mit einer Rückvermeisterung der zulassungsfreien Handwerke würde der deutsche Gesetzgeber jedoch selbst die Tür für eine Verhältnismäßigkeitsprüfung am Maßstab der VHMK-RL öffnen, die das Potenzial haben könnte, den Großen Befähigungsnachweis zu Fall zu bringen.[300]

133 VIII. Kontrollfragen

1. Welche Gesetzeszwecke verfolgt die HwO? (→ Rn. 9)
2. Ist die GewO neben der HwO anwendbar? (→ Rn. 11)
3. Wann liegt ein zulassungspflichtiges Handwerk vor? (→ Rn. 12 ff.)
4. Welcher Abgrenzung dient die Handwerksmäßigkeit, wonach ist sie zu beurteilen? (→ Rn. 21 ff.)
5. Woran bemisst sich die Handwerksfähigkeit? (→ Rn. 25 ff.)
6. Wie grenzt sich ein Kleinhandwerk (Minderhandwerk) vom Vollhandwerk ab? (→ Rn. 31 ff.)
7. Was ist ein Reisegewerbe und welche Anforderungen stellt die HwO an seine Ausübung? (→ Rn. 18 f.)
8. Erklären Sie das Betriebsleiterprinzip! (→ Rn. 42 ff.)
9. Unter welchen Voraussetzungen erhält ein Handwerker eine Ausnahmebewilligung nach § 8 HwO und welchen eine Ausübungsberechtigung nach § 7b HwO? (→ Rn. 49 ff. und Rn. 68 ff.)
10. Welche Anforderungen gelten für EU-Handwerker? Worauf ist hierbei zu achten? (→ Rn. 56 ff.)
11. Erläutern Sie das Phänomen der Inländerdiskriminierung und bewerten Sie dieses verfassungsrechtlich! (→ Rn. 65 und 113)
12. Wie und vom wem kann gegen einen handwerksrechtswidrigen Betrieb vorgegangen werden? (→ Rn. 80 ff.)
13. Welche Anforderungen gelten für zulassungsfreie Handwerke und handwerksähnliche Gewerbe? (→ Rn. 103 ff.)
14. Ist das Erfordernis des Großen Befähigungsnachweises verfassungskonform? (→ Rn. 108 ff.)
15. Welchen Einfluss hat die EU-Verhältnismäßigkeitsrichtlinie auf die Berufsreglementierung der HwO? (Rn. 125 ff.)

---

[299] Referentenentwurf des Bundesministeriums für Wirtschaft und Energie, Entwurf eines Vierten Gesetzes zur Änderung der Handwerksordnung und anderer handwerksrechtlichen Vorschriften, abrufbar unter: https://www.bmwi.de/Redaktion/DE/Downloads/Gesetz/referentenentwurf-viertes-gesetz-zur-aenderung-der-handwerksordnung-und-anderer-handwerksrechtlicher-vorschriften.pdf?__blob=publicationFile&v=6 (15.10.2019).

[300] So auch *Kamp/Weiß*, GewArch 2018, 450 (455).

Literatur

Bulla, Ist das Berufszulassungsregime der Handwerksordnung noch verfassungsgemäß?, Gew-Arch 2012, 470

Bulla, Freiheit der Berufswahl. Verfassungs- und gemeinschaftsrechtliche Determinanten des Berufszugangs am Beispiel des Handwerksrechts, 2009

Burgi, Verfassungs- und europarechtliche Statthaftigkeit der Rückführung von Anlage B1-Handwerken in die Anlage A zur HwO, WiVerw 2018, S. 181 ff.

Detterbeck, HwO, 4. Aufl. 2008

Frotscher/Kramer, Wirtschaftsverfassungs- und Wirtschaftsverwaltungsrecht, 7. Aufl. 2019.

Honig/Knörr/Thiel, HwO, 5. Aufl. 2017

Hüpers, Der Schutz handwerksrechtlicher Strukturprinzipien durch das Wettbewerbsrecht, Gew-Arch 2014, 190

Kamp/Weiß, Die Wiedereinführung der Meisterpflicht für B1-Gewerke – Feuer des Prometheus oder Büchse der Pandora, GewArch 2018, 450.

Kramer, Die Meisterpflicht im Handwerk – Relikt oder Weg in die Zukunft?, GewArch 2013, 105

Krimphove, Europas Meister – Der Konflikt nationaler Berufsstandsregelungen mit europäischen Grundfreiheiten, WiVerw 2014, 234

Leisner, Die Rechtliche Ordnung des Handwerks im Reisegewerbe und im stehenden Gewerbe: Differenzierende Behandlung – überzeugende Differenzierung?, GewArch 2015, 435.

M. Müller, Meisterpflicht und Gefahrgeneigtheit – zum Grundverständnis der Handwerksordnung nach der Novelle 2004, GewArch 2007, 361

Schäfer, Berufsrecht 2020 – Mit der Verhältnismäßigkeitsrichtlinie auf dem Weg zu einem modernen Regulierungsrecht?, EuZW 2018, 789.

Schreiner, Reisegewerbe und Handwerk, GewArch 2015, 233.

Stober/Eisenmenger, Besonderes Wirtschaftsverwaltungsrecht, 16. Aufl. 2016, § 48 Handwerksrecht.

Sydow, Auslegung des § 7b der Handwerksordnung, GewArch 2005, 456

Ziekow, Öffentliches Wirtschaftsrecht, 4. Aufl. 2016, § 11 Handwerksrecht.

§ 11 Gaststättenrecht

Jan Henrik Klement

Inhaltsverzeichnis

J. H. Klement (✉)
Lehrstuhl für Öffentliches Recht, Ökonomische Analyse des Rechts und Öffentliches
Wirtschaftsrecht, Universität Mannheim, Mannheim, Deutschland
E-Mail: klement@jura.uni-mannheim.de

© Springer-Verlag GmbH Deutschland, ein Teil von Springer Nature 2019   535
R. Schmidt, F. Wollenschläger (Hrsg.), *Kompendium Öffentliches Wirtschaftsrecht*,
Springer-Lehrbuch, https://doi.org/10.1007/978-3-662-59430-8_11

I. Grundlagen

1. Sinn und Zweck des Gaststättenrechts

1   Gaststättenrecht ist *besonderes Gewerberecht*. Es dient der Abwehr von Gefahren,
die mit der kommerziellen Verabreichung von Speisen und Getränken an einen offenen oder nicht überschaubaren Personenkreis in der Öffentlichkeit verbunden
sind (Gaststättengefahren). Die Zusammenkunft einer Mehrzahl von Menschen,
mögen diese einander bekannt oder unbekannt sein, ist schon als solche potenziell
konfliktträchtig, zumal dann, wenn sie in einer unmittelbar nur von einer Privatperson – dem Gastwirt – beherrschten Sphäre erfolgt. In diesem privaten „öffentlichen
Raum" können andernorts und vor allem im Einflussbereich der Familie funktionierende soziale und rechtliche Kontrollmechanismen in ihrer Wirkung beeinträchtigt
sein und besondere Gruppendynamiken freigesetzt werden. Das Konfliktpotenzial
besteht dabei sowohl nach Innen, das heißt zwischen dem Gastwirt und den Gästen
und zwischen den Gästen untereinander, als auch nach Außen, also insbesondere
gegenüber den Nachbarn der Gaststätte. Risiken birgt der Betrieb einer Gaststätte
außerdem im Hinblick auf die hohe Bedeutung von ordnungsgemäß zubereiteten
und dargebotenen Speisen und Getränken für die menschliche Gesundheit und die
schädigende Wirkung eines übermäßigen Genusses von Alkohol. Der privatauto-
nome Aushandlungsprozess beim Abschluss von Bewirtungs- und Arbeitsverträgen
und die deliktsrechtliche Sanktionierung etwaiger Schäden reichen zur Begrenzung
des an sich legitimen Interesses der Gastwirte an einem möglichst kostengünstigen
Betrieb der Gaststätte und einem möglichst hohen Konsum der Gäste nicht aus.
Vielmehr ist aus mehreren Gründen der flankierende Schutz des Öffentlichen Rechts
erforderlich, von denen hier die drei wichtigsten genannt seien:

2 • Sicherheit und Gesundheit der im Betrieb Beschäftigten sind wegen der persönlichen Abhängigkeit der Angestellten vom Gastwirt auf eine nicht vertraglich ab-
dingbare Mindestsicherung angewiesen; das Gaststättenrecht ist insoweit verzahnt
mit dem *Arbeits(schutz)recht*, dem es zusätzliche Rechtsdurchsetzungsinstru-
mente an die Hand gibt.

3 • Auch der Gast kann gegenüber dem Gastwirt seine Interessen nicht optimal
durchsetzen und kann deshalb auf die Hilfe der Gaststättenbehörden angewiesen sein. Er verfügt z. B. meistens kaum über Informationen die Sauber-

keit der Küche betreffend und kann sich von der persönlichen Zuverlässigkeit des Gastwirts nur einen bestenfalls oberflächlichen oder indirekten
Eindruck verschaffen. Das Öffentliche Recht schafft auch insoweit Erwar-
tungssicherheit und damit letztlich eine Basis für die privatrechtliche Beziehung zwischen Gastwirt und Gast. Es hat zudem im Blick, dass die Fähigkeit
der Gäste zur verantwortlichen Selbstbestimmung eingeschränkt sein kann,
denn es ist gerade die berauschende Wirkung, auf die der Konsum alkoholischer Gertränke in Gaststätten abzielt oder die jedenfalls billigend in Kauf
genommen wird. Um die *Fähigkeit zur Selbstbestimmung* zu erhalten, schützt
das Gaststättenrecht durch Eingriffe in das Recht zur Selbstbestimmung vor
allem jugendliche oder aus anderem Grund unerfahrene Gäste vor übermäßigem Alkoholkonsum und Ausbeutung.

- Der Betrieb einer Gaststätte berührt oft die *Interessen Dritter.* So kann der **4**
  Lärm einer Tanzveranstaltung die Nachbarn in ihrer Nachtruhe stören, der von
  einem Grillrestaurant ohne ausreichend hohen Schornstein aufsteigende
  Rauch kann ganze Stadtviertel belasten. Das Gaststättenrecht ist in dieser
  Hinsicht „besonderes Immissionsschutzrecht". Die negatorischen privatrechtlichen Ansprüche der Eigentümer oder Besitzer benachbarter Grundstücke
  (§ 1004 BGB i. V. m. § 906 BGB; § 862 Abs. 1 i. V. m. § 858 Abs. 1 BGB)
  reichen zur Abwehr der Beeinträchtigungen nicht aus, weil die individuelle
  Betroffenheit oft zu schwach, diffus und flüchtig ist, als dass ein hinreichendes Interesse an der Führung eines Zivilprozesses besteht. Ganz davon abgesehen verfügt der private Dritte in der Regel nicht über die zu einer effektiven
  Rechtsdurchsetzung erforderlichen Informationen und Mittel zur Informati-
  onsverschaffung (z. B. Messung der Emissionen am Schornstein des Grillrestaurants) und kann eine Behörde mit den Instrumenten des Öffentlichen
  Rechts sehr viel schneller und wirksamer handeln als dies mit Hilfe eines zivilprozessualen Verfahrens im einstweiligen Rechtsschutz möglich wäre. Die
  weitreichende Subjektivierung von Befugnisnormen unter dem Panier der
  Schutznormtheorie hat ebenfalls ihren Beitrag dazu geleistet, Nachbarschafts-
  konflikte, die früher rein zivilrechtlich hätten gelöst werden müssen, in das
  Öffentliche Recht zu verlagern.[1]

Wirtschafts-, sozial- und gesellschaftspolitische Ziele jenseits der Gefahren- **5**
abwehr spielen im Gaststättenrecht typischerweise keine Rolle. Das Gaststättenrecht ist insbesondere *kein wettbewerbsregulierendes Recht*, das es zur Aufgabe hätte, die Allgemeinheit oder gar die schon bestehenden Gaststätten vor
einer für schädlich gehaltenen Konkurrenz in diesem Wirtschaftszweig zu
schützen[2] oder aber den Gästen Wahlfreiheit zwischen verschiedenen Angeboten
zu eröffnen.

---

[1]Vgl. *Dolderer*, DVBl. 1998, 19 (19); allgemein zur Verlagerung staatlicher Konfliktlösungsstrate-
gien vom Zivilrecht ins Öffentliche Recht *Calliess*, Die Verwaltung 34 (2001), 169 (181 ff.).
[2]Siehe schon BVerwGE 1, 48 (52 ff.).

2. Gesetzgebungskompetenzen

a) Recht der Gaststätten im stehenden Gewerbe

6   Als besonderes Gewerberecht ist das Gaststättenrecht ein Teilgebiet des *Rechts der Wirtschaft*. Bis zur Föderalismusreform im Jahr 2006 (→ § 2 Rn. 103) war es mithin gemäß Art. 74 Abs. 1 Nr. 11 GG Gegenstand einer konkurrierenden Gesetzgebungskompetenz. Seit der Verfassungsänderung zählt das Recht der Gaststätten nun zu jenen Regelungsmaterien, auf die sich die konkurrierende Gesetzgebungskompetenz trotz fortbestehender Zugehörigkeit zum Recht der Wirtschaft[3] ausweislich des Wortlauts der genannten Vorschrift nicht mehr erstreckt. Insoweit greift also wieder die verfassungsrechtliche *Grundregel der Länderzuständigkeit* ein (Art. 30, 70 Abs. 1 GG; gleichwohl gilt das GastG des Bundes bis heute in einer Reihe von Ländern fort → Rn. 11). Die zur Vorbereitung der Föderalismusreform eingesetzte Kommission hatte mit der Neuregelung das Ziel verfolgt, die Zuständigkeiten der Länder für Sachbereiche mit einem „stark lokalen Bezug" zu stärken.[4] Auf dem Gebiet des Wirtschaftsrechts, das wegen des politisch und rechtlich fest gefügten Ziels eines freien und unverfälschten Wettbewerbs eigentlich am besten bundesweit – wenn nicht europäisch – zu regeln ist, schien die Rückkehr zur regionalen Zuständigkeit noch am ehesten im Gaststättenrecht und den wenigen anderen nunmehr aus der Bundeskompetenz ausgenommenen Materien vertretbar. Es konnte insoweit auf die typischerweise geringere Mobilität und Kompetitivität des Gaststättengewerbes und auch darauf verwiesen werden, dass das GastG zur Berücksichtigung der örtlichen Verhältnisse schon vor der Föderalismusreform Öffnungsklauseln für landesrechtliche Konkretisierungen und Abweichungen enthielt (§ 4 Abs. 3, §§ 14, 18, 21 Abs. 2, §§ 26, 32 GastG). Während ein einheitliches Gaststättenrecht bei der Ausarbeitung des Entwurfes des GastG des Bundes im Jahr 1965 noch als zur Vermeidung von „Mißverständnissen und Fehlinvestitionen der Gewerbetreibenden" geboten dargestellt wurde,[5] wird die Materie also heute in den Ländern, die von ihrer Gesetzgebungszuständigkeit Gebrauch gemacht haben, nur noch über die gemeinsame Rechtstradition und die Vorgaben der Verfassung und des Unionsrechts föderal verklammert.[6]

7   Durch die dargestellte Verfassungsänderung im Zuge der Föderalismusreform wurde der Begriff des *„Rechts der Gaststätten"* mit normativem Gehalt für die Kompetenzabgrenzung aufgeladen. Er bedarf deshalb weiterer Präzisierung. Dabei ist zunächst zu beachten, dass das Gaststättenrecht, wie soeben schon gesagt, unbeschadet der Lösung aus der Bundeskompetenz begrifflich weiterhin zum Recht der Wirtschaft gehört. Aus Art. 74 Abs. 1 Nr. 11 GG lässt sich eine Gesetzgebungskompetenz der Länder also nur für solche Regelungen ableiten, die auf

---

[3] *Friedrich*, Recht der Wirtschaft, in: Holtschneider/Schön (Hrsg.), Die Reform des Bundesstaates, 2007, S. 239 (244 f.); *Höfling/Rixen*, GewArch 2008, 1 (5).

[4] Siehe die sog. Münchener Erklärung vom 18.10.2004, in: Kommission von Bundestag und Bundesrat zur Modernisierung der bundesstaatlichen Ordnung, Komm.-Drs. 83, S. 2.

[5] BT-Drs. 4/3147, S. 11.

[6] Rechtspolitisch kritisch *Eisenmenger*, GewArch 2018, 181 (182).

ein gewerbliches – insbesondere mit Gewinnerzielungsabsicht erfolgendes – Angebot von Speisen und Getränken bezogen sind. Dafür genügt es nicht, dass sich eine Norm (auch) an Gastwirte richtet oder sich faktisch auf ihre berufliche Tätigkeit auswirkt. Andernfalls fehlte dem Kompetenztitel des Art. 74 Abs. 1 Nr. 11 GG angesichts der Weite des Begriffs der Wirtschaft[7] eine sinnvolle Begrenzung. Für die kompetenzrechtliche Zuordnung zum „Wirtschaftsrecht" und damit zum Gaststättenrecht ist vielmehr erforderlich, dass der objektive Regelungsgegenstand und -gehalt „in seinem Gesamtzusammenhang ein im Schwerpunkt wirtschaftsrechtlicher" ist.[8] Anhand dieser Schwerpunktbetrachtung ist das Gaststättenrecht einigermaßen sicher sowohl von anderen Länderkompetenzen (z. B. für das Bauordnungsrecht) als auch von anderen Bundeskompetenzen wie etwa Art. 74 Abs. 1 Nr. 7, 20 GG abzugrenzen, auf deren Grundlage zwar auch für Gaststätten einschlägige, aber diese weder ausschließlich noch vorrangig betreffende Vorschriften erlassen werden können (z. B. Lebensmittelrecht). Einzelne Rechtsgebiete, die an sich unter den Begriff des Wirtschaftsrechts zu subsumieren wären, werden vom Grundgesetz zudem speziell geregelt (z. B. Art. 74 Abs. 1 Nr. 12, 16, 24 GG) und sind von vornherein aus dem Anwendungsbereich von Art. 74 Abs. 1 Nr. 11 GG ausgenommen.[9]

Die zwischenzeitlich in allen Ländern erlassenen Nichtraucherschutzgesetze **8** enthalten zwar spezifisch auf Gaststätten abgestimmte Regelungen (z. B. § 7 Abs. 1 S. 1 LNRSchG BW: „In Gaststätten ist das Rauchen untersagt."). Diese Regelungen sind nach ihrem Gegenstand und ihrem Zweck allerdings nicht Wirtschaftsrecht und damit nicht auf die *Gesetzgebungskompetenz für das Gaststättenrecht* zu stützen. Es geht ihnen um den Schutz vor Gesundheitsbeeinträchtigungen durch den von anderen Gästen erzeugten Rauch, nicht um die Abwehr von Gefahren, die dem Gewerbebetrieb zuzurechnen sind und spezifisch auf der Gewerbsmäßigkeit beruhen.[10] Rechtlich gesteuert wird in erster Linie das Verhalten der Gäste und nicht der Gewerbetreibenden, die lediglich als Hilfspersonen der Vollzugsverwaltung in Dienst genommen werden und außerdem „als Menschen" (nicht als Gewerbetreibende) selbst Adressaten des Rauchverbots sind. Ob die Materie des Nichtraucherschutzes den konkurrierenden Gesetzgebungskompetenzen des Bundes insbesondere aus Art. 74 Abs. 1 Nr. 7, 12, 19, 20, 24 GG unterfällt, kann hier dahinstehen. Der Bund hat jedenfalls auf den Erlass eines umfassenden Nichtraucherschutzgesetzes verzichtet, so dass die Gesetzgebungskompetenz gemäß Art. 72 Abs. 1 GG bei den Ländern verblieben ist und die Nichtraucherschutzgesetze mithin kompetenzgerecht erlassen wurden.[11] Die bundesrechtlichen Vorschriften zum Schutz von nicht rauchenden Beschäftigten (vgl. § 5 ArbStättV) stehen den Nichtraucherschutzgesetzen, die auf den Schutz der gesamten Bevölkerung ausgerichtet

---

[7] BVerfG, EuGRZ 2014, 98 (109 f.). Kritisch *Kunig*, in: von Münch/ders., Art. 74 Rn. 37 f.

[8] BVerfG, EuGRZ 2014, 98 (110).

[9] Vgl. *Kunig*, in: von Münch/ders., Art. 74 Rn. 38.

[10] Zutreffend *Rossi/Lenski*, NJW 2006, 2657 (2659 f.); a. A. Landesregierung NRW, Gesetzentwurf, LT-Drs. 14/4834, S. 16.

[11] BVerfGE 121, 317 (347).

sind und den Arbeitsschutz nur reflexartig betreffen, nicht entgegen (näher zum landesrechtlichen Nichtraucherschutz → Rn. 107 ff.).

9   Das Gaststättenrecht ist schließlich im Binnenverhältnis des Art. 74 Abs. 1 Nr. 11 GG vom übrigen Recht der Wirtschaft abzugrenzen. Auch hier ist wieder zu unterscheiden zwischen spezifisch auf den Betrieb eines Gaststättengewerbes bezogenen und allgemeinen, für alle Gewerbetreibenden und damit *auch* für Gaststätten geltenden Vorschriften. Die allgemeinen Normen können auch nach der Föderalismusreform vom Bund erlassen werden (Art. 72 Abs. 1, Art. 74 Abs. 1 Nr. 11 GG).[12] Eine vom allgemeinen Gewerberecht abweichende, spezifisch gaststättenrechtliche und damit auf die speziellere Kompetenznorm gestützte Vorschrift des Landesrechts ist allerdings vorrangig. Zu dem eher formellen Kriterium des auf das Gaststättengewerbe begrenzten Anwendungsbereichs tritt ein materielles Kriterium hinzu: Eine gaststättenrechtliche Vorschrift dient begrifflich der Abwehr von Gefahren, die aus dem Zusammentreffen von gewerblicher Gewinnerzielungsabsicht und öffentlicher Verabreichung von Lebensmitteln und insbesondere von Alkohol herrühren und damit *spezifische Gaststättengefahren* sind (→ Rn. 1 ff.).[13] Nur diese inhaltliche Besonderheit des Regelungsgegenstands vermag die verfassungsrechtliche Herauslösung des Gaststättenrechts aus dem Verbund des Wirtschaftsrechts sachlich zu erklären. Vorschriften, die nicht in einem inneren Bezug zum Regelungsgegenstand „Gaststätte" in seinen rechtlichen Besonderheiten stehen, sind mithin nicht von der Kompetenz gedeckt.

b) Recht der Gaststätten im Reisegewerbe

10   Dem geltenden Bundesrecht liegt die Annahme zugrunde, dass die Länderkompetenz für das Gaststättenrecht nur solche Gaststätten betrifft, die als stehendes Gewerbe (Begriff → § 9 Rn. 4) betrieben werden. Für den Erlass wirtschaftsrechtlicher Vorschriften für Gaststätten im Reisegewerbe soll – beim Vorliegen der Voraussetzungen des Art. 72 Abs. 2 GG – nach dieser Auffassung weiterhin der Bund zuständig sein.[14] In der Begründung einer Beschlussempfehlung des Bundestagsausschusses für Wirtschaft und Technologie, die diese Kompetenz für den Bund in Anspruch nimmt, heißt es, für das Reisegewerbe und damit auch für „Reisegaststätten" sei eine länderübergreifende Tätigkeit „typisch und prägend". Es handele sich deshalb nicht um Gaststätten „im eigentlichen Sinn".[15] Ersichtlich wird damit eine politische Erwägung, die bei der Föderalismusreform für die Auswahl der auf die Länder zurückübertragenen Gesetzgebungskompetenzen auf dem Gebiet des Wirt-

---

[12] Siehe am Beispiel des Prostituiertenschutzgesetzes vom 21. Oktober 2016 (BGBl. I 2372) *Rixen*, GewArch 2018, 127 (136 f.).

[13] Kritisch zu beurteilen ist deshalb der Verzicht auf das Merkmal der Öffentlichkeit in § 1 Abs. 1 GastG LSA.

[14] Darauf beruhte die im Jahr 2007 – und damit nach der Föderalismusreform – erfolgte Aufhebung von Vorschriften des GastG (BGBl. I, S. 2246), siehe dazu BT-Drs. 16/11622, S. 7; zustimmend *Rengeling/Szczekalla*, in: BK-GG, Art. 74 Abs. 1 Nr. 11 Rn. 146 (Stand: 131. EL September 2007); *Höfling/Rixen*, GewArch 2008, 1 (7); *Lehmann*, GewArch 2009, 291 (292 f.); a. A. *Dürr*, GewArch 2009, 286.

[15] BT-Drs. 16/11622, S. 7.

schaftsrechts in der Tat maßgeblich war (→ Rn. 6), zu einer teleologischen Reduktion des verfassungsrechtlichen Gaststättenbegriffs genutzt. Das ist alles andere als überzeugend. Auch wenn eine landesrechtliche Normierung des angeblich typischerweise ohne überregionalen Wettbewerbsbezug betriebenen Gaststättengewerbes politisch eher sinnvoll oder zumindest im Interesse einer Stärkung der Länder noch hinnehmbar erschien als auf anderen Feldern des Wirtschaftsrechts, bedeutet das doch keineswegs, dass Gaststätten, die diesen Ortsbezug entgegen der typisierenden Erwartung im Einzelfall nicht aufweisen, keine Gaststätten im verfassungsrechtlichen Sinne mehr sind und damit weiterhin der Bundeskompetenz unterliegen. Wollte man das so sehen, müsste konsequenterweise etwa auch die überregional agierende Systemgastronomie aus der Landeskompetenz ausgenommen sein, was aber nicht vertreten wird. Der Sachzusammenhang mit dem übrigen Gaststättenrecht und die Erforderlichkeit einer klaren, aus sich heraus verständlichen Kompetenzabgrenzung sprechen dafür, die Verfassung beim Wort zu nehmen und auch das Reisegaststättengewerbe der *Länderkompetenz* zuzuordnen (zu den Konsequenzen → Rn. 82 f.). Zu diesem Ergebnis gelangt schließlich auch eine objektiv-historische Auslegung der Verfassung anhand der zur Zeit der Föderalismusreform geltenden einfachgesetzlichen Definition des Gaststättengewerbes durch § 1 GastG, die wesentliche Teile des Reisegaststättengewerbes einbezog.[16]

3. Gesetzliche Grundlagen

In der 1872 als Reichsgesetz in Kraft getretenen GewO waren die „Gastwirthschaft" und die „Schankwirthschaft" abweichend vom Grundsatz der Gewerbefreiheit in § 33 als erlaubnispflichtige Gewerbe geregelt.[17] Wie etwa auch das Handwerksrecht, das Verkehrsgewerberecht oder das Immissionsschutzrecht ist die Materie später aus der GewO „herausgewachsen". Das erste eigenständige Gaststättengesetz wurde vom Reichstag im Jahr 1930 verabschiedet. Nachdem es in den Ländern nach 1945 zunächst unterschiedliche Vorschriften gegeben hatte, stellte das Gaststättengesetz vom 05.05.1970[18] die Rechtseinheit wieder her. Das noch heute in vielen Ländern fortgeltende *Gaststättengesetz* in der Fassung der Bekanntmachung vom 20.11.1998[19] (GastG) geht im Wesentlichen darauf zurück. Die letzte größere Änderung trat am 01.07.2005 in Kraft.[20] Sie brachte eine Lockerung der präventiven Kontrolle des Gaststättengewerbes, ohne aber den Grundsatz der Erlaubnispflichtigkeit aufzugeben (→ Rn. 33 f.).

11

---

[16] *Degenhart*, in: Sachs, Art. 74 Rn. 47; a. A. *Rengeling/Szczekalla*, in: BK-GG, Art. 74 Abs. 1 Nr. 11 Rn. 146 (Stand: 131. EL September 2007).

[17] BGBl. des Norddeutschen Bundes 1869, S. 245 (254). Zuvor in Preußen § 55 Allgemeine Gewerbeordnung, Gesetz-Sammlung für die Königlichen Preußischen Staaten 1845, S. 41 (52).

[18] BGBl. I, S. 465, 1298.

[19] BGBl. I, S. 3418.

[20] BGBl. I, S. 1666.

12   Seit der Neuordnung der Gesetzgebungskompetenzen durch die Föderalismusreform 2006 (→ Rn. 6 f.) ist die Bedeutung des *Landesrechts* gewachsen. Eigene Gaststättengesetze gibt es in Brandenburg (BbgGastG), Bremen (BremGastG), Hessen (HessGastG), Niedersachsen (NdsGastG), im Saarland (SaarlGastG), in Sachsen (SächsGastG), Sachsen-Anhalt (GastG LSA) und Thüringen (ThürGastG). Es handelt sich um Vollregelungen, die das GastG vollständig ersetzen (siehe Art. 125a Abs. 1 S. 2 GG; ausdrücklich § 13 BbgGastG; § 18 HessGastG; § 1 Abs. 1 S. 2 NdsGastG; § 18 Abs. 1 S. 2 SaarlGastG; § 14 SächsGastG). Das Gaststättengesetz für Baden-Württemberg (LGastG BW) vom 10.11.2009[21] enthält in § 1 einen statischen Verweis auf das GastG des Bundes in der Fassung der Bekanntmachung vom 20. November 1998, zuletzt geändert durch Art. 10 des Gesetzes vom 7. September 2007 (BGBl. I, S. 2246, 2257). Hierdurch gelten die Inhalte des Bundesgesetzes in diesem Land als Landesrecht fort. Die vorstehend nicht genannten Länder haben keine eigenen Vorschriften erlassen. In ihren Hoheitsgebieten gilt das GastG bis zu seiner Ersetzung durch Landesrecht als Bundesrecht[22] fort (Art. 125a Abs. 1 S. 1, 2 GG). Der Erfolg der Föderalismusreform hält sich damit bisher hinsichtlich des Gaststättenrechts in engen Grenzen, zumal sich der Innovationsgehalt der erlassenen Ländergesetze eher bescheiden ausnimmt. Umstritten ist, ob und in welchem Ausmaß der Bund befugt ist, das bestehende GastG „fortzuschreiben", wenn veränderte Verhältnisse eine Anpassung erforderlich machen.[23] In der Praxis hat der Bund zuletzt nur eine Kompetenz für redaktionelle Anpassungen, nicht aber für inhaltliche Änderungen im eigentlichen Sinne für sich in Anspruch genommen.[24] Bleibt es dabei, wird der Druck auf die Länder, eigene Gesetze zu erlassen, im Laufe der Zeit immer größer werden.

4. Anwendungsbereich der Gesetze

a) Begriff des Gaststättengewerbes

13   Im einfachen Recht bestimmt der Begriff des Gaststättengewerbes den Anwendungsbereich der Gaststättengesetze und ist dementsprechend oft eine grundlegende Weichenstellung der Fallbearbeitung. Er ist außerdem bei der Anwendung der Landesnichtraucherschutzgesetze (→ Rn. 108) und – als Negativmerkmal – für die Bestimmung des Anwendungsbereichs der Ladenöffnungsgesetze von Bedeutung.

14   Nach der Vorschrift des § 1 Abs. 1 GastG, die sich identisch oder ähnlich in allen Landesgesetzen wiederfindet,[25] ist ein Gaststättengewerbe eine im stehenden Gewerbe betriebene Schank- oder Speisewirtschaft, die jedermann oder bestimmten

---

[21] GBl. BW, S. 628.

[22] *Seiler*, in: BeckOK GG, Art. 125a Rn. 4.

[23] Vgl. *Stelkens*, BayVBl. 2007, 263 (267); *Weißenberger*, DÖV 2012, 385 (386 ff.); *Seiler*, in: BeckOK GG, Art. 125a Rn. 4.

[24] Siehe hierzu die Gesetzesbegründung zu einer im Jahr 2017 erfolgten redaktionellen Änderung des GastG, BR Drucks. S. 489/16, 11. Weitergehend aber BGHZ 214, 360 (371): Anpassung an zwingendes Unionsrecht ist möglich. Die Entscheidung erging zu § 6a Abs. 2 GewO (→ Rn. 59).

[25] Auf Abweichungen wird nachfolgend eingegangen.

Personenkreisen zugänglich ist. Das Gesetz geht damit über den umgangssprachlichen Gaststättenbegriff hinaus. Auch Tankstellen oder Bäckereien mit Verzehrmöglichkeit, Kinos und Nachtclubs können im Rechtssinne Gaststätten sein. Gemäß § 1 Abs. 2 GastG werden darüber hinaus auch bestimmte Formen des Verabreichens von Speisen und Getränken im Reisegewerbe erfasst.

aa) Gewerblichkeit des Betriebs

Sowohl § 1 Abs. 1 als auch § 1 Abs. 2 GastG nehmen nur Bezug auf das Verabreichen von Speisen und Getränken *„im Gewerbe"*. Die Gewerblichkeit des Betriebs ist also begrifflich Voraussetzung für eine Gaststätte im Sinne des Gesetzes. Da es an einer eigenen gaststättenrechtlichen Bestimmung des Gewerbebegriffs fehlt, ist im Ausgangspunkt auf die zu § 1 Abs. 1 GewO anerkannte Definition zurückzugreifen (→ § 9 Rn. 8 ff.). Gewerbsmäßig[26] ist hiernach eine Tätigkeit, die (1) selbstständig, (2) mit Gewinnerzielungsabsicht und (3) nachhaltig betrieben wird sowie (4) zumindest nicht generell verboten ist.[27]

15

(1) Selbstständigkeit

Selbstständig ist jedenfalls, wer nach außen auf eigene Rechnung im eigenen Namen auftritt und nach innen im Hinblick auf die in Rede stehende Tätigkeit weder einem (arbeits-)vertraglichen Weisungsrecht unterliegt noch in anderer Weise von einer anderen Person persönlich abhängig ist.[28] Das Merkmal der *Selbstständigkeit* ist nicht nur konstitutiv für das Vorliegen eines Gewerbes, sondern es dient auch der Identifikation der das Gewerbe betreibenden Person etwa in Abgrenzung von bloßen Hilfspersonen. Von Bedeutung ist das zum einen für die Zurechnung der meisten gaststättenrechtlichen Pflichten und zum anderen für die Anwendung personenbezogener Tatbestandsmerkmale wie z. B. der Zuverlässigkeit (→ Rn. 40). Die Behörden haben dabei oft mit schwer zu durchschauenden Verhältnissen zu kämpfen. Zur Vermeidung von Regelungslücken wird der Begriff der Selbstständigkeit daher weit ausgelegt. Einigkeit besteht darin, dass Gewerbetreibender auch ist, wer die Führung der Geschäfte einem Stellvertreter überlassen hat, der rechtsgeschäftlich im Namen des Patrons und wirtschaftlich auf dessen Rechnung handelt, mag es auch im Innenverhältnis an einem Weisungsrecht fehlen (arg. ex § 9 GastG; zum gewerberechtlichen Stellvertreterbegriff → § 9 Rn. 9). Der Stellvertreter selbst ist nicht Gewerbetreibender (siehe aber § 45 GewO). Wird hingegen ein „Strohmann" eingeschaltet, der nach außen unter Verschleierung der wahren Machtverhältnisse wie ein Selbstständiger auftritt und rechtsgeschäftlich dementsprechend selbst gebunden wird (§ 164 Abs. 2 BGB), nach innen aber den Weisungen des Hintermannes untersteht und auf dessen Rechnung handelt, sind beide Akteure (!) als selbstständig anzusehen[29] (näher → § 9 Rn. 11).

16

---

[26] Nur ausnahmsweise kann es an der Gewerbs*fähigkeit* fehlen, etwa bei der Abgabe von Wein durch den Winzer (Urproduktion), vgl. *Michel/Kienzle/Pauly*, GastG, § 1 Rn. 31.
[27] Vgl. BVerwG, NVwZ 1995, 473 (474).
[28] *Friauf*, in: ders., GewO, § 1 Rn. 103 (Stand: 268. EL April 2013).
[29] BVerwG, NVwZ 2004, 103 (104).

17   Auch eine *juristische Person* kann – vermittelt durch die Zurechnung des
      Handelns natürlicher Personen – Gewerbetreibende sein. Personengesellschaften
      kommen hingegen mangels eigener Rechtspersönlichkeit nach überkommener
      Auffassung grundsätzlich nicht als Gewerbetreibende in Betracht.[30] Die „Zu-
      rechnungsendpunkte" sind hier alle zur Geschäftsführung und Vertretung befug-
      ten Gesellschafter.[31] Abweichend davon ermöglichen das GastG und einige Lan-
      desgaststättengesetze auch nicht rechtsfähigen Vereinen den Betrieb eines
      Gaststättengewerbes oder gehen zumindest implizit von dieser Möglichkeit aus
      (§ 2 Abs. 1 S. 2 GastG; § 2 Abs. 1 S. 3 BbgGastG; § 3 Abs. 1 S. 2 HessGastG;[32]
      § 4 Abs. 5 SaarlGastG; § 2 Abs. 3 SächsGastG), was im Hinblick auf die körper-
      schaftliche Verfassung und die Unabhängigkeit der Vereine vom Wechsel der
      Mitglieder gerechtfertigt ist.

      (2) Gewinnerzielungsabsicht

18   Eine *Gewinnerzielungsabsicht* besteht, wenn der Betrieb der Gaststätte nach den
      getroffenen Vorkehrungen darauf angelegt ist, dauerhaft die Betriebskosten über-
      steigende Einnahmen zu erzielen. Nicht entscheidend ist, zu welchem Zweck die
      Gewinne eingesetzt werden.[33] So handelt etwa ein gemeinnütziger Verein selbst
      dann gewerbsmäßig, wenn er die Gewinne seiner Gaststätte in die gemeinnützige
      Jugendarbeit investiert. Ob dem Gewerbetreibenden die Gewinnerzielung erlaubt
      ist oder nicht, spielt ebenfalls keine Rolle.

      (3) Nachhaltigkeit

19   Mit dem Merkmal der Nachhaltigkeit werden Tätigkeiten ausgeschieden, die ledig-
      lich einmalig oder aber in loser, nicht geplanter Folge ausgeübt werden und dabei
      auch nach ihrem sachlichen Umfang eine nur untergeordnete Bedeutung für den
      Handelnden haben.[34] Es kommt dabei nicht allein auf die zeitliche Dauer an. Aus
      § 12 Abs. 1 GastG (siehe auch etwa § 2 Abs. 1 S. 1 NdsGastG; § 3 Abs. 4 S. 1 Saarl-
      GastG) ergibt sich, dass es auch kurzfristig betriebene Gaststätten geben kann. Es
      ist auch nicht ersichtlich, weshalb gerade „flüchtige", vielleicht spontan eröffnete
      Betriebe von vornherein weniger gefährlich als dauerhafte Einrichtungen sein soll-
      ten. Richtigerweise dürfte das Merkmal der Nachhaltigkeit daher nur als Hilfsmerk-
      mal für die Feststellung einer hinreichenden Gewinnerzielungsabsicht von Bedeu-
      tung sein.[35] Entscheidend ist, ob das Erzielen von Einnahmen nach Lage der Dinge
      von so erheblicher Bedeutung für den Lebensunterhalt des Gastwirts ist, dass die

---

[30] BVerwGE 91, 186 (190 f.); HessVGH, GewArch 1991, 343; a.A. *Fetzer*, in: Steiner/Brinktrine,
§ 6 Rn. 223; offenlassend nunmehr BVerwGE 153, 99 (105); → § 9 Rn. 10.

[31] BVerwGE 91, 186 (189 f.); *Metzner*, GastG, § 1 Rn. 29 f.; *Pielow*, in: BeckOK GewO,
§ 1 Rn. 187.

[32] *Weidtmann-Neuer*, HessGastG, 2013, § 3 Rn. 18; a. A. *Heß*, GewArch 2012, 236 (239).

[33] HessVGH, GewArch 1991, 343 (344).

[34] Siehe näher *Pielow*, in: BeckOK GewO, § 1 Rn. 143 ff.

[35] In diesem Sinne wohl auch *Friauf*, in: ders., GewO, § 1 Rn. 99 f. (Stand: 268. EL April 2013);
ähnlich *Michel/Kienzle/Pauly*, GastG, § 1 Rn. 13.

beschriebenen Gaststättengefahren (→ Rn. 1 ff.) hierdurch spürbar verstärkt werden und die Inpflichtnahme des Gastwirts einen im Schwerpunkt wirtschaftsrechtlichen Charakter erhält (zu den Gesetzgebungskompetenzen → Rn. 7).

(4) „Nicht generell verbotene Tätigkeit"

Auch das Merkmal der „*nicht generell verbotenen Tätigkeit*" ist – zumindest im Gaststättenrecht – mit Vorsicht zu handhaben. Aus § 4 Abs. 1 S. 1 Nr. 1 GastG geht hervor, dass die Gewerblichkeit jedenfalls nicht deshalb entfällt, weil ein Gastwirt bei Gelegenheit der Ausübung seines Gewerbes rechtswidrigem Verhalten und insbesondere der Verwirklichung von Straftatbeständen Vorschub leistet oder dies zu besorgen ist. Auch die im Grunde genommen immer gegebene Möglichkeit, den in einem Genehmigungsantrag oder einer Anzeige bestimmten Betrieb in einer nicht rechtskonformen Weise zu führen, genügt nicht – die definierte Tätigkeit ist dann eben nicht „generell" verboten. Ein Betrieb, welcher der Anbahnung von Kontakten von Freiern und Prostituierten dient,[36] und auch ein „Swingerclub"[37] können deshalb nach geltender Rechtslage Gaststättengewerbe sein. Noch darüber hinaus sollte die Gewerblichkeit und damit die Anwendbarkeit der Gaststättengesetze aber auch dann nicht ausgeschlossen sein, wenn die beabsichtigte oder ausgeführte Betriebsart als solche unausweichlich mit einem Verstoß gegen die Rechtsordnung verbunden ist, ein rechtmäßiger Betrieb also von vornherein unmöglich ist (z. B. Kneipe, in der russisches Roulette gespielt wird). Das hängt mit der Herkunft und der Funktion des Merkmals der „nicht generell verbotenen Tätigkeit" zusammen. Die damit bewirkte Einschränkung des Gewerbebegriffs dient im allgemeinen Gewerberecht vor allem dazu, Wertungswidersprüche zwischen dem durch § 1 GewO gewährleisteten grundsätzlichen Schutz der Freiheit des Gewerbes und der übrigen Rechtsordnung zu vermeiden oder abzumildern.[38] Im Gaststättenrecht, das vor allem eine Erweiterung der hoheitlichen Befugnisse zur Abwehr von Gaststättengefahren gegenüber dem allgemeinen Gefahrenabwehrrecht bezweckt, wäre es umgekehrt ein Wertungswiderspruch, würden ausgerechnet verbotene Betriebsarten vom Anwendungsbereich der Gesetze ausgenommen werden. Deshalb kann die Veranstaltung einer Peep-Show selbst dann ein Gaststättengewerbe sein, wenn es zutrifft, dass diese Form der Zurschaustellung von Menschen als Objekte fremder Begierde zwangsläufig (nicht durch Vorkehrungen im Einzelfall vermeidbar) den aus der Würde des Menschen folgenden Achtungsanspruch (Art. 1 Abs. 1 S. 1 GG) verletzt.[39] Kurz gesagt: Der Betrieb einer Gaststätte ist niemals eine „generell verbotene Tätigkeit" im Sinne der Definition des Gewerbebegriffs, mag er auch im Einzelfall rechtswidrig

20

---

[36] VG Stuttgart, GewArch 2005, 431 (432).

[37] BVerwG, GewArch 2003, 122 (123).

[38] Kritisch auch insoweit *Friauf*, in: ders., GewO, § 1 Rn. 118 ff. (Stand: 268. EL April 2013).

[39] Zutreffend daher BVerwGE 64, 274 (275 f.): Peep-Show ist Gewerbe, aber nicht erlaubt. Zu einer anderen Bewertung neigt das BVerwG aber dann, wenn mit dem Betrieb des Gewerbes – so, wie es in einem Genehmigungsantrag oder eine Anzeige inhaltlich definiert wird – zwangsläufig gegen Strafgesetze verstoßen wird, vgl. BVerwG, GewArch 2003, 122 (123), wo dies im konkreten Fall verneint wird.

erfolgen. Dass einem auf eine rechtswidrige Tätigkeit gerichteten Genehmigungsantrag nicht stattzugeben ist, steht auf einem anderen Blatt – hier greift mindestens
der Versagungsgrund des § 4 Abs. 1 S. 1 Nr. 1 GastG ein.

bb) Verabreichen von Speisen oder Getränken

21   Über die Gewerblichkeit des Betriebs hinaus verlangen § 1 Abs. 1 GastG für das
stehende Gewerbe und § 1 Abs. 2 GastG für das Reisegewerbe, dass zubereitete
Speisen und/oder Getränke zum Verzehr an Ort und Stelle verabreicht werden.
Reine Beherbergungsbetriebe unterfallen dem Gaststättenbegriff seit 2005 nicht
mehr. Zubereitet ist eine Speise, die zum alsbaldigen Verzehr essfertig gemacht
worden ist. Rohes und ungeschältes Obst ist von Natur aus essfertig und damit nicht
zubereitet.[40] Der Gastwirt „*verabreicht*" Speisen und Getränke, wenn er sie den
Gästen tatsächlich zur Verfügung stellt[41] oder Dritte dazu veranlasst.[42] Nicht genü-
gend ist das bloße Bereitstellen von Zutaten, die von den Gästen noch im Wesentlichen selbst zur Speise zubereitet werden müssen. Das Erfordernis eines Verzehrs
„*an Ort und Stelle*" grenzt Gaststätten von einfachen Verkaufsstellen ab. Mit Blick
auf den Zweck des GastG, eine besondere rechtliche Verantwortlichkeit des Gastwirts (auch) für das Verhalten seiner Gäste zu begründen, muss der Verzehr in seinem Einflussbereich erfolgen. Eine zivilrechtliche Verfügungsbefugnis über den
Raum oder das Grundstück ist nicht zu verlangen,[43] wohl aber ein enger räumlicher
Zusammenhang zwischen Abgabe- und Verzehrort,[44] der die Inanspruchnahme des
Wirtes auch verfassungsrechtlich rechtfertigt. Innerhalb des umbauten Raums bereitet die Abgrenzung meistens keine Schwierigkeiten; anders kann es sich bei Im-
bisswagen oder anderen Einrichtungen unter freiem Himmel verhalten. Auch hier
muss der Gewerbetreibende aber zumindest irgendwelche Vorkehrungen treffen, die
seinen Kunden einen Verzehr in unmittelbarer Nähe ermöglichen (z. B. Aufstellen
von Imbisstischen).[45] Der Ausdruck „*zum Verzehr*" macht deutlich, dass der im Zeitpunkt der Abgabe zu erwartende Ort des Verzehrs entscheidend ist. Für die Prognose kommt es nicht direkt auf die (vorgeblichen) Vorstellungen des Gastwirts, sondern auf die tatsächlichen, von ihm mitgestalteten und genutzten Umstände an. Ein
Supermarkt wird nicht allein deshalb zur Gaststätte, weil die dort erhältlichen Getränke an Ort und Stelle geöffnet und getrunken werden können,[46] solange der Su-
permarktbetreiber dieses Verhalten nicht beispielsweise durch die Einrichtung von
Sitzgelegenheiten oder besonderen Vorrichtungen zum Öffnen von Flaschen fördert.
Fehlt es an den dargestellten Voraussetzungen, ist nicht das GastG, sondern nur die
GewO anwendbar.

---

[40] VG Berlin, Urt. v. 29.11.2013 – 4 K 357.12, juris, Rn. 56.

[41] Vgl. OLG Karlsruhe, GewArch 2003, 428 (429).

[42] Bemerkenswerter Sachverhalt bei OVG RP, GewArch 1978, 135.

[43] *Michel/Kienzle/Pauly*, GastG, § 1 Rn. 45, § 3 Rn. 23.

[44] *Metzner*, GastG, § 1 Rn. 51.

[45] Näher *Eisentraut*, GewArch 2018, 49 (53).

[46] *Metzner*, GastG, § 1 Rn. 49.

cc) Betriebstyp

Bei der weiteren Prüfung ist danach zu unterscheiden, ob das Gewerbe als stehendes **22** Gewerbe (§ 1 Abs. 1 GastG) oder aber als Reisegewerbe (§ 1 Abs. 2 GastG) betrieben wird. Darauf kommt es deshalb an, weil ein Reisegewerbe nur unter zusätzlichen, gleich darzustellenden Voraussetzungen als Gaststätte zu qualifizieren ist. Außerdem differenziert das GastG für das stehende Gewerbe in § 1 Abs. 1 zwischen Schankwirtschaften und Speisewirtschaften. Während in einer Schankwirtschaft Getränke verabreicht werden, bietet eine Speisewirtschaft *„zubereitete Speisen"* an. Mit dieser Differenzierung verbindet das Gesetz allerdings keine besonderen normativen Konsequenzen. Wo das Gesetz von Schank- oder Speisewirtschaften spricht (z. B. § 18 Abs. 1 GastG) sind aber nach der begrifflichen Systematik jedenfalls nur Gaststättenbetriebe im stehenden Gewerbe gemeint. Selbstverständlich kann eine Gaststätte zugleich Schank- und Speisewirtschaft sein.

Den durch § 1 Abs. 1 GastG bewirkten *Ausschluss des Reisegewerbes* (zum Be **23** griff → § 9 Rn. 86 ff.) macht § 1 Abs. 2 GastG großteils, aber nicht vollständig rückgängig: Ein Gaststättengewerbe betreibt auch, wer im Reisegewerbe[47] von einer „für die Dauer der Veranstaltung ortsfesten Betriebsstätte aus" Getränke oder zubereitete Speisen zum Verzehr an Ort und Stelle verabreicht. *Ortsfest* ist eine Betriebsstätte, wenn sie zumindest während der Bewirtung mit Grund und Boden verbunden ist (z. B. Bierzelt) oder jedenfalls ortsfest benutzt wird (z. B. auf Volksfestplatz geparkter Eiswagen)[48] und damit dem stehenden Gewerbe ähnlich ist. Wird das Gewerbe hingegen „in Bewegung" betrieben (der Eiswagen hält überall dort, wo von Passanten Abnahmebereitschaft signalisiert wird), ist der Anwendungsbereich des GastG verlassen und es finden die allgemeinen Vorschriften der GewO Anwendung (→ Rn. 82). Im Unterschied dazu beziehen fast alle LGastG das Reisegewerbe ohne diese Einschränkung in den Gaststättengewerbebegriff ein (§ 1 Abs. 1 BbgGastG; § 1 BremGastG; § 1 Abs. 2 HessGastG; § 1 Abs. 3 NdsGastG; § 1 Abs. 1, Abs. 3 SaarlGastG; § 1 Abs. 1 S. 1 SächsGastG; § 1 Abs. 1 ThürGastG; anders § 1 Abs. 1 GastG LSA). Das bedeutet allerdings nicht, dass das Reisegaststättengewerbe im Landesrecht eine eigene Regelung erfährt. Vielmehr verweisen die meisten Landesgaststättengesetze insoweit auf die GewO (→ Rn. 83).

dd) Öffentlichkeit

Das letzte Merkmal des Gaststättenbegriffs ist das der Öffentlichkeit. Der Betrieb **24** muss *jedermann* oder zumindest *bestimmten Personenkreisen* (faktisch) zugänglich sein (anders § 1 Abs. 1 GastG LSA; siehe auch § 1 Abs. 1 ThürGastG, der zunächst im Singular auch nur einen bestimmten Personenkreis genügen ließ und seit 01.11.2017 sogar auf das Attribut „bestimmten" verzichtete).[49] An der so definierten Öffentlichkeit des Gewerbes fehlt es nur dann, wenn sämtliche zugelassenen Personen in jedem

---

[47] Der Zusatz „als selbstständiger Gewerbetreibender" ist seit der Neufassung von § 55 Abs. 1 Nr. 1 GewO zum 14.09.2007 überflüssig, da es unselbstständige Reisegewerbetreibende nicht mehr gibt.

[48] *Ehlers*, in: ders./Fehling/Pünder, § 20 Rn. 13.

[49] Dies als rein formale Änderung darstellend die Begründung des Gesetzentwurfs, LT Drucksache 6/3684, S. 7.

Zeitpunkt individualisiert sind und der „Gastgeber" auch in der Lage ist, den Kreis der Berechtigten zu überschauen und einzuschränken (sog. geschlossene Gesellschaft, z. B. Geburtstagsfeier für geladene Gäste, → Rn. 111). Demgegenüber liegt bei der Feier eines in seiner Mitgliederzahl nicht beschränkten, auf Mitgliederzuwachs angelegten Vereins grundsätzlich eine Zugänglichkeit für einen bestimmten Personenkreis i. S. d. § 1 GastG und damit Öffentlichkeit vor.[50]

b) Erweiterung durch § 23 GastG

25   Die Vorschriften des GastG über den Ausschank alkoholischer Getränke finden nach § 23 Abs. 1 Hs. 1 GastG auch auf *Vereine und Gesellschaften* Anwendung, die – mangels Gewinnerzielungsabsicht – kein Gewerbe betreiben. Nach § 23 Abs. 1 Hs. 2 GastG bleibt der Ausschank alkoholischer Getränke an die eigenen Arbeitnehmer des Vereins oder der Gesellschaft (z. B. bei einer Weihnachtsfeier) allerdings unbeschränkt zulässig. Außerdem enthält § 23 Abs. 2 GastG Einschränkungen, deren Sinngehalt sich wohl nur erschließt, wenn man im Blick behält, dass der Gesetzgeber mit § 23 GastG nicht das „gewachsene Vereinsleben" beeinträchtigen, sondern nur einer Umgehung der Vorschriften des GastG durch die Gründung eines Vereins oder einer Gesellschaft entgegenwirken wollte.[51] Die „Anwendungserweiterung" des § 23 löst das GastG von der Gesetzgebungskompetenz für das Recht der Wirtschaft (Art. 74 Abs. 1 Nr. 11 GG). Es ist insoweit nicht Gewerberecht, sondern allgemeines Gefahrenabwehrrecht zur Kontrolle des Alkoholkonsums.[52] Dementsprechend wurde die Gesetzgebungskompetenz des Bundes für diese Vorschrift vor der Föderalismusreform nur mit dem Gedanken des Sachzusammenhangs mit dem Gaststättenrecht begründet, dessen Umgehung zu verhindern sei.[53] Das ist zweifelhaft, denn der Ausschank alkoholischer Getränke ist erheblich weniger gefährlich, wenn er ohne Gewinnerzielungsabsicht erfolgt.

26   Alle LGastG außer dem von Niedersachsen enthalten § 23 GastG ähnliche Vorschriften (§ 8 BbgGastG; § 10 BremGastG; § 1 Abs. 3 HessGastG; § 14 SaarlGastG; § 1 Abs. 2 SächsGastG; § 4 GastG LSA; § 1 Abs. 2 ThürGastG). Kompetenzrechtliche Zweifel gibt es hier wegen der Zuständigkeit der Länder für das allgemeine Gefahrenabwehrrecht nicht (Art. 30, 70 Abs. 1 GG).

5. Verhältnis zur Gewerbeordnung

27   Dem Charakter des Gaststättenrechts als besonderes Gewerberecht entsprechend ist die GewO ergänzend anwendbar, soweit das GastG nicht besondere Bestimmungen enthält (§ 31 Hs. 1 GastG). Ähnliche Verweisungen enthalten auch die LGastG (§ 1 Abs. 2 BbgGastG; § 8 Abs. 1 BremGastG; § 2 HessGastG; § 1 Abs. 2 NdsGastG;

---

[50] VG Ansbach, Urt. v. 04.02.2014 – AN 4 K 13.01549, AN 4 K 14.00159, juris, Rn. 40; *Guckelberger/Heimpel*, LKRZ 2013, 1 (2).

[51] Begründung zum Gesetzentwurf der Bundesregierung, BT-Drs. 4/3147, S. 19.

[52] Stellungnahme des Bundesrates, BT-Drs. 4/3147, S. 26.

[53] *Metzner*, GastG, § 23 Rn. 3.

§ 1 Abs. 2 SaarlGastG; § 13 Abs. 1 SächsGastG; § 1 Abs. 3 GastG LSA; § 9 Abs. 1 ThürGastG). Diese Verweisungen sind richtigerweise nicht als Rezeptionsnormen zu verstehen, kraft derer die nicht durch Spezialregelungen ersetzten Vorschriften der GewO fortan als Landesrecht fortgelten würden. Es ist nämlich nicht davon auszugehen, dass die Landesgesetzgeber für vom Bundesgesetzgeber geschaffene Regeln die politische und rechtliche Verantwortung übernehmen wollten.[54] Dies gilt insbesondere dort, wo das Landesgesetz – wie es im Saarland der Fall ist – einen dynamischen Verweis auf die GewO enthält, das heißt blindlings auf die jeweils geltende Fassung der GewO Bezug nimmt. Die Bedeutung der Verweisungsnormen dürfte sich vielmehr in der interpretationsleitenden Aussage erschöpfen, dass das jeweilige Land von seiner aus Art. 74 Abs. 1 Nr. 11 GG abgeleiteten Kompetenz zur Regelung des Gaststättengewerberechts nicht abschließend Gebrauch gemacht hat, so dass Raum für die allgemeineren Vorschriften der GewO verbleibt. Das Landesrecht ersetzt nach dieser Lesart zwar vollständig das GastG (vgl. Art. 125a Abs. 1 S. 2 GG; → Rn. 12), nur teilweise aber auch die GewO. Die nicht verdrängten Vorschriften der GewO gelten also weiterhin *als Bundesrecht*, das auf der Grundlage der fortbestehenden Gesetzgebungskompetenz des Bundes für den Erlass allgemeiner gewerberechtlicher Vorschriften nach Art. 74 Abs. 1 Nr. 11 GG kompetenzgerecht erlassen wurde und auch heute noch erlassen werden könnte.[55]

II. Gaststättenrechtliche Erlaubnisse

1. Präventive Verbote mit Erlaubnisvorbehalt (Übersicht)

Das Gaststättenrecht enthält verschiedene präventive Verbote mit Erlaubnisvorbehalt. **28** Der wichtigste Fall ist die für den Betrieb eines Gaststättengewerbes erforderliche *Gaststättenerlaubnis* (§ 2 Abs. 1 S. 1 GastG). Die Erlaubnispflicht ist ein Instrument zur Durchsetzung personeller und sachbezogener Anforderungen des Öffentlichen Rechts, nicht nur des Gaststättenrechts selbst. An die Stelle der Gaststättenerlaubnis kann in bestimmten Fällen eine (befristete) vorläufige Erlaubnis (§ 11 GastG) oder eine Gestattung (§ 12 GastG → Rn. 80) treten. Neben (!) der Erlaubnis für den Betrieb der Gaststätte ist eine Stellvertretererlaubnis nach § 9 GastG erforderlich, wenn der Betrieb durch einen Stellvertreter geführt werden soll. Für den Betrieb einer Reisegaststätte kann statt einer Gaststättenerlaubnis eine besondere Genehmigung in Form der *Reisegewerbekarte* (§ 55 Abs. 2 GewO) erforderlich sein (→ Rn. 82 ff.).

In den meisten *Ländern mit eigenem Gaststättengesetz* ist für das stehende Ge- **29** werbe weder eine Gaststättenerlaubnis noch eine Stellvertretererlaubnis erforderlich. Eine Ausnahme bildet neben Baden-Württemberg nur Bremen (§ 2 Abs. 1 BremGastG).

---

[54] In der Begründung zum Entwurf des HessGastG, HessLT-Drs. 18/4098, S. 18, heißt es dementsprechend nur, durch die Regelung des § 2 HessGastG werde „klargestellt", dass die GewO ergänzend zur Anwendung komme.

[55] A. A. *Guckelberger/Heimpel*, LKRZ 2013, 1 (2); *Heß*, GewArch 2012, 236 (238 f.).

2. Gaststättenerlaubnis

a) Unionsrechtliche und verfassungsrechtliche Aspekte

30 Der gaststättenrechtliche Erlaubnisvorbehalt greift tief in die wirtschaftliche Betätigungsfreiheit ein. Bis zur Erteilung einer entsprechenden Erlaubnis ist der Betrieb eines Gaststättengewerbes *formell rechtswidrig* und nach § 28 Abs. 1 Nr. 1 GastG, § 12 Abs. 1 Nr. 1 BremGastG sogar eine *Ordnungswidrigkeit*. Den Gewerbetreibenden trifft die Obliegenheit, die Erlaubnis zu beantragen (§ 22 S. 2 Nr. 1 Var. 2, Nr. 2 LVwVfG i. V. m. § 3 Abs. 2, § 4 Abs. 1 S. 1 Nr. 1, 4 GastG) und zu diesem Zweck die für die Beurteilung der Genehmigungsvoraussetzungen erforderlichen Informationen zu erheben und an die Behörde zu übermitteln. Wird der Antrag rechtswidrig abgelehnt, muss der Antragsteller mit der Eröffnung der Gaststätte regelmäßig auf den Erfolg des Widerspruchs oder den Erlass der Gaststättenerlaubnis nach erfolgreicher Verpflichtungsklage warten (→ Rn. 74).

31 Ob das Erlaubnismodell einen angemessenen Ausgleich zwischen dem privaten und dem öffentlichen Interesse gewährleistet, steht politisch und rechtlich in Streit. Rechtlich werden vor allem Zweifel an der Vereinbarkeit der Erlaubnispflicht mit Art. 9 Abs. 1 lit. b, c *Dienstleistungsrichtlinie* (DLR) geäußert.[56] Die Richtlinie erlaubt mitgliedstaatliche Genehmigungspflichten für Dienstleistungen, die unter Inanspruchnahme der unionsrechtlichen Niederlassungsfreiheit (Art. 56 Abs. 1 AEUV) erbracht werden sollen, nur unter bestimmten Voraussetzungen. Zwar ist die Abwehr gaststättenrechtlicher Gefahren unter dem Gesichtspunkt des Schutzes der öffentlichen Gesundheit zumindest im Kern ein zwingender Grund des Allgemeininteresses i. S. v. Art. 9 Abs. 1 lit. b i. V. m. Art. 4 Nr. 8 Fall 4 DLR. Angesichts der Geltung und Bewährung „erlaubnisfreier" LGastG stellt sich aber doch die Frage, ob das angestrebte Ziel nicht auch durch repressive Aufsicht als ein milderes Mittel erreicht werden kann (Art. 9 Abs. 1 lit. c DLR). Es ist also nicht die „Inkohärenz" des deutschen Gaststättenrechts als solche, welche die Erlaubnispflicht unter Druck setzt,[57] sondern die empirisch belegte Möglichkeit einer dem öffentlichen Interesse ohne Genehmigungspflicht Rechnung tragenden Gestaltung. Ob die landesrechtlichen Anzeigepflichten, die bei Alkoholausschank ebenfalls mit einer präventiven Kontrolle verbunden sind und zudem bestimmte Fristen vorsehen, allerdings tatsächlich als mildere Mittel angesehen werden können, ist eine andere Frage. Unionsrechtlich fragwürdig ist aber zumindest die teilweise Dopplung der Prüfung des Baurechts und des Immissionsschutzrechts bei Gaststätten- und Bauaufsichtsbehörde (→ Rn. 60 f.).[58]

---

[56] *Ziekow*, GewArch 2007, 217 (217 f.); *Cornils*, in: Schlachter/Ohler (Hrsg.), Europäische Dienstleistungsrichtlinie, 2008, Art. 9 Rn. 46; *Hissnauer*, Auswirkungen der Dienstleistungsrichtlinie auf das deutsche Genehmigungsverfahrensrecht, 2009, S. 292 ff.; *Glaser*, GewArch 2013, 1. Siehe die rechtspolitisch äußerst skeptische Haltung der EU-Kommission zu einer – noch dazu auf regionaler Ebene erfolgenden – mitgliedstaatlichen Berufsregulierung in Mitteilung KOM(2013)676 endg v. 02.10.2013. Die Gaststättenerlaubnis für unionsrechtlich zulässig haltend *Stober*, WiVerw 2008, 139 (148 f.).

[57] Zur Rücksichtnahme des Unionsrechts auf bundesstaatliche Strukturen EuGH, Rs. C-156/13, EU:C:2014:1756, Rn. 33 f. – Digibet und Albers; BGH, GewArch 2013, 205 (206).

[58] *Ziekow*, GewArch 2007, 217 (217 f.).

Die Diskussion über die unionsrechtliche Rechtfertigung der Erlaubnispflicht er- **32** öffnet auch neue Perspektiven auf ihre Beurteilung am *Maßstab der Berufsfreiheit* (Art. 12 Abs. 1 S. 1 GG; eventuell auch Art. 15 ff. GRCH).[59] Wiederum ist allerdings davor zu warnen, die Erforderlichkeit der Erlaubnispflicht vorschnell zu verneinen. Die zeitlichen Nachteile sind für den Gaststättenbetreiber im Vergleich zu einem Anzeigesystem mit präventiver Prüfung nur gering, dafür erlangt er eine Genehmigung, welche die Rechtmäßigkeit des Gewerbes feststellt und ihn als Grundrechtsträger vor behördlicher Intervention schützt.

b) Erlaubnisbedürftigkeit

Die Erlaubnispflicht des § 2 Abs. 1 S. 1 GastG knüpft sachlich an den Betrieb eines **33** Gaststättengewerbes (→ Rn. 13 ff.) an. In personeller Hinsicht ist erlaubnispflichtig, wer die Gaststätte (selbstständig) betreibt (→ Rn. 16 f.). Die Erlaubnis muss bei *Beginn des Gewerbebetriebs* vorliegen. Angesichts der unionsrechtlichen und verfassungsrechtlichen Vorgaben kommt es hierfür auf die Eröffnung der Gaststätte an, weil erst dann – und nicht schon bei vorbereitenden Tätigkeiten – gaststättenspezifische Gefahren entstehen können.

Ausnahmen von der Erlaubnispflicht enthält § 2 Abs. 2 GastG. Seit einer zum **34** 01.07.2005 in Kraft getretenen Gesetzesänderung sind die Verabreichung alkoholfreier Getränke und zubereiteter Speisen ohne Einschränkung erlaubnisfrei gestellt (Nr. 1, Nr. 3). Erlaubnisfrei ist nach Nr. 2 außerdem die Verabreichung unentgeltlicher Kostproben (etwa bei einem Probierstand in einem Supermarkt) sowie nach Nr. 4 die Verabreichung von Nahrungsmitteln an Beherbergungsgäste. Das Landesrecht kann gemäß § 14 GastG durch Verordnung außerdem Ausnahmen für sog. Straußwirtschaften vorsehen.[60]

Die Erlaubnispflicht nach dem *BremGastG* greift von vornherein nur bei Aus- **35** schank alkoholischer Getränke (§ 2 Abs. 1 S. 1 BremGastG). Die Erlaubnispflicht entfällt, wenn der Gewerbetreibende für den Betrieb eines Gaststättengewerbes in einem anderen Bundesland über eine Erlaubnis verfügt und bei der Erteilung dieser Erlaubnis seine Zuverlässigkeit geprüft wurde (S. 2). Bedenklich ist im Hinblick auf Art. 9 Abs. 1 lit. a, Art. 16 Abs. 1 UAbs. 3 lit. a, Abs. 2 lit. b DLR, dass diese Erleichterung nicht auch für in einem anderen EU-Mitgliedstaat oder EWR-Staat niedergelassene Gastwirte gilt.

c) Rechtsnatur, Form und Inhalt der Erlaubnis

Die Gaststättenerlaubnis ist ein *Verwaltungsakt* i. S. v. § 35 S. 1 LVwVfG. Ihr Re- **36** gelungsgehalt besteht in der Aufhebung des gesetzlichen präventiven Verbots des Betriebs von nicht erlaubnisfrei gestellten Gaststättengewerben. Die Freistellung

---

[59] Sollte die gaststättenrechtliche Erlaubnispflicht trotz ihrer unterschiedslosen Geltung für In- und Ausländer als Eingriff in die Niederlassungsfreiheit zu qualifizieren sein (siehe hierzu *Müller-Graff*, in: Streinz, Art. 49 AEUV Rn. 39, 57 ff., 67; *Schmidt am Busch/Stier*, GewArch 2015, 299 [302 f.]), bestünde nach der sog. ERT-Rechtsprechung des EuGH gemäß Art. 51 Abs. 1 S. 1 Var. 1 GRCH eine Bindung an die EU-Grundrechte (vgl. EuGH, Rs. C-260/89, Slg. 1991, I-2925, Rn. 43 – ERT; abl. *Klement*, Wettbewerbsfreiheit, 2015, S. 338 ff.).

[60] Siehe etwa §§ 10–15 GastVO RP.

wirkt nur gegenüber der durch den Bescheid adressierten Person im Hinblick auf eine bestimmte Betriebsart und eine bestimmte Räumlichkeit (vgl. § 3 Abs. 1 GastG). Außerdem stellt die Erlaubnis die Vereinbarkeit des durch die Verbindung von Person, Betrieb und Raum definierten Gewerbes mit den von der Behörde im Verfahren geprüften öffentlich-rechtlichen Vorschriften fest, soweit diese nicht nur der Prüfungs-, sondern auch der Sachentscheidungskompetenz der Gaststättenbehörde unterliegen (feststellender Verwaltungsakt). Die Erlaubnis nach dem GastG vereinigt in sich mithin Elemente sowohl einer *Personal- wie auch einer Sachkonzession*. Das BremGastG sieht eine reine Personalkonzession vor, deren Erteilung folgerichtig nur von der Zuverlässigkeit des Gewerbetreibenden abhängt (§ 2 Abs. 2 S. 1 BremGastG).

37   Der *Grundtyp der Betriebsart* gemäß § 3 Abs. 1 S. 2 Hs. 2 GastG ist eine Schank- oder Speisewirtschaft ohne besondere Betriebseigentümlichkeit. Wenn eine Gaststätte vom Grundtyp in einer Weise abweicht, die unter dem Gesichtspunkt der Erlaubnisvoraussetzungen (§ 4 Abs. 1 GastG) ins Gewicht fällt, weist sie eine besondere Betriebsart auf.[61] So ist eine Gaststätte, in welcher an den Wochenenden regelmäßig Tanzveranstaltungen mit überdurchschnittlich lauter Musik bis in die Nachtstunden stattfinden und deren Betrieb deshalb immissionsschutzrechtliche Fragen aufwirft (§ 4 Abs. 1 S. 1 Nr. 3 GastG), als Tanzlokal oder Diskothek anzusehen.[62] Betriebe besonderer Art sind beispielsweise auch Swingerklubs,[63] Eiscafés und Schnellrestaurants. Einen gesetzlichen Numerus clausus der Betriebsarten gibt es nicht, jedoch ist bei der Festsetzung das Bestimmtheitsgebot zu beachten (§ 37 Abs. 1 LVwVfG). Wie § 3 Abs. 1 S. 2 Hs. 2 GastG besagt, kann die Gaststättenerlaubnis auch Einschränkungen hinsichtlich der Betriebszeit enthalten. Weicht der Erlaubnisinhalt vom Antrag des Gewerbetreibenden ab, liegt eine *modifizierende Gewährung* vor, bei einer Verkürzung der Betriebszeiten eine teilweise Versagung der beantragten Gaststättenerlaubnis.[64] Will der Erlaubnisinhaber die Betriebsart nachträglich ändern oder andere Räume für die Gaststätte nutzen, bedarf er hierfür einer neuen Erlaubnis – ohne eine solche ist der geänderte Betrieb formell rechtswidrig und kann untersagt werden (→ Rn. 104).

38   Die Erlaubnis wird grundsätzlich *unbefristet* erteilt. Auf Zeit darf sie nur erteilt werden, soweit das GastG dies zulässt (zu § 12 GastG → Rn. 80) oder der Antragsteller es beantragt (§ 3 Abs. 2 GastG). Aus § 3 Abs. 1 S. 2 Hs. 1 GastG ergibt sich, dass die Gaststättenerlaubnis schriftlich erteilt werden muss (sonst Nichtigkeit gemäß § 44 Abs. 1 LVwVfG).[65]

d) Materielle Rechtmäßigkeit der Erlaubnis

39   Eine Erlaubnis ist materiell rechtmäßig, wenn im Zeitpunkt ihres Erlasses keine Versagungsgründe nach § 4 Abs. 1 GastG bestanden. Das Gesetz ist aus grundrechtli-

---

[61] BVerwG, GewArch 1988, 387; HessVGH, Beschl. v. 12.07.2011 – 6 B 333/11, juris, Rn. 17.

[62] Vgl. BVerwG, GewArch 1988, 387.

[63] BayVGH, GewArch 2002, 296.

[64] BayVGH, GewArch 2013, 132.

[65] *Kopp/Ramsauer*, VwVfG, § 44 Rn. 25.

chen Gründen (Art. 12 Abs. 1 GG) so zu interpretieren, dass die Behörde verpflichtet ist, eine beantragte Erlaubnis bei Nichtvorliegen der Versagungsgründe zu erteilen (kein Ermessen). Der Antragsteller hat dann auch ein *subjektives Recht* auf die Erlaubnis.[66] Die Auslegung der unbestimmten Rechtsbegriffe des § 4 Abs. 1 GastG und der Subsumtionsschluss sind gerichtlich voll überprüfbar.

aa) Persönliche Versagungsgründe

Persönliche Versagungsgründe sind die *fehlende Zuverlässigkeit* des Gewerbetrei-   **40** benden (§ 4 Abs. 1 S. 1 Nr. 1 GastG; § 2 Abs. 2 S. 1 BremGastG) sowie das Fehlen des erforderlichen Unterrichtungsnachweises (§ 4 Abs. 1 S. 1 Nr. 4 GastG).

Unzuverlässig ist, wer nicht die Gewähr dafür bietet, das Gewerbe in Zukunft ord-   **41** nungsgemäß auszuüben (→ § 9 Rn. 50 ff.). Nicht ordnungsgemäß ist eine – schuldhaft oder schuldlos – gegen öffentlich-rechtliche Vorschriften verstoßende Gewerbeausübung. In der Vergangenheit begangene Pflichtverletzungen dienen (nur) als Tatsachengrundlage für die erforderliche Prognose des zukünftigen Verhaltens. Die Prognose der Rechtsverletzung muss sich auf Tatsachen stützen, beispielsweise auf die mangelnde wirtschaftliche Leistungsfähigkeit, die fehlende Sachkunde oder Mängel an Eigenverantwortlichkeit (Trunksucht, Rauschgiftsucht usw.). Entscheidend ist nicht, ob sich der Gastwirt insgesamt rechtstreu verhalten wird, sondern nur, ob er das Gewerbe, und zwar speziell das Gaststättengewerbe (ausdrücklich § 2 Abs. 2 S. 1 BremGastG; vgl. § 35 Abs. 1 S. 1 GewO: „dieses" Gewerbe) in der von ihm gewählten Betriebsart (→ Rn. 37 f.) rechtskonform betreiben wird. Wenn Unzuverlässigkeit gegeben ist, muss die Erlaubnis – ohne Ermessen und Verhältnismäßigkeitsprüfung – versagt werden. Dementsprechend sind schon bei der Auslegung und der Subsumtion auf der Tatbestandsseite nach Möglichkeit die verfassungs- und unionsrechtlichen Grenzen des nationalen Gesetzesrechts zu berücksichtigen (→ Rn. 30 f.). Aus einem einmaligen „kleineren" Gesetzesverstoß darf noch nicht auf die Unzuverlässigkeit des Gaststättenbetreibers geschlossen werden.[67]

§ 4 Abs. 1 S. 1 Nr. 1 GastG benennt die wichtigsten Unzuverlässigkeitsgründe   **42** für das Gaststättengewerbe ausdrücklich, ohne in dieser Hinsicht abschließend zu sein („insbesondere"). Ein Gastwirt ist demnach unzuverlässig, wenn er dem Trunke ergeben ist. Unzuverlässig ist er auch dann, wenn er dem *Alkoholmissbrauch*, dem verbotenen Glücksspiel (§ 284 StGB) oder der Hehlerei (§ 259 StGB) Vorschub leisten wird – sei es durch eigene Täterschaft, durch Begünstigungshandlungen oder das Unterlassen möglicher und zumutbarer Abwehrmaßnahmen.[68] Die Unzuverlässigkeit kann außerdem in der Nichteinhaltung von Vorschriften des Gesundheits- oder Lebensmittelrechts (z. B. LFGB, IfSG) sowie des Arbeits- oder Jugendschutzes (z. B. ArbZG, ArbSchG, JuSchG) offenkundig werden. Hingegen ist ein Gastwirt nicht schon deshalb unzuverlässig, weil in seiner Gaststätte – von ihm

---

[66] *Steinberg*, DÖV 1991, 354 (356).

[67] Anders bei wiederholter Sperrzeitverletzung VGH BW, NVwZ-RR 1990, 186 (187).

[68] Zu einer Obliegenheit des Gastwirts, in Zusammenarbeit mit der Polizei den Umgang mit Betäubungsmitteln und damit strafbare Handlungen in seiner Gaststätte zu unterbinden, vgl. BVerwGE 56, 205.

geduldet – Angehörige der „rechten Szene" verkehren und Angehörige der „linken Szene" hierdurch zu Gewalttaten veranlasst werden.[69] Auch fehlende Kenntnisse der deutschen Sprache begründen nicht schon als solche die Unzuverlässigkeit.[70]

43   Besonderen Schutz lässt das GastG nicht (vollständig) eigenverantwortlich handelnden Personen angedeihen. Ein Gastwirt ist unzuverlässig, wenn er befürchten lässt, dass er *Unerfahrene, Leichtsinnige oder Willensschwache* ausbeuten wird (§ 4 Abs. 1 S. 1 Nr. 1 GastG). Unerfahren und leichtsinnig sind insbesondere Kinder, Jugendliche und Heranwachsende (§ 1 Abs. 2 JGG). Eine Willensschwäche ist bei Betrunkenen und Drogensüchtigen anzunehmen. Eine „Ausbeutung" ist die bewusste (!) Ausnutzung des Mangels an Eigenverantwortlichkeit. Auch unter Berücksichtigung der verfassungsrechtlich über Art. 12 Abs. 1 GG geschützten Vertragsfreiheit des Gastwirts ist der Tatbestand z. B. erfüllt, wenn an Minderjährige Kredite gewährt werden, damit diese den Getränkekonsum fortsetzen können.[71]

44   Nach § 4 Abs. 1 S. 1 Nr. 1 GastG hat die Behörde schließlich auch zu untersuchen, ob der Gastwirt der *Unsittlichkeit* Vorschub leisten wird. Diese Unzuverlässigkeitsvariante wird heute zu Recht eng gehandhabt. Die grundrechtliche Freiheit ist auf eine selbstbestimmte Entfaltung der Person in Interaktion mit anderen Personen und der Umwelt angelegt. Das gilt nicht nur für geistige Kommunikation, sondern auch für selbstbestimmte körperliche Kontakte aller Art. Eine als „Anbahnungsstätte" für ein Bordell dienende Gaststätte erfüllt den Tatbestand des § 4 Abs. 1 S. 1 Nr. 1 GastG deshalb grundsätzlich nicht.[72] Grenzen sind aber erreicht, wenn die Selbstbestimmung aller Beteiligten bei sexuellen Kontakten nicht gewahrt ist (insbesondere bei Verwirklichung eines Tatbestands der §§ 174 ff. StGB) oder wenn Personen gegen oder ohne ihren Willen mit Verhaltensweisen konfrontiert werden, die zumindest bei öffentlicher Darstellung wegen ihrer Wirkungen auf Unbeteiligte einem sozialethischen Unwerturteil unterliegen und insbesondere mit Strafe oder Bußgeld (z. B. §§ 119 f. OWiG) bedroht sind.[73] Nur in extremen Fällen kann ein freiverantwortliches Verhalten der Würdeträger „gegenüber sich selbst" die Menschenwürde (Art. 1 Abs. 1 S. 1 GG) verletzen[74] und hierdurch das Unsittlichkeitsurteil rechtfertigen.

bb) Sachbezogene Versagungsgründe

45   Der Versagungsgrund des § 4 Abs. 1 S. 1 Nr. 2 GastG erfasst Gefahren, die auf die Lage, Beschaffenheit, Ausstattung oder Einteilung der für den Betrieb der Gaststätte bestimmten Räume zurückzuführen sind. Gefahrenquelle sind hier *Eigenschaften des Betriebsobjekts*, nicht wie bei Nr. 1 allein die fehlende Normbefolgungsbereitschaft oder Normbefolgungskompetenz des Gewerbetreibenden. Es

---

[69] VGH BW, NVwZ-RR 2006, 180 (180).

[70] VG Neustadt, GewArch 2016, 353 (356 f.).

[71] *Barthel/Kalmer/Weidemann*, NdsGastG, § 4 Ziff. 3.1.

[72] BVerwG, GewArch 2009, 255; anders noch BVerwG, NVwZ 1991, 373 (374) – sog. Anbahnungsrechtsprechung. Zum Einfluss des Prostitutionsgesetzes auf die Wertungen des Gaststättenrechts *Pöltl*, VBlBW 2003, 181; *Renzikowski*, GewArch 2008, 432 (434).

[73] BVerwG, GewArch 2003, 122 (123).

[74] *Herdegen*, in: Maunz/Dürig, Art. 1 Abs. 1 Rn. 79 (Stand: 55. EL Mai 2009).

handelt sich deshalb um einen sachbezogenen Versagungsgrund. Außerdem geht es um die Abwehr von Störungen *innerhalb des Betriebs* selbst (innere Gefahren) und nicht um die von Nr. 3 erfassten Konflikte der Gaststätte mit der Nachbarschaft.[75] Das Gesetz nennt ausdrücklich den Schutz der Gäste und Beschäftigten gegen Gefahren für Leben, Gesundheit oder Sittlichkeit und ferner die „sonst zur Aufrechterhaltung der öffentlichen Sicherheit oder Ordnung notwendigen Anforderungen". Welche raumbezogenen Vorkehrungen im Einzelnen zu treffen sind, ergibt sich sowohl aus Landes- als auch aus Bundesrecht. § 4 Abs. 3 S. 1 GastG enthält außerdem eine einschlägige Verordnungsermächtigung zugunsten der Landesregierungen. Ergänzend gelten nicht spezifisch gaststättenrechtliche Gesetze wie die LBO und das ArbSchG sowie das jeweilige Verordnungsrecht (z. B. Arbeitsstättenverordnung). Nach § 4 Abs. 1 S. 1 Nr. 2 GastG zu versagen ist beispielsweise eine Erlaubnis für eine Gaststätte, in der Spielgeräte in einer nach § 3 SpielV nicht zulässigen Anzahl aufgestellt sind.[76]

Mit dem Erfordernis der *Barrierefreiheit* (§ 4 Abs. 1 S. 1 Nr. 2a GastG) soll **46** Menschen mit Behinderung der Zugang zur Öffentlichkeit geebnet und faktischen Nachteilen gegenüber Nichtbehinderten entgegengewirkt werden (vgl. § 1 Abs. 1 S. 1 Behindertengleichstellungsgesetz, BGG). Es handelt sich um den einzigen Versagungsgrund, der nicht auf die Abwehr gaststättenspezifischer Gefahren, sondern eine gesellschaftspolitisch motivierte Gestaltung gerichtet ist. Die Anforderung gilt nur für neuere Gebäude, für die nach dem 01.11.2002 eine Baugenehmigung erteilt wurde oder die – wenn keine Genehmigung erforderlich ist – nach dem 01.05.2002 fertiggestellt wurden. Wenn eine behindertengerechte Gestaltung nicht möglich oder nur mit (wirtschaftlich) unzumutbarem Aufwand zu erreichen ist (§ 4 Abs. 1 S. 2 GastG), steht es im – wegen § 40 LVwVfG i. V. m. Art. 12 Abs. 1 S. 1 GG allerdings wohl meist auf Null reduzierten – Ermessen der Gaststättenbehörde, ob sie die Erlaubnis erteilt.

§ 4 Abs. 1 S. 1 Nr. 3 GastG dient der Vermeidung von Konflikten des Gaststät- **47** tengewerbes mit seiner Umgebung (*äußere Konflikte*).[77] Die Erlaubnis ist zu versagen, wenn der „Gewerbebetrieb im Hinblick auf seine örtliche Lage oder die Verwendung der Räume dem öffentlichen Interesse widerspricht". Das Gesetz selbst konkretisiert diese unbestimmte Wendung beispielhaft („insbesondere") mit einem Verweis auf das BImSchG. Die Gaststätte darf nicht voraussichtlich[78] *schädliche Umwelteinwirkungen* i. S. d. § 3 Abs. 1 BImSchG hervorrufen. Schädliche Umwelteinwirkungen sind erhebliche Immissionen (§ 3 Abs. 2 BImSchG). Zu denken ist hier vor allem an Lärm, aber auch an Luftverunreinigungen durch Geruchsstoffe (§ 3 Abs. 4 BImSchG). Die Immission ist erheblich i. S. v. § 3 Abs. 1 BImSchG, wenn sie aus der Sicht eines „verständigen Durchschnittsmenschen"[79]

---

[75] *Ehlers*, in: ders./Fehling/Pünder, § 20 Rn. 28.

[76] OVG NRW, Beschl. v. 27.11.2018 – Az. 4 A 1938/16, juris, Rn. 10, lässt insoweit offen, ob der Versagungsgrund der Nr. 2 oder der Nr. 3 einschlägig ist.

[77] *Metzner*, GastG, § 4 Rn. 218.

[78] Zum prognostischen Charakter der Prüfung BayVGH, GewArch 2013, 132.

[79] BVerwGE 101, 157 (161 f.).

die Zumutbarkeitsschwelle überschreitet.[80] Hierfür kommt es wesentlich darauf an, was angesichts der materiell-bauplanungsrechtlichen Situation auf dem Nachbargrundstück an Schutz erwartet werden darf (z. B. geringerer Schutz in Kerngebiet, hoher Schutz in reinem Wohngebiet gemäß BauNVO).[81] Bei der Beurteilung sind alle Immissionen zu berücksichtigen, die der Gaststätte als Anlage i. S. v. § 3 Abs. 5 Nr. 1 BImSchG zurechenbar sind. Dazu gehört auch der Verkehrslärm, der einen unmittelbaren Bezug zum Gaststättenbetrieb aufweist und (noch) nicht in den „allgemeinen Straßenverkehr" eingefügt ist[82] – einschließlich des Rufens und Singens von Kneipenbesuchern auf dem Nachhauseweg[83] oder des engagierten Gesprächs von Rauchern vor einer Gaststätte.

48 Die Zumutbarkeitsschwelle des § 3 Abs. 1 BImSchG wird teilweise durch die zum BImSchG erlassenen *Rechtsverordnungen* und *(normkonkretisierenden) Verwaltungsvorschriften* näher bestimmt[84] (z. B. § 23 Abs. 1 BImSchG i. V. m. 1. BImSchV;[85] § 23 Abs. 2 BImSchG i. V. m. Bayerische BiergartenVO;[86] § 48 BImSchG i. V. m. TA-Lärm). Anlagenbezogene Immissionsschutzvorschriften in formellen Landesgesetzen sind wegen der Sperrwirkung des Bundesrechts (Art. 72 Abs. 1, Art. 74 Abs. 1 Nr. 24 GG) nur zulässig, wenn sie einen über den bundesrechtlich durch § 22 Abs. 1 BImSchG gewährleisteten Standard hinausgehenden (erhöhten) Schutz gewährleisten (§ 22 Abs. 2 BImSchG).[87]

49 Auch im Gaststättenrecht ist zu beachten, dass das BImSchG schädliche Umwelteinwirkungen nicht schlechthin, sondern – bei immissionsschutzrechtlich nicht genehmigungsbedürftigen Anlagen – nur nach Maßgabe des § 22 BImSchG verbietet. Die Gaststättenerlaubnis ist also unbeschadet einer zwar schädlichen, aber entsprechend dem *Stand der Technik* auf ein Mindestmaß beschränkten Umwelteinwirkung zu erteilen (§ 22 Abs. 1 S. 1 Nr. 2 BImSchG).[88] Bei einer konkreten Gefahr für Leben und Gesundheit ist allerdings stets eine das „Mindestmaß" überschreitende Immission

---

[80] Speziell für Gaststättenlärm *Schröder/Broshinski*, NWVBl. 2013, 125 (129 ff.). In einer Falllösung *Richers*, Jura 2011, 139 (141 f.).

[81] BVerwGE 90, 53 (55).

[82] BVerwGE 101, 157 (165 f.); NVwZ 1999, 523 (526 f.).

[83] BVerwG, GewArch 2003, 300.

[84] BVerwG, GewArch 1996, 385.

[85] Einem Vorschlag des Bundesrates entsprechend sind einzelne Vorschriften der 1. BImSchV seit dem 20.06.2019 auch auf Feuerungsanlagen zum Grillen oder Backen in Gaststätten anwendbar (siehe Art. 2 Nr. 2 lit. b Verordnung zur Einführung der Verordnung über mittelgroße Feuerungs-, Gasturbinen- und Verbrennungsmotorenanlagen sowie zur Änderung der Verordnung über kleine und mittlere Feuerungsanlagen v. 13.06.2019, BGBl. I 804). Damit soll den Geruchsbelästigungen durch Grillrestaurants entgegengetreten werden (s. BR-Drucks. 551/18 (Beschluss) v. 14.12.2018, S. 27; BR-Drucks. 181/19 (neu) v. 18.04.2019, S. 96).

[86] Zur Nichtigkeit der Vorgängerregelung BVerwG, NVwZ 1999, 651.

[87] Vgl. zu § 9 Abs. 2 S. 1 Nr. 2 LImSchG NRW (Schutz der Nachtruhe) OVG NRW, NVwZ-RR 2014, 38 (40); *Jarass*, BImSchG, § 22 Rn. 15 mit Nachweisen zu anderen Auffassungen.

[88] SaarlOVG, NVwZ-RR 2007, 598 (599); wohl auch BVerwG, GewArch 1999, 210 (211); a. A. BayVGH, NVwZ 1996, 483 (485); *Dietlein*, in: Landmann/Rohmer, UmweltR, § 2 BImSchG Rn. 32 (Stand: 67. EL November 2012); *Steinberg*, DÖV 1991, 354 (357); offenlassend BVerwGE 101, 157 (162 f.).

anzunehmen.[89] Im Übrigen ist daran zu denken, dass eine wirksame Baugenehmigung regelmäßig die bauplanungsrechtliche und damit mittelbar auch die immissionsschutzrechtliche Zulässigkeit mit Bindungswirkung für die Gaststättenbehörde feststellt (sog. Legalisierungswirkung, → Rn. 62).

Zur Versagung der Erlaubnis nach § 4 Abs. 1 S. 1 Nr. 3 GastG führen nur solche **50** schädlichen Umwelteinwirkungen, die mit dem Betrieb im Hinblick auf seine örtliche Lage oder die Verwendung der Räume notwendig verbunden sind, die sich also bei einer antragsgemäßen Verwirklichung des anhand der Merkmale des § 3 Abs. 1 GastG definierten Vorhabens weder durch technische Vorrichtungen (z. B. Einbau von Lärmschutzfenstern) noch durch ein bestimmtes Verhalten (z. B. Schließen der Fenster) vermeiden lassen. Dabei steht der faktischen die rechtliche Unvermeidbarkeit gleich, d. h. eine Immission ist auch dann auf die örtliche Lage zurückzuführen, wenn eine betriebsbezogene Schutzanordnung nach § 5 Abs. 1 Nr. 3 GastG, § 24 BImSchG etwa wegen Unverhältnismäßigkeit oder wegen Unvermeidbarkeit i. S. v. § 22 Abs. 1 S. 1 Nr. 2 BImSchG rechtswidrig wäre. Eine nicht auf die örtliche Lage zurückzuführende (verhaltensbedingte) Immission kann nur die Unzuverlässigkeit des Gewerbetreibenden nach § 4 Abs. 1 S. 1 Nr. 1 GastG begründen oder den Erlass einer Auflage nach § 5 Abs. 1 Nr. 3 GastG rechtfertigen (→ Rn. 54).

Nach dem zweiten Zusatz des § 4 Abs. 1 S. 1 Nr. 3 GastG widerspricht der Gast- **51** stättenbetrieb auch dann dem öffentlichen Interesse, wenn „sonst" erhebliche Nachteile, Gefahren (i. S. v. Schäden)[90] oder Belästigungen für die Allgemeinheit zu befürchten sind. Diese Generalklausel transformiert sämtliche auf die Lage und die Nutzung (auch) von Gaststätten bezogenen, im weitesten Sinne dem *Schutz der Umwelt dienenden Normen* des Öffentlichen Rechts (z. B. auch das Straßenverkehrsrecht) in Versagungsgründe. Die Begriffe „Nachteile" und „Belästigungen" verweisen auf erhebliche Beeinträchtigungen, die allerdings auch unterhalb der Schwelle zum Schaden im polizeirechtlichen Sinne liegen können (siehe die Begriffsverwendung in § 3 Abs. 1 BImSchG). Voraussetzung dafür ist eine Betroffenheit von Belangen, die im Einzelfall schwerer wiegt als das Interesse des Antragstellers an der ungehinderten Ausübung seines Berufs.[91] Die (zumeist ältere) Rechtsprechung hat deshalb auch in Fällen einen Widerspruch zum öffentlichen Interesse angenommen, in denen zwar rechtlich geschützte Interessen betroffen, öffentlich-rechtliche Vorschriften aber nicht verletzt waren. So darf eine Gaststätte nicht so dicht am Eingang eines Krankenhauses für Tuberkulosekranke liegen, dass sie Patienten zum Alkoholgenuss verführt und damit ihre Genesung gefährdet.[92] Eine Freiluftgaststätte darf mit ihrem Lärm und ihren Gerüchen nicht das religiöse Empfinden der Besucher eines Friedhofs stören.[93] Ein Verbot der Errichtung eines Gaststättenbetriebs in der Nähe zu einer Spielhalle ist der Rechtsordnung aber auch unter Berücksichtigung der Wertungen des Glücksspielstaatsvertrags nicht zu entnehmen.[94]

---

[89] Näher *Jarass*, BImSchG, § 22 Rn. 38.
[90] *Jarass*, BImSchG, § 3 Rn. 28.
[91] VG Würzburg, Urt. v. 16.9.2015 – W 6 K 14.1054, juris, Rn. 43.
[92] BVerwG, GewArch 1957, 61 – eine Entscheidung, die heute wohl kaum noch einmal so ergehen würde.
[93] BayVGH, GewArch 1994, 341.
[94] VG Würzburg, Urt. v. 16.09.2015 – W 6 K 14.1054, juris, Rn. 44.

52 Auch jenseits der im Normtext durch das Wort „insbesondere" eingeleiteten Konkretisierungen kann ein Widerspruch zum öffentlichen Interesse im Sinne von § 4 Abs. 1 S. 1 Nr. 3 GastG gegeben sein. Beispielsweise widerspricht die örtliche Lage einer Gaststätte dem öffentlichen Interesse, wenn die zum Zwecke ihres Betriebs erforderliche Nutzung einer baulichen Anlage *bauplanungsrechtlich unzulässig* ist (§§ 29–37 BauGB),[95] auch wenn damit (noch) keine konkreten Beeinträchtigungen für die Allgemeinheit verbunden sind. Soweit allerdings die Zulässigkeit der Nutzung der baulichen Anlage für einen Gaststättenbetrieb der in Rede stehenden Art durch eine wirksame Baugenehmigung festgestellt wird, ist die Gaststättenbehörde daran gebunden (→ Rn. 62). Außerdem steht auch der Gaststättenbehörde bei ihrer Entscheidung über den Versagungsgrund des § 4 Abs. 1 S. 1 Nr. 3 GastG die Möglichkeit einer Befreiung von den Festsetzungen eines Bauungsplans offen (§ 31 Abs. 2 BauGB).[96]

e) Nebenbestimmungen

53 Weil auf ihre Erteilung bei Nichtvorliegen eines Versagungsgrunds ein Anspruch besteht (→ Rn. 39), darf die Gaststättenerlaubnis nur dann mit Nebenbestimmungen versehen werden, wenn eine besondere Rechtsvorschrift dies erlaubt oder die Nebenbestimmung der Erfüllung der gesetzlichen Genehmigungsvoraussetzungen dient (§ 36 Abs. 1 LVwVfG).

aa) Auflagen

54 § 5 Abs. 1 GastG (§ 2 Abs. 2 S. 2 BremGastG) erlaubt die Erteilung von Auflagen i. S. v. § 36 Abs. 2 Nr. 4 LVwVfG.[97] Eine Auflage ist ein der Erlaubnis beigefügtes *Verhaltensgebot*, dessen Wirksamkeit von der Wirksamkeit der Erlaubnis abhängt.[98] Das Nichtbefolgen der Auflage führt zwar nicht zur Unwirksamkeit der Gaststättenerlaubnis, ermöglicht aber der Behörde gemäß § 15 Abs. 3 Nr. 2 GastG den rechtmäßigen Widerruf. Nach § 5 Abs. 1 GastG (sinngleich § 2 Abs. 2 S. 2 Hs. 2 BremGastG) kann eine Auflage in Abweichung von der allgemeinen Regel[99] „jederzeit" erlassen werden. Der nachträgliche Erlass einer Auflage ist mithin auch dann zulässig, wenn die Gaststättenerlaubnis nicht mit einem Auflagenvorbehalt verbunden wurde (§ 36 Abs. 2 Nr. 5 LVwVfG).

55 § 5 Abs. 1 Nr. 1, 2 GastG ermöglicht *Auflagen zum Schutz von Leben, Gesundheit oder Sittlichkeit*[100] der Gäste und der Beschäftigten. Die Gäste, und zwar nicht nur die unerfahrenen und leichtsinnigen, können außerdem vor Ausbeutung bewahrt werden (z. B. durch ein Verbot der Kreditgewährung). Erfasst sind also wie

---

[95] BVerwGE 84, 11 (13); OVG Berl-Bbg, OVGE BE 32, 127 (130 f.).

[96] OVG Berl-Bbg, OVGE BE 32, 127 (137 f.).

[97] Näher *Wollenschläger/Lippstreu*, BayVBl. 2009, 56 (57).

[98] *Henneke*, in: Knack/ders., § 36 Rn. 26.

[99] VGH BW, NVwZ-RR 2008, 751; *Stelkens*, in: ders./Bonk/Sachs, § 36 Rn. 41.

[100] Ein Klassiker des Sittlichkeitsschutzes ist das Verbot der sog. Klingelbar: BVerwG, GewArch 1984, 35.

bei § 4 Abs. 1 S. 1 Nr. 2 GastG (→ Rn. 45) nur *innere Gaststättengefahren*. Eine Gefahr für die Gesundheit der Gäste (§ 5 Abs. 1 Nr. 1 Var. 3 GastG) liegt jedenfalls[101] dann vor, wenn der Gastwirt i. S. v. § 4 Abs. 1 S. 1 Nr. 1 GastG dem Alkoholmissbrauch Vorschub leistet[102] und damit zugleich der Widerrufsgrund des § 15 Abs. 2 GastG gegeben ist. Anhaltspunkte dafür sind alkoholbedingte Schlägereien, Gewalttaten oder sonstige Ereignisse, die polizei- oder ordnungsbehördliche Maßnahmen erforderlich gemacht haben.[103] In jüngerer Zeit gab es wiederholt Verfügungen, mit denen die Abgabe alkoholischer Getränke zu Pauschalpreisen (sog. Flatrate-Partys) untersagt wurde. Bedeutung hat § 5 Abs. 1 Nr. 1 Var. 3 GastG auch für den Vollzug der Nichtraucherschutzgesetze der Länder (→ Rn. 107), sofern das einschlägige Gesetz keine eigene, abschließende Ermächtigungsgrundlage enthält (z. B. § 10 Abs. 2 NRauchSchG RP).[104] Nach den Nichtraucherschutzgesetzen dürfen die Gastwirte nicht nur selbst nicht rauchen, sondern sie werden zumeist auch dazu verpflichtet, das Rauchverbot gegenüber ihren Gästen durch aktives Tun durchzusetzen (z. B. § 8 Abs. 2 S. 1 LNRSchG BW; Art. 7 Abs. 1 Nr. 3, Abs. 2 BayGSG; § 4 NiSchG NRW). Dem Gesetz kann sogar das Verbot zu entnehmen sein, rauchende Gäste zu bewirten.[105] Die Rechtspflichten der Gastwirte sind außerdem bußgeldbewehrt.

§ 5 Abs. 1 Nr. 3 GastG erlaubt die Abwehr *äußerer Gefahren* in Gestalt von **56** schädlichen Umwelteinwirkungen (→ Rn. 47 ff.) und sonst erheblichen Nachteilen, Gefahren oder Belästigungen für die Bewohner des Betriebsgrundstücks oder der Nachbargrundstücke sowie der Allgemeinheit.[106] Ein Beispiel für eine Maßnahme zur Lärmbekämpfung ist die Auflage, durch organisatorische Maßnahmen sicherzustellen, dass Gäste nach 23 Uhr keine offenen Getränke aus dem Lokal mit ins Freie nehmen.[107] Dem Immissionsschutz kann auch eine Auflage zur Begrenzung der Besucherzahl dienen.[108] Eine Änderung des Regelungsgehalts der Erlaubnis ist allerdings nur nach den Vorschriften über die Aufhebung der Erlaubnis möglich (→ Rn. 65 ff.). Eine Auflage darf mithin nicht in Widerspruch zum Regelungsgehalt der Erlaubnis stehen,[109] also beispielsweise nicht das Abspielen von Musik in einer genehmigten Diskothek verbieten (siehe auch § 36 Abs. 3 LVwVfG).[110] Auch die Festsetzung einer neuen, eingeschränkten Betriebszeit für eine Gaststätte kann, da die Betriebszeit regelmäßig zum Regelungsgehalt der

---

[101] OVG RP, NVwZ-RR 2011, 441 (442).

[102] BayVGH, NVwZ-RR 2008, 26 (27).

[103] HessVGH, GewArch 2009, 253 (254).

[104] HessVGH, LKRZ 2012, 244 (244 f.); VGH BW, GewArch 2013, 217 (218).

[105] Insoweit zutreffend BVerfGE 121, 317 (345 f.).

[106] In einer Fallbearbeitung *Schröder*, JuS 2015, 235 (239 f.).

[107] BayVGH, Beschl. v. 26.11.2018 – 22 CS 18.2073, juris, Rn. 33 ff.

[108] BVerwG, GewArch 1990, 179 f.

[109] BVerwGE 90, 53 (54).

[110] Vgl. *Ziekow*, § 12 Rn. 37.

Gaststättenerlaubnis gehört (§ 3 Abs. 1 S. 2 Hs. 2 GastG; → Rn. 37),[111] als (teilweise) Aufhebung der ursprünglichen Gaststättenerlaubnis anzusehen sein.[112]

57   Gegenüber einer Versagung oder einem Widerruf der Gaststättenerlaubnis ist die Auflage das *mildere Mittel*. Vor dem Hintergrund von Art. 12 Abs. 1 S. 1, Art. 2 Abs. 1 GG sind die Versagungsgründe des § 4 Abs. 1 S. 1 GastG und die Widerrufsgründe des § 15 Abs. 2 GastG deshalb so zu interpretieren, dass die Behörde die Erlaubnis nicht versagen darf, wenn die zu besorgende Gefahr durch eine Auflage gebannt werden kann.[113]

bb) Unselbstständige Nebenbestimmungen

58   Die *Befristung* einer Gaststättenerlaubnis (§ 36 Abs. 2 Nr. 1 LVwVfG) erlaubt das Gesetz in verschiedenen Vorschriften. Stets geht es dabei um Fälle, in denen mit einer alsbaldigen Veränderung der Sachlage zu rechnen ist oder sonst ein Bedürfnis nach abermaliger behördlicher Prüfung besteht (§ 3 Abs. 2, § 9 S. 1 Hs. 2, § 11 Abs. 1 S. 2, § 12 Abs. 1 GastG; § 2 Abs. 2 S. 2, Abs. 3 BremGastG). Eine *auflösende Bedingung* (§ 36 Abs. 2 Nr. 2 Var. 2 LVwVfG) ist dagegen nirgends vorgesehen; der Nichtbeginn und das Ruhenlassen des Betriebs führen nach § 8 GastG schon kraft gesetzlicher Anordnung zum Erlöschen der Erlaubnis.[114] *Widerrufsvorbehalte* (§ 36 Abs. 2 Nr. 3 LVwVfG) sind von §§ 11, 12 GastG (§ 2 Abs. 3 BremGastG) gedeckt. Darüber hinaus ist an unselbstständige Nebenbestimmungen zur Sicherstellung der gesetzlichen Voraussetzungen des Verwaltungsakts zu denken (§ 36 Abs. 1 Var. 2 LVwVfG), beispielsweise an eine Erlaubniserteilung unter der aufschiebenden Bedingung der Beseitigung bestimmter, den Versagungsgrund des § 4 Abs. 1 S. 1 Nr. 2 GastG erfüllender baulicher Mängel (Abgrenzung zur Auflage erforderlich!).[115]

f) Genehmigungsfiktion

59   Nach Art. 13 Abs. 4 DLR muss das mitgliedstaatliche Recht vorsehen, dass für die Erbringung von Dienstleistungen von Unternehmen aus einem anderen Mitgliedstaat erforderliche Genehmigungen nach Ablauf einer vom Mitgliedstaat vorab bestimmten Frist ab Antragstellung als erteilt gelten, wenn der Antrag nicht zuvor beschieden wurde. Die GewO trägt dem mit der Regelung zur *Genehmigungsfiktion* nach Ablauf von drei Monaten ab Eingang der vollständigen Unterlagen in § 6a GewO (i. V. m. § 42a LVwVfG)[116] Rechnung, die auch für Verfahren nach dem

---

[111] Vgl. BayVGH, NVwZ 1995, 1021 (1023).

[112] A. A. OVG Sachs.-Anh., Urt. v. 07.12.2016 – 2 L 17/14, juris, Rn. 192: Der Auflagenbegriff des § 5 GastG sei weit zu interpretieren und schließe auch nachträgliche Änderungen des Genehmigungsinhalts ein.

[113] BVerwG, NVwZ-RR 1997, 222; *Steinberg*, DÖV 1991, 354 (356).

[114] Von einer Nebenbestimmung ausgehend *Ruthig/Storr*, Rn. 445.

[115] *Ruthig/Storr*, Rn. 443.

[116] Hierzu *Guckelberger*, DÖV 2010, 109.

GastG gilt (§ 6a Abs. 2 GewO).[117] Eine eigene Regelung – allerdings mit einer Vier-
monatsfrist – enthält § 9 Abs. 3 BremGastG. Auch der fingierte Verwaltungsakt ist
ein Verwaltungsakt, so dass er nach den allgemeinen Vorschriften aufgehoben und
insbesondere auch gerichtlich angegriffen werden kann (§ 42a Abs. 1 S. 2 LVwVfG).
Ergeht nach Ablauf der Fiktionsfrist ein den Antrag ablehnender Bescheid, ist dieser – wenn er nicht ausnahmsweise als Rücknahme des fingierten Verwaltungsakts
interpretiert werden kann – rechtswidrig und kann damit einen Amtshaftungsanspruch gem. Art. 34 S. 1 GG i. V. m. § 839 Abs. 1 BGB begründen. Gleiches gilt,
wenn die Behörde es lediglich versäumt, einen nicht anwaltlich beratenen Antragsteller vom Eintritt der Genehmigungsfiktion in Kenntnis zu setzen.[118]

g) Verhältnis zur Baugenehmigung

Für den Betrieb einer Gaststätte in einer baulichen Anlage ist in vielen Fällen auch   **60**
die Einholung einer Baugenehmigung erforderlich oder zumindest möglich. Gaststättenrechtliche Erlaubnis und Baugenehmigung stehen, soweit sie nach den für
sie geltenden Vorschriften statthaft sind, nebeneinander und ersetzen sich gegenseitig nicht (*keine sog. Konzentrationswirkung* wie etwa bei § 13 BImSchG;
vgl. § 74 Abs. 3 S. 2 BauO NRW).

Unterschiede und Gemeinsamkeiten ergeben sich hinsichtlich der *Prüfungspro-*   **61**
gramme der jeweils zuständigen Behörden. Klar ist zunächst, dass die personenbezogenen Erlaubnisvoraussetzungen des § 4 Abs. 1 S. 1 Nr. 1 GastG nur von der
Gaststättenbehörde geprüft werden. Das ergibt sich schon daraus, dass im Bauge-
nehmigungsverfahren gemäß der einschlägigen Vorschriften der Landesbauord-
nungen[119] nur vorhabenbezogene (!) Vorschriften geprüft werden.[120] Zu Über-
schneidungen kommt es hingegen bei den sachbezogenen Erlaubnisvoraussetzungen
des § 4 Abs. 1 S. 1 Nr. 2–3 GastG. Sowohl die Gaststättenbehörde als grundsätzlich
auch – landesrechtliche Abweichungen sind möglich (z. B. § 52 Abs. 2 LBO BW;
§ 64 Abs. 1 LBO NRW) – die Bauaufsichtsbehörden prüfen das gesamte Baupla-
nungs- und Bauordnungsrecht (→ Rn. 52). Doppelprüfungen ergeben sich aber
auch hinsichtlich des übrigen vorhabenbezogenen Öffentlichen Rechts und damit
etwa für das raumbezogene Arbeitsschutzrecht (§ 4 Abs. 1 S. 1 Nr. 2 GastG) und
für das – ohnehin durch Rezeptionsklauseln in das Bauplanungsrecht einbezogene

---

[117] Da es sich nicht um eine gaststättenspezifische Regelung handelt, war der Bund zum Erlass
dieser mit Wirkung vom 28.12.2009 in die Gewerbeordnung eingefügten Vorschrift nach Art. 74
Abs. 1 Nr. 11 GG befugt (a. A. *Weißenberger*, DÖV 2012, 385 [386 ff.]). Der BGH neigt demgegenüber zu der Ansicht, dass es sich bei § 6a Abs. 2 GewO um Gaststättenrecht handelt, das aber
durch eine Fortschreibungskompetenz des Bundes gemäß Art. 125a Abs. 1 S. 1 GG gedeckt ist
(BGHZ 214, 360 [Rn. 36]). – Über § 1 LGastG BW und § 31 GastG gilt § 6a Abs. 2 GewO auch
in Baden-Württemberg, BGHZ 214, 360 (367 f.).

[118] BGHZ 214, 360.

[119] Siehe etwa § 58 Abs. 1 S. 1, 2 LBO BW; Art. 68 Abs. 1 S. 1 Hs. 1 BayBO; § 62 Abs. 1 S. 1
HmbBO; § 65 BauO MV; § 74 Abs. 1 BauO NRW; § 70 Abs. 1 S. 1 i. V. m. § 2 Abs. 17 NdsBauO.

[120] Mit § 58 Abs. 1 S. 2 LBO BW argumentierend hingegen VGH BW, NVwZ 2000, 1068 (1068).

(§ 30 Abs. 1 BauGB i. V. m. § 15 Abs. 1 S. 2 BauNVO oder § 34 S. 1 BauGB
[Merkmal des „Einfügens"], jeweils i. V. m. § 22 BImSchG) – Immissionsschutzrecht (§ 4 Abs. 1 S. 1 Nr. 3 GastG). Nicht überzeugend wäre es, diese Vorschriften
unter Hinweis auf ihre Prüfung durch die Gaststättenbehörde aus dem Prüfungs-
programm der Bauaufsichtsbehörde nach dem Lex-specialis-Grundsatz herauszu-
definieren.[121] Auch ausdrückliche Bestimmungen im Landesrecht, denen zufolge
die Bauaufsichtsbehörde Vorschriften nicht prüft, „über deren Einhaltung eine andere Behörde in einem gesonderten Verfahren durch Verwaltungsakt entscheidet"
(§ 58 Abs. 1 S. 2 LBO BW), sind hier nicht einschlägig. Die Gaststättenerlaubnis
ist eine primär personenbezogene Erlaubnis, die über die sachbezogenen Versagungsgründe eine „Querschnittsfunktion" erlangt. Die fachliche Kompetenz für
die Beurteilung der sachbezogenen Versagungsgründe liegt aber primär nicht bei
der Gaststättenbehörde, sondern bei der jeweiligen Fachbehörde. Umgekehrt sind
auch die gaststättenrechtlichen Versagungsgründe autonom zu bestimmen, d. h. sie
werden durch die parallele Zuständigkeit einer anderen Behörde materiell-rechtlich nicht beeinflusst.

62   Hinsichtlich der Frage, ob und in welchem Umfang die Bauaufsichtsbehörde und
die Gaststättenbehörde wechselseitig an eine bereits erteilte Gaststättenerlaubnis
oder Baugenehmigung gebunden sind, enthält das hierfür maßgebliche Landesrecht
keine ausdrückliche Regelung. Während eine Bindung der Bauaufsichtsbehörde an
die Gaststättenerlaubnis – etwa hinsichtlich der Prüfung, ob die Gaststätte bauplanungsrechtlich zulässig ist oder ob sie schädliche Umwelteinwirkungen verursacht
(§ 4 Abs. 1 S. 1 Nr. 3 GastG) – verneint wird,[122] ist umgekehrt eine erhebliche *Bin-
dungskraft der Baugenehmigung* für das gaststättenrechtliche Erlaubnisverfahren
anerkannt. Nach Ansicht des BVerwG steht aufgrund der Baugenehmigung auch für
das gaststättenrechtliche Verfahren verbindlich fest, dass dem Gaststättenbetrieb die
von der Bauaufsichtsbehörde geprüften (!) bauplanungs- und bauordnungsrechtli-
chen[123] Vorschriften nicht entgegenstehen.[124] Die Beurteilung von Rechtsfragen des
Öffentlichen Baurechts falle nämlich in die originäre Regelungskompetenz der (organisatorisch und verfahrensrechtlich entsprechend eingerichteten) Bauaufsichtsbehörde oder habe zu ihr zumindest den stärkeren Bezug.[125] Auch die *immissionsschutzrechtliche Zulässigkeit* werde von der Bauaufsichtsbehörde verbindlich
festgestellt, soweit es um „typischerweise" mit der bestimmungsgemäßen Nutzung
einer Gaststätte in einer konkreten baulichen Umgebung verbundene Immissionen
geht und mithin ein enger Bezug zu den baurechtlichen Fragen gegeben ist.[126] Keine

---

[121] Grundsätzlich zu dieser Möglichkeit BVerwG, RdE 1988, 194 (196); BayVGH, NVwZ 1994,
304 (305); OVG NRW, BauR 2002, 451 (453 f.); VGH BW, BauR 2003, 492 (494); OVG RP,
NJOZ 2007, 5313 (5315).
[122] BVerwGE 84, 11 (17); OVG NRW, Beschl. v. 27.11.2018 – Az. 4 A 1938/16, juris, Rn. 14;
Ziekow, § 12 Rn. 28; *Ehlers*, in: ders./Fehling/Pünder, § 20 Rn. 36.
[123] *Ehlers*, in: ders./Fehling/Pünder, § 20 Rn. 34.
[124] BVerwGE 80, 259 (261 f.); 84, 11 (14); a. A. *Berger*, VerwArch 100 (2009), 342 (360 f.).
[125] BVerwGE 80, 259 (261 f.); 84, 11 (13 f., 16 f.); *Ziekow*, § 12 Rn. 27.
[126] BVerwGE 80, 259 (261 f.); GewArch 2012, 45; a. A. *Steinberg*, DÖV 1991, 354 (360).

Bindungswirkung hat die Baugenehmigung insoweit, wie das Gaststättenrecht von den baurechtlichen Maßstäben abweicht oder sie ergänzt,[127] so etwa im Hinblick auf Immissionen, die auf „atypischen Betriebseigentümlichkeiten" beruhen,[128] oder im Hinblick auf typischerweise im Schwerpunkt vom Gewerberecht geschützte Interessen wie den Schutz der Jugend vor sittlicher Gefährdung.[129] Soweit schädliche Umwelteinwirkungen auf die fehlende Normbefolgungsbereitschaft oder Normbefolgungskompetenz des Gastwirts zurückzuführen sind (§ 4 Abs. 1 S. 1 Nr. 1 GastG), kommt eine Bindungswirkung der rein sachbezogenen Baugenehmigung von vornherein nicht in Betracht.[130] Außerdem ist die Bindungswirkung auf den behördlich beurteilten Sachverhalt beschränkt. Sie entfällt deshalb bei einer erheblichen Veränderung der tatsächlichen Verhältnisse.[131]

Wird die *Baugenehmigung abgelehnt*, soll dies nach weit verbreiteter, aber nicht **63** näher begründeter Ansicht für die Gaststättenbehörde folgenlos sein. Der Ablehnungsbescheid stelle nicht zugleich die tragenden Gründe der Versagung fest, äußere sich also nicht zur Vereinbarkeit des Vorhabens mit (bestimmten) öffentlich-rechtlichen Vorschriften.[132]

Nach der überkommenen sog. *Schlusspunkttheorie* darf die Baugenehmigung **64** erst erteilt werden, wenn alle anderen öffentlich-rechtlichen Gestattungen vorliegen, die für das Vorhaben außerdem noch erforderlich sind.[133] Diese „Theorie" wird heute für das Verhältnis von Baugenehmigung und Gaststättengenehmigung für kein Landesrecht mehr vertreten.[134] Angesichts der beschriebenen Bindungswirkungen ist es allerdings in der Regel zweckmäßig, dass die Bauaufsichtsbehörde zuerst

---

[127] Siehe auch *Czybulka*, in: R. Schmidt, BT I, § 2 Rn. 229.

[128] BVerwGE 80, 259 (262); kritisch *Berger*, VerwArch 100 (2009), 342 (351 f.).

[129] VGH BW, GewArch 2001, 432 (433).

[130] VGH BW, GewArch 2001, 432 (432 f.).

[131] *Metzner*, GastG, § 4 Rn. 355.

[132] *Ortloff*, NJW 1987, 1665 (1670); diese Interpretation des Landesrechts nicht beanstandend BVerwGE 84, 11 (14); auf anderem Sachgebiet eine negative Feststellungswirkung eines ablehnenden Bescheids bejahend hingegen BVerwG, DÖV 1993, 1094 (1095 f.); a. A. *Ehlers*, DÖV 1991, 480; *Czybulka*, in: R. Schmidt, BT I, § 2 Rn. 231.

[133] *Mampel*, BauR 2002, 719 (720).

[134] Generelle Ablehnung bei BayVGH, NVwZ 1994, 304 (305); VGH BW, GewArch 2001, 432; für das Verhältnis von Gaststättenerlaubnis und Baugenehmigung ebenso OVG NRW, NuR 2004, 253 (254), weil die Gaststättenerlaubnis die persönliche Zuverlässigkeit der Betreiber betreffe; im Grundsatz unter Hinweis auf den heutigen § 71 Abs. 1 Nr. 2 LBO NRW an der Schlusspunkttheorie festhaltend hingegen OVG NRW, Urteil vom 14.09.2001 – 7 A 620/00; ZUR 2010, 268 (269); VG Köln, Urt. v. 1.9.2017 – 2 K 4709/16, juris, Rn. 34. Auch in Rheinland-Pfalz (OVG RP, BauR 2007, 1857 f.) und Schleswig-Holstein (OVG SH, NordÖR 2018, 267; a.A. *Kalscheuer/Purucker*, NordÖR 2018, 251 f.) kann zugunsten der Schlusspunkttheorie mit den Verfahrensvorschriften des § 65 Abs. 5 LBauO RP und des § 67 Abs. 5 S. 1 LBO SH argumentiert werden. Die Gaststättenerlaubnis ist wegen ihres primär personalen Bezugs aber keine Entscheidung über ein „Vorhaben" bzw. eine „Anlage" i. S. dieser Vorschriften. Ebenso für Bremen VG Bremen, Urt. v. 13.5.2015 – 1 K 131/14, juris, Rn. 34. Siehe zum langsamen Abschied von der Schlusspunkttheorie auch *Finkelnburg/Ortloff/Otto*, Öffentliches Baurecht, Bd. II, § 7 Rn. 67 ff.

entscheidet.[135] Ohnehin hat es keine erkennbare Funktion, die Gaststättenbehörde mit einer rechtlichen Prüfung von Fragen zu betrauen, für deren Beantwortung es ihr – wenn zusätzlich eine Baugenehmigung erforderlich ist – an der Letztentscheidungskompetenz fehlt. Auch vor dem Hintergrund der Vorgaben der DLR und des Verfassungsrechts (Art. 12 Abs. 1 S. 1 GG) ist insoweit eine Korrektur notwendig. Solange es dem Gesetzgeber nicht gelungen ist, die Prüfungsprogramme klar voneinander abzuschichten, ist es einer zeitlich vorausliegend entscheidenden Gaststättenbehörde deshalb jedenfalls erlaubt, die Erlaubnis unter der aufschiebenden Bedingung der Erteilung der Baugenehmigung zu erlassen.[136]

h) Erledigung der Erlaubnis

65   Eine bekannt gegebene (§ 43 Abs. 1 LVwVfG), nicht nichtige (§ 43 Abs. 3, § 44 LVwVfG) Gaststättenerlaubnis bleibt wirksam, solange und soweit sie nicht zurückgenommen, widerrufen, anderweitig aufgehoben oder durch Zeitablauf oder auf andere Weise erledigt ist (§ 43 Abs. 2 LVwVfG).

aa) Rücknahme

66   Wird bekannt, dass bei ihrer Erteilung der Versagungsgrund der Unzuverlässigkeit (§ 4 Abs. 1 S. 1 Nr. 1 GastG) vorlag, ist die Erlaubnis mit Wirkung ex nunc zurückzunehmen. Die einschlägige Ermächtigungsgrundlage des § 15 Abs. 1 GastG ist eine *Spezialvorschrift* gegenüber § 48 LVwVfG.[137] Die Unterschiede sind markant: Das GastG kennt keine Vertrauensschutztatbestände wie § 48 Abs. 2–4 LVwVfG und räumt der Behörde kein Rücknahmeermessen ein. Diese Strenge findet Grund und Rechtfertigung darin, dass der Gastwirt für seine Unzuverlässigkeit – anders als für sachbezogene Versagungsgründe – uneingeschränkt selbst verantwortlich ist. Eine Gaststättenerlaubnis, die wegen eines anderen Versagungsgrunds als dem der Unzuverlässigkeit nicht hätte erlassen werden dürfen, kann nur nach § 48 LVwVfG zurückgenommen werden.[138] Das Bemühen mancher Behörde, von § 4 Abs. 1 S. 1 Nr. 2, 3 GastG erfasste Rechtsverstöße auch unter Nr. 1 zu subsumieren,[139] wird vor diesem Hintergrund verständlich. Doch rechtfertigt eine allein aus der räumlichen Lage der Gaststätte resultierende schädliche Umwelteinwirkung zunächst nur Auflagen nach § 5 Abs. 1 Nr. 3 GastG, erst wenn diese nicht erfüllt werden, kann an einen Widerruf nach § 15 Abs. 3 Nr. 2 GastG gedacht werden.

67   § 15 Abs. 1 GastG setzt voraus, dass objektiv schon bei Erlaubniserteilung verwirklichte Versagungsgründe der Behörde erst *nachträglich bekannt werden*. Wusste die Behörde von Anfang an von den Versagungsgründen, setzt sie mit der Genehmigungserteilung typischerweise einen Vertrauenstatbestand. Deshalb ist die

---

[135] *Ehlers*, in: ders./Fehling/Pünder, § 20 Rn. 33; *Schröder/Broshinski*, NWVBl. 2013, 125 (127).

[136] Offengelassen von BVerwGE 84, 11 (16).

[137] Das BremGastG enthält keine Sonderregelungen; hier ist auf die §§ 48, 49 BremVwVfG zurückzugreifen.

[138] *Ruthig/Storr*, Rn. 449. In Fallbearbeitungen *Glaser*, in: ders./Klement, Fall 3 Rn. 32; *Broscheit*, JA 2016, 480 (481).

[139] Siehe die Falllösung bei *Schoberth*, JuS 2011, 730 (732).

„weichere" allgemeine Regel des § 48 LVwVfG anzuwenden. Bekannt sind der Behörde die Versagungsgründe schon dann, wenn sie Kenntnis von den das Unzuverlässigkeitsurteil tragenden Tatsachen hatte.[140]

Wenn der ursprünglich vorhandene, der Behörde nachträglich bekannt gewordene Versagungsgrund im Zeitpunkt der Rücknahmeentscheidung nicht mehr vorliegt (z. B. weil eine Alkoholsucht zwischenzeitlich erfolgreich therapiert wurde), schließt Art. 12 Abs. 1 S. 1 GG eine Anwendung des § 15 Abs. 1 GastG aus. Ein den Grundrechtseingriff rechtfertigendes öffentliches Interesse an einer Rücknahme mit Wirkung für die Zukunft besteht hier nämlich nicht.[141] Ebenfalls nur mit einer grundrechtsunmittelbaren Einschränkung des einfachen Gesetzesrechts ist zu erklären, dass trotz der gesetzlichen Gebundenheit der Rücknahmeentscheidung nach verbreiteter Ansicht[142] die *Verhältnismäßigkeit* der Rücknahme zu prüfen ist.[143] Angesichts der verfassungsrechtlich grundsätzlich unbedenklichen Typisierung des Gesetzgebers kommt eine Korrektur der Rücknahmeentscheidung aber allenfalls „in ganz extremen Ausnahmefällen"[144] in Betracht. Dem Erfordernis der Verhältnismäßigkeit ist vielmehr schon bei der Auslegung des Unzuverlässigkeitsbegriffs Rechnung zu tragen. **68**

bb) Widerruf

Anders als hinsichtlich der Rücknahme enthält das GastG bezüglich der *Aufhebung* **69** *rechtmäßiger Erlaubnisse* (Widerruf) eine abschließende, § 49 LVwVfG sperrende Regelung.[145] Zu unterscheiden sind der zwingende Widerruf nach § 15 Abs. 2 und der fakultative Widerruf nach § 15 Abs. 3 GastG.

Treten nach dem Erlass der Gaststättenerlaubnis Tatsachen ein, die (bei hypo- **70** thetischer abermaliger Antragstellung) eine Versagung wegen Unzuverlässigkeit rechtfertigen würden, ist die *Erlaubnis zu widerrufen* (§ 15 Abs. 2 GastG). Wie schon die Rücknahme nach § 15 Abs. 1 GastG beruht auch dieser Aufhebungstatbestand auf dem Gedanken, dass Gaststätten unter keinen Umständen durch unzuverlässige Gewerbetreibende geführt werden sollen und dieser Personengruppe bei typisierender Betrachtung Vertrauensschutz nicht zuzubilligen ist. Eine einzelfallbezogene Korrektur der gesetzlichen Rechtsfolge über den Grundsatz der Verhältnismäßigkeit ist nicht angezeigt, wiederum sind die verfassungsrechtlichen Anforderungen aber bei der Auslegung der Tatbestandsmerkmale zu berücksichtigen.[146]

---

[140] *Metzner*, GastG, § 15 Rn. 4, 40; *Ehlers*, in: ders./Fehling/Pünder, § 20 Rn. 57; a. A. VG München, Beschl. v. 17.06.2004 – M 16 S 04.2829, juris, Rn. 37; *Michel/Kienzle/Pauly*, GastG, § 15 Rn. 1; zum heutigen § 45 WaffG BVerwGE 71, 248 (250).

[141] Siehe VG München, Beschl. v. 17.06.2004 – M 16 S 04.2829, juris, Rn. 39, unter Hinweis auf BVerwG, GewArch 1974, 333 (337).

[142] *Metzner*, GastG, § 15 Rn. 50; *Ehlers*, in: ders./Fehling/Pünder, § 20 Rn. 59.

[143] Allgemein kritisch *Mehde*, DÖV 2014, 541.

[144] Vgl. zu § 35 GewO BVerwG, GewArch 1982, 303 (304).

[145] BVerwG, GewArch 1998, 254 (255); *Ruthig/Storr*, Rn. 449. Siehe zum Widerruf einer Gaststättenerlaubnis die Falllösung bei *Glaser*, in: ders./Klement, Fall 3 Rn. 23 ff.

[146] VGH BW, NVwZ-RR 1996, 327 (328); wohl auch BVerwGE 49, 160 (168 f.).

Genügt beispielsweise schon eine Abmahnung des Gewerbetreibenden, um für die Zukunft einen ordnungsgemäßen Gewerbebetrieb sicherzustellen, fehlt es an der Unzuverlässigkeit.[147] Nur wenn die Fortsetzung des Gaststättenbetriebs während der Dauer des Rechtsstreits konkrete Gefahren für wichtige Gemeinschaftsgüter befürchten lässt, kann im Einklang mit Art. 12 Abs. 1 GG die sofortige Vollziehung des Widerrufs nach § 80 Abs. 2 S. 1 Nr. 4 VwGO angeordnet werden.[148]

71   Weitere Widerrufsgründe enthält § 15 Abs. 3 GastG. Hier räumt das Gesetz der Behörde *Ermessen* ein. Insbesondere kann die Erlaubnis widerrufen werden, wenn der Gewerbetreibende oder sein Stellvertreter Auflagen nach § 5 Abs. 1 GastG nicht fristgerecht erfüllt (Nr. 2). Dabei muss die Auflage im Zeitpunkt des Widerrufs nur wirksam, nicht notwendigerweise auch rechtmäßig sein.[149]

cc) Sonstige Erledigungstatbestände

72   „*Anderweitig aufgehoben*" (§ 43 Abs. 2 Var. 3 LVwVfG) wird die Gaststättenerlaubnis bei einer gerichtlichen Aufhebung nach § 113 Abs. 1 S. 1 VwGO (→ Rn. 74) und im Falle des Erlöschens wegen der Nichtaufnahme oder Beendigung des Betriebs (§ 8 GastG). Dabei kann eine Nichtausübung auch darin liegen, dass der Erlaubnisinhaber ein anderes Gaststättengewerbe als das erlaubte betreibt.[150]

73   „*Durch Zeitablauf*" (§ 43 Abs. 2 Var. 4 LVwVfG) erledigt sich eine befristete Gaststättenerlaubnis (→ Rn. 58). Eine Erledigung in anderer Weise (§ 43 Abs. 2 Var. 5 LVwVfG) ist anzunehmen, wenn eine formalisierte Aufhebung der Erlaubnis sinnlos geworden ist, weil die Erlaubnis keine rechtliche Wirkung hat, auch nicht vermittelt durch andere, an sie anknüpfende Rechtsvorschriften.[151] Da die Gaststättenerlaubnis (auch) eine Personalkonzession ist (→ Rn. 36), kann der Tod des Erlaubnisinhabers zur Erledigung führen[152] (siehe aber § 10 GastG). Bei der auch raumbezogenen Erlaubnis nach dem GastG tritt Erledigung außerdem beim endgültigen Untergang der genutzten Räume ein[153] (anders bei der reinen Personalkonzession nach dem BremGastG).

i) Rechtsschutz

aa) Erlaubnis

74   Der Gewerbetreibende kann den Anspruch auf die Erteilung der Gaststättenerlaubnis (→ Rn. 39) mit *Verpflichtungswiderspruch* (§ 68 Abs. 2 VwGO, soweit nicht landesrechtlich ausgeschlossen) und *Verpflichtungsklage* (§ 42 Abs. 1 Var. 2 VwGO) durchsetzen. Eine Untätigkeitsklage nach § 75 VwGO kommt seit

---

[147] Vgl. BVerwG, GewArch 1992, 24; siehe aber auch BayVGH, Beschl. v. 05.10.2018 – 22 ZB 18.841, juris, Rn. 23.

[148] Vgl. BVerfG, NJW 2003, 3618 (3619).

[149] Näher *Klement*, JuS 2010, 1088 (1091 ff.).

[150] VG Berlin, Beschl. v. 25.03.2014 – 4 L 57.14, juris, Rn. 15.

[151] Vgl. BVerwGE 139, 337 (340 f.).

[152] SächsOVG, Urt. v. 23.05.2014 – 3 A 257/12, juris, Rn. 6.

[153] VG Berlin, Beschl. v. 25.03.2014 – 4 L 57.14, juris, Rn. 16 f.

Einführung der Genehmigungsfiktion durch § 6a Abs. 2 GewO (→ Rn. 59) wegen der Dreimonatsfrist regelmäßig (außer in den Fällen des § 75 S. 2 a. E. VwGO sowie bei Anwendung des § 9 Abs. 3 BremGastG) nicht in Betracht. Das Gericht legt der Entscheidung über eine Verpflichtungsklage die Sach- und Rechtslage bei Schluss der letzten mündlichen Verhandlung zugrunde. Ein *Antrag auf einstweiligen Rechtsschutz* nach § 123 Abs. 1 S. 2 VwGO durch die (vorläufige) Erteilung einer Gaststättenerlaubnis wird regelmäßig am Verbot der Vorwegnahme der Hauptsache scheitern.[154]

Die *Nachbarn der Gaststätte* – die an den Grundstücken im Einwirkungsbereich der Gaststätte dinglich berechtigten oder sich regelmäßig dort aufhaltenden Personen – können unter bestimmten Umständen nicht nur gegen die Baugenehmigung, sondern auch die Gaststättenerlaubnis vorgehen. Macht ein Nachbar geltend, dass die Gaststättenerlaubnis entgegen § 4 Abs. 1 S. 1 GastG erlassen wurde, stehen ihm die Rechtsbehelfe des Anfechtungswiderspruchs (§ 68 Abs. 1 VwGO, soweit nicht landesrechtlich ausgeschlossen) und der Anfechtungsklage (§ 42 Abs. 1 Var. 1 VwGO) zu. Der zuerst im Prüfungspunkt der Klagebefugnis zu erörternde *drittschützende Gehalt* der Versagungsgründe ist allerdings differenziert zu beurteilen. Dem personenbezogenen Versagungsgrund der Unzuverlässigkeit (§ 4 Abs. 1 S. 1 Nr. 1 GastG; § 2 Abs. 2 S. 1 BremGastG), aber auch den sachbezogenen Versagungsgründen in § 4 Abs. 1 S. 1 Nr. 2, 2a und Nr. 4 GastG ist ein ausschließlich objektiv-rechtlicher Charakter zuzusprechen.[155] Bei der „nach Innen" vor Gaststättengefahren schützenden § 4 Abs. 1 S. 1 Nr. 2 GastG gilt das auch insoweit, wie durch diese Vorschrift für sich genommen drittschützende öffentlich-rechtliche Normen in den Rang gaststättenrechtlicher Versagungsgründe erhoben werden. Im Ausgangspunkt wird schließlich auch der auf Gefahren „nach außen" bezogene § 4 Abs. 1 S. 1 Nr. 3 GastG als objektives Recht interpretiert, denn er schützt ausweislich des Gesetzeswortlauts die widersprechenden öffentlichen, also nicht private Interessen.[156] Drittschützend ist die Norm auch nicht hinsichtlich der Pflicht der Behörde zur Beachtung von für sich genommen drittschützenden Vorschriften des Bauplanungsrechts.[157] Der Nachbar steht deshalb nicht schutzlos da, ist aber darauf verwiesen, gegen die Baugenehmigung vorzugehen bzw. ein repressives Tätigwerden der Bauaufsichtsbehörde durchzusetzen. Eine Ausnahme machen die Gerichte nur dann, wenn schädliche Umwelteinwirkungen zu befürchten sind. Insoweit sei der Nachbar auch zur Klage gegen die erteilte Gaststättenerlaubnis aus § 4 Abs. 1 S. 1 Nr. 3 GastG klagebefugt, denn die Definition der schädlichen Umwelteinwirkung in § 3 Abs. 1 BImSchG nehme

75

---

[154] BayVGH, Beschl. v. 16.09.2011 – 22 CE 11.2174, juris, Rn. 3; vgl. aber auch VG Würzburg, ZInsO 2013, 2063. Näher *Wollenschläger*, in: Gärditz, § 123 Rn. 121 ff.

[155] Zum GastG *Metzner*, GastG, § 4 Rn. 347; zu Nr. 1 BVerwGE 80, 259 (260). § 4 Abs. 1 S. 1 Nr. 2a GastG kann allerdings im Wege der Verbandsklage nach § 15 Abs. 1 S. 1 Nr. 2 BGG durchgesetzt werden.

[156] OVG RP, GewArch 1998, 209 (210).

[157] VGH BW, NVwZ-RR 2016, 337 (337 ff.); OVG Berl.-Bbg., Urt. v. 25.09.2017 – OVG 1 B 14.16, juris, Rn. 90.

ausdrücklich auf die Nachbarschaft Bezug.[158] Diese Interpretation liegt wegen der
„Einbettung" des Immissionsschutzrechts in eine auf öffentliche Interessen bezogene Vorschrift auf den ersten Blick nicht unbedingt nahe. Für sie spricht aber,
dass der (nachträgliche) Erlass von Auflagen nach der – drittschützenden – Vorschrift des § 5 Abs. 1 Nr. 3 GastG für den Schutz der Nachbarn allein nicht genügt, weil sich gerade die lage- und raumbezogenen Immissionen, um die es bei
§ 4 Abs. 1 S. 1 Nr. 3 GastG geht, damit nicht immer vermeiden lassen.[159]

76   Entsprechend der für *Verwaltungsakte mit Dauerwirkung* geltenden Zweifelsre-
gel[160] berücksichtigt das Gericht bei der Drittanfechtungsklage etwaige Änderungen
der Sach- und Rechtslage bis zum Schluss der mündlichen Verhandlung. Der einstweilige Rechtsschutz des Nachbarn richtet sich nach § 80a Abs. 1 Nr. 2, Abs. 3
VwGO.

bb) Nebenbestimmungen

77   Die Statthaftigkeit von Widerspruch und Anfechtungsklage gegen gaststättenrechtliche Nebenbestimmungen aller Art – nicht nur Auflagen, sondern auch unselbstständige Nebenbestimmungen – steht heute weitgehend außer Streit.[161] Zweifelhaft
kann aber die *materielle Teilbarkeit* von Erlaubnis und Nebenbestimmung sein. Die
Erlaubnis darf durch die Abtrennung der Nebenbestimmung nicht rechtswidrig werden und sie muss auch ohne diese sinnvollerweise bestehen bleiben können. Die
materielle Teilbarkeit ist eine – direkt aus den verfassungsrechtlichen Grundsätzen
der Rechtsstaatlichkeit und der Gewaltenteilung hergeleitete – Begründetheitsvo-
raussetzung, die nach vorherrschender Ansicht zusätzlich zu den Voraussetzungen
des § 113 Abs. 1 S. 1 VwGO zu prüfen ist.[162] Bei offensichtlich fehlender materieller Teilbarkeit ist schon die Klagebefugnis[163] oder das allgemeine Rechtsschutzbedürfnis[164] und damit die Zulässigkeit der Klage zu verneinen. Verspricht eine Anfechtungsklage hiernach keinen Erfolg, bleibt dem von einer Nebenbestimmung
beschwerten Gastwirt nur eine Verpflichtungsklage auf Erteilung einer nebenbe-
stimmungsfreien Erlaubnis. Prozesstaktisch kann es sinnvoll sein, mit dem Haupt-
antrag die Anfechtungsklage und hilfsweise die Verpflichtungsklage zu erheben.

---

[158] Hess VGH, GewArch 1997, 162; OVG NRW, GewArch 1993, 254 (255); OVG RP, GewArch
1998, 209 f.; BayVGH, GewArch 2014, 485 (485); *Steinberg*, DÖV 1991, 354 (355 f.); *Ehlers*, in:
ders./Fehling/Pünder, § 20 Rn. 32; a. A. *von Ebner*, GewArch 1975, 108 ff.; *Stober/Eisenmenger*,
§ 47 II 3 b); offengelassen von BVerwGE 80, 259 (260).

[159] Vgl. OVG NRW, GewArch 1993, 254 (256).

[160] BVerwG, NJW 1993, 1729 (1730).

[161] Siehe zuletzt etwa VG Neustadt, Urt. v. 13.06.2013 – 4 K 1091/12.NW, juris, Rn. 25; ausführlich *Wollenschläger/Lippstreu*, BayVBl. 2009, 56 (57 f.) m. w. N. Siehe allgemein zum Rechtsschutz gegen Nebenbestimmungen *Schenke*, Verwaltungsprozessrecht, Rn. 294 ff.; *Maurer/Wald-
hoff*, § 12 Rn. 27. Gegen eine Anfechtbarkeit unselbständiger Nebenbestimmungen *Axer*, Jura
2001, 748 (752).

[162] Vgl. BVerwGE 81, 185 (186); 112, 221 (224); *Ehlers*, Jura 2004, 30 (32); *Schenke*, Verwaltungsprozessrecht, Rn. 296; *Maurer/Waldhoff*, § 12 Rn. 27.

[163] *Detterbeck*, Rn. 669.

[164] *Maurer/Waldhoff*, § 12 Rn. 28.

Widerspruch und Anfechtungsklage gegen eine Auflage entfalten – vorbehaltlich einer Anordnung nach § 80 Abs. 2 S. 1 Nr. 4 VwGO – aufschiebende Wirkung nach § 80 Abs. 1 VwGO.

Der *Nachbar* hat ein subjektives Recht auf eine *ermessensfehlerfreie behördliche* **78** *Entscheidung* über die Erteilung einer der Vermeidung von schädlichen Umwelteinwirkungen dienenden Auflage nach § 5 Abs. 1 Nr. 3 GastG.[165] Dieses Recht kann mit Verpflichtungswiderspruch und Verpflichtungsklage (ggf. in der Form der Bescheidungsklage) geltend gemacht werden. Zur Anfechtung ist der Nachbar befugt, wenn eine bestehende nachbarschützende Auflage durch einen neuen Verwaltungsakt aufgehoben oder zu seinem Nachteil abgeändert wird.[166]

cc) Rücknahme und Widerruf

Gegen eine behördliche Aufhebung der Gaststättenerlaubnis wehrt sich der Gewer- **79** betreibende mit *Widerspruch und Anfechtungsklage.*[167] Das subjektive Recht folgt direkt aus Art. 12 Abs. 1 S. 1 GG und subsidiär aus Art. 2 Abs. 1 GG, weil durch die Aufhebung der Erlaubnis das präventive Verbot mit Erlaubnisvorbehalt (→ Rn. 28 f.) wieder in Geltung gesetzt wird. Maßgeblich für das Gericht ist die Sach- und Rechtslage im Zeitpunkt der letzten Behördenentscheidung.[168] Soweit der Behörde ein Ermessen eingeräumt ist (etwa von § 15 Abs. 3 GastG), überprüft das Gericht auch, ob die Behörde ermessensfehlerhaft gehandelt hat (§ 114 S. 1 VwGO, § 40 LVwVfG).

3. Gestattung

„Aus besonderem Anlass" kann die Gaststättenerlaubnis durch eine Gestattung er- **80** setzt werden (§ 12 GastG). Die Gestattung ist eine sowohl befristete (§ 36 Abs. 2 Nr. 1 LVwVfG) als auch mit einem Widerrufsvorbehalt (§ 36 Abs. 2 Nr. 3 LVwVfG) versehene, im Übrigen aber voll wirksame Erlaubnis. Ein *besonderer Anlass* ist ein außerhalb der gastronomischen Tätigkeit selbst liegendes, kurzfristiges und nicht häufig auftretendes Ereignis[169] (z. B. eine Kirchweih,[170] Karnevalsveranstaltungen[171] und selbst das sehr von gastronomischen Angeboten geprägte Oktoberfest).[172] Im Hinblick auf den begrenzten Geltungsanspruch der Erlaubnis und auch wegen des öffentlichen Interesses an einer gastronomischen „Begleitung" besonderer Anlässe erlaubt das Gesetz, die Gestattung unter – gegenüber § 4 Abs. 1 GastG – „erleichterten Voraussetzungen" zu erteilen. Bei der Prüfung der Versagungsgründe

---

[165] BVerwGE 101, 157 (164).

[166] OVG NRW, NVwZ-RR 2014, 38.

[167] Dazu und zum einstweiligen Rechtsschutz *Glaser*, in: ders./Klement, Fall 3.

[168] BVerwG, GewArch 1995, 121; *Ennuschat*, GewArch 2017, 106 (107).

[169] BVerwGE 82, 189 (191 ff.).

[170] VG Bayreuth, Urt. v. 02.02.2012 – B 2 K 11.482, juris, Rn. 24.

[171] OVG RP, GewArch 2004, 217 (218).

[172] Siehe aber BayVGH, Beschl. v. 16.09.2011 – 22 CE 11.2174, juris, Rn. 4: Oktoberfest rechtfertigt nicht die Gestattung von Gaststätten auch in der Umgebung der Theresienwiese.

des § 4 Abs. 1 S. 1 GastG ist mithin die Besonderheit des Anlasses des Gaststättenbetriebs zu berücksichtigen.[173] Das kann beispielsweise in der Weise geschehen, dass die Seltenheit und besondere Sozialadäquanz einer Veranstaltung in die Beurteilung der immissionsschutzrechtlichen Zumutbarkeit des von ihr ausgehenden Lärms einfließt (→ Rn. 47 f.).[174] § 12 GastG gewährt also einen gewissen Nachlass auf die Anforderungen des Gesetzes, gibt der Behörde aber keineswegs die Freiheit, die Versagungsgründe selbst zu bestimmen.

4. Gewerberechtliche Erlaubnisse

81 Wird in demselben Raum neben einer Gaststätte ein weiteres Gewerbe wie z. B. ein Einzelhandel betrieben, so liegt ein gemischter Betrieb vor, in dessen Rahmen zwei verschiedene Gewerbe ausgeübt werden.[175] Die Gewerbe sind hier jeweils für sich nach den für sie geltenden Vorschriften zu beurteilen. Zusätzlich zur gaststättenrechtlichen Erlaubnis kann für den Betrieb deshalb eine *weitere gewerberechtliche Erlaubnis* erforderlich sein. Zu denken ist z. B. an eine Erlaubnis nach § 33a Abs. 1 S. 1 GewO für die (geschlechtsbezogene) Schaustellung von Personen (z. B. Peep-Shows, Striptease-Veranstaltungen), eine Erlaubnis für das Aufstellen von Spielgeräten (§ 33c Abs. 1 S. 1 GewO) oder eine Spielhallenerlaubnis (§ 33i Abs. 1 S. 1 GewO oder auf der Grundlage von Art. 74 Nr. 11 GG neu erlassenes Landesrecht, z. B. § 9 Abs. 1 S. 1 HessSpielhG).

82 Bei einem Reisegewerbe kann die *Reisegewerbekarte* (§ 55 Abs. 2 GewO) an die Stelle der Gaststättenerlaubnis treten. Im Anwendungsbereich des GastG des Bundes ist wie folgt zu differenzieren:

- Werden im Reisegewerbe von einer für *die Dauer der Veranstaltung ortsfesten Betriebsstätte* aus Getränke oder zubereitete Speisen zum Verzehr an Ort und Stelle verabreicht und ist der Betrieb öffentlich zugänglich, so ist gemäß § 1 Abs. 2 GastG der Begriff des Gaststättengewerbes erfüllt (→ Rn. 21). Die Gaststätte bedarf nach § 2 Abs. 1 S. 1 GastG einer gaststättenrechtlichen Erlaubnis oder ausnahmsweise einer Gestattung gemäß § 12 GastG, wenn nicht eine der Ausnahmen nach § 2 Abs. 2 GastG eingreift. Liegt eine Erlaubnis oder Gestattung vor, ist nicht zusäzlich eine Reisegewerbekarte erforderlich (§ 55a Abs. 1 Nr. 7 GewO). Gemäß § 31 Hs. 1 GastG können allerdings für die Gaststätte die *materiell-rechtlichen Anforderungen* insbesondere des Titels III der GewO *neben* den Vorschriften des GastG gelten.

---

[173] VG Bayreuth, Urt. v. 02.02.2012 – B 2 K 11.482, juris, Rn. 23.

[174] OVG NRW, GewArch 2016, 394 (395).

[175] BVerwG, NJW 1960, 2209; VGH BW, GewArch 1995, 427 f.; VG Karlsruhe, GewArch 2014, 362 (362); *Frotscher/Kramer*, Rn. 529; für die oft anzutreffende Kombination aus Gaststätte und Spielhalle OVG NRW, Beschl. v. 27.11.2018 – Az. 4 A 1938/16, juris, Rn. 7 f.

- Ist ein Gaststättengewerbe im Sinne von § 1 Abs. 2 GastG gegeben, greift aber eine der Ausnahmen nach § 2 Abs. 2 GastG ein und besteht die gaststättenrechtliche Erlaubnispflicht deshalb nicht oder wurde eine gaststättenrechtliche Erlaubnis trotz Erforderlichkeit nicht eingeholt, ist nach § 55 Abs. 1 Nr. 1, Abs. 2 GewO (auch) eine Reisegewerbekarte vonnöten. Nach § 56 Abs. 1 Nr. 3 lit. b Hs. 1 GewO darf diese für das Feilbieten von alkoholischen Getränken nicht erteilt werden; zuzulassen ist aber nach Hs. 2 das Angebot von Bier und Wein in fest verschlossenen Behältnissen sowie von alkoholischen Getränken i. S. v. § 67 Abs. 1 Nr. 1 Hs. 2 und 3 GewO. Die zuständige Behörde kann von den Beschränkungen des § 56 Abs. 1 Nr. 3 lit. b Hs. 1 GewO im Einzelfall eine befristete Ausnahme zulassen, wenn sich aus der Person des Antragstellers oder aus sonstigen Umständen keine Bedenken ergeben (§ 56 Abs. 2 S. 3 Hs. 1 GewO).
- Werden im Reisegewerbe Speisen oder Getränke feilgeboten, liegen die Voraussetzungen des Gaststättenbegriffs nach § 1 Abs. 2 GastG aber nicht vor, ist eine Reisegewerbekarte einzuholen (§ 55 Abs. 1 Nr. 1, Abs. 2 GewO). Wiederum ist § 56 Abs. 1 Nr. 3 lit. b Hs. 1, Abs. 2 S. 3 Hs. 1 GewO zu beachten.

Nach den *Landesgaststättengesetzen* können auch Gewerbebetriebe, die keine für **83** die Dauer der Veranstaltung ortsfeste Betriebsstätte haben, begrifflich Gaststättengewerbe sein. In ihrer Mehrzahl enthalten die Landesgesetze für die Reisegaststätten aber keine eigenen Vorschriften, sondern verweisen auf die reisegewerberechtlichen Vorschriften der GewO (§ 2 Abs. 7 S. 1, 2 BbgGastG; § 1 Abs. 4 HessGastG; § 1 Abs. 3 SaarlGastG; § 1 Abs. 1 S. 2 SächsGastG; implizit § 5 Abs. 2 NdsGastG). Damit greift auch die Reisegewerbekartenpflicht ein. Um auch weiterhin bundeseinheitlich einen Verkauf von Alkoholika auf Volksfesten und ähnlichen Veranstaltungen zu ermöglichen, schränkte der Bundesgesetzgeber das grundsätzliche Verbot des Feilbietens alkoholischer Getränke im Reisegewerbe (§ 56 Abs. 1 Nr. 3 lit. b Hs. 1 GewO) mit einer am 25.03.2009 in Kraft getretenen Gesetzesänderung stark ein. Gemäß § 56 Abs. 1 Nr. 3 lit. b Hs. 2 Var. 3 GewO ist Reisegaststätten mit ortsfester Betriebsstätte nunmehr ohne weitere Einschränkung auch die Verabreichung alkoholischer Getränke zum Verzehr an Ort und Stelle erlaubt. Im Ergebnis besteht danach kein Unterschied zur Rechtslage in den Ländern, in denen das GastG fortgilt. Richtigerweise fehlte dem Bund für diese gerade nicht allgemein gewerberechtliche, sondern spezifisch auf Gaststätten bezogene Vorschrift des § 56 Abs. 1 Nr. 3 lit. b Hs. 2 Var. 3 GewO allerdings die Gesetzgebungskompetenz, denn zum Zeitpunkt ihres Erlasses galt schon die Neufassung des Art. 74 Abs. 1 Nr. 11 GG (→ Rn. 10). Die Norm ist deshalb nichtig, die in den Landesgesetzen enthaltene Verweisung greift ins Leere. Auch von einer Transformation des § 56 Abs. 1 Nr. 3 lit. b Hs. 2 Var. 3 GewO in Landesrecht ist nicht auszugehen (→ Rn. 27). In der Folge darf eine Reisegewerbekarte in einer Reihe von Ländern für den Alkoholausschank im Reisegewerbe derzeit nur in den Grenzen des § 56 Abs. 1 Nr. 3 lit. b Hs. 2 Var. 1, 2 GewO erteilt werden.

Noch einmal anders ist die Rechtslage in *Brandenburg*. Hier verweist der Ge- **84** setzgeber zwar ebenfalls auf die GewO, nimmt aber den Verbotstatbestand des

§ 56 Abs. 1 Nr. 3 GewO (der zum Zeitpunkt des Inkrafttretens des BbgGastG noch vom Bundesgesetzgeber selbst eingeschränkt worden war) unter Inanspruchnahme seiner Kompetenz für das Reisegaststättengewerbe vollständig von der Verweisung aus (§ 2 Abs. 7 S. 2 BbgGastG). *Bremen* und *Thüringen* unterscheiden nicht zwischen Gaststätten im stehenden Gewerbe und Reisegaststätten und beziehen beide Unterarten in den Anwendungsbereich ihrer Gaststättengesetze ein. Dabei statuiert das bremische Landesrecht als einziges eine Erlaubnispflicht, die auch für das Reisegaststättengewerbe gilt, soweit dort alkoholische Getränke ausgeschenkt werden (§ 2 Abs. 1 S. 1 BremGastG). Da das BremGastG mithin eine eigene Regelung enthält und der Landesgesetzgeber richtigerweise auch über eine (alleinige) Kompetenz für eine spezifische Regelung des Reisegaststättengewerbes verfügt, ist die GewO nicht anwendbar (§ 8 Abs. 1 BremGastG) und eine Reisegewerbekarte nicht erforderlich. In Thüringen gibt es eine Anzeigepflicht, die wegen der ausdrücklichen Bezugnahme auf § 14 Abs. 1 GewO jedoch nur für das stehende Gewerbe gilt (§ 2 Abs. 1 ThürGastG), so dass ergänzend die Reisegewerbekartenpflicht der GewO eingreifen dürfte (§ 9 Abs. 1 ThürGastG).

III. Gaststättenrechtliche Anzeigepflichten

1. Inhalte

85   Die Länder mit eigenen Gaststättengesetzen haben sich, mit Ausnahme von Baden-Württemberg und Bremen, gegen eine Erlaubnispflicht für Gaststätten entschieden. Politisch wurde dafür mit den Schlagwörtern der *Liberalisierung* und *Entbürokratisierung* geworben. An die Stelle der Erlaubnisbedürftigkeit ist entsprechend dem Grundmodell des § 14 Abs. 1 GewO eine Anzeigepflicht getreten. Die Behörde soll dadurch Kenntnis vom Gaststättenbetrieb erhalten und prüfen können, ob sie von ihren Eingriffsbefugnissen zur Abwehr von Gefahren Gebrauch macht (vgl. § 14 Abs. 5 S. 1 Var. 1 GewO). Der Beginn des Betriebs einer Gaststätte ist „angezeigt", wenn die Behörde auf Veranlassung des Gewerbetreibenden Kenntnis von der diesbezüglichen Absicht erlangt hat. Hat die Behörde auf andere Weise Kenntnis erlangt und liegen ihr alle mit der Anzeige zu übermittelnden Informationen vor, entfällt die Anzeigepflicht wegen der Erreichung des der gesetzlichen Regelung zugrunde liegenden Zwecks.

86   Die Anzeigepflichten sind in den Ländern unterschiedlich ausgestaltet. Verbreitet verstehen sich die Gesetze als Konkretisierungen und Ergänzungen der *allgemeinen gewerberechtlichen Anzeigepflicht* des § 14 Abs. 1 S. 1 GewO, auf die sie ausdrücklich Bezug nehmen (§ 2 BbgGastG; § 3 HessGastG; § 3 Abs. 1 SaarlGastG; § 2 SächsGastG; § 2 ThürGastG). Entsprechend dieser Vorschrift gilt die Anzeigepflicht mithin nur für das stehende Gaststättengewerbe. Die Konkretisierungen betreffen vor allem den Zeitpunkt, zu dem die Anzeige zu erstatten ist; der gesetzliche Normalfall ist hier eine Frist von vier Wochen vor Inbetriebnahme der Gaststätte (anders in Hessen: sechs Wochen). Die Rückwärtsfrist berechnet sich

analog § 31 LVwVfG i. V. m. §§ 187 Abs. 1, 188 Abs. 2 BGB.[176] Eine eigenständige Anzeigepflicht ohne Verweis auf § 14 GewO normieren § 2 Abs. 1 S. 1 NdsGastG und § 2 Abs. 1 GastG LSA.[177] In Hessen gelten die speziellen Anreicherungen der Anzeigepflicht durch § 3 Abs. 1 S. 1 HessGastG ausschließlich für Gaststätten mit Ausschank alkoholischer Getränke; im Übrigen greift aber direkt § 14 Abs. 1 S. 1 GewO ein (arg. ex. § 2 Abs. 1, 2 und § 4 Abs. 2 HessGastG). In einer Reihe von Ländern gilt eine stark vereinfachte Anzeigepflicht für sog. Straußwirtschaften.

Dem Vorbild des § 4 Abs. 1 S. 2 GewO folgend nehmen einige LGastG im Hin- **87** blick auf die Anforderungen von Art. 16 Abs. 1 UAbs. 3 lit. b, c, Abs. 2 lit. b, g, Art. 19 DLR *Reisegewerbetreibende* mit Niederlassung in einem EU-Mitgliedstaat oder einem anderen EWR-Staat von den Anzeigepflichten aus (§ 15 HessGastG; § 10 Abs. 2 SächsGastG; § 6 Abs. 2 GastG LSA), während andere dies nicht für erforderlich halten.[178]

Die Anzeigepflicht ist in vielen Fällen mit *Informationsübermittlungspflichten* **88** gekoppelt, die einen gegenüber der Beantragung einer Erlaubnis nicht wesentlich geringeren Aufwand verursachen können. Besonders strenge Anforderungen sehen die Landesgesetze in Bezug auf Gaststätten mit Ausschank alkoholischer Getränke vor. Für diese Betriebsart wird – nach dem Vorbild des § 38 Abs. 1 S. 1 GewO – eine obligatorische präventive Zuverlässigkeitsprüfung durch die Behörde nach Eingang der Anzeige angeordnet; hierzu werden den Gewerbetreibenden zusätzliche Informationspflichten (z. B. Vorlage eines Führungszeugnisses) auferlegt (§ 3 Abs. 1 S. 1, 2 BbgGastG; § 3 Abs. 1 S. 1, Abs. 3 S. 1 HessGastG; § 3 Abs. 1 S. 2 NdsGastG; § 4 Abs. 1 S. 1, 2 SaarlGastG; § 4 Abs. 1 S. 1, 2 SächsGastG; § 8 Abs. 1 S. 1, 2 GastG LSA; § 2 Abs. 2, 3, 7, § 3 ThürGastG).

2. Sanktionierung

Eine Verletzung der Anzeigepflicht ist als *Ordnungswidrigkeit* sanktioniert **89** (§ 10 Abs. 1 Nr. 1–3 BbgGastG; § 12 Abs. 1 Nr. 1 HessGastG, in Hessen aus den oben → Rn. 86 genannten Gründen außerdem § 14 Abs. 1 S. 1 GewO i. V. m. § 146 Abs. 2 Nr. 2 GewO; § 11 Abs. 1 Nr. 1–4 NdsGastG; § 16 Abs. 1 Nr. 1–4 SaarlGastG; § 12 Abs. 1 Nr. 1, 3 SächsGastG; § 10 Abs. 1 Nr. 1 ThürGastG). Bußgeldbewehrt ist auch die nicht ordnungsgemäße, weil nicht die verlangten Informationen enthaltende Anzeige. In Sachsen-Anhalt genügt die Verletzung der Anzeigepflicht als solche nicht; das rechtswidrig nicht oder nicht wahrheitsgemäß angezeigte Gaststättengewerbe muss außerdem auch betrieben worden sein (§ 13 Abs. 1 Nr. 1 GastG LSA). Eine Möglichkeit zur *zwangsweisen Durchsetzung der Anzeigepflicht* und der flankierenden Informationspflichten enthalten die Landesgesetze nicht. Aus der gesetzlichen Pflicht zur Anzeigeerstattung kann nicht auf die Befugnis der Behörde

---

[176] Allg. *Grothe*, in: Münchener Kommentar zum BGB, Bd. 1, 8. Auflage 2018, § 187 Rn. 4.

[177] Nach *Barthel/Kalmer/Weidemann*, NdsGastG, § 2 Ziff. 3.3, tritt die landesrechtliche Anzeigepflicht neben (!) § 14 Abs. 1 S. 1 GewO (zweifelhaft).

[178] Zur Anwendbarkeit der DLR auf Anzeigepflichten *Mann*, GewArch 2010, 93 (95 f.).

zum Erlass eines die Verpflichtung feststellenden und für den Verwaltungszwang titulierenden Verwaltungsakts geschlossen werden (zu § 14 GewO → § 9 Rn. 67 f.).

90   Die meisten LGastG ermächtigen allerdings dazu, das Gaststättengewerbe bei einer Verletzung der Anzeigepflicht zu *untersagen* (§ 2 Abs. 5, § 3 Abs. 2 S. 1 BbgGastG; § 4 Abs. 2 HessGastG; § 4 Abs. 2 S. 1 SaarlGastG; § 4 Abs. 4 S. 1 Sächs-GastG; § 11 Abs. 2 S. 1 GastG LSA). Zumeist gilt die Untersagungsbefugnis nur für Gaststätten mit Alkoholausschank; in Brandenburg und Thüringen gilt sie für alle Betriebsarten. Zur Untersagung berechtigt im Regelfall nicht nur das gänzliche Unterlassen einer gebotenen Anzeige, sondern auch die nicht rechtzeitige, nicht wahrheitsgemäße oder nicht vollständige Anzeige. Im Saarland knüpft das Gesetz sogar ausschließlich an die Verletzung der Informationspflicht des § 4 Abs. 1 S. 2 SaarlGastG an, woraus sich allerdings im praktischen Ergebnis kaum Unterschiede ergeben dürften. Auf der Rechtsfolgenseite ist danach zu unterscheiden, ob nur der Ausschank von Alkohol (§ 3 Abs. 2 S. 1 BbgGastG; § 4 Abs. 2 S. 1 SaarlGastG; § 4 Abs. 4 S. 1 SächsGastG; § 11 Abs. 3 S. 1 GastG LSA) oder das Gaststättenge-werbe insgesamt (§ 2 Abs. 5 BbgGastG; § 4 Abs. 2 HessGastG; § 11 Abs. 2 S. 1 GastG LSA) untersagt werden kann. In jedem Fall ist eine Untersagung aus Grün-den der Verhältnismäßigkeit nur vorläufig, nämlich unter der auflösenden Bedin-gung der vollständigen Erfüllung der gesetzlichen Verpflichtung möglich.

91   In *Niedersachsen* fehlt es an einer Untersagungsbefugnis. Hier kann bei einer beharrlichen Verletzung der Anzeigepflicht allenfalls an eine Untersagung wegen Unzuverlässigkeit nach § 35 Abs. 1 S. 1 GewO gedacht werden. In *Thüringen* ist die Untersagungsbefugnis nur lückenhaft geregelt. Nach § 2 Abs. 4 S. 3 ThürGastG kann die Fortsetzung des Betriebs untersagt werden, wenn der Gewerbetreibende den Betrieb vor Ablauf der Frist nach Abs. 1 („spätestens vier Wochen vor Eröff-nung des Betriebs") ohne die Bestätigung einer Fristverkürzung durch die zuständi-ge Behörde beginnt. Gemeint ist damit der Fall, dass der Gaststättenbetrieb vor Ablauf von vier Wochen ab dem Eingang der vollständigen Unterlagen aufgenom-men wird (siehe auch § 2 Abs. 4 S. 1 ThürGastG). Die unterbliebene oder nicht ordnungsgemäße Anzeige ist davon nicht erfasst; auch insoweit bleibt wohl nur der durch § 9 Abs. 1 ThürGastG gestattete Rückgriff auf § 35 Abs. 1 S. 1 GewO.

3. Präventive Kontrolle

92   Soweit der Ausschank von Alkohol angezeigt wird, ordnen die Landesgesetze, wie schon gesagt, eine *präventive Prüfung der Zuverlässigkeit des Gastwirts* an (→ Rn. 88). Eine weitere Annäherung zum Modell eines präventiven Verbots mit Erlaubnisvorbehalt ist erreicht, wenn die Behörden verpflichtet sind, dem Gewer-betreibenden das Ergebnis der Zuverlässigkeitsprüfung auf Antrag zu bescheini-gen (§ 3 Abs. 3 HessGastG; § 3 Abs. 1 S. 4 NdsGastG; § 4 Abs. 6 S. 1 SaarlGastG; § 4 Abs. 1 S. 4 SächsGastG; § 8 Abs. 1 S. 4 GastG LSA). Regelmäßig dürfte es

sich dabei um einen die Zuverlässigkeit feststellenden Verwaltungsakt und nicht bloß eine tatsächliche Auskunft über die Ermittlungsergebnisse handeln.[179]

Stellen die Behörden die Unzuverlässigkeit fest, sind sie aus § 35 Abs. 1 S. 1 **93** GewO oder einer entsprechenden spezielleren Vorschrift des Landesgaststättenrechts zur *Untersagung* nicht nur berechtigt, sondern verpflichtet (→ Rn. 106). Ausdrücklich ordnen einige Gesetze die Anwendbarkeit der Untersagungsbefugnis schon vor Beginn des Betriebs des Gewerbes an (z. B. § 4 Abs. 1 S. 2 HessGastG; § 3 Abs. 1 S. 4 BbgGastG). Mitunter finden sich Regeln zur Anerkennung von Zuverlässigkeitsprüfungen, die in anderen Bundesländern erfolgt sind (z. B. § 10 Abs. 1 SächsGastG). Damit sollen „grenzüberschreitende" Betätigungen erleichtert und damit den Nachteilen der Föderalisierung der Gesetzgebungskompetenzen entgegengewirkt werden.

IV. Der Betrieb einer Gaststätte

1. Gesetzliche Anforderungen, insbesondere Sperrzeit

Die Gaststättengesetze statuieren *Betriebspflichten*, die unmittelbar gelten und mit **94** hin keiner Konkretisierung durch Verwaltungsakt bedürfen (z. B. §§ 6, 20 GastG). Normverstöße sind bußgeldbewehrt (z. B. § 28 Abs. 1 Nr. 8, 9, Abs. 2 Nr. 1 GastG). Besteht eine Erlaubnispflicht, muss sich der Gewerbetreibende zudem im Rahmen der ihm erteilten Erlaubnis halten (→ Rn. 36). Weitere Betriebspflichten ergeben sich aus den Gaststättenverordnungen der Länder. Außerdem sind die einschlägigen Vorschriften des Baurechts, des Arbeitsschutzrechts, des Immissionsschutzrechts, des Umweltschutzrechts sowie des Hygiene- und Lebensmittelrechts zu beachten.

Von Klausurbedeutung sind die Regelungen zu den *Sperrzeiten* (früher sog. **95** Polizeistunde). Während der Sperrzeit dürfen in allen Schank- und Speisewirtschaften sowie in öffentlichen Vergnügungsstätten keine Leistungen erbracht und keine Gäste geduldet werden.[180] Diese zeitliche Beschränkung der Berufsausübung dient – ähnlich wie die §§ 4 f. GastG – so unterschiedlichen Interessen wie dem Schutz der Nachtruhe, der Volksgesundheit, der Bekämpfung des Alkoholmissbrauchs und dem Arbeitsschutz.[181] Das GastG setzt selbst keine Sperrzeiten fest, ermächtigt aber die Landesregierungen im Einklang mit den Vorgaben des Art. 80 Abs. 1 S. 2 GG[182] dazu, dies durch Rechtsverordnung zu tun (§ 18 S. 1 GastG). Nach dem Wortlaut des Gesetzes muss die Festsetzung „allgemein" sein, das heißt, der Adressatenkreis der Regelung muss anhand überindividueller Merkmale bestimmt sein. Die Allgemeinheit der Festsetzung

---

[179] Anders für § 4 Abs. 6 SaarlGastG *Guckelberger/Heimpel*, LKRZ 2013, 1 (4); für § 3 Abs. 1 S. 4 NdsGastG *Barthel/Kalmer/Weidemann*, NdsGastG, § 3 Ziff. 1 (S. 64).

[180] VGH BW, GewArch 1995, 285 (285 f.); *Ehlers*, in: ders./Fehling/Pünder, § 20 Rn. 52.

[181] BVerwG, DÖV 1977, 405.

[182] BVerwG, GewArch 1995, 155.

unterscheidet die Sperrzeit von der für einen einzelnen Betrieb auch in der Gaststättenerlaubnis möglichen Betriebszeitregelung (→ Rn. 37, 56). Differenzierende Festsetzungen der Sperrzeit sind gleichwohl möglich, solange sie nach
allgemeinen Merkmalen der Betriebe und nicht individuell erfolgen (z. B. unterschiedliche Sperrzeiten für Gaststätten mit und ohne Spielgeräte).[183] Außerdem
sind die Landesregierungen, wenn sie von der Verordnungsermächtigung Gebrauch machen, gemäß § 18 S. 2 GastG verpflichtet, eine *Flexibilisierung der
Sperrzeit* auf der Ebene der Normanwendung zu ermöglichen: Um öffentlichen
Bedürfnissen (z. B. erhebliche Nachfrage nach Gaststätten an Silvester, Bekämpfung der Betäubungsmittelkriminalität)[184] oder besonderen örtlichen Verhältnissen (z. B. besondere Störempfindlichkeit der Umgebung in einem Kurort; große
Zahl von Gaststätten mit Nachtbetrieb in einer Innenstadt;[185] Verunreinigung der
öffentlichen Verkehrsflächen)[186] Rechnung zu tragen, soll die Sperrzeit allgemein oder für einzelne Betriebe verlängert, verkürzt oder aufgehoben werden
können. Grenzen einer Sperrzeitverlängerung können sich aus dem Grundrecht
der Berufsfreiheit der Gastwirte i. V. m. dem Verhältnismäßigkeitsgrundsatz ergeben (Art. 12 Abs. 1, Art. 2 Abs. 1 GG).[187]

96   In den meisten Ländern, in denen das GastG Anwendung findet, gelten für Gaststätten nach wie vor grundsätzlich landesweit gesetzliche Sperrzeiten (nicht mehr
in Schleswig-Holstein und Mecklenburg-Vorpommern). In manchen Ländern umfasst die gesetzliche Sperrzeit allerdings mittlerweile nur noch die sog. *Putzstunde*
von fünf bis sechs Uhr morgens und entfällt teilweise sogar ganz (§ 8 Abs. 1 Bay
GastV; § 3 Abs. 3 Gewerberechtsverordnung [GewRV] NRW; besonders großzügig § 17 GastVO RP; restriktiver § 9 GastVO BW). Teilweise wird zwar landesrechtlich ein Standard definiert, den Kommunen aber – was nach § 18 S. 3 GastG
zulässig ist – das Recht zur Festsetzung einer abweichenden allgemeinen Sperrzeit
eingeräumt (z. B. § 3 Abs. 2 GewRV NRW). Die vom GastG vorgesehene Abweichungsmöglichkeit bei einem öffentlichen Bedürfnis oder bei besonderen örtlichen
Verhältnissen (§ 18 S. 2 GastG) wird typischerweise durch ein *Zwei-Stufen-Modell* verwirklicht. Erstens ermächtigt die Landesrechtsverordnung eine ortsnähere
Stelle (z. B. die Gemeinde oder die örtliche Ordnungsbehörde) zur Festsetzung
allgemeiner Sperrzeitverlängerungen oder -verkürzungen in einer weiteren Rechtsverordnung (z. B. § 3 Abs. 5 GewRV NRW). Zweitens wird einer Behörde die Befugnis übertragen, die Sperrzeit in Bezug auf *einzelne Betriebe* durch Verwaltungsakt zu modifizieren (z. B. § 3 Abs. 6 GewRV NRW). Auf dieser Ebene kommen
Sperrzeitverlängerungen auch als Alternativmittel zu einer Auflage oder Anordnung nach § 5 Abs. 1 Nr. 3, Abs. 2 GastG zum Zwecke des Immissionsschutzes in

[183] VGH BW, ZfWG 2012, 423 (425).
[184] BayVGH, BayVBl. 2014, 244 (245).
[185] BayVGH, NVwZ-RR 2010, 514 (515).
[186] BayVGH, NVwZ-RR 2010, 514 (517 f.).
[187] BayVGH, NVwZ-RR 2010, 514 (516 f.).

Betracht.[188] Wichtig ist, dass der Rechtsanwender bei der Prüfung, ob die Abweichung tatsächlich einem „öffentlichen Bedürfnis" oder „besonderen örtlichen Verhältnissen" Rechnung trägt, auch gegenläufige Interessen zu berücksichtigen hat. Eine Sperrzeitverkürzung, die schädliche Umwelteinwirkungen hervorruft, entspricht keinem öffentlichen Bedürfnis und ist deshalb rechtswidrig.[189]

Auch die *LGastG* enthalten verschiedene Sperrzeitenregelungen und Verordnungsermächtigungen (§ 6 BremGastG; § 9 HessGastG; § 10 NdsGastG; § 11 SaarlGastG; § 9 SächsGastG; § 5 ThürGastG). Das BbgGastG sieht keine Sperrzeiten mehr vor. In Niedersachsen wurde von der Verordnungsermächtigung für Gaststätten – im Unterschied zu Spielhallen – kein Gebrauch gemacht. In Thüringen gilt kraft Gesetzes eine Sperrzeit – vereinfacht gesagt – nur für Gaststättenbetriebe im Freien. In einem gewissen Widerspruch zu dieser Liberalisierung stehen die in jüngerer Zeit verstärkten Bemühungen der Länder um eine Bekämpfung des Alkoholmissbrauchs, etwa durch Alkoholverkaufsverbote in den Ladenöffnungsgesetzen. Das BVerfG hält die *Privilegierung der Gaststätten* wegen ihrer im Vergleich zu bloßen Verkaufsstellen geringeren Anonymität und besseren Kontrollierbarkeit für gerechtfertigt.[190] Dessen unbeschadet scheint inzwischen zumindest auf der Ebene der kommunalen Rechtsetzung eine Trendwende hin zu wieder strengeren Regelungen erreicht zu sein.[191] In Sachsen-Anhalt wurde die Ermächtigungsgrundlage für den Erlass von Sperrzeitverordnungen in eine umfassendere Regelung zur Bekämpfung von Alkoholgefahren im Gesetz über die öffentliche Sicherheit und Ordnung eingebettet (§ 94a SOG LSA; s. auch § 5 S. 2 GastG LSA). Eine Sperrzeit soll hier nicht nur bei einer abstrakten Gefahr für die öffentliche Sicherheit und Ordnung, sondern schon zur Gefahrenvorsorge zulässig sein. Die ursprünglich in § 94a Abs. 2 und 3 SOG LSA enthaltene Ermächtigung der Gemeinden zur Ausweisung von Konsum- und Verkaufsverbotszonen (außerhalb von Gaststätten) wurde vom Landesverfassungsgericht für nichtig erklärt.[192]

Gegen eine *Verlängerung der Sperrzeit* durch Rechtsverordnung oder Verwaltungsakt können betroffene Gewerbetreibende mit einem Normenkontrollantrag (§ 47 Abs. 2 S. 1 VwGO)[193] oder mit Widerspruch und Anfechtungsklage vorgehen. Spiegelbildlich sind die Nachbarn gegen eine *Sperrzeitverkürzung* antrags- bzw. klagebefugt, wenn sie geltend machen, dass ihr rechtlich geschütztes Interesse das Interesse an einem verlängerten Gaststättenangebot überwiegt und deshalb kein „öffentliches Interesse" i. S. v. § 18 S. 2 GastG gegeben ist (z. B. bei Erzeugung schädlicher Umwelteinwirkungen).[194] Auch auf

97

98

---

188 Vgl. BayVGH, GewArch 1995, 253 (256); UPR 2013, 316; GewArch 2017, 39; *Michel/Kienzle/Pauly*, GastG, § 5 Rn. 4.

189 BVerwGE 101, 157 (161); *Michel/Kienzle/Pauly*, GastG, § 18 Rn. 15.

190 BVerfG, GewArch 2010, 489 (490 f.).

191 Näher *Dietz*, GewArch 2013, 292.

192 LVerfG LSA, DVBl. 2015, 38.

193 VGH BW, ZfWG 2012, 423 (424 f.).

194 BVerwGE 101, 157 (163 ff.).

Art. 3 Abs. 1 GG gestützte Konkurrentenklagen gegen Sperrzeitverkürzungen
können zulässig sein.[195]

2. Behördliche Verfügungen

a) Betriebsregelnde Verfügungen

99   Die Pflichten des Gewerbetreibenden beim Betrieb der Gaststätte können – wie
soeben schon am Beispiel der „untersten Stufe" des Sperrzeitenrechts gesehen –
auch im Einzelfall durch behördliche Verfügungen festgelegt werden (*betriebs-
regelnde Verfügungen*). Die Behörde kann damit zum einen schon unmittelbar
kraft Gesetzes geltenden Anforderungen für den Verwaltungszwang titulieren,
zum anderen aber auch Konkretisierungsspielräume ausfüllen, die eine gesetzliche Ermächtigungsgrundlage ihr belässt, mithin „neue" Pflichten kreieren. Von
der Auflage (§ 5 Abs. 1 GastG), mit der die gaststättenrechtliche Erlaubnis auch
nachträglich versehen werden kann, war schon die Rede (→ Rn. 54 ff.). Eine
selbstständige Verfügung gegen eine genehmigte Gaststätte kommt nicht in Betracht (Arg. ex. § 5 Abs. 2 GastG). Bei nicht erlaubnisbedürftigen Gaststätten sind
mangels begünstigendem Hauptverwaltungsakt hingegen ausschließlich selbstständige Verfügungen möglich. Das GastG spricht insoweit von „*Anordnungen*"
(§ 5 Abs. 2 GastG) und verweist im Übrigen auf die schon erläuterten Voraussetzungen des § 5 Abs. 1 GastG. Es enthält außerdem eine Befugnis zur *Informati-
onserhebung*, die der Vorbereitung zweckmäßigen repressiven Handelns dient
(Auskunft und Nachschau gemäß § 22 GastG).

100   Die LGastG enthalten ebenfalls Ermächtigungsgrundlagen, die zwar zumeist
§ 5 GastG nachempfunden sind, in den Einzelheiten aber doch abweichen (§ 6 Abs. 1
BbgGastG; § 2 Abs. 2 S. 2, 3 BremGastG; § 10 Abs. 2 HessGastG; § 5 Abs. 1, 2
NdsGastG; § 9 Abs. 1 SaarlGastG; § 5 Abs. 1 SächsGastG; § 10 GastG LSA). Das
ThürGastG geht einen eigenen Weg und lässt für eine Anordnung nach dem Vorbild
der polizeilichen Befugnisgeneralklausel jede Art von (gaststättenspezifischer!) Gefahr für die öffentliche Sicherheit und Ordnung genügen (§ 7 Abs. 1). Die meisten
landesrechtlichen Befugnisnormen ermächtigen nur zu Anordnungen zum Schutz
der Gäste (§ 6 Abs. 1 S. 1 BbgGastG; § 5 Abs. 1 S. 1 NdsGastG; § 9 S. 1 SaarlGastG;
§ 5 Abs. 1 S. 1 SächsGastG) und allenfalls auch nach der Bediensteten der Gaststätte
(§ 10 GastG LSA) und nicht auch zum Schutz von Nachbarn. Teilweise beschränken
sie den Schutzauftrag zudem auf Leben und Gesundheit der Gäste, zum Teil ergänzt
durch den Schutz vor Ausbeutung. Die Gefahrenabwehr im Übrigen überlassen die
Landesgesetze teilweise ausdrücklich, teilweise konkludent den Instrumenten des
Immissionsschutzrechts, des Arbeitsschutzrechts, des Jugendschutzrechts und anderer Rechtsgebiete (siehe etwa § 6 Abs. 1 S. 2 BbgGastG; § 5 Abs. 1 S. 2 NdsGastG;
§ 9 S. 2 SaarlGastG; § 5 Abs. 1 S. 2 SächsGastG). Man kann insoweit von einer

---

[195] *Ehlers*, in: ders./Fehling/Pünder, § 20 Rn. 54, hält auch Art. 12 Abs. 1, Art. 14 Abs. 1 GG für
einschlägig.

Tendenz zur „*Entflechtung*" *von Gaststättenrecht und* „*Fachrecht*" sprechen, die allerdings zu neuen Abgrenzungsschwierigkeiten führt. Soweit das Landesgaststättengesetz selbst Anordnungen zum Schutz der Nachbarn vor Immissionen ermöglicht (§ 10 Abs. 2 HGastG; § 7 Abs. 1 ThürGastG), wird der Rechtsbegriff der schädlichen Umwelteinwirkung dann aber wiederum durch das BImSchG und das untergesetzliche Regelwerk bestimmt, so dass materiellrechtlich keine Unterschiede festzustellen sind. Seit der Föderalismusreform hätten die Länder allerdings die Möglichkeit, gestützt auf Art. 74 Abs. 1 Nr. 11 GG spezifisch auf Gaststätten bezogene Lärmschutzvorschriften zu erlassen,[196] die dann vorrangig gegenüber dem im Wesentlichen auf Art. 74 Abs. 1 Nr. 24 BImSchG gestützten BImSchG wären.

Das Recht zum Betrieb von Gaststätten kann schließlich durch ein örtlich **101** radiziertes *Verbot des (gewerbsmäßigen) Ausschanks alkoholischer Getränke* nach § 19 GastG (§ 6 Abs. 2 BbgGastG; § 4 Abs. 2 BremGastG; § 11 Abs. 5 GastG LSA; § 7 Abs. 2 ThürGastG) eingeschränkt werden. Der Rechtsform nach handelt es sich bei einem solchen Verbot wegen seines nach allgemeinen Merkmalen bestimmbaren Adressatenkreises und des konkreten Regelungsanlasses (noch) um eine Allgemeinverfügung i. S. v. § 35 S. 2 LVwVfG. Tatbestandlich setzt die Verfügung einen „besonderen Anlass" (z. B. Demonstration, Fußballspiel, Weinfest) sowie eine konkrete Gefahr für die öffentliche Sicherheit und Ordnung voraus.[197] Eine große Menschenansammlung allein indiziert die Gefahr noch nicht.

b) Weitere Ermächtigungsgrundlagen

Neben den betriebsregelnden Verfügungen gibt es die *Beschäftigungsuntersagung* **102** in Bezug auf unzuverlässige Personen – eine Art öffentlich-rechtliches Arbeitsrecht zum Zwecke der (indirekten) Gefahrenabwehr (§ 21 GastG und z. B. § 10 Abs. 1 HessGastG). Ist der Gastwirt selbst unzuverlässig, muss die Gaststättenerlaubnis nach § 15 Abs. 1, 2 GastG aufgehoben werden.

Eine wichtige Kategorie bilden schließlich die Befugnisse zur behördlichen **103** *Gefahrenabwehr durch Information*. Ihre Bedeutung für das Gaststättengewerbe ist groß, wie die im Internet veröffentlichten Ekelwarnungen vor unhygienischen Zuständen (nicht nur, aber auch) in Gaststätten (vgl. hierzu die vom BVerfG[198] wegen des Fehlens einer Löschungsfrist für die Veröffentlichung für unvereinbar mit dem Grundgesetz erklärte Vorschrift des § 40 Abs. 1a LFGB sowie § 6 Abs. 1 S. 3 VIG) und die zahlreichen damit verbundenen Rechtsstreitigkeiten[199] zeigen.

---

[196] So wohl auch BayVGH, GewArch 2016, 204 (205); a. A. *Sannwald*, in: Schmidt-Bleibtreu/Hofmann/Henneke, Art. 74 Rn. 137.

[197] *Guckelberger*, LKV 2008, 385 (386).

[198] BVerfG, NJW 2018, 2109 (2113); hierzu *Wollenschläger*, JZ 2018, 980; siehe den vorliegenden Entwurf eines neuen § 40 Abs. 1 LFGB in BR Drs. 369/18 v. 10.8.2018.

[199] Exemplarisch OVG NRW, NVwZ-RR 2013, 627; NdsOVG, NVwZ-RR 2013, 831; in einer Klausur *Peters*, Jura 2013, 752. S. auch *Möstl*, GewArch 2015, 1.

c) Ermächtigungsgrundlagen außerhalb der Gaststättengesetze

104 Da das Gaststättenrecht dem besonderen Schutz von Gästen, Beschäftigten und Dritten vor gaststättenspezifischen Gefahren dient und nicht eine Privilegierung der Gastwirte bezweckt, sind die Ermächtigungsgrundlagen des allgemeinen *Polizei- und Ordnungsrechts* und des *Baurechts* im Grundsatz neben den gaststättenrechtlichen Befugnissen anwendbar. Dabei ist die Bauaufsichtsbehörde (anders als die Polizeibehörde) in bau- und immissionsschutzrechtlichen Fragen nicht an die Feststellungswirkung einer erteilten Gaststättenerlaubnis gebunden (→ Rn. 61). Auch die Ermächtigungsgrundlage des § 24 BImSchG für immissionsschutzrechtliche Anordnungen ist richtigerweise neben § 5 Abs. 1 S. 1 Nr. 3 GastG anwendbar,[200] was etwa im Hinblick auf die oft unterschiedlichen behördlichen Zuständigkeiten von Bedeutung ist.[201] Die Bestandskraft einer gaststättenrechtlichen Erlaubnis steht nachträglichen Anordnungen und sogar Untersagungen nach § 25 BImSchG nicht entgegen.[202]

V. Behördliche Beendigung eines Gaststättengewerbes

105 Verfügt der Gewerbetreibende nicht über die erforderliche Gaststättenerlaubnis, kann die Fortsetzung des Betriebs von der Behörde durch Erlass einer (nach den Vorschriften des LVwVG vollstreckbaren) *Schließungsverfügung* verhindert werden (§ 31 GastG/§ 8 Abs. 1 BremGastG i. V. m. § 15 Abs. 2 S. 1 GewO; → § 9 Rn. 79 ff.).[203] Das gilt auch, wenn sich eine ursprünglich erteilte Erlaubnis zwischenzeitlich durch Aufhebung nach § 15 GastG oder in sonstiger Weise erledigt hat (→ Rn. 65 ff.). Im Einzelfall kann eine Schließungsverfügung konkludent eine Rücknahme oder einen Widerruf der Erlaubnis enthalten. Nach dem Grundsatz der Erforderlichkeit kommt eine Schließungsverfügung nicht in Betracht, wenn die Voraussetzungen für die Erteilung der Erlaubnis vorliegen.[204]

106 Nicht erlaubnispflichtige Gaststättengewerbe dürfen solange betrieben werden, wie sie nicht wirksam verboten sind. Rechtsgrundlage für eine *Untersagungsverfügung* ist im Anwendungsbereich des Bundesrechts § 31 GastG i. V. m. § 35 Abs. 1 S. 1 GewO (→ § 9 Rn. 75 ff.).[205] Drei der eigenständigen Landesgesetze verweisen auf diese Ermächtigungsgrundlage (§ 8 Abs. 1 BremGastG; § 1 Abs. 2 NdsGastG; § 9 Abs. 1 ThürGastG). Andere Landesgesetze ordnen eine „entsprechende" Anwendung des § 35 GewO an und übersetzen damit die bundesrechtliche Regelung in Landesrecht (§ 3 Abs. 1 S. 4 BbgGastG; § 4 Abs. 1 S. 6,

---

[200] *Jarass*, BImSchG, § 24 Rn. 2; a. A. *Dietlein*, in: Landmann/Rohmer, UmweltR, § 2 BImSchG Rn. 32 (Stand: 73. EL August 2014).

[201] Siehe dazu in einer Fallbearbeitung *Beljin*, Jura 2004, 56 (58).

[202] Vgl. OVG Berl.-Bbg., BImSchG-Rspr. § 25 Nr. 16. Ebenso für die Baugenehmigung BVerwGE 91, 92 (100); BayVGH, NVwZ-RR 2000, 273 (274).

[203] In einer Fallbearbeitung *Ennuschat*, GewArch 2017, 106 (107 f.).

[204] *P. M. Huber/Unger*, in: Schoch, Kap. 4 Rn. 252.

[205] In einer Fallbearbeitung *Ennuschat*, GewArch 2017, 106 (108 f.).

Abs. 3 SächsGastG; § 11 Abs. 1 GastG LSA). Nur § 4 Abs. 1 HessGastG enthält eine eigene Befugnisnorm. § 4 Abs. 4 S. 1 SGastG ist im Lichte des zweiten Satzes der Vorschrift wohl nicht als eigenständige Befugnisnorm, sondern nur als deklaratorischer Hinweis auf die sich aus § 35 Abs. 1 S. 1 GewO ergebende Rechtslage zu lesen.

VI. Annex: Nichtraucherschutz

Tabakrauch enthält 90 Inhaltsstoffe, die von der medizinischen Forschung als *krebs-* **107** *erzeugend* oder möglicherweise *krebserzeugend* eingestuft werden.[206] Außerdem erhöht das Rauchen die Wahrscheinlichkeit von Krankheiten wie der chronischen Bronchitis und verschiedener Formen chronisch-obstruktiver Lungenerkrankungen (im Volksmund: „Raucherlunge") sowie von Kalkeinlagerungen in den Arterien. Weil die chemische Zusammensetzung des Tabakrauchs in der Raumluft qualitativ derjenigen des von den Rauchern selbst inhalierten Tabakrauchs gleicht, sind auch die sog. *Passivraucher* gefährdet.[207] Vor diesem Hinterund haben inzwischen alle Länder – beginnend erst ab dem Jahr 2007 – Gesetze zum Schutz von Nichtrauchern in der Öffentlichkeit[208] erlassen (zur Gesetzgebungskompetenz der Länder → Rn. 8).

---

[206] Deutsches Krebsforschungszentrum (Hrsg.), Schutz der Familie vor Tabakrauch, 2010, S. 6 ff. Zahlreiche Informationen zu den Gefahren und Kosten des Rauchens unter https://www.dkfz.de/de/tabakkontrolle/Gifte_im_Tabakrauch.html (22.02.2019).

[207] Deutsches Krebsforschungszentrum (Hrsg.), Schutz der Familie vor Tabakrauch, 2010, S. 29.

[208] *BW:* Landesnichtraucherschutzgesetz BW (LNRSchG BW) v. 25.07.2007, GBl., S. 337, zuletzt geändert durch Gesetz v. 03.03.2009, GBl., S. 81; *Bay:* Gesetz zum Schutz der Gesundheit v. 23.07.2010 (BayGSG), GVBl., S. 314; *Berl:* Gesetz zum Schutz vor den Gefahren des Passivrauchens in der Öffentlichkeit v. 16.11.2007, zuletzt geändert durch Gesetz v. 03.06.2010, GVBl., S. 285; *Bbg:* Gesetz zum Schutz vor den Gefahren des Passivrauchens in der Öffentlichkeit v. 18.12.2007 (BbgNiRSchG), GVBl., S. 346, zuletzt geändert durch Gesetz v. 25.01.2016, GVBl. I Nr. 5, S. 4; *Brem:* Nichtraucherschutzgesetz v. 18.12.2007 (BremNiSchG), GBl., S. 515, zuletzt geändert durch Gesetz v. 06.06.2018, GBl., S. 254; *Hamburgisches* Gesetz zum Schutz vor den Gefahren des Passivrauchens in der Öffentlichkeit v. 11.07.2007, GVBl., S. 211, zuletzt geändert durch Gesetz v. 12.12.2017, GVBl., S. 386, 388, und Hamburgische Verordnung über die Einrichtung von Raucherräumen in Gaststätten v. 11.09.2012 (Hamburgische Passivraucherschutzverordnung – HmbPSchV), GVBl., S. 416; *Hess:* Gesetz zum Schutz vor den Gefahren des Passivrauchens v. 06.09.2007 (Hessisches Nichtraucherschutzgesetz – HessNRSG), GVBl. I, S. 568, zuletzt geändert durch Gesetz v. 27.09.2012, GVBl., S. 290; Nichtraucherschutzgesetz *Mecklenburg-Vorpommern* v. 12.07.2007 (NichtRSchutzG MV), GVOBl., S. 239, zuletzt geändert durch Gesetz v. 04.07.2014, GVOBl., S. 315; *Niedersächsisches* Nichtraucherschutzgesetz v. 12.07.2007 (Nds. NiRSG), GVBl., S. 337, zuletzt geändert durch Gesetz v. 10.12.2008, GVBl., S. 380; Gesetz zum Schutz von Nichtraucherinnen und Nichtrauchern in *Nordrhein-Westfalen* v. 20.12.2007 (NiSchG NRW), GV., S. 742, zuletzt geändert durch Gesetz v. 04.12.2012, GV., S. 635; Nichtraucherschutzgesetz *Rheinland-Pfalz* v. 05.10.2007 (NRauchSchG RP), GVBl., S. 188, zuletzt geändert durch Gesetz v. 19.12.2018, GVBl., S. 463; *Saarl:* Gesetz zum Schutz vor den Gefahren des Passivrauchens v. 21.11.2007 (Nichtraucherschutzgesetz Saarl), ABl. 2008, S. 75, zuletzt geändert durch Gesetz v. 15.03.2017, ABl., S. 476; Gesetz zum Schutz von Nichtrauchern im Freistaat *Sachsen* v. 26.10.2007, GVBl., S. 495 (Sächsisches Nichtraucherschutzgesetz – SächsNSG), zuletzt geändert durch Gesetz v. 28.06.2018, GVBl., S. 458; Gesetz zur Wahrung des Nichtraucherschutzes im Land *Sachsen-An-*

108   Auch wenn die Nichtraucherschutzgesetze zumeist nur mit Gaststätten assoziiert
werden, gehen sie doch weit über diesen Anwendungsbereich hinaus und decken
die Innenräume verschiedener öffentlicher Einrichtungen und privater Einrichtungen mit öffentlicher Funktion ab – beispielsweise Behörden- und Schulgebäude,
Krankenhäuser und Pflegeeinrichtungen. Besonders streng sind die Regelungen in
Bezug auf Einrichtungen, in denen sich typischerweise auch oder sogar vornehmlich Kinder und Jugendliche aufhalten. Das Rauchen in Privaträumen bleibt hingegen öffentlich-rechtlich nach wie vor grundsätzlich unbeschränkt. Der Nichtraucherschutz in Gaststätten bewegt sich demgegenüber auf einer mittleren Ebene.
Einerseits wird das Rauchen grundsätzlich verboten, andererseits wird in einer
Reihe von Ländern mit vielen Unterschieden im Detail das Rauchen in abgetrennten Nebenräumen[209] (sog. Raucherräumen, z. B. § 7 Abs. 2 Nr. 1 LNRSchG BW;
§ 2 Abs. 5 S. 1 Nr. 1, 3, S. 2 HessNRSG) oder in kleinen Kneipen gestattet (§ 7 Abs. 2
Nr. 2 LNRSchG BW; § 2 HessNRSG; § 2 Abs. 3 Nds. NiRSG; § 4 Abs. 4 ThürNRS-
chutzG, die eine Reihe von kumulativ zu erfüllenden zusätzlichen Voraussetzungen
für die Ausnahme vom Rauchverbot in kleinen Gaststätten formulieren). Absolute
Rauchverbote für die Innenräume von Gaststätten sind z. B. in Art. 3 Abs. 1 S. 1
BayGSG und § 3 Abs. 1 S. 1 i. V. m. § 2 Nr. 7 NiSchG NRW formuliert. Zum
„Rauchen" im Sinne der Nichtraucherschutzgesetze gehören dabei nicht nur das
freiwillige und bewusste Inhallieren und das unfreiwilllige und oft unbewusste Ein-
atmen von aus Tabak in Zigaretten, Zigarren und Pfeifen erzeugten Rauch, sondern
auch die Aufnahme von Tabak aus Wasserpfeifen, genannt Shisha (arabisch), Nar-
gileh (türkisch), Kalian (iranisch) oder Hookah (indisch).[210] Nicht verboten ist dagegen de lege lata der Konsum von E-Zigaretten.[211] Was den räumlichen Anwendungsbereich der Gesetze angeht, so wird grundsätzlich auf den gaststättenrechtlichen
Gaststättenbegriff verwiesen. Allerdings werden zum Teil bestimmte Betriebsformen ausgenommen (z. B. § 7 Abs. 1 S. 2 LNRSchG BW: Bier-, Wein- und Festzelte
sowie die Außengastronomie und die im Reisegewerbe betriebenen Gaststätten).

109   Die für Gaststätten geltenden Rauchverbote bewirken einen *Schutz der Gäste
und der Beschäftigten* vor den Gefahren des Passivrauchens in den Innenräumen.
Mit den in vielen Ländern vorfindlichen Ausnahmen tragen die Gesetzgeber nicht
nur dem Interesse der rauchenden Gäste an einer freien Entfaltung ihrer Persönlichkeit, sondern auch dem ökonomischen Interesse der Gaststättenbetreiber Rech-

---

halt v. 19.12.2007 (Nichtraucherschutzgesetz LSA), GVBl., S. 464, zuletzt geändert durch Gesetz
v. 07.08.2014, GVBl., S. 386, 389; *SH:* Gesetz zum Schutz vor den Gefahren des Passivrauchens v.
10.12.2007, GVOBl., S. 485, zuletzt geändert durch Gesetz v. 25.04.2009, GVOBl., S. 222; *Thüringer* Gesetz zum Schutz vor den Gefahren des Passivrauchens v. 20.12.2007 (Thüringer Nichtraucherschutzgesetz – ThürNRSchutzG), GVBl., S. 257, zuletzt geändert durch Gesetz v. 02.07.2012,
GVBl., S. 245. Hinweis: Die vorstehend verwendeten Abkürzungen der Gesetze sind grundsätzlich
die amtlichen Abkürzungen. Soweit allerdings die amtliche Abkürzung das betreffende Land nicht
erkennen lässt, wurde redaktionell der Name des Landes in abgekürzter Form hinzugefügt.

[209] Zum Begriff HessVGH, LKRZ 2012, 244.

[210] BVerfG, GewArch 2010, S. 495 (495 f.); OVG NRW, GewArch 2015, S. 86 (85); NdsOVG,
GewArch 2019, S. 45.

[211] OVG NRW, GewArch 2015, S. 86.

nung.[212] Typischerweise nehmen die Gesetze nicht nur die Gäste in die Pflicht, indem sie ihnen das Rauchen verbieten, sondern auch die Gastwirte. Die Gastwirte dürfen nicht nur selbst nicht rauchen, sondern werden auch dazu verpflichtet, das Rauchverbot gegenüber ihren Gästen durch aktives Tun durchzusetzen (z. B. § 8 Abs. 2 S. 1 LNRSchG BW; Art. 7 Abs. 1 Nr. 3, Abs. 2 BayGSG; § 4 NiSchG NRW). Dem Gesetz kann sogar das Verbot zu entnehmen sein, rauchende Gäste zu bewirten.[213] Die Rechtspflichten der Gastwirte sind bußgeldbewehrt. Sie können außerdem mit *gaststättenrechtlichen Auflagen oder Anordnungen* (etwa nach § 5 Abs. 1 Nr. 1, Abs. 2 GastG) durchgesetzt werden,[214] sofern das jeweilige Nichtraucherschutzgesetz keine eigene, abschließende Ermächtigungsgrundlage enthält (z. B. § 10 Abs. 2 NRauchSchG RP).

Sowohl das BVerfG als auch die Verfassungsgerichte der Länder waren in mehreren Verfahren mit der Grundrechtskonformität der Nichtraucherschutzgesetze befasst. Nach Ansicht des BVerfG greifen die Rauchverbote nicht nur in die *allgemeine Handlungsfreiheit* der Raucher als Verbotsadressaten ein, sondern auch in die *Berufsfreiheit* des Gastwirts. Diesem werde durch das Verbot nämlich die Möglichkeit genommen, selbst zu bestimmen, ob das Rauchen in seinem Lokal gestattet oder untersagt ist.[215] Richtigerweise berührt das Rauchverbot als solches schon nicht den Schutzbereich der Berufsfreiheit. Art. 12 Abs. 1 GG gewährt das Recht auf eine freie Wahl und Ausübung des Berufs, schützt hingegen nicht das Interesse des Eigentümers oder Pächters einer Lokalität daran, dass die Gäste nur auf dem zivilrechtlichen „Hausrecht" und auf vertraglichen Vereinbarungen beruhenden Verhaltensbeschränkungen unterworfen sind und nicht auch hoheitlichen Geboten und Verboten. Der bloße Umstand, dass sich die Raucher auf einer Fläche befinden, die zivilrechtlich den Ausschließungsbefugnissen des Gastwirts unterliegt, eröffnet keine prima facie von staatlicher Regulierung freigestellte Sphäre. Noch weniger ist das rein ökonomische Interesse daran geschützt, mit Durst und Hunger von Rauchern Geld zu verdienen.[216] Die Rauchverbote setzen zwar für den ökonomischen Erfolg der Gastwirte relevante Rahmenbedingungen, berühren aber nicht die grundrechtlich allein geschützte soziale Handlungsfreiheit als solche.[217] Die Nichtraucherschutzgesetze greifen allerdings dann und insoweit in Art. 12 Abs. 1 S. 1 GG ein, wie die Gastwirte zur Durchsetzung des Rauchverbots gegenüber ihren Gästen verpflichtet werden (→ Rn. 109).

Im Ergebnis hält das BVerfG sogar ein ausnahmsloses Rauchverbot in Gaststätten für gerechtfertigt.[218] Es gehe bei den Rauchverboten nicht um einen gesetzlich aufgedrängten Schutz vor Selbstgefährdung, sondern ausschließlich um

110

---

[212] BVerfGE 121, 317 (365 f.).

[213] Insoweit zutreffend BVerfGE 121, 317 (345 f.).

[214] HessVGH, LKRZ 2012, 244 (244 f.); VGH BW, GewArch 2013, 217 (218).

[215] BVerfGE 121, 317 (344); 130, 131 (141 f.).

[216] Vgl. die abweichende Meinung des Richters *Masing* BVerfGE 121, 317 (383).

[217] Einen Schutz des ökonomischen Erfolgs des Handelns der Grundrechtsträger für die EU-GRCh allgemein ablehnend *Klement*, Wettbewerbsfreiheit, 2015, S. 384 ff., 416 ff.

[218] Jüngst bestätigt durch BVerfG, GewArch 2015, 73 (74); Kritik im Sondervotum des Richters *Masing* BVerfGE 121, 317 (385 ff.).

einen Schutz Dritter.[219] In der Prüfung der Verhältnismäßigkeit im engeren Sinne verweist das Gericht hierzu auf die grundrechtliche *Schutzpflicht für Leben und Gesundheit* aus Art. 2 Abs. 2 S. 1 GG, die auch eine staatliche Risikovorsorge gegen Gesundheitsgefährdungen umfasse.[220] Allerdings müssten die gesetzlichen Regelungen folgerichtig (kohärent) sein. Wenn der Gesetzgeber, wozu er verfassungsrechtlich nicht verpflichtet sei, Ausnahmen vom Nichtraucherschutz zulasse (etwa das Rauchen in abgetrennten Nebenräumen), dann vermindere er dadurch selbst das verfassungsrechtliche Gewicht des Gesundheitsschutzes in der freiheitsgrundrechtlichen Abwägung mit den Interessen der Gastwirte.[221] Er müsse dann auch für die Einraumgastronomie Ausnahmen zulassen, die abgetrennte Raucherräume von vornherein nicht einrichten könne.[222] In der Sache ist das keine freiheitsgrundrechtliche, sondern eine *gleichheitsgrundrechtliche Argumentation*.[223] Das BVerfG benennt selbst – allerdings erst mitten in der Prüfung – „Art. 12 Abs. 1 i. V. m. Art. 3 Abs. 1 GG" als Prüfungsmaßstab.[224] Nach einer späteren Entscheidung ist der Gleichheitssatz (wiederum i. V. m. Art. 12 Abs. 1 GG) auch dann verletzt, wenn als Ausnahme von einem gesetzlichen Rauchverbot in Gaststätten abgeschlossene Raucherräume für Schankwirtschaften zugelassen, für Speisewirtschaften jedoch untersagt werden.[225] Sehr weitgehend hält das Gericht das Verbot des Rauchens in nur für Vereinsmitglieder und damit nicht öffentlich zugänglichen Rauchervereinen und Raucherklubs in Gaststätten für gerechtfertigt, obwohl sich die nichtrauchenden Vereinsmitglieder dort dem Rauch aufgrund einer bewussten und eigenverantwortlichen Entscheidung aussetzen.[226] Dahinter steht wohl letztlich die Überlegung, dass der einzelne Grundrechtsträger eines staatlichen Schutzes davor bedürfe, sich auf Kosten seiner Gesundheit den Zutritt zu einer von ihm als angenehm oder „zweckmäßig" empfundenen Gesellschaft zu „erkaufen". Dass dieser Schutz vor dem eigenen Willen ein legitimer Zweck im Sinne der Verhältnismäßigkeitsprüfung ist, darf mit Blick auf das freiheitsgrundrechtliche Kernziel der Persönlichkeitsentfaltung bezweifelt werden. Prüfungsmaßstab des Verbots des Rauchens in Raucherklubs ist dabei allein Art. 2 Abs. 1 GG, nicht auch Art. 9 Abs. 1 GG.[227] Zulässig bleibt auch in Bayern das Rauchen in echten geschlossenen Gesellschaften (Zutritt nur auf individuelle Einladung aus bestimmtem Anlass), weil insoweit mangels Öffentlichkeit (→ Rn. 24) der Gaststättengewerbebegriff des § 1 GastG nicht erfüllt ist, auf den Art. 2 Nr. 8 BayGSG verweist.[228]

---

[219] BVerfGE 121, 317 (359); 130, 131 (145).

[220] BVerfGE 121, 317 (356 ff.).

[221] BVerfGE 121, 317 (363).

[222] BVerfGE 121, 317 (365 ff.).

[223] Zutreffend *Bäcker*, DVBl. 2008, 1180 (1182 f.).

[224] BVerfGE 121, 317 (358).

[225] BVerfGE 130, 131 (143 ff.).

[226] BVerfG, GewArch 2015, 73; ebenso zuvor BayVerfGH, BayVBl. 2012, 596 (598).

[227] Insoweit zutreffend BVerfG, GewArch 2015, 73 (73 f.).

[228] Siehe zur Rechtslage in Bayern näher *Gietl*, GewArch 2010, 344.

VII. Kontrollfragen

1. Welche Zwecke verfolgt und welche Interessen schützt das Gaststättenrecht? (→ Rn. 1–5)
2. Anhand welcher Merkmale ist das „Recht der Gaststätten" zu bestimmen und vom übrigen Recht der Wirtschaft i. S. d. Art. 74 Abs. 1 Nr. 11 GG abzugrenzen? (→ Rn. 7–8)
3. An welcher Stelle erlangt der Begriff des Gaststättengewerbes in der Fallbearbeitung eine Bedeutung? (→ Rn. 13)
4. Wann wird eine Gaststätte mit Gewinnerzielungsabsicht betrieben? (→ Rn. 18)
5. Kann ein „Swinger-Club" eine Gaststätte im Rechtssinne sein? Welches Merkmal des Gaststättenbegriffs ist insoweit zu diskutieren? (→ Rn. 20)
6. Unter welchen Voraussetzungen unterfällt eine Vereinsfeier dem Anwendungsbereich des Gaststättengesetzes? (→ Rn. 24, 111)
7. Welchen Zwecken dient die europäische DLR? Inwiefern könnte die gaststättenrechtliche Erlaubnispflicht gegen Bestimmungen dieser Richtlinie verstoßen? (→ Rn. 31)?
8. Welchen Regelungsinhalt hat die Gaststättenerlaubnis nach § 2 Abs. 1, § 3 GastG? (→ Rn. 36–38)
9. Erläutern Sie bitte die Unterschiede zwischen der Erlaubnispflicht, wie sie im GastG des Bundes geregelt ist, und einer bloßen Anzeigepflicht für den Betrieb eines Gaststättengewerbes. Inwieweit ist es Ihrer Ansicht nach gerechtfertigt, die Ersetzung einer Erlaubnispflicht durch eine Anzeigepflicht als „Liberalisierung" des Gaststättenrechts zu bezeichnen? (→ Rn. 28, 85–93)
10. Definieren Sie den Unzuverlässigkeitsbegriff des § 4 Abs. 1 S. 1 Nr. 1 GastG! Wie ist das Merkmal „der Unsittlichkeit Vorschub leisten" auszulegen? (→ Rn. 41, 44)
11. Wie ist zu bestimmen, ob eine schädliche Umwelteinwirkung nach § 4 Abs. 1 S. 1 Nr. 3 GastG vorliegt? Erfüllen rein verhaltensbedingte Immissionen diesen Versagungsgrund? (→ Rn. 47–50)
12. Weshalb ist eine Auflage nach § 5 Abs. 1 GastG gegenüber einer Versagung der Gaststättenerlaubnis das mildere Mittel? (→ Rn. 57)
13. In welcher Hinsicht überschneidet sich der behördliche Prüfungsumfang im bauaufsichtlichen Genehmigungsverfahren und im gaststättenrechtlichen Erlaubnisverfahren? (→ Rn. 52, 60–64, 102)
14. Wie ist die Rechtslage, wenn eine Behörde im Geltungsbereich des GastG einen Antrag auf Erteilung einer Gaststättenerlaubnis fünf Monate nach seinem Eingang ablehnt? (→ Rn. 59)
15. Wie unterscheiden sich die Aufhebungsvorschriften des § 15 GastG von den allgemeinen Vorschriften der §§ 48, 49 LVwVfG? Inwieweit sind die allgemeinen Vorschriften in gaststättenrechtlichen Fällen subsidiär anwendbar? (→ Rn. 66–71)

16. Welche Rechtsschutzmöglichkeiten stehen einem Nachbarn gegenüber der Erteilung einer Gaststättenerlaubnis zu? Welche gaststättenrechtlichen Versagungsgründe sind drittschützend i. S. d. § 42 Abs. 2 VwGO? Welches subjektiv-öffentliche Recht kann der Gaststättenbetreiber gegenüber der Aufhebung der Gaststättenerlaubnis geltend machen? (→ Rn. 74 ff.)

17. Darf ein Gaststättengewerbe bei einer Verletzung der Anzeigepflicht in Ihrem Bundesland untersagt werden? (→ Rn. 90 f.)

18. Was ist unter dem Begriff der Sperrzeit zu verstehen? Welchen Interessen darf eine Sperrzeitregelung dienen? (→ Rn. 95)

19. Nennen Sie bitte die wichtigsten Eingriffsbefugnisse des in Ihrem Bundesland geltenden Gaststättengesetzes! Sind Ermächtigungsgrundlagen des allgemeinen Polizei- und Ordnungsrechts und des Baurechts in gaststättenrechtlichen Fällen grundsätzlich anwendbar? (→ Rn. 99–104)

20. Auf welcher Rechtsgrundlage darf eine Schließungsverfügung ergehen, wenn ein Gaststättenbetrieb ohne die erforderliche Erlaubnis betrieben wird? Auf welcher Rechtsgrundlage dürfen nicht erlaubnispflichtige Gaststättenbetriebe untersagt werden? (→ Rn. 105)

Literatur

Czybulka, Gewerbenebenrecht: Handwerksrecht und Gaststättenrecht, in: R. Schmidt, (Hrsg.), Öffentliches Wirtschaftsrecht, Besonderer Teil 1, 1995, § 2

Ebert, Raucherklub versus Nichtraucherschutz, NVwZ 2010, 26

Ehlers, Gaststättenrecht, in: ders./Fehling/Pünder (Hrsg.), Besonderes Verwaltungsrecht, Bd. 1: Öffentliches Wirtschaftsrecht, 3. Aufl. 2012, § 20

Engel, Außengastronomie auf innerstädtischem Straßenraum – Zum Verhältnis von Baugenehmigung, gaststättenrechtlicher Genehmigung und straßenrechtlicher Sondernutzungserlaubnis, VBlBW 2008, 41

Frotscher/Kramer, Gaststättenrecht, in: *dies.*, Wirtschaftsverfassungs- und Wirtschaftsverwaltungsrecht, 7. Aufl. 2019, § 17

Glaser, Fall 3: „Ende einer Gaststätte – Schwarzenbergers lauter Laden", in: *ders./Klement*, Öffentliches Wirtschaftsrecht, 2009

Glaser, Gaststättenrecht im Wandel: Zwischen föderaler Vielfalt und rechtsstaatlichen Herausforderungen, GewArch 2013, 1

Gottwald, Widerruf einer Gaststättenerlaubnis wegen Unzuverlässigkeit des Betreibers, VR 2013, 304

Guckelberger, Flatrate- und Billigalkoholpartys aus gaststättenrechtlicher Perspektive, LKV 2008, 385

Guckelberger, Der Übergang vom relativen zum absoluten Rauchverbot, GewArch 2011, 329

Lehmann, Prostitution und gaststättenrechtliche Unsittlichkeit im Wandel der Zeit, NVwZ 2009, 888

Pieroth/Barczak, Dürfen die Länder Tabakwarenautomaten verbieten?, DÖV 2014, 66

Ruthig, Das Gaststättenrecht, in: *ders./Storr*, Öffentliches Wirtschaftsrecht, 4. Aufl. 2015, § 4

Schröder/Führ, Zulässigkeit von „Flatrate"-Parties, NVwZ 2008, 145

Stober/Eisenmenger, Gaststättenrecht, in: *dies.*, Besonderes Wirtschaftsverwaltungsrecht, 16. Aufl. 2016, § 47

Stollenwerk, Der Umgang mit „Reisegaststätten", GewArch 2011, 186

Weißenberger, Gaststättenrechtliche Genehmigungsfiktion durch Bundesgesetz?, DÖV 2012, 385

Wettling, Ordnungsmaßnahmen im Gaststättenrecht, KommJur 2005, 215

Wollenschläger/Lippstreu, Examensklausur „Flatrate-Partys", BayVBl. 2009, 30 (Aufgabe) und 56 (Lösung)

Ziekow, Gaststättenrecht, in: *ders.*, Öffentliches Wirtschaftsrecht, 4. Aufl. 2016, § 12

§ 12 Netzregulierungsrecht (mit Schwerpunkt TKG)

Markus Ludwigs

Inhaltsverzeichnis

Für wertvolle inhaltliche Diskussionen im Rahmen der Überarbeitung und Aktualisierung des Beitrags danke ich meinem Wissenschaftlichen Mitarbeiter Ass. jur. *Felix Huller*.

M. Ludwigs (✉)
Universität Würzburg, Würzburg, Deutschland
E-Mail: ludwigs@jura.uni-wuerzburg.de

© Springer-Verlag GmbH Deutschland, ein Teil von Springer Nature 2019   589
R. Schmidt, F. Wollenschläger (Hrsg.), *Kompendium Öffentliches Wirtschaftsrecht*,
Springer-Lehrbuch, https://doi.org/10.1007/978-3-662-59430-8_12

I. Grundlagen der Netzregulierung

1. Begriff der Regulierung und des Netzregulierungsrechts

1   Der Regulierungsbegriff ist schillernd und zeichnet sich durch eine verwirrende Be-
deutungsvielfalt aus.[1] Im *Öffentlichen Wirtschaftsrecht* wird vielfach ein enges Verständnis zugrunde gelegt, wonach Regulierung *netzbezogen*[2] zu begreifen und institutionell auf diejenigen Bereiche bezogen ist, für die eine Zuständigkeit der
Bundesnetzagentur (BNetzA) besteht.[3] Hierbei handelt es sich namentlich um die
Sektoren Telekommunikation, Energie, Post und Eisenbahnen. Von anderen Teilen
der Literatur wird dieses Verständnis indes als zu restriktiv erachtet und dafür plädiert, insbesondere die *Aufsicht über Finanzdienstleistungen* (→ § 14) in den Regulierungsbegriff einzubeziehen.[4] Bei einer Würdigung dieser Kontroverse ist zu bedenken, dass der Begriffsbestimmung keine eigenständige rechtliche Bedeutung,
sondern eine Systematisierungs- und Ordnungsfunktion zukommt.[5] Einen instrukti-
ven, die unterschiedlichen Ansätze aufnehmenden und daher auch hier zugrunde gelegten Systematisierungsvorschlag hat *M. Schmidt-Preuß* entwickelt. Danach können *drei Bedeutungsdimensionen* unterschieden werden: Die vorliegend im Fokus
stehende netzbezogene „Regulierung I", die auf den „systemisch-infrastrukturellen
Ordnungsrahmen einer Volkswirtschaft" bezogene „Regulierung II" und die „jeden
staatlichen Eingriff in das Marktgeschehen zur Erreichung von social-goals" erfas-
sende „Regulierung III".[6]

Übersicht 1: Regulierungstypen
- **Regulierung I**: Netzindustrien Telekommunikation, Energie, Post und
  Eisenbahnen, die durch das Vorliegen natürlicher Monopole gekennzeich-
  net sind.

---

[1] *Ruffert*, AöR 124 (1999), 237 (241); siehe auch *Ogus*, Regulation, 2004, S. 1: „bewildering
variety of meanings".

[2] Zum Netzbegriff *Kühling*, Sektorspezifische Regulierung in den Netzwirtschaften, S. 40 ff., der
hierunter „besondere, komplexe und raumübergreifend angelegte Systeme" versteht (S. 44), zu
denen auch die Postnetze als Dienstleistungsnetze zählen.

[3] In diese Richtung z. B. *Badura*, Rn. 217; *P. M. Huber/Unger*, in: Schoch, Kap. 4 Rn. 406 f.

[4] *Ruthig/Storr*, Rn. 25; für einen umfassenden, auf staatliche Steuerung abzielenden Regulierungsbegriff *Eifert*, in: Hoffmann-Riem/Schmidt-Aßmann/Voßkuhle, GVwR[2] I, § 19 Rn. 5.

[5] Ähnlich *Burgi*, Regulierung: Inhalt und Grenzen eines Handlungskonzepts der Verwaltung, in: FS
Battis, S. 329: „systembildende Funktion".

[6] *Schmidt-Preuß*, Das Regulierungsrecht als interdisziplinäre Disziplin, in: FS Kühne, S. 329
(330); hieran anknüpfend *Merk*, Grenzen der Regulierung, in: FS Schmidt-Preuß, S. 713 (715 ff.).

- **Regulierung II**: Fundamentale Sektoren (Banken, Versicherungen und andere Finanzdienstleister oder Börsen), die Querschnittsfunktionen erfüllen und als Geschäftsgrundlage für eine Volkswirtschaft ordnungsrelevante Breitenwirkung entfalten.
- **Regulierung III**: Jeder staatliche Eingriff in das Marktgeschehen zur Verwirklichung sozialer Ziele (z. B. Arbeitnehmer-, Verbraucher- und Umweltschutz).

Im Schrifttum wird das Netzregulierungsrecht vielfach als *Privatisierungsfolgen-* **2** *recht* gekennzeichnet.[7] Hieran ist richtig, dass es durch die Regulierung – jedenfalls in den Netzindustrien Telekommunikation, Post und Eisenbahnen[8] – zum Aufbrechen vormals staatlicher Monopole gekommen ist. In der Literatur ist allerdings zu Recht darauf hingewiesen worden, dass man es in der Netzregulierung nicht mit (materiellen) Privatisierungen in „Reinform" (→ § 6 Rn. 9 ff.) zu tun hat. Private können zwar mittlerweile *neben* dem Staat agieren; zur vollständigen Übertragung bisher staatlich wahrgenommener Aufgaben ist es aber nicht gekommen. Die früheren Monopolisten wurden nicht aufgelöst, sondern stehen in Gestalt der Deutschen Telekom AG, der Deutschen Post AG und der Deutschen Bahn AG im Wettbewerb mit den privatwirtschaftlichen Anbietern bzw. mit öffentlichen Unternehmen aus anderen EU-Mitgliedstaaten.[9] Die Rolle des Staates ist „aufgesplittet" in die Wahrnehmung von Unternehmensfunktionen aus fortbestehenden Eigentumsrechten einerseits und der hoheitlichen Regulierung des durch Liberalisierung und Privatisierung entstandenen Marktgeschehens andererseits.[10] Die Grundrechtsbindung und -berechtigung der erwerbswirtschaftlich tätigen inländischen juristischen Personen des Privatrechts, an denen die öffentliche Hand beteiligt ist, beurteilt das BVerfG differenziert. Maßgebliche Bedeutung kommt dem *Kriterium der staatlichen Beherrschung* zu. Von einer Grundrechtsbindung (und spiegelbildlich fehlenden Grundrechtsberechtigung) soll regelmäßig dann auszugehen sein, wenn mehr als die Hälfte der Anteile des Unternehmens im Eigentum der öffentlichen Hand stehen.[11] Für die Deutsche Bahn AG als 100 %ige Eigengesellschaft des Bundes, hat das BVerfG zudem klargestellt, dass durch Art. 87e Abs. 3 S. 1 GG keine Abweichung

---

[7] Vgl. z. B. *Brüning*, in: Schulte/Kloos (Hrsg.), Öffentliches Wirtschaftsrecht, 2016, § 5 Rn. 83 ff., 88 ff.; *Knauff*, DÖV 2017, 969 (972); kritisch *Fetzer*, Staat und Wettbewerb, S. 16 f.

[8] Zur Sonderrolle der Energieversorgung, die in Deutschland niemals Gegenstand eines (staatlichen) Monopols gewesen ist *Henneke/Ritgen*, Kommunales Energierecht, 2. Aufl. 2013, S. 77.

[9] *Burgi*, Regulierung: Inhalt und Grenzen eines Handlungskonzepts der Verwaltung, in: FS Battis, S. 329 (333); siehe auch *P. M. Huber/Unger*, in: Schoch, Kap. 4 Rn. 406.

[10] *Burgi*, Regulierung: Inhalt und Grenzen eines Handlungskonzepts der Verwaltung, in: FS Battis, S. 329 (333).

[11] BVerfGE 128, 226 (246 f.); kumulativ auf eine öffentliche Aufgabenwahrnehmung abstellend noch BVerfG NVwZ 2009, 1282; aus jüngster Zeit missverständlich BVerfG-K, BeckRS 2018, 30370 Rn. 2; kritisch zur BVerfG-Judikatur: *Ludwigs/Friedmann*, NVwZ 2018, 22; zustimmend dagegen *P.M. Huber*, Keine Grundrechtsfähigkeit öffentlich beherrschter Unternehmen, in: FS Schmidt-Preuß, S. 87 (94 ff.).

von Art. 1 Abs. 3 bzw. Art. 19 Abs. 3 GG erfolge und daher auch auf diesem Wege keine Grundrechtsfähigkeit begründet werde.[12]

3 Unmittelbar verknüpft mit der Privatisierungsdiskussion ist das *Konzept des Gewährleistungsstaats*.[13] Dahinter steht die Erkenntnis, dass den Staat im Falle der Wahrnehmung öffentlicher Aufgaben durch Private die Verpflichtung trifft, zu gewährleisten, dass die im Gemeinwohlinteresse[14] bestehende Aufgabe auch tatsächlich erfüllt wird.[15] In Bezug auf die Netzregulierung folgt hieraus, dass eine flächendeckende Versorgung mit bestimmten Angeboten und Leistungen auch im Wettbewerb sicherzustellen ist. Für die Netzindustrien Telekommunikation und Post sowie Eisenbahnen ist dies in Art. 87 f Abs. 1 bzw. Art. 87e Abs. 4 S. 1 GG sogar explizit in der Verfassung festgeschrieben.[16] Im Energiesektor wird Gleiches aus einem Zusammenspiel des objektiven Gehalts der Grundrechte mit dem Sozialstaatsprinzip und denjenigen Verfassungsbestimmungen abgeleitet, die die Herstellung gleichwertiger Lebensverhältnisse im Bundesgebiet (Art. 72 Abs. 2, 104b Abs. 1 Nr. 2 GG) regeln.[17]

2. Ökonomische Grundlagen des Netzregulierungsrechts

4 Mit Blick auf die ökonomischen Grundlagen des Netzregulierungsrechts als *interdisziplinärer Disziplin*[18] ist im Ausgangspunkt festzuhalten, dass die Regulierung ihre Legitimation schwerpunktmäßig aus dem natürlichen Monopol von Netzen bezieht, das eines Korrektivs bedarf.[19] Beim *natürlichen Monopol* handelt es sich um eine extreme Abweichung vom wohlfahrtsökonomischen Idealtypus der vollkommenen Konkurrenz.[20] Dieser „perfekte Wettbewerb" zeichnet sich gerade u. a. durch eine Marktstruktur mit einer Vielzahl von Anbietern und Nachfragern aus.

---

[12] Vgl. BVerfG NVwZ 2018, 51 (62), siehe aber S. 62 f. (Rn. 282), wo objektiv-rechtlich ein „auch verfassungsrechtlich anerkennenswertes öffentliches Interesse" daran betont wird, dass die Betriebs- und Geschäftsgeheimnisse des Unternehmens geschützt werden; näher *Burgi*, NVwZ 2018, 601.

[13] Hierzu *Schmidt-Aßmann*, Das allgemeine Verwaltungsrecht als Ordnungsidee, 2. Aufl. 2006, Kap. 3 Tz. 114 ff.

[14] Zum Verhältnis von Gemeinwohlverfolgung und Regulierungsrecht vgl. die Beiträge in: Schmidt-Preuß/Körber (Hrsg.), Regulierung und Gemeinwohl, 2016.

[15] Instruktiv zur Gemeinwohlverwirklichung in den Netzsektoren jüngst *Kühling*, Gemeinwohlverwirklichung im Wettbewerb in den Netzwirtschaften, in: FS Schmidt-Preuß, S. 671 (674 ff., 679 ff., 681 ff., 684 ff.); zu aktuellen Herausforderungen *Ludwigs*, N&R 2018, 262.

[16] Zur strittigen Reichweite von Art. 87e Abs. 4 S. 1 GG *Möstl*, in: Maunz/Dürig, Art. 87e Rn. 74 ff. m. w. N. (Stand: 80. EL Juni 2017).

[17] *Henneke/Ritgen*, Kommunales Energierecht, 2. Aufl. 2013, S. 77; vgl. zu einfachrechtlichen Ausprägungen vom Konzept des Gewährleistungsstaats noch unter Rn. 34.

[18] Begriff von *Schmidt-Preuß*, Das Regulierungsrecht als interdisziplinäre Disziplin, in: FS Kühne, S. 329.

[19] *Ludwigs*, NVwZ 2008, 954; siehe auch *Schmidt-Preuß*, Das Regulierungsrecht als interdisziplinäre Disziplin, in: FS Kühne, S. 329 (330 f.).

[20] Zu den weiteren Kriterien *Fritsch*, Marktversagen und Wirtschaftspolitik, 10. Aufl. 2018, S. 25 ff.

Voraussetzung für die Annahme eines *natürlichen Monopols* ist, dass ein einzelnes Unternehmen einen bestimmten Leistungsumfang zu geringeren Kosten bereitstellen kann als zwei oder mehr Unternehmen.[21] Hiervon ist auszugehen, wenn sich die Kostenfunktion des monopolistischen Unternehmens durch *strikte Subadditivität* auszeichnet.[22] *Subadditivität* wiederum liegt vor, wenn „die Gesamtkosten für die Produktion von Teilmengen eines Gutes (oder mehrerer Güter) höher sind als bei der Produktion der gesamten Menge ,in einer Hand'".[23] Eine typische Ursache hierfür bilden sinkende Durchschnittskosten aufgrund steigender Skalenerträge (Größenvorteile).[24]

Das *Vorliegen* eines natürlichen Monopols bedeutet indes noch nicht zwangsläufig, dass auch ein Bedürfnis nach hoheitlicher Regulierung besteht. Als weitere Bedingung müssen erhebliche *irreversible Kosten* hinzutreten. Unter solchen *sunk costs* sind Ausgaben zu verstehen, die beim Markteintritt getätigt wurden und beim Marktaustritt nicht mehr rückgängig gemacht werden können.[25] Erst die Verbindung von *Subadditivität* und *Irreversibilität* führt zur Monopolresistenz (*sustainability*) beim Marktbeherrscher, d. h. zu einer mangelnden Bestreitbarkeit des Marktes durch potenziellen Wettbewerb.[26] Weithin anerkannte Beispiele für derartige regulierungsbedürftige natürliche Monopole[27] bilden die Teilnehmeranschlussleitung (TAL) in der Telekommunikation, die Transport- und Verteilnetze in der Energiewirtschaft sowie die Schienennetze im Eisenbahnsektor.

Mit Blick auf den richtigen *Umfang der Regulierung* hat sich in der Praxis der *disaggregierte Regulierungsansatz*[28] als wirkmächtig erwiesen. Seine Grundidee besteht darin, die Regulierung in den Netzindustrien auf die *monopolistischen Bottlenecks* zu beschränken. Dem liegt die Erkenntnis zugrunde, dass nicht von vornherein ein umfassendes Wettbewerbsversagen postuliert werden kann. Der disaggregierte Ansatz ist darauf ausgerichtet, die vor- und nachgelagerten Wertschöpfungsstufen der *monopolistischen Bottlenecks* wettbewerblich zu organisieren. Unabdingbar hierfür ist die Gewährleistung eines diskriminierungsfreien Zugangs zu den Engpasseinrichtungen für alle aktuellen und potenziellen Anbieter von Netzdiensten. Um dabei überhöhte Entgeltforderungen des Netzbetreibers auszuschließen, wird für eine gezielte Regulierung der Zugangsentgelte plädiert, während die vom Endnutzer zu zahlenden Entgelte allein der kartellrechtlichen Missbrauchsaufsicht unterworfen werden sollen.[29]

5

6

---

[21] *Baldwin/Cave/Lodge*, Understanding Regulation, S. 444 ff.; *Leschke*, in: Fehling/Ruffert, § 6 Rn. 54.

[22] *Haucap/Uhde*, ORDO 59 (2008), 237 (242).

[23] Statt vieler *Fritsch*, Marktversagen und Wirtschaftspolitik, 10. Aufl. 2018, S. 168.

[24] *Haucap/Uhde*, ORDO 59 (2008), 237 (242).

[25] *Pindyck/Rubinfeld*, Mikroökonomie, 9. Aufl. 2018, S. 269.

[26] *Haucap/Uhde*, ORDO 59 (2008), 237 (242).

[27] Instruktive Übersicht bei *Knieps*, Netzökonomie, 2007, S. 166.

[28] Eingehend *Knieps*, Wettbewerbsökonomie, 3. Aufl. 2008, S. 95 ff.

[29] Statt vieler *Knieps*, Netzökonomie, 2007, S. 168.

7   Das Herzstück der Zugangs- und Entgeltregulierung bildet die damit geforderte Bestimmung des Entgeltmaßstabs. Im Ausgangspunkt erfolgt hier in den Netzwirtschaften ein Rückgriff auf das Konzept des *Als-ob-Wettbewerbs*.[30] Dieses beruht auf der Annahme, dass die Aufgabe der staatlichen Monopolaufsicht darin besteht, Preis und Ausbringung auf einen Stand zu bringen, „*als ob* freie Konkurrenz bestünde".[31] Die Aussagekraft des Ansatzes erweist sich allerdings deshalb als gering, weil das Als-ob-Konzept letztlich ein bloßes *Verfahren* darstellt. Dessen Resultate hängen entscheidend vom zugrunde gelegten Referenzpunkt ab. Maßgeblich ist daher die *inhaltliche Gestaltung* des als „vorbildlich" simulierten Wettbewerbs. Ein Blick in die Wettbewerbstheorie zeigt nun aber, dass die Vorstellungen vom „vorbildlichen" Wettbewerb höchst disparat sind.[32] Abhängig vom zugrunde gelegten wettbewerbstheoretischen Leitbild muss auch die Antwort auf die Frage nach dem *Als-ob-Wettbewerbspreis* variieren. Während auf Basis des effizienzorientierten *Idealmodells* der *vollkommenen Konkurrenz* der Preis im Marktgleichgewicht den Grenzkosten entspricht,[33] muss bei einer stärkeren Betonung der Wettbewerbsfreiheit jede Aussage zum Als-ob-Wettbewerbspreis a priori als „Anmaßung von Wissen"[34] ausscheiden. Angesichts dieses disparaten Befundes erklärt sich auch, weshalb weder der europäische noch der nationale Gesetzgeber dem Netzregulierungsrecht ein wettbewerbspolitisches Leitbild eingepflanzt haben.[35] Der Gedanke des *Als-ob-Wettbewerbs* bildet daher für sich genommen noch keine hinreichende Grundlage für die positive Bestimmung des regulierungsrechtlichen Entgeltmaßstabs.[36] Das Als-ob-Wettbewerbskonzept ist vielmehr auf eine Präzisierung durch den Gesetzgeber angewiesen (→ Rn. 72 ff.).

3. Rechtsquellen des Netzregulierungsrechts

8   Versucht man einen Überblick über die Rechtsquellen des Netzregulierungsrechts zu gewinnen, so ist ein Dreifaches hervorzuheben: *Erstens* handelt es sich um ein typisches *Mehrebenenrecht*, das durch die Verzahnung von unionsrechtlichen und nationalen Vorschriften geprägt wird.[37] *Zweitens* ist das Handlungskonzept der Re-

---

[30] Grundlegend *Miksch*, Wettbewerb als Aufgabe, 2. Aufl. 1947, S. 101 f.

[31] *Miksch*, Wettbewerb als Aufgabe, 2. Aufl. 1947, S. 101 (Hervorhebung im Original).

[32] Instruktiv *A. Schmidt*, ORDO 59 (2008), 209 (217 ff.).

[33] Unter den „Grenzkosten" sind die Kosten für eine zusätzliche im Gesamtsystem entstehende Einheit zu verstehen; statt vieler *Pindyck/Rubinfeld*, Mikroökonomie, 9. Aufl. 2018, S. 274 f.

[34] *Von Hayek*, ORDO 26 (1975), 12 (14, 16).

[35] Zur Aufgabe des noch im TKG 1996 (dort § 2 Abs. 2 Nr. 2) zugrunde gelegten Konzepts des *funktionsfähigen Wettbewerbs* vgl. *Spoerr*, Der Einfluss ökonomischer Modellbildung auf rechtliche Maßstäbe der Regulierung, in: Trute/Groß/Röhl/Möllers (Hrsg.), Allgemeines Verwaltungsrecht – zur Tragfähigkeit eines Konzepts, 2008, S. 613 (618 ff., 623 ff.).

[36] *Ludwigs*, Unternehmensbezogene Effizienzanforderungen, S. 191 f.; a. A. insbesondere *Säcker*, WiVerw 2010, 101 (108 f.), der das sog. KeL-Konzept (→ Rn. 72 ff.) unmittelbar aus dem Als-ob-Wettbewerbsmaßstab ableitet; in diese Richtung auch BVerwG, NVwZ-RR 2009, 918 (919).

[37] Ebenso *Ruthig/Storr*, Rn. 497, die von „systembildenden europäischen Einflüsse[n]" sprechen.

gulierung in den Sektoren Telekommunikation, Post und Eisenbahnen Mitte der 1990er-Jahre durch das Verfassungsrecht etabliert worden.[38] So wurde mit den Art. 87e und 87f GG die Beseitigung der vormaligen Monopole vorangetrieben, der Rahmen für die Privatisierung der früheren Staatsunternehmen abgesteckt, die Gewährleistungsverantwortung des Bundes fixiert und eine Zuteilung der Verwaltungskompetenzen vorgenommen. *Drittens* finden sich zu allen vier Netzindustrien weiterhin sektorspezifische Regelungen. Das kontrovers diskutierte[39] Plädoyer von *J. Masing*, dem Gutachter des 66. Deutschen Juristentags, für ein übergreifendes „Netzregulierungsgesetz des Bundes"[40] hat bislang keinen legislatorischen Widerhall gefunden. Dessen ungeachtet lassen sich, nicht zuletzt vor dem Hintergrund unionsrechtlicher Einflüsse, bemerkenswerte Konvergenzen zwischen den Netzsektoren vor allem in Fragen der Verwaltungsorganisation, des Verwaltungsverfahrens sowie des Rechtsschutzes erkennen.[41] Es ist daher zu begrüßen, dass die Debatte um ein sektorenübergreifendes Netzregulierungsrecht in jüngerer Zeit wieder verstärkt aufgegriffen wurde.[42]

a) Überblick zu den einzelnen Netzsektoren

aa) Telekommunikation

Im *Telekommunikationssektor* wird der aktuelle Regelungsrahmen vor allem durch eine Vielzahl von EU-Rechtsakten gestaltet. **9**

Übersicht 2: Unionsrechtlicher Regelungsrahmen im TK-Sektor (Auswahl)
- *Rahmenrichtlinie 2002/21/EG,*[43] in der die Regulierungsziele und -grundsätze formuliert, das Marktregulierungsverfahren strukturiert sowie die institutionelle Ausgestaltung der nationalen Regulierungsbehörden geregelt werden.
- *Genehmigungsrichtlinie 2002/20/EG,*[44] die auf eine Deregulierung der Genehmigungsvorschriften für elektronische Kommunikationsnetze und -dienste abzielt.

---

[38] *Burgi*, Regulierung: Inhalt und Grenzen eines Handlungskonzepts der Verwaltung, in: FS Battis, S. 329 (333).

[39] Kritisch z. B. *Burgi*, NJW 2006, 2439 (2443 f.); *Ruthig/Storr*, Rn. 511.

[40] *Masing*, Gutachten D zum 66. DJT, 2006, D 192 (insbesondere These 7).

[41] Näher *Ludwigs*, Konvergenz oder Divergenz der Regulierung in den Netzwirtschaften, in: FS Schmidt-Preuß, S. 689 (690 ff., 700 ff., 711 f.); s. auch *Holznagel*, Zukunftsfähigkeit der Regulierungskonzeption, in: ders. (Hrsg.), 20 Jahre Verantwortung für Netze, 2018, S. 3 (26 ff., 31 f.).

[42] Vgl. neben den beiden Quellen in Fn. 41 auch *Ludwigs*, N&R 2018, 262 (267).

[43] RL 2002/21/EG des EP und des Rates vom 07.03.2002 über einen gemeinsamen Rechtsrahmen für elektronische Kommunikationsnetze und -dienste, ABl. EG L 108/33, zuletzt geändert durch RL 2009/140/EG des EP und des Rates vom 25.11.2009, ABl. EU L 337/37.

[44] RL 2002/20/EG des EP und des Rates vom 07.03.2002 über die Genehmigung elektronischer Telekommunikationsnetze und -dienste, ABl. EG L 108/21, zuletzt geändert durch RL 2009/140/ EG des EP und des Rates vom 25.11.2009, ABl. EU L 337/37.

- *Zugangsrichtlinie 2002/19/EG,*[45] in der die zentral bedeutsame Regulierung des Netzzugangs durch Wettbewerber verankert ist.
- *Universaldienstrichtlinie 2002/22/EG,*[46] die neben Vorgaben zur Marktregulierung im Endkundenbereich insbesondere Regeln zum Universaldienst (→ Rn. 87) umfasst.
- *Datenschutzrichtlinie für elektronische Kommunikation 2002/58/EG,*[47] die einen Ausgleich zwischen dem Schutz der Privatsphäre einerseits und des freien Verkehrs von Daten sowie von elektronischen Kommunikationsgeräten und -diensten in der EU andererseits anstrebt.
- *GEREK-Verordnung (EG) Nr. 1211/2009,*[48] die zur Einrichtung des Gremiums Europäischer Regulierungsstellen für elektronische Kommunikation (GEREK) als Kooperationsinstanz geführt hat.
- *Roaming-Verordnung (EU) Nr. 531/2012,*[49] in der die grundsätzliche Abschaffung von Roamingaufschlägen für Roaminganrufe, SMS-Roamingnachrichten und Datenroamingdienste ab 15.06.2017 vorgesehen ist.
- *Kostensenkungsrichtlinie 2014/61/EU,*[50] die eine Erleichterung des Ausbaus von Hochgeschwindigkeitsnetzen für die elektronische Kommunikation durch Regelungen über die Mitnutzung vorhandener Infrastrukturen bezweckt.
- *Netzneutralitätsverordnung (EU) 2015/2120,*[51] die gemeinsame Regeln zur Wahrung der gleichberechtigten und nichtdiskriminierenden Behandlung des Datenverkehrs bei der Bereitstellung von Internetzugangsdiensten und damit verbundener Rechte der Endnutzer vorsieht.

---

[45] RL 2002/19/EG des EP und des Rates vom 07.03.2002 über den Zugang zu elektronischen Kommunikationsnetzen und zugehörigen Einrichtungen sowie deren Zusammenschaltung, ABl. EG L 108/7, zuletzt geändert durch RL 2009/140/EG des EP und des Rates vom 25.11.2009, ABl. EU L 337/37.

[46] RL 2002/22/EG des EP und des Rates vom 07.03.2002 über den Universaldienst und Nutzerrechte bei elektronischen Kommunikationsnetzen und -diensten, ABl. EG L 108/51, zuletzt geändert durch VO (EU) 2015/2120 des EP und des Rates vom 25.11.2015, ABl. EU L 310/1.

[47] RL 2002/58/EG des EP und des Rates vom 12.07.2002 über die Verarbeitung personenbezogener Daten und den Schutz der Privatsphäre in der elektronischen Kommunikation, ABl. EG L 201/37, zuletzt geändert durch RL 2009/136/EG des EP und des Rates vom 25.11.2009, ABl. EU L 337/11.

[48] VO (EG) Nr. 1211/2009 des EP und des Rates vom 25.11.2009 zur Einrichtung des Gremiums Europäischer Regulierungsstellen für elektronische Kommunikation (GEREK) und des Büros, ABl. EU L 337/1, aufgehoben (zum 19.12.2018) durch VO (EU) 2018/1971 des EP und des Rates vom 11.12.2018, ABl. EU L 321/1.

[49] VO (EU) Nr. 531/2012 des EP und des Rates vom 13.06.2012 über das Roaming in öffentlichen Mobilfunknetzen in der Union, ABl. EU L 172/10, zuletzt geändert durch VO (EU) 2017/920 des EP und des Rates vom 17.05.2017, ABl. EU L 147/1.

[50] RL 2014/61/EU des EP und des Rates vom 15.05.2014 über Maßnahmen zur Reduzierung der Kosten des Ausbaus von Hochgeschwindigkeitsnetzen für die elektronische Kommunikation, ABl. EU L 155/1.

[51] VO (EU) 2015/2120 des EP und des Rates vom 25.11.2015 über Maßnahmen zum Zugang zum offenen Internet und zur Änderung der Richtlinie 2002/22/EG über den Universaldienst und Nutzerrechte bei elektronischen Kommunikationsnetzen und -diensten sowie der Verordnung (EU) Nr. 531/2012 über das Roaming in öffentlichen Mobilfunknetzen in der Union, ABl. EU L 310/1, zuletzt geändert durch VO (EU) 2018/1971 des EP und des Rates vom 11.12.2018, ABl. EU L 321/1.

Hinweis

Eine erste substanzielle Novellierung des Richtlinienpakets von 2002 erfolgte Ende 2009 mit den Änderungsrichtlinien 2009/136/EG und 2009/140/EG.[52] Die jüngsten Entwicklungsschritte bilden die Richtlinie (EU) 2018/1972 vom 11.12.2018 über den europäischen Kodex für die elektronische Kommunikation (nachfolgend: Kodex)[53] und die auf den gleichen Tag datierende neue GEREK-Verordnung (EU) 2018/1971.[54] Mit dem *Kodex* wird ein harmonisierter Rahmen für die Regulierung elektronischer Kommunikationsnetze, elektronischer Kommunikationsdienste, zugehöriger Einrichtungen und zugehöriger Dienste sowie bestimmter Aspekte der Endeinrichtungen etabliert (Art. 1 Abs. 1 S. 1). Aus Gründen der Klarheit erfolgt dabei eine integrierte Neufassung der zentralen Richtlinien 2002/19/EG, 2002/20/EG, 2002/21/EG und 2002/22/EG. Diese werden mit Ablauf der Umsetzungsfrist am 21.12.2020 aufgehoben. Zu den Kernzielen des neuen Regelungsrahmens zählen die Förderung der Entwicklung eines 5G-Netzwerks durch Verbesserung der Frequenzvergabeverfahren im Mobilfunk (Art. 54 Kodex), die Forcierung des Breitbandausbaus durch Vereinfachung des Interagierens mehrerer Investoren bei Schaffung neuer hochleistungsfähiger Netzinfrastrukturen (Art. 76 und 79 Kodex) sowie eine Stärkung von Verbraucherschutz (Art. 98 ff. Kodex) und Datensicherheit (Art. 40 f. Kodex). Letzteres soll u. a. durch die Erfassung sog. Over-the-Top (OTT)-Kommunikationsdienste (wie WhatsApp, Gmail oder Skype) erreicht werden.[55] Hierzu umfasst der Begriff des elektronischen Kommunikationsdienstes künftig auch die Kategorie des „interpersonelle[n] Kommunikationsdienst[es]" (Art. 2 Nr. 5 Kodex), wobei mit Blick auf unterschiedliche regulatorische Anforderungen zwischen nummerngebundenen und nummernunabhängigen Diensten (Art. 2 Nr. 6 u. 7 Kodex) differenziert wird.[56] Die *GEREK-Verordnung (EU) 2018/1971* erweitert schließlich den Zuständigkeitsbereich des Gremiums Europäischer Regulierungsstellen für elektronische Kommunikation (GEREK) und implementiert in der Netzneutralitätsverordnung (EU) 2015/2120 zudem Preisobergrenzen für die regulierte intra-EU-Kommunikation der Endkunden. Noch im Gesetzgebungsverfahren befindet sich schließlich der Kommissions-Vorschlag für eine sog. E-Privacy-Verordnung[57] (als bereichsspezifische Ergänzung der Daten-

---

[52] ABl. EU L 337/11 bzw. ABl. EU L 337/37.

[53] RL (EU) 2018/1972 des EP und des Rates vom 11.12.2018 über den europäischen Kodex für die elektronische Kommunikation, ABl. EU L 321/36; instruktiv im Vorfeld insb. *Neumann*, N&R 2018, 204; *Nigge/Horstmann*, MMR 2018, 721; ferner *Scherer/Heinickel*, MMR 2017, 71.

[54] VO (EU) 2018/1971 des EP und des Rates vom 11.12.2018 zur Einrichtung des Gremiums europäischer Regulierungsstellen für elektronische Kommunikation (GEREK) und der Agentur zur Unterstützung des GEREK (GEREK-Büro), zur Änderung der Verordnung (EU) 2015/2120 und zur Aufhebung der Verordnung (EG) Nr. 1211/2009, ABl. EU L 321/1.

[55] Hierbei handelt es sich um Dienste, die über das offene Internet bereitgestellt werden und selbst keinen Internetzugang vermitteln (OVG Münster, MMR 2018, 552).

[56] Vgl. ErwG 17 u. 18 Kodex; kritisch *Scherer/Heinickel*, MMR 2017, 71 (72) mit Fn. 15; näher *Fetzer*, Impulsstudie „Telekommunikationsregulierung 4.0", ZEW-Discussion Paper No. 18-012, S. 44 ff.

[57] Vorschlag der Europäischen Kommission für eine Verordnung über die Achtung des Privatlebens und den Schutz personenbezogener Daten in der elektronischen Kommunikation und zur Aufhebung der RL 2002/58/EG v. 10.01.2017, COM(2017) 10 final.

schutz-Grundverordnung),[58] mittels derer die Datenschutzregelungen in der Union vereinheitlicht und modernisiert sollen.

10   Die Umsetzung auf nationaler Ebene erfolgt durch das zuletzt im Jahr 2012 grundlegend novellierte Telekommunikationsgesetz (TKG) vom 22.06.2004.[59] Hinzu treten mehrere Rechtsverordnungen,[60] die aber – anders als in den Netzsektoren Energie, Eisenbahnen und Post – nicht den zentral bedeutsamen Bereich der *Marktregulierung* erfassen.

bb) Energie

11   Die Regulierung im *Energiesektor* wurde auf Unionsebene in den letzten Jahren durch das aus fünf Rechtsakten bestehende *Dritte Binnenmarktpaket* vom 13.07.2009 geprägt.

Übersicht 3: Unionsrechtlicher Regelungsrahmen im Energiesektor (Auswahl)
- *Strom-Richtlinie 2009/72/EG*,[61] in der u. a. Vorgaben zur Entflechtung vertikal integrierter Energieversorgungsunternehmen sowie zur Netzzugangs- und Entgeltregulierung getroffen werden und in der die Rolle der nationalen Regulierer vordefiniert wird.
- *Gas-Richtlinie 2009/73/EG*,[62] als Pendant zur Strom-Richtlinie für den Gassektor.
- *Stromhandelsverordnung (EG) Nr. 714/2009*,[63] in der neben Bestimmungen über die Netzzugangsbedingungen für den grenzüberschreitenden Stromhandel die Gründung eines europäischen Netzes der Stromübertragungsnetzbetreiber (ENTSO-E) vorgesehen ist.

---

[58] VO (EU) 2016/679 des EP und des Rates vom 27.04.2016 zum Schutz natürlicher Personen bei der Verarbeitung personenbezogener Daten, zum freien Datenverkehr und zur Aufhebung der RL 95/46/EG (Datenschutz-Grundverordnung), ABl. EU L 119/1.

[59] BGBl. I, S. 1190, zuletzt geändert durch Gesetz vom 11.07.2019, BGBl. I, S. 1066.

[60] Auflistung bei *Ziekow*, § 14 Rn. 6.

[61] RL 2009/72/EG des EP und des Rates vom 13.07.2009 über gemeinsame Vorschriften für den Elektrizitätsbinnenmarkt und zur Aufhebung der RL 2003/54/EG, ABl. EU L 211/55.

[62] RL 2009/73/EG des EP und des Rates vom 13.07.2009 über gemeinsame Vorschriften für den Erdgasbinnenmarkt und zur Aufhebung der RL 2003/55/EG, ABl. EU L 211/94, zuletzt geändert durch RL (EU) 2019/692 des EP und des Rates vom 17.04.2019, ABl. EU L 117/1.

[63] VO (EG) Nr. 714/2009 des EP und des Rates vom 13.07.2009 über die Netzzugangsbedingungen für den grenzüberschreitenden Stromhandel und zur Aufhebung der VO (EG) Nr. 1228/2003, ABl. EU L 211/15, zuletzt geändert durch VO (EU) Nr. 543/2013 der Kommission vom 14.06.2013, ABl. EU L 163/1.

- *Erdgaszugangsverordnung (EG) Nr. 715/2009*,[64] als Pendant zur Stromhandelsverordnung, in der neben Vorgaben über den Zugang zu den Erdgasfernleitungsnetzen die Gründung eines europäischen Netzes der Gasfernleitungsnetzbetreiber (ENTSOG) fixiert ist.
- *Agentur-Verordnung (EG) Nr. 713/2009*,[65] die zur Errichtung der mit eigener Rechtspersönlichkeit und (begrenzten) Entscheidungsbefugnissen ausgestatteten Agentur für die Zusammenarbeit der Energie-Regulierungsbehörden (ACER) geführt hat.

Hinweis

Seit 2015 lässt sich ein starker Impuls für die Entwicklung einer europäischen Energieunion mit den fünf Schwerpunkten Versorgungssicherheit, vollständig integrierter Energiebinnenmarkt, Energieeffizienz, Klimaschutz und Emissionsminderung sowie Forschung und Innovation verzeichnen. Entsprechende Reformvorschläge, die den Rahmen für die Energiepolitik in der EU bis zum Jahr 2030 prägen sollen, enthielt das mehr als 1.000 Seiten Rechtstexte und Strategiedokumente umfassende sog. Winterpaket „Clean Energy for All Europeans" der Kommission vom 30.11.2016.[66] Neben Novellierungen[67] in den Bereichen Energieeffizienz[68] und Erneuerbare Energien[69] sowie der neuen Verordnung zur Etablierung eines Rechtsrahmens für das Governance-System der Energieunion[70] enthält das zwischenzeitlich komplett verabschiedete Maßnahmenpaket auch

---

[64] VO (EG) Nr. 715/2009 des EP und des Rates vom 13.07.2009 über die Bedingungen für den Zugang zu den Erdgasfernleitungsnetzen und zur Aufhebung der Verordnung (EG) Nr. 1775/2005, zuletzt geändert durch VO (EU) 2018/1999 des EP und des Rates vom 11.12.2018, ABl. EU L 328/1.

[65] VO (EG) Nr. 713/2009 des EP und des Rates vom 13.07.2009 zur Gründung einer Agentur für die Zusammenarbeit der Energieregulierungsbehörden, ABl. EU L 211/1, aufgehoben durch VO (EU) 2019/942 des EP und des Rates vom 05.06.2019, ABl. EU L 115/22.

[66] Grundlegend Mitteilung der Kommission v. 30.11.2016 „Saubere Energie für alle Europäer", COM(2016) 860 final; näher zum Reformvorhaben *Groebel*, Das „Winterpaket" als Markstein für die Modernisierung des Energiebinnenmarkts, in: Ludwigs (Hrsg.) Klimaschutz, Versorgungssicherheit und Wirtschaftlichkeit in der Energiewende, 2018, S. 33 ff.

[67] Überblick bei *Pause/Kahles*, ER 2019, 9.

[68] RL (EU) 2018/2002 des EP und des Rates vom 11.12.2018 zur Änderung der Richtlinie 2012/27/EU zur Energieeffizienz, ABl. EU L 328/210 sowie RL (EU) 2018/844 des EP und des Rates vom 30.05.2018 zur Änderung der RL 2010/31/EU über die Gesamtenergieeffizienz von Gebäuden und der RL 2012/27/EU über Energieeffizienz, ABl. EU L 156/75.

[69] RL (EU) 2018/2001 des EP und des Rates vom 11.12.2018 zur Förderung der Nutzung von Energie aus erneuerbaren Quellen, ABl. EU L 328/82.

[70] VO (EU) 2018/1999 des EP und des Rates vom 11.12.2018 über das Governance-System für die Energieunion und für den Klimaschutz (...), ABl. EU L 328/1, geändert durch Beschl. (EU) 2019/504 des EP und des Rates vom 19.03.2019, ABl. EU 2019 L 85I/66.

eine Reform des Strommarktdesigns, namentlich durch eine Neufassung der Richtlinie über gemeinsame Vorschriften für den Elektrizitätsbinnenmarkt,[71] der Verordnung über den Elektrizitätsmarkt[72] und der ACER-Verordnung[73] sowie eine neue Verordnung über die Risikovorsorge im Elektrizitätssektor.[74] Die Reformen sollen den Weg zu einem „wettbewerbsfähigeren, moderneren und umweltfreundlicheren Energiesystem" ebnen.[75] Hierzu hat sich der Unionsgesetzgeber u. a. bei der Integration des steigenden Anteils erneuerbarer Energien für einen stärker marktbasierten Ansatz entschlossen.[76]

12   Die Umsetzung des Dritten Binnenmarktpakets erfolgt im nationalen Recht durch das 2011 und 2012 grundlegend novellierte Energiewirtschaftsgesetz vom 07.07.2005.[77] Weitreichende Änderungen des EnWG erfolgten u. a. im Zuge des Strommarktgesetzes v. 26.07.2016,[78] das zugleich die kosteneffiziente und umweltverträgliche Weiterentwicklung der Stromversorgung adressiert und Versorgungssicherheit gewährleisten soll.[79] Prägend hierfür ist die Grundsatzentscheidung für einen „Strommarkt 2.0", bei dem weiterhin nur die tatsächliche Energielieferung, nicht aber die bloße Vorhaltung von Kraftwerksleistung vergütet wird. Die Absicherung dieses Energy-only-Marktes (EOM) erfolgt durch eine sog. Kapazitätsreserve (mit der ein Kapazitätspuffer aus nicht am Strommarkt aktiven Erzeugungsanlagen, Speichern sowie regelbaren Lasten geschaffen werden soll) sowie durch die zunehmende Integration der europäischen Strommärkte.[80] Neben das EnWG tritt eine kaum noch überschaubare Vielzahl von Rechtsverordnungen.[81] Diese betreffen anders als im TK-Bereich auch das Herzstück der Zugangs- und Entgeltregulierung.

---

[71] RL (EU) 2019/944 des EP und des Rates vom 05.06.2019 mit gemeinsamen Vorschriften für den Elektrizitätsbinnenmarkt und zur Änderung der Richtlinie 2012/27/EU, ABl. EU L 158/125.

[72] VO (EU) 2019/943 des EP und des Rates vom 05.06.2019 über den Elektrizitätsbinnenmarkt, ABl. EU L 158/54.

[73] VO (EU) 2019/942 des EP und des Rates vom 05.06.2019 zur Gründung einer Agentur der Europäischen Union für die Zusammenarbeit der Energieregulierungsbehörden, ABl. EU L 158/22.

[74] VO (EU) 2019/941 des EP und des Rates vom 05.06.2019 über die Risikovorsorge im Elektrizitätssektor und zur Aufhebung der Richtlinie 2005/89/EG, ABl. EU L 158/1.

[75] Vgl. Pressemitteilung der EU-Kommission IP-16-4009 v. 30.11.16.

[76] Instruktiv *Pause/Kahles*, ER 2019, 47; noch zu den Vorschlägen der EU-Kommission vgl. *Groebel*, Das „Winterpaket" als Markstein für die Modernisierung des Energiebinnenmarkts, in: Ludwigs (Hrsg.), Klimaschutz, Versorgungssicherheit und Wirtschaftlichkeit in der Energiewende, 2018, S. 33 (35).

[77] BGBl. I, S. 1970, 3621, zuletzt geändert durch Gesetz vom 13.05.2019, BGBl. I, S. 706.

[78] Gesetz zur Weiterentwicklung des Strommarktes (Strommarktgesetz) v. 26.07.2016, BGBl. I, S. 1786.

[79] *Stelter/Ipsen*, EnWZ 2016, 483 (483).

[80] Vgl. den Überblick bei *Ludwigs*, in: Elspas/Graßman/Rasbach (Hrsg.), EnWG, 2018, § 1 Rn. 54 ff. m. w. N.

[81] Auflistung bei *Ziekow*, § 15 Rn. 7.

Zentrale Bedeutung kommt hier neben der Anreizregulierungsverordnung (ARegV)[82] vor allem den Zugangs- und Entgeltverordnungen im Strom-[83] und Gassektor[84] zu.

cc) Eisenbahnen und Post

Im Bereich der *Eisenbahnregulierung* ist die sog. Recast-RL 2012/34/EU zur Schaffung eines einheitlichen europäischen Eisenbahnraums[85] hervorzuheben. Durch sie wurden die drei Richtlinien des ersten Eisenbahnpakets von 2001 neu gefasst und verschmolzen, darunter auch die für den Bereich der Netzregulierung elementare Eisenbahnzugangsrichtlinie 2001/14/EG.[86] Auf nationaler Ebene erfolgte die Umsetzung zunächst im mehrfach novellierten Allgemeinen Eisenbahngesetz (AEG) vom 27.12.1993[87] sowie ergänzend durch die inzwischen aufgehobene Eisenbahninfrastruktur-Benutzungsverordnung (EIBV).[88] Nachdem ein Gesetzentwurf der Bundesregierung für ein modernes „Eisenbahnregulierungsgesetz"[89] noch in der 17. Legislaturperiode am Bundesrat gescheitert war, erfolgte mit dem Gesetz zur Stärkung des Wettbewerbs im Eisenbahnbereich vom 29.08.2016[90] eine grundlegenden Novellierung des Eisenbahnregulierungsrechts. Im Zentrum des Artikelgesetzes steht das *Eisenbahnregulierungsgesetz* (ERegG).[91] Darin werden die für die Regulierung im Eisenbahnsektor relevanten Vorschriften zusammenfasst und die bislang über AEG und EIBV verstreuten Vorschriften kodifiziert. Des Weiteren erfolgten auch inhaltliche Änderungen am AEG, das sich künftig auf einen sicheren Bahn-

13

---

[82] ARegV vom 29.10.2007, BGBl. I, S. 2529, zuletzt geändert durch Verordnung vom 13.06.2019, BGBl. I, S. 786.

[83] StromNZV vom 25.07.2005, BGBl. I, S. 2243, zuletzt geändert durch Gesetz vom 13.05.2019, BGBl. I, S. 706; StromNEV vom 25.07.2005, BGBl. I, S. 2225, zuletzt geändert durch Gesetz vom 13.05.2019, BGBl. I, S. 706.

[84] GasNZV vom 03.09.2010, BGBl. I, S. 1261, zuletzt geändert durch Verordnung vom 13.06.2019, BGBl. I, S. 786; GasNEV vom 25.07.2005, BGBl. I, S. 2197, zuletzt geändert durch Gesetz vom 29.03.2017, BGBl. I, S. 626.

[85] RL 2012/34/EU des EP und des Rates vom 21.11.2012 zur Schaffung eines einheitlichen europäischen Eisenbahnraums, ABl. EU L 343/32, zuletzt geändert durch Delegierten Beschluss (EU) 2017/2075 der Kommission vom 04.09.2017, ABl. EU L 295/69; zu den Modifizierungen im Entflechtungsregime sowie zu sonstigen regulierungsrechtlichen Neuerungen der Recast-RL 2012/34/EU durch die als Teil des Vierten Eisenbahnpakets erlassene Änderungs-RL (EU) 2016/2370 des EP und des Rates vom 14.12.2016 (ABl. EU L 352/1) siehe *Staebe*, EuZW 2018, 146 (148 ff.).

[86] RL 2001/14/EG des EP und des Rates vom 26.02.2001 über die Zuweisung von Fahrwegkapazität der Eisenbahn, die Erhebung von Entgelten für die Nutzung von Eisenbahninfrastruktur und die Sicherheitsbescheinigung, ABl. EG L 75/29, zuletzt geändert durch RL 2007/58/EG des EP und des Rates vom 23.10.2007, ABl. EU L 315/44.

[87] BGBl. I, S. 2378, 2396; I, 1994, S. 2439, zuletzt geändert durch Gesetz vom 08.07.2019, BGBl. I, S. 1040.

[88] EIBV vom 03.06.2005, BGBl. I, S. 1566, aufgehoben durch Gesetz vom 29.08.2016, BGBl. I, S. 2082.

[89] BR-Drs. 559/10 bzw. BT-Drs. 17/12726.

[90] BGBl. I 2016, S 2082.

[91] BGBl. I, S. 2082, geändert durch Gesetz vom 08.07.2019, BGBl. I, S. 1040; eingehend Staebe (Hrsg.), ERegG, 2018.

betrieb, ein attraktives Verkehrsangebot sowie die Wahrung der Verbraucherinteressen (§ 1 Abs. 1 AEG n.F.) konzentriert. Schließlich werden die Richtlinienvorgaben zur politischen Unabhängigkeit (Ministerialfreiheit) der Regulierungsbehörde durch Änderungen im Bundeseisenbahnverkehrsverwaltungsgesetz (BEVVG)[92] implementiert. Der im zweiten Anlauf erfolgreiche Abschluss des Gesetzgebungsverfahrens führt sowohl zu einer überfälligen Umsetzung der Vorgaben des europäischen Eisenbahnrechts als auch zur autonomen Etablierung einer Anreizregulierung für den Zugang zu den Schienenwegen. Für die Schieneninfrastruktur wird (ebenso wie für die Entgelte der Betreiber von Personenbahnhöfen) erstmals eine Ex-ante-Genehmigung der Zugangsentgelte durch die BNetzA etabliert. Hervorzuheben ist zudem die Einführung des justizähnlichen Beschlusskammerverfahrens (§ 77 ER-egG) sowie die Zuständigkeitsausweitung der BNetzA auf den gesamten Bereich der Eisenbahnregulierung (§ 4 Abs. 2 S. 2 BEVVG n.F.).[93]

14   Die geringste Dynamik der Rechtsentwicklung ist im *Postsektor* zu verzeichnen. Hier wird der Regulierungsrahmen noch immer durch die zuletzt im Jahr 2008 novellierte RL 97/67/EG[94] geprägt. Umgesetzt werden die unionsrechtlichen Vorgaben im mehrfach novellierten Postgesetz (PostG) vom 22.12.1997.[95] Eine Ergänzungsfunktion entfaltet im Bereich der Entgeltregulierung die Post-Entgeltregulierungsverordnung (PEntGV).[96] Eine substanzielle Reform des Regulierungsrahmens ist in der 17. Legislaturperiode am Bundesrat[97] gescheitert.

b) Normierende vs. administrative Regulierung

15   Fragt man nach stilbildenden Divergenzen und Gemeinsamkeiten der Regelungskonzepte in den einzelnen Netzindustrien, so gerät der grundlegende Unterschied zwischen normierender und administrativer Regulierung in den Fokus.[98]

16   Im *TK-Bereich* ist mit dem Richtlinienpaket des Jahres 2002 ein Wechsel im Steuerungskonzept erfolgt: Waren die Verpflichtungen der marktmächtigen Unternehmen zuvor im Gesetz selbst normiert, wie es für den *Postsektor* noch heute der Fall ist, sind seither die nationalen Regulierungsbehörden für die Marktregulierung zuständig.[99] Dieser Wandel von einer *normierenden* (sich des formellen bzw. materiellen Gesetzes bedienenden) *Regulierung* hin zu einem *Konzept der administrati-*

---

[92] BGBl. I 1993, S. 2378, 2394, zuletzt geändert durch Gesetz vom 29.11.2018, BGBl. I, S. 2237.

[93] Näher *Ludwigs*, NVwZ 2016, 1665; *Staebe*, DVBl. 2016, 1564.

[94] RL 97/67/EG des EP und des Rates vom 15.12.1997 über gemeinsame Vorschriften für die Entwicklung des Binnenmarktes der Postdienste der Gemeinschaft und die Verbesserung der Dienstequalität, ABl. EG 1998 L 15/14, zuletzt geändert durch RL 2008/6/EG des EP und des Rates vom 20.02.2008, ABl. EU L 52/3.

[95] BGBl. I, S. 3294, zuletzt geändert durch Gesetz vom 29.03.2017, BGBl. I, S. 626.

[96] PEntGV vom 22.11.1999, BGBl. I, S. 2386, zuletzt geändert durch Verordnung vom 14.03.2019, BGBl. I, S. 338.

[97] BR-Drs. 627/13 (B).

[98] Instruktiv *Franke*, Die Verwaltung 49 (2016), 25 (32 ff.).

[99] Prägnant EuGH, Rs. C-262/06, Slg. 2007, I-10057, Rn. 28 – Deutsche Telekom.

ven Regulierung ist durch den EuGH und die EU-Kommission weiter beschleunigt worden. So stellte der Gerichtshof in einer Entscheidung zur Regulierungsfreistellung neuer Märkte gemäß § 9a TKG a. F. („Regulierungsferien") vom 03.12.2009 klar, dass die Frage der Regulierungsbedürftigkeit von Märkten nicht durch den Umsetzungsgesetzgeber, sondern durch die nationalen Behörden zu beantworten ist.[100] Noch darüber hinausgehend hat die Kommission wiederholt deutlich gemacht, dass sie im Bereich der Marktregulierung grundsätzlich jede über die Richtlinienvorgaben hinausweisende normative Vorstrukturierung des regulierungsbehördlichen Handelns kritisch bewertet.[101] Die Konsequenz ist ein unionsrechtlich vorausgesetztes Höchstmaß an Gestaltungsfreiheit der nationalen Regulierungsbehörde bei gleichzeitiger Einbindung in einen durch intensive Eingriffsbefugnisse der EU-Kommission geprägten Regulierungsverbund, der im Ergebnis eine Einflussverschiebung auf die Unionsebene bewirkt.[102] Der Forderung nach Unabhängigkeit der BNetzA von normativer Vorstrukturierung hat der deutsche Gesetzgeber im Rahmen der TKG-Novelle 2012[103] Rechnung getragen und notwendige Anpassungen vorgenommen.

Im Gegensatz zum TK-Sektor weist der im nationalen *Energierecht* verfolgte Ansatz stärker in Richtung eines Konzepts der *normierenden Regulierung*.[104] Prägend hierfür ist das deutlich höhere Maß an gesetzlicher Ausdifferenzierung im EnWG und der Vielzahl zugehöriger Begleitverordnungen. Auf diesem Wege erfolgt eine intensivere normative Steuerung des regulierungsbehördlichen Handelns. Anschaulich wird der Unterschied, wenn man sich vergegenwärtigt, dass die Ex-ante-Entgeltregulierung im TK-Sektor durch ganze acht Paragrafen geregelt wird, während im Energiebereich ein Normengeflecht im EnWG sowie den zugehörigen Begleitverordnungen (StromNEV, GasNEV und ARegV) existiert. Nach Ansicht der EU-Kommission fordert indes bereits das dritte Legislativpaket von 2009 auch im Energiebereich eine verstärkte Hinwendung zum *Konzept der administrativen Regulierung*. Dementsprechend hat die Kommission zur Durchsetzung der einschlägigen Vorgaben der Strom-RL 2009/72/EG sowie der Gas-RL 2009/73/EG Aufsichtsklage nach Art. 258 AEUV gegen die Bundesrepublik Deutschland vor dem EuGH erhoben.[105] Konkret rügt sie u. a., dass die sekundärrechtlichen Vorgaben über die Befugnisse und Unabhängigkeit der Regulierungsbehörde unzureichend umgesetzt seien. Die BNetzA verfüge nicht über eine uneingeschränkte Ermessensfreiheit bei der Festlegung der Bedingungen für den Zugang zu Netzen und Regelenergiedienstleistungen. Vielmehr seien zahlreiche Aspekte dieser Tarife und Bedingungen *en detail*

17

---

[100] EuGH, Rs. C-424/07, Slg. 2009, I-11431, Rn. 53 ff. – Kommission/Deutschland.

[101] Nachweise bei *Ludwigs*, Die Verwaltung 44 (2011), 41 (58 f. mit Fn. 111).

[102] *Ludwigs*, N&R 2018, 262 (263).

[103] BGBl. I, S. 958.

[104] Näher *Schmidt-Preuß*, in: Säcker (Hrsg.), Berliner Kommentar zum Energierecht, Bd. 1/1, 4. Aufl. 2019, Einl. C Rn. 4; zuletzt *Mengering*, Entgeltregulierung im Telekommunikations- und Energierecht, 2017, S. 224 ff.

[105] Vertragsverletzungs-Nr. 2014/2285; siehe auch Kommission, Pressemitteilung IP/18/4487 vom 19.07.2018; vgl. hingegen OLG Düsseldorf, N&R 2018, 181 (182).

in Rechtsverordnungen der Bundesregierung normiert. Sollte sich der Gerichtshof dieser Bewertung anschließen, wäre eine substanzielle Neuausrichtung des nationalen Regulierungsrahmens im Energiesektor unumgänglich.[106]

18 Wiederum ein anderer Akzent prägt schließlich das *Eisenbahnregulierungsrecht*. Den europarechtlichen Vorgaben liegt dort im Bereich der Entgeltkontrolle ein Konzept der *unabhängigkeitswahrenden Regulierung* zugrunde. Kennzeichnend hierfür ist, dass nicht den nationalen Regulierungsstellen, sondern den regulierten Infrastrukturbetreibern ein Gestaltungsspielraum eingeräumt wird.[107]

4. Bundesnetzagentur als Regulierungsbehörde

a) Rechtsform und Organisation

19 Eine eigene Regulierungsstelle entstand erstmals zum 01.01.1998 mit der Regulierungsbehörde für Telekommunikation und Post. Die RegTP ging aus dem Bundesministerium für Post und Telekommunikation und dem Bundesamt für Post und Telekommunikation hervor. Parallel zur Ausdehnung der Tätigkeit auf weitere Regulierungsfelder erfolgte im Jahr 2005 die Umbenennung in Bundesnetzagentur für Elektrizität, Gas, Telekommunikation, Post und Eisenbahnen. Die BNetzA stellt gemäß § 1 S. 2 BEGTPG eine selbstständige Bundesoberbehörde im Geschäftsbereich des Bundesministeriums für Wirtschaft und Energie (BMWi) dar und hat ihren Sitz in Bonn.

20 Die BNetzA entscheidet – nach dem Vorbild der Beschlussabteilungen des BKartA – über alle wichtigen Fragen in justizähnlich ausgestalteten Verwaltungsverfahren durch Beschlusskammern (§ 132 TKG, § 59 EnWG und § 46 PostG). Mit der Einführung des Beschlusskammerverfahrens in § 77 ERegG erfolgte insoweit eine begrüßenswerte Angleichung des Eisenbahnsektors an die Bereiche Energie, Telekommunikation und Post.[108] Die mit besonderer fachlicher Kompetenz ausgestatteten Beschlusskammern treffen ihre Entscheidungen nach dem Kollegialprinzip in der Besetzung aus einem oder einer Vorsitzenden sowie zwei beisitzenden Mitgliedern (→ § 4 Rn. 43). Im TK- und im Postsektor ist in besonderen Fällen eine Entscheidung der Präsidentenkammer vorgesehen (vgl. § 132 Abs. 4 und Abs. 5 S. 2 TKG bzw. § 46 Abs. 2 S. 1 PostG).

21 Hinzuweisen ist noch auf zwei signifikante Besonderheiten bei der Organisation der Regulierungsverwaltung in den Netzindustrien *Energie* und *Eisenbahnen*.[109] Im *Energiesektor* existieren neben der BNetzA auch *Landesregulierungsbehörden* (§§ 54, 55 EnWG). Diesen sind Regulierungszuständigkeiten für „kleine", nicht

[106] Näher *Ludwigs*, N&R 2018, 262 (263 f.); *ders.*, EnWZ 2019, 160.

[107] Siehe insbesondere Art. 29 Abs. 1 RL 2012/34/EU (Art. 4 Abs. 1 RL 2001/14/EG); EuGH, Rs. C-483/10, EU:C:2013:114, Rn. 49 – Kommission/Spanien; *Leitzke*, N&R 2013, 70; *Ludwigs*, EWS 2013, 409 (410 f.).

[108] *Ludwigs*, NVwZ 2016, 1665 (1669 f.).

[109] Vgl. daneben noch zu den Beiräten der BNetzA *Gärditz* (→ § 4 Rn. 42).

über das Gebiet eines Landes hinausreichende Elektrizitäts- oder Gasverteilernetze mit weniger als 100.000 Kunden zugewiesen.[110]

Im *Eisenbahnsektor* fand bis zum Inkrafttreten des Artikelgesetzes zur Stärkung **22** des Wettbewerbs im Eisenbahnbereich eine kritikwürdige Aufteilung der Regulierungsaufgaben zwischen der BNetzA und den Eisenbahnaufsichtsbehörden von Bund und Ländern statt. In § 4 Abs. 2 S. 2 BEVVG n.F. findet sich nunmehr eine einheitliche Zuständigkeitszuweisung der Regulierung an die BNetzA. Hiervon umfasst ist auch die bis dahin (systemwidrig) in der Zuständigkeit des Eisenbahnbundesamtes (EBA) verbliebene Überwachung der Entflechtungsvorschriften (§§ 7 ff. ERegG).[111]

b) Unabhängigkeit

Zu den meistdiskutierten organisationsrechtlichen Fragen der Netzregulierung zählt **23** die Reichweite der regulierungsbehördlichen Unabhängigkeit. Während die *funktionelle Unabhängigkeit* der BNetzA von den regulierten Unternehmen anerkannt ist,[112] wird das Ausmaß ihrer politischen Unabhängigkeit kontrovers erörtert (→ § 4 Rn. 46 f.). Angestoßen wurde die Diskussion durch die Überarbeitung des europarechtlichen Regelungsrahmens in den Jahren 2009 (Energie und TK) sowie 2012 (Eisenbahnen).[113] Die Forderung nach politischer Unabhängigkeit findet sich aktuell sowohl in Art. 3 Abs. 3a der TK-Rahmenrichtlinie 2002/21/EG (bzw. Art. 8 des Kodex) als auch in Art. 35 Abs. 4 S. 2 lit. b der Strom-Richtlinie 2009/72/EG bzw. Art. 39 Abs. 4 S. 2 lit. b der Gas-Richtlinie 2009/73/EG sowie in Art. 55 Abs. 3 UAbs. 4 der Eisenbahnrichtlinie 2012/34/EU. In allen genannten Vorschriften werden Weisungen von staatlichen oder öffentlichen Stellen gegenüber den nationalen Regulierungsstellen für unzulässig erklärt,[114] sodass von einem sektorübergreifenden *Unionsprinzip der Weisungsabhängigkeit* gesprochen werden kann.[115] Allein im Postsektor fehlt eine entsprechende Regelung, was indes darauf zurückzuführen sein dürfte, dass die RL 97/67/EG älteren Datums ist und eine Reform aussteht (→ Rn. 14).

---

[110] Zum Länderausschuss (§ 60a Abs. 1 EnWG, § 8 BEGTPG) als Kooperationsinstanz *Gärditz* (→ § 4 Rn. 44); zur Möglichkeit der Organleihe *Kühling/Rasbach/Busch*, Energierecht, Kap. 10 Rn. 13 f.

[111] Zustimmend Monopolkommission, Sondergutachten Nr. 69, 2015, Rn. 137; zu den verbleibenden Aufgaben des EBA außerhalb der Regulierung vgl. § 5 Abs. 1a Nr. 1 lit. a/b, Abs. 2 S. 1 AEG i. V. m. § 3 Abs. 1 S. 1 Nr. 2 BEVVG.

[112] Instruktiv für den TK-Sektor *Ruffert/Schmidt*, in: Säcker, TKG, § 116 Rn. 13 f., die u. a. auf Art. 3 Abs. 2 RL 2002/21/EG und Art. 87 f. Abs. 2 S. 2 GG verweisen.

[113] Hierzu *Gundel*, EWS 2017, 301 (302 f.).

[114] Soweit im Sekundärrecht auf die fortbestehende Möglichkeit einer Aufsicht „im Einklang mit dem nationalen Verfassungsrecht" verwiesen wird (vgl. z. B. Erwägungsgrund Nr. 11 und Art. 3 Abs. 3a UAbs. 1 S. 2 RL 2002/21/EG), ist hiermit allein eine gerichtliche bzw. (unmittelbare) parlamentarische Kontrolle angesprochen; näher *Ludwigs*, Die Verwaltung 44 (2011), 41 (44 ff., 46 ff.); a. A. *Kühling*, EnzEuR V, § 4 Rn. 56: „nationale Reserveklausel".

[115] Näher *Ludwigs*, Konvergenz oder Divergenz der Regulierung in den Netzwirtschaften, in: FS Schmidt-Preuß, S. 689 (691 ff.).

24   Ungeachtet dieses unionsrechtlichen Befunds hat der (Bundes-)Gesetzgeber im Energie- und Telekommunikationssektor keinen Anlass gesehen, die Regelungen in § 61 EnWG und § 117 TKG (→ § 4 Rn. 47) anzupassen. Dort wird vielmehr weiterhin ein mit den Richtlinienvorgaben nicht in Einklang zu bringendes,[116] ministerielles Weisungsrecht vorausgesetzt. Hierin liegt ein Umsetzungsdefizit,[117] das im Lichte einer rein objektiven unmittelbaren Wirkung der hinreichend genauen und unbedingten Richtlinienbestimmungen zu korrigieren ist.[118] Demgegenüber findet sich im Eisenbahnsektor nunmehr in § 4 Abs. 3 u. Abs. 3a BEVVG n.F. erstmals auf Bundesebene eine explizite Regelung zur politischen Unabhängigkeit der BNetzA.[119] Insoweit erfolgt eine Unterscheidung zwischen Weisungen der Fach- und Rechtsaufsicht. Während fachaufsichtliche Weisungen zur zweckmäßigen Durchsetzung des Eisenbahnregulierungsgesetzes zukünftig ausgeschlossen sind, soll eine eingeschränkte ministeriale Rechtsaufsicht möglich bleiben. Auf diese Weise wird ein vermittelnder Ansatz im Spannungsfeld zwischen der unionsrechtlich determinierten Weisungsfreiheit des nationalen Regulierers und den Anforderungen aus dem Demokratieprinzip des Grundgesetzes verfolgt.[120] Um eine europarechtskonforme Ausgestaltung auch der im Grundsatz fortbestehenden Rechtsaufsicht zu gewährleisten, wurde ein innovativer Ansatz gewählt. So eröffnet § 4 Abs. 3a BEVVG n.F. der BNetzA die Möglichkeit, rechtsaufsichtliche Weisungen des Ministeriums gerichtlich überprüfen zu lassen. Ob dies bei kritischer Würdigung ausreicht, um das unionsrechtlich geforderte Maß an Unabhängigkeit zu gewährleisten, erscheint indes fraglich. Dagegen spricht, dass der innovative Rechtsschutzmechanismus nichts am prinzipiellen Fortbestand der durch die Recast-Richtlinie 2012/34/EU gerade ausgeschlossenen Rechtsaufsicht ändert.[121]

25   Eine Erklärung für die Untätigkeit des Umsetzungsgesetzgebers im Energie- und Telekommunikationssektor könnte in der scharfen Kritik liegen, die der unionsrechtlich geforderten Ministerialfreiheit der nationalen Regulierungsbehörden entgegengebracht wird. Stein des Anstoßes ist ein möglicher Verstoß gegen das nationale

---

[116] So auch *Dechent*, NVwZ 2015, 767 (770); *Lee*, Demokratische Legitimation der Vollzugsstruktur der sektorspezifischen Regulierungsverwaltung, 2017, S. 217.

[117] Kritisch zu § 117 TKG *Eifert*, in: Ehlers/Fehling/Pünder, § 23 Rn. 136; zu § 61 EnWG *Ludwigs*, EnzEuR V, § 5 Rn. 166; in Kontrast hierzu steht die korrekte Umsetzung auf Länderebene für die im Energiesektor eingerichteten Landesregulierungsbehörden (vgl. § 54 Abs. 1 EnWG); vgl. etwa für die Regulierungskammer des Freistaats Bayern: Art. 1b Abs. 2 Nr. 1 ZustWiG (BayGVBl. 2012, 653); umfassende Nachweise bei *Gundel*, EWS 2017, 301 (305 mit Fn. 66).

[118] Vgl. zu dieser Figur *Schroeder*, in: Streinz, Art. 288 AEUV Rn. 108 f. m. w. N.; aus der Rspr. EuGH, Rs. C-431/92, Slg. 1995, I-2189 Rn. 24 ff. – Großkrotzenburg; für eine europarechtskonforme Auslegung von § 117 TKG *Eifert*, in: Ehlers/Fehling/Pünder, § 23 Rn. 136.

[119] Hierzu *Ludwigs*, NVwZ 2016, 1665 (1670 f.); *ders.*, Konvergenz oder Divergenz der Regulierung in den Netzwirtschaften, in: FS Schmidt-Preuß, S. 689 (693 f.).

[120] BT-Drs. 18/8334, S. 82.

[121] Anders *Gundel*, EWS 2017, 301 (306), der dem Modell im BEVVG einen Vorbildcharakter auch für die anderen Netzsektoren zuspricht.

Demokratieprinzip.[122] Dieses knüpft die Ausübung von Hoheitsgewalt im Bereich der unmittelbaren Staatsverwaltung an eine *personelle* und eine *sachlich-inhaltliche Legitimation*:[123] Zum einen muss sich die Bestellung der Amtsträger auf das Staatsvolk zurückführen lassen. Zum anderen müssen die Amtsträger im Auftrag und nach Weisung der Regierung handeln. Letzteres bedingt ein ministerielles Weisungsrecht und wird durch die richtlinienrechtlich geforderte „völlige Unabhängigkeit"[124] der Regulierungsbehörden infrage gestellt.

Das entstehende Defizit an sachlich-inhaltlicher Legitimation würdigen Teile der   **26** Literatur als Verstoß gegen das integrationsfeste (vgl. Art. 23 Abs. 1 S. 3 i. V. m. Art. 79 Abs. 3 GG)[125] Demokratieprinzip.[126] Dieser Kritik wird von anderen Stimmen entgegengehalten, dass sich das ministerielle Weisungsrecht den abgeschirmten Sachbereichen des Art. 79 Abs. 3 GG „kaum zuordnen [lässt]".[127] Ein vermittelnder Ansatz rekurriert auf die Rechtsprechung des BVerfG, wonach es lediglich eines „bestimmten Legitimationsniveaus"[128] bedarf. Dieses lasse sich durch die Etablierung eines ergänzenden sachlich-inhaltlichen Legitimationsstrangs in Form einer verstärkten direkten parlamentarischen Kontrolle der BNetzA (z. B. durch einen Bundestagsausschuss) realisieren.[129]

c) Einbindung in einen europäischen Regulierungsverbund

Den Unionsrechtsakten in den unterschiedlichen Netzsektoren liegt in vielfältiger   **27** Weise die Annahme zugrunde, dass die isolierte Schaffung von Regulierungsstrukturen in den einzelnen Mitgliedstaaten nicht ausreicht, um ein effektives Funktionieren des Binnenmarktes zu gewährleisten. In den Netzindustrien Telekommunikation und Energie hat sich das festzustellende Ausmaß von Vollzugsteilung und -verflechtung[130] zu einem *europäischen Regulierungsverbund*[131] verdichtet.

---

[122] *Durner*, VVDStRL 70 (2011), 398 (436 ff.); *Gärditz*, AöR 135 (2010), 251 (275 ff., 285); *Kahl*, Der Staat 50 (2011), 353 (381).

[123] BVerfGE 93, 37 (67 f.); 107, 59 (87 f.); grundlegend *Böckenförde*, HStR[3] II, § 24 Rn. 14 ff.; zum maßgeblichen Input-Ansatz in Abgrenzung zum Konzept der Output-Legitimation: *Züll*, Regulierung im politischen Gemeinwesen, 2014, 86 f. (116 ff.).

[124] Erwägungsgründe Nr. 33, 34 S. 1 RL 2009/72/EG bzw. Erwägungsgründe Nr. 29, 30 S. 1 RL 2009/73/EG.

[125] BVerfGE 89, 155 (182); 123, 267 (343).

[126] *Gärditz*, Regulierungsrechtliche Grundfragen des Legislativpakets für die europäischen Strom- und Gasbinnenmärkte, in: Löwer (Hrsg.), Neuere europäische Vorgaben für den Energiebinnenmarkt, 2010, S. 23 (50), dort (S. 52 ff.) auch zu einem Verstoß gegen Art. 4 Abs. 2 S. 1 EUV; *Kahl*, Kooperative Rechtsangleichung, in: FS Spellenberg, S. 697 (711).

[127] *Ruffert*, Die neue Unabhängigkeit: Zur demokratischen Legitimation von Agenturen im europäischen Verwaltungsrecht, in: FS Scheuing, S. 399 (413 f.); in diese Richtung auch *Gundel*, EWS 2017, 301 (305).

[128] BVerfGE 83, 70 (72); 89, 155 (182); 91, 228 (244); 93, 37 (67); 107, 59 (87); 130, 76 (124).

[129] Näher *Ludwigs*, Die Verwaltung 44 (2011), 41 (52 ff.); ähnlich *Kersten*, DVBl. 2011, 585 (590 f.); kritisch *Züll*, Regulierung im politischen Gemeinwesen, 2014, S. 82 ff.

[130] Zu diesen beiden „Grundelementen" der Verbundverwaltung *Britz*, EuR 2006, 46 (47 f.).

[131] Grundlegend zum Regulierungsverbund *Schneider*, ZWeR 2003, 381 (404 ff.).

Kennzeichnend hierfür sind vor allem drei Elemente.[132] *Erstens* wurden neue Regulierungsinstanzen geschaffen. Für den *Energiesektor* ist diesbezüglich vor allem auf die mit eigener Rechtspersönlichkeit und (begrenzten) Entscheidungsbefugnissen ausgestattete Agentur für die Zusammenarbeit der Energie-Regulierungsbehörden (ACER) zu verweisen (→ Rn. 11 mit Fn. 65).[133] Im TK-Sektor wurde das unabhängige Gremium Europäischer Regulierungsstellen für elektronische Kommunikation (GEREK) geschaffen, dem eine Beratungs- und Unterstützungsfunktion zukommt und das Stellungnahmen zu Maßnahmen der nationalen Regulierungsbehörden bzw. der Kommission abgibt (→ Rn. 9 mit Fn. 48). Fachlich und administrativ unterstützt wird das Gremium durch das sog. GEREK-Büro, eine dezentrale Agentur der Union mit (im Gegensatz zum GEREK selbst) eigener Rechtspersönlichkeit.[134] *Zweitens* ist ein schleichender Machtzuwachs der EU-Kommission zu verzeichnen, der in normativen Steuerungsbefugnissen, Vetorechten und originären Entscheidungsbefugnissen zum Ausdruck kommt.[135] Ein prägnantes Beispiel bilden für den Energiesektor die umfänglichen Befugnisse der Kommission zum Erlass bindender Leitlinien;[136] im TK-Sektor ist z. B. auf das Vetorecht bei der Marktabgrenzung und Feststellung von Marktbeherrschungsverhältnissen zu verweisen (→ Rn. 48).[137] *Drittens* hat die aufgewertete Stellung der EU-Kommission im institutionellen Gefüge auch zwangsläufig Auswirkungen auf die nationalen Regulierungsbehörden. Diesen wird eine stärker auf die Unionsebene ausgerichtete Rolle zugewiesen. Die hiermit verbundene Europäisierung der Regulierungsverwaltung stellt im Zusammenspiel mit der durch die politische Unabhängigkeit bedingten Herauslösung der Regulierungsbehörden aus der nationalen Einflusssphäre (→ Rn. 23 ff.) eine fundamentale Herausforderung für die mitgliedstaatliche Verfahrensautonomie dar.[138]

5. Instrumente der Marktregulierung

28   Wendet man sich in einem nächsten Schritt den Instrumenten zu, die von der Regulierungsbehörde eingesetzt werden, so kann zwischen klassischen Mitteln der Wirtschaftsaufsicht und spezifischen Instrumenten der Regulierung differenziert werden.[139]

---

[132] Für den Energiesektor bereits *Ludwigs*, DVBl. 2011, 61 (61 f.).

[133] Näher *Ludwigs*, EnzEuR V, § 5 Rn. 125 ff.

[134] Siehe insb. Art. 2 und Art. 5 der VO (EU) Nr. 2018/1971.

[135] Eingehend zum Energiesektor *Ludwigs*, in: Baur/Salje/Schmidt-Preuß, Kap. 31 Rn. 3 ff.; zum TK-Sektor *Kühling*, EnzEuR V, § 4 Rn. 64 ff.

[136] Hierzu *Haller*, Der Verwaltungsverbund in der Energieregulierung, 2013, S. 162 ff.; speziell zu den (formal rechtlich unverbindlichen) Umwelt- und Energiebeihilfeleitlinien 2014–2020 (UEBLL) *Ludwigs*, REE 2018, 1 (8 f.).

[137] Vgl. daneben noch Art. 75 Abs. 1 Kodex, wonach die Kommission künftig befugt sein wird, unionsweit einheitliche maximale Mobilfunk- und Festnetzzustellungsentgelte festzulegen (Art. 75 Abs. 1 Kodex; hierzu *Neumann*, N&R 2018, 204 (208)).

[138] Pointierte Kritik bei *Gärditz*, AöR 135 (2010), 251 (268 f.); zur Verfahrensautonomie jüngst *Ludwigs*, NVwZ 2018, 1417 ff.

[139] *Ziekow*, § 13 Rn. 18.

a) Klassische Instrumente der Wirtschaftsaufsicht

Exemplarisch für das traditionelle Instrumentarium steht zum einen die Pflicht, vor **29** Aufnahme einer bestimmten Tätigkeit (z. B. des Netzbetriebs) eine Genehmigung einzuholen (§ 4 EnWG, § 6 AEG, §§ 5 ff. PostG) bzw. die Tätigkeit zu melden (§ 6 TKG). Zum anderen enthalten die Regulierungsgesetze auch allgemeine Befugnisnormen zur Abstellung rechtswidrigen Handelns (§ 126 TKG, § 65 EnWG, § 67 Abs. 1 S. 1 ERegG, § 44 S. 2 PostG i. V. m § 126 TKG),[140] zur Einholung von Auskünften (§ 127 Abs. 1–3 TKG, § 69 Abs. 1 EnWG, § 67 Abs. 4–7 ERegG, § 45 Abs. 1 und 2 PostG) sowie zum Betreten und Durchsuchen von Betriebs- und Geschäftsräumen (§ 127 Abs. 4–6 TKG, § 69 Abs. 2–4 EnWG, § 45 Abs. 4 PostG i. V. m. § 127 Abs. 4–6 TKG,[141] vgl. daneben noch den schwächer formulierten § 67 Abs. 4 Nr. 2 ERegG). Spezialgesetzliche Ausprägungen zur kartellrechtlichen Missbrauchsaufsicht gemäß § 32 GWB[142] finden sich in § 42 TKG, den §§ 30 f. EnWG sowie in § 32 PostG. Parallelregelungen zur Vorteilsabschöpfung durch die Kartellbehörde gemäß § 34 GWB sind für die Regulierungsbehörde in § 43 TKG und § 33 EnWG enthalten.

b) Spezifische Regulierungsinstrumente

Zu den *spezifischen Regulierungsinstrumenten* zählen zuvörderst die Vorschriften **30** über die Eröffnung des *Netzzugangs*. Hierdurch soll wirksamer Wettbewerb auf denjenigen Wertschöpfungsstufen ermöglicht werden, die dem Netz als *monopolistischem Bottleneck* vor- bzw. nachgelagert sind. Die einschlägigen Regelungen finden sich in den §§ 16 ff. TKG, §§ 20 ff. EnWG, §§ 10 ff. ERegG (insb. §§ 18–22, 42–44, 47–62 ERegG) bzw. §§ 28 und 29 PostG. Im Energiesektor kommt überdies flankierenden Rechtsverordnungen (StromNZV, GasNZV) eine wichtige Konkretisierungsfunktion zu.

Um überhöhte Entgeltforderungen des Netzbetreibers auszuschließen, erfolgt **31** auf einer zweiten Stufe eine Regulierung der Zugangsentgelte. Die einschlägigen Regelungen finden sich in den §§ 30 ff. TKG, §§ 21 ff. EnWG, §§ 24 ff., 46 ERegG sowie in §§ 29, 28 Abs. 2 und 3 i. V. m. §§ 19 und 20 PostG. Daneben ergeben sich auch hier Präzisierungen aus einer Vielzahl von Begleitverordnungen (ARegV, StromNEV, GasNEV und PEntgV).

Entsprechend der Logik des *disaggregierten Regulierungsansatzes* (→ Rn. 6) **32** lassen sich in den Sektoren Telekommunikation, Energie und Eisenbahnen nur ganz vereinzelte und praktisch nahezu bedeutungslose Vorschriften zur Kontrolle der Endkundenentgelte nachweisen (§ 39 TKG, § 39 EnWG, § 12 AEG). Eine

---

[140] Vgl. zur verwaltungsgerichtlichen Judikatur (z. B. BVerwG, NVwZ-RR 2006, 580 [581]), wonach sich § 44 S. 2 PostG auf die Regelungen des TKG 2004 nur insoweit erstreckt, als diese den in der Verweisungsnorm aufgeführten Vorschriften des TKG 1996 inhaltlich entsprechen: *Ludwigs*, in: Gärditz, Anh. I Regulierungsrecht Rn. 78.

[141] Vgl. (sinngemäß) den Hinweis in Fn. 140.

[142] Für eine Zuordnung der Kartellaufsicht zur Wirtschaftsaufsicht auch *Hecker*, Marktoptimierende Wirtschaftsaufsicht, 2007, S. 78; *Ruffert*, in: Ehlers/Fehling/Pünder, § 21 Rn. 25.

Ausnahme macht allein der Postsektor. Dort bedürfen gemäß § 19 S. 1 PostG grundsätzlich alle Entgelte, die ein marktbeherrschender Lizenznehmer auf einem Markt für lizenzpflichtige Postdienstleistungen (§ 5 Abs. 1 PostG) erhebt, einer Genehmigung durch die BNetzA.

33   Neben der Zugangs- und Entgeltregulierung kommt dem Instrument der *Entflechtung* vertikal integrierter Unternehmen eine flankierende Funktion zu. Unter einem solchen *Unbundling* ist die Separierung der *monopolistischen Bottlenecks* (z. B. des Schienennetzes) von den wettbewerblich organisierten Bereichen (z. B. den Eisenbahnverkehrsleistungen) zu verstehen. Hierdurch sollen Diskriminierungsanreize beim Netzzugang reduziert und Quersubventionierungen vermieden werden. Einschlägige Bestimmungen finden sich in allen Netzindustrien. Die Intensität der Entflechtungsvorgaben reicht von der getrennten Rechnungslegung (§ 6b EnWG, §§ 7, 12 Abs. 2 EReg, § 24 TKG; siehe auch § 10 Abs. 2 PostG) und einem informationellen Unbundling (§ 6a EnWG)[143] über die operationelle Management-Entflechtung (§ 7a EnWG, §§ 8 ff. und § 12 Abs. 1 EReg; § 40 TKG; siehe auch § 10 Abs. 1 PostG) bis hin zum gesellschaftsrechtlichen Unbundling (§ 7 EnWG, § 8 Abs. 1 EReg, § 40 TKG; siehe auch § 10 Abs. 1 PostG). Noch in keinem Sektor wird dagegen eine vollständige eigentumsrechtliche Trennung von Netz und Diensteebene verbindlich vorgegeben. Zwar wurde ein solches *ownership unbundling* im Kontext des Dritten Energiebinnenmarktpakets (→ Rn. 11) für die Transportnetzbetreiber diskutiert. Infolge des deutsch-französischen Widerstands kam es aber letztlich zu einer Aufweichung in drei gleichberechtigte Entflechtungsvarianten.[144] Diese werden nunmehr im EnWG den Transportnetzbetreibern zur Auswahl gestellt und beinhalten als eigentumsrechtlich mildeste Variante die Einrichtung eines unabhängigen Stromübertragungs-/Gasfernleitungsnetzbetreibers (sog. Independent Transmission Operator) gemäß §§ 10 ff. EnWG.

34   Dem Konzept des Gewährleistungsstaats entsprechend finden sich in den Regulierungsgesetzen schließlich auch Vorschriften zur Sicherung eines Mindestniveaus an Versorgungsleistungen (→ Rn. 3). In den Sektoren Telekommunikation und Post sind insoweit die Regelungen über den *Universaldienst* gemäß §§ 78 ff. TKG bzw. §§ 11 ff. PostG i. V. m. der Post-Universaldienstverordnung (PUDLV)[145] einschlägig. Für den Energiesektor ist vor allem auf die Regelungen zur *Grundversorgung* in den §§ 36 ff. EnWG zu verweisen, die durch zwei Rechtsverordnungen[146] ergänzt werden. Im Eisenbahnsektor kommt der in §§ 10, 11 AEG normierten Beförderungs- und Betriebspflicht zentrale Bedeutung zu.

---

[143] Zur bisherigen Herleitung einer informationellen Entflechtung im Eisenbahnsektor aus § 4 und § 10 EReg vgl. *Staebe*, DVBl. 2016, 1564 (1567); s. seit der jüngsten Novellierung vom Juli 2019 auch noch insb. § 8 Abs. 5 und § 8c Abs. 1 EReg; ähnlich für den TK-Sektor *Mohr*, in: Säcker, TKG, § 40 Rn. 38 ff., unter Verweis auf § 40 TKG.

[144] Instruktiv *Schmidt-Preuß*, ET 9/2009, 82.

[145] Post-Universaldienstleistungsverordnung v. 15.12.1999, BGBl. I S. 2418, zuletzt geändert durch Gesetz v. 07.07.2005, BGBl. I S. 1970.

[146] Stromgrundversorgungsverordnung (StromGVV) vom 26.10.2006, BGBl. I, S. 2391, zuletzt geändert durch Verordnung vom 14.03.2019, BGBl. I, S. 333; Gasgrundversorgungsverordnung (GasGVV) vom 26.10.2006, BGBl. I, S. 2391, 2396, zuletzt geändert durch Gesetz vom 29.08.2016, BGBl. I, S. 2034.

6. Rechtsschutz im Regulierungsrecht

Mit Blick auf den Rechtsschutz gegen regulierungsbehördliche Entscheidungen[147]   **35**
ist festzuhalten, dass es sich um öffentlich-rechtliche Streitigkeiten handelt, für die
in den Sektoren *Telekommunikation, Post und Eisenbahnen* gemäß § 40 Abs. 1
VwGO der Verwaltungsrechtsweg eröffnet ist. Es gelten daher die allgemeinen Vorschriften der VwGO, soweit diese nicht durch sektorbezogene Sonderregelungen
(§§ 137 f. TKG, § 44 S. 2 PostG sowie § 68 Abs. 4 ERegG) überlagert werden.
Sachlich und örtlich zuständiges Gericht ist aufgrund des Sitzes der BNetzA in
Bonn das VG Köln (§§ 45, 52 Nr. 2 S. 1 VwGO i. V. m. § 17 Nr. 5 JustG NRW).
Sektorenübergreifende Übereinstimmung besteht auch dahingehend, dass Rechtsbehelfe gegen Entscheidungen der BNetzA keinen *Suspensiveffekt* entfalten, was
aus § 137 Abs. 1 TKG (i. V. m. § 44 S. 2 PostG) bzw. § 68 Abs. 4 S. 1 ERegG folgt.
Gleiches gilt mit Blick auf den Entfall des *verwaltungsbehördlichen Vorverfahrens*
(§§ 68 ff. VwGO) gegen Beschlusskammerentscheidungen (§ 137 Abs. 2 TKG
[i. V. m. § 44 S. 2 PostG], § 68 Abs. 4 S. 2 und 3 ERegG). Im Hinblick auf den *In-
stanzenzug* gelten für die Sektoren Post und Eisenbahnen schließlich keine Besonderheiten, während im TK-Sektor eine Verkürzung des traditionellen dreizügigen
Instanzenzugs erfolgt. Konkret wird für verwaltungsgerichtliche Verfahren gegen
Beschlusskammerentscheidungen nach § 132 TKG die Berufung gegen ein Urteil
und die Beschwerde gegen eine andere Entscheidung des im ersten Rechtszug entscheidenden VG ausgeschlossen (§ 137 Abs. 3 TKG).[148] Gegen erstinstanzliche
Urteile steht den Beteiligten daher nur die Revision an das BVerwG zu (§ 135 S. 1
VwGO), während der vorläufige Rechtsschutz sogar vollständig beim VG Köln
konzentriert ist.

Einen Sonderweg hat der Gesetzgeber im *Energiesektor* beschritten. Der Rechts-   **36**
schutz gegen Entscheidungen der BNetzA bzw. der Landesregulierungsbehörden
(§ 54 EnWG) wird hier durch die abdrängende Sonderzuweisung in §§ 75 Abs. 4, 86
Abs. 1 EnWG den zivilen Kartellgerichten zugewiesen.[149] Nach dem Vorbild des
GWB erfolgt eine Untergliederung in die Rechtsmittel der Beschwerde zum OLG
(§§ 75–85 EnWG)[150] und der Rechtsbeschwerde zum BGH (§§ 86–88 EnWG).[151]

---

[147] Eingehend *Ludwigs*, in: Gärditz, Anh. I Regulierungsrecht (insb. §§ 137–139 TKG); siehe auch
Ruthig/Storr, Rn. 521 ff.; *Schneider*, in: Fehling/Ruffert, § 22.

[148] Zu den in § 137 Abs. 3 S. 2 TKG geregelten Ausnahmen vom Ausschluss der Beschwerde *Ludwigs*, in: Gärditz, Anh. I Regulierungsrecht Rn. 20.

[149] Zur Diskussion über die Rechtswegspaltung *Christiansen*, Optimierung des Rechtsschutzes im
Telekommunikations- und Energierecht, 2013, S. 271 ff.; *Kahl*, Droht die Entmachtung der Verwaltungsgerichtsbarkeit durch die Zivilgerichte?, 2016, S. 79 ff.

[150] Örtlich zuständig ist gemäß § 75 Abs. 4 EnWG das für den Sitz der Regulierungsbehörde zuständige OLG. Für die BNetzA besteht die örtliche Zuständigkeit des OLG Düsseldorf
(§ 106 Abs. 2 EnWG i. V. m. § 92 Abs. 1 GWB bzw. § 2 der Kartellgerichte-Bildungs-VO vom
30.08.2011, GVBl. NRW, S. 469). Im Falle der Organleihe (→ Rn. 21) bestimmt sich die örtliche
Zuständigkeit nach dem Sitz der entleihenden Behörde (BGHZ 176, 256 [258 ff.]).

[151] Für den prinzipiellen Ausschluss einer aufschiebenden Wirkung der Beschwerde
vgl. § 76 Abs. 1 EnWG.

Hiergegen bestehen aufgrund des gesetzgeberischen Gestaltungsspielraums zwar
keine rechtlichen Bedenken. Seit ihrer Etablierung im EnWG 2005 wird über diese
Rechtswegspaltung aber in rechtspolitischer Hinsicht kontrovers diskutiert.[152] Die
Kritiker verweisen regelmäßig auf die Bedeutung einer einheitlichen Rechtswegzu-
weisung für die *Kohärenz der regulierungsrechtlichen Dogmatik*.[153] Zu bedenken ist
aber, dass sowohl in der Verwaltungs- als auch in der Zivilgerichtsbarkeit spezieller
Sachverstand aufgebaut worden ist. Ein Pfadwechsel würde das funktionierende
System aufbrechen und Umstellungsaufwand mit daraus resultierenden Verzögerungen auslösen.[154] Vor diesem Hintergrund erweist sich eine Rechtswegvereinheitli-
chung jedenfalls nicht als vordringliche Aufgabe. Sollte es hierzu gleichwohl kommen, spräche für den Verwaltungsrechtsweg der Umstand, dass es sich beim
Rechtsschutz gegen regulierungsbehördliche Maßnahmen um „typische Verwal-
tungskontrolle" handelt, für die eine größere Sachnähe der Verwaltungsgerichtsbarkeit besteht.[155]

7. Abgrenzung zum Kartellrecht

37   Schwierige und im Einzelnen umstrittene Abgrenzungsfragen wirft schließlich das
Verhältnis zwischen Kartellrecht und Regulierungsrecht auf.[156] Während das
EnWG in § 111 Abs. 1 und 2 die Anwendbarkeit der §§ 19, 20 und 29 GWB ins-
besondere für die zentralen Bereiche des Netzzugangs und der Entgeltregulierung
ausschließt, beschränken sich PostG und AEG auf die vage Feststellung, dass das
GWB (§ 2 Abs. 3 PostG) bzw. die Aufgaben und Zuständigkeiten der Kartellbehör-
den nach dem GWB (§ 9 Abs. 3 S. 1 BEVVG)[157] „unberührt" bleiben. Für den
TK-Sektor stellt § 2 Abs. 4 S. 1 TKG zwar „klar", dass die Vorschriften des GWB
Anwendung finden, „soweit nicht durch dieses Gesetz ausdrücklich abschließende
Regelungen getroffen werden ...". Der *Soweit-Satz* ist bei einer strikten Wortlaut-
auslegung freilich sinnlos, weil sich aktuell keine einzige Bestimmung des TKG

---

[152] Näher *Christiansen*, Optimierung des Rechtsschutzes, 2013, S. 271 ff.; *Kahl*, Droht die Entmachtung der Verwaltungsgerichtsbarkeit durch die Zivilgerichte?, 2016, S. 79 ff.; zuletzt *Ludwigs*, Konvergenz oder Divergenz der Regulierung in den Netzwirtschaften, in: FS Schmidt-Preuß,
S. 689 (700 ff.).

[153] Statt vieler *Burgi*, NJW 2006, 2439 (2443); *Gärditz*, Die Verwaltung 43 (2010), 309 (322).

[154] Siehe auch *Franke*, Die Verwaltung 49 (2016), 25 (51 ff.); plakativ *Limperg*, in: Mohr (Hrsg.),
Energierecht im Wandel, 2018, S. 27 (30): „never change a running system!"

[155] Statt vieler *Kahl*, Droht die Entmachtung der Verwaltungsgerichtsbarkeit durch die Zivilgerichte?, 2016, S. 83 f.; *Ludwigs*, Konvergenz oder Divergenz der Regulierung in den Netzwirtschaften, in: FS Schmidt-Preuß, S. 689 (702).

[156] Eingehend *Ludwigs*, WuW 2008, 534 (534 ff., 537 ff., 542 ff., 545 ff.) m. w. N.; siehe auch
Kersten, VVDStRL 69 (2010), 288 (326); *Sennekamp*, Der Diskurs um die Abgrenzung von Kar-
tell- und Regulierungsrecht, 2016, S. 19 ff., 47 ff., 55 ff., 72 ff., die im Übrigen (S. 188) zurecht
darauf hinweist, dass in der Praxis selten Probleme auftreten.

[157] Kritisch zur Neufassung *Ludwigs*, Konvergenz oder Divergenz der Regulierung in den Netzwirtschaften, in: FS Schmidt-Preuß, S. 689 (695), mit Hinweis darauf, dass die Gelegenheit zur Schaffung von Rechtssicherheit verpasst wurde.

explizit für abschließend erklärt. Vor diesem Hintergrund erscheint es vorzugswürdig, nach dem Zweck des Gesetzes zu fragen und das Merkmal „ausdrücklich" im Sinne von „klar" und „eindeutig" bzw. „zweifelsfrei" zu interpretieren.[158] Zu bedenken ist insoweit, dass es aufgrund der *Lex specialis*-Regel nicht überzeugt, neben den sektorspezifischen, wettbewerbsorientierten Verhaltenskontrollen zusätzlich § 19 GWB durch das BKartA anzuwenden.[159] Vor diesem Hintergrund spricht sowohl im TK-Sektor als auch in den Netzindustrien Post und Eisenbahnen viel für einen partiellen Vorrang des *sektorspezifischen Rechts*.[160] Hiervon umfasst sind insbesondere die Vorschriften über die Zugangs- und Entgeltregulierung. Aus Gründen der Rechtssicherheit wäre freilich eine präzise Abgrenzungsregel wünschenswert, die sich am Vorbild der enumerativen Aufzählung abschließender Regelungen in § 111 Abs. 2 EnWG orientieren könnte. Nicht zur Disposition des nationalen Gesetzgebers steht im Übrigen das Missbrauchsverbot des Art. 102 AEUV. Unstreitig auch in den Netzwirtschaften anwendbar sind schließlich die beiden anderen Säulen des Kartellrechts, das Kartellverbot und die Fusionskontrolle.

II. Einführung in das Telekommunikationsrecht

1. Regulierungsziele, Gegenstand und Entwicklungsgeschichte

Der TK-Sektor stellt neben der Energiewirtschaft das dynamischste Referenzgebiet der netzbezogenen Regulierung dar. Die drei übergreifenden Regulierungsziele bestehen in der Wettbewerbsförderung, der Gewährleistung flächendeckend angemessener und ausreichender Dienstleistungen sowie der Förderung leistungsfähiger TK-Infrastrukturen. Während die beiden ersten Ziele auf nationaler Ebene auch verfassungsrechtlich (in Art. 87 f Abs. 1 GG) abgestützt sind, wird Letzteres allein in § 1 TKG fixiert. Dass hiermit keine mindere Bedeutung für die Entwicklung des TK-Sektors verbunden ist, zeigt zum einen die 2016 vom BMWi vorgestellte Digitale Strategie 2025, in der hochleistungsfähige Breitbandnetze als „[unverzichtbar]" für die digitale Zukunftsfähigkeit Deutschlands" qualifiziert werden.[162] Zum anderen beinhaltet die jüngste Reform auf Unionsebene bedeutende Verschiebungen bei der Gemeinwohlverwirklichung im Hinblick auf die

38

---

[158] *Säcker*, in: ders., TKG, § 2 Rn. 28.

[159] *Säcker*, in: ders., TKG, § 2 Rn. 26; siehe auch *Cornils*, in: Beck'scher TKG-Kommentar, § 2 Rn. 98.

[160] Näher *Ludwigs*, Konvergenz oder Divergenz der Regulierung in den Netzwirtschaften, in: FS Schmidt-Preuß, S. 689 (696); für eine Parallelität hingegen *Attendorn*, MMR 2005, 543 (544); *Petersen*, Die Verwaltung 48 (2015), 29 (31 ff., 35 ff., 43 ff.); *Topel*, ZWeR 2006, 27 (46 f.).

[161] Vgl. zu den Rechtsquellen des TK-Rechts bereits → Rn. 9 f.

[162] BMWi, Digitale Strategie 2025, 2016, S. 13; s. daneben noch die Festlegung auf eine „Zukunftsoffensive Gigabit-Deutschland" in BMVI, Netzallianz Digitales Deutschland, 2017.

verfolgten Regulierungsziele.[163] Paradigmatisch hierfür steht die Aufnahme des *Konnektivitätsziels* in den Zielkanon des neuen europäischen Kodex für elektronische Kommunikation (siehe insb. Art. 3 Abs. 2 lit. a Kodex).[164] Hiermit sollen der Ausbau und die Nutzung von Netzen mit sehr hoher Kapazität im Binnenmarkt vorangetrieben werden.

39   Der Begriff der Telekommunikation wurde 1994 im Zuge der Postreform II (→ Rn. 40) in der Gesetzgebungskompetenz des Art. 73 Abs. 1 Nr. 7 Alt. 2 sowie in Art. 80 Abs. 2 und Art. 87 f Abs. 1 und 2 GG verankert.[165] Einfachrechtlich knüpft § 3 Nr. 22 TKG an das vom BVerfG geprägte enge technische Begriffsverständnis an.[166] Nach der Legaldefinition handelt es sich bei der Telekommunikation um den „... technische[n] Vorgang des Aussendens, Übermittelns und Empfangens von Signalen mittels Telekommunikationsanlagen".[167] Davon abzugrenzen sind vor allem die übermittelten Inhalte. Einschlägige Regelungen hierzu finden sich im Rundfunkstaatsvertrag,[168] im Telemediengesetz[169] und mit Blick auf soziale Netzwerke seit 01.10.2017 im Netzwerkdurchsetzungsgesetz.[170]

40   Hinsichtlich der Entwicklungsgeschichte des TK-Rechts ist festzuhalten, dass sich der Liberalisierungs- und Privatisierungsprozess in drei grundlegenden Schritten vollzogen hat.[171] Den Anfang machte 1989 die europarechtlich veranlasste[172] *Postreform I.* Hierdurch erfolgte eine Untergliederung der Deutschen Bundespost (DBP) in drei selbstständige öffentliche Unternehmen für Telekommunikation, Postdienste und Postbank. Diese neu gegründeten Unternehmen waren für das operative Geschäft zuständig, während die Wahrnehmung der Hoheitsaufgaben dem neu strukturierten Bundesministerium für Post und Telekommunikation (BMPT) oblag. Eine Marktöffnung erfolgte zunächst im Wesentlichen allein in den Bereichen der Endgeräte und der Firmennetze. Die im Jahr 1994 folgende *Postreform II* war durch grundlegende Verfassungsänderungen geprägt. Im Zentrum stand neben der Herausnahme der Bundespost aus der bundeseigenen Verwaltung (Art. 87 Abs. 1 S. 1 GG) vor allem der neu ins Grundgesetz eingeführte Art. 87 f GG. Darin enthalten sind u. a. ein Verfassungsauftrag zur (Aufgaben-)Privatisierung (Abs. 2 S. 2),

---

[163] Näher *Ludwigs*, N&R 2018, 262 (264 ff.).

[164] Nachweis in Fn. 53.

[165] BVerfG NJW 2016, 3508 (3509), dort auch zur Bedeutungsgleichheit des Begriffs in allen drei Vorschriften.

[166] Zuletzt BVerfG, NJW 2016, 3508 (3509); BVerfGE 130, 151 (185); grundlegend E 12, 205 (226).

[167] Zum verfassungsrechtlichen Begriff BVerfG, NJW 2016, 3508 (3509), wo zugleich betont wird, dass der „gesamte Bereich des Internets, der Multimediadienste bzw. der Telemedien" unter Art. 73 Abs. 1 Nr. 7 Alt. 2 GG fällt.

[168] Staatsvertrag für Rundfunk und Telemedien (RStV) vom 31.08.1991, in der Fassung des Zweiundzwanzigsten Staatsvertrages zur Änderung rundfunkrechtlicher Staatsverträge (in Kraft seit 01.05.2019).

[169] Telemediengesetz (TMG) vom 26.02.2007, BGBl. I, S. 179, zuletzt geändert durch Gesetz vom 11.07.2019, BGBl. I, S. 1066.

[170] Netzwerkdurchsetzungsgesetz (NetzDG) vom 01.09.2017, BGBl. I, S. 3352.

[171] Instruktiv zum Folgenden *Holznagel/Enaux/Nienhaus*, Rn. 25 ff.

[172] Näher *Kühling/Schall/Biendl*, Telekommunikationsrecht, Rn. 5.

die Anerkennung des Wettbewerbsprinzips (Abs. 2) sowie die Festschreibung der staatlichen Gewährleistungsverantwortung (Abs. 1). In der Folge wurden die drei öffentlichen Unternehmen „DBP Postdienst", „DBP Postbank" und „DBP Telekom" in AGs umgewandelt und sukzessive an die Börse gebracht.[173] Den entscheidenden letzten Schritt hin zur vollständigen Öffnung der TK-Märkte stellte das im Zuge der *Postreform III* erlassene TKG vom 25.07.1996[174] dar. Darin wurde das Ende des Monopols für den Sprachtelefondienst zum 01.01.1998 fixiert. In organisationsrechtlicher Hinsicht kam es zur Schaffung der RegTP als Vorgängerin der heutigen BNetzA (→ Rn. 19). Das 1996 aus der Taufe gehobene TKG wurde sodann 2004 in Umsetzung des Richtlinienpakets der EG von 2002 neu gefasst. Acht Jahre später erfolgte eine, wiederum europarechtlich veranlasste, grundlegende Novellierung des Gesetzes. Den nächsten Meilenstein wird die Umsetzung des Kodex bis zum 21.12.2020 setzen (→ Rn. 9 f.).

2. Meldepflichten

Die Bereitstellung elektronischer Kommunikationsnetze oder -dienste darf gemäß   **41**
Art. 3 Abs. 2 der Genehmigungsrichtlinie 2002/20/EG (zukünftig Art. 12 Abs. 2 des Kodex) grundsätzlich nicht von einer ausdrücklichen Entscheidung oder einem anderen Verwaltungsakt der nationalen Regulierungsbehörde abhängig gemacht werden. Das vor Inkrafttreten des TKG 2004 geltende Lizenzregime musste vor diesem Hintergrund aufgegeben und durch ein Allgemeingenehmigungsregime (im Sinne einer generellen gesetzlichen Gestattung der Tätigkeit) ersetzt werden.[175] Nunmehr bestimmt § 6 Abs. 1 und 2 TKG, dass die Aufnahme, Änderung oder Beendigung des gewerblichen Betriebs eines öffentlichen Telekommunikationsnetzes (§ 3 Nr. 27 TKG) unverzüglich und schriftlich bei der BNetzA zu melden ist. Gleiches gilt für die gewerbliche Erbringung von Telekommunikationsdiensten (§ 3 Nr. 24 TKG)[176] für die Öffentlichkeit. Als *gewerblich* ist dabei jede Tätigkeit zu qualifizieren, die zumindest mit Kostendeckungsabsicht der Öffentlichkeit angeboten wird. Der im

---

[173] *Kühling/Schall/Biendl*, Telekommunikationsrecht, Rn. 51; aktuell (Stand: Mitte 2018) hält der Bund (zum überwiegenden Teil über die Kreditanstalt für Wiederaufbau [KfW]) noch 31,9 % der Anteile an der Deutschen Telekom AG sowie 20,6 % an der Deutschen Post AG. Zur Grundrechtsfähigkeit der beiden gemischt-wirtschaftlichen Unternehmen vgl. bejahend (explizit für die seinerzeit sogar noch in mehrheitlichem Staatsbesitz befindliche Deutsche Telekom AG) BVerfGE 115, 205 (227 f.).

[174] BGBl. I, S. 1120.

[175] *Schliesky*, S. 308; näher *Tornow*, in: Säcker, TKG, § 6 Rn. 2.

[176] Zur umstrittenen Frage, ob auch sog. OTT-Dienste (s. bereits Fn. 55 sowie nachfolgend in Fn. 255) einen Telekommunikationsdienst darstellen, hat der EuGH auf Vorlage des OVG Münster (MMR 2018, 552) für den Webmail-Dienst Gmail mit Urteil vom 13.06.2019 (Rs. C-193/18, EU:C:2019:498) die Anwendbarkeit des TK-Rechtsrahmens verneint (näher hierzu *Ludwigs/Huller*, NVwZ 2019, 1099); vgl. aus der Literatur z. B. die Beiträge von *Kühling* und *Gersdorf*, in: Körber/Kühling (Hrsg.), Regulierung – Wettbewerb – Innovation, 2017, S. 165 und 185. Der neue Kodex für elektronische Kommunikation (Fn. 53) trifft nunmehr in Art. 12 Abs. 2 eine Klarstellung. Danach unterliegen nummernunabhängige interpersonelle Kommunikationsdienste (Art. 2 Nr. 7 Kodex; vgl. auch ErwG 18) nicht der Meldepflicht. Hierzu dürften etwa E-Mail-Provider wie Gmail oder auch WhatsApp zählen.

Gewerberecht konstitutiven Gewinnerzielungsabsicht (→ § 9 Rn. 12 f.) bedarf es im Hinblick auf das Bedürfnis nach umfassender Marktbeobachtung nicht.[177] *Öffentlich* meint einen unbestimmten Personenkreis; von der Meldepflicht u. U. ausgenommen sind daher Netze oder Dienste, die einen bestimmten eingeschränkten Nutzerkreis adressieren (z. B. *Corporate Network*).[178]

3. Vergabe von Frequenzen, Nummern und Wegerechten

42   Bei frequenzbasierten Netzen und TK-Diensten ergibt sich ein Bedürfnis nach Koordination sowohl aus der Begrenztheit des zur Verfügung stehenden Spektrums als auch aus drohenden Interferenzen verschiedener Frequenznutzungen.[180] In technischer Hinsicht werden Frequenzen benötigt, um funkgestützte TK-Netze aufzubauen und zu betreiben. Zur Sicherstellung einer effizienten und störungsfreien Frequenznutzung und unter Berücksichtigung der allgemeinen Regulierungsziele des § 2 TKG wird in den §§ 52 ff. TKG eine völker- und europarechtlich vorgeprägte[181] Frequenzordnung etabliert. Deren Herzstück bildet das mehrstufige, auf fortschreitende Konkretisierung hin angelegte *Verfahren der Frequenzvergabe*. Dieses umfasst gemäß § 52 Abs. 1 TKG die Zuweisung der Frequenzbereiche und ihre Aufteilung in Frequenznutzungen sowie die Zuteilung der Frequenzen und die nachgelagerte Überwachung der Frequenznutzungen.[182] Hinsichtlich der eigentlichen *Frequenzzuteilung* besteht ein Regel-Ausnahme-Verhältnis zwischen Allgemeinzuteilung und Einzelzuteilung.[183] Grundsätzlich werden Frequenzen von Amts wegen als Allgemeinzuteilungen durch die BNetzA zugeteilt (§ 55 Abs. 2 TKG). Wer die abstrakten Kriterien der Allgemeinzuteilung erfüllt, darf die in ihren Anwendungsbereich fallenden Tätigkeiten ohne Weiteres aufnehmen. Eine Einzelzuteilung gemäß § 55 Abs. 3 TKG erfolgt nur, wenn eine Allgemeinzuteilung (§ 35 S. 2 VwVfG) nicht möglich ist. Hiervon ist vor allem dann auszugehen, wenn eine Gefahr von funktechnischen Störungen nicht anders ausgeschlossen werden kann oder wenn dies zur Sicherstellung einer effizienten Frequenznutzung notwendig ist. Bei bestehender *Frequenzknappheit* ist die BNetzA regelmäßig verpflichtet,

---

[177] *Mayen*, in: Scheurle/Mayen, TKG, 3. Aufl. 2018, § 6 Rn. 3; *Tornow*, in: Säcker, TKG, § 6 Rn. 25; *Ziekow*, § 14 Rn. 9 f.

[178] *Tornow*, in: Säcker, TKG, § 6 Rn. 26.

[179] Für technische und ökonomische Hintergründe *Neumann/Koch*, Telekommunikationsrecht, Kap. 4 Rn. 1 ff.

[180] *Fetzer*, in: Schulte/Kloos, Öffentliches Wirtschaftsrecht, 2016, § 8 Rn. 93; zu Rechtsschutzfragen im Kontext der Frequenzvergabe vgl. *Ludwigs*, in: Gärditz, Anh. I Regulierungsrecht Rn. 40 (Drittschutz), Rn. 48 (Kontrolldichte) m. w. N.; siehe auch *Bier*, in: Säcker, TKG, Vor § 137 Rn. 16 ff.

[181] Vgl. den Überblick bei *Ludwigs*, Unternehmensbezogene Effizienzanforderungen, S. 358 ff.

[182] Eingehend zuletzt *F. Wollenschläger*, Verteilungsverfahren, S. 429 ff.

[183] Näher *Fetzer*, in: Schulte/Kloos, Öffentliches Wirtschaftsrecht, 2016, § 8 Rn. 96 ff.

ein Vergabeverfahren nach § 61 TKG anzuordnen.[184] Mit einer solchen Vergabean-
ordnung gemäß § 55 Abs. 10 S. 1 TKG verwandelt sich der Anspruch auf Einzelzuteilung von Frequenzen (§§ 55 Abs. 3 S. 1, Abs. 5 S. 1 TKG) in einen Anspruch
auf chancengleiche Teilnahme am Vergabeverfahren.[185] Der Regulierungsbehörde
stehen dabei mit dem grundsätzlich vorrangigen Versteigerungsverfahren gemäß
§ 61 Abs. 1, Abs. 2 S. 1 i. V. m. Abs. 4 TKG und dem Ausschreibungsverfahren nach
§ 61 Abs. 1 i. V. m. Abs. 5 TKG zwei Varianten zur Auswahl. Ziel beider Vergabearten ist die Ermittlung des oder der Antragsteller, „die am besten geeignet sind, die
zu vergebenden Frequenzen effizient zu nutzen" (§ 61 Abs. 3 S. 1 TKG).

Hinweis

Im Zentrum der aktuellen Diskussion um die Versteigerung der 5G-Mobilfunkt-
frequenzen steht die Frage, ob künftigen Frequenzinhabern die Verpflichtung
auferlegt werden sollte, Anbietern von Telekommunikationsdiensten und virtu-
ellen Netzbetreibern Vorleistungsprodukte zu Großhandelskonditionen diskriminierungsfrei bereitzustellen. Anbieter ohne eigenes Netz erhielten dadurch
die Möglichkeit, Mobilfunkdienste im eigenen Namen und auf eigene Rechnung
zu vertreiben.[186] Weitergehend wird die Auferlegung einer Verpflichtung zum
„National Roaming" erörtert, um den Einstieg eines vierten Netzbetreibers auf
den deutschen Mobilfunkmarkt zu erleichtern.[187] Juristisch umstritten ist insbesondere, inwieweit für die Auferlegung einer Diensteanbieterverpflichtung oder
eines „National Roaming" eine hinreichende Ermächtigungsgrundlage existiert.[188] Die BNetzA hat in ihren am 26.11.2018 veröffentlichten Vergabebedin-
gungen und Auktionsregeln einen Mittelweg angestrebt.[189] Darin ist einerseits

---

[184] BVerwGE 139, 226 (235) unter Rekurs u. a. auf die Bindung an Art. 12 Abs. 1 und Art. 3 Abs. 1
GG; zu den Voraussetzungen der Frequenzknappheit zuletzt BVerwG, Beschl. v. 20.02.2017 – 6 B
36/16, juris, Rn. 12 ff.

[185] BVerwGE 139, 226 (230).

[186] Vgl. *Ludwigs*, N&R 2018, 262 (266).

[187] „National Roaming" meint die Ermöglichung der Nutzung von (inländischen) Mobilfunknetzen
anderer Mobilfunknetzbetreiber außerhalb des Versorgungsbereichs des nachfragenden Mobil-
funknetzbetreibers für dessen Endnutzer.

[188] § 60 Abs. 2 S. 1 TKG als in Betracht kommende Ermächtigungsgrundlage für die Auferlegung
frequenzregulatorischer Nebenbestimmungen ist zwar sprachlich weit gefasst, könnte aber an
Art. 8 Abs. 3 UAbs. 1 Spstr. 2 der Zugangsrichtlinie 2002/19/EG i. V. m. der Bedingung 7 in Teil
B des Anhangs der RL 2002/20/EG scheitern; hierzu *Ludwigs*, N&R 2018, 262 (266) m. w. N. zur
Diskussion.

[189] Az.: BK1-17/001; abrufbar unter https://www.bundesnetzagentur.de/DE/Sachgebiete/Telekom-
munikation/Unternehmen_Institutionen/Frequenzen/OeffentlicheNetze/Mobilfunknetze/mobil-
funknetze-node.html (13.01.2019). Gegen die Präsidentenkammerentscheidung gerichtete An-
träge im Wege des vorläufigen Rechtsschutzes lehnte das VG Köln mit unanfechtbaren Beschlüssen
vom 14.03.2019 ab (vgl. exemplarisch VG Köln, GewArch 2019, 214). Die Versteigerung ist am
12.06.2019 mit vier erfolgreichen Bietern (den Unternehmen Drillisch Netz AG, Telefónica
Deutschland GmbH & Co. OHG, Telekom Deutschland GmbH und Vodafone GmbH) und Einnahmen von über 6,5 Mrd. Euro zu Ende gegangen. Klagen im Hauptsacheverfahren wurden vom
VG Köln mit Urteilen vom 03.07.2019 abgewiesen (siehe etwa VG Köln, Urt. v. 03.07.2019 – 9 K
8492/18, BeckRS 2019, 17517).

weder eine strikte Diensteanbieterverpflichtung noch die Auferlegung von „National Roaming" vorgesehen. Andererseits werden den Frequenzinhabern auf § 60 Abs. 2 S. 1 (i. V. m. § 61 Abs. 6 TKG) gestützte Verhandlungsgebote auferlegt sowie eine „Schiedsrichterrolle" der BNetzA etabliert (Ziff. III.4.15.–17. des Tenors bzw. Rn. 481 ff., 542 ff., 565 ff. der Gründe). Pro futuro wird sich die Frage des regulatorischen Handlungsspielraum im Übrigen klären, sieht der Kodex (Fn. 53) in Art. 47 Abs. 1 und 2 lit. b, Art. 52 Abs. 2 lit. a bzw. Art. 61 Abs. 4 doch nunmehr explizit die Schaffung einer Rechtsgrundlage für die Auferlegung sowohl von Diensteanbieterverpflichtungen als auch von nationalem (oder regionalem) „Roaming" vor.

43   Neben der Frequenzzuteilung nimmt die BNetzA nach Maßgabe der §§ 66 und 67 TKG[190] auch die Aufgabe der *Nummernverwaltung* wahr. Der Regulierungsbehörde obliegt nach § 66 Abs. 1 S. 2 TKG insbesondere die Strukturierung und Ausgestaltung des Nummernraumes. Darüber hinaus teilt die Regulierungsbehörde gemäß § 66 Abs. 1 S. 3 TKG Nummern an Betreiber von TK-Netzen, Anbieter von TK-Diensten und Endnutzer zu.

44   Die Vergabe knapper Ressourcen bildet ferner den Hintergrund der Spezialregelungen über die Vergabe von Wegerechten. Diese sind zwingende Voraussetzung für die Schaffung von TK-Netzen, deren Aufbau und Erweiterung zwangsläufig mit der Nutzung fremder Grundstücksflächen verbunden ist.[191] Die Vorschriften zu den Wegerechten (§§ 68–77 TKG) statuieren hierzu ein System von Rechten und Pflichten sowohl der Nutzungsberechtigten als auch der Verpflichteten. Hervorzuheben ist des Weiteren die umfassende Neuregelung der Mitnutzung öffentlicher Versorgungsnetze in §§ 77a–77p TKG[192] durch das DigiNetzG.[193] Die Vorschriften sollen zur Senkung der Kosten des Ausbaus digitaler Hochgeschwindigkeitsnetze beitragen und eine Duplizierung von Infrastrukturen vermeiden helfen.[194] Den zentralen Baustein bildet die Mitnutzung bereits bestehender sog. passiver Netzinfrastrukturen im Sinne des § 3 Nr. 17b TKG (wie Leerrohre, Schächte, Masten oder Antennenanlagen) zum Einbau von Komponenten digitaler Hochgeschwindigkeitsnetze.

---

[190]Vgl. ergänzend die Telekommunikations-Nummerierungsverordnung (TNV) vom 05.02.2008, BGBl. I, S. 141, zuletzt geändert durch Gesetz vom 18.07.2016, BGBl. I, S. 1666.

[191]*Kühling/Schall/Biendl*, Telekommunikationsrecht, Rn. 569.

[192]Näher zur bisherigen behördlichen und gerichtlichen Spruchpraxis *Biendl*, N&R 2018, 19.

[193]Gesetz zur Erleichterung des Ausbaus digitaler Hochgeschwindigkeitsnetze vom 04.11.2016 (DigiNetzG), BGBl. I S. 2473.

[194]Instruktiv *Kühling/Bulowski*, N&R 2017, 19; *Durner*, Mitnutzungsanspruch und Streitbeilegung nach § 77d und § 77n TKG, in: FS Schmidt-Preuß, S. 545 (546 ff.), s. dort auch zum neuen Verfahren der Streitbeilegung durch die BNetzA in § 77n TKG.

4. Marktregulierung im TK-Sektor

a) Marktregulierungsverfahren

Kennzeichnend für die Marktregulierung im TK-Sektor ist das durch die TK-Rah- **45**
menrichtlinie 2002/21/EG (bzw. künftig den Kodex) vorgeprägte Marktdefinitions-
und Marktanalyseverfahren gemäß §§ 10–12 TKG. Danach werden von nur solche
Unternehmen den Verpflichtungen aus Teil 2 des TKG unterworfen, die gemäß
§ 11 TKG über beträchtliche Marktmacht auf Märkten verfügen, welche nach dem
Ergebnis der Marktdefinition gemäß § 10 TKG für eine Regulierung in Betracht
kommen.[195] Zuständig für die Durchführung des Verfahrens ist die BNetzA im Zusammenwirken mit der Kommission, den anderen nationalen Regulierungsbehörden sowie dem GEREK. Die Entscheidung, ob es überhaupt zu einer sektorspezifischen Regulierung oder nur zur Anwendung des (auf eine *ex-post*-Missbrauchsaufsicht
fokussierten) Kartellrechts kommt, wird mithin auf *administrativer Ebene* und nicht
durch den Gesetzgeber getroffen (→ Rn. 16). Das derart weichenstellende Marktregulierungsverfahren vollzieht sich dabei in einem Dreischritt aus Marktdefinition,
Marktanalyse und Verpflichtungsentscheidung.

aa) Marktdefinition

Der Marktregulierung unterliegen gemäß § 9 Abs. 1 TKG nur solche Märkte, bei **46**
denen die Voraussetzungen des § 10 TKG vorliegen.[196] § 10 Abs. 1 TKG weist der
BNetzA die Aufgabe zu, die sachlich und räumlich relevanten TK-Märkte festzulegen, die für eine Regulierung in Betracht kommen. Maßgebliche Bedeutung
kommt des Weiteren dem *Drei-Kriterien-Test* des § 10 Abs. 2 S. 1 TKG zu. Danach
kommen nur solche Märkte für eine Regulierung in Betracht, die kumulativ *erstens*
durch beträchtliche und anhaltende strukturell oder rechtlich bedingte Marktzutrittsschranken gekennzeichnet sind, *zweitens* längerfristig nicht zu wirksamem
Wettbewerb tendieren und auf denen *drittens* die Anwendung des allgemeinen
Wettbewerbsrechts allein nicht ausreicht, um dem betreffenden Marktversagen entgegenzuwirken. Bei der Bestimmung der Märkte hat die BNetzA gemäß § 10 Abs. 2
S. 3 TKG insbesondere die aufgrund von Art. 15 Abs. 1 der TK-Rahmenrichtlinie
2002/21/EG veröffentlichte Kommissionsempfehlung 2014/710/EU[197] „weitestge-

---

[195] Neben die an marktmächtige Unternehmen adressierten Verpflichtungen sollen nach Maßgabe
des Kodex (Fn. 53) künftig auch alternative Regulierungsmodelle treten. Im Einzelnen zählen
hierzu das aus dem EU-Kartellrecht entlehnte Instrument der Verpflichtungszusage (Art. 79), die
Ko-Investitionsregelung (Art. 76 i. V. m. Art. 79) mit der Folge einer regulatorischen Freistellung
für mindestens sieben Jahre sowie eine Regelung für Kooperationsvereinbarungen (Art. 79 Abs. 1
lit. a). Durch diese Erweiterung des Instrumentenkastens wird – nicht zuletzt vor dem Hintergrund
des neuen Konnektivitätsziels (Art. 3 Abs. 2 lit. a Kodex) – die Investitionsförderung im Bereich
der Netze mit hoher Kapazität stärker gewichtet (*Nigge/Horstmann*, MMR 2018, 721 [722 ff.]).
[196] Zu den geringfügigen Anpassungen der Marktdefinition im Rahmen des bis zum 21.12.2020 in
nationales Recht umzusetzenden Kodex (Fn. 53) vgl. *Neumann*, N&R 2018, 204 (205).
[197] Empfehlung der Kommission vom 09.10.2014 über relevante Produkt- und Dienstmärkte des
elektronischen Kommunikationssektors, die aufgrund der RL 2002/21/EG des EP und des Rates
über einen gemeinsamen Rechtsrahmen für elektronische Kommunikationsnetze und -dienste für
eine Vorabregulierung in Betracht kommen, ABl. EU L 295/79.

hend" zu berücksichtigen. Dies schließt es zwar nicht aus, dass die BNetzA über die im Anhang der Empfehlung aufgelisteten vier (früher sieben bzw. 18) TK-Märkte hinaus zusätzliche Märkte definiert oder aber empfohlene Märkte weiter oder enger abgrenzt.[198] Das BVerwG entnimmt Art. 15 Abs. 1, 3 der TK-Rahmenrichtlinie 2002/21/EG i. V. m. § 10 Abs. 2 S. 3 TKG aber immerhin eine gesetzliche Vermutung dafür, „dass die in der Märkte-Empfehlung aufgeführten Märkte auch in Deutschland potentiell … regulierungsbedürftig sind".[199] Der BNetzA obliege insoweit eine „nachvollziehende Bewertung, die einerseits die von der Vermutung ausgehende Vorprägung, andererseits auch und insbesondere vom europäischen Standard abweichende nationale Besonderheiten angemessen berücksichtigt".[200]

47   Im Rahmen der Marktdefinition, für die nach § 132 Abs. 5 S. 2 TKG die Präsidentenkammer zuständig ist, sind vielfältige Formen der Verfahrensbeteiligung vorgesehen. Auf nationaler Ebene verlangt zum einen § 123 Abs. 1 TKG das Einvernehmen des BKartA. Zum anderen muss die BNetzA ihre Entwürfe in das *nationale Konsultationsverfahren* gemäß § 12 Abs. 1 TKG einbringen. Dort erhalten alle „interessierten Parteien"[201] die Gelegenheit, zum Entwurf der Ergebnisse nach § 10 TKG Stellung zu nehmen.

48   Weitaus komplexer gestaltet sich das Zusammenwirken im europäischen Regulierungsverbund (→ Rn. 27): Hat die Marktdefinition – was regelmäßig ohne nähere Begründung bejaht wird[202] – Auswirkungen auf den Handel zwischen den EU-Mitgliedstaaten, ist gemäß § 10 Abs. 3 TKG im Anschluss an das nationale Konsultationsverfahren das *unionsweite Konsolidierungsverfahren* gemäß § 12 Abs. 2 TKG durchzuführen.[203] Der BNetzA-Entwurf ist hier der Kommission, dem GEREK und den Regulierungsbehörden der anderen Mitgliedstaaten zur Verfügung zu stellen und deren Stellungnahmen „weitestgehend Rechnung zu tragen" (Nr. 1 und 2). Weicht die BNetzA in ihrem Entwurf von der Märkte-Empfehlung 2014/710/EU ab, kann die Kommission innerhalb der Monatsfrist des § 12 Abs. 2 Nr. 1 S. 3 TKG im Vetoverfahren nach § 12 Abs. 2 Nr. 3 TKG gegen den von der BNetzA erstellten Entwurf der Marktdefinition vorgehen.[204] Konkret ist die Kommission zunächst befugt, einen Aufschub der Marktfestlegung um zwei Monate zu erwirken. Innerhalb dieses Zeitraums kann sie beschließen, die Regulierungsbehörde aufzufordern, den notifizierten Entwurf zurückzuziehen. Die BNetzA hat dann nur die Möglichkeit, den Entwurf entweder binnen sechs Monaten zu ändern oder ihn zurückzuziehen. Entscheidet sie sich für die erstgenannte Option, führt die Regulierungsbehörde zum geänderten Entwurf erneut das Konsultationsverfahren gemäß § 12 Abs. 1 TKG durch und legt

---

[198] BVerwGE 131, 41 (49).

[199] BVerwGE 131, 41 (49); NVwZ 2011, 563 (564).

[200] BVerwGE 148, 48 (68 f.); NVwZ 2011, 563 (564).

[201] Näher zum Begriff der – jedenfalls die Beteiligten i. S. v. § 134 Abs. 2 TKG umfassenden – „interessierten Parteien" *Korehnke/Ufer*, in: Beck'scher TKG-Kommentar, § 12 Rn. 10.

[202] Darauf hinweisend *Kühling/Schall/Biendl*, Telekommunikationsrecht, Rn. 230.

[203] Zur (vorläufigen) Unanwendbarkeit beider Verfahren in Eilfällen („bei Vorliegen außergewöhnlicher Umstände") gemäß § 12 Abs. 3 TKG *Kühling/Schall/Biendl*, Telekommunikationsrecht, Rn. 236 f.

[204] Für Einzelheiten vgl. *Kühling/Schall/Biendl*, Telekommunikationsrecht, Rn. 232.

ihn der Kommission nach § 12 Abs. 2 TKG vor (§ 12 Abs. 2 Nr. 3 S. 3 TKG). Zieht die BNetzA den Entwurf zurück, hat sie das BMWi über den Beschluss der Kommission zu unterrichten (§ 12 Abs. 2 Nr. 3 S. 4 TKG).[205]

Übersicht 4: Märkte der Kommissionsempfehlung 2014/710/EU (Anhang)

Markt 1: Anrufzustellung auf der Vorleistungsebene in einzelnen öffentlichen Telefonnetzen an festen Standorten

Markt 2: Anrufzustellung auf der Vorleistungsebene in einzelnen Mobilfunknetzen

Markt 3:

    a) Auf der Vorleistungsebene an festen Standorten lokal bereitgestellter Zugang

    b) Für Massenmarktprodukte auf der Vorleistungsebene an festen Standorten zentral bereitgestellter Zugang

Markt 4: Auf der Vorleistungsebene an festen Standorten bereitgestellter Zugang von hoher Qualität

---

bb) Marktanalyse

Im Hinblick auf die nach § 10 TKG festgelegten, potenziell regulierungsbedürftigen Märkte prüft die BNetzA gemäß § 11 Abs. 1 S. 1 TKG auf einer *zweiten Stufe* im Marktanalyseverfahren,[206] ob auf dem untersuchten Markt *wirksamer Wettbewerb* besteht. Dies ist gemäß § 3 Nr. 31 und § 11 Abs. 1 S. 2 TKG dann *nicht* der Fall, wenn ein oder mehrere Unternehmen auf diesem Markt über beträchtliche Marktmacht verfügen. Das Kriterium der *beträchtlichen Marktmacht* gilt als erfüllt, wenn ein Unternehmen entweder allein oder gemeinsam mit anderen eine der Beherrschung gleichkommende Stellung einnimmt. Hiervon wiederum ist auszugehen, wenn das Unternehmen eine wirtschaftlich starke Stellung innehat, die es ihm erlaubt, sich in beträchtlichem Umfang unabhängig von Wettbewerbern und Endnutzern zu verhalten (§ 11 Abs. 1 S. 3 TKG). **49**

Die BNetzA hat gemäß § 11 Abs. 3 S. 1 TKG die Leitlinien der Kommission zur Marktanalyse und zur Bewertung beträchtlicher Marktmacht nach Art. 15 Abs. 2 RL 2002/21/EG in der jeweils geltenden Fassung „weitestgehend" zu berücksichtigen.[207] Aktuell sind die 2018 novellierten „Leitlinien zur Marktanalyse und Ermittlung beträchtlicher Marktmacht nach dem EU-Rechtsrahmen für elektronische Kommunikationsnetze und -dienste"[208] einschlägig. Danach bildet der Marktanteil einen wichtigen Indikator für die Dominanz eines Unternehmens. Die Kommission verweist insoweit im Rahmen der Feststellung alleiniger beträchtlicher Marktmacht auf die **50**

---

[205] Instruktiv zu den vordefinierten Märkten *Kühling/Schall/Biendl*, Telekommunikationsrecht, Rn. 176 ff., noch zur sieben Märkte umfassenden Empfehlung 2007/879/EG.

[206] Zu den bis 21.12.2020 umzusetzenden erweiterten und präzisierten Vorgaben zur Marktanalyseprüfung im Kodex (Fn. 53) vgl. *Neumann*, N&R 2018, 204 (205 f.).

[207] Zur Berücksichtigungspflicht auch bei der Marktdefinition vgl. § 10 Abs. 2 S. 3 TKG.

[208] ABl. EU 2018 C 159/1.

AKZO-Rechtsprechung des EuGH[209] und betont, dass „ein besonders hoher Marktanteil, den ein Unternehmen über einen bestimmten Zeitraum hält (über 50 %) – von außergewöhnlichen Umständen abgesehen – an sich schon den Beweis für das Vorliegen einer beherrschenden Stellung [liefert]".[210] Neben dem Marktanteilskriterium werden aber auch diverse weitere (nicht abschließende) Kriterien (z. B. Marktzutrittsschranken, die absolute und relative Größe des Unternehmens oder die Kontrolle über nicht leicht zu duplizierende Infrastruktur) aufgezählt.[211] Gegenüber der ursprünglichen Fassung von 2002[212] grundlegend überarbeitet wurden die Ausführungen zur Feststellung einer gemeinsamen beträchtlichen Marktmacht mehrerer rechtlich und wirtschaftlich voneinander unabhängiger Unternehmen.[213]

51   Im Hinblick auf die Verfahrensbeteiligungen auf nationaler und europäischer Ebene finden ausweislich von § 123 Abs. 1 TKG bzw. § 11 Abs. 4 und § 12 TKG die gleichen Grundsätze Anwendung wie im Rahmen der Marktdefinition (→ Rn. 47 f.). Vor diesem Hintergrund erklärt sich auch, weshalb Marktdefinition und Marktanalyse in der Praxis stets gemeinsam durchgeführt werden.[214]

cc) Verpflichtungsebene (Regulierungsverfügung)

52   Bei festgestellter Regulierungsbedürftigkeit steht es gemäß §§ 9 Abs. 2, 13 Abs. 1 TKG auf einer *dritten Stufe* im (Auswahl-)Ermessen der BNetzA, den Unternehmen mit beträchtlicher Marktmacht in einer Regulierungsverfügung eine oder mehrere Verpflichtungen nach den §§ 19, 20, 21, 23, 24, 30, 39 oder § 42 Abs. 4 S. 3 TKG aufzuerlegen bzw. diese zu ändern, beizubehalten oder zu widerrufen.[215] Ein Entschließungsermessen besteht dagegen ausweislich des Wortlauts von § 9 Abs. 2 TKG nicht („werden … auferlegt"), d. h. mindestens eine Verpflichtung ist dem marktmächtigen Unternehmen aufzuerlegen.[216] Für den in § 9 Abs. 3 i. V. m. § 18 TKG geregelten Spezialfall, dass ein Unternehmen *ohne* beträchtliche Marktmacht den Zugang zu Endnutzern kontrolliert, bestimmt § 13 Abs. 1 S. 5 TKG, dass die Regulierungsverfügung auch Verpflichtungen nach § 18 TKG enthalten kann.[217]

---

[209] EuGH, Rs. C-62/86, Slg. 1991, I-3359, Rn. 60 – AKZO/Kommission.

[210] Tz. 55 der Leitlinien, in der zudem eine „Je-desto-Formel" zugrunde gelegt wird, nach der gilt: „Je höher der Marktanteil ist und je länger er gehalten wird, umso wahrscheinlicher ist er erfahrungsgemäß ein erstes wichtiges Anzeichen für das Bestehen beträchtlicher Marktmacht".

[211] Tz. 58 der Leitlinien.

[212] ABl. EG 2002 C 165/6.

[213] Tz. 65–93.

[214] Darauf hinweisend *Neumann/Koch*, Telekommunikationsrecht, Kap. 3 Rn. 97; das Vetorecht der Kommission bezieht sich hier auf die Festlegung, inwieweit ein oder mehrere Unternehmen auf dem relevanten Markt über beträchtliche Marktmacht verfügen.

[215] Zu den bis 21.12.2020 umzusetzenden erweiterten und präzisierten Vorgaben über Abhilfemaßnahmen im Kodex (Fn. 53) vgl. *Neumann*, N&R 2018, 204 (206 ff.).

[216] Vgl. auch Art. 8 Abs. 2 der Zugangs-Richtlinie 2002/19/EG („erlegt…auf"). Der Kodex (Fn. 53) sieht demgegenüber in Art. 68 Abs. 2 („gegebenenfalls") künftig auch ein Entschließungsermessen der nationalen Regulierungsbehörde vor; näher *Nigge/Horstmann*, MMR 2018, 721 (722).

[217] *Kühling/Schall/Biendl*, Telekommunikationsrecht, Rn. 242.

Hervorzuheben ist, dass die Abhilfemaßnahmen dem Regulierungsadressaten   **53**
grundsätzlich in *abstrakter Form* auferlegt werden.[218] Eine Konkretisierung erfolgt
entweder auf privatautonomem Wege oder ist Gegenstand eigenständiger Verwaltungsverfahren (wie der behördlichen Zugangsanordnung gemäß § 25 TKG oder
der Entgeltgenehmigung nach § 31 Abs. 1 S. 1 Nr. 1 TKG). Weitergehend hat der
EuGH mit Urteil vom 14.01.2016 entschieden, dass das unionsweite Konsolidierungsverfahren auch vor dem beabsichtigten Erlass von Entgeltgenehmigungen
durchzuführen ist, sofern hiermit Auswirkungen auf den Handel zwischen Mitgliedstaaten verbunden sind.[219] Die diesbezügliche Vorgabe des Art. 7 Abs. 3 RRL ist im
Wege einer analogen Anwendung der Verweisungsnorm des § 13 Abs. 1 TKG umzusetzen.

Die Regulierungsverfügung ergeht gemäß §§ 13 Abs. 5, 132 Abs. 1 TKG im Be-   **54**
schlusskammerverfahren zusammen mit den Ergebnissen von Marktdefinition und
Marktanalyse als *einheitlicher Verwaltungsakt* i. S. d. § 35 S. 1 VwVfG. Sie soll
eine abschließende Gesamtregelung aller Fragen bewirken, die die Regulierungsbedürftigkeit des von der BNetzA nach den §§ 10 und 11 TKG definierten und ana-
lysierten Marktes aufwirft.[220]

Im Hinblick auf die Verfahrensbeteiligungen gelten im Vergleich zur Marktdefini-   **55**
tion und Marktanalyse einige Besonderheiten. Zum einen muss die BNetzA dem
BKartA vor Abschluss des Verfahrens nur Gelegenheit zur Stellungnahme bezüglich
der vorgesehenen Abhilfemaßnahmen geben (§ 123 Abs. 1 S. 2 TKG). Ein Einvernehmen ist nicht erforderlich. Zum anderen hat die BNetzA gemäß § 13 Abs. 1 und 4
TKG zwar auch vor Erlass einer Regulierungsverfügung regelmäßig ein Konsultati-
ons- und Konsolidierungsverfahren durchzuführen. Ein zentraler Unterschied zum
Marktdefinitions- und -analyseverfahren besteht aber darin, dass der Kommission im
Rahmen der Regulierungsverfügung *kein Vetorecht* zukommt.[221] Dies folgt aus dem
fehlenden Verweis auf § 12 Abs. 2 Nr. 3 TKG in § 13 Abs. 1 S. 2 TKG. Das Letztent-
scheidungsrecht über die zu treffenden Maßnahmen liegt mithin bei der BNetzA. Hieran ändert auch das im Zuge der TKG-Novelle 2012 eingeführte Aufschubverfahren
gemäß § 13 Abs. 4 TKG nichts, wird der Kommission hier doch letztlich „nur" die
Möglichkeit zur Auslösung einer dreimonatigen Sperrfrist eröffnet.[222]

---

[218] Vgl. insoweit auch BVerwG, NVwZ-RR 2018, 932 Rn. 40, wonach Entscheidungen zu Maßstäben
und Methoden der Entgeltberechnung nicht in die Regulierungsverfügung zu integrieren sind.

[219] EuGH, Rs. C-395/14, EU:C:2016:9, Rn. 30 ff. – Vodafone; nachfolgend BVerwGE 157, 249
(vgl. dort in Rn. 29 ff. auch zu der im nächsten Satz skizzierten Umsetzung im nationalen Recht).

[220] BVerwGE 130, 39 (46 f.).

[221] Mit ihrem Vorschlag, im Bereich der Abhilfemaßnahmen ein gemeinsam mit dem GEREK aus-
zuübendes umfassendes Doppeleinspruchssystem („Double-lock veto") zu etablieren, konnte sich
die Kommission bislang nicht durchsetzen. In Art. 33 Abs. 5 lit. c) Kodex (Fn. 53) erfolgt vielmehr
eine enge Begrenzung des Umfangs des gemeinsamen Vetorechts von Kommission und GEREK
auf die spezifischen Maßnahmen nach Art. 61 Abs. 3 und Art. 76 Abs. 2 Kodex.

[222] Für Einzelheiten vgl. *Kühling/Schall/Biendl*, Telekommunikationsrecht, Rn. 249 f.

Übersicht 5: Dreistufiges Marktregulierungsverfahren

Stufen	Stufe 1: Marktdefinition	Stufe 2: Marktanalyse	Stufe 3: Verpflichtungs-entscheidung
Norm	§ 10 TKG	§ 11 TKG	Regulierungsverfügung gemäß § 13 Abs. 1 TKG
Inhalt	Ermittlung der potenziell regulierungsbedürftigen Märkte *Unterstufe 1:* Marktabgrenzung (Abs. 1) *Unterstufe 2:* Anwendung des Drei-Kriterien-Tests (Abs. 2)	Untersuchung auf das Bestehen wirksamen Wettbewerbs (Identifizierung eines oder mehrerer Unternehmen mit beträchtlicher Marktmacht)	Auferlegung, Änderung, Beibehaltung oder Widerruf von Verpflichtungen nach den §§ 19, 20, 21, 23, 24, 30, 39 oder 42 Abs. 4 S. 3 TKG (numerus clausus) *Beachte:* Erlass der Regulierungsverfügung als einheitlicher VA mit den Ergebnissen von Marktdefinition und Marktanalyse
Zuständigkeit	Präsidentenkammer, § 132 Abs. 5 S. 2 TKG	Präsidentenkammer, § 132 Abs. 5 S. 2 TKG	Beschlusskammer, § 132 Abs. 1 S. 1 TKG
Verfahrensbeteiligung	Zusammenarbeit mit BKartA (§ 123 Abs. 1 TKG) sowie Durchführung des nationalen Konsultationsverfahrens und des unionsweiten Konsolidierungsverfahrens (§ 12 TKG) *Beachte:* Vetorecht der Kommission nur in Bezug auf Marktdefinition und -analyse!		
Intervall	*Grundsatz:* Überprüfung im Drei-Jahres-Rhythmus (§ 14 Abs. 2 S. 1 TKG) – *Ausnahmen:* § 14 Abs. 1 TKG		
Kontrolldichte	Beurteilungsspielraum	Beurteilungsspielraum	Regulierungsermessen

dd) Rechtsschutzfragen

56   In der Rechtsschutzperspektive ist zu beachten, dass die Ergebnisse des Markt-definitions- und Marktanalyseverfahrens nicht isoliert vor den Verwaltungsgerich-ten angegriffen werden können. Rechtsschutz ist allein über eine inzidente Prüfung der Regulierungsverfügung als „einheitlichem Verwaltungsakt" zu erlangen (vgl. § 13 Abs. 5 TKG).[223] Klagebefugt ist im Wege der Anfechtungsklage nach § 42 Abs. 1 Alt. 1 VwGO zum einen das marktmächtige Unternehmen, dem durch die Regulierungsverfügung bestimmte Verpflichtungen auferlegt werden.[224] Zum ande-ren können auch Wettbewerber Klage auf Erlass einer Regulierungsverfügung er-heben, soweit sie drittschützende Vorschriften geltend machen. Ein solches kon-kurrentenschützendes Recht hat das BVerwG für die Verpflichtungen zur

---

[223] BVerwG, NVwZ-RR 2009, 653 (654); siehe auch *Ziekow*, § 14 Rn. 25.
[224] Zur Möglichkeit der Teilanfechtung vgl. BVerwG, MMR 2012, 628 (631).

Zugangsgewährung (§ 21 TKG), Herstellung von Transparenz (§ 20 TKG), getrennten Rechnungsführung (§ 24 TKG) sowie zur Gleichbehandlung (§ 19 TKG) anerkannt.[225] Den Drittschutzcharakter der Befugnisnorm für die Auferlegung der Entgeltgenehmigungspflicht (§ 30 Abs. 1 TKG) hat das BVerwG bislang offen gelassen, aber eine entsprechende Tendenz erkennen lassen.[226] Im Gegensatz dazu erfolgen Marktdefinition und Marktanalyse (§§ 10 und 11 TKG) – als „intrabehördliche Vorbereitungshandlung[en]" zur Regulierungsverfügung nach § 13 TKG[227] – allein im öffentlichen Interesse.[228] Voraussetzung für die Zulässigkeit einer Verpflichtungsklage gemäß § 42 Abs. 1 Alt. 2 VwGO ist im Übrigen, dass vom Konkurrenzunternehmen zuvor ein entsprechender Antrag an die BNetzA gerichtet wird.[229]

Mit Blick auf die *gerichtliche Kontrolldichte* ist hervorzuheben, dass der BNetzA **57** in § 10 Abs. 2 S. 2 TKG explizit ein gerichtlich nur eingeschränkt überprüfbarer Beurteilungsspielraum zugewiesen wird. Die derart eingeräumte Entscheidungsprärogative erstreckt sich nicht nur auf den Drei-Kriterien-Test in § 10 Abs. 2 S. 1 TKG. Vielmehr werden aufgrund der integrativen Systematik der §§ 10 und 11 TKG auch die Marktabgrenzung gemäß § 10 Abs. 1 TKG sowie die Prüfung der tatsächlichen Regulierungsbedürftigkeit des Marktes im Rahmen der Marktanalyse nach § 11 TKG erfasst.[230] Bei der Auferlegung von Verpflichtungen durch die Regulierungsverfügung gemäß §§ 9 Abs. 2, 13 Abs. 1 TKG hat das BVerwG schließlich die – dem Planungsermessen angenäherte – Figur des *Regulierungsermessens* der BNetzA entwickelt.[231] Konkret haben die Leipziger Richter dies u. a. bei der Auferlegung von Zugangsverpflichtungen nach § 21 TKG[232] und bei der Entscheidung zwischen der Anordnung einer Entgeltgenehmigungspflicht oder einer bloßen nachträglichen Entgeltkontrolle gemäß § 30 Abs. 1 TKG anerkannt.[233] Die Formulierungen in mehreren Urteilen aus jüngerer Zeit stützen sogar die Annahme, dass ein

---

[225] BVerwGE 130, 39 (41 ff.); *Windthorst*, WiVerw 2011, 196; s. noch BVerwG, NVwZ 2014, 942 Rn. 24 ff., 29 f., mit der Klarstellung, dass sich die drittschützende Wirkung des § 21 TKG „nicht auf solche Unternehmen [erstreckt], die sich lediglich gegen nachteilige Auswirkungen der Zugangsgewährung zur Netzinfrastruktur des Unternehmens mit beträchtlicher Marktmacht auf ihre eigene Wettbewerbsstellung als Anbieter auf dem betreffenden Vorleistungsmarkt wenden".

[226] BVerwG, NVwZ 2014, 942 Rn. 36, wonach § 30 Abs. 1 TKG „[jedenfalls] nur dem Schutz der individuellen Interessen derjenigen Unternehmen zu dienen bestimmt [ist], die die Zugangsleistungen nachfragen und deshalb entgeltpflichtig sind".

[227] Wörtliches Zitat im Kontext von *Attendorn*, MMR 2008, 444 (447).

[228] Vgl. zur Marktdefinition BVerwGE 130, 39 (44 f.); zum Konsolidierungsverfahren gemäß § 12 Abs. 2 TKG BVerwGE 151, 56 Rn. 68.

[229] BVerwGE 130, 39 (47), unter Hinweis auf die §§ 68 Abs. 2, 75 S. 1 VwGO und den Grundsatz der Gewaltenteilung; eine hiergegen gerichtete Verfassungsbeschwerde wurde nicht zur Entscheidung angenommen (s. BVerfGK, MMR 2008, 590).

[230] BVerwGE 131, 41 (43 ff.); bestätigend BVerfG, NVwZ 2012, 694 (695 ff.); aus der Literatur *Eifert*, ZHR 174 (2010), 449 (476); *Ludwigs*, RdE 2013, 297 (301 f.).

[231] Zur Rezeption der Figur des Regulierungsermessens im Energiesektor vgl. zuletzt *Ludwigs*, Konvergenz oder Divergenz der Regulierung in den Netzwirtschaften, in: FS Schmidt-Preuß, S. 689 (706 ff.); s. auch *Grün*, Kosten in der Entgeltregulierung von Stromnetzen, 2018, S. 472 ff.

[232] BVerwGE 130, 39 (48 f.); NVwZ 2010, 1359 (1361).

[233] BVerwGE 131, 41 (65); NVwZ-RR 2012, 192 (194 f.).

Regulierungsermessen der BNetzA bei der Auferlegung aller in § 13 TKG vorgesehenen Verpflichtungen besteht.[234] Zur Begründung rekurriert das BVerwG u. a. darauf, dass die durch zahlreiche unbestimmte Rechtsbegriffe gesteuerte tatbestandliche Abwägung nicht von einer daran erst anschließenden Ermessensbetätigung bei
der Auferlegung von Regulierungsverpflichtungen getrennt werden könne.[235] Für
die Entwicklung einer Fehlerlehre des Regulierungsermessens nehmen die Leipziger Richter ausdrücklich Bezug auf die Abwägungsfehlerlehre im Planungsrecht.[236]
Eine fehlerhafte Ausübung des Regulierungsermessens ist demnach im Falle eines
Abwägungsausfalls, eines Abwägungsdefizits, einer Abwägungsfehleinschätzung
oder einer Abwägungsdisproportionalität anzunehmen.[237]

b) Zugangsregulierung

58 Der Zugang zu den öffentlichen TK-Netzen ist unabdingbare Voraussetzung für die
Entstehung eines wirksamen Dienstewettbewerbs auf der nachgelagerten Endnut-
zerebene. Dem Rechnung tragend hat der TKG-Gesetzgeber in den §§ 16–26 TKG
ein ausdifferenziertes System geschaffen.[238] Regelmäßig knüpft die Zugangsregulierung an die Ergebnisse von Marktdefinition und -analyse an und ist folglich an
Unternehmen mit beträchtlicher Marktmacht adressiert (§§ 19 ff. TKG). Daneben
kennt das TKG aber auch Verpflichtungen, die marktmachtunabhängig sind, d. h.
ohne vorherige Durchführung eines Marktregulierungsverfahrens von Gesetzes
wegen gelten (§ 16 TKG) oder durch die BNetzA auferlegt werden können
(§ 18 TKG).

aa) Marktmachtabhängige Verpflichtungen

(1) § 21 TKG als Zentralnorm

59 Zentralnorm für die Auferlegung von Zugangsverpflichtungen[239] gegenüber
marktmächtigen Betreibern öffentlicher TK-Netze ist § 21 TKG. Kennzeichen der
Vorschrift ist die Verknüpfung unbestimmter Rechtsbegriffe mit einer Ermessens-
ermächtigung der Regulierungsbehörde. In den Kategorien des Allgemeinen Verwaltungsrechts handelt es sich um eine sog. Koppelungsvorschrift.[240] Zum einen
hat die BNetzA tatbestandlich bei der Prüfung, ob die Zugangsverpflichtung

---

[234] BVerwG, NVwZ 2014, 942 (949); NVwZ 2013, 1352 (1356); Beschl. v. 23.10.2013 – 6 B
16/13, juris, Rn. 5; NVwZ 2014, 1034 (1035 f.); *Bier*, in: Säcker, TKG, Vor § 137 Rn. 10 ff.

[235] BVerwGE 130, 39 (48 f.) zu § 21 TKG; NVwZ 2014, 1034 (1036); allgemein zu derartigen
Koppelungsvorschriften *Maurer/Waldhoff*, § 7 Rn. 48 ff.

[236] BVerwGE 131, 41 (62, 72 f.).

[237] BVerwGE 131, 41 (62); s. auch BVerwG, NVwZ 2014, 942 (951 f.), wonach „wie bei jeder
planungsrechtlichen Abwägung das Gebot der Konfliktbewältigung zu beachten [ist]"; zur Relevanz der Entscheidungsbegründung der BNetzA für die Justiziabilität Franke, Die Verwaltung 49
(2016), 25 (40 ff.).

[238] Näher *Kühling/Schall/Biendl*, Telekommunikationsrecht, Rn. 267 ff.

[239] Vgl. auch die Legaldefinition des „Zugang[s]" in § 3 Nr. 32 TKG.

[240] Vgl. den Nachweis in Fn. 235.

gerechtfertigt ist und in einem angemessenen Verhältnis zu den Regulierungszielen nach § 2 TKG steht, die nicht-abschließenden Abwägungsdirektiven aus § 21 Abs. 1 S. 2 Nr. 1–7 TKG zu „berücksichtigen". Zum anderen wird ihr auf Rechtsfolgenseite in § 21 Abs. 1 S. 1 TKG ein Entschließungs- und Auswahlermessen bei der Auferlegung von Zugangsverpflichtungen nach § 21 TKG eingeräumt. Das BVerwG hat aus dieser Normstruktur auf ein einheitliches „Regulierungsermessen" der BNetzA (→ Rn. 57) geschlossen.

Mit Blick auf den Katalog in § 21 Abs. 1 S. 2 Nr. 1–7 TKG ist festzuhalten, dass **60** die dortigen Abwägungsdirektiven sowohl allgemeine Regulierungsziele (wie die langfristige Sicherung des Wettbewerbs in Nr. 4) adressieren als auch darauf abzielen, die Verhältnismäßigkeit des mit der Zugangsregulierung verbundenen Eingriffs gegenüber dem Netzbetreiber zu wahren.[241] Exemplarisch für den letztgenannten Fall steht vor allem das Kriterium in Nr. 2. Danach erfolgt die Zugangsgewährung im Rahmen der „verfügbaren Kapazität". In diesem Lichte erscheint die Auferlegung einer Pflicht zum Ausbau der bereits bestehenden, aber kapazitär erschöpften Infrastruktur allenfalls in singulären, durch andere Abwägungsdirektiven getragenen Ausnahmefällen möglich.[242]

Eine weitere Konkretisierung erfährt die behördliche Auferlegung von Zugangs- **61** verpflichtungen durch das System der Kann- und Sollvorgaben in § 21 Abs. 2 bzw. 3 TKG. Die Auferlegung der Verpflichtungen nach § 21 Abs. 2 TKG steht vollumfänglich im Ermessen („kann") der BNetzA. Demgegenüber erfolgt in Abs. 3 eine Vorstrukturierung dahingehend, dass die in Nr. 1–6 abschließend aufgeführten Verpflichtungen auferlegt werden „sollen". Nimmt man den Wortlaut ernst, bedeutet dies in Abweichung von Abs. 2, dass von einer Auferlegung nur in atypischen Sonderfällen abgesehen werden kann. Inwieweit diese normative Verengung des behördlichen Regulierungsermessens mit dem *administrativen Ansatz* der EU-Kommission (→ Rn. 16) im Einklang steht, erscheint indes fragwürdig. Das BVerwG hat sich den Bedenken im Kern angeschlossen und betont, dass die Annahme einer Möglichkeit zur Abweichung (nur) in atypischen Fällen mit Unionsrecht unvereinbar wäre.[243] Für die Rechtmäßigkeit einer auf die Soll-Vorschrift des § 21 Abs. 3 TKG gestützten Regulierungsverfügung sei dies allerdings im Ergebnis unschädlich, wenn die BNetzA – wie es der Regulierungspraxis entspricht[244] – ihr Regulierungsermessen vorsorglich umfassend ausübe. Dogmatisch begründbar ist ein solches Vorgehen im Wege einer richtlinienkonformen Auslegung bzw. Rechtsfortbildung des § 21 Abs. 3 TKG.

---

[241] *Kühling/Schall/Biendl*, Telekommunikationsrecht, Rn. 276.

[242] In diese Richtung *Kühling/Schall/Biendl*, Telekommunikationsrecht, Rn. 278, unter Verweis auf die Gesetzesbegründung zum TKG 2004, BT-Drs. 15/2316, S. 65; ablehnend VG Köln, MMR 2007, 198 (199 f.); die Frage offenlassend VG Köln, Urt. v. 17.03.2017 – 9 K 8589/16, juris, Rn. 510.

[243] BVerwG, NVwZ 2010, 1359 Rn. 15.

[244] Vgl. exemplarisch BNetzA, Regulierungsverfügung vom 21.03.2011, BK 3g-09/085, S. 22 f.; siehe auch *Neumann/Thomaschki*, in: Säcker, TKG, § 21 Rn. 201 m. w. N.

62   Hat die BNetzA einem Netzbetreiber mit beträchtlicher Marktmacht eine Zugangsverpflichtung auferlegt, ist dieser gemäß § 22 Abs. 1 TKG gehalten, ein Zugangsangebot abzugeben. Kommt eine Zugangsvereinbarung nach § 22 Abs. 1 TKG nicht zustande, erfolgt subsidiär die Anordnung des Zugangs durch die BNetzA gemäß § 25 Abs. 1 S. 1 TKG. Gegenstand der Anordnung können alle Bedingungen einer Zugangsvereinbarung sowie die Entgelte sein (Abs. 5 S. 1).

63   Ein „Herzstück" der wettbewerbsorientierten Regulierung bildet der vollständig entbündelte Zugang zur Teilnehmeranschlussleitung (vgl. § 21 Abs. 3 Nr. 2 TKG). Dieser begegnet vor dem Hintergrund der *Vectoring-Technologie* besonderen regulatorischen Herausforderungen.[245] Beim Vectoring lassen sich Störsignale bei Kupferkabelbündeln zwischen Kabelverzweiger und Hausanschluss eindämmen und so Bandbreiten von bis zu 100 Megabit pro Sekunde realisieren, ohne dass ein kostenintensiver Ausbau der Teilnehmeranschlussleitung mit Glasfaserkabeln erforderlich ist.[246] Zur Gewährleistung einer breiten Versorgung der Haushalte mit schnellem Internet wird der Technologie vor diesem Hintergrund eine hohe Bedeutung zugemessen. Voraussetzung für den Erfolg des „Vectoring" ist freilich, dass es nur von einem einzigen Betreiber am Kabelverzweiger eingesetzt wird. Während sich die BNetzA in ihrer ersten einschlägigen Regulierungsverfügung von 2013 zum Einsatz des „Vectoring" außerhalb des Nahbereichs der Hauptverteiler noch für ein Vorgehen nach dem „Windhundprinzip" entschieden hat,[247] wählte sie in ihrer Entscheidung vom 01.09.2016 zur Anwendung der Technologie im Nahbereich der Hauptverteiler[248] einen anderen Ansatz.[249] Unter anderem mit Blick auf eine Ausbauzusage der Telekom Deutschland GmbH für einen bundesweit flächendeckenden und vollständigen Ausbau der Hauptverteilernahbereiche mit „Vectoring"-Technik[250] wurde dem Unternehmen das Recht eingeräumt, den Zugang zur Teilnehmeranschlussleitung grundsätzlich zu verweigern, soweit es seine Anschlüsse mit der „Vectoring"-Technologie erschließt. Zur Wettbewerbssicherung ist konkurrierenden Anbietern ein „virtuell" entbündelter Zugang zur Teilnehmeranschlussleitung („Virtual Unbundled Local Access", VULA) zu gewähren. Gegen beide Vectoring-Entscheidungen der BNetzA gerichtete Klagen wurden vom BVerwG unter Rekurs auf das der BNetzA zukommende Regulierungsermessen letztinstanzlich abgewiesen.[251] Im Ergebnis hat die Behörde die widerstreitenden Belange des Wettbewerbs sowie das politische Ziel des flächendeckenden Breitbandausbaus abwägungsfehlerfrei austariert und letzterem eine besonders hohe Bedeutung zugemessen.[252]

---

[245] S. bereits *Ludwigs*, N&R 2018, 262 (265).

[246] Zum Technik *Förster*, in: Auer-Reinsdorff/Conrad, Handbuch IT- und Datenschutzrecht, 2. Aufl., 2016, § 4 Rn. 18 f.; zum Rechtsrahmen *Offenbächer*, Die Regulierung des Vectoring, 2019.

[247] BNetzA, Beschl. v. 29.08.2013 – Az. BK 3d-12/131, S. 4 f.

[248] BNetzA, Beschl. v. 01.09.2016 – Az. BK 3g-15/004.

[249] Näher *Ludwigs*, N&R 2018, 262 (265).

[250] Vgl. BNetzA, Beschl. v. 01.09.2016 – Az. BK 3g-15/004, S. 120 f., 137 f.

[251] BVerwG, Urteile v. 21.09.2018, Az. 6 C 50.16, 6 C 6.17, 6 C 7.17 und 6 C 8.17.

[252] *Ludwigs*, N&R 2018, 262 (266); s. auch *Kühling*, Gemeinwohlverwirklichung im Wettbewerb in den Netzwirtschaften – ein Vergleich nach 20 Jahren Regulierung durch die Bundesnetzagentur, in: FS Schmidt-Preuß, S. 671 (678 f.).

(2) Begleitverpflichtungen
In Ergänzung zur Auferlegung einer Zugangsverpflichtung gemäß § 21 TKG sieht 64
das TKG eine Reihe von Begleitverpflichtungen vor, die dem Anbieter mit beträchtlicher Marktmacht in der Regulierungsverfügung nach § 13 TKG auferlegt werden
können. Im Einzelnen handelt es sich hierbei um das Diskriminierungsverbot des
§ 19 TKG, die Transparenzverpflichtung gemäß § 20 TKG, die Verpflichtung zur
Abgabe eines Standardangebots nach § 23 TKG und die Verpflichtung zur getrennten Rechnungsführung in § 24 TKG.[253]

bb) Marktmachtunabhängige Verpflichtungen
Marktmachtunabhängige Zugangsverpflichtungen greifen entweder bereits kraft 65
Gesetzes oder werden von der BNetzA auferlegt. Ersteres gilt für die in § 16 TKG
wurzelnde Verpflichtung jedes Betreibers eines öffentlichen TK-Netzes, anderen
Netzbetreibern auf Verlangen ein Angebot auf Zusammenschaltung zu unterbreiten.
Hierdurch soll die netzübergreifende, interoperable Kommunikation in einem libe-
ralisierten TK-Markt sichergestellt werden.[254] Eine behördliche Ermächtigung zur
Auferlegung von Zugangsverpflichtungen (insbesondere die Netzzusammenschal-
tung) enthält demgegenüber § 18 TKG. Der BNetzA werden dort die notwendigen
Befugnisse eingeräumt, um zu gewährleisten, dass alle Endnutzer uneingeschränkt
und netzübergreifend miteinander kommunizieren können.[255]

c) Entgeltregulierung
Ein regulatorischer Eingriff, der nur den Zugang Dritter zum Netz garantiert, reicht 66
für die Etablierung wirksamen Wettbewerbs auf der nachgelagerten Endnutzer-
ebene grundsätzlich nicht aus. Weitere Voraussetzung ist, dass der Zugang diskriminierungsfrei und zu Wettbewerbspreisen gewährt wird. Dies bedingt eine gezielte
Regulierung der Netznutzungsentgelte.[256] In diesem Sinne setzt die Entgeltregulierung durch die BNetzA[257] gemäß §§ 27 ff., 30 ff. TKG auf der Zugangsregulierung
auf und sichert ihre praktische Wirksamkeit.[258]

---

[253] Für Einzelheiten vgl. *Kühling/Schall/Biendl*, Telekommunikationsrecht, Rn. 288 ff.

[254] Näher zum Folgenden *Kühling/Schall/Biendl*, Telekommunikationsrecht, Rn. 295 ff.

[255] Weitergehend sieht Art. 61 Abs. 2 UAbs. 1 lit. c, UAbs. 2 Kodex (Fn. 53) künftig die Möglichkeit vor, auch nummernunabhängigen interpersonellen (OTT-)Kommunikationsdiensten (wie etwa
WhatsApp) eine Verpflichtung zur Interoperabilität aufzuerlegen. Voraussetzung hierfür ist u. a.,
dass die Kommission nach Konsultation des GEREK festgestellt hat, dass die durchgehende Kon-
nektivität zwischen Endnutzern in der gesamten Union oder in mindestens drei Mitgliedstaaten in
nennenswertem Ausmaß bedroht ist.

[256] Statt vieler *Knieps*, Netzökonomie, 2007, S. 168.

[257] Ausweislich des bis zum 21.12.2020 umzusetzenden Kodex (Fn. 53) werden die praktisch besonders bedeutsamen Entgelte für die Anrufzustellung in festen und mobilen Netzen zukünftig
einem Sonderregime unterstellt. Prägend hierfür ist Art. 75 Abs. 1 Kodex. Danach erlässt die Kommission bis zum 31.12.2020 einen delegierten Rechtsakt, indem ein unionsweit einheitliches ma-
ximales Mobilfunk- und ein ebensolches Festnetzzustellungsentgelt festgelegt werden. Diese Ent-
geltvorgaben gelten künftig für alle Betreiber, die in der EU auf einem Markt für die Anrufzustellung
tätig sind, d. h. unabhängig von der Regulierungsbedürftigkeit dieses Marktes und der Marktmacht
des betreffenden Betreibers (näher zum Ganzen *Neumann*, N&R 2018, 204 [208]).

[258] *Kühling*, WiVerw 2010, 135 (137); *Ludwigs*, NVwZ 2008, 954 (958).

aa) Zugangs- und Endnutzerentgeltregulierung

67   Im Ausgangspunkt ist zu betonen, dass die Entgeltregulierung nicht a priori auf den Bereich des Netzzugangs beschränkt bleibt. Vielmehr unterscheidet das TKG grundlegend zwischen der Regulierung von Entgelten für Zugangsleistungen (§§ 30–38 TKG) einerseits und Endnutzerleistungen (§ 39 TKG) andererseits. Eine nähere Betrachtung zeigt indes, dass der regulatorische Fokus erkennbar auf der Vorleistungsentgeltregulierung liegt. Beleg hierfür liefert schon der Umstand, dass nach der Märkte-Empfehlung 2014/710/EU nur noch Vorleistungsmärkte für eine sektorspezifische Regulierung in Betracht gezogen werden (→ Rn. 50 a. E.).

bb) Ex-ante- und Ex-post-Regulierung

68   Hinsichtlich des Zeitpunkts der Entgeltregulierung ist zwischen einer präventiven (*ex-ante*) Kontrolle und einer nachträglichen (*ex-post*) Regulierung zu differenzieren. Einerseits werden durch eine Vorabregulierung flexible und detaillierte Vorgaben ermöglicht, die eine größere Klarheit und Kalkulationssicherheit gewährleisten. Andererseits sind hiermit eine gesteigerte Eingriffsintensität für das regulierte Unternehmen und ein erhöhter Regulierungsaufwand für die BNetzA verbunden. Die Auswahlentscheidung wird nicht im Gesetz getroffen, sondern ist im Rahmen der Regulierungsverfügung nach §§ 9 Abs. 2, 13 Abs. 1 TKG Sache der BNetzA. Den Maßstab bildet § 30 TKG, der ergebnisoffen gestaltet ist[259] und damit dem unionsrechtlich geforderten *administrativen Regulierungsansatz* (→ Rn. 16) entspricht. Eine gewisse Einschränkung des behördlichen Regulierungsermessens (→ Rn. 57) ergibt sich allein für den Bereich der Endnutzerentgelte. Insoweit bestimmt § 39 Abs. 1 TKG, dass eine *ex-ante*-Regulierung nur als *ultima ratio* in Betracht kommt, wenn Tatsachen die Annahme rechtfertigen, dass die Verpflichtungen im Zugangsbereich nicht zur Erreichung der Regulierungsziele nach § 2 TKG führen würden.

69   Im Falle einer *ex-ante*-Regulierung werden die Entgelte gemäß § 31 Abs. 1 S. 1 TKG grundsätzlich entweder im Wege der Einzelentgeltgenehmigung (Nr. 1) oder im Rahmen des Price-Cap-Verfahrens nach § 33 TKG (Nr. 2) genehmigt. Die Auswahlentscheidung wird wiederum von der Regulierungsbehörde getroffen. Bei der Einzelgenehmigung nach § 31 Abs. 1 S. 1 Nr. 1 TKG prüft die BNetzA gemäß § 35 Abs. 2 S. 1 TKG für jedes einzelne Entgelt die Einhaltung der Maßgaben nach den §§ 28 und 31 Abs. 1 S. 2 TKG. Liegen die Voraussetzungen vor, besteht ein Anspruch des regulierten Unternehmens auf Erteilung der Entgeltgenehmigung nach § 35 Abs. 3 S. 1 TKG. Das komplexere *Price-Cap-Verfahren* gemäß § 31 Abs. 1 S. 1 Nr. 2 i. V. m. § 33 TKG stellt demgegenüber eine Form der *Anreizregulierung* durch Festlegung von Preisobergrenzen dar. Die Entgelte werden hier auf Grundlage vorgegebener Maßgrößen der durchschnittlichen Änderungsraten für einen Korb zusammengefasster Dienste von der BNetzA genehmigt. Im TK-Sektor ist das Price-Cap-Verfahren aber (anders als in den Netzindustrien Energie und Post)[260] praktisch bedeutungslos und bleibt daher im Weiteren ausgeblendet.

---

[259] So explizit BT-Drs. 17/5707, S. 60 (Gesetzentwurf der Bundesregierung zum TKG 2012).

[260] Näher *Hardach,* Die Anreizregulierung der Energieversorgungsnetze, 2010, S. 72 ff., 79 ff., 197 ff.

Im Falle einer *ex-post*-Regulierung der Entgelte ist § 38 TKG (ggf. i. V. m.   **70**
§ 39 Abs. 2, Abs. 3 S. 1 TKG) einschlägig. Dort erfolgt eine weitere Ausdifferenzierung zwischen dem Anzeigeverfahren nach § 38 Abs. 1 TKG, in dem die Entgelte
zwei Monate vor ihrem geplanten Inkrafttreten der BNetzA vorgelegt und von dieser auf einen offenkundigen Verstoß gegen § 28 TKG geprüft werden, und dem
„echten" *ex-post*-Verfahren nach § 38 Abs. 2–4 TKG. Letzteres wird nach
§ 38 Abs. 2 S. 1 TKG „unverzüglich" eingeleitet, wenn der BNetzA Tatsachen bekannt werden, die die Annahme rechtfertigen, dass ein von Unternehmen mit beträchtlicher Marktmacht gefordertes Entgelt nicht den Maßstäben des § 28 TKG
genügt. Bis zu diesem Zeitpunkt bestehen dagegen (außerhalb des Anzeigeverfah-
rens) in formeller Hinsicht keine Einschränkungen bei der Aushandlung, Vereinbarung und Forderung der Entgelte.

Die Entscheidung für eine *ex-ante*- oder *ex-post*-Regulierung hat im Übrigen   **71**
nicht nur verfahrensrechtliche Konsequenzen. Sie wirkt sich auch auf den anwendbaren Entgeltmaßstab aus.[261] Während im Rahmen der nachträglichen Regulierung
allein der Missbrauchstatbestand des § 28 TKG (→ Rn. 77 f.) gilt,[262] bilden bei der
zentral bedeutsamen Einzelentgeltgenehmigung nach § 31 Abs. 1 Nr. 1 TKG vor
allem die strikten „Kosten der *effizienten* Leistungsbereitstellung" (→ Rn. 72 ff.)
den Maßstab.

cc) Maßstäbe der Entgeltregulierung

(1) Kosten der effizienten Leistungsbereitstellung

Der die *ex-ante*-Regulierung prägende KeL-Maßstab setzt sich nach der Legaldefi-   **72**
nition in § 32 Abs. 1 TKG aus mehreren Elementen zusammen. Was zunächst die
„langfristigen zusätzlichen Kosten der Leistungsbereitstellung" betrifft, so werden
hierdurch die mit der betrachteten Leistung (z. B. dem Zugang zur TAL) in ursäch-
lichem Zusammenhang stehenden Einzelkosten (z. B. Kapital-, Betriebs- und Miet-
kosten) erfasst.[263] Dazu zählen alle Kosten für Produktionsfaktoren, die einem Kos-
tenträger (Produkt) direkt zugerechnet werden können (vgl. § 34 Abs. 2 S. 1 TKG).

Soll eine Gesamtkostendeckung gewährleistet und ein Defizit des Netzbetreibers   **73**
vermieden werden, müssen grundsätzlich aber auch dessen *Gemeinkosten* erfasst
werden. Der Gesetzgeber hat sich hier in § 32 Abs. 1 TKG für den pragmatischen
Ansatz eines „angemessenen Zuschlag[s] für leistungsmengenneutrale Gemeinkosten" entschieden. Dabei sind *Gemeinkosten* gemäß § 34 Abs. 2 S. 1 TKG dadurch
gekennzeichnet, dass sie sich – anders als die *langfristigen zusätzlichen Kosten* –
„nicht unmittelbar zuordnen lassen", den einzelnen Bezugsobjekten also nur anteilig

---

[261] BVerwG, MMR 2010, 719 (720); *Groebel,* in: Säcker, TKG, § 28 Rn. 22 ff.; anders *Säcker,*
WiVerw 2010, 101 (102 f.).

[262] Zum im Rahmen des Preishöhenmissbrauchs nach § 28 Abs. 1 S. 2 Nr. 1 TKG anzusetzenden
Erheblichkeitszuschlag *Ludwigs,* Unternehmensbezogene Effizienzanforderungen, S. 265 f.

[263] *Hölscher,* in: Scheurle/Mayen, TKG, 3. Aufl. 2018, § 32 Rn. 9 ff.; *Kühling,* K&R 2009, 243
(246).

zurechenbar sind (z. B. Vorstandsgehälter).[264] Sie sind „leistungsmengenneutral", wenn sie von der tatsächlichen Ausbringungsmenge in einer Periode unabhängig sind.

74   Was schließlich die „angemessene Verzinsung des eingesetzten Kapitals" angeht, so wird hiermit der Einsatz des Faktors Kapital entlohnt.[265] Erfasst werden im Rahmen eines gewichteten durchschnittlichen Kapitalkostensatzes[266] sowohl das von den Kreditgebern befristet bereitgestellte Fremdkapital als auch das dem Unternehmen von seinen Eigentümern bzw. Anteilseignern unbefristet zur Verfügung gestellte Eigenkapital. Im Näheren formuliert § 32 Abs. 3 TKG einige nicht abschließende („insbesondere") Prüfkriterien, die von der Regulierungsbehörde bei Festlegung der angemessenen Kapitalverzinsung zu berücksichtigen sind.[267]

75   Eine Relativierung des strengen KeL-Maßstabs, der nur die zur Leistungserbringung unverzichtbaren und daher effizienten Kosten anerkennt,[268] ergibt sich aus § 32 Abs. 2 TKG. Dort wird den regulierten Unternehmen die Möglichkeit eröffnet, sog. neutrale (d. h. ihrer Beeinflussung entzogene) Aufwendungen geltend zu machen.[269] Mit dieser eng auszulegenden Abweichung vom KeL-Maßstab sollen „Altlasten" der Deutschen Telekom AG aus der Monopolzeit ausgeglichen werden.[270]

76   Seit der TKG-Novelle 2012 sieht § 31 Abs. 2 TKG in zwei Konstellationen grundlegende Abweichungen vom KeL-Maßstab vor. Praktisch bedeutsam ist allein der Auffangtatbestand der Nr. 2.[271] Danach genehmigt die BNetzA auf Basis anderer Vorgehensweisen, sofern diese besser als die in § 31 Abs. 1 TKG genannten Vorgehensweisen geeignet sind, die Regulierungsziele zu erreichen. § 31 Abs. 2 Nr. 2 TKG bildet das Einfallstor für den nach anfänglichem Widerstand auch durch die BNetzA rezipierten – vermeintlich wettbewerbsfördernden – *Pure-LRIC-Ansatz* der EU-Kommission[272] im Bereich der sog. Terminierungsentgelte.[273] Danach sind

---

[264] *Hölscher,* in: Scheurle/Mayen, TKG, 3. Aufl. 2018, § 32 Rn. 51.

[265] *Groebel,* in: Säcker, TKG, § 31 Rn. 34.

[266] Zu diesem WACC (Weighted Average Cost of Capital)-Ansatz vgl. *Ludwigs,* Unternehmensbezogene Effizienzanforderungen, S. 246 ff. m. w. N.

[267] *Groebel,* in: Säcker, TKG, § 32 Rn. 34, 45 ff.

[268] Eingehend zum Effizienzkriterium des KeL-Maßstabs *Ludwigs,* Unternehmensbezogene Effizienzanforderungen, S. 254 ff.; vgl. noch EuGH, Rs. C-277/16, EU:C:2017:989, Rn. 27 ff. – Polkomtel, wonach das Entgeltniveau unter den tatsächlichen Kosten der Leistungserbringung liegen darf, falls diese höher sind als die eines effizienten Betreibers.

[269] *Groebel,* in: Säcker, TKG, § 32 Rn. 42.

[270] *Hölscher,* in: Scheurle/Mayen, TKG, 3. Aufl. 2018, § 32 Rn. 55.

[271] § 31 Abs. 2 S. 1 Nr. 1 TKG setzt voraus, dass die Entgelte für sog. Resale-Zugangsleistungen (vgl. § 21 Abs. 2 Nr. 3 TKG) der Genehmigungspflicht unterworfen sind, was bislang nicht der Fall ist (näher *Lünenbürger/Hölscher/Stamm,* in: Scheurle/Mayen, TKG, 3. Aufl. 2018, § 31 Rn. 30 m. w. N.).

[272] Grundlegend hierzu die Empfehlung 2009/396/EG der Kommission vom 07.05.2009 über die Regulierung der Festnetz- und Mobilfunk-Zustellungsentgelte in der EU, ABl. EU L 124/67; aus der Regulierungspraxis vgl. etwa BNetzA, Beschl. v. 30.08.2016 – Az. BK 3b-15/062, S. 33 ff.; dezidiert kritisch im Hinblick auf die Gefahr einer Gesamtkostenunterdeckung *Ludwigs,* Unternehmensbezogene Effizienzanforderungen, S. 199 ff.

[273] Hierunter sind die Entgelte zu verstehen, die die Netzbetreiber untereinander für die Zustellung von Anrufen aus fremden Netzen im eigenen Netz in Rechnung stellen.

nur die für die zusätzliche Leistungserbringung angefallenen Kosten (einschl. Kapitalverzinsung) der Anrufzustellung in fremde Mobilfunknetze bzw. das Festnetz berücksichtigungsfähig. Demgegenüber bleiben leistungsmengenneutrale Gemeinkosten als Beitrag zur Gesamtkostendeckung ausgeklammert.

(2) Missbrauchstatbestand des § 28 TKG

Bei der *ex-ante*-Einzelgenehmigung nach § 31 Abs. 1 S. 1 Nr. 1 TKG sind neben   77
dem zentralen KeL-Maßstab auch die Vorgaben des § 28 TKG *kumulativ* zu prüfen
(vgl. § 35 Abs. 2 S. 1 bzw. Abs. 3 S. 1 TKG).[274] Im Rahmen der *ex-post*-Regulierung
gemäß § 38 TKG bildet der an § 19 GWB orientierte Missbrauchstatbestand sogar
den *alleinigen Maßstab*.

Inhaltlich enthält § 28 TKG zunächst in Abs. 1 S. 1 TKG ein generalklauselarti-   78
ges Missbrauchsverbot. Dessen Konkretisierung anhand nicht abschließender („insbesondere") Regelbeispiele erfolgt durch § 28 Abs. 1 S. 2 TKG. Vereinfacht formuliert dürfen Entgelte danach grundsätzlich „nicht zu hoch [Nr. 1], zu niedrig [Nr. 2] oder diskriminierend [Nr. 3] sein …".[275] Der Behinderungsmissbrauch des § 28 Abs. 1 S. 2 Nr. 2 TKG wird in § 28 Abs. 2 TKG schließlich noch durch drei widerlegliche Vermutungstatbestände konturiert. Hierbei handelt es sich um die Dumpingschwelle (Nr. 1), die Preis-Kosten-Schere (Nr. 2) und die ungerechtfertigte Bündelung (Nr. 3).

dd) Methoden der Entgeltregulierung

Während sich der regulatorische Entgelt*maßstab* auf die insgesamt berücksichti-   79
gungsfähigen Kosten bezieht, stellt die *Methode* das zur regulatorischen Entgeltbestimmung anzuwendende Ermittlungsverfahren dar.[276] Bei der am KeL-Maßstab ausgerichteten *ex-ante*-Einzelgenehmigung nach § 31 Abs. 1 S. 1 Nr. 1 TKG wird die BNetzA durch § 35 Abs. 1 TKG ermächtigt, neben einer Kostennachweisprüfung auch eine ergänzende (S. 1) bzw. gegebenenfalls sogar eine alleinige (S. 2) Vergleichsmarktbetrachtung (Nr. 1) oder unabhängige Kostenrechnung (Nr. 2) durchzuführen. Die *Kostennachweisprüfung* stützt sich in erster Linie auf die vom regulierten Unternehmen gemäß § 34 Abs. 1 TKG vorgelegten Unterlagen. Eine Effizienzprüfung kann hier freilich an Erkenntnisgrenzen stoßen. Dann ist es angezeigt, den Aussagegehalt der vorgelegten Kostenunterlagen unter Heranziehung weiterer Methoden zu kontrollieren.[277] Im Vordergrund steht zunächst das *Vergleichsmarktverfahren* nach § 35 Abs. 1 S. 1 Nr. 1 TKG. Dieses ist allerdings auf eine hinreichende Vergleichsbasis angewiesen und beschränkt sich zudem auf eine Einschätzung der *relativen* Effizienz einzelner Unternehmen im Vergleich zu anderen Unternehmen. Eine Aussage über die *absolute* Effizienz der Unternehmen im

---

[274] Zur Rolle des Missbrauchsverbots neben dem strengen KeL-Maßstab vgl. *Radtke,* Materielle Maßstäbe der telekommunikationsrechtlichen ex ante Vorleistungsentgeltkontrolle, 2013, S. 127 ff.

[275] Siehe insoweit die Gesetzesbegründung zum TKG 2004, BT-Drs. 15/2316, S. 67.

[276] *Koenig/Senger,* MMR 2007, 290 (290).

[277] Vgl. auch die Begründung zum Gesetzentwurf der Bundesregierung zum TKG 2004, BT-Drs. 15/2316, S. 69.

Vergleich zu einem fiktiven Idealunternehmen wird nicht getroffen. Um auch insoweit verbleibende Effizienzpotenziale aufzudecken, ist an die Heranziehung unabhängiger Kostenrechnungen (sog. analytischer Kostenmodelle) zu denken. Hierbei handelt es sich um idealtypische Berechnungsmodelle, die auf der Basis eines Modellnetzes die effizienten Kosten ermitteln und die zu genehmigenden Entgelte hieran messen.[278]

80   Für die allein am Missbrauchstatbestand des § 28 TKG orientierte nachträgliche Entgeltregulierung sieht § 38 Abs. 2 S. 3 TKG primär eine Überprüfung nach dem Vergleichsmarktverfahren vor. Die Vorlage von Kostenunterlagen kann nur subsidiär gefordert werden.[279] Eine Heranziehung analytischer Kostenmodelle ist angesichts des klaren Wortlauts von § 38 Abs. 2 S. 3 TKG gänzlich ausgeschlossen.[280]

ee) Rechtsschutzfragen

81   In der Rechtsschutzperspektive stehen auch bei der Entgeltregulierung Fragen des Drittschutzes und der gerichtlichen Kontrolldichte im Zentrum.[281] Die Frage nach dem drittschützenden Charakter der Entgeltvorschriften (§§ 27 ff. TKG) ist vor allem bei (Anfechtungs-)Klagen von Wettbewerbern gegen Genehmigungsentscheidungen der BNetzA relevant. Anerkannt ist in der BVerwG-Rechtsprechung allerdings bislang allein der konkurrentenschützende Charakter der entgeltbezogenen Missbrauchstatbestände in § 28 Abs. 1 S. 2 Nr. 2 und 3 TKG.[282] Für Drittschutz spricht der Umstand, dass die Regelungen explizit „ander[e] Unternehmen" (siehe § 28 Abs. 1 S. 2 Nr. 2 TKG) bzw. „ander[e] Nachfrager" (§ 28 Abs. 1 S. 2 Nr. 3 TKG) als Verbotsbegünstigte ansprechen.[283] Noch nicht abschließend geklärt ist hingegen, ob auch das Verbot des Preishöhenmissbrauchs nach § 28 Abs. 1 S. 2 Nr. 1 TKG und insbesondere der zentrale KeL-Maßstab aus § 32 Abs. 1 TKG konkurrentenschützenden Charakter haben. Nach Maßgabe der Schutznormtheorie spricht hiergegen allerdings das Fehlen individualisierender Tatbestandsmerkmale

---

[278] Ausführlich *Kühling,* Sektorspezifische Regulierung in den Netzwirtschaften, S. 315 ff.; *Ludwigs,* Unternehmensbezogene Effizienzanforderungen, S. 171 f., 175, 256 ff., dort auch zur (verfassungs-)rechtlich geforderten Berücksichtigung von Pfadabhängigkeiten in Gestalt der Einbeziehung der bestehenden Netztopologie in die Modellierung eines effizienten Vergleichsnetzes.

[279] BVerwG, MMR 2010, 719 (720).

[280] Ebenso *Berger-Kögler/Cornils,* in: Beck'scher TKG-Kommentar, § 35 Rn. 24.

[281] Siehe daneben noch BVerfGE 143, 216 Rn. 56 ff., wonach die Einschränkung der Rückwirkung höherer Entgelte durch § 35 Abs. 5 S. 3 (i. V. m. S. 2) im Lichte der veränderten Marktsituation (Intensivierung des Wettbewerbs) aufgrund „Differenzierungsmangel[s]" verfassungswidrig geworden ist (Verstoß gegen Art. 19 Abs. 4 S. 1 GG); vgl. nunmehr die an den Jahresumsatz des Zugangspetenten anknüpfende Neuregelung in § 35 Abs. 5a TKG; aus der Lit. instruktiv *Gärditz,* Effektiver Rechtsschutz im TK-Entgeltgenehmigungsverfahren: Intertemporale Konfliktschlichtung im Prozess zwischen Verfassungs- und Unionsrecht, in: FS Schmidt-Preuß, S. 561 (565 ff.).

[282] BVerwG, NVwZ 2011, 623 (624); BVerwGE 148, 48 Rn. 76; BVerwGE 151, 268 Rn. 20; aus der Literatur *Schmidt-Preuß,* Kollidierende Privatinteressen, 2. Aufl. 2005, S. 758 ff.; zur besonderen Missbrauchsaufsicht gemäß § 42 Abs. 1 S. 1 TKG siehe noch BVerwGE 128, 305 (306 f.).

[283] BVerwGE 128, 305 (306); NVwZ 2011, 623 (624).

in den einschlägigen Normen.[284] Zu verneinen ist Drittschutz schließlich im Hinblick auf die Auswahl zwischen den drei unterschiedlichen Methoden der Entgeltregulierung nach § 35 Abs. 1 TKG. Auch insoweit lassen die Regelungen keine Anhaltspunkte dafür erkennen, dass der Schutz subjektiver Wettbewerberinteressen bezweckt ist.[285]

Eine Relativierung findet die vorstehend skizzierte ausdifferenzierte Anerken-   **82** nung des Drittschutzcharakters in der Judikatur des BVerwG zum *privatrechtsgestaltenden Charakter von Entgeltgenehmigungen der Regulierungsbehörde*.[286] Die Richter schließen hier explizit von der privatrechtsgestaltenden Wirkung auf den Drittschutz des Vertragspartners.[287] Im Falle einer Drittanfechtung sei die dem regulierten Unternehmen erteilte Entgeltgenehmigung auf die Einhaltung der materiellen Vorschriften zur Regelung der Entgelthöhe (im TK-Sektor: § 28 und § 31 Abs. 1 S. 2 TKG) zu prüfen. Voraussetzung hierfür soll allein sein, dass der Dritte die Leistungen des regulierten Unternehmens aufgrund eines durch die Entgeltgenehmigung gestalteten privatrechtlichen Vertrages in Anspruch nimmt.[288] Zur Begründung rekurriert das *BVerwG* auf den mit der privatrechtsgestaltenden Wirkung der (Fixpreis-) Genehmigung (§ 37 TKG) verbundenen Eingriff in die *Vertragsfreiheit*. Bei objektiver Rechtswidrigkeit der Entgeltgenehmigung sei deshalb auch der Eingriff in die Privatautonomie rechtswidrig und über Art. 2 Abs. 1 GG rügefähig. Insoweit komme es nicht darauf an, ob die einzelnen Genehmigungsvoraussetzungen bereits für sich genommen individualschützende Wirkung entfalten.[289] In der Konsequenz bedeutet der vom BVerwG verfolgte Ansatz die dogmatisch zweifelhafte Anerkennung eines *allgemeinen Gesetzesvollziehungsanspruchs* für Vertragspartner der regulierten Unternehmen.[290]

Mit Blick auf die Kontrolldichte hat das BVerwG für den KeL-Maßstab nach   **83** § 32 Abs. 1 TKG entschieden, dass „bei der Überprüfung von Kostenpositionen auf Richtigkeit und Erforderlichkeit [...] die Anerkennung eines gerichtlich nur eingeschränkt überprüfbaren Beurteilungsspielraums [...] allenfalls in Bezug auf abgrenzbare

---

[284] A. A. zu § 28 Abs. 1 S. 2 Nr. 1 TKG *Fetzer*, in: Arndt/Fetzer/Scherer/Graulich, TKG, 2. Aufl. 2015, § 28 Rn. 18; für § 32 Abs. 1 TKG *Kühling/Winzer,* in: Beck'scher TKG-Kommentar, § 32 Rn. 62, unter Rekurs u. a. auf EuGH, Rs. C-55/06, Slg. 2008, I-2931, Rn. 176 – Arcor; s. auch EuGH, Urt. v. 22.01.2015, C-282/13, EU:C:2015:24, Rn. 39 – T-Mobile Austria; dagegen aber *Ludwigs*, in: Gärditz, Anh. I Regulierungsrecht Rn. 36 f. unter Hinweis auf die Mehrdeutigkeit der EuGH-Judikatur.
[285] VG Köln, Urt. v. 14.05.2014, 21 K 3094/09, juris, Rn. 52 ff.
[286] Eingehend *Ludwigs*, in: Gärditz, Anh. I Regulierungsrecht Rn. 38; *ders.*, Die Verwaltung 49 (2016), 261 (279 ff.).
[287] BVerwGE 151, 268 Rn. 18, 53; BVerwGE 148, 48 Rn. 67 ff.; zur Paralleljudikatur im Postsektor: BVerwGE 152, 355.
[288] BVerwGE 151, 268 Rn. 18, 53; BVerwGE 152, 355 Rn. 20.
[289] BVerwGE 151, 268 Rn. 18, 53; BVerwGE 152, 355, Rn. 20 f.
[290] Kritisch bereits *Ludwigs*, Die Verwaltung 49 (2016), 261 (281).

Teilaspekte angezeigt ist [...]".[291] Konkret haben die Leipziger Richter einen regulierungsbehördlichen Entscheidungsspielraum zum einen bei der zentral bedeutsamen Festlegung der *angemessenen Kapitalverzinsung* bejaht.[292] Hierfür lässt sich insbesondere der offene („insbesondere") Kriterienkatalog des § 32 Abs. 3 TKG anführen.[293] Zum anderen räumt das BVerwG der BNetzA bei der Auswahl der Methode zur *Berechnung des Anlagevermögens* als Grundlage für die Ermittlung von Zinsen und Abschreibungen einen Beurteilungsspielraum ein.[294] Gleichsam kompensatorisch wurde die BNetzA hier *spezifischen Begründungsanforderungen* unterworfen.[295] Im Übrigen bleibt die Grundaussage zugunsten einer vollen gerichtlichen Überprüfbarkeit der KeL unberührt.[296] Sie macht deutlich, dass auch das BVerwG administrative Letztentscheidungsbefugnisse nicht zur „Grundausstattung" der BNetzA zählt, sondern differenziert vorgeht.[297] Dies bestätigt auch der Blick auf das Missbrauchsverbot des § 28 TKG. Der Fokus liegt hier nicht auf der Schaffung von Wettbewerb, sondern auf einer Verhinderung missbräuchlichen Verhaltens. Parallel zum Kartellrecht (§ 19 GWB) ist daher von der vollen gerichtlichen Überprüfbarkeit der im Bereich von § 28 TKG getroffenen regulierungsbehördlichen Entscheidungen auszugehen.[298]

d) Sonstige Verpflichtungen und besondere Missbrauchsaufsicht

84 Neben den zentralen Vorschriften über die Zugangs- und Entgeltregulierung verfügt das TKG über diverse weitere Instrumente, um Diskriminierungen zu verhindern und Wettbewerb auf den TK-Märkten zu stärken.[299] Angesprochen sind hiermit zunächst die Bestimmungen über eine Separierungsregulierung (§§ 40 f. TKG). Insoweit ist zum einen hervorzuheben, dass die behördlich auferlegte Entflechtung („funktionelle Trennung") vertikal integrierter Unternehmen gemäß § 40 Abs. 1 TKG eine „außerordentliche Maßnahme" darstellt, die nur als ultima ratio zulässig

---

[291] BVerwG, N&R 2010, 186 Rn. 4, BVerwGE 153, 265 Rn. 15.

[292] Vgl. zuletzt BVerwG, BeckRS 2016, 53116, Rn. 31 ff.

[293] Ausführlich *Ludwigs*, JZ 2009, 290 (297) m. w. N.; a. A. z. B. *Werkmeister*, Die Kapitalverzinsung im Rahmen der Entgeltregulierung gem. § 31 TKG, 2011, S. 271 ff., 280 ff.

[294] BVerwGE 148, 48 Rn. 34; BVerwGE 150, 74 Rn. 31.

[295] Vgl. auch den parallelen Ansatz in BVerwGE 151, 56 Rn. 30 ff., wo mit Blick auf die Methoden der Entgeltregulierung hervorgehoben wird, dass der BNetzA sowohl bei der Frage, welche grundsätzlich vergleichbaren Märkte sie im Rahmen der Vergleichsmarktbetrachtung (§ 35 Abs. 1 S. 1 Nr. 1 TKG) heranzieht als auch im Hinblick darauf, ob und ggf. in welcher Höhe Zu- bzw. Abschläge notwendig sind, ein durch spezifische Begründungsanforderungen eingehegter Beurteilungsspielraum zusteht; hierzu *Mengering*, Entgeltregulierung im Telekommunikations- und Energierecht, S. 392 ff.

[296] Vgl. insoweit auch BVerwGE 153, 265 Rn. 13 ff., wo ein Beurteilungsspielraum in Bezug auf die Ermittlung der Stundensätze, die den genehmigten Entgelten zugrunde liegen, verneint wird.

[297] *Ludwigs*, RdE 2013, 297 (302).

[298] *Ludwigs*, JZ 2009, 290 (297); etwas anderes wird man allein für jene Beurteilungsspielräume annehmen können, die das BVerwG der BNetzA bei der Vergleichsmarktbetrachtung einräumt (vgl. Fn. 295), da insoweit parallele Vorgaben auch im Hinblick auf § 28 TKG zur Anwendung gelangen (*Mayen*, in: Scheurle/Mayen, 3. Aufl. 2018, § 28 Rn. 78).

[299] *Kühling/Schall/Biendl*, Telekommunikationsrecht, Rn. 400.

und von einer Positiventscheidung der EU-Kommission abhängig ist. Tatbestandlich bedarf es hierfür zudem einer erfolglosen Auferlegung und Durchsetzung von
Zugangs-/Entgeltregulierungsmaßnahmen. Auf Rechtsfolgenseite steht der BNetzA
sowohl ein Entschließungsermessen hinsichtlich des „Ob" der funktionellen Trennung als auch ein Auswahlermessen bezüglich der konkreten Ausgestaltung zu.[300]

Den gegenwärtigen Rechtsrahmen zur – vormals in § 41a TKG adressierten –   **85**
Netzneutralität[301] bildet die Netzneutralitätsverordnung 2015/2120 (EU-NNVO).[302]
Dort findet sich die Garantie einer *zugangsbezogenen* Netzneutralität (Art. 3 Abs. 1
EU-NNVO), die jedoch in der Anerkennung einer grundsätzlichen Zulässigkeit von
Vereinbarungen über die gewerblichen und technischen Bedingungen sowie Merk-
male wie Preis, Datenvolumina oder Geschwindigkeit (Art. 3 Abs. 2 EU-NNVO)
eine vage formulierte Abschwächung erfährt. Daneben ist auch die als Gleichbehandlungsgebot aller Verkehre im Internet formulierte *übermittlungsbezogene*
Netzneutralität (Art. 3 Abs. 3 EU-NNVO) einer sachlichen Rechtfertigung von Ungleichbehandlungen zugänglich, für deren nähere Umstände die VO wiederum
keine präzisen Vorgaben enthält.[303] Besondere Bedeutung bei der Durchsetzung des
Prinzips der Netzneutralität kommt vor diesem Hintergrund dem behördlichen Vollzug auf Grundlage von Art. 5 Abs. 1 UAbs. 1 S. 2 EU-NNVO zu. Hierin werden die
nationalen Regulierungsbehörden unmittelbar ermächtigt, Anforderungen an technische Merkmale, Mindestanforderungen an die Dienstqualität und sonstige geeignete und erforderliche Maßnahmen vorzuschreiben.[304]

Weitergehend ist auf die Vorschriften über die besondere Missbrauchsaufsicht in   **86**
§ 42 TKG (als lex specialis zu § 126 TKG) und die Vorteilsabschöpfung gemäß
§ 43 TKG zu verweisen. Die *besondere Missbrauchsaufsicht* tritt als flankieren-
des Instrument neben die speziellen Missbrauchsvorschriften der Zugangs- und
Entgeltregulierung und soll diejenigen Verhaltensweisen unterbinden, die geeignet
sind, die Regulierungsziele zu konterkarieren.[305] Die Regelung zur *Vorteilsabschöpfung* knüpft nach dem Vorbild des § 34 GWB unmittelbar an einen Missbrauch an
und ermächtigt die BNetzA, den durch einen Verstoß gegen eine behördliche Verfügung nach § 42 Abs. 4 TKG oder durch einen (schuldhaften) Verstoß gegen eine
sonstige Norm des TKG entstandenen wirtschaftlichen Vorteil abzuschöpfen.[306]

---

[300] *Klement*, in: Scheurle/Mayen, TKG, 3. Aufl. 2018, § 40 Rn. 31 ff., der dort auch – im Hinblick
auf die Eingriffstiefe kritisch – auf die umstrittene Zulässigkeit einer (gesellschafts-)rechtlichen
Entflechtung und eine unstreitig ausgeschlossene eigentumsrechtliche Entflechtung eingeht.

[301] Näher zum „wissenschaftlich noch nicht vollständig ausgeleuchteten" Begriff der Netzneutralität *Klement*, EuR 2017, 532 (533 ff.).

[302] Nachweis in Fn. 51, näher *Francke*, Netzneutralität in Europa, 2019, S. 138 ff.

[303] *Klement*, in: Scheurle/Mayen, TKG, 3. Aufl. 2018, § 41 a. F. (EU-NNVO) Rn. 91; zum Verstoß
des „StreamOn"-Angebots der Telekom (u. a.) gegen Art. 3 Abs. 3 EU-NNVO vgl. VG Köln,
MMR 2019, 197; bestätigend OVG Münster, Beschl. v. 12.07.2019 - 13 B 1734/18, juris.

[304] Zur Kritik am Maßstab des Demokratieprinzips: *Klement*, EuR 2017, 532 (556 ff.).

[305] *Schütz*, in: Beck'scher TKG-Kommentar, § 42 Rn. 40.

[306] *Kühling/Schall/Biendl*, Telekommunikationsrecht, Rn. 428 ff.; *Neumann/Koch*, Telekommunikationsrecht, Kap. 3 Rn. 403 ff.

5. Universaldienst

87 Die von Art. 87 f Abs. 1 GG geforderte flächendeckend angemessene und ausreichende Versorgung der Bevölkerung mit TK-Dienstleistungen wird durch das Universaldienstregime in den §§ 78 ff. TKG sichergestellt.[307] Hiermit hat der TKG-
Gesetzgeber der staatlichen Gewährleistungsverantwortung Rechnung getragen
und zugleich die Vorgaben der Universaldienstrichtlinie 2002/22/EG[308] umgesetzt.
Im Näheren sieht § 80 TKG vor, dass Unternehmen, die auf einem räumlich relevanten Markt über beträchtliche Marktmacht verfügen oder mindestens 4 % des
Gesamtumsatzes auf dem (jeweiligen) deutschen Telekommunikationsmarkt erzielen, in einem förmlichen Verfahren nach § 81 TKG verpflichtet werden können,
Universaldienstleistungen i. S. d. § 78 Abs. 1 und 2 TKG zu erbringen. Das konkret
verpflichtete Unternehmen erhält einen verhältnismäßigkeitswahrenden finanziel-
len Ausgleich nach § 82 TKG, zu dem alle anderen abstrakt Verpflichteten durch die
Universaldienstleistungsabgabe des § 83 TKG beitragen. Praktische Bedeutung hat
dieses filigrane und in Teilen umstrittene System[309] allerdings bislang nicht erlangt.
Der Grund hierfür ist, dass die Universaldienste bis auf weiteres umfassend von der
Deutschen Telekom AG erbracht werden (siehe § 150 Abs. 9 TKG).

88 ## III. Kontrollfragen

> 1. Wie wird der Begriff der Regulierung definiert und welche Sektoren bil-
>   den das Netzregulierungsrecht? (→ Rn. 1)
> 2. Was versteht man unter einem natürlichen Monopol, dem disaggregier-
>   ten Regulierungsansatz und dem Konzept des Als-Ob-Wettbewerbs?
>   (→ Rn. 4–7)
> 3. Worin besteht der Unterschied zwischen einer normierenden und einer
>   administrativen Regulierung? (→ Rn. 15–18)
> 4. Handelt es sich bei der BNetzA um eine ministerialfreie Behörde?
>   (→ Rn. 23–26)
> 5. Was ist unter dem europäischen Regulierungsverbund zu verstehen?
>   (→ Rn. 27)
> 6. Welche spezifischen Regulierungsinstrumente kommen in allen Netzsek-
>   toren zum Einsatz? (→ Rn. 30–34)

---

[307] Näher *Kühling/Schall/Biendl*, Telekommunikationsrecht, Rn. 608 ff.; die umstrittene Frage, ob
das Universaldienstregime (§ 78 Abs. 2 Nr. 1 TKG) auch den Anschluss an ein Breitbandnetz umfasst, wird *pro futuro* durch Art. 84 des Kodex (Fn. 53) positiv entschieden.

[308] Nachweis in Fn. 46.

[309] Instruktiv *Ziekow*, § 14 Rn. 54; zur Diskussion um die Einordnung der Universaldienstabgabe
als verfassungswidrige Sonderabgabe vgl. *Cornils*, in: Beck'scher TKG-Kommentar, § 78 Rn. 8 ff.

7. Welcher Rechtsweg ist für Rechtsstreitigkeiten im Regulierungsrecht einschlägig? (→ Rn. 35 f.)
8. In welchem Verhältnis steht das sektorspezifische Regulierungsrecht zum Kartellrecht? (→ Rn. 37)
9. Ist der Betrieb eines öffentlichen Telekommunikationsnetzes bzw. die Erbringung von Telekommunikationsdiensten für die Öffentlichkeit genehmigungspflichtig? (→ Rn. 41)
10. Welche regulatorischen Maßnahmen stehen im Rahmen der Versteigerung von 5G-Funkfrequenzen im Vordergrund? Inwieweit sind diese juristisch umstritten? (→ Rn. 42)
11. Wie gestaltet sich der Ablauf des Marktregulierungsverfahrens? (→ Rn. 45–55)
12. Was kennzeichnet die Figur des Regulierungsermessens? (→ Rn. 57)
13. Worin besteht der Unterschied zwischen den „Kann-" und den „Soll-Vorgaben" des § 21 TKG? (→ Rn. 61)
14. Wieso bedarf es neben der Zugangsregulierung noch einer Entgeltregulierung? (→ Rn. 6, 66)
15. Welche regulatorische Herausforderung ist mit dem Einsatz der sog. Vectoring-Technologie verknüpft? (→ Rn. 63)
16. Was ist der Unterschied zwischen einer Regulierung der Vorleistungsentgelte einerseits und der Endnutzerentgelte andererseits? (→ Rn. 6, 67)
17. Wer trifft wo die Entscheidung zwischen einer ex-ante- und einer ex-post-Regulierung und welche Konsequenzen ergeben sich hieraus für Entgeltverfahren und Entgeltmaßstab? (→ Rn. 68–71)
18. Aus welchen Elementen setzt sich der sog. KeL-Maßstab zusammen? (→ Rn. 72–76)
19. Welche Methoden der Entgeltregulierung sind im TK-Sektor anwendbar und wie ist ihr Verhältnis zum Entgeltmaßstab? (→ Rn. 79 f.)

Literatur

Baldwin/Cave/Lodge, Understanding Regulation, 2. Aufl. 2012

Burgi, Regulierung: Inhalt und Grenzen eines Handlungskonzepts der Verwaltung, in: FS Battis, 2014, S. 329

Fetzer, Staat und Wettbewerb in dynamischen Märkten, 2013

ders., Telekommunikationsrecht, in: Schulte/Kloos, Öffentliches Wirtschaftsrecht, 2016, § 8

Franke, Rechtsschutzfragen der Regulierungsverwaltung, Die Verwaltung 49 (2016), 25

Gärditz, Europäisches Regulierungsverwaltungsrecht auf Abwegen, AöR 135 (2010), 251

Haucap/Uhde, Regulierung und Wettbewerb in liberalisierten Netzindustrien aus institutionenökonomischer Perspektive, ORDO 59 (2008), 237

Holznagel, Zukunftsfähigkeit der Regulierungskonzeption, in: ders. (Hrsg,), 20 Jahre Verantwortung für Netze, 2018, S. 3

Kersten, Herstellung von Wettbewerb als Verwaltungsaufgabe, VVDStRL 69 (2010), 288

Kühling/Rasbach/Busch, Energierecht, 4. Aufl. 2018

Kühling, Sektorspezifische Regulierung in den Netzwirtschaften, 2004

ders./Schall/Biendl, Telekommunikationsrecht, 2. Aufl. 2014

Ludwigs, Konvergenz oder Divergenz der Regulierung in den Netzwirtschaften, in: FS Schmidt-Preuß, 2018, S. 689

ders., Gemeinwohlverfolgung und Regulierungsrecht vor neuen Herausforderungen, N&R 2018, 262

ders., Unternehmensbezogene Effizienzanforderungen im Öffentlichen Recht, 2013

Mengering, Die Entgeltregulierung im Telekommunikations- und Energierecht, 2017

Neumann/Koch, Telekommunikationsrecht, 2. Aufl. 2013

Schmidt-Preuß, Das Regulierungsrecht als interdisziplinäre Disziplin – am Beispiel des Energierechts, in: FS Kühne, 2009, S. 329

§ 13 Energierecht

Martin Kment

Inhaltsverzeichnis

M. Kment (✉)
Juristische Fakultät, Universität Augsburg, Augsburg, Deutschland
E-Mail: martin.kment@jura.uni-augsburg.de

© Springer-Verlag GmbH Deutschland, ein Teil von Springer Nature 2019
R. Schmidt, F. Wollenschläger (Hrsg.), *Kompendium Öffentliches Wirtschaftsrecht*,
Springer-Lehrbuch, https://doi.org/10.1007/978-3-662-59430-8_13

I. Einleitung

1   Die Versorgung mit Energie stellt eines der Grundbedürfnisse der modernen Gesellschaft dar. Nicht nur die Wirtschaft, sondern jeder Einzelne ist existenziell hierauf angewiesen. Es wundert daher nicht, dass das BVerfG die Energieversorgung der öffentlichen Daseinsvorsorge zugeordnet hat[1] und der Gesetzgeber die sichere, also die individuelle wie auch kollektive angemessene und störungsfreie Belieferung mit Energie, wie auch die preisgünstige, d. h. für jedermann erschwingliche, sowie verbraucherfreundliche Energieversorgung an die Spitze des Energiewirtschaftsrechts gestellt hat.[2] Weiter stellt die Umweltverträglichkeit ein Anliegen des Energierechts dar. Im Anschluss an das Energiekonzept der Bundesregierung aus dem Jahr 2010[3] und an die mit dem Atomausstieg bis 2022[4] eingeleitete Energiewende strebt die Bundesregierung zum einen eine Änderung des Energiemixes an, konkret eine schrittweise Erhöhung des Anteils erneuerbarer Energien bis 2050 auf 80 %,[5] und versucht zum anderen, eine Rückführung des Primärenergieverbrauchs bis 2020 um 20 %, eine Steigerung der Energieeffizienz sowie eine Reduktion der Treibhausgasemissionen

---

[1] BVerfGE 38, 258 (270 f.); BVerfGE 91, 186 (206); BVerfG, NJW 1990, 1783 (1783).

[2] Vgl. § 1 Abs. 1 EnWG; siehe dazu *Kment*, in: ders., EnWG, § 1 Rn. 3 f.

[3] Energiekonzept für eine umweltschonende, zuverlässige und bezahlbare Energieversorgung, vgl. BT-Drs. 17/3049, S. 2 ff.

[4] Vgl. hierzu *Sellner/Fellenberg*, NVwZ 2011, 1025 (1025); *Roßnagel/Hentschel/Emanuel*, UPR 2017, 128 (129 ff.).

[5] Vgl. § 1 Abs. 2 S. 1 Nr. 3 EEG.

bis 2020 um 40 % durchzusetzen.[6] Die aktuellen praktischen Schwierigkeiten bei der Realisierung dieser ambitionierten Ziele, namentlich die einer Versorgungssicherheit abträgliche Volatilität erneuerbarer Energien und die Umstellung der Elektrizitätsversorgungsnetze auf eine dezentrale Infrastruktur[7] wie auch der verbraucherbelastende Anstieg des Fördergeldvolumens für erneuerbare Energien und Kraft-Wärme-Kopplung,[8] zeigen dass die Leitvorstellungen des Energierechts durchaus konträre Stoßrichtungen aufweisen können.[9] Sie bedürfen daher des Ausgleichs im konkreten Anwendungsfall,[10] wobei keiner Ausprägung ein abstrakter Vorrang zukommt.[11]

Die normative Realisierung der energiepolitischen Zielsetzungen lässt sich nur   2
durch eine Vielzahl von normativen Ansätzen gewährleisten. Schon lange beschränkt sich das Energierecht nicht mehr nur auf das EnWG als sein Stammgesetz und die dort große Bedeutung einnehmende Regulierung der Energieversorgungsnetze.[12] Das Energierecht ist vielmehr zu einem *normativen Schmelztiegel* avanciert, der über das öffentliche Wirtschaftsrecht hinaus Anknüpfungen im Völker-, Europa- und Verfassungsrecht hat. Zudem zeigen sich Verbindungslinien zum Umwelt-, Planungs- und Kommunalrecht, dem allgemeinen und besonderen Zivilrecht, insbesondere dem Handels-, Gesellschafts- und Wettbewerbsrecht, wie auch dem Strafrecht. Die Verwirklichung der energiepolitischen Zielsetzungen stellt mithin eine Querschnittsaufgabe dar.

II. Europäisches Energierecht

Die energierechtlichen Inhalte des Unionsrechts sind zersplittert und vielschichtig.   3
So finden sich sowohl im Primär- als auch im Sekundärrecht der Europäischen Union fachspezifische und fachrelevante Regelungen.

1. Primärrecht

a) Energiepolitische Anfänge

Bereits von Beginn an spielte die Verfolgung von energiepolitischen Interessen eine   4
zentrale Rolle im *europäischen Einigungsprozess*. Mit dem am 23.07.2002 außer Kraft getretenen Vertrag über die Gründung der Europäischen Gemeinschaft für

---

[6] BT-Drs. 17/3049, S. 2 f.

[7] *Kment*, ZNER 2011, 225 (225).

[8] *Kment*, Netzintegration Erneuerbarer Energien als Baustein der Energiewende, in: Brinktrine/Ludwigs/Seidel (Hrsg.), Energieumweltrecht in Zeiten von Europäisierung und Energiewende, 2014, S. 43 (43).

[9] *Von Lewinski*, EnWZ 2013, 439 (441).

[10] *Wirtz*, in: Rosin u. a., Praxiskommentar EnWG, § 1 Rn. 6 (Stand: 8. EL August 2016).

[11] BT-Drs. 13/7274, S. 13; *Büdenbender*, DVBl. 2005, 1161 (1164); a. A. *Kloepfer*, § 3 Rn. 35.

[12] Vgl. zum Regulierungsrecht allgemein *Ruffert*, in: Ehlers/Fehling/Pünder, § 21 Rn. 1 ff.; *Eekhoff/Vossler*, in: Baur/Salje/Schmidt-Preuß, Kap. 1 Rn. 1 ff.

Kohle und Stahl (EGKSV) von 1951[13] und dem weiter in Kraft befindlichen Vertrag zur Gründung der Europäischen Atomgesellschaft (Euratom) von 1957[14] waren gleich zwei Gründungsverträge energiepolitisch motiviert. Im Gegensatz dazu wies jedoch der Vertrag zur Gründung der Europäischen Wirtschaftsgemeinschaft (EWG)[15] keine ausdrückliche Behandlung der Energie auf. Dies änderte sich zwar durch den Vertrag zur Gründung der Europäischen Gemeinschaft (EGV) von 1992,[16] in welchem der Bereich Energie in Art. 3 lit. u EGV aufgelistet wurde; jedoch handelte es sich dabei nur um eine Tätigkeitsnorm, welche keine Kompetenz der EG in diesem Bereich begründete.[17]

5   Die kompetenzrechtlichen Grundlagen für ein Tätigwerden der EU-Organe im Bereich Energie bildeten vielmehr die *allgemeinen Befugnisnormen* des EGV,[18] die auch nach Inkrafttreten des jetzigen AEUV nicht an Bedeutung verloren haben.[19] Bis heute sind daher die folgenden Kompetenzen von Relevanz:

- Wettbewerbsregeln einschließlich des Verbots staatlicher Beihilfen: Art. 101 ff. AEUV;[20]
- Vorschriften zur Rechtsangleichung zwecks der Verwirklichung des Binnenmarktes bzw. der Grundfreiheiten: Art. 114 i. V. m. Art. 26 ff. AEUV;[21]
- Kompetenzen im Bereich der Umweltpolitik: Art. 191 ff. AEUV;[22]
- Vertragsabrundungskompetenz: Art. 352 AEUV;[23]
- finanzielle Förderung transeuropäischer Netze ohne Rechtssetzungs- oder Planungsbefugnisse der EU: Art. 170 ff. AEUV.[24]

---

[13] BGBl. 1952 II, S. 447, zuletzt geändert durch Art. 4 Nizza-Vertrag vom 26.02.2001, ABl. EG C 80/36, ber. ABl. EG C 96/27.

[14] BGBl. 1957 II, S. 1014, ber. S. 1678; ber. BGBl. 1999 II, S. 1024, zuletzt geändert durch Art. 11, 14 Abs. 2 EU-Beitrittsakte 2013 vom 09.12.2011, ABl. EU 2012 L 112/21.

[15] Vertrag zur Gründung der Europäischen Wirtschaftsgemeinschaft vom 25.03.1957, BGBl. 1957 II, S. 753.

[16] Vertrag zur Gründung der Europäischen Gemeinschaft in der Fassung bis 30.11.2009 vom 25.03.1957, zuletzt geändert durch Art. 2 Vertrag von Lissabon vom 13.12.2007, ABl. EU C 306/1.

[17] *Von Bogdandy*, in: Grabitz/Hilf (Hrsg.), Kommentar zur Europäischen Union, Art. 3 EGV Rn. 3 (Stand: 15. EL Januar 2000).

[18] Beispielsweise ex-Art. 175 EGV oder ex-Art. 95 EGV.

[19] *Bings*, in: Streinz, Art. 194 AEUV Rn. 3 ff.

[20] Vgl. etwa EuGH, Rs. C-379/98, Slg. I-2001, 2099 – PreussenElektra; *Eilmansberger/Kruis*, in: Streinz, vor Art. 101 AEUV Rn. 1 ff. und *Kühling*, in: Streinz, Art. 107 AEUV Rn. 1 ff.

[21] *Lecheler/Recknagel*, in: Dauses/Ludwigs, Kap. M Rn. 32 ff. (Stand: 30. EL Februar 2012); zur Rechtsangleichung vgl. auch *Tietje*, in: Grabitz/Hilf/Nettesheim, Art. 114 AEUV Rn. 1 ff. (Stand: 59. EL Juli 2016).

[22] *Nettesheim*, in: Grabitz/Hilf/ders., Art. 191 AEUV Rn. 49 ff. (Stand: 44. EL Mai 2011).

[23] Vgl. *Winkler*, in: Grabitz/Hilf/Nettesheim, Art. 352 AEUV Rn. 1 ff. (Stand: 63. EL Dezember 2017).

[24] *Epiney/Heuck/Schleiss*, in: Dauses/Ludwigs, Kap. L Rn. 441 ff. (Stand: 33. EL September 2013); vgl. dazu auch *Ritter*, Europäische Raumentwicklungspolitik, 2009.

b) Eigener Tätigkeitsbereich und Art. 194 AEUV als Energie-
Kompetenztitel

Eine eigenständige Behandlung wurde der europäischen Energiepolitik auf der **6**
Ebene des Primärrechts erst durch das Inkrafttreten des Vertrages von Lissabon zum
01.12.2009[25] zuteil. Mit dem Vertrag von Lissabon ist der Bereich der Energie außerdem gemäß Art. 4 Abs. 2 lit. i AEUV nunmehr als *eigener Tätigkeitsbereich* im
Rahmen einer geteilten Zuständigkeit von Union und Mitgliedstaaten verankert.
Dies hat gemäß Art. 2 Abs. 2 AEUV für die Mitgliedstaaten zur Folge, dass sie im
Bereich der Energie grundsätzlich nur gesetzgeberisch tätig werden können, sofern
und soweit die Union ihre Zuständigkeit nicht ausübt.[26] So wurde in Art. 194 AEUV
erstmals ein *spezifischer Kompetenztitel* „Energie" in den AEUV eingeführt, um
damit das zersplitterte Kompetenzgefüge zu vereinheitlichen. Ob und inwieweit die
Einführung des Art. 194 AEUV zu einer Erweiterung der bisherigen Kompetenz-
standards der Union auf dem Sektor der Energie führt, ist jedoch noch nicht abschließend geklärt.[27]

Art. 194 AEUV stellt die zentrale Norm in der europäischen Energiepolitik dar. **7**
Gemäß Art. 194 Abs. 1 AEUV verfolgt die Union ihre *energiepolitischen Ziele* anhand der Leitprinzipien der Solidarität, des Binnenmarktes und des Umweltschutzes. Zu den energiepolitischen Zielen der EU zählen dabei die Sicherstellung des
Funktionierens des Energiemarktes (lit. a), die Gewährleistung der Energieversorgung in der Union (lit. b), die Förderung der Energieeffizienz und die Entwicklung
neuer und erneuerbarer Energiequellen (lit. c) sowie die Förderung der Interkon-
nektion der Energienetze (lit. d). Die eigentliche *Ermächtigungsgrundlage* zur
Realisierung der energiepolitischen Ziele aus Abs. 1 findet sich in Art. 194 Abs. 2
AEUV.[28] Danach haben das Europäische Parlament und der Rat das Recht, im sog.
ordentlichen Gesetzgebungsverfahren gemäß Art. 289 Abs. 1 i. V. m. Art. 294 AEUV
alle Maßnahmen zu erlassen, die erforderlich sind, um die Ziele nach Abs. 1 zu
verwirklichen. Eine bedeutende Einschränkung dieser Handlungsermächtigung
folgt allerdings aus dem *Souveränitätsvorbehalt* in Art. 194 Abs. 2 UAbs. 2
AEUV. Danach wird unbeschadet des Art. 192 Abs. 2 lit. c AEUV jedem Mitgliedstaat das Recht zuerkannt, die Bedingungen für die Nutzung seiner Energieressourcen, seine Wahl zwischen verschiedenen Energiequellen und die allgemeine
Struktur der Energieversorgung zu bestimmen.[29] Aufgrund dessen war es beispielsweise Deutschland möglich, seine Energiewende einzuleiten.[30] Zu beachten bleibt

---

[25] ABl. EU 2007/C 306/1.

[26] *Danner*, in: ders./Theobald, Energierecht, Einführung I.3. Rn. 18 (Stand: 93. EL Juni 2017);
Calliess, in: ders./Ruffert, Art. 194 AEUV Rn. 24; *Gärditz*, RdE 2018, 457 (459).

[27] Siehe dazu ablehnend *Kahl*, EuR 2009, 601 (609 f.); befürwortend mit der Folge einer restriktiven Auslegung der Vorbehaltsregel des Art. 194 Abs. 2 UAbs. 2 AEUV, *Pielow*, in: Ehlers/Fehling/
Pünder, § 22 Rn. 20.

[28] *Calliess*, in: ders./Ruffert, Art. 194 AEUV Rn. 18.

[29] *Nettesheim*, in: Grabitz/Hilf/ders., Art. 194 AEUV Rn. 30 ff. (Stand: 44. EL Mai 2011); *Calliess*,
in: ders./Ruffert, Art. 194 AEUV Rn. 29.

[30] Vgl. *Calliess*, in: ders./Ruffert, Art. 194 AEUV Rn. 29.

schließlich die einstimmige Beschlussfassung des Rates bei Maßnahmen überwiegend *steuerlicher* Art nach Art. 194 Abs. 3 AEUV.

8   Die Kompetenz des Art. 194 Abs. 2 AEUV unterliegt neben den speziell energierechtlichen Grenzen auch *allgemeinen Kompetenzausübungsschranken.* In den Fokus rücken hier zum einen Art. 106 Abs. 2 i. V. m. Art. 14 AEUV für sog. Dienste von allgemeinem wirtschaftlichen Interesse[31] sowie zum anderen die Charta der Grundrechte der Europäischen Union (GRCh), welche nach Art. 6 Abs. 1 EUV rechtsverbindliche Wirkung entfaltet.[32] Bezüglich Letzterer sind insbesondere die Freiheiten gem. Art. 15 (Berufsfreiheit und Recht zu arbeiten), Art. 16 (Unternehmerische Freiheit) sowie Art. 17 (Eigentumsrecht) GRCh zu beachten, welche gegebenenfalls von betroffenen Energieversorgungsunternehmen gegenüber belastenden Maßnahmen der EU-Energiepolitik in Stellung gebracht werden können (→ § 1 Rn. 95 ff.).[33]

2. Sekundärrecht

9   Auf der Grundlage der primärrechtlichen Prämissen versucht die EU, mit Hilfe von Rechtsakten des Sekundärrechts nach Art. 288 AEUV eine gemeinsame Energiepolitik innerhalb der Unionsgrenzen durchzusetzen. Dabei kann unter anderem zwischen energiepolitischen Maßnahmen zur Realisierung eines Energiebinnenmarktes, eines Energieumweltrechts sowie eines Energiesteuerrechts unterschieden werden.

a) Realisierung eines Energiebinnenmarktes

10   Die Verwirklichung eines gemeinsamen Energiebinnenmarktes beruhte von Beginn an auf *drei Kernelementen,* die sich teilweise ergänzen bzw. überschneiden:

- Ermöglichung bzw. Erzwingung eines diskriminierungsfreien Zugangs Dritter zu den Transport- und Verteilernetzen;
- Entflechtung des Netzbetriebs von der Erbringung der eigentlichen Versorgungsdienstleistungen;
- Regulierung des Netzzugangs.

11   Um diese Ziele zu erreichen, wurden verschiedene Sekundärrechtsakte erlassen, wobei das sog. *erste Energiebinnenmarktpaket* den wesentlichen Ausgangspunkt dafür bildete. Dieses stützte sich auf die Richtlinien bezüglich gemeinsamer Vorschriften für den Elektrizitäts- bzw. den Erdgasbinnenmarkt.[34] Zentrales Anliegen

---

[31] Vgl. dazu *Wernicke,* in: Grabitz/Hilf/Nettesheim, Art. 106 AEUV Rn. 37 ff. (Stand: 58. EL Januar 2016); *Jung,* in: Calliess/Ruffert, Art. 106 AEUV Rn. 36 ff.

[32] *Jarass,* GRCh, Einl. Rn. 6.

[33] *Jarass/Kment,* EU-Grundrechte, § 20 Rn. 1 ff.

[34] RL 96/92/EG des Europäischen Parlaments und des Rates vom 19.12.1996 betreffend gemeinsame Vorschriften für den Elektrizitätsbinnenmarkt, ABl. EG L 27/20 bzw. RL 98/30/EG des Europäischen Parlaments und des Rates vom 22.06.1998 betreffend gemeinsame Vorschriften für den Erdgasbinnenmarkt, ABl. EG L 204/1.

war die Überwindung der bis dahin vorhandenen Netzmonopole. Diesbezüglich wurde ein diskriminierungsfreier Netzzugang gefordert, wobei den Mitgliedstaaten hinsichtlich der inhaltlichen Ausgestaltung noch die Wahl zwischen den Modellen des „verhandelten" und des „regulierten" Netzzugangs eingeräumt wurde.[35] Darüber hinaus enthielten diese Richtlinien auch erste Ansätze für eine Entflechtung der sog. integrierten Energieversorgungsunternehmen, die Vorgaben der Richtlinien verlangten jedoch zunächst nur eine „buchhalterische" Entflechtung.[36]

Um weiter bestehende Defizite aufgrund der unterschiedlichen Marktöffnung in den einzelnen Mitgliedstaaten zu beseitigen, wurde im Juni 2003 das sog. *zweite Energiebinnenmarktpaket* mit den Beschleunigungsrichtlinien für Strom und Gas erlassen.[37] Diese umfassten drei inhaltliche Schwerpunkte: Zum einen wurden die Mitgliedstaaten sowohl zu einer rechtlichen als auch zu einer weitergehenden die operationellen Abläufe betreffenden Entflechtung der Netze verpflichtet. Zum anderen wurde das Modell des regulierten Netzzugangs als allein mögliches System festgeschrieben. Letztlich sollte die Regulierung von Netzbetrieb und Netzzugang nur noch durch staatliche Regulierungsbehörden durchgeführt werden. Flankierend dazu waren die Stromhandelsverordnung (EG) Nr. 1228/2003[38] und die Erdgaszugangsverordnung (EG) Nr. 1775/2005[39] Bestandteil des zweiten Energiebinnenmarktpaketes. **12**

Aufgrund der schleppenden Umsetzung der Beschleunigungsrichtlinien wurde im Jahr 2009 ein *drittes Energiebinnenmarktpaket* verabschiedet, welches sich sowohl aus neuen Binnenmarktrichtlinien[40] als auch aus neuen Verordnungen über den Zugang zu den Erdgasfernleitungsnetzen[41] und über den grenzüberschreitenden **13**

---

[35] Zur Entwicklung des Netzzugangs vgl. *Theobald*, in: Danner/ders., Energierecht, Einführung EnWG Rn. 7 ff. (Stand: 96. EL Januar 2018).

[36] *Lüdtke-Handjery*, in: Danner/Theobald, Energierecht, § 20 Abs. 1a EnWG Rn. 27 (Stand: 85. EL Juni 2015).

[37] RL 2003/54/EG des Europäischen Parlaments und des Rates vom 26.06.2003 über gemeinsame Vorschriften für den Elektrizitätsbinnenmarkt und zur Aufhebung der RL 96/92/EG, ABl. EU L 176/37 und RL 2003/55/EG des Europäischen Parlaments und des Rates vom 26.06.2003 über gemeinsame Vorschriften für den Erdgasbinnenmarkt und zur Aufhebung der RL 98/30/EG, ABl. EU L 176/57, ber. ABl. EU L 2/55, ABl. EU L 16/74.

[38] VO (EG) Nr. 1228/2003 des Europäischen Parlaments und des Rates vom 26.06.2003 über die Netzzugangsbedingungen für den grenzüberschreitenden Stromhandel, ABl. EU L 176/1.

[39] VO (EG) Nr. 1775/2005 des Europäischen Parlaments und des Rates vom 28.09.2005 über die Bedingungen für den Zugang zu den Erdgasfernleitungsnetzen, ABl. EU L 289/1.

[40] RL 2009/72/EG des Europäischen Parlaments und des Rates vom 13.07.2009 über gemeinsame Vorschriften für den Elektrizitätsbinnenmarkt und zur Aufhebung der RL 2003/54/EG, ABl. EU L 211/55 und RL 2009/73/EG des Europäischen Parlaments und des Rates vom 13.07.2009 über gemeinsame Vorschriften für den Erdgasbinnenmarkt und zur Aufhebung der RL 2003/55/EG, ABl. EU L 211/94.

[41] VO (EG) Nr. 715/2009 des Europäischen Parlaments und des Rates vom 13.07.2009 über die Bedingungen für den Zugang zu den Erdgasfernleitungsnetzen und zur Aufhebung der VO (EG) Nr. 1775/2005, ABl. EU L 211/36, ber. ABl. EU L 229/29 und ABl. EU L 309/87, zuletzt geändert durch Art. 19 ÄndB 2015/715/EU vom 30.04.2015, ABl. EU L 114/9.

Stromhandel[42] sowie letztlich aus einer VO zur Gründung einer europäischen Agentur für die Zusammenarbeit der Energieregulierungsbehörden (ACER)[43] zusammensetzt. Kernelemente dieses Pakets sind zunächst die eigentumsrechtliche Entflechtung der Transportnetzbetreiber und die Erleichterungen des grenzüberschreitenden Energiehandels insbesondere mithilfe der ACER, der institutionellen Kooperation der Übertragungs- und Fernleitungsnetzbetreiber (ENTSO-E bzw. ENTSO-G) und eines zehnjährigen Netzentwicklungsplans (TYNDP).[44,45] Hinzu kommen Regelungen zum Verbraucherschutz, insbesondere bezüglich des Versorgerwechsels und der Kundeninformation, wie auch Vorgaben zur Stärkung der nationalen Regulierungsbehörden hinsichtlich ihrer Unabhängigkeit (→ § 4 Rn. 46 f.; § 12 Rn. 23 ff.) gegenüber sonstigen staatlichen Stellen sowie ihrer Aufgaben und Befugnisse.[46] Und schließlich wird auch die Energiesolidarität zwischen den Mitgliedstaaten gefördert.

14   Um insbesondere die Entwicklung eines homogenen europäischen Elektrizitätsbinnenmarktes voranzutreiben, schlug die EU-Kommission am 30.11.2016 ein „Winterpaket" vor, das in der Sache ein viertes Energiebinnenmarktpaket darstellt.[47] Diesbezüglich trat gegenwärtig lediglich die RL (EU) 2018/844 am 09.07.2018 in Kraft, die sich mit Aspekten der Energieeffizienz befasst.[48] Des Weiteren laufen Verhandlungen zu der RL 2009/28/EG und der sog. Governance-VO.[49]

15   Insgesamt ist die Verwirklichung eines gemeinsamen Energiebinnenmarktes trotz erheblicher Fortschritte noch lange nicht abgeschlossen. So wird das bestehende EU-Recht von den Mitgliedstaaten nur zögerlich umgesetzt, die mitgliedstaatlichen *Systemunterschiede* hinsichtlich der Wahl der Energiequelle bestehen weiterhin fort und der Netzausbau erfolgt schleppend.[50]

---

[42] VO (EG) Nr. 714/2009 des Europäischen Parlaments und des Rates vom 13.07.2009 über die Netzzugangsbedingungen für den grenzüberschreitenden Stromhandel und zur Aufhebung der VO (EG) Nr. 1228/2003, ABl. EU L 211/15, zuletzt geändert durch Art. 19 Änderungsverordnung (EU) 543/2013 vom 14.06.2013, ABl. EU L 163/1.

[43] VO (EG) Nr. 713/2009 des Europäischen Parlaments und des Rates vom 13.07.2009 zur Gründung einer Agentur für die Zusammenarbeit der Energieregulierungsbehörden, ABl. L 211/1, zuletzt geändert durch Art. 20 Änderungsverordnung (EU) Nr. 347/2013 vom 17.04.2013, ABl. EU L 115/39.

[44] Ten-Year Network Development Plan.

[45] Vgl. jeweils Art. 22 RL 2009/72/EG und RL 2009/73/EG.

[46] Siehe im Einzelnen Art. 35 ff. RL 2009/72/EG und Art. 39 ff. RL 2009/73/EG.

[47] *Wehle*, RdE 2018, 407 ff.; *Scholtka/Martin*, NJW 2018, 912 ff.

[48] RL (EU) 2018/844 des Europäischen Parlaments und des Rates vom 30.05.2018 zur Änderung der RL 2010/31/EU über die Gesamtenergieeffizienz von Gebäuden und der RL 2012/27/EU über Energieeffizienz, ABl. EU L 156/75.

[49] Bericht des Bundesumweltministeriums vom 29.06.2018, abrufbar unter dem folgenden Link: https://www.bmu.de/pressemitteilung/neue-eu-regeln-schaffen-fortschritte-und-mehr-nachhaltigkeit-beim-klimaschutz/ (09.11.2018).

[50] *Pielow*, in: Ehlers/Fehling/Pünder, § 22 Rn. 27.

b) Energieumweltrecht

Auf Grundlage des Kompetenztitels der Umweltpolitik, eingeführt durch die Ein- **16**
heitliche Europäische Akte von 1986, entwickelte sich ein europäisches Energieumweltrecht. Es umfasst dabei insbesondere Regelungen zur Steigerung der Energieeffizienz bzw. Energieeinsparung sowie zur Förderung erneuerbarer Energien.
Ausgangspunkt dafür bildeten die vom Europäischen Rat bereits im Jahr 2007 vorgegebenen *energie- und klimapolitischen Ziele für das Jahr 2020*.[51] Danach sollen
die Energieeffizienz um 20 % verbessert, der Anteil erneuerbarer Energieträger am
Energieverbrauch auf 20 % ausgebaut und die Treibhausgasemissionen um 20 %
gesenkt werden. Langfristig soll zudem die CO_2-Belastung deutlich zurückgeführt
werden; bis zum Jahr 2050 ist eine Reduktion von mindestens 60–80 % gegenüber
dem Stand von 1990 angestrebt.[52] Mittlerweile gibt es auf EU-Ebene einen neuen
Rahmen für die Klima- und Energiepolitik bis zum Jahr 2030, dieser baut auf dem
Klima- und Energiepaket aus dem Jahr 2020 auf.[53] Bis zum Jahr 2030 soll die Energieeffizienz um mindestens 27 % gesteigert, der Anteil erneuerbarer Energieträger
am Energieverbrauch auf mindestens 27 % erhöht und die Treibhausgasemissionen
um 40 % gegenüber dem Stand von 1990 gesenkt werden.[54]

aa) Energieeffizienz

Einen wichtigen Faktor im Rahmen der europäischen Energiepolitik bildet die Stei- **17**
gerung der Energieeffizienz, insbesondere im *Gebäude- und Verkehrssektor*. Um
dieses Ziel zu erreichen, wurden auch in diesen Bereichen verschiedene Sekundärrechtsakte erlassen. Beispielhaft zu nennen sind die sog. Ökodesign-RL,[55] welche
auf die Gesamtenergieeffizienz von Produktkreisläufen abzielt, und die Energiedienstleistungsrichtlinie,[56] welche die Grundlagen für die Entwicklung und Förderung eines Marktes für Energiedienstleistungen schaffen sollte. Im Jahr 2011 wurde
prognostiziert, dass nur die Hälfte der vorgegebenen 20 %-Marke bis zum Jahr 2020
erreicht wird,[57] aufgrund dessen wurde die Energiedienstleistungsrichtlinie durch

---

[51] Vgl. die Schlussfolgerungen des Vorsitzes des Europäischen Rates vom 08./09.03.2007,
7224/1/07 REV 1.

[52] Ebd., S. 12; vgl. auch die Mitteilung der Kommission, KOM (2010) 639 endg., S. 2 f.

[53] Bericht der EU-Kommission über ihre Maßnahmen im Bereich der Klimapolitik. Abrufbar unter
dem folgenden Link: https://ec.europa.eu/clima/policies/strategies/2030_de (08.11.2018).

[54] Bericht der EU-Kommission über ihre Maßnahmen im Bereich der Klimapolitik. Abrufbar unter
dem folgenden Link: https://ec.europa.eu/clima/policies/strategies/2030_de (08.11.2018).

[55] RL 2009/125/EG des Europäischen Parlaments und des Rates vom 21.10.2009 zur Schaffung
eines Rahmens für die Festlegung von Anforderungen an die umweltgerechte Gestaltung energie-
verbrauchsrelevanter Produkte, ABl. EU L 285/10.

[56] RL 2006/32/EG des Europäischen Parlaments und des Rates vom 05.04.2006 über Endenergie-
effizienz und Energiedienstleistungen und zur Aufhebung der RL 93/76/EWG des Rates, ABl. EU
L 114/64, zuletzt geändert durch Art. 27 Abs. 1 Änderungsrichtlinie 2012/27/EU vom 25.10.2012,
ABl. EU L 315/1.

[57] Vgl. KOM (2011) 109 endg., S. 2.

die Energieeffizienzrichtlinie[58] ersetzt. Diese RL aus dem Jahr 2012 wurde mittlerweile durch die RL (EU) 2018/844 teilweise modifiziert.[59]

18   Die Energieeffizienzrichtlinie gibt den Mitgliedstaaten zwar keine verbindlichen Einsparziele vor, fordert sie allerdings zur Umsetzung weitergehender *Energieeffizienzmaßnahmen* auf.[60] Dazu gehören beispielsweise die Etablierung eines nationalen Systems von Energieeinsparungsverpflichtungen für die Energiewirtschaft sowie neue Vorgaben für die Beschaffung möglichst energieeffizienter Dienstleistungen durch öffentliche Einrichtungen.[61] Trotz weitverbreiteter Umsetzungsdefizite hält die EU-Politik an der 20 %-Marke für das Jahr 2020 fest.[62]

bb) Förderung erneuerbarer Energien

19   Im Bereich der Förderung erneuerbarer Energien enthielten weder die Ökostromrichtlinie[63] noch die Biokraftstoffrichtlinie[64] verbindliche Vorgaben oder Bezugswerte, was zu einer unterschiedlich starken Förderung von erneuerbaren Energien in den einzelnen Mitgliedstaaten führte. Als Reaktion darauf wurde 2009 die *RL zur Förderung der Nutzung von Energie aus erneuerbaren Quellen (EERL)* verabschiedet.[65] Wesentliches Ziel ist es, einen Anteil erneuerbarer Energien am Gesamtenergieverbrauch von 20 % und von 10 % im Verkehrssektor bis zum Jahr 2020 zu erreichen. Zwar bleibt die Wahl der Mittel zur Verwirklichung dieser Ziele jedem einzelnen Mitgliedstaat überlassen, jedoch haben die Mitgliedstaaten gemäß Art. 4 EERL die bis zum Jahr 2020 zu ergreifenden Maßnahmen in einem Aktionsplan festzuschreiben. Mittlerweile wurde die EERL 2009 durch die RL (EU) 2015/1513

---

[58] RL 2012/27/EU des Europäischen Parlaments und des Rates vom 25.10.2012 zur Energieeffizienz, zur Änderung der RL 2009/125/EG und 2010/30/EU und zur Aufhebung der RL 2004/8/EG und 2006/32/EG, ABl. EU L 315/1, zuletzt geändert durch Art. 2 Änderungsrichtlinie (EU) 2018/844 vom 30.05.2018, ABl. EU L 156/75.

[59] RL (EU) 2018/844 des Europäischen Parlaments und des Rates vom 30.05.2018 zur Änderung der RL 2010/31/EU über die Gesamtenergieeffizienz von Gebäuden und der RL 2012/27/EU über Energieeffizienz, ABl. EU L 156/75.

[60] Die Mitgliedstaaten mussten der Umsetzung bis zum 05.06.2014 nachkommen, vgl. Art. 28 Abs. 1 RL 2012/27/EU.

[61] Vgl. Art. 6 und 7 RL 2012/27/EU.

[62] Vgl. RL 2012/27/EU des Europäischen Parlaments und des Rates vom 25.10.2012 zur Energieeffizienz, zur Änderung der RL 2009/125/EG und 2010/30/EU und zur Aufhebung der RL 2004/8/EG und 2006/32/EG, ABl. EU L 315/1.

[63] RL 2009/28/EG des Europäischen Parlaments und des Rates vom 23.04.2009 zur Förderung der Nutzung von Energie aus erneuerbaren Quellen und zur Änderung und anschließenden Aufhebung der Richtlinien 2001/27/EG und 2003/30/EG, ABl. EU L 140/16.

[64] RL 2009/28/EG des Europäischen Parlaments und des Rates vom 23.04.2009 zur Förderung der Nutzung von Energie aus erneuerbaren Quellen und zur Änderung und anschließenden Aufhebung der Richtlinien 2001/27/EG und 2003/30/EG, ABl. EU L 140/16.

[65] Vgl. die Erwägungsgründe Nr. 7 ff. sowie Art. 1 Energieeffizienzrichtlinie: „verbindliche nationale Ziele".

teilweise geändert wegen des Ziels, eine verbesserte Klimaverträglichkeit der in der EU verwendeten Biokraftstoffe zu erreichen.[66] Das 20 %- und 10 %-Ziel bis zum Jahr 2020 blieb allerdings unverändert.[67]

c) Energiesteuern

Die europäische Energiepolitik wird durch die *Energiesteuerrichtlinie (EnStRL)*[68] **20** abgerundet. Gemäß Art. 1 und 4 Abs. 2 EnStRL i. V. m. Anhang I sind die Mitgliedstaaten bislang zu einer (Mindest-)Besteuerung von elektrischem Strom und Energieerzeugnissen angehalten. Im April 2011 legte die EU-Kommission einen Vorschlag zur Änderung der EnStRL[69] vor, welcher sich stärker an den Energiezielen orientierte und nicht mehr an die Menge der verbrauchten Energieerzeugnisse, sondern an deren tatsächlichen Energiegehalt anknüpfte. Alternativ sollte auch eine Berücksichtigung der CO_2-Emissionen in Betracht kommen. Dieser Vorschlag der EU-Kommission führte jedoch nicht zu einer Änderung der EnStRL, da sich Rat und Kommission nicht auf eine einheitliche Linie einigen konnten. Als Reaktion nahm die EU-Kommission daher den Änderungsvorschlag im Jahr 2015 zunächst zurück.[70] Die Kommission hält jedoch an ihren Novellierungsplänen fest. Derzeit findet eine Vorprüfung für eine mögliche Novellierung der ENStRL statt. Hierzu ließ die EU-Kommission zwei Studien über die unionsrechtlichen Rahmenbedingungen der Besteuerung von Strom, Kraftstoffen und Heizstoffen durchführen. Die Abschlussberichte zu den beiden Studien wurden dem Rat Ende 2018 vorgelegt.[71]

---

[66] RL (EU) 2015/1513 des Europäischen Parlaments und des Rates vom 09.09.2015 zur Änderung der RL 98/70/EG über die Qualität von Otto- und Dieselkraftstoffen und zur Änderung der RL 2009/28/EG zur Förderung der Nutzung von Energie aus erneuerbaren Quellen, ABl. EU L 239/1.

[67] RL (EU) 2015/1513 des Europäischen Parlaments und des Rates vom 09.09.2015 zur Änderung der RL 98/70/EG über die Qualität von Otto- und Dieselkraftstoffen und zur Änderung der RL 2009/28/EG zur Förderung der Nutzung von Energie aus erneuerbaren Quellen, ABl. EU L 239/1.

[68] RL 2003/96/EG des Rates vom 27.10.2003 zur Restrukturierung der gemeinschaftlichen Rahmenvorschriften zur Besteuerung von Energieerzeugnissen und elektrischem Strom, ABl. L 283/51, zuletzt geändert durch Art. 1ÄndB (EU) 2018/552 vom 06.04.2018, ABl. EU L 91/27.

[69] Vgl. Vorschlag für eine RL des Rates zur Änderung der RL 2003/96/EG zur Restrukturierung der gemeinschaftlichen Rahmenvorschriften zur Besteuerung von Energieerzeugnissen und elektrischem Strom, KOM (2011) 169 endg., S. 3.

[70] Vgl. Tabelle über die Rücknahme von Vorschlägen der EU-Kommission vom 07.03.2015 (2015/C 80/08), ABl. C 80/17.

[71] Bericht von Becker Büttner Held über Strom- und Energiesteuern vom März 2018, S. 16. Abrufbar unter dem folgenden Link: https://www.beckerbuettnerheld.de/fileadmin/user_upload/documents/newsletter/Newsletter_Strom-und_Energiesteuer/NL_Stromsteuer_03_2018.PDF (16.10.2019).

III. Energieverfassungsrecht

1. Energieversorgung als Gegenstand der öffentlichen Daseinsvorsorge

21   Das Grundgesetz enthält nur wenige Aussagen zur Energieversorgung. Das BVerfG bezeichnet die Sicherstellung der Energieversorgung als ein *„Gemeinschaftsinteresse höchsten Ranges".*[72] Danach gehört die Energieversorgung zur öffentlichen Daseinsvorsorge[73] und bildet eine wesentliche Voraussetzung für eine funktionierende Wirtschaft.

22   Aus der Betonung der Energieversorgung als „Gemeinschaftsinteresse" folgt nicht zwangsläufig die Existenz eines diesbezüglichen originären und alleinigen Aufgabenbereichs des Staates. Vielmehr ist die leitungsgebundene Energieversorgung seit jeher unabhängig von einem bestimmten Träger oder einer konkreten Organisationsform ausgestaltet;[74] demgemäß sind nach § 3 Nr. 18 EnWG bis heute Energieversorgungsunternehmen alle „natürlichen und juristischen Personen, die andere mit Energie beliefern oder ein Energieversorgungsnetz betreiben". Trotzdem ist der Staat nicht von jeglicher Verpflichtung freigestellt: Die staatliche Verantwortung im Bereich der Energieversorgung besteht in erster Linie in der *Gewährleistung einer rechtlichen Grundordnung,* welche eine an den Zielen der Energiewirtschaft (§ 1 EnWG) ausgerichtete, insbesondere sichere, preisgünstige, verbraucherfreundliche, effiziente und umweltverträgliche Energiebereitstellung (→ Rn. 1) einfordert. Die Zweck- und Zielbestimmungen des § 1 EnWG spiegeln sich teilweise in den in § 1a EnWG festgehaltenen Grundsätzen wider.[75] Dieser wurde durch das Strommarktgesetz in das EnWG eingefügt.[76] Die von § 1 und § 1a EnWG adressierte Energieversorgung als solche obliegt dann den im Wettbewerb stehenden privaten, öffentlichen sowie gemischt-wirtschaftlichen Unternehmen, die allerdings auch nicht über § 2 Abs. 1 EnWG zu einer lückenlosen Vollversorgung angehalten werden;[77] selbst eine Grundversorgungsverpflichtung steht unter dem Vorbehalt der Zumutbarkeit, wie § 36 Abs. 1 S. 2 EnWG entnommen werden kann.[78] Aufgabe des Staates ist es, unter diesen Rahmenbedingungen vorrangig den Wettbewerb zu überwachen bzw. zu steuern und eine gewisse Regulierungsverantwortung wahrzunehmen.[79] Erst wenn die Energieversorgung

---

[72] BVerfGE 25, 1 (16), Hervorhebung nicht im Original.

[73] BVerfGE 66, 248 (258).

[74] *Pielow*, in: Ehlers/Fehling/Pünder, § 22 Rn. 39.

[75] Vgl. *Kment*, in: ders., EnWG, § 1a Rn. 2.

[76] Gesetz zur Entwicklung des Strommarktes vom 26.07.2016, BGBl. I, S. 1786.

[77] *Kment*, in: ders., EnWG, § 2 Rn. 5; *Theobald*, in: Danner/ders., Energierecht, § 2 EnWG Rn. 10 (Stand: 78. EL September 2013).

[78] *Hellermann*, in: Britz/ders./Hermes, EnWG, § 36 Rn. 29 ff.; *de Wyl*, in: Schneider/Theobald, Energiewirtschaft, § 14 Rn. 101 ff.

[79] *Pielow*, in: Baur/Salje/Schmidt-Preuß, Kap. 57 Rn. 4.

durch die Unternehmen nicht bzw. nicht hinreichend betrieben wird, muss der Staat die auftretende Versorgungslücke schließen; ihn trifft dann eine subsidiäre Basisverantwortung.[80]

2. Gesetzgebungskompetenzen im Bereich der Energieversorgung

Gemäß Art. 72, 74 Abs. 1 Nr. 11 GG unterfällt der *Bereich der Energiewirtschaft* der   **23** *konkurrierenden Gesetzgebungskompetenz*: Dabei muss die Gesetzgebung des Bundes die Anforderungen des Art. 72 Abs. 2 GG erfüllen, also insbesondere „erforderlich" sein.[81] Die Gesetzgebungsaktivität beschränkt sich hinsichtlich ihrer kompetenzrechtlichen Absicherung nicht notwendig auf das Recht der Wirtschaft. Darüber hinaus sind im Bereich der Energieversorgung auch weitere Titel des Art. 74 Abs. 1 GG einschlägig – beispielsweise Nr. 14 (Enteignung für Zwecke der Energieversorgung), Nr. 17 (Landwirtschaft im Bereich von Bioenergie), Nr. 22 f. (bzgl. Energieversorgung im Straßen- und Schienenverkehr, Elektromobilität) sowie Nr. 18 und 31 (Städtebau und Raumordnung). Eine *ausschließliche Gesetzgebungskompetenz* des Bundes besteht zudem im Bereich der Energieerzeugung hinsichtlich der friedlichen Nutzung von Kernenergie, vgl. Art. 71, 73 Abs. 1 Nr. 14 GG.

3. Verwaltungskompetenzen im Bereich der Energieversorgung

Obwohl energiebezogene Bundesgesetze grundsätzlich ebenfalls gemäß Art. 83   **24** und 84 GG in *landeseigener Verwaltung* vollzogen werden, ist dennoch auf einige Besonderheiten hinzuweisen. Abgesehen vom Vollzug des Atomgesetzes durch die Länder *im Auftrag des Bundes* nach Art. 85 GG i. V. m. Art. 87c GG, § 24 Abs. 1 AtG, kommt auf dem Gebiet der Energieversorgung der *bundeseigenen Verwaltung* i. S. v. Art. 87 Abs. 3 GG immer größere Bedeutung zu. Es existieren in diesem Bereich neben dem Bundeskartellamt (BKartA) das Bundesamt für Wirtschaft und Ausfuhrkontrolle (BAFA), das Umweltbundesamt (UBA), das Bundesamt für Seeschifffahrt und Hydrografie (BSH) sowie die Bundesnetzagentur (BNetzA).[82]

Diese starke Ausprägung der bundeseigenen Verwaltung im Bereich der Energie-   **25** versorgung mündet zusehends in eine verfassungsrechtliche Problemlage, da die Exekutiveinheiten mit zunehmenden Rechtssetzungsbefugnissen ausgestattet werden und es so zu einer *horizontalen Kompetenzverlagerung* von der gesetzgebenden zur ausführenden Gewalt kommt.[83] Zwar sprechen praktische Erwägungen insbesondere

[80] *Probst,* Auswahlkriterien bei der Vergabe von energiewirtschaftlichen Konzessionsverträgen, S. 35.

[81] *Pieroth,* in: Jarass/ders., Art. 72 GG Rn. 17 ff.

[82] *Schmidt-Preuß,* in: Säcker, Energierecht, Einl. C Rn. 189.

[83] Dazu *Pielow,* in: Ehlers/Fehling/Pünder, § 22 Rn. 43.

im Bereich der Energienetzregulierung für eine zeitlich wie inhaltlich flexible Steuerung durch Behörden auch mithilfe abstrakt-genereller Rechtsetzung; die verfassungsrechtlichen Verbürgungen der sog. Wesentlichkeitstheorie[84] wie auch die Vorgaben des Art. 80 GG müssen gleichwohl geachtet bleiben. Besonders kritisch ist daher § 29 EnWG zu sehen, der den Regulierungsbehörden die Befugnis einräumt, sog. *Festlegungen* gegenüber einem Netzbetreiber, einer Gruppe von oder allen Netzbetreibern zu erlassen.[85] Die Festlegungen sollen zwar nach Ansicht des BGH lediglich einen Verwaltungsakt in Form einer Allgemeinverfügung i. S. d. § 35 S. 2 VwVfG[86] darstellen; werden jedoch alle Netzbetreiber adressiert, ist die Abgrenzung zu einer unzulässigen abstrakt-generellen Normensetzung durch Exekutiveinheiten kaum noch möglich.

4. Grundrechtsrelevanz der Energieversorgung

26   Im Bereich der Energieversorgung spielen Grundrechte sowohl für Energieversorgungsunternehmen (§ 3 Nr. 18 EnWG) als auch für die von hoheitlichen Entscheidungen betroffenen Bürger eine große Rolle. Aus Sicht der *Energieversorgungsunternehmen* sind insbesondere die Eigentumsgewährleistung nach Art. 14 Abs. 1 S. 1, 2 GG, einschließlich des Rechts am eingerichteten und ausgeübten Gewerbebetrieb,[87] wie auch die Berufsfreiheit nach Art. 12 Abs. 1 S. 1, 2 GG Ankerpunkte des grundgesetzlichen Schutzes. Für *Nachbarn* von Energieanlagen oder -leitungen besitzen insbesondere die Grundrechte Art. 2 Abs. 2 und Art. 14 GG im Rahmen einer Drittanfechtungsklage gem. Art. 42 Abs. 1 Alt. 2 VwGO gegen behördliche Genehmigungsentscheidungen (beispielsweise immissionsschutzrechtliche Genehmigung gem. § 4 Abs. 1 S. 1 i. V. m. § 6 BImSchG [Energieanlagen] oder Planfeststellungsbeschluss gem. §§ 43 ff. EnWG [Energieleitungen]) große Bedeutung.

27   Nicht zuletzt wegen der häufig anzutreffenden Beteiligung von Kommunen an Energieversorgungsunternehmen[88] stellt sich bei Letztgenannten die Frage nach ihrer *Grundrechtsträgerschaft.* Dabei ist zu unterscheiden: Von der öffentlichen Hand beherrschte Energieunternehmen können sich nicht auf Grundrechte berufen,[89] da sie letztlich Bestandteil der staatlichen Verwaltung und somit grundrechtsverpflichtet sind (→ § 2 Rn. 13, 20; § 6 Rn. 21 f.).[90] Bei gemischt-wirtschaftlichen Energieunternehmen, an denen die öffentliche Hand nur eine Minderheitsbeteili-

---

[84] BVerfGE 116, 24 (58); *Jarass,* in: ders./Pieroth, Art. 20 GG Rn. 71.

[85] Vgl. zur Festlegungsentscheidung *Attendorn,* RdE 2009, 87; *Schmidt-Preuß,* in: Säcker, Energierecht, § 29 Rn. 24 ff.

[86] BGH, NVwZ 2009, 195 (195); *Pielow,* in: Baur/Salje/Schmidt-Preuß, Kap. 43 Rn. 34 ff.

[87] *Eichberger,* RdE 2018, 453; *Papier/Shirvani,* in: Maunz/Dürig, Art. 14 Rn. 200 ff. (Stand: 84. EL August 2018); differenzierend *Jarass,* in: ders./Pieroth, Art. 14 Rn. 9.

[88] Vgl. etwa *Theobald,* in: Danner/ders., Energierecht,. § 3 EnWG Rn. 141 f. (Stand: 98. EL Juni 2018).

[89] BVerfG, NJW 2011, 1201 (1203).

[90] A. A. *Schmidt-Preuß,* in: Säcker, Energierecht, Einl. C Rn. 209.

gung hält, ist eine Grundrechtsträgerschaft hingegen nicht von vornherein ausgeschlossen; so hat das BVerfG etwa die Grundrechtsträgerschaft für die Deutsche Telekom AG anerkannt (→ § 2 Rn. 14, 20).[91] Private Netzbetreiber sind grundsätzlich grundrechtsfähig, selbst wenn sie über eine privilegierte (Monopol-)Stellung verfügen. Allerdings ist bei hoheitlichen Eingriffen in Art. 12 Abs. 1 oder Art. 14 Abs. 1 GG eine monopolartige Stellung sowie das Angewiesensein der Marktteilnehmer auf dieses Monopol im Rahmen der Verhältnismäßigkeit bzw. bei der Sozialbindung des Eigentums zu beachten.[92]

5. Kommunale Energieversorgung

Bedingt durch die europaweite Marktöffnung im Energiesektor verstärkte sich auch im gemeindlichen Bereich das kommunalwirtschaftliche Engagement und geht deutlich über die Ausfallverantwortung zur Gewährleistung der öffentlichen Daseinsvorsorge hinaus (→ Rn. 21 f.). Gerade die *räumliche Ausweitung* des Aktionsraums über die Gemeindegrenzen hinweg bis zur Betätigung im Ausland wirft verfassungsrechtliche Fragen auf, denn das in Art. 28 Abs. 2 S. 1 GG festgeschriebene kommunale Selbstverwaltungsrecht erfasst lediglich „Angelegenheiten der örtlichen Gemeinschaft". Den Gemeinden treten deshalb häufig die Gemeindeordnungen der Länder zur Seite,[93] die teilweise *Sonderregelungen* für die Zulässigkeit einer überörtlichen Betätigung von kommunalen Energieversorgungsunternehmen enthalten und die kommunalen Energieversorgungsunternehmen sowohl vom Prinzip der Örtlichkeit als auch von den sonstigen Vorgaben eines wirtschaftlichen Tätigwerdens von Gemeinden entbinden.[94]

28

IV. Recht der Energiewirtschaft

Das Energiewirtschaftsgesetz (EnWG) ist das *zentrale Element* der Regelungen zur leitungsgebundenen Versorgung der Allgemeinheit mit Elektrizität und Gas. Daneben finden sich auch in weiteren Bundesgesetzen Vorschriften, die Einfluss auf das Recht der Energiewirtschaft haben. Einschlägige Regelungen enthalten beispielsweise das Erneuerbare-Energien-Gesetz (EEG), das Kraft-Wärme-Kopplungs-Gesetz (KWKG) oder das Erneuerbare-Energien-Wärmegesetz (EEWärmeG) (→ Rn. 111 ff.). Da das EnWG und die weiteren Bundesgesetze den gleichen Rang einnehmen, müssen

29

---

[91] BVerfGE 115, 205 (227 f.).

[92] Grundsätzlich zu diesem Ansatz etwa *Papier*, Verfassungsfragen der Durchleitung, in: FS Baur, S. 209 (209 ff.); *Kment*, ZVglRWiss 112 (2013), 123 (134 f.).

[93] *Jarass*, DÖV 2002, 489; *Burgi*, Neuer Ordnungsrahmen für die energiewirtschaftliche Betätigung der Kommunen, 2010, S. 30 ff.

[94] Vgl. diesbezüglich insbesondere § 107a GO NRW; *Burgi*, Daseinsvorsorge und Energieversorgung – Teilnahme der Kommunen am energiewirtschaftlichen Wettbewerb, in: Kment (Hrsg.), Energiewirtschaft und kommunale Selbstverwaltung, 2018, S. 1.

Kollisionsfälle und *Wertungswidersprüche* schonend aufgelöst und zu einer praktischen Konkordanz gebracht werden. Darüber hinaus bestehende Konkurrenzen müssen mit den allgemeinen Methoden behoben werden.[95] Neben den Bundesgesetzen
existieren zahlreiche Rechtsverordnungen,[96] die zu einer weiteren Konkretisierung
und näheren inhaltlichen Ausgestaltung beitragen.

1. Marktzutritt – Anzeige und Genehmigung

a) Akteure

30   Bei den Akteuren der Energiewirtschaft ist zwischen Energieerzeugern, Energielieferanten und Energienetzbetreibern zu differenzieren. Die *Energieerzeuger* spielen im EnWG lediglich eine untergeordnete Rolle, während sie im Energieanlagen-
recht, das mit Ausnahme der Energienetzplanung und -zulassung (→ Rn. 84 ff.)
überwiegend den allgemeinen umwelt- und planungsrechtlichen Regeln unterworfen ist, dafür im Mittelpunkt stehen. Das EnWG äußert sich im Wesentlichen zu den
Energielieferanten (Energieversorgungsunternehmen, § 3 Nr. 18 EnWG) und den
Energienetzbetreibern (Netzbetreiber, § 3 Nr. 27 EnWG), unabhängig davon, ob sie
in privater, öffentlicher oder gemischter Hand sind (siehe § 109 Abs. 1 EnWG).

b) Anzeige-, Genehmigungs- und Zertifizierungspflicht

31   Hinsichtlich der erstmaligen Aufnahme und der vollumfänglichen Beendigung der
Belieferung von Haushaltskunden (siehe § 3 Nr. 22 EnWG) mit Energie unterliegen
die Energieversorgungsunternehmen ausschließlich einer *Anzeigepflicht* gegenüber
der Regulierungsbehörde (BNetzA), die in § 5 EnWG festgelegt und näher ausgestaltet ist; Gleiches gilt bei einer Änderung der Firma. Mit Anzeige der Tätigkeitsaufnahme muss das Energieversorgungsunternehmen nach § 5 S. 3 EnWG das Vorliegen der personellen, technischen und wirtschaftlichen Leistungsfähigkeit sowie
der Zuverlässigkeit der Geschäftsleitung darlegen. Ist diese Eignung nicht oder
nicht mehr gewährleistet, so kann die Regulierungsbehörde die Ausübung der Tätigkeit ganz oder teilweise untersagen (§ 5 S. 4 EnWG).[97]

32   Die Aufnahme des Betriebs eines Energieversorgungsnetzes[98] (siehe § 3 Nr. 16
EnWG) ist hingegen *genehmigungspflichtig, eine Anzeige des Betriebs bei der zuständigen Behörde ist somit nicht ausreichend.* Zu beantragen ist die Genehmigung

---

[95] Am wichtigsten ist der Lex-specialis-Grundsatz.

[96] Vgl. z. B. die VO über den Zugang zu Gasversorgungsnetzen vom 03.09.2010, BGBl. I, S. 1261
(Gasnetzzugangsverordnung [GasNZV]), zuletzt geändert durch Art. 1 Erste ÄndVO vom
11.08.2017, BGBl. I, S. 3194 und die VO über den Zugang zu Elektrizitätsversorgungsnetzen vom
25.07.2015, BGBl. I, S. 2243 (Stromnetzzugangsverordnung [StromNZV]), zuletzt geändert durch
Art. 1 ÄndVO vom 19.12.2017, BGBl. I, S 3988.

[97] Zur Untersagungsverfügung vgl. *Rauch*, IR 2011, 26; *Hermes*, in: Britz/Hellermann/ders.,
EnWG, § 5 Rn. 30 ff.; *Kühling/Rasbach/Busch*, Energierecht, S. 44 f. Rn. 21.

[98] Zu den Energieversorgungsnetzen zählen nicht Direktleitungen i. S. v. § 3 Nr. 12 EnWG und
Kundenanlagen i. S. v. § 3 Nr. 24a, 24b. Vgl. Legaldefinition nach § 3 Nr. 16 EnWG sowie *Jacobs-
hagen/Kachel*, in: Danner/Theobald, Energierecht, § 110 EnWG Rn. 22 (Stand: 98. EL Juni 2018).

gemäß § 4 Abs. 1 S. 1 EnWG nicht bei der Regulierungsbehörde, sondern bei der nach Landesrecht zuständigen Genehmigungsbehörde.[99] Bringt der Antragsteller die personelle, technische und wirtschaftliche Leistungsfähigkeit mit und besitzt er zudem die erforderliche Zuverlässigkeit, so hat er gemäß § 4 Abs. 2 S. 1 EnWG einen Rechtsanspruch auf Genehmigungserteilung („darf nur versagt werden, wenn"). § 4 Abs. 2 S. 1 EnWG stellt ein präventives Verbot mit Erlaubnisvorbehalt dar,[100] das nicht die Betätigung der Netzbetreiber behindern soll, wenn es die Betriebsaufnahme an Kriterien knüpft, sondern eine Missbrauchs- und Gefahrenabwehr zum Ziel hat.[101] Die Genehmigung ist somit ein gebundener und begünstigender Verwaltungsakt, sodass im Falle einer rechtswidrigen Verweigerung die Verpflichtungsklage nach § 42 Abs. 1 Alt. 2 VwGO den notwendigen Rechtsschutz bereithält.[102] Die Genehmigung gem. Art. 4 Abs. 1 S. 1 ist personengebunden und infolgedessen grundsätzlich nicht übertragbar. § 4 Abs. 3 EnWG stellt insoweit eine Ausnahme dar, die den Übergang der Genehmigung auf den Rechtsnachfolger regelt.[103] Die Grundlage des energiewirtschaftlichen Eingriffsinstrumentariums ist in § 4 Abs. 4 EnWG verankert und gestattet der nach Landesrecht zuständigen Behörde im Extremfall die Untersagung des weiteren Netzbetriebs.[104]

Für den Betrieb eines Transportnetzes (hierzu zählen gemäß § 3 Nr. 31d EnWG **33** alle Übertragungs[105]- und Fernleitungsnetze)[106] verlangen die neu eingefügten Bestimmungen der §§ 4a–4d EnWG eine *Zertifizierung* durch die BNetzA. Ziel des Zertifizierungsverfahrens ist die Sicherstellung der Vorgaben zur Netzentflechtung (§§ 6 ff. EnWG),[107] wofür bereits § 4a Abs. 3 EnWG einen Anhaltspunkt bietet.[108] Eine *besondere Zertifizierungspflicht* gilt zusätzlich gemäß § 4b EnWG für Transportnetzbetreiber, die von einer Person aus sog. Drittstaaten kontrolliert werden. Die in diesem Rahmen vorgesehene Beteiligung der Europäischen Kommission und des BMWi verfolgt das Ziel, die Sicherheit der Elektrizitäts- und Gasversorgung der Bundesrepublik Deutschland und der Europäischen Union zu gewährleisten.[109]

---

[99] Beispielsweise wird in Bayern die zuständige Behörde gem. Art. 1 ZustWiG bestimmt.

[100] *Becker*, RdE 2000, 7 (8); *Kment*, in: ders., EnWG, § 4 Rn. 10; *Pielow*, in: Ehlers/Fehling/Pünder, § 22 Rn. 77.

[101] *Hermes*, in: Britz/Hellermann/ders., EnWG, § 4 Rn. 17; *Franke*, in: Schneider/Theobald, Energiewirtschaft, § 3 Rn. 19.

[102] *Kühling/Rasbach/Busch*, Energierecht, S. 44 Rn. 20; *Säcker*, in: ders., Energierecht, § 4 Rn. 79; *Franke*, in: Schneider/Theobald, Energiewirtschaft, § 3 Rn. 27.

[103] Vgl. dazu *Kment*, in: ders., EnWG, § 4 Rn. 17 ff.; *Hermes*, in: Britz/Hellermann/ders., EnWG, § 4 Rn. 36 ff.

[104] *Kühling/Rasbach/Busch*, Energierecht, S. 43 Rn. 17; vgl. auch *Kment*, in: ders., EnWG, § 4 Rn. 22 ff.

[105] Vgl. § 3 Nr. 32 EnWG.

[106] Vgl. § 3 Nr. 19 EnWG.

[107] *Gundel/Germelmann*, EuZW 2009, 763 (768).

[108] Siehe auch BR-Drs. 343/11, S. 128 f.

[109] *Harjes*, in: Säcker, Energierecht, § 4b Rn. 2; *Franke*, in: Kment, EnWG, § 4b Rn. 2 ff.

2. Regulierung des Netzbetriebs

34 Der dritte Teil des EnWG behandelt die Regulierung des Netzbetriebs. Er ist in vier Abschnitte unterteilt, die die Aufgaben der Netzbetreiber (§§ 11 ff. EnWG), den Netzanschluss (§§ 17 ff. EnWG), den Netzzugang (§§ 20 ff. EnWG) und die Befugnisse sowie Sanktionen der Regulierungsbehörde (§§ 29 ff. EnWG) regeln. *Ziel der staatlichen Regulierung* der Elektrizitäts- und Gasversorgungsnetze ist die Sicherstellung eines wirksamen und unverfälschten Wettbewerbs bei der Versorgung mit Elektrizität und Gas sowie die Gewährleistung eines langfristig angelegten leistungsfähigen und zuverlässigen Betriebs von Energieversorgungsnetzen (→ Rn. 1, 21 f.).

a) Aufgaben der Netzbetreiber

35 Um Energieversorgungssicherheit gewährleisten zu können, bedarf es stabiler und funktionstüchtiger Netze. Auf den Bestand und die Funktionsfähigkeit der Energieversorgungsnetze sind die Marktteilnehmer angewiesen. Die Netzbetreiber verfügen insoweit ausnahmsweise über ein „natürliches Monopol", da ein Wettbewerb in diesem Bereich nicht wirtschaftlich wäre.[110] Aufgrund der Monopolstellung und der damit einhergehenden Missbrauchsgefahr wurde der Gesetzgeber regulierend tätig und stellte für die Netzbetreiber zahlreiche Pflichten auf: Eine *grundlegende Verpflichtung* enthält § 11 Abs. 1 S. 1 EnWG. Hiernach sind die Energieversorgungsnetzbetreiber angehalten, ein sicheres, zuverlässiges und leistungsfähiges Energieversorgungsnetz diskriminierungsfrei zu betreiben, zu warten und bedarfsgerecht zu optimieren, zu verstärken und auszubauen, soweit es wirtschaftlich zumutbar ist. Diese grundlegende Verpflichtung wird in den §§ 12–16a EnWG näher *konkretisiert*, wobei sich die §§ 12–14a EnWG auf Elektrizitätsnetze[111] und die §§ 14b–16a EnWG auf Gasnetze[112] beziehen. Neu eingefügt wurden Vorschriften zur Netzentwicklungs- und Bedarfsplanung (§§ 12a–12 f. EnWG) (→ ausführlich Rn. 87 ff.) sowie zum Störungsschutz bezüglich besonders bedeutsamer, sog. kritischer Anlagen (§§ 11 Abs. 1a, 12g EnWG).

36 Die Übertragungs- und Fernleitungsnetzbetreiber haben außerdem eine besondere *Systemverantwortung*: Sie sind nach den §§ 12 Abs. 1, 15 Abs. 1 EnWG verpflichtet, die Energieübertragung durch das Netz unter Berücksichtigung des Austauschs mit anderen Verbundnetzen zu regeln und mit der Bereitstellung und dem Betrieb ihrer Übertragungsnetze im nationalen und internationalen Verbund zu einem sicheren und zuverlässigen Elektrizitäts- bzw. Gasversorgungssystem in ihrer jeweiligen Regelzone[113] und damit zu einer sicheren Energieversorgung beizutragen (sog. Regelverantwortung). Die Versorgungssicherheit erfasst zum einen die technische Sicherheit

---

[110] *Pielow*, in: Ehlers/Fehling/Pünder, § 22 Rn. 89; vgl. auch BT-Drs. 15/2327, S. 35.

[111] Dabei haben die §§ 12 und 13 EnWG die Übertragungsnetze und die §§ 14 und 14a EnWG die Verteilernetze im Blick.

[112] Für die Fernleitungsnetze sind die §§ 15 und 16 EnWG einschlägig. Für die Gasverteilernetze erklärt § 16a EnWG die §§ 15 und 16 EnWG weitgehend für entsprechend anwendbar.

[113] Deutschland verfügt derzeit über vier Regelzonen.

im Hinblick auf Erzeugungs-, Transport- und Verteilungsanlagen.[114] Zum anderen geht es um eine fortgesetzte und auf Dauer gewährleistete Zurverfügungstellung von Energie.[115] Demgemäß ist die Versorgungssicherheit zugleich ein Bestandteil der Versorgungszuverlässigkeit, die auf eine nahtlose und ununterbrochene Verfügbarkeit von Energie in gleich hoher Qualität abzielt.[116] Damit einher geht die Verpflichtung der Netzbetreiber, dauerhaft die Fähigkeit des Netzes sicherzustellen, die Nachfrage nach Übertragung von Elektrizität und Gas zu befriedigen und insbesondere durch entsprechende Übertragungskapazität und Zuverlässigkeit des Netzes zur Versorgungssicherheit beizutragen (vgl. §§ 12 Abs. 3, 15 Abs. 3 EnWG). Im Falle einer Gefährdung oder gar Störung der Sicherheit und Zuverlässigkeit des Versorgungssystems tragen die Netzbetreiber nach §§ 13, 16 EnWG die Systemverantwortung. In Erfüllung ihrer Systemverantwortung sind die Netzbetreiber nach § 13 Abs. 1 EnWG berechtigt und verpflichtet, die Gefährdung oder Störung durch netzbezogene (Nr. 1), marktbezogene Maßnahmen (Nr. 2) oder zusätzliche Reserven (Nr. 3) zu beseitigen.[117] Netzbezogene Maßnahmen sind vor allem Netzschaltungen (siehe §§ 13 Abs. 1 Nr. 1, 16 Abs. 1 Nr. 1 EnWG), aber auch alle sonstigen technischen Hilfsmaßnahmen. Marktbezogene Maßnahmen verlangen demgegenüber die Beteiligung der Netznutzer, die durch Vertragsabschlüsse einbezogen werden können.[118] Mit dem Einsatz von Regelenergie, vertraglich vereinbarten abschaltbaren und zuschaltbaren Lasten, der Information über Engpässe und dem Management von Engpässen enthält § 13 Abs. 1 Nr. 2 EnWG eine nicht abschließende Aufzählung marktbezogener Maßnahmen für den Elektrizitätsbereich. Die Nutzung von zusätzlichen Reserven, insbesondere von Netzreserven (§ 13d EnWG) und Kapazitätsreserven (§ 13e EnWG) wird nunmehr in § 13 Abs. 1 Nr. 3 EnWG eigenständig aufgezählt, um die einzelnen Maßnahmen besser voneinander abzugrenzen. Zuvor war sie unter den marktbezogenen Maßnahmen gem. § 13 Abs. 1 Nr. 2 EnWG aufgelistet worden.[119] Zum Verhältnis der netz- und marktbezogenen Maßnahmen ist auszuführen, dass die Übertragungsnetzbetreiber Netz- und Kapazitätsreserven nur nachrangig nach den netzbezogenen Maßnahmen nach § 13 Abs. 1 Nr. 1 EnWG und den marktbezogenen Maßnahmen nach § 13 Abs. 1 Nr. 2 EnWG verwenden sollen.[120] Eine vergleichbare Aufzählung zu den netz- und marktbezogenen Maßnahmen für den Gassektor findet sich in § 16 Abs. 1 Nr. 1, 2 EnWG. Führen die netz- bzw. marktbezogenen Maßnahmen sowie zusätzliche Reserven nicht zum Erfolg, so können und müssen die Netzbetreiber die erforderlichen Notfallmaßnahmen einleiten (vgl. §§ 13 Abs. 2, 16 Abs. 2 EnWG).[121] Hierzu

---

[114] BT-Drs. 13/7274, S. 14.

[115] *Kment*, in: ders., EnWG, § 1 Rn. 4; *Theobald*, in: Danner/ders., Energierecht, § 12 EnWG Rn. 13 (Stand: 60. EL Juni 2008).

[116] *Sötebier*, in: Britz/Hellermann/Hermes, EnWG, § 12 Rn. 25 f.

[117] *Kment*, ZNER 2011, 225 (227).

[118] *Altrock/Vollprecht*, ZNER 2011, 231 (232).

[119] BT-Drs. 542/15, S. 95.

[120] BT-Drs. 542/15, S. 95; *Tüngler*, in: Kment, EnWG, § 13 Rn. 33 ff.

[121] Zum Zusammenspiel mit dem EEG und KWKG siehe *Pielow*, in: Ehlers/Fehling/Pünder, § 22 Rn. 92.

zählen vor allem die Anpassung (oder das Verlangen der Anpassung von den betroffenen Netznutzern) sämtlicher Stromeinspeisungen, Stromtransite und Stromabnahmen
in den jeweiligen Regelzonen bzw. sämtlicher Gaseinspeisungen, Gastransporte und
Gasausspeisungen in den jeweiligen Netzen an die Erfordernisse eines sicheren und
zuverlässigen Netzbetriebs.[122] Die Einleitung von Notfallmaßnahmen führt zum Ruhen von Leistungspflichten und zum Ausschluss einer Haftung für Vermögensschäden
(§§ 13 Abs. 5, 16 Abs. 3 EnWG). Ergänzend ordnen die §§ 13 Abs. 9, 16 Abs. 5
EnWG an, dass die Netzbetreiber jährlich (Gassektor) bzw. alle zwei Jahre (Stromsektor) eine Schwachstellenanalyse erarbeiten müssen. Aus der Schwachstellenanalyse ersichtlich gewordene Defizite müssen sie durch entsprechend geeignete Maßnahmen, wie beispielsweise die Netzverstärkung oder den Netzausbau, beheben.[123]

b) Netzanschluss

37   Um die leitungsgebundene Energieversorgung sowohl in technisch-physikalischer
als auch in rechtlicher Hinsicht zu ermöglichen, bedarf es eines Netzanschlusses des
Netznutzers. Ohne einen Netzanschluss kommt eine Netznutzung nicht in Betracht.
Deshalb hat der Gesetzgeber in § 17 Abs. 1 EnWG eine *allgemeine Anschlusspflicht*
für Energieversorgungsnetzbetreiber etabliert, die einen Kontrahierungszwang zur
Folge hat.[124] Korrespondierend damit steht den Netznutzern ein gesetzlicher Anspruch auf Netzanschluss zu, der von den Energieversorgungsnetzbetreibern gemäß
§ 17 Abs. 2 S. 1 EnWG nur dann verweigert werden darf, wenn ihnen die Gewährung des Netzanschlusses aus betriebsbedingten oder sonstigen wirtschaftlichen
oder technischen Gründen nicht möglich oder nicht zumutbar ist.[125] Schon gar nicht
in den Anwendungsbereich des § 17 EnWG fallen jedoch Betreiber von Direktleitungen sowie von Kundenanlagen gemäß § 3 Nr. 24a, 24b EnWG (vgl. § 3 Nr. 16
EnWG). Betreiber von geschlossenen Verteilernetzen fallen wiederum unter den
Anwendungsbereich des § 17 EnWG (vgl. § 110 Abs. 1 EnWG).

38   Den *Umfang der Anschlusspflicht* umreißt § 17 Abs. 1 EnWG. Danach haben
Betreiber von Energieversorgungsnetzen Letztverbraucher, gleich- oder nachgelagerte Elektrizitäts- und Gasversorgungsnetze sowie -leitungen, Ladepunkte für
Elektromobile, Erzeugungs- und Speicheranlagen sowie Anlagen zur Speicherung
elektrischer Energie zu technischen und wirtschaftlichen Bedingungen an ihr Netz
anzuschließen, die angemessen, diskriminierungsfrei, transparent und nicht ungünstiger sind, als sie von den Betreibern der Energieversorgungsnetze in vergleichbaren Fällen für Leistungen innerhalb ihres Unternehmens oder gegenüber verbundenen oder assoziierten Unternehmen angewendet werden. Diese Rahmenvorgaben

---

[122] Vgl. *Tüngler*, in: Kment, EnWG, § 13 Rn. 36 ff.

[123] BT-Drs. 15/3917, S. 57; *Hartmann/Weise*, in: Danner/Theobald, Energierecht, § 13 EnWG
Rn. 97 f. (Stand: 89. EL Mai 2016); *König*, in: Säcker, Energierecht, § 13 Rn. 141 ff.

[124] *Gerstner*, in: Kment, EnWG, § 17 Rn. 2, 9; *Theobald/Zenke/Dessau*, in: Schneider/Theobald,
Energiewirtschaft, § 15 Rn. 32, 37.

[125] *Kühling/Rasbach/Busch*, Energierecht, S. 71 Rn. 21 ff.; *Hartmann*, in: Danner/Theobald, Energierecht, § 17 EnWG Rn. 123 (Stand: 64. EL August 2009); *Bourwieg*, in: Britz/Hellermann/Her-
mes, EnWG, § 17 Rn. 26, 35.

werden durch die *Kraftwerks-Netzanschlussverordnung* (KraftNAV) weiter ausgestaltet. Diese konkretisierende VO konnte aufgrund der Ermächtigung in § 17 Abs. 3 EnWG erlassen werden und gibt detailliertere Vorgaben zum Netzanschluss von Kraftwerken.

In einer eigenen Vorschrift ist die allgemeine Anschlusspflicht für Netzbetreiber **39** geregelt, die auf *Gemeindegebietsebene* Energieversorgungsnetze der *allgemeinen Versorgung* von Letztverbrauchern (vgl. § 3 Nr. 17 EnWG) betreiben. § 18 Abs. 1 S. 1 EnWG verpflichtet sie, jedermann an ihr Energieversorgungsnetz anzuschließen und die Nutzung des Anschlusses zur Entnahme von Energie zu gestatten. Erneut können die Energieversorgungsnetzbetreiber den Anschluss und die Anschlussnutzung nur im Falle einer wirtschaftlichen Unzumutbarkeit verweigern (§ 18 Abs. 1 S. 2 EnWG); die Darlegungs- und Beweislast liegt beim Netzbetreiber.[126] Anders als bei der allgemeinen Anschlusspflicht aus § 17 Abs. 1 EnWG hat der Gesetzgeber bewusst darauf verzichtet, den Netzbetreibern auch eine Verweigerungsmöglichkeit für Fälle der technischen Unmöglichkeit einzuräumen. Im Gemeindegebiet soll der Netzanschluss gerade für „jedermann" geschaffen werden.[127] Außerdem haben die Netzbetreiber gemäß § 18 Abs. 1 S. 1 EnWG „Allgemeine Bedingungen für den Netzanschluss und dessen Nutzung" aufzustellen und zu veröffentlichen. Nähere Einzelheiten der Ausgestaltung schreiben die *Niederspannungsanschlussverordnung* (NAV) und die *Niederdruckanschlussverordnung* (NDAV) vor, die als Rechtsverordnungen aufgrund der Ermächtigung in § 18 Abs. 3 EnWG erlassen worden sind und kraft Gesetzes Inhalt des Netzanschluss- bzw. Anschlussnutzungsvertrags werden.[128] Aus Gründen der Netzentflechtung beziehen sich sowohl die NAV als auch die NDAV aber nur auf das Netzanschlussverhältnis (vgl. § 2 NAV, § 2 NDAV) und die Nutzung des Anschlusses zur Energieentnahme, das sog. Anschlussnutzungsverhältnis (vgl. § 3 NAV, § 3 NDAV). Die Energiebelieferung mit Strom bzw. Gas wird in der NAV und der NDAV hingegen nicht adressiert.

c) Netzzugangsanspruch

aa) Allgemeines

Mit dem Netzanschluss wird die notwendige Grundlage geschaffen, um die Versorgung und den Handel mit Energie zu öffnen. Die Netznutzung, d. h. die Einspeisung und Entnahme von Energie, setzt aber weiterhin voraus, dass ein Zugang zu den Energieversorgungsnetzen gestattet wird. Hiermit befasst sich der 3. Abschnitt des 3. Teils des EnWG. Der Netzzugang ist in *§ 20 EnWG* abgesichert und näher aus-

---

[126] Vgl. *Gerstner*, in: Kment, EnWG, § 18 Rn. 52; *Kühling/Rasbach/Busch*, Energierecht, S. 79 Rn. 46.

[127] *Theobald/Zenke/Dessau*, in: Schneider/Theobald, Energiewirtschaft, § 15 Rn. 60; *Pielow*, in: Ehlers/Fehling/Pünder, § 22 Rn. 96; differenzierend *Bourwieg*, in: Britz/Hellermann/Hermes, EnWG, § 18 Rn. 14.

[128] *Hartmann*, in: Danner/Theobald, Energierecht, § 18 EnWG Rn. 37 f. (Stand: 98. EL Juni 2018); *Kühling/Rasbach/Busch*, Energierecht, S. 79 Rn. 47 ff.; *Theobald/Zenke/Dessau*, in: Schneider/Theobald, Energiewirtschaft, § 15 Rn. 61.

gestaltet (*Grundpflicht*). Eine weitere Konkretisierung und Ergänzung erfolgt durch mehrere Rechtsverordnungen, die aufgrund der Ermächtigung in § 24 EnWG erlassen werden konnten. Allen voran sind die *Stromnetzzugangsverordnung* (StromNZV)[129] und die *Gasnetzzugangsverordnung* (GasNZV)[130] zu nennen.

41   Nach § 20 Abs. 1 EnWG müssen Energieversorgungsnetzbetreiber „*jedermann*", d. h. allen sog. „Netznutzern",[131] die entweder Energie in das Netz einspeisen und/ oder daraus beziehen wollen (nachgelagerte Netzbetreiber, Erzeuger, Letztverbraucher sowie Lieferanten),[132] nach sachlich gerechtfertigten Kriterien *diskriminierungsfrei Netzzugang* gewähren. Zudem müssen die dem Netzzugang zugrunde liegenden Bedingungen im Internet veröffentlicht werden (§ 20 Abs. 1 S. 1 EnWG). Damit konstituiert § 20 Abs. 1 EnWG einen grundsätzlichen Anspruch auf Zugang zu Elektrizitäts- und Gasnetzen. Der Anspruch umfasst neben den Energieversorgungsnetzen auch die mit diesen zusammenhängenden Einrichtungen, wie etwa Umspann- und Speicheranlagen oder vorgelagerte Rohrleitungsnetze.[133] Neben Übertragungs- und Fernleitungsnetzen gilt der Anspruch auch für Verteilernetze. Auf eine gewisse Spannungs- oder Druckstufe kommt es nicht an.

42   Dem allgemeinen Anspruch auf Netzzugang liegt ein *gesetzliches Schuldverhältnis* zugrunde, das durch einen zivilrechtlich auszuhandelnden Vertrag umgesetzt wird.[134] Dabei entsteht der Zugangsanspruch („Ob") unmittelbar mit Beantragung und kraft Gesetzes.[135] Die nähere Ausgestaltung der Vertragsbedingungen, das „Wie", ist dann gemäß der Vorgaben des § 20 EnWG zwischen den Parteien zu vereinbaren. Der Netzzugang stellt demnach ein zweistufiges System dar mit der Folge, dass auch bei Streitigkeiten über die genaue Ausgestaltung des Zugangs dieser vom Betreiber nicht verweigert werden darf, solange kein Fall des § 20 Abs. 2 EnWG vorliegt. Eine *Verweigerung des Netzzugangs* ist nach § 20 Abs. 2 EnWG nur dann zulässig, wenn die Gewährung des Netzzugangs aus betriebsbedingten oder sonstigen Gründen unter Berücksichtigung der Ziele des § 1 EnWG nicht möglich oder nicht zumutbar ist.[136]

---

[129] VO über den Zugang zu Elektrizitätsversorgungsnetzen (Stromnetzzugangsverordnung [StromNZV]) vom 25.07.2005, BGBl. I, S. 2243, zuletzt geändert durch Art. 1 ÄndVO vom 19.12.2017, BGBl. I, S. 3988.

[130] VO über den Zugang zu Gasversorgungsnetzen (Gasnetzzugangsverordnung [GasNZV]) vom 03.09.2010, BGBl. I, S. 1261, zuletzt geändert durch Art. 1 erste ÄndVO vom 11.08.2017, BGBl. I, S. 3194.

[131] Die Begrifflichkeiten „Jedermann" in § 20 Abs. 1 S. 1 EnWG und „Netznutzer", letztere legaldefiniert in § 3 Nr. 28 EnWG, sind synonym zu verstehen.

[132] *Hartmann*, in: Danner/Theobald, Energierecht, § 20 EnWG Rn. 20 (Stand: 65. EL Januar 2010).

[133] *Kment*, in: ders., EnWG, § 20 Rn. 12; *Schmidt-Schlaeger*, in: Rosin u. a., Praxiskommentar EnWG, § 20 Abs. 1, 1a, 2 Rn. 9 (Stand: 6. EL Juni 2015).

[134] *Kühling/el-Barudi*, DVBl. 2005, 1470 (1474 f.); *Theobald/Zenke/Dessau*, in: Schneider/Theobald, Energiewirtschaft, § 15 Rn. 92; *Lüdtke-Handjery*, in: Danner/Theobald, Energierecht, § 20 Abs. 1a EnWG Rn. 4 (Stand: 85. EL Juni 2015); *Ahnis/Kirschnick*, EnWZ 2013, 352 (353).

[135] *Säcker/Boesche*, in: Säcker, Energierecht, § 20 Rn. 62.

[136] Dazu ausführlich *Kment*, in: ders., EnWG, § 20 Rn. 23 ff.; *Arndt/Herzmann*, in: Britz/Hellermann/Hermes, EnWG, § 20 Rn. 200 ff.

Die Abwicklung des Netzzugangsanspruchs ist in § 20 Abs. 1a und 1b EnWG **43**
i. V. m. den Netzzugangsverordnungen für den Strom- (Abs. 1a i. V. m. der
StromNZV) und Gassektor (Abs. 1b i. V. m. der GasNZV) *unterschiedlich ausge-*
staltet. Neben den physikalischen und netzorganisatorischen Unterschieden beruht
die getrennte Regelungssystematik vor allem auf der abweichenden historischen
Entwicklung.[137]

bb) Netzzugang zu den Elektrizitätsversorgungsnetzen

In § 20 Abs. 1a EnWG werden im Wesentlichen die erforderlichen *Vertragsverhält-* **44**
nisse aufgeführt, mit Hilfe derer das Recht auf Netzzugang verwirklicht wird. Dabei
handelt es sich um den Netznutzungsvertrag (§ 20 Abs. 1a S. 1 EnWG), den Lieferantenrahmenvertrag (§ 20 Abs. 1a S. 2 EnWG) und den Bilanzkreisvertrag (§ 20 Abs. 1a
S. 5 EnWG „vertraglich begründetes Bilanzkreissystem"). Die recht *lückenhaften*
Grundsatzregelungen werden durch die StromNZV und hinsichtlich der Preisgestaltung durch die StromNEV ergänzt (zur Preisgestaltung → Rn. 60 ff.). Eine noch weitergehende Konkretisierung erfolgt in der Praxis zum Teil über Verbändevereinbarun-
gen, die allerdings einer individualvertraglichen Einbeziehung bedürfen.[138]

Grundlegend für die Verwirklichung des Netzzugangs ist der in § 20 Abs. 1a S. 1 **45**
EnWG legaldefinierte *Netznutzungsvertrag.* Hiernach schließen Letztverbraucher
von Elektrizität oder Lieferanten zur Ausgestaltung des Rechts auf Zugang zu Elektrizitätsversorgungsnetzen Verträge mit denjenigen Energieversorgungsunternehmen, aus deren Netzen die Entnahme und in deren Netze die Einspeisung von Elektrizität erfolgen soll. *Vertragspartner* sind auf Seiten der Netzzugangsberechtigten
ein Letztverbraucher oder Lieferant und ein Energieversorgungsunternehmen auf
der anderen Seite. Letztverbraucher sind gemäß § 3 Nr. 25 EnWG natürliche oder
juristische Personen, die Energie für den eigenen Verbrauch kaufen; auch der Strom-
bezug der Ladepunkte für Elektromobile steht dem Letztverbrauch im Sinne dieses
Gesetzes und den aufgrund dieses Gesetzes erlassenen Verordnungen gleich. Dabei
kann es sich sowohl um Verbraucher (§ 13 BGB) als auch Unternehmer (§ 14 BGB)
handeln.[139] Der Begriff des Lieferanten wird lediglich in § 2 Nr. 5 StromNZV aufgegriffen. Demnach ist ein Lieferant gemäß § 2 Nr. 5 StromNZV ein Unternehmen,
dessen Geschäftstätigkeit auf den Vertrieb von Elektrizität gerichtet ist. Unter Energieversorgungsunternehmen versteht § 3 Nr. 18 EnWG natürliche oder juristische
Personen, die Energie an andere liefern, ein Energieversorgungsnetz betreiben oder
an einem Energieversorgungsnetz als Eigentümer Verfügungsbefugnis besitzen.

§ 20 Abs. 1a EnWG eröffnet zwei mögliche *Vertragskonstellationen,* denen **46**
zugrunde liegt, dass zwischen Netznutzung und Stromlieferung streng zu unterscheiden ist.[140] Die Versorgung des Kunden kann demzufolge entweder durch einen integrierten Stromliefervertrag (All-inclusive-Vertrag) oder einen reinen

---

[137] *Kment,* in: ders., EnWG, § 20 Rn. 35 ff., 61 ff.

[138] *De Wyl/Thole/Bartsch,* in: Schneider/Theobald, Energiewirtschaft, § 16 Rn. 251.

[139] *Säcker/Boesche,* in: Säcker, Energierecht, § 20 Rn. 77.

[140] *De Wyl/Thole/Bartsch,* in: Schneider/Theobald, Energiewirtschaft, § 16 Rn. 326.

Stromliefervertrag erfolgen.[141] Beim All-inclusive-Vertrag schließt der Kunde ausschließlich einen Vertrag mit seinem Stromlieferanten, der sowohl die Stromlieferung als auch die erforderliche Nutzung der Netze schuldet. Bei einem reinen Stromliefervertrag zwischen Kunde und Stromlieferant verpflichtet sich der Stromlieferant nur zur Stromlieferung. Für die Netznutzung hat der Kunde Sorge zu tragen, indem er mit dem Netzbetreiber einen eigenen Netznutzungsvertrag abschließt.

47   Die abgeschlossenen Verträge begründen bestimmte *Vertragspflichten*: Aufgrund eines Netznutzungsvertrags schuldet der Netzbetreiber die Zurverfügungstellung der für die Stromlieferung notwendigen Netzinfrastruktur und die Ausführung von erforderlichen Netzdiensten.[142] Im Gegenzug hat der Netzzugangsberechtigte das vereinbarte Netznutzungsentgelt zu zahlen. Die Höhe des Entgelts ist reguliert (vgl. §§ 21a, 23a EnWG) (→ Rn. 60 ff.).

48   In § 20 Abs. 1a S. 2 EnWG ist mit dem *Lieferantenrahmenvertrag* ein spezieller Fall des Netznutzungsvertrags geregelt. Nach der Legaldefinition des § 20 Abs. 1a S. 2 EnWG ist ein Lieferantenrahmenvertrag ein Netznutzungsvertrag, der mit einem Lieferanten geschlossen wird und sich nicht auf bestimmte Entnahmestellen zu beziehen braucht. In der Praxis ist ein nach § 20 Abs. 1a S. 1 Alt. 2 EnWG abgeschlossener Netznutzungsvertrag mit einem Lieferanten nahezu ausschließlich ein Lieferantenrahmenvertrag, auch wenn dies nicht absolut zwingend ist.[143] Eine nähere Ausgestaltung erfährt der Lieferantenrahmenvertrag in § 25 StromNZV.

49   Dass der Netznutzungsvertrag und der Lieferantenrahmenvertrag den *Zugang zum gesamten Elektrizitätsversorgungsnetz* vermitteln, ist in § 20 Abs. 1a S. 3 EnWG klargestellt, dessen Wortlaut eins zu eins in § 3 Abs. 1 S. 1 StromNZV übernommen wurde. Zur Verwirklichung des Netzzugangs ist demnach nur ein einziger Vertrag erforderlich, obwohl in physikalischer Hinsicht unter Umständen mehrere Netze in Anspruch genommen werden müssen.[144] Irrelevant ist, wo die Einspeise- und Entnahmestellen liegen. Nicht ausschlaggebend ist auch die Entfernung zwischen diesen beiden Punkten; eine „Punkt-zu-Punkt-Betrachtung", aus der sich ein fiktiver Transportpfad ergibt, spielt demnach keine Rolle.[145] Aus diesem Grund wird das System als sog. *transaktionsunabhängiges Punktmodell*[146] bezeichnet.

50   Um den Netzzugang für jedermann sicherzustellen, müssen die *Netzbetreiber* eng *zusammenarbeiten*. § 20 Abs. 1a S. 4 EnWG verpflichtet daher alle Betreiber von Elektrizitätsversorgungsnetzen, in dem Ausmaß zusammenzuwirken, das erforderlich ist,

---

[141] Dazu *Kment*, in: ders., EnWG, § 20 Rn. 38; *Germer*, EnWZ 2017, 67 (67 f.).

[142] *Herzmann*, RdE 2007, 76 (78); *Britz/Herzmann*, in: ders./Hellermann/Hermes, EnWG, § 20 Rn. 63.

[143] *Britz/Herzmann*, in: ders./Hellermann/Hermes, EnWG, § 20 Rn. 82.

[144] *Kment*, in: ders., EnWG, § 20 Rn. 48 ff.

[145] *Lüdtke-Handjery*, in: Danner/Theobald, Energierecht, § 20 Abs. 1a EnWG Rn. 8 (Stand: 85. EL Juni 2015).

[146] *Böwing*, in: Baur/Salje/Schmidt-Preuß, Kap. 71 Rn. 28 f.; *Schmidt-Schlaeger*, in: Rosin u. a., Praxiskommentar EnWG, § 20 Abs. 1, 1a, 2 Rn. 13 (Stand: 6. EL Februar 2015); der Begriff wird auch in § 15 Abs. 1 S. 1 StromNEV verwendet.

damit durch den Betreiber von Elektrizitätsversorgungsnetzen, der den Netznutzungs-
oder Lieferantenrahmenvertrag abgeschlossen hat, der Zugang zum gesamten Elektrizitätsversorgungsnetz gewährleistet werden kann. In § 20 Abs. 1a S. 4 EnWG werden nur
das Ziel (jeder Netzbetreiber kann Zugang zum gesamten Elektrizitätsversorgungsnetz
gewährleisten) und das Ausmaß („in dem Ausmaß, das erforderlich ist") der Zusammenarbeit genannt. Der Weg und die einzelnen Mittel, auf und mit denen das Ziel durch die
Netzbetreiber zu erreichen ist, bleiben aber offen.[147] Lediglich der Verordnungsgeber hat
mit § 16 StromNZV die allgemeinen Zusammenarbeitspflichten ein wenig präzisiert.
Die Zusammenarbeit in der Praxis der deutschen Elektrizitätswirtschaft erfolgt zurzeit
vor allem über den Bundesverband der Energie- und Wasserwirtschaft e. V. (BDEW),
der für zahlreiche Regelwerke verantwortlich zeichnet (z. B. TransmissionCode 2007,
DistributionCode 2007 und die VDE-Anwendungsregel AR-N 4400, Messwesen
Strom – MeteringCode),[148] die zwar keine Gesetzes- oder Verordnungskraft besitzen,[149]
aber häufig über eine vertragliche Einbeziehung in den Netznutzungs-, Lieferantenrah-
men- und Bilanzkreisvertrag zur Anwendung kommen.[150]

Weiterhin setzt der Netzzugang durch die Letztverbraucher und Lieferanten vo-   **51**
raus, dass über einen *Bilanzkreis*, der in ein vertraglich begründetes *Bilanzkreissystem* nach Maßgabe einer Rechtsverordnung über den Zugang zu Elektrizitätsversorgungsnetzen einbezogen ist, ein Ausgleich zwischen Einspeisung und Entnahme
stattfindet (§ 20 Abs. 1a S. 5 EnWG i. V. m. § 3 Abs. 2 StromNZV). Diese Regelung
ist darin begründet, dass Einspeise- und Entnahmemengen zu jedem bestimmten
Zeitpunkt nicht voll deckungsgleich sind und daher eines Ausgleichs bedürfen. Wesentlich für das Bilanzkreismodell ist der Bilanzkreisvertrag, der gemäß § 26 Abs. 1
StromNZV zwischen dem Bilanzkreisverantwortlichen und dem Betreiber von
Übertragungsnetzen, der auch Bilanzkoordinator genannt wird,[151] geschlossen wird.

cc) Zugang zu den Gasversorgungsnetzen (§ 20 Abs. 1b EnWG)

§ 20 Abs. 1b EnWG gestaltet den *Anspruch auf Zugang* zu den Gasnetzen näher aus   **52**
und betrifft – ebenso wie Abs. 1a für den Stromsektor – das „Wie" des Netzzugangs.[152]
Aber auch Abs. 1b gibt das Modell des Netzzugangs und die vertragliche Ausgestaltung nur bruchstückhaft vor. Eine nähere *Konkretisierung* übernehmen die GasNZV
sowie die Kooperationsvereinbarung der Fernleitungsnetzbetreiber (KoV VII).[153]

---

[147] *Kment*, in: ders., EnWG, § 20 Rn. 53.

[148] Einen guten Überblick zum Inhalt der Regelwerke bieten *de Wyl/Thole/Bartsch*, in: Schneider/
Theobald, Energiewirtschaft, § 16 Rn. 251 ff.

[149] *Britz*, ZNER 2006, 91 (93).

[150] *De Wyl/Thole/Bartsch*, in: Schneider/Theobald, Energiewirtschaft, § 16 Rn. 252; *Kment*, in:
ders., EnWG, § 20 Rn. 54.

[151] *Schmidt-Schlaeger*, in: Rosin u. a., Praxiskommentar EnWG, § 20 Abs. 1, 1a, 2 Rn. 56 (Stand:
6. EL Februar 2015).

[152] *Scholz/Sieberg*, in: Rosin u. a., Praxiskommentar EnWG, § 20 Abs. 1b Rn. 46 (Stand: 6. EL
Februar 2015); *Kment*, in: ders., EnWG, § 20 Rn. 61.

[153] Seit 01.10.2014 in der Änderungsfassung vom 29.03.2018 in Kraft; zur Entwicklung der KoV
siehe *de Wyl/Thole/Bartsch*, in: Schneider/Theobald, Energiewirtschaft, § 16 Rn. 442 ff. Allgemein
zu den Kooperationsvereinbarungen Gas *Thole/Böhnk*, IR 2012, 220.

53   § 20 Abs. 1b S. 1 EnWG verpflichtet die Netzbetreiber („müssen"), Ein- und Ausspeisekapazitäten anzubieten. Der Netzzugang verwirklicht sich durch die Buchung der entsprechenden Ein- und Ausspeisekapazitäten. Daher ist auch von dem sog. *Entry/Exit-Modell* die Rede.[154] Vertraglich vollzieht sich die Buchung der Kapazitäten durch den Abschluss von Ein- und Ausspeiseverträgen. Die gebuchten Kapazitäten müssen den Netzzugang *transportpfadunabhängig* ermöglichen (vgl. auch § 8 Abs. 1 S. 1 GasNZV). Dies bedeutet, dass die gebuchten Ein- und Ausspeisekapazitäten ohne streckenbezogene Festlegung eines bestimmten Transportpfades genutzt werden können.[155] Der Netzzugang besteht damit völlig unabhängig vom tatsächlichen physischen Gastransport.[156] Außerdem muss eine *Transaktionsunabhängigkeit* bestehen, d. h. der Netzzugang erfolgt nicht durch einzelne „Transaktionen", sondern alle Buchungen werden kumulativ abgerechnet, sodass nicht mehr für jede einzelne Lieferung ein eigenständiger Vertrag abgeschlossen werden muss.[157] Zudem müssen die Ein- und Ausspeisekapazitäten *unabhängig voneinander nutzbar und handelbar* sein.[158]

54   Kernbestandteil des Netzzugangs sind der Ein- und Ausspeisevertrag, die den inzwischen allgemein anerkannten Grundsatz des *„Zweivertragsmodells"* umsetzen.[159] Nach dem Zweivertragsmodell muss der Transportkunde lediglich einen Ein- sowie einen Ausspeisevertrag abschließen. Zusätzliche Verträge, etwa mit weiteren Netzbetreibern, deren Netze beim physischen Gastransport in Anspruch genommen werden, sind nicht erforderlich.[160] Die *rechtliche Grundlage* der Ein- und Ausspeiseverträge findet sich in § 20 Abs. 1b S. 2 bzw. S. 3 EnWG, die durch die §§ 3, 4 Abs. 1 GasNZV und Anlage 1 zur KoV VII (Geschäftsbedingungen für den Ein- und Ausspeisevertrag – Entry/Exit-System) ergänzt wird. Einer vereinfachten Belieferung dient der *Lieferantenrahmenvertrag*, der in § 20 Abs. 1b S. 4 EnWG, § 3 Abs. 4 GasNZV verankert ist.

55   Ebenso wie im Bereich der Stromnetze, gibt es auch im Gassektor den *Bilanzkreisvertrag* (§ 3 Abs. 2 GasNZV),[161] der zwischen dem Bilanzkreisverantwortlichen (§ 2 Nr. 5 GasNZV) und dem Bilanzkreisnetzbetreiber geschlossen wird. Der Bilanzkreisvertrag regelt den Ausgleich und die Abrechnung von Differenzen zwischen den ein- und ausgespeisten Gasmengen, die dem im jeweiligen Vertrag geregelten

---

[154] *Arndt*, in: Britz/Hellermann/Hermes, EnWG, § 20 Abs. 1b Rn. 131; *Kühling/Rasbach/Busch*, Energierecht, S. 96 ff.

[155] *Kment*, in: ders., EnWG, § 20 Rn. 64; *de Wyl/Thole/Bartsch*, in: Schneider/Theobald, Energiewirtschaft, § 16 Rn. 284.

[156] *De Wyl/Thole/Bartsch*, in: Schneider/Theobald, Energiewirtschaft, § 16 Rn. 285.

[157] *Neveling*, in: Danner/Theobald, Energierecht, § 20 Abs. 1b EnWG Rn. 42 (Stand: 72. EL Oktober 2011); *Kment*, in: ders., EnWG, § 20 Rn. 65.

[158] *Kment*, in: ders., EnWG, § 20 Rn. 66 ff.

[159] *Neveling*, in: Danner/Theobald, Energierecht, § 20 Abs. 1b EnWG Rn. 52 (Stand: 72. EL Oktober 2011); im Kontrast zum Zweivertragsmodell steht das Einzelbuchungsmodell, bei dem der Transportkunde mit jedem einzelnen Netzbetreiber, dessen Netz er in Anspruch nehmen möchte, eigenständige Ein- und Ausspeiseverträge schließen muss, vgl. *Däuper*, ZNER 2006, 211 (213 f.).

[160] *Kment*, in: ders., EnWG, § 20 Rn. 69.

[161] Vgl. dazu auch *Kühling/Rasbach/Busch*, Energierecht, S. 101 Rn. 100.

Bilanzkreis zugeordnet werden (vgl. § 1 Nr. 1 der Anlage 4 zur KoV VII).[162] Die
§§ 22 ff. GasNZV enthalten dabei nähere Vorgaben zur Bilanzierung.[163]

Da der physikalische Gastransport die Nutzung mehrerer Netze erforderlich **56**
machen kann, ein Vertrag aber nur mit dem Ein- und Ausspeisenetzbetreiber,
nicht aber mit den unter Umständen dazwischengeschalteten Netzbetreibern geschlossen wird, werden Netze in Anspruch genommen, zu dessen Betreibern die
Transportkunden in keinerlei vertraglicher Beziehung stehen. Um dennoch einen
vollumfänglichen Netzzugang zu gewährleisten, müssen die Netzbetreiber eng
und umfassend zusammenarbeiten. Eine diesbezügliche *Pflicht zur Kooperation*
statuiert § 20 Abs. 1b S. 5 EnWG, wobei dort auch zugleich deren Grenzen festlegt sind. Aus § 20 Abs. 1b S. 5–7 EnWG ergeben sich die Reichweite und in
Grundzügen der Umfang der Kooperationspflicht.[164] Eine Präzisierung erfolgt in
der GasNZV und vor allem durch die von den Netzbetreibern abgeschlossene
KoV VII. Dabei wird der netzübergreifende Gastransport insbesondere durch den
Abschluss von Netzkopplungsverträgen sichergestellt (vgl. § 7 Abs. 1 S. 1
GasNZV). § 20 Abs. 1b S. 6 EnWG konkretisiert die Kooperationspflicht dahin-
gehend, dass die Netzbetreiber bei der Berechnung und dem Angebot von Kapazi-
täten, der Erbringung von Systemdienstleistungen und der Kosten- oder Entgelt-
wälzung eng zusammenarbeiten müssen. Demgegenüber verlangt § 20 Abs. 1b
S. 7 EnWG von den Netzbetreibern die Entwicklung gemeinsamer Vertragsstan-
dards für den Netzzugang. Dieser Verpflichtung sind die Netzbetreiber durch die
Verabschiedung gemeinsamer Musterverträge, die sich in den Anlagen 1–7 der
KoV VII wiederfinden, nachgekommen. Außerdem verpflichtet § 20 Abs. 1b S. 7
EnWG die Netzbetreiber unter Ausschöpfung aller Kooperationsmöglichkeiten,
die Zahl der Netze oder Teilnetze sowie der Bilanzzonen möglichst gering zu
halten.[165] Nach mehrfachen Zusammenschlüssen gibt es inzwischen nur noch die
beiden Marktgebiete (zum Begriff siehe § 2 Nr. 10 GasNZV) NetConnect Germany (NCG) und GASPOOL.

In § 20 Abs. 1b S. 9 EnWG ist das sog. „*Rucksackprinzip*"[166] verankert, das auch **57**
in § 42 GasNZV aufgenommen worden ist. Diese Metapher rührt daher, dass nach
der Regelung des § 20 Abs. 1b S. 9 EnWG der Kunde und nicht der bisherige Lieferant die für die Belieferung gebuchten Ein- und Ausspeisekapazitäten wie einen
Rucksack auf seinen Rücken geschnallt hat. In Umsetzung von Art. 3 Abs. 3 S. 5 der
RL über den Binnenmarkt für Gas[167] hat der Gesetzgeber in § 20 Abs. 1b S. 9 EnWG
angeordnet, dass bei einem *Lieferantenwechsel*[168] der neue Lieferant vom bisherigen

---

[162] *Kemper*, in: Baur/Salje/Schmidt-Preuß, Kap. 72 Rn. 151.

[163] Näher zu den Einzelheiten siehe *Scholz/Sieberg*, in: Rosin u. a., Praxiskommentar EnWG, § 20
Abs. 1b Rn. 177 ff. (Stand: 6. EL Februar 2015).

[164] *Arndt*, in: Britz/Hellermann/Hermes, EnWG, § 20 Rn. 166.

[165] *Kment*, in: ders., EnWG, § 20 Rn. 86.

[166] Siehe die Überschrift zu § 42 GasNZV.

[167] RL 2003/55/EG, ABl. EU L 176/57, ber. ABl. EU L 2/55, ABl. EU L 16/74, zuletzt geändert
durch Art. 53 Änderungsrichtlinie 2009/73/EG, ABl. EU L 211/94.

[168] *Breuer/Kreienbrock/Seidewinkel/von Kopp-Colomb*, RdE 2006, 264 (268).

Lieferanten[169] die Übertragung der für die Versorgung des Kunden erforderlichen, vom bisherigen Lieferanten gebuchten Ein- und Ausspeisekapazitäten verlangen kann, wenn ihm die Versorgung des Kunden ansonsten nicht möglich ist und er dies gegenüber dem bisherigen Lieferanten begründet. Anstatt die freien Kapazitäten anderweitig nutzen zu können (z. B. zum Befüllen eines Gasspeichers), muss der Altlieferant die erforderlichen Kapazitäten an den Neulieferanten übertragen.[170] Ziel des Rucksackprinzips ist es, den Lieferantenwechsel zu erleichtern und den Wettbewerb zu beleben.[171]

58   § 20 Abs. 1b S. 10 EnWG bezieht sich auf das innere System des Netzzugangs auf der Ebene der Fernleitungen und enthält eine Legaldefinition des *Entry/Exit-Systems*. Hiernach sind die Fernleitungsnetzbetreiber verpflichtet, die Rechte an gebuchten Kapazitäten so auszugestalten, dass sie den Transportkunden berechtigen, Gas an jedem Einspeisepunkt für die Ausspeisung an jedem Ausspeisepunkt ihres Netzes oder, bei dauerhaften Engpässen, eines Teilnetzes bereitzustellen.[172] Darüber hinaus garantiert Satz 10, dass alle Ausspeisepunkte von allen Einspeisepunkten in einem Netz erreichbar sind und auch genutzt werden können.[173]

59   Die Spezialregelung des § 20 Abs. 1b S. 11 EnWG für *örtliche Verteilernetze* schließt die Regelung zum Gasnetzzugang ab. Zudem finden sich besondere Vorschriften zur *Einspeisung von Biogas* in den §§ 31 ff. GasNZV. Diese haben zum Ziel, die Biogaseinspeisung zu fördern, sodass bis 2020 Mengen in Höhe von sechs Mrd. Kubikmetern bzw. bis 2030 zehn Mrd. Kubikmetern erreicht werden.[174]

d) Zugangs- und Entgeltregulierung

60   Die Regulierung des Netzzugangs stellt das Zentrum der Netzregulierung des dritten Teils des EnWG dar und weist den Regulierungsbehörden von Bund und Ländern die *Aufgabe* zu, das Agieren der Marktteilnehmer vorausschauend zu steuern. Mit der Netzzugangsregulierung können die wichtigsten Weichen gestellt werden, um die Zielsetzung des § 1 Abs. 2 EnWG, einen wirksamen und unverfälschten Wettbewerb bei der Versorgung mit Elektrizität und Gas sicherzustellen (→ Rn. 1), erreichen zu können. Zudem soll die Regulierung, insbesondere die Entgeltregulierung, den Wettbewerb anregen, den Marktteilnehmern eine Netznutzung zu geringen Preisen ermöglichen und eine preisgünstige Energieversorgung der Allgemeinheit (vgl. § 1 Abs. 1 EnWG) gewährleisten (→ Rn. 22).

---

[169] Dem Wortlaut nach auch nur von dem bisherigen Lieferanten und nicht von weiteren Vorlieferanten, *Scholz/Sieberg*, in: Rosin u. a., Praxiskommentar EnWG, § 20 Abs. 1b Rn. 243 ff. (Stand: 6. EL Februar 2015).

[170] *Kühling/el-Barudi*, DVBl. 2005, 1470 (1476).

[171] *Neveling*, in: Danner/Theobald, Energierecht, § 20 Abs. 1b EnWG Rn. 95 (Stand: 72. EL Oktober 2011); *Kment*, in: ders., EnWG, § 20 Rn. 90.

[172] *Kment*, in: ders., EnWG, § 20 Rn. 93; *de Wyl/Thole/Bartsch*, in: Schneider/Theobald, Energiewirtschaft, § 16 Rn. 286.

[173] *Neveling*, in: Danner/Theobald, Energierecht, § 20 Abs. 1b EnWG Rn. 114 (Stand: 72. EL Oktober 2011).

[174] Näher hierzu *Pielow/Schimansky*, Rechtsfragen der Einspeisung von Biogas in die Erdgasnetze, 2009.

Die Zugangs- und Entgeltregulierungsvorschriften folgen nachstehender *gesetz-* **61**
licher Systematik: Neben den §§ 21, 21a und 23a EnWG enthalten auch die
StromNZV/GasNZV sowie die Stromnetzentgeltverordnung (StromNEV)[175] bzw.
die Gasnetzentgeltverordnung (GasNEV)[176] zusätzliche Regelungen. Auf der
Grundlage von § 21a Abs. 6 EnWG wurde zudem eine Anreizregulierungsverordnung (ARegV)[177] zur Regulierung der Netzentgelte geschaffen. Die Bedingungen
und Entgelte für den Netzzugang müssen nach der Ausgangsnorm des § 21 EnWG
angemessen, diskriminierungsfrei und transparent sein. Mittels dieser vorgegebenen Kriterien greift der deutsche Gesetzgeber zur sog. Methodenregulierung und
überlässt die exakte Ausgestaltung den Netzbetreibern, die selbstregulatorisch tätig
werden.[178] Um die Voraussetzung der Diskriminierungsfreiheit zu erfüllen, dürfen
die Bedingungen und Entgelte für Wettbewerber nicht ungünstiger sein als für eigene, verbundene oder assoziierte Unternehmen. Das Merkmal der Transparenz
verlangt eine Veröffentlichung der Bedingungen und Preise, insbesondere über das
Medium des Internets.[179] Die Angemessenheit der Netznutzungsentgelte wird in
§ 21 Abs. 2 EnWG näher präzisiert. Nach dieser Regelung sind die Entgelte auf der
Grundlage der Kosten einer Betriebsführung, die denen eines effizienten und strukturell vergleichbaren Netzbetreibers entsprechen müssen, unter Berücksichtigung
von Anreizen für eine effiziente Leistungserbringung und einer angemessenen,
wettbewerbsfähigen und risikoangepassten Verzinsung des eingesetzten Kapitals zu
bilden.[180] Die geforderten Anreize für eine effiziente Leistungserbringung werden in
§ 21 Abs. 2–4 EnWG näher beschrieben. Es geht allerdings nicht nur um einen
Netzzugang zu einem möglichst niedrigen Preis, sondern daneben auch um die Erzeugung von Anreizen für sinnvolle Investitionen in die Strom- und Gasnetze mit
dem Ziel, diese sicherer und weniger störungsanfällig zu bekommen.[181]

Der Gesetzgeber hatte sich mit § 23a EnWG zunächst für eine Einzelgeneh- **62**
migung der Entgelte für den Netzzugang zu jedem einzelnen Elektrizitäts- bzw.

---

[175] VO über die Entgelte für den Zugang zu Elektrizitätsversorgungsnetzen (Stromnetzentgeltverordnung [StromNEV]) vom 25.07.2005, BGBl. I, S. 2225, zuletzt geändert durch Art. 5 des Gesetzes zur Änderung des Erneuerbare-Energien-Gesetzes, des Kraft-Wärme-Kopplungsgesetzes, des
Energiewirtschaftsgesetzes und weiterer energierechtlicher Vorschriften vom 17.12.2018, BGBl. I
S. 2549.

[176] VO über die Entgelte für den Zugang zu Gasversorgungsnetzen (Gasnetzentgeltverordnung
[GasNEV]) vom 25.07.2005, BGBl. I, S. 2197, zuletzt geändert durch Art. 118 des Gesetzes
zum Abbau verzichtbarer Anordnungen der Schriftform im Verwaltungsrecht des Bundes
vom 29.03. 2017, BGBl. I S. 626.

[177] VO über die Anreizregulierung der Energieversorgungsnetze (Anreizregulierungsverordnung
[ARegV]) vom 29.10.2007, BGBl. I, S. 2529, zuletzt geändert durch Art. 2 der VO zur schrittwei-
sen Einführung bundeseinheitlicher Übertragungsnetzentgelte vom 20.06.2018, BGBl. I S. 865.

[178] *Pielow*, in: Ehlers/Fehling/Pünder, § 22 Rn. 107.

[179] *Kühling/Rasbach/Busch*, Energierecht, S. 117 Rn. 15.

[180] *Schütte*, in: Kment, EnWG, § 21 Rn. 64 ff.; *Missling*, in: Danner/Theobald, Energierecht,
§ 21 EnWG Rn. 41 (Stand: 60. EL Juni 2008).

[181] *Missling*, in: Danner/Theobald, Energierecht, § 21 EnWG Rn. 6 (Stand: 60. EL Juni 2008); zur
Funktion der Entgeltregulierung vgl. *Kühling/Rasbach/Busch*, Energierecht, S. 114 Rn. 1 f.

Gasversorgungsnetz entschieden. Nicht zuletzt wegen des erheblichen Genehmigungsaufwands machte der Verordnungsgeber von der Abweichungsmöglichkeit aus § 23a Abs. 1 Hs. 2 i. V. m. § 21a Abs. 6 EnWG Gebrauch und schuf mit der ARegV die *Anreizregulierung* von Netzentgelten, die ab dem 01.01.2009 zur Anwendung kam (vgl. § 1 Abs. 1 S. 1 ARegV).[182] Dies führte zu einer weitgehenden Entkoppelung der Netzentgelte vom Kostenaufwand der Netzbetreiber.[183] Ausschließlich zu Beginn der fünfjährigen Regulierungsperiode (§ 21a Abs. 3 EnWG i. V. m. § 3 Abs. 2 ARegV) wird für die Bestimmung der Erlösobergrenzen durch die Regulierungsbehörde das Ausgangsniveau anhand einer Kostenprüfung ermittelt (§ 6 ARegV). Diese sog. Obergrenzen (§ 21a Abs. 2 EnWG) werden für jedes Kalenderjahr der Regulierungsperiode festgelegt und beziehen sich gemäß § 4 ARegV auf die zulässigen Gesamterlöse eines Netzbetreibers aus den Netzentgelten (revenue cap). Die genaue Berechnung erfolgt in Anwendung der Regulierungsformel aus § 7 ARegV i. V. m. Anlage 1.[184] Ausschlaggebend sind in diesem Kontext die Effizienzvorgaben, die mittels eines Effizienzvergleichs unter den Voraussetzungen des § 21a Abs. 5 EnWG i. V. m. §§ 8 ff. ARegV Eingang in die Ermittlung finden. Die Effizienzvorgaben müssen allerdings so gestaltet sein, dass die betroffenen Netzbetreiber die Vorgaben erreichen und sogar übertreffen können (vgl. § 21a Abs. 5 S. 4 EnWG).[185] Die exakten Netzzugangsentgelte werden dann von den Netzbetreibern gemäß § 17 EnWG i. V. m. §§ 12 ff. StromNEV bzw. §§ 11 ff. GasNEV bestimmt. Bei allem Bestreben der Kostenminimierung durch die Anreizregulierung darf diese aber nicht dazu führen, dass in puncto Netzsicherheit und -zuverlässigkeit sowie hinsichtlich der notwendigen Netzinvestitionen und -innovationen negative Effekte auftreten; daher gibt es Qualitätsvorgaben gemäß §§ 18 ff. ARegV und Investitionsregelungen nach § 23 ARegV.[186]

63   Für das dargestellte System der Netzregulierung bestehen *Ausnahmen*. Allen voran bestehen Sonderregelungen für die sog. geschlossene Verteilernetze nach § 110 EnWG. *Geschlossene Verteilernetze* sind Versorgungsnetze, die in geografisch begrenzten Gebieten (z. B. Industriegebiet) ausschließlich der Versorgung eines abgeschlossenen Kundenkreises (z. B. verbundene Unternehmen), nicht aber der Versorgung sonstiger Dritter (z. B. Haushaltskunden) dienen und nur auf Antrag des Netzbetreibers von der Regulierungsbehörde in diese Kategorie eingeordnet werden.[187] Für diese Netze kommen nach § 110 Abs. 1 EnWG insbesondere die Vorschriften zur Netzanschlusspflicht (§§ 18 f. EnWG) sowie zur Netzentgeltregu-

---

[182] *Franke*, in: Kment, EnWG, § 23a Rn. 4.

[183] *Säcker/Meinzenbach*, RdE 2009, 1 (14); *Ludwigs*, NVwZ 2008, 954.

[184] Vgl. dazu *Hummel*, in: Danner/Theobald, Energierecht, § 7 ARegV Rn. 1 ff. (Stand: 98. EL Juni 2018).

[185] *Groebel*, in: Britz/Hellermann/Hermes, EnWG, § 21a Rn. 47 ff.; *Müller-Kirchenbauer*, in: Danner/Theobald, Energierecht, § 21a EnWG Rn. 86 ff. (Stand: 55. EL Januar 2007).

[186] Vgl. dazu *Hummel*, in: Danner/Theobald, Energierecht, § 18 ff. ARegV (Stand: 98. EL Juni 2018); *Finger/Ufer*, IR 2010, 253.

[187] Ausführlich zu geschlossenen Verteilernetzen siehe *Wolf*, in: Säcker, Energierecht, § 110 Rn. 1 ff.

lierung (§§ 21a, 23a EnWG) nicht zur Anwendung. Stattdessen sieht § 110 Abs. 4 EnWG eine fakultative („kann") Überprüfungsmöglichkeit vor.[188] Eine weitere Ausnahme betrifft die *Kundenanlagen* i. S. d. § 3 Nr. 24a, b EnWG, die gemäß § 3 Nr. 16 EnWG nicht zu den Elektrizitätsversorgungsnetzen gezählt werden und daher nicht der Zugangs- und Entgeltregulierung unterfallen.[189] Tatbestandlich setzen Kundenanlagen nach § 3 Nr. 24a EnWG voraus,[190] dass sie sich auf einem räumlich zusammengehörenden Gebiet befinden und mit einem Energieversorgungsnetz oder mit einer Erzeugungsanlage verbunden sind. Außerdem kann eine Kundenanlage nur angenommen werden, wenn die betreffende Anlage für die Sicherstellung eines wirksamen und unverfälschten Wettbewerbs bei der Versorgung mit Elektrizität und Gas unbedeutend ist. Und schließlich fordert der Gesetzgeber, dass sie jedermann zum Zwecke der Belieferung der angeschlossenen Letztverbraucher im Wege der Durchleitung unabhängig von der Wahl des Energielieferanten diskriminierungsfrei und unentgeltlich zur Verfügung gestellt wird. Kundenanlagen zur betrieblichen Eigenversorgung gem. § 3 Nr. 24b EnWG stellen einen Spezialfall zu § 3 Nr. 24a EnWG dar. Im Unterschied zu Letzterem muss sich die Energieanlage auf einem räumlich zusammengehörenden Betriebsgebiet befinden und fast ausschließlich dem betriebsnotwendigen Transport von Energie innerhalb des eigenen Unternehmens oder zu verbundenen Unternehmen oder fast ausschließlich dem der Bestimmung des Betriebs geschuldeten Abtransport in ein Energieversorgungsnetz dienen.[191] Neben den geschlossenen Verteilernetzen und den Kundenanlagen bestehen im Gassektor schließlich noch Spezialregelungen für *Fernleitungsnetze*, die sich auf verordnungsrechtlicher Ebene in den §§ 3 Abs. 2, 19, 26 GasNEV finden lassen.

e) Repressive Aufsicht

Zusätzlich zu den bisher dargestellten Instrumenten (→ Rn. 30 ff.) nimmt die Regulierungsbehörde auch eine repressive Aufsicht wahr. Im Fall *missbräuchlichen Verhaltens* kann die Regulierungsbehörde nach § 30 Abs. 2 S. 1 EnWG vorgehen und die Energieversorgungsnetzbetreiber verpflichten, Zuwiderhandlungen abzustellen.[192] Zahlreiche Regelbeispiele für einen Missbrauch nennt der Gesetzgeber in § 30 Abs. 1 S. 2 EnWG. Die Etablierung eines besonderen Missbrauchsverfahrens in § 31 EnWG dient dem Schutz von Personen und Personenvereinigungen, deren Interessen durch das Verhalten eines Energieversorgungsnetzbetreibers erheblich berührt werden. Daneben drohen dem betroffenen Netzbetreiber Unterlassungs- und Schadensersatzansprüche nach § 32 EnWG.[193] Für den Fall eines schuldhaften

64

---

[188]Vgl. *Schex*, in: Kment, EnWG, § 110 Rn. 57 f.; *Wolf*, in: Säcker, Energierecht, § 110 Rn. 189 i.V.m. Rn. 201.

[189]Zur Kundenanlage vgl. *Rüger*, IR 2012, 338; *Vogt*, RdE 2012, 95.

[190]Vgl. auch die nicht unberechtigte Kritik von *Schwintowski*, EWeRK 2012, 43 (45 ff.).

[191]*Schex*, in: Kment, EnWG, § 3 Rn. 63 ff.

[192]*Wahlhäuser*, in: Kment, EnWG, § 30 Rn. 68 f.

[193]Vgl. dazu *Ackermann/Petzold*, in: Baur/Salje/Schmidt-Preuß, Kap. 67 Rn. 11 ff.; *Wahlhäuser*, in: Kment, EnWG, § 32 Rn. 1 ff.

Verstoßes sieht § 33 EnWG eine Vorteilsabschöpfung durch die Regulierungsbehörde vor. Um die einzelnen Anordnungen durchzusetzen, steht der Regulierungsbehörde der Verwaltungszwang zur Verfügung (vgl. § 94 EnWG). Darüber hinaus können Ordnungswidrigkeiten mit einem Bußgeld nach § 95 EnWG geahndet werden.[194]

3. Entflechtung

65 Die in den §§ 6–10e EnWG umfänglich geregelte Entflechtung (sog. Unbundling) ist Ergebnis einer gestuften Umsetzungspflicht von Richtlinien zum Energiebinnenmarkt.[195] Das EnWG enthält heute im Teil 2 gemeinsame Vorschriften für Verteiler- und Transportnetzbetreiber (§§ 6–6d EnWG) sowie Vorschriften zur Entflechtung von Verteilernetzbetreibern und Betreibern von Speicheranlagen (§§ 7–7b EnWG) und besondere Entflechtungsvorgaben für Transportnetzbetreiber (§§ 8–10e EnWG). Die Entflechtung setzt bei vertikal integrierten Energieversorgungsunternehmen (siehe § 3 Nr. 38 EnWG) und rechtlich selbstständigen Betreibern von Elektrizitäts- und Gasversorgungsnetzen an, die i. S. d. § 3 Nr. 38 EnWG mit einem vertikal integrierten Energieversorgungsunternehmen verbunden sind.[196] Sie hat zum *Ziel*, einen weitgehend unabhängigen Betrieb von Transport- und Verteilernetzen zu gewährleisten.[197] Gem. § 6 Abs. 1 S. 1 EnWG soll damit ein transparent sowie diskriminierungsfrei ausgestalteter Netzbetrieb sichergestellt werden. Denn der Verbund vertikal integrierter Energieversorgungsunternehmen birgt die Gefahr in sich, dass die eigenen erzeugten und gehandelten Energieressourcen beim Netzbetrieb bevorzugt werden oder verdeckte Quersubventionen den Wettbewerb verzerren.[198] Die Entflechtung kann in verschiedene Gruppen untergliedert werden: die informatorische, die buchhalterische, die rechtliche, die operationelle sowie die eigentumsrechtliche Entflechtung.

a) Gemeinsame Vorschriften für Verteiler- und Transportnetzbetreiber

66 Die „*informatorische Entflechtung*" ist in § 6a Abs. 1 EnWG normiert. Danach haben die betroffenen Unternehmen die Vertraulichkeit wirtschaftlich sensibler Informationen zu wahren. Zu den sensiblen Informationen zählen vor allem Kundendaten von

---

[194] Die Höhe des Bußgeldes bestimmt sich gemäß § 95 Abs. 2 S. 1 EnWG nach der Schwere des Gesetzesverstoßes. Der Höchstbetrag des Bußgeldes liegt bei fünf Mio. Euro.

[195] Zur Entwicklung der Entflechtungsvorgaben vgl. *Säcker/Schönborn*, in: Säcker, Energierecht, § 6 Rn. 4 ff.; *Knauff*, in: Kment, EnWG, § 6 Rn. 2.

[196] *Knauff*, in: Kment, EnWG, § 6 Rn. 5 f.; *de Wyl/Finke*, in: Schneider/Theobald, Energiewirtschaft, § 4 Rn. 28.

[197] *Säcker/Schönborn*, in: Säcker, Energierecht, § 6 Rn. 2; *de Wyl/Finke*, in: Schneider/Theobald, Energiewirtschaft, § 4 Rn. 32 ff.

[198] Hinsichtlich näherer Einzelheiten siehe *Koenig/Kühling/Rasbach*, RdE 2003, 221.

Anlagen- und Netznutzern.[199] Für Informationen über die eigenen Tätigkeiten, die wirtschaftliche Vorteile mit sich bringen können, gilt demgegenüber eine Pflicht zur *diskriminierungsfreien Offenlegung* (vgl. § 6a Abs. 2 EnWG). Dies bedeutet, dass die Netz- bzw. Anlagenbetreiber die einschlägigen Informationen für alle Marktteilnehmer in gleicher Art und Weise offenlegen müssen (beispielsweise durch eine Meldung im Internet, die jedermann zugänglich ist).[200]

§ 6b EnWG regelt die „*buchhalterische Entflechtung*". § 6b Abs. 3 S. 1 EnWG **67** schreibt vor, dass die Unternehmen nach Abs. 1 S. 1 zur Vermeidung von Diskriminierung und Quersubventionierung in ihrer Rechnungslegung in den Bereichen der Elektrizitätsübertragung, -verteilung, Gasfernleitung, -verteilung, Gasspeicherung und des Betriebs von LNG-Anlagen jeweils getrennte Konten für jede ihrer Tätigkeiten so führen müssen, wie dies erforderlich wäre, wenn diese Tätigkeiten von rechtlich selbstständigen Unternehmen ausgeführt würden. Die detaillierten Vorgaben der Abs. 2–7, die sich auf eine zweifelsfreie und klare Aufschlüsselung der Kosten beziehen, sollen die Erreichung der Ziele von Abs. 3 S. 1 absichern.[201] Flankierend hat der Gesetzgeber mit § 6c EnWG eine Ordnungsgeldvorschrift eingefügt, die eine entsprechende Anwendung der §§ 335–335b HGB bestimmt.

b) Vorschriften zur Entflechtung von Verteilernetzbetreibern und Betreibern von Speicheranlagen

Neben den gemeinsamen Vorschriften zur Entflechtung sind für Verteilernetzbetreiber **68** die speziellen §§ 7–7b EnWG einschlägig, die zusätzlich eine rechtliche sowie operationelle Entflechtung vorsehen. § 7b EnWG erweitert diese Pflicht auf Transportnetzeigentümer (soweit sie als Unabhängige Systembetreiber [Independent System Operator – ISO][202] operieren) sowie einen näher bestimmten Kreis von Speicheranlagen. Sog. *De-minimis-Regelungen* enthalten die §§ 7 Abs. 2, 7a Abs. 7 EnWG, die vertikal integrierte Energieversorgungsunternehmen, an deren Elektrizitäts- oder Gasverteilernetz weniger als 100.000 Kunden angeschlossen sind, von den Verpflichtungen ausnehmen. Der Grund für die *tatbestandliche Begrenzung* der Entflechtungsregelungen durch De-minimis-Regelungen liegt in dem niedrigeren Diskriminierungspotenzial, das von kleineren Netzbetreibern ausgeht.[203] Darüber hinaus würden sie von den Vorgaben zur rechtlichen sowie operationellen Entflechtung mit einem hohen administrativen und kostenintensiven Aufwand getroffen werden, der ihnen angesichts des geringeren Gefährdungspotenzials nicht zugemutet werden soll.[204]

---

[199] *De Wyl/Finke*, in: Schneider/Theobald, Energiewirtschaft, § 4 Rn. 44.

[200] *Knauff*, in: Kment, EnWG, § 6a Rn. 18; *de Wyl/Finke*, in: Schneider/Theobald, Energiewirtschaft, § 4 Rn. 57.

[201] Vgl. *Bronisch/Seyderhelm*, RdE 2018, 402 (402). Zur Systematik und dem Normzweck vgl. *de Wyl/Finke*, in: Schneider/Theobald, Energiewirtschaft, § 4 Rn. 71 ff.

[202] Zum Begriff vgl. *Säcker/Mohr*, in: Säcker, Energierecht, § 9 Rn. 9 f.

[203] BT-Drs. 15/3917, S. 52 f.; *Eder*, in: Danner/Theobald, Energierecht, § 7 EnWG Rn. 39 (Stand: 53. EL April 2006).

[204] *De Wyl/Finke*, in: Schneider/Theobald, Energiewirtschaft, § 4 Rn. 133.

69   Nach § 7 Abs. 1 EnWG fordert die *rechtliche Entflechtung*, dass vertikal integrierte Energieversorgungsunternehmen hinsichtlich ihrer Rechtsform von mit ihnen
verbundenen Verteilernetzbetreibern unabhängig sind. Dies zwingt zu einer rechtlichen Selbstständigkeit des Netzbetriebs gegenüber anderen Unternehmensberei-
chen (Produktion, Vertrieb, Belieferung des Letztverbrauchers). Da allein die Unabhängigkeit in der Rechtsform nicht ausreicht, um einen unabhängigen Netzbetrieb
zu gewährleisten, kommen Vorgaben zur *operationellen Entflechtung* hinzu. Daher
ergibt sich aus § 7a Abs. 1 EnWG für die Unternehmen die Pflicht, die Unabhängigkeit ihrer verbundenen Verteilernetzbetreiber hinsichtlich der Organisation, der Ent-
scheidungsgewalt und der Ausübung des Netzgeschäfts sicherzustellen. Ergänzt
wird die Grundsatzregelung des § 7a Abs. 1 EnWG durch nähere Vorgaben der
Abs. 2–6, die u. a. eine personelle Unabhängigkeit von Entscheidungsträgern, eigene Entscheidungsbefugnisse in Bezug auf die für den Betrieb, die Wartung und
den Ausbau des Netzes erforderlichen Vermögenswerte, eine angemessene materielle, personelle, technische und finanzielle Ausstattung sowie ein Gleichbehand-
lungsprogramm für Mitarbeiter zum Gegenstand haben.[205]

c) Besondere Entflechtungsvorgaben für Transportnetzbetreiber

70   Abschnitt 3 der energiewirtschaftlichen Entflechtungsregelungen beruht auf europarechtlichen Vorgaben, die eine besonders starke Entflechtung der Transportnetze
im Fokus hatten. In Deutschland wurden alle von dem EU-Gesetzgeber *zur Auswahl
gestellten Entflechtungsoptionen* aufgegriffen und als mögliche Alternativen (vgl.
die Wahlregelung in § 8 Abs. 1 EnWG) der Ausgestaltung in den §§ 8–10e EnWG
zur Verfügung gestellt.[206] Es handelt sich namentlich um die eigentumsrechtliche
Entflechtung (Ownership Unbundling – OU), die Entflechtung mittels eines unabhängigen Systembetreibers (Independent System Operator – ISO) und die Entflechtung mittels eines unabhängigen Transportnetzbetreibers (Independent Transmission Operator – ITO).

71   Bei der *eigentumsrechtlichen Entflechtung* muss der Transportnetzbetreiber gemäß § 8 Abs. 2 EnWG unmittelbar oder vermittelt durch Beteiligungen Eigentümer
des Transportnetzes sein. Alleineigentum ist aber bereits schon deshalb nicht erforderlich, da ansonsten notwendige Finanzierungsmodelle ausscheiden müssten.[207]
Neben den eigentumsrechtlichen Voraussetzungen bestehen weitere Vorgaben in
Bezug auf die personelle (§ 8 Abs. 2 S. 2 ff. EnWG) und informatorische (§ 8 Abs. 3
EnWG) Entflechtung.[208]

72   Bei der Benennung eines *Unabhängigen Systembetreibers* nach § 9 EnWG verbleibt das Netzeigentum zwar im vertikal integrierten Unternehmensverbund, die
Macht, über das Netz inklusive der materiellen, finanziellen, technischen und

---

[205] Ausführlich dazu *Knauff*, in: Kment, EnWG, § 7a Rn. 3 ff.

[206] Vgl. *Säcker/Mohr*, in: Säcker, Energierecht, § 8 Rn. 1 ff.

[207] Vgl. BR-Drs. 343/11, S. 144 f.; *Knauff*, in: Kment, EnWG, § 8 Rn. 3 f.

[208] *Knauff*, in: Kment, EnWG, § 8 Rn. 6 ff. und 15 f.; zur eigentumsrechtlichen Entflechtung vgl.
auch *de Wyl/Finke*, in: Schneider/Theobald, Energiewirtschaft, § 4 Rn. 229.

personellen Mittel zu verfügen, steht allerdings allein dem Netzbetreiber zu.[209] Dafür sorgen die strikten Regelungen des § 8 Abs. 2 S. 2–5 EnWG, die über einen Verweis in § 9 Abs. 2 S. 1 EnWG zur Anwendung kommen. Der Eigentümer ist trotz fehlender Verfügungsgewalt zur Unterstützung und Finanzierung (insbesondere beim Netzausbau) verpflichtet. Aus diesem Grund und aufgrund bestehender verfassungsrechtlicher Zweifel im Hinblick auf Art. 14 Abs. 1 GG[210] wird diese Gestaltungsvariante kaum gewählt.[211]

Die dritte Möglichkeit – das Modell des *Unabhängigen Transportnetzbetreibers* – wird in Deutschland hingegen häufiger umgesetzt. Mit der Bestimmung eines unabhängigen Transportnetzbetreibers können die Unternehmen die Aufgabe ihrer Konzernstruktur umgehen, müssen im Gegenzug aber die strengen und äußerst detaillierten Vorgaben zur Entflechtung aus den §§ 10–10e EnWG einhalten.[212] **73**

4. Energielieferung an Letztverbraucher

Der Energielieferung an Letztverbraucher widmet sich der 4. Teil des EnWG **74** (§§ 36–42a). Die verfassungsrechtlich vorgegebene staatliche *Gewährleistungsverantwortung* (→ Rn. 21) findet hier ihren einfachgesetzlichen Niederschlag. Sie sichert eine für jedermann zugängliche und preiswerte Energieversorgung.

a) Versorgung

§ 36 EnWG ergänzt mit der *Grundversorgungspflicht* die allgemeine Anschlusspflicht **75** aus § 18 EnWG.[213] Energieversorgungsunternehmen, die die Grundversorgung von Haushaltskunden (zum Begriff § 3 Nr. 22 EnWG) durchführen, haben nach § 36 Abs. 1 EnWG Allgemeine Bedingungen und Allgemeine Preise für die Versorgung öffentlich bekannt zu geben und im Internet zu veröffentlichen sowie zu diesen Bedingungen und Preisen jeden Haushaltskunden zu versorgen. Details zu den allgemeinen Versorgungsbedingungen enthalten die StromGVV und die GasGVV, die auf der Grundlage von § 39 Abs. 2 EnWG erlassen worden sind.[214] *Grundversorger* ist nach § 36 Abs. 2 S. 1 EnWG das Energieversorgungsunternehmen, das die meisten

---

[209] *Säcker/Mohr*, in: Säcker, Energierecht, § 9 Rn. 28 f.; *Kühling/Rasbach/Busch*, Energierecht, S. 168 Rn. 111.

[210] Zu den verfassungsrechtlichen Bedenken vgl. *Schmidt-Preuß*, EuR 2006, 463; *Storr*, EuZW 2007, 232 (235 f.).

[211] *Scholtka/Helmes*, NJW 2011, 3185 (3189); *Kühling/Rasbach/Busch*, Energierecht, S. 168 f. Rn. 114.

[212] Vgl. dazu *Knauff*, in: Kment, EnWG, § 10 Rn. 1 ff.

[213] *Hellermann*, in: Britz/ders./Hermes, EnWG, § 36 Rn. 5, 24a; *Kühling/Rasbach/Busch*, Energierecht, S. 179 Rn. 5.

[214] *Busche*, in: Säcker, Energierecht, § 39 Rn. 7; *Kühling/Rasbach/Busch*, Energierecht, S. 182 Rn. 17 ff.

Haushaltskunden in einem Netzgebiet der allgemeinen Versorgung beliefert, wobei die Festlegung alle drei Jahre neu erfolgt.[215]

76 Um die Grundversorgung zu erhalten, muss der Haushaltskunde mit dem Grundversorger einen *privatrechtlichen Vertrag* abschließen (es besteht auf Seiten des Grundversorgers ein Kontrahierungszwang),[216] der nicht selten konkludent durch die tatsächliche Energielieferung zustande kommt und lediglich in Textform bestätigt wird (vgl. § 2 Abs. 1, 2 StromGVV/GasNVV). Allerdings ist der Grundversorger nach § 36 Abs. 1 S. 2 EnWG berechtigt, die Versorgung zu verweigern, wenn sie ihm aus wirtschaftlichen Gründen *unzumutbar* ist.[217] Häufigster Anwendungsfall der Unzumutbarkeit ist die Pflichtverletzung durch den Strom- bzw. Gaskunden.

77 Weiterhin ist vom Anspruch auf Grundversorgung ausgeschlossen, wer gemäß § 37 Abs. 1 S. 1 EnWG zur Deckung des *Eigenbedarfs* eine Anlage zur Erzeugung von Energie betreibt oder sich von einem Dritten versorgen lässt. Verlangen kann er aber auch in diesem Fall eine Grundversorgung im Umfang und zu Bedingungen, die für den Grundversorger wirtschaftlich zumutbar sind, wenn er den eigenen Bedarf durch die Selbsterzeugung oder die Drittversorgung nicht abdecken kann (vgl. § 37 Abs. 1 S. 2, Abs. 2 EnWG). Diese sog. *Zusatz- und Reserveversorgung* nach § 37 Abs. 1, 2 EnWG[218] entfaltet aber kaum praktische Relevanz, da Eigenerzeuger regelmäßig besondere Sonderkundenverträge mit dem Grundversorger abschließen, um sich vor eintretenden Versorgungslücken zu schützen und bei der Drittversorgung nahezu nie eine zusätzliche Absicherung der Grundversorgung notwendig wird.[219] Wird Energie von einem Letztverbraucher aus einem Netz entnommen, ohne dass ein Energielieferungsvertrag existiert, so wird diese sog. *Ersatzversorgung* über ein gesetzliches Schuldverhältnis nach § 38 EnWG abgewickelt;[220] zeitlich ist sie auf höchstens drei Monate begrenzt, ohne dass es hierzu einer Kündigung bedarf.[221]

78 Für die *restlichen verbleibenden Versorgungsverhältnisse*, insbesondere von Haushaltskunden außerhalb der Grundversorgung sowie von gewerblichen Kunden und Energieversorgungsunternehmen, die eine weitere Verteilung vornehmen, ist grundsätzlich die Privatautonomie bestimmend. In der Regel kommt es daher zum Abschluss von individuellen Verträgen, die im Einzelfall zwischen Lieferanten und

---

[215] *Borries/Lohmann*, EnWZ 2018, 441 (442 ff.). Zu verfassungsrechtlichen Bedenken vgl. *Hampel*, ZNER 2004, 117 (125 ff.); *de Wyl*, in: Schneider/Theobald, Energiewirtschaft, § 14 Rn. 7 f.

[216] *Heinlein/Weitenberg*, in: Danner/Theobald, Energierecht, § 36 EnWG Rn. 6 ff. (Stand: 98. EL Juni 2018); *Rasbach*, in: Kment, EnWG, § 36 Rn. 10 ff.

[217] *Hellermann*, in: Britz/ders./Hermes, EnWG, § 36 Rn. 29; *de Wyl*, in: Schneider/Theobald, Energiewirtschaft, § 14 Rn. 101.

[218] *Busche*, in: Säcker, Energierecht, § 37 Rn. 3, 19 ff.; *Eder*, in: Danner/Theobald, Energierecht, § 37 EnWG Rn. 7 (Stand: 60. EL Juni 2008).

[219] *Eder*, in: Danner/Theobald, Energierecht, § 37 EnWG Rn. 2 (Stand: 60. EL Juni 2008).

[220] *De Wyl*, in: Schneider/Theobald, Energiewirtschaft, § 14 Rn. 115.

[221] *Rasbach*, in: Kment, EnWG, § 38 Rn. 10; *Hellermann*, in: Britz/ders./Hermes, EnWG, § 38 Rn. 22; *Kühling/Rasbach/Busch*, Energierecht, S. 185 Rn. 26.

Verbrauchern ausgehandelt werden.[222] Die Privatautonomie ist in diesem Zusammenhang nur durch die allgemeinen bürgerlich-rechtlichen Vorschriften begrenzt. Allen voran setzen die Vorschriften zu den allgemeinen Geschäftsbedingungen der §§ 305 ff. BGB Begrenzungsmaßstäbe.[223] Für Verträge mit Haushaltskunden greift zudem die verbraucherschutzrechtliche Spezialvorschrift des § 41 EnWG.[224] Ferner enthält § 42a EnWG spezielle Regelungen für Mieterstromverträge i. S. d. § 42a Abs. 1, 2 S. 1 EnWG.[225]

b) Rechnungsstellung für Energielieferungen; Stromkennzeichnung

§ 40 Abs. 1 S. 1 EnWG gibt vor, dass Rechnungen für Energielieferungen an Letzt- **79** verbraucher *einfach* und *verständlich* sein müssen. Konkret bedeutet dies, dass bei Abrechnungen der Energieversorgungsunternehmen die zwingenden Vorgaben der §§ 40 Abs. 2–7, 41 EnWG einzuhalten sind.[226] Einzelne Regelungen, wie etwa die Stromkennzeichnung, verfolgen dabei auch klimapolitische Ziele (vgl. § 40 Abs. 5, § 42 EnWG).

c) Mess- und Zählerwesen

Für eine korrekte Abrechnung bedarf es einer möglichst exakten Messung des Ver- **80** brauchs an der Entnahmestelle beim Letztverbraucher. Aus diesem Grund enthält das Messstellenbetriebsgesetz (MsbG) *ausdifferenzierte Regelungen* zum Messwesen. Das MsbG löst u. a. die bisher geltenden Vorgaben zur Messung von Strom und Gas in §§ 21b–21i EnWG ab. Die umfangreichen Vorschriften des MsbG haben zum Ziel, intelligente Energienetze bzw. Messsysteme (sog. *smart grids/smart metering*) zu implementieren und den Datenschutz sowie die Datensicherheit zu stärken.[227] Wegen dieser Multifunktionalität wird dem Messwesen inzwischen eine Schlüsselfunktion beigemessen.[228]

Das MsbG enthält beispielsweise Regelungen für die Erfassung und Ermögli- **81** chung der notwendigen Kommunikation in intelligenten Energienetzen, zum technischen und praktischen Datenschutz, zur technischen Standardisierung, zur energiewirtschaftlichen Regulierung und zur Ausstattung von Messstellen mit intelligenten Messsystemen und modernen Messeinrichtungen. Das Gesetz regelt zudem technische Mindestanforderungen an den Einsatz von intelligenten Messsystemen. Ferner werden notwendige technische und organisatorische Anforderungen an den Betrieb dieser intelligenten Messsysteme gestellt.[229]

---

[222] *De Wyl/Soetbeer*, in: Schneider/Theobald, Energiewirtschaft, § 11 Rn. 53.

[223] Vgl. dazu *de Wyl/Soetbeer*, in: Schneider/Theobald, Energiewirtschaft, § 11 Rn. 129 ff.

[224] Ausführlich dazu *Rasbach*, in: Kment, EnWG, § 41 Rn. 1 ff.; *Bruhn*, in: Säcker, Energierecht, § 41 Rn. 1 ff.; *Kühling/Rasbach/Busch*, Energierecht, S. 189 f. Rn. 40.

[225] Vgl. *Rasbach*, in: Kment, EnWG, § 42a Rn. 1 ff.

[226] *De Wyl/Soetbeer*, in: Schneider/Theobald, Energiewirtschaft, § 11 Rn. 74 ff.

[227] Vgl. dazu etwa *Guckelberger*, DÖV 2012, 613; *Eder/vom Wege/Weise*, ZNER 2012, 59.

[228] *Pielow*, in: Ehlers/Fehling/Pünder, § 22 Rn. 126.

[229] Vgl. BT-Drs. 18/7555, S. 73. Nähere Ausführungen bei *Steinbach/Weise*, in: dies., Messstellenbetriebsgesetz, Einl., Rn. 1 ff.; *Weyer*, RdE 2018, 393 (393 ff.); *Kermel/Dinter*, RdE 2016, 158.

d) Lieferantenwechsel

82   Ein einfacher und schneller Lieferantenwechsel trägt maßgeblich zur Sicherstellung eines wirksamen und unverfälschten Wettbewerbs i. S. d. § 1 Abs. 2 EnWG bei (→ Rn. 57). Wurde von der Möglichkeit des Lieferantenwechsels in der Vergangenheit nur sehr zurückhaltend Gebrauch gemacht, haben die Regulierungsbehörden und die zunehmende Preissteigerung durch den Atomausstieg sowie den erweiterten Ausbau der Nutzung erneuerbarer Energien dazu beigetragen, dass die Lieferantenwechsel in ihrer *Häufigkeit stetig zunehmen*, auch wenn prominente Pleiten von Energielieferanten das Vertrauen in den Markt etwas geschwächt haben.[230]

83   Einen schnellen und kostenfreien Lieferantenwechsel zugunsten des *Letztverbrauchers* sichert § 20a EnWG ab, der für den Fall der zeitlichen Behinderung sogar einen Schadensersatzanspruch vorsieht (vgl. § 20a Abs. 4 EnWG).[231] Die nähere Ausgestaltung der Wechselmodalitäten erfolgt durch § 14 StromNZV bzw. die §§ 41 f. GasNZV sowie die aufgrund von § 29 EnWG erlassenen Festlegungen der BNetzA (→ Rn. 25).

5. Energieversorgungsnetze

84   Das EnWG setzt sich detailliert mit der Planung (§§ 12a ff., §§ 17a ff. EnWG) und Planfeststellung (§§ 43 ff. EnWG) von Energieversorgungsnetzen i. S. d. § 3 Nr. 16, 17 EnWG auseinander. Flankiert werden diese Regelungen durch Vorgaben des Gesetzes zum Ausbau von Energieleitungen vom 21.08.2009 (EnLAG)[232] und des Netzausbaubeschleunigungsgesetzes vom 28.07.2011 (NABEG).[233] Dabei geht der Planungsimpuls häufig unmittelbar von der europäischen Ebene aus.

a) Transeuropäische Infrastruktur

85   Um die transeuropäischen Energienetze weiter auszubauen und zu modernisieren, ist die gegenseitige Anbindung der Energienetze der Mitgliedstaaten unentbehrlich sowie eine nahtlose Zusammenarbeit der nationalen Behörden erforderlich. Diesem Ziel widmet sich die *VO (EU) Nr. 347/2013* zu Leitlinien für die transeuropäische Energieinfrastruktur (sog. TEN-E VO).[234] Bestimmt wird die VO von dem Leitgedanken, vorzugswürdige und strategisch wichtige Energieinfrastrukturvorhaben zu

---

[230] *Pielow*, in: Ehlers/Fehling/Pünder, § 22 Rn. 128.

[231] *Siegel*, in: Kment, EnWG, § 20a Rn. 5, 15 ff.; *Dörmer/Hampel*, in: Säcker, Energierecht, § 20a Rn. 42 ff.

[232] BGBl. I, S. 2870, zuletzt geändert durch Art. 14 des Gesetzes zur Änderung der Bestimmungen zur Stromerzeugung aus Kraft-Wärme-Kopplung und zur Eigenversorgung vom 22.12.2016, BGBl. I, S. 3106.

[233] BGBl. I, S. 1690, zuletzt geändert durch Art. 2 Abs. 13 des Gesetzes zur Modernisierung der Umweltverträglichkeitsprüfung vom 20.07.2017, BGBl. I, S. 2808.

[234] VO (EU) Nr. 347/2013 des Europäischen Parlaments und des Rates vom 17.04.2013 zu Leitlinien für die transeuropäische Energieinfrastruktur und zur Aufhebung der Entscheidung Nr. 1364/2006/EG und zur Änderung der VO (EG) Nr. 713/2009, (EG) Nr. 714/2009 und (EG) Nr. 715/2009, ABl. EU L 115/39.

ermitteln und deren Verwirklichung durch gezielte Förderung zu beschleunigen.[235]
So gibt Art. 1 Abs. 1 i. V. m. Anhang I TEN-E VO zunächst zwölf vorrangige Energieinfrastrukturkorridore und -gebiete vor, in denen Vorhaben von gemeinsamem
Interesse (*VGI-Projekte*) gesucht werden sollen. Die VGI-Projekte werden durch
die Bedarfsermittlung, welche in zwei Verfahrensschritte untergliedert ist, bestimmt: Auf erster Stufe identifizieren regionale Gruppen gemäß Art. 3 Abs. 1 und 3
i. V. m. Anhang III TEN-E VO die notwendigen VGI-Projekte für den jeweils in
ihren Zuständigkeitsbereich fallenden Infrastrukturkorridor. Auf Grundlage dieses
Vorschlags obliegt es auf der zweiten Stufe der Europäischen Kommission, aus den
vorgeschlagenen VGI-Projekten eine verbindliche Unionsliste der Vorhaben von
gemeinsamem Interesse nach Art. 3 Abs. 4 TEN-E VO zu erlassen.[236]

Um den Status eines förderungsfähigen VGI-Projekts zu erlangen, müssen die in **86**
Art. 4 TEN-E VO vorgegebenen Anforderungen kumulativ vorliegen. Hiernach muss
das Projekt zur Realisierung der vorrangigen Energieinfrastrukturkorridore und -ge-
biete erforderlich sein, wobei der Gesamtnutzen die langfristig anfallenden Kosten
übersteigen muss. Zudem muss das Vorhaben einen grenzüberschreitenden Bezug aufweisen, welcher auch schon bei ausschließlich nationalen Ausbauvorhaben vorliegen
kann.[237] Mit der Einordnung als VGI-Projekt kommen dem Vorhaben gegenüber anderen vergleichbaren Vorhaben *Privilegien* zu, die allesamt auf eine rasche Umsetzung
des Projekts abzielen.[238] Außerdem gibt es gemäß Art. 14 und 15 TEN-E VO eine *finanzielle Förderung*, die sich derzeit auf (lediglich) 5,12 Mrd. € beläuft. In der gegenwärtig
aktuellen Unionsliste sind 13 VGI-Projekte im Strombereich, zwei VGI-Projekte im
Erdölbereich und jeweils ein VGI-Projekt in den Bereichen Gas, Smart-Grid und Koh-
lenstoffdioxid mit einem direkten Bezug zu Deutschland enthalten.[239]

b) Nationale Bedarfsfeststellung Onshore

Die Ursprünge einer Bedarfsplanung auf nationaler Ebene liegen im *EnLAG*. Letzt- **87**
genanntes stellt erstmals für 22 ausgewählte Vorhaben im Bereich der Höchstspan-
nungsnetze die energiewirtschaftliche Notwendigkeit und den vordringlichen Bedarf
verbindlich fest.[240] Allerdings werden nur Anfangs- und Endpunkte der in Bezug
genommenen Projekte definiert.[241] Zudem enthält das EnLAG keine Verpflichtung
der Energienetzbetreiber, den Netzausbau auch tatsächlich voranzutreiben.[242]

Von anderer Qualität ist demgegenüber das mit der EnWG-Novelle von 2011 **88**
aufgenommene *Bedarfsfeststellungsverfahren der §§ 12a ff. EnWG*. In drei Etappen
nähert man sich dort dem Ziel, eine verbindliche Bedarfsfestschreibung zu erzielen.

---

[235] *Kment*, UPR 2014, 81 (82 f.).

[236] *Kment*, UPR 2014, 81 (82).

[237] *Giesberts/Tiedge*, NVwZ 2013, 836 (837).

[238] *Linßen/Aubel*, DVBl. 2013, 965 (966); *Kment*, UPR 2014, 81 (82 f.).

[239] Vgl. Art. 1 der VO (EU) 2018/540; Bericht zu den Vorhaben von gemeinsamem Interesse, abrufbar unter dem folgenden Link: https://www.netzausbau.de/wissenswertes/pci/de.html (02.01.2019).

[240] *Elspaß/Schwoon*, NVwZ 2012, 1066 (1067). Vgl. *Anlage* des EnLAG.

[241] *Weyer*, ZNER 2009, 210 (211).

[242] *Scherer*, NVwZ 2010, 1321 (1324); *Kment*, RdE 2011, 341 (344).

Diese kann zusätzlich eine Grundlage sein, um Netzbetreiber etwa nach § 65 Abs. 2a EnWG zur Realisierung konkreter Vorhaben anzuhalten.[243]

89   An erster Stelle der Bedarfsplanung erarbeiten die Übertragungsnetzbetreiber alle zwei Jahre nach § 12a Abs. 1 S. 1 EnWG einen Entwurf des gemeinsamen *Szenariorahmens*. Dieser Entwurf ist der BNetzA als der gemäß § 54 Abs. 1 EnWG zuständigen Regulierungsbehörde vorzulegen. Sie genehmigt daraufhin nach (erfolgreich) durchgeführter Öffentlichkeitsbeteiligung den Szenariorahmen nach § 12a Abs. 3 EnWG.[244] Dieser dient in der Folge der Aufstellung des Netzentwicklungsplans nach § 12b EnWG wie auch des Offshore-Netzentwicklungsplans (→ Rn. 94 ff.) nach § 17b EnWG. Der Szenariorahmen hat gemäß § 12a Abs. 1 S. 2 EnWG mindestens drei Entwicklungspfade (sog. Szenarien) zu umfassen, von denen sich wenigstens eines der Szenarien auf einen Zeitraum von mindestens fünfzehn und höchstens zwanzig Jahren beziehen muss;[245] die übrigen zwei Szenarien bilden die Entwicklung von mindestens zehn und höchstens fünfzehn Jahren ab. Inhaltlich müssen die Szenarien die Bandbreite der wahrscheinlichen Entwicklungen abdecken, wobei die Zielsetzungen der mittel- und langfristigen energiepolitischen Ziele der Bundesregierung zugrunde gelegt werden.[246]

90   Auf dem Szenariorahmen aufbauend entwickeln die Netzbetreiber gemäß § 12b Abs. 1 S. 1 EnWG spätestens zum Ende des Betrachtungszeitraums im Sinne des § 12a Abs. 1 S. 2 einen Entwurf des gemeinsamen nationalen *Netzentwicklungsplans*. Im Gegensatz zum Szenariorahmen sind die Netzbetreiber gemäß § 12b Abs. 3 EnWG selbst dazu verpflichtet, die Öffentlichkeit in der vorgeschriebenen Weise über den Entwurf zu informieren. Erst im Anschluss daran ist der konsultierte und überarbeitete Entwurf des Netzentwicklungsplans – mitsamt den Ergebnissen der ersten Öffentlichkeitsbeteiligung – der BNetzA gemäß § 12b Abs. 4 und 5 EnWG unverzüglich nach Fertigstellung, jedoch spätestens zehn Monate nach Genehmigung des Szenariorahmens gemäß § 12a Abs. 3 Satz 1 zur Bestätigung vorzulegen. Diese prüft und bestätigt nach § 12c EnWG den Entwurf der Netzbetreiber unter nochmaliger Beteiligung der Öffentlichkeit und den in ihrem Aufgabenbereich berührten Behörden. Da der Plan Gegenstand einer umfangreichen Öffentlichkeitsbeteiligung ist, ermöglicht es § 12c Abs. 6 EnWG bei bloßen Änderungen des Szenariorahmens bzw. des Netzentwicklungsplans, die erneute Öffentlichkeitsbeteiligung auf den Änderungsgegenstand zu beschränken.[247] Ein vollständiges Verfahren muss jedoch in den in § 12c Abs. 6 S. 2 EnWG aufgelisteten

---

[243] *Kment*, ZVglRWiss 112 (2013), 123 (132 f.).

[244] Ausführlich zu der Öffentlichkeitsbeteiligung beim Netzausbau allgemein und zum Szenariorahmen im Speziellen vgl. *Guckelberger*, Öffentlichkeit und Netzausbau – zwischen Verfahrenspartizipation und Gewinnbeteiligung, in: Kment (Hrsg.), Netzausbau zugunsten erneuerbarer Energien, 2013, S. 59 (66 ff.).

[245] Der Wortlaut der Norm fordert drei Szenarien. Eines „der" Szenarien (§ 12a Abs. 1 S. 3 EnWG) muss auf zwanzig Jahre fortgeschrieben werden; a. A. *Grigoleit/Weisensee*, UPR 2011, 401 (401), die von vier Szenarien ausgehen.

[246] *Guckelberger*, Öffentlichkeit und Netzausbau – zwischen Verfahrenspartizipation und Gewinnbeteiligung, in: Kment (Hrsg.), Netzausbau zugunsten erneuerbarer Energien, 2013, S. 59 (66).

[247] *Kment*, UPR 2014, 81 (84).

Fällen in einem Vier-Jahres-Zyklus durchgeführt werden. Durch die Bestätigung der BNetzA wird der Netzentwicklungsplan verbindlich und bildet den Investitionsrahmen für den weiteren Stromausbau.[248] Inhaltlich gibt er Auskunft über alle wirksamen Maßnahmen zur bedarfsgerechten Optimierung, Verstärkung und zum Ausbau des Netzes, die in den nächsten zehn bzw. zwanzig Jahren – insbesondere mit Blick auf die Zunahmen erneuerbarer Energien – für einen sicheren und zuverlässigen Netzbetrieb erforderlich sind.[249]

An letzter Stelle – nach Szenariorahmen und Netzentwicklungsplan – folgt der **91** *Bundesbedarfsplan* nach § 12e EnWG, der vom Bundesgesetzgeber erlassen wird.[250] Der Bundesbedarfsplan fußt zwar auf den beiden vorgelagerten Planwerken. Aufgrund der Souveränität des Gesetzgebers ist dieser aber an keine planerischen Vorgaben gebunden.[251] Der Bundesbedarfsplan stellt die energiewirtschaftliche Notwendigkeit und den vordringlichen Bedarf der in ihm enthaltenen Vorhaben fest. Diese Feststellungen sind gemäß § 12e Abs. 4 EnWG für nachfolgende Planfeststellungsverfahren und Plangenehmigungsverfahren nach dem EnWG oder dem NABEG verbindlich. Die Bindungswirkungen erfassen aber auch die Übertragungsnetzbetreiber,[252] die gemäß § 65 Abs. 2a EnWG zwangsweise zur Realisierung der Netzleitungen angehalten werden können.

c) Besondere Bundesfachplanung nach dem NABEG

Sollen länderübergreifende oder grenzüberschreitende Höchstspannungsleitungen **92** zur Integration erneuerbarer Energien errichtet werden, kann sich an die energiewirtschaftliche Bedarfsplanung ausnahmsweise die *Anwendung* des NABEG anschließen, wenn die entsprechenden Leitungen gemäß § 2 Abs. 1 NABEG in einem Gesetz über den Bundesbedarfsplan nach § 12e Abs. 4 S. 1 EnWG als solche gekennzeichnet sind.[253] Im Übrigen erstreckt sich das NABEG auf den Neubau von Hochspannungsleitungen mit einer Nennspannung von mindestens 110 kV. Dies setzt allerdings gemäß § 2 Abs. 3 NABEG voraus, dass diese Leitungen zusammen mit einer qualifizierten Höchstspannungsleitung auf einem Mehrfachgestänge geführt werden können und die Einbeziehung ohne wesentliche Verfahrensverzögerung für die Bundesfachplanung oder die Planfeststellung möglich ist. Für eine Vielzahl von Vorhaben gilt das NABEG gleichwohl nicht, auch nicht für die 22 EnLAG-Vorhaben (→ Rn. 87), die gemäß § 2 Abs. 4 NABEG ausdrücklich vom Anwendungsbereich des Gesetzes ausgenommen wurden.[254]

---

[248] *Kment*, ZVglRWiss 112 (2013), 123 (130).

[249] *Moench/Ruttloff*, NVwZ 2011, 1040 (1042).

[250] Vgl. dazu *Schirmer/Seiferth*, ZUR 2013, 515 (517 f.); *Posser*, in: Kment, EnWG, § 12e Rn. 1 ff.

[251] *Appel*, UPR 2011, 406 (408); *Moench/Ruttloff*, NVwZ 2011, 1040 (1042).

[252] *Faßbender/Becker*, in: Posser/Faßbender (Hrsg.), Praxishandbuch Netzplanung und Netzausbau, 2013, Kap. 2 Rn. 26; *Kment*, UPR 2014, 81 (84).

[253] *Erbguth*, Planerische Rechtsfragen des Netzausbaus. EnWG und NABEG im Zusammenspiel mit der Gesamtplanung, in: Kment (Hrsg.), Netzausbau zugunsten erneuerbarer Energien, 2013, S. 17 (23).

[254] *Kment*, UPR 2014, 81 (85).

93   Die Regelungen des NABEG sehen für die Zulassung von Netzvorhaben ein
       zweistufiges Verfahren vor. So wird auf erster Stufe eine grobe Planung durch die
       Vorschriften zur Bundesfachplanung gemäß §§ 4 ff. NABEG gewährleistet. Erst im
       Anschluss daran soll auf der Stufe der Planfeststellung gemäß §§ 18 ff. NABEG die
       Zulassung einzelner Vorhaben ermöglicht werden. Auf dem Bundesbedarfsplan
       nach § 12e Abs. 4 S. 1 EnWG aufbauend, dient die Bundesfachplanung der *Bestim-
       mung von Trassenkorridoren* für länder- oder grenzüberschreitende Höchstspan-
       nungsleitungen. Durch den Bundesbedarfsplan soll der bis dato abstrakt festgelegte
       Ausbaubedarf in räumlicher Hinsicht konkretisiert werden;[255] die Bundesfachpla-
       nung stellt also eine vorhabenbezogene Planung dar.[256] Sie erfolgt nunmehr aus-
       schließlich auf Bundesebene und benennt gemäß § 12 Abs. 2 NABEG u. a. den Ver-
       lauf eines raumverträglichen Trassenkorridors, der Teil des Bundesnetzplans wird,
       sowie die an Landesgrenzen gelegenen Länderübergangspunkte einschließlich der
       Prüfung diesbezüglicher Alternativen.[257] Die Bundesfachplanung ersetzt überdies
       gemäß § 28 NABEG sogar das Raumordnungsverfahren der Länder und ist nach
       § 15 Abs. 1 NABEG für anschließende Planfeststellungsverfahren *verbindlich*;[258]
       dies gilt auch gegenüber den Landesplanungen, also der Raumordnung. Hinsicht-
       lich außenstehender Dritter gibt § 15 Abs. 3 NABEG außerdem vor, dass die Bun-
       desfachplanung keine unmittelbare Außenwirkung besitze und sie nur im Rechts-
       behelfsverfahren gegen die Zulassungsentscheidung überprüft werden kann. Dass
       dieser gesetzlichen Anordnung Allgemeingültigkeit zukommt, kann zu Recht be-
       zweifelt werden. Bereits der mögliche Eingriff in den Rechtskreis von Ländern und
       Gemeinden rechtfertigt eine andere Einordnung.[259] Liegt überdies eine offensicht-
       liche und konkrete Rechtsbeeinträchtigung schon auf der Stufe der Fachplanung
       vor,[260] dürfte es zudem nicht notwendig sein, die Zulassungsentscheidung auf der
       Ebene der Planfeststellung abzuwarten. Gerichtlicher Rechtsschutz sollte zumin-
       dest dann vor Abschluss der Planfeststellung möglich sein, wenn die komplexen
       Verfahrensstufen erst nach vielen Jahren abgeschlossen werden und aufgrund der
       zwischenzeitlich getroffenen Festlegungen eine Korrektur der Bundesfachplanung
       faktisch nicht mehr in substanzieller Weise möglich ist.[261]

d) Offshoreplanungen

94   Die Planung von Energieleitungen in der *Ausschließlichen Wirtschaftszone*
       (AWZ) wird zum einen durch den Bundesfachplan Offshore nach § 17a EnWG

---

[255] *Willbrand*, in: Posser/Faßbender (Hrsg.), Praxishandbuch Netzplanung und Netzausbau, 2013, Kap. 4 Rn. 1.

[256] *Schirmer/Seiferth*, ZUR 2013, 515 (520).

[257] *Kment*, UPR 2014, 81 (86).

[258] *Kümper*, UPR 2016, 500 (505); *Lau*, NVwZ 2017, 830 (831).

[259] *Kment*, RdE 2011, 341 (344).

[260] Vgl. *Sellner/Fellenberg*, NVwZ 2011, 1025 (1032).

[261] BVerfG, NVwZ 2014, 211 (221). Weitergehender *Moench/Ruttloff*, NVwZ 2011, 1040 (1043); kritisch auch *Wagner*, DVBl. 2011, 1453 (1457 f.); vgl. auch *Schmitz/Jornitz*, NVwZ 2012, 332 (335).

und zum anderen durch den Offshore-Netzentwicklungsplan nach § 17b EnWG geleistet. Die Umsetzung des Netzentwicklungsplans folgt dabei den Vorgaben des § 17d EnWG.

Der *Bundesfachplan Offshore* wird gemäß § 17a Abs. 1 S. 1 EnWG in jedem **95** geraden Kalenderjahr, beginnend mit dem Jahr 2016 vom Bundesamt für Seeschifffahrt und Hydrografie (BSH) im Einvernehmen mit der BNetzA und in Abstimmung mit dem Bundesamt für Naturschutz erstellt. Im Unterschied zu der Regelungssystematik Onshore (→ Rn. 87 ff.) ist der Bundesfachplan Offshore dem Offshore-Netzentwicklungsplan nach § 17b EnWG vorgelagert. Dies ist der Tatsache geschuldet, dass der Netzausbau Offshore auf den zukünftigen Ausbau ausgerichtet ist, im Gegensatz zum Ausbau auf dem Land aber keine vorhandenen Netzstrukturen zur Verfügung stehen.[262] Der Bundesfachplan Offshore enthält gemäß § 17a Abs. 1 S. 2 Nr. 1–7 EnWG u. a. Festlegungen zu Standorten, Trassen, technischen Vorgaben und Planungsgrundsätzen. Wie die BNetzA beim Bundesfachplan Onshore hat auch das BSH hier einen speziellen Prüfungsmaßstab (§ 17a Abs. 1 S. 3 und 4 Nr. 1–3 EnWG) zu beachten. Dieser ist stark an den des § 5 NABEG angelehnt, wodurch eine wesentliche Parallele zur Bundesfachplanung Onshore deutlich wird.[263] Ebenso soll die Fachplanung gemäß § 17a Abs. 5 S. 1 EnWG keine Außenwirkung entfalten, gleichwohl aber nach § 17a Abs. 5 S. 2 EnWG für das Planfeststellungs- und Genehmigungsverfahren nach der SeeAnlV[264] (nunmehr SeeAnlG) verbindlich sein. Diese Kumulation gesetzlich angeordneter Rechtswirkungen lässt sich jedoch kaum durchhalten, denn die Bindungswirkung in der Planfeststellung bzw. im Genehmigungsverfahren betrifft unmittelbar den Rechtskreis der Beteiligten.[265]

Die Betreiber der Übertragungsnetze sind gemäß § 17b Abs. 1 S. 1 EnWG dazu **96** verpflichtet, der BNetzA einen gemeinsamen *Offshore-Netzentwicklungsplan* vorzulegen. Dieser basiert auf dem Szenariorahmen nach § 12a EnWG und dem Bundesfachplan. Inhaltlich umfasst er alle erforderlichen Maßnahmen, die zum Ausbau und Betrieb der Anbindungsleitungen erforderlich sind. Um die Beschleunigung des Netzausbaus Offshore zu fördern, werden über die Vorgaben des § 12b Abs. 1 und 2 EnWG hinaus gemäß § 17b Abs. 2 S. 1 und 3 EnWG auch Angaben zum geplanten Zeitpunkt der Fertigstellung und verbindliche Termine für den Beginn der Umsetzung verlangt. Über die Verweisung in § 17b Abs. 4 EnWG sind beim Offshore-Netzenwicklungsplan zusätzlich die Verfahrensvorschriften gemäß § 12b Abs. 3–5 EnWG einzuhalten.[266] Die Umsetzung des Netzentwicklungsplans ist in § 17d EnWG normiert und geht über die Bestimmungen der §§ 12b ff. EnWG

---

[262] *Hermes*, in: Schneider/Theobald, Energiewirtschaft, § 7 Rn. 71, 86; *Kment*, UPR 2014, 81 (87).

[263] *Broemel*, ZUR 2013, 408 (410); *Schink*, in: Kment, EnWG, § 17d Rn. 1 ff.

[264] VO über Anlagen seewärts der Begrenzung des deutschen Küstenmeeres (Seeanlagenverordnung – SeeAnlV) vom 23.01.1997, BGBl. I, S. 57, aufgehoben mit Ablauf des 31.12.2016 durch Art. 25 Abs. 2 des Gesetzes vom 13.10.2016, BGBl. I S. 2258. Seit dem 01.01.2017 gilt das Seeanlagengesetz (SeeAnlG) v. 13.10.2016, BGBl. I S. 2348.

[265] *Kment*, UPR 2014, 81 (87).

[266] *Kment*, UPR 2014, 81 (87).

hinaus.[267] So werden etwa durch die Regelung in § 17d EnWG die auf dem Gebiet des geplanten Ausbaus tätigen Übertragungsnetzbetreiber zum Ausbau verpflichtet; korrespondierend dazu wird den Betreibern von Windenergieanlagen auf See ab diesem Zeitpunkt ein Recht auf Netzanbindung gewährt.[268] Aufgrund der Regelung des § 17e EnWG soll einer möglichen Entschädigung der Windkraftanlagenbetreiber im Falle von Störungen oder Verzögerungen bei der Anbindung somit die Tür geöffnet werden.[269] Diese Stärkung der Investitionssicherheit soll sich positiv auf die Bereitschaft von Investoren zum Bau von Windenergieanlagen auf See auswirken und so auch der Beschleunigung des Ausbaus zugutekommen.

e) Planfeststellung und Plangenehmigung

97   An die Planungsebene knüpft die konkrete Vorhabenzulassung an. Für bestimmte Vorhaben ist hierzu nach § 43 EnWG eine Planfeststellung vorgesehen, wobei sich der *Anwendungsbereich* des § 43 EnWG an Land in jedem Fall auf Leitungen von 110 kV und mehr begrenzt.[270] Für Erdkabel gilt, dass diese auch bei Überschreiten der 110 kV-Grenze nicht zwangsläufig der Planfeststellung unterliegen, sofern sie nicht zugleich in den Anwendungsbereich des § 43 S. 1 Nr. 3–5 EnWG fallen oder vom NABEG erfasst werden.[271] Dessen ungeachtet ist die Durchführung eines fakultativen Planfeststellungsverfahrens gemäß § 43 S. 5 und 8 EnWG möglich.[272] Die Entscheidung darüber, ob ein solches Verfahren durchgeführt werden soll, steht zwar grundsätzlich dem Vorhabenträger zu;[273] im Gegensatz zu § 43 S. 8 EnWG wird jedoch ein „Antrag des Trägers des Vorhabens" zur Einleitung des Verfahrens in § 43 S. 5 EnWG nicht ausdrücklich gefordert. Insofern steht es bei § 43 S. 5 EnWG auch im Ermessen der Behörde, ein fakultatives Planfeststellungsverfahren einzuleiten und durchzuführen.[274]

98   Qualitativ führt die Planfeststellung nach § 43 EnWG dazu, dass die in Bezug genommenen Energieleitungsvorhaben rechtlich den Straßen-, Schienen- und anderen Infrastrukturprojekten gleichgestellt werden.[275] Der *Planfeststellungsbeschluss* besitzt zunächst ganz allgemein eine Freigabewirkung, die auch notwendige Folgemaßnahmen erfasst. Überdies weist die Planfeststellung eine Gestaltungs-, Duldungs- wie auch eine Konzentrationswirkung auf und zeigt eine

---

[267] Vgl. dazu *Broemel*, ZUR 2013, 408 (412).

[268] *Schink*, in: Kment, EnWG, § 17d Rn. 1 f.

[269] Ausführlich zu möglichen Entschädigungen *Broemel*, ZUR 2013, 408 (412 ff.).

[270] *Schirmer/Seiferth*, ZUR 2013, 515 (524).

[271] *Elspaß/Schwoon*, NVwZ 2012, 1066 (1068); *Jornitz/Förster*, NVwZ 2016, 801 (802 ff.); *Kment*, in: ders., EnWG, § 43 Rn. 17 ff.

[272] *Herbold/Pleiner*, UPR 2013, 258 (261); *Kment*, UPR 2014, 81 (86); *Appel/Eding*, UPR 2018, 281 (284).

[273] Vgl. *Schneller*, DVBl. 2007, 529 (535); *Schütte*, RdE 2007, 300 (304).

[274] *Schirmer/Seiferth*, ZUR 2013, 515 (524); *Hermes/Kupfer*, in: Britz/Hellermann/ders., EnWG, § 43 Rn. 12.

[275] *Hermes/Kupfer*, in: Britz/Hellermann/ders., EnWG, § 43 Rn. 1; *Kment*, in: ders., EnWG, § 43 Rn. 1 ff.

enteignungsrechtliche Vorwirkung.[276] Die tradierten Inhalte, welche die Rechtsprechung und Literatur in Bezug hierauf über die Jahre geliefert haben, können deshalb auf den Leitungsausbau angewandt werden.[277]

Bei der Errichtung oder Änderung von länderübergreifenden oder grenzüberschreitenden Höchstspannungsleitungen gemäß § 2 Abs. 1 NABEG finden die speziellen Regelungen zur Planfeststellung der *§§ 18 ff. NABEG* Anwendung.[278] **99**

f) Energieleitungszulassung nach dem SeeAnlG im Offshore-Bereich

Die Errichtung und der Betrieb von Anlagen zur Übertragung von Energie aus Wasser, Strömung und Wind unterliegt auf dem offenen Meer gemäß § 2 Abs. 1 i. V. m. § 1 Abs. 2 S. 1 Nr. 1, 2 SeeAnlG der *Planfeststellung*. Hierzu gehören insbesondere auch Seekabel, unabhängig von ihrer jeweiligen Netzspannung.[279] Die mit dem Planfeststellungsbeschluss verbundene Konzentrationswirkung gemäß § 2 Abs. 3 S. 1 SeeAnlG i. V. m. § 75 Abs. 1 VwVfG macht das Einholen weiterer Genehmigungen überflüssig. Es kommt also zu einer Bündelung aller erforderlichen Genehmigungen in einem Verfahren bei dem dafür zuständigen BSH.[280] Mit der Überführung des Genehmigungs- in ein Planfeststellungsverfahren hat der Gesetzgeber dem BSH zugleich einen planerischen Gestaltungsspielraum eingeräumt.[281] Jedoch dürfen weder Sicherheit und Leichtigkeit des Verkehrs bzw. die Sicherheit der Landes- und Bündnisverteidigung noch die Meeresumwelt gefährdet werden. **100**

6. Wegenutzung und Konzessionsverfahren

Vor allem bei Energieverteilernetzen wird ein Großteil der Leitungen unter öffentlichen Straßen und Wegen verlegt. Für die Verlegung und den Betrieb der Leitungen räumen die Gemeinden mittels zivilrechtlicher Wegenutzungsverträge den Netzbetreibern die erforderlichen Wegenutzungsrechte ein.[282] Nach § 46 Abs. 1 S. 1 EnWG sind sie sogar dazu verpflichtet, ihre öffentlichen Verkehrswege diskriminierungsfrei durch Vertrag zur Verfügung zu stellen. Dabei betrifft § 46 Abs. 1 EnWG nur die Einräumung des Wegenutzungsrechts für einzelne Straßenabschnitte und Direktleitungen (vgl. § 3 Nr. 12 EnWG).[283] In der Konsequenz ist von der *„einfachen"* Wegenutzung die Rede.[284] Davon zu unterscheiden ist die *„qualifizierte"* Wegenutzung nach **101**

[276] Ausführlich dazu *Neumann*, in: Stelkens/Bonk/Sachs, § 75 Rn. 6 ff.

[277] Vgl. nur *Kment*, in: ders., EnWG, § 43 Rn. 49 ff.

[278] *Schirmer/Seifert*, ZUR 2013, 515 (521 ff.).

[279] *Büllesfeld/Koch/von Stackelberg*, ZUR 2012, 274 (275).

[280] *Kment*, UPR 2014, 81 (87).

[281] BVerwGE 48, 56 (59); *Wickel*, ZUR 2011, 115 (118).

[282] *Hellermann*, in: Britz/ders./Hermes, EnWG, § 46 Rn. 42; *Albrecht*, in: Schneider/Theobald, Energiewirtschaft, § 9 Rn. 12, 30.

[283] *Huber*, in: Kment, EnWG, § 46 Rn. 13.

[284] *Albrecht*, in: Schneider/Theobald, Energiewirtschaft, § 9 Rn. 57 f.; *Huber*, in: Kment, EnWG, § 46 Rn. 3.

§ 46 Abs. 2 EnWG, bei der sich der Wegenutzungsvertrag auf das der allgemeinen Versorgung dienende Energieversorgungsnetz im gesamten Gemeindegebiet bezieht.[285] Regelmäßig wird in diesem Zusammenhang der Begriff Konzessionsvertrag verwendet, der allerdings fälschlicherweise einen hoheitlichen Bezug nahelegt.[286] Eine diskriminierungsfreie Vergabe muss auch bei der qualifizierten Wegenutzung erfolgen. Zudem ist sie – im Gegensatz zu einfachen Wegenutzungsverträgen – zeitlich auf maximal zwanzig Jahre befristet (§ 46 Abs. 2 S. 1 EnWG).[287] Zusätzlich sieht § 46 Abs. 3 EnWG ein verpflichtendes Ausschreibungsverfahren vor, das spätestens zwei Jahre vor Ablauf eines Konzessionsvertrags durchzuführen ist.[288] Auf diese Weise entsteht ein fortgesetzter und sich stetig wiederholender *Wettbewerb um das örtliche Energieversorgungsnetz.*[289] Das gesetzgeberisch gewählte Modell hat *Kritik* auf sich gezogen: Von Seiten der kommunalen Ebene und auch von Seiten der privaten Energieversorgungsunternehmen wird argumentiert, dass der Wettbewerb um die Wegekonzessionen das Selbstverwaltungsrecht der Gemeinden aus Art. 28 Abs. 2 S. 1 GG[290] wie auch die Grundrechte der privaten Verteilernetzbetreiber aus Art. 12 Abs. 1, 14 Abs. 1 GG verletze.[291] Davon abgesehen sei das Instrument ohnehin systematisch verfehlt bzw. nicht erforderlich.[292]

102   Der Abschluss eines qualifizierten Wegenutzungsvertrags erfolgt innerhalb eines gesetzlichen Gerüsts: Zunächst steht die Gemeinde bei der *Auswahl* des Vertragspartners nach § 46 Abs. 4 S. 1 EnWG zumindest in der Pflicht, ihre Entscheidung anhand der Ziele des § 1 EnWG (→ Rn. 22) zu treffen.[293] Allein haushaltsrechtliche Gründe der Gemeinde dürfen nicht den Ausschlag geben.[294]

103   Hauptbestandteil des *Konzessionsverfahrens* ist gemäß § 46 Abs. 3 EnWG die öffentliche Bekanntmachung der Gemeinde, die auf den auslaufenden Konzessionsvertrag hinweist und im Falle eines Netzanschlusses von mehr als 100.000 Kunden zusätzlich im Amtsblatt der Europäischen Union erfolgen muss. Korrespondierend dazu trifft den bisherigen Konzessionsinhaber schon ein Jahr vor der Bekanntmachung der Gemeinde die Pflicht, diejenigen Informationen über die

---

[285] *Theobald*, in: Danner/ders., Energierecht, § 46 EnWG Rn. 34 (Stand: 78. EL September 2013).

[286] Ausführlich hierzu *Kermel*, in: ders. (Hrsg.), Praxishandbuch der Konzessionsverträge und der Konzessionsabgaben, 2012, S. 18 ff.

[287] *Huber*, in: Kment, EnWG, § 46 Rn. 30; *Kühling/Rasbach/Busch*, Energierecht, S. 209 f. Rn. 11; *Albrecht*, in: Schneider/Theobald, Energiewirtschaft, § 9 Rn. 61, 66.

[288] *Theobald*, in: Danner/ders., Energierecht, § 46 EnWG Rn. 116 (Stand: 78. EL September 2013); *Huber*, in: Kment, EnWG, § 46 Rn. 71; *Kühling/Rasbach/Busch*, Energierecht, S. 209 f. Rn. 11; *Martel/Ebbinghaus*, RdE 2017, 354 (355 f.). Zur Überprüfungsmöglichkeit der Auswahlentscheidung *Höch*, RdE 2017, 157 (157 ff.).

[289] Dieser Wettbewerb war vom Gesetzgeber auch beabsichtigt: BR-Drs. 343/11, S. 222 „Wettbewerb um die Vergabe der Konzession".

[290] Näher hierzu *Hellermann*, in: Britz/ders./Hermes, EnWG, § 46 Rn. 30.

[291] *Jacob*, RdE 2011, 212 (213); *Pippke/Gaßner*, RdE 2006, 33 (38); *Gersemann/Trurnit*, DVBl. 2000, 1101 (1108 ff.).

[292] *Wegner*, in: Säcker, Energierecht, § 46 Rn. 5 f. m. w. N.

[293] Vgl. NdsOVG, EnWZ 2013, 570 (572); *Kment*, in: ders., EnWG, § 1 Rn. 2 m. w. N.

[294] *Albrecht*, in: Schneider/Theobald, Energiewirtschaft, § 9 Rn. 92.

technische und wirtschaftliche Situation des Netzes zur Verfügung zu stellen, die für eine Bewertung des Netzes im Rahmen einer Bewerbung um den Abschluss eines Vertrages nach § 46 Abs. 2 S. 1 erforderlich sind (vgl. § 46a S. 1 EnWG).[295] Die Auswahlentscheidung der Gemeinde unterliegt aufgrund des gemeindlichen Wegemonopols einer kartellrechtlichen Überprüfung.[296] Das allgemeine Vergaberecht kommt allerdings nicht zur Anwendung, da die §§ 97 ff. GWB einen öffentlichen Auftrag voraussetzen, die Vergabe des Wegenutzungsrechts aber nicht hierunter zu fassen ist.[297] Vereinzelt wird die Übertragung der Wegekonzession als „Dienstleistungskonzession"[298] betrachtet, sodass das europarechtliche Transparenzgebot und Diskriminierungsverbot („Vergaberecht light")[299] beachtet werden müssten.[300] Inwiefern die RL über die Konzessionsvergabe[301] auf Wegenutzungsverträge gem. § 46 Abs. 2 EnWG Anwendung findet, ist weiterhin umstritten.[302]

Führt ein Konzessionsverfahren dazu, dass ein bestehender Vertrag nicht verlängert wird, weil ein anderer Netzbetreiber die neue Konzession erhält, so muss der bisherige Netzbetreiber gemäß § 46 Abs. 2 S. 2 EnWG seine für den Betrieb der Netze der allgemeinen Versorgung im Gemeindegebiet notwendigen *Verteilungsanlagen* dem neuen Netzbetreiber gegen Zahlung einer wirtschaftlich angemessenen Vergütung *übereignen*.[303] **104**

Sowohl für die Gewährung qualifizierter als auch einfacher Wegenutzungsrechte werden in den Konzessionsverträgen *Konzessionsabgaben* vereinbart, zu denen sich in den § 46 Abs. 1 S. 2, § 48 EnWG i. V. m. der KAV (Konzessionsabgabenverordnung)[304] **105**

---

[295] *Huber*, in: Kment, EnWG, § 46a Rn. 5.

[296] *Wolf*, BB 2011, 648 (649).

[297] OLG Düsseldorf, RdE 2008, 287 (288); *Pippke/Gaßner*, RdE 2006, 33 (36).

[298] *Hofmann*, NZBau 2012, 11 (12); zur Dienstleistungskonzession vgl. auch *Ruthig/Storr*, Rn. 1033 f.

[299] *Pielow*, in: Ehlers/Fehling/Pünder, § 22 Rn. 132.

[300] *Byok/Dierkes*, RdE 2011, 394 (396 ff.).

[301] RL 2014/23/EU des Europäischen Parlaments und des Rates vom 26.02.2014 über die Konzessionsvergabe, ABl. EU L 94/1.

[302] Fraglich erscheint, ob Wegenutzungsverträge unter den Begriff der „Dienstleistungskonzession" nach Art. 5 Abs. 1 lit. b RL 2014/23/EU fallen. Dieser Annahme könnte der Erwägungsgrund Nr. 16 der RL 2014/23/EU entgegenstehen, nach dem „Vereinbarungen über die Gewährung von Wegerechten hinsichtlich der Nutzung öffentlicher Liegenschaften für die Bereitstellung oder den Betrieb fester Leitungen oder Netze, über die eine Dienstleistung für die Allgemeinheit erbracht werden soll, ebenfalls nicht als Konzession im Sinne dieser Richtlinie gelten …". Für die Anwendbarkeit der Richtlinie vgl. VG Oldenburg, IR 2012, 223; LG Kiel, RdE 2012, 260; *Hoffmann/Zimmermann*, NZBau 2016, 71 (75); *Kupfer*, NVwZ 2017, 428 (433). Gegen die Anwendbarkeit vgl. *Kment/Vorwalter*, EuZW 2015, 387 (393); *Huber*, in: Kment, EnWG, § 46 Rn. 66.

[303] *Huber*, in: Kment, EnWG, § 46 Rn. 9; *Theobald*, in: Danner/ders., Energierecht, § 46 EnWG Rn. 35 (Stand: 78. EL September 2013).

[304] VO über Konzessionsabgaben für Strom und Gas (Konzessionsabgabenverordnung [KAV]) vom 09.01.1992, BGBl. I, S. 12, ber. S. 407, zuletzt geändert durch Art. 3 Abs. 4 der VO zum Erlass von Regelungen des Netzanschlusses von Letztverbrauchern in Niederspannung und Niederdruck vom 01.11.2006, BGBl. I, S. 2477.

nähere Vorgaben finden.[305] Hierzu gehört auch die Definition der Konzessionsabgaben als Entgelte, die Energieversorgungsunternehmen für die Einräumung des Rechts zur Benutzung öffentlicher Verkehrswege für die Verlegung und den Betrieb von Leitungen, die der unmittelbaren Versorgung von Letztverbrauchern im Gemeindegebiet mit Energie dienen, entrichten. Diese Konzessionsabgaben können gemäß § 7 KAV nicht nur Gemeinden, sondern unter Umständen auch Landkreise erhalten. Die Netzbetreiber können die Konzessionsabgaben in ihre Netzentgelte einkalkulieren, da es sich um Kosten des Netzbetriebs handelt (§ 21a Abs. 4 S. 2 Hs. 2 EnWG);[306] die Netznutzer wälzen diese Kosten wiederum auf die Letztverbraucher ab (§ 40 Abs. 2 Nr. 7 EnWG).[307] Um eine möglichst preisgünstige Energieversorgung – so wie es § 1 Abs. 1 EnWG vorschreibt (→ Rn. 22) – zu gewährleisten, begrenzt § 2 KAV die zulässige Höhe der Konzessionsabgaben, die nach Gemeindegröße gestaffelt ist.[308] Zugleich differenziert § 2 KAV auch zwischen den verschiedenen Belieferungsarten.[309]

V. Regulierungsverfahren und Rechtsschutz

1. Zuständigkeiten und Organisation der Regulierungsbehörden

106 Die Regulierung des Energiesektors liegt nach § 54 Abs. 1 EnWG in der Hand der BNetzA und der Landesregulierungsbehörden. Die konkrete Abgrenzung der *Kompetenzen* zwischen Bundes- und Landesbehörden erfolgt auf Grundlage des § 54 Abs. 2, 3 EnWG. Danach ist den *Landesbehörden* ein eng umgrenzter, abschließender Aufgabenbereich in § 54 Abs. 2 EnWG zugewiesen. Sie haben sich etwa mit der Genehmigung oder Festlegung im Rahmen der Bestimmung der Entgelte für den Netzzugang im Wege einer Anreizregulierung nach § 21a EnWG zu befassen (§ 54 Abs. 2 S. 1 Nr. 2 EnWG) oder gewährleisten die Überwachung der Vorschriften zur Entflechtung nach § 6 Abs. 1 EnWG i. V. m. §§ 6a–7a EnWG (§ 54 Abs. 2 S. 1 Nr. 4 EnWG).[310] Allerdings stehen die den Landesregulierungsbehörden zugewiesenen Kompetenzen nach § 54 Abs. 2 S. 1 EnWG unter dem Vorbehalt, dass keine Energieversorgungsunternehmen betroffen sind, an deren Elektrizitäts- oder Gasverteilernetz mehr als 100.000 Kunden unmittelbar oder mittelbar angeschlossen sind. Außerdem darf sich gemäß § 54 Abs. 2 S. 2 EnWG ein von der behördlichen Maßnahme betroffenes Elektrizitäts- oder Gasverteilernetz nicht über das Gebiet eines Landes hinaus erstrecken. Geht es um den Anschluss von Biogas-

---

[305] *Theobald*, in: Danner/ders., Energierecht, § 46 EnWG Rn. 30 (Stand: 78. EL September 2013) und § 48 EnWG Rn. 1 ff. (Stand: 92. EL März 2017); *Huber*, in: Kment, EnWG, § 48 Rn. 1 ff.

[306] *Nill-Theobald/Theobald*, IR 2005, 175 (176).

[307] *Bruhn*, in: Säcker, Energierecht, § 40 Rn. 36.

[308] *Pielow*, in: Ehlers/Fehling/Pünder, § 22 Rn. 133.

[309] Vgl. *Schütte/Horstkotte/Veihelmann*, LKV 2012, 454 (455).

[310] Zu den weiteren Kompetenzbereichen der Landesregulierungsbehörden siehe *Görisch*, in: Kment, EnWG, § 54 Rn. 6 f.

anlagen, erfahren die Kompetenzen des § 54 Abs. 2 S. 1 Nr. 6–8 EnWG noch weitere Einschränkungen (§ 54 Abs. 2 S. 3 EnWG).[311]

Außerhalb des abschließend definierten Kompetenzrahmens der Landesregulierungsbehörden, also etwa bei Überschreitung der Grenze von 100.000 Kunden oder bei grenzüberschreitenden Anliegen, wird die *BNetzA* aktiv. Eine Auffangzuständigkeit nach § 54 Abs. 3 S. 1 EnWG stellt dies sicher.[312] Haben Bundesländer auf eine Errichtung von Landesregulierungsbehörden verzichtet,[313] nimmt die BNetzA die Kompetenzen der Länder im Wege der Organleihe wahr.[314] Die Frage der Zuständigkeit kann nach § 66a EnWG von Verfahrensbeteiligten gerügt werden und einer gerichtlichen Klärung zugeführt werden, wenn die jeweilige verfahrensführende Regulierungsbehörde ihre Zuständigkeit bejaht.[315] **107**

Die BNetzA ist eine selbstständige Bundesoberbehörde im Geschäftsbereich des BMWi mit Sitz in Bonn (zu Rechtsform und Organisation auch → § 4 Rn. 41 ff.; § 12 Rn. 19 ff.).[316] Ihre *Organisation* richtet sich nach den §§ 59 ff. EnWG. Besondere Organe der BNetzA sind die Beschlusskammern, die nach § 59 Abs. 1 S. 1 EnWG die Entscheidungen der BNetzA treffen.[317] Der Beirat hat gemäß § 60 EnWG die Aufgabe, die BNetzA bei der Erstellung der Tätigkeits- und Zusammenarbeitsberichte nach § 63 Abs. 3 EnWG zu beraten. Er ist gegenüber der BNetzA außerdem berechtigt, Auskünfte und Stellungnahmen einzuholen.[318] **108**

2. Verfahrensvorgaben für Regulierungsbehörden

Die Regulierungsbehörden finden im EnWG ein eigenes Verfahrensrecht vor, welches im Verhältnis zu den Vorgaben der VwVfG spezieller ist.[319] Die einzelnen Verfahrensschritte sind in §§ 55, 65–74 EnWG normiert: So steht am Anfang des Regulierungsverfahrens gemäß § 66 Abs. 1 EnWG die *Einleitung* des Verfahrens von Amts wegen oder auf Antrag, wobei sich für Verbraucher vorrangig der Weg zur Verbraucherbeschwerde nach § 111a EnWG eröffnet.[320] *Beteiligte* des Verfahrens sind nach § 66 Abs. 2 EnWG zunächst ein möglicher Antragsteller (Nr. 1) **109**

---

[311] *Görisch*, in: Kment, EnWG, § 54 Rn. 6 f.

[312] *Schmidt-Preuß*, in: Säcker, Energierecht, § 54 Rn. 19; *Görisch*, in: Kment, EnWG, § 54 Rn. 8.

[313] Keine Landesregulierungsbehörden gibt es in Berlin, Bremen, Niedersachsen, Schleswig-Holstein und Thüringen.

[314] *Franke*, in: Schneider/Theobald, Energiewirtschaft, § 19 Rn. 5 m. w. N.

[315] *Theobald/Werk*, in: Danner/Theobald, Energierecht, § 66a EnWG Rn. 2 (Stand: 93. EL Juni 2017).

[316] § 1 S. 2 BEGTPG.

[317] *Wahlhäuser*, in: Kment, EnWG, § 59 Rn. 4; *Franke*, in: Schneider/Theobald, Energiewirtschaft, § 19 Rn. 18.

[318] *Schmidt-Preuß*, in: Säcker, Energierecht, § 60 Rn. 5 f.; *Wahlhäuser*, in: Kment, EnWG, § 60 Rn. 7.

[319] *Britz*, N&R 2006, 6; *Hanebeck*, in: Britz/Hellermann/Hermes, EnWG, Vorb §§ 65 ff. Rn. 6.

[320] Vgl. zur Verbraucherbeschwerde *Wagner/Probst*, IR 2011, 174.

sowie die Betroffenen, gegen die sich das Verfahren richtet (Nr. 2). Ähnlich wie
im Kartellrecht[321] können auch Drittbetroffene sowie Verbraucherzentralen und
Verbraucherverbände am Verfahren beteiligt werden (Nr. 3). Bei Verbraucherzentralen und öffentlich geförderten Verbraucherverbänden wird dies insbesondere
der Fall sein, wenn sich die Entscheidung der Regulierungsbehörde auf eine Vielzahl von Verbrauchern auswirken und dadurch die Interessen der Verbraucher insgesamt erheblich berührt werden dürften.[322] Schließlich ist die BNetzA nach
§ 66 Abs. 3 EnWG zu beteiligen, wenn das Verfahren von einer Landesregulie-
rungsbehörde geführt wird.[323] Die Beteiligten haben nach § 67 Abs. 1 EnWG die
Möglichkeit der *Stellungnahme*; die Regulierungsbehörde kann (Ermessen)[324]
Vertretern berührter Wirtschaftskreise dieses Verfahrensrecht gemäß § 67 Abs. 2
EnWG ergänzend einräumen. Das Verfahren wird grundsätzlich nicht öffentlich
geführt, außer die zuständige Behörde entschließt sich, auf Antrag eines Beteiligten oder von Amts wegen eine öffentliche mündliche Verhandlung durchzuführen.[325] Letzteres ist allerdings ausgeschlossen, wenn hiermit eine Gefährdung der
öffentlichen Ordnung, insbesondere der Sicherheit des Staates, oder die Gefährdung eines wichtigen Betriebs- oder Geschäftsgeheimnisses zu befürchten ist. Die
aus dem allgemeinen Verwaltungsverfahren (§ 24 VwVfG) bekannte *Amtsermitt-
lungspflicht* gilt selbstverständlich auch im behördlichen Regulierungsverfahren
des EnWG.[326] So hat die Regulierungsbehörde nach § 68 Abs. 1 EnWG die Befugnis, alle Ermittlungen zu führen und alle Beweise zu erheben, die erforderlich sind,
etwa die Vernehmung von Zeugen oder Sachverständigen (vgl. auch § 68 Abs. 2 EnWG).
Eine Haft kann nach § 68 Abs. 2 EnWG nicht angeordnet werden, wohl aber darf
die Regulierungsbehörde nach § 69 EnWG Auskunft und die Herausgabe von Unterlagen verlangen sowie Räumlichkeiten betreten.[327] Eine Beschlagnahmebefugnis
von Gegenständen, die als Beweismittel für die Ermittlung von Bedeutung sein
könnten, besteht nach § 70 EnWG. Ist das Verfahren abgeschlossen, hat die Regulierungsbehörde nach § 73 Abs. 1 EnWG ihre *Entscheidungen* zu begründen und
mit einer Belehrung über das zulässige Rechtsmittel den Beteiligten nach den
Vorschriften des Verwaltungszustellungsgesetzes zuzustellen; eine Benachrichti-
gung anderer Regulierungsbehörden ist gegebenenfalls nach § 55 EnWG auch

---

[321] Vgl. § 54 Abs. 2 Nr. 3 GWB.

[322] *Turiaux*, in: Kment, EnWG, § 66 Rn. 15; *Franke*, in: Schneider/Theobald, Energiewirtschaft,
§ 19 Rn. 28.

[323] BGH, ZNER 2008, 100; *Bayer/Segnitz*, RdE 2008, 134.

[324] *Turiaux*, in: Kment, EnWG, § 67 Rn. 10; *Theobald/Werk*, in: Danner/Theobald, Energierecht,
§ 67 EnWG Rn. 13 (Stand: 93. EL Juni 2017).

[325] Kritisch hierzu *Hanebeck*, in: Britz/Hellermann/Hermes, EnWG, § 67 Rn. 13; *Wende*, in: Säcker, Energierecht, § 67 Rn. 24 ff.

[326] *Franke*, in: Schneider/Theobald, Energiewirtschaft, § 19 Rn. 34; *Hanebeck*, in: Britz/Heller-
mann/Hermes, EnWG, § 68 Rn. 3.

[327] Vgl. dazu *Turiaux*, in: Kment, EnWG, § 69 Rn. 1 ff.; *Franke*, in: Schneider/Theobald, Energiewirtschaft, § 19 Rn. 39 ff.

erforderlich.[328] Bestimmte Verfahrenseinleitungen und -abschlüsse sind außerdem nach § 74 S. 1 EnWG auf der Internetseite und im Amtsblatt der Regulierungsbehörde zu veröffentlichen; im Übrigen kann (Ermessen)[329] sich die Regulierungsbehörde zu einer solchen Veröffentlichung entscheiden, muss aber die Interessen des betroffenen Unternehmens an der Geheimhaltung von Betriebs- und Geschäftsgeheimnissen im Auge behalten.[330] Nimmt die endgültige Entscheidung noch Zeit in Anspruch, sind auch vorübergehende Anordnungen nach § 72 EnWG möglich, um Rechtsfrieden und Rechtssicherheit für einen Übergangszeitraum zu sichern.[331] Schließlich eröffnen §§ 94 ff. EnWG die Möglichkeit der Zwangsvollstreckung von Verwaltungsmaßnahmen.

3. Gerichtlicher Rechtsschutz

Obschon es sich bei der Tätigkeit der Regulierungsbehörden um eine öffentlich- **110** rechtliche Angelegenheit handelt,[332] hat sich der Gesetzgeber dazu entschieden, es nicht bei der naheliegenden Zuständigkeit der Verwaltungsgerichte nach § 40 Abs. 1 S. 1 VwGO zu belassen. Vielmehr ordnet er im Wege der *abdrängenden Sonderzuweisung* gemäß § 75 Abs. 4 EnWG die ausschließliche Zuständigkeit der Zivilgerichte für Rechtbehelfe gegen Entscheidungen der Regulierungsbehörden an.[333] Statthaftes Rechtsmittel gegen Entscheidungen der Regulierungsbehörden ist gemäß § 75 Abs. 1 EnWG die *Beschwerde* vor dem gemäß § 75 Abs. 4 EnWG zuständigen Oberlandesgericht; die Einzelheiten des gerichtlichen Verfahrens richten sich nach den §§ 76 ff. EnWG.[334] In zweiter Instanz kann gemäß § 86 EnWG der BGH mit der *Rechtsbeschwerde* angerufen werden, wenn das Oberlandesgericht dies zugelassen hat; gegen eine Nichtzulassung kann nach § 87 EnWG Beschwerde erhoben werden. Die weiteren Besonderheiten des § 88 EnWG sind zu beachten.[335] Insbesondere haben weder die Beschwerde vor dem Oberlandesgericht noch die Rechtsbeschwerde vor dem BGH aufschiebende Wirkung (§§ 76 Abs. 1, 88 Abs. 5 EnWG); Ausnahmen gelten nur für Verpflichtungen nach den §§ 7–7b und 8–10d EnWG (→ Rn. 65, 68 ff.).

---

[328] *Schmidt-Preuß*, in: Säcker, Energierecht, § 55 Rn. 9; *Goerisch*, in: Kment, EnWG, § 55 Rn. 5.

[329] *Hanebeck*, in: Britz/Hellermann/Hermes, EnWG, § 74 Rn. 2; *Turiaux*, in: Kment, EnWG, § 74 Rn. 3.

[330] *Theobald/Werk*, in: Danner/Theobald, Energierecht, § 74 EnWG Rn. 5 f. (Stand: 93. EL Juni 2017).

[331] *Bruhn*, in: Säcker, Energierecht, § 72 Rn. 1 f.; *Turiaux*, in: Kment, EnWG, § 72 Rn. 1.

[332] *Pielow*, in: Ehlers/Fehling/Pünder, § 22 Rn. 139.

[333] Siehe dazu etwa *Ehlers/Schneider*, in: Schoch/Schneider/Bier, § 40 Rn. 577 f. (Stand: 9. EL September 2003) zur Parallelvorschrift des § 63 GWB.

[334] *Theobald/Zenke/Lange*, in: Schneider/Theobald, Energiewirtschaft, § 20 Rn. 1; *Huber*, in: Kment, EnWG, § 75 Rn. 1.

[335] Vgl. dazu *Schex*, in: Kment, EnWG, § 88 Rn. 1 ff.; *Hanebeck*, in: Britz/Hellermann/Hermes, EnWG, § 88 Rn. 1 ff.

VI. Energiesonderrecht

1. EEG

111 Das EEG 2017[336] beinhaltet bedeutsame Regelungen zum materiellen Energierecht. Gemäß § 1 Abs. 1 EEG will das EEG 2017 im Interesse des Klima- und Umweltschutzes eine nachhaltige Entwicklung der Energieversorgung ermöglichen, die volkswirtschaftlichen Kosten der Energieversorgung auch durch die Einbeziehung langfristiger externer Effekte verringern, fossile Energieressourcen schonen und die Weiterentwicklung von Technologien zur Erzeugung von Strom aus erneuerbaren Energien fördern. Hierzu soll der *Anteil erneuerbarer Energien* am deutschen Energiemix in den kommenden Jahren signifikant *steigen*. Gesetzgeberisches Programm ist ein Anteil erneuerbarer Energien an der Stromversorgung von mindestens 40 % bis zum Jahr 2025, von mindestens 55 % bis zum Jahr 2035 und schließlich von mindestens 80 % bis spätestens 2050. Der Anteil erneuerbarer Energien am gesamten Bruttoendenergieverbrauch soll bis zum Jahr 2020 auf mindestens 18 % erhöht werden.

112 Die ambitionierten Ziele können nur durch eine erfolgreiche Marktintegration erneuerbarer Energien gelingen, was wiederum auf Seiten potenzieller Investoren *Planungs- und Investitionssicherheit* voraussetzt.[337] Um Letztgenannte zu gewährleisten, wurde den Betreibern von Windkraft-, Fotovoltaik- oder Biomasseverwertungsanlagen bis zum Jahr 2014 ein fester *Abnahmepreis* über einen längerfristigen Zeitraum garantiert.[338] Mittlerweile haben sich die erneuerbaren Energien am Markt etabliert, sodass der wirtschaftliche Wettbewerb auch in diesem Bereich gefördert werden soll. Aufgrund dessen hat der Gesetzgeber das Fördersystem der erneuerbaren Energien mit dem Erlass des EEG 2014 und EEG 2017 verändert.[339] Grundsätzlich besteht zwar nach wie vor ein Förderanspruch als Marktprämie gem. §§ 19 Abs. 1 Nr. 1, 21 ff. EEG 2017 oder als Einspeisevergütung gem. § 19 Abs. 2 Nr. 2, 21, 23 ff. EEG 2017. Letzteres soll aber nur noch eingeschränkt einschlägig sein. Primär soll die geförderte Direktvermarktung über die Marktprämie erfolgen. Des Weiteren wurde der noch im EEG 2014 enthaltene gesetzliche Anspruch auf eine EEG-Förderung im EEG 2017 durch die Einführung von Ausschreibungen zur Bestimmung der Förderhöhe für große Solaranlagen (>750 Kilowatt) sowic für Windcnergic an Land, Windcnergic auf Scc und Biomasse abgelöst. In diesen Bereichen gilt nunmehr ein Auktionsverfahren, das entscheidet, ob ein

---

[336] Gesetz für den Ausbau erneuerbarer Energien (Erneuerbare-Energien-Gesetz [EEG 2017]) vom 21.07.2014, BGBl. I, S. 1066, zuletzt geändert durch Art. 1 des Gesetzes zur Änderung des Erneuerbare-Energien-Gesetzes, des Kraft-Wärme-Kopplungsgesetzes, des Energiewirtschaftsgesetzes und weiterer energierechtlicher Vorschriften vom 17.12.2018, BGBl. I, S. 2549.

[337] Vgl. BT-Drs. 16/8148, S. 35; *Kühling/Rasbach/Busch*, Energierecht, S. 223 f. Rn. 2; *Oschmann*, in: Danner/Theobald, Energierecht, § 1 EEG Rn. 8 (Stand: 74. EL April 2012).

[338] *Schneider*, in: ders./Theobald, Energiewirtschaft, § 21 Rn. 77, 84; *Pritzsche/Vacha*, Energierecht, § 4 Rn. 58.

[339] Zu den wesentlichen Veränderungen durch das EEG 2017 vgl. *Boemke*, NVwZ 2017, 1 (2 ff.).

Anlagenbetreiber einen Anspruch auf EEG-Förderung bekommt.[340] Nur wer im Rahmen der Auktion einen Zuschlag erhält, wird gefördert. Zugleich wird mit dem Zuschlag die konkrete Förderhöhe für die jeweilige Anlage festgelegt, denn geboten wird während der Auktion auf den „anzulegenden Wert", d. h. die Förderhöhe im Rahmen des Marktprämienmodells.[341] Die niedrigsten Gebote erhalten bei der Auktion zuerst den Zuschlag, bis das Ausschreibungsvolumen erreicht ist. Bei Geboten gleicher Höhe erhält die Anlage mit der geringeren Leistung wiederum zuerst den Zuschlag. Grundsätzlich gilt aber, dass sich die Anlagenbetreiber alternativ zur geförderten Vermarktung für eine sonstige Direktvermarktung ihrer Energien gem. § 21a EEG entschließen können;[342] dann gehen sie dem Auktionsprozess aus dem Weg.

Die Veräußerung der Energie setzt allerdings stets voraus, dass die erzeugte Energie überhaupt in die Energienetze eingespeist und zu potenziellen Kunden transportiert werden kann. Deshalb statuiert § 8 EEG eine entsprechende *Anschlusspflicht*, ergänzt durch die in § 11 EEG verankerte Pflicht zur *Abnahme*, *Übertragung* und *Verteilung*.[343] Verfassungsrechtlich sahen weder das BVerfG[344] noch der BGH[345] Anlass für eine Beanstandung des EEG; insbesondere sei die Berufsfreiheit des Art. 12 Abs. 1 GG nicht verletzt.[346] Auf unionsrechtlicher Ebene ist die Rechtslage im Bereich des Beihilfenrechts gem. Art. 107 ff. AEUV unsicher. Der EuGH hatte zwar in seinem *PreussenElektra*-Urteil die in der Vorgängervorschrift des EEG, dem Stromeinspeisungsgesetz, enthaltene Einspeise- und Vergütungspflicht nicht beanstandet, da nach seiner Ansicht keine Beihilfe mangels Staatlichkeit vorlag,[347] das EuG bejahte aber in seiner Entscheidung zu den Fördermechanismen des EEG 2012 den Beihilfetatbestand.[348] Mit dieser Entscheidung weitete das EuG den zentralen beihilferechtlichen Begriff der staatlichen Mittel aus. Bezüglich des EEG 2017 genehmigte die Kommission die Fördermechanismen lediglich befristet bis zum Jahr 2020.[349]

---

[340] *Lülsdorf,* in Danner/Theobald, Energierecht, EEG 2014, § 55 Rn. 100 ff. (Stand: 98. EL Juni 2018); *Pritzsche/Vacha,* Energierecht, § 4 Rn. 87; *Lamy/Rühr,* EnWZ 2017, 248 (251); *Winkler/Zeccola,* EurUP 2018, 306 (309).

[341] *Pritzsche/Vacha,* Energierecht, § 4 Rn. 88; *Lamy/Rühr,* EnWZ 2017, 248 (251); *Salje,* RdE 2017, 437 (437 ff.).

[342] *Pritzsche/Vacha,* Energierecht, § 4 Rn. 80; *Bauer/Kantenwein,* EnWZ 2017, 3 (5).

[343] Vgl. dazu *Schneider,* in: ders./Theobald, Energiewirtschaft, § 21 Rn. 106 f.

[344] BVerfG, NJW 1997, 573.

[345] BGHZ 134, 1 (13); NVwZ 2003, 1143.

[346] BGH, NVwZ 2003, 1143 (1144); allerdings werden aus finanzverfassungsrechtlichen Gründen Vorbehalte geäußert, vgl. *Manssen,* DÖV 2012, 499.

[347] EuGH, Rs. C-379/98, Slg. I-2001, 2099 – PreussenElektra.

[348] EuG, Rs. T-47/15, EU:T:2016:281 – Deutschland/Kommission; *Lippert/Kindler,* EnWZ 2017, 256 (257).

[349] BR-Drs. 563/18, S. 2; Bericht vom. 20.12.2016, abrufbar unter dem folgenden Link: https://ec.europa.eu/germany/news/eu-wettbewerbsh%C3%BCter-genehmigen-ausschreibungsregelung-f%C3%BCr-erneuerbare-energien-und-netzreserve_de (03.01.2019).

2. KWKG

113   Das KWKG[350] ist vergleichbar mit dem EEG 2017 und setzt auf ähnliche Instrumente
       (→ Rn. 111 f.). Regelungsgegenstand ist die *Kraft-Wärme-Kopplung*, welche das Ge-
       setz in § 2 Nr. 13 KWKG als gleichzeitige Umwandlung von eingesetzter in elektri-
       sche Energie und in Nutzwärme in einer ortsfesten technischen Anlage umschreibt.
       Gemeint ist dabei üblicherweise die Nutzbarmachung von Abwärme, die beim Be-
       trieb von Wärmekraftwerken während der Stromproduktion anfällt.[351] Die anfallende
       Abwärme wird nicht in die Umgebung abgegeben, sondern als Nutzwärme eingesetzt
       bzw. zur Energieerzeugung verwandt.[352] Es geht also weniger um die Erschließung
       einer neuen Energiequelle als vielmehr um die *Steigerung des Effizienzgrades der
       Energiequellenausbeute*. Ähnlich wie das EEG 2017 kennt auch das KWKG einen
       vorgeschriebenen Ausbau dieser Ressource, hier gemäß § 1 KWKG eine Erhöhung
       des Anteils der Nettostromerzeugung aus Kraft-Wärme-Kopplungsanlagen auf
       110 Terawattstunden bis zum Jahr 2020 sowie auf *120 Terawattstunden bis zum Jahr
       2025*. Ebenso gibt es gemäß § 3 KWKG Anschluss- und Abnahmepflichten von Netz-
       betreibern sowie besondere Regelungen zur Vergütung.[353]

3. EEWärmeG

114   Zum Schutz des Klimas, zur Schonung fossiler Ressourcen und zur Reduzierung
       der Abhängigkeit von Energieimporten verfolgt das EEWärmeG[354] das *Ziel*, den
       Anteil erneuerbarer Energien am Endenergieverbrauch für Wärme und Kälte bis
       zum Jahr 2020 auf 14 % zu erhöhen (vgl. § 1 EEWärmeG). Hierzu verpflichtet
       § 3 i. V. m. §§ 5, 6 EEWärmeG Eigentümer von neu errichteten Gebäuden, einen
       Teil ihres *Wärme- und Kältebedarfs aus erneuerbaren Energien zu decken*.[355] Glei-
       ches gilt gemäß § 3 EEWärmG für die öffentliche Hand, wenn diese Gebäude im
       In- oder Ausland neu errichtet oder grundlegend renoviert werden. In dieser um-
       fassenden Pflicht manifestiert sich die Vorbildfunktion öffentlich-rechtlicher

---

[350] Gesetz für die Erhaltung, die Modernisierung und den Ausbau der Kraft-Wärme-Kopplung
(Kraft-Wärme-Kopplungsgesetz [KWKG]) vom 21.12.2015, BGBl. I, S. 2498, zuletzt geändert
durch Art. 2 des Gesetzes zur Änderung des Erneuerbare-Energien-Gesetzes, des Kraft-Wärme-Kopplungsgesetzes, des Energiewirtschaftsgesetzes und weiterer energierechtlicher Vorschriften vom 17.12.2018, BGBl. I S. 2549.

[351] *Schneider*, in: ders./Theobald, Energiewirtschaft, § 21 Rn. 159.

[352] *Kühling/Rasbach/Busch*, Energierecht, S. 235 f. Rn. 28; *Jacobshagen/Kachel*, in: Danner/Theo-
bald, Energierecht, § 3 KWKG Rn. 2 (Stand: 66. EL Mai 2010).

[353] Vgl. dazu *Jacobshagen/Kachel*, in: Danner/Theobald, Energierecht, § 4 KWKG Rn. 4 ff. (Stand:
66. EL Mai 2010); *Schneider*, in: ders./Theobald, Energiewirtschaft, § 21 Rn. 167 ff.

[354] Gesetz zur Förderung Erneuerbarer Energien im Wärmebereich (Erneuerbare-Energien-Wärmegesetz – EEWärmeG) vom 07.08.2008, BGBl. I, S. 1658, zuletzt geändert durch Art. 9 Asylver-
fahrensbeschleunigungsgesetz vom 20.10.2015, BGBl. I S. 1722.

[355] *Wustlich*, in: Danner/Theobald, Energierecht, § 3 EEWärmeG Rn. 1 (Stand: 78. EL September
2013); vgl. auch *Brüning*, KommJur 2014, 121 (123).

Stellen nach § 1a EEWärmG.[356] Ob die Regelungen für den Altbestand künftig auch auf Private übertragen werden,[357] erscheint fraglich, da diese einer Ausweitung der Pflichten des EEWärmeG auf den privaten Gebäudebestand wohl grundrechtliche Abwehransprüche aus Art. 14 Abs. 1 GG entgegensetzen könnten.

VII. Kontrollfragen   115

1. Welchen Stellenwert misst das BVerfG der Energieversorgung bei? Welche Zwecke verfolgen die Regelungen des EnWG? (→ Rn. 1, 21 f.)
2. Welche allgemeinen Befugnisnormen und spezifischen Kompetenztitel lassen sich im Primärrecht der Europäischen Union bzgl. des Energierechts auffinden? (→ Rn. 4 ff.)
3. Auf welchen Kernelementen beruht die Verwirklichung des europäischen Energiebinnenmarktes? (→ Rn. 10)
4. Skizzieren Sie die Grundrechtsrelevanz der Energieversorgung! (→ Rn. 26 f.)
5. Welche Ziele verfolgt die Regulierung des Netzbetriebes? Skizzieren Sie die einzelnen Regelungsinstitute des EnWG! (→ Rn. 34 ff.)
6. Welche Bedeutung kommt der Regulierung des Netzzuganges zu? (→ Rn. 60 ff.)
7. Welche Ziele verfolgen die Vorschriften zur Entflechtung? Stellen Sie die zentralen Regelungen dar! (→ Rn. 65 ff.)
8. Wie kommt der Staat seiner „Gewährleistungsverantwortung" hinsichtlich der Energielieferung gegenüber dem Letztverbraucher nach? (→ Rn. 74 ff.)
9. Was versteht man unter Grund-, Zusatz- und Ersatzversorgung? (→ Rn. 75 ff.)
10. In welchen Gesetzen lassen sich Regelungen zur Planung und Planfeststellung von Energieversorgungsnetzen auffinden? Gibt es unionsrechtliche Vorgaben? (→ Rn. 84 ff.)
11. Skizzieren Sie die nationale Bedarfsfeststellung Onshore! (→ Rn. 87 ff.)
12. Inwiefern sind Unterschiede zu Offshoreplanungen festzustellen? (→ Rn. 94 ff.)
13. Was verstehen Sie unter einem Wegenutzungsvertrag? Skizzieren Sie den Ablauf eines Konzessionsverfahrens! (→ Rn. 101 ff.)
14. Welche Behörden sind für die Regulierung des Energiesektors auf nationaler Ebene zuständig? (→ Rn. 106 ff.)
15. Beschreiben Sie die Verfahrensvorgaben für die Regulierungsbehörden! Vor welchen Gerichten kann Rechtsschutz gegen Entscheidungen der Regulierungsbehörden begehrt werden? (→ Rn. 109 f.)

---

[356] Vgl. dazu *Wustlich*, in: Danner/Theobald, Energierecht, § 1a EEWärmeG Rn. 1 ff. (Stand: 76. EL September 2012).

[357] So *Wiggers*, NJW-Spezial 2011, 364 (365); vgl. auch *Böhm/Schwarz*, NVwZ 2012, 129.

16. Was versteht man unter „Energiesonderrecht"? (→ Rn. 111 ff.)
17. Inwieweit hat sich das Fördersystem im EEG 2017 im Vergleich zum
EEG 2014 verändert? (→ Rn. 112 ff.)

Literatur

Britz/Hellermann/Hermes (Hrsg.), EnWG, Energiewirtschaftsgesetz, 3. Aufl. 2015
Danner/Theobald (Hrsg.), Energierecht (Stand: 98. EL Juni 2018)
Kment, Rechts vor links? Überlegungen zur Vereinfachung der rechtlichen Vorfahrtsregeln im
deutschen Stromnetz, ZNER 2011, 225
ders., Vorbote der Energiewende in der Bundesrepublik Deutschland: das Netzausbaubeschleuni-
gungsgesetz, RdE 2011, 341
ders., Regulierungsrecht – Zukunfts- oder Auslaufmodell?, ZVglRWiss 2013, 112
ders. (Hrsg.), Netzausbau zugunsten erneuerbarer Energien, 2013
ders., Grundstrukturen der Netzintegration Erneuerbarer Energien, UPR 2014, 81
ders. (Hrsg.), Energiewirtschaftsgesetz, 2. Aufl. 2018
ders./Fechter, Elektromobilisierung aktiv gestalten – eine Betrachtung aus kommunaler Perspektive, RdE 2017, 385
ders./Vorwalter, Streitfragen der energiewirtschaftlichen Konzession, EnWZ 2015, 387
Kühling/Rasbach/Busch, Energierecht, 4. Aufl. 2018
Pritzsche/Vacha, Energierecht, Einführung und Grundlagen, 2017
Rosin/Pohlmann/Gentzsch/Metzenthin/Böwing (Hrsg.), Praxiskommentar zum EnWG: Gesetz
und Verordnungen (Stand: 8. EL August 2016)
Säcker (Hrsg.), Berliner Kommentar zum Energierecht, 3. Aufl. 2014
Schneider/Theobald (Hrsg.), Recht der Energiewirtschaft, Praxishandbuch, 4. Aufl. 2013

§ 14 Finanz- und Börsenaufsicht

Ann-Katrin Kaufhold

Inhaltsverzeichnis

A.-K. Kaufhold (✉)
Lehrstuhl für Staats- und Verwaltungsrecht, Ludwig-Maximilians-Universität München,
München, Deutschland
E-Mail: ann-katrin.kaufhold@jura.uni-muenchen.de

© Springer-Verlag GmbH Deutschland, ein Teil von Springer Nature 2019   697
R. Schmidt, F. Wollenschläger (Hrsg.), *Kompendium Öffentliches Wirtschaftsrecht*,
Springer-Lehrbuch, https://doi.org/10.1007/978-3-662-59430-8_14

I. Einführung

1 Als Finanz- und Börsenaufsicht wird im Folgenden die staatliche Aufsicht über Finanzunternehmen, Kapitalmärkte und Börsen bezeichnet,[1] die von europäischen und nationalen Behörden im Verbund[2] ausgeübt wird. Sie soll Einleger und Anleger schützen und die Funktionsfähigkeit des Finanzsystems sichern, an deren Gewährleistung angesichts der volkswirtschaftlichen Bedeutung von Finanzinstituten und -märkten ein erhebliches öffentliches Interesse besteht.

1. Volkswirtschaftliche Funktionen des Finanzsystems

2 Das Finanzsystem erfüllt vor allem drei Funktionen, aus denen sich seine Bedeutung für die volkswirtschaftliche Entwicklung eines Staates bzw. einer Staatengemeinschaft ergibt:[3]

---

[1] Die Begriffe Aufsicht, Kontrolle und Überwachung werden in der Verwaltungsrechtswissenschaft sehr unterschiedlich verwendet, teils synonym, teils strikt voneinander unterschieden, siehe für einen Überblick über die Begriffstraditionen und -verwendungen etwa *Gröschner*, Das Überwachungsrechtsverhältnis, 1992, S. 46 ff., 119 ff.; *Kahl*, in: Hoffmann-Riem/Schmidt-Aßmann/Voßkuhle, GVwR[2] III, § 47 Rn. 1 ff. Im Finanzbereich wird der Vorgang des Beobachtens und Abgleichens eines Ist-Zustandes mit einem Soll-Zustand einschließlich der Möglichkeit, den Ist-Zustand zu korrigieren, wie hier traditionell und auch vom Gesetzgeber als „Aufsicht" bezeichnet, vgl. kritisch dazu *P. M. Huber*, in: Hoffmann-Riem/Schmidt-Aßmann/Voßkuhle, GVwR[2] III, § 45 Rn. 1 ff., 11 ff. „Überwachung" und „Kontrolle" werden im Folgenden als Synonyme für „Aufsicht" verwandt.

[2] Grundlegend zum Europäischen Verwaltungsverbund *Schmidt-Aßmann*, Europäische Verwaltung zwischen Kooperation und Hierarchie, in: FS Steinberger, 2002, S. 1375 ff.; Schöndorf-Haubold (Hrsg.), Der Europäische Verwaltungsverbund, 2005; zu Funktionen und Typen der Verbundverwaltung *Kahl*, Der Staat 50 (2011), 353 (357, 360 ff.); speziell zur Finanzmarktaufsicht als Verbundverwaltung etwa *Ohler*, Die Verwaltung 49 (2016), 309, und zum Behördenverbund des SSM *Ohler*, Bankenaufsicht, 2015, § 5 Rn. 64 ff.

[3] Zum Folgenden ausführlich *Pilbeam*, S. 26 ff.; *Hellwig*, in: Obst/Hintner, S. 3 ff., und aus rechtswissenschaftlicher Perspektive zuletzt *Thiele*, Finanzaufsicht, S. 109 ff.; weitergehend zur wechselseitigen Bedingtheit von Staat und Finanzmärkten *Kaufhold*, Systemaufsicht, S. 185 ff.

a) Vermittlungs- und Allokationsfunktion

Die Einrichtungen des Finanzsystems vermitteln zwischen Kapitalgebern und Kapi-   3
talnehmern. Kapitalgeber stellen gegen ein Entgelt (z. B. in der Gestalt von Zinsen)
Finanzmittel zur Verfügung. Über Finanzinstitute und Kapitalmärkte werden diese
Mittel weitergereicht an Kapitalnehmer, die bereit sind, dieses Entgelt zu bezahlen,
weil sie mit den zusätzlichen Mitteln Investitionen tätigen und Ausgaben finanzieren
können, von denen sie sich eine Gewinnsteigerung versprechen. Über die Einrichtungen des Finanzsystems werden Gelder mithin im Prinzip so verteilt, dass sie möglichst gewinnbringend eingesetzt werden können. Ob Unternehmen der Realwirtschaft ihren Geschäftsbetrieb erweitern oder modernisieren können, ist nicht zuletzt
davon abhängig, dass das Finanzsystem sie mit Investoren zusammenführt.

b) Transformationsfunktion

Finanzinstitute und -märkte führen Kapitalnehmer und -geber nicht nur zusammen,   4
sie ermöglichen zudem Modifikationen insbesondere von Betrag, Laufzeit und
räumlicher Verteilung der vermittelten Gelder sowie der mit ihrer Verwendung verbundenen Risiken.[4] Banken etwa können die Einlagen, die sie annehmen, bündeln
oder aufteilen. Sie können mehrere kurzfristige Anlagen zu einem langfristigen
Kredit zusammenführen und diesen an Unternehmen im näheren geografischen
Umkreis oder mit Sitz im Ausland, mit konservativen oder hoch risikobehafteten
Geschäftsstrategien vergeben.

c) Zahlungsverkehrsfunktion

Finanzinstitute stellen zudem Mechanismen (wie etwa Scheck- und Kreditkarten   5
oder Überweisungsmöglichkeiten) bereit, mit denen bargeldlose Zahlungen getätigt
werden können.[5] Das macht es möglich, Verpflichtungen ohne persönlichen Kontakt und damit schnell abzuwickeln. Systeme für die unbare Zahlung zählen zu den
Funktionsvoraussetzungen moderner Volkswirtschaften.

2. Eigenheiten von Finanzgeschäften

Finanzgeschäfte zeichnen sich dadurch aus, dass sie in besonderer Weise vom *Ver-*   6
trauen der Geschäftspartner abhängig[6] und infolgedessen besonders *labil* sind.[7] Anleger und Versicherungsnehmer erhalten zunächst keinen realen Gegenwert für die
von ihnen eingebrachten Gelder, sondern nur das *Versprechen einer Leistung in der*
Zukunft: Banken versprechen ihren Kunden die Rückzahlung der Einlagen nebst

---

[4] *Ohler*, in: Ehlers/Fehling/Pünder, § 32 Rn. 21; *Fabozzi/Modigliani/Jones*, Foundations of Financial Markets, 4. Aufl. 2010, S. 22 ff.

[5] Vgl. *Pilbeam*, S. 30; *Ohler*, EnzEuR V, § 10 Rn. 40, und anschaulich *Klein/Palazzo*, Kulturge-
schichte des Geldflusses, 2003.

[6] Vgl. BVerfGE 124, 235 (246); 147, 50 (144); *Ohler*, EnzEuR V, § 10 Rn. 15; *Kaufhold*, Systemaufsicht, S. 36 ff., 137 ff.; zum Vertrauensschutz als Rechts- und inhaltlichem Leitprinzip speziell
des Kapitalmarktrechts *Bumke*, Die Verwaltung 41 (2008), 227 (232 f.).

[7] Siehe *Röhl*, in: Fehling/Ruffert, § 18 Rn. 7, 9.

Zinsen, Versicherungen die Leistung im Schadensfall und Wertpapiere verbriefen ebenfalls „nur" ein Recht auf eine Leistung. Ob diese Versprechen erfüllt und Zahlungsansprüche befriedigt werden können, hängt vor allem davon ab, ob die Finanzinstitute solide wirtschaften und die Leistungsfähigkeit der realwirtschaftlichen Unternehmen, an die sie Gelder weitergeben, richtig einschätzen. Hierauf müssen An- und Einleger vertrauen. Verlieren viele Kapitalgeber gleichzeitig dieses Vertrauen in die Solidität und Lauterkeit der Finanzunternehmen und ziehen daher ihre Investitionen ab, kollabiert das Finanzsystem. Angesichts seiner zentralen volkswirtschaftlichen Stellung gehören *Einbrüche in anderen Wirtschaftszweigen* dann regelmäßig zu den Folgen.[8]

3. Finanzaufsicht als besondere Gewerbeaufsicht

7   Bei der Finanzaufsicht handelt es sich um eine spezielle Form der Gewerbeaufsicht.[9] Wie die allgemeine Gewerbeaufsicht (→ § 9 Rn. 3 ff.) dient sie der *Abwehr von Gefahren und Risiken*,[10] die von Wirtschaftsteilnehmern ausgehen. Das Finanzaufsichtsrecht kennt die klassischen Instrumente der Wirtschaftsaufsicht wie etwa die Erlaubnispflicht. Im Unterschied zum allgemeinen Gewerberecht gestattet es Eingriffe jedoch in vielen Fällen schon *weit im Vorfeld einer Gefahr* und häufig sogar ohne konkreten Anlass.[11] Angesichts der Komplexität der zu kontrollierenden Gegenstände sowie ihrer schnellen Wandelbarkeit und des daraus folgenden besonderen Informations- und Wissensbedarfs der Verwaltung besteht zudem nicht nur im Vorfeld, sondern auch im Anschluss an die Aufnahme des Geschäftsbetriebs ein *intensiver Informationsaustausch* zwischen Aufsichtsbehörden und Instituten.[12] Nicht die präventive Kontrolle, sondern die *laufende Überwachung* der Geschäftsbetriebe bildet den Schwerpunkt der aufsichtlichen Tätigkeiten.[13] Das zeigt sich etwa in den umfangreichen Prüfungsbefugnissen und den weitreichenden Rechten der Aufsicht zum Eingriff in Betrieb und Organisation der Institute, aber auch darin,

---

[8] Vgl. zu den Zusammenhängen zwischen Finanzsystem und Wirtschaftswachstum etwa den Überblick von *Levine*, Finance and Growth: Theory and Evidence, in: Aghion/Durlauf (Hrsg.), Handbook of Economic Growth, 2005, S. 865 ff.

[9] Siehe *Ohler*, in: Ehlers/Fehling/Pünder, § 32 Rn. 10; *Röhl*, in: Fehling/Ruffert, § 18 Rn. 86 ff.; *Kaulbach/Pohlmann*, in: Fahr/Kaulbach/Bähr/Pohlmann, Vor § 1 Rn. 1 ff., sowie ausführlich *Thiele*, Finanzaufsicht, S. 63 ff.

[10] Vgl. *Calliess*, VVDStRL 71 (2012), 113 (139), der vorschlägt, das Finanzmarktrecht deshalb „zumindest teilweise als Risikorecht zu verstehen und dementsprechend stärker am Vorsorgeprinzip auszurichten".

[11] Siehe z. B. § 44 Abs. 1 KWG, § 306 Abs. 1 Nr. 1 VAG.

[12] Siehe *Röhl*, in: Fehling/Ruffert, § 18 Rn. 53 ff.; zur kognitiven Dimension des Bankenaufsichtsrechts *Kaufhold*, Transfer und Transformation ökonomischen Wissens im Recht der Bankenaufsicht, in: I. Augsberg (Hrsg.), Extrajuridisches Wissen im Verwaltungsrecht, 2013, S. 151 ff., und eingehend zuletzt *Paraschiakos*, Bankenaufsicht zwischen Risikoverwaltung und Marktbegleitung, 2017, insbes. S. 317 ff.

[13] Zumindest die Intensität der laufenden Kontrolle dürfte die Finanz- von der allgemeinen Wirtschaftsaufsicht unterscheiden, siehe *Thiele*, Finanzaufsicht, S. 211; *Röhl*, in: Fehling/Ruffert, § 18 Rn. 49.

dass eine Betriebserlaubnis versagt werden kann, wenn zu befürchten steht, dass die nachfolgenden Kontrollen beeinträchtigt werden.[14] Schließlich dienen die Vorschriften über die Finanzaufsicht anders als viele Regelungen der allgemeinen Wirtschaftsaufsicht nicht in erster Linie dem Schutz individueller Rechtsgüter, sondern primär öffentlichen Interessen (→ Rn. 27 ff.). Die BaFin wird ausschließlich im öffentlichen Interesse tätig (→ Rn. 108 f.).[15]

Nur soweit sie als Gefahrenabwehrrecht ausgestaltet sind, kann daher bei der **8** Anwendung der finanzaufsichtlichen Regelungen *im Prinzip* auf die allgemeinen Grundsätze des Sicherheits- und Gewerberechts zurückgegriffen werden. Das gilt etwa für die Auslegung des Gefahrenbegriffs z. B. in § 8 Abs. 7, § 35 Abs. 2 Nr. 4 und § 46 Abs. 1 KWG und für die Auswahl der Adressaten von Finanzaufsichtsmaßnahmen, die sich grundsätzlich an der Störerdogmatik orientieren kann,[16] sowie für die Definition des Zuverlässigkeitskriteriums (zu diesem → § 9 Rn. 7, 50 ff.).

4. Historische Entwicklung des Finanz- und Börsenaufsichtsrechts

Finanz- und Börsenaufsichtsrecht sind *Krisenrecht*. Sie wurden und werden ganz **9** überwiegend in Reaktion auf Krisen und Missstände im Finanzsystem entwickelt. Den ältesten Teilbereich bildet das Börsenrecht. Seine zentrale Kodifikation, das Börsengesetz (BörsG), stammt aus dem Jahr 1896 und ist als Antwort vor allem auf unlautere Geschäftspraktiken im Terminhandel zu verstehen.[17] Die Regelungen wurden mehrfach neu gefasst, haben aber im Kern bis heute Bestand. Eine Aufsicht über private Versicherungen wurde erstmals 1901 eingeführt, nachdem die Bedeutung einer funktionsfähigen Versicherungswirtschaft für die Gesellschaft offenkundig geworden war.[18] Das im Kaiserreich erlassene, zwischenzeitlich freilich vielfach geänderte „Gesetz über die privaten Versicherungsunternehmen"[19] bildet bis heute die Grundlage für die Tätigkeit der Versicherungsaufsicht.[20] Banken unterstanden demgegenüber bis in die 1930er-Jahre im Grundsatz allein der allgemeinen Gewerbeaufsicht. Erst die verheerenden Folgen der ersten Weltwirtschaftskrise gaben den Anstoß zum Erlass eigenständiger Regeln für Kreditinstitute.[21] 1934 trat

---

[14] § 33 Abs. 2 KWG, § 11 Abs. 2 VAG.

[15] Siehe § 4 Abs. 4 FinDAG.

[16] Siehe *Ohler*, in: Ehlers/Fehling/Pünder, § 32 Rn. 10; anderes gilt für die Abwehr systemischer Risiken, für die keine einzelnen Akteure verantwortlich i.S.d. Störerdogmatik sind, siehe hierzu und zu möglichen Alternativen zur Störerdogmatik *Kaufhold*, Systemaufsicht, S. 172 ff., 299 ff.

[17] *Schwark*, in: ders./Zimmer, BörsG, Einl. Rn. 1.

[18] Siehe *Michael*, in: Ehlers/Fehling/Pünder, § 33 Rn. 1, sowie *Platzer*, Versicherungsaufsicht in der Europäischen Union, 2015, S. 31 ff.

[19] RGBl. I, S. 139.

[20] *Michael*, in: Ehlers/Fehling/Pünder, § 33 Rn. 1.

[21] Zur Entwicklung des Bankenaufsichtsrechts z. B. *Gramlich*, in: R. Schmidt, BT I, § 5 Rn. 26 ff.; *Möschel*, Bankenrecht im Wandel, 2010; *Fischer*, in: Boos/ders./Schulte-Mattler, KWG Einf. Rn. 1 ff.

das Reichsgesetz über das Kreditwesen in Kraft.[22] Es galt bis in die Bundesrepublik fort und wurde 1961 im jetzigen KWG neu gefasst. Für den außerbörslichen Handel mit Wertpapieren wurde erst 1994 mit Erlass des WpHG eine umfassende Aufsicht eingerichtet.[23]

10 Zahlreiche Änderungen in allen Bereichen des Finanz- und Börsenaufsichtsrechts sind seit den 1970er-Jahren insbesondere durch die europäische Einigung, die fortschreitende Integration des europäischen Binnenmarktes und die Globalisierung vieler Finanzaktivitäten angestoßen worden.[24] Heute erhält das Finanzaufsichtsrecht seine wesentliche Prägung durch internationale Vereinbarungen[25] und vor allem durch europäische Vorgaben.

11 Um die zunehmend grenzüberschreitenden Tätigkeiten der Finanzinstitute zu erleichtern, hat man in Europa zunächst vor allem die materiellen Aufsichtsanforderungen harmonisiert und die nach nationalem Organisations- und Verfahrensrecht handelnden mitgliedstaatlichen Aufsichtsbehörden zur Kooperation verpflichtet. Die *Finanzkrise der Jahre 2008/2009* hat dann nicht nur den Anlass gegeben, die materiell-rechtlichen Vorschriften einer grundlegenden Revision zu unterziehen.[26] Als Reaktion auf die Krise hat man überdies Organisation und Verfahren der mitgliedstaatlichen Aufsichtsbehörden vereinheitlicht.[27] Mit den *Europäischen Aufsichtsbehörden* (→ Rn. 77 ff.) wurden zudem auf Unionsebene Einrichtungen geschaffen, die den Vollzug des Finanzaufsichtsrechts durch die Mitgliedstaaten koordinieren und dazu ausnahmsweise auch selbst Aufsichtsmaßnahmen unmittelbar gegenüber den Finanzinstituten erlassen können. Angesichts der 2010 beginnenden *Staatsschuldenkrise*, in der sich der enge Zusammenhang zwischen Staaten und „ihren" Banken besonders nachdrücklich zeigte, und in dem Bestreben, die Bankenaufsicht weitergehend zu entnationalisieren, sind die Staaten des Euroraums noch einen Schritt wei-

---

[22] RGBl. I, S. 1203.

[23] Siehe *S. Augsberg*, in: Ehlers/Fehling/Pünder, § 34 Rn. 4 f.; *Schwark*, in: ders./Zimmer, WpHG, Einl. Rn. 1.

[24] Zur Entwicklung des europäischen Finanzmarktrechts z. B. *van Aaken*, Transnationales Kooperationsrecht nationaler Aufsichtsbehörden als Antwort auf die Herausforderung globalisierter Finanzmärkte, in: C. Möllers/Voßkuhle/Walter (Hrsg.), Internationales Verwaltungsrecht, 2007, S. 219 (237 ff.); *Ohler*, EnzEuR V, § 10 Rn. 1, 32 ff.

[25] Die mit Abstand größte Bedeutung besitzen insoweit die sog. Baseler Abkommen, die seit Ende der 1980er-Jahre zum Zwecke der internationalen Koordinierung der Bankenregulierung vom Baseler Ausschuss für Bankenaufsicht erlassen werden, siehe hierzu z. B. *Emmenegger*, The Basel Committee on Banking Supervision – a secretive club of giants?, in: Grote/Marauhn (Hrsg.), The Regulation of International Financial Markets, 2006, S. 224 ff. Sie sind rechtlich unverbindlich, werden aber gleichwohl regelmäßig in europäische bzw. nationale Rechtsakte übernommen, s. zu den Hintergründen etwa *Ohler*, in: Derleder/Knops/Bamberger, § 90 Rn. 1, und für eine Analyse der Umsetzungen der Baseler Vorgaben in der EU und in den Vereinigten Staaten *Kaufhold*, ZVglRWiss 117 (2018), 415 ff.

[26] Auch die Basler Abkommen wurden überarbeitet und mit dem „Basel III"-Übereinkommen reformiert.

[27] Siehe die Capital Requirements Directive IV (CRD IV-RL) sowie hierzu z. B. *Kirchhartz*, GWR 2013, 395.

tergegangen und haben die *Europäische Bankenunion* gegründet.[28] Sie haben einen zentralen Teil der Bankenaufsichtsbefugnisse von den nationalen auf europäische Behörden übertragen. In den Mitgliedstaaten, die an der Bankenunion teilnehmen, werden bedeutende Kreditinstitute heute unmittelbar von der EZB und dem Europäischen Abwicklungsausschuss beaufsichtigt und gegebenenfalls abgewickelt (→ Rn. 59, 74), weniger bedeutende Banken werden im Verbund von mitgliedstaatlichen und europäischen Behörden kontrolliert. Als Elemente der kriseninduzierten Reformen wurden auf nationaler und europäischer Ebene schließlich eigenständige *makroprudentielle Aufsichtsgremien* geschaffen (→ Rn. 80, 103), deren alleinige oder zumindest primäre Aufgabe in der Abwehr systemischer Risiken besteht und die zu diesem Zweck nicht einzelne Institute kontrollieren, sondern das System als Ganzes und seine Entwicklung überwachen.

II. Rechtliche Grundlagen

1. Finanzaufsicht

a) Aufsichtsbehörden, -gegenstände und -befugnisse

Die Aufsicht (zur Übersicht über Rechtsgrundlagen der Finanz- und Börsenaufsicht siehe Abb. 1) über Kreditinstitute wird heute im Rahmen des Einheitlichen Aufsichtsmechanismus (Single Supervisory Mechanism, SSM) in wesentlichen Bereichen unmittelbar von der EZB ausgeübt. Rechtsgrundlage ist insoweit die Single Supervisory Mechanism-Verordnung (SSM-VO). Sie gilt nicht unionsweit, sondern nur in den Staaten des Euroraumes sowie in jenen Mitgliedstaaten, die eine „enge Zusammenarbeit" mit der EZB eingehen.[29] **12**

Für die Abwicklung von Instituten, die von der EZB beaufsichtigt werden, ist grundsätzlich der europäische „Ausschuss für die einheitliche Abwicklung" (Single Resolution Board, SRB) zuständig. Seine Tätigkeit wird durch die Single Resolution Mechanism-Verordnung (SRM-VO) geregelt. **13**

---

[28] Der Begriff „Europäische Bankenunion" ist kein Rechtsbegriff, sondern ein politisches Konzept. Es verweist auf einen Regelungskomplex mit drei Säulen. Die erste Säule bildet der Einheitliche Aufsichtsmechanismus, der mit der SSM-VO geschaffen wurde, den zweiten Pfeiler der mit der SRM-VO eingerichtete Einheitliche Abwicklungsmechanismus. Eine einheitliche europäische Einlagensicherung sollte zur dritten Säule werden. Aus Sorge v. a. vor der Einführung einer Transferunion über den Umweg einer gemeinsamen Einlagensicherung wurden die von der KOM hierzu vorgelegten Vorschläge jedoch vorerst abgelehnt, die nationalen Einlagensicherungssysteme sind jedoch vermittels der Richtlinie 2014/49/EU des Europäischen Parlaments und des Rates vom 16.04.2014 über Einlagensicherungssysteme weitgehend harmonisiert worden; siehe einführend zur Bankenunion etwa *Peters*, WM 2014, 396; *Ferran*, European Banking Union: Imperfect, But It Can Work, University of Cambridge Faculty of Law Research Paper Nr. 30/2014; *Waldhoff/Dieterich*, EWS 2013, 72; *Binder*, ZBB 2013, 297; für eine Zwischenbilanz *Kaufhold*, ZG 2017, 18.

[29] Siehe Art. 2 Nr. 1, Art. 7 SSM-VO. Bis Februar 2019 ist noch kein Staat außerhalb der Eurozone eine enge Zusammenarbeit eingegangen, einzig Bulgarien hat bisher ein dahingehendes Ersuchen eingereicht.

	EZB	SRB	ESA	ESRB	BaFin	BörsA	AFS
Organisation der Aufsichtsbehörde	SSM-VO i.V.m. SSM-RahmenVO	SRM-VO		ESRB-VO	FinDAG	BörsG	FinStabG
Aufsichtsgegenstände	SSM-VO i.V.m. CRR	SRM-VO i.V.m. SSM-VO	EBA-VO EIOPA-VO ESMA-VO		Sektorale Vorschriften (insbes. CRR, KWG, VAG, MAR, WpHG, SRM-VO, SAG)		
Aufsichtsbefugnisse	SSM-VO i.V.m. SSM-RahmenVO	SRM-VO			Sektorale Vorschriften (insbes. KWG, VAG, WpHG, SAG)		
Aufsichtsmaßstab	UnionsR und nat. Recht zur RL-Umsetzung		EBA-VO EIOPA-VO ESMA-VO + sonstiges UnionsR		Sektorale Vorschriften (insbes. CRR, KWG, VAG, MAR, WpHG, SRM-VO, SAG)	BörsG + Konkretisierung durch BörsO und VAe	

Abb. 1 Rechtsgrundlagen der Finanz- und Börsenaufsicht

14   Die den Mitgliedstaaten verbliebenen Finanzaufsichtsbefugnisse werden in Deutschland in erster Linie von der BaFin (in Zusammenarbeit mit der Bundesbank) ausgeübt. Organisation und Finanzierung der BaFin regelt das FinDAG. Aufgaben und Befugnisse der BaFin sind gemäß § 4 Abs. 1 FinDAG den (nationalen und europäischen) sektoralen Vorschriften für die verschiedenen Bereiche des Finanzsystems, insbesondere der CRR, dem KWG, VAG, der MAR, dem WpHG, der SRM-VO und dem SAG zu entnehmen.

15   Die Bank Recovery and Resolution Directive (BRRD) harmonisiert die Voraussetzungen, die Organisation und das Verfahren der Sanierung und Abwicklung von Finanzinstituten auf nationaler Ebene. Sie ist in Deutschland mit dem SAG umgesetzt worden, dessen Anwendung und Durchsetzung der BaFin obliegt. Die insoweit vormals zuständige Bundesanstalt für Finanzmarktstabilisierung wurde zum 01.01.2018 als eigenständiger Geschäftsbereich in die BaFin integriert.

16   Organisation, Aufgaben und Befugnisse der drei Europäischen Aufsichtsbehörden sowie des ebenfalls neu errichteten Europäischen Systemrisikoausschusses werden für jede Instanz gesondert in je einer Verordnung bestimmt.[30]

b) Anforderungen an Finanzinstitute und -märkte

aa) Kredit- und Wertpapierinstitute

17   Kreditinstitute bilden nach wie vor den Kern des Finanzsystems, wenngleich sie seit Anfang der 1990er-Jahre an Bedeutung verlieren.[31] Die wesentlichen materiellen Vorschriften für Kreditinstitute sind in der *Capital Requirements Regulation (CRR)* geregelt. Diese ist unmittelbar anwendbar und folgt dem Prinzip der *Maximalharmonisierung*, d. h. in ihrem Anwendungsbereich sind abweichende nationale Vor-

---

[30] Siehe EBA-VO, EIOPA-VO, ESMA-VO, ESRB-VO. Die Verordnungen über die Europäischen Aufsichtsbehörden sind alle in gleicher Weise strukturiert und enthalten überwiegend wortgleiche Regelungen.

[31] Zu den strukturellen Veränderungen der nationalen und internationalen Finanzmärkte in den 1990er- und 2000er-Jahren *Cohen/Crockett*, Finanzmärkte und Systemrisiko in Europa, in: Hummel/Breuer (Hrsg.), Handbuch Europäischer Kapitalmarkt, 2001, S. 33.

schriften nicht zulässig, gleich ob sie strengere oder niedrigere Anforderungen festschreiben.[32] Der Anwendungsbereich der CRR ist in ihrem Art. 1 definiert. Danach regeln die Verordnung und die sie konkretisierenden Durchführungsrechtsakte abschließend die Eigenmittelanforderungen, die Begrenzung von Großkrediten, die Liquiditätsanforderungen sowie die Berichts- und Offenlegungspflichten der Institute. Sie gelten nicht nur für Banken, sondern auch für Wertpapierfirmen.[33]

Das *KWG* tritt ergänzend neben die europäischen Vorgaben. Insbesondere das **18** Aufsichtsverfahren und die Aufsichtsinstrumente, die von der BaFin in ihrem Zuständigkeitsbereich angewendet werden können, sind im KWG geregelt.[34]

Sowohl die Regelungen der CRR als auch jene des KWG werden durch zahlreiche **19** europäische Durchführungsrechtsakte und nationale Verordnungen konkretisiert, die sich durch einen erheblichen Umfang, Technizität und sehr detaillierte Regelungen auszeichnen.[35]

Neben CRR und KWG treten Spezialvorschriften, die ergänzende Anforderungen allgemein für Kredit- und Wertpapierinstitute normieren (wie z. B. das Einlagensicherungsgesetz und das Geldwäschegesetz) oder zusätzliche Anforderungen für Institute mit spezifischen Geschäftsfeldern festschreiben (wie beispielsweise das Zahlungsdiensteaufsichtsgesetz und das Gesetz über Bausparkassen).

Die Finanzkrise hat einmal mehr deutlich gemacht, dass die Insolvenz einzelner **20** Institute zu einer Krise des gesamten Finanzsystems führen kann.[36] Der Gesetzgeber hat darauf u. a. mit der Einführung von *Sanierungs- und Abwicklungsverfahren* für Kreditinstitute reagiert, die eine Alternative zum klassischen Insolvenzverfahren darstellen und eine Reorganisation oder Auflösung der Banken ohne systemische Folgeschäden ermöglichen sollen. Sie sind in der SRM-VO und im SAG geregelt.

Der Betrieb der *öffentlich-rechtlichen Kreditinstitute* erfährt in den Landesgeset- **21** zen über Sparkassen, Landes- und Förderbanken eine gesonderte und zusätzliche Regelung.

bb) Versicherungsunternehmen

Versicherungen garantieren ihren Kunden im Austausch für die Zahlung der Versi- **22** cherungsprämie eine Leistung für den Fall, dass ein bestimmtes ungewisses Ereignis in der Zukunft eintritt.[37] Damit machen sie die Ausübung vieler wirtschaftlicher Tätigkeiten faktisch erst möglich.[38]

---

[32] Zu den unterschiedlichen Harmonisierungsstrategien der EU und ihren Sperrwirkungen zuletzt *Bauerschmidt*, EuR 2014, 277.

[33] Siehe Art. 1 CRR i. V. m. Art. 2 Abs. 1, Art. 3 Abs. 1 Nr. 3 CRD IV-RL i. V. m. Art. 4 Abs. 1 Nr. 3 CRR.

[34] Auch insoweit ist das nationale Recht freilich durch das europäische Richtlinienrecht geprägt.

[35] Eindrücklich sind insoweit z. B. die Solvabilitätsverordnung und die Technischen Regulierungsstandards der Kommission zur Konkretisierung der CRR.

[36] Das ist im Prinzip freilich spätestens seit der Weltwirtschaftskrise Anfang der 1930er-Jahre bekannt und zählt zu den wesentlichen Gründen für die Einführung einer staatlichen Finanzmarktaufsicht, anschaulich hierzu *Burghof/Rudolph*, Bankenaufsicht, 1996, S. 17 ff.

[37] Siehe zu den Merkmalen eines Versicherungsgeschäfts BVerwGE 3, 220 (221); 75, 155 (159 f.).

[38] Zu dieser und weiteren volkswirtschaftlichen Funktionen von Versicherungen *Thiele*, Finanzaufsicht, S. 133 ff.

23 Die materiellen Anforderungen an Versicherungsunternehmen sind im *VAG* normiert. Es wurde zuletzt zur Umsetzung der Solvency II-Richtlinie[39] grundlegend umgestaltet. Die Neufassung ist zum 01.01.2016 in Kraft getreten.

cc) Handel auf den Kapitalmärkten

24 Der staatlich regulierte Handel mit Wertpapieren wird üblicherweise als Kapitalmarkt im engeren Sinne bezeichnet. Die wesentlichen Anforderungen an den Handel mit Wertpapieren auf den Kapitalmärkten in diesem engen Sinne sind im *WpHG* festgeschrieben. Es wurde zuletzt zur Umsetzung der so genannten MiFID II-Richtlinie (Markets in Financial Instruments Directive)[40] sowie zur Anpassung an die Vorgaben der Finanzmarktverordnung (Markets in Financial Instruments Regulation, MiFIR)[41] und der Marktmissbrauchsverordnung (Market Abuse Regulation, MAR)[42] in weiten Bereichen novelliert und neu strukturiert. Die reformierte Fassung ist am 03.01.2018 in Kraft getreten. Die Kapitalmärkte im weiteren Sinne, auch „graue Kapitalmärkte" genannt, unterliegen demgegenüber keiner staatlichen Regulierung und Kontrolle. Die Reformen der letzten Jahre und speziell der Erlass von VermAnlG und KAGB hat diesen Teil der Kapitalmärkte jedoch erheblich schrumpfen lassen.[43]

2. Börsenaufsicht

a) Aufsichtsbehörden, -gegenstände und -befugnisse

25 Die Börsenaufsicht wird von den zuständigen obersten Landesbehörden ausgeübt. Das ergibt sich aus dem *BörsG*, das zudem die Durchsetzungsbefugnisse der Börsenaufsicht normiert. Über die Behördenorganisation entscheidet der Landesgesetzgeber.

b) Anforderungen an Börse, Börsenträger und Börsenhandel

26 Das BörsG regelt auch die materiellen Kernanforderungen an den börslichen Wertpapierhandel, an die Börse und den Börsenträger. Die von den Börsen selbst als Satzungen erlassenen *Börsenordnungen* gemäß § 16 BörsG konkretisieren diese Vorschriften.

---

[39] RL 2009/138/EG des Europäischen Parlaments und des Rates vom 25.11.2009 betreffend die Aufnahme und Ausübung der Versicherungs- und der Rückversicherungstätigkeit (Solvabilität II), ABl. EU L 335/1.

[40] RL 2014/65/EU des Europäischen Parlaments und des Rates vom 15.05.2014 über Märkte für Finanzinstrumente, ABl. EU L 173/349.

[41] Verordnung (EU) Nr. 600/2014 des Europäischen Parlaments und des Rates vom 15.05.2014 über Märkte für Finanzinstrumente, ABl. EU L 173/84.

[42] Verordnung (EU) Nr. 596/2014 des Europäischen Parlaments und des Rates vom 16.04.2014 über Marktmissbrauch, ABl. EU L 173/1.

[43] Siehe *Buck-Heeb*, Kapitalmarktrecht, Rn. 66 ff.; *Lutter/Bayer/Schmidt*, Europäisches Unternehmens- und Kapitalmarktrecht, 14.4 ff.; für einen Überblick über verschiedene Kapitalmärkte *Veil*, in: ders., § 7 Rn. 1 ff.

III. Finanzaufsicht

1. Ziele der Finanzaufsicht

Die Finanzaufsicht verfolgt zwei Hauptziele: Sie soll die *Stabilität und Funktions-* **27** *fähigkeit des Finanzsystems* sichern[44] sowie die *(Vermögens-)Interessen der Finanzkunden* schützen.[45] Zu diesen Zwecken sucht die Finanzaufsicht in erster Linie, die Zahlungsfähigkeit von Finanzinstituten und die Zuverlässigkeit der Anbieter von Finanzdienstleistungen zu gewährleisten.[46] Denn nur wenn Anleger und Versicherungsnehmer darauf vertrauen können, dass Finanzunternehmen ihre Verträge ordnungsgemäß erfüllen werden und das ihnen überlassene Geld zurückzahlen können, werden sie bereit sein, Finanzgeschäfte abzuschließen und Mittel zu investieren.[47] Diese Bereitschaft aber ist Voraussetzung für die Funktionsfähigkeit der Finanzwirtschaft, die ihrerseits wiederum Gewähr dafür bietet, dass anvertraute Einlagen auf Anforderung ausgezahlt und vertragliche Zusagen eingehalten werden können.[48] Während Systemfunktions- und Anlegerschutz im Bereich der Banken- und Kapitalmarktaufsicht nebeneinander stehen, sich wechselseitig bedingen und verstärken, steht im Versicherungsaufsichtsrecht der Schutz der Versicherungsnehmer als Ziel deutlich im Vordergrund.[49]

In jüngerer Zeit sind zu den Hauptfunktionen der Finanzaufsicht insbesondere **28** die Ziele der *Bekämpfung von Geldwäsche und Terrorismusfinanzierung* hinzugekommen.[50] Sie verlangen nach strukturell anderen Instrumenten und Maßnahmen, die neben die Instrumente zur Sicherung der Leistungsfähigkeit treten.

Obwohl die Finanzaufsicht zumindest auch den Anleger- bzw. Kundenschutz **29** im Blick hat, entfalten die Regelungen über die Aufsichtstätigkeit keine drittschüt-

---

[44] Zum Begriff der „Finanzsystemstabilität" etwa *Ohler*, Staatliche Aufsicht über Hedgefonds und Private Equity?, in: Leible/Lehmann (Hrsg.), Hedgefonds und Private Equity – Fluch oder Segen?, 2009, S. 139 (150 f.) und *Möller*, Kapitalmarktaufsicht, 2006, S. 101 ff.

[45] Statt vieler *Fischer*, in: Boos/ders./Schulte-Mattler, KWG, Einf. Rn. 120 ff.; *Ohler*, Bankenaufsicht, § 5 Rn. 113 ff.; *Michael*, in: Ehlers/Fehling/Pünder, § 33 Rn. 7, und BVerfGE 124, 235 (247).

[46] Vgl. *Fischer*, in: Boos/ders./Schulte-Mattler, KWG Einf. Rn. 166 ff.; *Michael*, in: Ehlers/Fehling/Pünder, § 33 Rn. 9 ff.; *Ohler*, Bankenaufsicht, § 5 Rn. 114.

[47] Zur Vertrauensabhängigkeit von Finanzgeschäften oben Rn. 6 mit Fn. 6.

[48] Systemfunktions- und Anlegerschutz werden in den verschiedenen Bereichen des Finanzaufsichtsrechts unterschiedlich gewichtet, siehe *Röhl*, in: Fehling/Ruffert, § 18 Rn. 29, sowie für die Kapitalmarktregulierung die historische Analyse von *Hopt*, Der Kapitalanlegerschutz im Recht der Banken, 1975, S. 15 ff.

[49] Siehe zur Versicherungsaufsicht § 294 Abs. 1 VAG sowie z. B. *Wandt*, Versicherungsrecht, 6. Aufl. 2017, Rn. 65 ff.; das Verhältnis der Ziele von System- und Kundenschutz zueinander ist im Bereich der Banken- und Kapitalmarktaufsicht im Einzelnen nach wie vor umstritten, grundlegend zur Untrennbarkeit der Ziele *Hopt*, Der Kapitalanlegerschutz im Recht der Banken, 1975, S. 51 f., 344 ff.; für eine ausführliche Analyse der verschiedenen Positionen z. B. *Merkt*, Unternehmenspublizität, 2001, S. 296 ff.

[50] Siehe §§ 6a, 24c KWG; §§ 52 ff. VAG.

zende Wirkung zugunsten Einzelner. Das kann den einzelnen Vorschriften im Wege der Auslegung entnommen werden und ist für die BaFin überdies in § 4 Abs. 4 FinDAG sowie für den Bereich der Versicherungsaufsicht zusätzlich in § 294 Abs. 8 VAG ausdrücklich geregelt. Die Aufsichtsbehörden werden *allein im öffentlichen Interesse* tätig (zu den Konsequenzen und der Verfassungskonformität der genannten Regelungen → Rn. 108 f.).

2. Zentrale Anforderungen an Finanzinstitute und -märkte

30   Die Anforderungen an Finanzinstitute und -märkte, die von den Aufsichtsbehörden kontrolliert und durchgesetzt werden, variieren mit den Instituts- und Geschäftstypen und sind im Einzelnen sehr detailliert und ausdifferenziert. Gleichwohl lassen sich einige Kernanforderungen identifizieren. Dabei können instituts- von marktbezogenen Regelungen unterschieden werden (siehe auch Abb. 2).

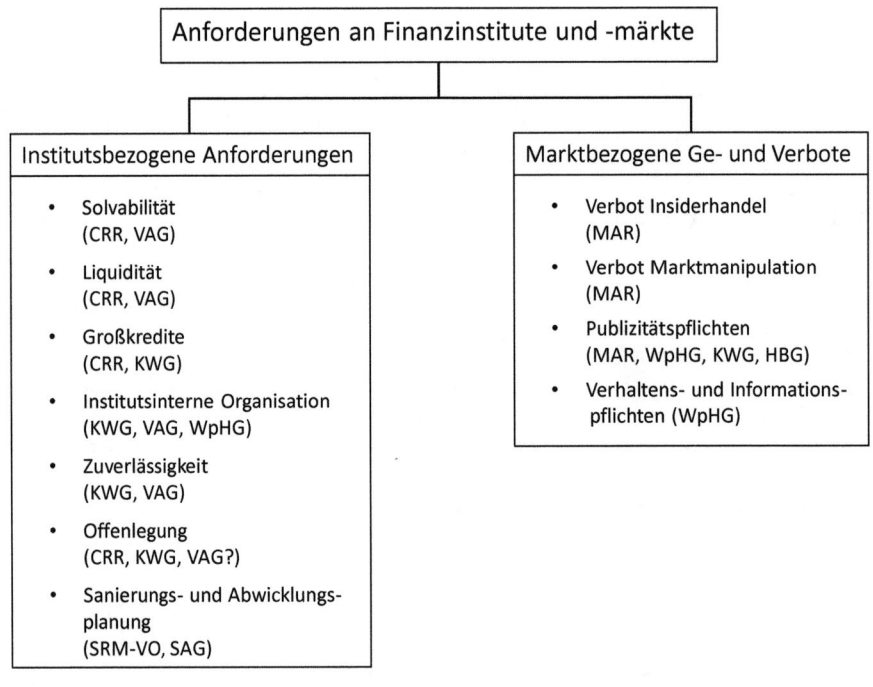

Abb. 2   Anforderungen an Finanzinstitute und -märkte

a) Institutsbezogene Anforderungen

Die institutsbezogenen Anforderungen sollen die *Leistungsfähigkeit* der Finanzinstitute sichern. **31**

aa) Solvabilität

Den Kern der materiellen Anforderungen an Finanzinstitute und das zentrale Element der Finanzmarktregulierung bilden die Eigenkapitalvorschriften.[51] Sie sollen die Zahlungsfähigkeit der Finanzinstitute gewährleisten. Ein Institut gilt als solvent, wenn es über *ausreichende Eigenmittel* verfügt. **32**

Als Eigenmittel oder Eigenkapital bezeichnet man allgemein diejenigen Vermögenswerte eines Unternehmens, die (wie beispielsweise Gewinne oder Rücklagen) unbelastet sind und dem Finanzinstitut uneingeschränkt und sofort für den Ausgleich von Verlusten zur Verfügung stehen.[52] Vereinfachend kann das Eigenkapital als Notreserve oder Sicherheitspuffer bezeichnet werden. Die Eigenkapitalregelungen sollen die Institutsgläubiger, insbesondere die Einleger, vor Verlusten schützen und ihr Vertrauen auf die Kreditwürdigkeit des Instituts stärken, indem sie eine Haftungsmasse garantieren, aus der Forderungen beglichen werden können.[53] Gleichzeitig wirken sie als Begrenzung des Geschäftsumfangs von Finanzinstituten, weil sie in Abhängigkeit von den eingegangenen Geschäftsrisiken berechnet werden.[54] **33**

Welche Vermögenswerte einem Finanzinstitut als Eigenmittel angerechnet werden können, ist detailliert in Art. 25 ff. CRR sowie §§ 89 ff. VAG geregelt. In welchem Umfang Eigenmittel vorgehalten werden müssen, ist in Art. 92 ff. CRR und §§ 96 ff. VAG normiert. Kredit- und Finanzdienstleistungsinstitute mit Sitz in Deutschland müssen zudem die in §§ 10c ff. KWG normierten Kapitalpuffer bereitstellen, die der Entstehung und Verbreitung systemischer Risiken vorbeugen sollen. **34**

Alle Eigenkapitalvorschriften machen die erforderliche Eigenmittelausstattung von im Wesentlichen zwei Größen abhängig: dem *Umfang* der Risiken, die ein Institut eingegangen ist, und der *Wahrscheinlichkeit*, dass sich diese Risiken realisieren. Während die eingegangenen Risiken vergleichsweise einfach aufgelistet werden können, ist die Bestimmung der Wahrscheinlichkeit einer Risikorealisierung, **35**

---

[51] Bei den Regelungen über die Eigenkapitalausstattung von Kreditinstituten handelt es sich vielfach um die rechtliche Umsetzung der Baseler Abkommen, die prägend sind für die Eigenkapitalregulierung, siehe hierzu oben Fn. 25; zu Abweichungen der unionsrechtlichen Reglungen von den Baseler Vorgaben siehe *Kaufhold*, ZVglRWiss 117 (2018), 415 (426 ff.). Zur zentralen Stellung der Eigenkapitalvorschriften auch nach Einführung der ergänzenden qualitativen Aufsicht z. B. *Wiss. Beirat*, Gutachten, S. 17 ff.

[52] Siehe *Ohler*, Bankenaufsicht, § 5 Rn. 127.

[53] *Ohler*, in: Ehlers/Fehling/Pünder, § 32 Rn. 48.

[54] Zu den verschiedenen Zielen der Eigenkapitalregulierung und ihrer (oftmals defizitären) Umsetzung zusammenfassend *Ohler*, Bankenaufsicht, § 5 Rn. 127; *Wiss. Beirat*, Gutachten, S. 20 f.

die so genannte Risikokalibrierung, mit erheblichen Schwierigkeiten und Unsicherheiten verbunden. Viele Finanzinstitute machen von der ihnen gesetzlich eingeräumten Möglichkeit Gebrauch, selbst Verfahren für die Risikokalibrierung zu entwickeln und anzuwenden.[55] Die Finanzaufsicht kontrolliert dann lediglich diese institutsinternen Verfahren am Maßstab der Art. 142 ff. CRR bzw. der §§ 111 ff. VAG, nicht aber die damit generierten Ergebnisse. Alternativ werden die Risikopositionen gesetzlich definierten Risikoklassen und Bonitätsstufen zugewiesen, die nach Schuldnern differenzieren und für die der Gesetzgeber jeweils die Wahrscheinlichkeit eines Forderungsausfalls festgesetzt hat.[56]

bb) Liquidität

36   Während die Fähigkeit eines Instituts, Zahlungsforderungen überhaupt zu irgendeinem Zeitpunkt zu begleichen, als Solvabilität bezeichnet wird, verweist die Liquidität auf die Fähigkeit, berechtigte Zahlungsansprüche *jederzeit* erfüllen zu können.[57] Insbesondere langfristig gebundene Vermögenswerte können daher zwar zur Sicherung der Solvabilität beitragen, nicht aber zur Gewährleistung der Liquidität. Auch die Liquidität von Finanzinstituten ist von erheblicher Bedeutung für die Stabilität des Gesamtsystems. Institute, die nicht liquide sind, müssen Vermögensgegenstände veräußern, und wenn eine Vielzahl von Finanzunternehmen gleichzeitig zu Verkäufen gezwungen ist, drohen Markteinbrüche.[58]

37   In Art. 412 ff. CRR sind die Anforderungen an die liquiden Aktiva von Kreditinstituten und Wertpapierfirmen normiert. Sie müssen insbesondere so umfangreich sein, dass das Institut auch unter sog. Stressbedingungen, d. h. wenn erwartete Zahlungen ausbleiben oder verspätet geleistet werden, während 30 Tagen seine Verpflichtungen erfüllen kann. Versicherungsinstitute müssen in ihrem Geschäftsplan, der Grundlage für die Erlaubnis zum Geschäftsbetrieb ist, gemäß § 9 Abs. 1 VAG darlegen, wie sie die jederzeitige Erfüllbarkeit der Verpflichtungen aus ihren Versicherungsverträgen gewährleisten wollen. Überdies dürfen sie ihr Vermögen nur so anlegen, dass die jederzeitige Liquidität gesichert ist, § 124 Abs. 1 Nr. 2 VAG.

cc) Großkredite

38   In der Regel kontrolliert die Finanzaufsicht nicht die einzelnen Geschäfte der ihr unterstellten Banken. Eine Ausnahme insoweit bildet insbesondere die Vergabe von Großkrediten. Um einen Großkredit handelt es sich, wenn der Wert der Forderung 10 % der Eigenmittel des Instituts erreicht oder überschreitet, Art. 392 CRR. Großkredite müssen der Aufsicht gemeldet werden, Art. 394 CRR, sie dürfen bestimmte

---

[55] Sog. Internal Ratings Based Approach (IRB-Ansatz), siehe Art. 142 ff. CRR und hierzu *Kaufhold*, Transfer und Transformation ökonomischen Wissens im Recht der Bankenaufsicht, in: I. Augsberg (Hrsg.), Extrajuridisches Wissen im Verwaltungsrecht, 2013, S. 151 (169 f.).

[56] Sog. Standardansatz bzw. Standardformel, siehe Art. 111 ff. CRR bzw. §§ 99 ff. VAG.

[57] Vgl. § 11 Abs. 1 KWG sowie § 7 Nr. 19 VAG.

[58] Siehe zu diesem Mechanismus z. B. *Brunnermeier/Crockett/Goodhart*, The Fundamental Principles of Financial Regulation, 2009, S. 11 ff., sowie aus rechtswissenschaftlicher Perspektive *Kaufhold*, Systemaufsicht, S. 48 ff., 133 ff.

Obergrenzen nicht überschreiten, Art. 395 CRR, und nach deutschem Recht dürfen sie zudem nur aufgrund eines einstimmigen Beschlusses sämtlicher Geschäftsleiter vergeben werden, § 13 Abs. 2 KWG.[59] Die Begrenzung der Großkreditvergabe soll zur *Risikodiversifizierung* der Institute und auf diesem Weg zum Schutz der Finanzstabilität sowie der An- und Einleger beitragen.[60]

dd) Institutsinterne Organisation

Zum Zweck der Risikoabwehr werden den Finanzinstituten nicht allein materielle **39** Vorgaben gemacht, sondern auch Organisations- und Verfahrenspflichten auferlegt, die üblicherweise als *Compliance- oder Governance-Regelungen* bezeichnet werden.[61] Sie sollen sicherstellen, dass die Institute kaufmännisch verantwortlich geführt werden, und auf diese Weise zugleich dazu beitragen, dass den materiellen Anforderungen Genüge getan wird.[62]

(1) Kreditinstitute

Nach § 25a Abs. 1 S. 1 KWG, der zentralen Organisationsvorgabe im Bankenauf- **40** sichtsrecht, müssen die Institute über eine *„ordnungsgemäße Geschäftsorganisation"* verfügen, welche die Einhaltung der vom Institut zu beachtenden gesetzlichen Bestimmungen und betriebswirtschaftlichen Notwendigkeiten gewährleistet.[63] Diese ordnungsgemäße Geschäftsorganisation muss gemäß § 25a Abs. 1 S. 3 KWG insbesondere ein *„angemessenes und wirksames Risikomanagement"* umfassen, das sich nach § 25a Abs. 1 S. 4 KWG an Art, Umfang, Komplexität und Risikogehalt der Tätigkeiten eines Instituts zu orientieren hat.

Wie das angemessene Risikomanagement im Einzelnen auszusehen hat, wird **41** von der BaFin in Verwaltungsrundschreiben, den so genannten *„Mindestanforderungen an das Risikomanagement"* (*MaRisk*), konkretisiert.[64] Insoweit handelt es sich um Verwaltungsvorschriften zur Sicherung einer kohärenten, gleichheitsgerechten Aufsichtstätigkeit. Rechtliche Außenwirkung kommt ihnen nicht zu.[65] Gleichwohl dienen sie den Instituten als Orientierung dafür, was von der BaFin

---

[59] Ausnahmen sieht die Großkredit- und Millionenkreditverordnung vom 06.12.2013, BGBl. I, S. 4183, vor.

[60] *Ohler*, Bankenaufsicht, § 5 Rn. 132.

[61] Vgl. hierzu *Rothenhöfer*, in: Kümpel/Wittig, § 3 Rn. 301 ff.; *Wiss. Beirat*, Gutachten, S. 28 ff. Wie die Eigenkapitalvorschriften gehen auch die Vorgaben für die interne Organisation von Finanzinstituten auf die Abkommen des Baseler Ausschusses zurück.

[62] Siehe zum Folgenden ausführlich *Wundenberg*, in: Veil, §§ 28 f.; *Juncker*, Gewährleistungsaufsicht über Wertpapierdienstleistungsunternehmen, 2003.

[63] Eingehend zu den organisatorischen Anforderungen an Kreditinstitute etwa *Benzler/Krieger*, in: Binder/Glos/Riepe, § 11.

[64] Die Rundschreiben werden von der BaFin auf ihrer Homepage (www.bafin.de) veröffentlicht. Für einen Überblick über die Anforderungen an das Risikomanagement siehe *Benzler/Krieger*, in: Binder/Glos/Riepe, § 11 Rn. 14 ff.; ausführlich *Braun*, in: Boos/Fischer/Schulte-Mattler, § 25a KWG, Rn. 93 ff.

[65] Vgl. *Langen*, in: Schwennicke/Auerbach, § 25a KWG Rn. 6 ff.

verlangt und gegebenenfalls mit hoheitlichen Instrumenten durchgesetzt wird,[66] und entfalten deshalb eine faktische Bindungswirkung auch gegenüber den Aufsichtsunterworfenen.[67]

(2) Versicherungen

42 Die Organisationspflichten von Versicherungsunternehmen sind in vergleichbarer Weise in § 23 Abs. 1, § 26 VAG geregelt. Auch Versicherungen müssen danach für eine Geschäftsorganisation einschließlich eines angemessenen Risikomanagements sorgen, die gewährleistet, dass die gesetzlichen Anforderungen erfüllt werden. Um eine Besonderheit des Versicherungsaufsichtsrechts handelt es sich bei dem zusätzlichen Erfordernis für Lebens- und substitutive Krankenversicherer, einen *Aktuar* als privaten Sachverständigen zu bestellen.[68] Seine Aufgabe ist es vor allem, zu überprüfen, ob angesichts der Finanzlage des Unternehmens die dauernde Erfüllbarkeit der Verpflichtungen aus den Versicherungsverträgen gewährleistet ist, vgl. § 141 Abs. 5 Nr. 1 VAG. Über drohende Missstände oder Verstöße muss er immer den Vorstand des Unternehmens und gegebenenfalls zudem die Aufsichtsbehörde informieren, § 141 Abs. 5 Nr. 3 VAG.

(3) Wertpapierdienstleistungsinstitute

43 Für Institute, die neben Kredit- und Finanzdienstleistungen auch Wertpapierdienstleistungen i. S. d. § 2 Abs. 8 WpHG erbringen, sind in § 80 WpHG i. V. m. Art. 21 ff. der Delegierten Verordnung (EU) 2017/565 ergänzend spezifische Organisationsvorgaben normiert. Sie verpflichten zur Einrichtung unternehmensinterner Mechanismen, die insbesondere der Entstehung von Interessenkonflikten vorbeugen und die Einhaltung der aufsichtlichen Anforderungen sicherstellen sollen. Die Organisationspflichten des WpHG werden durch die auf der Grundlage von § 80 Abs. 14 WpHG vom BMF erlassene WpDVerOV konkretisiert. Zur weiteren Ausfüllung dieser Regelungen veröffentlicht die BaFin ein Rundschreiben zu den *Mindestanforderungen an die Compliance-Funktion* (MaComp),[69] das wie die MaRisk zwar keine rechtliche Bindungswirkung entfaltet, aber von erheblicher praktischer Bedeutung für die Institute ist.

ee) Zuverlässigkeit von Geschäftsführern, Inhabern und Anteilseignern

44 Soweit Finanzinstitute der Aufsicht unterstellt sind, prüft diese auch die Zuverlässigkeit und die fachliche Eignung der Geschäftsleiter, der Mitglieder in Verwaltungs- und Aufsichtsorganen sowie der Inhaber bedeutender Beteiligungen.[70] Unzuverlässigkeit oder fehlende Eignung rechtfertigen die Versagung der Erlaubnis zum Geschäftsbetrieb, § 33 Abs. 1 Nr. 2–4 KWG, § 11 Abs. 1 Nr. 2 i. V. m. § 24 VAG. Das

---

[66] Siehe z. B. § 25a Abs. 2 S. 2 KWG sowie § 45b Abs. 1 KWG, wonach die BaFin Anordnungen gegenüber den Instituten erlassen kann, um sicherzustellen, dass ihre Geschäftsorganisation ordnungsgemäß ist.

[67] *Benzler/Krieger*, in: Binder/Glos/Riepe, § 11 Rn. 3; *Röhl*, in: Fehling/Ruffert, § 18 Rn. 66.

[68] Siehe §§ 141, 156 VAG.

[69] Hierzu *Zingel/Foshag*, Die Compliance-Funktion in den MaComp, in: Renz/Hense (Hrsg.), Wertpapier-Compliance, 2010, S. 181, sowie Krimphove/Kruse (Hrsg.), MaComp, 2013.

[70] Siehe § 25c Abs. 1, § 25d Abs. 1, § 2c Abs. 1b S. 1 Nr. 1 KWG sowie § 24 Abs. 1, § 11 Abs. 1 Nr. 3 VAG.

entspricht dem gewerberechtlichen Ursprung der Finanzaufsicht. Die Anforderung der Zuverlässigkeit ist daher *wie im allgemeinen Gewerberecht* zu verstehen (→ § 9 Rn. 50 ff.). Die betreffenden Personen müssen mithin nach dem Gesamteindruck ihres Verhaltens die Gewähr dafür bieten, dass sie ihre Tätigkeit ordnungsgemäß ausüben werden.[71] Die Voraussetzung der fachlichen Eignung ist mit Blick auf die Geschäftsart und die Größe des betreffenden Instituts zu konkretisieren. Ob sie von den verantwortlichen Personen erfüllt wird, ist insbesondere abhängig von der Ausbildung und den bisherigen beruflichen Tätigkeiten.[72]

ff) Offenlegung

Der indirekten Verhaltenssteuerung über den Markt dienen die den Instituten auferlegten Pflichten zur Offenlegung von Informationen über ihre interne Organisation und ihre Vermögenslage.[73] Sie sind zusätzlich zu den Rechnungslegungsvorschriften zu erfüllen. Der Zwang zur Preisgabe von Daten, die für die Positionierung am Markt und die Erfolgsaussichten eines Unternehmens von Bedeutung sind, soll disziplinierend auf die Institute wirken und sie zu verantwortungsvollem Handeln veranlassen.[74] Gleichzeitig soll es den Marktteilnehmern ermöglicht werden, die Risikolage eines Instituts einzuschätzen.

45

gg) Sanierungsplanung

Für die Stabilität des Finanzsystems können einzelne Institute entscheidend sein. Die systemische Bedeutung kann sich z. B. aus der Größe eines Finanzinstituts ergeben, aber etwa auch aus seiner Vernetzung im System, der Komplexität seiner Geschäftsorganisation oder der Tatsache, dass es nur schwer durch Konkurrenten ersetzbar ist.[75] Weil die Insolvenz *systemrelevanter Institute* mit erheblichen volkswirtschaftlichen Kosten verbunden wäre, wurden sie vielfach mit staatlichen

46

---

[71] Siehe für das Finanzmarktrecht *Fischer/Müller*, in: Boos/Fischer/Schulte-Mattler, § 33 KWG Rn. 37; *Laars/Both*, VAG, 4. Online-Aufl. 2017, § 24 Rn. 4.

[72] Vgl. das „Merkblatt zu den Geschäftsleitern gemäß KWG, ZAG und KAGB", das die BaFin zur unverbindlichen Konkretisierung der Anforderungen herausgegeben hat, abrufbar unter https://www.bafin.de/SharedDocs/Veroeffentlichungen/DE/Merkblatt/mb_geschaeftsleiter_KWG_ZAG_KAGB.html (25.02.2019), sowie den (gleichfalls unverbindlichen) „Leitfaden zur Beurteilung der fachlichen Qualifikation und persönlichen Zuverlässigkeit" der EZB, abrufbar unter https://www.bankingsupervision.europa.eu/ecb/pub/pdf/ssm.fap_guide_201705.de.pdf (25.02.2019).

[73] Siehe z. B. Art. 431 ff. CRR, § 26a KWG, §§ 40 ff. VAG. Die Offenlegungspflichten stehen den marktbezogenen Vorschriften nahe, haben aber anders als diese in erster Linie die disziplinierende Wirkung auf die Verpflichteten selbst und nicht die Bereitstellung gleicher Informationen für alle Marktteilnehmer zum Ziel.

[74] Siehe z. B. Erwägungsgründe Nr. 68 und 76 zur CRR. Die Offenlegungspflichten bilden die dritte Säule der Baseler Übereinkommen, vgl. *Ohler*, in: Derleder/Knops/Bamberger, § 90 Rn. 75.

[75] Siehe *Kaufhold*, Systemaufsicht, S. 119 ff., und vgl. etwa Art. 11 Abs. 3 SRM-VO; eine Auswertung der von Zentralbanken genutzten Indikatoren für Systemrelevanz findet sich in *Financial Stability Board*, Guidance to Assess the Systemic Importance of Financial Institutions, Markets and Instruments, 2009, S. 10.

Mitteln unterstützt (sog. too big to fail-Problem).[76] Das belastet nicht nur den staatlichen Haushalt erheblich. Wenn ein Unternehmen davon ausgehen kann, dass der Staat im Krisenfall einspringt, sinkt zudem der Anreiz, verantwortungsvoll zu wirtschaften, Risiken angemessen zu kalkulieren und ausreichende Eigenmittel vorzuhalten (sog. moral hazard).

47   Im Nachgang zur Finanzkrise hat man daher auf nationaler und europäischer Ebene eine Reihe von Regelungen geschaffen, die es der Finanzaufsicht erlauben sollen, Kreditinstitute und Wertpapierfirmen zu sanieren oder abzuwickeln, ohne dabei staatliche Finanzmittel einsetzen zu müssen.[77]

48   Insbesondere potenziell systemgefährdende Kreditinstitute müssen Sanierungspläne aufstellen und der Aufsicht vorlegen.[78] In ihren *Sanierungsplänen* müssen sie darlegen, welche Maßnahmen sie im Fall einer drohenden Insolvenz zur Bestandssicherung ergreifen werden.[79] Auf dieser Grundlage kann die Aufsicht bewerten, ob das Institut im Krisenfall voraussichtlich in der Lage sein wird, sich selbstständig zu retten. Ist sie hiervon nicht überzeugt, kann sie Maßnahmen anordnen, um die Sanierungsfähigkeit herzustellen.[80]

b) Marktbezogene Ge- und Verbote

49   Die Funktionsfähigkeit und Effizienz von Kapitalmärkten ist von der *Marktintegrität* und dem *Vertrauen der Marktteilnehmer* abhängig. Marktintegrität besteht, wenn die Preise für gehandelte Finanzinstrumente die Einschätzungen ihres Wertes durch die Marktteilnehmer reflektieren. Sie setzt Markttransparenz voraus. Alle Marktteilnehmer müssen im Prinzip Zugang zu denselben Informationen haben. Am Markt muss Chancengleichheit bestehen und die Preisbildung darf nicht dadurch verzerrt werden, dass einzelne Akteure über privilegiertes Wissen verfügen. Die gleiche Verteilung der preisrelevanten Informationen ist zudem Bedingung dafür, dass Marktteilnehmer eigenen oder für sie getroffenen Anlageentscheidungen vertrauen können und überhaupt bereit sind, Finanzgeschäfte zu tätigen.[81] Die MAR und das WpHG normieren daher eine Reihe von Verboten und Pflichten zur Sicherung der Markttransparenz und des gleichen Informationszugangs, deren Durchsetzung gemäß § 6 Abs. 2 WpHG der BaFin obliegt.

---

[76] Siehe hierzu aus der Vielzahl der Beiträge z. B. *Lastra*, CMLJ 2011, 197 (198 ff.); *Zhou*, IJCB 2010, 205.

[77] Siehe §§ 12 ff. SAG zur Sanierung(splanung) sowie §§ 40 ff. SAG und Art. 8 ff. SRM-VO zur Abwicklung(splanung). Alle Kreditinstitute haben zudem unabhängig von ihrer systemischen Bedeutung die Möglichkeit, ein Sanierungsverfahren nach §§ 2 ff. KredReorgG einzuleiten.

[78] § 12 Abs. 1 S. 1 SAG; siehe zu den Indizien für die potentiell systemgefährdende Bedeutung eines Instituts § 20 Abs. 1 S. 3 SAG. Während Sanierungspläne von den Kreditinstituten erstellt werden, obliegt die Ausarbeitung von Abwicklungsplänen der Aufsicht (→ Rn. 95 f.). Sanierungspläne dienen der Bestandssicherung. Abwicklungspläne sollen es demgegenüber ermöglichen, Institute in die Insolvenz zu führen, ohne dass dadurch die Finanzstabilität gefährdet wird.

[79] § 12 Abs. 1 S. 2 SAG.

[80] § 16 SAG.

[81] Siehe zu diesen Voraussetzungen der Funktionsfähigkeit von Kapitalmärkten statt vieler etwa *Buck-Heeb*, Kapitalmarktrecht, § 1 Rn. 7 ff., § 6 Rn. 404 ff.; *Poelzig*, Kapitalmarktrecht, Rn. 1 f.; *Veil*, in: ders., § 2 Rn. 3 ff.

aa) Verbot des Insiderhandels

Nach § 14 MAR dürfen Insiderinformationen weder beim Abschluss von Finanzge- **50** schäften noch bei der Formulierung von Anlageempfehlungen verwendet und darüber hinaus auch nicht ohne Berechtigung offengelegt werden. Als Insiderinformationen sind nach der Legaldefinition des Art. 7 Abs. 1 MAR insbesondere solche präzisen Informationen über nicht öffentlich bekannte Umstände zu qualifizieren, die direkt oder indirekt einen Emittenten oder ein Finanzinstrument betreffen, sich also z. B. auf die Vermögens-, Finanz- oder Ertragslage oder auf die organisatorische Struktur eines emittierenden Unternehmens beziehen, und die zudem die Kursentwicklung erheblich beeinflussen können wie etwa Informationen über Unternehmensübernahmen.[82]

bb) Verbot von Marktmanipulationen

Art. 15 i. V. m. Art. 12 MAR verbietet die Manipulation von Preisen durch die Ver- **51** breitung oder das Vorenthalten von Informationen z. B. über vermeintliche Zentral- bankbeschlüsse oder die Vornahme von Handlungen, die zu kursrelevanten Täu- schungen führen können.[83]

cc) Publizitätspflichten

Art. 17 i. V. m. Art. 7 Abs. 1 MAR normiert die Pflicht zur sog. Ad hoc-Publizität. **52** Wer Finanzinstrumente ausgibt und an den Kapitalmärkten platziert, muss danach grundsätzlich all jene nicht bereits öffentlich bekannten Umstände publizieren, die den Börsen- oder Marktpreis beeinflussen können. Die Ad hoc-Publizität ergänzt die regelmäßigen Veröffentlichungspflichten wie etwa die Pflicht zum Jahresab- schluss nach § 26 KWG, §§ 242 ff. HGB.

Nach § 33 Abs. 1, 2 WpHG sind zudem Anleger, die durch den Erwerb oder den **53** Verkauf von Beteiligungen an börsennotierten Finanzinstituten einen signifikanten Anteil an Stimmrechten erwerben oder verlieren, verpflichtet, das betreffende Finanz- institut und die BaFin über diese Stimmrechtsänderung zu informieren. Das Unter- nehmen muss sie anschließend nach § 40 Abs. 1 WpHG allgemein bekannt machen.

dd) Verhaltens- und Informationspflichten

Wertpapierdienstleistungsinstitute sind verpflichtet, ihre Geschäfte ehrlich, redlich **54** und professionell im bestmöglichen Interesse ihrer Kunden zu erbringen, § 63 Abs. 1 WpHG. Maßgeblich ist nicht ein vermuteter objektivierter Kundenwunsch, sondern das tatsächliche Interesse eines konkreten Anlegers in einer bestimmten Situation, vgl. § 63 Abs. 5 S. 2 WpHG.[84] Eventuelle Interessenkonflikte (zwischen Institut und Kunde oder zwischen verschiedenen Kunden) müssen den Kunden gegenüber of- fengelegt werden, § 63 Abs. 2 WpHG. Außerdem sind den Kunden alle für die An- lageentscheidung relevanten Informationen über angebotene Finanzinstrumente

---

[82] Näher hierzu *Lutter/Bayer/Schmidt*, Europäisches Unternehmens- und Kapitalmarktrecht, 35.16 ff.; *Poelzig*, Kapitalmarktrecht, Rn. 365 ff.; *Veil*, in: ders., § 13 Rn. 38 ff.

[83] Verstöße gegen das Verbot des Insiderhandels, das Verbot der Marktmanipulation und die Ver- pflichtung zur Ad hoc-Publizität sind strafbar, §§ 119 f. WpHG.

[84] Sog. „know-your-own-customer"-Prinzip, siehe *Buck-Heeb*, Kapitalmarktrecht, Rn. 861 ff.; *Poelzig*, Kapitalmarktrecht, Rn. 765, 800 ff.

bzw. Wertpapierdienstleistungen zur Verfügung zu stellen, § 63 Abs. 7 WpHG.[85] Vergütungsregelungen, die zu einer Orientierung der Beratung an anderen als den Kundeninteressen führen können, sind unzulässig, § 63 Abs. 3 WpHG.

3. Aufsichtsbehörden, -gegenstände und -befugnisse

55 Bis zur jüngsten Finanzkrise haben ausschließlich nationale Behörden Aufsichtsmaßnahmen gegenüber Finanzinstituten erlassen. Die an der Finanzaufsicht beteiligten europäischen Einrichtungen hatten allein die Aufgabe, die Tätigkeit der mitgliedstaatlichen Stellen durch rechtlich unverbindliche Leitlinien zu koordinieren. Eine einheitliche Aufsichtspraxis wurde auf diesem Weg jedoch nicht erreicht. Auch in den Bereichen, in denen das materielle Recht harmonisiert worden war, sahen sich Finanzinstitute in den verschiedenen Mitgliedstaaten in der Praxis unterschiedlichen Anforderungen gegenüber. Das hat nicht nur die Entwicklung eines einheitlichen europäischen Marktes für Finanzdienstleistungen behindert. Abweichende Vorgaben begründen zudem die Gefahr der *Aufsichtsarbitrage*: Institute verlagern ihren Sitz in den Mitgliedstaat, in dem faktisch die niedrigsten Anforderungen gestellt werden. Mitgliedstaaten haben damit einen Anreiz, die Aufsichtstätigkeit zu vernachlässigen, wodurch die Wirksamkeit des Finanzmarktrechts beeinträchtigt wird.

56 Ende 2010 hat man daher zunächst die europäischen Koordinierungsgremien durch neu geschaffene Europäische Aufsichtsbehörden mit erweiterten Kompetenzen ersetzt. Innerhalb der Europäischen Bankenunion wird heute zudem insbesondere die Aufsicht über alle bedeutenden Kreditinstitute direkt von der EZB ausgeübt,[86] und das SRB steuert für diese Institute ein gegebenenfalls erforderliches Abwicklungsverfahren. Nachdem die nationalen und europäischen Regeln für den Finanzmarkt in Deutschland bis 2010 praktisch ausschließlich von der BaFin durchgesetzt wurden, ist mit den krisenbedingten Reformen somit ein komplexer *Aufsichtsverbund* geschaffen worden, in dem die im Folgenden vorgestellten europäischen und nationalen Behörden zusammenwirken.

57 Nicht alle finanzbezogenen Unternehmen oder Geschäfte unterliegen dabei als einzelne der Finanzaufsicht.[87] Ebenso wenig wie das Finanzmarktrecht alle Sekto-

---

[85] Eine standardisierte Informationserteilung ist möglich, § 63 Abs. 7 S. 2 WpHG. Neben die Aufklärungs- und Beratungspflichten aufgrund des WpHG können (konkludent) vertraglich vereinbarte Beratungspflichten treten, siehe hierzu z. B. *Lenenbach*, Kapitalmarktrecht und kapitalmarktrelevantes Gesellschaftsrecht, 2. Aufl. 2010, § 5 Rn. 140 ff., § 11 Rn. 137 ff.

[86] Zu den verbreiteten Zweifeln an der Primärrechtskonformität der SSM-VO etwa *Peters*, WM 2014, 396 (401 ff.); *Waldhoff/Dieterich*, EWS 2013, 72 (74 ff.); *Kämmerer*, NVwZ 2013, 830 (833 ff.); *Sacarcelik*, BKR 2013, 353 (356 ff.), jeweils m. w. N. auch der a. A., die z. B. *Tröger*, ZBB 2013, 373 (379) vertritt. Das BVerfG hat entschieden, dass die Europäische Union ihre Kompetenzen mit den Regelungen zur Bankenunion nicht offensichtlich überschritten hat, wenn die SSM-VO und die SRM-VO strikt ausgelegt werden, s. BVerfG, Urteil des Zweiten Senats vom 30.07.2019, 2 BvR 1685/14.

[87] Auch Elemente des Finanzsystems, die keiner Mikroaufsicht unterstehen, tragen jedoch zu systemischen Entwicklungen bei und werden daher von den Makroaufsichtsinstanzen beobachtet, vgl. Art. 3 Abs. 1 i. V. m. Art. 2 lit. a, b ESRB-VO, sowie *Kaufhold*, Systemaufsicht, S. 124 ff., 147.

ren umfassende Generalklauseln kennt, die pauschal Pflichten für alle im Finanzsystem tätigen Akteure normieren würden, enthält das Aufsichtsrecht generelle Befugnisse. Vielmehr sind die Gegenstände der Aufsicht und die Kontrollrechte je
gesondert und *abschließend* für die verschiedenen Sektoren des Finanzsystems und
die jeweils zuständigen Behörden gesetzlich bestimmt.[88]

> Die Finanzaufsicht über Finanzinstitute und -märkte in Deutschland wird von
> EZB, SRB, ESAs, ESRB, BaFin und AFS im Verbund ausgeübt.

a) EZB

aa) Organisation

Um zu gewährleisten, dass die EZB (zu Status und Organisation der EZB → § 5   **58**
Rn. 45 ff.) ihre geldpolitischen und ihre Aufsichtsaufgaben jeweils unabhängig und
unabhängig voneinander ausführen kann,[89] hat man innerhalb der EZB ein neues *Gremium für die Bankenaufsicht (Supervisory Board)* geschaffen, das die Aufsichtsmaßnahmen und -entscheidungen plant und vorbereitet, Art. 26 Abs. 1, 8 S. 1 SSM-VO.
Für die abschließende Beschlussfassung ist jedoch nach Art. 26 Abs. 8 S. 3 SSM-VO
auch im Bereich der Aufsicht der EZB-Rat zuständig, der gemäß Art. 12.1 ESZB-Satzung zugleich die Geldpolitik der Union festlegt.[90] Die Gefahr eines Konflikts zwischen geldpolitischen und aufsichtlichen Interessen wurde mithin jedenfalls nicht
vollständig ausgeräumt (→ § 5 Rn. 70 ff.).[91]

bb) Aufsichtsgegenstände

In den Mitgliedstaaten, die sich wie die Bundesrepublik an der Europäischen Banken-   **59**
union und ihrem Einheitlichen Aufsichtsmechanismus beteiligen (→ Rn. 12 mit Fn. 30),
werden „*bedeutende*" *Kreditinstitute* seit November 2014 *direkt* von der EZB beaufsichtigt, Art. 4 Abs. 1, 2, Art. 6 Abs. 4 SSM-VO. Als bedeutend gelten insbesondere
jene Banken, deren Aktiva einen Wert von über 30 Mrd. Euro oder 20 % des Bruttoinlandsprodukts des Sitzstaates besitzen, sowie jene, die finanzielle Unterstützung aus
dem Europäischen Stabilitätsmechanismus erhalten, Art. 6 Abs. 4 SSM-VO.[92] Die
EZB kann darüber hinaus die direkte Aufsicht über einzelne Institute an sich ziehen,

---

[88] Vgl. *S. Augsberg*, in: Ehlers/Fehling/Pünder, § 34 Rn. 7; *Ruthig/Storr*, Rn. 498, 511; siehe für
einen Überblick über die Behörden der Finanzaufsicht und ihre Instrumente auch *Kaufhold*, Die
Verwaltung 49 (2016), 339 (341 ff.).

[89] Das Unabhängigkeitserfordernis ergibt sich für die Aufsichtsaufgaben aus Art. 25 Abs. 2 SSM-VO,
für die Aufgabe der Geldpolitik aus Art. 130 AEUV.

[90] Siehe zur Zusammenarbeit von Aufsichtsgremium und EZB-Rat bei der aufsichtlichen Beschlussfassung näher z. B. *Glos/Benzing*, in: Binder/Glos/Riepe, § 2 Rn. 123 ff.

[91] Kritisch zur Ausgestaltung von Organisation und Verfahren der Bankenaufsicht durch die EZB
z. B. *Peters*, WM 2014, 396 (399 f.); *Sacarcelik*, BKR 2013, 353 (355).

[92] Eine Liste der direkt von der EZB überwachten Banken ist abrufbar unter https://www.banking-
supervision.europa.eu/banking/list/who/html/index.en.html (01.03.2019).

wenn sie dies für erforderlich hält, um die kohärente Anwendung hoher Aufsichts-standards zu gewährleisten, Art. 6 Abs. 5 lit. b SSM-VO. Mindestens jedoch werden die drei bedeutendsten Kreditinstitute in jedem teilnehmenden Mitgliedstaat von der EZB überwacht, Art. 6 Abs. 4 UAbs. 5 SSM-VO. In allen Konstellationen muss die Bedeutung des Kreditinstituts von der EZB in einem konstitutiven Beschluss festge-stellt werden, Art. 39 Abs. 1 SSM-RahmenVO.[93]

60   Die direkte Aufsicht über alle anderen Banken, die nicht unmittelbar der EZB unterstellt sind, wird weiterhin von den mitgliedstaatlichen Behörden ausgeübt, in Deutschland also von der BaFin, Art. 6 Abs. 6 SSM-VO. Auch für diese „weniger bedeutenden" Banken trifft die EZB jedoch die Entscheidung über die Zulassung und den eventuellen Entzug der Erlaubnis, Art. 6 Abs. 4 UAbs. 1 S. 1, Art. 4 Abs. 1 lit. a SSM-VO. Zudem verfügt sie über weitreichende Rechte zur Steuerung der nationalen Aufsichtsverfahren einschließlich eines Selbsteintrittsrechts und übt da-mit eine *indirekte* Aufsicht aus.[94]

61   Als Kreditinstitute i. S. d. SSM-VO gelten nach Art. 2 Nr. 3 SSM-VO alle Kre-ditinstitute gemäß Art. 4 Abs. 1 Nr. 1 CRR. Nicht zu den Aufsichtsobjekten der EZB zählen hingegen die Wertpapierfirmen i. S. d. CRR.

62   Nach Art. 4 Abs. 1 Nr. 1 CRR sind solche Unternehmen als „Kreditinstitute" zu qualifizieren, deren Tätigkeit darin besteht, Einlagen oder andere rückzahlbare Gel-der des Publikums entgegenzunehmen und Kredite für eigene Rechnung zu gewäh-ren, die also sowohl das Einlagen- als auch das Kreditgeschäft betreiben. Auf den Umfang des Betriebs und seine Gewerbsmäßigkeit kommt es nicht an.

63   Was unter einer „*Einlage*" oder „anderen rückzahlbaren Geldern des Publi-kums" zu verstehen ist, definiert die Verordnung nicht. Die Begriffe sind daher in Anlehnung an das bankwirtschaftliche Verständnis zu bestimmen.[95] Danach sind Einlagen grundsätzlich „Zahlungsmittel aus dem Nichtbankenbereich, die bei Banken deponiert werden".[96] Einlagengeschäfte sind von den Interbankenge-schäften zu differenzieren, zu denen der Austausch von Zahlungsmitteln zwi-schen Kreditinstituten gehört. Drei wesentliche Einlagenarten sind zu unter-scheiden: Sicht-, Termin- und Spareinlagen. Sichteinlagen, auch Giroeinlagen genannt, zeichnen sich dadurch aus, dass für sie keine Laufzeit vereinbart wurde und ihre Rückzahlung ohne vorherige Kündigung fällig ist. Termineinlagen wie insbesondere Festgelder sind befristet und erst nach Ende der verabredeten Lauf-zeit fällig. Sie sind regelmäßig höher verzinst als Sichteinlagen. Spareinlagen können im Unterschied zu Termineinlagen auch in kleinsten Beträgen eingezahlt werden. Sie werden erst nach Ablauf einer Kündigungsfrist fällig.[97] Der Zweck der Entgegennahme von Einlagen besteht aus Sicht der Banken darin, Kapital zu

---

[93] Zum Einstufungsverfahren der EZB *Ohler*, Bankenaufsicht, § 5 Rn. 150 ff.

[94] Siehe zur Aufgaben- und Kompetenzverteilung zwischen EZB und nationalen Aufsichtsbehör-den z. B. *Ohler*, Bankenaufsicht, 2015, § 5 Rn. 121 ff.

[95] Für die Interpretation des Einlagenbegriffs im KWG BGHZ 129, 90 (92 ff.).

[96] *Von Stein*, in: Obst/Hintner, S. 555 (559).

[97] Vgl. BGHZ 129, 90 (94 f.); *von Stein*, in: Obst/Hintner, S. 555 (562 ff.).

sammeln, um dieses dann im Rahmen des Aktivgeschäfts als verzinsten Kredit an Dritte weiterzugeben.[98]

cc) Aufsichtsbefugnisse

(1) Zulassung

Der gewerbsmäßige Betrieb von Bankgeschäften ist erlaubnispflichtig. **64** § 32 Abs. 1 S. 1 KWG i. V. m. § 1 Abs. 1 S. 2, Abs. 1a S. 2 KWG normieren ein *präventives Verbot mit Erlaubnisvorbehalt.*

Die EZB entscheidet in den Mitgliedstaaten, die an der Bankenunion teilneh- **65** men, über die Zulassung sämtlicher Kreditinstitute i. S. v. Art. 4 Abs. 1 Nr. 1 CRR, der „bedeutenden" ebenso wie der „weniger bedeutenden", Art. 6 Abs. 4 UAbs. 1 i. V. m. Art. 4 Abs. 1 lit. a SSM-VO.

Die mitgliedstaatlichen Aufsichtsbehörden sind in das Entscheidungsverfahren **66** einbezogen: Der Antrag auf eine Erlaubnis ist gemäß Art. 14 Abs. 1 SSM-VO bei ihnen zu stellen. Sie prüfen, ob alle formalen und materiellen Anforderungen des *nationalen* Rechts erfüllt sind und erlassen gegebenenfalls einen Beschlussent- wurf, mit dem der EZB die Erteilung der Erlaubnis vorgeschlagen wird, Art. 14 Abs. 2 SSM-VO. Der vorgeschlagene Beschluss gilt als erlassen, wenn die EZB nicht innerhalb einer Frist von grundsätzlich 10 Arbeitstagen widerspricht. Hierzu ist sie nur berechtigt, wenn die einschlägigen *unionsrechtlichen* Vorausset- zungen nicht erfüllt sind, Art. 14 Abs. 3 SSM-VO. Zum Unionsrecht in diesem Sinne zählen nach Art. 4 Abs. 3 UAbs. 1 SSM-VO allerdings auch die nationalen Gesetze, soweit sie europäische Richtlinien umsetzen.[99]

Kommen die mitgliedstaatlichen Behörden zu der Überzeugung, dass der An- **67** tragssteller die nationalen Vorschriften nicht erfüllt, lehnen sie die Zulassung ab. Die EZB kann sich über diese Entscheidung nicht hinwegsetzen.

(2) Laufende Überwachung

Die laufende Überwachung wird von der EZB unmittelbar nur für „bedeutende" **68** Kreditinstitute ausgeübt. Nach Art. 6 Abs. 4 UAbs. 1 i. V. m. Art. 4 Abs. 1 SSM-VO überwacht sie nur bei diesen die dauerhafte und auch nur die Einhaltung der unions- rechtlichen Vorschriften i. S. v. Art. 4 Abs. 3 UAbs. 1 SSM-VO.[100]

(a) Auskunfts- und Prüfungsbefugnisse

Mit Art. 9 ff. SSM-VO hat man der EZB zu diesem Zweck zahlreiche Auskunfts- und **69** Prüfungsbefugnisse eingeräumt. Sie kann die Vorlage aller für die Aufsicht benötig- ten Informationen verlangen, Art. 10 Abs. 1 SSM-VO, Unterlagen einsehen, Mitar-

---

[98] *Von Stein,* in: Obst/Hintner, S. 555 (559).

[99] S. zu diesem „umgekehrten Vollzug" und seiner Vereinbarkeit mit EUV, AEUV und GG *Kauf-hold,* JöR 66 (2018), 85; *Martini/Weinzierl,* NVwZ 2017, 177; *Peuker,* JZ 2014, 764.

[100] Die nationalen Behörden kontrollieren die „bedeutenden" Institute am Maßstab des nationalen Rechts, soweit dieses nicht der Umsetzung von EU-Richtlinien dient, vgl. Erwägungsgrund Nr. 28 zur SSM-VO; siehe zu den aus diesem Nebeneinander der Kontrollen resultierenden Schwierig- keiten z. B. *Kaufhold,* JöR 66 (2018), 85 (105 ff.); *Schneider,* EuZW 2013, 452 (455 f.).

beiter befragen und sonstige Untersuchungen sowie Prüfungen vor Ort in den Geschäftsräumen der Institute durchführen, Art. 11 Abs. 1, Art. 12 Abs. 1, 2 SSM-VO.

(b) Anordnungsbefugnisse

70 Stellt die EZB einen Verstoß gegen europäische Vorgaben fest oder ist ein solcher
Verstoß zu erwarten, kann sie gegenüber den Kreditinstituten all jene Anordnungen
erlassen, die erforderlich sind, um die Rechtsverletzungen zu beseitigen bzw. zu
verhindern, Art. 16 Abs. 1 SSM-VO. Sie hat überdies das Recht, die Unternehmen
zu Maßnahmen zu verpflichten, die über die gesetzlichen Regelanforderungen hinausgehen. Sie kann also etwa das Anlegen zusätzlicher Liquiditätsreserven verlangen, soweit dies erforderlich ist, um die Einhaltung der gesetzlichen Vorschriften
sicherzustellen oder um der Entwicklung systemischer Risiken entgegenzuwirken,
Art. 16 Abs. 2 SSM-VO.

(c) Insbesondere: Sanierungsplanung

71 Alle Kreditinstitute und Wertpapierfirmen i. S. d. CRR (→ Rn. 62, 89) sind gem. § 12
Abs. 1 S. 1 i. V. m. § 2 Abs. 1 SAG grundsätzlich verpflichtet, Sanierungspläne zu
erstellen, in denen darzulegen ist, welche Maßnahmen das Institut im Krisenfall zur
Bestandssicherung ergreifen kann und soll (→ Rn. 48). Bei bedeutenden *Kredit*instituten prüft nach § 3 Abs. 2 SAG i. V. m. § 1 Abs. 5 KWG i. V. m. Art. 4 Abs. 1
lit. i SSM-VO die EZB, ob die Sanierungspläne den Anforderungen der §§ 13 ff. SAG
genügen. Ihre Befugnis zur Anwendung des deutschen SAG, das zur Umsetzung der
BRRD erlassen wurde (→ Rn. 15), ergibt sich aus Art. 4 Abs. 3 UAbs. 1 SSM-VO. Stellt
die EZB fest, dass ein Sanierungsplan nicht den gesetzlichen Anforderungen genügt,
kann sie zunächst eine Überarbeitung des Plans anordnen, § 16 Abs. 1 SAG. Sollten
sich die Hindernisse für eine Sanierung des Instituts auf diesem Wege nicht ausräumen lassen, kann die EZB das Institut äußerstenfalls zu internen Strukturveränderun-
gen (z. B. zu Änderungen des Risikoprofils, der Geschäftsstrategie oder der Organisation der Unternehmensführung) verpflichten, § 16 Abs. 3–8 SAG.[101]

b) Europäischer Abwicklungsausschuss (Single Resolution Board, SRB)

72 Im Verlauf der Finanzkrise der Jahre 2008/2009 sahen sich viele Staaten gezwungen, bestandsgefährdete Finanzinstitute mit finanziellen Mitteln zu unterstützen,
um die Funktionsfähigkeit der Finanzmärkte zu sichern. Die Rekapitalisierung der
Finanzunternehmen hat zu einer erheblichen Erhöhung der Staatsverschuldung beigetragen. Daraus sind wiederum neue Probleme speziell für jene Finanzinstitute
erwachsen, die in großem Umfang Staatsanleihen hielten. Um diesen Kreislauf zu
durchbrechen, hat man 2014 mit der SRM-VO auf europäischer Ebene einen einheitlichen Abwicklungsmechanismus eingerichtet einschließlich eines Fonds, aus
dem Stützungsmaßnahmen finanziert werden können.[102]

---

[101] Siehe zur Sanierungsplanung näher *Cichy/Buchmüller/Igl*, in: Binder/Glos/Riepe, § 15 Rn. 8 ff.,
und speziell zu den Befugnissen der Aufsichtsbehörden Rn. 75 ff.

[102] Für einen Überblick über Organisation und Verfahren des SRM s. etwa *Benzing*, in: Binder/
Glos/Riepe, § 14.

Der Abwicklungsmechanismus besteht aus drei Elementen: dem als Agentur aus- **73** gestalteten SRB[103] (→ Rn. 13), dem einheitlichen Abwicklungsfonds[104] und den nationalen Abwicklungsbehörden.[105] Aus dem Abwicklungsfonds sollen zukünftig im Notfall und nach der grundsätzlich vorrangigen Inanspruchnahme von Anteilseignern und Gläubigern Abwicklungsmaßnahmen für Finanzinstitute finanziert werden.

In den Mitgliedstaaten, die sich an der Bankenunion beteiligen (→ Rn. 12), werden **74** alle von der EZB überwachten bedeutenden Kreditinstitute vom SRB laufend auf ihre Abwicklungsfähigkeit hin überprüft, Art. 2, Art. 7 Abs. 2, Art. 10 Abs. 1 SRM-VO. Das SRB erstellt für diese Finanzinstitute *Abwicklungspläne*,[106] in denen geregelt ist, welche Maßnahmen ergriffen werden können und sollen, falls die Institute in finanzielle Schwierigkeiten geraten. Die Pläne bereiten eventuelle Restrukturierungen bzw. Liquidierungen vor, die gegebenenfalls innerhalb weniger Tage, möglichst an einem Wochenende durchgeführt werden sollen.[107] Für die Ausarbeitung der Abwicklungspläne hat man dem SRB *Auskunfts-, Untersuchungs- und Prüfungsbefugnisse* eingeräumt.[108] Es kann überdies Maßnahmen zur Gewährleistung der *Abwicklungsfähigkeit* anordnen, beispielsweise Mindestanforderungen an die Eigenmittelausstattung definieren.[109]

Ist der Ausfall eines Instituts wahrscheinlich und würde dieser Ausfall eine Ge- **75** fahr für die Funktionsfähigkeit der Finanzmärkte bedeuten, die sich nicht anders als durch eine Abwicklung des Instituts ausräumen lässt, die also insbesondere nicht im Rahmen eines regulären Insolvenzverfahrens bewältigt werden kann, so schlägt das SRB (in Zusammenarbeit mit der EZB) eine *Abwicklungsentscheidung* einschließlich eines *Abwicklungskonzepts* vor, über die Rat und Kommission befinden, Art. 18 Abs. 1–8 SRM-VO.[110] Mit dem Abwicklungskonzept können insbesondere die Anteilseigner und Gläubiger eines Instituts zur Beteiligung an den Abwicklungskosten verpflichtet werden (sog. *bail-in*), das Unternehmen kann in Gänze oder in Teilen veräußert oder auf ein Brückeninstitut übertragen und gegebenenfalls der Einsatz von Mitteln aus dem Abwicklungsfonds beschlossen werden.[111] Die Umsetzung des Abwicklungskonzepts obliegt der zuständigen nationalen Abwicklungsbehörden, Art. 18 Abs. 9 SRM-VO, d. h. in Deutschland der BaFin (→ Rn. 15).

Für die Abwicklungsplanung, die Sicherung der Abwicklungsfähigkeit und eine **76** eventuelle Abwicklung von weniger bedeutenden Kreditinstituten sind die nationalen

---

[103] Art. 42 ff. SRM-VO.

[104] Art. 67 ff. SRM-VO.

[105] Art. 1 UAbs. 2 SRM-VO.

[106] Art. 7 Abs. 2, Art. 8 SRM-VO.

[107] Vgl. die Erwägungsgründe Nr. 26, 31, 53 zur SRM-VO sowie die Fristenregelungen für die an der Abwicklung Beteiligten in Art. 18 SRM-VO; kritisch zum komplizierten Entscheidungsverfahren angesichts des Ziels einer schnellen Restrukturierung bzw. Liquidation z. B. *Peters*, WM 2014, 396 (402).

[108] Art. 34 ff. SRM-VO.

[109] Art. 12 SRM-VO.

[110] 2017 hat das SRB erstmals eine Bank – das spanische Kreditinstitut Banco Popular Español S.A. – nach den Vorschriften der SRM-VO abgewickelt.

[111] Art. 21 ff. SRM-VO.

Abwicklungsbehörden zuständig, Art. 7 Abs. 3 SRM-VO (→ Rn. 82). Zur Sicherung einer einheitlichen und effektiven Anwendung der SRM-VO kann das SRB die nationalen Verfahren jedoch insbesondere durch den Erlass von Leitlinien und allgemeinen Weisungen steuern, Art. 31 Abs. 1 SRM-VO.

c) Europäische Aufsichtsbehörden (European Supervisory Authorities, ESAs)

77   Die drei neu geschaffenen Europäischen Aufsichtsbehörden (→ § 5 Rn. 67)[112] – die Europäische Bankenaufsichtsbehörde (EBA), die Europäische Aufsichtsbehörde für das Versicherungswesen und die betriebliche Altersversorgung (EIOPA) sowie die Europäische Wertpapier- und Marktaufsichtsbehörde (ESMA) – sind als *unabhängige Agenturen* mit eigener Rechtspersönlichkeit ausgestaltet.[113] Ihre Hauptaufgabe besteht darin, die Aufsichtstätigkeiten der nationalen Behörden zu *koordinieren*, damit die europäischen Regeln für Finanzinstitute und -märkte in den verschiedenen Mitgliedstaaten auch tatsächlich einheitlich angewendet und durchgesetzt werden.[114] Die sektorübergreifende Abstimmung der Tätigkeiten von EBA, EIOPA und ESMA ist Aufgabe des „Gemeinsamen Ausschusses der Europäischen Aufsichtsbehörden".[115]

78   *Originäre Befugnisse* zum Erlass verbindlicher Anordnungen gegenüber Finanzmarktteilnehmern besitzt als einzige der drei Behörden die ESMA. Sie übt die Aufsicht über *Ratingagenturen* aus[116] und entscheidet insbesondere über ihre Registrierung, die Voraussetzung für die öffentliche Bekanntmachung oder Weitergabe von Ratings an Kunden ist.[117] Die EU Kommission hat eine Reform der ESA-Verordnungen vorgeschlagen, die deutlich erweiterte Befugnisse für alle drei Europäischen Aufsichtsbehörden vorsieht.[118]

79   Bislang stehen den ESAs jedoch im Übrigen nur in Ausnahmefällen und lediglich *subsidiär Aufsichtsbefugnisse* unmittelbar gegenüber Finanzakteuren zu. Wenn die nationalen Aufsichtsbehörden europäische Vorgaben nicht beachten, obwohl sie auf die Verstöße hingewiesen und zur Abhilfe aufgefordert wurden, kann sich die zuständige ESA unmittelbar an die Finanzinstitute wenden und Maßnahmen zur

---

[112] Hierzu einführend statt vieler z. B. *Kämmerer*, NVwZ 2011, 1281; *Lehmann/Manger-Nestler*, ZBB 2011, 1.

[113] Siehe jeweils Art. 5 sowie Art. 42, 46, 49, 52, 59 der EBA-, EIOPA- sowie ESMA-VO. Zu den aus dieser Ausgestaltung erwachsenden demokratischen und rechtsstaatlichen Bedenken z. B. *Häde*, EuZW 2011, 662.

[114] Siehe jeweils Art. 2 Abs. 1 der EBA-, der EIOPA- sowie ESMA-VO sowie eingehend *Schemmel*, Europäische Finanzmarktverwaltung, 2018, S. 64 ff., und *Wörner*, Rechtlich weiche Verhaltenssteuerungsformen Europäischer Agenturen als Bewährungsprobe der Rechtsunion. Wirkungen und Grenzen abstrakt-genereller unverbindlicher Rechtssetzung durch Regulierungsagenturen am Beispiel von Leitlinien und Empfehlungen der Europäischen Finanzaufsichtsagenturen, 2017, S. 103 ff., 138 ff.

[115] Siehe etwa Art. 54 ff. EBA-VO.

[116] Art. 14 ff. Rating-VO.

[117] Siehe zur Entwicklung der Regulierung von Ratingagenturen und zu ihrer Beaufsichtigung durch die ESMA *Veil/Teigelack*, in: Veil, § 27 Rn. 9, 55 ff.

[118] Siehe COM(2018) 646 final.

Beseitigung der Rechtsverletzungen erlassen, die dann Vorrang vor den Regelungen der mitgliedstaatlichen Behörden genießen.[119] Entstehen zwischen den nationalen Finanzaufsichtsbehörden Meinungsverschiedenheiten über die Auslegung europäischer Regelungen, können die ESAs zudem per Beschluss entscheiden, welche Maßnahmen auf mitgliedstaatlicher Ebene zu treffen sind.[120] Schließlich hat man ihnen eine Reihe von Instrumenten zur Ermittlung und Abwehr systemischer Risiken an die Hand gegeben. Die ESAs können etwa Stresstests durchführen,[121] bestimmte Finanztätigkeiten vorübergehend verbieten[122] und, wenn der Rat der EU eine Krisensituation festgestellt hat, die Tätigkeit der mitgliedstaatlichen Aufsichtsbehörden durch rechtsverbindliche Anordnungen dirigieren[123].

d) Europäischer Ausschuss für Systemrisiken (European Systemic Risk Board, ESRB)

Der ebenfalls neu eingerichtete Europäische Systemrisikoausschuss hat keinen Vorgänger in der europäischen Aufsichtsarchitektur (→ § 5 Rn. 65 ff.). Er ist mit der *Makroaufsicht* über das Finanzsystem der Union betraut. Der ESRB überwacht also keine einzelnen Finanzunternehmen oder Finanzmärkte, sondern *Entwicklungen* im System.[124] Seine Aufgabe besteht in der Abwehr systemischer Risiken (z. B. in der Gestalt von Kreditblasen), die sich aus dem Zusammenspiel vieler Institute und Märkte ergeben.[125] Der ESRB ist bei der EZB angesiedelt und besitzt keine eigene Rechtspersönlichkeit.[126] Er kann keine rechtsverbindlichen Anordnungen erlassen, aber *Warnungen* und *Empfehlungen* an Union, Mitgliedstaaten, europäische und nationale Aufsichtsbehörden richten, wenn er signifikante Risiken für die Finanzstabilität erkennt.[127] **80**

e) BaFin

Soweit die Finanzaufsicht auf mitgliedstaatlicher Ebene durchgeführt wird, liegt sie in Deutschland in erster Linie in den Händen der BaFin. **81**

aa) Organisation

Die BaFin wurde auf der Grundlage von Art. 87 Abs. 3 GG als bundesunmittelbare Anstalt des öffentlichen Rechts gegründet, § 1 Abs. 1 FinDAG (→ § 4 Rn. 24, 38). Sie ist 2002 als *Allfinanzaufsichtsbehörde* an die Stelle der drei vormals getrennten **82**

---

[119] Siehe z. B. Art. 17 Abs. 6, 18 Abs. 4, 19 Abs. 4 EBA-VO, und erläuternd dazu etwa *Kämmerer*, NVwZ 2011, 1281 (1284 ff.).

[120] Siehe z. B. Art. 19 Abs. 3 EBA-VO.

[121] Siehe z. B. Art. 21 Abs. 2 lit. b, 32 Abs. 2 EBA-VO.

[122] Siehe z. B. Art. 9 Abs. 5 UAbs. 1 EBA-VO.

[123] Siehe z. B. Art. 18 Abs. 3 EBA-VO.

[124] Zur Ausgestaltung des ESRB und seiner Qualifikation als Ausprägung einer neuen Aufsichtsform, der Systemaufsicht, *Kaufhold*, Die Verwaltung 46 (2013), 21.

[125] Art. 3 Abs. 1 ESRB-VO.

[126] Siehe Erwägungsgrund Nr. 15 zur ESRB-VO.

[127] Art. 17 ESRB-VO. Warnungen und Empfehlungen verpflichten lediglich zur Stellungnahme, sog. act-or-explain-Prinzip.

Bundesämter für das Kreditwesen, für das Versicherungswesen und für den Wertpapierhandel getreten.[128] Zum 01.01.2018 hat die BaFin zudem die Aufgaben der
nationalen Abwicklungsbehörde übernommen, § 4 Abs. 1 S. 5 FinDAG (→ Rn. 76).
Die BaFin untersteht der Rechts- und Fachaufsicht des BMF, § 2 FinDAG.[129]

83   Das Grundgesetz erlaubt es grundsätzlich nicht, bundesunmittelbare Anstalten
mit einem eigenen Verwaltungsunterbau auszustatten, Art. 87 Abs. 3 S. 1, 2 GG. Die
BaFin verfügt daher nicht über ein Netz von ihr unterstellten mittleren und unteren
Verwaltungsbehörden, die vor Ort Prüfungen durchführen und Informationen erheben könnten. Stattdessen arbeitet sie gemäß § 7 KWG eng mit der *Bundesbank* zusammen und nutzt dabei deren Hauptverwaltungen und Filialnetze. Die Bundesbank übernimmt nach § 7 Abs. 1 S. 2 KWG die laufende Überwachung der Institute.
Sie wertet insbesondere die eingereichten Unterlagen aus und prüft die Eigenmittelausstattung sowie die Risikosteuerungsverfahren, § 7 Abs. 1 S. 3 KWG. Ihre
Aufsichtstätigkeit wird angeleitet durch Aufsichtsrichtlinien, die von BaFin und
Bundesbank gemeinsam ausgearbeitet werden, § 7 Abs. 2 KWG, zu deren abschlie-
ßendem Erlass aber die BaFin allein befugt ist, § 7 Abs. 2 S. 3 KWG.

bb) Aufsichtsgegenstände

84 Nach § 4 Abs. 1 FinDAG ergeben sich die Aufsichtsgegenstände der BaFin, obwohl
es sich um eine Allfinanzaufsicht handelt, aus den sektoralen Finanzvorschriften,
d. h. in erster Linie aus CRR und KWG, VAG, MAR und WpHG sowie SRM-VO
und SAG.

(1) Aufsichtsgegenstände nach CRR und KWG

85 Gemäß § 6 Abs. 1 KWG übt die BaFin die Aufsicht insbesondere über alle „Institute" i. S. d. § 1 Abs. 1b KWG aus, d. h. über alle *Kredit- und Finanzdienstleistungsinstitute* nach § 1 Abs. 1, 1a KWG, sowie über Kredit- und Wertpapierinstitute
i. S. d. CRR, soweit sie nicht durch die SSM-VO der Kontrolle durch die EZB unterstellt werden.

(a) Kreditinstitute gemäß § 6 Abs. 1 i. V. m. § 1 Abs. 1 KWG

86 Als Kreditinstitute i. S. d. § 1 Abs. 1 S. 1 KWG sind Unternehmen zu qualifizieren,
die Bankgeschäfte gewerbsmäßig oder in einem Umfang betreiben, der einen in
kaufmännischer Weise eingerichteten Gewerbebetrieb erfordert. Als Bankgeschäfte
sind nach § 1 Abs. 1 S. 2 KWG neben dem Einlagen- und Kreditgeschäft
(§ 1 Abs. 1 S. 2 Nr. 1, 2 KWG) eine Reihe weiterer Tätigkeiten zu bewerten, so etwa
Geschäfte mit Pfandbriefen (§ 1 Abs. 1 S. 2 Nr. 1a KWG), die Anschaffung und
Veräußerung von Finanzinstrumenten im eigenen Namen für fremde Rechnung
(§ 1 Abs. 1 S. 2 Nr. 4 KWG) und die Verwahrung und Verwaltung von Wertpapieren
(§ 1 Abs. 1 S. 2 Nr. 5 KWG).

---

[128] Zu den fortbestehenden Hindernissen für die Zusammenführung der Aufsichtsbereiche in der
Praxis z. B. *Heun*, JZ 2012, 235 (239).

[129] Das BMF übt seine Weisungsbefugnisse in der Praxis jedoch nur sehr zurückhaltend aus, siehe
zu den Hintergründen *Röhl*, in: Fehling/Ruffert, § 18 Rn. 92 ff.

Als gewerbsmäßig ist der Betrieb von Bankgeschäften wie allgemein jener eines **87** Gewerbes zu bewerten, wenn er auf eine gewisse Dauer angelegt ist und mit Gewinnerzielungsabsicht ausgeführt wird. Diese Voraussetzungen können auch schon Kleinstbetriebe erfüllen.[130] Die Notwendigkeit, einen Betrieb in kaufmännischer Weise einzurichten, ergibt sich demgegenüber regelmäßig erst ab einem größeren Geschäftsumfang. Ihr kommt daher als Definitionsmerkmal kaum eigenständige Bedeutung zu.[131]

(b) Finanzdienstleistungsinstitute nach § 6 Abs. 1 i. V. m. § 1 Abs. 1a KWG

Finanzdienstleistungsinstitute sind gemäß § 1 Abs. 1a KWG solche Unternehmen, **88** die Finanzdienstleistungen gewerbsmäßig oder in einem Umfang erbringen, der einen in kaufmännischer Weise eingerichteten Geschäftsbetrieb erfordert. In § 1 Abs. 1a Nr. 1 ff. KWG sind verschiedene Formen von Finanzdienstleistungen aufgeführt. Ihnen ist gemeinsam, dass sie für die anbietenden Unternehmen typischerweise zwar kein Kreditrisiko begründen, wie es mit Bankgeschäften regelmäßig einhergeht, wohl aber sonstige finanzielle Risiken, die eine Aufsicht rechtfertigen.[132]

(c) CRR-Institute nach § 6 Abs. 1 KWG i. V. m. Art. 1, 4 Abs. 1 Nr. 1, 2 CRR

Der Kreditinstitutsbegriff des KWG reicht weiter als jener der CRR. Alle nicht von der **89** EZB überwachten Banken sind daher bereits nach § 6 Abs. 1 i. V. m. § 1 Abs. 1 KWG der Aufsicht durch die BaFin unterstellt.[133] Zudem werden gemäß § 6 Abs. 1 KWG auch alle Wertpapierfirmen i. S. v. Art. 4 Abs. 1 Nr. 2 CRR von der BaFin beaufsichtigt. Dazu gehören alle juristischen Personen, „die im Rahmen ihrer üblichen beruflichen oder gewerblichen Tätigkeit gewerbsmäßig eine oder mehrere Wertpapierdienstleistungen für Dritte erbring[en] und/oder eine oder mehrere Anlagetätigkeiten ausüb[en]".[134]

(2) Aufsichtsgegenstände nach dem VAG

Neben Kredit- und Finanzinstituten beaufsichtigt die BaFin gemäß § 1 Abs. 1 VAG **90** auch alle *Versicherungsunternehmen*, Versicherungs-Holdinggesellschaften, Versicherungs-Zweckgesellschaften, Sicherungs- und Pensionsfonds. Als Versicherungsunternehmen ist ein Institut zu qualifizieren, das Versicherungsgeschäfte betreibt, aber keine Sozialversicherung ist, § 7 Nr. 33 VAG.

Ein *Versicherungsgeschäft* zeichnet sich dadurch aus, dass „gegen Entgelt **91** eine bestimmte Leistung für den Fall des Eintritts eines ungewissen Ereignisses" versprochen wird, „wobei dieses Risiko auf eine Mehrzahl durch die gleiche Ge-

---

[130] Siehe BVerwGE 133, 358 (363); *Schäfer*, in: Boos/Fischer/Schulte-Mattler, § 1 KWG Rn. 22.

[131] *Ohler*, in: Ehlers/Fehling/Pünder, § 32 Rn. 41.

[132] Siehe *Ohler*, in: Ehlers/Fehling/Pünder, § 32 Rn. 23; *Schwennicke*, in: ders./Auerbach, § 1 KWG Rn. 78 ff.

[133] Vgl. *Kirchhartz*, GWR 2013, 395 (396).

[134] Art. 4 Abs. 1 Nr. 2 CRR i. V. m. Art. 4 Abs. 2 Nr. 1 der RL 2004/39/EG des Europäischen Parlaments und des Rates vom 21.04.2004 über Märkte für Finanzinstrumente (Markets in Financial Instruments Directive, MiFID).

fahr bedrohter Personen verteilt wird, und der Risikoübernahme eine auf dem Gesetz der großen Zahl beruhende Kalkulation zugrunde liegt".[135] Die Versicherungsleistung muss nicht in einer Geldzahlung bestehen. Der Anwendungsbereich des VAG ist weit zu fassen.[136] Ob ein Unternehmen der Aufsicht untersteht, wird gemäß § 4 VAG von der BaFin in einem feststellenden Verwaltungsakt entschieden.

(3) Aufsichtsgegenstände nach dem WpHG

92   Nach § 2 Abs. 10 WpHG handelt es sich bei Kreditinstituten und Finanzdienstleistungsinstituten i. S. d. KWG[137] immer dann um *Wertpapierdienstleistungsunternehmen* i. S. d. WpHG, wenn sie die Wertpapierdienstleistungen i. S. d. § 2 Abs. 8 WpHG allein oder zusammen mit Wertpapiernebendienstleistungen i. S. d. § 2 Abs. 9 WpHG gewerbsmäßig oder in einem Umfang erbringen, der einen in kaufmännischer Weise eingerichteten Geschäftsbetrieb erfordert. Das WpHG erweitert mithin nicht den Kreis der Finanzakteure, die der Aufsicht durch die BaFin unterstellt sind, sondern es normiert zusätzliche materielle Anforderungen an die Organisation und die Tätigkeiten einer bestimmten Gruppe von Kredit- oder Finanzdienstleistungsinstituten. Sein Anwendungsbereich wird handels- und produktorientiert bestimmt. Nach § 6 Abs. 1, 2 WpHG kontrolliert die BaFin den (börslichen und außerbörslichen) Handel mit Finanzinstrumenten insbesondere am Maßstab der MAR sowie des WpHG, überwacht also einzelne Tätigkeiten, Geschäfte und Verhaltensweise und prüft, ob sie den Vorgaben der in § 6 Abs. 2, 3 WpHG genannten Rechtsakte genügen.

(4) Aufsichtsgegenstände nach der SRM-VO und dem SAG

93   Als nationale Aufsichtsbehörde i. S. d. § 3 Abs. 2 SAG i. V. m. § 1 Abs. 5 KWG, Art. 7 Abs. 3 SRM-VO ist die BaFin zuständig für die Überwachung der Sanierungsplanung sowie für die Planung und gegebenenfalls Durchführung der Abwicklung aller Kreditinstitute und Wertpapierfirmen i. S. d. CRR (→ Rn. 59 ff., 84 ff.), die nicht aufgrund ihrer Bedeutung gem. Art. 7 Abs. 2 SRM-VO unmittelbar der EZB bzw. dem SRB unterstehen.

(5) Sonstige spezialgesetzlich geregelte Aufsichtsgegenstände

94   Eine Reihe von Spezialgesetzen erstreckt die Kontrolle der BaFin auf weitere Institute, die finanzbezogene Tätigkeiten ausüben. Dazu zählt insbesondere auch das ZAG, das die große Gruppe der *Zahlungsdienstleister*, zu der beispielsweise die Betreiber von Systemen für Lastschriftverfahren gehören, der Finanzaufsicht unterwirft.[138]

---

[135] BVerwGE 3, 220 (221); 75, 155 (159 f.); 77, 253 (254).

[136] *Michael*, in: Ehlers/Fehling/Pünder, § 33 Rn. 15.

[137] § 2 Abs. 10 WpHG verweist auf das KWG, der Wortlaut ist insoweit freilich nicht ganz eindeutig, vgl. *Kumpan*, in: Schwark/Zimmer, WpHG, § 2 Rn. 113.

[138] Siehe § 4 Abs. 1 i. V. m. § 1 Abs. 1 UAbs. 2 Nr. 3 ZAG.

cc) Aufsichtsbefugnisse

(1) Zulassung

Außerhalb der Zuständigkeiten der EZB übt die BaFin die präventive Kontrolle **95** über Finanzinstitute mit Sitz in Deutschland aus und entscheidet über die Erteilung einer Betriebserlaubnis gemäß § 32 Abs. 1 S. 1 KWG, § 8 Abs. 1 i. V. m. § 320 Abs. 1 VAG. Der notwendige Inhalt eines Erlaubnisantrags ist in § 32 Abs. 1 S. 2 KWG, § 9 VAG normiert. Die Zulassung ist zu erteilen, wenn diese formalen Anforderungen erfüllt wurden und keiner der in § 33 KWG, § 11 VAG abschließend geregelten[139] Versagungsgründe besteht. Der Antragsteller hat ein *subjektiv öffentliches Recht* auf die Erteilung der Erlaubnis.

Die von den nationalen Aufsichtsbehörden in einem Staat des EWR[140] erteilten **96** Erlaubnisse wirken europaweit. Finanzinstitute, die von den Behörden eines Mitgliedstaats zugelassen wurden, dürfen im gesamten Gebiet des EWR ihre Geschäfte ausüben, ohne für jeden Staat einzeln eine Betriebserlaubnis beantragen zu müssen, § 53b KWG, § 10 Abs. 1 S. 2 i. V. m. §§ 57 ff. i. V. m. § 7 Nr. 22 VAG. Die Erlaubnis wird daher auch als „*Europäischer Pass*" bezeichnet.[141] Gleichsam als „Kompensation" für den Verzicht auf je eigene Kontrollen und zugleich als Reaktion auf die grenzüberschreitende Tätigkeit vieler Finanzinstitute hat man die Aufsichtsbehörden der Mitgliedstaaten im EWR zu einer engen Zusammenarbeit und einem intensiven Informationsaustausch verpflichtet.[142]

Werden Finanzinstitute ohne Erlaubnis betrieben, kann die BaFin gemäß **97** § 37 Abs. 1 KWG, § 308 Abs. 1 VAG die *sofortige Einstellung des Geschäftsbetriebs* und die unverzügliche Abwicklung der Geschäfte anordnen. Erteilte Erlaubnisse können im Anwendungsbereich des KWG auf der Grundlage von § 35 Abs. 2 Hs. 2, Abs. 2a KWG und ergänzend auch nach § 35 Abs. 2 Hs. 1 KWG i. V. m. §§ 48, 49 VwVfG aufgehoben werden. Die Erlaubnis zum Betrieb eines Versicherungsunternehmens kann nach § 304 Abs. 1–3 VAG widerrufen und nach § 48 VwVfG zurückgenommen werden.[143]

(2) Laufende Überwachung

Für die laufende Überwachung der Finanzinstitute ist – soweit sie nicht von der **98** EZB ausgeübt wird – die Aufsichtsbehörde des Herkunftsmitgliedstaates zuständig, also die Behörde desjenigen Staates, in dem die Erlaubnis erteilt wurde, vgl. § 24a KWG, § 294 Abs. 2, 6 i. V. m. § 7 Nr. 1, § 320 Abs. 1 VAG. Die BaFin

---

[139] § 33 Abs. 3 KWG, § 11 Abs. 3 VAG.

[140] Vgl. § 1 Abs. 5a KWG, wonach der EWR i. S. d. KWG die Mitgliedstaaten der EU sowie die anderen Vertragsstaaten des Abkommens über den Europäischen Wirtschaftsraum umfasst.

[141] Zu diesem und den dahinter stehenden Prinzipien der Herkunftslandkontrolle und der gegenseitigen Anerkennung z. B. *Ohler*, EnzEuR V, § 10 Rn. 61; *Schelm*, in: Kümpel/Wittig, § 2 Rn. 119.

[142] Vgl. z. B. § 8 Abs. 3–9, § 33b, § 44a KWG, §§ 326 ff. VAG, sowie dazu *Röhl*, in: Fehling/Ruffert, § 18 Rn. 103.

[143] Siehe zum Verhältnis von § 304 VAG und § 48 VwVfG *Laars/Both*, VAG, 4. Online-Aufl. 2017, § 304 Rn. 3.

kontrolliert die von ihr zugelassenen Institute mithin auch, wenn sie grenzüber-schreitend tätig werden, und überwacht – in Zusammenarbeit mit den zuständigen ausländischen Stellen, § 8 Abs. 3 KWG, § 294 Abs. 6 S. 2, § 326 VAG – auch den in anderen Mitgliedstaaten des EWR ausgeübten Geschäftsbetrieb.

(a) Auskunfts- und Prüfungsbefugnisse

99   Wie die EZB verfügt auch die BaFin über umfangreiche Auskunfts- und Untersu-chungsrechte. Unabhängig davon, ob der konkrete Verdacht eines Rechtsverstoßes besteht, kann sie nach § 44 Abs. 1 KWG, § 305 Abs. 1, 2 VAG Auskünfte über alle Geschäftsangelegenheiten und die Vorlage aller erforderlichen Unterlagen verlan-gen, Prüfungen vor Ort durchführen und dazu die Geschäftsräume betreten.[144] Aus-kunfts- und Prüfungsverlangen nach § 6 Abs. 3 WpHG sind demgegenüber nur auf Grund von Anhaltspunkten zulässig, können dafür aber an jedermann, nicht nur an Finanzinstitute und ihre Mitarbeiter gerichtet werden.

(b) Anordnungsbefugnisse

100 Die Generalklauseln des Finanzaufsichtsrechts gestatten der BaFin ein Eingreifen bei *Verstößen gegen aufsichtsrechtliche Bestimmungen* sowie bei *„Missständen"*, § 6 Abs. 3 KWG,[145] § 298 Abs. 1 S. 1 VAG, § 6 Abs. 1 S. 3, Abs. 2 S. 2 WpHG. Für den Bereich der Versicherungsaufsicht ist der Begriff des Missstands in § 298 Abs. 1 S. 2 i.V.m. § 294 Abs. 2 VAG legal definiert als Verhalten, das den Auf-sichtszielen zuwiderläuft, also die Belange der Versicherten insgesamt gefährdet[146] oder gegen gesetzliche Regeln verstößt. Zudem gehören Schwächen oder Mängel, die die BaFin im Rahmen des aufsichtlichen Überprüfungsverfahrens identifiziert, zu den Missständen, § 298 Abs. 1 S. 3 VAG. Auch für die anderen Bereiche der Finanzaufsicht sind die Voraussetzungen der Generalklauseln mit Blick auf die Auf-sichtsziele zu konkretisieren. Als Missstände i. S. d. § 6 Abs. 3 S. 1 KWG sind da-nach Verhaltensweisen der Aufsichtsunterworfenen zu qualifizieren, die Vermö-gensinteressen von An- oder Einlegern oder die Stabilität des Finanzsystems gefährden.[147] Missstände i. S. d. § 6 Abs. 1 S. 3 WpHG werden durch ein Verhalten begründet, das Nachteile für die Stabilität der Finanzmärkte bewirken oder das Ver-trauen in ihre Funktionsfähigkeit erschüttern kann.[148] Das Verhalten muss als sol-

---

[144] In der Regel findet zumindest einmal jährlich ein sog. Aufsichtsgespräch statt, das gemäß der Aufsichtsrichtlinien typischerweise Mitarbeiter der Bundesbank mit den Instituten führen, siehe *Lindemann*, in: Boos/Fischer/Schulte-Mattler, § 7 KWG Rn. 61.

[145] § 6 Abs. 2 KWG hingegen kann als bloße Aufgabenregelung keine Rechtsgrundlage für belas-tende Maßnahmen bilden.

[146] Eingriffe ausschließlich zugunsten Einzelner sind unzulässig, es müssen stets Belange der Ver-sicherten insgesamt betroffen sein, siehe *Michael*, in: Ehlers/Fehling/Pünder, § 33 Rn. 40.

[147] Im Einzelnen ist insoweit vieles noch ungeklärt, vgl. für einen Überblick *Schäfer*, in: Boos/Fi-scher/Schulte-Mattler, § 6 KWG Rn. 32 ff.

[148] Vgl. *Poelzig*, Kapitalmarktrecht, Rn. 879.

ches nicht gesetzeswidrig sein, um als Missstand qualifiziert zu werden.[149] Das ergibt sich daraus, dass Anordnungen zur Abwehr von Missständen neben und unabhängig von Maßnahmen zur Verhinderung von Rechtsverletzungen zulässig sind, § 6 Abs. 3 S. 1 KWG, § 6 Abs. 2 S. 2 WpHG. Die BaFin soll Missstände „verhindern oder beseitigen", sie kann also bereits bei drohenden Nachteilen tätig werden.

Neben Eingriffsrechten aufgrund der Generalklauseln steht der BaFin nach **101** §§ 45 ff. KWG eine Reihe von Spezialbefugnissen zur Verfügung, die ihr Anordnungen mit zunehmender Eingriffstiefe ermöglichen. Vergleichbare Regelungen finden sich für die Aufsicht über Versicherungsunternehmen in §§ 300 ff. VAG.

(c) Insbesondere: Sanierung und Abwicklung

Für alle weniger bedeutenden Kreditinstitute und für alle Wertpapierfirmen **102** i. S. d. CRR übernimmt die BaFin die Aufgaben der Sanierungs- und Abwicklungsbehörde. Sie hat mit Hilfe der ihr durch §§ 12 ff. SAG übertragenen Kompetenzen die von den Instituten erstellten Sanierungspläne zu kontrollieren und die Sanierungsfähigkeit zu gewährleisten (→ Rn. 71). Nach §§ 40 ff. SAG erarbeitet sie für die ihr unterstellten Institute Abwicklungspläne und sichert die Abwicklungsfähigkeit gem. §§ 57 ff. SAG. Unter den Voraussetzungen der §§ 62 ff. SAG hat sie gegebenenfalls eine Abwicklung anzuordnen und durchzuführen, wozu ihr in §§ 78 ff. SAG die erforderlichen Abwicklungsbefugnisse verliehen werden.

f) Ausschuss für Finanzstabilität

Der Ausschuss für Finanzstabilität (AFS) übernimmt in Zusammenarbeit mit **103** der Bundesbank die makroprudentielle Aufsicht über das deutsche Finanzsystem.[150] Er ist als nationales *Äquivalent des ESRB* konzipiert, beim BMF angesiedelt und soll die Stabilität des Finanzsystems sichern sowie die Zusammenarbeit der an der Finanzaufsicht beteiligten Behörden stärken.[151] Wie sein europäisches Vorbild kann auch der AFS Warnungen und Empfehlungen abgeben, die zwar keine Rechtsverbindlichkeit besitzen, die Adressaten aber zur Stellungnahme verpflichten.[152]

---

[149] Der Widerspruch zu einem von der BaFin erlassenen Verwaltungsrundschreiben allein kann als solcher auch keinen Missstand begründen, maßgeblich muss die Gefährdung der Schutzgüter sein, so mit Recht *Schäfer*, in: Boos/Fischer/Schulte-Mattler, § 6 KWG Rn. 47 ff.; str., a. A. z. B. *Habetha/Schwennicke*, in: Schwennicke/Auerbach, § 6 KWG Rn. 17; *S. Augsberg*, in: Ehlers/Fehling/Pünder, § 34 Rn. 17.

[150] Er wurde mit dem Finanzstabilitätsgesetz vom 28.11.2012, BGBl. I, S. 2369, gegründet.

[151] § 2 Abs. 1, 2 FinStabG. Zu den entsprechenden britischen und US-amerikanischen Einrichtungen *Kaufhold*, WM 2013, 1877 (1879 ff.).

[152] § 3 FinStabG.

4. Sonderaufsicht über Sparkassen, Landes- und Förderbanken

104   Sparkassen, Landes- und Förderbanken werden in der Regel als *Anstalten des öffentlichen Rechts* und überwiegend in der Hand der Kommunen bzw. der Länder
geführt.[153] Der rechtliche Rahmen für ihre Tätigkeit wird durch die landesrechtlichen Regelungen der *Sparkassen- und Landesbankgesetze* abgesteckt.

105   Alle öffentlich-rechtlichen Kreditinstitute haben einen gesetzlich näher definierten *Gemeinwohlauftrag*. Sparkassen und Landesbanken sollen typischerweise
auf dem Gebiet ihres Trägers ein flächendeckendes Angebot von Bankdienstleis-
tungen gewährleisten, insbesondere angemessene und ausreichende Kredit- und
Anlagemöglichkeiten für die Bevölkerung wie für die Wirtschaft eröffnen.[154] Dementsprechend ist ihre Tätigkeit in der Regel auf das Gebiet der Kommune bzw. des
Landes begrenzt, die bzw. das sie errichtet hat, oder soll dort zumindest ihren
Schwerpunkt haben (sog. *Regionalprinzip*).[155] Förderbanken gewähren Kredite für
Projekte in bestimmten, im Gesetz als förderungswürdig eingestuften Bereichen,
etwa im Bereich der staatlichen Wohnraumförderung, der Verkehrsstrukturen oder
des Umweltschutzes.[156]

106   *Sparkassen, Landes- und Förderbanken* weisen regelmäßig alle Merkmale eines Kreditinstituts nach § 1 Abs. 1 S. 1 KWG und Art. 2 Nr. 3 SSM-VO auf. Sie
müssen daher allen materiellen Anforderungen an Kreditinstitute genügen und
werden insoweit durch BaFin bzw. EZB kontrolliert, § 52 KWG. Hinzu tritt für
sie eine *Sonderaufsicht*, die von Behörden der Landesverwaltungen (in der Regel
durch die Bezirksregierungen oder Finanzministerien der Länder) ausgeübt wird.
Diese überwachen die Einhaltung der ergänzend geltenden landesrechtlichen Vorschriften.[157]

> Öffentlich-rechtliche Kreditinstitute müssen einen *Gemeinwohlauftrag* erfül-
> len. Sie unterliegen der allgemeinen Finanzaufsicht und zusätzlich einer staat-
> lichen *Sonderaufsicht*, die über die Einhaltung der Vorschriften in den Spar-
> kassen- und Landesbankgesetzen der Länder wacht.

---

[153] Der Bund trägt zwei Förderbanken, die KfW Bankengruppe und die Landwirtschaftliche Ren-
tenbank.

[154] Siehe z. B. Art. 2 Abs. 1 BaySparkassenG; § 6 Abs. 1 SparkassenG BW; § 2 Abs. 1 SparkassenG
NRW; Art. 2 Abs. 1 BayLandesbankG; § 2 Abs. 2 LandesbankG BW. Sparkassen sind daher beispielsweise überwiegend zumindest im Grundsatz dazu verpflichtet, für Personen aus dem Träger-
gebiet auf Antrag ein Girokonto einzurichten und zu führen, siehe z. B. § 5 Abs. 2 BaySparkassenO; § 5 Abs. 2 SparkassenG NRW; anders aber etwa das SparkassenG BW.

[155] Siehe z. B. § 2 BaySparkassenO; § 6 Abs. 1 SparkassenG BW; § 3 SparkassenG NRW; anders
etwa Art. 2 Abs. 1 BayLandesbankenG; § 2 Abs. 3 LandesbankG BW.

[156] Siehe etwa Art. 3 Abs. 1 des Gesetzes über die Bayerische Landesanstalt für Aufbaufinanzie-
rung; § 3 Abs. 2 LKredBkG BW.

[157] Siehe z. B. Art. 13 BaySparkassenG; §§ 48 f. SparkassenG BW; §§ 39 ff. SparkassenG NRW.

5. Rechtsschutz[158]

Entscheidungen, die von der EZB als Bankenaufsichtsbehörde getroffen **107** werden, können von den Betroffenen mit der *Nichtigkeitsklage* gemäß Art. 263 UAbs. 4 AEUV angefochten werden. Wird die BaFin im Auftrag der EZB tätig, richtet sich der Rechtsschutz nach der VwGO. Umstritten sind die Rechtsschutzmöglichkeiten, wenn die EZB gemäß Art. 4 Abs. 3 SSM-VO nationales Umsetzungsrecht anwendet.[159]

Anordnungen der BaFin können von den Adressaten grundsätzlich mit der **108** *Anfechtungsklage* angegriffen oder mit der *Verpflichtungsklage* erzwungen werden. Da Maßnahmen der Finanzaufsicht nach § 4 Abs. 4 FinDAG, § 294 Abs. 8 VAG ausschließlich öffentlichen Interessen dienen, haben Dritte keinen Anspruch auf ein aufsichtliches Einschreiten der BaFin gegenüber anderen Instituten, und sie können an andere Institute gerichtete Anordnungen auch nicht gerichtlich angreifen. Verpflichtungs- und Anfechtungsklage wären mangels Klagebefugnis unzulässig. Entsprechendes dürfte für aufsichtliche Maßnahmen der EZB gelten. Außerdem können (ergriffene oder unterlassene) Maßnahmen der BaFin keinen Amtshaftungsanspruch Dritter begründen. Kunden von Finanzinstituten etwa haben keinen gegen den Staat gerichteten Anspruch auf Ersatz des Schadens, der ihnen als Folge einer rechtswidrigen Entscheidung der BaFin entstanden ist.[160]

Der *Ausschluss der Drittwirkung* soll den Grenzen der Leistungsfähigkeit **109** von Aufsichtsbehörden Rechnung tragen und einer Überlastung der Haushalte vorbeugen. Die Verfassungsmäßigkeit von § 4 Abs. 4 FinDAG ist nach wie vor umstritten. Insbesondere entnehmen Teile der Literatur Art. 14 Abs. 1 GG eine staatliche Pflicht zum Schutz von Finanzkunden, die angesichts der existentiellen Bedeutung, die An- und Einlagen vielfach besäßen, angesichts ihrer strukturellen Unterlegenheit gegenüber Finanzinstituten und mit Blick schließlich auf die Komplexität von Finanzgeschäften besonders schutzbedürftig seien.[161] Mit dieser grundrechtlichen Schutzpflicht soll ein vollständiger Ausschluss jeder Drittwirkung unvereinbar sein.

---

[158] Insgesamt kommt es im Bereich der Finanzaufsicht und speziell der Banken- und Versicherungsaufsicht angesichts des intensiven Austauschs im Rahmen der laufenden Überwachung deutlich seltener zu gerichtlichen Auseinandersetzungen als in anderen Bereichen der Gewerbeaufsicht. S. hierzu und zu den damit verbundenen Problemen *Röhl*, in: Fehling/Ruffert, § 18 Rn. 129 f.; *Wieland*, Die Verwaltung 43 (2010), 83.

[159] S. hierzu z. B. *Kaufhold*, JöR 66 (2018), S. 85 (105 ff.); *Martini/Weinzierl*, NVwZ 2017, 177; *Schneider*, EuZW 2013, 452 (456); *Carr*, JIBL 2013, 69; allgemeiner zu den mit dem SSM verbundenen Rechtsschutzproblemen z. B. *Herdegen*, WM 2012, 1889 (1896 f.).

[160] Vgl. BGHZ 162, 49, und hierzu *Wieland*, Die Verwaltung 43 (2010), 83 (87 f.).

[161] Hierzu sowie zu den weiteren Argumenten für die Verfassungswidrigkeit statt vieler aus jüngerer Zeit z. B. *Böhme*, Staatshaftung für fehlerhafte Bankenaufsicht nach deutschem und europäischem Recht, 2009, insbesondere S. 76 ff.; *Benighaus*, Staatshaftung für fehlerhafte Aufsicht im Bereich des Kapitalmarkts, 2009, insbesondere S. 29 ff.; *Ruffert*, NJW 2009, 2093 (2095); *Calliess*, VVDStRL 71 (2012), 113 (139 f.); zur staatlichen Pflicht zum Schutz vor systemischen Risiken *Kaufhold*, Systemaufsicht, S. 210 ff.

110   Gegen Beschlüsse des europäischen Abwicklungsausschusses kann gemäß
       Art. 85 f. SRM-VO Klage vor dem EuGH erhoben werden, wenn zuvor ein Be-
       schwerdeverfahren vor dem Beschwerdeausschuss durchgeführt wurde, den der Ab-
       wicklungsausschuss einrichten muss.

111   Die Möglichkeiten des Rechtsschutzes gegen Sanierungs- und Abwicklungs-
       maßnahmen der BaFin richten sich grundsätzlich nach den allgemeinen verwal-
       tungsprozessualen Regelungen. Rechtsbehelfe gegen Abwicklungsmaßnahmen ent-
       falten jedoch *keine aufschiebende Wirkung*.[162]

112   Adressaten von Maßnahmen der ESAs – Finanzinstitute ebenso wie nationale
       Aufsichtsbehörden – können Beschwerde bei einem für alle ESAs gemeinsam ein-
       gerichteten Beschwerdeausschuss[163] einlegen.[164] Wird der Beschwerde nicht abge-
       holfen oder besteht gar keine Beschwerdemöglichkeit, ist der Weg zum EuGH über
       die Nichtig- oder die Untätigkeitsklage eröffnet, siehe z. B. Art. 61 EBA-VO i. V. m.
       Art. 263, 265 AEUV.

IV. Insbesondere: Börsenaufsicht

113   Auch die Börsenaufsicht wird üblicherweise als eine Form der Finanzaufsicht ver-
       standen. Anders als die Banken-, Versicherungs- und Kapitalmarktaufsicht hat sie
       aber nicht nur private Unternehmen oder Geschäfte, sondern *auch Träger hoheitli-
       cher Befugnisse* und ihre Handlungen zum Gegenstand und ist daher von den ande-
       ren Bereichen der Finanzkontrolle deutlich zu unterscheiden.[165]

1. Ziele der Börsenaufsicht

114   Die Börsenaufsicht soll wie die Finanzaufsicht allein im öffentlichen Interesse
       (§ 3 Abs. 3 BörsG) ein funktionsfähiges Finanzsystem und den kollektiven Anleger-
       schutz gewährleisten. Mit den Börsen soll eine *Infrastruktur* bereitgestellt werden,
       die einen schnellen, zuverlässigen, transparenten und daher für die Anleger mit *ge-
       ringen (Informations-)Kosten* verbundenen Handel mit Wirtschaftsgütern und
       Rechten ermöglicht.[166]

2. Aufsichtsbehörden

115   Die Aufsicht über die Börse, den Börsenträger und den Handel an den Börsen wird
       von der obersten Landesbehörde (regelmäßig dem Wirtschaftsministerium) desjeni-
       gen Landes ausgeübt, in dem die Börse ihren rechtlichen Sitz hat, vgl. § 3 Abs. 1 BörsG.

---

[162] § 150 Abs. 1 S. 2 SAG.

[163] Siehe z. B. Art. 58 f. EBA-VO.

[164] Siehe z. B. Art. 60 EBA-VO.

[165] Vgl. *S. Augsberg*, in: Ehlers/Fehling/Pünder, § 35 Rn. 1.

[166] Vgl. *Christoph*, Börsenkooperationen und Börsenfusionen, 2006, S. 83 ff.

3. Aufsichtsgegenstände

a) Börse

Der Rechtsaufsicht durch die oberste Landesbehörde sind zunächst die Börsen un-   **116**
terstellt, § 3 Abs. 1 S. 1 BörsG. Börsen sind in § 2 Abs. 1 BörsG legaldefiniert als
teilrechtsfähige Anstalten des öffentlichen Rechts (→ § 4 Rn. 38), die multilaterale
Systeme regeln und überwachen, welche die Interessen einer Vielzahl von Personen
am Kauf und Verkauf von dort zum Handel zugelassenen Wirtschaftsgütern und
Rechten innerhalb des Systems nach festgelegten Bestimmungen in einer Weise zusammenbringen oder das Zusammenbringen fördern, die zu einem Vertrag über den
Kauf dieser Handelsobjekte führen. Börsen haben eine öffentlich-rechtliche Organisationsstruktur und sind Teil der mittelbaren Staatsverwaltung. Sie nehmen die
ihnen übertragenen Aufgaben eigenverantwortlich und grundsätzlich autonom, d. h.
frei von Weisungen wahr, und gehören damit zum Bereich der funktionalen Selbstverwaltung.

Die Aufzählung der Börsenorgane in § 3 Abs. 1 S. 2 BörsG erweitert den Auf-   **117**
sichtsbereich nicht, sie hat allein deklaratorische Bedeutung.[167]

b) Börsenträger

Von der Börse ist der Börsenträger zu unterscheiden. Jede Anstalt des öffentlichen   **118**
Rechts, auch die Börse, bedarf eines *Anstaltsträgers*.[168] Als solcher wird diejenige
juristische Person bezeichnet, die die Anstalt errichtet und mit den für die Aufgabenerfüllung benötigten personellen, finanziellen und sachlichen Mitteln ausstat-
tet.[169] Als Börsenträger kommen Bund und Länder, aber auch juristische Personen
des Privatrechts in Betracht, wenn sie beliehen werden, der Staat ihnen also hoheitliche Handlungsbefugnisse überträgt. Zurzeit werden alle Börsen in Deutschland
von beliehenen juristischen Personen des Privatrechts betrieben.[170] Die Börsenträger werden von der Börsenaufsicht kontrolliert, § 3 Abs. 1 S. 2 BörsG.

c) Börsenhandel und Handelsteilnehmer

Nach § 3 Abs. 1 S. 3 BörsG zählen schließlich auch der Handel an der Börse sowie   **119**
die daran beteiligten Handelsteilnehmer zu den Aufsichtsgegenständen. Neben der
gemäß § 7 Abs. 1 BörsG von der Börse selbst einzurichtenden Handelsüberwachungsstelle übt auch die Börsenaufsicht eine Marktaufsicht aus.[171]

---

[167] Hierzu sowie zur Bedeutung der Einbeziehung von „Einrichtungen, die sich auf den Börsenver-
kehr … beziehen" und des „Freiverkehrs" näher *Beck*, in: Schwark/Zimmer, BörsG, § 3 Rn. 7; eigenständige Bedeutung spricht der Nennung des „Börsenträgers" hingegen *Groß*, Kapitalmarktrecht, § 3 BörsG Rn. 8, zu.

[168] Ausführlich zur Unterscheidung von Börse und Börsenträger, ihrer Bedeutung und ihren Konsequenzen *Burgi*, WM 2009, 2337.

[169] *Burgi*, WM 2009, 2337 (2340); *S. Augsberg*, in: Ehlers/Fehling/Pünder, § 35 Rn. 11.

[170] Um einen beliehenen Börsenträger in diesem Sinne handelt es sich etwa bei der Deutsche Börse AG.

[171] Ihren Maßstab bilden dabei die börsenspezifischen Vorschriften; die Einhaltung der Vorschriften
des WpHG kontrolliert hingegen die BaFin.

> *Börsen* sind teilrechtsfähige Anstalten des öffentlichen Rechts. Von der Börse ist der Börsenträger zu unterscheiden. *Börsenträger* kann eine juristische Person des öffentlichen Rechts oder eine beliehene Privatperson sein. Die Börsenaufsicht überwacht die Börse, den Börsenträger und den Handel an den Börsen.

4. Zentrale Anforderungen an Börsen und Börsenhandel

120   Börsen müssen in erster Linie einer Reihe von *Organisationsvorgaben* genügen, die das BörsG aufstellt. Sie haben zunächst die Pflicht, die Börsenorgane i. S. d. § 3 Abs. 1 S. 2 BörsG einzurichten und mit den Selbstverwaltungsaufgaben zu betrauen: Sie müssen einen Börsenrat schaffen, § 12 BörsG, der insbesondere für den Erlass der Börsenordnung gemäß § 16 BörsG zuständig ist und damit über den Geschäftszweig der Börse, ihre innere Organisation und die Handelsarten zu entscheiden hat. Sie müssen eine Börsengeschäftsführung einsetzen, der die Leitung der Börse obliegt und die den allgemeinen gewerberechtlichen Anforderungen an Zuverlässigkeit und fachliche Eignung genügen muss, § 15 BörsG. Es muss eine Handelsüberwachungsstelle als internes Marktkontrollorgan geschaffen werden, § 7 BörsG, und, soweit von der zuständigen Landesregierung vorgesehen, zusätzlich noch ein Sanktionsausschuss i. S. d. § 22 BörsG, der Verstöße von Handelsteilnehmern gegen börsenrechtliche Vorschriften sanktionieren kann.

121   Handelsteilnehmer und Wertpapiere bedürfen einer *Zulassung*, um an der Börse handeln zu können bzw. gehandelt werden zu dürfen. Sie müssen dafür die im BörsG und den konkretisierenden Zulassungsordnungen normierten Voraussetzungen erfüllen.[172] Die spezifischen Bedingungen für den Handel an der Börse ergeben sich dann aus den Börsenordnungen,[173] die von der Börse in der Regel durch Allgemeinverfügungen weiter konkretisiert werden.[174] Wesentliche Bedeutung kommt darüber hinaus jenen börsenrechtlichen Vorschriften zu, die eine *ordnungsgemäße Preisbildung* in einem fairen Wettbewerb gewährleisten sollen und zu diesem Zweck etwa Transparenzpflichten[175] und vor allem Regelungen für die Preisermittlung[176] normieren.

---

[172] Für Handelsteilnehmer: § 19 BörsG i. V. m. den Zulassungsordnungen der einzelnen Börsen; für Wertpapiere: §§ 32 ff. BörsG i. V. m. §§ 1 ff. Börsenzulassungsverordnung des Bundes.

[173] § 16 Abs. 1 Nr. 3 BörsG.

[174] Vgl. *Groß*, Kapitalmarktrecht, § 3 BörsG Rn. 12; *Beck*, in: Schwark/Zimmer, BörsG, § 3 Rn. 16.

[175] Vgl. z. B. §§ 113 ff. BörsO FWB, siehe https://www.deutsche-boerse-cash-market.com/dbcm-de/meta/frankfurter-wertpapierboerse-regelwerke (16.10.2019); §§ 63 f. BörsO für die Börse München, siehe https://www.boerse-muenchen.de/policy (16.10.2019).

[176] Diese sind in der Regel in den Börsenordnungen enthalten, siehe z. B. §§ 87 ff. BörsO FWB; §§ 42 ff. BörsO für die Börse München.

5. Aufsichtsinstrumente

Die Börsenaufsicht übt sowohl über die Börse als auch über den Börsenträger[177] **122** *ausschließlich eine Rechts-, keine Fachaufsicht* aus, sie kontrolliert also nur die Recht-, nicht die Zweckmäßigkeit von Entscheidungen. Das entspricht der Beauftragung von Börse und Börsenträger mit Aufgaben und Befugnissen der funktionalen Selbstverwaltung.[178]

a) Erlaubnispflicht und Genehmigungsvorbehalte

Die präventive Kontrolle wird vor allem in den Verfahren zur Erteilung der Errich- **123** tungserlaubnis und zur Genehmigung von Satzungen ausgeübt.

Nach § 4 Abs. 1 BörsG bedarf der Börsenträger zur Errichtung einer Börse einer **124** Erlaubnis. Mögliche Versagungsgründe sind in § 4 Abs. 3 BörsG geregelt. Die Aufzählung ist nicht abschließend. Antragsteller haben lediglich einen Anspruch auf eine ermessensfehlerfreie Entscheidung.[179]

Eine Erlaubnis nach § 4 BörsG entfaltet eine *vierfache Wirkung*:[180] Sie *berechtigt* **125** nicht nur zur Errichtung der Börse, sondern *verpflichtet* den Börsenträger überdies hierzu, § 5 Abs. 1 BörsG. Die Erlaubnis ist ferner ein *konstitutives Element* der Einrichtung einer Börse. Fehlt es an einer Erlaubnis, führt dies nicht zur Rechtswidrigkeit der Börse, vielmehr existiert letztere gar nicht. Schließlich wird ein privater Unternehmer mit der Erteilung der Erlaubnis zum *Beliehenen* und damit zum Träger hoheitlicher Befugnisse. Er erhält das Recht und die Pflicht, Börsen als Anstalten des öffentlichen Rechts nach Maßgabe des § 5 BörsG einzurichten und zu betreiben. Börsen-, Gebühren- und Zulassungsordnungen werden jedoch vom Börsenrat, dem zentralen Selbstverwaltungsorgan der Börsen, erlassen.[181] Sie werden von der Börsenaufsicht kontrolliert und bedürfen ihrer Genehmigung, §§ 16 Abs. 3, 17 Abs. 2, 19 Abs. 6 BörsG. Die Genehmigung gehört zu den Rechtmäßigkeits- und damit Wirksamkeitsvoraussetzungen der Satzungen. Sie ist zu erteilen, wenn die Börsenordnung den Anforderungen des BörsG entspricht.

b) Laufende Überwachung

Die Börsenaufsicht verfügt – wie alle Finanzaufsichtsbehörden – über eine Reihe **126** von Auskunftsrechten und Prüfungsbefugnissen, die ihr die laufende Überwa-

---

[177] Mit Blick auf die Börsenträger war das nicht immer eindeutig, siehe hierzu näher *S. Augsberg*, in: Ehlers/Fehling/Pünder, § 35 Rn. 33.

[178] Siehe hierzu und zu den zum Teil abweichenden Ansichten in der Literatur, die weitergehend für eine Rechts- und Fachaufsicht plädieren *Kumpan*, in: Baumbach/Hopt, Handelsgesetzbuch, 38. Aufl. 2018, § 3 BörsG Rn. 3; *Beck*, in: Schwark/Zimmer, BörsG, § 3 Rn. 19. Angesichts des weit gefassten Rechtmäßigkeitsmaßstabs kommt der Diskussion praktisch nur geringe Bedeutung zu, siehe *Burgi*, WM 2009, 2337 (2343).

[179] Str., zum Meinungsstand *Groß*, Kapitalmarktrecht, BörsG, § 4 BörsG Rn. 7; *Beck*, in: Schwark/Zimmer, BörsG, § 4 Rn. 4.

[180] Siehe *Burgi*, WM 2009, 2337 (2341 f.); *S. Augsberg*, in: Ehlers/Fehling/Pünder, § 35 Rn. 14 f.

[181] Dass diese Regelungen in der Rechtsform der Satzung (und nicht, wie früher teilweise angenommen, als Rechtsverordnungen) erlassen werden, ergibt sich aus § 12 Abs. 2 Nr. 1 BörsG.

chung ermöglichen sollen und die sie sowohl gegenüber der Börse und dem Börsenträger als auch gegenüber den Teilnehmern am Börsenhandel ausüben kann, § 3 Abs. 2, 4 BörsG. Wenn Verstöße gegen börsenrechtliche Vorschriften drohen oder der ordnungsgemäße Handel an der Börse auf andere Weise beeinträchtigt wird, kann sie zudem gegenüber Börse, Börsenträger und den Handelsteilnehmern alle Anordnungen erlassen, die erforderlich sind, um diese Verstöße zu verhindern oder Missstände zu beseitigen. § 3 Abs. 5 BörsG verleiht ihr weitreichende Eingriffsbefugnisse. Sie kann jede erforderliche Maßnahme ergreifen, um die ordnungsgemäße Erfüllung der Betriebspflichten einer Börse sicherzustellen.[182] Daneben treten Spezialbefugnisse wie etwa das Weisungsrecht gegenüber der Handelsüberwachungsstelle, § 7 Abs. 1 S. 6 BörsG.

6. Rechtsschutz

127   Der Rechtsschutz von Börsen, Börsenträger und Handelsteilnehmern gegenüber Maßnahmen der Börsenaufsicht richtet sich nach den allgemeinen verwaltungsprozessualen Regeln. Auch die an Börse und Börsenträger gerichteten Anordnungen der Börsenaufsicht besitzen *Außenwirkung* und sind als *Verwaltungsakte* zu qualifizieren, da sie den Bereich des verfügenden Verwaltungsträgers verlassen und andere Verwaltungsträger in ihrem eigenen Rechtskreis betreffen. Widerspruch und Anfechtungsklage gegen Anordnungen nach § 3 Abs. 4, 5 BörsG entfalten jedoch gemäß § 3 Abs. 9 BörsG keine aufschiebende Wirkung.

128   V. Kontrollfragen

1. Auf welche Weise tragen Finanzinstitute zur volkswirtschaftlichen Entwicklung bei? (→ Rn. 2–5)
2. Warum und worauf müssen Finanzmarktteilnehmer vertrauen, damit ein Finanzsystem funktionsfähig ist? (→ Rn. 6)
3. Schildern Sie die wesentlichen Entwicklungsschritte des Finanz- und Börsenaufsichtsrechts! (→ Rn. 9–11)
4. Welche Behörden sind an der Aufsicht über Finanzinstitute und -märkte in Deutschland beteiligt? (→ Rn. 12–16)
5. Wie sind die Zuständigkeiten zwischen EZB und BaFin verteilt? (→ Rn. 59 f., 85)
6. Warum und in welchem Umfang werden Finanzinstitute verpflichtet, Eigenmittel vorzuhalten? (→ Rn. 32–35)
7. Welches sind die wichtigsten organisatorischen Pflichten, die Finanzinstitute erfüllen müssen, und wo sind sie geregelt? (→ Rn. 39–43)

---

[182] Näher hierzu z. B. *Kumpan*, in: Baumbach/Hopt, Handelsgesetzbuch, 38. Aufl. 2018, § 3 BörsG Rn. 7 ff.; *Groß*, Kapitalmarktrecht, BörsG, § 3 BörsG Rn. 18.

8. Welche Ziele verfolgen die Regelungen über die Sanierung und Abwicklung von Finanzinstituten? (→ Rn. 46–48, 72)
9. Welche Aufgaben haben öffentlich-rechtliche Kreditinstitute? (→ Rn. 105)
10. Wer beaufsichtigt sie? (→ Rn. 106)
11. Erklären sie die Unterscheidung zwischen Börse und Börsenträger! (→ Rn. 116–118)
12. Können Private eine Börse einrichten? (→ Rn. 118)
13. Welche Wirkungen entfaltet eine Börsenerlaubnis? (→ Rn. 125)
14. Können Finanzinstitute verlangen, dass die BaFin Maßnahmen gegenüber ihren Konkurrenten ergreift, wenn diese gegen Eigenmittelvorschriften verstoßen? (→ Rn. 108)

Literatur

S. Augsberg, Wertpapieraufsicht, in: Ehlers/Fehling/Pünder (Hrsg.), Besonderes Verwaltungsrecht, Bd. I: Öffentliches Wirtschaftsrecht, 3. Aufl. 2012a, § 34
S. Augsberg, Börsenaufsicht, in: Ehlers/Fehling/Pünder (Hrsg.), Besonderes Verwaltungsrecht, Bd. I: Öffentliches Wirtschaftsrecht, 3. Aufl. 2012b, § 35
Binder/Glos/Riepe (Hrsg.), Handbuch Bankenaufsichtsrecht, 2018
Boos/Fischer/Schulte-Mattler (Hrsg.), KWG, CRR-VO, 5. Aufl. 2016
Buck-Heeb, Kapitalmarktrecht, 9. Aufl. 2017
Groß, Kapitalmarktrecht, 6. Aufl. 2016
Kaufhold, Systemaufsicht. Anforderungen an die Ausgestaltung einer Aufsicht zur Abwehr systemischer Risiken entwickelt am Beispiel der Finanzaufsicht, 2016
Kaulbach/Bähr/Pohlmann (Hrsg.), VAG, 6. Aufl. 2019
Lutter/Bayer/Schmidt, Europäisches Unternehmens- und Kapitalmarktrecht: Grundlagen, Stand und Entwicklung nebst Texten und Materialien, 2017
Ohler, Bankenaufsicht und Geldpolitik in der Währungsunion, 2015
Ohler, Bankenaufsichtsrecht, in: Ehlers/Fehling/Pünder (Hrsg.), Besonderes Verwaltungsrecht, Bd. I: Öffentliches Wirtschaftsrecht, 3. Aufl. 2012, § 32
Ohler, Finanzmarktregulierung und -aufsicht, in: Ruffert (Hrsg.), Enzyklopädie Europarecht, Bd. 5: Europäisches Sektorales Wirtschaftsrecht, 2013, § 10
Poelzig, Kapitalmarktrecht, 2018
Röhl, Finanzmarktaufsicht, in: Fehling/Ruffert (Hrsg.), Regulierungsrecht, 2010, § 18
Schwark/Zimmer (Hrsg.), Kapitalmarktrechtskommentar, 4. Aufl. 2010
Schwennicke/Auerbach (Hrsg.), KWG mit ZAG und FKAG, 3. Aufl. 2016
Thiele, Finanzaufsicht. Der Staat und seine Finanzmärkte, 2014
Veil (Hrsg.), Europäisches Kapitalmarktrecht, 2. Aufl. 2014

Literatur

Achterberg, Norbert/Püttner, Günter/Würtenberger, Thomas (Hrsg.), Öffentliches Wirtschaftsrecht, Bd. I, 2. Aufl., Heidelberg (2000) (zit.: *Bearbeiter*, in: Achterberg/Püttner/Würtenberger).

Badura, Peter, Wirtschaftsverfassung und Wirtschaftsverwaltung, 4. Aufl., Tübingen (2011).

Barthel, Torsten F./Kalmer, Aloys/Weidemann, Holger, Niedersächsisches Gaststättengesetz, Wiesbaden (2012).

Baur, Jürgen F./Salje, Peter/Schmidt-Preuß, Matthias (Hrsg.), Regulierung in der Energiewirtschaft, 2. Aufl., Köln (2016) (zit.: *Bearbeiter*, in: Baur/Salje/Schmidt-Preuß).

Bechtold, Rainer/Bosch, Wolfgang, Gesetz gegen Wettbewerbsbeschränkungen, GWB, 9. Aufl., München (2018).

Bieber, Roland/Epiney, Astrid/Haag, Marcel/Kotzur, Markus, Die Europäische Union, 13. Aufl., Baden-Baden (2019).

Birnstiel, Alexander/Bungenberg, Marc/Heinrich, Helge (Hrsg.), Europäisches Beihilfenrecht, 2. Aufl., Baden-Baden (2018) (zit.: *Bearbeiter*, in: Birnstiel/Bungenberg/Heinrich).

Bogdandy, Armin von/Bast, Jürgen (Hrsg.), Europäisches Verfassungsrecht. Theoretische und dogmatische Grundzüge, 2. Aufl., Berlin u. a. (2009) (zit.: *Bearbeiter*, in: von Bogdandy/Bast).

Burgi, Martin, Funktionale Privatisierung und Verwaltungshilfe: Staatsaufgabendogmatik, Phänomenologie, Verfassungsrecht, Tübingen (1999).

Calliess, Christian/Ruffert, Matthias (Hrsg.), EUV/AEUV, 5. Aufl., München (2016) (zit.: *Bearbeiter*, in: Calliess/Ruffert).

Dauses, Manfred/Ludwigs, Markus (Hrsg.), Handbuch des EU-Wirtschaftsrechts, 46. Aufl., München (Werkstand: 46. EL 2019) (Loseblatt) (zit.: *Bearbeiter*, in: Dauses/Ludwigs).

Degenhart, Christoph, Staatsrecht I, 34. Aufl., Heidelberg (2018).

Derleder, Peter/Knops, Kai-Oliver/Bamberger, Heinz G. (Hrsg.), Deutsches und europäisches Bank- und Kapitalmarktrecht, 3. Aufl., Berlin (2017) (zit.: *Bearbeiter*, in: Derleder/Knops/Bamberger).

Detterbeck, Steffen, Allgemeines Verwaltungsrecht mit Verwaltungsprozessrecht, 16. Aufl., München (2018).

Detterbeck, Steffen, Handwerksordnung: HwO, Kommentar, 4. Aufl., München (2008).

Dreier, Horst (Hrsg.), Grundgesetz, Kommentar, Bd. I, 3. Aufl., Tübingen (2013) (zit.: *Bearbeiter*, in: Dreier).

Dreier, Horst (Hrsg.), Grundgesetz, Kommentar, Bd. II, 3. Aufl., Tübingen (2015).

Dreier, Horst (Hrsg.), Grundgesetz, Kommentar, Bd. III, 3. Aufl., Tübingen (2018).

Ehlers, Dirk/Fehling, Michael/Pünder, Hermann (Hrsg.), Besonderes Verwaltungsrecht, Bd. I: Öffentliches Wirtschaftsrecht, 3. Aufl., Heidelberg u. a. (2012) (zit.: *Bearbeiter*, in: Ehlers/Fehling/Pünder).

Ehlers, Dirk/Pünder, Hermann (Hrsg.), Allgemeines Verwaltungsrecht, 15. Aufl., Berlin u. a. (2015) (zit.: *Bearbeiter*, in: Ehlers/Pünder).

Epping, Volker/Hillgruber, Christian (Hrsg.), Grundgesetz, Beck' scher Online-Kommentar Grundgesetz, München (Stand: 40. Ed. 15.02.2019) (zit.: *Bearbeiter*, in: BeckOK GG)

© Springer-Verlag GmbH Deutschland, ein Teil von Springer Nature 2019

R. Schmidt, F. Wollenschläger (Hrsg.), *Kompendium Öffentliches Wirtschaftsrecht*, Springer-Lehrbuch, https://doi.org/10.1007/978-3-662-59430-8

Fehling, Michael/Kastner, Berthold/Störmer, Rainer (Hrsg.), Verwaltungsrecht. VwVfG, VwGO. Handkommentar, 4. Aufl., Baden-Baden (2016) (zit.: Bearbeiter, in: Fehling/Kastner/Störmer).

Fehling, Michael/Ruffert, Matthias (Hrsg.), Regulierungsrecht, Tübingen (2010) (zit.: *Bearbeiter*, in: Fehling/Ruffert).

Frenz, Walter, Handbuch Europarecht, Bd. 1, Europäische Grundfreiheiten, 2. Aufl., Berlin u. a. (2012).

Frenz, Walter, Handbuch Europarecht, Bd. 4, Europäische Grundrechte, Berlin u. a. (2009).

Friauf, Karl Heinrich (Hrsg.), Kommentar zur Gewerbeordnung, GewO. Gewerberechtlicher Teil, Neuwied (Loseblatt) (zit.: *Bearbeiter*, in: Friauf).

Fröhler, Ludwig/Kormann, Joachim, Kommentar zur Gewerbeordnung, Heidelberg (1978).

Frotscher, Werner/Kramer, Urs, Wirtschaftsverfassungs- und Wirtschaftsverwaltungsrecht, 6. Aufl., München (2013).

Gallwas, Hans-Ullrich, Faktische Beeinträchtigung im Bereich der Grundrechte, Berlin (1970).

Gärditz, Klaus Ferdinand (Hrsg.), Verwaltungsgerichtsordnung mit Nebengesetzen, Kommentar, 2. Aufl., Köln (2018) (zit.: *Bearbeiter*, in: Gärditz).

Geppert, Martin/Piepenbrock, Hermann-Josef/Schütz, Raimund/Schuster, Fabian (Hrsg.), Beck'scher Telekommunikationsgesetz Kommentar, 4. Aufl., München (2013) (zit.: *Bearbeiter*, in: Beck'scher TKG-Kommentar).

Glaser, Andreas/Klement, Jan Henrik, Öffentliches Wirtschaftsrecht mit Regulierungsrecht, München (2009).

Görgens, Egon/Ruckriegel, Karlheinz/Seitz, Franz, Europäische Geldpolitik. Theorie, Empirie, Praxis, 6. Aufl., Düsseldorf (2013).

Grabenwarter, Christoph/Pabel, Katharina, Europäische Menschenrechtskonvention, 6. Aufl., München (2016).

Grabitz, Eberhard/Hilf, Meinhard/Nettesheim, Martin (Hrsg.), Kommentar zur Europäischen Union, München (Loseblatt) (zit.: *Bearbeiter*, in: Grabitz/Hilf/Nettesheim).

Groeben, Hans von der/Schwarze, Jürgen/Hatje, Armin (Hrsg.), Europäisches Unionsrecht. Vertrag über die Europäische Union – Vertrag über die Arbeitsweise der Europäischen Union – Charta der Grundrechte der Europäischen Union, 7. Aufl., Baden-Baden (2015) (zit.: *Bearbeiter*, in: G/S/H).

Gsell, Beate/Krüger, Wolfgang/Lorenz, Stephan/Reymann, Christoph (Hrsg.), beck-online Großkommentar (Stand: 2019) (zit.: *Bearbeiter*, in: BeckOGK).

Hagen, Jürgen von/Stein, Johann Heinrich von (Hrsg.), Obst/Hintner. Geld-, Bank- und Börsenwesen, 40. Aufl., Stuttgart (2000) (zit.: *Bearbeiter*, in: Obst/Hintner).

Hahn, Hugo J./Häde, Ulrich, Währungsrecht, 2. Aufl., München (2010).

Hatje, Armin/Müller-Graff, Peter-Christian, Enzyklopädie Europarecht, Baden-Baden, 10 Bde. (2013 ff.) (zit.: Bearbeiter, EnzEuR I–X).

Herdegen, Matthias, Europarecht, 20. Aufl., München (2018).

Herdegen, Matthias, Internationales Wirtschaftsrecht, 11. Aufl., München (2017).

Herrmann, Christoph/Weiß, Wolfgang/Ohler, Christoph, Welthandelsrecht, 2. Aufl., München (2007).

Hesse, Konrad, Grundzüge des Verfassungsrechts der Bundesrepublik Deutschland, 20. Aufl., Heidelberg Nachdruck (1999).

Hilf, Meinhard/Oeter, Stefan (Hrsg.), WTO-Recht, 2. Aufl., Baden-Baden (2010) (zit.: *Bearbeiter*, in: Hilf/Oeter).

Hoffmann-Riem, Wolfgang/Schmidt-Aßmann, Eberhard/Voßkuhle, Andreas (Hrsg.), Grundlagen des Verwaltungsrechts, Bd. I, Methoden, Maßstäbe, Aufgaben, Organisation, 2. Aufl., München (2012) (zit.: *Bearbeiter*, in: Hoffmann-Riem/Schmidt-Aßmann/Voßkuhle, GVwR² I).

Hoffmann-Riem, Wolfgang/Schmidt-Aßmann, Eberhard/Voßkuhle, Andreas (Hrsg.), Grundlagen des Verwaltungsrechts, Bd. III, Personal, Finanzen, Kontrolle, Sanktionen, Staatliche Einstandspflichten, 2. Aufl., München (2013) (zit.: *Bearbeiter*, in: Hoffmann-Riem/Schmidt-Aßmann/Voßkuhle, GVwR² III).

Hölzl, Josef/Hien, Eckart/Huber, Thomas, Gemeindeordnung mit Verwaltungsgemeinschaftsordnung, Landkreisordnung und Bezirksordnung für den Freistaat Bayern, München (Loseblatt).

Holznagel, Bernd/Enaux, Christoph/Nienhaus, Christian, Telekommunikationsrecht, 2. Aufl., München (2006).

Honig, Gerhart/Knörr, Matthias/Thiel, Markus, Handwerksordnung, Kommentar, 5. Aufl., München (2017).

Huber, Peter Michael, Recht der europäischen Integration, 2. Aufl., München (2002).

Hufen, Friedhelm, Verwaltungsprozessrecht, 10. Aufl., München (2016).

Immenga, Ulrich/Mestmäcker, Ernst-Joachim (Hrsg.), GWB, Kommentar zum Kartellgesetz, Bd. 2.2, 5. Aufl., München (2014) (zit.: *Bearbeiter*, in: Immenga/Mestmäcker).

Ipsen, Knut, Völkerrecht, 7. Aufl., München (2018) (zit.: *Bearbeiter*, in: K. Ipsen).

Isensee, Josef/Kirchhof, Paul (Hrsg.), Handbuch des Staatsrechts, 1–3. Aufl., München (1987 ff.) (zit.: *Bearbeiter*, HStR$^{1-3}$ I ff.).

Jarass, Hans D., BImSchG, 12. Aufl., München (2017).

Jarass, Hans D., Charta der Grundrechte der Europäischen Union, Kommentar, 3. Aufl., München (2016).

Jarass, Hans D., Wirtschaftsverwaltungsrecht mit Wirtschaftsverfassungsrecht, 3. Aufl., Frankfurt am Main (1997).

Jarass, Hans D./Pieroth, Bodo, Grundgesetz, 15. Aufl., München (2018).

Kämmerer, Jörn Axel, Privatisierung, Tübingen (2001).

Kingreen, Thorsten/ Poscher, Ralf, Grundrechte, Staatsrecht II, 34. Aufl., Heidelberg (2018).

Kirchhof, Gregor/Korte, Stefan/Magen, Stefan (Hrsg.), Öffentliches Wettbewerbsrecht, Heidelberg (2014) (zit.: *Bearbeiter*, in: Kirchhof/Korte/Magen).

Kloepfer, Michael, Umweltrecht, 4. Aufl., München (2016).

Knack, Hans-Joachim/Henneke, Hans-Günter (Hrsg.), Verwaltungsverfahrensgesetz, VwVfG, 10. Aufl., Köln u. a. (2014) (zit.: *Bearbeiter*, in: Knack/Henneke).

Koenig, Christian/Kühling, Jürgen/Ritter, Nicolai, EG-Beihilfenrecht, 2. Aufl., Frankfurt am Main (2005).

Kommentar zum Bonner Grundgesetz (Bonner Kommentar), Hamburg (Loseblatt) (zit.: *Bearbeiter*, in: BK-GG).

Kopp, Ferdinand O./Ramsauer, Ulrich, VwVfG, 19. Aufl., München (2018).

Kopp, Ferdinand O./Schenke, Wolf-Rüdiger, VwGO, 24. Aufl., München (2018).

Krajewski, Markus, Wirtschaftsvölkerrecht, 4. Aufl., Heidelberg u. a. (2017).

Kümpel, Siegfried/Wittig, Arne (Hrsg.), Bank- und Kapitalmarktrecht, 4. Aufl., Köln (2011) (zit.: *Bearbeiter*, in: Kümpel/Wittig).

Landmann, Robert/Rohmer, Gustav, Gewerbeordnung und ergänzende Vorschriften, Bd. I, Gewerbeordnung, München (Loseblatt) (zit.: *Bearbeiter*, in: Landmann/Rohmer, GewO).

Landmann, Robert/Rohmer, Gustav, Umweltrecht, München (Loseblatt) (zit.: *Bearbeiter*, in: Landmann/Rohmer, UmweltR).

Lübbig, Thomas/Martin-Ehlers, Andrés, Beihilfenrecht der EU. Das Recht der Wettbewerbsaufsicht über staatliche Beihilfen in der Europäischen Union, 2. Aufl., München (2009).

Mangoldt, Hermann von/Klein, Friedrich/Starck, Christian (Hrsg.), Das Bonner Grundgesetz, 7. Aufl., München (2018) (zit.: *Bearbeiter*, in: von Mangoldt/Klein/Starck).

Mann, Thomas/Sennekamp, Christoph/Uechtritz, Michael (Hrsg.), Verwaltungsverfahrensgesetz, Baden-Baden (2014) (zit.: *Bearbeiter*, in: Mann/Sennekamp/Uechtritz).

Maunz, Theodor/Dürig, Günter, u. a., Grundgesetz, GG, Kommentar, München (Loseblatt) (zit.: *Bearbeiter*, in: Maunz/Dürig).

Maurer, Hartmut/Waldhoff, Christian, Allgemeines Verwaltungsrecht, 19. Aufl., München (2017).

Meder, Theodor/Brechmann, Winfried (Hrsg.), Die Verfassung des Freistaates Bayern, 5. Aufl., Stuttgart u. a. (2014) (zit.: *Bearbeiter*, in: Meder/Brechmann, BV).

Merten, Detlef/Papier, Hans-Jürgen (Hrsg.), Handbuch der Grundrechte in Deutschland und Europa, 12 Bände, Heidelberg u. a. (2004 ff.) (zit.: *Bearbeiter*, HGR I ff.).

Metzner, Richard, Gaststättengesetz, 6. Aufl., München (2001).

Meyer, Jürgen (Hrsg.), Charta der Grundrechte der Europäischen Union, Kommentar, 4. Aufl., Baden-Baden (2014) (zit.: *Bearbeiter*, in: Meyer).

Michel, Elmar/Kienzle, Werner/Pauly, Renate, Das Gaststättengesetz, 14. Aufl., Köln u. a. (2003).

Möstl, Markus, Grundrechtsbindung öffentlicher Wirtschaftstätigkeit, München (1999).

Münch, Ingo von/Kunig, Philip, Grundgesetz-Kommentar, 6. Aufl., München (2012) (zit.: *Bearbeiter*, in: von Münch/Kunig).

Nicolaysen, Gert, Europarecht I, 2. Aufl., Baden-Baden (2002).

Nipperdey, Hans Carl, Soziale Marktwirtschaft und Grundgesetz, 3. Aufl., Köln (1965).

Oppermann, Thomas/Classen, Claus Dieter/Nettesheim, Martin, Europarecht, 8. Aufl., München (2018).

Pache, Eckhard/Knauff, Matthias, Fallhandbuch Europäisches Wirtschaftsrecht, 2. Aufl., Stuttgart (2010).

Pielow, Johann-Christian (Hrsg.), Gewerbeordnung, Beck'scher Online-Kommentar, München (Stand: 45. Ed. 01.03.2019) (zit.: *Bearbeiter*, in: BeckOK GewO).

Pilbeam, Keith, Finance and Financial Markets, 4. Aufl., Basingstoke u. a. (2018).

Prandl, Josef/Zimmermann, Hans/Büchner, Hermann/Pahlke, Michael (Hrsg.), Kommunalrecht in Bayern, Köln (Loseblatt).

Prieß, Hans-Joachim/Berrisch, Georg M. (Hrsg.), WTO-Handbuch, München (2003) (zit.: *Bearbeiter*, in: Prieß/Berrisch).

Rehn, Erich/Cronauge, Ulrich/Lennep, Hans Gerd von/Knirsch, Hanspeter, Gemeindeordnung Nordrhein-Westfalen, Siegburg (Loseblatt).

Robinski, Severin (Begr.), Gewerberecht, herausgegeben von Sprenger-Richter, Bernhard, 2. Aufl., München (2002) (zit.: *Bearbeiter*, in: Robinski).

Ruthig, Josef/Storr, Stefan, Öffentliches Wirtschaftsrecht, 4. Aufl., Heidelberg (2015).

Sachs, Michael (Hrsg.), Grundgesetz, GG, 8. Aufl., München (2018) (zit.: *Bearbeiter*, in: Sachs).

Säcker, Franz Jürgen, Berliner Kommentar zum TKG, 3. Aufl., Frankfurt am Main (2013).

Säcker, Franz Jürgen (Hrsg.), Münchener Kommentar zum Europäischen und Deutschen Wettbewerbsrecht (Kartellrecht), Bd. 5, Beihilfenrecht, 2. Aufl., München (2018) (zit.: *Bearbeiter*, in: Säcker).

Schenke, Wolf-Rüdiger, Polizei- und Ordnungsrecht, 10. Aufl., Heidelberg u. a. (2018).

Schenke, Wolf-Rüdiger, Verwaltungsprozessrecht, 15. Aufl., Heidelberg (2017).

Schliesky, Utz, Öffentliches Wirtschaftsrecht, 4. Aufl., Heidelberg (2014).

Schmidt-Bleibtreu, Bruno/Hofmann, Hans/Henneke, Hans-Günter, Kommentar zum Grundgesetz, 14. Aufl., Köln (2017) (zit.: *Bearbeiter*, in: Schmidt-Bleibtreu/Hofmann/Henneke).

Schmidt, Reiner, Öffentliches Wirtschaftsrecht, Allgemeiner Teil, Berlin u. a. (1990) (zit.: *Bearbeiter*, in: R. Schmidt, AT).

Schmidt, Reiner (Hrsg.), Öffentliches Wirtschaftsrecht, Besonderer Teil I, Berlin u. a. (1995) (zit.: *Bearbeiter*, in: R. Schmidt, BT I).

Schmidt, Reiner, Wirtschaftspolitik und Verfassung, Baden-Baden (1971).

Schoch, Friedrich (Hrsg.), Besonderes Verwaltungsrecht, 16. Aufl., München (2018) (zit.: *Bearbeiter*, in: Schoch).

Schoch, Friedrich/Schneider, Jens-Peter/Bier, Wolfgang, Verwaltungsgerichtsordnung, Kommentar, München (Loseblatt) (zit.: *Bearbeiter*, in: Schoch/Schneider/Bier).

Schulze, Reiner/Zuleeg, Manfred/Kadelbach, Stefan (Hrsg.), Europarecht – Handbuch für die deutsche Rechtspraxis, 3. Aufl., Baden-Baden (2015) (zit.: *Bearbeiter*, in: Schulze/Zuleeg/Kadelbach).

Schwannecke, Jürgen (Hrsg.), Die Deutsche Handwerksordnung, Kommentar, Berlin (Loseblatt) (zit.: *Bearbeiter*, in: Schwannecke, HwO).

Schwark, Eberhard/Zimmer, Daniel, Kapitalmarktrechts-Kommentar, 4. Aufl., München (2010).

Schwarze, Jürgen/Becker, Ulrich/Hatje, Armin/Schoo, Johann (Hrsg.), EU-Kommentar, 4. Aufl., Baden-Baden (2018) (zit.: *Bearbeiter*, in: Schwarze/Becker/Hatje/Schoo).

Siekmann, Helmut (Hrsg.), EWU. Kommentar zur Europäischen Wirtschafts- und Währungsunion, Tübingen (2013) (zit.: *Bearbeiter*, in: Siekmann).

Sparwasser, Reinhard/Engel, Rüdiger/Voßkuhle, Andreas, Umweltrecht, 5. Aufl., Heidelberg (2003).

Steiner, Udo/ Brinktrine, Ralf (Hrsg.), Besonderes Verwaltungsrecht, 9. Aufl., Heidelberg (2018) (zit.: *Bearbeiter*, in: Steiner/Brinktrine).

Stelkens, Paul/Bonk, Heinz Joachim/Sachs, Michael (Hrsg.), Verwaltungsverfahrensgesetz, VwVfG, 9. Aufl., München (2018) (zit.: *Bearbeiter*, in: Stelkens/Bonk/Sachs).

Stern, Klaus, Das Staatsrecht der Bundesrepublik Deutschland, Bd. III/1, Allgemeine Lehren der Grundrechte, München (1988).

Stober, Rolf/Korte, Stefan, Öffentliches Wirtschaftsrecht – Allgemeiner Teil, Grundlagen des deutschen, europäischen und internationalen öffentlichen Wirtschaftsrechts, 19. Aufl., Stuttgart (2019).

Stober, Rolf/Eisenmenger, Sven, Besonderes Wirtschaftsverwaltungsrecht, Gewerbe- und Medienwirtschaftsrecht, Stoffwirtschafts- und Subventionsrecht, 16. Aufl., Stuttgart u. a. (2016).

Stober, Rolf/Paschke, Marian, Deutsches und Internationales Wirtschaftsrecht, 3. Aufl., Stuttgart (2017).

Stoll, Peter-Tobias/Schorkopf, Frank, WTO, Köln (2002).

Streinz, Rudolf, Europarecht, 10. Aufl., Heidelberg (2016).

Streinz, Rudolf (Hrsg.), Kommentar zum EUV/AEUV, 3. Aufl., München (2018) (zit.: *Bearbeiter*, in: Streinz).

Terhechte, Jörg Philipp (Hrsg.), Verwaltungsrecht der Europäischen Union, Baden-Baden (2011) (zit.: *Bearbeiter*, in: Terhechte).

Tettinger, Peter J./Stern, Klaus (Hrsg.), Kölner Gemeinschaftskommentar zur Europäischen Grundrechte-Charta, München (2006) (zit.: *Bearbeiter*, in: Tettinger/Stern).

Tettinger, Peter J./Wank, Rolf/Ennuschat, Jörg, Gewerbeordnung, 8. Aufl., München (2011).

Umbach, Dieter C./Clemens, Thomas (Hrsg.), Grundgesetz, Mitarbeiterkommentar und Handbuch, Heidelberg (2002) (zit.: *Bearbeiter*, in: Umbach/Clemens).

Widtmann, Julius/Grasser, Walter/Glaser, Erhard, Bayerische Gemeindeordnung mit Verwaltungsgemeinschaftsordnung, Landkreisordnung und Gesetz über die kommunale Zusammenarbeit, München (Loseblatt).

Wolff, Hans J./Bachof, Otto/Stober, Rolf, Verwaltungsrecht I, 13. Aufl., München (2017).

Wollenschläger, Ferdinand, Verteilungsverfahren. Die staatliche Verteilung knapper Güter: Verfassungs- und unionsrechtlicher Rahmen, Verfahren im Fachrecht, bereichsspezifische verwaltungsrechtliche Typen- und Systembildung, Tübingen (2010).

Ziekow, Jan, Öffentliches Wirtschaftsrecht, 4. Aufl., München (2016).

© Springer-Verlag Berlin Heidelberg 2019
R. Schmidt, F. Wollenschläger (Hrsg.), *Kompendium Öffentliches Wirtschaftsrecht,* Springer-Lehrbuch, https://doi.org/10.1007/978-3-662-45579-1

Stichwortverzeichnis

© Springer-Verlag GmbH Deutschland, ein Teil von Springer Nature 2019
R. Schmidt, F. Wollenschläger (Hrsg.), *Kompendium Öffentliches Wirtschaftsrecht*,
Springer-Lehrbuch, https://doi.org/10.1007/978-3-662-59430-8